D0404375

Ster Woordenboek **Nederlands-Duits**

Ster Woordenboeken

Nederlands
Nederlands voor de basisschool

Engels-Nederlands
Nederlands-Engels

Frans-Nederlands
Nederlands-Frans

Spaans-Nederlands
Nederlands-Spaans

Duits-Nederlands

Nederlands-Duits

Ster Woordenboek
Nederlands – Duits

Derde druk

Onder redactie van J.V. Zambon

Van Dale Lexicografie

Utrecht – Antwerpen

Aan deze druk werkten mee: M.C.G.M. Jansen (uitgever), F.K. Gildemacher (projectleider), R.J.H.M. Ermers (reeksredacteur), H.W.E. Luijten (productie-coördinator).
Vormgeving binnenwerk: P.M. Noordzij
Omslagontwerp: K. van Laar
Zetwerk: PlantijnCasparie, Heerhugowaard
Druk: Clausen&Bosse, Leck, Duitsland

© Van Dale Lexicografie bv

Bibliografische gegevens

Ster Woordenboek Nederlands-Duits.
Derde druk, onder redactie van J.V. Zambon.
Utrecht – Antwerpen; Van Dale Lexicografie
Vorige druk: Wolters' Ster Woordenboek Nederlands-Duits, tweede druk
ISBN 90-6648-685-6
NUGI 503
Depotnr. D/2001/0108/807
R. 8685602

Voorwoord

Dit is het deel Nederlands-Duits van de serie Ster Woordenboeken. Deze serie is in het bijzonder bedoeld voor leerlingen in de eerste leerjaren van het voortgezet onderwijs in Nederland en het secundair onderwijs in België.

In deze geheel vernieuwde druk is de keuze van de trefwoorden dan ook op deze groep afgestemd: opgenomen zijn díé woorden waarvan een leerling de kans loopt om ze tegen te komen. Dat betekent dat veel aandacht is besteed aan onderwijstermen, zoals *vwo*, *Citotoets* en *schooladvies*, terwijl onder *som* is te vinden hoe bepaalde sommen en wiskundige notaties in het Duits worden uitgesproken. Daarnaast zijn veel begrippen uit de wereld buiten school opgenomen, zoals bijvoorbeeld *rokade*, *frietje oorlog* en *f-sleutel*. Veel Belgisch-Nederlandse woorden en uitdrukkingen zijn nu ook direct op te slaan. Zo zijn nu bijvoorbeeld *appelsien*, *inkom*, *kinderkribbe* en *op zijn kin kloppen* opgenomen.
Er is bij de behandeling van de trefwoorden gestreefd naar eenvoud, maar daarbij is simplificatie vermeden; de Ster Woordenboeken willen volwassen woordenboeken zijn. Ze zijn zeker ook zeer geschikt voor anderen dan leerlingen in het voortgezet onderwijs.

Omdat voor velen de Duitse grammatica een probleem vormt, is in het woordenboek veel aandacht besteed aan het geven van grammaticale informatie. De vertalingen zijn voorzien van de noodzakelijke informatie over geslacht, verbuiging, vervoeging en het gebruik van de naamvallen. Bovendien is achter in het boek een grammaticaal overzicht opgenomen dat vervoegings- en verbuigingstabellen bevat. Vanuit het woordenboek wordt door middel van hoog gezette verwijzingscijfers veelvuldig naar relevante gedeelten in het overzicht verwezen. Deze cijfers corresponderen met de tabelnummers in het grammaticale overzicht. Ook informatie over de naamvallen is op deze manier gemakkelijk te vinden.

Verdere bijzonderheden over de inrichting van het woordenboek zijn te vinden in de Wegwijzer.

Utrecht – Antwerpen, voorjaar 2001
De uitgever

Lijst van afkortingen

aanw vnw	aanwijzend voornaamwoord	*hulpww*	hulpwerkwoord
aardr	aardrijkskunde	*iem(s)*	iemand(s)
abstr	abstract	*inform*	informeel
afk	afkorting	*intr*	intransitief, onovergankelijk
algem	algemeen	*iron*	ironisch
anat	anatomie		
apoth	apotheek, farmacie	*jur*	juridisch
astrol	astrologie		
		koppelww	koppelwerkwoord
Belg	Belgisch, in België		
bet	betekenis	*landb*	landbouw
betr	betrekkelijk	*Lat*	Latijn
bez	bezittelijk	*lett*	letterlijk
bijb	bijbel(s)	*luchtv*	luchtvaart
bijv	bijvoeglijk	*lw*	lidwoord
biol	biologie		
bn	bijvoeglijk naamwoord	*m*	mannelijk
boekh	boekhouden	*med*	medisch
bouwk	bouwkunde	*meetk*	meetkunde
BRD	Bondsrepubliek Duitsland	*mijnb*	mijnbouw
bw	bijwoord	*mil*	militair
		muz	muziek
chem	chemie, scheikunde	*mv*	meervoud
comp	computer	*myth*	mythen en sagen
cul	culinair		
		nat	natuurkunde
dierk	dierkunde	*N-Dui*	Noord-Duitsland
Dui	Duits, in Duitsland	*Ned*	Nederlands, in Nederland
dw	deelwoord	*nvl*	naamval
econ	economie	*o*	onzijdig
elektr	elektriciteit, elektronica	*onbep vnw*	onbepaald voornaamwoord
Eng	Engels	*onbep w*	onbepaalde wijs
ev	enkelvoud	*ond*	onderwijs
		ongev	ongeveer
fam	familiair	*Oostenr*	Oostenrijk(s)
fig	figuurlijk		
fin	financieel	*pers*	persoonlijk
form	formeel	*plantk*	plantkunde
foto	fotografie	*pol*	politiek
Fr	Frans	*pop*	populair
		psych	psychologie, psychiatrie
godsd	godsdienst(ig)		
		rangtelw	rangtelwoord
hist	historisch	*r-k*	rooms-katholiek
hoofdtelw	hoofdtelwoord		

scheepv	scheepvaart
scheldw	scheldwoord
sp	sport
spoorw	spoorwegen
sterrenk	sterrenkunde
taalk	taalkunde
techn	techniek
telecom	telecommunicatie
telw	telwoord
theat	theater, toneel
tr	transitief, overgankelijk
tw	tussenwerpsel
typ	typografie, drukkunst
univ	universitair, universiteit
v	vrouwelijk
vd	van de
verk	verkorting
vw	voegwoord
vz	voorzetsel
wdkd	wederkerend
weerk	weerkunde
wisk	wiskunde
ww	werkwoord
Z-Dui	Zuid-Duitsland
zn	zelfstandig naamwoord
Zwits	Zwitsers, in Zwitserland

Wegwijzer

De gebruikte afkortingen worden verklaard in de
Lijst van afkortingen op de voorgaande pagina's.

De trefwoorden zijn vet gedrukt

oliedom stockdumm

Wanneer de klemtoon van een woord verwarring
kan opleveren, staat er een streepje onder de be-
klemtoonde klinker(s)

o̲verspelen noch einmal spielen
onderaards u̲nterirdisch

Direct na het trefwoord kan nog een tweede trefwoord komen. Dat heeft dan precies dezelfde betekenis als het eerste trefwoord

oftewel, ofwel oder, beziehungsweise

Trefwoorden die gelijk geschreven worden, maar in
betekenis niets met elkaar te maken hebben, worden
voor aan de regel genummerd met 1, 2 enz.

¹helen *(genezen)* heilen
²helen *(van gestolen goed)* hehlen

Van trefwoorden die afkortingen zijn, wordt eerst
de (Nederlandse) uitschrijving gegeven

o.a. 1 *afk van onder andere* unter anderem (*afk* u.a.);
2 *afk van onder anderen* unter anderen (*afk* u.a.)

Een indeling met Romeinse cijfers wordt gegeven bij
trefwoorden die tot meer dan één grammaticale categorie gerekend kunnen worden. De grammaticale
gegevens (meestal de woordsoort) staan dan achter
het Romeinse cijfer vermeld

ogenblikkelijk I *bn* sofortig; II *bw* sofort
opfleuren I *tr* aufmuntern; II *intr* aufblühen

Vertalingen die zeer dicht bij elkaar liggen, worden
gescheiden door een komma

omheinen umzäunen, einzäunen

Is het verschil wat groter, dan staat tussen de vertalingen een puntkomma; vaak wordt dan ook tussen
haakjes een verklaring van dit kleine verschil in betekenis gegeven

opdrogen auftrocknen; *(mbt beek, rivier)* austrocknen; *(mbt bron; ook fig)* versiegen

Wanneer het trefwoord duidelijk verschillende be-
tekenissen heeft, worden de vertalingen genummerd met **1, 2** enz.

ontelbaar 1 unzählbar; 2 *(zeer veel)* unzählig

Soms is bij de vertaling een toelichting nodig, een
beperking van het gebruik van een woord, een vakgebied, een korte verklaring. Deze toelichting staat
cursief tussen haakjes

onderdeel 1 *(onderafdeling)* Unterabteilung *v²⁰*; **2**
(bestanddeel) Teil *m⁵*, Bestandteil *m⁵*; **3** *(bij reparatie)* Ersatzteil *o²⁹*, Einzelteil *o²⁹*; **4** *(van auto, fiets,
machine e.d.)* Zubehörteil *o²⁹*; **5** *(fractie)* Bruchteil
m⁵; **6** *(mil)* Einheit *v²⁰*

Hoog gezette cijfertjes verwijzen naar onderdelen van het grammaticale overzicht achter in het boek. Zo wordt verwezen naar het gebruik van de naamvallen (1 t/m 4), de verbuigingen en het meervoud van de zelfstandige naamwoorden (5 t/m 41) en naar de vervoegingen van onregelmatige werkwoorden (121 t/m 320). Bij de verwijzingen naar de naamvallen wordt dikwijls een plusteken gebruikt. In het voorbeeld hiernaast betekent bei[+3] dat *bei* de derde naamval (datief) regeert

onderdak Unterkunft *v[25]*: *iem ~ verschaffen* jmdn bei[+3] sich aufnehmen[212]

Direct na een Duitse vertaling kunnen grammaticale gegevens volgen die niet zijn opgenomen in het overzicht achter in het boek. In het voorbeeld heeft *Umbau* als 2e naamval (genitief) *Umbaues* of *Umbaus*, en als meervoud *Umbauten*. *Quiz* blijft in de 2e naamval (genitief) en het meervoud onveranderd

ombouw Umbau *m (2e nvl -(e)s; mv -ten)*
quiz Quiz *o (2e nvl -; mv -)*

De vertaling kan worden gevolgd door voorbeelden en uitdrukkingen. Deze staan cursief; het trefwoord wordt weergegeven door het teken ~. Voorbeelden en uitdrukkingen worden altijd gevolgd door een vertaling

obscuur obskur: *een ~ zaakje* ein zweifelhaftes Geschäft

Soms wordt een trefwoord alleen in één of meer uitdrukkingen gegeven, zonder dat het zelf vertaald wordt. De uitdrukking volgt dan direct na een dubbelepunt

onbetuigd: *zich niet ~ laten* regen Anteil nehmen[212] (an[+3])

Als een voorbeeld of uitdrukking meer dan één betekenis heeft, worden de vertalingen onderscheiden met *a)*, *b)* enz.

ongerede: *in het ~ raken: a) (verliezen)* abhanden kommen[193], verloren gehen[168]; *b) (in de war raken)* in Unordnung geraten[218]

Alternatieve vormen worden tussen haakjes gezet en ingeleid met *of*

onwaardig unwürdig, unwert: *hij is deze gunst ~* er ist dieser Gunst[2] unwürdig (*of:* unwert)

Uitdrukkingen die niet duidelijk aansluiten bij een van de verschillende betekenissen van een trefwoord, worden achteraan behandeld en van de (genummerde) betekenissen gescheiden door het teken ||

opzitten 1 *(overeind zitten)* aufsitzen[268]; **2** *(mbt honden)* Männchen machen || *er zit niets anders op!* es bleibt mir (dir usw.) nichts anderes übrig!; *het zit erop!* das wäre geschafft!

De Ster Woordenboeken gebruiken de nieuwe Nederlandse spelling volgens de regels uit 1995. In enkele gevallen wijkt de spelling van een trefwoord af van die in de Woordenlijst Nederlandse taal van 1995 (Wdl). Wanneer zo'n verschil betrekking heeft op de ministeriële besluiten aangaande de spelling (en niet binnen de marges vallen waarbinnen die besluiten variatie toelaten) is het desbetreffende trefwoord gemarkeerd met een sterretje

*paardenbloem (*Wdl:* paardebloem) Löwenzahn *m[19]*

a

à 1 *(tegen)* zu^{+3}; 2 *(tot)* bis^{+4}: ~ 5% zu 5 Prozent; *5 stuks* ~ *3 euro* 5 Stück zu je 3 Euro; *3* ~ *4 weken* 3 bis 4 Wochen

aai Liebkosung v^{20}

aaien streicheln, liebkosen

aak Schleppkahn, Lastkahn m^6

aal Aal m^5: *zo glad als een* ~ glatt wie ein Aal

aalbes Johannisbeere v^{21}

aalmoes Almosen o^{35}

aalmoezenier Militärgeistliche(r) m^{40a}

aambeeld Amboss m^5

aambei Hämorrhoide v^{21}, Hämorride v^{21}

aan I *vz* 1 *(mbt plaats, ook fig)* an *(bij beweging gericht op doel*$^{+4}$*, anders*$^{+3}$*)*; auf *(bij rust*$^{+3}$*, bij beweging gericht op doel*$^{+4}$*)*, zu^{+3}: ~ *het raam gaan staan* sich ans Fenster stellen; ~ *het raam staan* am Fenster stehen^{279}: ~ *beide kanten* auf *(of:* zu) beiden Seiten; ~ *iems voeten zitten* zu jmds Füßen sitzen^{268}; 2 *(bezig met)* an^{+3}, bei^{+3}, in^{+3}: ~ *het schrijven zijn* am *(of:* beim) Schreiben sein^{262}, schreiben^{252}: ~ *het afnemen zijn* im Abnehmen (begriffen) sein^{262}: *de prijs is* ~ *het stijgen* der Preis steigt; 3 *(gedurende)* bei^{+3}: ~ *het ontbijt* beim Frühstück; 4 *(in) in (bij beweging gericht op doel*$^{+4}$*, anders*$^{+3}$*)*: ~ *een afdeling verbonden zijn* in einer Abteilung tätig sein^{262}; 5 *(door)* an^{+3}: ~ *een ziekte sterven* an einer Krankheit sterben^{282}; 6 *(bij een ononderbroken opeenvolging van eenheden)* an^{+3}, für^{+4}: *dag* ~ *dag* Tag für Tag; *huis* ~ *huis* Haus an Haus; 7 *(wat betreft)* auf^{+3}: ~ *beide ogen blind zijn* auf beiden Augen blind sein^{262}; II *bn, bw: de boot, trein is* ~ das Boot, der Zug ist angekommen; *er is niets van* ~ daran ist kein wahres Wort; *de lamp is* ~ die Lampe brennt; *daar heb ik weinig (niets)* ~ davon habe ich wenig (nichts), *van jongs af* ~ von Kindheit an; *van het begin af* ~ von Anfang an

aanbakken anbacken^{121}

aanbellen klingeln, schellen, läuten

aanbesteden verdingen^{141}, ausschreiben^{252}: *aanbesteed werk* verdungene Arbeit v^{20}

aanbesteding Ausschreibung v^{20}, Verdingung v^{20}, Submission v^{20}: *bij* ~ im Submissionswege

aanbetalen anzahlen

aanbetaling Anzahlung v^{20}

aanbevelen empfehlen^{147}: *het is aan te bevelen* es empfiehlt sich

aanbevelenswaard(ig) empfehlenswert

aanbeveling Empfehlung v^{20}: *het verdient* ~ es empfiehlt sich

aanbevolen empfohlen

aanbidden anbeten, vergöttern

aanbidder Anbeter m^9, Verehrer m^9

aanbidding Anbetung v^{20}, Vergötterung v^{20}

aanbieden I *tr (beschikbaar stellen)* anbieten^{130}: *iem zijn diensten* ~ jmdm seine Dienste anbieten; II *zich* ~ sich (an)bieten^{130}, sich darbieten^{130}

aanbieding 1 *(algem)* Anerbieten o^{35}, Vorschlag m^6; 2 *(handel)* Offerte v^{21}, Angebot o^{29}: *speciale* ~ Sonderangebot o^{29}

aanbijten *(ook fig)* anbeißen^{125}

aanbinden anbinden^{131}; *(van schaatsen)* anschnallen

aanblaffen anbellen; *(fig, ook)* anfahren^{153}

aanblazen anblasen^{133}, *(fig)* anfachen

aanblijven: *de minister zal* ~ der Minister wird (im Amt) bleiben^{134}: *de kachel moet* ~ der Ofen soll nicht ausgehen^{168}

aanblik Anblick m^5

aanbod Angebot o^{29}; *(handel, ook)* Offerte v^{21}: *een* ~ *doen* ein Angebot machen

aanboren 1 *(algem)* anbohren; 2 *(exploiteren) (ook fig)* erschließen^{245}

aanbotsen: *tegen iem, iets* ~ gegen jmdn, etwas^{+4} anprallen

aanbouw 1 *(het aanbouwen)* Bau m^{19}, Bauen o^{39}: *het huis is in* ~ das Haus ist im *(of:* in) Bau; 2 *(het aangebouwde)* Anbau *m (2e nvl -s; mv -ten)*; 3 *(van planten)* Anbau m^{19}, Kultur v^{28}

aanbouwen 1 *(algem)* (er)bauen; 2 *(van nieuwe vleugel)* anbauen; 3 *(telen)* anbauen

aanbraden anbraten^{136}

aanbranden anbrennen^{138}: *hij is gauw aangebrand* er ist schnell beleidigt

aanbreken anbrechen^{137}: *bij het* ~ *van de dag* bei Tagesanbruch

aanbrengen 1 *(plaatsen)* anbringen^{139}; befestigen, montieren^{320}: *wijzigingen* ~ Änderungen vornehmen^{212}; 2 *(brengen)* bringen^{139}, herbeischaffen; 3 *(verklikken)* anzeigen^{320}; 4 *(werven)* werben^{309}

aandacht Aufmerksamkeit v^{28}, Beachtung v^{28}; *(belangstelling)* Teilnahme v^{28}, Interesse o^{39}: *dat trekt de* ~ das zieht die Aufmerksamkeit auf sich

aandachtig aufmerksam; konzentriert

aandeel 1 *(toekomend deel)* Anteil m^5: *evenredig* ~ Quote v^{21}: ~ *in de kosten* Anteil an den Kosten; 2 *(bewijs van aandeel)* Aktie v^{21}

aandeelhouder Aktionär m^5, Aktieninhaber m^9

aandelenbezit Aktienbesitz m^{19}

aandelenkapitaal 1 *(bij AG)* Aktienkapital o^{29}; 2 *(bij GmbH)* Stammkapital o^{29}

aandenken Andenken o^{35}, Erinnerung v^{20}

aandienen (an)melden; ankündigen

aandikken I *tr* dicker machen, eindicken: *(fig) iets* ~ etwas^{+4} aufbauschen; II *intr* dicker werden^{310}, eindicken

aandoen 1 *(aantrekken)* anziehen[318]: *de jas ~ den Mantel anziehen; iem de boeien ~* jmdm Fesseln anlegen; *iem een ring ~* jmdm einen Ring anstecken; **2** *(kort bezoeken)* berühren: *(mbt boot) een haven ~* einen Hafen anlaufen[198]: *(mbt vliegtuig) Berlijn ~* Berlin anfliegen[159]: *(mbt auto) een stad ~* eine Stadt anfahren[153]; **3** *(in werking stellen)* anmachen, einschalten: *het gas ~* das Gas anzünden; *het licht ~* das Licht anmachen *(of:* einschalten); **4** *(bij iem iets veroorzaken)* antun[295], zufügen: *iem een proces ~* gegen jmdn einen Prozess anstrengen; *iem verdriet ~* jmdm Kummer bereiten *(of:* machen); *zijn woorden deden mij onaangenaam aan* seine Worte berührten mich unangenehm; *zie ook* aangedaan

aandoening 1 *(med)* Erkrankung *v*[20]; **2** *(gewaarwording)* Empfindung *v*[20]; **3** *(ontroering)* Rührung *v*[28]

aandoenlijk rührend, ergreifend

aandraaien 1 *(door draaien vaster maken)* anziehen[318]; **2** *(elektr)* andrehen, anknipsen, einschalten

aandragen herantragen[288], herbeitragen[288]: *ideeën ~* mit Ideen kommen[193]

aandrang Andrang *m*[19]: *op ~ van mijn vriend* auf Drängen meines Freundes; *uit eigen ~* aus eigenem Antrieb

aandrift Antrieb *m*[5], Trieb *m*[5]

aandrijfas Antriebswelle *v*[21]

aandrijven I *tr* **1** *(van dieren, mensen)* antreiben[290]: *iem tot iets ~* jmdn zu[+3] etwas anstiften; **2** *(techn)* antreiben[290]; **II** *intr* antreiben[290], anschwemmen

aandrijving Antrieb *m*[5]

aandringen I *ww: bij iem ~ (om iets te doen)* in jmdn dringen[143] (, etwas zu tun): *op iets ~* auf[+4] etwas drängen; **II** *zn* Drängen *o*[39]: *op zijn ~ heb ik ...* auf sein Drängen habe ich ...

aandrukken andrücken

aanduiden 1 *(voorzichtig)* andeuten; **2** *(duidelijk)* bezeichnen; **3** *(betekenen)* bezeichnen, bedeuten, ausdrücken

aanduiding Andeutung *v*[20]; Bezeichnung *v*[20]; *zie ook* aanduiden

aandurven wagen, den Mut haben[182], sich getrauen: *hij zal het niet ~* er wird es nicht wagen

aanduwen 1 *(vooruitduwen)* (an)schieben[237]; **2** andrücken

aanweilen aufwischen: *de vloer ~* den Boden aufwischen

aaneen 1 *(mbt plaats)* zusammen, aneinander; **2** *(mbt tijd)* hintereinander, nacheinander

aaneengesloten geschlossen; *zie ook* aaneensluiten

aaneengroeien zusammenwachsen[302]

aaneenhangen zusammenhängen[184]: *het hangt als droog zand aaneen* es hat gar keinen Zusammenhang

aaneenknopen zusammenknüpfen

aaneenkoppelen 1 *(van dieren, rijtuigen)* zusammenkoppeln; **2** *(van mensen)* verkuppeln

aaneenlijmen zusammenleimen

aaneenschakelen verketten, aneinander reihen

aaneenschakeling Reihe *v*[21], Verkettung *v*[20], Aneinanderreihung *v*[20]

aaneenschrijven zusammenschreiben[252]

aaneensluiten I *tr* zusammenschließen[245]; **II** *zich ~* sich zusammenschließen

aaneensluiting Zusammenschluss *m*[6]

aanflitsen aufleuchten

aanfluiten *(bespotten)* verhöhnen

aanfluiting Hohn *m*[19], Verhöhnung *v*[20], Verspottung *v*[20]

aangaan I *tr* **1** *(een contract, verdrag, verplichting)* eingehen[168]; **2** *(een discussie)* anfangen[155]; **3** *(betreffen)* betreffen[289], angehen[168]; **II** *intr* **1** *(bezoeken)* vorbeigehen[168]; **2** *(mbt de kachel, de lamp)* angehen[168]; **3** *(mbt kerk)* beginnen[124]

aangaande *vz* in Bezug auf[+4], über[+4]

aangapen 1 *(onbeleefd)* angaffen; **2** *(met grote ogen)* anglotzen

aangeboden: *~ betrekkingen* Stellenangebote *mv o*[29]

aangeboren angeboren

aangedaan 1 *(ontroerd)* gerührt, bewegt, ergriffen; **2** *(aangetast)* angegriffen

aangeklaagde Angeklagte(r) *m*[40a], *v*[40b]

aangelegd veranlagt: *artistiek ~* künstlerisch veranlagt

aangelegen angrenzend, anstoßend

aangelegenheid Angelegenheit *v*[20]

aangenaam 1 *(prettig)* angenehm, erfreulich: *~! (bij kennismaking)* (es) freut mich, Sie kennen zu lernen!; **2** angenehm, behaglich

aangenomen: *~ kind* Pflegekind *o*[31], Adoptivkind *o*[31]: *~ werk* Akkordarbeit *v*[20]: *onder een ~ naam* unter fremdem Namen; *~ dat hij gelijk heeft* vorausgesetzt, dass er Recht hat

aangeschoten 1 *(lett)* angeschossen; **2** *(fig)* angeheitert

aangeschreven: *goed ~ staan* einen guten Ruf haben[182]

aangeslagen 1 *(bedekt met aanslag)* beschlagen; **2** *(uit het evenwicht)* angeschlagen: *hij was ~* er hatte die Fassung verloren

aangetekend: *~e brief* Einschreibebrief *m*[5]: *~ stuk* Einschreibesendung *v*[20]

aangetrouwd angeheiratet

aangeven 1 *(bekendmaken)* angeben[166], anzeigen; *(inkomsten)* angeben; *(goederen bij de douane)* verzollen: *(ook fig) de toon ~* den Ton angeben; *iem (bij de politie) ~* jmdn anzeigen; **2** *(laten registreren)* anmelden; **3** *(te kennen geven)* andeuten: *de weg is met rood aangegeven* der Weg ist rot markiert; **4** *(overhandigen)* (herüber)reichen, geben[166]

aangewezen: *de ~ weg* der richtige Weg; *op iets, op iem ~ zijn* auf[+4] etwas, auf jmdn angewiesen sein[262]

aangezicht Angesicht *o*[31], Gesicht *o*[31], Antlitz *o*[29]: *in het ~ van de dood* im Angesicht des Todes; *van ~ tot ~* von Angesicht zu Angesicht

aangezien da, weil

aangifte 1 *(bekendmaking)* Angabe v^{21}; **2** *(bij de overheid)* Anzeige v^{21}: ~ *doen van* Anzeige erstatten wegen[+2]

aangiftebiljet *(voor de belasting)* Steuererklärung v^{20}

aangorden umgürten: *de wapens* ~ rüsten; *het zwaard* ~ sich[3] das Schwert umgürten

aangrenzend angrenzend: ~*e kamer (ook)* Nebenzimmer o^{33}: *de* ~*e landen* die Nachbarländer

aangrijnzen 1 *(spottend)* (jmdn) angrinsen; **2** *(boosaardig)* (jmdn) anfletschen

aangrijpen 1 *(aanvallen, plotseling aanvatten)* ergreifen[181], angreifen[181]: *iets als voorwendsel* ~ etwas zum Vorwand nehmen[212]; **2** *(ontroeren)* rühren

aangrijpend ergreifend, erschütternd

aangroei Zuwachs m^6; *(het aangroeien, de ontwikkeling)* Wachstum o^{39}, Zunahme v^{21}

aangroeien (an)wachsen[302]

aanhaken 1 *(met een haak)* anhaken; **2** *(van aanhangwagen, wagon)* anhängen

aanhalen 1 *(liefkozen)* liebkosen[+4], schmusen mit[+3]; **2** *(vaster maken)* anziehen[318]: *de handrem* ~ die Handbremse anziehen; **3** *(citeren)* anführen, zitieren[320] || *wat heeft hij aangehaald!* was hat er angefangen!

aanhalig anschmiegsam

aanhaling *(citaat)* Anführung v^{20}, Zitat o^{29}

aanhalingsteken Anführungszeichen o^{35}

aanhang Anhang m^{19}, Anhängerschaft v^{28}

aanhangen: *iem* ~ jmdm anhängen[184]

aanhanger Anhänger m^9

aanhangig anhängig

aanhangsel Anhang m^6

aanhangwagen Anhänger m^9

aanhankelijk anhänglich; *(mbt dieren ook)* treu

aanhankelijkheid Anhänglichkeit v^{28}, Ergebenheit v^{28}, Treue v^{28}

aanhebben anhaben[182], tragen[288]: *we hebben de kachel aan* bei uns brennt der Ofen

aanhechten anheften

aanhef Anfang m^6

aanheffen anfangen[155], beginnen[124]: *een lied* ~ ein Lied anstimmen

aanhikken: *tegen iets* ~ vor etwas zurückschrecken[251]

aanhollen: *komen* ~ angestürzt kommen[193]

aanhoren anhören

aanhorig zugehörig

aanhouden I *tr* **1** *(arresteren)* verhaften, festnehmen[212]; **2** *(tot staan brengen)* anhalten[183]; **3** *(een toon)* anhalten[183]; **4** *(uitstellen)* aufschieben[237]; **5** *(van kleding)* anbehalten[183]; **II** *intr (voortduren)* anhalten[183] || *hij houdt maar aan* er lässt nicht locker

aanhoudend 1 *(voortdurend)* andauernd, fortwährend, *(mbt regen)* anhaltend; **2** *(onafgebroken)* ununterbrochen; **3** *(weerbericht)* ~ *koud* weiterhin kalt

aanhouding 1 *(van personen)* Verhaftung v^{20}, Festnahme v^{21}: *bevel tot* ~ Haftbefehl m^5; **2** *(uitstel)* Vertagung v^{20}

aanjagen: *iem schrik* ~ jmdm einen Schrecken einjagen

aankaarten: *iets* ~ etwas zur Sprache bringen[139]

aankakken: *komen* ~ endlich aufkreuzen

aankijken ansehen[261], anblicken: *(fig) ik kijk hem niet aan* ich lasse ihn links liegen; *we zullen de zaak nog eens* ~ wir werden uns[7] die Sache noch mal überlegen

aanklacht Anklage v^{21}, Klage v^{21}: *een* ~ *tegen iem indienen* gegen jmdn Anklage erheben[186]

aanklagen anklagen, beschuldigen: *wegens diefstal* ~ *des (of: wegen)* Diebstahls anklagen

aanklager Ankläger m^9: *openbare* ~ Staatsanwalt m^6

aanklampen: *iem op straat* ~ jmdn auf der Straße anreden; *iem* ~ *(om geld te lenen)* jmdn um Geld angehen[168]

aankleden 1 (sich, jmdn) ankleiden, anziehen[318]; **2** *(van kamer, toneel)* ausstatten, einrichten

aanklikken anklicken

aankloppen anklopfen

aanknippen 1 *(aansteken)* anknipsen; **2** *(mbt kleding)* anschneiden[250]

aanknopen anknüpfen: *we zullen er nog een week* ~ wir wollen noch eine Woche länger bleiben

aanknopingspunt 1 *(iets gemeenschappelijks)* Anknüpfungspunkt m^5; **2** *(houvast)* Anhaltspunkt m^5

aankoeken anbrennen[138], anbacken[121]

aankomen 1 *(mbt trein, reizigers enz.)* ankommen[193]: *in een stad* ~ in[+3] einer Stadt ankommen; **2** *(zwaarder worden)* zunehmen[212]: *hij is aangekomen* er hat (an Gewicht) zugenommen; **3** *(aanraken)* berühren: *nergens* ~! bitte nicht berühren! || *op geld komt het niet aan* Geld spielt keine Rolle; *dat komt er niet op aan* das macht nichts; *daar komt het niet op aan* das ist unwichtig

aankomend 1 *(aanstaande)* nächst: ~*e week* nächste Woche; **2** *(opgroeiend)* heranwachsend

aankomst Ankunft v^{28}

aankondigen *(bekendmaken)* ankündigen, *(officieel)* bekannt machen: *iets in de krant* ~ etwas in der Zeitung anzeigen

aankondiging Ankündigung v^{20}, Ansage v^{21}; Anzeige v^{21}, Meldung v^{20}, Bekanntmachung v^{20}: *tot nadere* ~ bis auf weiteres; *zie ook* aankondigen

aankoop 1 *(het aangekochte)* Ankauf m^6; **2** *(verkrijging)* Erwerb m^5, Kauf m^6

aankoopsom Kaufsumme v^{21}

aankopen (an)kaufen; *(verkrijgen)* erwerben[309]

aankrijgen: *ik kan die schoen niet* ~ ich kann den Schuh nicht anbekommen

aankruisen ankreuzen

aankunnen *(opgewassen zijn tegen)* gewachsen sein[262]: *iem* ~ jmdm gewachsen sein; *een taak* ~ eine Aufgabe bewältigen können; *die japon kan ik niet meer aan* dieses Kleid kann ich nicht mehr tragen; *(zeker zijn van) op iem* ~ sich auf jmdn verlas-

sen können[194]
aankweek Zucht v^{28}, Züchtung v^{20}, Kultur v^{28}
aankweken *(van planten)* ziehen[318], züchten
aanlachen anlachen: *iem ~* jmdn anlachen
aanlanden *(aan land komen)* anlegen, landen
aanlandig: *de wind is ~* der Wind ist auflandig
aanlaten anlassen[197]
aanleg 1 *(van dijken, kanalen, wegen)* Bau m^{19}; **2**
(talent) Talent o^{29}, Veranlagung v^{20}; **3** *(vatbaarheid)* Anlage v^{21}, Neigung v^{20} || *(Belg) rechtbank van eerste ~ (ongev)* Landgericht o^{29}
aanleggen 1 *(aanbrengen, ergens tegen leggen)* anleggen: *iem een verband ~* jmdm einen Verband anlegen; **2** *(maken) (van dijken, kanalen, wegen)* bauen; *(van leiding)* legen, installieren[320]; *(van tuin, lijst)* anlegen; *(van vuur)* machen
aanlegkosten Baukosten *(mv)*
aanlegplaats Anlegeplatz m^6, Landeplatz m^6
aanlegsteiger Landungsbrücke v^{21}
aanleiding Anlass m^6, Veranlassung v^{20}: *(als begin van een brief) naar ~ van uw schrijven* auf Ihr Schreiben; *naar ~ van zijn verjaardag* anlässlich seines Geburtstages
aanlengen verdünnen, strecken
aanleren erlernen, sich³ aneignen
aanleunen: *tegen de muur ~* sich an die Wand lehnen; *zich iets laten ~* sich³ etwas gefallen lassen[197]
aanleunwoning Altenwohnung v^{20}
aanliggend anliegend, angrenzend
aanlokkelijk einladend, anziehend
aanlokkelijkheid Reiz m^5, Verlockung v^{20}
aanlokken (an)locken, anziehen[318]
aanloop Anlauf m^6: *veel ~ hebben* häufig Besuch haben[182]
aanloopkosten Anlaufkosten *(mv)*
aanlopen 1 *(lopen in de richting van iem of iets)* (auf jmdn) zugehen[168]: *daar komt hij al ~* da kommt er schon (angelaufen); *van alle kanten kwamen mensen ~* von allen Seiten kamen Leute herbeigelaufen; *achter iem ~* hinter jmdm hergehen[168], *(hem nalopen)* jmdm nachlaufen[198]; **2** *(botsen)* anlaufen[198], anrennen[222]: *(opzettelijk) tegen iem ~* jmdn anrempeln; **3** *(kleuren)* anlaufen[198]: *hij liep rood aan van drift* er lief vor Zorn rot an
aanmaak Anfertigung v^{20}, Herstellung v^{28}
aanmaken 1 *(vervaardigen)* anfertigen, herstellen; **2** *(deeg, sla)* anmachen; **3** *(vuur)* anzünden: *de kachel ~* den Ofen anheizen
aanmanen mahnen: *iem tot betaling ~* jmdn mahnen; *tot spoed ~* zur Eile mahnen
aanmaning Ermahnung v^{20}; *(om schuld te voldoen)* Mahnung v^{20}, Mahnbrief m^5
aanmatigen, zich sich³ anmaßen
aanmatigend anmaßend, überheblich
aanmatiging Anmaßung v^{20}
aanmelden (an)melden
aanmelding Anmeldung v^{20}, Meldung v^{20}
aanmengen anmachen, anrühren
aanmeren vertäuen, festmachen

aanmerkelijk bedeutend, beträchtlich
aanmerken 1 *(beschouwen)* betrachten; **2** *(afkeuren)* aussetzen, beanstanden: *iets aan te merken hebben op* etwas auszusetzen haben[182] an[+3]
aanmerking *(kritiek)* Bemerkung v^{20}, Beanstandung v^{20}: *een ~ op iets maken* etwas beanstanden; *in ~ komen* in Betracht kommen[193]: *in ~ nemen* berücksichtigen
aanmeten anmessen[208], nach Maß anfertigen
aanmodderen: *iem laten ~* sich nicht um jmdn kümmern
aanmoedigen: *iem ~* jmdn ermutigen; *iets ~* etwas fördern
aanmoediging Ermutigung v^{20}; Förderung v^{20}; *zie ook* aanmoedigen
aanmonsteren anmustern, anheuern
aanmonstering Anmusterung v^{20}, Anheuern o^{39}
aannaaien annähen
aannemelijk 1 *(acceptabel)* annehmbar, akzeptabel; **2** *(geloofwaardig)* glaubhaft
aannemen 1 *(algem)* annehmen[212]; **2** *(adopteren)* adoptieren[320], annehmen[212]; **3** *(prot)* einsegnen, konfirmieren[320] || *de telefoon ~* sich melden
aannemer Bauunternehmer m^9
aannemersbedrijf Bauunternehmen o^{35}
aanpak Arbeitsmethode v^{21}
aanpakken anfassen, angreifen[181]: *iets goed ~* etwas gut anpacken; *iets verkeerd ~* etwas falsch anpacken; *flink moeten ~* sich anstrengen müssen[211]
aanpappen: *met iem ~* sich an jmdn heranmachen
aanpassen I *tr* **1** *(van kleding)* anprobieren[320], anpassen; **2** *(van huren, lonen)* anpassen, angleichen[176+3]; **II** *zich ~* sich anpassen: *zich aan de omstandigheden ~* sich den Umständen anpassen
aanpassing Anpassung v^{20} (an[+4])
aanpassingsvermogen Anpassungsvermögen o^{39}
aanplakbiljet Anschlagzettel m^9, Plakat o^{29}
aanplakbord Anschlagbrett o^{31}, schwarzes Brett o^{31}
aanplakken ankleben, anschlagen[241]
aanplakzuil Anschlagsäule v^{21}, Litfaßsäule v^{21}
aanplant Anpflanzung v^{20}, Anbau m^{19}
aanplanten anpflanzen
aanplanting Anpflanzung v^{20}, Anbau m^{19}
aanporren 1 *(lett)* anstoßen[285]; **2** *(fig)* anspornen
¹aanpoten 1 *(hard lopen)* sich beeilen; **2** *(flink werken)* zupacken
²aanpoten *(van planten)* (an)pflanzen
aanpraten: *iem iets ~* jmdm etwas aufschwatzen
aanprijzen anpreisen[216], empfehlen[147]: *iem iets ~* jmdm etwas anpreisen *(of:* empfehlen)
aanpunten anspitzen
aanraden I *ww: iem iets ~* jmdm etwas (an)raten[218] *(of:* empfehlen[147]); **II** *zn: op ~ van* auf Anraten[+2]
aanraken berühren
aanraking Berührung v^{20}, Kontakt m^5
aanranden vergewaltigen
aanrander Vergewaltiger m^9
aanranding Vergewaltigung v^{20}
aanrecht Spüle v^{21}

aanreiken reichen, *(naar spreker toe)* herüberreichen, *(van spreker af)* hinüberreichen

aanrekenen: *iem iets* ~ jmdm etwas anrechnen

aanrennen: *komen* ~ angerannt kommen[193]

aanrichten anrichten

aanrijden I *tr* anfahren[153]: *iem* ~ jmdn anfahren; **II** *intr:* *op iem* ~ auf jmdn zufahren[153], *(te paard)* auf jmdn zureiten[221]

aanrijding Zusammenstoß *m*[6]

aanroepen anrufen[226]

aanroeren berühren, anrühren: *een kwestie terloops* ~ eine Frage beiläufig erwähnen

aanrukken I *ww* **1** *(mil)* anrücken, anmarschieren[320]; **2** *(bestellen)* anfahren lassen[197]; **II** *zn* Anmarsch *m*[6]

aanschaf Anschaffung *v*[20]

aanschaffen (sich[3]) anschaffen

aanschaffingsprijs Anschaffungspreis *m*[5]

aanscherpen (an)schärfen; *(van potlood)* (an)spitzen

aanschieten 1 *(verwonden)* anschießen[238]; **2** *(van kleding)* schlüpfen in: *z'n kleren* ~ in die Kleider schlüpfen; **3** *(van personen)* anreden: *iem om geld* ~ jmdn um Geld angehen[168]

aanschijn 1 *(uiterlijk)* Äußere(s) *o*[40c], Aussehen *o*[39]; **2** *(aangezicht)* Angesicht *o*[31]: *in het* ~ *van de dood* im Angesicht des Todes

aanschouwelijk anschaulich

aanschouwen betrachten: *het levenslicht* ~ das Licht der Welt erblicken; *ten* ~ *van de hele wereld* vor aller Welt

aanschrijven: *iem* ~ jmdn schriftlich benachrichtigen; *zie ook* aangeschreven

aanschroeven anschrauben; *(vaster draaien)* anziehen[318]

aansjokken: *komen* ~ herangeschlurft kommen[193]

aansjouwen (her)anschleppen, herbeischleppen

aanslaan I *tr* **1** *(noot, toets, plakkaat)* anschlagen[241]; **2** *(taxeren)* einschätzen; **3** *(in de belasting)* veranlagen; **4** *(waarderen)* anschlagen, einschätzen; **II** *intr* **1** *(mbt hond)* anschlagen[241]; **2** *(mbt ruiten)* (sich) beschlagen[241]; **3** *(mbt bomen)* anwurzeln; **4** *(mbt motor)* anspringen[276]; **5** *(succes hebben)* gut ankommen[193]

aanslag 1 *(algem)* Anschlag *m*[6]; **2** *(moordpoging)* Attentat *o*[29], Anschlag *m*[6]; **3** *(van belasting)* Steuerveranlagung *v*[20]; **4** *(tandsteen, vuil)* Ansatz *m*[6]; *(op tong)* Belag *m*[6]

aanslagbiljet Steuerbescheid *m*[5]

aanslepen (her)anschleppen, herbeischleppen

aanslibben anschlämmen: *aangeslibd land (ook)* angeschwemmtes Land

aanslibbing Anschwemmung *v*[20]

aanslijpen (an)schleifen[243]; *(van potlood)* (an)spitzen

aansluipen: *komen* ~ angeschlichen kommen[193]

aansluiten I *tr* anschließen[245]: *(telecom)* verkeerd aangesloten zijn* falsch verbunden sein[262]; **II** *zich* ~ sich anschließen[245]: *zich bij iem* ~ sich jmdm anschließen

aansluiting Anschluss *m*[6] *(ook telecom):* *in* ~ *op* ... im Anschluss an[+4] ...

aansmeren 1 *(met metselspecie)* mörteln; **2** *iem iets* ~ jmdm etwas andrehen

aansnellen: *komen* ~ herbeigestürzt kommen[193]

aansnijden anschneiden[250] *(ook fig)*

aanspannen 1 *(paarden e.d.)* anspannen, einspannen; **2** *(strakker spannen)* spannen; **3** *(proces)* anstrengen

aanspelen *(sp)* anspielen: *iem* ~ jmdn anspielen

aanspoelen I *tr* anschwemmen, anspülen; **II** *intr* angeschwemmt werden[310]

aansporen anspornen, antreiben[290]

aansporing Ansporn *m*[19], Antrieb *m*[19]

aanspraak 1 *(jur)* Anspruch *m*[6]: ~ *op iets maken* Anspruch auf[+4] etwas erheben[186]; **2** *(omgang)* Umgang *m*[19]

aansprakelijk 1 *(verantwoordelijk)* verantwortlich; **2** *(jur)* haftbar: ~ *zijn voor* haften für[+4]

aansprakelijkheid 1 *(verantwoordelijkheid)* Verantwortlichkeit *v*[28]; **2** *(jur)* Haftung *v*[20]: *wettelijke* ~, *(Belg) burgerlijke* ~ Haftpflicht *v*[20]

aansprakelijkheidsverzekering Haftpflichtversicherung *v*[20]

aanspreken 1 *(het woord tot iem richten)* anreden, ansprechen[274]: *iem met jij* ~ jmdn duzen; *iem met u* ~ jmdn siezen; *(om geld te lenen)* jmdn um Geld angehen[168]; **2** *(beginnen te gebruiken)* angreifen[181], anbrechen[137] || *het boek spreekt aan bij het publiek* das Buch kommt bei dem Publikum an

aanstaan 1 *(bevallen)* gefallen[154]; **2** *(mbt radio)* laufen[198], spielen; *(mbt motor)* laufen[198]

aanstaande I *bn* nächst; *(toekomstig)* (zu)künftig: ~ *zondag* nächsten Sonntag; ~ *moeder* werdende Mutter *v*[26]; **II** *zn* Verlobte(r) *m*[40a], *v*[40b], Zukünftige(r) *m*[40a], *v*[40b]

aanstalten: ~ *voor de reis maken* Anstalten zur Reise treffen[289]

aanstampen anstampfen, festtreten[291]

aanstarren anstarren, *(wezenloos, verschrikt)* anstieren, *(dom)* anglotzen

aanstekelijk ansteckend

aansteken 1 *(doen branden)* anzünden; **2** *(besmetten)* anstecken

aansteker Feuerzeug *o*[39]

aanstellen I *tr* *(benoemen)* anstellen, einstellen: *iem tot notaris* ~ jmdn zum Notar bestallen; *iem tot voogd* ~ jmdn als Vormund einsetzen; **II** *zich* ~ sich anstellen

aanstellerig geziert, gespreizt

aanstellerij Anstellerei *v*[20], Gehabe *o*[39]

aanstelling 1 *(het benoemen)* Anstellung *v*[20], Einstellung *v*[20], Bestallung *v*[20]; Einsetzung *v*[20]; **2** *(document)* Anstellungsvertrag *m*[6]; *zie ook* aanstellen

aanstellingsbesluit Ernennungsurkunde *v*[21]

aanstellingsbrief Ernennungsurkunde *v*[21]

aansterken sich erholen

aanstichten anstiften

aanstichter *(ongev)* Anstifter *m*[9]

aanstippen *(even aanraken)* berühren, antupfen: *een thema* ~ ein Thema streifen

aanstoken 1 *(beter doen branden)* schüren; **2** *(opruien)* aufstacheln, aufwiegeln

aanstoker Aufwiegler *m*[9]

aanstonds (so)gleich, sofort

aanstoot Anstoß *m*[6]: *iem ~ geven* Anstoß bei jmdm erregen; ~ *nemen aan* Anstoß nehmen an[+3]

aanstootgevend anstößig

aanstormen: *komen* ~ angestürmt kommen[193]: *op de vijand* ~ gegen den Feind anstürmen

aanstoten anstoßen[285]

aanstrepen anstreichen[286]

aanstrijken 1 *(met cement e.d.)* verschmieren; *(met verf)* anstreichen[286]; **2** *(doen branden)* anzünden

aansturen: *op de haven* ~ auf den Hafen zusteuern; *op het land* ~ das Land ansteuern; *(fig) op iets* ~ etwas anstreben

aantal Anzahl *v*[20], Menge *v*[21], Zahl *v*[20]: *een ~ boeken* eine Anzahl Bücher; *het ~ arbeiders* die Zahl der Arbeiter; *sinds een ~ jaren* seit mehreren Jahren

aantasten 1 *(algem)* angreifen[181]: *zijn kapitaal* ~ sein Kapital angreifen; *iem in zijn eer* ~ jmds Ehre kränken; *iem in zijn goede naam* ~ jmds Ruf[5] schaden; **2** *(aanvreten)* angreifen[181], anfressen[162]

aantekenboekje Notizbuch *o*[32]

aantekenen notieren[320], aufschreiben[252]: *een brief laten* ~ einen Brief einschreiben lassen[197]

aantekening 1 *(notitie)* Notiz *v*[20]; **2** *(kanttekening)* Randbemerkung *v*[20]; **3** *(opmerking)* Anmerkung *v*[20]; **4** *(op akte)* Vermerk *m*[5]

aantijging Bezichtigung *v*[20]

aantocht *(mil) in ~ zijn* im Anmarsch sein[262]: *de winter is in ~* der Winter naht

aantonen 1 *(laten zien)* zeigen; **2** *(duidelijk maken)* deutlich machen; **3** *(bewijzen)* beweisen[307]

aantonend: *~e wijs* Indikativ *m*[5]

aantoonbaar nachweislich, nachweisbar

aantreden antreten[291]: *bij het ~ van de regering* beim Regierungsantritt

aantreffen 1 *(van personen)* antreffen[289]; **2** *(vinden)* (vor)finden[157]

aantrekkelijk 1 *(bekoorlijk)* anziehend, reizend; **2** *(aanlokkelijk)* verlockend, attraktiv

aantrekkelijkheid Reiz *m*[5], Verlockung *v*[20]

aantrekken I *tr* **1** *(aandoen)* anziehen[318]; **2** *(tot zich trekken)* anziehen[318]; **3** *(vaster trekken)* zuziehen[318]; **4** *(in dienst nemen)* einstellen; **II** *intr (stijgen)* anziehen[318] || *hij heeft het zich erg aangetrokken* es hat ihn tief berührt; *ik trek me er niets van aan* ich mache mir nichts daraus; *hij trok zich het lot van die wezen aan er* nahm sich dieser Waisen an; **III** *zich ~ sich*[3] zu Herzen nehmen

aantrekking Anziehung *v*[20]

aantrekkingskracht Anziehungskraft *v*[25]

aanvaardbaar annehmbar, akzeptabel

aanvaarden *(van ambt, erfenis, regering, reis)* antreten[291]: *iets ~ (zich in iets schikken)* etwas hinneh-

men[212]: *de consequenties ~* die Konsequenzen auf sich nehmen[212]: *de strijd ~* den Kampf aufnehmen[212]: *een taak ~* eine Aufgabe übernehmen[212]: *een vonnis ~* ein Urteil annehmen[292]

aanval 1 *(algem)* Angriff *m*[5]: *~ van woede* Wutanfall *m*[6]; **2** *(med)* Anfall *m*[6]

aanvallen I *tr* angreifen[181], anfallen[154]; **II** *intr: op de spijzen* ~ über die Speisen herfallen[154]

aanvallend offensiv, angriffslustig

aanvaller 1 *(algem)* Angreifer *m*[9]; **2** *(sp)* Stürmer *m*[9]

aanvalskracht Schlagkraft *v*[25]

aanvalsoorlog Angriffskrieg *m*[5], Offensivkrieg *m*[5]

aanvang Anfang *m*[6], Beginn *m*[19]

aanvangen beginnen[124], anfangen[155]

aanvangssalaris Anfangsgehalt *o*[32]

aanvankelijk I *bn* anfänglich; **II** *bw* anfangs

aanvaren I *intr: op de haven* ~ auf den Hafen zufahren[153]; **II** *tr: een schip* ~ ein Schiff rammen

aanvaring Zusammenstoß *m*[6], Kollision *v*[20]: *met een schip in ~ komen* mit einem Schiff zusammenstoßen[285]

aanvechten anfechten[156]

aanvechting Anfechtung *v*[20], Versuchung *v*[20]

aanvegen fegen, kehren

aanverwant angeheiratet, verschwägert: *~e talen* verwandte Sprachen *mv v*[21]

aanvliegen: *iem ~: a)* jmdn anspringen[276]; *b) (op iem afstormen)* jmd(n) zustürzen; *(luchtv) een luchthaven* ~ einen Flughafen anfliegen[159]

aanvliegroute Einflugschneise *v*[21]

aanvoegend: *~e wijs* Konjunktiv *m*[5]

aanvoelen anfühlen: *(fig) iem* ~ sich in jmdn einfühlen; *(fig) iets* ~ etwas nachempfinden[157]

aanvoer 1 *(het aanvoeren)* Zufuhr *v*[20], Anfuhr *v*[20], *(mil, ook)* Nachschub *m*[6]; **2** *(aanvoerbuis)* Zuleitung *v*[20]

aanvoerder 1 *(algem)* Anführer *m*[9]; **2** *(raddraaier)* Rädelsführer *m*[9]; **3** *(sp)* Mannschaftskapitän *m*[5]

aanvoeren 1 *(leiden)* (an)führen; **2** *(argumenten, bewijzen)* anführen, beibringen[139]; **3** *(goederen)* zuführen; **4** *(bouwmateriaal, water)* herbeischaffen

aanvraag 1 *(officieel verzoek)* Gesuch *o*[29], Antrag *m*[6]; **2** *(om inlichtingen)* Anfrage *v*[21]: *op ~* auf Anfrage, auf Wunsch

aanvragen beantragen, bitten[132] um[+4]

aanvreten anfressen[162]

aanvullen ergänzen: *elkaar ~* sich ergänzen

aanvulling Ergänzung *v*[20]

aanvullingstroepen Ersatztruppen *mv v*[21]

aanvuren anfeuern

aanwaaien anwehen, angeweht werden[310]: *ik kom wel eens ~* ich schaue mal (bei Ihnen) vorbei

aanwakkeren I *tr* anfachen; **II** *intr: de wind wakkert aan* der Wind frischt auf

aanwas Zuwachs *m*[6]: *~ van de bevolking* Bevölkerungszunahme *v*[21]

aanwenden anwenden[308], benutzen

aanwending Anwendung *v*[20], Benutzung *v*[28]

aanwennen sich[3] angewöhnen: *iets ~* sich[3] etwas

angewöhnen

aanwerven anwerben[309], werben[309]

aanwezig anwesend: ~ *zijn op een vergadering* einer Versammlung beiwohnen; *dit artikel is niet* ~ dieser Artikel ist nicht vorhanden

aanwezige Anwesende(r) m^{40a}, v^{40b}

aanwezigheid *(mbt personen)* Anwesenheit v^{28}, *(mbt zaken)* Vorhandensein o^{39}

aanwijsbaar nachweisbar

aanwijsstok Zeigestock m^6

aanwijzen 1 *(doen zien door te wijzen)* zeigen, anweisen[307]; **2** *(aangeven)* anzeigen; *zie ook* aangewezen

aanwijzend: ~ *voornaamwoord* hinweisendes Fürwort o^{32}

aanwijzing Anweisung v^{20}; *(vingerwijzing)* Fingerzeig m^5, Hinweis m^5

aanwinst Erwerb m^5: *nieuwe ~en (van bibliotheek)* Neuzugänge *(mv)*

aanwrijven: *iem iets* ~ jmdm etwas andichten, jmdm etwas in die Schuhe schieben[237]

aanzeggen bekannt machen: *iem ontslag* ~ jmdm die Kündigung aussprechen[274]

aanzet Ansatz m^6

aanzetten I *tr* **1** *(bevestigen)* ansetzen; **2** *(in werking zetten) (van machine)* anlassen[197]; *(van motor)* anlassen[197], anwerfen[311]; *(van radio)* anstellen, einschalten; *(inform)* andrehen: *de verwarming* ~ die Heizung anstellen; **3** *(aansporen)* antreiben[290]; **II** *intr (licht aanbranden)* sich ansetzen

aanzicht Ansicht v^{20}

aanzien I *ww* **1** *(kijken naar)* ansehen[261]: *iem* ~ jmdn ansehen; *ik kan dat niet langer* ~ ich kann das nicht länger mit ansehen; *naar het zich laat* ~ anscheinend; **2** *(achten, houden voor)* ansehen[261]: *waar ziet u mij voor aan?* wofür halten Sie mich?; **II** *zn* Ansehen o^{39}: *ten* ~ *van uw voorstel* in Bezug auf[+4] Ihren Vorschlag

aanzienlijk I *bn* **1** *(mbt familie)* angesehen, vornehm; **2** *(groot)* beträchtlich, erheblich; **II** *bw* wesentlich: *dat is* ~ *beter* das ist wesentlich besser

aanzitten an der Festtafel sitzen[268]: *ergens* ~ etwas berühren, etwas befummeln

aanzoek Heiratsantrag m^6

aanzoeken antragen[288]: *men heeft hem voor dit ambt aangezocht* man hat ihm dieses Amt angetragen

aanzuigen ansaugen[229]

aanzuiveren begleichen[176], tilgen

aanzwellen anschwellen[256]

aanzwengelen *(ook fig)* ankurbeln

aap Affe m^{15}: *in de* ~ *gelogeerd zijn* in der Patsche sitzen[268]

aar Ähre v^{21}

aard *(wezen, natuur)* Art v^{20}, Natur v^{20}; Wesen o^{35}: *uit de* ~ *der zaak* natürlich, selbstverständlich; *de zaken zijn van dien* ~*, dat ...* die Geschäfte sind derart, dass ...

aardappel Kartoffel v^{21}

aardappelmeel Kartoffelmehl o^{39}

aardappelmesje Kartoffelschäler m^9

aardappeloogst Kartoffelernte v^{21}

aardappelpuree Kartoffelbrei m^{19}

aardas Erdachse v^{21}

aardbaan Erdbahn v^{20}

aardbei Erdbeere v^{21}

aardbeving Erdbeben o^{35}

aardbodem Erdboden m^{19}, Erde v^{21}

aardbol Erdkugel v^{21}

aarde Erde v^{21}; *(grond, ook)* Boden m^{12}: *in goede ~ vallen* auf fruchtbaren Boden fallen[154]: *op* ~ auf Erden; *ter* ~ *bestellen* beerdigen

aardedonker stockfinster, stockdunkel

¹aarden *bn* irden, tönern: ~ *pot* irdener Topf m^6: ~ *wal* Erdwall m^6

²aarden *ww (elektr)* erden

³aarden *ww* **1** *(het karakter hebben)* arten: *hij aardt naar zijn vader* er artet nach seinem Vater; **2** *(zich gewennen)* sich eingewöhnen: *hij kan hier niet* ~ er kann sich hier nicht eingewöhnen

aardewerk Tonware v^{21}

aardgas Erdgas o^{39}

aardig 1 *(leuk)* hübsch, nett; **2** *(vriendelijk)* nett, liebenswürdig: *dat is* ~ *van u!* das ist nett von Ihnen!; *het ~e is eraf* es hat seinen Reiz verloren

aardigheid Spaß m^6: *voor de* ~ zum Spaß; *een ~je voor iem meebrengen* eine Kleinigkeit für jmdn mitnehmen[212]: *hij heeft er* ~ *in* es macht ihm Spaß

aardkorst Erdrinde v^{28}, Erdkruste v^{28}

aardlaag Erdschicht v^{20}

aardleiding Erdleitung v^{20}

aardlekschakelaar Leitungsschutzschalter m^9

aardolie Erdöl o^{39}

aardrijkskunde Geographie v^{28}; Geografie v^{28}

aardrijkskundig geographisch, geografisch

aardrijkskundige Geograph m^{14}, Geograf m^{14}

aards irdisch, *(werelds)* weltlich

aardschok Erdstoß m^6

aardverschuiving Erdrutsch m^5

aardworm 1 *(dierk)* Regenwurm m^8; **2** *(mens)* Erdenwurm m^{19}

aartsbisdom Erzbistum o^{32}

aartsbisschop Erzbischof m^6

aartsengel Erzengel m^9

aartshertog Erzherzog m^5, m^6

aartsvijand Erzfeind m^5

aarzelen zögern, zaudern

aarzeling Zögern o^{39}, Zaudern o^{39}

¹aas 1 *(lokaas)* Köder m^9; **2** *(kadaver)* Aas o^{29}

²aas 1 *(in kaartspel)* Ass o^{29}; **2** *(sp)* Ass o^{29}

aasgier *(ook fig)* Aasgeier m^9

abattoir Schlachthof m^6, Schlachthaus o^{32}

abc Abc o *(2e nvl -; mv -)*

abces Abszess m^5

abdij Abtei v^{20}

abnormaal abnorm, anormal: *hij is ~ groot* er ist ungewöhnlich groß; *hij is* ~ er ist nicht ganz normal

ab

abnormaliteit Abnormität v^{20}
abominabel abscheulich, scheußlich
abonnee Abonnent m^{14}, *(van krant e.d., ook)* Bezieher m^9, *(van telefoon)* Fernsprechteilnehmer m^9
abonneetelevisie Pay-TV o^{39a}
abonnement Abonnement o^{36}
abonnementskaart *(algem)* Abonnement(s)karte v^{21}, *(openbaar vervoer, ook)* Zeitkarte v^{21}
abonneren, zich abonnieren^{320}: *zich op een krant ~* eine Zeitung abonnieren
aborteren *(zwangerschap afbreken)* abtreiben^{290}
abortus Fehlgeburt v^{20}: *~ provocatus* Abtreibung v^{20}
abri Wartehäuschen o^{35}
abrikoos Aprikose v^{21}
abrupt abrupt, jäh: *~ eindigen* jäh aufhören
absent abwesend
absenteïsme häufiges Fehlen o^{39}
absentie Abwesenheit v^{20}
absolutie Absolution v^{20}
absolutisme Absolutismus m^{19a}
absoluut absolut
absorberen absorbieren^{320}
absorptie Absorption v^{20}
absorptievermogen Absorptionsvermögen o^{39}
abstract abstrakt
absurd absurd
absurditeit Absurdität v^{20}
abt Abt m^6
abuis Versehen o^{35}, Irrtum m^8: *per ~* versehentlich
abusievelijk versehentlich
academicus Akademiker m^9
academie Akademie v^{21}; *(hogeschool)* Hochschule v^{21}, *(universiteit)* Universität v^{20}: *militaire ~* Militärakademie; *pedagogische ~* pädagogische Hochschule
academisch akademisch
acceleratie Beschleunigung v^{20}
accelereren beschleunigen
accent Akzent m^5
accentueren akzentuieren^{320}, betonen
acceptabel akzeptabel
accepteren akzeptieren^{320}
accessoires Zubehör o^{29}; *(bij kleding)* Accessoires *mv* o^{36}
accijns Verbrauch(s)steuer v^{21}: *vrij van ~* steuerfrei
acclimatiseren sich akklimatisieren^{320}
accolade Akkolade v^{21}
accommodatie 1 *(aanpassing)* Akkommodation v^{20}, Anpassung v^{20}; **2** *(aangebrachte gemakken)* Einrichtung v^{20}, Ausstattung v^{20}
accordeon Akkordeon o^{36}, Schifferklavier o^{29}
accountant Rechnungsprüfer m^9, Wirtschaftsprüfer
accrediteren akkreditieren^{320}
accu Batterie v^{21}
accuraat akkurat
ace Ass o^{29}
aceton Aceton o^{39}, Azeton o^{39}

ach *tw* ach!: *~ en wee roepen* Ach und Weh schreien^{253}
achillespees Achillessehne v^{21}
¹acht: *~ geven op, ~ slaan op* achten auf^{+4}, Acht geben^{166} auf^{+4}: *geen ~ op iets slaan* etwas nicht beachten; *de voorschriften in ~ nemen* die Vorschriften beachten; *zich voor iem in ~ nemen* sich vor jmdm hüten
²acht I *telw* acht: *het is bij ~en* es ist gleich acht; *in een dag of ~* in etwa acht Tagen; *in ~en delen* in acht Teile teilen; *ze zijn met hun ~en* sie sind zu acht; **II** *rangtelw* acht: *~ maart* der achte März
achtbaan Achterbahn v^{20}
achtbaar achtbar, achtenswert
achteloos lässig, nachlässig: *een ~ gebaar* eine (nach)lässige Gebärde v^{21}; *ergens ~ aan voorbijgaan* achtlos an^{+3} etwas vorübergehen^{168}
achteloosheid Nachlässigkeit v^{28}, Achtlosigkeit v^{20}
achten 1 *(hoogachten)* achten, schätzen; **2** *(denken, menen)* glauben, meinen; **3** *(houden voor, rekenen)* halten^{183} für^{+4}
achtenswaard(ig) achtbar, achtenswert
achter I *vz* hinter *(bij beweging gericht op doel^{+4}, anders^{+3})*: *hij staat ~ de boom* er steht hinter dem Baum; *hij gaat ~ de boom staan* er stellt sich hinter den Baum; *er zit wat ~* es steckt etwas dahinter; *(fig) ~ iets komen* etwas herausfinden^{157}; **II** *bw* hinten: *~ in de tuin* hinten im Garten
achteraan hinten
achteraandrijving Heckantrieb m^5
achteraangaan: *ergens ~* sich um^{+4} etwas kümmern
achteraf *bw* hinterher, nachträglich
achterbak Kofferraum m^6
achterbaks hinterhältig
achterban Anhängerschaft v^{28}; *(van partij e.d.)* Basis *v (mv Basen)*
achterband Hinterreifen m^{11}
achterbank Rücksitz m^5
achterblijven zurückbleiben^{134}: *ver bij de anderen ~* weit hinter den anderen zurückbleiben
achterblijver Nachzügler m^9; *(op school)* schwacher Schüler m^9
achterbuurt Armenviertel o^{33}, Elendsviertel
achterdeur Hintertür v^{20}
achterdocht Argwohn m^{19}: *~ krijgen* Argwohn schöpfen
achterdochtig argwöhnisch
achtereen hintereinander, nacheinander
achtereenvolgend aufeinander folgend
achtereenvolgens hintereinander, nacheinander
achtereinde 1 *(achterste stuk)* hinterer Teil m^5; **2** *(zitvlak)* Hinterteil o^{29}
achterelkaar hintereinander, nacheinander
achteren: *naar ~* nach hinten; *naar ~ gaan* auf die Toilette gehen^{168}; *van ~* von hinten
achtergrond Hintergrund m^6: *op de ~ blijven* im Hintergrund bleiben^{134}
achtergrondinformatie Hintergrundinformation

v^{20}

achterhalen 1 *(inhalen)* einholen; **2** *(nagaan)* ermitteln, herausbekommen[193], herausfinden[157]

achterhoede 1 *(mil)* Nachhut v^{20}; **2** *(sp)* Verteidigung v^{20}, Abwehr v^{28}

achterhoedespeler Verteidiger m^9

achterhoofd Hinterkopf m^6

achterhouden: *iets* ~ etwas zurückbehalten[183]: *geld* ~ Geld unterschlagen[241]: *iets voor iem* ~ jmdm etwas verheimlichen

achterhuis Hinterhaus o^{32}

achterin hinten

achterkamer Hinterzimmer o^{33}

achterkant Hinterseite v^{21}, Rückseite v^{21}

achterklap üble Nachrede v^{21}

achterkleindochter Urenkelin v^{22}

achterkleinkind Urenkel m^9

achterkleinzoon Urenkel m^9

achterland Hinterland o^{39}

achterlaten *(niet meenemen)* zurücklassen[197], hinterlassen[197]; *(bij overlijden)* hinterlassen[197]

achterlating: *met* ~ *van* unter Zurücklassung[+2]

achterlicht Rücklicht o^{31}, Schlusslicht o^{31}

achterliggen *(sp)* im Rückstand liegen[202], zurückliegen[202]: *bij iem* ~ hinter jmdm zurückstehen[279]

achterlijf *(van insect)* Hinterleib m^7

achterlijk *(ten achter zijnde)* zurückgeblieben; *(geestelijk ten achter zijnd)* geistesschwach

achterlijkheid Geistesschwäche v^{28}

achterlopen *(mbt klok)* nachgehen[168]

achterman Hintermann m^8

achternaam Familienname m^{18}

achternagaan: *iem* ~ jmdm nachgehen[168]

achternalopen: *iem* ~ jmdm nachgehen[168], *(fig)* sich bei jmdm einschmeicheln

achternarijden: *iem* ~ jmdm nachfahren[153]

achternasturen, achternazenden (jmdm etwas) nachschicken

achternazitten: *iem* ~ jmdn verfolgen

achterneef Großneffe m^{15}

achternicht Großnichte v^{21}

achterom I *bw* hintenherum: ~ *kijken* zurückblicken; **II** *zn* Hintereingang m^6

achterop auf der Rückseite: *dat staat* ~ das steht auf der Rückseite; ~ *zitten (op fiets enz.)* hintendrauf sitzen[268]

achterover zurück, rückwärts: *ze leunde* ~ *in haar stoel* sie lehnte sich im Stuhl zurück

achteroverdrukken *(van geld)* unterschlagen[241]

achterpand Rückenteil m^5

achterpoot Hinterbein o^{29}

achterraken: *bij iem* ~ hinter jmdm zurückbleiben[134]

achterruit Heckscheibe v^{21}

achterspeler Verteidiger m^9

achterst hinter, hinterst

achterstaan: *bij iem* ~ hinter jmdm zurückstehen[279], *(sp)* zurückliegen[202]

achterstallig rückständig

achterstand Rückstand m^6

achterstandswijk Problemviertel o^{33}

achterste 1 *(achtereinde)* hinterer Teil m^5: *hij is de* ~ er ist der Letzte; **2** *(zitvlak)* zie achterwerk

achterstellen: *iem bij een ander* ~ jmdn gegenüber einem andern zurücksetzen

achterstelling Zurücksetzung v^{20}

achterstevoren falsch herum, verkehrt

achteruit I *bw* zurück, rückwärts; **II** *zn (van auto)* Rückwärtsgang m^6

achteruitdeinzen zurückfahren[153]

achteruitgaan 1 *(lett)* zurückgehen[168], rückwärts gehen[168]; **2** *(fig)* zurückgehen[168], abwärts gehen[168]

¹achteruitgang Rückgang m^6: *economische* ~ wirtschaftlicher Rückgang

²achteruitgang Hinterausgang m^6

achteruitkijkspiegel Rückspiegel m^9

achteruitlopen 1 *(lett)* rückwärts gehen[168]; **2** *(mbt zaak)* herunterkommen[193]

achteruitrijden rückwärts fahren[153]

achteruitspringen zurückspringen[276]; *(van schrik)* zurückfahren[153]

achteruitwijken zurückweichen[306]

achteruitzetten zurückstellen

achtervolgen: *iem* ~ jmdn verfolgen

achtervolging Verfolgung v^{20}

achterwaarts *bw* rückwärts, zurück

achterwand Rückwand v^{25}

achterwege: ~ *blijven* unterbleiben[134]: *iets* ~ *laten* etwas unterlassen[197]

achterwerk *(zitvlak)* Hintern m^{11}, Hinterteil o^{29}

achterwiel Hinterrad o^{32}

achterwielaandrijving Hinterradantrieb m^{19}

achterzak Gesäßtasche v^{21}

achterzijde Hinterseite v^{21}, Rückseite v^{21}

achting Achtung v^{28}, Respekt m^{19}: ~ *voor iem hebben* Achtung vor jmdm haben[182]: *in iems* ~ *dalen, stijgen* in jmds Achtung sinken[266], steigen[281]

achtste I *rangtelw* der (die, das) achte: *Hendrik de Achtste* Heinrich der Achte (VIII.); *ten* ~ achtens; **II** *zn* **1** *(deel)* Achtel o^{33}; **2** *(noot)* Achtel o^{33}, Achtelnote v^{21}

achttal acht

achttien achtzehn

achturig achtstündig: ~*e werkdag* Achtstundentag m^5

achtvoudig achtfach

achtzijdig achtseitig

acrobaat Akrobat m^{14}

acrobate Akrobatin v^{22}

acrobatisch akrobatisch

act Nummer v^{21}

acteren spielen

acteur Schauspieler m^9, Akteur m^5

actie 1 Aktion v^{20}; **2** *(in drama)* Handlung v^{20}

actiecomité Aktionskomitee o^{36}

actief aktiv: *geestelijk* ~ *zijn* geistig rege sein[262]

actiegroep Bürgerinitiative v^{21}

actieradius Aktionsradius m^{19a}

ac

activa Aktiva *(mv)*
activeren aktivieren[320]
activisme Aktivismus *m*[19a]
activist Aktivist *m*[14]
activiteit Aktivität *v*[20]
actrice Schauspielerin *v*[22], Aktrice *v*[21]
actualiseren aktualisieren[320]
actualiteit 1 *(het actueel zijn)* Aktualität *v*[28], Zeitnähe *v*[28]; **2** *(actueel onderwerp)* aktuelles Thema *o (2e nvl -s; mv Themen)*
actualiteitenrubriek Magazin *o*[29]
actueel aktuell, zeitnah
acupunctuur Akupunktur *v*[20]
acuut 1 *(hevig, dringend)* akut; **2** *(onmiddellijk)* sofort
adamsappel Adamsapfel *m*[10]
adamskostuum: *in ~* im Adamskostüm
adapter Adapter *m*[9]
adder 1 Otter *v*[21]; **2** *(fig)* Natter *v*[21]
additioneel zusätzlich
adel Adel *m*[19]: *van ~* von Adel; *iem van ~* Adlige(r) *m*[40a], *v*[40b]
adelaar Adler *m*[9]
adelen adeln
adellijk ad(e)lig
adelstand Adelsstand *m*[6]
adem Atem *m*[19]: *buiten ~ raken* außer Atem kommen[193]: *in één ~* in einem Atemzug; *naar ~ snakken* nach Luft schnappen
adembenemend atem(be)raubend
ademen, ademhalen atmen
ademhaling Atmung *v*[28], Atmen *o*[39]
ademloos atemlos
ademnood Atemnot *v*[28]
adempauze *(ook fig)* Atempause *v*[21]
ademtest Alkoholtest *m*[5]
adequaat adäquat, angemessen
ader Ader *v*[21]
aderverkalking Arterienverkalkung *v*[28]
adhesie 1 *(nat)* Adhäsion *v*[20]; **2** *(fig)* Beifall *m*[19]: *~ (met iets) betuigen* einer Sache[3] beistimmen
adieu *tw* auf Wiedersehen!, leb(t) wohl!
adjudant Adjutant *m*[14]
administrateur 1 *(van bedrijf, school)* Geschäftsführer *m*[9]; **2** *(beheerder, bestuurder)* Verwalter *m*[9]
administratie 1 Verwaltung *v*[20]; **2** *(de bescheiden)* Unterlagen *mv v*[21]
administratief Verwaltungs…, verwaltungs…: *~ recht* Verwaltungsrecht *o*[39]: *(Belg) ~ centrum* Verwaltungszentrum *o (2e nvl -s; mv -zentren)*
administratiekosten Verwaltungskosten *(mv)*
administratrice Verwalterin *v*[22]; Geschäftsführerin *v*[22]; *zie ook* administrateur
administreren verwalten, administrieren[320]
admiraal Admiral *m*[5], *m*[6]
admiraliteit Admiralität *v*[20]
adolescent Adoleszent *m*[14], Jugendliche(r) *m*[40a], *v*[40b]
adopteren adoptieren[320]

adoptie Adoption *v*[20]
adrenaline Adrenalin *o*[39]
adres 1 *(algem)* Adresse *v*[21], Anschrift *v*[20]: *(fig) dat was aan jouw ~* das galt dir; *per ~* per Adresse *(afk p.A.)*, *bei*[+3]; **2** *(verzoek)* Adresse *v*[21], Eingabe *v*[21]; **3** *(comp)* Adresse *v*[21]
adresboek Adressbuch *o*[32]
adresseren adressieren[320] *(an*[+4]*)*
adreswijziging Adressenänderung *v*[20]
advent Advent *m*[5]
adverteerder Inserent *m*[14]
advertentie Anzeige *v*[21], Inserat *o*[29]: *een ~ plaatsen* eine Anzeige aufgeben[166]
advertentieblad Anzeigenblatt *o*[32]
advertentiekosten Insertionskosten *(mv)*
adverteren inserieren[320], annoncieren[320]
advies 1 *(officieel)* Gutachten *o*[35]; **2** *(algem)* Rat *m*[19], Ratschlag *m*[6]: *~ inwinnen* sich[3] Rat holen
adviesprijs empfohlener Preis *m*[5]
adviseren raten[218], empfehlen[147]
adviserend beratend
adviseur Berater *m*[9]
¹advocaat *(jur)* Rechtsanwalt *m*[6], Anwalt *m*[6]
²advocaat *(likeur)* Eierlikör *m*[5]
advocatuur Rechtsanwaltschaft *v*[20]
aerobics Aerobic *o*[39]
aërodynamica Aerodynamik *v*[28]
aërodynamisch aerodynamisch
af I *bw* **1** *(naar beneden)* herunter, herab *(naar de spreker toe)*, hinunter, hinab *(van de spreker af):* de berg ~ den Berg hinunter *(of: herunter)*; **2** *(gereed)* fertig: *iets ~ hebben* etwas fertig haben[182]; **3** *(mbt een verwijdering van een zeker punt)* ab, weg || *~ en aan* hin und her; *~ en toe* dann und wann; *jij bent goed ~* du hast aber Glück gehabt; *daar wil ik ~ zijn* das weiß ich nicht genau; *van iem ~ zijn* jmdn los sein[262]: *ze zijn van elkaar ~* sie sind geschieden; **II** *bn* **1** *(voltooid)* fertig: *het werk is ~* die Arbeit ist fertig; **2** *(onberispelijk)* tadellos: *dat is ~!* das ist tadellos!
afbakenen 1 *(terrein)* abstecken; **2** *(iems bevoegdheid)* abgrenzen
afbeelden abbilden, darstellen
afbeelding Abbildung *v*[20], Darstellung *v*[20]
afbekken: *iem ~* jmdn anschnauzen
afbellen 1 *(annuleren)* telefonisch absagen; **2** *(veel telefoneren)* herumtelefonieren[320]
afbestellen abbestellen
afbetalen 1 *(wat verschuldigd is)* tilgen; **2** *(in termijnen)* abzahlen
afbetaling Ratenzahlung *v*[20]: *op ~ kopen* auf Raten kaufen
afbeulen I *tr* schinden[239]; **II** *zich ~* sich abrackern
afbijten 1 *(door bijten wegnemen)* abbeißen[125]; **2** *(met een afbijtmiddel)* abbeizen
afbinden 1 *(van arm, slagader)* abbinden[131]; **2** *(van schaatsen, ski's)* abschnallen
afbladderen abblättern
afblijven nicht berühren

afboeken abbuchen
afborstelen abbürsten
afbouw 1 *(het voltooien)* Fertigstellung v^{20}; **2** *(vermindering)* Abbau m^{19}
afbouwen 1 *(voltooien)* fertig stellen; **2** *(geleidelijk verminderen)* abbauen
afbraak *(het afbreken)* Abbruch m^{19}, Abriss m^{19}; *(chem)* Abbau m^{19}
afbranden abbrennen[138]
afbreekbaar *(chem)* abbaubar
afbreken 1 *(van bloem, tak)* abbrechen[137]; **2** *(van gebouw)* abbrechen[137], abreißen[220]; **3** *(van woord)* trennen; **4** *(van kermis, markt, tent)* abbauen; **5** *(van rede)* unterbrechen[137]; **6** *(chem)* abbauen; **7** *(afkraken)* verreißen[220]
afbrengen: iem van zijn plan ~ jmdn von seinem Vorhaben abbringen[139]; *wij zijn benieuwd, hoe hij het er afbrengt* wir sind gespannt, wie er sich abschneidet
afbreuk: ~ *doen aan* schaden[+3], beeinträchtigen
afbrokkelen abbröckeln
afbuigen I *tr* zurückbiegen[129]; **II** *intr* abbiegen[129]
afdak *(afhellend dak)* Vordach o^{32}; *(losstaand)* Schutzdach o^{32}
afdalen *(een berg afgaan)* absteigen[281], hinuntersteigen[281]; *(op ski's)* abfahren[153]
afdaling Abstieg m^5; *(op ski's)* Abfahrt v^{20}
afdanken 1 *(ontslaan)* feuern, entlassen[197]; **2** *(kleren, meubels)* ausrangieren[320]
afdankertje abgetragenes Kleidungsstück o^{29}
afdekken abdecken
afdeling 1 *(gedeelte van groter geheel)* Abteilung v^{20}; **2** *(van boek)* Abschnitt m^5; **3** *(van vereniging enz.)* Gruppe v^{21}; **4** *(van ziekenhuis)* Station v^{20}
afdingen feilschen: *iets op de prijs* ~ den Preis herunterhandeln; *ik wil op zijn verdiensten niets* ~ ich will sein Verdienst nicht schmälern
afdoen 1 *(van bril, hoed, das)* abnehmen[212]; **2** *(schoonmaken)* abwischen || *iets van de prijs* ~ etwas vom Preis ablassen[197]: *dat doet er niets aan af* das ändert nichts an der Sache; *zie ook* afgedaan
afdoend: ~*e bewijzen* schlagende Beweise; ~*e maatregelen* wirksame Maßnahmen
afdoening 1 *(van zaken)* Erledigung v^{28}; **2** *(van schuld)* Abbezahlung v^{20}
afdraaien *(van koers veranderen)* abdrehen: *een film* ~ einen Film vorführen; *z'n les* ~ seine Lektion herunterleiern
afdragen 1 *(door dragen verslijten)* abtragen[288]; **2** *(geld)* abführen *(belastingen)* entrichten
afdrijven 1 *(mbt schip)* abtreiben[290]: *de rivier* ~ den Fluss hinuntertreiben[290]; **2** *(mbt onweer)* abziehen[318]
afdrogen 1 *(droog maken)* (ab)trocknen: *(fig) iems tranen* ~ jmds Tränen trocknen; **2** *(sp)* abservieren[320]; **3** *(afranselen) iem* ~ jmdn verhauen[185]
afdruipen abtropfen; *(fig)* sich davonmachen
afdruk Abdruck m^5; *(foto)* Abzug m^6
afdrukken 1 *(typ)* abdrucken; **2** *(een geweer; iets in*

was) abdrücken; **3** *(foto)* abziehen[318], kopieren[320]
afduwen 1 *(van boot)* abstoßen[285]; **2** *(iem van zijn plaats)* abdrängen
afdwalen 1 *(lett)* vom Weg abkommen[193]: *(fig) van het rechte pad* ~ auf Abwege geraten[218]; **2** *(mbt spreker)* vom Thema abkommen[193]
afdwingen: iem iets ~ jmdm etwas abnötigen; *bewondering, eerbied* ~ Bewunderung, Ehrfurcht einflößen
affaire Affäre v^{21}, Angelegenheit v^{20}
affect Affekt m^5
affiche Plakat o^{29}
affluiten abpfeifen[214]
afgaan 1 *(theat)* abgehen[168]; **2** *(bij examen)* durchfallen[154]; **3** *(een mal figuur slaan)* sich blamieren[320]; **4** *(mbt geweer, schot)* losgehen[168]; **5** *(de trap afdalen)* hinuntergehen[168]; **6** *(ontlasting hebben)* Stuhlgang haben[182]; **7** *(losgaan)* abgehen[168]; **8** *(verlaten)* abgehen[168], verlassen[197]: *van zijn vrouw* ~ seine Frau verlassen; *zij zijn van elkaar afgegaan (man en vrouw)* sie sind geschieden || *(minder worden) het mooie gaat eraf* es verliert seinen Reiz; *(iets goed kunnen) dat gaat hem handig af* das geht ihm leicht von der Hand
afgang 1 *(mislukking)* Misserfolg m^5; **2** *(blamage)* Blamage v^{21}; **3** *(stoelgang)* Stuhlgang m^{19}; *(ontlasting)* Stuhl m^{19}
afgedaan: *daarmee was de zaak afgedaan* damit war die Sache erledigt
afgedraaid fix und fertig, völlig erschöpft
afgelasten absagen, abblasen[133]: *een wedstrijd* ~ ein Spiel absetzen
afgeleefd abgelebt, altersschwach
afgelegen abgelegen, entlegen
afgelopen letzt, vergangen, vorig: *het* ~ *jaar* letztes Jahr; ~! Schluss!
afgemat erschöpft
afgemeten 1 *(lett)* abgemessen; **2** *(fig)* gemessen
afgepast *(mbt textiel)* abgemessen; *(fig)* gemessen: ~ *geld* abgezähltes Geld o^{39}
afgepeigerd erledigt
afgescheiden getrennt, abgesondert
afgesloofd abgearbeitet, abgerackert
afgesloten abgeschlossen
afgestudeerde Diplomierte(r) m^{40a}, v^{40b}
afgetobd erschöpft; *(van verdriet)* abgehärmt
afgevaardigde 1 *(in parlement)* Abgeordnete(r) m^{40a}, v^{40b}; **2** *(naar congres enz.)* Delegierte(r) m^{40a}, v^{40b}
afgeven I *tr* **1** *(bal, brief, sleutel, warmte)* abgeben[166]; **2** *(onder dwang)* herausgeben[166]; **3** *(getuigschrift, pas)* ausstellen; **4** *(verspreiden)* verbreiten; **II** *intr* *(mbt kleur)* abfärben
afgezaagd *(fig)* abgedroschen
afgezant Abgesandte(r) m^{40a}, v^{40b}
afgezien: ~ *van* abgesehen von[+3]
afgezonderd abgesondert
afgieten abgießen[175]
afgifte Abgabe v^{28}, Ablieferung v^{20}, Ausstellung v^{20};

zie ook afgeven

afglijden abgleiten[178], abrutschen

afgod Abgott *m*[8]; *(afgodsbeeld)* Götze *m*[15]

afgooien 1 *(naar beneden gooien)* hinunterwerfen[311]; 2 *(ruiter)* abwerfen[311]

afgraven abgraben[180]

afgrendelen abriegeln

afgrijselijk grässlich, scheußlich

afgrijzen Grauen *o*[39], Grausen *o*[39]

afgrond Abgrund *m*[6]

afgunst Neid *m*[19]

afgunstig neidisch

afhaken I *tr* 1 *(van een haak nemen)* abhaken; 2 *(van wagen)* abkoppeln; II *intr (niet meer meedoen)* abspringen[276]

afhakken abhauen[185], abhacken

afhalen 1 *(brief, pakje; iem)* abholen; 2 *(iets van de zolder)* herunterholen; 3 *(bonen)* abziehen[318]; 4 *(een bed)* abziehen[318]; 5 *(verwijderen)* abnehmen[212] || *iets van de prijs ~* etwas vom Preis abziehen

afhandelen erledigen

afhandeling Erledigung *v*[28]

afhandig: *iem iets ~ maken* jmdm etwas entwenden[308]; *iem klanten ~ maken* jmdm Kunden abspenstig machen

afhangen *(afhankelijk zijn)* abhängen[184], abhängig sein[262]

afhankelijk abhängig: *de prijs is ~ van ...* der Preis ist abhängig von[+3]

afhankelijkheid Abhängigkeit *v*[20]

afhellen abfallen[154]

afhelpen *(iem van een ladder)* (jmdm) herunterhelfen[188]

afhouden: *iets van zich ~* etwas von[+3] sich entfernt halten[183]: *iem van zich ~ sich*[3] jmdn vom Leibe halten[183]; *(sp) iem ~* jmdn sperren; *iem van zijn werk ~* jmdn von seiner Arbeit abhalten[183]: *iets van het loon ~* etwas vom Lohn abziehen[318]: *hij laat er zich niet van ~* er lässt sich nicht davon zurückhalten

afhuren mieten

afjagen fortjagen, wegjagen (von[+3])

afjakkeren I *tr* schinden[239]; II *zich ~* sich abhetzen

afkalven *(mbt oevers)* abbröckeln

afkammen *(fig)* verreißen[220]

afkappen abhauen[185], abhacken

afkeer Abneigung *v*[20], Ekel *m*[19]: *een ~ van iem hebben* eine Abneigung gegen jmdn haben[182]: *het boezemt mij ~ in* es ekelt mich an

afkeren *(het hoofd)* abwenden[308]: *zich van iem ~* sich von jmdm abwenden[308]

afkerig: *~ van iets zijn* einer Sache[3] abgeneigt sein[262]

afketsen I *tr* ablehnen: *een voorstel ~* einen Antrag ablehnen; II *intr (mbt kogel, bal)* abprallen (an[+3])

afkeuren 1 *(laken)* missbilligen; 2 *(een plan)* ablehnen; 3 *(voor dienstplicht)* ausmustern; 4 *(goederen)* ausmustern; 5 *(sp) (een veld)* für unbespielbar erklären

afkeurend missbilligend; *(mbt oordeel)* abfällig

afkeurenswaardig tadelnswert

afkicken sich einer Entziehungskur unterziehen[318]

afkijken absehen[261], abschreiben[252]

afkleden schlank machen

afklemmen abklemmen

afkloppen abklopfen

afkluiven abnagen

afknagen abnagen

afknappen 1 *(afbreken)* abbrechen[137]; 2 *(psychisch)* zusammenbrechen[137]

afknijpen abkneifen[192]

afknippen abschneiden[250]

afkoelen I *tr* (ab)kühlen; II *intr (ook fig)* (sich) abkühlen

afkoeling *(ook fig)* Abkühlung *v*[20]

afkoersen *(met op)* entgegengehen[168+3]

afkomen 1 *(naar beneden komen)* herunterkommen[193]; 2 *(van een eiland)* wegkommen[193]; 3 *(afstammen)* abstammen; 4 *(gereedkomen)* fertig werden[310]; 5 *(naderen) op iem ~* auf jmdn zukommen[193]; 6 *(bevrijd of ontslagen worden) er goed, slecht ~ gut, schlecht bei*[+3] etwas wegkommen[193]: *er met de schrik ~* mit dem Schrecken davonkommen[193]: *ik kon niet van hem ~* ich konnte ihn nicht loswerden

afkomst Abkunft *v*[28], Herkunft *v*[25]

afkomstig *(met uit)* aus[+3], *(geboortig)* gebürtig aus[+3]: *~ zijn uit* stammen aus[+3]

afkondigen 1 *(bekendmaken)* bekannt machen; *(van verordeningen, wetten)* erlassen[197]: *een staking ~* einen Streik ausrufen[226]; 2 *(een bruidspaar in de kerk)* aufbieten[130]

afkondiging 1 Bekanntmachung *v*[20], Erlass *m*[5]; Ausrufung *v*[20]; 2 Aufgebot *o*[29]; *zie ook* afkondigen

afkoopsom Abfindungssumme *v*[21]

afkopen 1 *(kopen van)* abkaufen; 2 *(vrijkopen)* loskaufen; 3 *(verplichtingen)* ablösen; 4 *zich laten ~* sich abfinden lassen[197]

afkoppelen *(van wagon)* abhängen, abkoppeln

afkorten 1 *(van woord)* abkürzen; 2 *(van tekst)* kürzen

afkorting Abkürzung *v*[20]

afkrabben abkratzen

afkraken verreißen[220], heruntermachen

afkrijgen 1 *(voltooien)* fertig werden[310] mit[+3]; 2 *(verwijderen)* abbekommen[193] || *(afdingen) er niets ~* nichts abhandeln

afkunnen: *dat kan er bij mij niet af!* das kann ich mir nicht leisten!; *hij kan het alleen wel af* er bringt es allein schon fertig

aflaat Ablass *m*[6]

afladen abladen[196]

afleggen 1 *(kleding; een bekentenis, een eed, rekenschap)* ablegen; 2 *(maken)* machen, ablegen: *een examen ~* ein Examen machen; 3 *(van afstand)* zurücklegen || *een lijk ~* eine Leiche waschen[304] und ankleiden

afleiden 1 *(wegleiden van bliksem, rivier, water)* ableiten: *iem van zijn werk ~* jmdn von seiner Arbeit ablenken; 2 *(ontspannen)* ablenken; 3 *(de oorsprong*

afschermen

verklaren) ableiten: *daaruit leid ik af, dat ...* daraus schließe ich, dass ...

afleiding 1 *(van bliksem, rivier, water)* Ableitung v^{20}; **2** *(verstrooiing)* Ablenkung v^{20}; **3** *(het afleiden van woord)* Ableitung v^{20}

afleidingsmanoeuvre Ablenkungsmanöver o^{33}

afleren 1 *(verleren)* verlernen; **2** *(zich ontwennen)* sich³ abgewöhnen: *iem iets ~* jmdm etwas abgewöhnen

afleveren abliefern

aflevering 1 *(het afleveren)* Ablieferung v^{20}; **2** *(van boek)* Lieferung v^{20}; **3** *(van tv-serie)* Folge v^{21}

aflezen 1 *(op een instrument)* ablesen²⁰¹; **2** *(namen)* verlesen²⁰¹; **3** *(uitlezen)* zu Ende lesen²⁰¹

afloop 1 *(uitslag)* Ausgang m^6, Ergebnis o^{29a}: *ongeval met dodelijke ~* tödlicher Unfall; **2** *(einde)* Ablauf m^{19}: *na ~ van het concert* nach dem Konzert

aflopen I *tr* **1** *(een weg)* entlanggehen¹⁶⁸; **2** *(verslijten)* ablaufen¹⁹⁸; **II** *intr* **1** *(eindigen)* ablaufen¹⁹⁸: *de termijn loopt af* die Frist läuft ab; *slecht ~* ein böses Ende nehmen²¹²; **2** *(ratelen)* klingeln; **3** *(naar beneden lopen)* hinuntergehen¹⁶⁸: *de weg loopt af* der Weg führt hinunter

aflossen 1 *(vervangen)* ablösen; **2** *(betalen) (van hypotheek, schuld)* ablösen, tilgen

aflossing Ablösung v^{20}, Tilgung v^{20}

afluisteren abhorchen, abhören

afmaken 1 *(voltooien)* erledigen; **2** *(doden)* umbringen¹³⁹; **3** *(ongunstig beoordelen)* heruntermachen

afmarcheren abmarschieren³²⁰

afmatten erschöpfen, ermatten

afmelden, zich sich abmelden

afmeten 1 abmessen²⁰⁸; **2** *(van straf, tijd)* bemessen²⁰⁸

afmeting Abmessung v^{20}

afname Abnahme v^{21}

afnemen I *tr* **1** *(algem)* abnehmen²¹²; **2** *(wegpakken)* herabnehmen²¹²: *iets van een plank ~* etwas von einem Brett herabnehmen; *de hoed voor iem ~* den Hut vor jmdm abnehmen; **3** *(schoonmaken)* abräumen, abwischen; **4** *(kopen)* kaufen; **II** *intr* *(verminderen)* abnehmen²¹²; *(mbt wind)* nachlassen

afnemer Abnehmer m^9, Käufer m^9

afpakken *(jmdm etwas)* abnehmen²¹²

afpalen abstecken; *(fig)* abgrenzen

afpassen 1 *(met stappen meten)* abschreiten²⁵⁴; **2** *(afmeten)* abmessen²⁰⁸; *zie ook* afgepast

afpersen erpressen, abpressen

afperser Erpresser m^9

afpersing Erpressung v^{20}

afpikken stibitzen, klauen

afplukken abpflücken

afpoeieren *(jmdn)* abfertigen

afpoetsen abputzen

afpraten: *heel wat ~* über manches plaudern

afraden: *iem iets ~* jmdm von⁺³ etwas abraten²¹⁸

afraffelen 1 *(van schoolwerk)* hinschludern; **2** *(van gebed, gedicht)* ableiern

aframmelen *(jmdn)* verprügeln

aframmeling Tracht v^{28} Prügel: *iem een ~ geven* jmdm eine Tracht Prügel verabreichen

afranselen *(jmdn)* verprügeln

afrasteren einzäunen, umzäunen

afrastering Einzäunung v^{20}, Umzäunung v^{20}

afreageren (sich) abreagieren³²⁰

afreis Abreise v^{21}; *(van schip)* Abfahrt v^{20}

afreizen I *tr* *(geheel doorreizen)* bereisen; **II** *intr* abreisen, abfahren¹⁵³

afrekenen abrechnen; *(in café)* (be)zahlen

afrekening Abrechnung v^{20}

afremmen (ab)bremsen

africhten abrichten, dressieren³²⁰

afrijden 1 *(naar beneden rijden)* herunterfahren¹⁵³ *(naar de spreker toe)*, hinunterfahren¹⁵³ *(van de spreker af)*; *(tot het einde rijden)* entlangfahren¹⁵³: *een weg ~* eine Straße entlangfahren; **2** *(rijdend doortrekken)* abfahren¹⁵³: *het hele land ~* das ganze Land abfahren¹⁵³; **3** *(rijexamen doen)* den Führerschein machen

Afrika Afrika o^{39}

Afrikaan Afrikaner m^9

Afrikaans I *zn* Afrikaans o^{39a}; **II** *bn* afrikanisch; *(taalk)* afrikaans

afrikaantje *(plantk)* Studentenblume v^{21}, Samtblume v^{21}

afrit Ausfahrt v^{20}

afroep Abruf m^5: *op ~* auf Abruf

afroepen *(één voor één noemen)* aufrufen²²⁶; *(van waren)* abrufen²²⁶

afrollen I *tr* **1** *(afwikkelen)* abrollen; **2** *(naar beneden rollen)* hinunterrollen; **II** *intr* abrollen, sich abwickeln: *de trap ~* die Treppe hinunterfallen¹⁵⁴

afromen abrahmen: *winsten ~* Gewinne abschöpfen

afronden abrunden: *naar boven ~* aufrunden

afrossen 1 *(roskammen)* striegeln; **2** *(afranselen)* *(jmdn)* durchhauen¹⁸⁵

afruimen abräumen

afrukken abreißen²²⁰

afschaffen abschaffen

afschaffing Abschaffung v^{20}

afschampen abprallen

afscheid Abschied m^5: *van iem ~ nemen* sich von jmdm verabschieden; *ten ~* zum Abschied

afscheiden I *tr* **1** *(door een hek enz.)* (ab)trennen; **2** *(verwijderen)* (ab)trennen; **3** *(chem)* abscheiden²³²; **4** *(afzonderen uit een orgaan)* ausscheiden²³²; **II** *zich ~ (van)* sich lossagen (von⁺³)

afscheiding 1 *(het afscheiden)* Trennung v^{20}, Abtrennung v^{20}, Abscheidung v^{20}, Ausscheidung v^{20}; **2** *(tussenschot)* Scheidewand v^{25}; *zie ook* afscheiden

afscheidsbrief Abschiedsbrief m^5

afschepen *(waren)* verschiffen || *iem ~* jmdn abspeisen; *zich niet laten ~* sich nicht abspeisen lassen¹⁹⁷

afscheren abrasieren³²⁰

afschermen abschirmen

afscheuren abreißen[220]; *(van controlestrook)* abtrennen

afschieten 1 abschießen[238]; **2** *(een ruimte afscheiden)* abteilen

afschilderen 1 *(afbeelden)* (ab)malen; **2** *(beschrijven)* schildern

afschilferen abschilfern, abblättern

afschillen (ab)schälen

afschminken abschminken

afschrapen abschaben, abkratzen

afschrift Abschrift *v*[20]

afschrijven 1 *(van bedrag, machine, schoolwerk)* abschreiben[252]: *geld van de rekening ~* Geld vom Konto abbuchen; **2** *(voltooien) een brief ~* einen Brief zu Ende schreiben[252] ‖ *iem ~: a) (afzeggen)* jmdm abschreiben[252]; *b) (niet meer op iem rekenen)* jmdn abschreiben[252]

afschrik Abscheu *m*[19]: *een ~ van iets hebben* Abscheu vor[+3] etwas haben[182]

afschrikken abschrecken

afschrikwekkend abschreckend

afschroeven abschrauben, losschrauben

afschudden abschütteln

afschuimen *(schuim)* abschäumen; *(andere stoffen)* abschöpfen; *(fig)* abklappern

afschuiven 1 *(wegschuiven van)* abrücken: *de schuld op een ander ~* die Schuld auf einen anderen (ab)schieben; **2** *(geld geven)* blechen

afschuw Abscheu *m*[19]: *een ~ van iem hebben* Abscheu vor jmdm haben[182]

afschuwelijk abscheulich, scheußlich: *~ langzaam* furchtbar langsam

afschuwwekkend Abscheu erregend

afsjouwen hinunterschleppen ‖ *de hele stad ~* die ganze Stadt abklappern

afslaan I *tr* **1** *(door slaan verwijderen)* abschlagen[241]; **2** *(van aanval)* abwehren; **3** *(afkloppen)* abklopfen; **4** *(van aanbod)* ablehnen; **II** *intr* **1** *(in het verkeer)* abbiegen[129]: *links ~* nach links abbiegen; **2** *(ophouden te functioneren)* aussetzen

afslachten niedermachen

afslag 1 *(daling)* Senkung *v*[20], Herabsetzung *v*[20]; **2** *(van autosnelweg)* Ausfahrt *v*[20]; *(naar autosnelweg)* Einfahrt *v*[20]; **3** *(verkoping)* Versteigerung *v*[20]

afslanken I *tr (slank maken)* schlank machen; **II** *intr* abmagern

afsloven, zich sich abrackern

afsluitdijk Abschlussdeich *m*[5]

afsluiten 1 *(van kamer, kast, koffer)* abschließen[245]; **2** *(van boeken, verzekering)* abschließen[245]; **3** *(toevoer verhinderen)* absperren: *het gas ~* das Gas (ab)sperren; **4** *(met schutting afsluiten)* abzäunen ‖ *van de buitenwereld afgesloten* von der Außenwelt abgeschnitten

afsluiting 1 *(het afsluiten)* Abschließen *o*[39]; **2** *(grendel, klep, slot)* Verschluss *m*[6]; **3** *(van boeken, verzekering)* Abschluss *m*[6]; **4** *(van elektriciteit, gas, telefoon)* Sperre *v*[21]

afsluitkraan Absperrhahn *m*[6]

afsmeken erflehen, herabflehen

afsnauwen: *iem ~* jmdn anherrschen

afsnijden 1 *(algem)* abschneiden[250]; **2** *(het gas enz.)* sperren

afsnoepen: *iem iets ~* jmdm etwas vor der Nase wegschnappen

afsnoeren abschnüren

afspelen I *tr (tot het einde spelen)* zu Ende spielen: *een plaat ~* eine Schallplatte abspielen; **II** *zich ~* sich abspielen

afspiegelen I *tr* widerspiegeln; **II** *zich ~ in* sich widerspiegeln in[+3]

afsplitsen abspalten

afsplitsing Abspaltung *v*[20]

afspoelen abspülen

afspraak Verabredung *v*[20]: *zich aan een ~ houden* sich an eine Verabredung halten[183]: *een ~ bij de dokter maken* einen Termin beim Arzt festlegen; *een ~ over iets maken* etwas verabreden

afspreken verabreden, absprechen[274], abmachen: *afgesproken!* abgemacht!; *zoals afgesproken* wie verabredet

afspringen 1 abspringen[276]; **2** *(fig)* scheitern

afstaan abtreten[291]

afstammeling Nachkomme *m*[15]

afstammen abstammen (von[+3]): *dit woord stamt van het Latijn af* dieses Wort stammt aus dem Lateinischen

afstamming Abstammung *v*[28], Abkunft *v*[28]

afstand 1 *(het afstaan)* Abtretung *v*[20]: *~ doen van de kroon* abdanken; *~ doen van zijn rechten* auf seine Rechte verzichten; **2** *(distantie)* Entfernung *v*[20], Abstand *m*[6]: *een ~ afleggen* eine Strecke zurücklegen

afstandelijk zurückhaltend

afstandsbediening Fernbedienung *v*[20]

afstandsonderwijs Fernunterricht *m*[19]

afstappen *(lett)* absteigen[281]: *(fig) van een iets ~* etwas aufgeben[266]: *van een onderwerp ~* ein Thema fallen lassen[197]

afsteken I *tr* **1** *(graszoden)* abstechen[277]; **2** *(doen branden)* abbrennen[138]; **3** *(uitspreken)* loslassen[197]: *een speech ~* eine Rede loslassen; **II** *intr* abstoßen[285]: *de boot steekt af* das Boot stößt ab; *~ tegen* sich abheben[186] gegen[+4]

afstellen 1 *(opgeven)* aufgeben[166]; **2** *(instellen)* einstellen

afstemmen 1 *(van voorstel, wet)* niederstimmen; **2** *(telecom)* abstimmen, einstellen

afstempelen 1 *(van stempel voorzien)* abstempeln; **2** *(ongeldig maken)* entwerten

afsterven absterben[282]

afstevenen: *op iem ~* auf jmdn lossteuern

afstijgen *(van een paard)* absteigen[281], absitzen[268]

afstoffen abstauben

afstompen *(ook fig)* abstumpfen

afstotelijk abstoßend

afstoten *(ook med)* abstoßen[285]: *iem van zich ~* jmdn von[+3] sich (weg)stoßen[285]

afstraffen bestrafen; *(berispen)* abkanzeln

afstropen 1 *(van vel ontdoen)* abstreifen: *een haas het vel ~* einem Hasen das Fell abziehen[318]; **2** *(stropend aflopen)* plündernd umherziehen[318]

afstuderen das Studium absolvieren[320]

afstuiten (met *op*) abprallen von[+3]

aftaaien 1 *(ophouden)* Schluss machen; **2** *(weggaan)* abhauen[185]

aftakelen 1 *(van schip)* abtakeln; **2** *(fig)* verfallen[154]: *hij takelt af* es geht abwärts mit ihm

aftakeling Verfall *m*[19]: *seniele ~* Altersschwäche *v*[21]

aftakken (sich) abzweigen

aftakking Abzweigung *v*[20]; *(verkeer)* Abzweig *m*[5]

aftands 1 *(mbt personen)* hinfällig, gebrechlich; **2** *(mbt voorwerpen)* abgenutzt

aftappen 1 *(van bier, wijn)* abzapfen; **2** *(van bloed)* abnehmen[212]; *(van elektr stroom, telefoon)* anzapfen

aftasten *(ook fig)* abtasten

aftekenen I *tr (voor gezien tekenen)* abzeichnen; **II** *zich ~ tegen* sich abzeichnen gegen[+4]

aftellen *(tellen)* abzählen; *(aftrekken)* abziehen[318]

aftershave Aftershavelotion *v*[27], After-Shave-Lotion *v*[27]

aftikken I *tr (mbt dirigent)* abklopfen; **II** *intr* **1** *(van brief)* fertig tippen; **2** *(sp)* abschlagen[241]

aftiteling Abspann *m*[5]

aftobben, zich sich abmühen, sich abplagen; *(door verdriet)* sich abhärmen

aftocht Abzug *m*[6], *(terugtocht)* Rückzug *m*[6]

aftrap *(bij voetbal)* Anstoß *m*[6]

aftrappen 1 *(de bal)* anstoßen[285]; **2** *(door trappen verwijderen)* abtreten[291]

aftreden I *ww* zurücktreten[291], abdanken; **II** *zn* Rücktritt *m*[5], Abdankung *v*[20]

aftrek 1 *(vermindering)* Abzug *m*[6]; **2** *(afzet)* Absatz *m*[19]: *gretig ~ vinden* reißenden Absatz finden[157]

aftrekken I *tr* **1** *(rekenen)* abziehen[318]: *van de belasting ~* von der Steuer absetzen; **2** *(door trekken verwijderen)* abziehen[318]: *iem van een bank ~* jmdn von einer Bank ziehen[318]; **II** *intr (wegtrekken)* sich verziehen[318]

aftrekking *(rekenen)* Subtraktion *v*[20]

aftrekpost Abzugsposten *m*[11]

aftreksel Aufguss *m*[6], Extrakt *m*[5]

aftroeven *(ook fig)* abtrumpfen

aftroggelen: *iem iets ~* jmdm etwas abschwatzen

aftuigen 1 *(scheepv)* abtakeln; **2** *(van paard)* abschirren: *(fig) iem ~* jmdn durchprügeln

afvaardigen abordnen

afvaardiging Abordnung *v*[20]

afvaart Abfahrt *v*[20]

afval Abfall *m*[6]

afvallen 1 *(naar beneden vallen)* abfallen[154], herunterfallen[154]: *(van: de trap ~* die Treppe herunterstürzen, hinunterstürzen; **2** *(ontrouw worden)* abtrünnig werden[310]: *van het geloof ~* vom Glauben abfallen; **3** *(sp)* ausscheiden[232]; **4** *(in gewicht afnemen)* abnehmen[212]

afvallig abtrünnig, treulos, untreu

afvallige Abtrünnige(r) *m*[40a], *v*[40b]

afvalproduct Abfallprodukt *o*[29]

afvalrace *zie* afvalwedstrijd

afvalstoffen Abfallstoffe *mv m*[5]

afvalwater Abwasser *o*[34]

afvalwedstrijd Ausscheidungs(wett)kampf *m*[6]

afvegen abwischen

afvinken abhaken

afvliegen: *op iem ~: a) (lett)* auf jmdn zufliegen[159]; *b) (fig)* auf jmdn zustürzen; *zijn hoed vloog van zijn hoofd af* sein Hut flog ihm vom Kopf; *de trap ~* die Treppe hinuntereilen (*of:* hinuntereilen)

afvloeien 1 *(wegvloeien)* abfließen[161], hinunterfließen[161]; **2** *(mbt personeel)* abgebaut werden: *personeel laten ~* Personal abbauen

afvoer 1 *(van hout, goederen)* Abfuhr *v*[20], Abtransport *m*[5]; **2** *(van water)* Abfluss *m*[6]

afvoeren abführen: *gevangenen ~* Gefangene abtransportieren[320]: *goederen ~* Güter befördern

afvragen, zich sich fragen

afvullen abfüllen: *flessen ~* Flaschen abfüllen

afvuren *(ook fig)* abschießen[238]: *vragen op iem ~* jmdn mit Fragen bestürmen

afwaarts abwärts, hinunter, hinab

afwachten abwarten

afwachting: *in ~ van de dingen die …* in Erwartung der Dinge, die …; *in ~ van uw antwoord* Ihrer Antwort entgegensehend

afwas 1 *(het afwassen)* Geschirrspülen *o*[39]; **2** *(de vaat)* Abwasch *m*[19]

afwasautomaat Geschirrspülmaschine *v*[21]

afwassen *(de vaat doen)* spülen, abwaschen[304]

afwateren: *~ op* entwässern in[+4]

afwatering Entwässerung *v*[20]

afweer Abwehr *v*[28]

afweergeschut Flak *v*[27], Flakgeschütz *o*[29]

afweerstof Abwehrstoff *m*[5]

afwegen 1 *(waren)* abwiegen[312]; **2** *(fig)* abwägen[303]

afweken abweichen

afwenden abwenden[308]

afwennen abgewöhnen

afwentelen *(ook fig)* abwälzen

afweren abwehren; *(van onheil)* abwenden[308]

afwerken *(voltooien)* erledigen, vollenden: *afgewerkt product* Fertigware *v*[21]: *de agenda ~* die Tagesordnung vollständig behandeln; *dat is keurig afgewerkt* das ist sauber gearbeitet

afwerking Erledigung *v*[28], Vollendung *v*[28]; *(van product)* Verarbeitung *v*[20]; *zie ook* afwerken

afwerpen abwerfen[311]: *(fig) vruchten ~* Früchte tragen[288]

afweten: *het laten ~: a) (niet komen)* absagen; *b) (falen)* versagen

afwezig abwesend

afwezigheid Abwesenheit *v*[20]

afwijken *(ook fig) ~ van* abweichen[306] von[+3]

afwijking Abweichung *v*[20]: *~ aan het oog* Augenfehler *m*[5]: *hij heeft een ~* er ist nicht normal

afwijzen 1 *(van persoon)* abweisen[307]; **2** *(van aan-*

bod, verzoek, voorstel) ablehnen: *(jur) een eis ~* eine Klage abweisen[307]

afwikkelen 1 *(lett)* abwickeln, abrollen; **2** *(afhandelen)* abwickeln, erledigen

afwimpelen ablehnen, abweisen[307]

afwinden abwinden[313], abrollen, abwickeln

afwisselen abwechseln

afwisselend I *bw* abwechselnd; **II** *bn: een ~ landschap* eine abwechslungsreiche Landschaft; *met ~ geluk* mit wechselndem Glück

afwisseling Abwechslung *v*[20]

afwissen abwischen: *tranen ~: a) (lett)* Tränen abwischen; *b) (fig)* Tränen trocknen

afwrijven abreiben[219]

afzadelen absatteln

afzagen absägen; *zie ook* afgezaagd

afzakken 1 *(mbt kleding)* herunterrutschen; **2** *(op een rivier)* stromabwärts treiben[290]; **3** *(reizen)* reisen

afzakkertje: *een ~* ein letztes Glas

afzeggen 1 *(niet plaats laten vinden)* absagen; **2** *(afbestellen)* abbestellen

afzenden absenden[263], abschicken

afzender Absender *m*[9]

afzet 1 *(handel)* Absatz *m*[19]; **2** *(het zich afzetten)* Abstoß *m*[6]

afzetgebied Absatzgebiet *o*[29]

afzetten 1 *(afnemen, uit ambt ontzetten)* absetzen; **2** *(med)* abnehmen[212], abtrennen; **3** *(verkopen)* verkaufen; **4** *(uitzetten)* abstellen, ausschalten; **5** *(afduwen)* abstoßen[285]; **6** *(afsluiten)* absperren; **7** *(te veel laten betalen)* betrügen[294]

afzetter Betrüger *m*[9]

afzetterij Betrügerei *v*[20]

afzetting 1 *(ontslag)* Absetzung *v*[20]; **2** *(med)* Abnahme *v*[21], Abtrennung *v*[20]; **3** *(afsluiting)* Absperrung *v*[20]; *zie ook* afzetten

afzichtelijk grässlich, abscheulich

afzien (met *van)* verzichten auf[+4], absehen[261] von[+3]: *van de koop ~* vom Kauf zurücktreten[291] ‖ *van iem de kunst ~* jmdm die Kunst absehen[261]

afzienbaar absehbar: *in afzienbare tijd* in absehbarer Zeit

afzijdig: *zich ~ houden van* sich fern halten[183] von[+3], *(zijn mening niet geven)* mit seiner Meinung zurückhalten[183]

afzoeken absuchen

afzoenen abküssen

afzonderen 1 *(iem)* absondern, isolieren[320]; **2** *(geld)* zurücklegen

afzondering Absonderung *v*[20], Isolierung *v*[20]

afzonderlijk I *bn* gesondert; **II** *bw* einzeln

afzuigkap Dunstabzugshaube *v*[21]

afzwaaien *(mil)* die Militärzeit beenden

afzwakken I *tr* abschwächen, mildern; **II** *intr* sich abschwächen, nachlassen[197]

afzwemmen 1 *(wegzwemmen)* abschwimmen[257]: *de rivier ~* den Fluss hinabschwimmen[257]; **2** *(zwemexamen doen)* sich freischwimmen[257]

¹afzweren *(verwerpen)* abschwören[260 13]: *de drank ~* dem Alkohol abschwören

²afzweren *(med)* abschwären

agenda 1 *(notitieboek)* Notizbuch *o*[32]; **2** *(van vergadering)* Tagesordnung *v*[20]: *op de ~ plaatsen* auf die Tagesordnung setzen; **3** *(lijst van afspraken)* Terminkalender *m*[9]; **4** *(schoolagenda)* Aufgabenheft *o*[29]

agendapunt Tagesordnungspunkt *m*[5]

agent *(handel)* Vertreter *m*[9] ‖ *geheim ~* Geheimagent *m*[14]: *~ van politie* Polizist *m*[14]

agentschap Agentur *v*[20], Vertretung *v*[20]

agentuur Agentur *v*[20], Vertretung *v*[20]

ageren: *tegen iem ~ gegen* jmdn agitieren[320]

agglomeratie Ballungsgebiet *o*[29]

aggregatietoestand *(nat)* Aggregatzustand *m*[6]

agitatie Agitation *v*[20]; *(opwinding)* Aufregung *v*[20]

agitator Agitator *m*[16]

agrariër Agrarier *m*[9], Landwirt *m*[5]

agrarisch agrarisch, landwirtschaftlich

agressie Aggression *v*[20]

agressief aggressiv

ah *tw* ah!

aha *tw* aha!, ach so!

a.h.w. *afk van als het ware* gleichsam

aids Aids *o*[39a]

aidspatiënt Aidskranke(r) *m*[39a], *v*[40b]

air Air *o*[36] (2e *nvl ook -)*: *zich een ~ geven* sich³ ein Air geben[166]

airbag Airbag *m*[13]

airconditioned klimatisiert

airconditioning 1 *(de regeling)* Klimatisierung *v*[20]; **2** *(apparaat)* Klimaanlage *v*[21]

ajakkes *tw (inform)* bah!, pfui!, pfui Teufel!

ajuin *(Belg)* Zwiebel *v*[21]

akelig 1 *(naar)* ekelhaft: *ik word ~* mir wird schlecht *(of:* übel); **2** *(huiveringwekkend)* unheimlich; **3** *(in erge mate)* entsetzlich: *~ bleek* entsetzlich blass

Aken Aachen *o*[39]

akkefietje 1 *(werkje)* kleine Arbeit *v*[20], *(vervelende)* unangenehme Aufgabe *v*[21]; **2** *(geval, zaakje)* Affäre *v*[21]

akker Acker *m*[10], Feld *o*[31]

akkerbouw Ackerbau *m*[19]

akkerbouwer Landwirt *m*[5]

akkerland Ackerland *o*[39]

akkoord I *zn* **1** *(overeenkomst)* Vereinbarung *v*[20]; **2** *(jur)* Akkord *m*[5]; **3** *(muz)* Akkord *m*[5]; **II** *tw* abgemacht!; **III** *bn* richtig: *iets ~ bevinden* mit[+3] etwas einverstanden sein[262]

akoestiek Akustik *v*[28]

akoestisch akustisch

akte 1 *(stuk)* Akte *v*[21]; *(gewaarmerkt stuk)* Urkunde *v*[21]; **2** *(diploma)* Diplom *o*[29]; **3** *(theat)* Akt *m*[5], Aufzug *m*[6]

aktetas Aktentasche *v*[21]

al I *onbep vnw*[68]; all: *alle (al de) wijn* aller Wein; *alle (al het) genoegen* alle Freude; *alle (al het) geluk* alles Glück; *alle (al de) mensen* alle Leute; *~ zijn geld*

all sein Geld; ~ *mijn boeken* all(e) meine Bücher; *zij allen* sie alle; ~ *wat hij zegt* alles, was er sagt; ~ *wie dit beweert* jeder, der dies behauptet; *wat hij niet ~ weet!* was er nicht alles weiß!; *met zijn allen* alle zusammen; ~ *met* ~ alles in allem; *in alle opzichten* in jeder Hinsicht; *te allen tijde* zu jeder Zeit; *in alle geval* auf jeden Fall; **II** *bn* all[68], ganz: *met alle macht* mit aller Macht (*of:* mit seiner ganzen Macht); **III** *vw* wenn auch: *(ook)* ~ *ben ik oud, ik ben niet zwak* wenn ich auch alt bin, ich bin nicht schwach; **IV** *bw* **1** *(reeds)* schon, bereits: *ik zie het* ~ ich sehe es schon; **2** *(mbt een toegeving)* wenn auch: *zo hij* ~ *rijk is, gelukkig is hij niet* wenn er auch reich ist, er ist nicht glücklich; ~ *was het zo!* na wennschon!; **3** *(versterkend)* zu: *dat begrijp ik maar* ~ *te goed* das verstehe ich nur zu gut; ~ *te graag* allzu gern; **4** *(voortdurend)* immer: *het schip werd* ~ *groter en groter* das Schiff wurde immer größer; ~ *snikkend* fortwährend schluchzend; *geheel en* ~ ganz || ~ *naar leeftijd* je nach Alter; ~ *naargelang je tijd hebt* je nachdem, ob du Zeit hast
alarm Alarm *m*[5]
alarmbel Alarmglocke *v*[21]
alarmeren alarmieren[320]
alarmering Alarmierung *v*[20]
alarminstallatie Alarmanlage *v*[21], Warnanlage *v*[21]
alarmpistool Schreckschusspistole *v*[21]
albatros Albatros *m*[5] *(2e nvl -ses; mv -se)*
album Album *o* *(2e nvl -s; mv Alben)*
alcohol Alkohol *m*[5]
alcoholgebruik Alkoholgenuss *m*[19]; Alkoholkonsum *m*[19]
alcoholgehalte Alkoholgehalt *m*[5]
alcoholhoudend alkoholhaltig, alkoholisch
alcoholisch alkoholisch
alcoholisme Alkoholismus *m*[19a], Trunksucht *v*[28]
alcoholist Alkoholiker *m*[9]
alcoholvrij alkoholfrei
aldaar da, dort: *de agent* ~ der dortige Vertreter
aldoor immerfort, fortwährend
aldus **1** *(op die manier)* also, so; **2** *(als volgt)* folgendermaßen: *hij sprak* ~ er sprach wie folgt
aleer bevor, ehe
alert alert: ~ *zijn op* bedacht sein[262] auf[+4]
alfabet Alphabet *o*[29]
alfabetisch alphabetisch
alg, alge Alge *v*[21]
algebra Algebra *v*[28]
algebraïsch algebraisch
algeheel gänzlich, völlig, total
algemeen *bn, bw* allgemein: *het* ~ *belang* das öffentliche Interesse, das Gemeinwohl; *algemene ontwikkeling* Allgemeinbildung *v*[28]; *algemene staking* Generalstreik *m*[13]; *algemene vergadering* Hauptversammlung *v*[20]: ~ *bekend* allgemein bekannt; *in het* ~ *(gesproken)* im Allgemeinen, *(over het geheel)* überhaupt; *over het* ~ im Allgemeinen
algemeenheid Allgemeinheit *v*[20]: *(Belg)* met ~ *van stemmen* einstimmig

alhier hier: *de burgemeester* ~ der hiesige Bürgermeister
alhoewel obgleich, obwohl
alias alias, auch … genannt
alibi Alibi *o*[36]
alimentatie **1** *(levensonderhoud)* Alimentation *v*[20]; **2** *(het bedrag)* Unterhaltsbeitrag *m*[6]
alimentatieplicht Unterhaltspflicht *v*[20]
alinea Absatz *m*[6]
allang längst, schon lange
allebei beide: *is hij langzaam of lui?* ~! beides!
alledaags alltäglich
alledaagsheid Alltäglichkeit *v*[28]
alleen **1** *(zonder anderen)* allein: *ik wil* ~ *zijn* ich möchte allein sein; **2** *(slechts)* nur, lediglich, bloß: *niet* ~ …, *maar ook* nicht nur …, sondern auch
alleenheerschappij Alleinherrschaft *v*[28]
alleenheerser Alleinherrscher *m*[9]
alleenspraak Monolog *m*[5], Selbstgespräch *o*[29]
alleenstaand allein stehend
alleenstaande Alleinstehende(r) *m*[40a], *v*[40b]
allegaartje **1** *(personen)* zusammengewürfelte Gesellschaft *v*[20]; **2** *(zaken)* Mischmasch *m*[5]
allegorie Allegorie *v*[21]
allegorisch allegorisch
allemaal alle(s): ~ *onzin* alles Unsinn; *de leden waren er* ~ alle Mitglieder waren da
allemachtig: *wel* ~! du meine Güte!
alleman jedermann
alleraardigst sehr nett, wunderhübsch
allerberoerdst hundsmiserabel
allerbest allerbest
allereerst I *bn* allererst; **II** *bw* zunächst
allergie Allergie *v*[21]
allergisch allergisch
allerhande allerhand, allerlei
allerhoogst allerhöchst
allerijl: *in* ~ in aller Eile
allerlaatst I *bn* allerletzt; **II** *bw: het* ~ zuallerletzt
allerlei I *bn* allerlei, allerhand; **II** *zn* Allerlei *o*[39]
allerliefst allerliebst, entzückend
allerminst I *bn* (aller)geringst; **II** *bw* keineswegs
allerwegen überall, allenthalben
alles *onbep vnw* all[68]: *dat* ~ das alles; *bij dit* ~ bei alledem; *boven* ~ über alles; *van* ~ alles (Mögliche); *voor* ~ vor allem
allesbehalve alles andere als: ~ *gelukkig zijn* alles andere als glücklich sein[262]: *(dat was niet prettig,) nee,* ~! nein, keineswegs!
alleseter Allesfresser *m*[9]
alleszins in jeder Hinsicht: ~ *geloofwaardig* durchaus glaubwürdig
alliantie Allianz *v*[20], Bündnis *o*[29a]
allicht 1 *(zeer waarschijnlijk)* sehr wahrscheinlich; **2** *(vanzelfsprekend)* natürlich
alligator Alligator *m*[16]
all-in pauschal, Pauschal…, alles inbegriffen: ~ *prijs* Pauschalpreis *m*[5], Pauschale *v*[21]
alliteratie Alliteration *v*[20], Stabreim *m*[5]

allool Gehalt m^5: *mensen van slecht* ~ Leute niedriger Art

all-risk Vollkasko…: ~ *verzekering* Vollkaskoversicherung v^{20}

allround vielseitig, Allround…

allure Format o^{29}: *een man van* ~ ein Mann von Format

almaar ständig, dauernd, fortwährend

almacht Allmacht v^{28}

almachtig allmächtig

almanak Almanach m^5, Kalender m^9

alom allenthalben, überall

alomtegenwoordig allgegenwärtig

alomvattend allumfassend

Alpen: *de* ~ die Alpen *(mv)*

alpenklokje Alpenglöckchen o^{35}

alpinisme Alpinismus m^{19a}

alpinist Alpinist m^{14}

alpino(muts) Baskenmütze v^{21}

als *vw* 1 *(bij overeenkomst)* wie: *wit* ~ *sneeuw* weiß wie Schnee; *even groot* ~ *ik* ebenso groß wie ich; 2 *(na vergrotende trap)* als: *groter* ~ *ik* größer als ich; 3 *(in de hoedanigheid van)* als: ~ *balling* als Verbannter; 4 *(wanneer)* wenn: ~ *het avond is* wenn es Abend ist; 5 *(indien)* wenn: ~ *ik tijd heb* wenn ich Zeit habe

alsjeblieft: *(is hij rijk?)* ~*!* und ob!; *zie ook* alstublieft

alsmaar immer, dauernd

alsmede sowie, wie auch

alsnog nachträglich, hinterher: *ik moet je* ~ *feliciteren* ich gratuliere dir nachträglich

alsof als ob: ~ *hij het niet wist* als ob er es nicht wüsste

alsook wie auch, sowie

alstublieft I *tw (beleefdheidsformule)* bitte!; II *bw* gefälligst: *komt u* ~ *binnen!* bitte, treten Sie ein!; *laat u dat* ~*!* lassen Sie das gefälligst!

alt 1 *(altstem)* Alt m^{19}, Altstimme v^{21}; 2 *(jongen)* Altsänger m^9; 3 *(zangeres)* Altsängerin v^{22}

altaar Altar m^6

alternatief I *bn* alternativ; II *zn* Alternative v^{21}

althans jedenfalls, wenigstens

altijd *(steeds)* immer, stets: *voor* ~ für immer

altijddurend immer während

altviool Bratsche v^{21}, Altgeige v^{21}

aluminium Aluminium o^{39}

aluminiumfolie Aluminiumfolie v^{21}

alvast vorläufig, einstweilen

alvleesklier Bauchspeicheldrüse v^{21}

alvorens bevor, ehe

alweer schon wieder

alwetend allwissend

alwetendheid Allwissenheit v^{28}

amandel 1 *(vrucht)* Mandel v^{21}; 2 *(med)* Mandel v^{21}; 3 *(boom)* Mandelbaum m^6

amanuensis technische Hilfskraft v^{25}

amateur Amateur m^5

amateuristisch stümperhaft

amazone Amazone v^{21}

ambacht Handwerk o^{29}, Gewerbe o^{33}

ambachtelijk handwerklich

ambachtsman Handwerker m^9

ambassade Botschaft v^{20}

ambassadeur Botschafter m^9

ambiëren anstreben, trachten nach^{+3}

ambitie Ehrgeiz m^{19}

ambitieus ehrgeizig

ambt Amt o^{32}

ambtelijk amtlich, Amts…

ambteloos amtlos

ambtenaar Beamte(r) m^{40a}: *vrouwelijk* ~ Beamtin v^{22}: ~ *van de burgerlijke stand* Standesbeamte(r); ~ *die een zaak behandelt* Sachbearbeiter m^9

ambtenarengerecht Disziplinargericht o^{29}

ambtenarenkorps Beamtenschaft v^{28}

ambtenares Beamtin v^{22}

ambtenarij Bürokratie v^{21}

ambtgenoot Amtskollege m^{15}

ambtsaanvaarding Amtsantritt m^{19}

ambtseed Amtseid m^5, Diensteid m^5

ambtsgeheim Amtsgeheimnis o^{29a}

ambtshalve von Amts wegen, amtshalber

ambtsmisbruik Amtsmissbrauch m^{19}

ambtstermijn Amtsperiode v^{21}

ambtswege: *van* ~ von Amts wegen, amtlich

ambulanceauto Krankenwagen m^{11}

ambulancedienst Rettungsdienst m^5

ambulant ambulant

amen I *tw* amen!: *(Belg)* ~ *en uit!* Schluss!; II *zn* Amen o^{35}

amendement Amendement o^{36} [ammādəmā]

Amerika Amerika o^{39}

Amerikaan Amerikaner m^9

Amerikaans amerikanisch

Amerikaanse Amerikanerin v^{22}

amerikaniseren amerikanisieren^{320}

ameublement Zimmereinrichtung v^{20}, Wohnungseinrichtung v^{20}

amfibie Amphibie v^{21}

amfibievoertuig Amphibienfahrzeug o^{29}

amfibisch amphibisch

amfitheater Amphitheater o^{33}

amicaal freundschaftlich

ammonia Salmiakgeist m^{19}

ammoniak Ammoniak o^{39}

amnestie Amnestie v^{21}

amok: ~ *maken* Amok laufen^{198}

amoreel amoralisch

amper kaum

ampère Ampere o *(2e nvl -(s); mv -)*

ampèremeter Amperemeter o^{33}

ampex, ampexband Ampex v^{28}

amputatie Amputation v^{20}

amputeren amputieren^{320}

Amsterdammer Amsterdamer m^9

Amsterdams Amsterdamer

Amsterdamse Amsterdamerin v^{22}

amulet Amulett o^{29}
amusant amüsant, unterhaltsam
amusement Amüsement o^{36}, Unterhaltung v^{20}
amuseren I *tr* amüsieren^{320}, unterhalten^{183}; II *zich ~* sich amüsieren, sich unterhalten^{183}
anaal anal
anachronisme Anachronismus *m (2e nvl -; mv Anachronismen)*
analfabeet Analphabet m^{14}
analfabetisme Analphabetismus m^{19a}
analist 1 *(chem)* Chemielaborant m^{14}, Chemotechniker m^9; 2 *(algem)* Statistiker m^9; 3 *(comp)* Systemanalytiker m^9
analogie Analogie v^{21}
analoog analog
analyse Analyse v^{21}
analyseren analysieren^{320}
analyticus Analytiker m^9
analytisch analytisch
ananas Ananas *v (mv -(se))*
anarchie Anarchie v^{21}
anarchisme Anarchismus m^{19a}
anarchist Anarchist m^{14}
anarchistisch anarchistisch
anatomie Anatomie v^{21}
anatomisch anatomisch
ancien *(Belg)* 1 *(oud-soldaat)* Veteran m^{14}; 2 *(iem met ervaring)* alter Hase m^{15}
anciënniteit Dienstalter o^{39}
ander I *telw* zweit: *hij komt om de ~ dag* er kommt jeden zweiten Tag; II *bn* ander: *een ~e keer* ein anderes Mal; *zijn er nog ~e vragen?* gibt es noch weitere Fragen?; *in het ~e geval* sonst; *iem naar de ~e wereld helpen* jmdn ins Jenseits befördern; III *onbep vnw* der, die, das andere: *de een of ~* irgendeiner; *een en ~ kost veel* das alles kostet viel; *het een en ~* dieses und jenes; *onder ~e* unter anderem; *onder ~en* unter anderen
anderhalf anderthalb, ein(und)einhalb: *anderhalve dag* anderthalb Tage
andermaal noch einmal, zum zweiten Mal
andermans anderer Leute: *~ huis* das Haus anderer Leute
anders *bw* 1 *(op een andere manier)* anders; 2 *(zo niet dan …, verder)* sonst: *~ dan ~* anders als sonst; *~ niets* sonst nichts; *iets ~ aanpakken* etwas anders machen
andersdenkend anders denkend
andersdenkende Andersdenkende(r) m^{40a}, v^{40b}
andersom andersherum, umgekehrt: *juist ~* gerade umgekehrt; *iets ~ keren* etwas umkehren
andersoortig andersartig
anderstalig anderssprachig
anderzijds andererseits, anderseits
andijvie Endivie v^{21}
andreaskruis Andreaskreuz o^{29}
anekdote Anekdote v^{21}
anekdotisch anekdotenhaft, anekdotisch
anemoon Anemone v^{21}

anesthesie Anästhesie v^{21}
anesthesist Anästhesist m^{14}
angel 1 *(steekorgaan)* Stachel m^{17}; 2 *(vishaak)* Angelhaken m^{11}
Angelsaksisch angelsächsisch
angina Angina *v (mv Anginen)*
anglicaan Anglikaner m^9
anglicaans anglikanisch
angst Angst v^{25}, Furcht v^{28}
angstig ängstlich, bange: *ik ben ~* mir ist bange (*of:* ich habe Angst); *het is hier ~ vol* es ist hier unheimlich voll
angstvallig 1 *(pijnlijk nauwgezet)* peinlich genau; 2 *(vreesachtig)* ängstlich
angstwekkend Furcht erregend
angstzweet Angstschweiß m^{19}
anijs Anis m^5 *(2e nvl ook -)*
animatie 1 *(film)* Animation v^{20}; 2 *(Belg) (georganiseerde activiteiten)* Animation v^{20}; Sport- und Freizeitaktivitäten *mv* v^{20}
animeren animieren^{320}, ermuntern, anregen
animo Schwung m^{19}, Lust v^{28}: *met veel ~* mit Lust und Liebe; *zonder ~* lustlos
anjelier, anjer Nelke v^{21}
anker Anker m^9: *het ~ uitwerpen* Anker (aus)werfen^{311}: *het ~ lichten* den Anker lichten; *voor ~ gaan* vor Anker gehen^{168}: *voor ~ liggen* vor Anker liegen^{202}
ankeren ankern
ankerketting Ankerkette v^{21}
annex mit^{+3}: *schouwburg ~ café* Theater mit Café
annexatie Annektierung v^{20}
annexeren annektieren^{320}
anno im Jahre, anno
annonce Anzeige v^{21}, Annonce v^{21}, Inserat o^{29}
annonceren anzeigen, annoncieren^{320}
annotatie Anmerkung v^{20}
annoteren mit Anmerkungen versehen^{261}
annuïteit Annuität v^{20}
annuleren annullieren^{320}, für nichtig erklären: *een order ~* einen Auftrag annullieren
anoniem anonym
anonimiteit Anonymität v^{28}
ansicht(kaart) Ansichtskarte v^{21}
ansjovis Anschovis *v (mv -)*, Sardelle v^{21}
antecedent *(taalk)* Bezugswort o^{32}: *iems ~en* jmds Vorleben o^{35}
antenne Antenne v^{21}; *(dierk, ook)* Fühler m^9
anthologie Anthologie v^{21}
antibioticum Antibiotikum *o (2e nvl -s; mv -ka)*
anticipatie Vorwegnahme v^{21}: *bij ~* vorweg
anticiperen vorwegnehmen^{212}
anticlimax Antiklimax v^{23}
anticonceptie Empfängnisverhütung v^{28}
anticonceptiepil Antibabypille v^{21}
antiek I *bn* antik; II *zn: het antiek* die Antiquitäten
antiheld Antiheld m^{14}
antilope Antilope v^{21}
antipathie Antipathie v^{21}, Abneigung v^{20}

an

antiquaar Antiquar m^5
antiquair Antiquitätenhändler m^9
antiquariaat Antiquariat o^{29}
antiquarisch antiquarisch
antiquiteit Antiquität v^{20}
anti-revolutionair Antirevolutionär m^5
anti-semiet Antisemit m^{14}
anti-semitisch antisemitisch
anti-semitisme Antisemitismus m^{19a}
antiseptisch antiseptisch
antislip Gleitschutz m^{19}
antistof Antikörper m^9, Abwehrstoff m^5
antithese Antithese v^{21}
antivries(middel) Frostschutzmittel o^{33}
antropoloog Anthropologe m^{15}
antwoord Antwort v^{20}: *in ~ op uw brief* auf Ihr Schreiben; *ten ~ krijgen* zur Antwort bekommen[193]
antwoordapparaat Anrufbeantworter m^9
antwoorden antworten: *op iets ~* auf[+4] etwas antworten
anus Anus m *(2e nvl -; mv Ani)*, After m^9
aorta Aorta v *(mv Aorten)*
AOW Altersrente v^{28}
apart 1 *(afgescheiden)* gesondert: *geld ~ leggen* Geld beiseite legen; **2** *(op zichzelf)* einzeln, separat; **3** *(exclusief)* apart: *dat is iets ~s* das ist etwas Besonderes
apartheid Apartheid v^{28}
apathie Apathie v^{21}
apathisch apathisch
apegapen: *hij ligt op ~* er pfeift auf dem letzten Loch
apennoot Erdnuss v^{25}
aperitief Aperitif m^{13}
apin Äffin v^{22}
APK, APK-keuring TÜV-Prüfung v^{20}
apostel Apostel m^9
apostrof Apostroph m^5, Auslassungszeichen o^{35}
apotheek Apotheke v^{21}
apotheker Apotheker m^9
apothekersassistente Apothekenhelferin v^{22}
apparaat Apparat m^5
apparatuur Apparatur v^{20}
appartement Appartement o^{36}
¹appel 1 *(vrucht)* Apfel m^{10}; **2** *(boom)* Apfelbaum m^6 || *de ~ valt niet ver van de boom* der Apfel fällt nicht weit vom Stamm
²appel 1 Appell m^5: *op het ~ ontbreken* beim Appell fehlen; **2** *(jur)* Berufung v^{20}
appelbol Apfel m^6; im Schlafrock
appelboom Apfelbaum m^6
appelflauwte Ohnmacht v^{20}
appelleren Berufung einlegen; *~ aan* appellieren an[+4]
appelmoes Apfelmus o^{39}, Apfelbrei m^{19}
appelsap Apfelsaft m^6
appelsien *(Belg)* Apfelsine v^{21}, Orange v^{21}
appelstroop Apfelkraut o^{39}
appeltaart Apfelkuchen m^{11}, Apfeltorte v^{21}
appeltje Äpfelchen o^{35}: *met iem een ~ te schillen*

hebben mit jmdm ein Hühnchen zu rupfen haben[182]
appendix Appendix m^5
appetijtelijk appetitlich
applaudisseren applaudieren[320]: *voor iem ~* jmdm applaudieren
applaus Applaus m^5; Beifall m^{19}
applicatie Applikation v^{20}
appreciëren anerkennen[189], schätzen
april April m^5 *(2e nvl ook April)*: *in ~* im April
aprilgrap Aprilscherz m^5
à propos was ich noch sagen wollte
aquaduct Aquädukt o^{29}
aquarel Aquarell o^{29}
aquarium Aquarium o *(2e nvl -s; mv Aquarien)*
ar Pferdeschlitten m^{11}
Arabië Arabien o^{39}
Arabier Araber m^9
Arabisch arabisch
arbeid Arbeit v^{20}
arbeiden arbeiten
arbeider Arbeiter m^9
arbeidersbeweging Arbeiterbewegung v^{28}
arbeidersbuurt Arbeiterviertel o^{33}
arbeidersklasse Arbeiterklasse v^{28}
arbeidsbemiddeling Arbeitsvermittlung v^{20}
arbeidsbureau Arbeitsamt o^{32}
arbeidsconflict Arbeitskonflikt m^5
arbeidscontract Arbeits-, Dienstvertrag m^6
arbeidsinspectie Gewerbeaufsicht v^{28}
arbeidsintensief arbeitsintensiv
arbeidsloon Arbeitslohn m^6
arbeidsmarkt Arbeitsmarkt m^6: *overspannen ~* Überbeschäftigung v^{20}
arbeidsongeschikt arbeitsunfähig
arbeidsovereenkomst Arbeitsvertrag m^6
arbeidstijd Arbeitszeit v^{20}
arbeidstijdverkorting Arbeitszeitverkürzung v^{20}
arbeidsvoorwaarden Arbeitsbedingungen mv v^{20}
arbiter 1 *(jur)* Schiedsmann m^8; **2** *(sp)* Schiedsrichter m^9
arbitrage Arbitrage v^{21}
arceren schraffieren[320]
archeologie Archäologie v^{28}
archeologisch archäologisch
archeoloog Archäologe m^{15}
archief Archiv o^{29}
architect Architekt m^{14}
architectonisch architektonisch
architectuur Architektur v^{20}
arctisch arktisch
are Ar o^{29}, m^5 *(afk a)*
arena Arena v *(mv Arenen)*
arend Adler m^9
arendsblik Adlerblick m^5
argeloos arglos, vertrauensselig
argeloosheid Arglosigkeit v^{28}, Vertrauensseligkeit v^{28}
arglist Heimtücke v^{28}, Arglist v^{28}

arglistig heimtückisch, arglistig
argument Argument o^{29}
argumentatie Argumentation v^{20}
argumenteren argumentieren[320]
argusogen Argusaugen mv o^{38}
argwaan Argwohn m^{19}
argwanen (etwas, jmdn) argwöhnen
argwanend argwöhnisch
aria Arie v^{21}
Ariër Arier m^9
Arisch arisch
aristocraat Aristokrat m^{14}
aristocratie Aristokratie v^{21}
aristocratisch aristokratisch
ark Arche v^{21}: de ~ van Noach die Arche Noah(s)
¹arm zn **1** (algem) Arm m^5: (fig) iem in de ~ nemen jmdn zurate (of: zu Rate) ziehen[318]; **2** (mouw) Arm m^5, Ärmel m^9; **3** (van stoel) Armlehne v^{21}
²arm bn arm[58]: een ~e drommel ein armer Schlucker; ~ aan arm an[+3]; ~ en rijk Arm und Reich
armatuur Armatur v^{20}
armband Armband o^{32}
arme Arme(r) m^{40a}, v^{40b}
armelijk ärmlich, dürftig
armetierig kümmerlich, ärmlich
armlastig (unterstützungs)bedürftig
armleuning Armlehne v^{21}, Armstütze v^{21}
armoe(de) Armut v^{28}: stille ~ verschämte Armut; (fig) van ~ ging ik maar naar bed weil ich nichts Besseres wusste, ging ich ins Bett
armoedig ärmlich, dürftig
armoedzaaier Habenichts m^5
armsgat Armloch o^{32}
armslag (fig) Bewegungsfreiheit v^{28}
armstoel Armsessel m^9, Armstuhl m^6
armzalig armselig
aroma Aroma o^{36} (mv ook Aromen)
aromatisch aromatisch
arrangement Arrangement o^{36}
arrangeren arrangieren[320]
arrenslede Pferdeschlitten m^{11}
arrest 1 (beslaglegging, hechtenis) Arrest m^5: iem in ~ nemen jmdn verhaften; in ~ zitten sich in Haft befinden[157]; **2** (vonnis) Urteil o^{29}
arrestant Häftling m^5
arrestatie Verhaftung v^{20}, Festnahme v^{21}
arresteren verhaften, festnehmen[212]
arriveren ankommen[193], eintreffen[289]
arrogant arrogant
arrogantie Arroganz v^{28}
arrondissement Bezirk m^5
arrondissementeel (Belg) Bezirks...
arrondissementsrechtbank Landgericht o^{29}
arsenaal Arsenal o^{29}; (fig) Repertoire o^{36}
arsenicum Arsen o^{39}
arterie Arterie v^{21}
articulatie Artikulation v^{20}
articuleren artikulieren[320]
artiest Künstler m^9; (in circus, variété en cabaret,

meestal) Artist m^{14}
artikel Artikel m^9: huishoudelijke ~en Haushalt(s)waren mv v^{21}: ~ in een krant Zeitungsartikel; volgens ~ 1 van de Grondwet nach Artikel 1 der Verfassung
artillerie Artillerie v^{21}
artisanaal (Belg) kunstgewerblich
artisjok Artischocke v^{21}
artisticiteit künstlerische Veranlagung v^{20}
artistiek künstlerisch veranlagt, kunstsinnig
arts Arzt m^6
artsenbezoeker Ärztevertreter m^9
artsenij Arznei v^{20}, Medikament o^{29}
¹as (spil) Achse v^{21}; (om beweging over te brengen) Welle v^{21}
²as (overblijfsel na verbranding) Asche v^{21}: in de ~ leggen in Schutt und Asche legen
a.s. afk van aanstaande nächst: maandag ~ kom ik nächsten Montag komme ich
asbak Aschenbecher m^9, Ascher m^9
asbest Asbest m^5
asblond aschblond
asceet Asket m^{14}
ascese Askese v^8
ascetisch asketisch
asem Puste v^{28}, Atem m^{19}
asfalt Asphalt m^5
asfalteren asphaltieren[320]
asiel Asyl o^{29}: iem ~ verlenen jmdn Asyl gewähren; politiek ~ vragen um politisches Asyl bitten[132] (of: nachsuchen)
asielrecht Asylrecht o^{39}
asielzoeker Asylant m^{14}, Asylbewerber m^9
a.s.o. (Belg) afk van algemeen secundair onderwijs weiterführender Unterricht m^{19}
asociaal asozial
aspect 1 (kant, aanblik) Aspekt m^5; **2** (vooruitzichten) de ~en die Aussichten
asperge Spargel m^9
aspirant Aspirant m^{14}, Anwärter m^9
aspirant-koper Interessent m^{14}
aspiratie Aspiration v^{20}: zijn ~s gaan uit naar ... er hat Aspirationen nach[+3] ...; hoge ~s hebben hoch hinauswollen[315]
aspirientje Aspirintablette v^{21}
aspirine Aspirin o^{39}
assemblage Montage v^{21}
assemblee Vollversammlung v^{20}
assembleren zusammensetzen, montieren[320]
assimilatie Assimilation v^{20}
assimileren assimilieren[320]
Assisen (Belg): Hof van ~ Assisen mv v^{21}, Schwurgericht o^{29}
assistent 1 (algem) Assistent m^{14}; **2** (med) Assistenzarzt m^6
assistente 1 (algem) Assistentin v^{22}; **2** (van arts) Arzthelferin v^{22}, Sprechstundenhilfe v^{21}
assistentie Assistenz v^{20}: ~ verlenen: a) (algem) Assistenz leisten; b) (door politie) polizeiliche Unter-

stützung gewähren
assisteren assistieren[320]
associatie Assoziation v^{20}
associëren, zich sich assoziieren[320]
assortiment Sortiment o^{29}, Auswahl v^{28}
assuradeur Versicherer m^9
assurantie Versicherung v^{20}
assurantiemaatschappij Versicherungsgesell-
    schaft v^{20}
aster Aster v^{21}
astma Asthma o^{39}
astmatisch asthmatisch
astrologie Astrologie v^{28}
astroloog Astrologe m^{15}
astronaut Astronaut m^{14}
astronomie Astronomie v^{28}
astronomisch astronomisch
astronoom Astronom m^{14}
asymmetrisch asymmetrisch, unsymmetrisch
atalanta (dierk) Admiral m^5, m^6
atelier Atelier o^{36}, Werkstatt v (mv Werkstätten)
atheïsme Atheismus m^{19a}
atheïst Atheist m^{14}
atheneum Gymnasium o (2e nvl -s; mv Gymnasien)
Atlantisch atlantisch: ~ pact Atlantikpakt m^{19}
Atlantische Oceaan Atlantischer Ozean m^{19}, At-
    lantik m^{19}
atlas Atlas m (2e nvl Atlas(ses); mv Atlasse; ook At-
    lanten)
atleet Athlet m^{14}; (atletiekbeoefenaar) Leichtathlet
    m^{14}
atletiek Leichtathletik v^{28}
atletisch athletisch
atmosfeer Atmosphäre v^{21}
atmosferisch atmosphärisch
atol Atoll o^{29}
atomair atomar
atoom Atom o^{29}
atoomafval Atommüll m^{19}
atoombom Atombombe v^{21}
atoomenergie Atomenergie v^{28}, Kernenergie v^{28}
atoomkop Atomsprengkopf m^6
atoomoorlog Atomkrieg m^5
atoomtijdperk Atomzeitalter o^{39}
attaché 1 Attaché m^{13}: militair ~ Militärattaché m^{13};
    2 (Belg) (adviseur van minister) Berater m^9 des Mi-
    nisters
attaque 1 (mil) Angriff m^5; **2** (med) Attacke v^{21}, (be-
    roerte) Schlaganfall m^6
attaqueren attackieren[320]
attenderen: iem op iets ~ jmdn auf[+4] etwas auf-
    merksam machen
attent aufmerksam; (hulpvaardig) zuvorkommend
attentie: ter ~ van zu Händen[+2] (of: zu Händen
    von[+3]); iem ~s bewijzen jmdm Aufmerksamkeiten
    erweisen[307]; ~! Achtung!
attest Attest o^{29}, Bescheinigung v^{20}: ~ van de dokter
    ärztliches Zeugnis o^{29a}
attractie Attraktion v^{20}

attractief attraktiv, anziehend
attribuut Attribut o^{29}
au tw au!, auweh!
aubergine Aubergine v^{21}
audiëntie Audienz v^{20}: ~ geven Audienz geben[166]:
    in ~ ontvangen in Audienz empfangen[146]
audiotoren Stereoturm m^6
audiovisueel audiovisuell
auditie Vorspiel o^{29}, Vorsingen o^{39}
auditief auditiv
auditoraat (Belg) Militärgericht o^{29}
auditorium Auditorium o (2e nvl -s; mv Auditorien)
augurk Gurke v^{21}: ~ in het zuur Essiggurke
augustus August m^5 (2e nvl ook -): in ~ im August
aula Aula v (mv Aulen)
au pair I bn au pair: betrekking als ~ Aupairstelle
    v^{21}; **II** zn Aupairmädchen o^{35}
aureool Aureole v^{21}
auspiciën: onder (de) ~ van unter den Auspizien
    von[+3]
ausputzer (sport) Ausputzer m^9
Australië Australien o^{39}
Australiër Australier m^9
Australisch australisch
auteur Autor m^{16}
auteurschap Autor-, Urheberschaft v^{28}
auteursrecht Urheberrecht o^{29}
authenticiteit Authentizität v^{20}
authentiek authentisch
auto Auto o^{36}, Wagen m^{11}: kleine ~ Kleinwagen
autoband Autoreifen m^{11}
autobiografie Autobiografie v^{21}, Autobiographie
autobus Omnibus m (2e nvl -ses; mv -se), Autobus
    m (2e nvl -ses; mv -se), Bus m (2e nvl -ses; mv -se)
autochtoon I bn autochthon, einheimisch; **II** zn
    Einheimische(r) m^{40a}, v^{40b}, Eingeborene(r) m^{40a},
    v^{40b}
autocoureur Rennfahrer m^9
autodidact Autodidakt m^{14}
autogordel Sicherheitsgurt m^5
autokraker Autoknacker m^9
automaat Automat m^{14}
automatiek Automatenrestaurant o^{36}
automatisch automatisch: ~e overschrijving (giro)
    Dauerauftrag m^6: ~ telefoonverkeer Selbstwählver-
    kehr m^{19}
automatiseren automatisieren[320]
automatisering Automatisierung v^{20}
automatisme Automatismus m (2e nvl -; mv Auto-
    matismen)
automobiel Automobil o^{29}
automobielinspectie (Belg) TÜV-Prüfung v^{20}
automobilist Autofahrer m^9
autonomie Autonomie v^{21}
autonoom autonom
auto-ongeluk Autounfall m^6
autopapieren Kraftfahrzeugpapiere mv o^{29}
autopark Wagenpark m^{13}
autoped Roller m^9

autorijden Auto fahren[153]
autorijschool Fahrschule v^{21}
autoritair autoritär
autoriteit Autorität v^{20}; *(overheidsinstantie)* Behörde v^{21}: *bevoegde* ~ zuständige Behörde
autosnelweg Autobahn v^{20}
autostop *(Belg)* Autostopp m^{13}: ~ *doen* Autostopp machen
autostrade *(Belg)* Autobahn v^{20}
autotelefoon Autotelefon o^{29}
averechts falsch, verkehrt
averij Havarie v^{21}
aversie Aversion v^{20}, Abneigung v^{20}
avond Abend m^5: *'s* ~*s* abends
avondblad Abendblatt o^{32}, Abendzeitung v^{20}
avonddienst 1 *(godsd)* Abendgottesdienst m^5; **2** *(werktijd)* Spätdienst m^5
avondeditie Abendausgabe v^{21}
avondjapon, avondjurk Abendkleid o^{31}
avondkleding Gesellschaftskleidung v^{28}
avondklok Ausgangssperre v^{28}
avondland Abendland o^{39}
avondmaal Abendmahl o^{29}: *(prot) het Heilige Avondmaal* das Heilige Abendmahl
avondmaaltijd Abendessen o^{35}
avondmens Nachtmensch m^{14}
avondpermissie Ausgeherlaubnis v^{28}
avondrood Abendröte v^{28}, Abendrot o^{39}
avonturier Abenteurer m^9
avonturierster Abenteu(r)erin v^{22}
avontuur Abenteuer o^{33}
avontuurlijk abenteuerlich
avontuurtje Abenteuer o^{33}, Liebelei v^{20}
azen: *op iets* ~ auf[+4] etwas lauern
Aziaat Asiat m^{14}
Aziatisch asiatisch
Azië Asien o^{39}
azijn Essig m^5

b

BA *(Belg) afk van burgerlijke aansprakelijkheid (in Ned WA)* Haftpflicht v^{28}

baai *(inham)* Bai v^{20}, Meeresbucht v^{20}

baal Ballen m^{11}: *bij balen* ballenweise

baan 1 *(algem)* Bahn v^{20}: *(fig) in goede banen leiden in die richtige Bahn lenken; op de lange ~ schuiven* auf die lange Bank schieben[237]: *die zaak is van de ~* die Sache ist erledigt; **2** *(weg)* Straße v^{21}; **3** *(betrekking)* Stelle v^{21}, Job m^{13}

baanbrekend bahnbrechend

baanvak Bahnstrecke v^{21}

baanwachter Bahnwärter m^{9}

¹baar *(golf)* Welle v^{21}, Woge v^{21}

²baar *(staaf goud, zilver)* Barren m^{11}

³baar *(draagbaar)* Bahre v^{21}

⁴baar *bn* bar: *in ~ geld betalen* (in) bar zahlen

baard Bart m^{6} ‖ *hij heeft de ~ in de keel* er ist im Stimmbruch

baardig bärtig

baarmoeder Gebärmutter v^{26}

baars Barsch m^{5}

baas 1 *(chef)* Chef m^{13}; *(directeur)* Direktor m^{16}: *de ~ in huis* der Herr im Hause; *zij is de ~ in huis* sie hat die Hosen an; *ik ben mijn eigen ~* ich bin mein eigener Herr; *hij is hier de ~* er hat hier das Sagen; *de ~ over iem spelen* jmdn bevormunden; **2** *(van hond)* Herr m^{14} *(2e, 3e, 4e nvl ev: Herrn),* Herrchen o^{35}; **3** *(bolleboos)* Meister m^{9}: *hij is mij de ~* er ist mir überlegen; *iets de ~ worden* etwas meistern ‖ *een aardige ~* ein netter Kerl

baat Nutzen m^{19}, Vorteil m^{5}: *ik vind geen ~ bij dat geneesmiddel* diese Arznei hilft nicht; *de gelegenheid te ~ nemen* die Gelegenheit nutzen; *alle middelen te ~ nemen* alle Mittel anwenden[308]; *ten bate van* zugunsten[+2]; *baten afwerpen* Vorteil bringen[139]

baatzuchtig eigennützig, selbstsüchtig

babbelen plaudern

baby Baby o^{36}

babyfoon Babyfon o^{29}, Babyphon o^{29}

babykleertjes Babykleidung v^{20} *(zelden mv)*

babysitten babysitten

babysitter Babysitter m^{9}

babyuitzet Babyausstattung v^{20}

bacil Bazillus m *(2e nvl -; mv Bazillen)*

bacillendrager Bazillenträger m^{9}

back *(sp)* Verteidiger m^{9}

backhand Rückhand v^{28}

bacon Bacon m^{19}

bacterie Bakterie v^{21}

bacterieel bakteriell

bacteriologisch bakteriologisch

bad Bad o^{32}

badcel Bad o^{32}, Badezimmer o^{33}

baddoek Badetuch o^{32}

baden (sich) baden: *in weelde ~* im Überfluss leben; *in het zweet ~* in Schweiß baden

badgast Badegast m^{6}, *(wie kuurt, ook)* Kurgast

badge Namensschild o^{31}

badjas Bademantel m^{10}

badjuffrouw Badewärterin v^{22}

badkamer Bad o^{32}, Badezimmer o^{33}

badkuip Badewanne v^{21}

badlaken Badetuch o^{32}, Frottiertuch o^{32}

badmeester Bademeister m^{9}

badminton Badminton o^{39}, Federball m^{19}

badmuts Badehaube v^{21}

badpak Badeanzug m^{6}

badplaats 1 *(algem)* Badeort m^{5}; **2** *(voor wie kuurt)* Kurort m^{5}, Bad o^{32}

badstof Frottee m^{13}, o^{36} *(2e nvl ook -)*

bagage Gepäck o^{39}: *zijn ~ afgeven* sein Gepäck aufgeben[166]

bagagedrager Gepäckträger m^{9}

bagagekluis Schließfach o^{32}

bagagenet Gepäcknetz o^{29}

bagatelliseren bagatellisieren[320]

bagger Schlamm m^{5}, m^{6}

baggeren baggern: *door de modder ~* durch den Schlamm waten

baggermachine, baggermolen Bagger m^{9}, Baggermaschine v^{21}

bah *tw* bah!, pfui!, pfui Teufel!

bajes Kittchen o^{35}, Knast m^{5}, m^{6}, Loch o^{32}

bajonet Bajonett o^{29}

bajonetsluiting Bajonettverschluss m^{6}

¹bak 1 *(algem) (kist)* Behälter m^{9}, Kasten m^{12}; **2** *(gevangenis)* Kittchen o^{35}, Loch o^{32}

²bak *(mop)* Witz m^{5}

bakbeest Koloss m^{5}, Ungeheuer o^{33}

bakblik Backblech o^{29}

bakboord Backbord o^{29}: *aan ~* an Backbord

baken Bake v^{21}: *~s zetten* Baken aufstellen

bakermat 1 *(plaats van oorsprong)* Wiege v^{21}; **2** *(geboortestreek)* Heimat v^{20}

bakerpraat(je) Altweibergeschwätz o^{39}

bakje 1 *(kleine kist)* kleiner Behälter m^{9}; **2** *(kopje)* Tasse v^{21}

bakkebaard Backenbart m^{6}; Koteletten *mv* v^{21}

bakkeleien sich raufen, sich balgen

bakken 1 *(van voedsel)* backen[121]; *(vlees, vis, ei, ook)* braten[136]: *gebakken aardappels* Bratkartoffeln; **2** *(van dakpannen, potten)* brennen[138]

bakker Bäcker m^{9}: *(fig) het is voor de ~* es ist alles in Butter

bakkerij Bäckerei v^{20}, Backstube v^{21}
bakkersgast, bakkersknecht Bäckergeselle m^{15}
bakkes Fratze v^{21}: *hou je ~!* halt die Klappe!
bakpan Bratpfanne v^{21}
bakplaat Backblech o^{29}
bakpoeder Backpulver o^{33}
baksteen Backstein m^5, Ziegel m^9, Ziegelstein m^5
bakstenen backsteinern, Backstein…, Ziegel…
bakzeil: *~ halen* klein beigeben[166]
¹bal 1 *(bolrond voorwerp)* Ball m^6: *~ gehakt* Frikadelle v^{21}, Bulette v^{21}; **2** *(van hand en voet)* Ballen m^{11}; **3** *(teel-, zaadbal)* Hode v^{21} ‖ *hij weet er geen ~ van* er hat keine blasse Ahnung davon
²bal *(danspartij)* Ball m^6
balalaika Balalaika v^{27}, mv ook Balalaiken
balanceren balancieren[320]
balans 1 *(weegschaal)* Waage v^{21}; **2** *(handel)* Bilanz v^{20}: *de ~ opmaken: a) (lett)* die Bilanz aufstellen; *b) (fig)* (die) Bilanz ziehen[318] (aus^{+3})
baldadig mutwillig, ausgelassen, übermütig
baldadigheid 1 *(uitgelatenheid)* Ausgelassenheit v^{28}; **2** *(straatschenderij)* Unfug m^{19}
balen: *van iets ~* etwas satt haben[182]
balie 1 *(toonbank)* Schalter m^9, Theke v^{21}; **2** *(balustrade in rechtszaal)* Schranke v^{21} des Gerichts; **3** *(rechtbank)* Gericht o^{29}; **4** *(advocatenstand)* Anwaltschaft v^{28}: *lid van de ~* Rechtsanwalt m^6
balk Balken m^{11} ‖ *hij gooit het niet over de ~* er wirft sein Geld nicht zum Fenster hinaus
Balkan der Balkan m^{19}
balken 1 *(mbt ezel)* iahen; **2** *(huilen)* heulen
balkon 1 Balkon m^5, m^{13}; **2** *(van tram)* Plattform v^{20}
ballade Ballade v^{21}
ballast *(ook fig)* Ballast m^5
ballen I *tr* ballen; **II** *intr* **1** *(tot een bal worden)* sich ballen; **2** *(met een bal spelen)* Ball spielen
ballenjongen Balljunge m^{15}
ballerina Ballerina v *(mv Ballerinen)*
ballet Ballett o^{29}
balletdanser(es) Balletttänzer m^9; Balletttänzerin v^{22}
balletje Bällchen o^{35}: *~ van vlees* Fleischklößchen o^{35}
balling Verbannte(r) m^{40a}, v^{40b}
ballingschap Verbannung v^{20}, Exil o^{29}
ballon Ballon m^5, m^{13}
ballpoint Kugelschreiber m^9, Kuli m^{13}
balsem Balsam m^5
balsemen balsamieren[320]
Baltisch baltisch: *de ~e staten* das Baltikum
balustrade Balustrade v^{21}, Brüstung v^{20}
balzaal Ballsaal m^6 *(mv -säle)*
balzak Hodensack m^6
bamboe Bambus m *(2e nvl - en -ses; mv -se)*
bamibal Bamigorengbulette v^{21}
ban Bann m^{19}: *iem in de ~ doen* jmdn in Acht und Bann tun
banaal banal
banaan Banane v^{21}

banaliteit Banalität v^{20}
¹band 1 *(strook)* Band o^{32}: *de lopende ~* das Fließband; **2** *(relatie)* Band o^{29}: *de ~en des bloeds* die Bande des Bluts; **3** *(boekdeel)* Band m^6; **4** *(biljart)* Bande v^{21}; **5** *(van voertuig)* Reifen m^{11}; **6** *(sp)* Gürtel m^9: *zwarte ~* schwarzer Gürtel m^{11}
²band *(Eng, muz)* Band v^{27}
bandage Bandage v^{21}
bandeloos zügellos
bandeloosheid Zügellosigkeit v^{28}
bandenpech Reifenpanne v^{21}
bandiet Bandit m^{14}
bandleider Bandleader m^9
bandopname Tonband-, Bandaufnahme v^{21}
bandrecorder Rekorder m^9, Tonbandgerät o^{29}
banen bahnen: *zich een weg ~* sich^3 einen Weg bahnen
bang *bn, bw* bang(e)^{59}: *~e uren* bange Stunden; *~ zijn* sich fürchten *(of: Angst haben*[182]*): ik ben ~ voor de dood* ich fürchte mich vor dem Tod; *ik ben ~, dat …* ich fürchte, dass …; *ik was er al ~ voor* ich dachte es schon; *iem ~ maken* jmdm Angst machen
bangelijk ängstlich, furchtsam
bangerik Angsthase m^{15}
bangmakerij Einschüchterung v^{20}
banjo Banjo o^{36}
¹bank *(zetel, aardlaag)* Bank v^{25}; *(meubelstuk)* Couch v^{27}, v^{20}: *door de ~* im Allgemeinen
²bank *(instelling)* Bank v^{20}
bankbediende Bankangestellte(r) m^{40a}, v^{40b}
bankbiljet Banknote v^{21}, Geldschein m^5
banket Bankett o^{29}, Festessen o^{35}
banketbakker Konditor m^{16}
banketbakkerij Konditorei v^{20}
bankier Bankier m^{13} [baŋkje], Banker m^9
bankje 1 *(kleine bank)* Bänkchen o^{35}; **2** *(voetenbankje)* Fußbank v^{25}, Schemel m^9
bankoverval Banküberfall m^6
bankpapier Bankpapier o^{29}; Banknoten *mv* v^{21}
bankpas Scheckkarte v^{21}
bankroet I *bn* bankrott: *~ zijn* bankrott sein; **II** *zn* Bankrott m^5: *~ gaan* Bankrott gehen[168]
bankrover Bankräuber m^9
bankschroef Schraubstock m^6
bankstel Polstergarnitur v^{20}
bankwerker Schlosser m^9
banneling Verbannte(r) m^{40a}, v^{40b}
baptist Baptist m^{14}
¹bar *bn, bw* **1** *(mbt strand, rots)* kahl, nackt; **2** *(mbt streken)* dürr, unfruchtbar; **3** *(mbt weer)* rau; **4** *(erg)* schlimm: *~ veel geld* unheimlich viel Geld; *een ~re tocht* eine schlimme Fahrt; *het is ~!* es ist schlimm!; **5** *(zeer)* fürchterlich, schrecklich
²bar *zn* Bar v^{27}
barak Baracke v^{21}
barbaar Barbar m^{14}
barbaars barbarisch, unmenschlich
barbaarsheid Barbarei v^{20}
barbecue Barbecue o^{36}

*barbecueën (*Wdl:* barbecuen) ein Barbecue geben[166]; (*grillen*) grillen, braten[136]

bareel (*Belg*) **1** (*slagboom*) Schlagbaum m^6, Schranke v^{21}; **2** (*spoorboom*) Eisenbahnschranke v^{21}

barema (*Belg*) Lohnskala v^{27} (*mv ook* -*skalen*)

baren gebären, zur Welt bringen[139]: *iem zorg ~* jmdm Sorge bereiten

baret Barett o^{29}

bariton Bariton m^5

barjuffrouw Bardame v^{21}

barkeeper Barkeeper m^9, Barmann m^8

barkruk Barhocker m^9

barmhartig barmherzig

barok I *bn* barock; **II** *zn* Barock m^{19}, o^{39} (*2e nvl* -s)

barokstijl Barockstil m^{19}

barometer Barometer o^{33}: *de ~ gaat achteruit, vooruit* das Barometer fällt, steigt

baron Baron m^5

barones Baronin v^{22}

barrage (*sport*) Stechen o^{39}, Stichkampf m^6

barrevoets barfuß

barricade Barrikade v^{21}

barricaderen I *tr* verbarrikadieren[320]; **II** *zich ~* sich verbarrikadieren

barrière Barriere v^{21}

bars barsch, grob

barst 1 (*in hout, ijs, muur*) Riss m^5; **2** (*in glas, kopje e.d.*) Sprung m^6; **3** (*in huid*) Schrunde v^{21}

barsten 1 (*barsten krijgen*) bersten[127], Sprünge (*of:* Risse) bekommen[193]; **2** (*in stukken breken*) platzen, zerspringen[276] || *barst!* rutsch mir den Buckel runter!; *~ van afgunst* vor Neid platzen; *~ van nieuwsgierigheid* vor Neugier brennen[138]: *iem laten ~* jmdn sitzen lassen[197]

bas Bass m^6

basalt Basalt m^5

baseball Baseball m^{19}

baseline Grundlinie v^{21}

baseren basieren[320]: *gebaseerd zijn op* basieren auf[+3], beruhen auf[+3]

basiliek Basilika v (*mv Basiliken*)

basis Basis v (*mv Basen*) (*mil, ook*) Stützpunkt m^5

basisch basisch

basisloon Grundlohn m^6

basisonderwijs 1 (*van 4 tot 12 jaar*) Grundschulunterricht m^5; **2** (*eerste beginselen*) Elementarunterricht m^5

basisoptie (*Belg*) Wahlfächer *mv* o^{32}

basisschool Grundschule v^{21}

basisvorming (*Belg*) Pflichtfächer *mv* o^{32}

basiswedde Grundgehalt o^{32}

Bask Baske m^{15}

basketbal 1 (*sport*) Basketball m^{19}, o^{39}; **2** (*bal*) Basketball m^6

Baskisch baskisch

bassin Bassin o^{36}, Becken o^{35}

bassist Bassist m^{14}

bassleutel Bassschlüssel m^9

bast (*deel van boom onder schors*) Bast m^5; (*schors*)

Rinde v^{21}, Borke v^{21}: *in z'n blote ~* nackt

basta *tw* basta!, genug!, Schluss jetzt!

bastaard Bastard m^5; (*dierk, ook*) Hybride v^{21}

basterdsuiker Farin m^{19}

bastion Bastion v^{20}, Bastei v^{20}

bat (*sp*) Tischtennisschläger m^9, Schläger m^9

bataljon Bataillon o^{29}

bate: *ten ~ van* zugunsten[+2], zu Gunsten[+2]

baten nützen[+3], helfen[188+3]

batig: *~ slot* Überschuss m^6, Plus o^{39a}

batje *zie* bat

batterij 1 (*mil, elektr*) Batterie v^{21}; **2** (*groep*) ganze Menge v^{21}; **3** (*achterste*) Hintern m^{11}; **4** (*Belg*) (*accu*) Batterie v^{21}

bauxiet Bauxit m^5

baviaan Pavian m^5

baxter (*Belg*) (*med*) Infusion v^{20}: *aan de ~ liggen* am Tropf hängen

bazaar Basar m^5

Bazel Basel o^{39}

bazelen faseln, schwafeln

bazig herrisch, gebieterisch

bazin Herrin v^{22}; (*van hond*) Frauchen o^{35}; (*cheffin*) Chefin v^{22}

BBI (*Belg*) *afk van* Bijzondere Belastinginspectie Steuerfahndung v^{28}

beademen 1 behauchen; **2** (*med*) beatmen

beambte Beamte(r) m^{40a}, (*employé*) Angestellte(r) m^{40a}: *vrouwelijke ~* Beamtin v^{22}, Angestellte v^{40b}

beamen 1 (*instemmen*) beipflichten[+3]; **2** (*bevestigen*) bestätigen

beangstigen (be)ängstigen

beantwoorden 1 (*een brief, vraag*) beantworten; (*een blik, groet, hatelijkheid, het vijandelijk vuur*) erwidern; **2** (*met aan*) entsprechen[274+3]

beantwoording Beantwortung v^{20}, Erwiderung v^{20}

beargumenteren begründen

beat Beat m^{19}, m^{19a}

beatgroep Beatband v^{27}

beauty Beauty v^{27}

beautycase Kosmetikkoffer m^9

bebloed blutig, blutbefleckt

beboeten mit einer Geldstrafe belegen: *iem ~* jmdm eine Geldstrafe auferlegen

bebossen aufforsten

bebossing Aufforstung v^{20}

bebouwen 1 bebauen; **2** (*landb*) bestellen

bebouwing 1 Bebauung v^{20}; **2** (*landb*) Bestellung v^{20}

becijferen (*berekenen*) beziffern, berechnen

becommentariëren kommentieren[320]

beconcurreren: *iem ~* mit jmdm konkurrieren[320]

bed 1 (*slaapplaats*) Bett o^{37}: *kamer met één ~* Einzelzimmer o^{33}: *kamer met twee ~den* Doppelzimmer o^{33}: *in ~ liggen* im Bett liegen[202]; *naar ~ brengen* ins Bett bringen[139]; *naar ~ gaan* ins Bett gehen[168]; *met iem naar ~ willen* mit jmdm ins Bett wollen[315]; **2** (*bloembed*) Beet o^{29}

bedaard ruhig, gelassen

bedacht bedacht, gefasst: *op alles ~ zijn* auf alles gefasst sein[262]: *op zijn voordeel ~ zijn* auf seinen Vorteil bedacht sein[262]

bedachtzaam bedächtig, besonnen

bedankbrief Dankbrief *m*[5], Dankschreiben *o*[35]

bedanken 1 *(dank betuigen)* sich bedanken, danken[+3]: *iem voor iets ~* sich bei jmdm für[+4] etwas bedanken (*of:* jmdm für etwas danken); **2** *(afwijzen)* ablehnen; **3** *(opzeggen)* abbestellen; **4** *(mbt club)* austreten[291]

bedaren I *tr* beruhigen: *iem tot ~ brengen* jmdn beruhigen; **II** *intr* sich beruhigen; *zie ook* bedaard

beddengoed Bettzeug *o*[39], Bettwäsche *v*[28]

beddenlaken Betttuch *o*[32]

beddensprei Tagesdecke *v*[21]

bedding Bett *o*[37]; *(van rivier ook)* Flussbett

bedeesd schüchtern, scheu

bedeesdheid Schüchternheit *v*[28], Scheu *v*[28]

bedekken bedecken

bedekt 1 *(toegedekt)* bedeckt: *de lucht is ~* der Himmel ist bewölkt; **2** *(niet openlijk)* verblümt: *in ~e termen* mit verblümten Worten

bedelaar Bettler *m*[9]

bedelares Bettlerin *v*[22]

bedelarij Bettelei *v*[20], Betteln *o*[39]

bedelbrief Bettelbrief *m*[5]

¹bedelen betteln

²bedelen unterstützen: *de fortuin heeft hem rijk bedeeld* er ist mit Glücksgütern gesegnet

bedelstaf Bettelstab *m*[6]: *tot de ~ brengen* an den Bettelstab bringen[139]

bedelven begraben[180]

bedenkelijk bedenklich

bedenken 1 *(overwegen)* bedenken[140], sich[3] überlegen: *zonder zich te ~* ohne sich zu bedenken; *hij heeft zich bedacht* er hat sich[3] es anders überlegt; **2** *(verzinnen)* ausdenken[140]; **3** *(begiftigen)* bedenken[140]

bedenking Bedenken *o*[35], Einwand *m*[6]: *~en hebben* Bedenken haben[182]

bedenksel Erfindung *v*[20]

bedenktijd Bedenkzeit *v*[20]

bederf 1 *(rotting)* Fäulnis *v*[28]; *(van lijken)* Verwesung *v*[28]: *tot ~ overgaan* in Fäulnis (*of:* in Verwesung) übergehen[168]; **2** *(achteruitgang)* Verfall *m*[19]: *aan ~ onderhevig* verderblich

bederven I *tr* **1** *(slechter maken)* verderben[297]: *z'n ogen ~* sich[3] die Augen verderben; **2** *(verwennen)* verziehen[318], verwöhnen; **3** *(verpesten)* verpfuschen; **II** *intr* verderben[297]: *die vruchten ~ gauw* diese Früchte sind leicht verderblich; *zie ook* bedorven

bedevaart Wallfahrt *v*[20], Pilgerfahrt *v*[20]

bedevaartganger Wallfahrer *m*[9], Pilger *m*[9]

bedevaartsoord Wallfahrtsort *m*[5]

bediende 1 *(in huishouding)* Diener *m*[9]; Dienerin *v*[22]; **2** *(employé)* Angestellte(r) *m*[40a], *v*[40b]; **3** *(in zaak)* Verkäufer *m*[9]: *jongste ~* Lehrling *m*[5]

bedienen I *tr* bedienen; **II** *zich ~* sich bedienen[+2]

bediening Bedienung *v*[28]

bedieningsgeld Bedienungsgeld *o*[31]

bedieningsknop Bedienungsknopf *m*[6]

bedieningspaneel Schalttafel *v*[21], Schaltbrett *o*[31]

bedieningspost *(Belg)* Ausleihe *v*[21]

bedijken eindeichen

beding Bedingung *v*[20]

bedingen 1 *(overeenkomen)* vereinbaren; **2** *(onderhandelen)* (aus)bedingen[141]

bedisselen in Ordnung bringen[139]: *een zaak ~* eine Sache deichseln

bedlegerig bettlägerig

bedoelen 1 *(aanduiden)* meinen: *de bedoelde persoon* der (*of:* die) Betreffende; **2** *(beogen)* beabsichtigen, bezwecken

bedoeling *(doel)* Absicht *v*[20], Zweck *m*[5]: *de ~ van deze maatregel* der Zweck dieser Maßnahme; *dat was niet de ~* so war es nicht gemeint; *het ligt in onze ~ dat te doen* wir beabsichtigen, das zu tun; *met de ~* in der Absicht

bedoening Betrieb *m*[5]

bedompt dumpf, dumpfig

bedonderd *(inform)* **1** *(slecht)* miserabel, beschissen; **2** *(dwaas)* verrückt

bedonderen *(inform)* beschummeln, bemogeln

bedorven *(mbt spijzen, dranken)* verdorben: *een ~ ei* ein faules Ei; *~ lucht* stickige Luft *v*[28]

bedrag Betrag *m*[6], Summe *v*[21]: *het gedeeltelijke ~* der Teilbetrag; *het resterende ~* der Restbetrag; *ten ~e van* in Höhe von[+3]

bedragen betragen[288], sich belaufen[198] auf[+4]

bedreigen drohen[+3], bedrohen[+4]: *iem ~* jmdn bedrohen (*of:* jmdm drohen)

bedreiging Drohung *v*[20], Bedrohung *v*[20]

bedreven erfahren, versiert, gewandt

bedriegen betrügen[294], täuschen, hintergehen[168]: *hij werd in z'n verwachtingen bedrogen* er sah sich in seinen Erwartungen betrogen; *hij kwam bedrogen uit* er hatte sich sehr verrechnet; *als mijn geheugen mij niet bedriegt* wenn mich mein Gedächtnis nicht trügt

bedrieger Betrüger *m*[9]

bedriegerij Betrug *m*[19], Betrügerei *v*[20]

bedrieglijk 1 *(leugenachtig)* betrügerisch; **2** *(misleidend)* trügerisch

bedrijf 1 *(algem)* Betrieb *m*[5]: *buiten ~* außer Betrieb; *in ~* in Betrieb; **2** *(bedrijfsleven)* Wirtschaft *v*[28]; **3** *(ambacht)* Gewerbe *o*[33], Handwerk *o*[29]: *zijn ~ uitoefenen* seinem Erwerb nachgehen[168]; **4** *(zaak)* Geschäft *o*[29]; **5** *(theat)* Aufzug *m*[6], Akt *m*[5]

bedrijfsarts Betriebsarzt *m*[6], Werksarzt *m*[6]

bedrijfseconoom Betriebswirt *m*[5]

bedrijfsinkomsten Betriebseinnahmen *mv v*[21]

bedrijfskapitaal Betriebskapital *o*[29]

bedrijfsklaar betriebsfertig

bedrijfsleider Betriebsleiter *m*[9]

bedrijfsleven Wirtschaft *v*[28]

bedrijfsongeval Betriebsunfall *m*[6]

bedrijfsresultaat Betriebsergebnis *o*[29a]

bedrijfsrevisor *m,v* -s, -en *(Belg)* Bücherrevisor *m*[16]

bedrijfsruimte Betriebsraum m^6
bedrijfssluiting Betriebsstilllegung v^{20}
bedrijfstak Wirtschaftszweig m^5, Branche v^{21}
bedrijfszeker betriebssicher
bedrijven *(van misdaad)* begehen[168], verüben
bedrijvend: *~e vorm* Aktiv o^{29}
bedrijvig geschäftig, betriebsam, emsig
bedrijvigheid Geschäftigkeit v^{28}
bedrinken, zich sich betrinken[293]
bedroefd betrübt (über[+4]), traurig (über[+4])
bedroefdheid Traurigkeit v^{28}, Betrübtheit v^{28}
bedroeven betrüben, traurig machen
bedroevend betrüblich: *~ slecht* miserabel
bedrog Betrug m^{19}, *(oplichterij)* Schwindel m^{19}: *optisch ~* optische Täuschung v^{20}
bedruipen begießen[175]: *zichzelf kunnen ~* seinen Unterhalt bestreiten können[194]
bedrukken bedrucken
bedrukt *(fig)* niedergeschlagen, bedrückt
bedtijd Schlafenszeit v^{20}
beducht bange: *voor iets ~ zijn* etwas fürchten
beduiden 1 *(betekenen)* bedeuten; **2** *(gebaren)* zu verstehen geben[166]; **3** *(aan het verstand brengen)* deutlich machen
beduimeld abgegriffen
beduusd verdutzt, betreten
beduvelen *(inform)* beschummeln, hereinlegen
bedwang: *in ~ houden* im Zaum halten[183]
bedwelmen betäuben; *(door alcohol en fig)* berauschen, benebeln
bedwelming Betäubung v^{20}, Berauschung v^{20}
bedwingen 1 *(van gevoelens)* bezwingen[319]; **2** *(van oproer)* unterdrücken
beëdigd 1 *(onder ede)* vereidigt; **2** *(door eed bekrachtigd)* beeidet
beëdigen 1 *(de eed laten afleggen)* vereidigen; **2** *(met een eed bekrachtigen)* beeiden
beëdiging *(bekrachtiging)* Beeidigung v^{20}; *(het afleggen van de eed)* Vereidigung v^{20}
beëindigen beenden, beendigen
beek Bach m^6
beeld 1 *(standbeeld)* Statue v^{21}, Figur v^{20}, Plastik v^{20}: *bronzen ~* Bronzefigur v^{20}; **2** *(beeldspraak)* Bild o^{31}: *een ~ van een kind* ein bildschönes Kind
beeldband Videoband o^{32}
beeldbuis Bildröhre v^{21}
beeldend: *~e kunst* bildende Kunst v^{25}
beeldhouwen 1 *(in steen)* meißeln; **2** *(in hout)* schnitzen
beeldhouwer Bildhauer m^9, *(in hout)* Bildschnitzer m^9
beeldhouwkunst Bildhauerkunst v^{28}
beeldhouwster Bildhauerin v^{22}
beeldig süß, (bild)hübsch, goldig
beeldscherm Bildschirm m^5
beeldschoon bildschön
beeldschrift Bilderschrift v^{20}
beeldspraak Bildersprache v^{28}
beeltenis Bildnis o^{29a}, Bild o^{31}

been 1 *(bot)* Knochen m^{11}; **2** *(lichaamsdeel)* Bein o^{29}: *de benen nemen* die Beine in die Hand nehmen[212]: *iem op de ~ helpen* jmdm auf die Beine helfen[188]: *(Belg) iets aan zijn ~ hebben* hereingelegt sein[262]; **3** *(van hoek, passer)* Schenkel m^9
beenbeschermer Beinschoner m^9, Beinschiene v^{21}
beenbreuk Beinbruch m^6
beendergestel Knochengerüst o^{29}
beenhouwer *(Belg)* Fleischer m^9, Metzger m^9
beenhouwerij *(Belg)* Metzgerei v^{20}, Fleischerei v^{20}
beenhouwersgast *(Belg)* Fleischergeselle m^{15}
beenmerg Knochenmark o^{39}
beenruimte Beinraum m^{19}
beentje Beinchen o^{35}; *(botje)* Knöchelchen o^{35}: *zijn beste ~ voorzetten* sich von seiner Schokoladenseite zeigen
beer 1 *(roofdier)* Bär m^{14}: *sterk als een ~* bärenstark; **2** *(mannetjesvarken)* Eber m^9 || *(sterrenk) de Grote en de Kleine Beer* der Große und der Kleine Bär
beerput 1 *(lett)* Senkgrube v^{21}; **2** *(fig)* Sammelbecken o^{35}
beërven (jmdn) beerben, (etwas) erben
beest 1 *(dier)* Tier o^{29}; **2** *(wild dier)* Bestie v^{21}
beestachtig bestialisch, tierisch
beestje Tierchen o^{35}; *(luis)* Laus v^{25}
beet 1 *(het bijten)* Biss m^5: *~ van een hond* Hundebiss; **2** *(hap, brok)* Bissen m^{11}
beethebben: *ik heb beet* der Fisch hat angebissen
beetje bisschen: *een ~* ein bisschen (*of:* ein wenig); *alle ~s helpen* jedes bisschen hilft; *(en) niet zo'n ~!* nicht zu knapp!
beetkrijgen erwischen, packen
beetnemen 1 *(lett)* (an)fassen; **2** *(fig)* anführen
beetpakken (an)fassen, ergreifen[181]
BEF *afk van Belgische frank* bfr, BF
befaamd berühmt, namhaft
befaamdheid Bekanntheit v^{28}, Berühmtheit v^{28}
begaafd begabt, talentiert
begaafdheid Begabung v^{20}
begaan I *tr* **1** *(van weg)* begehen[168]: *de begane grond* das Erdgeschoss; **2** *(van misdaad)* begehen[168], verüben; **3** *(van fout)* machen; **II** *intr: laat hem maar ~* lass ihn nur gewähren
begaanbaar 1 *(algem)* begehbar; **2** *(voor voertuigen)* befahrbar
begeerlijk 1 *(waard begeerd te worden)* begehrenswert; **2** *(begeerte uitdrukkend)* begierig
begeerte Begierde v^{21}, Begier v^{28}
begeleiden 1 begleiten; **2** *(mil)* eskortieren[320]
begeleider Begleiter m^9
begeleiding Begleitung v^{20}
begenadigd begnadet: *een ~ kunstenaar* ein begnadeter Künstler
begenadigen begnadigen
begeren begehren
begerenswaardig begehrenswert
begerig begierig
begeven I *tr (in de steek laten)* versagen, im Stich lassen[197]: *het ~ (mbt plank, ijs)* brechen[137]; **II** *zich ~*

sich begeben[166]
begieten begießen[175], gießen[175]
begiftigen beschenken, bedenken[140]: *iem met iets ~ jmdn mit*[+3] *etwas beschenken*
begin Anfang *m*[6], Beginn *m*[5]: *~ mei Anfang Mai; een ~ maken den Anfang machen; alle ~ is moeilijk aller Anfang ist schwer; bij het ~ van het nieuwe jaar zum Jahresanfang; in het ~ van het jaar am Anfang des Jahres; in het ~ am Anfang, zu Anfang, im Anfang, anfangs; van het ~ af von Anfang an; van het ~ tot het einde von Anfang bis Ende*
beginneling(e) Anfänger *m*[9]; Anfängerin *v*[22]
beginnen I *tr* anfangen[155], beginnen[124]: *een proces tegen iem ~ einen Prozess gegen jmdn anstrengen;* **II** *intr* anfangen[155], beginnen[124]: *wat moet ik ~? was soll ich machen?; jij bent begonnen! du hast angefangen!; voor zichzelf ~ sich selbstständig (of: selbständig) machen*
beginner Anfänger *m*[9]
beginsalaris Anfangsgehalt *o*[32]
beginsel Prinzip *o*[29] *(mv meestal -ien),* Grundsatz *m*[6]: *in ~ im Prinzip*
beginselkwestie Prinzipienfrage *v*[21]
beginselprogramma Parteiprogramm *o*[29]
begluren belauern
begoed *(Belg)* begütert, wohlhabend, bemittelt
begoochelen: *iem ~ jmdn betören, (misleiden)* jmdn täuschen
begraafplaats Friedhof *m*[6]
begrafenis Begräbnis *o*[29a], Beerdigung *v*[20]
begrafeniskosten Bestattungskosten *(mv)*
begrafenisonderneming Beerdigungsinstitut *o*[29], Bestattungsunternehmen *o*[35]
begrafenisstoet Leichenzug *m*[6]
begraven 1 *(van dode)* beerdigen, bestatten, begraben[180]; **2** *(van schat)* vergraben[180]
begrensd begrenzt, *(beperkt, ook)* beschränkt
begrenzen 1 begrenzen *(ook fig): begrensd worden door* grenzen an[+4]; **2** *(beperken)* beschränken
begrijpelijk begreiflich, verständlich
begrijpen verstehen[279], begreifen[181]: *iem verkeerd ~ (ook)* jmdn missverstehen; *de kosten zijn daarin begrepen* die Kosten sind einbegriffen
begrijpend verständnisvoll
begrip Begriff *m*[5]: *dat gaat mijn ~ te boven* das geht über meine Begriffe; *naar onze ~pen* nach unseren Auffassungen; *traag van ~ zijn* schwer von Begriff sein[262]; *hij heeft er geen ~ van* er hat keine Ahnung davon; *geen ~ voor iets hebben* kein Verständnis für[+4] *etwas haben*[182]
begripsbepaling Begriffsbestimmung *v*[20]
begroeien bewachsen[302]: *begroeid met* bewachsen mit[+3]
begroeten begrüßen
begroeting Begrüßung *v*[20]
begroten schätzen, veranschlagen: *de kosten ~* einen Kostenanschlag machen
begroting 1 *(van overheid)* Etat *m*[13], Haushalt *m*[5], Haushaltsplan *m*[6]; **2** *(raming van de kosten)* Kos-

tenvoranschlag *m*[6]
begrotingsjaar Haushaltsjahr *o*[29]
begunstigen begünstigen
begunstiger 1 *(die een gunst bewijst)* Begünstiger *m*[9]; **2** *(beschermer)* Gönner *m*[9]
begunstiging 1 Begünstigung *v*[20]; **2** *(bevoordeling)* Bevorzugung *v*[20]
beha BH *m*[9]; Büstenhalter *m*[9]
behaaglijk behaglich: *~ gevoel* Wohlgefühl *o*[29]: *hij voelt zich heel ~* ihm ist recht wohl
behaard behaart
behagen I *ww* behagen, gefallen[154]; **II** *zn* Behagen *o*[39], Gefallen *o*[39]: *~ in iets scheppen* Gefallen an[+3] *etwas finden*[157]
behalen: *buit ~* Beute machen; *de overwinning ~* den Sieg davontragen[288]; *roem ~* Ruhm ernten; *een succes ~* einen Erfolg erzielen; *daarmee is geen eer te ~* das bringt nichts ein
behalve außer[+3], abgesehen von[+3]: *en ~ dat* und außerdem; *~ dat hij lui is, heeft hij nog … abgesehen davon, dass er faul ist, hat er noch …; zij lijken op elkaar, ~ dat de een wat groter is* sie sehen sich ähnlich, nur ist der eine etwas größer
behandelen 1 behandeln: *de ~de geneesheer* der behandelnde Arzt; *hij moet (als ambtenaar) dit geval ~* er ist der Sachbearbeiter; **2** *(jur)* verhandeln: *zijn zaak wordt morgen behandeld* sein Fall wird morgen verhandelt
behandeling 1 Behandlung *v*[20]: *onder ~ stellen* ärztlich behandeln lassen[197]; **2** *(jur)* Verhandlung *v*[20]
behang Tapete *v*[21]
behangen tapezieren[320]
behanger Tapezierer *m*[9]
behappen bewältigen
behartigen: *iems belangen ~* jmds Interessen vertreten[291]
beheer Verwaltung *v*[20]: *financieel ~* Finanzverwaltung; *raad van ~* Verwaltungsrat *m*[6]: *in eigen ~* in eigener Verwaltung; *het ~ voeren over iets* mit der Verwaltung von[+3] *etwas betraut sein*[262]
beheerder Verwalter *m*[9]
beheerraad *(Belg)* Verwaltungsrat *m*[6]
beheersen I *tr* beherrschen; **II** *zich ~* sich beherrschen
beheersing Beherrschung *v*[28]
beheksen behexen
behelpen, zich sich[4] behelfen: *zich weten te ~ sich*[3] *zu helfen wissen*[314]: *zich moeten ~* sich behelfen müssen[211]
behelzen enthalten[183]
behendig behände, gewandt, geschickt
behendigheid Behändigkeit *v*[28], Gewandtheit *v*[28], Geschicklichkeit *v*[28]
behept *(met met)* behaftet mit[+3]
beheren verwalten
behoeden behüten: *~ voor* behüten vor[+3]
behoedzaam behutsam
behoedzaamheid Behutsamkeit *v*[28]

behoefte 1 *(verlangen naar hetgeen men mist)* Bedürfnis o^{29a}: ~ *aan liefde hebben* ein Bedürfnis nach Liebe haben[182]; **2** *(benodigdheden)* Bedarf m^{19}: ~*aan energie* Energiebedarf; *in eigen ~n voorzien* sich selbst versorgen; **3** *(ontlasting)* Notdurft v^{28}: *zijn ~ doen* seine Notdurft verrichten

behoeftig bedürftig: *in ~e omstandigheden leven* in dürftigen Verhältnissen leben

behoeve: *ten ~ van* zugunsten^{+2} (*of:* zu Gunsten^{+2})

behoeven brauchen

behoorlijk anständig, angemessen: *een ~e vergoeding* eine angemessene Vergütung; *iem ~ behandelen* jmdn anständig behandeln

behoren I *ww* **1** *(toebehoren)* gehören^{+3}; **2** *(betamen)* sich gehören; **II** *zn: naar ~* gebührend

behoud Erhaltung v^{28}: *met ~ van salaris* unter Weiterzahlung des Gehalts; *dat is zijn ~* das ist seine Rettung

behouden I *ww* behalten[183]; **II** *bn* wohlbehalten, unversehrt: ~ *reis* glückliche Reise v^{21}

behoudend konservativ

behoudens 1 *(op voorwaarde van)* vorbehaltlich^{+2}; **2** *(uitgezonderd)* nicht mitgerechnet, ausgenommen

behuild verweint

behuisd: *klein ~ zijn* beschränkt wohnen

behuizing Behausung v^{20}, Wohnung v^{20}

behulp: *met ~ van* mithilfe^{+2}, mit Hilfe^{+2}

behulpzaam hilfreich, behilflich

beiaard Glockenspiel o^{29}

beide beide[68]: *wij met ons ~n* wir beide

beiderlei beiderlei

beiderzijds I *bn* beiderseitig; **II** *bw* beiderseits

Beier Bayer m^{15}; *(vrouw)* Bayerin v^{22}

Beieren Bayern o^{39}

beige beige

beïnvloeden beeinflussen

beitel Meißel m^9

beitelen meißeln

beits Beize v^{21}

beitsen beizen

bejaard bejahrt, betagt

bejaarde Alte(r) m^{40a}, v^{40b}, Greis m^5, Greisin v^{22}

bejaardenhuis Altersheim o^{29}, Altenheim o^{29}, Seniorenheim o^{29}

bejaardenzorg Altersfürsorge v^{28}, Altenhilfe v^{28}

bejammeren bejammern

bejegenen: *iem vriendelijk ~* jmdm freundlich begegnen, jmdn freundlich behandeln

bek 1 Maul o^{32}, Schnauze v^{21}; *(van vogel)* Schnabel m^{10}; **2** *(van bankschroef e.d.)* Backe v^{21}: *hou je ~!* Schnauze!

bekaaid: *er ~ afkomen* schlecht bei^{+3} etwas wegkommen[193]

bekaf: ~ *zijn* hundsmüde sein[262]

bekakt scheißvornehm, affektiert

bekend bekannt: *zoals ~ (is)* bekanntlich; ~ *om* bekannt für^{+4}

bekende Bekannte(r) m^{40a}, v^{40b}

bekendheid Bekanntheit v^{28}

bekendmaken: *iets ~* etwas bekannt geben[166], etwas bekannt machen

bekendstaan bekannt sein[262] (für^{+4})

bekennen 1 *(toegeven)* gestehen[279], bekennen[189]: *kleur ~* Farbe bekennen; **2** *(zien, bespeuren)* sehen[261]

bekentenis Geständnis o^{29a}

beker 1 Becher m^9; **2** *(sp)* Pokal m^5

bekerduel Pokalspiel o^{29}

bekeren I *tr* bekehren: *iem ~ tot* jmdn bekehren zu^{+3}; **II** *zich ~* sich bekehren

bekertoernooi Pokalwettbewerb m^5

bekeuren ein Strafmandat erteilen: *ik ben bekeurd* ich habe ein Strafmandat bekommen[193]

bekeuring Strafmandat o^{29}, Strafzettel m^9

bekijken ansehen[261], besehen[261], betrachten

bekijks: *veel ~ hebben* großes Aufsehen erregen

bekken Becken o^{35}

beklaagde Angeklagte(r) m^{40a}, v^{40b}

beklaagdenbank Anklagebank v^{25}

bekladden beschmieren[320], beklecksen

beklag Beschwerde v^{21}: *z'n ~ over iem doen* sich über jmdn beschweren

beklagen beklagen: *iem ~* jmdn beklagen; *zich over iem ~* sich über jmdn beschweren

beklagenswaard(ig) bedauernswert

bekleden 1 *(van ambt)* bekleiden; **2** *(met een stof bedekken)* polstern: *een stoel met leer ~* einen Stuhl mit Leder überziehen[318]

bekleding 1 Bekleidung v^{20}; **2** Polsterung v^{20}, Überzug m^6; *zie ook* bekleden

beklemd 1 *(lett)* eingeklemmt: ~ *raken* eingeklemmt werden[310]; **2** *(fig)* beklemmend: *een ~ gevoel* ein beklemmendes Gefühl; *met een ~ hart* beklommenen Herzens

beklemmen 1 einklemmen; **2** beklemmen, bedrücken; *zie ook* beklemd

beklemtonen betonen

beklimmen besteigen[281]

beklinken: *iets ~* etwas vereinbaren; *de zaak is beklonken* die Sache ist abgemacht

bekloppen beklopfen

beknellen 1 *(lett)* einklemmen; **2** *(fig)* beklemmen

beknibbelen *(met op)* sparen an^{+3}

beknopt 1 *(mbt bericht)* kurz gefasst: ~ *overzicht* Abriss m^5; **2** *(mbt stijl)* knapp, gedrängt

beknoptheid Kürze v^{28}, Knappheit v^{28}

beknotten einschränken, beschneiden[250]

bekocht: ~ *zijn* zu viel bezahlt haben[182]

bekoelen: *zijn drift bekoelt* sein Zorn verraucht; *zijn ijver bekoelt* sein Fleiß lässt nach

bekogelen bewerfen[311] (mit^{+3})

bekokstoven abkarten

bekomen: *dat is mij niet goed ~* das ist mir nicht gut bekommen; *van de schrik ~* sich vom Schrecken erholen

bekommerd besorgt, betrübt (über^{+4})

bekommeren, zich *(met om)* sich kümmern um^{+4}

bekonkelen abkarten
bekoorlijk reizend, reizvoll, anmutig
bekoorlijkheid Reiz m^5
bekopen: *iets met de dood* ~ etwas mit dem Leben bezahlen
bekoren 1 *(aanlokken)* reizen; **2** *(verleiden)* verführen
bekoring 1 *(aanlokkelijkheid)* Reiz m^5; **2** *(verleiding)* Verführung v^{20}, Versuchung v^{20}
bekorten abkürzen, verkürzen
bekostigen bezahlen, bestreiten[287]
bekrachtigen bestätigen; *(officieel)* bekräftigen
bekrachtiging Bestätigung v^{20}; Bekräftigung v^{20}; *zie ook* bekrachtigen
bekrassen verkratzen
bekritiseren kritisieren[320]
bekrompen 1 *(kleingeestig)* spießbürgerlich; **2** *(mbt ruimte)* eng: ~ *wonen* eng wohnen; **3** *(karig)* beschränkt
bekrompenheid 1 Spießbürgerlichkeit v^{28}; **2** Enge v^{28}; **3** Beschränktheit v^{28}; *zie ook* bekrompen
bekronen mit einem Preis auszeichnen: *met succes bekroond* von Erfolg gekrönt
bekroning: *de* ~ *van zijn levenswerk* die Krönung seines Lebenswerks
bekruipen beschleichen[242], überkommen[193]
bekvechten sich streiten[287], sich zanken
bekwaam fähig, geeignet: *hij is* ~ *in zijn vak* er ist tüchtig in seinem Fach
bekwaamheid Fähigkeit v^{20}, Tüchtigkeit v^{28}: *zijn bekwaamheden* seine Fähigkeiten; *zie ook* bekwaam
bekwamen ausbilden: *zich in een vak* ~ sich in einem Fach ausbilden
¹bel 1 *(huis-, fietsbel)* Klingel v^{21}; **2** *(kelkvormig)* Glocke v^{21}; **3** *(aan arrenslee)* Schelle v^{21}
²bel *(blaasje)* Blase v^{21}
belabberd belämmert, mies
belachelijk lächerlich: *zich* ~ *maken* sich lächerlich machen
beladen beladen: *te zwaar* ~ überladen
belagen bedrängen, bedrohen
belanden landen: *de auto belandde in de sloot* der Wagen landete im Straßengraben
belang 1 *(wat iem ter harte gaat)* Interesse o^{38}: *algemeen* ~ Gemeinnutz m^{19}, Gemeinwohl o^{39}: ~*en nastreven* Interessen verfolgen; *in uw eigen* ~ in Ihrem eigenen Interesse; **2** *(betekenis)* Bedeutung v^{28}: *dat is van groot* ~ das ist von großer Bedeutung
belangeloos uneigennützig, selbstlos
belangenbehartiging Interessenvertretung v^{20}
belangengemeenschap Interessengemeinschap v^{20}
belanghebbende Interessent m^{14}
belangrijk *(van grote betekenis)* wichtig, bedeutend; *(aanzienlijk, groot)* beträchtlich, erheblich, bedeutend
belangstellen (met *in*) sich interessieren[320] für[+4]
belangstellend interessiert: *een* ~ *gehoor* ein aufmerksames Auditorium; ~ *naar iems welzijn informeren* sich teilnehmend nach jmds Befinden erkundigen
belangstellende Interessent m^{14}
belangstelling 1 *(interesse)* Interesse o^{38}: *de* ~ *wekken* das Interesse erregen; **2** *(deelneming)* Anteilnahme v^{28}: *bewijs van* ~ Beweis der Anteilnahme
belangwekkend interessant
belast 1 *(bezwaard)* belastet, beladen: *erfelijk* ~ erblich belastet; **2** *(met een taak)* beauftragt
belastbaar 1 *(met gewicht)* belastbar: ~ *tot 6 t* belastbar bis zu 6 t; **2** *(aan belasting onderworpen)* steuerpflichtig: *een* ~ *inkomen* ein steuerpflichtiges Einkommen
belasten 1 *(techn)* belasten; **2** *(belasting leggen op)* besteuern; **3** *(met een taak)* beauftragen: *zich met iets* ~ etwas auf sich nehmen[212]; **4** *(met een hypotheek)* belasten: *dit huis is met een hypotheek belast* dieses Haus ist mit einer Hypothek belastet
belasteren verleumden
belasting 1 *(betaling aan overheid)* Steuer v^{21}, Abgabe v^{21}: ~ *innen* Steuern einnehmen[212]: ~ *invorderen* Steuern eintreiben[290]: *onder de* ~ *vallen* steuerpflichtig sein[262]; **2** *(techn)* Belastung v^{20}: *toelaatbare* ~ Nutzlast v^{20}: *(fig)* *erfelijke* ~ erbliche Belastung
belastingaangifte Steuererklärung v^{20}
belastingaanslag Steuerveranlagung v^{20}
belastingaftrek Steuerabzug m^6
belastingbetaler Steuerzahler m^9
belastingbiljet Steuerbescheid m^5
belastingheffing Besteuerung v^{20}
belastingkantoor Finanzamt o^{32}
belastingontduiking Steuerhinterziehung v^{20}
belastingplichtig steuerpflichtig
belastingplichtige Steuerpflichtige(r) m^{40a}, v^{40b}
belastingschijf Steuerklasse v^{21}
belastingstelsel Steuersystem o^{29}
belastingtarief Steuertarif m^5
belastingverlaging Steuersenkung v^{20}
belastingvrij steuerfrei
belatafeld *(plat)* verrückt, bescheuert
belazerd: *je bent* ~! du bist bescheuert!; *ben je* ~? du spinnst wohl?
belazeren *(plat)* beschummeln, bescheißen[234]
beledigen beleidigen; *(kwetsen, ook)* verletzen
belediging Beleidigung v^{20}, Verletzung v^{20}; *zie ook* beledigen
beleefd höflich: ~ *verzoeken* höflich bitten[132]
beleefdheid Höflichkeit v^{20}
beleefdheidsbezoek Höflichkeitsbesuch m^5
beleg 1 *(mil)* Belagerung v^{20}: *de staat van* ~ *afkondigen* den Belagerungszustand verhängen (über[+4]); **2** *(broodbelegsel)* Belag m^6
belegen *(mbt kaas, wijn)* abgelagert
belegeren *(ook fig)* belagern
belegering Belagerung v^{20}
beleggen 1 *(bedekken)* *een belegd broodje* ein belegtes Brötchen; **2** *(handel)* anlegen: *geld* ~ *(in)* Geld anlegen (in[+3]); **3** *(bijeenroepen)* anberaumen, einbe-

rufen[226]: *een vergadering* ~ eine Versammlung einberufen

belegger Anleger *m*[9], Investor *m*[16]

belegging 1 *(van boterham)* Belag *m*[6]; **2** *(van geld)* Anlage *v*[21]

beleid 1 *(het besturen)* Politik *v*[20]; *(van zakenman)* Geschäftsführung *v*[28]; *(van leraar, ambtenaar)* Amtsführung *v*[28]: *financieel* ~ Finanzwirtschaft *v*[20]; *sociaal* ~ Sozialpolitik; **2** *(tact)* Umsicht *v*[28]: *met* ~ *handelen* mit Umsicht handeln

belemmeren 1 *(van verkeer)* behindern; **2** *(van doorgang)* versperren || *iem het uitzicht* ~ jmdm die Aussicht nehmen[212]: *in de groei* ~ im Wachstum hemmen

belemmering Behinderung *v*[20], Versperrung *v*[20], Hemmung *v*[20]; *zie ook* belemmeren

belendend angrenzend, anstoßend

belenen versetzen, verpfänden

beletsel Hindernis *o*[29a], Hemmnis *o*[29a]

beletten verwehren: *iem de toegang* ~ jmdm den Zutritt verwehren; *ik kan het u niet* ~! ich kann Sie daran nicht hindern!

beleven erleben: *genoegen* ~ *aan* Freude erleben an[+3]; *er is hier weinig te* ~ hier ist nichts los

belevenis Erlebnis *o*[29a]

belezen *bn* belesen

belezenheid Belesenheit *v*[28]

Belg Belgier *m*[9]

België Belgien *o*[39]

Belgisch belgisch

Belgische Belgierin *v*[22]

belhamel 1 *(raddraaier)* Rädelsführer *m*[9]; **2** *(baldadige jongere)* Blag *o*[37], Blage *v*[21]

belichamen verkörpern

belichaming Verkörperung *v*[20]

belichten 1 *(van voorwerp, onderwerp)* beleuchten; **2** *(foto)* belichten

belichting 1 Beleuchtung *v*[20]; **2** Belichtung *v*[20]; *zie ook* belichten

belichtingsmeter Belichtungsmesser *m*[9]

beliegen: *iem* ~ jmdn belügen[204]

believen I *ww* **1** *(behagen)* belieben; **2** *(wensen)* mögen[210], wünschen: *wat belieft u?* wie bitte?; **II** *zn*: *naar* ~ nach Belieben

belijden bekennen[189]: *een godsdienst* ~ sich zu einer Religion bekennen

belijdenis Bekenntnis *o*[29a]: ~ *doen* das Glaubensbekenntnis ablegen

bellen 1 *(met bel)* klingeln, läuten: *er wordt gebeld* es klingelt (*of:* läutet); **2** *(opbellen)* anrufen[226]

beloeren belauern

belofte Versprechen *o*[35]: *een* ~ *doen* ein Versprechen geben[166]; *allerlei* ~*n doen* allerhand Versprechungen machen; *een* ~ *nakomen* ein Versprechen einlösen

belonen belohnen: *iem* ~ jmdn belohnen

beloning Belohnung *v*[20]: *ter* ~ als Belohnung

beloop *(van lijn, toestand)* Verlauf *m*[6]: *iets op zijn* ~ *laten* einer Sache[3] ihren Lauf lassen[197]

belopen 1 *(lopen over)* belaufen[198]; **2** *(bedragen)* sich belaufen[198] auf[+4]

beloven versprechen[274]: *plechtig* ~ geloben; *iem iets* ~ jmdm etwas versprechen; *dat belooft wat!*: a) *(gunstig)* davon verspreche ich mir viel!; b) *(iron)* das wird was Schönes werden!

belt Müllkippe *v*[21], Schuttabladeplatz *m*[6]

beluisteren 1 *(afluisteren)* belauschen; **2** *(med)* abhören, abhorchen; **3** *(van radio-uitzending e.d.)* hören, (sich[3]) anhören

belust *(met op)* erpicht auf[+4]: ~ *op avontuur* abenteuerlustig; *op sensatie* ~ sensationslüstern

bemachtigen sich[3] beschaffen; *(met geweld)* sich bemächtigen[+2]

bemalen entwässern

bemaling Entwässerung *v*[20]

bemand bemannt

bemannen bemannen

bemanning Bemannung *v*[20], Besatzung *v*[20]

bemerkbaar bemerkbar

bemerken bemerken

bemesten düngen, misten

bemesting Düngung *v*[20]

bemiddelaar Vermittler *m*[9]

bemiddelaarster Vermittlerin *v*[22]

bemiddeld wohlhabend, begütert

bemiddelen vermitteln: *bij een geschil* ~ einen Streit schlichten

bemiddeling Vermittlung *v*[20]

bemind beliebt

beminde Geliebte(r) *m*[40a], *v*[40b]

beminnelijk liebenswürdig, liebenswert

beminnen lieben, lieb haben[182]

bemoederen bemuttern

bemoedigen ermutigen

bemoedigend ermutigend

bemoeial: *hij is een* ~ er steckt die Nase in alles

bemoeien, zich *(met met)* *(zich mengen in)* sich (ein)mischen in[+4]; *(zich bezighouden met)* sich kümmern um[+4]: *waar bemoei je je mee? (ook)* was geht's dich an?

bemoeilijken erschweren

bemoeiziek: ~ *zijn* sich in alles einmischen

benadelen: *iem* ~ jmdn schaden (*of:* jmdn benachteiligen); *iets* ~ einer Sache Eintrag tun[295]: *z'n gezondheid* ~ seiner Gesundheit[3] schaden

benaderen sich nähern[+3]: *iem* ~ *(om hem te spreken)* an jmdn herantreten[291]; *een vraagstuk* ~ *an* ein Problem herangehen[168]

benadering Vorgehensweise *v*[21]: *bij* ~ annähernd

benadrukken betonen

benaming Benennung *v*[20], Bezeichnung *v*[20]

benard schlimm, bedrängt, schwierig: ~*e tijden* schlimme Zeiten; *een* ~*e positie* eine bedrängte Lage

benauwd beklemmend: ~*e lucht* beklemmende Luft; *een* ~ *zaaltje* ein enger Saal; *het is hier* ~ es ist hier drückend; *hij kreeg het* ~: a) *(werd onwel)* er bekam Beklemmungen; b) *(werd bang)* er bekam es mit der Angst zu tun

benauwdheid 1 *(op de borst)* Beklemmung v^{20}; **2** *(angst)* Angst v^{25}

benauwen beklemmen, (be)drücken, ängstigen

benauwend: *~e dromen* beklemmende Träume; *een ~e hitte* eine drückende Hitze

bende 1 *(dieven, rovers)* Bande v^{21}; **2** *(rommel) een ~* ein heilloses Durcheinander, *(smerig)* eine Sauwirtschaft ‖ *een ~ geld* eine Masse v^{21} Geld

beneden I *bw* unten: *naar ~: a) (van spreker af)* hinunter; *b) (naar spreker toe)* herunter; *daar ~* dort unten; **II** *vz* unter *(bij beweging gericht op doel*[+4], *anders*[+3]*); (lager dan, stroomafwaarts)* unterhalb[+2]: *kinderen ~ de 12 jaar* Kinder unter zwölf Jahren

benedenhuis Parterrewohnung v^{20}; *(met souterrain)* Hochparterrewohnung v^{20}

benedenloop Unterlauf m^6

benedenverdieping Erdgeschoss o^{29}

Benelux Benelux v^{28}

benemen nehmen[212]: *zich het leven ~* sich[3] das Leben nehmen[212]

¹benen *bn* beinern, knöchern

²benen *ww* stiefeln

benepen 1 *(angstig)* ängstlich, beklommen: *een ~ gezicht* ein ängstliches Gesicht; **2** *(bekrompen)* engherzig

benevelen 1 *(met nevel bedekken)* vernebeln: *een benevelde lucht* ein dunstiger Himmel; **2** *(suf maken)* benebeln: *beneveld door de wijn* vom Wein benebelt

bengel Bengel m^9

bengelen baumeln, schlenkern

benieuwd gespannt: *~ zijn naar* gespannt sein auf[+4]

benijden: *iem om iets ~* jmdn um[+4] etwas beneiden; *hij is niet te ~* er ist nicht zu beneiden

benijdenswaard(ig) beneidenswert

benjamin Benjamin m^5, Nesthäkchen o^{35}

benodigd benötigt, erforderlich

benodigdheden Bedarf m^{19}

benoemen 1 *(aanstellen)* ernennen[213]: *iem tot ambassadeur ~* jmdn zum Botschafter ernennen; *iem tot voogd ~* jmdn zum Vormund bestellen; **2** *(bij de naam noemen)* benennen[213]

benoeming Ernennung v^{20}; Bestellung v^{20}

benul Ahnung v^{20}: *hij heeft er geen (flauw) ~ van* er hat davon keine (blasse) Ahnung

benutten (be)nutzen, (be)nützen, *(ten volle)* ausnutzen

B en W Gemeindeverwaltung v^{20}

benzine Benzin o^{29}: *normale ~* Normalbenzin

benzinepomp Tankstelle v^{21}

beoefenaar: *~ van de kunst* Künstler m^9: *~ van de sport* Sportler m^9: *~ van de wetenschap* Wissenschaftler m^9

beoefenen 1 *(een vak)* ausüben; **2** *(muziek, sport)* treiben[290]

beogen beabsichtigen, bezwecken

beoordelen beurteilen

beoordeling Beurteilung v^{20}

bepaald I *bn* bestimmt, *(mbt tijd, ook)* festgesetzt: *het ~e lidwoord* der bestimmte Artikel; *in ~ opzicht* irgendwie; **II** *bw: het is ~ onjuist* es ist durchaus unrichtig; *het is niet ~ vriendelijk* es ist nicht gerade freundlich; **III** *onbep vnw* gewiss: *op ~e dagen* an gewissen Tagen

bepakken bepacken

bepakking Gepäck o^{39}

bepalen I *tr* **1** *(vaststellen, beslissen)* bestimmen, festsetzen: *z'n standpunt ~ t.o.v.* Stellung nehmen zu[+3]; **2** *(taalk)* bestimmen; **3** *(in besluit, verordening, wet)* verfügen, anordnen; **4** *(door berekening, onderzoek)* ermitteln; **II** *zich ~ (tot)* sich beschränken (auf[+4])

bepalend bestimmend

bepaling 1 *(vaststelling)* Bestimmung v^{20}, Festsetzung v^{20}: *de ~ van z'n standpunt* die Stellungnahme v^{21}; **2** *(door berekening, onderzoek)* Ermittlung v^{20}; **3** *(in contract)* Bedingung v^{20}; **4** *(taalk)* Bestimmung v^{20}

beperken 1 beschränken: *zich tot iets ~* sich auf[+4] etwas beschränken; **2** *(verminderen)* einschränken

beperking 1 Beschränkung v^{20}; **2** Einschränkung v^{20}; *zie ook* beperken

beperkt beschränkt

beplakken bekleben

beplanten bepflanzen

beplanting Bepflanzung v^{20}

bepleiten: *iets ~* etwas befürworten

bepraten: *iem ~* etwas besprechen[274]: *zich laten ~* sich überreden lassen[197]

beproefd erprobt, bewährt; *zie ook* beproeven

beproeven 1 *(proberen)* erproben, versuchen: *zijn geluk ~* sein Glück versuchen; *zijn krachten ~* seine Kräfte erproben; **2** *(van machine)* prüfen, erproben, testen

beproeving Erprobung v^{20}, Prüfung v^{20}

beraad Überlegung v^{20}, Erwägung v^{20}: *na rijp ~* nach reiflicher Überlegung

beraadslagen: *met iem ~* sich mit jmdm beraten[218]

beraadslaging Beratung v^{20}

¹beraden, zich sich[3] *(etwas)* überlegen: *zich ~ over* nachdenken[140] über[+4]

²beraden *bn* besonnen

beramen 1 *(van plan)* entwerfen[311]; **2** *(van aanslag)* planen; **3** *(begroten)* veranschlagen

berd: *iets te ~e brengen* etwas aufs Tapet bringen[139], *(bewijzen)* etwas vorbringen[139]

berechten: *iem ~* jmdn aburteilen

bereden *(mbt politie)* beritten

beredeneren 1 *(over iets redeneren)* begründen; **2** *(bespreken)* erörtern

bereid bereit

bereiden bereiten

bereidheid Bereitschaft v^{28}

bereidvaardig, bereidwillig bereitwillig

bereik 1 *(gebied)* Bereich m^5; **2** *(van zender, raket, vliegtuig)* Reichweite v^{21}: *binnen het ~ van het mo-*

gelijke im Bereich des Möglichen
bereikbaar erreichbar
bereiken erreichen; *(van resultaat)* erzielen
berekend *(ingericht voor)* geeignet: *(mbt school, zaal) op 150 man ~ zijn* für[+4] 150 Personen geeignet sein[262]: *voor zijn taak ~ zijn* seiner Aufgabe[3] gewachsen sein[262]
berekenen berechnen; *zie ook* berekend
berekening Berechnung *v*[20]: *een ~ maken* eine Berechnung anstellen
berg Berg *m*[5]: *iem gouden ~en beloven* jmdm goldene Berge versprechen[274]
bergaf(waarts) bergab(wärts)
bergbeklimmer Bergsteiger *m*[9]
bergen 1 *(van schip, oogst, slachtoffers)* bergen[126]; **2** *(onderbrengen)* unterbringen[139]
berghok Abstellraum *m*[6], Abstellkammer *v*[21]
berghut Berghütte *v*[21]
berging Bergung *v*[20]
bergketen Gebirgszug *m*[6], Bergkette *v*[21]
berglucht Bergluft *v*[28], Gebirgsluft *v*[28]
bergop(waarts) bergauf(wärts), bergan
bergplaats 1 *(algem)* Aufbewahrungsort *m*[5]; **2** *(voor bezem, stofzuiger)* Abstellraum *m*[6], Abstellkammer *v*[21]; **3** *(schuur)* Schuppen *m*[11]
bergschoen Bergschuh *m*[5]
bergsport Bergsport *m*[19]
bericht Nachricht *v*[20], Meldung *v*[20]: *iem ~ zenden* jmdn benachrichtigen
berichten berichten, melden, mitteilen
berichtgeving Berichterstattung *v*[28]
berijden 1 *(van weg)* befahren[153]; **2** *(van dier)* reiten[221]
berijder Reiter *m*[9]
berijdster Reiterin *v*[22]
berin Bärin *v*[22]
berispen *iem ~* jmdn tadeln, jmdn rügen
berisping Tadel *m*[9], Rüge *v*[21], Verweis *m*[5]
berk Birke *v*[21]
berkenhout Birkenholz *o*[32]
Berlijn Berlin *o*[39]
Berlijner Berliner *m*[9]
Berlijns I *zn* Berlinisch *o*[41]; **II** *bn* Berliner
Berlijnse Berlinerin *v*[22]
berm Seitenstreifen *m*[11], Bankett *o*[29]
beroemd berühmt
beroemdheid Berühmtheit *v*[20]
beroemen: *zich op iets ~* sich einer Sache[2] rühmen, sich mit[+3] etwas brüsten
beroep 1 *(werkkring)* Beruf *m*[3]; *(ambacht)* Handwerk *o*[29], Gewerbe *o*[33]; **2** *(jur)* Berufung *v*[20]: *in (hoger) ~ gaan* Berufung einlegen
beroepen I *tr (van predikant)* berufen[226]; **II** *zich ~ (op)* sich berufen[226] (auf[+4])
beroeps Profi *m*[13]: *hij is ~* er ist Profi
beroepsgeheim Berufsgeheimnis *o*[29a]
beroepskeuze Berufswahl *v*[28]
beroepsopleiding Berufsausbildung *v*[20]
beroepsoriëntering *(Belg)* Berufsberatung *v*[20]

beroepsschool *(Belg)* Berufsfachschule *v*[21]
beroepssoldaat Berufssoldat *m*[14]
beroepsspeler *(sp)* Profi *m*[13], Berufsspieler *m*[9]
beroepsziekte Berufskrankheit *v*[20]
beroerd elend, miserabel: *een ~e boel* eine unangenehme Geschichte; *een ~e vent* ein elender Kerl; *~ weer* Sauwetter *o*[39]: *zij is niet te ~ om iets te doen* sie ist nicht abgeneigt, etwas zu tun
beroeren 1 *(aanraken)* berühren; **2** *(verontrusten)* beunruhigen; **3** *(opwinden)* aufregen
beroering 1 *(aanraking)* Berührung *v*[20]; **2** *(opwinding)* Aufregung *v*[20]
beroerte Schlaganfall *m*[6]
berokkenen: *iem schade ~* jmdm Schaden zufügen; *iem verdriet ~* jmdm Kummer bereiten
berooid mittellos, arm
berouw Reue *v*[28]: *~ over iets hebben* etwas bereuen; *~ voelen* Reue empfinden[157]
berouwen bereuen
beroven berauben: *een bank ~* eine Bank ausrauben; *iem ~* jmdn berauben; *iem van zijn geld ~* jmdm sein Geld rauben; *iem van het leven ~* jmdn umbringen[139]
berucht berüchtigt
berusten: *de stukken ~ bij de notaris* die Akten sind beim Notar hinterlegt; *bij wie berust de verantwoordelijkheid?* wer ist dafür verantwortlich?; *in zijn lot ~* sich in sein Schicksal fügen; *dat berust op een vergissing* das beruht auf einem Irrtum
berusting *(gelatenheid)* Ergebung *v*[28]
bes *(plank)* Beere *v*[21]
beschaafd gebildet, gesittet, kultiviert
beschaamd beschämt
beschadigen beschädigen
beschadiging Beschädigung *v*[20], Schaden *m*[12]
beschamen beschämen
beschaving 1 *(van individu)* Bildung *v*[28]; **2** *(cultuur)* Kultur *v*[20]; **3** *(het beschaafd maken)* Zivilisation *v*[20]
bescheid 1 *(antwoord)* Bescheid *m*[5]; **2** *(geschreven stuk)* Schriftstück *o*[29], Unterlagen *mv v*[21]
bescheiden bescheiden
beschermeling Schützling *m*[5]
beschermen (be)schützen
beschermer Beschützer *m*[9]: *~ van de kunst* Gönner *m*[9] der Kunst
beschermheer Beschützer *m*[9]
bescherming Schutz *m*[19]
beschieten *(mil)* beschießen[238]; **2** *(met hout bekleden)* täfeln, verkleiden
beschijnen bescheinen[233]
beschikbaar verfügbar
beschikbaarheid Verfügbarkeit *v*[28]
beschikken I *intr* verfügen: *~ over* verfügen über[+4]; **II** *tr* fügen
beschikking 1 *(besluit)* Verfügung *v*[20]; **2** *(regeling)* Anordnung *v*[20], Verfügung *v*[20]: *de vrije ~ hebben over iets* frei über[+4] etwas verfügen können
beschilderen bemalen

beschildering Bemalung v^{20}
beschimmeld verschimmelt
beschimmelen (ver)schimmeln
beschonken betrunken; *(licht)* angeheitert
beschouwen betrachten: *op zichzelf beschouwd* an und für sich
beschouwend beschaulich
beschouwing Betrachtung v^{20}
beschrijven beschreiben[252]
beschrijving Beschreibung v^{20}, Schilderung v^{20}
beschroomd schüchtern, zaghaft, scheu
beschuit Zwieback m^5, m^6
beschuldigde Angeklagte(r) m^{40a}, v^{40b}, Beschuldigte(r) m^{40a}, v^{40b}
beschuldigen beschuldigen[+2]; *(jur)* anklagen[+2]: *iem van diefstal ~* jmdn des Diebstahls beschuldigen *(of:* anklagen)
beschuldiging Beschuldigung v^{20}; *(jur)* Anklage v^{21}
beschutten beschützen
beschutting Schutz m^5
besef 1 *(bewustzijn)* Bewusstsein o^{39}; **2** *(begrip)* Ahnung v^{20}: *niet het minste ~ van iets hebben* keine blasse Ahnung von[+3] etwas haben[182]
beseffen 1 *(zich bewust zijn)* sich³ bewusst sein[262+2]; **2** *(inzien)* erkennen[189], einsehen[261]
beslaan I *tr (van paard)* beschlagen[241]: *ruimte ~* Raum einnehmen[212]; **II** *intr* beschlagen[241], anlaufen[198]: *de ruiten* – die Scheiben beschlagen; *beslagen tong* belegte Zunge v^{21}
beslag 1 *(belegsel)* Beschlag m^6; **2** *(mengsel van meel)* Teig m^5; **3** *(aanspraak)* Anspruch m^6: *iems tijd in ~ nemen* jmds Zeit in Anspruch nehmen[212] || *~ leggen op goederen* Güter beschlagnahmen
beslaglegging Beschlagnahme v^{21}
beslechten schlichten
beslissen entscheiden[232]
beslissend entscheidend
beslissing Entscheidung v^{20}: *een ~ nemen* eine Entscheidung treffen[289]
beslissingspartij Entscheidungsspiel o^{29}
beslist entschieden, entschlossen: *~ niet!* durchaus nicht!; *~ onmogelijk* ganz unmöglich; *ik ben er ~ tegen* ich lehne es entschieden ab; *hij komt ~* er kommt bestimmt; *dat is ~ noodzakelijk* das ist unbedingt notwendig
beslistheid Entschiedenheit v^{28}
beslommering Mühsal v^{23}: *veel ~en hebben* viele Sorgen haben[182]
besloten geschlossen: *een ~ gezelschap* eine geschlossene Gesellschaft
besluipen beschleichen[242]
besluit 1 *(beslissing)* Beschluss m^6, Entschluss m^6: *ministerieel ~* ministerielle Verfügung v^{20}; **2** *(conclusie)* Schlussfolgerung v^{20}; **3** *(einde) tot ~* zum Schluss
besluiteloos unentschlossen
besluiteloosheid Unentschlossenheit v^{28}
besluiten 1 *(een besluit nemen)* beschließen[245]; **2** *(beëindigen)* beschließen[245]; **3** *(afleiden)* schlie-

ßen[245]
besmeren beschmieren
besmet 1 *(med en fig)* angesteckt; **2** *(een gebied, water)* verseucht: *~ verklaren* für verseucht erklären
besmettelijk *(med en fig)* ansteckend
besmettelijkheid Ansteckungsfähigkeit v^{20}
besmetten 1 *(med en fig)* anstecken; **2** *(een gebied, water)* verseuchen
besmetting Ansteckung v^{20}
besmeuren besudeln, beschmutzen
besnijden beschneiden[250]
besnijdenis Beschneidung v^{20}
besnoeien beschneiden[250]
besnoeiing Beschneidung v^{20}
besnuffelen beschnüffeln, beschnuppern
besparen 1 *(overhouden)* sparen, erübrigen; **2** *(uitsparen)* (ein)sparen
besparing 1 *(het uitgespaarde)* Ersparnis v^{20}; **2** *(het uitsparen)* Einsparung v^{20}
bespelen 1 *(van muziekinstrument)* spielen; **2** *(een schouwburg, sportveld)* bespielen
bespeuren bemerken, spüren: *onraad ~* Unrat wittern
bespieden *iem ~* jmdn belauern
bespoedigen beschleunigen
bespottelijk lächerlich
bespotten *iem ~* jmdn verspotten
bespreken 1 *(van boek, voorval)* besprechen[274]: *een kwestie ~* eine Frage erörtern; **2** *(reserveren)* reservieren[320]
bespreking 1 Besprechung v^{20}; Erörterung v^{20}; **2** Reservierung v^{20}; *zie ook* bespreken
besproeien (be)sprengen, besprühen
bespuiten bespritzen, besprühen
bessensap Beerensaft m^6
best I *bn* best: *~e vriend (boven brief)* lieber Freund!; **II** *bw: zij heeft het ~ gewerkt* sie hat am besten gearbeitet; **III** *zn: zijn ~ doen* sein Bestes tun[295]: *het ~e ermee!* alles Gute!
bestaan I *ww* **1** *(algem)* bestehen[279], existieren[320]: *het plan bestaat* man beabsichtigt; *er bestaat geen reden om te …* es liegt kein Grund vor zu …; **2** *(mogelijk zijn)* möglich sein[262]: *hoe bestaat het?* wie ist das möglich?; **II** *zn* Dasein o^{39}, Bestehen o^{39}, Existenz v^{20}: *de strijd om het ~* der Kampf ums Dasein
bestaansrecht Existenzberechtigung v^{28}
bestaansvoorwaarde Existenzbedingung v^{20}
¹bestand *zn* **1** *(mil)* Waffenstillstand m^6; **2** *(voorraad)* Bestand m^6
²bestand *bn* beständig: *~ tegen* beständig gegen[+4]; *tegen het vuur ~* feuerbeständig
bestanddeel Bestandteil m^5
besteden 1 *(uitgeven)* ausgeben[166]: *veel geld aan boeken ~* viel Geld für Bücher ausgeben; **2** *(aanwenden)* verwenden[308]: *moeite aan iets ~* Mühe auf[+4] etwas verwenden
besteding Verwendung v^{20}, Aufwand m^{19}
bestek 1 *(bouwk)* Baubeschreibung v^{20}; **2** *(eetgerei)* Besteck o^{29}

bestelauto Lieferwagen m^{11}
bestelen: *iem ~* jmdn bestehlen[280]
bestellen 1 *(bezorgen)* zustellen, austragen[288]; **2** *(laten komen)* bestellen
besteller Besteller m^9
bestelling Bestellung v^{20}, Auftrag m^6
bestemmeling *(Belg)* Empfänger m^9
bestemmen bestimmen
bestemming Bestimmung v^{20}
bestempelen (ab)stempeln: *iem als misdadiger ~* jmdn als Verbrecher abstempeln
bestendig 1 *(duurzaam)* beständig, dauerhaft; **2** *(mbt weer)* beständig
besterven *(mbt vlees)* abhängen[184] || *het woord bestierf op zijn lippen* das Wort erstarb ihm auf den Lippen; *hij zal het ~, als …* es wird sein Tod sein, wenn …; *het van schrik ~* zu Tode erschrocken sein[262]
bestijgen besteigen[281]
bestoken *(van stad, vijand)* beschießen[238]: *met bommen ~* mit Bomben belegen; *iem met vragen ~* jmdn mit Fragen bombardieren[320]
bestormen *(aanvallen)* bestürmen; *(innemen)* stürmen, erstürmen: *iem met vragen ~* jmdn mit Fragen bestürmen
bestorming Bestürmung v^{20}, Erstürmung v^{20}
bestraffen bestrafen
bestralen bestrahlen
bestraten (be)pflastern
bestrating Pflasterung v^{20}
bestrijden 1 *(strijden tegen)* bekämpfen; **2** *(trachten te weerleggen)* bestreiten[287]; **3** *(betalen)* bestreiten[287]
bestrijken bestreichen[286]
bestrooien bestreuen
bestseller Bestseller m^9, Reißer m^9
bestuderen studieren[320]
bestuiven bestäuben
besturen 1 *(van voer-, vaartuig)* lenken, führen, steuern; **2** *(de leiding hebben)* lenken; *(van land)* regieren[320]; *(van stad)* verwalten; *(van fabriek, vereniging)* leiten
bestuur *(van land)* Regierung v^{20}; *(van stad)* Verwaltung v^{20}; *(van fabriek, vereniging)* Vorstand m^6
bestuurbaar lenkbar
bestuurder 1 *(van auto)* Fahrer m^9, *(van tram)* Wagenführer m^9; *(van trein)* Lokführer m^9; *(van vliegtuig)* Flugzeugführer m^9; **2** *(van bond, vereniging)* Leiter m^9, Vorstandsmitglied o^{31}: *~s van de stad* Stadträte *mv* m^6
bestuurslid Vorstandsmitglied o^{31}
bestuurssecretaris *(Belg)* Ministerialrat m^6
bestuurstaal *(Belg)* Amtssprache v^{21}
bestwil: *een leugen om ~* eine fromme Lüge; *voor uw ~* zu Ihrem Besten
betaalautomaat Geldautomat m^{14}
betaalbaar zahlbar
betaalcheque Barscheck m^{13}
betaald: *iem iets ~ zetten* jmdm etwas heimzahlen; *het ~e voetbal* der Profifußball
betaalkaart Postbarscheck m^{13}
betaalmiddel Zahlungsmittel o^{33}
betaalpas Scheckkarte v^{21}
betalen zahlen, bezahlen, *(uitbetalen)* auszahlen: *contant ~* bar (be)zahlen; *iem ~* jmdn bezahlen; *iem iets ~* jmdm etwas bezahlen
betaling Bezahlung v^{20}, Zahlung v^{20}: *~ in termijnen* Ratenzahlung v^{20}
betalingstermijn Zahlungsfrist v^{20}
betasten betasten
betekenen bedeuten, heißen[187]: *wat moet dat ~?* was soll das bedeuten (*of:* heißen)?
betekenis Bedeutung v^{20}: *een man van ~* ein bedeutender Mann; *niets van ~* nichts Wesentliches; *dat is van grote ~* das ist von großer Bedeutung; *~ aan iets hechten* einer Sache Bedeutung beimessen[208]
beter besser: *hij speelt ~ dan zijn broer* er spielt besser als sein Bruder; *het weer wordt ~* das Wetter bessert sich; *de zieke wordt ~* der Kranke erholt sich; *het gaat ~ met hem* es geht ihm besser
beterschap Besserung v^{20}: *~!* gute Besserung!
beteugelen 1 *(van driften, toorn)* zügeln; **2** *(een oproer)* unterdrücken
beteuterd betreten, *(inform)* verdattert
betichte *(Belg)* Angeklagte(r) m^{40a}, v^{40b}
betichten: *iem van moord ~* jmdn des Mordes bezichtigen
betijen: *iem laten ~* jmdn gewähren lassen[197]
betimmeren täfeln, mit Holz verkleiden
betimmering Täfelung v^{20}, Holzverkleidung v^{20}
betitelen betiteln, titulieren[320]
betoelagen *(Belg)* subventionieren[320]
betoelaging *(Belg)* Subvention v^{20}
betoeterd behämmert, bekloppt
betogen I *tr (trachten te bewijzen)* darlegen, ausführen; **II** *intr (demonstreren)* demonstrieren[320]
betoging Kundgebung v^{20}, Demonstration v^{20}
beton Beton m^{13}, m^5
betonen I *tr (bewijzen)* bezeigen, erweisen[307]: *iem achting ~* jmdm Achtung bezeigen; **II** *zich ~* sich erweisen[307]: *zich dankbaar ~* sich dankbar erweisen
betonmolen Betonmischer m^9
betonnen *bn (van beton)* aus Beton, Beton…
betoog Darlegung v^{20}, Ausführung v^{20}
betoon Bezeigung v^{20}, Erweisung v^{20}
betoveren 1 *(beheksen)* verzaubern; **2** *(bekoren)* bezaubern: *een ~d lachje* ein bezauberndes Lächeln
betovering 1 *(beheksing)* Verzauberung v^{20}; **2** *(fig)* Bezauberung v^{20}, Zauber m^9
betrachten: *clementie ~* Milde walten lassen[197]: *zijn plicht ~* seine Pflicht erfüllen
betrachting *(Belg)* Wunsch m^6, Absicht v^{20}
betrappen ertappen, erwischen: *iem op een leugen ~* jmdn beim Lügen ertappen
betreden betreten[291]
betreffen betreffen[289]
betreffende I *vz* betreffs[+2], bezüglich[+2]; **II** *bn* betreffend: *alle (het vak) ~ werkzaamheden* alle ein-

schlägigen Arbeiten
betrekkelijk verhältnismäßig, relativ: ~ *voornaamwoord* Relativpronomen o^{35}
betrekkelijkheid Relativität v^{20}
betrekken I *tr* 1 *(goederen, een woning)* beziehen[318]; **2** *(erbij halen)* einbeziehen[318] (in[+4]): *bij iets betrokken zijn* an[+3] etwas beteiligt sein[262]; **II** *intr (donker worden) (ook fig)* sich verfinstern, sich beziehen[318]; *zie ook* betrokken
betrekking 1 *(werkkring)* Stelle v^{21}, Stellung v^{20}: ~ *voor halve dagen* Halbtagsbeschäftigung v^{20}; **2** *(relatie)* Beziehung v^{20}: *met ~ tot* in Bezug auf[+4]
betreuren: *iets ~* etwas bedauern
betreurenswaard(ig) bedauerlich
betrokken 1 *(bedekt)* bedeckt: ~ *lucht* bedeckter Himmel; **2** *(desbetreffend)* betreffend
betrokkene Beteiligte(r) m^{40a}, v^{40b}, Betreffende(r) m^{40a}, v^{40b}, Betroffene(r) m^{40a}, v^{40b}
betrokkenheid Engagement o^{36}
betrouwbaar zuverlässig
betuigen: *iem zijn dank ~* jmdm seinen Dank aussprechen[274]; *zijn deelneming ~* sein Beileid bezeigen; *zijn instemming ~ met* sich beifällig äußern über[+4]; *zijn onschuld ~* seine Unschuld beteuern; *sympathie ~* Sympathie bezeigen
betuttelen bekritteln: *iem ~* jmdn bekritteln
betweter Besserwisser m^9
betwijfelen bezweifeln
betwistbaar anfechtbar, angreifbar
betwisten bestreiten[287]; *(een testament)* anfechten[156]: *het betwiste punt* der strittige Punkt
beu: *ik ben het ~!* ich habe es satt!
beugel 1 *(ring, stijgbeugel)* Bügel m^9; **2** *(voor benen)* Schiene v^{21}; **3** *(voor tandregulatie)* Spange v^{21} || *dat kan niet door de ~* das ist inakzeptabel
beuk Buche v^{21}
¹beuken *ww* schlagen[241], hämmern
²beuken *bn* buchen, aus Buchenholz
beukenhout Buchenholz o^{39}
beukennoot Buchecker v^{21}
beul Henker m^9: *zo brutaal als de ~* frech wie Dreck
beulen sich abrackern, sich abschinden[239]
beunhaas 1 *(knoeier)* Pfuscher m^9; **2** *(zwartwerker)* Schwarzarbeiter m^9
beunhazen pfuschen; schwarzarbeiten
beuren 1 *(tillen)* heben[186]; **2** *(geld innen)* kassieren[320]
¹beurs *zn* 1 *(geldbuidel)* Börse v^{21}; **2** *(beursgebouw)* Börse v^{21}; **3** *(jaarbeurs)* Messe v^{21}; **4** *(studiebeurs)* Stipendium o (2e nvl -s; mv -dien)
²beurs *bn* überreif, *(sterker)* matschig
beursgebouw Börse v^{21}
beursnotering Börsennotierung v^{20}
beurt Reihe v^{21}; *(van auto in garage)* Inspektion v^{20}: *een goede ~ maken* gut abschneiden[250]; *de kamer een goede ~ geven* das Zimmer gründlich putzen; *(pop) aan ~ krijgen* aufgerufen werden[310]: *hij is aan de ~* er ist an der Reihe; *om de ~* der Reihe nach; *ieder op zijn ~* jeder nach der Reihe

beurtelings der Reihe nach
beurtrol *(Belg)* Turnus m (2e nvl -; mv -se): *volgens ~* im Turnus, turnusgemäß
bevaarbaar schiffbar
¹bevallen *(een kind ter wereld brengen)* entbinden[131]: *ze is ~ van een dochter* sie ist von einer Tochter entbunden worden
²bevallen *(behagen)* gefallen[154]: *het is mij goed ~* es hat mir gut gefallen
bevallig anmutig
bevalling Geburt v^{20}, Entbindung v^{20}
bevallingsverlof *(Belg)* Mutterschaftsurlaub m^5
bevangen I *ww* überkommen[193], befallen[154]: *slaap beving mij* Schlaf überkam mich; **II** *bn* befangen
bevaren befahren[153]
bevatten 1 *(begrijpen)* verstehen[279]; **2** *(inhouden)* enthalten[183]
bevattingsvermogen Auffassungsgabe v^{21}
bevechten 1 *(de vijand)* bekämpfen; **2** *(de overwinning)* erkämpfen, erringen[224]
beveiligen schützen; *(techn)* sichern
beveiliging Schutz m^{19}, Sicherung v^{20}
bevel Befehl m^5: ~ *tot aanhouding* Haftbefehl; ~ *tot huiszoeking* Haussuchungsbefehl
bevelen befehlen[122]
bevelhebber Befehlshaber m^9
beven beben, *(in lichte mate)* zittern: ~ *van de kou* beben vor Kälte
bever Biber m^9
beverig zittrig
bevestigen 1 *(vastmaken)* befestigen; **2** *(bekrachtigen)* bestätigen: *dat bevestigt mij in mijn mening* das bestärkt mich in meiner Meinung; **3** *(nieuwe lidmaten) kerkelijk ~* konfirmieren[320]
bevestiging 1 Befestigung v^{20}; **2** Bestätigung v^{20}; **3** Konfirmation v^{20}; *zie ook* bevestigen
bevind: *naar ~ van zaken* je nach Befund m^5
bevinden I *tr (constateren)* befinden[157]: *in orde ~* in Ordnung befinden; **II** *zich ~* sich befinden[157]
bevinding Befund m^5: *we wachten uw ~en af* wir warten Ihren Befund ab
beving Beben o^{39}, Zittern o^{39}
bevitten bekritteln, bemäkeln
bevlekken *(ook fig)* beflecken
bevlieging Anwandlung v^{20}
bevloeien berieseln, bewässern
bevochtigen befeuchten, anfeuchten
bevoegd befugt, zuständig; *(op grond van examen e.d.)* befähigt, qualifiziert
bevoegdheid Befugnis v^{24}, Zuständigkeit v^{20}; Befähigung v^{20}, Qualifikation v^{20}: ~ *tot het geven van onderwijs* Lehrbefähigung v^{20}
bevoelen befühlen, betasten
bevolken bevölkern
bevolking Bevölkerung v^{20}
bevolkingsaanwas Bevölkerungszuwachs m^6
bevolkingsdichtheid Bevölkerungsdichte v^{21}
bevolkingsregister 1 *(bureau)* Einwohnermeldeamt o^{32}; **2** *(lijst)* Einwohnerliste v^{21}

bevoogden bevormunden
bevoordelen begünstigen, bevorzugen
bevooroordeeld voreingenommen (gegen[+4])
bevoorraden bevorraten
bevoorrechten bevorrechten, privilegieren[320]
bevorderaar Förderer *m*[9]
bevorderen 1 *(stimuleren)* fördern; *(van eetlust)* anregen; **2** *(in rang doen stijgen)* befördern: *een leerling ~* einen Schüler versetzen
bevordering 1 Förderung *v*[20]; Anregung *v*[20]; **2** Beförderung *v*[20]; Versetzung *v*[20]; *zie ook* bevorderen
bevorderlijk förderlich[+3], zuträglich[+3]
bevrachten befrachten
bevrachting Befrachtung *v*[20]
bevredigen befriedigen: *iem ~* jmdn befriedigen
bevredigend befriedigend
bevreemden befremden
bevreemding Befremdung *v*[28], Befremden *o*[39]
bevreesd ängstlich: *~ zijn voor* sich fürchten vor[+3]
bevriend befreundet
bevriezen I *intr* **1** *(door vriezen verstijven)* gefrieren[163]; **2** *(dichtvriezen)* zufrieren[163]; **3** *(mbt ruiten)* zufrieren[163]; **4** *(mbt waterleiding)* einfrieren[163]; **5** *(doodvriezen)* erfrieren[163]; **II** *tr (van vlees, lonen, prijzen)* einfrieren[163]
bevrijden befreien
bevrijding Befreiung *v*[20]
bevruchten befruchten
bevruchting Befruchtung *v*[20]
bevuilen beschmutzen
bewaarmiddel *(Belg)* Konservierungsmittel *o*[33]
bewaken bewachen: *het budget ~* das Budget überwachen
bewaking Bewachung *v*[20], Überwachung *v*[20]
bewandelen beschreiten[254]: *de gerechtelijke weg ~* den Rechtsweg beschreiten
bewapenen I *tr* bewaffnen; **II** *zich ~ (mbt staten)* rüsten
bewapening 1 Bewaffnung *v*[20]; **2** *(mbt staten)* Rüstung *v*[20]; **3** *(ijzerwerk in beton)* Armierung *v*[20]
bewapeningswedloop Wettrüsten *o*[39]
bewaren 1 *(niet wegdoen)* (auf)bewahren, aufheben[186]; *(fig) afstand ~* Distanz wahren; *zijn evenwicht ~* das Gleichgewicht halten[183]; *een geheim ~* ein Geheimnis bewahren; *zijn kalmte ~* seine Ruhe bewahren; *de boeken zijn goed bewaard* die Bücher sind gut erhalten; **2** *(behoeden)* bewahren
bewaring Aufbewahrung *v*[28]: *huis van ~* Haftanstalt *v*[20]: *papieren in ~ geven* Papiere in Verwahrung geben[166]; *iem in verzekerde ~ nemen* jmdn in Gewahrsam nehmen[212]
beweegbaar beweglich, bewegbar
beweeglijk 1 *(levendig)* beweglich, lebhaft; **2** *(techn)* beweglich
beweegreden Beweggrund *m*[6], Motiv *o*[29]
bewegen I *tr* **1** *(van plaats doen veranderen)* bewegen; **2** *(ontroeren)* bewegen; **3** *(overhalen)* bewegen[128]: *iem ergens toe ~* jmdn zu[+3] etwas bewegen; **II** *zich ~* sich bewegen; *zie ook* bewogen

beweging Bewegung *v*[20]: *in ~ komen* sich in Bewegung setzen
bewegingloos bewegungslos
bewegingstherapie Bewegungstherapie *v*[21]
bewegingsvrijheid Bewegungsfreiheit *v*[28]
bewegwijzeren ausschildern, beschildern
bewegwijzering Ausschilderung *v*[20], Beschilderung *v*[20]
beweren behaupten: *de beweerde mishandeling* die angebliche Misshandlung
bewering Behauptung *v*[20]
bewerkelijk *(van materiaal)* schwer zu bearbeiten; *(van huis)* viel Arbeit mit sich bringend
bewerken bearbeiten: *smaakvol bewerkte meubels* geschmackvoll gearbeitete Möbel
bewerker Bearbeiter *m*[9]
bewerking Bearbeitung *v*[20]
bewerkstelligen bewirken, herbeiführen
bewijs 1 *(algem)* Beweis *m*[5]: *ten bewijze van* als Beweis[+2]; **2** *(bewijsstuk)* Beleg *m*[5]; **3** *(schriftelijke verklaring)* Bescheinigung *v*[20]; *(jur; document)* Urkunde *v*[21]: *~ van ontvangst* Empfangsbescheinigung; *~ van toegang* Eintrittskarte *v*[21]: *(Belg) ~ van goed gedrag en zeden* Führungszeugnis *o*[29a]; **4** *(reçu)* Schein *m*[5]
bewijsbaar beweisbar, nachweisbar
bewijskracht Beweiskraft *v*[28]: *~ hebben* beweiskräftig sein[262]
bewijslast Beweislast *v*[28], Beweispflicht *v*[28]
bewijsmateriaal Beweismaterial *o (2e nvl -s; mv -materialien)*
bewijzen beweisen[307]; nachweisen[307]: *iem een dienst ~* jmdm einen Dienst erweisen[307]
bewilligen: *iets ~* etwas bewilligen
bewind Regierung *v*[20]: *aan het ~ komen* an die Macht kommen[193]
bewindsman Minister *m*[9]
bewindspersoon Minister *m*[9], Ministerin *v*[22]
bewindsvrouw Ministerin *v*[22]
bewogen 1 *(foto)* verwackelt; **2** *(fig)* bewegt; *zie ook* bewegen
bewolken sich bewölken: *de lucht werd bewolkt* der Himmel bewölkte sich
bewolking Bewölkung *v*[20]
bewonderaar Bewunderer *m*[9]
bewonderen bewundern
bewonderenswaardig bewundernswert
bewondering Bewunderung *v*[28]
bewonen bewohnen
bewoner Bewohner *m*[9]
bewoonbaar bewohnbar
bewoonster Bewohnerin *v*[22]
bewoording Worte *mv o*[29]: *in de volgende ~en* mit diesen Worten
bewust bewusst: *het ~e boek* das bewusste Buch; *~ liegen* bewusst lügen[204]; *ik ben me van geen schuld ~* ich bin mir keiner[2] Schuld bewusst; *hij was het zich niet ~* er war sich[3] dessen nicht bewusst
bewusteloos bewusstlos, ohnmächtig

bewusteloosheid Bewusstlosigkeit v^{28}

bewustheid Bewusstheit v^{28}

bewustzijn Bewusstsein o^{39}: *het ~ terugkrijgen* wieder zu[+3] sich kommen[193]

bezaaien *(ook fig)* besäen

bezadigd besonnen, gesetzt

bezatten, zich sich voll laufen lassen[197]

bezegelen 1 *(van een zegel voorzien)* versiegeln; **2** *(bekrachtigen)* besiegeln

bezeilen besegeln: *de zee ~* das Meer besegeln || *er is geen land met hem te ~* mit ihm ist nichts anzufangen

bezem Besen m^{11}: *nieuwe ~s vegen schoon* neue Besen kehren gut

bezemsteel Besenstiel m^5

bezeren I *tr* wehtun[295], verletzen; **II** *zich* ~ sich[3] wehtun, sich[4] verletzen

bezet besetzt

bezeten besessen

bezetene Besessene(r) m^{40a}, v^{40b}

bezetten besetzen: *~de macht* Besatzungsmacht v^{25}

bezetting 1 *(het bezetten, ook mil)* Besetzung v^{20}; **2** *(bezettingstroepen)* Besatzung v^{20}

bezettingstroepen Besatzungstruppen *mv* v^{21}

bezichtigen besichtigen, (sich[3]) ansehen[261]

bezield beseelt, begeistert: *~ spelen* beseelt spielen; *een ~ spreker* ein begeisterter Redner

bezielen 1 *(een ziel, leven geven)* beseelen; **2** *(geestdriftig maken)* begeistern || *wat bezielt je toch?* was ist bloß in dich gefahren?

bezieling Beseelung v^{20}; Begeisterung v^{28}; *zie ook* bezielen

bezien: *iets ~* etwas besehen[261], sich[3] etwas ansehen[261]: *het staat nog te ~* es steht noch dahin

bezienswaardig sehenswürdig, sehenswert

bezienswaardigheid Sehenswürdigkeit v^{20}

bezig beschäftigt: *ik was juist ~ ...* ich war eben dabei, ...

bezigen gebrauchen, verwenden

bezigheid Beschäftigung v^{20}

bezigheidstherapie Beschäftigungstherapie v^{21}

bezighouden I *tr* beschäftigen; **II** *zich* ~ *met* sich beschäftigen mit[+3]

bezingen besingen[265]

bezinken sich absetzen: *iets laten ~* etwas verarbeiten

bezinksel Bodensatz m^{19}

bezinnen, zich sich besinnen[267]

bezinning Besinnung v^{28}

bezit Besitz m^{19}: *particulier ~* Privatbesitz m^{19}

bezitsaanmatiging *(Belg)* widerrechtliche Besitzergreifung v^{28}

bezittelijk: *~ voornaamwoord* besitzanzeigendes Fürwort o^{32}

bezitten besitzen[268]

bezitter Besitzer m^9

bezitting Besitz m^5 *(zelden mv)* Besitztum o^{32}

bezoedelen besudeln

bezoek Besuch m^5: *het ~ aan het museum* der Besuch des Museums; *iem een ~ brengen* bei jmdm einen Besuch machen; *op ~ gaan* auf *(of:* zu) Besuch gehen[168]: *bij iem op ~ zijn* bei jmdm zu *(of:* auf) Besuch sein[262]

bezoeken besuchen

bezoeker Besucher m^9

bezoekregeling Umgangsregelung v^{20}

bezoldigen besolden

bezoldiging Besoldung v^{20}

bezondigen, zich sich versündigen

bezonken abgeklärt

bezonnen besonnen

bezopen 1 *(dronken)* besoffen; **2** *(idioot)* blöd

bezorgd besorgt

bezorgdheid 1 *(het bezorgd zijn)* Besorgtheit v^{28}; **2** *(ongerustheid)* Besorgnis v^{24}

bezorgen 1 *(van goederen)* liefern: *(in winkel) zal ik het laten ~?* soll ich es Ihnen (ins Haus) schicken?; **2** *(van post)* zustellen; **3** *(iem iets verschaffen)* besorgen: *iem een betrekking ~* jmdm eine Stelle besorgen; **4** *(veroorzaken)* bereiten: *iem verdriet ~* jmdm Kummer bereiten; *iem moeite ~* jmdm Mühe machen

bezorging Zustellung v^{20}, Besorgung v^{20}; *zie ook* bezorgen

bezuinigen sparen: *op het budget ~* am Budget sparen; *op zijn uitgaven ~* seine Ausgaben einschränken

bezuiniging 1 *(de daad)* Sparen o^{39}, Einschränkung v^{20}; **2** *(het resultaat)* Ersparnis v^{24}

bezuinigingsmaatregel Sparmaßnahme v^{21}

bezuipen, zich sich besaufen[228]

bezuren: *iets ~* für[+4] etwas büßen

bezwaar 1 *(bedenking)* Bedenken o^{35}, Einwand m^6: *~ tegen iets hebben* Bedenken gegen[+4] etwas haben[182]; **2** *(moeilijkheid)* Schwierigkeit v^{20}: *op bezwaren stuiten* auf Schwierigkeiten stoßen[285]; **3** *(ongemak)* Beschwerde v^{21}

bezwaard beschwert: *zich over iets ~ voelen* sich[3] Gewissensbisse über[+4] etwas machen; *met een ~ gemoed* schweren Herzens

bezwaarlijk beschwerlich

bezwaarschrift Beschwerdeschrift v^{20}

bezwaren belasten, beschweren; *(met een hypotheek)* belasten

bezwarend erschwerend: *~e omstandigheden* erschwerende Umstände; *zie ook* bezwaard

bezweet verschwitzt

bezweren beschwören[260]: *het gevaar ~* die Gefahr bannen

bezwijken 1 *(sterven)* erliegen[202+3]: *aan zijn verwondingen ~* seinen Verletzungen erliegen; **2** *(in kracht tekortschieten)* erliegen[202], zusammenbrechen[137]: *onder een last ~* unter einer Last zusammenbrechen; *voor de verleiding ~* der[3] Versuchung erliegen; **3** *(instorten)* einbrechen[137]

bibberen zittern; *(hevig)* schlottern: *~ van angst* zittern vor Angst

bibliothecaresse Bibliothekarin v^{22}

bibliothecaris Bibliothekar m^5
bibliotheek Bibliothek v^{20}; *(klein)* Bücherei v^{20}
biceps Bizeps m^5 *(2e nvl ook -)*
bidden 1 *(godsd)* beten; **2** *(smeken)* flehen; **3** *(verzoeken)* bitten^{132+4}
biecht Beichte v^{21}: ~ *horen* (die) Beichte hören
biechten beichten: *gaan* ~ zur Beichte gehen^{168}
biechtgeheim Beichtgeheimnis o^{29a}
biechtstoel Beichtstuhl m^6
biechtvader Beichtvater m^{10}
bieden bieten^{130}: *weerstand* ~ Widerstand leisten; *te koop* ~ zum Verkauf anbieten^{130}
bieder Bieter m^9, Bietende(r) m^{40a}, v^{40b}: *hoogste* ~ Meistbietende(r) m^{40a}, v^{40b}
biefstuk Beefsteak o^{36}: ~ *tartaar* Tatar o^{39}, o^{39a}
biel, biels Bahnschwelle v^{21}, Schwelle v^{21}
bier Bier o^{29}: *donker* ~ dunkles Bier; *licht* ~ helles Bier; *(Belg) dat is geen klein* ~ das ist eine wichtige Angelegenheit
bierblikje Bierdose v^{21}
bierbrouwerij Bierbrauerei v^{20}
bierviltje Bierdeckel m^9
bies 1 *(plantk)* Binse v^{21}; **2** *(op kleding)* Paspel v^{21}; **3** *(versieringslijn)* Zierleiste v^{21}
biet Rübe v^{21}: *rode* ~ Rote Rübe
bietsen schnorren
biezen *bn* Binsen…: ~ *mat* Binsenmatte v^{21}
big Ferkel o^{33}
biggelen kugeln
bij I *zn* Biene v^{21}; **II** *vz* **1** *(bij het zijn op een plaats) (ook fig)* bei^{+3}, an^{+3}: ~ *het raam zitten* beim *(of:* am) Fenster sitzen^{268}: ~ *iem wonen* bei jmdm wohnen; ~ *Berlijn* bei Berlin; *iets* ~ *zich hebben* etwas bei sich haben^{182}; ~ *zichzelf iets zeggen* sich^3 etwas sagen; **2** *(bij het komen op een plaats)* an^{+4}: ~ *het raam gaan zitten* sich ans Fenster setzen; **3** *(mbt een toevoeging)* zu^{+3}: *water* ~ *de wijn gieten* Wasser zu dem Wein gießen^{175}; **4** *(bij het komen naar personen)* zu^{+3}: ~ *iem gaan zitten* sich zu jmdm setzen; **5** *(bij een aanraking)* bei^{+3}: ~ *de hand pakken* bei der Hand nehmen^{212}; **6** *(tijdens)* bei^{+3}, an^{+3}: ~ *dag* am *(of:* bei) Tage; ~ *nacht* bei Nacht; **7** *(gelijktijdig met)* zu^{+3}: ~ *het begin van het jaar* zu Anfang des Jahres; **8** *(bijna)* an^{+4}, gegen^{+4}: ~ *de 100 personen an die (of:* gegen) 100 Personen; **9** *(mbt een hoeveelheid)* zu^{+3}: ~ *honderden* zu hunderten *(of:* zu Hunderten); **10** *(in vergelijking met)* gegen^{+4}; **11** *(een formaat aangevend)* mal: *25* ~ *30 meter* 25 mal 30 Meter; **12** *(door middel van)* durch^{+4}: ~ *de wet bepaald* durch das Gesetz bestimmt; **13** *(in geval van)* bei^{+3}: ~ *slecht weer* bei schlechtem Wetter; **14** *(vanwege)* aus^{+3}: ~ *gebrek aan geld* aus Mangel an^{+3} Geld; **III** *bw* **1** *(bij kennis)* bei Bewusstsein; **2** *(niet ten achter)* nicht im Rückstand: *de leerling is nog niet* ~ der Schüler ist noch zurück; **3** *(op de hoogte)* auf dem Laufenden; **4** *(pienter)* gescheit: *hij is goed* ~ er ist sehr gescheit || *je bent er* ~! du bist geliefert!
bijbaantje Nebenbeschäftigung v^{20}
bijbedoeling Nebenabsicht v^{20}

bijbel Bibel v^{21}
bijbels biblisch
bijbenen *(ook fig)* mitkommen^{193}
bijbetalen zuzahlen, nachzahlen
bijbetaling Zuzahlung v^{20}, Nachzahlung v^{20}
bijbetekenis Nebenbedeutung v^{20}
bijblijven 1 *(ook fig)* Schritt halten^{183} mit^{+3} *(op school)* mitkommen^{193}; **2** *(niet vergeten worden)* im Gedächtnis bleiben^{134}
bijboeken nachtragen^{288}
bijbrengen: *iem iets* ~ jmdm etwas beibringen^{139}: *een bewusteloze weer* ~ einen Ohnmächtigen wieder zu sich bringen^{139}
bijdehand 1 *(schrander)* aufgeweckt, hell; **2** *(brutaal)* naseweis, vorlaut
bijdehandje Naseweis m^5
bijdraaien 1 *(scheepv)* beidrehen; **2** *(mbt personen)* einlenken
bijdrage Beitrag m^6
bijdragen beitragen^{288}, beisteuern
bijeen zusammen; *(als het een zich bevinden, een rust, betreft, ook)* beisammen, beieinander
bijeenbehoren zusammengehören
bijeenblijven zusammenbleiben^{134}
bijeenbrengen zusammenbringen^{139}
bijeenhouden zusammenhalten^{183}
bijeenkomen 1 zusammenkommen^{193}; **2** *(om te vergaderen, officieel)* zusammentreten^{291}; **3** *(elkaar treffen)* zusammentreffen^{289}
bijeenkomst 1 Zusammenkunft v^{25}; **2** *(vergadering)* Versammlung v^{20}; **3** *(ontmoeting)* Treffen o^{35}
bijeenroepen zusammenrufen^{226}: *een vergadering* ~ eine Versammlung einberufen^{226}
bijeenzijn zusammen sein^{262}, beisammen sein^{262}
bijeenzoeken zusammensuchen
bijenhouder Bienenzüchter m^9
bijenkorf Bienenkorb m^6
bijenvolk Bienenvolk o^{32}
bijfiguur Nebenfigur v^{20}, *(figurant)* Statist m^{14}
bijgaand I *bn, bw* angelegt, beiliegend; **II** *bw* anbei, in der Anlage, als Anlage
bijgebouw Nebengebäude o^{33}, Seitengebäude o^{33}
bijgedachte Nebengedanke m^{18}
bijgeloof Aberglaube m^{18} *(geen mv)*
bijgelovig abergläubisch
bijgenaamd mit dem Beinamen
bijhouden 1 *(zijn bord, glas)* hinhalten^{183}; **2** *(niet achterblijven)* mitkommen^{193}: *de boeken* ~ die Bücher führen; *iem* ~ mit jmdm Schritt halten^{183}: *de vakliteratuur* ~ die Fachliteratur lesen^{201}
bijhuis *(Belg)* Zweigstelle v^{21}
bijkantoor Zweigstelle v^{21}
bijkomen 1 *(erbij komen)* dazukommen^{193}, hinzukommen^{193}: *dat moet er nog* ~! das fehlte gerade noch!; **2** *(tot zichzelf komen)* zu^{+3} sich kommen^{193}; **3** *(herstellen)* sich erholen: *de zieke komt langzaam bij* der Kranke erholt sich langsam || *hoe kom je er bij?* wie kommst du darauf?
bijkomend: *~e kosten* Nebenkosten *(mv):* *~e om-*

standigheden Nebenumstände *mv m*⁶: *~e verschijn-selen* Begleiterscheinungen *mv v*²⁰: *alle ~e werk-zaamheden* alle anfallenden Arbeiten

bijkomstig nebensächlich, Neben…

bijkomstigheden Nebenumstände *mv m*⁶

bijl 1 *(met korte steel)* Beil *o*²⁹; **2** *(met lange steel)* Axt *v*²⁵

bijlage 1 *(bij brief)* Anlage *v*²¹; **2** *(bij boek, krant)* Beilage *v*²¹

bijlange: ~ *(na)* niet bei weitem nicht

bijleggen 1 *(er nog bij doen)* zulegen, zuzahlen; **2** *(beslechten)* beilegen

bijles Nachhilfeunterricht *m*¹⁹

bijlichten: *iem* ~ jmdm leuchten

bijna beinahe, fast: ~ *niet te geloven* kaum glaublich

bijnaam 1 *(toenaam)* Beiname *m*¹⁸; **2** *(spotnaam)* Spitzname *m*¹⁸, Scherzname *m*¹⁸

bijpassen *(van geld)* zuzahlen, nachzahlen

bijproduct Nebenprodukt *o*²⁹

bijrijder Beifahrer *m*⁹

bijrol Nebenrolle *v*²¹

bijschaven 1 *(lett)* zurechthobeln; **2** *(fig)* ausfeilen: *een tekst* ~ einen Text ausfeilen

bijschenken nachgießen¹⁷⁵, nachschenken

bijscholen fortbilden, weiterbilden

bijschrift Bildunterschrift *v*²⁰, Bildtext *m*⁵

bijschrijven 1 *(op de creditzijde boeken)* gutschrei-ben²⁵²: *de rente* ~ die Zinsen eintragen²⁸⁸; **2** *(toevoe-gen)* hinzuschreiben²⁵²

bijschrijving Gutschrift *v*²⁰; Eintragung *v*²⁰; *zie ook* bijschrijven

bijsloffen mitkommen¹⁹³

bijsluiter Beipackzettel *m*⁹

bijsmaak Nebengeschmack *m*¹⁹

bijspijkeren nachholen: *ik moet nog heel wat* ~ ich muss eine ganze Menge nachholen

bijstaan beistehen²⁷⁹: *iem met raad en daad* ~ jmdm mit Rat und Tat beistehen

bijstand 1 *(hulp)* Beistand *m*¹⁹; **2** *(geldelijke onder-steuning)* Sozialhilfe *v*²¹, Beihilfe *v*²¹; **3** *(instantie)* Fürsorge *v*²⁸, Sozialamt *o*³²

bijstandsuitkering Sozialhilfe *v*²¹

bijstellen 1 *(afstellen)* einstellen; **2** *(opnieuw afstel-len)* nachstellen

bijster I *bn: het spoor* ~ *zijn: a)* *(lett)* sich verirrt ha-ben¹⁸²; *b)* *(fig)* auf dem Holzweg sein²⁶²; **II** *bw: niet* ~ nicht sonderlich

bijt Wune *v*²¹, Wuhne *v*²¹

bijtanken *(ook fig)* auftanken

bijtekenen: *voor 6 jaar* ~ sich für noch sechs Jahre verpflichten

bijtellen hinzuzählen, hinzurechnen

bijten 1 beißen¹²⁵; **2** *(chem)* ätzen, beizen

bijtend 1 beißend; **2** *(chem)* ätzend

bijtgraag bissig

bijtijds 1 *(vroeg)* frühzeitig; **2** *(niet te laat)* rechtzei-tig

bijv. *afk van bijvoorbeeld* zum Beispiel *(afk* z.B.)

bijvak Nebenfach *o*³²

bijval Beifall *m*¹⁹

bijvallen: *iem* ~ jmdm beipflichten

bijverdienen zuverdienen

bijverdienste Nebenverdienst *m*⁵

bijvoegen beifügen, zufügen, hinzufügen

bijvoegsel 1 *(van krant)* Beilage *v*²¹; **2** *(supplement)* Nachtrag *m*⁶

bijvoorbeeld zum Beispiel *(afk* z.B.)

bijvullen nachfüllen: *olie* ~ Öl nachfüllen

bijwerken 1 *(aanvullen, herstellen)* nacharbeiten, überarbeiten; **2** *(lesgeven)* Nachhilfe geben¹⁶⁶ || *de boeken* ~ die Bücher führen

bijwonen beiwohnen⁺³: *een concert* ~ einem Kon-zert beiwohnen

bijzaak Nebensache *v*²¹

bijzetten 1 *(bij iets zetten)* dazustellen; **2** *(begraven)* beisetzen

bijziend kurzsichtig

bijzijn: *in het* ~ *van* im Beisein von⁺³

bijzin Nebensatz *m*⁶: *betrekkelijke* ~ Relativsatz *m*⁶

bijzonder I *bn* **1** *(algem)* besonder, Sonder…, spezi-ell: *niet veel ~s* nicht viel Besonderes; *het eten was niet* ~ das Essen war nicht besonders; **2** *(niet open-baar)* privat, Privat…; **II** *bw* besonders: ~ *goed* be-sonders gut; *in het* ~ besonders

bijzonderheid 1 *(detail)* Einzelheit *v*²⁰; **2** *(iets onge-woons)* Besonderheit *v*²⁰

bikini Bikini *m*¹³

bikkelhard steinhart, knochenhart

bikken 1 *(hakken)* klopfen; **2** *(eten)* mampfen

bil Backe *v*²¹, Hinterbacke *v*²¹: *~len* Gesäß *o*²⁹

biljart Billard *o*²⁹

biljarten Billard spielen

biljet: *~ van f 100,-* Hundertguldenschein *m*⁵

biljoen Billion *v*²⁰

billijk 1 *(rechtmatig)* berechtigt; **2** *(redelijk)* ange-messen; **3** *(rechtvaardig)* gerecht

billijken billigen, gutheißen¹⁸⁷

binden binden¹³¹: *een ~de bepaling* eine bindende Bestimmung

binding Bindung *v*²⁰

bindmiddel Bindemittel *o*³³

bindweefsel Bindegewebe *o*³³

bink Kerl *m*⁵, Bursche *m*¹⁵, Junge *m*¹⁵

binnen I *vz* innerhalb⁺²: ~ *de stad* innerhalb der Stadt; ~ *een uur* innerhalb einer Stunde; **II** *bw (niet buiten)* drinnen: ~ *in de zaal* drinnen im Saal; *hij is* ~ *(heeft geld genoeg)* er hat sein Schäfchen im Trockenen; *~! herein!; naar* ~ *(in verbinding met werkwoorden): a) (naar spreker toe)* herein-; *b) (van spreker af)* hinein-; *de deur gaat naar* ~ *open* die Tür geht nach innen auf; *te* ~ *schieten* einfal-len¹⁵⁴

binnenbaan Innenbahn *v*²⁰

binnenbad Hallenbad *o*³²

binnenband Schlauch *m*⁶

binnenbocht Innenkurve *v*²¹

binnenbrengen hereinbringen¹³⁹, hineinbrin-gen¹³⁹ (in⁺⁴)

bi

binnendoor: ~ *gaan* eine Abkürzung nehmen[212]
binnendringen eindringen[143] (in[+4])
binnengaan hineingehen[168], hereingehen[168] (in[+4])
binnenhalen 1 *(vlag, netten)* einholen; **2** *(oogst)* einbringen[139], einfahren[153]
binnenhaven Binnenhafen *m*[12]
binnenhuisarchitect Innenarchitekt *m*[14]
binnenin im Innern, innen
binnenkant Innenseite *v*[21]
binnenkomen 1 eintreten[291] (in[+4]); **2** *(mbt schip, trein, berichten)* einlaufen[198] (in[+4]); **3** *(mbt geld)* eingehen[168]
binnenkort demnächst, in Kürze
binnenland 1 *(tegenstelling buitenland)* Inland *o*[39]; **2** *(tegenstelling kustland)* Binnenland *o*[39]
binnenlands inländisch, einheimisch: ~*e markt* Binnenmarkt *m*[6]: ~*e onlusten* innere Unruhen *mv v*[21]: ~*e politiek* Innenpolitik *v*[28]
binnenlaten hereinlassen[197], hineinlassen[197] (in[+4])
binnenmarkt Binnenmarkt *m*[6]
binnenplaats Hof *m*[6], Innenhof *m*[6]
binnenpretje: *een* ~ *hebben* in[+4] sich hineinlachen
binnenrukken I *ww* einrücken, einmarschieren[320] (in[+4]); **II** *zn* Einmarsch *m*[6] (in[+4])
binnenschip Binnenschiff *o*[29]
binnenschipper Binnenschiffer *m*[9]
binnenshuis im Haus(e)
binnensport Hallensport *m*[5]
binnenstad Innenstadt *v*[25], Stadtmitte *v*[28]
binnenste Innere(s) *o*[40c]
binnenstebuiten verkehrt, verkehrt herum
binnenstormen hereinstürmen, hineinstürmen (in[+4])
binnentreden eintreten[291] (in[+4])
binnentrekken einziehen[318] (in[+4])
binnenvaart Binnenschifffahrt *v*[28]
binnenvallen: *komen* ~ hereinplatzen
binnenwater Binnengewässer *o*[33]
binnenwerk 1 *(werk binnenshuis)* Hausarbeit *v*[20]; **2** *(in het bouwvak)* Innenarbeiten *mv v*[20]
binnenzak Innentasche *v*[21]
binnenzee Binnenmeer *o*[29]
binnenzijde Innenseite *v*[21]
bint 1 *(balk)* Balken *m*[11]; **2** *(spant)* Gebinde *o*[33]
biochemicus Biochemiker *m*[9]
biochemie Biochemie *v*[28]
biochemisch biochemisch
biograaf Biograph *m*[14], Biograf *m*[14]
biografie Biographie *v*[21], Biografie *v*[21]
biografisch biographisch, biografisch
bio-industrie Intensivhaltung *v*[28]
biologie Biologie *v*[28]
biologisch biologisch
bioloog Biologe *m*[15]
bioscoop Kino *o*[36]: *naar de* ~ *gaan* ins Kino gehen[168]
bips Popo *m*[13], Po *m*[13]
biscuit Keks *m of o* (2e nvl -(es); mv -(e))
bisdom Bistum *o*[32]

biseksueel bisexuell
bisschop Bischof *m*[6]
bisschoppelijk bischöflich
bissen *(Belg) (ond)* sitzen bleiben[134]
bisser *(Belg) (ond)* Sitzenbleiber *m*[9]
bistro Bistro *o*[36]
bit *(comp)* Bit *o* (2e nvl -(s); mv -(s))
bits bissig, scharf
bitter bitter
bitterheid Bitterkeit *v*[20]
bitterkoekje Bittermandelmakrone *v*[21]
bivak Biwak *o*[29], *o*[36]: *zijn* ~ *ergens opslaan* sich irgendwo niederlassen[197]
bivakkeren biwakieren[320]
bizar bizarr
bizon Bison *m*[13]
blaag Balg *m*[8], *o*[32], Blage *v*[21]
blaam 1 *(afkeuring)* Tadel *m*[9]; **2** *(smet)* Makel *m*[9]
blaar Blase *v*[21]
blaas Blase *v*[21]: *zijn* ~ *legen* die Blase entleeren
blaasbalg Blasebalg *m*[6]
blaasinstrument Blasinstrument *o*[29]
blaaskaak Aufschneider *m*[9], Großsprecher *m*[9]
blaasontsteking Blasenentzündung *v*[20]
black box Flugschreiber *m*[9]
blad 1 Blatt *o*[32]; **2** *(dienblad)* Tablett *o*[36], *o*[29]; **3** *(tafelblad)* Tischplatte *v*[21]
bladeren blättern
bladgroen Blattgrün *o*[39]
bladgroente Blattgemüse *o*[33]
bladluis Blattlaus *v*[25]
bladnerf Blattnerv *m*[16]
bladrand Blattrand *m*[8]
bladwijzer 1 *(inhoudsopgave)* Inhaltsverzeichnis *o*[29a]; **2** *(boekenlegger)* Buchzeichen *o*[35]
bladzijde Seite *v*[21] *(afk S.)*
blaffen *(ook hoesten, opspelen)* bellen
blaken *(mbt zon)* brennen[138], glühen: ~ *van gezondheid* vor Gesundheit strotzen
blakeren (ver)sengen
blamage Blamage *v*[21]
blameren I *tr* blamieren[320]; **II** *zich* ~ sich blamieren
blancheren blanchieren[320]
blanco blanko: ~ *stemmen* sich der Stimme enthalten[183]
blancovolmacht Blankovollmacht *v*[20]
blank 1 *(blinkend)* blank; **2** *(wit, niet gekleurd)* weiß; **3** *(onder water staand)* überschwemmt: *het veld staat* ~ das Feld steht unter Wasser
blanke Weiße(r) *m*[40a], *v*[40b]
blasé blasiert
blauw I *bn, bw* blau: *een* ~*e maandag* kurze Zeit; *zich* ~ *ergeren* sich gelb und grün ärgern; **II** *zn* Blau *o* (2e nvl -s; mv -)
blauwbekken frieren[163]: *staan te* ~ frieren
blauwblauw *iets* ~ *laten* eine Sache auf sich beruhen lassen[197]
blauwdruk 1 Blaupause *v*[21]; **2** *(plan)* Konzept *o*[29]
blauwtje *een* ~ *lopen* einen Korb bekommen[193]

blauwzuur Blausäure v^{28}
blazen blasen^{133}, *(inform)* pusten; *(mbt dieven)* fauchen; *(bij alcoholische dranken)* pusten
¹blazer *(muz)* Bläser m^9
²blazer *(jasje)* Blazer m^9
bleek blass^{59}: *een bleke kleur* eine blasse Farbe
bleekmiddel Bleichmittel o^{33}
bleekwater Bleichwasser o^{39}
bleken bleichen
blèren 1 plärren; **2** *(mbt schapen)* blöken
blesseren verletzen
blessure Verletzung v^{20}
blessuretijd: *in de ~ spelen* nachspielen
¹bleu *(verlegen)* schüchtern, verlegen
²bleu *(blauw)* bleu
blieven mögen^{210}
blij froh, freudig: *de ~de gebeurtenis* das freudige Ereignis; *een ~ gezicht* ein frohes Gesicht; *~ zijn over* froh sein^{262} über^{+4}; *ik ben ~ u te zien* es freut mich, Sie zu sehen
blijdschap Freude v^{21}
blijf *(Belg)*: *geen ~ met iets weten* nicht wissen, was man mit^{+3} etwas anfangen soll
blijk Beweis m^5, Zeichen o^{35}: *~ van belangstelling* Beweis der Anteilnahme; *~ van vertrouwen* Vertrauensbeweis; *~ geven van* zeigen
blijkbaar offenbar, offensichtlich
blijken sich zeigen, sich herausstellen: *het blijkt, dat … es zeigt sich, dass …*; *het bleek een vergissing te zijn* es stellte sich als ein Irrtum heraus; *daaruit blijkt, dat …* daraus geht hervor, dass …; *je moet er niets van laten ~* du musst dir nichts merken lassen
blijkens laut^{+2}, wie aus^{+3} … hervorgeht
blijmoedig frohgemut, frohmütig
blijspel Lustspiel o^{29}
blijven bleiben^{134}: *~ bestaan* bestehen bleiben; *~ eten* zum Essen bleiben; *~ hangen* hängen bleiben; *~ leven: a) (lett)* am Leben bleiben; *b) (fig)* fortleben; *~ liggen* liegen bleiben; *~ staan* stehen bleiben; *~ steken* stecken bleiben; *~ sukkelen* kränkeln; *~ wachten* immerfort warten; *~ weigeren* auf seiner Weigerung beharren; *~ zitten* sitzen bleiben; *~ schrijven* weiterschreiben^{252}; *~ werken* weiterarbeiten; *goed ~* sich halten^{183}: *wij ~ dit artikel tegen deze prijs verkopen* wir verkaufen diesen Artikel nach wie vor zu diesem Preis; *waar waren we gisteren gebleven? (met lezen enz.)* wo waren wir gestern stehen geblieben?; *waar ~ we als …?* wo kommen wir hin, wenn …?
blijvend *(mbt herinnering, succes)* bleibend; *(mbt indruk)* nachhaltig: *~e toestand* Dauerzustand m^6: *~e vrede* dauerhafter Frieden
¹blik *(oogopslag)* Blick m^5: *een ruime ~* ein weites Blickfeld
²blik 1 *(vertind plaatijzer)* Blech o^{29}; **2** *(om iets op te vegen)* Schaufel v^{21}; **3** *(voor conserven)* Büchse v^{21}, Dose v^{21}: *vlees in ~* Büchsenfleisch o^{35}
blikgroente Dosengemüse o^{33}, Büchsengemüse o^{33}
blikje Konservenbüchse v^{21}, Konservendose v^{21}

¹blikken *bn (van blik)* blechern, Blech…
²blikken *ww (kijken)* blicken, schauen
blikopener Büchsenöffner m^9, Dosenöffner m^9
blikschade Blechschaden m^{12}
bliksem Blitz m^5: *(inform) zo snel als de ~* schnell wie der Blitz; *(inform) het is naar de ~* es ist zum Teufel; *(inform) naar de ~ gaan* vor die Hunde gehen^{168}
bliksemactie Blitzaktion v^{20}
bliksemafleider *(ook fig)* Blitzableiter m^9
bliksembezoek Blitzbesuch m^5
bliksemcarrière Blitzkarriere v^{21}
bliksemen blitzen
bliksemflits Blitz m^5, Blitzstrahl m^{16}
blikseminslag Blitzschlag m^6
bliksemschicht Blitzstrahl m^{16}
bliksemsnel blitzschnell, blitzartig
blikvanger Blickfang m^6
blikveld Blickfeld o^{31}
blind blind: *~e passagier* blinder Passagier m^5: *zich op een idee ~ staren* sich in eine Idee verrennen^{222}: *~ typen* blind schreiben^{252}: *aan één oog ~ zijn* auf einem Auge blind sein^{262}: *(fig) ~ voor iets zijn* blind für^{+4} etwas sein^{262}
blinddoek Binde v^{21}, Augenbinde v^{21}
blinddoeken: *iem ~* jmdm die Augen verbinden^{131}
blinde(r) m^{40a}, v^{40b}
blindedarm Blinddarm m^6
blindedarmontsteking Blinddarmentzündung v^{20}
blindelings blindlings
blindheid Blindheit v^{28}
blinken blinken, glänzen
blits flippig, geil: *~e muziek* geile Musik v^{28}
bloc: *en ~* en bloc
blocnote Schreibblock m^6, m^{13}
bloed o^{39}: *~ geven* Blut spenden; *~ spuwen* Blut spucken; *in koelen ~e* kaltblütig
bloedarmoede Blutarmut v^{28}
bloedbad Blutbad o^{32}
bloedbank Blutbank v^{20}
bloeddonor Blutspender m^9
bloeddorstig blutdürstig, blutgierig
bloeddruk Blutdruck m^{19}
bloedeigen leiblich
bloedeloos blutleer
bloeden bluten
bloedgroep Blutgruppe v^{21}
bloedheet brühheiß, glühend heiß
bloedhond *(ook fig)* Bluthund m^5
bloedig blutig
bloeding Blutung v^{20}
bloedlink verflixt riskant
bloedneus Nasenbluten o^{39}
bloedonderzoek Blutuntersuchung v^{20}
bloedplasma Blutplasma o *(2e nvl -s; mv -plasmen)*
bloedproef Blutprobe v^{21}
bloedsomloop Blutkreislauf m^6, Kreislauf m^6
bloedspiegel Blutspiegel m^9
bloedtransfusie Bluttransfusion v^{20}

bl

bl

bloeduitstorting Bluterguss *m*[6]
bloedvat Blutgefäß *o*[29]
bloedvergiftiging Blutvergiftung *v*[20]
bloedverlies Blutverlust *m*[5]
bloedverwant Blutsverwandte(r) *m*[40a], *v*[40b]
bloedvlek Blutfleck *m*[5], Blutflecken *m*[11]
bloedwraak Blutrache *v*[28]
bloedziekte Blutkrankheit *v*[20]
bloedzuiger *(ook fig)* Blutsauger *m*[9]
bloei Blüte *v*[21]: *de ~ der handel komt tot ~* der Handel blüht auf; *in (volle) ~ staan* in (voller) Blüte stehen[279]
bloeien *(ook fig)* blühen
bloeitijd *(ook fig)* Blütezeit *v*[20]
bloem Blume *v*[21]: *de ~ der natie* die Blüte der Nation; *~en op de ruiten* Eisblumen
bloembak Blumenkasten *m*[12]
bloembed Blumenbeet *o*[29]
bloembol Blumenzwiebel *v*[21]
bloembollenvelden Tulpenfelder *mv o*[31]
bloemencorso Blumenkorso *m*[13]
bloemenstalletje Blumenstand *m*[6]
bloementeelt Blumenzucht *v*[28]
bloemetje Blümchen *o*[35]: *iem een ~ geven* jmdm Blumen schenken; *(fig)* de ~s buiten zetten* auf die Pauke hauen[185]
bloemist Florist *m*[14]; Blumenhändler *m*[9]
bloemkool Blumenkohl *m*[5]
bloemkroon Blütenkrone *v*[21]
bloemlezing Auswahl *v*[20], Anthologie *v*[21]
bloemperk Blumenbeet *o*[29]
bloempot Blumentopf *m*[6]
bloemrijk blumenreich
bloemstuk Gesteck *o*[29], Blumenarrangement *o*[36]
bloemsuiker *(Belg)* Puderzucker *m*[19]
bloes Bluse *v*[21]
bloesem Blüte *v*[21]
blok 1 Block *m*[6]: *~ marmer* Marmorblock; *een ~ aan het been* ein Klotz am Bein; **2** *(vierkant; klontje)* Würfel *m*[9]
blokfluit Blockflöte *v*[21]
blokkade Blockade *v*[21]
blokken büffeln, ochsen, pauken
blokkendoos Baukasten *m*[12]
blokkeren blockieren[320]; *(econ)* sperren; *(sp)* stoppen, blocken
blokletter Blockbuchstabe *m*[18]: *in ~s invullen* in Blockschrift (*of:* in Druckschrift) ausfüllen
blokletteren *(Belg)* in Schlagzeilen bringen[139]
blokschrift Blockschrift *v*[28]
blokuur Blockstunde *v*[21], Doppelstunde *v*[21]
blond blond
blonderen blondieren[320]
blondine, blondje Blondine *v*[21]
bloot nackt, bloß: *onder de blote hemel* unter freiem Himmel; *uit het blote hoofd* auswendig
blootgeven, zich sich[3] eine Blöße geben[166]
blootleggen *(ook fig)* bloßlegen
blootshoofds barhaupt, barhäuptig

blootstaan ausgesetzt sein[262+3]
blootstellen I *tr* aussetzen[+3]; II *zich ~ aan* sich aussetzen[+3]
blootsvoets barfuß, barfüßig
blos Röte *v*[28]: *~ van schaamte* Schamröte
blouse Bluse *v*[21]
blozen rot werden[310], erröten: *iem doen ~* jmdn zum Erröten bringen[139]
blozend errötend: *~e wangen* frische Backen *mv* *v*[21]: *~ van gezondheid* blühend
blubber Schlamm *m*[5], *m*[6], Matsch *m*[19]
blues Blues *m* (*2e nvl -; mv -*)
bluf Bluff *m*[13], Angeberei *v*[20]
bluffen bluffen
blunder Schnitzer *m*[9]
blunderen einen Bock schießen[238]
blusapparaat Feuerlöschgerät *o*[29], Löschgerät *o*[29]
blussen 1 löschen; **2** *(cul)* ablöschen
blut abgebrannt, pleite
bluts Beule *v*[21]: *vol ~en* beulig
blutsen verbeulen
blz. *afk van bladzijde* S., Seite
b.o. *(Belg) afk van bijzonder onderwijs* Sonderschulwesen *o*[39]
bobbel Verdickung *v*[20]
bobslee Bob *m*[13], Bobsleigh *m*[13]
bochel Buckel *m*[9]
¹bocht 1 *(buiging)* Biegung *v*[20], Krümmung *v*[20]: *(fig) zich in allerlei ~en wringen* sich drehen und winden[313]; **2** *(in weg)* Kurve *v*[21]: *uit de ~ vliegen* aus der Kurve getragen werden[310]; **3** *(in rivier)* Schleife *v*[21]; **4** *(baai, golf)* Bucht *v*[20]
²bocht *(slechte waar)* Schund *m*[19]
bod Gebot *o*[29]: *een ~ doen* ein Gebot machen; *een hoger ~ doen* jmdn überbieten[130]: *een ~ op iets doen* auf[+4] etwas bieten[130]: *tegen elk aannemelijk ~* zu jedem annehmbaren Preis
bode Bote *m*[15]: *vrouwelijke ~* Botin *v*[22]
bodem Boden *m*[12]
bodemgesteldheid Bodenbeschaffenheit *v*[28]
bodemloos bodenlos
bodemprijs Mindestpreis *m*[5]
bodemschatten Bodenschätze *mv m*[6]
Bodenmeer Bodensee *m*[19]
bodybuilder Bodybuilder *m*[9]
bodybuilding Bodybuilding *o*[39], *o*[39a]
boe *tw* buh!; *(koeiengeloei)* muh!
boeddhisme Buddhismus *m*[19a]
boeddhist Buddhist *m*[14]
boedel 1 *(nalatenschap)* Erbschaft *v*[20]; **2** *(vermogen van gefailleerde)* Masse *v*[21]: *failliete ~* Konkursmasse; **3** *(inboedel)* Inventar *o*[29]
boef Schurke *m*[15], Halunke *m*[15]
boeg *(scheepv)* Bug *m*[5]: *iem een schot voor de ~ geven* jmdm einen Schuss vor den Bug geben[166]: *we hebben nog heel wat voor de ~* es gibt noch viel zu tun[295]: *het over een andere ~ gooien: a) (lett)* den Kurs wechseln; *b) (in gesprek)* das Thema wechseln
boegeroep Buhrufe *mv m*[5]

¹boei *(kluister)* Fessel *v²¹*: *iem de ~en aandoen* jmdm Fesseln anlegen

²boei *(baken)* Boje *v²¹*; *(van anker)* Ankerboje *v²¹*

boeien *(ook fig)* fesseln

boeiend fesselnd, packend

boek Buch *o³²*: *dik ~: a)* Wälzer *m⁹*; *b) (zonder waarde)* Schmöker *m⁹*

boekbespreking Buchbesprechung *v²⁰*

boekbinden Buchbinden *o³⁹*, Buchbinderei *v²⁰*

boekdeel Band *m⁶*

boekdrukkunst Buchdruckerkunst *v²⁸*

boeken buchen: *succes ~* Erfolg haben¹⁸²

boekenbon Büchergutschein *m⁵*

boekenclub Buchklub *m¹³*

boekenfonds *(ongev)* zentraler Buchverleih *m⁵*

boekenkast Bücherschrank *m⁶*

boekenlegger Buchzeichen *o³⁵*, Lesezeichen *o³⁵*

boekenplank Bücherbrett *o³¹*, Bücherbord *o²⁹*

boekenrek Bücherregal *o²⁹*, Büchergestell *o²⁹*

boekenwurm Bücherwurm *m⁸*

boeket *(bloemen)* Strauß *m⁶*; Bukett *o²⁹*, *o³⁶* ‖ *wijn met een rijk ~* Wein mit einem vollen Bukett

boekhandel 1 *(algem)* Buchhandel *m¹⁹*; **2** *(zaak)* Buchhandlung *v²⁰*

boekhandelaar Buchhändler *m⁹*

boekhouden 1 *(aantekening houden van)* Buch führen (über⁺⁴); **2** *(handel)* die Bücher führen

boekhouder Buchhalter *m⁹*

boekhouding Buchführung *v²⁸*, Buchhaltung *v²⁰*

boeking Buchung *v²⁰*

boekwerk Buch *o³²*, Werk *o²⁹*

boekwinkel Buchhandlung *v²⁰*, Buchladen *m¹²*

boel 1 *(alle dingen)* Kram *m¹⁹*: *de hele ~ verkopen* den ganzen Kram verkaufen; *(iron) dat is een mooie ~* das ist eine schöne Bescherung; **2** *(veel)* Haufen *m¹¹*, Menge *v²¹*: *een ~ mensen* eine Menge Leute

boeltje: *zijn ~ pakken* seine Siebensachen packen

boem *tw* bum!, bums!

boeman Butzemann *m⁸*, Kinderschreck *m¹⁹*

boemel: *aan de ~ zijn* bummeln

boemeltrein Bummelzug *m⁶*

boemerang Bumerang *m⁵*, *m¹³*

boenen 1 *(met was)* bohnern; **2** *(schrobben)* scheuern, schrubben

boenwas Bohnerwachs *o²⁹*

¹boer 1 *(agrariër)* Bauer *m¹⁵*, Landwirt *m⁵*; **2** *(kaartspel)* Bube *m¹⁵*, Bauer *m¹⁴*

²boer *(oprisping)* Rülpser *m⁹*

boerderij Bauernhof *m⁶*, Gehöft *o²⁹*

¹boeren *(het boer zijn)* Bauer sein²⁶²: *hij heeft goed geboerd* er hat gut gewirtschaftet

²boeren *(een boer laten)* rülpsen

boerenbedrijf Landwirtschaft *v²⁸*

boerenhoeve Bauernhof *m⁶*

boerenhufter, boerenkinkel Rüpel *m⁹*

boerenknecht Bauernknecht *m⁵*

boerenkool Krauskohl *m⁹*, Grünkohl *m¹⁹*

boerenslimheid Bauernschläue *v²⁸*

boerenzwaluw Rauchschwalbe *v²¹*

boerin Bäuerin *v²²*

boers bäurisch: *~ gekleed* bäurisch gekleidet

boete Buße *v²¹*, *(bekeuring, ook)* Geldstrafe *v²¹*: *een ~ betalen* eine Buße bezahlen; *~ doen* Buße tun²⁹⁵

boeten 1 *(straf ondergaan)* büßen; **2** *(goedmaken)* sühnen

boetiek Boutique *v²¹*

boetseren bossieren³²⁰, modellieren³²⁰

boevenbende Gaunerbande *v²¹*

boevenstreek Gaunerstück *o²⁹*

boeventaal Gaunersprache *v²¹*

boeventronie Galgengesicht *o³¹*

boezem 1 *(borst)* Busen *m¹¹*, Brust *v²⁵*; **2** *(inham, golf)* Busen *m¹¹*; **3** *(van het hart)* Vorkammer *v²¹*; **4** *(watercomplex)* Sammelbecken *o³⁵*

boezemvriend Busenfreund *m⁵*

bof 1 *(buitenkansje)* Glück *o²⁹*; **2** *(med)* Mumps *m¹⁹ᵃ*

boffen Glück haben¹⁸², Schwein haben

bogen sich rühmen⁺²: *op iets kunnen ~* sich einer Sache² rühmen können¹⁹⁴: *op zijn afkomst ~* sich mit⁺³ seiner Abkunft brüsten

boiler Boiler *m⁹*, Heißwasserspeicher *m⁹*

bok 1 Bock *m⁶*; **2** *(hijswerktuig)* Hebebock *m⁶*

bokaal Pokal *m⁵*

bokken *(ook fig)* bocken

bokkensprong *(fig) geen ~en kunnen maken* keine großen Sprünge machen können¹⁹⁴

bokkig störrisch, trotzig

boksbeugel Schlagring *m⁵*

boksen I *ww* boxen; **II** *zn* Boxen *o³⁹*

bokser *(sp)* Boxer *m⁹*

bokshandschoen Boxhandschuh *m⁵*

bokswedstrijd Boxkampf *m⁶*

¹bol *zn* **1** Kugel *v²¹*; **2** *(plantk)* Zwiebel *v²¹*; *(bloembol)* Blumenzwiebel; **3** *(hoofd)* Kopf *m⁶*; **4** *(kluwen)* Knäuel *m⁹*, *o³³*; **5** *(broodje)* Semmel *v²¹*

²bol *bn, bw* **1** *(mbt lens, spiegel)* konvex; **2** *(mbt wangen)* rund

boleet Röhrling *m⁵*

Bolivia Bolivien *o³⁹*

Boliviaan Bolivianer *m⁹*, Bolivier *m⁹*

Boliviaans bolivianisch, bolivisch

bolleboos Ass *o²⁹*, Leuchte *v²¹*

bollen *(bol gaan staan)* sich aufbauschen

bollenkweker Blumenzwiebelzüchter *m⁹*

bolsjewiek Bolschewist *m¹⁴*

bolsjewisme Bolschewismus *m¹⁹ᵃ*

bolsjewistisch bolschewistisch

bolster Schale *v²¹*

bolvormig kugelförmig

bolwassing *(Belg)* Rüffel *m⁹*: *iem een ~ geven* jmdm den Kopf waschen

bolwerk 1 Bollwerk *o²⁹*; **2** *(fig)* Hochburg *v²⁰*

bolwerken fertig bringen¹³⁹, schaffen

bom 1 *(projectiel)* Bombe *v²¹*: *(fig) de ~ is gebarsten* die Bombe ist geplatzt; **2** *(grote hoeveelheid)* Menge *v²¹* ‖ *zure ~* saure Gurke *v²¹*

bomaanslag Bombenattentat *o²⁹*

bombardement Bombardement o^{36}
bombarderen bombardieren^{320}
bombarie Klimbim m^{19}
bombrief Briefbombe v^{21}
bommen: *het kan me niks ~!* es ist mir Wurscht!
bommenwerper Bomber m^9
bon 1 *(waardebon)* Gutschein m^5; **2** *(kassabon)* Kassenbon m^{13}, Kassenzettel m^9; **3** *(van distributie)* Marke v^{21}; **4** *(bekeuring)* Strafmandat o^{29}
bonafide bona fide, zuverlässig
bonboekje Gutscheinheft o^{29}
bonbon Praline v^{21}
bond 1 *(verdrag)* Bund m^6, Bündnis o^{29a}; **2** *(vereniging)* Verband m^6; **3** *(vakbond)* Gewerkschaft v^{20}; **4** *(federatie)* Bund m^6
bondgenoot Verbündete(r) m^{40a}, v^{40b}
bondgenootschap Bündnis o^{29a}, Allianz v^{20}
bondig bündig: *kort en ~* kurz und bündig
bondsbestuur Verbandsvorstand m^6
bondscoach Nationaltrainer m^9; *(in Duitsland)* Bundestrainer m^9
Bondsdag Bundestag m^{19}
bondskanselier Bundeskanzler m^9
bondspresident Bundespräsident m^{14}
bondsregering Bundesregierung v^{20}
bondsrepubliek Bundesrepublik v^{20}: *de Duitse Bondsrepubliek* die Bundesrepublik Deutschland *(afk BRD)*
bondsstaat Bundesstaat m^{16}
bonensoep Bohnensuppe v^{21}
bonenstaak *(ook fig)* Bohnenstange v^{21}
boni *(Belg)* Saldo m^{13} *(mv ook Salden of Saldi)*
bonje Krach m^{19}: *~ maken* Krach machen
bonjouren: *iem eruit ~* jmdn hinauswerfen
bonk 1 *(groot stuk)* Brocken m^{11}: *hij is één ~ zenuwen* er ist ein Nervenbündel; **2** *(persoon)* vierschrötiger Kerl m^5
bonken ballern
bonkig vierschrötig
bonnefooi: *op de ~* aufs Geratewohl
bons Schlag m^6: *iem de ~ geven: a) (afwijzen)* jmdm einen Korb geben^{166}; *b) (ontslaan)* jmdm den Laufpass geben^{166}
bont I *bn, bw* bunt: *nu maak je het te ~!* jetzt treibst du es zu bunt!; **II** *zn* **1** *(pels)* Pelz m^5; **2** *(voorwerpen van bont)* Rauchwaren *mv* v^{21}, Pelzwaren *mv* v^{21}
bonten Pelz...: *~ kraag* Pelzkragen m^{11}
bontjas Pelzmantel m^{10}
bontwerk Pelzwerk o^{39}, Pelzware v^{21}, Rauchware v^{21}
bonus Bonus m *(2e nvl -(ses); mv -(se))*
bon-vivant Bonvivant m^{13}, Lebemann m^8
bonzen bumsen, wummern; *(mbt hart)* pochen: *op de deur ~* an die Tür bumsen
boodschap 1 *(bericht, mededeling)* Nachricht v^{20}; **2** *(opdracht)* Auftrag m^6; **3** *(het gekochte)* Einkauf m^6, Besorgung v^{20}: *~pen doen* Einkäufe machen || *(fig) een grote, een kleine ~ doen* ein großes, ein kleines Geschäft verrichten
boodschappenjongen Laufbursche m^{15}

boodschappentas Einholtasche v^{21}, Einkaufstasche v^{21}
boodschappenwagentje Einkaufswagen m^{11}
boodschapper Bote m^{15}
boog Bogen m^{11}
boogbal Heber m^9; *(tennis)* Lob m^{13} *(2e nvl ook -)*
boogscheut *(Belg)* kleiner Abstand m^{19}, geringe Entfernung v^{28}: *Essen ligt op een ~ van de Nederlandse grens* Essen liegt in geringer Entfernung von der niederländischen Grenze
boogschutter *(sp)* Bogenschütze m^{15}
bookmaker Buchmacher m^9
¹boom 1 *(plantk)* Baum m^6; **2** *(slag-, spoorboom)* Schranke v^{21}; **3** *(disselboom)* Deichsel v^{21}; **4** *(vaarboom)* Staken m^{11}
²boom *(handel)* Boom m^{13}
boomgaard Obstgarten m^{12}
boomgrens Baumgrenze v^{21}
boomkwekerij 1 *(concr)* Baumschule v^{21}; **2** *(abstr)* Baumzucht v^{28}
boomschors Baumrinde v^{21}, Borke v^{21}
boomstam Baumstamm m^6
boon Bohne v^{21}: *hij is in de bonen* er ist verwirrt
boontje: *hij moet zijn eigen ~s maar doppen* er soll nur sehen, wie er damit fertig wird
boor *(techn)* Bohrer m^9
boord 1 *(halskraag)* Kragen m^{11}; **2** *(rand, zoom)* Rand m^8, Kante v^{21}; **3** *(van rivier)* Ufer o^{33}; **4** *(scheepv, luchtv)* Bord m^5: *aan ~ gaan* an Bord gehen^{168}: *(Belg) iets goed (of: slecht) aan ~ leggen* etwas gut *(of:* falsch) anpacken
boordevol randvoll
boordwerktuigkundige Bordmonteur m^5
booreiland Bohrinsel v^{21}
boormachine Bohrmaschine v^{21}
boortoren Bohrturm m^6
boos böse: *~ op iem zijn* böse auf jmdn sein^{262}: *met ~ opzet* in böser Absicht
boosaardig bösartig
boosaardigheid Bösartigkeit v^{28}
boosdoener Bösewicht m^5, m^7, Übeltäter m^9
boosheid Zorn m^{19}, Ärger m^{19}, Wut v^{28}
booswicht Bösewicht m^5, m^7
boot 1 Boot o^{29}; **2** *(stoomschip)* Dampfer m^9; **3** *(roeiboot)* Kahn m^6, *(sp)* Ruderboot o^{29}
boothuis Bootshaus o^{32}
bootsman Bootsmann m *(2e nvl -(e)s; mv -leute)*
bootwerker Hafenarbeiter m^9
bord 1 *(om van te eten)* Teller m^9; **2** *(schoolbord)* Tafel v^{21}, Wandtafel v^{21}; **3** *(aanplakbord)* Tafel v^{21}, Anschlagtafel; *(mededelingenbord in school, universiteit)* schwarzes Brett o^{31}; **4** *(dam-, schaakbord)* Brett o^{31}; **5** *(naam-, verkeersbord)* Schild o^{31}
bordeel Bordell o^{29}, Puff m^{13}, o^{36}
border Rabatte v^{21}
bordes Treppenabsatz m^6
bordkrijt Kreide v^{21}: *pijpje ~* Kreidestift m^5: *een stukje ~* ein Stück Kreide
borduren sticken

borduurster Stickerin *v*[22]
borduurwerk Stickarbeit *v*[20], Stickerei *v*[20]
boren bohren
borg 1 *(persoon)* Bürge *m*[15]: ~ *staan voor (ook fig)* bürgen für[+4]; **2** *(onderpand)* Bürgschaft *v*[20], Kaution *v*[20]
borgsom Bürgschaft *v*[20], Kaution *v*[20]
borgtocht Bürgschaftsvertrag *m*[6]: *iem op ~ vrijlaten* jmdn gegen Kaution freilassen[197]
borrel Schnaps *m*[6]: *een ~ drinken* einen Schnaps trinken[293]
borrelen *(mbt vloeistof)* sprudeln; *(mbt kokend water)* brodeln, wallen
borrelhapje Appetithappen *m*[11]
borst Brust *v*[25]: *zich op de ~ kloppen* sich brüsten; *dat stuit mij tegen de ~* das geht mir gegen den Strich
borstbeeld Brustbild *o*[31]
borstbeen Brustbein *o*[29]
borstel Bürste *v*[21]: *(Belg) ergens met de grove ~ doorgaan* mit dem Holzhammer vorgehen[168]
borstelen bürsten
borstkanker Brustkrebs *m*[19]
borstkas Brustkorb *m*[6]
borstslag Brustschwimmen *o*[39]
borstvin Brustflosse *v*[21]
borstzak Brusttasche *v*[21]
borstzwemmen Brustschwimmen *o*[39]
¹bos 1 *(bloemen)* Busch *m*[6]; **2** *(haar)* Büschel *o*[33]; **3** *(sleutels, stro)* Bund *o*[29]
²bos *(woud)* Wald *m*[8], *(aangelegd)* Forst *m*[5]
bosbes: *blauwe ~* Heidelbeere *v*[21], Blaubeere *v*[21]: *rode ~* Preiselbeere *v*[21]
bosbouw Waldwirtschaft *v*[28], Forstwirtschaft *v*[28]
bosbrand Waldbrand *m*[6]
bosje 1 *(klein bos)* Wäldchen *o*[35], Gehölz *o*[29]; **2** *(struikgewas)* Busch *m*[6], Gebüsch *o*[29]; **3** *(bundeltje)* Bündel *o*[33]
bosklas *(Belg) (ongev)* Freiluftschule *v*[21]
bosneger Buschneger *m*[9]
bosrijk waldreich
boss Boss *m*[5]
boswachter Förster *m*[9]
¹bot *(vis)* Flunder *v*[21], Butt *m*[5]
²bot *(been)* Knochen *m*[11]
³bot *bn* **1** *(niet scherp)* stumpf; **2** *(dom)* dumm; **3** *(lomp)* grob, schroff
boter Butter *v*[28]: *~ bij de vis* bar bezahlen
boterbloem Hahnenfuß *m*[6], Ranunkel *v*[21]
boterbriefje Trauschein *m*[5]
boteren buttern: *het botert niet tussen die twee* sie vertragen sich nicht
boterham Butterbrot *o*[29], Brotscheibe *v*[21]
boterhamworst Fleischwurst *v*[25]
boterkoek *(ongev)* Mürbekuchen *m*[11]
botermelk *(Belg)* Buttermilch *v*[28]
botersaus Buttersoße *v*[21]
botervloot Butterdose *v*[21]
botheid 1 Stumpfheit *v*[28]; **2** Dummheit *v*[20]; **3** Grob-

heit *v*[20], Schroffheit *v*[20]; *zie ook* ³bot
botkanker Knochenkrebs *m*[19]
botsautootje Autoskooter *m*[9], Skooter *m*[9]
botsen: *tegen iets ~ gegen*[+4] etwas prallen; *tegen elkaar ~* zusammenstoßen[285], kollidieren[320]: *die meningen ~* diese Meinungen kollidieren
botsing Zusammenstoß *m*[6], Zusammenprall *m*[5], Kollision *v*[20]: *met de wet in ~ komen* mit dem Gesetz in Konflikt geraten[218]
bottelen *(auf Flaschen)* abfüllen
botten knospen, ausschlagen[241]
bottleneck Engpass *m*[6], Flaschenhals *m*[6]
botvieren frönen[+3]: *zijn hartstocht ~* seiner Leidenschaft frönen
botweg schroff, glatt, rundweg
bougie Zündkerze *v*[21], Kerze
bouillon Bouillon *v*[27], Fleischbrühe *v*[21]
bouillonblokje Bouillonwürfel *m*[9]
boulevard Boulevard *m*[13]; *(langs zee)* Strandpromenade *v*[21]
bourgeois I *zn* Bourgeois *m (2e nvl -; mv -);* **II** *bn* bourgeois
bourgeoisie Bourgeoisie *v*[21]
bourgogne Burgunder *m*[9]
Bourgondië Burgund *o*[39]
bout 1 *(metalen staaf)* Bolzen *m*[11]; **2** *(strijkbout)* Bügeleisen *o*[35]; **3** *(voor-, achterpoot)* Keule *v*[21]
bouvier Bouvier *m*[13]
bouw 1 Bau *m*[19]; **2** *(verbouw van gewas)* Anbau *m*[19]
bouwbedrijf 1 *(algem)* Baugewerbe *o*[33], Bauwirtschaft *v*[28]; **2** *(de onderneming)* Bauunternehmen *o*[35]
bouwdoos Baukasten *m*[12]
bouwen 1 bauen; **2** *(verbouwen)* anbauen: *tabak ~* Tabak anbauen
bouwer 1 *(in de bouw)* Bauarbeiter *m*[9]; **2** *(bouwmeester)* Erbauer *m*[9]
bouwfonds Bausparkasse *v*[21]
bouwgrond 1 *(bouwk)* Baugelände *o*[33], Bauland *o*[39]; **2** *(landb)* Ackerland *o*[39]
bouwjaar Baujahr *o*[29]
bouwkunde Architektur *v*[28]
bouwkundige Bautechniker *m*[9]
bouwkunst Baukunst *v*[25]
bouwland Ackerland *o*[39]
bouwmateriaal Baumaterial *o (2e nvl -s; mv -lien)*
bouwpakket Bausatz *m*[6]
bouwpromotor *(Belg)* Baugesellschaft *v*[20]
bouwterrein Baugelände *o*[33], Bauplatz *m*[6]
bouwvakker Bauarbeiter *m*[9]
bouwval Ruine *v*[21]
bouwvallig baufällig
bouwwerk Bau *m (2e nvl -(e)s; mv -ten)*, Gebäude *o*[33]
boven I *vz* **1** *(mbt plaats, ook fig)* über *(bij rust*[+3]*, bij beweging gericht op doel*[+4]*)*: *het portret hangt ~ de kast* das Bild hängt über dem Schrank; *~ iem staan, wonen* über jmdm stehen[279], wohnen: *het raam ~ de deur* das Fenster über der Tür; **2** *(een bepaalde maat, prijs overtreffend)* über[+4]: *~ de prijs verkopen*

über den Preis verkaufen; ~ *de begroting gaan* den Kostenvoranschlag übersteigen[281]; **3** *(meer dan)* über[+4]: *personen ~ de 65 jaar* Personen über 65 Jahre; **4** *(stroomopwaarts)* oberhalb[+2]: *Arnhem ligt ~ Dordrecht* Arnheim liegt oberhalb Dordrechts (*of:* oberhalb von Dordrecht); **5** *(behalve)* außer[+3]; **II** *bw* oben: *van ~ tot onder* von oben bis unten; *~ wonen* oben wohnen; *als ~* wie oben; *naar boven* nach oben, herauf..., hinauf...; *dat gaat mijn krachten te ~* das übersteigt meine Kräfte

bovenaan obenan: *helemaal ~* zuoberst

bovenal vor allem

bovenarm Oberarm *m*[5]

bovenbeen Oberschenkel *m*[9]

bovenbrengen heraufbringen[139], hinaufbringen[139]

bovenbuur Nachbar *m*[15], *m*[17] oben

bovendek Oberdeck *o*[36]

bovendien außerdem, überdies

boveneinde oberes Ende *o*[38]

bovengenoemd oben genannt, obig

bovengronds oberirdisch

bovenin oben: *~ de kast* oben im Schrank

bovenkaak Oberkiefer *m*[9]

bovenkant Oberseite *v*[21]

bovenkomen heraufkommen[193], hinaufkommen[193]

bovenlaag obere Schicht *v*[20], Oberschicht *v*[20]

bovenleiding Oberleitung *v*[20]

bovenlichaam Oberkörper *m*[9]

bovenlicht Oberlicht *o*[31]

bovenlijf Oberkörper *m*[9]

bovenlip Oberlippe *v*[21]

bovenloop Oberlauf *m*[6]

bovenmatig übermäßig

bovenmenselijk übermenschlich

bovennatuurlijk 1 *(algem)* übernatürlich; **2** *(r-k)* göttlich

bovenom oben herum

bovenop obenauf, obendrauf: *een bedrijf, een zieke er ~ helpen* einem Betrieb, einem Kranken wieder auf die Beine helfen[188]: *hij is er nu weer ~* er ist jetzt wieder obenauf

bovenst oberst, *(van twee dingen)* ober

bovenstaand obig, oben stehend

boventand Oberzahn *m*[6]

boventoon: *de ~ voeren:* a) *(het hoogste woord voeren)* das große Wort führen; b) *(het duidelijkst waarneembaar zijn)* vorherrschen; c) *(de meeste invloed hebben)* tonangebend sein[262]

bovenuit: *zijn stem klonk er ~* man hörte seine Stimme heraus; *hij steekt er ~* er ragt darüber hinaus

bovenverdieping Obergeschoss *o*[29]

bovenvermeld oben erwähnt

bovenwijdte Oberweite *v*[21]

bovenwoning Wohnung *v*[20] im Obergeschoss

bowl Bowle *v*[21]

bowling Bowling *o*[36]

box 1 Box *v*[20]; **2** *(babybox)* Laufgitter *o*[33]

boxer Boxer *m*[9]

boycot Boykott *m*[5], *m*[13]

boycotten boykottieren[320]

boze 1 *(duivel)* Böse(r) *m*[40a]: *dat is uit den ~* das ist von Übel; **2** *(het kwade)* Böse(s) *o*[40c]

braadkip Brathuhn *o*[32], Brathähnchen *o*[35]

braadpan, braadslee Bratpfanne *v*[21]

braadworst Bratwurst *v*[25]

braaf brav

¹braak *zn* Einbruch *m*[6]

²braak *bn* brach: *~ liggen* brachliegen[202]

braakland Brachland *o*[39], Brache *v*[21]

braakmiddel Brechmittel *o*[33]

¹braam *(plant en bes)* Brombeere *v*[21]

²braam *(aan beitel, mes)* Grat *m*[5]

brabbelen brabbeln

brabbeltaal Gebrabbel *o*[39]

braden braten[136]: *gebraden vlees* Braten *m*[11]

brailleschrift Brailleschrift *v*[28]

brainstorm Brainstorming *o*[39]

brak brackig: *~ water* Brackwasser *o*[33]

braken 1 *(overgeven)* sich erbrechen[137]; **2** *(mbt vulkanen, kanonnen)* speien[271]

brallen sich brüsten

brancard Tragbahre *v*[21], Trage *v*[21]

branche Branche *v*[21], Geschäftszweig *m*[5]

brand Brand *m*[6], Feuer *o*[33]: *uitslaande ~* Großfeuer; *~!* Feuer!; *er is ~* es brennt; *(fig) iem uit de ~ helpen* jmdm aus der Klemme helfen[188]

brandalarm Feueralarm *m*[5]

brandbaar brennbar

brandbestrijding Feuerbekämpfung *v*[20]

brandblusapparaat Feuerlöscher *m*[9]

brandbom Brandbombe *v*[21]

branden brennen[138]: *zich ~* sich brennen; *een ~de kwestie* eine brennende Frage; *een ~d verlangen* ein heißes Verlangen; *(fig) zijn vingers ~* sich[3] die Finger verbrennen

brander 1 Brenner *m*[9]; **2** *(voor gas)* Gasbrenner *m*[9]

branderig brandig: *~e ogen* brennende Augen

brandewijn Branntwein *m*[5]

brandgang Brandgasse *v*[21]

brandgevaar Feuergefahr *v*[20]

brandglas Brennglas *o*[32]

brandhout Brennholz *o*[39]

branding Brandung *v*[20]

brandkast Geldschrank *m*[6], Tresor *m*[5]

brandkraan Hydrant *m*[14]

brandladder Feuerleiter *v*[21]

brandlucht Brandgeruch *m*[6]

brandmerken 1 *(van dieren)* brennen[138]; **2** *(schandvlekken)* brandmarken

brandnetel Brennnessel *v*[21]

brandpunt Brennpunkt *m*[5]

brandschoon blitzsauber

brandslang Feuerwehrschlauch *m*[6]

brandspuit Feuerspritze *v*[21]

brandstapel Scheiterhaufen *m*[11]

brandstichten Feuer legen

brandstichter Brandstifter m^9
brandstichting Brandstiftung v^{20}
brandstof 1 (algem) Brennstoff m^5; **2** (voor verbrandingsmotoren) Kraftstoff m^5, Treibstoff m^5
brandweer Feuerwehr v^{20}
brandweerkazerne Feuerwehrzentrale v^{21}
brandweerman Feuerwehrmann m^8 (mv ook -leute)
brandwerend Feuer hemmend
brandwond Brandwunde v^{21}
braspartij Prasserei v^{20}
brassen prassen
bravo I zn Bravo o^{36}; **II** tw bravo!
bravoure Bravour v^{20}, Bravur v^{20}
Braziliaan Brasilianer m^9
Braziliaans brasilianisch
Braziliaanse Brasilianerin v^{22}
Brazilië Brasilien o^{39}
break I tw (sp) break!; **II** zn (sp) Break o^{36}
breed breit: het niet ~ hebben es nicht so dick haben[182]; lang en ~ over iets spreken lang und breit über[+4] etwas reden
breeddenkend großzügig denkend
breedsprakig weitschweifig, weitläufig
breedte Breite v^{21}
breedtegraad Breitengrad m^5
breeduit breit: ~ lachen breit lachen
breedvoerig ausführlich
breekbaar zerbrechlich
breekijzer Brecheisen o^{35}, Brechstange v^{21}
breekpunt 1 (lett) Bruchstelle v^{21}; **2** (fig) kritischer Punkt m^5
breien stricken
brein Hirn o^{29}, Kopf m^6: elektronisch ~ Elektronengehirn o^{29}
breinaald Stricknadel v^{21}
breiwerk Strickarbeit v^{20}, Strickzeug o^{39}
breken I tr brechen[137]; (kapotbreken) zerbrechen[137]: zijn been ~ sich[3] das Bein brechen; zijn belofte ~ sein Versprechen brechen; een blokkade ~ eine Blockade brechen; dat breekt me het hart das bricht mir das Herz; **II** intr brechen[137]: ~ de bewolking aufgelockerte Bewölkung v^{28}: met iem ~ mit jmdm brechen
brem Ginster m^9
brengen bringen[139]: wat heeft u daartoe gebracht? was hat Sie dazu veranlasst?; iem aan het twijfelen ~ jmdn zum Zweifeln bringen; iem in de stemming ~ jmdn in Stimmung bringen; iem naar het ziekenhuis ~ jmdn ins Krankenhaus einliefern; iets naar voren ~ etwas vorbringen[139]
bres 1 Bresche v^{21}; **2** (in frontlijn) Einbruch m^6: (fig) voor iem in de ~ springen für jmdn in die Bresche springen[276]
bretel Hosenträger m^9
breuk Bruch m^6
breuklijn Bruchlinie v^{21}
breukvlak Bruchfläche v^{21}
brevet (diploma) Diplom o^{29}: daarmee geef jij jezelf een ~ van onvermogen du stellst dir selbst damit ein Armutszeugnis aus
bridge Bridge o^{39a}
bridgedrive Bridgeturnier o^{29}
bridgen Bridge spielen
bridger Bridgespieler m^9
brie Briekäse m^9
brief Brief m^5: uw ~ van de 10e Ihr Brief vom 10.; per ~ brieflich
briefgeheim Briefgeheimnis o^{29a}
briefhoofd Briefkopf m^6
briefing Briefing o^{36}
briefje 1 Zettel m^9: dat geef ik je op een ~! das kann ich dir schriftlich geben!; **2** (bankbiljet) Banknote v^{21}, Geldschein m^5
briefkaart Postkarte v^{21}
briefopener Brieföffner m^9
briefpapier Briefpapier o^{29}
briefwisseling Briefwechsel m^9
bries Brise v^{21}: frisse ~ frische Brise
briesen 1 (mbt leeuw) brüllen; **2** (mbt paard) schnauben[249] ‖ ~ van woede schnauben[249] vor[+3] Wut
brievenbesteller Briefträger m^9
brievenbus Briefkasten m^{12}
brigade Brigade v^{21}
brigadegeneraal Brigadegeneral m^5, m^6
brigadier Hauptwachtmeister m^9
brij Brei m^5
brik (Belg) Karton m^{13}: melk in ~ Milch in[+3] Kartons
bril Brille v^{21}
brildrager Brillenträger m^9
briljant I zn Brillant m^{14}; **II** bn, bw brillant
brillenglas Brillenglas o^{32}
brillenkoker Brillenfutteral o^{29}, Brillenetui o^{36}
brilmontuur Brillengestell o^{29}
brilslang Brillenschlange v^{21}
Brit Brite m^{15}
brits Pritsche v^{21}
Brits britisch
broccoli Brokkoli mv; ook m^{13}
broche Brosche v^{21}
brochure Broschüre v^{21}
brodeloos brotlos
broeden brüten: op iets zitten te ~ über[+3] etwas brüten
broeder Bruder m^{10}
broederlijk brüderlich
broederschap 1 (verhouding (als) tussen broers) Brüderlichkeit v^{28}; **2** (r-k en prot) Bruderschaft v^{20}
broedertwist Bruderzwist m^5
broedplaats Brutstätte v^{21}
broedsel Brut v^{20}
broeien 1 (mbt hooi) gären; **2** (fig) gären, schwelen: er broeit wat onder het volk es gärt im Volk; het is ~d heet es ist brütend heiß; het is ~d weer das Wetter ist schwül
broeierig schwül
broeikas Gewächshaus o^{32}, Treibhaus o^{32}

broeikaseffect Treibhauseffekt m^{19}
broeinest Brutstätte v^{21}
broek *(kledingstuk)* Hose v^{21}, *(meestal)* Hosen *(mv)*: *(fig) zij heeft ~ aan* sie hat die Hosen an; *(fig) daar zakt je ~ van af!* das haut einen um!; *een proces aan zijn ~ krijgen* einen Prozess angehängt bekommen[193]: *iem achter de ~ zitten* jmdm Beine machen; *het in zijn ~ doen (ook fig)* in die Hosen machen; *iem voor zijn ~ geven* jmdm die Hose stramm ziehen[318]
broekje 1 Höschen o^{35}; **2** *(fig)* Neuling m^5
broekpak Hosenanzug m^6
broekrok Hosenrock m^6
broekspijp Hosenbein o^{29}
broekzak Hosentasche v^{21}
broer Bruder m^{10}: *~s en zusters (ook)* Geschwister *(mv)*
brok Brocken m^{11}, Stück o^{29}: *~ken maken: a) (iets breken)* Bruch machen; *b) (een auto)* zu Bruch fahren
brokkelen I *tr* bröckeln; **II** *intr* (zer)bröckeln
brokstuk Bruchstück o^{29}: *~ken (puin)* Trümmer *(mv)*
bromfiets Moped o^{36}
bromfietscertificaat *(ongev)* Führerschein m^5 für Mopedfahrer
bromfietser Mopedfahrer m^9
bromfietsplaatje *(ongev)* Mopedschild o^{31}
bromfietsrijbewijs *(ongev)* Führerschein m^5 für Mopedfahrer
brommen brummen: *op iem ~* jmdn anbrummen
brommer *(bromfiets)* Moped o^{36}
brommerig brummig, knurrig, mürrisch
brompot Brummbart m^6
bromscooter *(ongev)* Motorroller m^9 mit Mopedmotor
bromvlieg Brummfliege v^{21}, Brummer m^9
bron Quelle v^{21}: *geneeskrachtige ~* Heilquelle; *~ van bestaan* Erwerbsquelle; *~ van inkomsten* Einnahmequelle; *uit betrouwbare ~* aus zuverlässiger Quelle
bronbelasting Quellensteuer v^{21}
bronchiën Bronchien *mv* v^{21}
bronchitis Bronchitis *v (mv -tiden)*
brons Bronze v^{21}
bronvermelding Quellenangabe v^{21}
bronwater Quellwasser o^{33}
bronzen bronzen, Bronze…: *~ beeld* Bronzestatue v^{21}
brood Brot o^{29}: *bruin ~* Graubrot; *wit ~* Weißbrot; *twee broden* zwei Brote (*of:* zwei Laibe Brot)
broodbeleg 1 *(algem)* Brotbelag m^6; **2** *(om te smeren)* Brotaufstrich m^5
broodje Brötchen o^{35}, *(kadetje)* Semmel v^{21}
broodkorst Brotkruste v^{21}, Brotrinde v^{21}
broodkruimel Brotkrümel m^9
broodmager spindeldürr, klapperdürr
broodmes Brotmesser o^{33}
broodnijd Brotneid m^{19}

broodnodig unbedingt nötig
broodplank Brotschneidebrett o^{31}
broodrooster Brotröster m^9, Toaster m^9
broodtrommel Brotkasten m^{12}
broodwinning Broterwerb m^5
broos spröde, zerbrechlich: *broze gezondheid* zarte Gesundheit v^{28}
bros 1 *(brokkelend)* knusp(e)rig, mürbe; **2** *(breekbaar)* spröde, zerbrechlich
brossen *(Belg)* schwänzen, versäumen
¹brouwen 1 *(van bier)* brauen; **2** *(veroorzaken)* stiften; **3** *(terechtbrengen)* fertig bringen[139]
²brouwen *(taalk)* schnarren
brouwer Brauer m^9
brouwerij Brauerei v^{20}, Brauhaus o^{32}: *dat brengt leven in de ~* das bringt Leben in die Bude
brouwsel Gebräu o^{29}; *(fig)* Gemisch o^{29}
browsen I *ww* browsen; **II** *zn* Browsing o^{39}
browser Browser m^9
brug 1 *(ook in gebit)* Brücke v^{21}: *over de ~ komen* blechen; **2** *(turntoestel)* Barren m^{11}
brugjaar, brugklas Förderstufe v^{21}, Orientierungsstufe v^{21}
brugleuning Brückengeländer o^{33}
brui: *ergens de ~ aan geven* etwas satt haben[182]
bruid Braut v^{25}
bruidegom Bräutigam m^5
bruidsboeket Brautbukett o^{29}, o^{36}
bruidsjapon Brautkleid o^{31}
bruidsmeisje Brautjungfer v^{21}
bruidspaar Brautpaar o^{29}, Brautleute *(mv)*
bruikbaar brauchbar
bruikbaarheid Brauchbarkeit v^{28}
bruikleen Leihgabe v^{21}: *iem iets in ~ geven* jmdm etwas leihweise überlassen[197]
bruiloft Hochzeit v^{20}: *~ vieren* Hochzeit feiern
bruiloftsgast Hochzeitsgast m^6
bruin braun: *een ~ leventje* ein angenehmes Leben
bruinbrood Graubrot o^{29}
bruinen bräunen: *door de zon gebruind* sonnengebräunt
bruinharig braunhaarig, brünett
bruinkool Braunkohle v^{21}
bruinvis Schweinswal m^5
bruisen 1 *(mbt branding)* brausen, tosen; **2** *(mbt bloed)* wallen; **3** *(mbt bier)* schäumen
bruistablet Brausetablette v^{21}
brullen brüllen
brunch Brunch m^{13}, m^5
brunchen brunchen
Brussel Brüssel o^{39}
brusselen *(Belg)* in Saus und Braus leben
Brussels Brüsseler
brutaal frech, unverschämt
brutaalweg frech, unverfroren, dreist
brutaliteit Frechheit v^{20}, Unverschämtheit v^{20}
bruto brutto: *~ nationaal product* Bruttosozialprodukt o^{29}
brutogewicht Bruttogewicht o^{39}

bruto-opbrengst Bruttoertrag m^6, Rohertrag m^6
brutosalaris Bruttogehalt o^{32}
bruusk brüsk, schroff
bruut I *zn* Rohling m^5; **II** *bn* brutal, roh
bso *(Belg) afk van beroepssecundair onderwijs* weiterführender berufsbildender Unterricht m^{19}
btw Mehrwertsteuer v^{21} *(afk* MwSt., Mw.-St.)
budget Budget o^{36} [buudzje], Etat m^{13}
budgettair budgetär, etatmäßig
buffel Büffel m^9
buffer Puffer m^9
buffervoorraad Reserve v^{21}
bufferzone Pufferzone v^{21}
buffet Büfett o^{36}, o^{29}
buggy Buggy m^{13}
bui 1 *(regen)* Schauer m^9; **2** *(gemoedstoestand)* Laune v^{21}: *een goede ~ hebben* guter Laune sein^{262} || *bij ~en* dann und wann
buidel Beutel m^9
buideldier Beuteltier o^{29}
buigbaar biegbar
buigbaarheid Biegbarkeit v^{28}
buigen I *tr (van zaken)* biegen^{129}; *(van personen, lichaamsdelen)* beugen: *zijn arm ~* den Arm beugen; *een stok ~* einen Stock biegen; **II** *intr (een buiging maken)* sich verbeugen, sich verneigen: *naar voren ~* sich vorbeugen
buiging 1 *(van arm, been, lichtstralen)* Beugung v^{20}; **2** *(van weg)* Biegung v^{20}; **3** *(teken van beleefdheid, eerbied)* Verbeugung v^{20}: *een ~ maken* sich verbeugen
buigzaam biegsam
buiig wechselhaft, regnerisch
buik *(ook van kruik, schip)* Bauch m^6: *ik heb er mijn ~ vol van* ich habe die Nase voll davon
buikdans Bauchtanz m^6
buikdanseres Bauchtänzerin v^{22}
buikholte Bauchhöhle v^{21}
buiklanding Bauchlandung v^{20}
buikloop Durchfall m^6
buikpijn Bauchweh o^{39}, Bauchschmerzen *mv* m^{16}
buikriem Bauchriemen m^{11}: *(fig) de ~ aanhalen* den Gürtel enger schnallen
buikspreken bauchreden
buikspreker Bauchredner m^9
buikvin Bauchflosse v^{21}
¹buil *(zwelling)* Beule v^{21}
²buil *(zakje)* Tüte v^{21}
¹buis Rohr o^{29}, *(met kleine diameter)* Röhre v^{21}; *(lamp)* Röhre v^{21}
²buis *(Belg) (pop)* Note v^{21} 'ungenügend': *een ~ krijgen* die Note 'ungenügend' bekommen^{193}
buit Beute v^{28}: *een rijke ~* eine fette Beute
buitelen purzeln
buiteling Purzelbaum m^6
buiten I *vz* **1** *(behalve)* außer^{+3}: *~ hem ken ik niemand* außer ihm kenne ich niemand; **2** *(niet (meer) in; uit)* außer^{+3}: *~ bedrijf* außer Betrieb; *~ dienst* außer Dienst; *~ de oevers treden* über die Ufer tre-

ten^{291}: *~ boord* über Bord; *~ iets blijven* sich nicht in^{+4} etwas einmischen; **3** *(niet (meer) binnen)* außerhalb^{+2}: *~ de stad* außerhalb der Stadt; *~ de deur zetten* vor die Tür setzen; *~ spel staan* abseits stehen^{279}; **4** *(zonder)* ohne^{+4}: *~ mijn schuld* ohne meine Schuld; *~ mijn weten* ohne mein Wissen; **II** *bw* **1** *(niet binnen)* draußen: *~ spelen* draußen spielen; *hij is ~* er ist draußen; *~ wonen* auf dem Lande wohnen; **2** *(aan de buitenkant)* außen: *de antenne bevindt zich ~ aan het gebouw* die Antenne befindet sich außen am Gebäude; *naar ~: a) (naar spreker toe)* heraus-; *naar ~ komen* herauskommen^{193}; *b) (van spreker af)* hinaus-; *naar ~ gaan* hinausgehen^{168}: *de deur gaat naar ~ open* die Tür geht nach außen auf; *iets van ~ bezichtigen* etwas von außen besichtigen; *een gedicht van ~ kennen* ein Gedicht auswendig können^{194}; **III** *zn (buitenplaats)* Landhaus o^{32}
buitenaards außerirdisch
buitenaf: *van ~* von außen
buitenbaan Außenbahn v^{20}
buitenbad Freibad o^{32}
buitenband Mantel m^{10}
buitenbeentje Außenseiter m^9, Eigenbrötler m^9
buitenbocht Außenkurve v^{21}
buitenboordmotor Außenbordmotor m^{16}
buitendienst Außendienst m^{19}
buitenechtelijk außerehelich
buitengewoon außerordentlich, außergewöhnlich: *~ hoogleraar* außerordentlicher Professor
buitenhuis Landhaus o^{32}
buitenissig ausgefallen, extravagant
buitenkansje Glücksfall m^6
buitenkant Außenseite v^{21}
buitenland Ausland o^{39}
buitenlander Ausländer m^9
buitenlands ausländisch: *de ~e dienst* der auswärtige Dienst; *~ fabrikaat* ausländisches Fabrikat o^{29}: *~e pers* Auslandspresse v^{28}: *~e politiek* Außenpolitik v^{28}: *minister van Buitenlandse Zaken* Außenminister m^9
buitenlucht frische Luft v^{28}
buitenom außen herum
buitenparlementair außerparlamentarisch
buitenshuis außer Haus(e), auswärts: *~ eten* auswärts essen^{152}
buitenslands außer Landes, im Ausland
buitensluiten ausschließen^{245}
buitenspel I *zn* Abseits o *(2e nvl -; mv -)*; **II** *bw* abseits: *~ staan* abseits stehen^{279}
buitenspiegel Außenspiegel m^9
buitensporig übermäßig, übertrieben: *~ groot* ungeheuer
buitenst I *(van twee)* äußer, *(anders)* äußerst; **II** *zn:* *~e* Äußere(s) o^{40c}
buitenstaander Außenstehende(r) m^{40a}, v^{40b}
buitentemperatuur Außentemperatur v^{20}
buitenverblijf Landhaus o^{32}
buitenwacht *de ~* die Außenstehenden *mv* ^{40}

bu

buitenwereld Außenwelt *v*[28]

buitenwijk Außenbezirk: ~ *eten* auswärts essen[152], *m*[5], Außenviertel *o*[33]

buitenwipper *(Belg)* Rausschmeißer *m*[9]

buitenzijde Außenseite *v*[21]

buitmaken erbeuten

buizen I *intr (Belg) (pop)* durchfallen[154]; II *tr (Belg) (pop)* fallen lassen[197]

buizerd Bussard *m*[5]

bukken sich bücken

buks Büchse *v*[21]

bulderen 1 *(mbt personen)* poltern; 2 *(mbt storm, golven)* rasen, tosen; 3 *(mbt geschut)* donnern

buldog Bulldogge *v*[21]

Bulgaar Bulgare *m*[15]

Bulgaars bulgarisch

Bulgarije Bulgarien *o*[39]

bulken: *hij bulkt van het geld* er erstickt im Geld

bulldozer Bulldozer *m*[9], Planierraupe *v*[21]

bullebak Bullenbeißer *m*[9]

bulletin Bulletin *o*[36]

bult 1 *(bochel)* Buckel *m*[9], Höcker *m*[9]; 2 *(van kameel)* Höcker *m*[9]; 3 *(buil)* Beule *v*[21]; 4 *(oneffenheid)* Buckel *m*[9]; 5 *(in de bodem)* Erhöhung *v*[20]

bumper Stoßstange *v*[21]

bundel 1 Bündel *o*[33]; 2 *(boekdeel)* Band *m*[6]: ~ *gedichten* Gedichtband

bundelen bündeln; *(van gedichten)* sammeln: *krachten* ~ Kräfte vereinen

bungalow Bungalow *m*[13]

bungelen baumeln

bunker Bunker *m*[9]

bunkeren bunkern

bunsenbrander Bunsenbrenner *m*[9]

burcht Burg *v*[20]

bureau 1 *(schrijftafel)* Schreibtisch *m*[5]; 2 *(gebouw van overheidsinstelling)* Amt *o*[32], Behörde *v*[21]; 3 *(van bedrijf)* Geschäftsstelle *v*[21], Büro *o*[36]; 4 *(van politie)* Polizeidienststelle *v*[21]

bureaucraat Bürokrat *m*[14]

bureaucratie Bürokratie *v*[21]

bureaucratisch bürokratisch

burengerucht Ruhestörung *v*[20]

burgemeester Bürgermeister *m*[9]; *(in grote steden)* Oberbürgermeister *(afk OB)*; *vrouwelijke* ~ Bürgermeisterin *v*[22]; ~ *en wethouders* Bürgermeister *m*[9] und Beigeordnete *mv*[40]

burger Bürger *m*[9]; *(in tegenstelling tot militair e.d.)* Zivilist *m*[14]: *in* ~ in Zivil

burgerbevolking Zivilbevölkerung *v*[20]

burgerij Bürgerschaft *v*[20]; *(in tegenstelling tot militairen)* Zivilbevölkerung *v*[20]

burgerlijk 1 bürgerlich: ~ *huwelijk* Zivilehe *v*[21]; ~*e stand* Standesamt *o*[32]; 2 *(min)* spießig

burgerluchtvaart zivile Luftfahrt *v*[28]

burgeroorlog Bürgerkrieg *m*[5]

burgerplicht Bürgerpflicht *v*[20]

burgerschap Staatsangehörigkeit *v*[28]

burgervader Bürgermeister *m*[9]

bus 1 *(trommel)* Büchse *v*[21]; 2 *(brievenbus)* Briefkasten *m*[12]; 3 *(autobus)* Bus *m*[5] *(2e nvl -ses; mv -se)*, Omnibus *m*[5] *(2e nvl -ses; mv -se)*

buschauffeur Busfahrer *m*[9]

bushalte Bushaltestelle *v*[21]

buskruit Pulver *o*[33], Schießpulver *o*[33]

buslichting Leerung *v*[20] (des Briefkastens)

buslijn Buslinie *v*[21]

buste Büste *v*[21]

bustehouder Büstenhalter *m*[9]

bustocht Busfahrt *v*[20], Omnibusfahrt *v*[20]

butler Butler *m*[9]

buur Nachbar *m*[15]; *(vrouw)* Nachbarin *v*[22]

buurman Nachbar *m*[15]

buurt *(wijk)* Gegend *v*[20], Viertel *o*[33], Stadtteil *m*[5]: *de dorpen hier in de* ~ die Dörfer hier in der Nähe; *blijf in de* ~*!* bleibe in der Nähe!

buurvrouw Nachbarin *v*[22], Nachbarsfrau *v*[20]

bv. *afk van bijvoorbeeld* zum Beispiel *(afk z.B.)*

BV *afk van besloten vennootschap* Gesellschaft *v*[20] mit beschränkter Haftung *(afk GmbH)*

BVBA *(Belg) afk van besloten vennootschap met beperkte aansprakelijkheid* Gesellschaft *v*[20] mit beschränkter Haftung *(afk GmbH)*

bypass Bypass *m (2e nvl -; mv -pässe)*

C

ca. *afk van circa* zirka, circa (*afk* ca.)
cabaret Kabarett o^{29}, o^{36}
cabaretier Kabarettist m^{14}
cabaretière Kabarettistin v^{22}
cabine 1 *(van vrachtauto)* Fahrerhaus o^{32}, Fahrerkabine v^{21}; **2** *(van vliegtuig, kleedhokje)* Kabine v^{21}
cabriolet Kabriolett o^{36}, Kabrio o^{36}
cacao Kakao m^{13}
cachet: *een zeker ~* ein eigenes Gepräge
cactus Kaktus m *(2e nvl -; mv Kakteen)* Kaktee v^{21}
cadans Rhythmus m *(2e nvl -; mv Rhythmen)*
cadeau Geschenk o^{29}: *iets ~ doen* etwas schenken (*of:* verschenken); *iem een boek ~ geven* jmdm ein Buch schenken; *iets ~ krijgen* etwas geschenkt bekommen[193]; *(fig) je kunt het van mij ~ krijgen!* es kann mir gestohlen bleiben!
cadeaubon Gutschein m^5
cadet *(Belg, sp)* Junior m^{16}
café Wirtschaft v^{20}, Lokal o^{29}
caféhouder Wirt m^5
cafeïne Koffein o^{39}
café-restaurant Gaststätte v^{21}
cafetaria Imbissstube v^{21}
cahier Heft o^{29}, Schreibheft o^{29}
caissière Kassiererin v^{22}
cake Topfkuchen m^{11}, Kuchen m^{11}
calamiteit Katastrophe v^{21}
calcium Kalzium o^{39}
calculatie Kalkulation v^{20}
calculator 1 *(persoon)* Kalkulator m^{16}; **2** *(machine)* Rechenmaschine v^{21}, Rechner m^9
calculeren kalkulieren[320]
calorie Kalorie v^{21}
calvinisme Kalvinismus m^{19a}
calvinist Kalvinist m^{14}
calvinistisch 1 kalvinistisch; **2** *(sober)* schlicht
calypso Calypso m^{13} *(2e nvl ook -)*
camembert Camembert m^{13}
camera Kamera v^{27}
cameraman Kameramann m^8 *(mv ook Kameraleute)*
camion Lastkraftwagen m^{11}
camouflage Tarnung v^{20}
camouflagekleur Tarnfarbe v^{21}
camoufleren tarnen
campagne 1 *(mil)* Feldzug m^6; **2** *(werkseizoen; ac-*

tie) Kampagne v^{21}
camper Wohnmobil o^{29}
camping 1 *(het kamperen)* Camping o^{39}; **2** *(kampeerterrein)* Campingplatz m^6, Zeltplatz m^6
campus Campus m *(2e nvl -; mv -)*
Canada Kanada o^{39}
Canadees I *zn* Kanadier m^9; **II** *bn* kanadisch
Canadese Kanadierin v^{22}
canaille Kanaille v^{21}
canapé Sofa o^{36}, Kanapee o^{36}
canon Kanon m^{13}
cantate Kantate v^{21}
cantharel Pfifferling m^5, Eierschwamm m^6
canvas Kanevas m *(2e nvl -(ses); mv -(se))*
cao *afk van collectieve arbeidsovereenkomst* Tarifvertrag m^6
cao-onderhandelingen Tarifverhandlungen mv v^{20}
capabel fähig, geeignet
capaciteit 1 Kapazität v^{20}; **2** *(laadvermogen)* Ladefähigkeit v^{20}; **3** *(van motor)* Motorleistung v^{20}
cape Cape o^{36}
capitulatie Kapitulation v^{20}
capituleren kapitulieren[320], sich ergeben[166]
capriool Kapriole v^{21}
capsule Kapsel v^{21}
capuchon Kapuze v^{21}
caravan Wohnwagen m^{11}, Wohnanhänger m^9
carbonpapier Kohlepapier o^{29}
carburator Vergaser m^9
cardiogram Kardiogramm o^{29}
cardiologie Kardiologie v^{28}
cardioloog Kardiologe m^{15}
care Pflege v^{28}: *intensive ~* Intensivpflege
cargadoor Schiffsmakler m^9
cariës Karies v^{28}
carillon Glockenspiel o^{29}
carnaval Karneval m^5, m^{13}, Fastnacht v^{28}, Fasching m^5, m^{13}
carnavalsvakantie *(ongev)* Karnevalsferien *(mv)*
carpool Fahrgemeinschaft v^{20}
carpoolen eine Fahrgemeinschaft bilden
carport Einstellplatz m^6
carrière Karriere v^{21}
carrosserie Karosserie v^{21}
carrousel Karussell o^{29}, o^{36}
carte: *à la ~* à la carte, nach der Karte
carter Kurbelgehäuse o^{33}
cartograaf Kartograph m^{14}, Kartograf m^{14}
cartografie Kartographie v^{28}, Kartografie v^{28}
cartografisch kartographisch, kartografisch
cartoon Cartoon m^{13}, o^{36} *(2e nvl ook -)*
cartoonist Cartoonist m^{14}
cartotheek Kartothek v^{20}, Kartei v^{20}
casco Kasko m^{13}
cascoverzekering Kaskoversicherung v^{20}
casestudy Fallstudie v^{21}
cash I *zn* Cash o^{39a}, Bargeld o^{39}; **II** *bn* bar
cashewnoot Cashewnuss v^{25}

casino Kasino o^{36}, Spielkasino o^{36}
cassatie: *in ~ gaan* Revision einlegen
cassette Kassette v^{21}
cassettedeck Kassettendeck o^{36}
cassetterecorder Kassettenrekorder m^9
cassis schwarzer Johannisbeersaft m^6
castreren kastrieren^{320}
catacombe Katakombe v^{21}
catalogiseren katalogisieren^{320}
catalogus Katalog m^5
catamaran Katamaran m^5, o^{29}
catastrofaal katastrophal
catastrofe Katastrophe v^{21}
catechese Katechese v^{21}
catechisatie Konfirmandenunterricht m^5
catechismus Katechismus m *(2e nvl -; mv Katechismen)*
categorie Kategorie v^{21}
categorisch kategorisch
causaal kausal, Kausal…
cavalerie *(tanks)* Panzertruppe v^{21}; *(te paard)* Kavallerie v^{28}, Reiterei v^{28}
cavia Meerschweinchen o^{35}
cd *afk van compact disc* CD v^{27}, CD-Platte v^{21}
cd-installatie CD-Anlage v^{21}
cd-rom CD-ROM o^{36}
cd-speler CD-Spieler m^9
ceder Zeder v^{21}
ceintuur Gürtel m^9
cel Zelle v^{21}
celdeling Zellteilung v^{20}
celibaat Zölibat o^{39}
celkern Zellkern m^5
cellist Cellist m^{14}
cello Cello o^{36} *(mv ook Celli)*
cellofaan Zellophan o^{39}
cellofaanverpakking Zellophanverpackung v^{20}
cellulose Zellulose v^{21}
Celsius Celsius *(afk C)*
cement Zement m^{19}
censureren zensieren^{320}
censuur Zensur v^{20}
cent Cent m^{13} *(ook 2e nvl -; mv -)*: *geen ~ waard zijn* keinen Heller wert sein^{262}
centime, centiem *(Belg)* Centime m *(2e nvl -(s); mv -s) (afk c, ct)*
centimeter 1 *(lengtemaat)* Zentimeter m^9, o^{33} *(afk cm)*; **2** *(meetlint)* Bandmaß o^{29}
centraal zentral, Zentral…: *~ bestuur* Zentralverwaltung v^{20}: *~ comité* Zentralkomitee o^{36}: *centrale verwarming* Zentralheizung v^{20}
centrale Zentrale v^{21}: *elektrische ~* Elektrizitätswerk o^{29}, Kraftwerk o^{29}
centralisatie Zentralisation v^{20}
centraliseren zentralisieren^{320}
centrifuge Zentrifuge v^{21}; *(voor de was)* Wäscheschleuder v^{21}
centrifugeren zentrifugieren^{320}; *(van was)* schleudern

centrum Zentrum o *(2e nvl -s; mv Zentren), (ook)* Stadtmitte v^{21}
ceremonie Zeremonie v^{21}
ceremonieel zeremoniell
certificaat Zertifikat o^{29}
cervelaatworst Zervelatwurst v^{25}
chagrijn 1 Ärger m^{19}, Verdrießlichkeit v^{20}, Missmut m^{19}; **2** *(persoon)* Griesgram m^5
chagrijnig verdrießlich, missmutig
chalet Chalet o^{36}
champagne Champagner m^9; *(uit Dui)* Sekt m^5
champignon Champignon m^{13}
chanson Chanson o^{36}
chansonnier Chansonnier m^{13}, Chansonier m^{13}
chantage Erpressung v^{20}
chanteren erpressen
chaos Chaos o^{39a}
chaotisch chaotisch
chapiter 1 *(hoofdstuk)* Kapitel o^{33}; **2** *(onderwerp van gesprek)* Thema o *(2e nvl -s; mv Themen)*
charcuterie *(Belg)* Aufschnitt m^{19}, feine Fleischwaren mv v^{21}
charge 1 *(in industrie)* Charge v^{21}; **2** *(aanval)* Attacke v^{21}: *(door de politie) een ~ uitvoeren* die Menge auseinander treiben^{290} ‖ *(jur) getuige à ~* Belastungszeuge m^{15}
charitatief karitativ
charlatan Scharlatan m^5
charmant charmant, scharmant
charme Charme m^{19}, Scharm m^{19}: *dat heeft voor mij geen ~* das hat für mich keinen Reiz
charmeren bezaubern, entzücken
charmeur Charmeur m^5, m^{13}
charta Charte v^{21}; *(grondwet)* Charta v^{27}
charter Charter m^{13}
charteren chartern
chartervliegtuig Charterflugzeug o^{29}
chartervlucht Charterflug m^6
chassis Fahrgestell o^{29}
chatten chatten
chaufferen fahren^{153}
chauffeur Fahrer m^9, Chauffeur m^5
chauvinisme Chauvinismus m^{19a}
chauvinist Chauvinist m^{14}
chauvinistisch chauvinistisch
checken kontrollieren^{320}, nachprüfen
chef Chef m^{13}: *~ de clinique* Chefarzt m^6
cheffin Chefin v^{22}
chemicaliën Chemikalien mv v^{21}
chemicus Chemiker m^9
chemie Chemie v^{28}
chemisch chemisch
cheque Scheck m^{13}
chequeboek Scheckheft o^{29}
chic I *bn, bw* schick; **II** *zn* **1** *(elegantie)* Schick m^{19}; **2** *(de mensen)* Schickeria v^{28}
chicane Schikane v^{21}
chicaneren schikanieren^{320}
chicaneur Schikaneur m^5

Chileen Chilene m^{15}
Chileens chilenisch
Chili Chile o^{39}
chimpansee Schimpanse m^{15}
China China o^{39}
Chinees I *zn* Chinese m^{15}; II *bn* chinesisch
chip 1 *(plakje aardappel; elektr)* Chip m^{13}; **2** *(microprocessor)* Mikroprozessor m^{16}
chipkaart Chipkarte v^{21}
chirurg Chirurg m^{14}
chirurgie Chirurgie v^{28}
chirurgisch chirurgisch
chloor Chlor o^{39}
chocolade I *zn* Schokolade v^{21}; II *bn* schokoladen, Schokoladen…
chocolademelk Schokolade v^{21}; Kakao m^{13}
choke Choke m^{13}, *(de knop)* Choker m^9
cholera Cholera v^{28}
choleralijder Cholerakranke(r) m^{40a}, v^{40b}
cholesterol Cholesterin o^{39}
cholesterolgehalte Cholesterinspiegel m^9
choqueren schockieren^{320}
choreograaf Choreograph m^{14}, Choreograf m^{14}
choreografie Choreographie v^{21}, Choreografie v^{21}
christelijk christlich; *(protestants)* evangelisch
christelijkheid Christlichkeit v^{28}
christen Christ m^{14}
christen-democraat Christdemokrat m^{14}
christendom Christentum o^{39}
christenheid Christenheit v^{28}
christin Christin v^{22}
Christus Christus *m*: *vóór* ~ vor Christus; *na* ~ nach Christus
Christusbeeld Christusfigur v^{20}
chromosoom Chromosom o^{37}
chronisch chronisch
chronologie Chronologie v^{21}
chronologisch chronologisch
chroom Chrom o^{39}
chrysant Chrysantheme v^{21}
cijfer 1 *(getalteken)* Ziffer v^{21}: *een getal van zes* ~*s* eine sechsstellige Zahl; *in de rode* ~*s komen* in die roten Zahlen kommen^{193}; **2** *(voor school-, examenwerk)* Zensur v^{20}, Note v^{21}: *een laag* ~ eine schlechte Zensur (*of:* Note)
cijferlijst Zeugnis o^{29a}
cilinder Zylinder m^9
cilinderinhoud Hubraum m^6
cilindrisch zylindrisch
cineast Cineast m^{14}
cinemascope Cinemascope o^{39a}
cipier Gefängniswärter, Gefangenenwärter m^9
cipres Zypresse v^{21}
circa zirka, circa, ungefähr
circuit 1 *(sp)* Rundstrecke v^{21}; **2** *(elektr)* Stromkreis m^5; **3** *(kring van personen)* Kreis m^5
circulaire Rundschreiben o^{35}, Rundbrief m^5
circulatie Zirkulation v^{20}, Umlauf m^6
circuleren zirkulieren^{320}, umlaufen^{198}

circus Zirkus *m (2e nvl -; mv -se)*
cirkel Kreis m^5
cirkelen kreisen
cirkelomtrek Kreisumfang m^6
cirkelzaag Kreissäge v^{21}
citaat Zitat o^{29}
citer Zither v^{21}
citeren zitieren^{320}, anführen
Citotoets Unterrichtstest m^{13}, m^5 zur Bestimmung des geeigneten weiterführenden Unterrichts
citroen Zitrone v^{21}
citroensap Zitronensaft m^6
citroenschijfje Zitronenscheibe v^{21}
citrusfruit Zitrusfrüchte *mv* v^{25}
city City v^{27}
citybag Reisetasche, Handtasche v^{21}
civiel zivil, bürgerlich: ~ *recht* Zivilrecht o^{39}
civielrechtelijk zivilrechtlich
civilisatie Zivilisation v^{20}
civiliseren zivilisieren^{320}
civisme *(Belg)* Bürgersinn m^{19}
cl *afk van centiliter* Zentiliter m^9, o^{33} *(afk cl)*
claim 1 *(exploitatierecht; eis)* Claim o^{36}; **2** *(claimrecht)* Bezugsrecht o^{29}
claimen Anspruch erheben^{186} auf^{+4}, fordern: *schade* ~ Schadenersatz fordern
clan Clan m^5, m^{13}
clandestien heimlich, schwarz, illegal: ~*e arbeid* Schwarzarbeit v^{20}; ~*e handel* Schwarzhandel m^{19}: ~*e luisteraar* Schwarzhörer m^9
clark *(Belg)* Gabelstapler m^9
classeur *(Belg)* Ordner m^9
classicisme Klassizismus m^{19a}
classicistisch klassizistisch
classicus Altsprachler m^9, Altphilologe m^{15}
classificatie Klassifizierung v^{20}
classificeren klassifizieren^{320}
clausule Klausel v^{21}
claxon Hupe v^{21}
claxonneren hupen
clement mild, nachsichtig
clementie Milde v^{28}, Nachsicht v^{28}
clerus Klerus m^{19a}
clever clever
cliché Klischee o^{36}
cliënt(e) 1 *(van advocaat)* Mandant m^{14}; Mandantin v^{22}; **2** *(handel)* Kunde m^{15}; Kundin v^{22}
clientèle *(jur)* Klientel v^{20}; *(handel)* Kundschaft v^{28}
clignoteur Blinkleuchte v^{21}, Blinker m^9
climax Klimax v^{23}, Höhepunkt m^5
clinch Clinch m^{19}
clinicus Kliniker m^9
clip 1 *(aan pen; oorclip)* Klipp m^{13}; **2** *(videoclip)* Clip m^{13}, Videoclip m^{13}
closetpapier Klosettpapier o^{29}
close-up Nahaufnahme v^{21}, Großaufnahme v^{21}
clou Clou m^{13}
clown Clown m^{13}
club Klub m^{13}

clubgebouw Klubhaus o^{32}, Vereinshaus o^{32}
cluster Cluster m^9, m^{13}
cm *afk van centimeter* Zentimeter m^9, o^{33} (*afk* cm)
cm² *afk van vierkante cm* Quadratzentimeter m^9, o^{33} (*afk* cm²)
cm³ *afk van kubieke cm* Kubikzentimeter m^9, o^{33} (*afk* cm³)
coach Coach m^{13} (*2e nvl ook* -)
coachen coachen
coalitie Koalition v^{20}
coalitiepartner Koalitionspartner m^9
cobra Kobra v^{27}, Brillenschlange v^{21}
cocaïne Kokain o^{39}, (*inform*) Koks m^{19}
cockpit Cockpit o^{36}
cocktail Cocktail m^{13}
cocktailparty Cocktailparty v^{27}
code 1 Kode m^{13}; **2** (*wetboek*) Code m^{13}
coderen kodieren^{320}, verschlüsseln
codicil Kodizill o^{29}
coëfficiënt Koeffizient m^{14}
coëxistentie Koexistenz v^{20}
cognac Kognak m^{13}: *Duitse* ~ Weinbrand m^6
cohesie Kohäsion v^{20}
coïtus Koitus m (*2e nvl* -; *mv* -(se))
cokes Koks m^5
colbert Jacke v^{21}, Jackett o^{36}, o^{29}, Sakko m^{13}
collaborateur Kollaborateur m^5
collage Collage v^{21}, Kollage v^{21}
collectant Spendensammler m^9
collecte 1 Geldsammlung, Spendensammlung v^{20}; **2** (*in kerk*) Kollekte v^{21}
collecteren Geld (*of:* Spenden) sammeln
collectie Kollektion v^{20}, Sammlung v^{20}
collectief kollektiv, Kollektiv...: *collectieve arbeidsovereenkomst* Tarifvertrag m^6
collega Kollege m^{15}: *vrouwelijke* ~ Kollegin v^{22}
college 1 (*bestuurslichaam*) Kollegium o (*2e nvl* -s; *mv* Kollegien): ~ *van B en W* Magistrat m^5; **2** (*les aan universiteit*) Vorlesung v^{20}: ~ *lopen* eine Vorlesung hören; **3** (*vwo-school*) Gymnasium o (*2e nvl* -s; *mv* Gymnasien)
collegezaal Hörsaal m (*2e nvl* -(e)s; *mv* -säle)
collegiaal kollegial
collier Kollier o^{36}, Collier o^{36} [kolje]
Colombia Kolumbien o^{39}
Colombiaan Kolumbianer m^9, Kolumbier m^9
Colombiaans kolumbianisch, kolumbisch
colonne Kolonne v^{21}
colportage Hausierhandel m^{19}
colporteren hausieren^{320}
coltrui Rollkragenpullover m^9
column Kolumne v^{21}
columnist Kolumnist m^{14}
coma Koma o^{36}: *in* ~ *liggen* im Koma liegen^{202}
combinatie Kombination v^{20}
combinatietang Kombizange v^{21}
combineren kombinieren^{320}
combo Combo v^{27}
comfort Komfort m^{19}

comfortabel komfortabel, bequem
comité Komitee o^{36}, Ausschuss m^6
commandant 1 (*van bataljon t/m divisie*) Kommandeur m^5; **2** (*van tank, oorlogsschip, stad, vesting, vliegbasis*) Kommandant m^{14}
commanderen kommandieren^{320}, befehligen
commanditair: ~ *vennoot* Kommanditist m^{14}: ~*e vennootschap* Kommanditgesellschaft v^{20}
commando Kommando o^{36}
commandobrug Kommandobrücke v^{21}
commandopost Befehlsstelle v^{21}
commentaar Kommentar m^5
commentariëren kommentieren^{320}
commentator Kommentator m^{16}
commercial Werbespot m^{13}
commercie Kommerz m^{19}, Handel m^{19}
commercieel kommerziell
commissariaat Kommissariat o^{29}
commissaris Kommissar m^5; (*bij vennootschap*) Aufsichtsrat m^6: *raad van* ~*sen* Aufsichtsrat m^6
commissie 1 (*opdracht*) Kommission v^{20}; **2** (*personen met opdracht*) Ausschuss m^6, Kommission v^{20}; **3** (*loon*) Kommissionsgebühr v^{20}, Provision v^{20}
commissionair Kommissionär m^5
commode Kommode v^{21}
commune Kommune v^{21}, Wohngemeinschaft v^{20}
communicatie Kommunikation v^{20}
communicatiestoornis Kommunikationsstörung v^{20}
communiceren kommunizieren^{320}
communie Kommunion v^{20}: *ter* ~ *gaan* zur Kommunion gehen^{168}
communiqué Kommuniqué, Kommunikee o^{36}
communisme Kommunismus m^{19a}
communist Kommunist m^{14}
communistisch kommunistisch
compact kompakt
compact disc Compact Disc v^{27}, Compactdisc v^{27} (*afk* CD)
compactdiscspeler CD-Spieler m^9
compagnie (*mil*) Kompanie v^{21}
compagniescommandant Kompaniechef m^{13}
compagnon Kompagnon m^{13}, Teilhaber m^9
compartiment Abteil o^{29}
compensatie 1 Ausgleich m^5; **2** (*vaktaal*) Kompensation v^{20}; **3** (*schuldvergelijking*) Aufrechnung v^{20}
compensatiekas (*Belg*) Ausgleichsfonds m (*2e nvl* -; *mv* -)
compenseren kompensieren^{320}
competent kompetent
competentie Kompetenz v^{20}: *dat behoort niet tot mijn* ~ das liegt nicht in meiner Kompetenz
competitie 1 (*sp*) Spieljahr o^{29}, Spielsaison v^{27}; **2** (*mededinging*) Wettbewerb m^5
competitiewedstrijd Punktspiel o^{29}
compleet 1 (*voltallig*) komplett, vollständig; **2** (*geheel en al*) ganz, völlig
completeren ergänzen, vervollständigen
complex I *zn* Komplex m^5; **II** *bn* komplex

complicatie Komplikation v^{20}
compliceren komplizieren^{320}
compliment Kompliment o^{29}: *iem een ~ maken* jmdm ein Kompliment machen
complimenteren: *iem met zijn succes ~* jmdm zu seinem Erfolg gratulieren^{320}
complimenteus schmeichelhaft
complot Komplott o^{29}, Verschwörung v^{20}
component Komponente v^{21}
componeren komponieren^{320}
componist Komponist m^{14}
compositie Komposition v^{20}
compost Kompost m^5
composteren kompostieren^{320}
compote Kompott o^{29}
compressie Kompression v^{20}
compressor Kompressor m^{16}
compromis Kompromiss m^5, o^{29}: *een ~ aangaan* ein(en) Kompromiss schließen^{245}
compromitteren kompromittieren^{320}
computer Computer m^9, (elektronische) Datenverarbeitungsanlage v^{21}, EDV-Anlage v^{21}: *personal ~* Personalcomputer m^9
computergestuurd computergesteuert
computeriseren computerisieren^{320}
computerkraak Einbruch m^6 in einen Computer
computerkraker Hacker m^9
computerspelletje Computerspiel o^{29}
computeruitdraai Ausdruck m^5
concentraat Konzentrat o^{29}
concentratie Konzentration v^{20}
concentratiekamp Konzentrationslager o^{33} *(afk KZ)*
concentratieschool *(Belg)* Sonderschule v^{21} für Kinder von Einwandern
concentreren konzentrieren^{320}
concept Konzept o^{29}: *in ~* im Konzept
conceptie Konzeption v^{20}
concern Konzern m^5
concert Konzert o^{29}: *naar een ~ gaan* in ein Konzert(*of:* ins Konzert) gehen^{168}
concerteren ein Konzert geben^{166}
concertmeester Konzertmeister m^9
concertzaal Konzertsaal m (2e nvl -(e)s; mv -säle)
concessie Konzession v^{20}: *een ~s doen* jmdm Konzessionen (*of:* Zugeständnisse) machen
conciërge Hausmeister m^9, Hausmeisterin v^{22}
concilie Konzil o^{29}
concluderen schließen^{245}, folgern
conclusie Schlussfolgerung v^{20}, Schluss m^6: *tot de ~ komen* zu dem Schluss kommen^{193}: *de ~ trekken* die Schlussfolgerung ziehen^{318}
concours Wettbewerb m^5
concreet konkret
concretiseren konkretisieren^{320}
concurrent Konkurrent m^{14}, Mitbewerber m^9
concurrentie Konkurrenz v^{20}, Wettbewerb m^5
concurreren konkurrieren^{320}
condensatie Kondensation v^{20}

condenseren kondensieren^{320}
conditie Kondition v^{20}; *(voorwaarde, ook)* Bedingung v^{20}
conditietraining Konditionstraining o^{39}
condoleantie Beileidsbezeigung v^{20}
condoleantiebrief Beileidsbrief m^5
condoleren kondolieren^{320}: *iem ~ met een verlies* jmdm zu einem Verlust kondolieren
condoom Kondom m^5, o^{29}, *(inform)* Pariser m^9
conducteur Schaffner m^9
conductrice Schaffnerin v^{22}
confectie Konfektion v^{20}, Fertig(be)kleidung v^{28}
confectie-industrie Bekleidungsindustrie v^{21}
confectiepak *(inform)* Anzug m^6 von der Stange
confederatie Konföderation v^{20}
conferentie Konferenz v^{20}
confereren beraten^{218}, konferieren^{320}
confessie Konfession v^{20}
confessioneel konfessionell
confetti Konfetti o^{39}, o^{39a}
confituur *(Belg)* Konfitüre v^{21}, Marmelade v^{21}
conflict Konflikt m^5
conform gemäß$^{+3}$, ...gemäß, übereinstimmend (mit^{+3})
confrater Amtsbruder m^{10}
confrontatie Konfrontation v^{20}
confronteren konfrontieren^{320}
confuus konfus, verworren, verwirrt
conglomeraat Konglomerat o^{29}
congregatie Kongregation v^{20}
congres Kongress m^5, Tagung v^{20}: *een ~ houden* tagen, einen Kongress abhalten^{183}
congruent kongruent
congruentie Kongruenz v^{20}
conifeer Konifere v^{21}
conjunctureel konjunkturell
conjunctuur Konjunktur v^{20}
connectie Beziehung v^{20}, Verbindung v^{20}
conrector stellvertretender Schulleiter m^9
consciëntieus gewissenhaft
consensus Konsens m^5
consequent konsequent, folgerichtig
consequentie Konsequenz v^{20}
conservatie Konservierung v^{20}, Erhaltung v^{20}
conservatief I *bn, bw* konservativ; II *zn* Konservative(r) m^{40a}, v^{40b}
conservator Konservator m^{16}
conservatorium Musikhochschule v^{21}
conserveermiddel Konservierungsmittel o^{33}
conserven Konserven *mv* v^{21}
conservenblikje Konservenbüchse v^{21}, Konservendose v^{21}
conserveren konservieren^{320}
consideratie 1 *(overweging)* Erwägung v^{20}; **2** *(respect)* Rücksicht v^{20}: *zonder ~* rücksichtslos
console Konsole v^{21}
consolidatie Konsolidierung v^{20}
consolideren konsolidieren^{320}
consortium Konsortium o (2e nvl -s; mv Konsorti-

en)

constant konstant; *(voortdurend)* ständig
constante unveränderliche Größe v^{21}
constateren feststellen, konstatieren[320]
constatering Feststellung v^{20}, Konstatierung v^{20}
constellatie Konstellation v^{20}
consternatie Bestürzung v^{28}
constipatie Konstipation v^{20}, Verstopfung v^{20}
constitutie Konstitution v^{20}
constitutioneel konstitutionell
constructeur Konstrukteur m^5
constructie Konstruktion v^{20}
constructief konstruktiv
constructiefout Konstruktionsfehler m^9
construeren konstruieren[320]
consul Konsul m^{17}
consulaat Konsulat o^{29}
consulent Berater m^9
consult, consultatie Konsultation v^{20}
consulteren konsultieren[320]
consument Konsument m^{14}, Verbraucher m^9
consumentenbond Verbraucherverband m^6
consumeren konsumieren[320], verbrauchen
consumptie 1 Konsum m^{19}, Verbrauch m^{19}; **2** *(vertering)* Verzehr m^{19}
consumptief konsumtiv
consumptiegoederen Konsumgüter *mv* o^{32}
consumptiemaatschappij Konsumgesellschaft v^{20}
contact Kontakt m^5
contactarm kontaktarm, kontaktschwach
contactarmoede Kontaktarmut v^{28}
contactdoos Steckdose v^{21}
contactlens Kontaktlinse v^{21}, Haftschale v^{21}
contactsleutel Zündschlüssel m^9, Autoschlüssel m^9
container Container m^9, Behälter m^9
containerpark *(Belg)* Sammelstelle v^{21} für Hausmüll
contant bar, kontant: ~*e betaling* Barzahlung v^{20}: *à* ~, *tegen* ~*e betaling* bar, gegen Barzahlung
contanten Kontanten *(mv)* Bargeld o^{39}: *in* ~ bar
content zufrieden
context Kontext m^5
continent Kontinent m^5
continentaal kontinental, Kontinental...
contingent Kontingent o^{29}
continu kontinuierlich, stetig, ununterbrochen
continubedrijf 24-Stunden-Betrieb m^5
continueren I *tr* fortsetzen; II *intr* fortdauern
continuïteit Kontinuität v^{28}
conto Konto o^{36} *(mv ook Konten en Konti)*
contour Umriss m^5, Kontur v^{20}
contra I *zn* Kontra o^{36}; II *bw* kontra; III *vz* kontra[+4]
contrabas Kontrabass m^6
contract Kontrakt m^5, Vertrag m^6: *een* ~ *(met iem) sluiten* einen Kontrakt *(of:* einen Vertrag) (mit jmdm) schließen[245]: *bij* ~ *bepalen* vertraglich festlegen; *volgens* ~ vertragsgemäß
contractant Vertragspartner m^9
contractbreuk Vertragsbruch m^6

contracteren: *iem* ~ jmdn verpflichten *(of:* jmdn unter Vertrag nehmen[212])
contractspeler Lizenzspieler m^9
contractueel vertraglich, kontraktlich
contraprestatie Gegenleistung v^{20}
contrarevolutie Gegenrevolution v^{20}, Konterrevolution v^{20}
contraspionage Abwehr v^{28}
contrast Kontrast m^5
contrasteren kontrastieren[320]
contrastief kontrastiv
contribuant Beitragende(r) m^{40a}, v^{40b}
contributie Mitgliedsbeitrag m^6, Beitrag
controle 1 Kontrolle v^{21}; **2** *(plaats)* Sperre v^{21}
controleerbaar kontrollierbar, nachprüfbar
controlepost Kontrollstelle v^{21}
controleren kontrollieren[320]
controleur Kontrolleur m^5
controverse Kontroverse v^{21}
controversieel kontrovers
conveniëren passen, zusagen
conventie Konvention v^{20}
conventioneel konventionell, herkömmlich
conversatie Konversation v^{20}, Unterhaltung v^{20}
converseren sich unterhalten[183]
conversie Konversion v^{20}
converteren konvertieren[320]
coöperant *(Belg)* Entwicklungshelfer m^9
coöperatie 1 *(vereniging)* Genossenschaft v^{20}; **2** *(samenwerking)* Kooperation v^{20}, Zusammenarbeit v^{28}
coöperatief genossenschaftlich
coördinatie Koordination v^{20}
coördinator Koordinator m^{16}
coördineren koordinieren[320]
copieus üppig, reichlich
coproductie Koproduktion v^{20}
copyright Copyright o^{36}, Urheberrecht o^{29}
corduroy Kord m^5, m^{13}, Cord m^5, m^{13}
corner *(sp)* Ecke v^{21}, Eckball m^6
corporatie Korporation v^{20}, Körperschaft v^{20}
corps Korps o *(2e nvl -; mv -)* [koor]
corpulent beleibt, korpulent
corpulentie Korpulenz v^{28}, Beleibtheit v^{28}
correct korrekt, einwandfrei: ~ *zijn* richtig sein[262]
correctheid Korrektheit v^{28}
correctie 1 *(verbetering)* Korrektur v^{20}, Berichtigung v^{20}; **2** *(berisping)* Verweis m^5
correctioneel *(Belg)* korrektionell: *correctionele rechtbank* korrektionelles Gericht o^{29}
correlatie Korrelation v^{20}
correspondent Korrespondent m^{14}: *buitenlands* ~ *(van krant)* Auslandskorrespondent
correspondentie Korrespondenz v^{20}
correspondentievriend Brieffreund m^5
corresponderen 1 korrespondieren[320]; **2** *(overeenstemmen met)* entsprechen[274+3]
corridor Korridor m^5, Gang m^6, Flur m^5
corrigeren korrigieren[320]

corroderen korrodieren[320]
corrosie Korrosion *v*[20]
corrupt korrupt, bestechlich
corruptie Korruption *v*[20]
corsage Ansteckblume *v*[21]
Corsica Korsika *o*[39]
Corsicaan Korse *m*[15]
Corsicaans korsisch
corso Korso *m*[13], festlicher Umzug *m*[6]
corvee Stubendienst *m*[5], Küchendienst *m*[5]
coryfee Koryphäe *v*[21]
cosmetica Kosmetika *(mv)*
cosmetisch kosmetisch
couchette Liegeplatz *m*[6]
coulant kulant, großzügig
coulisse Kulisse *v*[21]
counter 1 *(sp)* Konter *m*[9]; 2 *(balie)* Counter *m*[9]
counteren *(sp)* kontern
country, countrymuziek Countrymusic *v*[28]
coup Coup *m*[13]
coupe 1 *(van kleding)* Schnitt *m*[5]; 2 *(schaal)* Becher *m*[9], Schale *v*[21]
coupé 1 *(spoorw)* Abteil *o*[29]; 2 *(auto)* Coupé *o*[36]
couperen 1 *(van dier)* kupieren[320], stutzen; 2 *(bij kaartspel)* abheben[186]; 3 *(van film)* kürzen
coupeuse Schneiderin *v*[22]
couplet Strophe *v*[21]
coupon Kupon *m*[13], Coupon *m*[13]
coupure *(in film)* Kürzung *v*[20]
courant *(gangbaar)* gängig
coureur Rennfahrer *m*[9]
courgette Zucchino *m (2e nvl -; mv -ni)*
courtage Maklergebühr *v*[20]
couvert 1 *(enveloppe)* Briefumschlag *m*[6]; 2 *(bestek)* Besteck *o*[29]; 3 *(eetgerei)* Gedeck *o*[29]
couveuse Brutkasten *m*[12], Inkubator *m*[16]
cowboy Cowboy *m*[13]
crack *(sp)* Crack *m*[13], Spitzensportler *m*[9]
cracker Cracker *m*[9], *m*[13], Kräcker *m*[9]
crawl Kraul *o*[39], *o*[39a]
crawlen kraulen
creatie 1 *(schepping)* Schöpfung *v*[20]; 2 *(theat)* Darstellung *v*[20]; 3 *(mode)* Kreation *v*[20], Modell *o*[29]
creatief kreativ, schöpferisch
creativiteit Kreativität *v*[28]
crèche 1 Kinderkrippe *v*[21]; 2 Kindertagesstätte *v*[21]
credit Kredit *o*[36], Haben *o*[39]: *iets in iems ~ boeken* jmdm etwas gutschreiben[252]
creditcard Kreditkarte *v*[21]
crediteren kreditieren[320], gutschreiben[252]: *iem (voor) een bedrag ~* jmdn für einen Betrag kreditieren *(of:* jmdm einen Betrag gutschreiben)
crediteur Gläubiger *m*[9], Kreditor *m*[16]
creditnota Gutschriftanzeige *v*[21]
credo Kredo *o*[36]
creëren kreieren[320], schaffen[230]
crematie Einäscherung *v*[20], Feuerbestattung *v*[20]
crematorium Krematorium *o (2e nvl -s; mv Krematorien)*

crème Creme *v*[27], Krem *v*[27]
cremeren einäschern
creool Kreole *m*[15]
creools kreolisch
crêpe *(weefsel)* Krepp *m*[5], *m*[13], Crêpe *m*[13]
creperen krepieren[320], verenden
cricket Kricket *o*[39]
crime Plage *v*[21]: *het is een ~!* es ist furchtbar!
criminaliteit Kriminalität *v*[28]
crimineel I *bn* 1 *(misdadig)* kriminell; 2 *(strafrechtelijk)* kriminal, Kriminal…; II *zn* Kriminelle(r) *m*[40a], *v*[40b]
crisis Krise *v*[21]
crisisteam Krisenstab *m*[6]
criterium Kriterium *o (2e nvl -s; mv Kriterien)*
criticus Kritiker *m*[9]
croissant Croissant *o*[36] *(2e nvl ook -)*
croque, croque-monsieur *(Belg)* Käse-Schinken-Toast *m*[5], *m*[13]
cross Cross *m (2e nvl -; mv -)*
cross-country Crosscountry *o*[36] *(2e nvl ook -)*
crossfiets Geländefahrrad *o*[32], BMX-Rad *o*[32]
croupier Croupier *m*[13]
cru unumwunden, derb, unverblümt
cruciaal entscheidend, ausschlaggebend
crucifix Kruzifix *o*[29]
cruise Kreuzfahrt *v*[20]
CS *afk van centraal station* Hauptbahnhof *m*[6] *(afk* Hbf.)
Cuba Kuba *o*[39]
Cubaan Kubaner *m*[9]
Cubaans kubanisch
culinair kulinarisch
culmineren kulminieren[320], *(fig, ook)* gipfeln
cultureel kulturell
cultus Kult *m*[5], Kultus *m (2e nvl -; mv Kulte)*
cultuur Kultur *v*[28]: *in ~ brengen* urbar machen
cultuurdrager Kulturträger *m*[9]
cultuurgeschiedenis Kulturgeschichte *v*[21]
cultuurgewas Kulturpflanze *v*[21]
cultuurhistorisch kulturgeschichtlich
cumulatie Anhäufung *v*[20]; Kumulation *v*[20]
cumulatief kumulativ
cumuleren kumulieren[320]
cup 1 *(sp)* Cup *m*[13] [kup], Pokal *m*[5]; 2 *(van bustehouder)* Cup *m*[13], Schale *v*[21]
curatele Kuratel *v*[20], Vormundschaft *v*[28]
curator 1 *(lid van de raad van toezicht)* Kurator *m*[16]; 2 *(voogd)* Vormund *m*[5], *m*[8]; 3 *(bij faillissement)* Konkursverwalter *m*[9]
curatorium Kuratorium *o (2e nvl -s; mv Kuratorien)*
curieus kurios, seltsam, merkwürdig
curiositeit Kuriosität *v*[20]
curriculum vitae Curriculum Vitae *o (2e nvl - -; mv Curricula Vitae)*, Lebenslauf *m*[6]
cursief kursiv, Kursiv…
cursist Kursteilnehmer *m*[9]
cursiveren durch Kursivschrift hervorheben[186]

cu

cursor Cursor m^{13}, Positionsanzeiger m^9
cursus Kursus m *(2e nvl -; mv Kurse)*, Kurs m^5, Lehr-gang m^6: *schriftelijke* ~ Fernkurs
curve Kurve v^{21}
cyclecross Querfeldeinrennen o^{35}
cyclisch zyklisch
cyclocross Querfeldeinrennen o^{35}
cycloon Zyklon m^5
cyclus 1 Zyklus m *(2e nvl -; mv Zyklen)*; **2** *(Belg)* Stu-dienjahre *mv* o^{29}
cynicus Zyniker m^9
cynisch zynisch
cynisme Zynismus m^{19a}
Cyprioot Zypriot m^{14}
Cypriotisch zypriotisch, zyprisch
Cyprus Zypern o^{39}

d

daad Tat v^{20}: *iem met raad en ~ bijstaan* jmdm mit Rat und Tat beistehen[279]

daadwerkelijk tatsächlich, wirklich

daags I *bw*: *~ tevoren* tags zuvor; *~ daarna* tags darauf; *driemaal ~* dreimal täglich; **II** *bn* täglich

daar I *bw* da, *(richting)* dahin, dorthin; *(daarginds)* dort: *de toestanden ~ (ter plaatse)* die dortigen Verhältnisse; *hier en ~* hier und da; *tot ~* bis dahin; **II** *vw* da, weil: *des te meer, ~ …* umso mehr, als …

daaraan daran: *als ik ~ denk* wenn ich daran denke; *wat heb ik ~?* was habe ich davon?

daarachter dahinter

daarbij dabei, dazu: *~ komt nog* es kommt noch hinzu; *~ is hij nog dom* überdies ist er noch dumm

daarbinnen drinnen

daarboven oben, da oben, dort oben; darüber: *~ hebben we gewandeld* dort oben haben wir spaziert; *daar gaat niets boven* darüber geht nichts

daarbuiten (da) draußen: *laat mij ~!* lassen Sie mich aus dem Spiel!

daardoor dadurch

daarenboven überdies, außerdem

daarentegen dagegen, hingegen

daargelaten *~, dat …* abgesehen davon, dass …

daarginds dort, drüben

daarheen dahin, dorthin

daarin darin; *(na ww met 4e naamval)* darein, dahinein: *ik schik mij ~* ich füge mich darein

daarlangs da vorbei; da entlang: *als u ~ komt* wenn Sie da vorbeikommen; *~ loopt een weg* eine Straße führt da entlang

daarmee damit

daarna danach, darauf: *kort ~* kurz darauf

daarnaar danach

daarnaast daneben

daarnet soeben, eben, vorhin

daarom darum, deshalb, aus diesem Grunde

daaromheen darum (herum)

daaromtrent darüber

daaronder darunter

daarop darauf; *(vervolgens)* darauf(hin)

daaropvolgend darauf folgend

daarover darüber

daartegen dagegen

daartegenover demgegenüber

daartoe dazu

daartussen dazwischen

daaruit daraus

daarvan davon: *wat zegt u ~* was sagen Sie dazu?; *wat denkt u ~?* was halten Sie davon?; *~ houd ik niet* das mag ich nicht

daarvandaan von dort (her)

daarvoor 1 dafür: *~ zal ik je straffen* dafür werde ich dich bestrafen; *~ ben ik niet bang* davor habe ich keine Angst; **2** *(in plaats- en tijdsbepalingen)* davor; **3** *(voor dat doel)* dazu

dadaïsme Dadaismus m^{19a}

dadel Dattel v^{21}

dadelijk sofort, sogleich, gleich

dader Täter m^9

daderes Täterin v^{22}

dag I *zn* Tag m^5: *~ aan ~* Tag für Tag; *moed aan de ~ leggen* Mut zeigen; *bij ~* am Tage; *~ in ~ uit* tagaus, tagein; *het gaat met de ~ beter* es geht von Tag zu Tag aufwärts; *om de andere ~* jeden zweiten Tag; *zondag over acht ~en* Sonntag in acht Tagen; *met iets voor de ~ komen* mit[+3] etwas herausrücken; *voor de ~ ermee!* heraus mit der Sprache!; **II** *tw* **1** *(afscheid)* (auf) Wiedersehen, tschüs, tschüss; **2** *(begroeting)* (guten) Tag

dagafschrift Tagesauszug m^6

dagbehandeling ambulante Behandlung v^{20}

dagblad Zeitung v^{20}, Tageszeitung v^{20}

dagboek Tagebuch o^{32}: *een ~ (bij)houden* ein Tagebuch führen

dagdagelijks *(Belg)* tagtäglich, täglich

dagdienst Tagdienst m^5

dagdroom Tagtraum m^6, Wachtraum m^6

dagelijks täglich: *de ~e behoefte* der tägliche Bedarf; *het ~ brood* das tägliche Brot

¹dagen *(dag worden)* tagen

²dagen *(jur) iem ~* jmdn vorladen[196]

dagenlang tagelang

dageraad Tagesanbruch m^{19}

dagjesmensen Ausflügler *mv* m^9

dagkaart Tageskarte v^{21}

daglicht Tageslicht o^{39}: *(iets, iem) in een kwaad ~ stellen* (etwas, jmdn) schlecht machen

dagloon Tagelohn m^6

dagopleiding Ganztagsausbildung v^{20}

dagorde Tagesordnung v^{20}

dagorder Tagesbefehl m^5

dagploeg Tagschicht v^{20}

dagreis Tagesfahrt v^{20}

dagretour Tagesrückfahrkarte v^{21}

dagschool Tagesschule v^{21}

dagtaak Tagesarbeit v^{20}

dagtekenen datieren[320]

dagtekening Datum *o (2e nvl -s; mv Daten)*

dagtocht Tagestour v^{20}

dagvaarden vor Gericht laden[196], vorladen[196]

dagvaarding Ladung v^{20}, Vorladung

dagverblijf *(vertrek)* Tagesraum m^6

dagvers täglich frisch

dahlia Dahlie v^{21}

dak Dach o^{32}; *(van auto, ook)* Verdeck o^{29}: *leien ~* Schieferdach; *pannen ~* Ziegeldach; *rieten ~* Rohrdach; *onder ~ brengen* unterbringen[139]: *(fig) onder ~ zijn* unter Dach und Fach sein[262]: *iem iets op zijn ~ schuiven* jmdm etwas aufhalsen

dakbedekking Dachdeckung v^{20}

dakdekker Dachdecker m^9

dakgoot Dachrinne v^{21}

dakkamer Dachkammer v^{21}, Mansarde v^{21}

dakloos obdachlos

dakloze Obdachlose(r) m^{40a}, v^{40b}

dakpan Dachziegel m^9, *(rond)* Dachpfanne v^{21}

dakterras Dachterrasse v^{21}

dal Tal o^{32}

dalen sich senken, sinken[266]: *de barometer daalt* das Barometer fällt; *de prijzen ~* die Preise sinken *(of:* fallen[154]): *zijn stem laten ~* die Stimme senken; *het vliegtuig gaat ~* das Flugzeug setzt zur Landung an; *de weg daalt* die Straße fällt ab

daling Sinken o^{39}, Fallen o^{39}: *(luchtv) steile ~* Sturzflug m^6: *plotselinge (sterke) ~ van koersen, prijzen* Kurssturz m^6, Preissturz m^6: *~ van prijs* Preissenkung v^{20}; *zie ook* dalen

¹dam *(waterkering)* Damm m^6: *een ~ leggen* einen Damm bauen

²dam *(damspel)* Dame v^{21}

damast Damast m^5

damasten damasten, Damast...

dambord Damebrett o^{31}

dame Dame v^{21}: *jonge ~* Fräulein o^{35}: *~s en heren!* meine Damen und Herren!

damesblad Frauenzeitschrift v^{20}, -magazin o^{29}

damesfiets Damenfahrrad o^{32}

dameskapsalon Damensalon m^{13}

damesmode Damenmode v^{21}

damesteam Damenmannschaft v^{20}

dammen Dame spielen

damp Dampf m^6, Dunst m^6; *(nat)* Dampf m^6

dampen dampfen

dampig *(nevelig)* dunstig

dampkap *(Belg)* Dunstabzugshaube v^{21}

dampkring Atmosphäre v^{21}

damschijf Damestein m^5

damspel Damespiel o^{29}

dan I *bw* dann; *(eigenlijk, toch)* denn: *eerst jij en ~ ik* erst du und dann ich; *waarom ~?* warum denn?; II *vw (behalve)* außer[+3]; *(na vergrotende trap)* als: *er was niemand ~ ik* außer mir war niemand da; *hij is kleiner ~ zij* er ist kleiner als sie; *zij is anders ~ haar zuster* sie ist anders als ihre Schwester

dancing Tanzdiele v^{21}, Tanzlokal o^{29}

danig tüchtig, ordentlich, gewaltig

dank Dank m^{19}: *geen ~!* keine Ursache! *(of:* gern geschehen!)

dankbaar dankbar

dankbaarheid Dankbarkeit v^{28}

dankbetuiging 1 Dankeswort o^{29}, Dankesbezeigung v^{20}; 2 *(schriftelijk)* Dankschreiben o^{35}

danken danken[+3]: *iem voor iets ~* jmdm für[+4] etwas danken; *dank u zeer!* danke sehr! *(of:* danke schön!)*; niet(s) te ~!* bitte! *(of:* keine Ursache!)*; (aan)iem iets te ~ hebben* jmdm etwas verdanken

dankzeggen: *iem ~ voor* sich bei jmdm bedanken für[+4]

dankzij dank[+3,+2]: *~ een toeval* dank einem Zufall *(of:* eines Zufalls)

dans Tanz m^6: *een dame ten ~ vragen* eine Dame zum Tanz auffordern

dansen tanzen: *gaan ~* tanzen gehen; *naar iems pijpen ~* nach jmds Pfeife tanzen

danser Tänzer m^9

danseres Tänzerin v^{22}

dansgelegenheid Tanzlokal o^{29}

dansinstituut Tanzschule v^{21}

dansleraar Tanzlehrer m^9

dansles Tanzunterricht m^{19}, Tanzstunde v^{21}

dansorkest Tanzorchester o^{33}

dansvloer Tanzboden m^{12}

dapper tapfer: *zich ~ houden* sich gut halten[183]

dapperheid Tapferkeit v^{28}

dar Drohne v^{21}

darm Darm m^6: *blinde ~* Blinddarm; *dikke ~* Dickdarm; *dunne ~* Dünndarm

dartel munter, lustig, ausgelassen

dartelen tollen, sich tummeln

darts Darts o^{39a}, Dartspiel o^{29}

¹das 1 *(zelfbinder)* Krawatte v^{21}, Schlips m^5; 2 *(halsdoek)* Halstuch o^{32} ‖ *dat doet hem de ~ om* das gibt ihm den Rest

²das *(dierk)* Dachs m^{75}

dashboard Armaturen-, Instrumentenbrett o^{31}

dasspeld Krawatten- v^{21}, Schlipsnadel v^{21}

dat I *aanw vnw*[76]: dieser, diese, dieses; der, die, das; jener, jene, jenes; II *betr vnw*[78]: der, die, das; welcher, welche, welches: *het werk ~ zij verzet* die Arbeit, die sie leistet; III *vw* dass; *(na tijdsbepalingen meestal)* wo, da, als: *ik hoop ~ je komt* ich hoffe, dass du kommst; *op de dag ~ ...* am Tage, wo *(of:* da, als) ...

data Daten *(mv)*

databank, database Datenbank v^{20}

datacommunicatie Datenübertragung v^{20}

data-entry Dateneingabe v^{21}

dataprocessing Datenverarbeitung v^{20}

datatransmissie Datenübertragung v^{20}

dateren datieren[320]: *de brief is gedateerd 1 juli* der Brief ist vom 1. Juli datiert

datgene *aanw vnw*[76]; dasjenige

datum Datum o *(2e nvl -s; mv* Daten)

dauw Tau m^{19}: *voor dag en ~* vor Tau und Tag; *(Belg) van de hemelse ~ leven* in den Tag hinein leben

dauwtrappen frühmorgens spazieren gehen[168]

daveren donnern: *~d applaus* donnernder Beifall; *een ~d succes* ein riesiger Erfolg

davidster David(s)stern m^5

dazen faseln, dummes Zeug reden

d.d. *afk van de dato* vom

de *lw*[66]; der, die, das: *dit is dé modekleur* das ist die richtige Modefarbe

deadline äußerster Termin *m*[5], Stichtag *m*[5]

dealer 1 Vertragshändler *m*[9]; **2** *(drugs)* Dealer *m*[9]

debat Debatte *v*[21]

debatteren debattieren[320]

debet Debet *o*[36], Sollseite *v*[21], Soll *o* (2e nvl -(s)); mv -(s)): ~ en credit Debet und Kredit, Soll und Haben; *(fig) aan iets ~ zijn* an[+3] etwas schuld sein[262]

debiel debil

debiteren debitieren[320], belasten

debiteur Schuldner *m*[9], Debitor *m*[16]

debutant Debütant *m*[14]

debuteren debütieren[320]

debuut Debüt *o*[36]

decaan 1 *(van faculteit)* Dekan *m*[5]; **2** *(van studenten en scholieren)* Studienberater *m*[9]

decadent dekadent

decadentie Dekadenz *v*[28]

december Dezember *m*[9] *(2e nvl ook -)*: *in ~* im Dezember

decennium Jahrzehnt *o*[29]

decent dezent, anständig, schicklich

decentralisatie Dezentralisation *v*[20]

decentraliseren dezentralisieren[320]

decharge Entlastung *v*[20]: *getuige à ~* Entlastungszeuge *m*[15]

decibel Dezibel *o*[33] *(afk* dB)

decimaal I *bn* dezimal, Dezimal…; **II** *zn* Dezimale *v*[21], Dezimalzahl *v*[20], Dezimalstelle *v*[21]: *een getal met 3 decimalen* eine dreistellige Dezimalzahl; *tot in 5 decimalen* auf 5 Dezimalstellen

declamatie Deklamation *v*[20]

declameren deklamieren[320], vortragen[288]

declaratie 1 Deklaration *v*[20]; **2** *(van gemaakte onkosten)* Spesenrechnung *v*[20]

declareren 1 *(bij de douane)* deklarieren[320], verzollen; **2** *(van gemaakte onkosten)* in Rechnung stellen

declasseren deklassieren[320]

decolleté Dekolleté *o*[36], Dekolletee *o*[36]

decor 1 Dekor *m*[5], *m*[13], *o*[29], *o*[36]; **2** *(toneel)* Bühnenausstattung *v*[20], Requisiten *mv o*[37]

decoratie 1 *(versiering)* Dekoration *v*[20]; **2** *(ridderorde)* Dekoration *v*[20], Orden *m*[11]

decoreren dekorieren[320]

decoupeerzaag Stichsäge *v*[21]

decreet Dekret *o*[29], Erlass *m*[5]

decreteren dekretieren[320], verordnen

deeg Teig *m*[5]

deegwaren Teigwaren *mv v*[21], Nudeln *mv v*[21]

deel 1 *(gedeelte)* Teil *m*[5]: *~ aan iets hebben* an[+3] etwas beteiligt sein[262]: *in genen dele* keineswegs; *ten dele* zum Teil; *ten ~ vallen* zuteil werden[310]: *voor een ~* zum Teil; *voor het grootste ~* zum größten Teil; **2** *(aandeel)* Anteil *m*[5]; **3** *(boekdeel)* Band *m*[6]

deelachtig teilhaftig

deelbaar teilbar

deelbetrekking Teilzeitbeschäftigung *v*[20]

deelgenoot Teilhaber *m*[9]: *iem ~ maken van een ge-*

heim jmdm ein Geheimnis anvertrauen

deelname Beteiligung *v*[20] (an[+3]), Teilnahme *v*[21] (an[+3])

deelnemen sich beteiligen (an[+3]), teilnehmen[212] (an[+3])

deelnemer Teilnehmer *m*[9], Beteiligte(r) *m*[40a], *v*[40b]

deelneming 1 *(het meedoen aan)* Beteiligung *v*[20] (an[+3]); **2** *(medeleven)* Anteilnahme *v*[21]: *iem zijn ~ betuigen* jmdm seine Teilnahme bekunden

deelregering *(Belg)* Regionalregierung *v*[20]

deels teils, teilweise, zum Teil

deelsom Teilungsaufgabe *v*[21], Divisionsaufgabe *v*[21]

deelstaat *(Dui, Oostenr)* Bundesland *o*[32]

deelteken 1 *(trema)* Trema *o*[36]; **2** *(rekenen)* Divisionszeichen *o*[35]

deeltijdonderwijs Teilzeitunterricht *m*[19]

deelwoord Partizip *o* (2e nvl -s; mv Partizipien)

deemoed Demut *v*[28]

deemoedig demütig

Deen Däne *m*[15]

Deens dänisch

deerlijk jämmerlich, kläglich: *zich ~ vergissen* sich gewaltig irren

deerniswekkend erbärmlich

de facto de facto, tatsächlich

defect I *zn* Defekt *m*[5]; **II** *bn* defekt, schadhaft

defensie Verteidigung *v*[20]; Abwehr *v*[28]

defensief I *bn, bw* defensiv; **II** *zn* Defensive *v*[21]: *in het ~ zijn* sich in der Defensive befinden[157]

defilé Defilee *o*[38], Parade *v*[21]

defileren defilieren[320]

definiëren definieren[320]

definitie Definition *v*[20]

definitief definitiv, endgültig

deftig vornehm: *van ~e familie* aus vornehmer Familie

degelijk 1 *(gedegen)* gediegen, solide; **2** *(betrouwbaar)* zuverlässig || *ik heb het wel ~ gezien* ich habe es durchaus gesehen

degen Degen *m*[11]

degene *aanw vnw* der-, die-, dasjenige

degeneratie Degeneration *v*[20], Entartung *v*[20]

degenereren degenerieren[320], entarten

degradatie 1 Degradation *v*[20], Degradierung *v*[20]; **2** *(sp)* Abstieg *m*[5]

degradatiewedstrijd Abstiegsspiel *o*[29]

degraderen 1 degradieren[320]; **2** *(sp)* absteigen[281]

deinen schaukeln, wogen, sich wiegen

deining 1 *(scheepv)* Wellengang *m*[19], Dünung *v*[20]; **2** *(licht golvende beweging)* Wiegen *o*[39] || *veel ~ veroorzaken* hohe Wellen schlagen[241]

dek 1 Deck *o*[36], *o*[29]: *alle hens aan ~!* alle Mann an Deck!; *aan ~* an Deck; **2** *(bedekking)* Decke *v*[21]

dekbed Deckbett *o*[37], Oberbett, Federbett

¹deken *(dek)* Decke *v*[21], Bettdecke

²deken *(r-k)* Dechant *m*[14], Dekan *m*[5]

dekenkist Truhe *v*[21]

dekhengst Deckhengst *m*[5], Zuchthengst *m*[5]

dekken decken

de

dekking Deckung v^{20}
dekkleed Decke v^{21}
dekmantel *(ook fig)* Deckmantel m^{19}
dekschaal Schüssel v^{21} mit Deckel, Terrine v^{21}
deksel Deckel m^9
dekzeil Plane v^{21}
delegatie Delegation v^{20}
delegeren delegieren^{320}; abordnen
delen 1 teilen: *in iems verdriet* ~ an jmds Kummer^3 teilnehmen^{212}: *in het verlies, in de winst* ~ am Verlust, am Gewinn beteiligt sein^{262}; **2** *(rekenen)* teilen, dividieren^{320}
delfstof Mineral o^{29}
delgen tilgen
delicaat 1 *(lekker)* delikat, köstlich, lecker; **2** *(kiesheid vereisend)* delikat, heikel
delicatesse Delikatesse v^{21}, Leckerbissen m^{11}
delict Delikt o^{29}, Straftat v^{20}
deling Teilung v^{20}
delinquent Delinquent m^{14}, Verbrecher m^9
delirium Delirium o *(2e nvl -s; mv Delirien)*
delta Delta o^{36}
deltavliegen Drachenfliegen o^{39}
deltavlieger Drachenflieger m^9
delven 1 *(graven, spitten)* graben^{180}; **2** *(opdelven)* fördern: *goud* ~ nach Gold graben; *kolen* ~ Kohle fördern
demagogie Demagogie v^{28}
demagogisch demagogisch
demagoog Demagoge m^{15}
demarreren ausreißen^{220}
dement senil
dementeren I *intr (geestelijk aftakelen)* senil werden^{310}; **II** *tr (ontkennen)* dementieren^{320}
demilitariseren entmilitarisieren^{320}
demissionair zurückgetreten, demissioniert
democraat Demokrat m^{14}
democratie Demokratie v^{21}
democratisch demokratisch
democratiseren demokratisieren^{320}
democratisering Demokratisierung v^{20}
demon Teufel m^9, Dämon m^{16}
demonisch dämonisch
demonstrant Demonstrant m^{14}
demonstratie Demonstration v^{20}
demonstratief demonstrativ
demonstreren demonstrieren^{320}
demontage Demontage v^{21}, Abbau m^{19}
demonteren demontieren^{320}
demoraliseren demoralisieren^{320}
demotiveren demotivieren^{320}
dempen 1 *(een sloot)* zuschütten; **2** *(een oproer)* unterdrücken; **3** *(een geluid)* dämpfen
demper Sordine v^{21}, Dämpfer m^9
den Kiefer v^{21}: *grove* ~ Föhre v^{21}
denderen dröhnen, donnern
denderend *(geweldig)* großartig, toll
Denemarken Dänemark o^{39}
denigrerend abschätzig, geringschätzig

denkbaar denkbar
denkbeeld 1 *(gedachtebeeld)* Idee v^{21}, Gedanke m^{18}; **2** *(begrip, voorstelling)* Begriff m^5, Vorstellung v^{20}; **3** *(opvatting)* Auffassung v^{20}
denkbeeldig imaginär, nicht real
denken I *ww* denken^{140}: *wat denkt u daarvan?* was halten Sie davon?; *wat denkt u wel?* wo denken Sie hin?; *zou je* ~? meinst du?; *aan iem* ~ an jmdn denken; *dat doet me aan mijn jeugd* ~ das erinnert mich an meine Jugend; **II** *zn* Denken o^{39}
denker Denker m^9
denkfout Denkfehler m^9
denkpiste *(Belg)* Gedankengang m^6
denkvermogen Denkvermögen o^{39}
denkwijze Denkart v^{20}, Denkweise v^{21}
dennenappel Kiefernzapfen m^{11}, Tannenzapfen m^{11}
deodorant Deodorant o^{29}, o^{36}, Deo o^{36}
depanneren *(Belg)* **1** *(repareren)* reparieren^{320}; **2** *(vooruithelpen)* weiterhelfen^{188+3}
departement 1 Ministerium o *(2e nvl -s; mv -rien)*; **2** *(in Frankrijk)* Departement o^{36}
dependance Nebengebäude o^{33}
deponeren 1 *(in bewaring geven)* deponieren^{320}, hinterlegen; **2** *(van merk)* eintragen lassen^{197}: *wettig gedeponeerd* gesetzlich geschützt
deportatie Deportation v^{20}, Deportierung v^{20}
deporteren deportieren^{320}
deposito Depositum o *(2e nvl -s; mv Depositen)*
depot Depot o^{36}
deppen abtupfen
depressie 1 Depression v^{20}; **2** *(weerk)* Tief o^{36}
depressief, depri depressiv, niedergeschlagen
deprimeren deprimieren^{320}
deputatie Deputation v^{20}, Abordnung v^{20}
derby Derby o *(2e nvl -(s); mv -s)*
derde I *telw* dritte: *(sp) hij werd* ~ er wurde Dritter; *ten* ~ drittens; **II** *zn* **1** *(derde deel)* Drittel o^{33}; **2** *(buitenstaander)* Dritte(r) m^{40a}, v^{40b}
derdegraadsverbranding Verbrennung v^{20} dritten Grades
derderangs dritten Ranges, drittklassig
deren schaden^{+3}: *dat deert hem niet* das schadet ihm nicht; *niets kan hem* ~ nichts kann ihm etwas anhaben
dergelijk derartig, solch
dergelijks *iets* ~ etwas Derartiges
derhalve folglich, deshalb, deswegen
derivaat Derivat o^{29}
dermate dermaßen, derart
dermatoloog Dermatologe m^{15}, Hautarzt m^6
dertien dreizehn
dertig dreißig
derven entbehren; *(mislopen)* entgehen^{168}
derving Ausfall m^6: ~ *van inkomsten* Verdienstausfall m^6
des *bw* ~ *te* umso, desto; ~ *te beter* umso *(of:* desto*)* besser
desalniettemin dennoch, dessen ungeachtet

desastreus katastrophal, verheerend
desbetreffend diesbezüglich, einschlägig, betreffend
deserteren desertieren[320]
deserteur Deserteur *m*[5]
desertie Desertion *v*[20]
desgewenst auf Wunsch, auf Verlangen
design Design *o*[36]
designer Designer *m*[9]
desillusie Desillusion *v*[20], Enttäuschung *v*[20]
desinfecteren desinfizieren[320]
desinfectie Desinfektion *v*[20], Desinfizierung *v*[20]
desintegratie Desintegration *v*[20]
deskundig sachverständig, sachkundig
deskundige Sachverständige(r) *m*[40a], *v*[40b]
desnoods nötigenfalls, wenn nötig
desondanks trotzdem, dennoch
desorganisatie Desorganisation *v*[20]
despoot Despot *m*[14], Tyrann *m*[14]
despotisme Despotismus *m*[19a]
dessert Dessert *o*[36], Nachtisch *m*[5]
dessin Dessin *o*[36], Muster *o*[33]
destijds damals, seinerzeit
destructie Destruktion *v*[20], Zerstörung *v*[20]
destructief destruktiv, zerstörend
desverlangd auf Wunsch
detachement Truppenabteilung *v*[20]
detacheren stationieren; *(mil)* abkommandieren[320], abstellen
detail Detail *o*[36], Einzelheit *v*[20]
detailhandel Einzelhandel *m*[19], Kleinhandel *m*[19]
detailhandelaar Einzelhändler *m*[9]
detective 1 Detektiv *m*[5]; **2** *(roman)* Krimi *m*[13]
detectiveroman Krimi *m*[13], Kriminalroman *m*[5]
detector Detektor *m*[16]
determinatie Determination *v*[20]
determineren determinieren[320], bestimmen
deugd Tugend *v*[20]: *dat doet me ~* das freut mich
deugdelijk 1 solide, ordentlich; **2** *(van argument, bewijs)* überzeugend, stichhaltig
deugdelijkheid 1 Solidität *v*[28], Gediegenheit *v*[28]; **2** *(van argument, bewijs)* Stichhaltigkeit *v*[28]
deugdzaam tugendhaft
deugdzaamheid Tugendhaftigkeit *v*[28]
deugen taugen: *hij deugt niet voor leraar* er taugt nicht zum Lehrer
deugniet Schlingel *m*[9], Racker *m*[9]
deuk Beule *v*[21], Delle *v*[21]
deuken verbeulen, *(fig)* erschüttern
deun Weise *v*[21]
deuntje: *altijd hetzelfde ~* immer das alte Lied
deur Tür *v*[20]; *(van sluis)* Tor *o*[29]: *zitting achter gesloten ~en* Sitzung hinter verschlossenen Türen; *open ~en intrappen* offene Türen einrennen[222]
deurbel Türklingel *v*[21]
deurknop Türgriff *m*[5]
deuropening Türöffnung *v*[20], Tür *v*[20]
deurpost Türpfosten *m*[11]
deurwaarder Gerichtsvollzieher *m*[9]

devaluatie Abwertung *v*[20]
devalueren I *tr* abwerten; **II** *intr* an Wert verlieren[300]
devies 1 *(zinspreuk)* Devise *v*[21]; **2** *(handel) (deviezen)* Devisen *mv*
deviezenverkeer Devisenverkehr *m*[19]
deze *aanw vnw*[76]; dieser, diese, dieses: *bij ~ informeren wij u* hiermit informieren wir Sie; *de 11e ~r* den *(of:* am) 11. dieses Monats
dezelfde *aanw vnw* der-, die-, dasselbe: *hij is altijd ~* er ist immer derselbe
dia Dia *o*[36], Diapositiv *o*[29]
diabetes Diabetes *m*[19a]
diabeticus Diabetiker *m*[9]
diaconie Diakonie *v*[28]
diadeem Diadem *o*[29]
diafragma Diaphragma *o (2e nvl -s; mv -men) (foto)* Blende *v*[21]
diagnose Diagnose *v*[21]
diagonaal I *bn* diagonal; **II** *zn* Diagonale *v*[21]
diagram Diagramm *o*[29]
diaken Diakon *m*[5], *m*[14]
dialect Dialekt *m*[5], Mundart *v*[20]
dialectisch dialektisch
dialoog Dialog *m*[5], Zwiegespräch *o*[29]
diamant Diamant *m*[14]
diamanten diamanten, Diamant…
diamantslijper Diamantschleifer *m*[9]
diameter Diameter *m*[9], Durchmesser *m*[9]
diametraal diametral
diaprojector Diaprojektor *m*[16]
diarree Durchfall *m*[6]
dicht 1 *(nauw aaneengesloten)* dicht: *~ op elkaar* dicht gedrängt; **2** *(niet lek)* dicht; **3** *(gesloten)* geschlossen; **4** *(nabij)* dicht
dichtbij nah[60]: *~ het gemeentehuis* in der Nähe des Rathauses; *hij woont hier ~* er wohnt hier in der Nähe; *van ~* aus der Nähe
dichtbinden zubinden[131]
dichtbundel Gedichtsammlung *v*[20]
dichtdoen schließen[245], zumachen
dichtdraaien zudrehen, abdrehen
dichten 1 *(dichtmaken)* (ab)dichten; **2** *(verzen maken)* dichten
dichter Dichter *m*[9]; Poet *m*[14]
dichterlijk dichterisch, poetisch
dichtgooien zuwerfen[311], *(een deur)* zuschlagen[241]
dichtheid Dichte *v*[28]
dichting Dichtung *v*[20]
dichtklappen zuklappen
dichtknijpen zukneifen[192], zudrücken
dichtkunst Dichtkunst *v*[25], Poesie *v*[28]
dichtmaken zumachen
dichtplakken zukleben
dichtslaan zuschlagen[241], zuschmeißen[247]
dichtslibben verschlammen, verschlicken
dichtspijkeren zunageln
dichtstoppen zustopfen
dichtvorm Gedichtform *v*[20]

dichtvouwen zusammenfalten
dichtvriezen zufrieren[163]
dichtwerk Dichtung v^{20}
dictaat Diktat o^{29}
dictaatcahier Kollegheft o^{29}
dictator Diktator m^{16}
dictatuur Diktatur v^{20}
dictee Diktat o^{29}
dicteren diktieren[320]
dictie Diktion v^{20}, Sprechweise v^{21}
didacticus Didaktiker m^9
didactiek Didaktik v^{28}
didactisch didaktisch
die I *aanw vnw*[76]; der, die, das; *(dichtbij)* dieser, diese, dieses; *(veraf)* jener, jene, jenes: *niet deze maar ~* nicht dieser, sondern jener; II *betr vnw*[78]; der, die, das; welcher, welche, welches
dieet Diät v^{20}, Schonkost v^{28}
dief Dieb m^5
diefachtig diebisch
diefstal Diebstahl m^6
diegene *aanw vnw* der-, die-, dasjenige
dienaangaande diesbezüglich
dienaar Diener m^9
dienblad Tablett o^{29}
dienen I *intr* 1 *(in dienst zijn)* dienen: *hij dient* er ist Soldat; 2 *(bestemd voor)* dienen: *dat dient als voorwendsel* das dient als *(of:* zum) Vorwand; *dat dient nergens toe* das hat keinen Zweck; 3 *(behoren)* sollen[269], müssen[211]: *kinderen ~ iets te leren* Kinder sollen *(of:* müssen) etwas lernen || *(jur) de zaak dient morgen* die Sache kommt morgen vor Gericht; II *tr (nuttig zijn)* nützen[+3]; dienen[+3]: *deze gegevens kunnen ons wel ~* diese Angaben könnten uns[3] nützen; *waarmee kan ik u ~?* womit kann ich (Ihnen) dienen?
dienovereenkomstig (dem)entsprechend
dienst 1 Dienst m^5: *~ doen als* dienen als; *ik heb ~* ich habe Dienst; *bij iem in ~ zijn* in jmds Dienst(en) stehen[279] *(of:* sein[262]): *in ~ van de wetenschap* im Dienst der Wissenschaft; *onder ~ zijn* seine Wehrpflicht ableisten; 2 *(als aanduiding) (op bureau)* Dienststelle v^{21}; *(op deur)* Dienstraum m^6; 3 *(betrekking)* Stellung v^{20}, Stelle v^{21}: *in ~ treden* eine Stelle antreten[291]; 4 *(in de kerk)* Gottesdienst m^5
dienstauto Dienstwagen m^{11}
dienstbaar dienstbar
dienstdoend Dienst habend
dienster Serviererin v^{22}, Kellnerin v^{22}
dienstgeheim Dienstgeheimnis o^{29a}
dienstig dienlich, nützlich
dienstjaar Dienstjahr o^{29}
dienstmeisje Dienstmädchen o^{35}
dienstorder Dienstanweisung v^{20}
dienstplicht Wehrpflicht v^{28}
dienstplichtig wehrpflichtig
dienstregeling Fahrplan m^6; *(spoorboekje)* Kursbuch o^{32}
diensttijd Dienstzeit v^{20}

dienstverlenend: *~ bedrijf* Dienstleistungsbetrieb m^5
dienstweigeraar Wehrdienstverweigerer m^9
dientengevolge dadurch, demzufolge
diep I *bn, bw* tief: *een ~ bord* ein tiefer Teller; *tot ~ in de nacht* bis tief in die Nacht hinein; *uit het ~st van mijn hart* aus tiefstem Herzen; II *zn (kanaal)* Kanal m^6
diepgaand tief gehend, eingehend, gründlich
diepgang Tiefgang m^{19}
diepliggend tief liegend
diepte *(ook fig)* Tiefe v^{21}
diepvries *(diepvriezer)* Tiefkühlschrank m^6, Tiefkühltruhe v^{21}: *artikelen uit de ~* Tiefgekühlte(s) o^{40c}, Tiefkühlkost v^{28}
diepvrieskast Tiefkühlschrank m^6
diepvrieskist Tiefkühltruhe v^{21}
diepzee Tiefsee v^{21}
diepzinnig tiefsinnig
diepzinnigheid Tiefsinn m^{19}
dier Tier o^{29}: *van ~en houden* tierlieb sein[262]
dierbaar teuer, lieb, wert
dierenarts Tierarzt m^6
dierenasiel Tierasyl o^{29}, Tierheim o^{29}
dierenbescherming Tierschutz m^{19}
dierenbeul Tierquäler m^9
dierenmishandeling Tierquälerei v^{20}
dierentemmer Tierbändiger m^9
dierentuin Tiergarten m^{12}, Zoo m^{13}
dierkunde Zoologie v^{28}, Tierkunde v^{28}
dierlijk tierisch, animalisch
diersoort Tierart v^{20}
dies: *en wat ~ meer zij* und dergleichen mehr
dieselmotor Dieselmotor m^{16}, m^5
dieselolie Dieselöl o^{29}
diëtist Diätist m^{14}, Diätassistent m^{14}
dievegge Diebin v^{22}
dievenbende Diebesbande v^{21}, Gaunerbande v^{21}
differentiaal Differenzial o^{29}, Differential o^{29}
differentiaalrekening Differenzialrechnung v^{20}, Differentialrechnung v^{20}
differentiatie Differenzierung v^{20}
differentieel I *zn (techn)* Differenzial o^{29}, Differential o^{29}; II *bn* differenziell, differentiell
diffusie Diffusion v^{28}
diffuus diffus
difterie Diphtherie v^{21}
diggel: *aan ~en vallen* in Scherben gehen[168]
digitaal digital: *digitale klok* Digitaluhr v^{20}
dij Oberschenkel m^9, Schenkel m^9
dijk Deich m^5: *iem aan de ~ zetten* jmdn in die Wüste schicken
dijkbreuk Deichbruch m^6
dik I *bn, bw* dick; *(dicht)* dicht: *~ke mist* dicker *(of:* dichter) Nebel; *~ke ogen (van het huilen)* geschwollene Augen; *~ bevriend* eng befreundet; *~ tevreden* überaus zufrieden; *een ~ uur* eine gute Stunde; *zich ~ maken* sich aufregen; *het is ~ in orde* es ist alles in bester Ordnung; II *zn (bezinksel)* Bodensatz

m^6, Satz m^6: *door ~ en dun* durch dick und dünn

dikdoener Dicktuer m^9, Wichtigtuer m^9

dikdoenerij Dicktuerei v^{28}, Wichtigtuerei v^{28}

dikhuidig dickhäutig; *(fig)* dickfellig

dikkerd Dicke(r) m^{40a}, v^{40b}, Pummel m^9

dikoor Mumps m^{19a}

dikte 1 *(dikheid, ook van saus)* Dicke v^{21}; **2** *(afmeting)* Stärke v^{21}: *de ~ van een plank* die Stärke eines Brettes; **3** *(van mensen)* Dicke v^{28}, Korpulenz v^{28}

dikwijls oft, häufig, oftmals

dikzak Dicke(r) m^{40a}, v^{40b}, Dickerchen o^{35}

dilemma Dilemma o^{36}

dilettant Dilettant m^{14}, Liebhaber m^9

dilettantisme Dilettantismus m^{19a}

diligence Diligence v^{21}

dimensie Dimension v^{20}

dimlicht Abblendlicht o^{31}

dimmen abblenden

diner Diner o^{36}, Festessen o^{35}

dineren dinieren^{320}, speisen

ding Ding o^{29}, Sache v^{21}, Gegenstand m^6

dingen sich bewerben^{309} um^{+4}: *naar een betrekking ~* sich um eine Stelle bewerben; *naar de hand van een meisje ~* um ein Mädchen werben^{309}

dinsdag Dienstag m^5: *op ~* am Dienstag

dinsdags am Dienstag, dienstags

diploma 1 *(universitair e.d.)* Diplom o^{29}; **2** *(van school)* Zeugnis o^{29a}; **3** *(scheepv)* Patent o^{29}

diplomaat Diplomat m^{14}

diplomatie Diplomatie v^{28}

diplomatiek, diplomatisch diplomatisch

diplomeren: *iem ~* jmdn diplomieren^{320}

direct 1 *(rechtstreeks)* direkt, unmittelbar; **2** *(dadelijk)* gleich, sofort: *~e maatregel* Sofortmaßnahme v^{21}

directeur 1 *(van bedrijf)* Direktor m^{16}; **2** *(bij het basisonderwijs)* Rektor m^{16}

directeur-generaal Generaldirektor m^{16}

directie Direktion v^{20}, Vorstand m^6, Leitung v^{20}

directielid Vorstand m^6, Vorstandsmitglied o^{31}

directiesecretaresse Direktionssekretärin v^{22}

directrice Direktorin v^{22}, Rektorin v^{22}; *zie ook* directeur

dirigeerstok Taktstock m^6, Dirigierstab m^6

dirigent Dirigent m^{14}

dirigeren dirigieren^{320}, leiten

dis Tisch m^5, *(deftig)* Tafel v^{21}

discipel Jünger m^9: *~ van Jezus* Jünger Jesu

disciplinair disziplinarisch: *~e straf* Disziplinarstrafe v^{21}

discipline Disziplin v^{28}, Zucht v^{28}

disciplineren disziplinieren^{320}

discman tragbarer CD-Player m^9 mit Kopfhörer

disco Disko v^{27}, Diskothek v^{20}

discomuziek Diskomusik v^{28}

disconto Diskont m^5; *(het percentage)* Diskontsatz m^6: *het ~ verhogen* den Diskontsatz erhöhen

discotheek Diskothek v^{20}, Disko v^{27}

discountzaak Discountladen m^{12}, Discountge-

---

schäft o^{29}

discreet diskret

discretie Diskretion v^{20}, Takt m^{19}

discriminatie Diskriminierung v^{20}

discrimineren diskriminieren^{320}

discus Diskus m *(2e nvl - of -ses; mv Disken of -se)*

discussie Diskussion v^{20}: *ter ~ stellen* zur Diskussion stellen

discussiëren diskutieren^{320}

discuswerper Diskuswerfer m^9

discutabel diskutabel

disk Diskette v^{21}, Floppydisk v^{27}, Floppy Disk v^{27}

diskdrive 1 *(in mainframe)* Plattenlaufwerk o^{29}; **2** *(in pc)* Diskettenlaufwerk o^{29}

diskette Diskette v^{21}

diskjockey Diskjockey m^{13}, Plattenjockey m^{13}

diskrediet Diskredit m^{19}, Misskredit m^{19}: *iem in ~ brengen* jmdn in^{+4} Diskredit *(of:* in Verruf) bringen^{139}

diskwalificatie Disqualifizierung v^{20}

diskwalificeren disqualifizieren^{320}

dispensatie Dispensation v^{20}, Dispensierung v^{20}

display *(beeldscherm)* Display o^{36}, Monitor m^{16}

disponeren disponieren^{320}, verfügen: *over een tegoed ~* über ein Guthaben verfügen

disponibel disponibel, verfügbar

dissertatie Dissertation v^{20}, Doktorarbeit v^{20}

dissident Dissident m^{14}

dissonant Dissonanz v^{20}

distantie Distanz v^{20}, Entfernung v^{20}

distantiëren, zich sich distanzieren^{320}

distel Distel v^{21}

distillatie Destillation v^{20}

distilleren destillieren^{320}

distribueren distribuieren^{320}, verteilen

distributie 1 *(verspreiding)* Distribution v^{20}, Verteilung v^{20}; **2** *(rantsoenering)* Zuteilung v^{20}

district Bezirk m^5; *(groep gemeenten)* Kreis m^5

districtsbestuur Bezirks-, Kreisbehörde v^{21}

dit *aanw vnw*^{76}; dieser, diese, dieses: *~ en dat* dieses und jenes; *~ alles* dies(es) alles

ditmaal diesmal, dieses Mal

diva Diva v^{27} *(mv ook Diven)*

divers verschieden, divers

diversen Allerlei o^{39}, Vermischte(s) o^{40c}

dividend Dividende v^{21}, Gewinnanteil m^5

divisie 1 *(mil)* Division v^{20}; **2** *(sp)* Liga v *(mv Ligen)*

divisiecommandant Divisionskommandeur m^5

dizzy benommen, schwindlig

dm *afk van decimeter* Dezimeter m^9, o^{33} *(afk dm)*

d.m.v. *afk van door middel van* mittels^{+2}, durch^{+4}

dobbelaar Würfelspieler m^9, Würfler m^9

dobbelen würfeln

dobbelspel Würfelspiel o^{29}

dobbelsteen Würfel m^9

dobber *(drijver)* Schwimmer m^9

dobberen schaukeln

dobermannpincher Dobermannpinscher m^9

docent Lehrer m^9, Dozent m^{14}; *(bij het vwo)* Gym-

do

nasiallehrer; *(aan universiteit)* Dozent *m*[14]
doceren lehren, unterrichten
doch aber, jedoch
dochter Tochter *v*[26]
dochtermaatschappij Tochtergesellschaft *v*[20]
doctor Doktor *m*[16] *(afk Dr.)*
doctoraal: ~ *examen* Staatsexamen *o*[35]
doctorandus Akademiker *m*[9]
doctrinair doktrinär
doctrine Doktrin *v*[20]
document Dokument *o*[29]
documentair dokumentarisch
documentaire 1 *(film)* Dokumentarfilm *m*[5]; **2** *(verslag)* Dokumentarbericht *m*[5]
documentatie Dokumentation *v*[20]; *(informatiemateriaal)* Informationsmaterial *o (2e nvl -s; mv -ien)*
documenteren dokumentieren[320]
dode 1 Tote(r) *m*[40a], *v*[40b]; **2** *(slachtoffer)* Todesopfer *o*[33]
dodelijk tödlich
doden töten: *de tijd* ~ die Zeit totschlagen[241]
dodenherdenking Totenfeier *v*[21], Totenehrung *v*[20]
doedelzak Dudelsack *m*[6], Sackpfeife *v*[21]
doe-het-zelfzaak Heimwerkergeschäft *o*[29]
doe-het-zelver Heimwerker *m*[9]
doek *o* **1** *(stofnaam)* Tuch *o*[29]; **2** *(stuk linnen)* Leinwand *v*[25]; **3** *(schilderij)* Gemälde *o*[33]; **4** *(theat)* Vorhang *m*[6]: *een open ~je krijgen* Beifall auf offener Bühne bekommen[193]
doel 1 *(eindpunt, mikpunt)* Ziel *o*[29]: *zijn ~ bereiken* sein Ziel erreichen; *zich een ~ stellen* sich[3] ein Ziel setzen; **2** *(doeleinde, bedoeling)* Zweck *m*[5]: *met dat ~* zu diesem Zweck; **3** *(streven)* Absicht *v*[20]: *met het ~ om winst te maken* mit[+3] der Absicht, Gewinn zu erzielen; **4** *(sp)* Tor *o*[29]
doelbewust zielbewusst
doeleinde Zweck *m*[5], Absicht *v*[20]
doelen *(met op)* zielen auf[+4]
doelgebied *(sp)* Torraum *m*[6]
doelgericht gezielt; *(vastberaden)* zielstrebig
doelgroep Zielgruppe *v*[20]
doellijn Torlinie *v*[21]
doelloos 1 ziellos; **2** *(nutteloos)* zwecklos
doelman Torwart *m*[5], Torhüter *m*[9]
doelmatig zweckmäßig
doelpaal Torpfosten *m*[11]
doelpunt Tor *o*[29], Treffer *m*[9]: *een ~ maken* ein Tor schießen[238]
doelsaldo Tordifferenz *v*[20]
doelschop Abstoß *m*[6]
doelschot Torschuss *m*[6]
doelstelling Zielsetzung *v*[20], Ziel *o*[29]
doeltreffend wirksam, effektiv
doelwit Ziel *o*[29]; *(mikpunt)* Zielscheibe *v*[21]
doemen verurteilen, verdammen; *zie ook* gedoemd
doen I *ww* **1** *(algem)* tun[295], machen: *vriendelijk ~* freundlich tun; *wat ga je morgen ~?* was hast du morgen vor?; *dat doet me vrezen, dat …* das lässt mich befürchten, dass …; *hij doet, alsof …* er tut,

als ob …; *een postzegel ~ op* eine Briefmarke kleben auf[+4]; *wat doet het er toe?* was tut das zur Sache?; **2** *(uitrichten)* machen: *er is niets aan te ~ da* ist nichts zu machen; **3** *(in combinatie met een zn als omschrijving van het desbetreffende ww)* machen: *examen ~* ein Examen machen; *een poging ~* einen Versuch machen; *iem verdriet ~* jmdm Kummer machen; **4** *(teweegbrengen, in combinatie met een onbepaalde wijs)* machen: *iem iets ~ geloven* jmdn etwas glauben machen; *iem ~ huilen* jmdn weinen machen; **5** *(doen aan)* pflegen, treiben[290]: *aan muziek ~* Musik pflegen (*of:* treiben); *aan sport ~* Sport treiben; *de radio doet het niet* das Radio ist defekt; *de kamer ~* das Zimmer sauber machen; *ik heb met hem te ~* er dauert mich; **II** *zn* Tun *o*[39]: *dat is geen manier van ~* das ist doch keine Art; *in goeden ~ zijn* wohlhabend sein[262]: *het ~ en laten* das Tun und Lassen; *voor hun ~ wonen ze daar mooi* sie wohnen dort schön für ihre Verhältnisse
doende beschäftigt: *ermee ~ zijn* damit beschäftigt sein[262]; *wij zijn juist ~ een club op te richten* wir sind gerade dabei, einen Verein zu gründen
doenlijk möglich, ausführbar
doetje 1 *(vrouw)* Suse *v*[21]; **2** *(man)* Trottel *m*[9]
doevakantie Aktivurlaub *m*[5]
dof 1 matt; **2** *(mbt klank)* dumpf
doffer Tauber *m*[9], Tauberich *m*[5]
dog Dogge *v*[21]: *Duitse ~* Deutsche Dogge
dogma Dogma *o (2e nvl -s; mv Dogmen)*
dogmatisch dogmatisch
dok *(scheepv)* Dock *o*[36], soms *o*[29]
doka Dunkelkammer *v*[21]
dokken *(betalen)* blechen
dokter Arzt *m*[6]: *vrouwelijke ~* Ärztin *v*[22]
dokteren: *aan iets ~* an[+3] etwas herumdoktern
doktersassistente Arzthelferin *v*[22]
doktersattest ärztliches Attest *o*[29]
¹dol *zn (scheepv)* Dolle *v*[21]
²dol *bn, bw* **1** toll: *~le pret* riesige Freude; *een ~le streek* ein toller Streich; *in een ~le bui* im Übermut; **2** *(hondsdol)* tollwütig || *~ op iets zijn* versessen auf[+4] etwas sein[262]: *~ op iem zijn* in jmdn vernarrt sein[262]
dolblij riesig froh: *~ zijn* sich unbändig freuen
doldriest tollkühn
dolen herumirren, umherirren
dolfijn Delphin *m*[5], Delfin *m*[5]
dolgraag sehr gern
dolk Dolch *m*[5]
dolkmes Dolchmesser *o*[33]
dollar Dollar *m*[13] *(2e nvl ook -)*: *30 ~* 30 Dollar
dollen herumtollen, kalbern
¹dom *(kathedraal)* Dom *m*[5], *(Z-Dui)* Münster *o*[33]
²dom *bn, bw* dumm[58]; *(onnozel)* einfältig
domein *(ook fig)* Domäne *v*[21]
domheid Dummheit *v*[20]
domicilie Domizil *o*[29], Wohnsitz *m*[5]
dominant I *zn* Dominante *v*[21]; **II** *bn* dominant
dominee Pfarrer *m*[9], Pastor *m*[16]

domineren domineren[320], (vor)herrschen
dominicaan Dominikaner *m*[9]
domino Domino *o*[36]
dominospel Dominospiel *o*[29]
dominosteen Dominostein *m*[5]
domkop Dummkopf *m*[6], Schafskopf *m*[6]
dommelen dösen
dommerik Dummkopf *m*[6], Schafskopf *m*[6]
dommigheid Dummheit *v*[20]
domoor *zie* dommerik
dompelaar *(elektr)* Tauchsieder *m*[9]
dompelen tauchen, eintauchen || *iem in armoede ~* jmdn in Armut stürzen
dompteur Dompteur *m*[5], Tierbändiger *m*[9]
dompteuse Dompteuse *v*[21], Tierbändigerin *v*[22]
domweg einfach, glattweg
donateur Spender *m*[9]; *(van vereniging)* Begünstiger *m*[9]
donatie Spende *v*[21]; *(aan vereniging)* Beitrag *m*[6]
donder Donner *m*[9]: *(inform) een arme ~* ein armer Schlucker; *(inform) op zijn ~ krijgen: a) (slaag)* verprügelt werden[310]; *b) (met woorden)* einen Rüffel bekommen[193]: *(inform) daar kun je ~ op zeggen* darauf kannst du Gift nehmen
donderbui Gewitter *o*[33]
donderdag Donnerstag *m*[5]: *op ~* am Donnerstag; *Witte Donderdag* Gründonnerstag
donderen 1 *(rommelen)* donnern; **2** *(uitvaren)* wettern, donnern; **3** *(plat) (vallen)* fallen[154]
donderjagen 1 *(opspelen)* wettern, toben; **2** *(zaniken)* nörgeln, meckern
donderslag Donnerschlag *m*[6]: *als een ~ bij heldere hemel* wie ein Blitz aus heiterem Himmel
donderstraal Halunke *m*[15], Schurke *m*[15]
donker I *bn, bw* **1** *(niet licht)* dunkel, *(sterker)* finster: *~ bier* dunkles Bier *o*[29]: *het wordt ~* es wird dunkel; **2** *(somber)* trübe, düster: *~ weer* trübes Wetter *o*[39]; **II** *zn* Dunkelheit *v*[28]; Dunkel *o*[39]: *in het ~* im Dunkeln
donkerblauw dunkelblau, tiefblau
donkerte Dunkelheit *v*[28]; Dunkel *o*[39]
donor Spender *m*[9]
dons 1 Daunen *mv v*[21]; **2** *(zachte beharing, ook van perzik)* Flaum *m*[19]
donzen flaumig, Flaum…: *~ dekbed* Federbett *o*[37], Daunenbett *o*[37]
dood I *zn* Tod *m*[5]: *de witte ~* der weiße Tod; *~ door schuld* fahrlässige Tötung *v*[20]: *ter ~ brengen* töten; **II** *bn, bw* tot, leblos: *dode hoek* toter Winkel; *meer ~ dan levend* mehr tot als lebendig; *op sterven na ~* todsterbenskrank; *om je ~ te lachen* zum Totlachen; *op zijn dooie gemak* ganz gemächlich; *op een ~ spoor komen* in eine Sackgasse geraten[218]
doodbijten totbeißen[125]
doodblijven: *ineens ~* tot zusammenbrechen[137]
doodbloeden verbluten
dooddoener abgedroschene Redensart *v*[20]
dooddrukken erdrücken
doodeenvoudig ganz einfach

doodeerlijk grundehrlich
doodeng unheimlich
doodergeren, zich sich totärgern
doodernstig todernst
doodgaan sterben[282]
doodgemakkelijk kinderleicht
doodgemoedereerd seelenruhig
doodgewoon ganz gewöhnlich
doodgoed seelengut
doodgooien totwerfen[311]: *iem met argumenten ~* jmdn mit Argumenten überhäufen; *ze gooien je dood met folders* man wird mit Prospekten überschüttet
doodgraver Totengräber *m*[9]
doodkalm seelenruhig
doodkist Sarg *m*[6]
doodlachen, zich sich totlachen
doodleuk ohne eine Miene zu verziehen
doodlopen: *~de weg* Sackgasse *v*[21]
doodmaken totmachen, töten
doodmoe todmüde
doodop völlig erschöpft, todmüde
doodrijden: *iem ~* jmdn totfahren[153], *(van paard)* zu Tode reiten
doods *(eenzaam)* öde, menschenleer: *~e stilte* Totenstille *v*[28], Grabesstille *v*[28]
doodsangst Todesangst *v*[25]
doodsbang sehr bang
doodsbed Totenbett *o*[37], Sterbelager *o*[33]
doodsbericht Todesnachricht *v*[20]
doodsbleek totenblass, totenbleich
doodschamen, zich sich zu Tode schämen
doodschieten erschießen[238]
doodschrikken, zich zu Tode erschrecken[251]
doodshoofd Totenkopf *m*[6], Totenschädel *m*[9]
doodskist Sarg *m*[6]
doodslaan erschlagen[241], totschlagen[241]: *(fig) iem met argumenten ~* jmdn mit Argumenten mundtot machen
doodslag Totschlag *m*[19]
doodsoorzaak Todesursache *v*[21]
doodsstrijd Todeskampf *m*[6], Agonie *v*[21]
doodsteek Todesstoß *m*[6]: *dat gaf hem de ~* das gab ihm den Todesstoß (*of:* dem Rest)
doodsteken erstechen[277], totstechen[277]
doodstil totenstill, mäuschenstill
doodstraf Todesstrafe *v*[21]
doodsverachting Todesverachtung *v*[28]
doodsvijand Todfeind *m*[5]
doodtrappen tottreten[291], zertreten[291]
doodvallen 1 *(door een val omkomen)* zu Tode stürzen; **2** *(doodblijven)* tot umfallen[154]
doodvechten, zich sich zu Tode kämpfen
doodvonnis Todesurteil *o*[29]
doodvriezen erfrieren[163]
doodwerken, zich sich totarbeiten
doodziek todkrank
doodzonde I *zn* Todsünde *v*[21]; **II** *bn* schade
doodzwijgen totschweigen[255]

do

do

doof taubt: *zo ~ als een kwartel* stocktaub; *zich ~ houden* sich taub stellen
doofheid Taubheit *v*[28]
doofpot: *iets in de ~ stoppen* etwas vertuschen
doofstom taubstumm: *~me* Taubstumme(r) *m*[40a], *v*[40b]
dooi *(ook fig)* Tauwetter *o*[39]
dooien tauen: *het dooit* es taut
dooier Dotter *m*[9], *o*[33], *(ook)* Eidotter *m*[9], *o*[33]
doolhof *(ook fig)* Labyrinth *o*[29]
doop 1 Taufe *v*[21]: *ten ~ houden* aus der Taufe heben[186]; **2** *(Belg) (ontgroening)* Inkorporation *v*[20]
doopceel Taufschein *m*[5]: *iems ~ lichten* jmds Sündenregister aufschlagen[241]
doopnaam Taufname *m*[18]
doopplechtigheid, doopsel Taufe *v*[21]
doopsuiker *(Belg)* bei der Taufe verteilte Süßwaren *mv v*[21]
doopvont Taufbecken *o*[35]
door I *vz* **1** *(mbt plaats)* durch[+4]: *~ de kamer lopen* durchs Zimmer gehen[168]; **2** *(rekenen)* durch[+4]: *delen ~* dividieren durch; **3** *(wegens)* wegen[+2]: *~ het slechte weer* wegen des schlechten Wetters; **4** *(door middel van)* durch[+4]: *~ een vriend iets laten meedelen* durch einen Freund etwas mitteilen lassen[197]; **5** *(mbt tijd)* durch[+4]: *~ het hele jaar heen* durch das ganze Jahr; **6** *(in lijdende zinnen)* von[+3] *(als door betrekking heeft op de veroorzaker): hij werd ~ een bekende gedood* er wurde von einem Bekannten getötet; **7** *(in lijdende zinnen)* durch[+4] *(als door betekent 'door middel van'): hij werd ~ een schot gedood*; **8** *(door + te + onbep w)* dadurch, dass; indem: *~ te werken* dadurch, dass *(of:* indem) du arbeitest; **II** *bw* **1** *(mbt plaats)* durch[+4] … (hindurch): *dat gaat het raam niet ~* das geht nicht durchs Fenster (hindurch); *dat gaat door[+4]* … hindurch, über, lang: *de hele dag ~* (durch) den ganzen Tag hindurch, den ganzen Tag über; *zijn hele leven ~* sein ganzes Leben lang; *aan een stuk ~* fortwährend || *~ en ~ nat* durch und durch nass; *dat kan er nog mee ~* das geht noch hin; *dat kan er niet mee ~* das kann man nicht hingehen lassen
¹**doorbakken** weiterbacken
²**doorbakken** durchbacken
doorberekenen: *de kosten in de prijzen ~* die Kosten auf die Preise aufschlagen[241]: *de kosten aan de klant ~* die Kosten an[+4] den Kunden weitergeben[166]
doorbetalen fortzahlen, weiterzahlen
doorbetaling Weiterzahlung *v*[20], Fortzahlung
doorbladeren durchblättern
¹**doorboren** weiterbohren
²**doorboren** durchbohren
doorbraak Durchbruch *m*[6]
¹**doorbreken** durchbrechen[137]: *de zon breekt door* die Sonne bricht durch; *de dijk breekt door* der Deich bricht
²**doorbreken** durchbrechen[137]
doorbrengen verbringen[139], zubringen[139]
doorbuigen durchbiegen[129]
doordacht durchdacht, wohlerwogen

doordat dadurch, dass; indem
¹**doordenken** gut nachdenken[140]
²**doordenken** durchdenken[140]
doordouwer Draufgänger *m*[9]
doordraaien 1 *(verder draaien)* weiterdrehen; **2** *(op veiling)* vernichten
doordrammen I *intr (zeuren)* quengeln; **II** *tr (doordrijven)* durchdrücken
doordraven 1 *(verder draven)* weitertraben; **2** *(fig)* drauflosschwatzen, schwadronieren[320]
doordrijven durchsetzen: *zijn zin ~* seinen Willen durchsetzen
¹**doordringen** durchdringen[143]
²**doordringen** durchdringen[143]
doordrongen: *~ van iets zijn* von etwas durchdrungen sein[262]
doordrukken I *tr (erdoor krijgen)* durchdrücken; **II** *intr (typ)* durchdrucken
dooreen durcheinander
dooreten weiteressen[152]: *niet ~* langsam essen
doorgaan 1 *(verder gaan)* weitergehen[168]; **2** *(voortgaan)* fortfahren[153]: *met lezen ~* mit dem Lesen fortfahren; **3** *(voortduren)* weitergehen[168]; **4** *(geschieden)* stattfinden[157]: *de voorstelling gaat door* die Vorstellung findet statt; **5** *(ingaan op)* eingehen[168] auf[+4]: *op een detail ~* auf ein Detail eingehen; **6** *(aangezien worden)* gelten[170]: *voor een kenner ~* für einen Kenner gelten
doorgaand durchgehend: *~ verkeer* Durchgangsverkehr *m*[19]
doorgaans meistens, gewöhnlich
doorgang Durchgang *m*[6]: *~ vinden* stattfinden[157]
doorgestoken: *~ kaart* eine abgekartete Sache
doorgeven I *ww* weitergeben[166], *(van de spreker af)* weiterreichen, *(naar de spreker toe)* herüberreichen; *(aan hogere instantie)* weiterleiten: *een bericht ~* eine Nachricht durchgeben[166]; **II** *zn* Weitergabe *v*[28], Weiterleitung *v*[28], Durchgabe *v*[21]; *zie ook* doorgeven I
doorgewinterd überzeugt, eingefleischt
doorgronden ergründen, durchschauen
doorhakken durchhauen[185], -schlagen[241]
doorhalen streichen[286]
doorhebben 1 *(doorzien)* durchschauen: *iem ~* jmdn durchschauen; **2** *(begrijpen)* kapieren[320]
doorheen 1 hindurch: *daar ~* dadurch; *er ~* hindurch; *hier ~* hierdurch; *we moeten er ~* wir müssen hindurch; **2** *(in verbinding met ww vaak)* durch…: *zich er~ slaan* sich durchschlagen[241]
doorjagen: *zijn hele vermogen erdoor jagen* sein ganzes Vermögen durchbringen[139]
doorkiesnummer Durchwahlnummer *v*[21]
doorkijk Durchblick *m*[5]
doorkijken durchsehen[261]
doorklinken durchklingen[191]
doorkneed bewandert, sehr erfahren (in[+3])
doorknippen durchschneiden[250]
doorkoken durchkochen
doorkomen durchkommen[193]: *een examen ~* durch

eine Prüfung kommen; *er is geen ~ aan* es ist nicht durchzukommen

doorkruisen durchkreuzen, durchqueren

doorlaatpost Kontrollstelle *v*[21]; *(grenspost)* Grenzübergangsstelle *v*[21]

doorlaten durchlassen[197]

doorlatend durchlässig

doorleren weiterlernen

[1]**doorleven** weiterleben

[2]**doorleven** durchleben, erleben

doorlezen 1 *(een boek, brief)* durchlesen[201]; 2 *(verder lezen)* weiterlesen[201]

doorlichten röntgen

doorliggen sich wund liegen[202]

[1]**doorlopen** 1 weitergehen[168], weiterlaufen[198]: *onder een brug ~* unter einer Brücke hindurchlaufen; 2 *(stuklopen) zijn voeten ~ sich*[3] die Füße wund laufen

[2]**doorlopen** durchlaufen[198]: *een school ~* eine Schule durchlaufen

doorlopend fortwährend, ständig

doormaken durchmachen

doormidden entzwei, mittendurch

doorn Dorn *m*[16], *m*[8]

doornat triefnass, durchnässt

doornemen durchnehmen[212]

doorpraten weiterreden, weitersprechen[274]

doorreis Durchreise *v*[21], Durchfahrt *v*[20]

doorrijden I *ww* 1 weiterfahren[153]; *(op rijdier)* weiterreiten[221]: *flink ~* zügig fahren; 2 *(niet stoppen, bijv. bij groen licht)* durchfahren[153]; II *zn: het ~ (na een ongeval te hebben veroorzaakt)* Fahrerflucht *v*[28]

doorrijhoogte lichte Höhe *v*[21]

doorroesten durchrosten

doorschemeren durchschimmern: *hij liet ~, dat ...* er ließ durchblicken, dass ...

doorscheuren zerreißen[220]

doorschieten 1 *(voortgaan met schieten)* weiterschießen[238]; 2 *(mbt planten)* ins Kraut schießen[238]

doorschijnend durchscheinend

doorschrijven weiterschreiben[252]; *(met carbonpapier)* durchschreiben[252]

doorschuiven weiterschieben[237]

doorslaan 1 *(verder slaan)* weiterschlagen[241]; 2 *(ergens doorheen slaan)* durchschlagen[241]

doorslaand: *~ bewijs* schlagender Beweis *m*[5]

doorslag *(kopie)* Durchschlag *m*[6], Durchschrift *v*[20] ‖ *dat geeft de ~* das gibt den Ausschlag

doorslaggevend ausschlaggebend, entscheidend

doorslapen weiterschlafen[240]

doorslikken hinunterschlucken, herunterschlucken

doorsnede Durchschnitt *m*[5]: *dwarse ~* Querschnitt *m*[5]: *in ~* im Durchschnitt *m*[5]

[1]**doorsnijden** 1 durchschneiden[250]; 2 *(verder snijden)* weiterschneiden[250]

[2]**doorsnijden** durchschneiden[250]

doorspekken spicken

doorspelen weiterspielen

doorspreken weitersprechen[274]

doorstaan überstehen[279], standhalten[183], überdauern: *leed ~* Leid erdulden; *de toets der kritiek kunnen ~ der*[3] Kritik standhalten; *een ziekte ~* eine Krankheit überstehen

doorstoten *(stuksstoten)* durchstoßen[285]

doorstrepen streichen[286], durchstreichen

[1]**doorstromen** 1 *(verder stromen)* weiterströmen; 2 *(stromen door)* durchströmen

[2]**doorstromen** durchströmen, durchfließen[161]

doorstroming Durchfluss *m*[6]

doortastend durchgreifend, energisch

doortocht Durchzug *m*[6], Durchreise *v*[21]

doortrapt gerieben, durchtrieben, abgefeimt

[1]**doortrekken** 1 *(van lijn, weg)* verlängern; 2 *(van wc)* spülen; 3 *(van tekening)* durchpausen; 4 *(van troepen)* durchziehen[318]

[2]**doortrekken** durchziehen[318]

doorvaart Durchfahrt *v*[20]

doorvaren weiterfahren[153]

doorverbinden *(telecom)* durchstellen: *ik verbind u door!* ich verbinde!, ich stelle durch!

doorverkopen weiterverkaufen

doorverwijzen überweisen[307]

doorvoed wohlgenährt

doorvoer Durchfuhr *v*[20], Transit *m*[5]

doorvoeren durchführen

doorvoerhandel Durchfuhrhandel *m*[19], Transithandel *m*[19]

doorweken durchweichen

doorwerken I *intr* 1 *(verder werken)* weiterarbeiten, durcharbeiten; 2 *(mbt ideeën enz.)* sich durchsetzen; II *tr (bestuderen)* durcharbeiten: *een boek grondig ~* ein Buch gründlich durcharbeiten

doorwrocht durchgearbeitet, gediegen

doorzagen durchsägen ‖ *(fig) iem over iets ~* jmdn ins Gebet nehmen[212]

doorzakken 1 *(doorbuigen)* sich biegen[129]; 2 *(veel sterkedrank drinken)* durchzechen

doorzenden weiterleiten

doorzetten 1 *(volharden)* durchhalten[183]; 2 *(een plan)* durchführen; 3 *(krachtiger worden)* zunehmen[212]

doorzetter Kämpfernatur *v*[20]

doorzettingsvermogen Ausdauer *v*[28]

doorzeven durchsieben

doorzichtig durchsichtig

[1]**doorzien** durchsehen[261]

[2]**doorzien** durchschauen: *iems plannen ~* jmds Pläne durchschauen

[1]**doorzoeken** weitersuchen

[2]**doorzoeken** durchsuchen

doos 1 *(plat en uitschuifbaar)* Schachtel *v*[21]; 2 *(plat met deksel)* Dose *v*[21]; 3 *(van karton)* Karton *m*[13], Pappschachtel *v*[21]; 4 *(in elektrische leiding)* Dose *v*[21] ‖ *(luchtv) zwarte ~* Flug(daten)schreiber *m*[9]: *(fig) uit de oude ~* aus der Mottenkiste

doosje Schachtel *v*[21], kleine Dose *v*[21]

[1]**dop** 1 *(van ei, noot)* Schale *v*[21]; 2 *(van boon, erwt)*

Hülse v^{21}; **3** *(van vulpen)* Kappe v^{21} ‖ *een leraar in de ~* ein künftiger Lehrer

²dop *(Belg) (pop) (werkloosheidsuitkering)* Arbeitslosengeld o^{39}: *van de ~ leven* Arbeitslosengeld beziehen[318]

dope Dope o^{36} *(2e nvl ook -)* Aufputschmittel o^{33}

dopen 1 *(iem, een schip)* taufen; **2** *(dompelen)* eintauchen in[+4]; **3** *(sp) (doping toedienen)* dopen; **4** *(Belg) (ontgroenen)* inkorporieren[320]

doper Täufer m^9

doperwt Erbse v^{21}, Zuckererbse v^{21}

doping Doping o^{36}: *~ toedienen* dopen

dopingcontrole Dopingkontrolle v^{21}

dopje Kappe v^{21}

doppen 1 *(van bonen e.d.)* enthülsen, aushülsen; **2** *(Belg, pop) (een werkloosheidsuitkering krijgen)* Arbeitslosengeld beziehen[318]

dopsleutel Steckschlüssel m^9

dor 1 *(droog)* dürr, trocken; **2** *(verdord)* welk, dürr; **3** *(saai)* trocken, langweilig

dorheid Dürre v^{21}, Trockenheit v^{20}; *zie ook* dor

dorp Dorf o^{32}

dorpel Schwelle v^{21}, Türschwelle

dorpeling Dorfbewohner m^9

dorps dörflich, ländlich

dorpsstraat Dorfstraße v^{21}

dorsen I *ww* dreschen[142]; **II** *zn* Dreschen o^{39}

dorsmachine Dreschmaschine v^{21}

dorst *(ook fig)* Durst m^{19}: *~ hebben* Durst haben[182]; *~ lessen* Durst löschen; *~ lijden* Durst leiden[199]

dorstig durstig

doseren dosieren[320]

dosis Dosis v *(mv Dosen)*

dossier Dossier o^{36}, Akte v^{21}

dot *(plukje, bundeltje)* Knäuel m^9, o^{33}, Büschel o^{33}: *~ watten* Wattebausch m^5, m^6 ‖ *(fig) een ~ van een kind* ein Herzchen

dotatie Dotation v^{20}, Schenkung v^{20}

douane 1 *(het kantoor)* Zollamt o^{32}; **2** *(de dienst)* Zollbehörde v^{21}; **3** *(beambte)* Zollbeamte(r) m^{40a}

douanekantoor Zollamt o^{32}, Zollstelle v^{21}

douanier Zollbeamte(r) m^{40a}

double *(film, sport)* Double o^{36}

doublé Doublé o^{36}, Doublee o^{36}

doubleren *(op school)* sitzen bleiben[134]

douche Dusche v^{21}, Brause v^{21}, Duschbad o^{32}: *een ~ nemen* eine Dusche nehmen[212]

douchen duschen

dove Taube(r) m^{40a}, v^{40b}

doven I *tr* (aus)löschen; **II** *intr* erlöschen[150], verlöschen[301]

dovenetel Taubnessel v^{21}

down niedergeschlagen, bedrückt

downloaden downloaden, herunterladen[196]

dozijn Dutzend o^{29}: *bij ~en* dutzendweise

draad 1 *(spinsel)* Faden m^{12}: *tot op de ~ versleten* fadenscheinig; **2** *(vezel)* Faser v^{21}; **3** *(van metaal, pekdraad)* Draht m^6; **4** *(van schroef)* Gewinde o^{33} ‖ *(fig) hij raakt de ~ kwijt* er kommt vom Thema ab

draadloos drahtlos: *~ bericht* Funkspruch m^6

draagbaar I *bn* tragbar: *draagbare telefoon* Handy o^{36}; **II** *zn* Tragbahre v^{21}, Trage v^{21}

draagbalk Träger m^9

draagkracht 1 *(van brug)* Tragfähigkeit v^{28}; **2** *(financieel)* Leistungsfähigkeit v^{28}

draaglijk erträglich

draagstoel Tragsessel m^9, Sänfte v^{21}

draagtas Tragetasche v^{21}

draagvermogen Tragfähigkeit v^{28}, Tragkraft v^{28}

draagvlak Tragfläche v^{21}

draagvleugelboot Tragflügelboot o^{29}

draagwijdte Tragweite v^{21}, Reichweite v^{21}

draai 1 *(wending)* Drehung v^{20}: *~ om de oren* Ohrfeige v^{21}: *(fig) ergens een ~ aan geven* etwas in ein anderes Licht rücken; *hij heeft zijn ~ gevonden* er hat sich gut eingelebt; **2** *(in rivier, weg)* Biegung v^{20}, Krümmung v^{20}, Kurve v^{21}

draaibaar drehbar

draaibank Drehbank v^{25}

draaiboek Drehbuch o^{32}

draaicirkel Wendekreis m^5

draaideur Drehtür v^{21}

draaien I *tr* drehen: *een film ~:* a) *(opnemen)* einen Film drehen; b) *(vertonen)* einen Film vorführen; *(telecom) een nummer ~* eine Nummer wählen; **II** *intr (een draaiende beweging maken)* sich drehen: *(fig) alles draait om hem* alles dreht sich um ihn; *het begint me te ~* mir wird schwindlig

draaier 1 *(algem)* Dreher m^9; **2** *(houtdraaier)* Drechsler m^9; **3** *(beambte)* Wetterfahne v^{21}

draaierig schwindlig

draaikolk Strudel m^9, Wasserwirbel m^9

draaimolen Karussell o^{29}, o^{36}

draaiorgel Drehorgel v^{21}

draaipunt Drehpunkt m^5

draaitol Kreisel m^9

draak Drache m^{15} ‖ *(fig) de ~ met iem, met iets steken* sich über jmdn, über[+4] etwas lustig machen

drab Bodensatz m^{19}, Satz m^{19}

dracht *(kleding)* Tracht v^{20}

drachtig trächtig

draderig faserig, fasrig

draf Trab m^{19}: *in ~ rijden* im Trab reiten[221]

dragee Dragee o^{36}, Dragée o^{36}

dragen tragen[288]

dragline Bagger m^9

drain Drain m^{13}; Drän m^5, m^{13}

drainage Drainage v^{21}, Dränage v^{21}

draineren drainieren[320], dränieren[320]

dralen zaudern, zögern

dralend zaudernd, zögernd

drama Drama o *(2e nvl -s; mv Dramen)*

dramatisch dramatisch

dramatiseren dramatisieren[320]

dramaturg Dramaturg m^{14}

drang Drang m^{19}, Trieb m^5

dranghek Absperrgitter o^{33}

drank Getränk o^{29}, Trank m^6: *aan de ~ zijn* dem

Trunk ergeben sein[262]: *(Belg) korte ~ starkes Getränk* o^{29}, Schnaps m^6
drankbestrijding Alkoholbekämpfung v^{20}
drankgebruik Alkoholgenuss m^{19}
drankje Getränk o^{29}; *(medicijn)* Arznei v^{20}
drankmisbruik Alkoholmissbrauch m^6
draperen drapieren[320]
drastisch drastisch
draven traben, im Trab laufen[198]
draver Traber m^9, Traberpferd o^{29}
draverij Trabrennen o^{35}
dreef *(laan)* Allee v^{21}: *iem op ~ helpen* jmdm auf die Sprünge helfen[188]: *op ~ komen* auf[+4] Touren kommen[193]: *op ~ zijn* in Schwung sein[262]
dreg Draggen m^{11}, Dregge v^{21}
dreggen dreggen
dreigbrief Drohbrief m^5
dreigement Drohung v^{20}
dreigen drohen: *iem met iets ~* jmdm mit etwas drohen
dreigend drohend
dreiging Drohung v^{20}
dreinen quengeln
drek Dreck m^{19}, Kot m^{19}, Mist m^{19}
drempel Schwelle v^{21}
drempelvrees Schwellenangst v^{28}
drenkeling 1 *(verdrinkend)* Ertrinkende(r) m^{40a}, v^{40b}; **2** *(verdronken)* Ertrunkene(r) m^{40a}, v^{40b}
drenken tränken
drentelen schlendern, bummeln
dresseren dressieren[320], abrichten; *(van paard, ook)* zureiten[221]
dressoir Anrichte v^{21}
dressuur Dressur v^{20}
dreumes Knirps m^5, Dreikäsehoch m^{13} *(mv ook -)*
dreun 1 *(het dreunen)* Dröhnen o^{39}; **2** *(harde klap)* Schlag m^6
dreunen dröhnen
dribbel *(sp)* Dribbling o^{36}; Ballführung v^{20}
dribbelen *(sp)* dribbeln
drie drei: *hij kan geen ~ tellen* er kann nicht bis drei zählen; *~ aan ~* je drei und drei; *het is bij ~ën* es ist gleich drei (Uhr); *met ~ poten* dreibeinig; *ze waren met zijn ~ën* sie waren zu dritt; *het is over ~ën* es ist drei Uhr vorbei
driedimensionaal dreidimensional
driedubbel dreifach
driegen *(Belg)* heften, reihen
driehoek Dreieck o^{29}
driehoekig dreieckig
driehoeksverhouding Dreiecksverhältnis o^{29a}
driekleur: *de Nederlandse ~* die rot-weiß-blaue (*of:* rotweißblaue) Fahne
driekwartsmaat Dreivierteltakt m^{19}
drieledig dreigliedrig
driemaal dreimal: *~ herhaald* dreimalig
driemaandelijks dreimonatlich, vierteljährlich
driemaands dreimonatig
driemaster Dreimaster m^9

drieploegenstelsel Dreischichtensystem o^{29}
driesprong Weggabelung v^{20}
driest dreist, übermütig; *(brutaal)* unverfroren
drietal: *een ~ dagen* drei Tage
drietrapsraket Dreistufenrakete v^{21}
drievoud Dreifache(s)
drievoudig dreifach
driewieler Dreirad o^{32}
drift 1 *(opwelling van woede)* Jähzorn m^{19}, Wut v^{28}; **2** *(aandrift)* Trieb m^5, Drang m^6: *zijn ~en beteugelen* seine Triebe zügeln
driftig jähzornig, hitzig
driftkikker, driftkop Hitzkopf m^6
drijfas Treibachse v^{21}, Triebachse v^{21}
drijfhout Treibholz o^{39}
drijfijs Treibeis o^{39}
drijfjacht Treibjagd v^{20}
drijfkracht Triebkraft v^{25}, Antrieb m^5
drijfmest Jauche v^{21}
drijfnat triefend nass, pudelnass
drijfveer *(ook fig)* Triebfeder v^{21}
drijfzand Treibsand m^5, Schwimmsand m^5
drijven I *tr* treiben[290]: *handel ~* Handel treiben; *een zaak ~* ein Geschäft (be)treiben; *het te ver ~* es zu weit treiben; *de menigte uit elkaar ~* die Menge zerstreuen; **II** *intr* treiben[290], *(op vloeistof, ook)* schwimmen[257]: *ik drijf: a) (ben drijfnat)* ich bin durchnässt; *b) (door en door bezweet)* ich schwitze am ganzen Körper
drijvend treibend, schwimmend
drijver 1 *(jagerstaal, van vee)* Treiber m^9; **2** *(vlotter, watervliegtuig)* Schwimmer m^9
drilboor Drillbohrer m^9
drillen drillen
dringen I *tr* drängen: *iem van zijn plaats ~* jmdn von seinem Platz drängen, *(fig)* jmdn verdrängen; *zich op de voorgrond ~* sich in den Vordergrund drängen; **II** *intr* sich drängen; dringen[143]: *naar voren ~* sich nach vorn drängen; *de tijd dringt* die Zeit drängt; *ik voel me gedrongen u dit te zeggen* ich fühle mich gedrungen, Ihnen dies zu sagen
dringend dringend
drinkbaar trinkbar
drinkbeker Trinkbecher m^9
drinken trinken[293]
drinkwater Trinkwasser o^{39}
drinkwatervoorziening Trinkwasserversorgung v^{28}
drive Drive m^{13}, *(bridge)* Turnier o^{29}
droef traurig, betrübt
droefenis Trauer v^{28}, Betrübnis v^{24}
droefgeestig schwermütig, melancholisch
droefheid Traurigkeit v^{28}, Betrübnis v^{24}
droesem Bodensatz m^{19}
droevig traurig, betrübt
drogen trocknen
drogist 1 Drogist m^{14}; **2** *(winkel)* Drogerie v^{21}
drogisterij Drogerie v^{21}
drogreden Scheinbeweis m^5

dr

dr

drol Kot m^{19}, Scheiße v^{28}
drom Menge v^{21}, Haufen m^{11}, Schar v^{20}
dromedaris Dromedar o^{29}
dromen träumen
dromer 1 Träumer m^9; **2** (sufferd) Schlafmütze v^{21}; **3** (fantast) Fantast m^{14}, Phantast m^{14}
dromerig träumerisch, verträumt
dronk 1 Trunk m^6; **2** (slok) Schluck m^5, m^6
dronkaard Trinker m^9, Alkoholiker m^9
dronken betrunken, blau, besoffen: ~ van geluk trunken vor Glück
***dronkenman** (Wdl: dronkeman) Betrunkene(r) m^{40a}
dronkenschap Betrunkenheit v^{28}
droog trocken; (dor) dürr: droge hoest trockner Husten m^{11}: ~ voer Trockenfutter o^{39}: op het droge brengen an Land bringen[139]
droogautomaat Trockner m^9
droogdoek 1 (handdoek) Handtuch o^{32}; **2** (theedoek) Geschirrtuch o^{32}
droogjes trocken, nüchtern
droogkap Trockenhaube v^{21}, Frisierhaube v^{21}
droogkuis (Belg) Reinigungsanstalt v^{20}, Reinigung v^{20}
droogleggen trockenlegen
droogmalen entwässern
droogmolen Wäschespinne v^{21}
droogrek Trockenständer m^9, Trockengestell o^{29}
droogscheerapparaat Trockenrasierer m^9
droogte Trockenheit v^{20}
droogtrommel Wäschetrockner m^9
droogvallen trockenfallen[154]
droogzwierder (Belg) Wäscheschleuder v^{21}
droogzwieren (Belg) trockenschleudern
droom Traum m^6: dromen zijn bedrog Träume sind Schäume
droombeeld Traumbild o^{31}
drop Lakritze v^{21}
droppen 1 (luchtv) abwerfen[311]; **2** (ergens afzetten) absetzen, aussteigen lassen[197]
dropping Orientierungsspiel o^{29}
drug Droge v^{21}, Rauschgift o^{29}
drugs Drogen mv v^{21}: hard~ harte Drogen; soft~ weiche Drogen; handelaar in ~ Dealer m^9
drugsgebruik Drogenkonsum m^{19}
drugsgebruiker Drogensüchtige(r) m^{40a}, v^{40b}
druïde Druide m^{15}
druif Traube v^{21}, Weinbeere v^{21}, Weintraube v^{21} ‖ een rare ~ ein komischer Kauz
druilerig trübe, regnerisch
druiloor lahme Ente v^{21}, Schlafmütze v^{21}
druipen triefen[292], tropfen: ik droop ich war triefend nass; de kaars druipt die Kerze tropft; zijn neus druipt ihm tropft die Nase
druipend triefend
druiper (med) Tripper m^9
druipnat triefend nass, pudelnass
druipneus Triefnase v^{21}
druipsteen Tropfstein m^5

druivensap Traubensaft m^6
druivensuiker Traubenzucker m^{19}
druiventros Weintraube v^{21}, Traube v^{21}
¹druk zn **1** (bij boekdrukken) Druck m^5; (oplage) Auflage v^{21}; **2** (kracht) Druck m^6: de ~ van het water der Wasserdruck; de ~ van de belastingen die Steuerlast
²druk bn, bw **1** (ijverig) fleißig: ~ aan het werk zijn fleißig bei der Arbeit sein[262]; **2** (levendig) lebhaft: een ~ gesprek ein lebhaftes Gespräch; een ~ke straat eine belebte Straße; ~ verkeer reger Verkehr m^{19}: ~ heen en weer lopen geschäftig hin und her laufen[198]: het was er erg ~ dort herrschte ein reger Betrieb; **3** (veel werk meebrengend of hebbend) beschäftigt: ik heb het erg ~ ich bin sehr beschäftigt; een ~ke dag ein anstrengender Tag; van de telefoon wordt ~ gebruik gemaakt der Fernsprecher wird stark benutzt; maak je niet ~! reg dich nicht auf!
drukfout Druckfehler m^9
drukinkt Druckerschwärze v^{28}
drukken 1 (druk uitoefenen) drücken: iem de hand ~ jmdm die Hand drücken; **2** (typ) drucken
drukkend drückend
drukker Drucker m^9
drukkerij Druckerei v^{20}
drukkingsgroep (Belg) Pressionsgruppe v^{21}
drukknoop, drukknop Druckknopf m^6
drukkosten Druckkosten (mv)
drukletter Druckbuchstabe m^{18}
drukpers Druck(er)presse v^{21}
drukproef Druckfahne v^{21}
drukte 1 (gejaagdheid) Hektik v^{28}: door de ~ iets vergeten durch die Hektik etwas vergessen[299]; **2** (omhaal) Umstände (mv): koude ~ Wichtigtuerei v^{28}: onnodige ~ maken Umstände machen; **3** (bij schouwburg, trein enz.) Andrang m^{19}: de ~ op straat das Gedränge auf der Straße; ~ van het verkeer starker Verkehr m^{19}; **4** (in bedrijf) große Beschäftigung v^{20}
druktemaker Wichtigtuer m^9
druktoets Drucktaste v^{21}
drukverbod Druckverbot o^{29}
drukwerk (post) Drucksache v^{21}
drum 1 (vat) Fass o^{32}; **2** (muz) Schlagzeug o^{29}
drummer (muz) Schlagzeuger m^9
drumstel Schlagzeug o^{29}
druppel Tropfen m^{11}: zij lijken op elkaar als twee ~s water sie gleichen sich aufs Haar
druppelen tröpfeln
ds. afk van dominee Pfarrer m^9, Pastor m^{16} (afk P.)
D-trein D-Zug m^6, Durchgangszug m^6
dubbel I bn, bw doppelt: ~ spel (ongunstig) doppeltes Spiel, Doppelspiel o^{29}: ~ zo groot als doppelt so groß wie; **II** zn (sp) Doppelspiel o^{29}, Doppel o^{33}
dubbeldekker Doppeldecker m^9
dubbelepunt Doppelpunkt m^5
dubbelganger Doppelgänger m^9
dubbelleven Doppelleben o^{39}
dubbelslaan zijn tong slaat dubbel er lallt

dubbelspel *(sp)* Doppelspiel *o*[29], Doppel *o*[33]

dubbeltje Zehncentstück *o*[29]

dubbelzinnig zweideutig, doppeldeutig

dubieus fragwürdig, dubios, zweifelhaft

duchten befürchten

duchtig tüchtig, gehörig

duel Duell *o*[29], Zweikampf *m*[6]

duelleren sich duellieren[320]

duet Duett *o*[29]

duf 1 *(bedompt)* dumpf; **2** *(muf)* muffig; **3** *(fig)* fade

dug-out Trainerbank *v*[25]

duidelijk 1 *(goed waarneembaar)* deutlich; **2** *(gemakkelijk te begrijpen)* klar, deutlich; **3** *(in het oog lopend)* augenfällig

duidelijkheid Deutlichkeit *v*[20], Klarheit *v*[20]; *zie ook* duidelijk

duidelijkheidshalve deutlichkeitshalber

duiden 1 *(wijzen)* deuten; **2** *(verklaren)* erklären

duif Taube *v*[21]

duik Kopfsprung *m*[6]: *een ~ nemen* tauchen

duikboot U-Boot *o*[29], Unterseeboot *o*[29]

duikelen purzeln

duikeling Purzelbaum *m*[6]: *een ~ maken* einen Purzelbaum machen

duiken tauchen; *(snel buigen)* sich ducken

duiker Taucher *m*[9]

duikplank Sprungbrett *o*[31]

duiksprong Kopfsprung *m*[6], Hechtsprung *m*[6]

duikvlucht Sturzflug *m*[6]

duim 1 Daumen *m*[11]: *iem onder de ~ hebben* jmdn unter die Fuchtel haben[182]: *(Belg) de ~en leggen* sich geschlagen geben[166], sich ergeben[166]; **2** *(maat)* Zoll *m* *(2e nvl -(e)s; mv -)*; **3** *(haak)* Haken *m*[11]

duimbreed: *geen ~ wijken* keinen Zollbreit zurückweichen[306]

duimen: *voor iem ~* jmdm den Daumen halten[183]

duimstok Zollstock *m*[6], Metermaß *o*[29]

duimzuigen am Daumen lutschen

duin Düne *v*[21]

duinenreeks, duinenrij Dünenkette *v*[21]

duinwater Dünenwasser *o*[34]

duister *(niet licht)* dunkel; *(volkomen donker)* finster; *(duister en somber)* düster: *de sprong in het ~* der Sprung ins Ungewisse

duisternis Finsternis *v*[24], Dunkelheit *v*[20]

duit Heller *m*[9]: *hij heeft geen rooie ~* er besitzt keinen roten Heller; *een mooie ~ verdienen* einen schönen Groschen verdienen

Duits I *bn, bw* deutsch: *de ~e Bondsrepubliek* die Bundesrepublik Deutschland; *leraar ~* Deutschlehrer *m*[9]; *de ~e les* die Deutschstunde; **II** *zn* Deutsch *o*[41]: *het tegenwoordige ~* das heutige Deutsch; *zijn ~* sein Deutsch; *hij kent ~* er kann Deutsch; *hij leert ~* er lernt Deutsch; *hij onderwijst ~* er lehrt Deutsch; *hij spreekt ~* er spricht Deutsch; *in het ~ vertalen* ins Deutsche übersetzen; *hoe heet dat in het ~?* wie heißt das auf Deutsch?

Duitse Deutsche *v*[40b]

Duitser Deutsche(r) *m*[40a]

Duitsland Deutschland *o*[39]

duivel Teufel *m*[9]: *het is of de ~ ermee speelt* es ist wie verhext ‖ *(Belg) de Rode Duivels (nationale Belgische voetbalploeg)* die belgische Nationalmannschaft

duivelin Teufelin *v*[22], Teufelsweib *o*[31]

duivels teuflisch: *hij werd ~* er wurde wütend

duivelskunst Zauberkunst *v*[25]

duivelskunstenaar Zauberer *m*[9]

duivenhouder, duivenmelker Taubenzüchter *m*[9]

duiventil Taubenschlag *m*[6], Taubenhaus *o*[32]

duizelen schwindeln: *ik duizel* mir schwindelt

duizelig schwindlig: *ik ben ~* mir schwindelt

duizeligheid Schwindel *m*[19]

duizeling Schwindelanfall *m*[6]

duizelingwekkend schwindelnd, Schwindel erregend: *op ~e diepte* in schwindelnder Tiefe

duizend I *hoofdtelw* tausend; **II** *zn 1 (het getal)* Tausend *v*[20]; **2** *(als aanduiding van een grote hoeveelheid)* Tausend *o*[29]: *~en soldaten* Tausende *(of:* tausende) *(von)* Soldaten; *bij ~en* zu Tausenden *(of:* zu tausenden)

duizendjarig tausendjährig

duizendmaal tausendmal

duizendste 1 *(telw)* der (die, das) tausendste; **2** *(deel)* Tausendstel *o*[33]

duizendtal Tausend *o*[29]: *een ~ soldaten* etwa tausend Soldaten

duldbaar duldbar, erträglich

dulden dulden: *iem ~* jmdn dulden

dump Nachschublager *o*[33], Heeresdepot *o*[36]

dumpen 1 *(handel)* die Preise stark unterbieten[130]; **2** *(storten)* ablagern, schütten

dumping *(handel)* Dumping *o*[39]

dun dünn: *~ bevolkt* dünn besiedelt; *~ gezaaid* dünn gesät; *~ne darm* Dünndarm *m*[6]

dunk Meinung *v*[20]: *een hoge ~ van zichzelf hebben* eine hohe Meinung von[+3] sich haben[182]

dunken: *mij dunkt* mir scheint, mich *(of:* mir) dünkt

dunne: *aan de ~ zijn* Durchfall haben[182]

dunnen auslichten, lichten ‖ *de gelederen zijn gedund* die Reihen haben sich gelichtet

duo Duo *o*[36]

duozitting Soziussitz *m*[5]

dupe: *hij is de ~* er ist der Dumme

duperen schädigen, düpieren[320]

duplicaat Duplikat *o*[29]

duplo: *in ~* in zweifacher Ausfertigung

duren dauern: *het duurt me te lang* es dauert mir zu lange

durf Mut *m*[19]: *~ hebben* Schneid haben[182]

durfal Wagehals *m*[6]

durven wagen, den Mut haben[182]

dus also

dusdanig I *bn* solch, derartig; **II** *bw* so, derart

duster Morgenrock *m*[6], Morgenmantel *m*[10]

dusverre: *tot ~* bisher, bis jetzt

dutje: *een ~ doen* ein Nickerchen machen

du

duts *(Belg)* Trottel *m*[9]
dutten ein Nickerchen machen
¹duur *bn, bw* teuer
²duur *zn* Dauer *v*[28]: *op den ~* auf (die) Dauer
duurloop Dauerlauf *m*[6]
duurte Teuerung *v*[20]: *de ~ van de levensmiddelen*
die hohen Preise der Lebensmittel
duurzaam dauerhaft; haltbar
duvelen *(inform)* **1** *(vallen)* stürzen; **2** *(gooien)* werfen[311]: *liggen te ~* Unfug treiben[290]
duw Stoß *m*[6], Schubs *m*[5]
duwboot Schubboot *o*[29], Schubschiff *o*[29]
duwen I *tr (drukken)* drücken, schieben[237]; *(een wagen)* schieben[237]; **II** *intr (dringen)* drängen
duwvaart Schub(schiff)fahrt *v*[28]
dwaalspoor Irrweg *m*[5], Abweg *m*[5]: *iem op een ~ brengen (ongunstig)* jmdn irreführen
dwaas I *zn* Tor *m*[14]; **II** *bn, bw* töricht, närrisch
dwaasheid Torheit *v*[20], Narrheit *v*[20]
dwalen 1 *(mbt blik)* irren; **2** *(rondzwerven)* irren; **3** *(het mis hebben)* sich irren
dwaling Irrtum *m*[8]
dwang Zwang *m*[6]: *onder ~* unter Zwang
dwangarbeid Zwangsarbeit *v*[28]
dwangbevel Zahlungsbefehl *m*[5]
dwangbuis Zwangsjacke *v*[21]
dwangmaatregel Zwangsmaßnahme *v*[21]
dwangsom *(jur)* Zwangsgeld *o*[31]
dwarrelen wirbeln
dwarreling Wirbel *m*[9]
dwars quer: *hij is altijd ~* er ist immer widerspenstig; *dat zit hem ~* das wurmt ihn
dwarsbalk Querbalken *m*[11]
dwarsbeuk Querschiff *o*[29]
dwarsbomen: *iem ~* jmdm entgegenarbeiten
dwarsdoorsnede Querschnitt *m*[5]
dwarsfluit Querflöte *v*[21]
dwarsliggen sich quer legen
dwarsstraat Querstraße *v*[21]
dweepziek schwärmerisch
dweepzucht Schwärmerei *v*[20]
dweil Aufwischer *m*[9]
dweilen aufwischen
dwepen schwärmen: *met iem ~* für jmdn schwärmen; *met iets ~* für[+4] etwas schwärmen
dweper Schwärmer *m*[9]
dweperig schwärmerisch
dwerg Zwerg *m*[5]; *(spottend)* Knirps *m*[5]
dwingeland Tyrann *m*[14], Despot *m*[14]
dwingelandij Tyrannei *v*[20], Despotismus *m*[19a]
dwingen zwingen[319]
d.w.z. *afk van dat wil zeggen* d.h. (das heißt)
dynamiet Dynamit *o*[39]
dynamisch dynamisch
dynamo Dynamo *m*[13]
dynastie Dynastie *v*[21]
dysenterie Dysenterie *v*[21], Ruhr *v*[20]
dyslexie Dyslexie *v*[21]

e

e.a. *afk van en andere(n)* und andere *(afk u.a.)*
eau de cologne Kölnischwasser *o*[33], kölnisch(es)
  Wasser *o (2e nvl -(en) -s; mv -(e) -)*
eb Ebbe *v*[21] *(ook fig)*
ebbenhout Ebenholz *o*[32]
echo Echo *o*[36]
echoën echoen, widerhallen
¹echt *bn, bw* echt, wahr, recht, richtig, wirklich: *~
Duits* typisch deutsch; *~ goud* echtes Gold *o*[39]: *een
~e winterdag* ein richtiger Wintertag; *~ gelukkig
recht* glücklich; *~ mooi* wirklich schön; *~ blij zijn*
sich aufrichtig freuen
²echt *zn* Ehe *v*[21], Ehebund *m*[19]
echtbreuk Ehebruch *m*[6]
echtelieden Eheleute *(mv)*, Ehepaar *o*[29]
echter aber, jedoch, allerdings
echtgenoot Ehemann *m*[8], Gatte *m*[15]
echtgenote Ehefrau *v*[20], Gattin *v*[22]
echtheid Echtheit *v*[28]
echtpaar Ehepaar *o*[29]
echtscheiding Ehescheidung *v*[20], Scheidung *v*[20]
ecologie Ökologie *v*[28]
ecologisch ökologisch
economie Wirtschaft *v*[20], Ökonomie *v*[21]
economisch wirtschaftlich, ökonomisch; *(zuinig)*
sparsam: *~e crisis* Wirtschaftskrise *v*[21]; *het ~e leven* die Wirtschaft; *ministerie van Economische Zaken* Wirtschaftsministerium *o (2e nvl -s; mv -minis-
terien)*
econoom Volkswirt *m*[5], Volkswirtschaftler *m*[9]
ecosysteem Ökosystem *o*[29]
eczeem Ekzem *o*[29]
e.d. *afk van en dergelijke* und Ähnliche(s) *(afk u.Ä.)*
edammer *(kaas)* Edamer *m*[9]
edel 1 edel; **2** *(adellijk)* ad(e)lig
edelachtbaar *(aanspreektitel)* Edelachtbare Herr
Bürgermeister!, Herr Richter!
edelman Adlige(r) *m*[40a]
edelmoedig großherzig, edelmütig, großmütig
edelsmid Goldschmied *m*[5]
edelsteen Edelstein *m*[5]
editie Ausgabe *v*[21], Edition *v*[20]
educatie Erziehung *v*[28]
eed Eid *m*[5]: *een ~ doen* einen Eid leisten; *onder ede*
eidlich; *onder ~ staan* unter Eid stehen[279]; *iets onder ede verklaren* etwas unter Eid aussagen

EEG *afk van* Europese Economische Gemeenschap
  Europäische Wirtschaftsgemeinschaft *v*[28] *(afk
  EWG) v*[28]
eekhoorn Eichhörnchen *o*[35]
eekhoorntjesbrood Steinpilz *m*[5]
eelt Schwiele *v*[21], Hornhaut *v*[25]
een I *telw* ein[72,73]: *~, twee, drie* eins, zwei, drei; *het is
één uur* es ist ein Uhr, es ist eins; **II** *lw*[67]: *op ~ avond*
eines Abends, an einem Abend; **III** *onbep vnw* einer
m, eine *v*, eines *o*: *de ~ zegt dit, de andere dat* einer
(of: der eine) sagt dies, der andre das; **IV** *zn (het getal)* Eins *v*[20]: *een ~* eine Eins
eenakter Einakter *m*[9]
eenarmig einarmig
eenbenig einbeinig
eend Ente *v*[21]
eendaags eintägig
eendagsvlieg Eintagsfliege *v*[21]
eendenjacht Entenjagd *v*[20]
eender gleich: *het is mij ~* es ist mir egal
eendracht Eintracht *v*[28], Einigkeit *v*[28]
eendrachtig einträchtig, einmütig
eenduidig eindeutig
eenentwintigen Siebzehnundvier spielen
eengezinswoning Einfamilienhaus *o*[32]
eenheid Einheit *v*[20]
eenheidsprijs Einheitspreis *m*[5]
eenjarig einjährig
eenkennig: *het kind is ~* das Kind hat Angst vor
  Fremden
eenlettergrepig einsilbig
eenling Einzelne(r) *m*[40a], *v*[40b], Einzelgänger *m*[9]
eenmaal einmal
eenmalig einmalig
eenmanszaak Einmannbetrieb *m*[5]
eenmaster Einmaster *m*[9]
eenmotorig einmotorig
eenogig einäugig
eenoudergezin allein erziehender Elternteil *m*[5]
eenpersoonsbed Einzelbett *o*[37]
eenpersoonskamer Einzelzimmer *o*[33], Einbett-
  zimmer *o*[33]
eenrichtingsverkeer Einbahnverkehr *m*[19]: *straat
met ~* Einbahnstraße *v*[21]
eens 1 *(eenmaal)* einmal; *(op zekere dag, ook)* eines
Tages: *er was ~* es war einmal; *kom ~ hier!* komm
mal her!; *wel ~* mitunter; **2** *(lang geleden of in de
toekomst, ooit)* einst; **3** *(eensgezind)* einig, einverstanden
eensgezind einig, einmütig
eensgezindheid Einigkeit *v*[28], Einmütigkeit *v*[28]
eensklaps plötzlich, auf einmal
eensluidend gleich lautend, übereinstimmend
eenstemmig einstimmig
eentje einer *m*, eine *v*, eins *o*: *dat is me er ~!* das ist
einer!; *in mijn ~* (ganz) allein
eentonig eintönig
eentonigheid Eintönigkeit *v*[28]
een-tweetje Doppelpass *m*[6]

ee

eenvoud 1 Einfachheit v^{28}; **2** *(naïviteit)* Einfalt v^{28}
eenvoudig einfach, schlicht
eenvoudigweg einfach
eenwaardig einwertig
eenwording Einigung v^{20}, Vereinigung v^{20}
eenzaam einsam
eenzelvig in sich gekehrt, zurückgezogen
eenzelvigheid Zurückgezogenheit v^{28}
eenzijdig einseitig
¹eer *zn* Ehre v^{21}: *iem de laatste ~ bewijzen* jmdm die letzte Ehre erweisen[307]: *ere wie ere toekomt* Ehre, wem Ehre gebührt; *ik heb het naar ~ en geweten gedaan* ich habe es nach bestem Wissen und Gewissen getan; *voor de ~ bedanken* bestens dafür danken
²eer *vw* ehe, bevor
eerbaar ehrbar
eerbaarheid Ehrbarkeit v^{28}
eerbetoon Ehrenerweisung v^{20}
eerbied Ehrfurcht v^{28}; *(respect)* Respekt m^{19}: *uit ~ voor* aus Ehrfurcht *(of:* Respekt) vor[+3]
eerbiedig ehrfurchtsvoll, ehrfürchtig
eerbiedigen 1 ehren, achten; **2** *(erkennen)* respektieren[320]: *de wet ~* das Gesetz achten
eerbiedwaardig ehrwürdig
eerdaags demnächst, bald
eerder eher: *ik wil ~ sterven, dan ...* eher *(of:* lieber) will ich sterben, als ...
eergevoel Ehrgefühl o^{39}
eergisteren vorgestern
eerherstel Rehabilitation v^{20}
eerlijk 1 *(betrouwbaar, naar waarheid)* ehrlich: *~ duurt het langst* ehrlich währt am längsten; **2** *(gepast)* anständig
eerlijkheid Ehrlichkeit v^{28}
eerloos ehrlos, unehrenhaft
eerroof *(Belg) (jur)* Schmach v^{28}: *laster en ~* Schmach und Verleumdung
eerst I *rangtelw* erst: *op de ~e rij* in der ersten Reihe; *de ~e steen leggen (voor)* den Grundstein legen (zu[+3]); **II** *bn* erst: *de ~e maanden* die ersten Monate; **III** *bw* erst, zuerst
eerste Erste(r) m^{40a}, v^{40b}: *ten ~* erstens
eersteklas erstklassig
eersteling Erstling m^5
eersterangs erstrangig, erstklassig
eerstgenoemde Erstgenannte(r) m^{40a}, v^{40b}
eerstkomend, eerstvolgend nächst
eertijds ehemals, einst
eervol ehrenvoll
eerwaarde Hochwürden
eerwaardig ehrwürdig
eerzaam ehrbar, ehrenhaft
eerzucht Ehrgeiz m^{19}
eerzuchtig ehrgeizig: *~ mens* Ehrgeizling m^5
eetbaar essbar, genießbar
eetcafé Speiselokal o^{29}
eetgelegenheid Gaststätte v^{21}, Speiselokal o^{29}
eethuis Esslokal o^{29}, Gaststätte v^{21}

eetkamer Esszimmer o^{33}
eetlepel Esslöffel m^9
eetlust Appetit m^5, Esslust v^{28}
eetzaal Speisesaal m^6 *(mv -säle)*
eeuw 1 *(100 jaar)* Jahrhundert o^{29}; **2** *(tijdperk)* Zeitalter o^{33}: *ik heb je in geen ~(en) gezien* ich habe dich seit einer Ewigkeit nicht gesehen
eeuwenlang jahrhundertelang
eeuwenoud jahrhundertealt, uralt
eeuwig ewig: *het ~e leven* das ewige Leben
eeuwigheid Ewigkeit v^{20}
eeuwwisseling Jahrhundertwende v^{21}
effect 1 *(uitwerking)* Effekt m^5, Wirkung v^{20}: *nuttig ~* Nutzeffekt; *~ sorteren* Effekt haben[182]; **2** *(handel)* Wertpapier o^{29}, Effekten *(mv)*, Werte *mv* m^5
effectenbeurs Effektenbörse v^{21}, Wertpapierbörse v^{21}
effectenhandel Effektenhandel m^{19}
effectenmarkt Effektenmarkt m^6
effectief 1 effektiv: *een ~ middel* ein wirksames Mittel; *(nat) ~ vermogen* Effektivleistung v^{20}; **2** *(Belg, jur) (onvoorwaardelijk)* ohne Bewährung: *drie jaar ~* drei Jahre Gefängnis ohne Bewährung
effen I *bn, bw* **1** *(vlak, glad)* eben, glatt; **2** *(zonder kleurschakering)* uni(farben); **II** *bw (eventjes)* kurz
effenen ebnen, glätten
efficiency Effizienz v^{28}
efficiënt effizient
eg Egge v^{21}
EG *afk van Europese Gemeenschap* Europäische Gemeinschaft v^{28} *(afk EG)* v^{28}
egaal egal, gleich; *(mbt kleur)* einfarbig
egaliseren 1 *(techn)* egalisieren; **2** *(van terrein)* ebnen
egel Igel m^9
eggen eggen
egocentrisch egozentrisch
egoïsme Egoismus m^{19a}, Selbstsucht v^{28}
egoïst Egoist m^{14}
egoïstisch egoistisch, selbstsüchtig
EHBO *afk van Eerste Hulp bij Ongelukken* erste Hilfe v^{28}
EHBO-post Sanitätswache v^{21}
¹ei *zn* Ei o^{31}: *~eren voor zijn geld kiezen* klein beigeben[166]
²ei *tw (Belg)* ei!: *~ zo na* fast, beinahe
eierdooier Eidotter m^9, o^{33}, Eigelb o^{29}
eierdop Eierschale v^{21}
eierdopje Eierbecher m^9
eierstok Eierstock m^6
eigeel Eigelb o^{29}, Eidotter m^9, o^{33}
eigen eigen: *~ weg* Privatweg m^5: *zijn ~ baas zijn* sein eigener Herr sein[262]; *in ~ persoon* in eigener Person; *die gewoonte is hem ~* diese Gewohnheit ist ihm eigen; *zich iets ~ maken* sich[3] etwas zu Eigen machen; *~ met iem zijn* mit jmdm vertraut sein[262]
eigenaar Eigentümer m^9, Besitzer m^9, Inhaber m^9: *~ van een zaak* Geschäftsinhaber
eigenaardig eigentümlich, eigenartig; *(zonderling,*

vreemd) sonderbar

eigenaardigheid Eigenart v^{20}, Eigentümlichkeit v^{20}: *ieder heeft zijn eigenaardigheden* jeder hat seine Eigentümlichkeiten

eigenares Eigentümerin v^{22}, Besitzerin v^{22}, Inhaberin v^{22}; *zie ook* eigenaar

eigenbelang Eigeninteresse o^{38}

eigendom Eigentum o^{39}, Besitz m^{19}

eigendunk Eigendünkel m^{19}, Dünkel m^{19}

eigengereid eigensinnig, eigenwillig

eigenhandig eigenhändig

eigenlijk eigentlich; ~ *gezegd was het anders* genau genommen war es anders

eigenmachtig eigenmächtig

eigennaam Eigenname m^{18}

eigenschap Eigenschaft v^{20}

eigentijds zeitgenössisch

eigenwaan Eigendünkel m^{19}, Dünkel m^{19}

eigenwaarde Eigenwert m^{19}: *gevoel van* ~ Selbstachtung v^{28}, Selbstgefühl o^{39}

eigenwijs, eigenzinnig eigensinnig

eik Eiche v^{21}

eikel Eichel v^{21}

eiken eichen, aus Eichenholz, Eichen...

eikenhout Eichenholz o^{39}

eiland Insel v^{21}

eilandbewoner Inselbewohner m^{9}

eilandengroep Inselgruppe v^{21}

eileider Eileiter m^{9}

eind Ende o^{38}: ~ *mei* Ende Mai; *aan het kortste* ~ *trekken* den Kürzeren ziehen[318]: *aan het langste* ~ *trekken* am längeren Hebel sitzen[268]: *het is nog een heel* ~ es ist noch eine ganze Strecke; *ten* ~*e lopen* zu Ende gehen[168]

eindafrekening Endabrechnung v^{20}, Schlussabrechnung v^{20}

eindbedrag Endbetrag m^{6}, Endsumme v^{21}

einddiploma *(van vwo)* Reifezeugnis o^{29a}, *(van andere school)* Abschlusszeugnis o^{29a}

einde *zie* eind

eindelijk endlich, schließlich

eindeloos endlos, unendlich

einder Horizont m^{5}

eindexamen *(vwo)* Abitur o^{29}; Reifeprüfung v^{20}; *(van andere schooltypen)* Abschlussprüfung v^{20}

eindexamenkandidaat *(vwo)* Abiturient m^{14}, *(van andere schooltypen)* Prüfungskandidat m^{14}

eindig endlich, vergänglich; ~*e getallen* endliche Zahlen

eindigen I *intr* enden, aufhören; II *tr* beenden, beendigen

eindindruk Gesamteindruck, Totaleindruck m^{6}

eindje Endchen o^{35}: *het is maar een kort* ~ es ist nur ein Katzensprung

eindklassement Gesamtwertung v^{20}

eindmeet *(Belg)* Ziel o^{29}

eindoordeel Endurteil o^{29}

eindproduct Endprodukt o^{29}, Fertigprodukt o^{29}

eindresultaat Endergebnis o^{29a}

eindrijm Endreim m^{5}

eindsignaal Schlusspfiff m^{5}

eindspurt Endspurt m^{5}, m^{13}

eindstand Endstand m^{6}

eindstation *(spoorw)* Zielbahnhof m^{6}; *(fig)* Endstation v^{20}

eindstreep Ziel o^{29}, Ziellinie v^{21}

eindstrijd Endkampf m^{6}

eindterm Qualifikationsziel o^{29}

eindwerk *(Belg)* Abschlussarbeit v^{20}

eis 1 Forderung v^{20}; 2 *(vereiste)* Erfordernis o^{29a}; 3 *(jur) (strafproces)* Strafantrag m^{6}, *(burgerlijk proces)* Klage v^{21}: ~ *tot schadevergoeding* Schadenersatzklage v^{21}

eisen 1 *(aanspraak maken op)* fordern, beanspruchen, verlangen; 2 *(vereisen)* erfordern; 3 *(vergen)* fordern; 4 *(jur)* beantragen: *een zware straf* ~ eine schwere Strafe beantragen; *schadevergoeding* ~ *auf* Schadenersatz klagen

eiser Kläger m^{9}

eivormig eiförmig

eiwit Eiweiß o^{29}: *geklopt* ~ Eischnee m^{19}

EK *afk van Europees Kampioenschap* Europameisterschaft v^{20} *(afk EM)*

ekster Elster v^{21}

eksteroog Hühnerauge o^{38}

el Elle v^{21}

elan Elan m^{19}, Schwung m^{19}: *met* ~ mit Elan

elasticiteit Elastizität v^{28}

elastiek 1 *(gummi)* Gummi m^{13}, o^{36}; 2 *(band van elastiek)* Gummiband o^{32}

elastieken aus Gummi, Gummi...

elastiekje Gummiring m^{5}

elastisch elastisch

elders anderswo, sonst wo, woanders

eldorado Eldorado o^{36}, Dorado o^{36}

elegant elegant

elegantie Eleganz v^{28}

electricien Elektrotechniker m^{9}, Elektriker m^{9}

electriciteit Elektrizität v^{28}

electriciteitsbedrijf Elektrizitätswerk o^{29}

electriciteitsvoorziening Elektrizitätsversorgung v^{28}

electrificatie Elektrifizierung v^{20}

electrificeren elektrifizieren[320]

electrisch elektrisch: ~*e centrale* Kraftwerk o^{29}

electriseren elektrisieren[320]

electrode Elektrode v^{21}

electromotor Elektromotor m^{5}, m^{16}

electronica Elektronik v^{28}

electronisch elektronisch

electrotechniek Elektrotechnik v^{28}

electrotechnisch elektrotechnisch

element Element o^{29}

elementair elementar, Elementar...

[1]**elf** *(natuurgeest)* Elfe v^{21}, *(zelden)* Elf m^{14}

[2]**elf** I *telw* elf: *raad van* ~ Elferrat m^{6}: *(voetbal) de* ~ *kwamen het veld op* die Elf kam aufs Feld; II *rangtelw* elft: ~ *mei* der elfte Mai

elfde I *rangtelw* der (die, das) elfte: *te ~r ure* in zwölfter Stunde; **II** *zn* Elftel *o*[33]
elfendertigst: *op zijn ~* im Schneckentempo
elfje Elfe *v*[21]
elfmetertrap 1 *(strafschop)* Elfmeter *m*[9]; **2** *(het schot)* Elfmeterschuss *m*[6]
elftal Mannschaft *v*[20], Elf *v*[20]
eliminatie Elimination *v*[20]
elimineren eliminieren[320]
elitair elitär
elite Elite *v*[21]
elk jeder, jede, jedes
elkaar einander: *ze kennen ~* sie kennen einander; *drie dagen achter ~* drei Tage hintereinander; *hij heeft ze niet allemaal bij ~* er hat sie nicht richtig beieinander; *dat is bij ~ 10 gulden* das macht zusammen 10 Gulden; *iem in ~ slaan* jmdn zusammenhauen[185]: *in ~ zakken* zusammenbrechen[137]: *met ~ praten* miteinander reden; *iets voor ~ krijgen* etwas schaffen; *de zaak is voor ~* die Sache ist in Ordnung
elleboog Ellbogen *m*[11]
ellende Elend *o*[39]
ellendeling Hundsfott *m*[5], *m*[8], Dreckskerl *m*[5]
ellendig elend: *ik voel me ~* mir ist elend; *een ~e geschiedenis* eine miserable Geschichte
ellepijp Elle *v*[21]
ellips Ellipse *v*[21]
elpee LP *v*[27] *(mv ook -)*, Langspielplatte *v*[21]
¹els *(plantk)* Erle *v*[21]
²els *(priem)* Ahle *v*[21], Pfriem *m*[5]
Elzas: *de ~* das Elsass *o*[39], *o*[39a]
Elzas-Lotharingen Elsass-Lothringen *o*[39]
Elzasser Elsässer *m*[9]
email Email *o*[36], Emaille *v*[21]
e-mail E-Mail *v*[27]: *per ~* per E-Mail
e-mailen emailen, e-mailen
emailleren emaillieren[320]
emancipatie Emanzipation *v*[20]
emanciperen emanzipieren[320]
emballage Emballage *v*[21], Verpackung *v*[20]
embargo Embargo *o*[36]: *~ leggen op* mit Embargo belegen
embleem Emblem *o*[29]
embryo Embryo *m*[13]
embryonaal embryonal
emigrant Auswanderer *m*[9], Emigrant *m*[14]
emigratie Auswanderung *v*[20], Emigration *v*[20]
emigreren auswandern, emigrieren[320]
eminent eminent, hervorragend
emir Emir *m*[5]
emiraat Emirat *o*[29]
emissie Emission *v*[20]
emmer Eimer *m*[9]
emotie Emotion *v*[20], Gefühlsregung *v*[20]
emotioneel emotionell, emotional
emplooi 1 *(bezigheid)* Beschäftigung *v*[20]; **2** *(betrekking)* Stelle *v*[21]
employé Angestellter *m*[40a]

employee Angestellte *v*[40b]
emulsie Emulsion *v*[20]
en und: *nou ~!* na und!; *bevalt het je? ~ of!* gefällt es dir? und wie!; *én hij én zijn vriend* sowohl er als (auch) sein Freund; *het werd stiller ~ stiller* es wurde immer stiller
en bloc en bloc
enclave Enklave *v*[21]
encycliek Enzyklika *v* *(mv Enzykliken)*
encyclopedie Enzyklopädie *v*[21]
endeldarm Mastdarm *m*[6]
enenmale: *ten ~* völlig, vollends
energie Energie *v*[21]
energiebedrijf Elektrizitätsgesellschaft *v*[20]
energiek energisch, tatkräftig
energievoorziening Energieversorgung *v*[20]
enerverend aufreibend
enerzijds einerseits
enfin kurz, kurzum
eng 1 *(nauw)* eng, knapp; **2** *(bekrompen)* eng, beschränkt; **3** *(griezelig)* unheimlich
engagement 1 *(verbintenis)* Engagement *o*[36]; **2** *(verloving)* Verlobung *v*[20]
engageren engagieren[320]
engel Engel *m*[9]
Engeland England *o*[39]
engelengeduld Engelsgeduld *v*[28]
Engels I *bn* englisch; **II** *zn* Englisch *o*[41]: *het artikel is in het ~ geschreven* der Artikel ist in Englisch abgefasst; *hoe heet dat in het ~?* wie heißt das auf Englisch? *(of:* im Englischen?); *in het ~ vertalen* ins Englische übersetzen
Engelsman Engländer *m*[9]
engerd widerlicher Kerl *m*[5]
en gros en gros, im Großen
engte Enge *v*[21]
enig I *bn* **1** *(waarvan geen tweede is)* einzig: *haar ~e zoon* ihr einziger Sohn; **2** *(prachtig)* einzig, einmalig: *~ in zijn soort* einzigartig; **II** *onbep telw, onbep vnw* einig: *~e vrienden hielpen hem* einige Freunde halfen ihm; *zonder ~ probleem* ohne ein einziges Problem
enigerlei irgendwelch, irgendein
enigermate einigermaßen
eniggeboren eingeboren
enigszins einigermaßen
¹enkel *zn* Knöchel *m*[9], Fußknöchel
²enkel I *bn, telw* **1** *(niet meer dan één)* einzig: *een ~ lamp* eine einzige Lampe; **2** *(niet dubbel)* einfach: *een ~e reis* eine einfache Fahrt; **3** *(weinig)* einig, einzeln: *één ~e boom* ein einzelner *(of:* einziger) Baum; **II** *bw* bloß, nur, lauter: *~ en alleen* einzig und allein
enkeling Einzelperson *v*[20], Einzelne(r) *m*[40a], *v*[40b]
enkelspel Einzelspiel *o*[29], Einzel *o*[33]
enkelvoud Einzahl *v*[28]
enkelvoudig einfach
en masse en masse, in Massen
enorm enorm, riesig

en passant beiläufig, nebenbei
enquête 1 *(namens parlement)* Enquete v^{21}; **2** *(opiniepeiling)* Umfrage, Meinungsumfrage v^{21}
ensceneren inszenieren[320], in Szene setzen
enscenering Inszenierung v^{20}
ensemble Ensemble o^{36}
enten pfropfen, okulieren[320]
enthousiasme Begeisterung v^{28}
enthousiast begeistert
entree 1 Entree o^{36}: *vrij* ~ Eintritt frei; **2** *(toegangsprijs)* Eintrittsgeld o^{31}
entreebiljet Eintrittskarte v^{21}
enveloppe Briefumschlag m^6, Kuvert o^{36}
enz., enzovoort(s) und so weiter *(afk usw.)*
epidemie Epidemie v^{21}, Seuche v^{21}
epidemisch epidemisch
epiek Epik v^{28}
epilepsie Epilepsie v^{21}
epilepticus Epileptiker m^9
epileptisch epileptisch
epileren epilieren[320], enthaaren
epiloog Epilog m^5
episch episch: ~ *dichter* Epiker m^9
episode Episode v^{21}
epistel Epistel v^{21}
epos Epos o *(2e nvl -; mv Epen)*
equator Äquator m^{16}
equatoriaal äquatorial
equipe Equipe v^{21}
equivalent I *bn* äquivalent; **II** *zn* Äquivalent o^{29}
er da, es; derer: *(soms onvertaald) hij ziet ~ goed uit* er sieht gut aus; *ik ben ~ al* ich bin schon da; *~ was eens* es war einmal; *~ zijn goeden en slechten* es gibt Gute und Böse; *wat is ~?* was gibt's?; *~ zijn ~, die zeggen* es gibt derer *(of: Leute)*, die sagen
era Ära *v (mv Ären)*
eraan daran: *hij gaat ~ er* wird daran glauben müssen; *wat scheelt ~?* was fehlt dir?; *wat kan ik ~ doen!* was kann ich dafür!; *ik kom ~* ich komme gleich
erachter dahinter: ~ *komen* dahinter kommen[193]
erbarmelijk erbärmlich, miserabel
erbij dabei, dazu: *ik blijf ~* ich bleibe dabei
erdoor hindurch: *zich ~ slaan* sich durchschlagen[241]
ereburger Ehrenbürger m^9
erectie Erektion v^{20}
eredienst Gottesdienst m^5; *(fig)* Kult m^5
eredivisie Bundesliga *v (mv -ligen)*
eregast Ehrengast m^6
erelid Ehrenmitglied o^{31}
ereloon *(Belg)* Honorar o^{29}
eren ehren
ereronde Ehrenrunde v^{21}
eretribune Ehrentribüne v^{21}
erewoord Ehrenwort o^{39}
erf Hof m^6: *huis en ~* Haus und Hof
erfdeel Erbteil o^{29}: *wettelijk ~* Pflichtteil m^5, o^{29}
erfelijk erblich: ~ *belast* erblich belastet
erfelijkheid Erblichkeit v^{28}; *(biol)* Vererbung v^{20}

erfenis Erbe o^{39}, Erbschaft v^{20}
erfgenaam Erbe m^{15}
erfgename Erbin v^{22}
erfzonde Erbsünde v^{28}
¹erg *bn* arg[58], schlimm, *(intensiverend ook)* sehr: *zijn ~ste vijand* sein ärgster Feind; *in het ~ste geval* schlimmstenfalls; *des te ~er* umso schlimmer; *het is ~ koud* es ist arg *(of: sehr)* kalt
²erg *zn (opzet)* Absicht v^{20}: *zonder ~* unabsichtlich; *geen ~ in iets hebben* etwas nicht bemerken
ergens 1 *(op een of andere plaats)* irgendwo: ~ *anders* anderswo; ~ *heen* irgendwohin; ~ *vandaan* irgendwoher; *hier ~* hierherum; **2** *(op een of andere manier)* irgendwie: ~ *mag ik hem wel* ich habe ihn irgendwie gern; **3** *(iets)* etwas, irgendetwas
ergeren I *tr* ärgern: *iem ~* jmdn ärgern; **II** *zich ~* sich ärgern: *zich dood ~* sich zu Tode ärgern; *zich aan iets ~* sich über[+4] etwas ärgern
ergerlijk 1 ärgerlich; **2** *(aanstotelijk)* empörend
ergernis Ärgernis o^{29a}
erin darin; *(mbt richting)* herein, hinein
erkend anerkannt
erkennen 1 *(toegeven)* zugeben[166]; **2** *(inzien)* erkennen[189]; **3** *(als wettig beschouwen)* anerkennen[189]
erkenning 1 *(inzicht)* Erkenntnis v^{24}; **2** *(waardering)* Anerkennung v^{28}
erkentelijk erkenntlich, dankbar
erkentelijkheid Erkenntlichkeit v^{28}
erker Erker m^9
erlangs vorbei: *ik wil ~* ich möchte vorbei
erlenmeyer Erlenmeyerkolben m^{11}
ermee damit: *weg ~!* weg damit!
erna danach
ernaar danach, hin: *ik kijk ~* ich sehe hin
ernaartoe hin, dahin: *hij liep ~* er ging (da)hin
ernaast daneben: ~ *zitten* sich irren
ernst Ernst m^{19}: *in ~* im Ernst; *in alle ~* allen Ernstes; *ik meen het in ~* ich meine es ernst
ernstig I *bn* ernst, ernsthaft: ~ *e verwondingen* ernste *(of: schwere)* Verletzungen; **II** *bw* **1** *(in, met ernst)* ernst, ernsthaft; **2** *(met volle overtuiging)* ernsthaft, ernstlich: *het ~ menen* es ernst meinen; **3** *(hevig)* ernstlich, schwer
eronderdoor darunter hindurch: *hij gaat ~ (lett)* er geht darunter hindurch, *(fig)* er geht daran zugrunde *(of: zu Grunde)*
erop darauf, herauf, hinauf
erosie Erosion v^{20}
erotiek Erotik v^{28}
erotisch erotisch
erover darüber: ~ *lopen* darüber gehen[168]
ertegen dagegen: *zij is ~* sie ist dagegen
ertoe dazu: ~ *in staat zijn* dazu fähig sein[262]
erts Erz o^{29}
ertussen dazwischen
eruit daraus; heraus; hinaus
eruptie Eruption v^{20}
ervan davon: *dat komt ~!* das kommt davon!
ervandoor *hij is ~* er ist über alle Berge

¹**ervaren** *ww* erfahren¹⁵³
²**ervaren** *bn* erfahren, bewandert
ervarenheid Erfahrenheit *v*²⁸
ervaring Erfahrung *v*²⁰
erven erben: *~ van* erben von⁺³
ervoor davor, dafür: *een huis met een tuin ~* ein Haus mit einem Garten davor; *ik ben ~* ich bin dafür; *~ instaan* dafür einstehen
erwt Erbse *v*²¹: *groene ~* grüne Erbse
erwtensoep Erbsensuppe *v*²¹
es *(plantk)* Esche *v*²¹
escalatie Eskalation *v*²⁰, Eskalierung *v*²⁰
escaleren eskalieren³²⁰
escorte Eskorte *v*²¹, Geleit *o*³⁹
escorteren eskortieren³²⁰
esculaap *(embleem)* Äskulapstab *m*⁶
esdoorn Ahorn *m*⁵
eskader Geschwader *o*³³
eskimo Eskimo *m (2e nvl -(s); mv -(s))*
esp Espe *v*²¹, Zitterpappel *v*²¹
espresso Espresso *m (2e nvl -(s); mv -sos of -si)*
esprit Esprit *m*¹⁹
essay Essay *m*¹³, *o*³⁶
essentie Essenz *v*²⁰, Wesen *o*³⁹
essentieel essenziell, essentiell, wesentlich
establishment Establishment *o*³⁶
estafette *(sp)* Staffel *v*²¹
esthetisch ästhetisch
etablissement Etablissement *o*³⁶
etage Etage *v*²¹, Stock *m*⁶, Geschoss *o*²⁹: *op de eerste ~* im ersten Stock
etalage Schaufenster *o*³³
etaleren ausstellen
etaleur Schaufensterdekorateur *m*⁵
etappe Etappe *v*²¹: *in ~s* etappenweise
etc. *afk van et cetera* et cetera *(afk* etc.), und so weiter *(afk* usw.)
eten I *ww* essen¹⁵²: *eet smakelijk!* guten Appetit!; II *zn* Essen *o*³⁵: *onder het ~* bei Tisch
etenstijd Essenszeit *v*²⁰
etenswaar Esswaren *mv v*²¹
etentje Essen *o*³⁵
eter Esser *m*⁹: *een flinke ~* ein starker Esser
ether Äther *m*¹⁹
ethiek Ethik *v*²⁰
ethisch ethisch
etiket Etikett *o (2e nvl -s; mv -e(n) of -s)*
etiketteren *(ook fig)* etikettieren³²⁰
etiquette Etikette *v*²¹
etmaal vierundzwanzig Stunden *mv v*²¹
etnisch ethnisch
ets Radierung *v*²⁰
etsen radieren³²⁰
ettelijke 1 *(heel wat)* etliche; 2 *(enkele)* einige
etter 1 *(med)* Eiter *m*¹⁹; 2 *(naarling)* Ekel *o*³³
etteren eitern
etude Etüde *v*²¹
etui Etui *o*³⁶
etymologie Etymologie *v*²¹

etymologisch etymologisch
EU *afk van Europese Unie* Europäische Union *v*²⁸ *(afk* EU) *v*²⁸
eucharistie Eucharistie *v*²¹
eucharistieviering Eucharistiefeier *v*²¹
eufemisme Euphemismus *m (2e nvl -; mv -men)*
eufemistisch euphemistisch
euforie Euphorie *v*²¹
euregio Euregio *v*²⁸
euro *(munteenheid)* Euro *m*¹³
eurocheque Eurocheque *m*¹³
Europa Europa *o*³⁹
Europacup Europapokal *m*⁵
europarlement Europaparlament *o*²⁹
Europeaan Europäer *m*⁹
Europees europäisch
Europese Europäerin *v*²²
Eurovisie Eurovision *v*²⁸
euthanasie Euthanasie *v*²⁸
euvel I *zn* Übel *o*³³; II *bn, bw* übel: *iem iets ~ duiden* jmdm etwas verübeln; *de ~e moed hebben* die Unverschämtheit haben¹⁸²
evacuatie Evakuierung *v*²⁰
evacué, evacuee Evakuierte(r) *m*⁴⁰ᵃ, *v*⁴⁰ᵇ
evacueren evakuieren³²⁰
evalueren evaluieren³²⁰
evangelie Evangelium *o (2e nvl -s; mv -lien)*
evangelisch evangelisch
evangelist Evangelist *m*¹⁴
even I *bn (deelbaar door twee)* gerade; II *bw* 1 *(in gelijke mate)* ebenso, genauso, gleich: *hij is ~ groot als jij* er ist ebenso *(of:* genauso) groß wie du; *zij zijn ~ oud* sie sind gleich alt; 2 *(korte tijd)* einen Augenblick, kurz, mal, schnell: *wacht ~!* warte mal!; *ik moet ~ weg* ich muss kurz weg; *het is ~ voor achten* es ist kurz vor acht; III *zn: het is mij om het ~* es ist mir egal
evenaar Äquator *m*¹⁶
evenals ebenso wie, genauso wie
evenaren gleichkommen¹⁹³⁺³
evenbeeld Ebenbild *o*³¹
eveneens ebenfalls, gleichfalls
evenement Ereignis *o*²⁹ᵃ
evengoed ebenso, genauso
evenmin ebenso wenig
evenredig proportional: *stelsel van ~e vertegenwoordiging* Verhältniswahlsystem *o*²⁹; *(wisk) ~e delen* proportionale Teile; *de beloning was ~ met de dienst* die Belohnung entsprach dem Dienst; *recht ~ (met)* direkt proportional (zu⁺³); *omgekeerd ~ (met)* indirekt proportional (zu⁺³)
evenredigheid 1 *(verhouding)* Verhältnis *o*²⁹ᵃ: *naar ~ van* im Verhältnis zu⁺³; *de prijs is naar ~ verhoogd* der Preis ist entsprechend erhöht worden; 2 *(wisk)* Proportion *v*²⁰
eventjes 1 *(tijd)* einen Augenblick; 2 *(amper)* kaum
eventualiteit Eventualität *v*²⁰
eventueel eventuell
evenveel ebenso viel, genauso viel, gleich viel: *ze*

kosten ~ sie kosten gleich viel; *van* ~ *belang* gleich wichtig

evenwel jedoch, gleichwohl, dennoch

evenwicht Gleichgewicht o^{39}: *elkaar in* ~ *houden* sich im Gleichgewicht halten[183]: *het* ~ *verstoren* das Gleichgewicht stören; *in* ~ *zijn* im Gleichgewicht sein[262]

evenwichtig ausgeglichen, ausgewogen

evenwichtsorgaan Gleichgewichtsorgan o^{29}

evenwijdig parallel: ~*e lijn* Parallele v^{21}: ~ *lopen* parallel sein[262]: ~ *aan* parallel mit[+3]

evenzeer ebenso sehr, genauso sehr

evenzo ebenso, genauso, geradeso

everzwijn Wildschwein o^{29}

evolutie Evolution v^{20}

evolutieleer Evolutionslehre v^{21}

ex Ehemalige(r) m^{40a}, v^{40b}: *zijn* ~ seine Ehemalige; *haar* ~ ihr Ehemaliger; ~*-minister* früherer Minister m^9

exact exakt

examen Examen o^{35} (*mv ook Examina*), Prüfung v^{20}: ~ *doen* Examen machen

examenkandidaat Prüfling m^5, Prüfungskandidat m^{14}, Examenskandidat

examineren examinieren[320], prüfen

excellentie Exzellenz v^{20}

excentriek exzentrisch

exceptioneel exzeptionell, außergewöhnlich

exclusief I *bn* exklusiv; **II** *vz* ohne[+4]

excursie Exkursion v^{20}, Ausflug m^6

excuseren entschuldigen: *zich voor iets* ~ sich für[+4] etwas entschuldigen

excuus Entschuldigung v^{20}: ~ *vragen* um Entschuldigung bitten[132]

executeren exekutieren[320]

executie 1 (*voltrekking*) Vollstreckung v^{20}; **2** (*terechtstelling*) Exekution v^{20}, Hinrichtung v^{20}

exemplaar Exemplar o^{29}

exerceren exerzieren[320]

exercitie Exerzierübung v^{20}

existentie Existenz v^{20}

existentieel existenziell, existentiell

existeren existieren[320]

exotisch exotisch

expansie Expansion v^{20}

expansiepolitiek Expansionspolitik v^{28}

expediteur Spediteur m^5

expeditie 1 (*verzending*) Spedition v^{20}; **2** (*ontdekkingsreis*) Expedition v^{20}

experiment Experiment o^{29}, Versuch m^5

experimenteel experimentell

experimenteren experimentieren[320]

expert Experte m^{15}, Sachverständige(r) m^{40a}, v^{40b}

expertise Expertise v^{21}

expliciet I *bn* explizit; **II** *bw* explizite

exploderen explodieren[320]

exploitant Unternehmer m^9, Betreiber m^9

exploitatie 1 Betrieb m^5; **2** (*mijnb*) Ausbeutung v^{20}; **3** (*uitbuiting*) Ausbeutung v^{20}

exploiteren 1 (*van fabriek, onderneming*) betreiben[290]; **2** (*mijnb, iem*) ausbeuten

explosie Explosion v^{20}

explosief I *bn* explosiv; **II** *zn* Sprengstoff m^5

export Export m^5, Ausfuhr v^{20}

exporteren exportieren[320], ausführen

exporteur Exporteur m^5

exposeren ausstellen

expositie Ausstellung v^{20}

expres (*met opzet*) absichtlich

expresbrief Eilbrief m^5

expresse: *per* ~ *verzenden* als Eilbrief senden[263]

expressie Ausdruck m^6

expressief ausdrucksvoll

expressionisme Expressionismus m^{19a}

exprestrein Schnellzug m^6, D-Zug m^6

expresweg (*Belg*) (*ongev*) Fernstraße v^{21}

extase Ekstase v^{21}, Verzückung v^{20}

extatisch ekstatisch, verzückt

extern extern

extra I *bw* (*boven het gewone*) extra: *drie gulden* ~ drei Gulden extra; ~ *sterk* extra stark; **II** *bn* extra, zusätzlich

extract Extrakt m^5

extra-editie Extraausgabe v^{21}, Sonderausgabe v^{21}

extratrein Sonderzug m^6

extravagant extravagant

extravagantie Extravaganz v^{20}

extreem extrem

extremist Extremist m^{14}

ezel 1 (*dierk*) Esel m^9: *hij is een* ~ er ist ein Esel; **2** (*schildersezel*) Staffelei v^{20}

ezelin Eselin v^{22}

ezelsbrug Eselsbrücke v^{21}

ezelsoor (*ook van boek*) Eselsohr o^{37}

ez

f

faalangst Angst v^{25} zu versagen
faam 1 *(reputatie)* Ruf m^{19}; **2** *(roem)* Ruhm m^{19}
fabel Fabel v^{21}
fabelachtig fabelhaft
fabricage Herstellung v^{20}, Fertigung v^{20}
fabricagekosten Herstellungskosten *(mv)*, Fertigungskosten *(mv)*
fabriceren herstellen, anfertigen
fabriek Fabrik v^{20}; *(groot)* Werk o^{29}
fabrieksarbeider Fabrikarbeiter m^9
fabrieksgebouw Fabrikgebäude o^{33}
fabrikaat Fabrikat o^{29}, Produkt o^{29}, Erzeugnis o^{29a}
fabrikant Fabrikant m^{14}, Fabrikbesitzer m^9
fabuleus fabelhaft
façade *(ook fig)* Fassade v^{21}
facelift(ing) Facelifting o^{36}
facet 1 *(geslepen vlak)* Facette v^{21}, Fassette v^{21}; **2** *(aspect)* Aspekt m^5
faciliteit 1 *(gemakkelijkheid)* Komfort m^{19}; **2** *(tegemoetkoming)* Vergünstigung v^{20}
faciliteiten *(Belg)* gesetzliche Regelungen hinsichtlich des Sprachgebrauchs in zweisprachigen Gemeinden
factor Faktor m^{16}
factureren fakturieren^{320}
factuur Rechnung v^{20}
facultatief fakultativ, wahlfrei: ~ *vak* Wahlfach o^{32}
faculteit Fakultät v^{20}
fagot Fagott o^{29}
fagottist Fagottist m^{14}
failliet *bn* zahlungsunfähig, bankrott: *~e boedel* Konkursmasse v^{21}: *een ~e firma* eine bankrotte Firma; ~ *gaan* Konkurs machen
faillietverklaring Konkurseröffnung v^{20}
faillissement Konkurs m^5, Bankrott m^5
fair fair
fakir Fakir m^5
fakkel Fackel v^{21}
fakkeldrager Fackelträger m^9
falen *(tekortschieten)* versagen; **2** *(mislukken)* scheitern
falie: *iem op zijn ~ geven* jmdm die Jacke voll hauen^{185}; *op zijn ~ krijgen* die Jacke voll kriegen
faliekant: *dat loopt ~ af* das geht schief; ~ *verkeerd* vollkommen falsch
faling *(Belg)* Konkurs m^5, Bankrott m^5

fameus 1 *(geweldig)* famos; **2** *(vermaard)* namhaft
familiaal *(Belg)* Familien-
familiair familiär
familie Familie v^{21}: *van goede ~* aus guter Familie; *hij is ~ van mij* er ist ein Verwandter von mir
familiebezoek Verwandtenbesuch m^5
familiegraf Familiengrab o^{32}, Familiengruft v^{25}
familiekring Familienkreis m^5, Verwandtenkreis
familielid Familienangehörige(r) m^{40a}, v^{40b}
familienaam Familienname m^{18}
familieschaak *(schaken)* Familienschach o^{39}
¹fan *(vereerder)* Fan m^{13}
²fan *(ventilator)* Ventilator m^{16}
fanaat I *bn, bw* fanatisch; **II** *zn* Fanatiker m^9
fanaticus Fanatiker m^9
fanatiek fanatisch
fanatiekeling Fanatiker m^9
fanclub Fanklub m^{13}
fancy-fair Wohltätigkeitsbasar m^5
fanfare, fanfarekorps Blaskapelle v^{21}
fanmail Fanpost v^{28}
fantaseren fantasieren^{320}, phantasieren^{320}
fantasie Fantasie v^{21}, Phantasie v^{21}
fantast(e) Fantast m^{14}, Phantast m^{14}; Fantastin v^{22}, Phantastin v^{22}
fantastisch fantastisch, phantastisch
fantoom Phantom o^{29}
farao Pharao *m (2e nvl -s; mv Pharaonen)*
farce Farce v^{21}
farde *(Belg)* **1** *(opbergmap)* Ordner m^9; **2** *(slof, lange doos)* Stange v^{21}
farizeeër *(ook fig)* Pharisäer m^9
farmaceutisch pharmazeutisch
fascinatie Faszination v^{20}
fascineren faszinieren^{320}
fascinerend faszinierend
fascisme Faschismus m^{19a}
fascist Faschist m^{14}
fascistisch faschistisch
fase Phase v^{21}, Stufe v^{21}: *(school)* tweede ~ zweite Phase
fat Geck m^{14}
fataal fatal, verhängnisvoll
fatalisme Fatalismus m^{19a}
fatalist Fatalist m^{14}
fatalistisch fatalistisch
fatsoen 1 *(goede manieren)* Anstand m^{19}: *zijn ~ houden* den Anstand wahren; *hou je ~!* benimm dich!; **2** *(vorm)* Form v^{20}, Fassung v^{28}
fatsoeneren in Ordnung bringen^{139}
fatsoenlijk 1 *(welgemanierd)* anständig; **2** *(behoorlijk)* ordentlich
fatsoenshalve anstandshalber
fauna Fauna *v (mv Faunen)*
fauteuil Armsessel m^9, Lehnsessel m^9
favoriet I *bn* **1** *(sp)* favorisiert; **2** *(geliefd)* bevorzugt, Lieblings...; **II** *zn* Favorit m^{14}
favoriete Favoritin v^{22}
fax *(apparaat, bericht)* Fax *o (2e nvl -; mv -(e))*

faxen faxen
fazant Fasan m^5, m^{16}
februari Februar m^5 (2e nvl ook -): in ~ im Februar
fecaliën, feces Fäzes (mv), Fäkalien (mv)
federaal föderativ, föderal; (mbt Duitsland vaak) Bundes…
federaliseren föderalisieren^{320}
federalisme Föderalismus m^{19a}
federatie Föderation v^{20}
federatief föderativ
feedback Feedback o^{36}, Feed-back o^{36}
feeks Hexe v^{21}
feeling Feeling o^{36}, Gespür o^{39}
feest Fest o^{29}, (plechtiger) Feier v^{21}
feestavond Festabend m^5
feestbundel Festschrift v^{20}
feestdag Festtag m^5, (gedenkdag) Feiertag m^5
feestdrukte Festtrubel m^{19}
feestelijk festlich: ~e optocht Festzug m^6: ik bedank er ~ voor ich danke bestens
feestelijkheid Festlichkeit v^{20}
feesten ein Fest feiern
feestje Fete v^{21}: een ~ bouwen eine Fete veranstalten
feestmaal Festessen o^{35}, Festmahl o^{29}
feestvarken Geburtstagskind o^{31}, Jubilar m^5, Jubilarin v^{22}
feestvieren (ein Fest) feiern
feestvreugde Festfreude v^{21}
feilloos fehlerfrei, fehlerlos
feit 1 Tatsache v^{21}: overeenkomstig de ~en den Tatsachen entsprechend; in ~e tatsächlich; 2 (omstandigheid) Umstand m^6; 3 (jur) Tat v^{20}, Tatbestand m^6: strafbaar ~ Straftat v^{20}
feitelijk I bn tatsächlich: een ~e onmogelijkheid eine tatsächliche Unmöglichkeit; II bw faktisch, eigentlich: dat is ~ hetzelfde das ist faktisch dasselbe
feitenkennis Sachkenntnisse (mv)
feitenmateriaal Tatsachenmaterial o^{39}
fel 1 (mbt kleur, licht) grell; 2 (mbt aanval, brand, pijn, reactie, strijd) heftig: hij is erg ~ er ist sehr heftig; de ~le zon die pralle Sonne; een ~le wind ein scharfer Wind; 3 (mbt kritiek, protest) heftig, scharf
felheid 1 Grellheit v^{28}; 2 Heftigkeit v^{28}; 3 Schärfe v^{28}; zie ook fel
felicitatie Glückwunsch m^6, Gratulation v^{20}
feliciteren gratulieren^{320+3}, beglückwünschen^{+4}: iem met zijn verjaardag ~ jmdm zu seinem Geburtstag gratulieren
feminisme Feminismus m^{19a}
feministe Feministin v^{22}, Frauenrechtlerin v^{22}
fenomeen Phänomen o^{29}
fenomenaal phänomenal
feodaal feudal, Feudal…
feodalisme Feudalismus m^{19a}
ferm tüchtig: ~ optreden energisch auftreten^{291}
fermette (Belg) (ongev) Landhaus o^{32}, Wochenendhaus o^{32}
ferry, ferryboot Fähre v^{21}, Fährboot o^{29}
fervent glühend, entschieden, leidenschaftlich: een

~ tegenstander ein entschiedener Gegner
festijn (feest) Fest o^{29}; (feestmaal) Festessen o^{35}
festival Festival o^{36}, Festspiele mv o^{29}
festiviteit Festlichkeit v^{20}, Fest o^{29}
feuilleton Fortsetzungsroman m^5
fiasco Fiasko o^{36}, Misserfolg m^5
fiat Zustimmung v^{20}, Genehmigung v^{20}
fiche Spielmarke v^{21}, Fiche v^{27}
fictie Fiktion v^{20}
fictief fiktiv: fictieve winst imaginärer Gewinn m^5
fiducie Vertrauen o^{39}: geen ~ in iets hebben kein Vertrauen zu^{+3} etwas haben^{182}
fier stolz
fierheid Stolz m^{19}
fiets Fahrrad o^{32}, Rad o^{32}
fietsband Fahrradreifen m^{11}
fietsen radeln, Rad fahren^{153}
fietsendief Fahrraddieb m^5
fietsenhok Fahrradstand m^6
fietsenrek Fahrradständer m^9
fietser Radfahrer m^9
fietspad Fahrradweg m^5, Radweg m^5
fietstocht Radtour v^{20}
fifty-fifty fifty-fifty, halb und halb, halbpart
figurant 1 (theat) Statist m^{14}, Komparse m^{15}; 2 (fig) Figurant m^{14}, Statist m^{14}
figuur Figur v^{20}: een grote ~ (persoon) eine große Gestalt; een goed ~ slaan eine gute Figur machen; een slecht ~ slaan eine schlechte Figur abgeben^{166}
figuurlijk bildlich, übertragen
figuurtje Figur v^{20}
figuurzaag Laubsäge v^{21}
fijn 1 (algem) fein; 2 (deftig) fein, vornehm; 3 (orthodox) strenggläubig
fijnbesnaard zartbesaitet, zart besaitet
fijngevoelig feinfühlig, feinfühlend
fijnheid 1 Feinheit v^{28}; 2 Vornehmheit v^{28}; 3 Strenggläubigkeit v^{28}; zie ook fijn
fijnkauwen zerkauen
fijnkorrelig feinkörnig
fijnmaken zerkleinern, klein machen
fijnmalen zermahlen
fijnmazig feinmaschig, engmaschig
fijnproever Feinschmecker m^9
fijnsnijden klein schneiden^{250}
fijntjes: iets ~ zeggen etwas verblümt sagen; ze lachte ~ sie lächelte verschmitzt
fikken zn Pfoten mv v^{21}
fiks (flink) tüchtig; 2 (hard) derb, kräftig
fiksen hinkriegen, fingern
filantroop Philanthrop m^{14}
filantropisch philanthropisch
filatelie Philatelie v^{28}
filatelist Philatelist m^{14}
¹file 1 (rijdend) Schlange v^{21}: in een ~ rijden Kolonne fahren^{153}; 2 (stilstaand) Stau m^5, m^{13}
²file (comp) Datei v^{20}
fileren filieren^{320}, filetieren^{320}
filet Filet o^{36}

fi

filevorming Stauung v^{20}, Verkehrsstauung v^{20}
filharmonisch philharmonisch
filiaal Filiale v^{21}, Zweigstelle v^{21}
filiaalhouder Filialleiter m^9
film Film m^5: *beschermende ~* Schutzfilm; *een ~ vertonen* einen Film vorführen; *waar draait deze ~?* wo läuft dieser Film?
filmacteur Filmschauspieler m^9
filmactrice Filmschauspielerin v^{22}
filmcamera Filmkamera v^{27}
filmen filmen
filmkeuring Filmzensur v^{28}
filmmuziek Filmmusik v^{20}
filmopname Filmaufnahme v^{21}
filmster Filmstar m^{13}
filologie Philologie v^{21}
filoloog Philologe m^{15}
filosoferen philosophieren^{320}
filosofie Philosophie v^{21}
filosoof Philosoph m^{14}
filter Filter m^9; *(techn)* Filter o^{33}
filteren filtern
filtersigaret Filterzigarette v^{21}
filtreren filtern, *(vaktaal)* filtrieren^{320}
Fin Finne m^{15}
finaal total, völlig: *hij heeft het ~ bedorven* er hat es völlig verdorben
finale Finale o^{33}; Endspiel o^{29}
finalist Finalist m^{14}
financieel finanziell, Finanz-: *~ beleid* Finanzpolitik v^{28}
financiën Finanzen *(mv)*: *mijn ~* meine finanzielle Lage; *minister van Financiën* Finanzminister m^9
financier Finanzier m^{13} [fienanzje]
financieren finanzieren^{320}
financiering Finanzierung v^{20}
fineren furnieren^{320}
finesse Finesse v^{21}
fingeren fingieren^{320}, vortäuschen
finish 1 *(eindstreep)* Ziel o^{29}, Ziellinie v^{21}; **2** *(afwerking)* Finish o^{36}
finishen durchs Ziel gehen^{168}
finishfoto Zielfoto o^{36}
Finland Finnland o^{39}
Fins finnisch
firma Firma v *(mv Firmen)*
firmament Firmament o^{29}, Himmel m^9
firmant Gesellschafter m^9, Teilhaber m^9
fiscaal Steuer-, fiskalisch, steuerlich
fiscus 1 Fiskus m *(2e nvl -; mv Fisken of Fiskusse);* **2** *(belastingdienst)* Finanzamt o^{32}
fit fit: *zich ~ voelen* sich fit fühlen
fitness Fitness v^{28}
fitnesscenter Fitnesscenter o^{33}
fitting *(elektr)* Fassung v^{20}
fixeerbad Fixierbad o^{32}
fixeren fixieren^{320}: *iem ~* jmdn fixieren
fjord Fjord m^5
fl *afk van florijn* Gulden m^9 *(afk* hfl)

flacon Flakon m^{13}, o^{36}
fladderen flattern
flakkeren flackern
flamingo Flamingo m^{13}
flanel Flanell m^5
flanellen flanellen, Flanell...
flaneren flanieren^{320}, bummeln
flank Flanke v^{21}
flankeren flankieren^{320}
flansen: *een opstel in elkaar ~* einen Aufsatz hinschmieren
flap *(van boekomslag)* Klappe v^{21}
flapdrol Waschlappen m^{11}
flapoor Segel(flieger)ohr o^{37}
flappen: *hij flapt er alles uit* er plappert alles heraus
flaptekst Klappentext m^5
flapuit: *hij is een ~* er plappert alles heraus
flard Fetzen m^{11}
flashback Rückblende v^{21}
flat 1 *(gebouw)* Hochhaus o^{32}; **2** *(wooneenheid)* Etagenwohnung v^{20}
flater Schnitzer m^9
flatgebouw Hochhaus o^{32}, *(minder hoog)* Apartmenthaus o^{32}
flatteren schmeicheln^{+3}: *een geflatteerd portret* ein geschmeicheltes Bild; *een balans ~* eine Bilanz frisieren^{320}
flatteus schmeichelhaft
flauw 1 *(flauw smakend)* fade, geschmacklos; **2** *(zwak)* flau, matt, schwach: *ik ben ~ van de honger* mir ist flau vor Hunger; **3** *(geesteloos)* fade, abgeschmackt; **4** *(niet flink)* fade: *ik heb geen ~ idee* ich habe keine blasse Ahnung
flauwekul Quatsch m^{19}, Mumpitz m^{19}
flauwerd, flauwerik Kindskopf m^6
flauwigheid Kinderei v^{20}
flauwiteit dummes Zeug o^{39}
flauwte Ohnmacht v^{20}: *een ~ krijgen* in Ohnmacht fallen^{154}
flauwtjes schwach, matt
flauwvallen in Ohnmacht fallen^{154}
flensje *(dünner)* Pfannkuchen m^{11}
fles Flasche v^{21}: *op de ~ gaan* Pleite machen
flesopener Flaschenöffner m^9
flessen *(jmdn)* beschummeln, beschupsen
flessentrekker Schwindler m^9
flessentrekkerij Schwindel m^{19}
flets 1 *(niet helder)* matt; **2** *(ongezond)* blass^{59}
fleurig blühend, frisch
flexibel flexibel
flexibiliteit Flexibilität v^{28}
flierefluiter Bummelant m^{14}, Faulenzer m^9
flightrecorder Flug(daten)schreiber m^9
flik *(Belg) (pop)* Polizist m^{14}, Wachtmeister m^9
flikflooien liebedienern, lobhudeln
flikken *(klaarspelen)* deichseln: *hij zal het hem ~* er wird es schon schaffen
flikker *(inform) (homoseksueel)* Schwule(r) m^{40a} ‖ *(plat) iem op zijn ~ geven* jmdm die Jacke voll hau-

en[185]

flikkeren 1 *(mbt kaars, vlam)* flackern; **2** *(mbt ster)* flimmern; **3** *(terugkaatsen van licht)* glitzern; **4** *(gooien)* schmeißen[247], pfeffern

flink I *bn* **1** *(stevig)* kräftig: *een ~e jongen* ein kräftiger Junge; **2** *(vrij groot)* ordentlich, tüchtig, stattlich: *~e korting* bedeutender Rabatt *m*[5]: *een ~e som geld* eine stattliche Summe; *een ~e wandeling* ein ordentlicher Spaziergang; **3** *(ferm)* tapfer: *nog ~ voor zijn leeftijd* noch rüstig für sein Alter; *zich ~ houden* sich tapfer halten[183]; **II** *bw (aardig, erg)* gehörig, kräftig, ordentlich: *~ aanpakken* kräftig zupacken

flinterdun hauchdünn

flipperkast Flipper *m*[9]

flirt Flirt *m*[13], Liebelei *v*[20]

flirten flirten

flits Blitz *m*[5]: *~en van een wedstrijd* Ausschnitte eines Spiels; *in een ~* blitzartig

flitslicht Blitzlicht *o*[31]

flodder 1 *(wie slordig werkt)* Pfuscher *m*[9]; **2** *(slordige vrouw)* Schlampe *v*[21]: *losse ~* Platzpatrone *v*[21]

flodderen 1 *(mbt kleren)* schlottern; **2** *(slordig werken)* schmieren, pfuschen

floers Flor *m*[5], *m*[6]

flonkeren funkeln, glitzern

floppydisk Floppy Disk *v*[27], Floppydisk *v*[27]

Florence Florenz *o*[39]

floreren florieren[320], blühen, gedeihen[167]

floret Florett *o*[29]

florissant florierend, blühend

floss Zahnseide *v*[28]

flossen die Zähne mit Zahnseide reinigen

fluctuatie Fluktuation *v*[20], Schwankung *v*[20]

fluctueren fluktuieren[320], schwanken

fluim Schleim *m*[5], *(med)* Auswurf *m*[6]

fluisteren flüstern; *(heimelijk)* tuscheln

fluit 1 *(muz)* Flöte *v*[21]; **2** *(stoomfluit, fluitje)* Pfeife *v*[21] || *het kan me geen ~ schelen* es ist mir schnuppe

fluitconcert 1 *(concertstuk)* Flötenkonzert *o*[29]; **2** *(uitfluiting door publiek)* Pfeifkonzert *o*[29]

fluiten 1 *(op fluitje blazen)* pfeifen[214]; **2** *(mbt vogels)* flöten, pfeifen[214]; **3** *(muz)* Flöte spielen

fluitist Flötist *m*[14], Flötenspieler *m*[9]

fluitje 1 *(kleine fluit)* Pfeife *v*[21]; **2** *(geluid)* Pfiff *m*[5]

fluitketel Pfeifkessel *m*[9]

fluitsignaal Pfeifsignal *o*[29]

fluor Fluor *o*[39]

fluorideren fluor(is)ieren[320], fluoridieren[320]

fluweel Samt *m*[5]: *zo zacht als ~* samtweich

fluweelzacht samtweich

fluwelen samten, Samt...

fly-over Fly-over *m*[13], Straßenüberführung *v*[20]

fnuiken brechen[137]: *dat is ~d* das ist fatal

fobie Phobie *v*[21]

focus Fokus *m (2e nvl -; mv Fokus(se))*

foedraal Futteral *o*[29]

foefelen *(Belg)* mogeln

foefje Kniff *m*[5], Trick *m*[13]

foei *tw* pfui!, pfui Teufel!

foeilelijk grundhässlich

foerier Versorgungsunteroffizier *m*[5]

foeteren schimpfen (auf[+4])

foetsie futsch

foetus Fetus *m*[5] *(2e nvl Fetus(ses); mv Fetusse, ook Feten)* Fötus *m*[5] *(2e nvl Fötus(ses); mv Fötusse, ook Föten)*

föhn Föhn *m*[5]

föhnen föhnen

fok *(het fokken)* Zucht *v*[20], Züchtung *v*[20]

fokdier Zuchttier *o*[29]

fokken züchten: *schapen ~* Schafe züchten

fokker Züchter *m*[9]

fokkerij 1 Zucht *v*[20]; **2** *(bedrijf)* Züchterei *v*[20]

fokstier Zuchtstier *m*[5], Zuchtbulle *m*[15]

folder Faltblatt *o*[32], Faltprospekt *m*[5]

folie Folie *v*[21]

folio Folio *o*[36] *(mv ook Folien)*

folk, folkmuziek Folk *m*[9]

folklore Folklore *v*[28]

folkloristisch folkloristisch

follow-up 1 *(algem)* Nachfassen *o*[39], Nachstoßen *o*[39]; **2** *(nabehandeling patiënt)* Nachbehandlung *v*[20]

folteraar Folterer *m*[9]

folteren foltern: *~de angst* folternde Angst

foltering Folter *v*[21], Folterung *v*[20]

fondant Fondant *m*[13], *o*[36]

fonds 1 *(van uitgever)* Verlagsprogramm *o*[29]; **2** *(vereniging)* Kasse *v*[21]; **3** *(kapitaal)* Fonds *m (2e nvl -; mv -)*: *de nodige ~en* die benötigten Gelder; **4** *(effecten)* *~en* Wertpapiere *mv o*[29]

fondspatiënt Kassenpatient *m*[14]

fondue Fondue *v*[27], *o*[36]

fonetiek Phonetik *v*[20], Fonetik *v*[20]

fonetisch phonetisch, fonetisch

fonkelen funkeln, glitzern

fonkelnieuw (funkel)nagelneu

fontein Springbrunnen *m*[11]

fooi Trinkgeld *o*[31]

foor *(Belg)* Jahrmarkt *m*[6]

foppen 1 *(bij de neus nemen)* foppen, zum Narren halten[183]; **2** *(bedriegen)* beschummeln

fopspeen Schnuller *m*[9], Lutscher *m*[9]

forceren 1 *(doordrijven)* forcieren[320], erzwingen[319]; **2** *(dwingen)* zwingen[319]; **3** *(een deur)* aufbrechen[137]; **4** *(een machine)* überlasten

forehand Forehand *v*[27], *m*[13], Vorhand *v*[28]

forel Forelle *v*[21]

forens Pendler *m*[9]

forensentrein Pendelzug *m*[6]

forfait Pauschale *v*[21]: *(Belg, sp) ~ geven* nicht erscheinen[233]

forma: *in optima ~* in optima forma, in bester Form; *pro ~* pro forma, der Form wegen

formaat Format *o*[29]

formalistisch formalistisch

formaliteit Formalität *v*[20]

formatie 1 *(vorming, samenstelling)* Bildung *v*[20],

Formation v^{20}; **2** *(mil)* Formation v^{20}, Verband m^6
formeel 1 *(wat de vorm betreft)* formal; **2** *(zeer vor-melijk)* formell, förmlich
formeren *(vormen)* formen, bilden, gestalten: *een kabinet* ~ ein Kabinett bilden
formidabel formidabel, großartig, gewaltig
formule Formel v^{21}
formuleren formulieren^{320}
formulering Formulierung v^{21}
formulier Formular o^{29}, Formblatt o^{32}
fornuis Herd m^5, Kochherd m^5
fors 1 *(krachtig)* kräftig, massiv; **2** *(hevig, energiek)* hart, energisch
forsgebouwd kräftig gebaut, stämmig
fort Fort o^{36} [foor]
fortuin 1 *(vermogen)* Vermögen o^{35}; **2** *(geluk)* Glück o^{39}
fortuinlijk glücklich
forum Forum o *(2e nvl -s; mv Foren of Fora)*
fosfaat Phosphat o^{29}
fosfor Phosphor m^5
fossiel I *bn* fossil; **II** *zn* Fossil o *(2e nvl -s; mv -ien)*
foto Foto o^{36}, Aufnahme v^{21}: *een* ~ *nemen* ein Foto *(of:* eine Aufnahme) machen
fotoalbum Fotoalbum o *(2e nvl -s; mv -alben)*
fotofinish Fotofinish o^{36}
fotogeniek fotogen
fotograaf Fotograf m^{14}
fotografe Fotografin v^{22}
fotograferen fotografieren^{320}
fotografie Fotografie v^{21}
fotokopie Fotokopie v^{21}
fotokopiëren fotokopieren^{320}
fotoreportage Bildbericht m^5
fototoestel Fotoapparat m^5, Kamera v^{27}
fouilleren durchsuchen: *het* ~ *(ook)* Leibesvisitation v^{20}
fout I *zn* **1** *(misslag, onjuistheid)* Fehler m^9, *(kleine fout)* Versehen o^{35}; **2** *(gebrek)* Fehler m^9; **3** *(bok)* Schnitzer m^9; **4** *(overtreding)* Verstoß m^6: *kardinale* ~ Kardinalfehler; *zonder één* ~ fehlerlos; **II** *bn, bw* **1** *(niet goed)* falsch: *(sp)* ~*e opslag* Fehlaufschlag m^6; **2** *(onjuist)* unrichtig: *een* ~*e veronderstelling* eine unrichtige Annahme
foutloos fehlerlos, fehlerfrei
foutparkeerder Falschparker m^9
foxterriër Fox m^5 *(2e nvl ook -)*, Foxterrier m^9
foxtrot Foxtrott m^5, m^{13}
foyer Foyer o^{36}
fr. *afk van frank (Fr, Belg, Luxemburg)* Franc m^{13} *(2e nvl -)* *(afk* fr(s)), *(Zwits)* Franken m^{11} *(afk* Fr., sFr., sfr(s))
fraai 1 *(mooi)* schön; **2** *(aardig)* hübsch, nett
fractie 1 *(deel)* Bruchteil m^5; **2** *(pol)* Fraktion v^{20}
fractieleider, fractievoorzitter Fraktionschef m^{13}, Fraktionsführer m^9, Fraktionsvorsitzende(r) m^{40a}, v^{40b}
fractuur Fraktur v^{20}
fragiel fragil, zerbrechlich, zart

fragment Fragment o^{29}
fragmentarisch fragmentarisch
framboos Himbeere v^{21}
frame Rahmen m^{11}, Gestell o^{29}
Française Französin v^{22}
franco franko, frei; *(portvrij)* portofrei; *(vrachtvrij)* frachtfrei: ~ *fabriek* frei Fabrik; ~ *huis* frei Haus
frangipane *(Belg)* Mandelgebäck o^{39}
franje 1 Franse v^{21} *(meestal mv)*: *met* ~ mit Fransen; **2** *(overbodige opsiering van een verhaal)* Ausschmückung v^{20}
¹**frank** *bn* frank: ~ *en vrij* frank und frei
²**frank** *zn* **1** *(Frankrijk, België, Luxemburg)* Franc *m (2e nvl -; mv -s)*: *Belgische* ~ belgischer Franc *(afk* bfr); *Franse* ~ französischer Franc *(afk* F, FF); *Luxemburgse* ~ Luxemburger Franc *(afk* lfr); *(Belg) zijn* ~ *valt* er hat es endlich kapiert; **2** *(Zwitserland)* Franken m^{11}: *Zwitserse* ~ Franken *(afk* Fr., sFr., sfr(s))
frankeren frankieren^{320}, freimachen
frankering Frankierung v^{20}, Freimachung v^{20}
Frankisch fränkisch
Frankrijk Frankreich o^{39}
Frans I *bn* französisch; **II** *zn* Französisch o^{41}: *hoe heet dat in het* ~*?* wie heißt das auf Französisch *(of:* im Französischen)?
Franse Französin v^{22}
Fransman Franzose m^{15}
frappant frappant, auffallend
frase 1 *(volzin)* Satz m^6; **2** *(gezegde)* Phrase v^{21}
frater Frater *m (2e nvl -s; mv Fratres)*
fraterniseren fraternisieren^{320}
frats 1 *(kuur)* Grille v^{21}, Schrulle v^{21}; **2** *(grimas)* Fratze v^{21}, Grimasse v^{21}
fraude Betrug m^{19}, Betrügerei v^{20}
frauderen betrügen^{294}
fraudeur Betrüger m^9
frauduleus betrügerisch
freak Freak m^{13}
freekick Freistoß m^6
freelance frei, freiberuflich
frees Fräse v^{21}
freewheelen im Freilauf radeln *(of:* laufen^{198})
fregat Fregatte v^{21}
frequent häufig
frequentie Frequenz v^{20}
fresco Fresko o *(2e nvl -s; mv Fresken)*
fresia Freesie v^{21}
fret 1 *(dierk)* Frett o^{29}; **2** *(boor)* Nagelbohrer m^9
frezen fräsen
frezer Fräser m^9
friemelen *(herum)*fummeln (an⁺³)
Fries I *zn* **1** Friese m^{15}; **2** *(taal)* Friesisch o^{41}; **II** *bn* friesisch
friet Pommes frites *(mv)*, Pommes *(mv)*: *een* ~*je oorlog (ongev)* eine Pommes mit Mayo, Zwiebeln und Soße; *een* ~*je zonder* eine Pommes ohne Mayo
Friezin Friesin v^{22}
frigobox *(Belg)* Kühlbox v^{20}

fo

frik Schulmeister m^9, Pauker m^9
frikadel Frikadelle v^{21}, Bulette v^{21}
fris frisch, *(koel ook)* kühl
frisdrank Erfrischungsgetränk o^{29}
frisheid Frische v^{21}
frisjes ziemlich frisch
frituren frittieren[320]
frituur 1 *(kraam)* Pommesbude v^{21}; **2** *(spijs)* Frittüre v^{21}; **3** *(frituurpan)* Fritteuse v^{21}
frivool frivol
frommelen I *intr (friemelen)* fummeln; **II** *tr (weg-stoppen)* verstecken, stecken (in[+4])
fronsen runzeln, falten
front Front v^{20}
frontaal frontal: ~ *aanzicht* Vorderansicht v^{20}
frontlijn Frontlinie v^{21}
frontpagina Titelseite v^{21}, Titelblatt o^{32}
frou-frou *(Belg) (pony)* Pony o^{36}
fruit Obst o^{39}, Früchte *mv* v^{25}
fruitautomaat Spielautomat m^{14}
fruiten rösten, braten[136], bräunen
fruitsalade Fruchtsalat m^5, Obstsalat m^5
fruitsap *(Belg)* Fruchtsaft m^6
fruitteler Obstzüchter m^9
frunniken fummeln, (herum)fingern
frustratie Frustration v^{20}, *(inform)* Frust m^{19}
frustreren frustrieren[320]
f-sleutel F-Schlüssel m^9
fuchsia Fuchsie v^{21}
fuga Fuge v^{21}
fuif Fete v^{21}, Party v^{27}
fuifnummer lustiger Bruder m^{10}
fuik Reuse v^{21}
fuiven feiern, eine Fete machen
fullspeed mit Höchstgeschwindigkeit
fulltime ganztägig: ~ *job* Ganztagsarbeit v^{20}
functie Funktion v^{20}: *buiten* ~ außer Dienst
functionaris Funktionär m^5
functioneel funktionell
functioneren funktionieren[320]
fundament Fundament o^{29}; *(fig)* Grundlage v^{21}
fundamentalist Fundamentalist m^{14}
fundamenteel fundamental, grundlegend
funderen 1 *(bouwk)* fundamentieren[320]; **2** *(fig)* fundieren[320], begründen
fundering Fundament o^{29}
funest fatal
fungeren fungieren[320]
furie Furie v^{21}
furieus rasend
furore: ~ *maken* Furore machen
fuseren fusionieren[320]
fusie Fusion v^{20}, Zusammenschluss m^6: *een* ~ *aan-gaan* fusionieren[320]
fusilleren füsilieren[320], standrechtlich erschießen[238]
fusioneren *(Belg)* fusionieren[320]
fut 1 *(pit)* Schwung m^{19}; **2** *(energie)* Energie v^{21}
futiel futil, unbedeutend, nichtig
futiliteit Futilität v^{20}, Nichtigkeit v^{20}

futloos kraftlos, energielos, schwunglos
futurisme Futurismus m^{19a}
futuristisch futuristisch
fuut Haubentaucher m^9
FVD *(Belg) afk van Federale Voorlichtingsdienst* Presseamt o^{32}
fysica Physik v^{28}
fysicus Physiker m^9
fysiek I *bn, bw* physisch; **II** *zn* Konstitution v^{20}
fysiologie Physiologie v^{28}
fysioloog Physiologe m^{15}
fysiotherapeut Physiotherapeut m^{14}
fysiotherapie 1 Physiotherapie v^{28}; **2** *(Belg) (revali-datie)* Rehabilitation v^{20}
fysisch physikalisch

fy

g

gaaf 1 *(ongeschonden)* unbeschädigt, makellos; **2** *(eerlijk)* lauter; **3** *(goed, leuk)* toll, irre

gaan *(meestal)* gehen[168]; *(voortbewegen met voertuig)* fahren[153], *(met vliegtuig)* fliegen[159]: ~ *bedelen* betteln gehen; ~ *eten* zu Tisch gehen, *(inform)* essen gehen; ~ *jagen* jagen gehen; ~ *liggen* sich legen; ~ *slapen* schlafen gehen; ~ *staan* sich stellen; ~ *wandelen* spazieren gehen; ~ *zitten* sich setzen; ~ *zwemmen* schwimmen gehen; *erheen* ~ hingehen; *ervandoor gaan* abhauen[185]; *waar gaat de reis naar toe?* wohin geht die Reise?; *zullen we* ~? gehen wir?; *weet je wat ik ga doen?* weißt du, was ich mache?; *het gaat zo beginnen* es fängt gleich an; *de bel gaat* es klingelt; *om kort te* ~ kurz und gut; *laat maar* ~! lass nur!; *het gaat regenen* es gibt Regen; *hoe gaat het met je?* wie geht es dir?; *naar het buitenland* ~ ins Ausland fahren *(of:* reisen)

gaande: ~ *zijn* im Gang sein[262]: *wat is er* ~? was ist los?; *de aandacht* ~ *houden* die Aufmerksamkeit fesseln; *de belangstelling* ~ *maken* das Interesse erregen; *het gesprek* ~ *houden* das Gespräch in Gang halten[183]

gaandeweg allmählich, nach und nach

gaans: *een uur* ~ eine Wegstunde

gaar gar

gaarheid Gare *v*[28]

gaarne gern(e)[65]: *heel* ~ sehr *(of:* recht) gern(e)

gaas Gaze *v*[21], *(van metaal)* Drahtgeflecht *o*[29]

gabber Kumpel *m*[9], Kamerad *m*[14]

gadeslaan beobachten

gading: *is hier iets van uw* ~? gibt es etwas, was Ihnen gefällt?

gaffel 1 *(hooi-, mestvork)* Gabel *v*[21]; **2** *(scheepv)* Gaffel *v*[21]

gage 1 *(scheepv)* Heuer *v*[21]; **2** *(theat)* Gage *v*[21]

gal Galle *v*[21]

gala 1 *(feest)* Fest *o*[29]; **2** *(kleding)* Gala *v*[28]

gala-avond Galaabend *m*[5]

galakostuum Galaanzug *m*[6]

galant galant, höflich

galavoorstelling Galavorstellung *v*[20]

galblaas Gallenblase *v*[21]

galbult Quaddel *v*[21]

galei Galeere *v*[21]

galeiboef Galeerensträfling *m*[5]

galeislaaf Galeerensklave *m*[15]

galerie Galerie *v*[21]

galeriehouder Galerist *m*[14]

galeriehoudster Galeristin *v*[22]

galerij 1 *(kunstzaal)* Galerie *v*[21]; **2** *(van gebouw)* Galerie *v*[21], *(van flat)* Laubengang *m*[6]

galg Galgen *m*[12]

galgenhumor Galgenhumor *m*[19]

galgenmaal Henkersmahlzeit *v*[20]

galm 1 Schall *m*[5], *m*[6]; Hall *m*[5]; **2** *(klankweerkaatsing)* Widerhall *m*[5]

galmen I *intr* **1** (er)schallen[231], hallen; **2** *(weergalmen)* widerhallen; **II** *tr* erschallen lassen[197]

galop Galopp *m*[5], *m*[13]: *in* ~ im Galopp; *in gestrekte* ~ in gestrecktem Galopp

galopperen galoppieren[320]

galsteen Gallenstein *m*[5]

galvaniseren galvanisieren[320], verzinken

game Spiel *o*[29]

gameboy Gameboy *m*[13] *(2e nvl ook* -)

gamma 1 *(Griekse letter)* Gamma *o*[36]; **2** *(toonladder)* Skala *v (mv* Skalen*)*, Tonleiter *v*[21]

gammastraal Gammastrahl *m*[16]

gammel 1 *(mbt meubelstuk)* wack(e)lig; **2** *(vervallen)* baufällig; **3** *(lusteloos)* lahm, matt

¹gang 1 *(wijze van gaan)* Gang *m*[6], Gangart *v*[20]; **2** *(loop, tocht)* Gang *m*[6]: *een* ~ *naar de dokter* ein Gang zum Arzt; **3** *(van menu)* Gang *m*[6]: *een diner van zes* ~*en* ein Diner mit sechs Gängen; **4** *(vaart)* Tempo *o*[36]: *ga uw* ~: *a) (doet u maar)* machen Sie nur; *b) (begin maar)* nur zu!; *c) (als men iem voor laat gaan e.d.)* bitte!; *iem zijn* ~ *laten gaan* jmdn gewähren lassen[197]; *iem op* ~ *brengen* jmdn in Schwung bringen[139]; *op* ~ *komen* in Gang kommen[193]

²gang *(in gebouw)* Gang *m*[6], Flur *m*[5], Korridor *m*[5]

gangbaar 1 *(mbt geld)* gültig; **2** *(mbt waren)* (markt)gängig; **3** *(mbt uitdrukkingen, woorden)* geläufig

gangetje 1 *(nauwe doorgang)* Gässchen *o*[35]; **2** *(snelheid)* Geschwindigkeit *v*[20]: *we hebben een aardig* ~ wir fahren ziemlich schnell || *het gaat zo z'n* ~ geht seinen gewohnten Gang; *het dagelijkse* ~ der Alltagstrott

gangmaker Schrittmacher *m*[9]

gangpad Durchgang *m*[6]

gangster Gangster *m*[9] [gɛŋstə]

¹gans *zn* Gans *v*[25]: *(fig) domme* ~ dumme Gans

²gans I *bn* ganz; **II** *bw* ganz, gänzlich, völlig

ganzenbord Gänsespiel *o*[29]

gapen 1 *(geeuwen)* gähnen; **2** *(dom kijken)* gaffen; **3** *(wijd openstaan)* gähnen, klaffen

gaper 1 Gähnende(r) *m*[40a]; **2** *(wie verwonderd kijkt)* Gaffer *m*[9]; *zie ook* gapen

gaperig: ~ *zijn* immerfort gähnen müssen[211]

gaping 1 *(opening)* Öffnung *v*[20]; **2** *(leemte)* Lücke *v*[21]; **3** *(gat)* Loch *o*[32]; **4** *(spleet)* Spalt *m*[5]

gappen klauen, stibitzen, mausen

garage Garage *v*[21]

garagebedrijf Autowerkstatt *v (mv* -werkstätten*)*

garagehouder Garagenbesitzer m^9

garagist 1 *(garagehouder)* Garagist m^{14}; **2** *(automonteur)* Autoschlosser m^9

garanderen garantieren^{320}, verbürgen

garant Garant m^{14}, Bürge m^{15}

garantie Garantie v^{21}: ~ *geven* Garantie geben^{166}

garantiebewijs Garantieschein m^5

¹garde *(in keuken)* Schneebesen m^{11}

²garde *(mil)* Garde v^{21}: *nationale* ~ Nationalgarde v^{21}

garderobe Garderobe v^{21}

gareel 1 *(leren halsjuk)* Kummet o^{29}; **2** *(fig)* Joch o^{29}: *in het* ~ *lopen* fügsam sein^{262}

garen I *zn* Garn o^{29}; *(getwijnd)* Zwirn m^5; **II** *bn* aus Garn, *(getwijnd)* zwirnen, Zwirn...

garf Garbe v^{21}

garnaal Garnele v^{21}, Krabbe v^{21}

garneren garnieren^{320}, verzieren^{320}

garnering Garnierung v^{20}

garnituur Garnitur v^{20}

garnizoen Garnison v^{20}

gas Gas o^{29}: *vloeibaar* ~ Flüssiggas o^{29}: ~ *geven* Gas geben^{166}

gasbel 1 *(in materiaal)* Gasblase v^{21}; **2** *(in aardkorst)* Erdgasvorkommen o^{35}

gasbrander Gasbrenner m^9

gasfitter Gasinstallateur m^5

gasfles Gasflasche v^{21}

gasfornuis Gas(koch)herd m^5

gashaard, gaskachel Gasofen m^{12}

gaskamer Gaskammer v^{21}

gaskraan Gashahn m^6

gasleiding Gasleitung v^{20}

gasmasker Gasmaske v^{21}

gasoven Gasbackofen m^{12}

gaspedaal Gaspedal o^{29}

gasstel Gasherd m^5, *(klein)* Gaskocher m^9

gast Gast m^6: *een rare* ~ ein sonderbarer Kauz; *als* ~ *optreden* gastieren^{320}: *(bij iem) te* ~ *zijn* (bei jmdm) zu Gast sein^{262}

gastarbeider Gastarbeiter m^9

gastarbeidster Gastarbeiterin v^{22}

gastdirigent Gastdirigent m^{14}

gastheer 1 *(heer des huizes, thuisclub)* Gastgeber m^9; **2** *(biol)* Wirt m^5

gastoestel Gasherd m^5, *(klein)* Gaskocher m^9

gastoptreden Gastvorstellung v^{20}

gastrol Gastrolle v^{21}

gastronomie Gastronomie v^{28}

gastronomisch gastronomisch

gastvrij gastfrei, gastlich, gastfreundlich

gastvrijheid Gastfreiheit v^{28}, Gastfreundschaft v^{20}

gastvrouw 1 Gastgeberin v^{22}; **2** *(beroep)* Hostess v^{20}

gasverbruik Gasverbrauch m^{19}

gasvormig gasförmig

gat 1 *(opening)* Loch o^{32}, Lücke v^{21}: ~ *in de begroting* Haushalt(s)defizit o^{29}: *er geen* ~ *(meer) in zien* keinen Ausweg sehen^{261}; **2** *(stadje, dorp)* Nest o^{31}, Kuhdorf o^{32}; **3** *(scheepv)* Gatt o^{36}, o^{37}: *Brielse* ~ Brieler

Gat(t); **4** *(achterste)* Loch o^{32}, Hintern m^{11}; **5** *(mv voor ogen)* iem *in de* ~*en hebben* jmdn durchschauen; iem *scherp in de* ~*en houden* jmdn scharf im Auge behalten^{183}: *iets in de* ~*en krijgen* Wind von etwas bekommen^{193}

gauw 1 *(snel)* rasch, schnell: *te* ~ *oordelen* vorschnell urteilen; **2** *(spoedig)* bald

gauwdief Dieb m^5, Gauner m^9

gauwigheid Schnelligkeit v^{20}; *(behendigheid)* Gewandtheit v^{28}: *in de* ~ *iets vergeten* in der Eile etwas vergessen^{299}

gave Gabe v^{21}: *milde* ~ milde Gabe; *een man van grote* ~*n* ein sehr begabter Mann

gazelle Gazelle v^{21}

gazet *(Belg)* Zeitung v^{20}

gazon Rasen m^{11}

gazonsproeier Rasensprenger m^9

geaard *(mbt inborst)* geartet; **2** *(met aarde verbonden)* geerdet

geaardheid Art v^{20}, Natur v^{20}, Charakter m^5

geaarzel Gezauder o^{39}, Zögern o^{39}

geacht geachtet, geehrt, geschätzt: *(boven brief)* ~*e* Heer N. Sehr geehrter Herr N.

geadresseerde Adressat m^{14}

geaffecteerd affektiert, geziert

geallieerd alliiert

geallieerde Alliierte(r) m^{40a}, v^{40b}

geamuseerd amüsiert, belustigt

geanimeerd animiert, angeregt

gearmd Arm in Arm, untergefasst, eingehängt

gearriveerd arriviert

geavanceerd fortgeschritten

gebaar 1 Gebärde v^{21}; **2** *(fig)* Geste v^{21} [gestə]: *een mooi* ~ eine noble Geste

gebabbel Geplauder o^{39}, *(ongunstig)* Geschwätz o^{39}

gebak Gebäck o^{29}

gebakje Törtchen o^{35}, Teilchen o^{35}

gebaren gestikulieren^{320}

gebarentaal Gebärdensprache v^{21}

gebazel Gefasel o^{39}

gebed Gebet o^{29}

gebedel Bettelei v^{20}, Gebettel o^{39}

gebedsgenezer Gesundbeter m^9

gebedskleedje Gebetsteppich m^5

gebedsoproep Aufruf m^5 zum Gebet

gebedsrichting Gebetsrichtung v^{20}

gebeente 1 *(beendergestel)* Knochenbau m^{19}: *wee je* ~! weh dir!; **2** *(geraamte)* Gerippe o^{33}

gebekt: *goed* ~ *zijn* ein flinkes Mundwerk haben^{182}

gebergte Gebirge o^{33}

gebeten: *op iem* ~ *zijn* bitterböse auf jmdn sein^{262}

gebeuren I *ww* geschehen^{173}, sich ereignen, passieren^{320}; **II** *zn* Geschehen o^{35}, Ereignis o^{29a}, Vorfall m^6

gebeurtenis Geschehnis o^{29a}, Ereignis o^{29a}, Vorfall m^6, Begebenheit v^{20}

gebied 1 Gebiet o^{29}; **2** *(afdeling)* Bereich m^5, Gebiet o^{29}: *het* ~ *van de literatuur* der Bereich der Literatur; **3** *(jacht-, mijngebied)* Revier o^{29}

gebieden 1 *(bevelen)* gebieten^{130}, befehlen^{122}; **2**

(heersen) herrschen
gebiedend 1 *(bevelend)* gebieterisch, befehlend; **2** *(taalk)* ~e wijs Imperativ m^5
gebieder Herrscher m^9
gebiedster Herrscherin v^{22}
gebit Gebiss o^{29}: *vals* ~ künstliches Gebiss
gebladerte Laub o^{39}, Blattwerk o^{29}, Laubwerk o^{29}
geblaf Gebell o^{39}
geblesseerd verletzt
geblesseerde Verletzte(r) m^{40a}, v^{40b}
gebloemd geblümt
geblokkeerd 1 *(afgesloten)* blockiert; **2** *(mbt geld)* gesperrt: ~e rekening Sperrkonto o^{36}
geblokt gewürfelt, kariert
geblust: ~e kalk gelöschter Kalk, Löschkalk m^{19}
gebocheld buck(e)lig
gebochelde Buckelige(r) m^{40a}, v^{40b}
gebod Gebot o^{29}: *de tien* ~en die Zehn Gebote
geboefte Gesindel o^{39}, Lumpenpack o^{39}
gebogen krumm, gekrümmt
gebonden gebunden
geboorte Geburt v^{20}: *hij is Nederlander van* ~ er ist von Geburt Niederländer; *een Zwollenaar van* ~ aus Zwolle gebürtig
geboorteaangifte Geburtsanzeige v^{21}
geboorteakte Geburtsschein m^5, Geburtsurkunde v^{21}
geboortebeperking Geburtenbeschränkung v^{20}
geboortecijfer Geburtenziffer v^{21}, Geburtenrate v^{21}
geboortedag Geburtstag m^5
geboortedaling Geburtenrückgang m^6
geboortegrond Heimat v^{20}
geboortejaar Geburtsjahr o^{29}
geboorteland Geburtsland o^{32}, Heimat v^{20}
geboorteoverschot Geburtenüberschuss m^6
geboorteplaats Geburtsort m^5
geboorteregeling Geburtenregelung v^{20}
geboortig *(met uit)* gebürtig aus
geboren geboren: *Mevrouw G.,* ~ *B.* Frau G. geborene B.; ~ *en getogen* geboren und aufgewachsen; *te vroeg* ~ *kind* Frühgeburt v^{20}: ~ *worden* geboren werden[310]
gebouw Gebäude o^{33}
gebouwd gebaut: *krachtig* ~ kräftig gebaut
gebouwencomplex Gebäudekomplex m^5
gebr. *afk van gebroeders* Gebrüder *(mv)* *(afk Gebr.)*
gebral Prahlerei v^{20}, Großsprecherei v^{20}
gebrek 1 Mangel m^{10}; *(armoede ook)* Not v^{28}: ~ *aan belangstelling* Mangel an Interesse; ~ *aan geld (ook)* Geldmangel m^{10}: ~ *aan parkeerruimte* Parkraumnot v^{28}: *bij* ~ *aan …* aus Mangel an[+3] …; *je zult aan niets* ~ *hebben* es wird dir an nichts fehlen; *er heerst hier groot* ~ es herrscht hier große Not; ~ *lijden* Not leiden[199], **2** *(tekortkoming) (lichamelijk)* Gebrechen o^{35}; **3** *(verzuimen) in* ~e *zijn* versäumen, versagen
gebrekkig 1 *(mismaakt)* verkrüppelt, gebrechlich; **2** *(mbt kennis, opleiding, verlichting, verpakking)* mangelhaft: *zich* ~ *uitdrukken* sich mangelhaft

ausdrücken; **3** *(onvolledig)* unvollständig; **4** *(onvoldoende)* notdürftig: *iets* ~ *herstellen* etwas nur notdürftig ausbessern
gebroed 1 *(van vogels)* Brut v^{20}; **2** *(gespuis)* Brut v^{20}, Gesindel o^{39}
gebroeders Gebrüder *(mv)*
gebroken gebrochen: ~ *Duits spreken* gebrochen Deutsch sprechen[274]
gebrom 1 *(het brommen)* Brummen o^{39}; **2** *(mopperen)* Murren o^{39}; **3** *(gegons)* Summen o^{39}
gebruik 1 Gebrauch m^{19}, Benutzung v^{28}, Verwendung v^{20}, *(ter verwerking)* Verwertung v^{20}; *(toepassing)* Anwendung v^{20}: *in* ~ *hebben in (of:* im) Gebrauch haben[182]; **2** *(consumptie)* Genuss m^{19}; **3** *(gewoonte)* Brauch m^6, Gebrauch m^6, Sitte v^{21}; **4** *(handel)* Usance v^{21}
gebruikelijk gebräuchlich, üblich, geläufig: *dat is hier algemeen* ~ das ist hier gang und gäbe
gebruiken 1 *(gebruik maken van)* gebrauchen, verwenden[308], benutzen: *gebruik toch je verstand!* sei doch vernünftig!; **2** *(nuttig gebruik maken van)* verwerten: *zijn tijd goed* ~ seine Zeit ausnutzen; **3** *(toepassen)* anwenden[308]: *geweld* ~ Gewalt anwenden; **4** *(nuttigen)* einnehmen[212]: *drugs* ~ Drogen konsumieren[320]; *geneesmiddelen* ~ Arzneien (ein)nehmen
gebruiker 1 Benutzer m^9; **2** *(verbruiker)* Konsument m^{14}; **3** *(mbt drugs)* Fixer m^9
gebruikmaking Benutzung v^{20}, Anwendung v^{20}: ~ *van geweld* Gewaltanwendung; *met* ~ *van* unter Benutzung[+2]
gebruiksaanwijzing Gebrauchsanweisung v^{20}
gebruikswaarde Gebrauchswert m^5
gebrul Gebrüll o^{39}, Brüllen o^{39}
gebulder 1 *(van storm)* Getöse o^{39}; **2** *(van geschut)* Donner m^9; **3** *(van personen)* Poltern o^{39}
gebuur *(Belg)* Nachbar m^{15}, m^{17}; Nachbarin v^{22}
gecharmeerd: ~ *zijn van iem* von jmdm angetan sein[262]
geciviliseerd zivilisiert
gecommitteerde *(bij examens)* Prüfungskommissar m^5
gecompliceerd kompliziert, verwickelt
geconcentreerd konzentriert
gecondenseerd kondensiert
geconserveerd konserviert
gecultiveerd kultiviert
gedaagde Beklagte(r) m^{40a}, v^{40b}
gedaan: *het is met hem* ~ es ist um ihn geschehen; *het is* ~ *met zijn geduld* es ist aus mit seiner Geduld
gedaante 1 *(uiterlijk)* Gestalt v^{20}; **2** *(vorm)* Form v^{20}; **3** *(voorkomen)* äußere Erscheinung v^{20}
gedaanteverwisseling Verwandlung v^{20}
gedachte Gedanke m^{18}: *zijn* ~*n de vrije loop laten* seinen Gedanken freien Lauf lassen[197]; *de* ~ *aan* der Gedanke an[+4]; *in* ~ in Gedanken; *in* ~*n verdiept* in Gedanken versunken; *iets in* ~ *houden* sich[3] etwas merken; *het kwam me zo in de* ~ es fiel mir so ein; *zijn* ~*n over iets laten gaan* über[+4] etwas nachden-

ken[140]: *van ~ veranderen* anderer Meinung werden[310]

gedachteflits Gedankenblitz *m*[5]

gedachtegang Gedankengang *m*[6]

gedachteloos gedankenlos

gedachteloosheid Gedankenlosigkeit *v*[20]

gedachtenis Andenken *o*[39]

gedachtesprong Gedankensprung *m*[6]

gedachtewisseling Gedankenaustausch *m*[19]

gedateerd datiert: *~ op* datiert vom

gedecideerd dezidiert, entschieden

gedecoreerd dekoriert

gedeelte Teil *m*[5]: *voor een ~* zum Teil

gedeeltelijk I *bn* Teil…; II *bw* zum Teil, teilweise

gedegen gediegen

gedekt gedeckt

gedelegeerde Delegierte(r) *m*[40a], *v*[40b]

gedempt gedämpft: *~ licht* gedämpftes Licht

gedenken gedenken[140+2]

gedenkteken Denkmal *o*[32]; *(ter ere van iem)* Ehrenmal *o*[32]

gedenkwaardig denkwürdig

gedeprimeerd deprimiert, niedergeschlagen

gedeputeerde Deputierte(r) *m*[40a], *v*[40b]

gedetailleerd detailliert

gedetineerde Häftling *m*[5]

gedicht Gedicht *o*[29]

gedienstig gefällig, dienstwillig

gedierte Getier *o*[39]

gedijen gedeihen[167]

geding *(jur)* Verfahren *o*[35], Prozess *m*[5]: *vonnis in kort ~* einstweilige Verfügung *v*[20]: *een kort ~ aanspannen* eine einstweilige Verfügung beantragen; *in het ~ zijn* zur Diskussion stehen[279]

gediplomeerd diplomiert

gedisciplineerd diszipliniert

gedistilleerd Spirituosen *mv v*[21]

gedistingeerd distinguiert

gedocumenteerd dokumentiert

gedoe Getue *o*[39], *(drukte)* Trubel *m*[19]

gedoemd verurteilt, verdammt

gedogen 1 *(dulden)* dulden, zulassen[197]; 2 *(toelaten)* erlauben, gestatten

gedonder Donnern *o*[39]: *(inform) daar heb je het ~!* da haben wir die Bescherung!

gedraai Drehen *o*[39]

gedrag Benehmen *o*[39]; *(op schoolrapport)* Betragen *o*[39]: *sociaal ~* soziales Verhalten; *bewijs van goed ~* Führungszeugnis *o*[29a]

¹gedragen *bn* getragen

²gedragen, zich *ww* sich benehmen[212], sich betragen[288], sich verhalten[183]

gedragsregel Verhaltensregel *v*[21]

gedrang Gedränge *o*[39], Gedrängel *o*[39]: *in het ~ komen* ins Gedränge kommen[193]

gedrieën zu dritt, zu dreien

gedrocht Scheusal *o*[29], Ungeheuer *o*[33]

gedrongen 1 *(kort en breed)* gedrungen, untersetzt; 2 *(dicht opeen)* gedrängt

gedruis 1 Geräusch *o*[29], *(sterk)* Getöse *o*[39]; 2 *(lawaai)* Lärm *m*[19]

geducht 1 *(gevreesd)* gefürchtet; 2 *(ontzaglijk, hevig)* tüchtig, gehörig

geduld Geduld *v*[28]: *zijn ~ verliezen* die Geduld verlieren[300]: *mijn ~ is op* meine Geduld ist zu Ende

geduldig geduldig; *(gelaten)* ergeben

gedupeerd düpiert

gedupeerde Düpierte(r) *m*[40a], *v*[40b]

gedurende während[+2]: *~ de voorstelling* während der Vorstellung

gedurfd gewagt, kühn, mutig

gedurig 1 *(aanhoudend)* fortwährend, beständig; 2 *(herhaald)* ständig, dauernd

geduvel *(inform)* Sc:ererei *v*[20], Ärger *m*[19]

gedwee fügsam, folgsam

gedweep Schwärmerei *v*[20]: *haar ~ met … ihre Schwärmerei für[+4] …

gedwongen gezwungen: *~ huwelijk* Mussehe *v*[21]: *~ ontslagen* unfreiwillige Entlassungen; *~ verkoop* Zwangsverkauf *m*[6]

geef: *te ~* spottbillig; *praktisch te ~* so gut wie geschenkt

geel I *bn* gelb; II *zn* Gelb *o (2e nvl -s; mv -)*

geelachtig gelblich

geelkoper Messing *o*[39]

geelkoperen messingen, Messing…

geelzucht Gelbsucht *v*[28]

geëmancipeerd emanzipiert

geëmotioneerd emotional, emotionell

geen kein[69]: *~ een* kein Einziger; *~ van beiden (mannelijk)* keiner von beiden, *(vrouwelijk)* keine von beiden, *(onzijdig)* kein(e)s von beiden; *~ enkel(e)* keinerlei

geëngageerd engagiert

geenszins keineswegs, keinesfalls

¹geest Geist *m*[7]: *de ~ geven* den Geist aufgeben[166]: *de Heilige Geest* der Heilige Geist; *in de ~ van de wet* nach dem Sinn des Gesetzes; *zich iets voor de ~ halen* sich³ etwas vergegenwärtigen; *voor de ~ komen* in den Sinn kommen[193]

²geest *(zandgrond)* Geest *v*[28]

geestdodend geisttötend

geestdrift Begeisterung *v*[28]

geestdriftig begeistert

geestelijk 1 *(tegenstelling lichamelijk)* geistig; 2 *(tegenstelling wereldlijk)* geistlich

geestelijke Geistliche(r) *m*[40a]

geestelijkheid Geistlichkeit *v*[28]

geestesgesteldheid 1 *(instelling)* Geisteshaltung *v*[20]; 2 *(gemoedstoestand)* Geistesverfassung *v*[28]

geestesziek geistesgestört

geestesgrond Geest *v*[28]

geestig geistreich, *(vol humor ook)* witzig

geestigheid 1 *(grap)* Witz *m*[5]; 2 *(esprit)* Witzigkeit *v*[28]

geestverwant(e) Geistesverwandte(r) *m*[40a], *v*[40b]

geestverwantschap Geistesverwantschaft *v*[28]

geeuw Gähnen *o*[39]

geeuwen gähnen
gefingeerd fingiert
geflikflooi Liebedienerei v^{28}, Lobhudelei v^{28}
geflikker Flimmern o^{39}, Flackern o^{39}
gefluister Geflüster o^{39}, Raunen o^{39}
geforceerd forciert
gefortuneerd wohlhabend, vermögend
gefundeerd fundiert, begründet
gegadigde Interessent m^{14}; *(bij sollicitatie)* Bewerber m^9
gegarandeerd garantiert, verbürgt
gegeerd *(Belg)* begehrt, beliebt
gegeneerd geniert
gegeven I *bn* **1** gegeben: *in de ~ omstandigheden* unter den gegebenen Umständen; **2** *(bepaald)* bestimmt: *op een ~ ogenblik* in einem bestimmten Augenblick; **II** *zn* **1** *(geval, feit)* Angabe v^{21}; *(bij cijfers)* Zahl v^{20}; *(mv vaak)* Daten: *persoonlijke ~s* Personalien *(mv): verwerking van ~s* Datenverarbeitung v^{28}; **2** *(wisk)* gegebene Größe v^{21}; **3** *(bescheiden)* Unterlagen *mv* v^{21}
gegiechel Gekicher o^{39}
gegijzelde Geisel v^{21}
gegoed begütert, wohlhabend, bemittelt
gegons Gesumm o^{39}; *(van stemmen)* Gewirr(e) o^{39}
gegoten gegossen, Guss…
gegroefd 1 *(van zuilen e.d.)* kannelliert; **2** *(van bladeren, voorhoofd e.d.)* gefurcht
gegrom Gebrumm o^{39}
gegrond begründet, berechtigt: *~e redenen* triftige Gründe; *~ zijn op* beruhen auf^{+3}
gehaaid gerieben, durchtrieben, gerissen
gehaast I *bn, bw* eilig, *(gejaagd)* hastig: *hij is zeer ~* er hat es sehr eilig; **II** *zn* Hast v^{28}
gehaat verhasst
gehakt Hackfleisch o^{39}
gehaktbal Frikadelle v^{21}
gehalte Gehalt m^5: *het ~ aan* der Gehalt an^{+3}
gehandicapt behindert; *(fig)* gehandikapt
gehannes Gestümper o^{39}, Stümperei v^{20}
gehard 1 *(lett)* gehärtet; **2** *(fig)* abgehärtet
geharrewar Gezänk o^{39}, Schererei v^{20}
gehavend 1 *(van mensen)* zerschunden; **2** *(van kleren)* zerrissen, zerfetzt; **3** *(van goederen)* ramponiert; **4** *(troepen)* angeschlagen
gehecht: *~ zijn aan iets* an^{+3} etwas hängen^{184}: *aan iem ~ zijn* an jmdm hängen^{184}
gehechtheid Anhänglichkeit v^{28} (an^{+4})
geheel I *bn* ganz: *het gehele land* das ganze Land; **II** *bw* ganz, gänzlich, völlig: *~ en al* ganz und gar; **III** *zn* Ganze(s) o^{40c}
geheelonthouder Abstinenzler m^9
geheid bombensicher, (ganz) bestimmt
geheim I *bn, bw* geheim: *~e dienst* Geheimdienst m^5; **II** *zn* Geheimnis o^{29a}: *in het ~* im Geheimen; *~en voor iem hebben* Geheimnisse vor jmdm haben^{182}: *hij maakt er geen ~ van* er macht kein(en) Hehl daraus
geheimhouden geheim halten^{183}

geheimhouding Geheimhaltung v^{28}
geheimschrift Geheimschrift v^{20}
geheimzinnig geheimnisvoll
geheimzinnigheid Geheimnisvolle(s) o^{40c}, Rätselhafte(s) o^{40c}
gehemelte Gaumen m^{11}: *het harde ~* der harte Gaumen; *het zachte ~* der weiche Gaumen
geheugen 1 Gedächtnis o^{29a}; **2** *(comp)* Speicher m^9, Datenspeicher: *intern ~* Zentralspeicher; *gegevens in het ~ opslaan* Daten speichern; *iets in het ~ prenten* etwas dem Gedächtnis einprägen; *zich iets in het ~ roepen* sich etwas ins Gedächtnis zurückrufen^{226}
geheugensteuntje Gedächtnisstütze v^{21}
geheugenverlies Gedächtnisschwund m^{19}
gehoor Gehör o^{39}; *(toehoorders)* Zuhörer *mv* m^9: *iem ~ schenken* jmdm Gehör schenken; *geen ~ krijgen (telecom)* keinen Anschluss bekommen^{193}
gehoorapparaat Hörgerät o^{29}, Hörapparat m^5
gehoorbeentje Gehörknöchelchen o^{35}
gehoorgang Gehörgang m^6
gehoororgaan Gehörorgan o^{29}, Hörorgan o^{29}
gehoorzaam gehorsam: *aan iem ~ zijn* jmdm gehorsam sein^{262}
gehoorzaamheid Gehorsam m^{19}
gehoorzamen gehorchen^{+3}: *iem ~* jmdm gehorchen; *aan de wet ~* das Gesetz befolgen
gehorig hellhörig
gehouden verpflichtet, gehalten
gehucht Weiler m^9
gehuichel Heuchelei v^{20}
gehuil 1 *(van mensen)* Weinen o^{39}; **2** *(van dieren, storm)* Heulen o^{39}, Geheul o^{39}
gehuisvest untergebracht
gehumeurd gelaunt: *goed ~ zijn* gut gelaunt sein^{262}: *slecht ~ zijn* schlecht gelaunt sein^{262}
gehuwd verheiratet: *~e staat* Ehestand m^{19}
gehuwde Verheiratete(r) m^{40a}, v^{40b}
geijkt 1 *(lett)* geeicht; **2** *(fig)* üblich
geil *(inform)* geil
geilheid *(inform)* Geilheit v^{20}
geïllustreerd illustriert, bebildert
gein Scherz m^5, Spaß m^6: *voor de ~* zum Spaß
geïnteresseerd interessiert: *~ zijn in* interessiert sein^{262} an^{+3}
geïnteresseerde Interessent m^{14}
geïnterneerde Internierte(r) m^{40a}, v^{40b}
geintje Scherz m^5, Spaß m^6
geiser 1 *(toestel)* Durchlauferhitzer m^9; **2** *(hete springbron)* Geysir m^5, Geiser m^9
geit Ziege v^{21}
geitenbok Ziegenbock m^6
geitenkaas Ziegenkäse m^9
gejaag 1 Jagen o^{39}; **2** *(gedraaf)* Gerenne o^{39}
gejaagd gejagt, gehetzt
gejakker 1 Gehetz(e) o^{39}; **2** *(in auto)* Raserei v^{20}
gejammer Jammern o^{39}, Gejammer(e) o^{39}
gejank Winseln o^{39}, Gewinsel o^{39}
gejoel Gejohl(e) o^{39}, Johlen o^{39}

gejuich Gejauchze o^{39}, Jauchzen o^{39}
gek I *bn, bw* **1** verrückt, *(sterker)* wahnsinnig: ~ *van plezier* außer sich vor Freude; *zich* ~ *zoeken* suchen wie verrückt; *ik word er* ~ *van* es macht mich (noch) verrückt; *het is om* ~ *van te worden* es ist zum Verrücktwerden; **2** *(dwaas, mal)* albern, blöd, töricht: *dat is helemaal geen* ~ *idee* das ist durchaus keine schlechte Idee; *dat zou niet* ~ *zijn* das wäre nicht schlecht; **3** *(grappig)* sonderbar, komisch; **4** *(gesteld op, verzot op)* vernarrt in^{+4}, scharf auf^{+4}, verrückt auf^{+4}: ~ *op iem zijn* in jmdn vernarrt sein^{262}; **5** *(in combinatie met te)* ~ *te* ~ toll, flippig, irre; *die film is te* ~ der Film ist irre; II *zn* **1** Narr m^{14}: *iem voor de* ~ *houden* jmdn zum Narren haben^{182} *(of:* halten^{183}*)*; **2** *(krankzinnige)* Irre(r) m^{40a}, v^{40b}, Verrückte(r) m^{40a}, v^{40b}; **3** *(dwaas)* Idiot m^{14}
gekanker Gemecker o^{39}, Genörgel o^{39}
gekant: *tegen iets* ~ *zijn* gegen^{+4} etwas sein^{262}
gekarteld gekerbt; *(mbt munten)* gerändelt
gekeuvel Geplauder o^{39}, Plauderei v^{20}
gekheid 1 *(dwaasheid)* Torheit v^{20}; **2** *(onzin)* Unsinn m^{19}; **3** *(grap)* Spaß m^6, Scherz m^5: *alle* ~ *op een stokje!* Spaß beiseite!
gekibbel Gezänk o^{39}, Gezanke o^{39}
gekkekoeienziekte Rinderwahn m^{19}, BSE v^{28}
gekkenhuis Irrenanstalt v^{20}, Irrenhaus o^{32}
gekkenwerk Wahnsinn m^{19}
gekkigheid Unsinn m^{19}, Blödsinn m^{19}
geklaag 1 Klagen o^{39}; **2** Gejammer o^{39}
gekleed 1 gekleidet, angezogen; **2** *(goed staand, gepast)* kleidsam
geklets Geschwätz o^{39}
gekletter 1 *(van wapens)* Geklirr(e) o^{39}; **2** *(van hagel, regen)* Geprassel o^{39}
gekleurd farbig: ~ *glas* Farbglas o^{32}
geklieder Sudelei v^{20}
geklungel 1 *(gepruts)* Stümperei v^{20}; **2** *(knoeiwerk)* Pfuscherei v^{20}
geknars 1 *(van tanden)* Knirschen o^{39}; **2** *(van scharnier)* Kreischen o^{39}
geknipt: ~ *voor iets zijn* für^{+4} etwas wie geschaffen sein^{262}
geknutsel Tüftelei v^{20}, Bastelei v^{20}
gekonkelfoes Kungelei v^{20}
gekostumeerd kostümiert: ~ *bal* Kostümball m^6
gekras 1 *(van pen, viool e.d.)* Kratzen o^{39}; **2** *(van kraai e.d.)* Krächzen o^{39}
gekreun Stöhnen o^{39}, Ächzen o^{39}
gekrioel Gewimmel o^{39}
gekroesd gekraust, gekräuselt
gekromd gekrümmt, gebogen
gekruid gewürzt, würzig; *(fig)* würzig, pikant
gekruist gekreuzt: *met* ~*e armen* mit verschränkten Armen
gekruld 1 *(lang)* gelockt, lockig; **2** *(kort)* kraus
gekscheren scherzen, spaßen; ~*d* scherzend
gekuist 1 *(mbt taal)* gewählt; **2** *(smaak)* fein
gekunsteld gekünstelt, geziert, geschraubt
gekwalificeerd 1 qualifiziert; **2** *(bevoegd)* berech-

tigt, befugt
gekwebbel Geschwätz o^{39}, Geplapper o^{39}
gelaarsd gestiefelt
gelaat Antlitz o^{29}, Angesicht o^{31}
gelaatskleur Gesichtsfarbe v^{21}
gelaatstrekken Gesichtszüge *mv* m^6
gelaatsuitdrukking Gesichtsausdruck m^6
gelach Lachen o^{39}, Gelächter o^{33}
gelag Zeche v^{21}, Rechnung v^{20}
gelakt lackiert
gelasten 1 *(bevelen)* befehlen^{122}; **2** *(opdragen)* auftragen^{288}; **3** *(bepalen)* anordnen
gelastigde Beauftragte(r) m^{40a}, v^{40b}
gelaten *(berustend)* ergeben
gelatine Gelatine v^{28}
geld 1 Geld o^{31}: *contant* ~ bares Geld; *gebrek aan* ~ Geldmangel m^{19}: *aan zijn* ~ *komen* zu seinem Geld kommen^{193}: *dat kost een hoop* ~ das kostet ein Heidengeld; *ergens* ~ *uit slaan* Geld aus^{+3} etwas herausschlagen^{241}; **2** *(munteenheid)* Währung v^{20}; **3** *(bedrag)* Geld o^{31}, Betrag m^6; **4** *(prijs)* Preis m^5: *tegen half* ~ zum halben Preis
geldautomaat Geldautomat m^{14}
geldbelegging Geldanlage v^{21}, Kapitalanlage v^{21}
geldboete Geldstrafe v^{21}, Geldbuße v^{21}
geldelijk finanziell
gelden 1 gelten^{170}: *aanspraken doen (of: laten)* ~ Ansprüche geltend machen; *zich doen (of: laten)* ~ sich^3 Geltung verschaffen; **2** *(van toepassing zijn)* zutreffen^{289}; **3** *(slaan op)* gelten^{170+3}, betreffen^{289}: *dat geldt mij* das gilt mir
geldend gültig, geltend
geldgebrek Geldmangel m^{19}
geldig 1 gültig: *(mbt wet)* ~ *zijn* gültig sein^{262}; **2** *(deugdelijk)* triftig: ~*e reden* triftiger Grund m^6
geldigheid Gültigkeit v^{28}; *(jur)* Rechtswirksamkeit v^{28}
geldigheidsduur Gültigkeitsdauer v^{28}
geldingsdrang Geltungsbedürfnis o^{29a}
geldmiddelen Geldmittel mv o^{33}
geldontwaarding Geldentwertung v^{20}
geldschieter Geldgeber m^9
geldstuk Geldstück o^{29}
geldwereld Finanzwelt v^{28}
geldwolf: *een* ~ *zijn* geldgierig sein^{262}
geleden: *het is lang* ~ es ist lange her; *het is een maand* ~ es ist einen Monat her, es liegt einen Monat zurück; *lang* ~ vor langer Zeit; *een maand* ~ vor einem Monat; *enige tijd* ~ vor einiger Zeit; *kort* ~ vor kurzem
geleding 1 *(gewricht, verbinding)* Gelenk o^{29}, Verbindung v^{20}: *met veel* ~*en* vielgliedrig; **2** *(onderdeel)* Gliederung v^{20}, Schicht v^{20}
geleerd gelehrt
geleerde Gelehrte(r) m^{40a}, v^{40b}
geleerdheid Gelehrtheit v^{28}
gelegen gelegen: *het komt me nu niet* ~ es passt mir jetzt nicht; *te* ~*er tijd* zu gelegener Zeit; *er is mij veel aan* ~ es liegt mir viel daran; *zich aan iem iets*

~ *laten liggen* sich um jmdn kümmern; *een mooi ~ villa* eine schön gelegene Villa; *die stad is mooi ~* diese Stadt liegt schön

gelegenheid Gelegenheit *v*[20]: *de ~ doet zich voor* es bietet sich die Gelegenheit; *hij ging naar een zekere ~* er ging zur Toilette; *bij (of: ter) ~ van* anlässlich[+2]; *bij ~* gelegentlich; *bij feestelijke gelegenheden* zu festlichen Gelegenheiten; *in de ~ zijn* in der Lage sein[262]: *iem in de ~ stellen* jmdm die Gelegenheit bieten[130]: *iets op eigen ~ doen* etwas auf eigene Faust tun[295]: *van de ~ gebruik maken* die Gelegenheit nutzen

gelegenheidsaanbieding Sonderangebot *o*[29]

gelegerd stationiert

gelei Gelee *m*[13], *o*[36], Aspik *m*[5]

geleid gelenkt: *~e economie* Planwirtschaft *v*[20]

geleide 1 Geleit *o*[29], Begleitung *v*[20]; **2** *(mil)* Eskorte *v*[21]

geleidehond Blindenhund *m*[5]

geleidelijk allmählich

geleiden 1 *(vergezellen)* begleiten; **2** *(leiden)* führen, (ge)leiten; **3** *(elektriciteit, warmte)* leiten

geleider 1 *(degene die geleidt)* Begleiter *m*[9]; **2** *(elektr)* Leiter *m*[9]

geletterd gelehrt, studiert, belesen

geleuter Gefasel *o*[39], Geschwätz *o*[29]

gelid 1 *(gewricht)* Gelenk *o*[29]; **2** *(bot tussen twee gewrichten)* Glied *o*[31]; **3** *(rij soldaten)* Reihe *v*[21], Glied *o*[31]: *in het ~ staan* in Reih und Glied stehen[279]: *in de eerste gelederen strijden* in den ersten Reihen kämpfen; *de gelederen sluiten* die Reihen schließen[245]

geliefd geliebt, beliebt

geliefde Geliebte(r) *m*[40a], *v*[40b]

geliefkoosd beliebt, bevorzugt, Lieblings…

¹gelieven *zn* Liebende *mv m*[40a], *v*[40b]

²gelieven *ww* belieben: *hij gelieve te bedenken* er wolle (*of:* möge) bedenken; *gelieve in guldens te betalen* bitte mit Gulden zahlen

gelijk I *bn* gleich, gleich…: *~e hoeveelheden* gleiche Mengen; *~ spel* Unentschieden *o*[35]: *van ~e leeftijd zijn* gleichaltrig sein[262]; **II** *bw* **1** gleich: *~ gekleed* gleich gekleidet; **2** *(tegelijkertijd)* gleichzeitig; **III** *zn* Recht *o*[29]: *~ hebben* Recht haben[182]: *hij heeft groot ~* er hat vollkommen Recht; *iem in het ~ stellen* jmdm Recht geben[166]: *~ krijgen* Recht bekommen[193]: *~ heb je!* das stimmt; **IV** *vw* gleich[+3], wie: *~ de vogel in de lucht* gleich dem Vogel in der Luft; *bleek ~ de dood* blass wie der Tod

gelijkaardig *(Belg)* gleichartig

gelijkbenig gleichschenk(e)lig

gelijke Gleiche(r) *m*[40a], *v*[40b]

gelijkelijk gleich: *~ verdelen* zu gleichen Teilen verteilen

gelijken gleichen[176+3], ähnlich sehen[261+3], ähnlich sein[262+3], ähneln[+3]: *zijn huis gelijkt op een paleis* sein Haus gleicht einem Palast; *(nogal) op iem ~* jmdm ähnlich sein

gelijkenis 1 *(overeenkomst)* Ähnlichkeit *v*[20]; **2** *(pa-*

rabel) Parabel *v*[21], Gleichnis *o*[29a]

gelijkgerechtigd gleichberechtigt

gelijkgezind gleich gesinnt

gelijkhebberig rechthaberisch

gelijkheid 1 *(volkomen overeenkomst)* Gleichheit *v*[20]; **2** *(vlakheid)* Ebenheit *v*[28]; **3** *(van geboorte, stand enz.)* Ebenbürtigkeit *v*[28]: *op voet van ~ met iem staan* mit jmdm auf gleichem Fuß stehen[279]

gelijkhoekig gleichwink(e)lig

gelijklopen *(mbt uurwerk)* richtig gehen[168]

gelijkluidend gleich lautend

gelijkmaken I *tr (van grond)* ebnen; **II** *intr (sp)* den Gleichstand herstellen

gelijkmaker *(sp)* Ausgleichstor *o*[29]

gelijkmatig gleichmäßig

gelijknamig gleichnamig

gelijkschakelen gleichschalten

gelijkschakeling Gleichschaltung *v*[20]

gelijksoortig gleichartig

gelijkspel Unentschieden *o*[35]

gelijkspelen *(sp)* unentschieden spielen

gelijkstaan gleichkommen[193+3], entsprechen[274+3]; *(sp)* gleichauf liegen[202]

gelijkstellen (met *met, aan*) gleichstellen[+3], gleichstellen mit[+3], gleichsetzen[+3], gleichsetzen mit[+3]

gelijkstelling Gleichstellung *v*[20]

gelijkstroomdynamo Gleichstromdynamo *m*[13]

gelijktijdig gleichzeitig

gelijktrekken *(rechttrekken)* zurechtziehen[318]: *de lonen ~* Lohnunterschiede ausgleichen[176]

gelijkvloers im Erdgeschoss, parterre

gelijkvormig gleichförmig: *~e driehoeken* ähnliche Dreiecke *mv o*[29]

gelijkwaardig gleichwertig

gelijkzetten *(van uurwerk)* stellen: *~ met* stellen nach[+3]

gelijkzijdig gleichseitig

gelijnd, gelinieerd liniiert

gelobd *(plantk)* lappig, gelappt

geloei 1 *(van rund, mensen)* Gebrüll *o*[39]; **2** *(van sirene, storm)* Geheul *o*[39]

gelofte Gelöbnis *o*[29a]; *(godsd)* Gelübde *o*[33]

gelood verbleit: *gelode benzine* verbleites Benzin

geloof Glaube *m*[18]: *het ~ aan (of: in)* der Glaube an[+4]

geloofsbelijdenis Glaubensbekenntnis *o*[29a]

geloofsleer Glaubenslehre *v*[21]

geloofsovertuiging religiöse Überzeugung *v*[20]

geloofwaardig 1 *(mbt personen)* glaubwürdig; **2** *(mbt zaken)* glaubhaft

geloop Gelaufe *o*[39], Lauferei *v*[20]

geloven 1 *(vertrouwen stellen in)* glauben[+3]; **2** *(voor waar houden)* glauben[+4]: *iem ~* jmdm glauben; *een verhaal ~* eine Geschichte glauben; *zijn ogen niet kunnen ~* seinen Augen nicht trauen; *aan (of: in) Gods almacht ~ an*[+4] Gottes Allmacht glauben; *ik geloof van wel* ich glaube schon; *dat geloof ik ook* das meine ich auch

gelovig gläubig

gelovige Gläubige(r) m^{40a}, v^{40b}
geluid 1 *(nat)* Schall m^5, m^6; **2** *(van stem)* Laut m^5; **3** *(telecom)* Ton m^6; **4** *(muz)* Ton m^6, Klang m^6
geluiddempend schalldämpfend
geluiddicht schalldicht
geluidloos geräuschlos, lautlos
geluidsband Tonband o^{32}
geluidsbarrière Schallmauer v^{21}, Schallgrenze v^{21}
geluidshinder Lärmbelästigung v^{20}
geluidsinstallatie 1 Lautsprecheranlage v^{21}; **2** *(voor weergave)* Stereoanlage v^{21}
geluidsisolatie Schallisolierung v^{20}
geluidssterkte Lautstärke v^{21}
geluidstechniek Tontechnik v^{20}
geluidsweergave Klangbild o^{31}
geluk Glück o^{29}: *dat is meer ~ dan wijsheid* er hat mehr Glück als Verstand; *dat is een ~ bij een ongeluk* er hat Glück im Unglück; *stom ~ hebben* Schwein haben[182]: *op goed ~* auf gut Glück; *tot mijn ~* zum Glück
gelukje unerwarteter Vorteil m^5
gelukken *(door inspanning)* gelingen[169]; *(door omstandigheden)* glücken; *(goed uitvallen)* geraten[218]
gelukkig glücklich: *een ~e gedachte* ein glücklicher Gedanke; *~ was ik er op tijd* zum Glück *(of:* glücklicherweise) war ich pünktlich da
gelukkigerwijs glücklicherweise, zum Glück
geluksdag Glückstag m^5
gelukskind Glückskind o^{31}, Sonntagskind o^{31}
geluksnummer Glückszahl v^{20}
gelukstelegram Glückwunschtelegramm o^{29}
geluksvogel Glückspilz m^5
gelukwens Glückwunsch m^6, Gratulation v^{20}
gelukwensen: *iem met iets ~* jmdm zu[+3] etwas gratulieren[320]
gemaakt 1 *(aanstellerig)* affektiert, geziert; **2** *(geveinsd)* gespielt, gekünstelt
¹gemaal *(echtgenoot)* Gemahl m^5, Gatte m^{15}
²gemaal *(installatie)* Schöpfwerk o^{29}
gemachtigde Bevollmächtigte(r) m^{40a}, v^{40b}
gemak 1 *(het gerief)* Bequemlichkeit v^{20}, Komfort m^{19}: *zijn ~ (ervan) nemen* es sich³ bequem machen; *hij is op zijn ~ gesteld* er ist bequem; *iem op zijn ~ stellen* jmdn beruhigen; *zich op zijn ~ voelen* sich behaglich fühlen; *voor het ~* bequemlichkeitshalber; *houd uw ~!* regen Sie sich nicht auf!; **2** *(gemakkelijkheid)* Leichtigkeit v^{28}: *met ~* leicht
gemakkelijk 1 *(gerieflijk)* bequem: *~e stoel* bequemer Stuhl m^6: *het zich ~ maken* es sich³ bequem machen; **2** *(niet moeilijk, licht)* leicht: *zo ~ als wat* kinderleicht; *het ~ hebben* es leicht haben[182]: *~ te hanteren* handlich; *het valt me ~* es fällt mir leicht; **3** *(weinig eisend)* anspruchslos
gemakshalve bequemlichkeitshalber
gemakzucht Bequemlichkeit v^{20}
gemakzuchtig bequem
gemalin Gemahlin v^{22}
gemanierd manierlich, ordentlich, anständig
gemarineerd mariniert, eingelegt

gemaskerd maskiert: *~ bal* Maskenball m^6
gematigd gemäßigt, *(kalm, bezadigd)* maßvoll
gember Ingwer m^{19}
gemeen 1 *(laag, min)* gemein, niederträchtig; **2** *(afschuwelijk)* scheußlich; **3** *(gemeenschappelijk)* gemeinsam, gemeinschaftlich: *iets met iem ~ hebben* etwas mit jmdm gemein haben[182]; **4** *(gewoon)* gemein
gemeend gemeint: *het is ~* es ist mein Ernst
gemeengoed Gemeingut o^{39}
gemeenheid Niederträchtigkeit v^{20}, Gemeinheit v^{20}
gemeenplaats Gemeinplatz m^6, Klischee o^{36}
gemeenschap Gemeinschaft v^{20}: *geslachtelijke ~ hebben* Geschlechtsverkehr haben[182]: *in ~ van goederen (trouwen)* in Gütergemeinschaft (heiraten); *(Belg)* de Vlaamse Gemeenschap die Flämische Gemeinschaft
gemeenschappelijk gemeinschaftlich, gemeinsam: *~ bezit* Gemeinbesitz m^{19}
gemeenschapsonderwijs *(Belg) (ongev)* öffentlicher Unterricht m^{19}
gemeente 1 Gemeinde v^{21}: *kerkelijke ~* Kirchengemeinde v^{21}: *hoofd van de ~* Gemeindevorsteher m^9; **2** *(administratief)* Kommune v^{21}; **3** *(met stadsrecht)* Stadt v^{25}
gemeenteambtenaar Kommunalbeamte(r) m^{40a}
gemeentebestuur Kommunalverwaltung v^{20}
gemeentebibliotheek Stadtbücherei v^{20}
gemeentehuis Rathaus o^{32}
gemeentelijk kommunal, Kommunal…
gemeentepolitie Ortspolizei v^{28}
gemeentepolitiek Kommunalpolitik v^{28}
gemeenteraad Gemeinderat m^6, *(in stad)* Stadtrat m^6
gemeentereiniging Gemeindereinigung v^{20}
gemeentesecretaris Gemeindedirektor m^{16}, *(in stad)* Stadtdirektor
Gemeentewerken *(de dienst)* Gemeindebauamt o^{32}, *(van stad)* Stadtbauamt o^{32}
gemeenzaam 1 *(eigen)* vertraut; **2** *(familiair)* vertraulich; **3** *(alledaags)* salopp
gemelijk mürrisch, verdrießlich, griesgrämig
gemengd gemischt: *(sp) ~ dubbel* gemischtes Doppel; *met ~e gevoelens* mit gemischten Gefühlen
gemenigheid Gemeinheit v^{20}
gemerkt *(mbt goederen)* gezeichnet
gemeubileerd möbliert
gemiddeld im Durchschnitt, im Schnitt, durchschnittlich: *~e prijs* Durchschnittspreis m^5: *~e snelheid* Durchschnittsgeschwindigkeit v^{20}: *~ 70 km rijden* im Schnitt 70 km fahren[153]
gemiddelde Durchschnitt m^5
gemis Mangel m^{10}: *~ aan (of: van) vertrouwen* Mangel an[+3] Vertrauen; *het kind voelt het ~ niet* das Kind fühlt nicht, dass ihm etwas fehlt
gemodder 1 *(halfslachtig gedoe)* Halbheit v^{20}; **2** *(gepruts)* Gestümper o^{39}, Stümperei v^{20}
gemoed Gemüt o^{31}: *zijn ~ schoot vol* Rührung er-

griff ihn; *op iems ~ werken* jmdm ins Gewissen reden; *de ~eren waren verdeeld* die Meinungen gingen auseinander

gemoedelijk gemütlich, umgänglich

gemoedereerd in aller Gemütsruhe

gemoedsrust Gemütsruhe *v*[28]

gemoedsstemming Gemütsstimmung *v*[20]

gemoedstoestand Gemütsverfassung *v*[20]

gemoeid: *uw toekomst is ermee ~* es geht um Ihre Zukunft; *daar is veel geld mee ~* das erfordert viel Geld

gemompel Gemurmel *o*[39], Gemunkel *o*[39]

gemopper, gemor Murren *o*[39]

gems Gämse *v*[21]

gemurmel Gemurmel *o*[39], Murmeln *o*[39]

gemutst gelaunt: *slecht ~* übel gelaunt

gen Gen *o*[29]

genaamd genannt, namens, mit Namen

genade Gnade *v*[21]: *goeie ~!* du meine Güte!; *~ voor recht laten gelden* Gnade vor Recht ergehen lassen[197]; *om ~ smeken* um Gnade flehen; *om ~ vragen* um Gnade bitten[132]

genadeloos gnadenlos

genadeslag, genadestoot Gnadenstoß *m*[6]: *iem de ~ geven:* a) *(lett)* jmdm den Gnadenstoß geben[166]; b) *(fig)* jmdm den Rest geben[166]

genadig gnädig

gênant peinlich, unangenehm

gendarme 1 *(in Oostenrijk en Zwitserland)* Gendarm *m*[14]; **2** *(Belg)* Polizist *m*[14]

gene *aanw vnw*[76]: jener, jene, jenes: *deze en ~* dieser und jener; *deze of ~* irgendeiner; *aan ~ zijde van* jenseits[+2]

geneesheer Arzt *m*[6]: *~-directeur* Chefarzt

geneeskracht Heilkraft *v*[25]

geneeskrachtig heilkräftig

geneeskunde Medizin *v*[20]

geneeskundig ärztlich, medizinisch: *~e behandeling* ärztliche Behandlung *v*[20]: *~e dienst* Gesundheitsamt *o*[32]: *~e faculteit* medizinische Fakultät *v*[20]: *~e hulp* ärztliche Hilfe *v*[21]

geneesmiddel Heilmittel *o*[33], Medikament *o*[29]

genegen 1 *(toegenegen)* zugetan, gewogen; **2** *(bereid)* bereit, geneigt

genegenheid 1 Gewogenheit *v*[28]; **2** Bereitschaft *v*[20]; *zie ook* genegen

geneigd geneigt

geneigdheid Neigung *v*[20], Geneigtheit *v*[28]

generaal I *zn* General *m*[5], *m*[6]; **II** *bn* generell, allgemein, General…

generaal-majoor Generalmajor *m*[5]

generalisatie Generalisierung *v*[20]

generaliseren generalisieren[320]

generatie Generation *v*[20]

generatieconflict Generationskonflikt *m*[5]

generatiekloof Generationsunterschied *m*[5]

generator Generator *m*[16]

generen, zich sich genieren[320]

generiek *(Belg; tv, film)* **1** *(begintitels)* Vorspann *m*[5], *m*[6]; **2** *(aftiteling)* Nachspann *m*[5], *m*[6]

generlei keinerlei: *op ~ wijze* keineswegs

genetica Genetik *v*[28], Vererbungslehre *v*[28]

genetisch genetisch

geneugte Vergnügen *o*[35], Genuss *m*[6], Freude *v*[21]

Genève Genf *o*[39]: *inwoner van ~* Genfer *m*[9]: *het meer van ~* der Genfer See

genezen I *intr (mbt zieke)* genesen[171], *(mbt wond)* heilen; **II** *tr* heilen: *de dokter geneest de zieke* der Arzt heilt den Kranken

genezing Genesung *v*[20]; Heilung *v*[20]

geniaal genial: *een ~ idee* eine geniale Idee

genialiteit Genialität *v*[20]

¹genie *(vernuft, geniaal persoon)* Genie *o*[36]

²genie *(mil)* Pioniertruppe *v*[21], Pioniere *mv m*[5]

geniep: *in het ~* heimlich

geniepig hinterlistig, heimtückisch

genietbaar genießbar

genietbaarheid Genießbarkeit *v*[28]

genieten genießen[172]: *een goede gezondheid ~ sich einer guten Gesundheit*[2] *erfreuen; iems vertrouwen ~* jmds Vertrauen genießen; *van het uitzicht ~* die Aussicht genießen; *een salaris ~* ein Gehalt beziehen[318]

genieter Genießer *m*[9]

genieting Genuss *m*[6], Freude *v*[21]

genietroepen Pioniere *mv m*[5]

genitaal genital

genitaliën Genitalien *(mv)*

genodigde Eingeladene(r) *m*[40a], *v*[40b], Gast *m*[6]

genoeg genug: *geld ~* Geld genug; *gek ~* merkwürdigerweise; *~ daarvan!* lass es gut sein!; *ik heb er ~ van* ich habe es satt

genoegdoening Genugtuung *v*[20]

genoegen Vergnügen *o*[35]; Gefallen *m*[11], Freude *v*[21]: *dat doet mij ~* das freut mich; *doe mij het ~ en ga zitten!* tun Sie mir den Gefallen, und setzen Sie sich!; *het is me een ~* es ist mir ein Vergnügen; *met ~* mit Vergnügen; *met iets ~ nemen* sich mit[+3] etwas begnügen; *is het zo naar ~?* ist es so recht?; *tot ons ~ deelde hij mee, dat…* zu unserm Vergnügen teilte er mit, dass…

genoeglijk 1 vergnüglich; **2** gemütlich

genoeglijkheid 1 Vergnügen *o*[35]; **2** Gemütlichkeit *v*[28]

genoegzaam genügend, ausreichend, hinreichend

genoopt: *zich ~ zien* sich genötigt sehen[261]

genoot Genosse *m*[15], Kamerad *m*[14]

genootschap Gesellschaft *v*[20], Verein *m*[5]

genot Genuss *m*[6]; *(gelukzaligheid)* Wonne *v*[21]

genotmiddel Genussmittel *o*[33]

genre Genre *o*[36], Art *v*[20], Gattung *v*[20]

gentleman Gentleman *m (2e nvl -s; mv Gentlemen)*

gentlemen's agreement Gentleman's Agreement *o (2e nvl - -; mv - -s)*

genuanceerd nuanciert

genummerd nummeriert

geodriehoek Winkelmesser *m*[9]

geoefend geübt, geschult

geograaf Geograph m^{14}, Geograf m^{14}
geografie Geographie v^{28}, Geografie v^{28}
geografisch geographisch, geografisch
geologie Geologie v^{28}
geologisch geologisch
geoloog Geologe m^{15}
geometrie Geometrie v^{28}
geometrisch geometrisch
geoorloofd erlaubt, gestattet, zulässig
georganiseerd organisiert
gepaard gepaart, paarweise: ~ *gaan met* verbunden sein^{262} mit^{+3}
gepakt gepackt: ~ *en gezakt* mit Sack und Pack
geparfumeerd parfümiert
gepast 1 *(geschikt)* passend, angemessen; **2** *(betamelijk)* korrekt, schicklich; **3** *(in de juiste hoeveelheid)* abgezählt: ~ *geld* abgezähltes Geld o^{39}: *heeft u ~ geld?* haben Sie es passend?
gepatenteerd patentiert
gepeins Sinnen o^{39}, Nachdenken o^{39}: *hij was in ~ verzonken* er war in Gedanken versunken
gepekeld gepökelt, Pökel...
gepensioneerd 1 in den Ruhestand versetzt; **2** *(mbt ambtenaar)* pensioniert
gepeperd *(ook fig)* gepfeffert
gepeupel Pöbel m^{19}, Gesindel o^{39}, Plebs m^{19}
gepikeerd pikiert, beleidigt
geplaveid gepflastert
geploeter 1 Schinderei v^{20}; **2** *(getob)* Not v^{25}
gepoch Großtuerei v^{28}, Angeberei v^{28}
gepokt: *hij is ~ en gemazeld* er ist mit allen Hunden gehetzt
gepraat Geplauder o^{39}; Gerede o^{39}
geprefabriceerd vorgefertigt, vorfabriziert: ~ *huis* Fertighaus o^{32}
geprikkeld gereizt, irritiert
geprivilegieerd privilegiert
geprolongeerd prolongiert
gepromoveerd promoviert
geprononceerd prononciert, ausgeprägt
geproportioneerd proportioniert
geraakt 1 *(lett)* getroffen; **2** *(beledigd)* gekränkt, verletzt; **3** *(geprikkeld)* gereizt
geraamte 1 *(biol)* Skelett o^{29}; **2** *(van vliegtuig, schip)* Gerippe o^{33}; **3** *(ontwerp)* Gerüst o^{29}
geraas Getose o^{39}, Getöse o^{39}
geraaskal Geschwätz o^{39}
geraden ratsam: *het is ~* es ist ratsam; *iets ~ achten* etwas für ratsam halten^{183}
geraffineerd *(ook fig)* raffiniert
geraken geraten^{218}, kommen^{193}, gelangen: *buiten zichzelf ~* außer^{+3} sich geraten; *in moeilijkheden ~* in^{+4} Schwierigkeiten kommen; *te water ~* ins Wasser fallen^{154}; *zie ook* raken
gerammel 1 *(van deuren, luiken)* Klappern o^{39}; **2** *(van metalen voorwerpen)* Rasseln o^{39}; **3** *(van voertuig)* Gerumpel o^{39}; **4** *(van glas, metaal)* Klirren o^{39}; **5** *(op piano)* Klimpern o^{39}
geranium Geranie v^{21}

gerant Geschäftsführer m^9
¹gerecht *bn (billijk)* gerecht
²gerecht *zn* **1** *(spijs)* Gericht o^{29}; **2** *(jur)* Gericht o^{29}
gerechtelijk gerichtlich, Gerichts...: *iem ~ vervolgen* gerichtlich gegen jmdn vorgehen^{168}: *langs ~e weg* auf dem Rechtsweg; *(Belg, jur)* ~*e politie* Kriminalpolizei v^{28}
gerechtigd berechtigt, befugt
gerechtigde Berechtigte(r) m^{40a}, v^{40b}
gerechtsdienaar Polizist m^{14}
gerechtshof Gerichtshof m^6
gerechtvaardigd berechtigt, gerechtfertigt: *een ~e eis* eine berechtigte Forderung
geredeneer Räsonieren o^{39}
gereed 1 *(klaar)* fertig: ~ *voor het gebruik* gebrauchsfertig; **2** *(bereid)* bereit: ~ *om te starten* startbereit; **3** *(contant)* bar: ~ *geld* bares Geld o^{39}
gereedheid Bereitschaft v^{20}: *in ~ brengen* fertig machen
gereedhouden bereithalten^{183}
gereedkomen fertig werden^{310}: *met iets ~* etwas beenden
gereedleggen bereitlegen
gereedliggen bereitliegen^{202}
gereedmaken fertig machen; *(van eten)* zubereiten: *bedden ~* Betten machen; *zich ~ om te vertrekken* sich zum Gehen anschicken
gereedschap Werkzeug o^{29}, Gerät o^{29}
gereedschapskist Werkzeugkasten m^{12}
gereedstaan 1 *(mbt personen)* sich bereithalten^{183}; **2** *(mbt zaken)* bereitstehen^{279}; **3** *(op het punt staan)* im Begriff sein^{262}
gereedzetten bereitstellen
gereformeerd reformiert
geregeld 1 *(ordelijk)* geordnet, geregelt; **2** *(regelmatig)* regelmäßig, ständig
gerei Gerät o^{29}, Zeug o^{39}
gerekt gedehnt: *op ~e toon* in gedehntem Ton
gereserveerdheid Reserve v^{28}
¹gericht *zn (bijb)* Gericht o^{29}: *het jongste ~* das Jüngste *(of:* Letzte) Gericht
²gericht *bn, bw* gerichtet (auf^{+4}): *iem ~ helpen* jmdm gezielt helfen^{188}
gerief 1 Bequemlichkeit v^{20}, Komfort m^{19}; **2** *(Belg)* *(gerei)* Gerät o^{29}, Zeug o^{39}: *keuken~* Küchengeräte *mv* o^{29}, Küchengeschirr o^{39}: *schrijf~* Schreibzeug o^{39}
gerieflijk bequem, behaglich, komfortabel
gerimpeld 1 *(mbt huid, fruit)* gerunzelt; **2** *(mbt stoffen, wateroppervlak)* gekräuselt
gering gering; *(onbelangrijk)* geringfügig
geringachten gering achten
geringschatten gering schätzen
geringschattend geringschätzig
geritsel Rascheln o^{39}; *(van zijde)* Rauschen o^{39}
Germaan Germane m^{15}
Germaans germanisch
gerochel Geröchel o^{39}
geroddel Klatsch m^{19}, Tratsch m^{19}

ge

geroep Rufen o^{39}

geroepen: ~ *zijn* berufen sein[262]

geroezemoes Stimmengewirr o^{29}

gerommel 1 *(van donder)* Grollen o^{39}; **2** *(van ingewanden)* Knurren o^{39}, Rummeln o^{39}; **3** *(in papieren e.d.)* Herumkramen o^{39}

gerookt geräuchert: ~*e paling* Räucheraal m^5

geroutineerd routiniert

gerst Gerste v^{21}

gerucht Gerücht o^{29}: *het* ~ *loopt dat ...* es geht das Gerücht, dass ...; *bij* ~*e iets weten* vom Hörensagen etwas wissen

geruchtmakend Aufsehen erregend

geruim geraum: ~*e tijd* geraume Zeit

geruisloos geräuschlos

geruit kariert, gewürfelt

gerust ruhig: *met een* ~ *geweten* mit ruhigem Gewissen; *wees maar* ~*!* mach dir keine Sorgen!; *ik ben er nog niet* ~ *op, dat ...* ich bin noch nicht sicher, dass ...; *(Belg) iem* ~ *laten* jmdn in Ruhe lassen[197]

geruststellen beruhigen

geruststelling Beruhigung v^{20}

gescharrel 1 *(mbt vogels)* Scharren o^{39}; **2** *(gevrij)* Knutscherei v^{20}; **3** *(het bezig zijn)* Herumwirtschaften o^{39}

geschater *(schallendes)* Gelächter o^{33}

gescheiden geschieden, getrennt

geschenk Geschenk o^{29}: *iem iets ten* ~*e geven* jmdm etwas schenken; *iets ten* ~*e krijgen* etwas geschenkt bekommen[193]

geschieden 1 geschehen[173]; **2** *(afgewikkeld worden)* sich vollziehen[318]

geschiedenis Geschichte v^{21}

geschiedenisboek Geschichtsbuch o^{32}

geschiedkundig Geschichts-, historisch

geschiedkundige Historiker m^9

geschift: *hij is* ~ er ist bekloppt

geschikt 1 *(aangenaam in omgang)* nett, umgänglich: *hij is heel* ~ er ist sehr nett; **2** *(bruikbaar)* tauglich, geeignet

geschiktheid Eignung v^{28}: *onderzoek naar de* ~ Eignungsprüfung v^{20}

geschil Streit m^5

geschilpunt Streitpunkt m^5

geschoold geschult, *(mbt vaklieden)* gelernt

geschreeuw Geschrei o^{39}, Schreien o^{39}

geschrift Schriftstück o^{29}, Dokument o^{29}

geschut Geschütz o^{29}: *(fig) met grof* ~ *beginnen* grobes Geschütz auffahren[153]

gesel *(ook fig)* Geißel v^{21}

geselen geißeln

geseling Geiß(e)lung v^{20}

gesitueerd situiert, gestellt: *beter* ~*e* Bessergestellte(r) m^{40a}, v^{40b}, Wohlhabende(r) m^{40a}, v^{40b}

gesjacher Schacherei v^{20}

gesjochten ruiniert, abgebrannt

geslacht Geschlecht o^{31}; *(biol)* Gattung v^{20}: *het tegenwoordige* ~ die heutige Generation

geslachtelijk geschlechtlich

geslachtsdeel Geschlechtsteil m^5, o^{29}

geslachtsdrift Geschlechtstrieb m^{19}

geslachtsgemeenschap Geschlechtsverkehr m^{19}

geslachtsorgaan Geschlechtsorgan o^{29}

geslachtsverkeer Geschlechtsverkehr m^{19}

geslachtsziekte Geschlechtskrankheit v^{20}

geslepen *(fig)* gerieben, durchtrieben, raffiniert: *een* ~ *bedrieger* ein raffinierter Betrüger

gesloten 1 *(niet geopend)* (ab)geschlossen: ~ *(jacht-, vis)seizoen* Schonzeit v^{20}; **2** *(niet openhartig)* verschlossen

gesluierd 1 *(met sluier)* verschleiert; **2** *(van stem)* verschleiert; **3** *(mbt lucht)* neblig, diesig

gesmeerd: *het gaat als* ~ es läuft wie am Schnürchen

gesnater Schnattern o^{39}, Geschnatter o^{39}

gesnauw Anschnauzen o^{39}, Anfahren o^{39}

gesnik Schluchzen o^{39}

gesnopen kapiert

gesnuffel Geschnüffel o^{39}

gesoebat Gebettel o^{39}, Bettelei v^{20}

gesorteerd (as)sortiert: *goed* ~ gut assortiert

gesp Schnalle v^{21}, Spange v^{21}

gespannen gespannt

gespeend: *niet van humor* ~ nicht ohne Humor

gespen schnallen

gespierd muskulös; *(fig)* kräftig

gespitst: *op iets* ~ *zijn* sich auf^{+4} etwas spitzen

gespleten gespalten

gespletenheid *(van mens, volk)* innere Zerrissenheit v^{28}

gespot Gespött o^{39}, Spötterei v^{20}

gesprek *(mondeling onderhoud)* Gespräch o^{29}, Besprechung v^{20}; *(conversatie)* Unterhaltung v^{20}; *(onderhoud)* Unterredung v^{20}: *een* ~ *aanknopen* ein Gespräch anknüpfen; *een* ~ *voeren* ein Gespräch führen; *met iem in* ~ *zijn* sich mit jmdm unterhalten[183], *(onderhandelen)* mit jmdm verhandeln; *het* ~ *kwam op hem* wir kamen auf ihn zu sprechen; *(telecom) in* ~ besetzt

gespreksleider Diskussionsleiter m^9

gesprekspartner Gesprächspartner m^9

gespreksronde Gesprächsrunde v^{21}

gespreksstof Gesprächsstoff m^5

gespuis Gesindel o^{39}, Gelichter o^{39}, Pack o^{39}

gestaag, gestadig fortwährend, unaufhörlich, *(zonder onderbreking)* unausgesetzt; *(bestendig)* beständig: *gestage arbeid* stete Arbeit v^{20}

gestalte Gestalt v^{20}: ~ *geven aan iets* einer Sache Gestalt geben[166]; ~ *krijgen* Gestalt annehmen[212]

gestamel Gestammel o^{39}

gestand: *zijn belofte* ~ *doen* sein Versprechen halten[183]: *zijn woord* ~ *doen* sein Wort halten

gestationeerd stationiert: *(mil)* ~ *zijn in* seinen Standort haben[182] in^{+3}

geste Geste v^{21}, Gebärde v^{21}

gesteente Gestein o^{29}

gestel 1 *(samenstel van delen)* Organismus m *(2e*

nvl -; mv -men); **2** (lichamelijke constitutie) Konstitution v[20], Gesundheit v[28]

gesteld: het is treurig met het project ~ es ist traurig um den Plan bestellt; op iem ~ zijn jmdn gern mögen[210]: hij is op orde en netheid ~ er hält auf Ordnung und Sauberkeit; hij is op zijn rust ~ er liebt seine Ruhe

gesteldheid Beschaffenheit v[28], Zustand m[6]

gestemd gelaunt, gestimmt, aufgelegt

gesteriliseerd sterilisiert

gesticht Anstalt v[20]

gesticuleren gestikulieren[320]

gestoord gestört; (geestelijk abnormaal) geistig gestört

gestoorde Gestörte(r) m[40a], v[40b]

gestreept gestreift

gestrekt (mbt galop, hoek) gestreckt

gestreng streng

gestrengheid Strenge v[28]

gestroomlijnd stromlinienförmig

gestudeerd studiert

gestudeerde Akademiker m[9], Studierte(r) m[40a], v[40b]

gestuukt: ~ plafond Stuckdecke v[21]

gesuis Sausen o[39], Brausen o[39]

gesukkel 1 (met gezondheid) Kränkeln o[39]; **2** (met werk) Gestümper o[39], Stümperei v[20]

getal Zahl v[20], Anzahl v[20]; (wisk, taalk) Numerus m (2e nvl -; mv Numeri): in groten ~e in großer Zahl; ten ~e van 100 100 an der Zahl

getallencombinatie Zahlenkombination v[20]

getallenreeks Zahlenreihe v[21]

getalm Zaudern o[39], Gezauder o[39]

getalsmatig zahlenmäßig

getand 1 (mbt mond) mit Zähnen; **2** (mbt blad, postzegel) gezahnt, gezähnt; **3** (mbt rotsen, bergen) gezackt

getapt beliebt, gern gesehen

getemperd gemäßigt, (mbt geluid, licht e.d.) gedämpft

getier Gebrüll o[39]

getijde (scheepv) Tide v[21]: de ~n die Gezeiten

getik Ticken o[39]; (met vinger ook) Tippen o[39]

getikt 1 (niet goed snik) nicht bei Trost, bekloppt, übergeschnappt; **2** (getypt) getippt

getintel (geflonker) Gefunkel o[39], Glitzern o[39]; (in de vingers) Prickeln o[39]

getiteld mit dem Titel, betitelt

getjilp Gezwitscher o[39], Zwitschern o[39]

getob Grübelei v[20], Gegrübel o[39]; (moeite) Mühsal v[23]: het is een ~ es ist eine Plage

getralied vergittert: ~e poort Gittertor o[29]

getrapt gestuft: ~e verkiezingen indirekte Wahlen

getroebleerd nicht recht bei Trost, konfus

getroffen betroffen, getroffen

getrommel Trommeln o[39]

getroost getrost

getroosten: zich inspanningen ~ sich viel Mühe geben[166]: zich opofferingen ~ keine Opfer scheuen

getrouw treu, getreu

getrouwd verheiratet

getrouwe Getreue(r) m[40a], v[40b]

getto Getto o[36], Ghetto o[36]

¹**getuige** zn (man) Zeuge m[15]; (vrouw) Zeugin v[22]

²**getuige** vz aufgrund[+2], auf Grund[+2], wie … beweist

getuigen I intr zeugen: tegen iem ~ gegen jmdn zeugen; voor iem ~ für jmdn zeugen; **II** tr bezeugen: ik kan ~ dat hij in de schouwburg was ich kann bezeugen, dass er im Theater war

getuigenis Zeugnis o[29a]; (jur) Aussage v[21]

getuigenverhoor Zeugenvernehmung v[20]

getuigenverklaring Zeugenaussage v[21]

getuigschrift Zeugnis o[29a]

geul 1 (algem) Rinne v[21]; **2** (gleuf) Rille v[21]; **3** (van rivier) Flussbett o[37]; **4** (vaargeul) Fahrrinne v[21]

geüniformeerd uniformiert

geur Duft m[6], Geruch m[6], (van wijn, ook) Bukett o[29], o[36], Blume v[21]: in ~en en kleuren mit[+3] allen Einzelheiten

geuren duften, riechen[223]

geus (hist) Geuse m[15]

gevaar Gefahr v[20]: er dreigt ~ es droht Gefahr; in ~ brengen in[+4] Gefahr bringen[139], gefährden; het in ~ brengen Gefährdung v[20]: met ~ voor eigen leven mit[+3] (of: unter[+3]) Gefahr des eigenen Lebens

gevaarlijk gefährlich

gevaarte Ungetüm o[29]

gevaarvol gefahrvoll

geval 1 (toestand, omstandigheid) Fall m[6]: in alle ~, in ieder ~ auf jeden Fall; in geen ~ keinesfalls; in ~ van brand wenn's brennt; in ~ van nood im Notfall; in ~ van overlijden im Sterbefall; in ~ van twijfel im Zweifelsfall; van ~ tot ~ von[+3] Fall zu[+3] Fall; voor het ~ dat hij belt falls er anruft; **2** (voorval) Vorfall m[6], Geschichte v[21]; **3** (toeval) Zufall m[6]

gevangen gefangen, (gearresteerd) verhaftet

gevangenbewaarder Gefangenenaufseher m[9]

gevangene Gefangene(r) m[40a], v[40b], Häftling m[5]

gevangenhouden gefangen halten[183]

gevangenis Gefängnis o[29a], Strafanstalt v[20]

gevangenisstraf Freiheitsstrafe v[21], Gefängnisstrafe v[21]

gevangennemen verhaften, festnehmen[212]

gevangenneming Verhaftung v[20], Festnahme v[21]

gevangenschap Haft v[28], Gefangenschaft v[28]

gevangenzetten festnehmen[212], einsperren

gevarendriehoek Warndreieck o[29]

gevat schlagfertig

gevecht Gefecht o[29], Kampf m[6]; (tussen groepen) Treffen o[35]: buiten ~ stellen außer[+3] Gefecht setzen; ~ op leven en dood Kampf auf[+4] Leben und Tod

gevechtsvliegtuig Kampfflugzeug o[29]

geveinsd 1 (mbt zaken) geheuchelt, erheuchelt; **2** (mbt personen) heuchlerisch

gevel 1 (topgevel) Giebel m[9]; **2** (voorzijde) Front v[20], Fassade v[21]

geven 1 (algem) geben[166]: wat geeft het of ze haar best doet was nützt es, dass sie sich anstrengt; dat *geeft niets: a) (brengt niets op)* das bringt nichts; *b) (is niet erg)* das macht nichts; *men zou hem geen 50 jaar ~* man sieht ihm seine 50 Jahre nicht an; *niets om iem ~ sich³* nichts aus jmdm machen; *niets om sport ~ sich³* nichts aus Sport machen; **2** *(schenken)* spenden: *bloed ~* Blut spenden

gever Geber *m⁹*; *(schenker)* Spender *m⁹*

gevestigd fest: *een ~e mening* eine feste Meinung; *een ~e reputatie* ein guter Ruf

gevierd gefeiert

gevleid geschmeichelt: *zich ~ voelen* sich geschmeichelt fühlen

gevlekt gefleckt, fleckig; *(mbt dieren)* scheckig

gevleugeld geflügelt

gevoeglijk mit Fug und Recht; *(gerust)* ruhig

gevoel Gefühl *o²⁹*; *(gewaarwording)* Empfindung *v²⁰*: *~ hebben voor* Gefühl haben für⁺⁴

gevoelen I *ww* fühlen, empfinden¹⁵⁷; *(merken)* spüren: *de behoefte ~ iets te zeggen* das Bedürfnis haben¹⁸², etwas zu sagen: *medelijden ~* Mitleid fühlen *(of:* empfinden); *zich doen ~* sich fühlbar machen; II *zn* **1** *(oordeel)* Meinung *v²⁰*, Ansicht *v²⁰*; **2** *(gevoel)* Gefühl *o²⁹*: *met gemengde ~s* mit gemischten Gefühlen

gevoelig **1** *(mbt balans, kou, lichaamsdeel, verlies)* empfindlich: *mijn huid is zeer ~* meine Haut ist sehr empfindlich; *een ~ mens* ein sensibler Mensch; *~ slag* empfindlicher Schlag *m⁶*: *~e wond* schmerzhafte Wunde *v²¹*: *(muz) ~ spelen* mit Gefühl spielen; **2** *(foto)* (licht)empfindlich

gevoelloos **1** *(zonder gevoel)* gefühllos: *een ~ mens* ein gefühlloser Mensch; *~ voor kou* unempfindlich gegen⁺⁴ Kälte; **2** *(mbt lichaamsdelen)* taub, empfindungslos

gevoelsleven Gefühlsleben *o³⁹*

gevoelsmatig gefühlsmäßig

gevoelswaarde Gefühlswert *m⁵*

gevoelvol gefühlvoll, gemütvoll

gevogelte **1** *(alle vogels)* Vögel *mv m¹⁰*; **2** *(pluimvee)* Geflügel *o³³*

gevolg **1** *(stoet, volgelingen)* Gefolge *o³³*; **2** *(uitvloeisel, resultaat)* Folge *v²¹*: *noodlottige ~en hebben* fatale Folgen haben¹⁸²: *met het ~ dat …* mit der Folge, dass …; *met goed ~* mit Erfolg; *ten ~e hebben* zur Folge haben¹⁸²: *ten~e van* infolge⁺²; **3** *(gehoor)* Folge *v²¹*: *~ geven aan een uitnodiging* einer³ Einladung Folge leisten

gevolgtrekking Folgerung *v²⁰*, Schluss *m⁶*

gevolmachtigd bevollmächtigt: *~e Bevollmächtigte(r) m⁴⁰ᵃ, v⁴⁰ᵇ: bijzondere ~e* Sonderbeauftragte(r) *m⁴⁰ᵃ, v⁴⁰ᵇ*

gevorderd: *op ~e leeftijd* in vorgerücktem Alter; *wegens het ~e uur* wegen der späten Stunde

gevraagd **1** *(begeerd, gezocht)* begehrt, gesucht, gefragt: *een veel ~ artikel* ein sehr gesuchter Artikel; *voor direct ~* für sofort gesucht; **2** *(verzocht)* erbeten, verlangt

gevreesd gefürchtet

gevuld **1** *(mbt lichaamsdelen)* prall; **2** *(mbt gezicht, boezem)* voll; **3** *(mbt bloemen, bonbons, gebak, pastei)* gefüllt

gewaad Gewand *o³²*

gewaagd gewagt, riskant; *(moedig)* kühn

gewaardeerd geehrt, geschätzt; anerkannt

gewaarworden **1** *(zien)* gewahr werden³¹⁰ *(soms⁺²)*, bemerken; **2** *(merken, beseffen)* merken, erkennen¹⁸⁹; **3** *(ondervinden)* spüren

gewaarwording Empfindung *v²⁰*

gewag: *~ van iets maken* etwas erwähnen

gewapend **1** *(algem en mil)* bewaffnet; **2** *(toegerust)* gerüstet; **3** *(techn)* armiert

gewas Gewächs *o²⁹*

gewatteerd wattiert: *~e deken* Steppdecke *v²¹*

gewauwel Geschwätz *o³⁹*, Gefasel *o³⁹*

geweer Gewehr *o²⁹*; *(jachtgeweer)* Flinte *v²¹*

geweervuur Gewehrfeuer *o³⁹*

gewei Geweih *o²⁹*

geweld Gewalt *v²⁰*: *~ gebruiken* Gewalt gebrauchen; *iem ~ aandoen* jmdm Gewalt antun²⁹⁵: *een meisje ~ aandoen* einem Mädchen Gewalt antun, ein Mädchen vergewaltigen; *de waarheid ~ aandoen* der Wahrheit³ Gewalt antun²⁹⁵: *zichzelf ~ aandoen* sich³ Gewalt antun²⁹⁵: *de deur met ~ openen* die Tür gewaltsam öffnen; *met alle ~ iets willen* mit⁺³ (aller) Gewalt etwas wollen³¹⁵: *gebruikmaking van ~* Gewaltanwendung *v²⁰*

gewelddaad Gewalttat *v²⁰*, Gewaltakt *m⁵*

gewelddadig gewalttätig: *~e dood* gewaltsamer Tod

gewelddadigheid Gewalttat *v²⁰*

geweldig gewaltig; *(hevig)* gewaltig, heftig, enorm: *een ~e menigte* eine riesige Menge; *de violist heeft een ~e techniek* der Violist hat eine fabelhafte Technik; *~ goedkoop* äußerst preiswert; *~ groot* ungeheuer groß; *zich ~ amuseren* sich mächtig amüsieren³²⁰

geweldpleging Gewaltanwendung *v²⁰*

gewelf Gewölbe *o³³*

gewend gewohnt; gewöhnt (an⁺⁴): *hij is dit werk ~* er ist diese Arbeit gewohnt *(of:* an diese Arbeit gewöhnt)

gewennen I *tr* gewöhnen: *iem ~ aan* jmdn gewöhnen an⁺⁴; II *intr* sich gewöhnen an⁺⁴: *men gewent aan alles* man gewöhnt sich an alles

gewenst gewünscht, erwünscht

gewest **1** Gegend *v²⁰*, Region *v²⁰*; *(provincie)* Provinz *v²⁰*; *(district)* Bezirk *m⁵*; **2** *(Belg)* Region *v²⁰*

gewestelijk regional; *(provinciaal)* Provinzial-; *(taalk)* landschaftlich, mundartlich

geweten Gewissen *o³⁵*: *een goed ~* ein gutes Gewissen; *een kwaad ~* ein böses Gewissen; *iets op zijn ~ hebben* etwas auf dem Gewissen haben¹⁸²

gewetenloos gewissenlos

gewetensbezwaar Gewissensskrupel *m⁹*

gewetensvol gewissenhaft

gewetenswroeging Gewissensbiss *m⁵* *(meestal mv)*

gewettigd berechtigt, begründet: *~ middel* gesetzliches Mittel; ~e uitgaven legitime Ausgaben; het vermoeden is ~ dat ... die Vermutung ist berechtigt, dass ...

gewezen früher, ehemalig, Ex...

gewicht 1 Gewicht o^{39}: dat legt ~ in de schaal das fällt ins Gewicht; zijn ~ aan goud waard zijn nicht mit Gold zu bezahlen sein^{262}; **2** (belangrijkheid) Wichtigkeit v^{28}, Bedeutung v^{28}: dat is van het grootste ~ das ist von höchster Wichtigkeit

gewichtheffen (sp) Gewichtheben o^{39}

gewichtig (belangrijk) wichtig, bedeutend; (zwaarwichtig) schwerwiegend, gewichtig

gewichtloos schwerelos, gewichtslos

gewichtloosheid Schwerelosigkeit v^{28}

gewichtsklasse Gewichtsklasse v^{21}

gewichtsverlies Gewichtsverlust m^5

gewiekst schlau, gerieben, verschlagen

gewijd geweiht

gewild 1 (lett) gewollt; **2** (in trek, gezocht) begehrt, gesucht, beliebt; **3** (graag gezien) gern gesehen, beliebt

gewillig willig, folgsam, bereitwillig

gewin Gewinn m^5

gewis gewiss, sicher, bestimmt

gewoel Gewühl o^{39}

gewond verwundet, verletzt

gewonde Verwundete(r) m^{40a}, v^{40b}, Verletzte(r) m^{40a}, v^{40b}

gewonnen gewonnen: zich ~ geven sich ergeben^{166}

gewoon I bn **1** (gebruikelijk, alledaags) gewöhnlich, üblich, alltäglich, normal: ~ soldaat gemeiner Soldat; een ~ mens ein normaler Mensch; **2** (waar men aan gewend is) gewohnt: ik ben ~ vroeg op te staan ich bin (es) gewohnt, früh aufzustehen; ik ben dat ~ ich bin es gewohnt; hij is aan zwaar werk ~ er ist schwere Arbeit gewohnt (of: an schwere Arbeit gewöhnt); op het gewone uur zur gewohnten Stunde; **3** (volgens vastgestelde orde) ordentlich: ~ hoogleraar ordentlicher Professor m^{16}; **II** bw einfach: ik vind het ~ afschuwelijk ich finde es einfach (of: geradezu) scheußlich

gewoonheid Gewöhnlichkeit v^{28}

gewoonlijk gewöhnlich, normalerweise

gewoonte Gewohnheit v^{20}: een goede ~ eine gute Gewohnheit; de macht der ~ die Macht der Gewohnheit; omdat het zo de ~ is weil es so üblich ist; uit ~ aus Gewohnheit

gewoontegetrouw gewohnheitsgemäß

gewoonterecht Gewohnheitsrecht o^{39}

gewoonweg einfach, schlichtweg

geworteld 1 (ook fig) gewurzelt: vast ~ verwurzelt; **2** (mbt vooroordelen, meningen) eingewurzelt

gewricht Gelenk o^{29}

gewrichtsholte Gelenkhöhle v^{21}

gewrichtsontsteking Gelenkentzündung v^{20}

gewriemel Gewimmel o^{39}

gewroet Gewühl o^{39}; (fig) Intrigen mv v^{21}

gezaagd (plantk) gesägt

gezag Gewalt v^{20}, Macht v^{25}, Autorität v^{28}: openbaar ~ Obrigkeit v^{20}: het vaderlijk ~ die väterliche Gewalt; het wettig ~ die gesetzliche Gewalt; zijn ~ doen gelden seine Gewalt (of: seine Macht, seine Autorität) geltend machen; het ~ handhaven die Ordnung aufrechterhalten^{183}: op eigen ~ eigenmächtig; op ~ van een schrijver iets aannemen auf die Gewähr eines Autors (hin) etwas annehmen^{212}: een man van ~ eine Autorität

gezagdrager Obrigkeit v^{20}, Behörde v^{21}

gezaghebbend 1 (bekleed met gezag) befugt, maßgebend: van ~e zijde von maßgebender Seite; **2** (mbt schrijver, uitspraak) maßgebend

gezagvoerder Kapitän m^5; (scheepv) Schiffskapitän m^5; (luchtv) Flugkapitän m^5

gezamenlijk I bn **1** (alle) sämtlich, (met lw) gesamt: de ~e inwoners die gesamten Einwohner; met ~e krachten mit vereinten Kräften; **2** (gemeenschappelijk) gemeinschaftlich; **II** bw zusammen, miteinander, gemeinsam

gezang Gesang m^6

gezanik (geleuter) Geschwatze o^{39}; (gemopper) Gemecker o^{39}

gezant Gesandte(r) m^{40a}, v^{40b}

gezantschap Gesandtschaft v^{20}

gezapig gemächlich, behäbig

gezegd 1 (genaamd) genannt; **2** (zoëven genoemd) besagt, genannt: het is niet ~ es steht nicht fest; zo als ~ wie gesagt

gezegde 1 (uitlating) Äußerung v^{20}; **2** (zegswijze) Redensart v^{20}; **3** (taalk) Prädikat o^{29}

gezegeld gesiegelt; (gestempeld) gestempelt

gezegend gesegnet, segensreich

gezeglijk folgsam, gehorsam

gezel 1 (makker) Kamerad m^{14}, Gefährte m^{15}; **2** (ambachtsrang) Geselle m^{15}

gezellig 1 (in groepsverband levend) gesellig; **2** (aangenaam, knus) gemütlich: ~ bij elkaar zijn gemütlich beisammen sein^{262}: eens ~ praten mal gemütlich plaudern; **3** (onderhoudend) unterhaltsam, angenehm

gezelligheid 1 Geselligkeit v^{28}; **2** Gemütlichkeit v^{28}; zie ook gezellig

gezellin Gesellin v^{22}; Gefährtin v^{22}

gezelschap Gesellschaft v^{20}: in goed ~ zijn sich in guter Gesellschaft befinden^{157}; iem ~ houden jmdm Gesellschaft leisten

gezelschapsspel Gesellschaftsspiel o^{29}

gezet 1 (corpulent) beleibt, korpulent; **2** (geregeld) regelmäßig; **3** (bepaald) bestimmt

gezetheid Beleibtheit v^{28}, Korpulenz v^{28}

gezeur (geleuter) Gequengel o^{39}, Geleier o^{39}

gezicht 1 (het zien, de aanblik) Anblick m^5, Blick m^5: een heerlijk ~ ein herrlicher Anblick; in het ~ van de haven in Sicht des Hafens; liefde op het eerste ~ Liebe auf den ersten Blick; **2** (gelaat) Gesicht o^{31}; (gezichtsuitdrukking) Miene v^{21}: een vriendelijk ~ zetten ein freundliches Gesicht machen; iem iets in zijn ~ zeggen jmdm etwas ins Gesicht sagen; met een uitgestreken ~ ohne eine Miene zu verziehen^{318};

3 *(uitzicht)* Aussicht *v*[20]; **4** *(zintuig)* Augen *mv o*[38]
gezichtsbedrog optische Täuschung *v*[20]
gezichtsvermogen Sehvermögen *o*[39]
gezien I *volt dw* gesehen: ~ *en goedgekeurd* genehmigt; *voor ~ tekenen* abzeichnen; **II** *bn* geachtet, angesehen: *hij was daar zeer ~* er stand dort in hohem Ansehen; **III** *vz* im Hinblick auf[+4], wegen[+2]; **IV** *vw* da, weil
gezin Familie *v*[21]: *leden van het ~* Familienmitglieder *mv o*[31]
gezind 1 gesinnt: *iem vijandig ~ zijn* jmdm feindlich gesinnt sein[262]; **2** *(van plan, van zins)* gesonnen; **3** *(genegen)* hold: *het geluk was hun niet goed ~* das Glück war ihnen nicht hold
gezindheid Gesinnung *v*[20]
gezindte Konfession *v*[20]
gezinsbijslag *(Belg)* Kindergeld *o*[31]
gezinshoofd Familienoberhaupt *o*[32]
gezinshulp Haushaltshilfe *v*[21]
gezinsleven Familienleben *o*[39]
gezinsuitbreiding Familienzuwachs *m*[5]
gezinsverzorgster Familienpflegerin *v*[22]
gezinszorg Familienhilfe *v*[21]
gezocht 1 *(gewild, in trek)* gesucht, gefragt; **2** *(gekunsteld, onnatuurlijk)* gesucht, gespreizt
gezond gesund[59]: *we zijn ~ en wel* wir sind wohlauf; *een onderneming weer ~ maken* ein Unternehmen sanieren[320]
gezondheid Gesundheit *v*[28]: *een blakende ~* eine blühende Gesundheit; *in goede ~ zijn* bei guter Gesundheit sein; *op uw ~!* auf Ihre Gesundheit!, auf Ihr Wohl!
gezondheidsredenen: *om ~* aus gesundheitlichen Gründen, gesundheitshalber
gezouten gesalzen; *(mbt taal)* derb
gezusters Schwestern *mv v*[21]
gezwam Geschwätz *o*[39], Gefasel *o*[39]
gezwel Geschwulst *v*[25]
gezwets 1 *(grootspraak)* Angeberei *v*[28]; **2** *(geleuter)* Geschwätz *o*[39]
gezwoeg Plackerei *v*[20], Schinderei *v*[20]
gezwollen 1 *(lett)* (an)geschwollen, schwulstig, *(mbt gezicht ook)* aufgedunsen; **2** *(mbt stijl, taal)* hochtrabend, schwülstig
gezworen geschworen
gezworene Geschworene(r) *m*[40a], *v*[40b]
gids *(ook fig)* Führer *m*[9]; *(voor toeristen)* Fremdenführer *m*[9]
giebelen kichern
giechelen kichern
¹gier *(vogel)* Geier *m*[9]
²gier *(mest)* Jauche *v*[21], Gülle *v*[21]
¹gieren *(hard lachen)* schallend lachen: *~ van het lachen* brüllen vor Lachen; *het is om te ~!* es ist zum Schießen!; **2** *(mbt storm)* heulen, pfeifen[214]
²gieren *(mesten)* jauchen, güllen
gierig geizig, knauserig
gierigaard Geizhals *m*[6], Knauser *m*[9]
gierigheid Geiz *m*[19], Knauserigkeit *v*[28]

gieten I *ww* gießen[175]; *(fig) olie op het vuur ~* Öl ins Feuer gießen; *het zit als gegoten* es sitzt wie angegossen; **II** *zn* Gießen *o*[39], Guss *m*[6]
gieter Gießkanne *v*[21]
gieterij Gießerei *v*[20]
gietijzer Gusseisen *o*[39]
gietijzeren gusseisern, Gusseisen…
gietvorm Gussform *v*[20], Gießform *v*[20]
gif Gift *o*[29]: *het ~ werkt* das Gift wirkt
gifbelt Altlasten *mv v*[20], Giftmülldeponat *o*[29]
gifgas Giftgas *o*[29]
gifklier Giftdrüse *v*[21]
gifmenger Giftmischer *m*[9]
gifslang Giftschlange *v*[21]
¹gift *(gave)* Gabe *v*[21], Spende *v*[21]
²gift *(vergif)* Gift *o*[29]; *zie ook* gif
giftig *(ook fig)* giftig
gifvrij giftfrei
gigantisch gigantisch
gij 1 *(vertrouwelijk) (ev)* du, *(mv)* ihr; **2** *(beleefdheidsvorm)* Sie
gijzelaar Geisel *v*[25], zelden *m*[9]
gijzelen: *iem ~* jmdn als *(of:* zur) Geisel nehmen[212]
gijzeling Geiselnahme *v*[21]
gijzelnemer Geiselnehmer *m*[9]
gil Aufschrei *m*[5], Schrei *m*[5]: *een ~ geven* aufschreien[253]
gilde Gilde *v*[21], Zunft *v*[25]
gilet Weste *v*[21]
gillen kreischen, schreien[253]: *het is om te ~!* es ist zum Schreien!
ginder dort: *tot ~* bis dorthin; *van ~* dorther
ginds I *bn* jener, jene, jenes; **II** *bw* dort
ginnegappen kichern, sich eins feixen
gips Gips *m*[5]: *van ~* gipsen, Gips…
gipsafdruk Gipsabdruck *m*[6]
gipsbeeld Gipsfigur *v*[20]
gipsen *bn* gipsern, Gips…
gipsverband *(med)* Gipsverband *m*[6]
gipsvlucht Rückholdienst *m*[5]
giraal Giral…: *~ geld* Giralgeld *o*[31], Buchgeld *o*[31]
giraf(fe) Giraffe *v*[21]
gireren überweisen[307]: *bedragen ~* Beträge überweisen
giro Giro *o*[36]; *(girorekening)* Girokonto *o*[36]: *per ~ betalen* durch Giro bezahlen
girobetaalkaart Eurocheque *m*[13]
girobetaalpas Eurochequekarte *v*[21]
giromaat Geldautomat *m*[14]
giromaatpas Eurochequekarte *v*[21]
gironummer Postgirokontonummer *v*[21]
giro-overschrijving Überweisung *v*[20]
giropas Eurochequekarte *v*[21]
girorekening Postscheckkonto *o*[36]
gissen vermuten
gissing Vermutung *v*[20]
gist Hefe *v*[21]
gisten gären[164]
gisteravond gestern Abend

gisteren gestern
gistermiddag gestern Nachmittag
gisting *(ook fig)* Gärung v^{20}
gitaar Gitarre v^{21}
gitarist Gitarrenspieler m^9, Gitarrist m^{14}
glaasje Gläschen o^{35}: *een ~ pakken* einen trinken^{293}: *te diep in het ~ kijken* zu tief ins Glas gucken
glacé Glacé *m (2e nvl -(s); mv -s)*, Glacee *m (2e nvl -(s); mv -s)*
glad I *bn* 1 *(effen, vlak)* glatt^{59}; 2 *(gewiekst)* gewieft, pfiffig; 3 *(glibberig)* glatt, schlüpfrig; II *bw* glatt: *iets ~ vergeten zijn* etwas glatt vergessen haben^{182}
gladakker Halunke m^{15}, Lump m^{14}
gladheid Glätte v^{28}, Glattheit v^{28}; *zie ook* glad
gladiator Gladiator m^{16}
gladjakker, gladjanus Schlauberger m^9
gladmaken glatt machen, glätten
gladscheren glatt rasieren^{320}
gladstrijken glatt streichen^{286}, glätten
gladweg glattweg, schlankweg
glamour Glamour m^{19}, o^{39}
glans Glanz m^5: *met ~ slagen* glänzend durchkommen^{193}: *met ~ zakken* mit Glanz und Gloria durchfallen^{154}
glansrijk 1 *(luisterrijk)* glorreich, glänzend; 2 *(uitstekend)* glanzvoll, glänzend: *~ slagen* (ein Examen) glanzvoll bestehen^{279}
glansrol Glanzrolle v^{21}
glansverf Glanzfarbe v^{21}, Lack m^5
glanzen 1 *(blinken)* glänzen; 2 *(stralen)* strahlen; 3 *(zacht glanzen)* schimmern; 4 *(flonkeren)* funkeln
glas 1 *(drinkglas)* Glas o^{32}; *(stofnaam)* Glas o^{39}: *8 glazen bier* 8 Glas *(of:* 8 Gläser*)* Bier; *wijn per ~* offener Wein; 2 *(ruit)* Scheibe v^{21}
glasbak Glascontainer m^9
glasblazen Glasblasen o^{39}
glashard glashart
glas-in-loodraam Bleiglasfenster o^{33}; *(gebrandschilderd raam)* Glasmalerei v^{20}
glasverzekering Glas(bruch)versicherung v^{20}
glazen gläsern, aus Glas, Glas...
glazenwasser Fensterputzer m^9
glazig glasig: *~e ogen* glasige Augen
glazuren glasieren^{320}
glazuur Glasur v^{20}, *(van tanden)* Schmelz m^5
gletsjer Gletscher m^9
gleuf 1 *(spleet)* Riss m^5, Schlitz m^5, Spalt m^5; 2 *(groef, voeg)* Nut v^{20}, Nute v^{21}, Rille v^{21}; 3 *(in elpee, zuil)* Rille v^{21}; 4 *(in de grond)* Furche v^{21}; 5 *(van geldautomaat, brievenbus)* Einwurf m^6, Schlitz m^5
glibberig glitschig, schlüpfrig
glijbaan Rutschbahn v^{20}
glijden 1 gleiten^{178}: *zijn blik gleed langs mij heen* sein Blick streifte mich; 2 *(wegglijden)* rutschen
glijdend gleitend: *~e werktijd* gleitende Arbeitszeit v^{20}
glijvlucht Gleitflug m^6
glimlach Lächeln o^{39}: *met een ~* lächelnd
glimlachen lächeln

glimmen 1 *(gloeien)* glimmen^{179}; 2 *(glanzen)* blinken, glänzen: *~ van plezier* strahlen vor Freude; *~de mouwen* abgescheuerte Ärmel
glimp Schimmer m^9, Spur v^{20}: *een ~ van hoop* ein Schimmer von Hoffnung
glinsteren glitzern, glänzen, *(trillend)* flimmern
glinstering Glitzern o^{39}, Glänzen o^{39}, *(trillend)* Flimmern o^{39}
glippen gleiten^{178}, rutschen
globaal global, pauschal, grob: *een ~ bedrag* ein Pauschalbetrag; *~ genomen* im Großen und Ganzen
globe Globus *m (2e nvl -(ses); mv -se of Globen)*
globetrotter Globetrotter m^9
gloed *(ook fig)* Glut v^{20}
gloednieuw (funkel)nagelneu, brandneu
gloedvol glutvoll
gloeien glühen
gloeiend glühend: *~ heet* glühend heiß; *ik heb ~ het land aan hem* er ist mir in tiefster Seele verhasst; *ik ben het er ~ mee eens* ich bin damit völlig einverstanden; *je bent er ~ bij!* jetzt bist du geliefert!
gloeilamp Glühlampe v^{21}, Glühbirne v^{21}
glooien abfallen^{154}, sich neigen
glooiend abfallend
gloren glimmen^{179}, schimmern: *de dageraad begint te ~* der Morgen dämmert (auf)
glorie Glorie v^{28}, Ruhm m^{19}, Glanz m^{19}: *in volle ~* in vollem Glanz
glorierijk, glorieus glorreich, ruhmvoll
glucose Glukose v^{28}, Traubenzucker m^{19}
gluiper(d) Heuchler m^9, Leisetreter m^9
gluiperig heuchlerisch
glunderen strahlen, vergnügt lächeln
gluren spähen, schielen
gluurder Voyeur m^5, Spanner m^9
gniffelen, gnuiven schmunzeln
go Go o^{39}
goal 1 *(doel)* Tor o^{29}; 2 *(doelpunt)* Tor, Treffer m^9
goalgetter Torjäger m^9
god Gott m^8: *hij vreest ~ noch gebod* er ist ein gottvergessener Mensch; *zo waarlijk helpe mij ~ almachtig* so wahr mir Gott helfe; *~ allemachtig!* großer Gott!; *een door ~ begenadigd kunstenaar* ein gottbegnadeter Künstler; *met ~s hulp* mit Gottes Hilfe
goddank gottlob, Gott^3 sei Dank
goddelijk 1 göttlich; 2 *(verheven)* himmlisch
goddeloos gottlos
godgans, godganselijk *(inform)* ganz: *de ~e dag luieren* den lieben langen Tag faulenzen
godgeklaagd unerhört: *het is ~!* Gott sei's geklagt!
godheid Gottheit v^{20}
godin Göttin v^{22}
godsdienst Religion v^{20}; *(kerkgenootschap)* Konfession v^{20}
godsdienstig religiös; *(vroom)* fromm
godsdienstigheid Religiosität v^{28}
godsdienstvrijheid Religionsfreiheit v^{28}, Glau-

go

bensfreiheit v^{28}
godslasteraar Gotteslästerer m^9
godslastering Gotteslästerung v^{20}
godslasterlijk gotteslästerlich
godsnaam *(inform)* in ~ in Gottes Namen
godsvertrouwen Gottvertrauen o^{39}
godswil: *om* ~ um Gottes willen
godvergeten *(inform)* gottvergessen: *een ~ idioot* ein Vollidiot; *een ~ onrecht* ein himmelschreiendes Unrecht
godverlaten *(inform)* gottverlassen
^{1}**goed** *bn, bw* gut^{60}: *~!:* a) *(het eens zijn)* richtig!; b) *(mooi zo)* schön!; *~ zo!* prima!; *mij ~!* mir recht!; *ook ~!* schon gut!; *hij is ~ af* er ist gut dran; *die is ~!* das ist aber gut!; *alles ~ en wel, maar ...* alles gut und schön, aber ...; *als ik het ~ heb* wenn ich mich nicht irre; *moeder en kind maken het ~* Mutter und Kind sind wohlauf; *hij voelt zich niet ~* er fühlt sich nicht wohl; *op een ~e morgen* eines Morgens; *zich te ~ doen aan* sich gütlich tun^{295} an^{+3}: *een ~e dertig mensen* gut dreißig Leute; *~ kwaad zijn* recht böse sein^{262}; *~ van vertrouwen zijn* vertrauensselig sein^{262}: *zo ~ en zo kwaad als het gaat* so gut es geht; *zo ~ als af* so gut wie fertig; *(mbt eten) ~ blijven* sich halten^{183}
^{2}**goed** *zn* 1 *(tegenstelling van kwaad)* Gute(s) o^{40c}: *iets ~s* etwas Gutes; *veel ~s* viel Gutes; *~ en kwaad* Gutes und Böses; *te veel van het ~e* zu viel des Guten; *dat komt hem ten ~e* das kommt ihm zugute; 2 *(bezittingen)* Gut o^{32}; 3 *(goederen)* Güter *mv* o^{32}, *(handelswaar)* Waren *mv* v^{21}; 4 *(stof, textiel)* Zeug o^{39}, Stoff m^5: *(verschoning) schoon ~* reine Wäsche, *(kleren)* Kleider *(mv)* || *hoeveel hebt u nog te ~?* wie viel haben Sie noch zu fordern?; *we hebben nog een feest te ~* wir haben noch ein Fest in Aussicht
goedaardig 1 *(mbt persoon)* gutherzig, gutmütig, gütig; 2 *(med)* gutartig
goeddeels großenteils, größtenteils
goeddoen 1 *(weldoen)* wohl tun^{295}; 2 *(het goede doen)* Gutes tun^{295}; 3 *(baten)* nützen
goeddunken I *ww* für gut halten^{183}; **II** *zn* Gutdünken o^{39}
goedendag *(bij het komen)* guten Tag!; *(bij het weggaan)* (auf) Wiedersehen!
goedendagzeggen (jmdm) Guten Tag *(of:* guten Tag) sagen; *(vaarwelzeggen)* sich verabschieden
goederen Güter *mv* o^{32}, *(die verhandeld worden)* Waren *mv* v^{21}
goederenhandel Warenhandel m^{19}
goederentrein Güterzug m^6
goedgebouwd gut gebaut; *(welgevormd)* wohlgestaltet
goedgeefs freigebig
goedgehumeurd gut gelaunt
goedgelovig gutgläubig, vertrauensselig
goedhartig gutherzig, gutmütig
goedheid Güte: *grote ~!* du meine Güte!
goedhouden I *tr* frisch halten^{183}, aufbewahren; **II** *zich ~* sich gut halten^{183}

goedig gutherzig, gutmütig
goedje Zeug o^{39}
goedkeuren 1 *(iems gedrag, handelingen, mening)* billigen, *(uitdrukkelijker)* gutheißen^{187}; 2 *(officieel)* genehmigen; 3 *(van verdrag)* ratifizieren^{320}; 4 *(van wet, motie, voorstel)* verabschieden; 5 *(goedvinden)* billigen; 6 *(bij keuring)* für gesund erklären; *(voor mil dienst)* für diensttauglich erklären
goedkeurend beifällig
goedkeuring 1 *(instemming)* Billigung v^{20}; 2 *(officiële inwilliging)* Genehmigung v^{20}, Ratifizierung v^{20}; 3 *(instemming, toejuiching)* Beifall m^{19}; *zie ook* goedkeuren
goedkoop preiswert, billig: *een goedkope grap* ein fader Witz
goedlachs: *~ zijn* gern lachen
goedmaken 1 *(van verzuim, schuld)* (wieder) gutmachen; 2 *(van verlies)* ausgleichen^{176}
goedmoedig gutherzig, gutmütig
goedpraten beschönigen, rechtfertigen
goedschiks 1 *(met goed fatsoen)* anstandshalber; 2 *(zonder dwang)* gutwillig, bereitwillig: *~ of kwaadschiks* wohl oder übel
goedvinden I *ww (goedkeuren)* billigen, *(officieel)* genehmigen: *mijn ouders vinden het goed* meine Eltern haben nichts dagegen; **II** *zn* Gutdünken o^{39}, Ermessen o^{39}: *naar eigen ~ te werk gaan* nach eigenem Gutdünken verfahren^{153}: *met uw ~* mit Ihrer Erlaubnis; *met wederzijds ~* in gegenseitigem Einverständnis
goedwillend gutwillig
goeierd gutmütiger Mensch m^{14}
goesting *(Belg)* 1 *(trek)* Appetit m^5; 2 *(lust)* Lust v^{28}
gok Glücksspiel o^{29}: *een ~ doen (raden)* raten^{218}: *het is een ~ (risico)* es ist ein Wagnis
gokken 1 *(spelen om geld)* spielen; 2 *(speculeren)* spekulieren^{320}
gokker Spieler m^9
gokspel Glücksspiel o^{29}
^{1}**golf** *(van geluid, licht, vloeistof)* Welle v^{21}; *(hoge golf)* Woge v^{21}: *groene ~* grüne Welle
^{2}**golf** *(zeeboezem)* Golf m^5, Meerbusen m^{11}
^{3}**golf** *(sp)* Golf o^{39}: *~ spelen* Golf spielen
golfbaan Golfplatz m^6
golfbad Wellenbad o^{32}
golfer Golfspieler m^9, Golfer m^9
golflengte Wellenlänge v^{21}
golfslag Wellenschlag m^6, Wellengang m^{19}
golven *(mbt koren, mensenmenigte, zee)* wogen: *~de beweging* wellenartige Bewegung; *~d haar* welliges Haar
gom 1 *(lijm)* Gummi m^{13}, o^{36} *(mv ook -)*; 2 *(stuf)* Radiergummi m^{13}
gommen gummieren^{320}
gondel Gondel v^{21}
gong Gong m^{13}, *zelden* o^{36}
goniometrie Goniometrie v^{28}
gonzen 1 *(mbt bijen, muggen, hoofd)* summen; 2 *(mbt kevers, pijlen, stemmen)* schwirren

go

goochelaar Zauberkünstler *m*[9], Gaukler *m*[9]
goochelarij Zauberkunst *v*[25], Gaukelei *v*[20]
goochelen zaubern, gaukeln
goochelkunst Zauberkunst *v*[25]
goochem schlau, gerieben
goochemerd schlauer Fuchs *m*[6]
goodwill Goodwill *m*[19]
gooi Wurf *m*[6]: *ergens een ~ naar doen* sein Glück versuchen
gooien werfen[311]: *met de deur ~ die* Tür zuknallen; *(ook fig) iem iets naar het hoofd ~* jmdm etwas an den Kopf werfen
goor 1 *(bedorven)* übel; 2 *(groezelig)* schmuddelig, schmutzig; *(mbt gezicht)* fahl: *gore taal* Zoten *mv* *v*[21]
goot 1 *(gootpijp)* Rinne *v*[21]; 2 *(afvoerbuis)* Abflussrohr *o*[29]; 3 *(straatgoot)* Gosse *v*[21]
gootsteen Spüle *v*[21], Spülbecken *o*[35]
gordel 1 Gürtel *m*[9]; *(breed)* Gurt *m*[5]; 2 *(taille)* Gürtellinie *v*[21]; 3 *(krans)* Kranz *m*[6], Gürtel *m*[9]
gordijn Vorhang *m*[6]; *(vitrage)* Gardine *v*[21]
gorgelen gurgeln
gort 1 *(gerecht)* Grütze *v*[21]; 2 *(gepelde gerst)* Graupen *mv* *v*[21]
*gortepap *(Wdl:* gortenpap) Grütze *v*[21]
gortig: *het te ~ maken* es zu arg treiben[290]
gotiek I *zn* Gotik *v*[28]: *late ~* Spätgotik; *vroege ~* Frühgotik; II *bn* gotisch
gotisch *bn* gotisch: *~e letters* gotische Schrift
goud Gold *o*[39]: *wit ~* Weißgold; *voor geen ~!* um keinen Preis!
goudblond goldhaarig, goldblond
gouddelver Goldgräber *m*[9]
gouden golden, Gold...: *~ munt* Goldmünze *v*[21]
goudmijn *(ook fig)* Goldgrube *v*[21]
goudreserve Goldreserve *v*[21], Goldvorrat *m*[6]
goudsmid Goldschmied *m*[5]
goudstuk Goldstück *o*[29]
goudvis Goldfisch *m*[5]
goudzoeker Goldsucher *m*[9]
goulash Gulasch *m*[5], *m*[13], *o*[29], *o*[36]
gouvernante Gouvernante *v*[21]
gouvernement *(Belg)* Gouvernement *o*[36], Provinzverwaltung *v*[20]
gouverneur Gouverneur *m*[5]
graad Grad *m*[5]: *12 graden vorst* 12 Grad Kälte; *~ van bloedverwantschap* Verwandtschaftsgrad; *academische ~* akademischer Grad
graadmeter Gradmesser *m*[9]
graaf Graf *m*[14]
graafmachine Bagger *m*[9]
graafschap Grafschaft *v*[20]
graafwerk, graafwerkzaamheden Erdarbeiten *mv* *v*[20]
graag gern(e)[65]: *heel ~* sehr gern
graaien grabbeln
graan Getreide *o*[33]
graanschuur Getreidespeicher *m*[9]
graat 1 *(beentje van vis)* Gräte *v*[21]; 2 *(bergkam)* Grat

m[5] || *niet zuiver op de ~ zijn* unzuverlässig sein[262]: *(Belg) ergens geen graten in zien* sich[3] kein Gewissen aus[+3] etwas machen
grabbel: *zijn geld te ~ gooien* sein Geld verschleudern
grabbelen grabbeln, greifen[181]
gracht 1 *(om vesting)* Graben *m*[12]; 2 *(in stad)* Stadtgraben *m*[12], *(in Nederland)* Gracht *v*[20]
grachtengordel Grachtengürtel *m*[9]
gracieus graziös, anmutig
gradatie Gradation *v*[20], Abstufung *v*[20]
gradenboog Gradbogen *m*[11]
graf Grab *o*[32]
graffiti Graffiti *(mv van Graffito)*
grafiek Grafik *v*[20], Graphik *v*[20]
grafiet Graphit *m*[5], Grafit *m*[5]
grafisch grafisch, graphisch
grafkelder Grabgewölbe *o*[33], Gruft *v*[25]
grafschrift Grab(in)schrift *v*[20]
grafsteen Grabstein *m*[5]
gram Gramm *o*[29] *(afk g)*
grammatica Grammatik *v*[20]
grammaticaal grammat(ikal)isch
grammofoon Grammophon *o*[29], Grammofon *o*[29]
grammofoonplaat Schallplatte *v*[21]
granaat Granate *v*[21]
granaatscherf, granaatsplinter Granatsplitter *m*[9]
granaatvuur Granatfeuer *o*[39]
grandioos grandios, großartig
graniet Granit *m*[5]
grap Spaß *m*[6], Scherz *m*[5]: *voor de ~* zum Spaß
grapefruit Grapefruit *v*[27]
grapjas Spaßmacher *m*[9], Spaßvogel *m*[10]
grapje Spaß *m*[6], Scherz *m*[5]: *niet tegen een ~ kunnen* keinen Spaß verstehen[279]
grappenmaker Spaßvogel *m*[10], Spaßmacher *m*[9]
grappig 1 *(vermakelijk)* komisch, ulkig: *hij vindt alles ~* ihm macht alles Spaß; 2 *(koddig)* drollig; 3 *(jolig)* spaßig; 4 *(lollig)* ulkig; 5 *(geestig)* witzig
gras Gras *o*[32]: *hij laat er geen ~ over groeien* er lässt kein Gras darüber wachsen
grasduinen stöbern: *in boeken ~* in Büchern stöbern
grasland Grasland *o*[39], Weideland *o*[39]
grasmaaier Grasmäher *m*[9], Rasenmäher *m*[9]
grasmat Grasteppich *m*[5], Rasen *m*[11]
grasveld Rasen *m*[11], Grasboden *m*[12]
grasvlakte Grasfläche *v*[21], Grasebene *v*[21]
graszode Rasenplagge *v*[21], Rasensode *v*[21]
gratie 1 *(bevalligheid)* Grazie *v*[28], Anmut *v*[28]; 2 *(gunst)* Gunst *v*[28], Gnade *v*[21]: *bij iem uit de ~ raken* es mit jmdm verderben[297]; 3 *(ontheffing van straf)* Begnadigung *v*[20]: *~ krijgen* begnadigt werden[310]: *~ verlenen* begnadigen
gratificatie Gratifikation *v*[20]
gratis gratis, umsonst, kostenlos
[1]grauw *bn* grau; *(mbt lucht)* grau, trübe
[2]grauw *(kleur)* Grau *o*[33]
[3]grauw *(snauw)* Anschnauzer *m*[9]

grauwen schelten[235], schnauzen

grauwgeel graugelb

graveerkunst Gravierkunst *v*[28]

gravelbaan Rotgrandplatz *m*[6]

graven graben[180]

graveren gravieren[320], stechen[277]

gravin Gräfin *v*[22]

gravure Gravüre *v*[21]

grazen weiden, grasen: *iem te ~ nemen* jmdn hereinlegen

greep 1 *(het grijpen)* Griff *m*[5]; **2** *(hoeveelheid)* Hand voll *v (mv - -);* **3** *(handvat)* Griff *m*[5], Heft *o*[29]

greintje: *hij heeft geen ~ fantasie* er hat überhaupt keine Fantasie *(of:* Phantasie)

grendel Riegel *m*[9]; *(van geweer)* Schloss *o*[32]: *de ~ op de deur doen* den Riegel vorschieben[237]

grendelen verriegeln, abriegeln

grenen kiefern

grenenhout Kiefernholz *o*[39]

grens Grenze *v*[21]: *iem over de ~ zetten* jmdn ausweisen[307]: *dat is op de ~ van onbeschaamdheid* das grenzt an Unverschämtheit; *er zijn grenzen* alles hat seine Grenzen

grenscontrole Grenzkontrolle *v*[21]

grensgebied Grenzgebiet *o*[29], Grenzland *o*[39]

grensgeschil Grenzstreitigkeit *v*[20]

grensgeval Grenzfall *m*[6]

grenslijn, grenslinie Grenzlinie *v*[21], Grenze *v*[21]

grensovergang Grenzübergang *m*[6]

grensrechter *(sp)* Linienrichter *m*[9]

grenswaarde Grenzwert *m*[5]

grenzeloos grenzenlos

grenzen *(met aan)* grenzen an[+4]

greppel Graben *m*[12], Wassergraben *m*[12]

gretig begierig; gierig: *~ aftrek vinden* reißenden Absatz finden[157]: *~ toetasten* tüchtig zugreifen[181]

grief 1 *(bezwaar)* Beschwerde *v*[21]; **2** *(ergernis)* Ärgernis *o*[29a]; **3** *(krenking)* Kränkung *v*[20]

Griek Grieche *m*[15]

Griekenland Griechenland *o*[39]

Grieks I *bn* griechisch; **II** *zn* Griechisch *o*[41]

griep Grippe *v*[21]

gries, griesmeel Grieß *m*[19]

griet *(meisje)* Puppe *v*[21], Käfer *m*[9], Mädchen *o*[35]

grieven wehtun[295], kränken, schmerzen

grievend kränkend, schmerzlich, bitter

griezel 1 *(rilling van afkeer)* Schauer *m*[9]; **2** *(afkeer)* Ekel *m*[19]: *een ~ van een vent* ein widerlicher Kerl

griezelen schaudern, gruseln

griezelfilm Horrorfilm *m*[5], Gruselfilm *m*[5]

griezelig schauderhaft

griezelverhaal Schauergeschichte *v*[21]

grif: *~ van de hand gaan* reißenden Absatz finden[157]: *~ geloven* ohne weiteres annehmen[212]

griffel Griffel *m*[9]

griffen einritzen: *in het geheugen ~ sich*[3] ins Gedächtnis eingraben[180]

griffie Kanzlei *v*[20], Geschäftsstelle *v*[21]

griffier 1 *(chef der griffie)* Kanzleivorsteher *m*[9]; **2**

(bij rechtbank enz.) Protokollführer *m*[9]; **3** *(van Kamer)* Schriftführer *m*[9]

grifweg schlankweg, mühelos

grijns, grijnslach Grinsen *o*[39]

grijnzen grinsen, feixen

grijpen I *tr* greifen[181], ergreifen[181]; *(begerig)* grapschen: *door een auto gegrepen worden* von einem Auto erfasst werden[310]; **II** *intr* greifen[181]: *naar de wapenen ~* zu den Waffen greifen; *het vuur grijpt om zich heen* das Feuer breitet sich aus

grijper Greifer *m*[9]

grijs I *bn* grau: *dat is me te ~* das ist mir zu toll; **II** *zn* Grau *o (2e nvl -s; mv -)*

grijsaard Greis *m*[5]

grijswit grauweiß

gril 1 *(inval)* Grille *v*[21]; **2** *(kuur, nuk)* Laune *v*[21]; **3** *(wonderlijke inbeelding)* Schrulle *v*[21], Marotte *v*[21]

grill Grill *m*[5], Grillgerät *o*[29]

grillen grillen

grillig 1 *(veranderlijk)* launenhaft; **2** *(vol kuren)* grillenhaft, launisch; **3** *(vreemd)* wunderlich; **4** *(mbt kleur, vorm)* bizarr

grimas Grimasse *v*[21], Fratze *v*[21]: *~sen maken* Grimassen schneiden[250]

grimeren schminken

grimeur Maskenbildner *m*[9]

grimmig grimmig: *~e kou* grimmige Kälte *v*[28]

grind Kies *m*[5]: *opspattend ~* Rollsplitt *m*[19]

grindgroeve Kiesgrube *v*[21]

grindpad, grindweg Kiesweg *m*[5]

grinniken 1 *(van genoegen lachen)* kichern; **2** *(spottend lachen)* feixen, grinsen

grip Griff *m*[5]; *(mbt autoband)* Bodenhaftung *v*[28]

grissen grapschen

groef 1 *(inkerving)* Rille *v*[21]; *(in plank)* Nut *v*[20], Nute *v*[21]; **2** *(rimpel)* Falte *v*[21], Furche *v*[21]

groei Wachstum *o*[39], Wachsen *o*[39]: *nog in de ~ zijn* noch im Wachsen sein[262]

groeien wachsen[302]: *~ in bloeien* blühen und gedeihen[167]: *~ als kool* prächtig wachsen

groeiproces Wachstumsprozess *m*[5]

groen I *bn* grün: *de ~e partij* die grüne Partei; die Grünen; *het wordt mij ~ en geel voor de ogen* es wird mir grün und gelb vor den Augen; **II** *zn* Grün *o (2e nvl -s; mv -)*

groenblijvend immergrün

Groenen *(politiek)* Grüne(n) *mv*[40a], *v*[40b]

groenstrook Grünstreifen *m*[11]

groente Gemüse *o*[33] *(ev ook in betekenis van mv)*

groenteboer Gemüsehändler *m*[9]

groentekweker Gemüsegärtner *m*[9]

groenteman Gemüsehändler *m*[9]

groentesoep Gemüsesuppe *v*[21]

groentewinkel, groentezaak Gemüsegeschäft *o*[29], Gemüseladen *m*[12]

groentijd Fuchszeit *v*[20]

groentje Neue(r) *m*[40a], *v*[40b], Neuling *m*[5]

groep 1 Gruppe *v*[21]; **2** *(mil verband)* Truppe *v*[21]

groeperen gruppieren[320]

groepering Gruppierung v^{20}
groepsgewijze gruppenweise
groepsverband Team o^{36}: *in ~ werken* in einem Team arbeiten
groet Gruß m^6: *iem de ~en doen* jmdm Grüße bestellen; *met vriendelijke ~* mit freundlichem Gruß; *u moet de ~en van hem hebben* er lässt Sie grüßen; *de ~en aan uw vader!* grüßen Sie Ihren Vater von mir!
groeten grüßen: *hij laat u ~* er lässt Sie grüßen
groeve 1 *(graf, kuil)* Grube v^{21}; **2** *(mijnb)* Grube v^{21}
groeven 1 *(een sponning in een plank maken)* falzen; **2** *(het voorhoofd)* runzeln, furchen
groezelig, groezig schmuddelig
grof grob^{58}: *grove fout* grober Fehler m^9: *iem ~ beledigen* jmdn gröblich beleidigen; *voor ~ geld* für schweres Geld
grofheid Grobheit v^{20}
grofvuil Sperrmüll m^{19}
grofweg 1 *(ruwweg)* grob; **2** *(ongeveer)* ungefähr
grog Grog m^{13}
grol Posse v^{21}, Faxe v^{21}
grommen brummen, knurren
grond 1 *(oppervlakte van een ruimte)* Boden m^{12}: *op de begane ~* im Erdgeschoss; *als aan de ~ genageld* wie angenagelt; *iets van de ~ krijgen* etwas zustande *(of:* zu Stande) *bringen*^{139}; **2** *(veld, akker, land)* Boden m^{12}, Erde v^{28}: *een mooi stuk ~* ein schönes Grundstück; *~ om te bouwen* Bauplatz m^6; **3** *(bodem onder het water)* Grund m^6: *een schip in de ~ boren* ein Schiff versenken; *te ~e gaan* zugrunde *(of:* zu Grunde) *gehen*^{168}; **4** *(grondslag, reden)* Grund m^6
grondbeginsel 1 *(grondslag)* Grundlage v^{21}; **2** *(moreel)* Grundsatz m^6
grondbegrip Grundbegriff m^5
grondbezit Grundbesitz m^{19}
gronden 1 *(peilen)* ergründen; **2** *(stichten)* gründen; **3** *(met grondverf)* grundieren^{320}
grondgebied Gebiet o^{29}, Hoheitsgebiet o^{29}
grondgedachte Grundgedanke m^{18}
grondgesteldheid Bodenbeschaffenheit v^{28}
grondig *(degelijk)* gründlich, eingehend
grondigheid Gründlichkeit v^{28}
grondlegger Gründer m^9, *(van een leer, een filosofie)* Begründer m^9
grondlegging Gründung v^{20}; *(van een leer, een filosofie)* Begründung v^{20}
grondonderzoek Bodenuntersuchung v^{20}
grondrecht Grundrecht o^{29}
grondregel Grundregel v^{21}
grondslag Grundlage v^{21}, Basis v *(mv Basen)*
grondsoort Bodenart v^{20}
grondstof Rohstoff m^5
grondverf Grundfarbe v^{21}
grondverschuiving Erdrutsch m^5
grondverven grundieren^{320}
grondvesten gründen, errichten
grondwater Grundwasser o^{39}

grondwerk Erdarbeiten mv v^{20}
grondwet Grundgesetz o^{29}, Verfassung v^{20}: *in strijd met de Grondwet* verfassungswidrig
grondwetsartikel Verfassungsartikel m^9
grondwettelijk Verfassungs..., konstitutionell
grondwettig verfassungsgemäß
groot groß^{60}: *goederen in het ~ verkopen* Waren im Großen verkaufen; *de grote mogendheden* die Großmächte; *de grote drukte op de snelweg* der rege Verkehr auf^{+3} der Autobahn
grootbrengen großziehen^{318}, aufziehen^{318}
Groot-Brittannië Großbritannien o^{39}
grootdoen *(sich)* großtun^{295}
grootgrondbezit Großgrundbesitz m^{19}
grootgrondbezitter Großgrundbesitzer m^9
groothandel 1 *(de handel)* Großhandel m^{19}; **2** *(de zaak)* Großhandlung v^{20}
groothandelaar Großhändler m^9, Grossist m^{14}
grootheid Größe v^{21}, *(de verhevenheid)* Erhabenheit v^{28}
grootheidswaan Größenwahn m^{19}
groothertog Großherzog m^6
groothertogdom Großherzogtum o^{32}
groothoeklens Weitwinkelobjektiv o^{29}
groothouden, zich 1 *(bij pijn enz.)* sich^3 nichts anmerken lassen^{197}; **2** *(bij teleurstellingen enz.)* sich gleichgültig stellen
grootmoeder Großmutter v^{26}
grootmoedig großmütig, großherzig
grootouders Großeltern *(mv)*
groots 1 *(prachtig)* großartig, grandios; **2** *(trots)* stolz: *hij is er ~ op* er ist stolz darauf
grootscheeps prachtvoll, großartig
grootsheid 1 *(pracht)* Großartigkeit v^{28}; **2** *(trots)* Stolz m^{19}; **3** *(onbekrompenheid)* Großzügigkeit v^{28}
grootspraak Angeberei v^{20}, Großsprecherei v^{20}
grootstad Großstadt v^{25}
grootte Größe v^{21}
grootvader Großvater m^{10}
¹gros *(144 stuks)* Gros o^{29a}: *drie ~* drei Gros
²gros *(meerderheid)* Mehrzahl v^{28}
grossier Großhändler m^9, Grossist m^{14}
grot Höhle v^{21}
grotendeels großenteils, größtenteils
grotesk grotesk
gruis Staub m^{19}
grut 1 *(al wat klein is)* Kleinkram m^{19}; **2** *(kindertjes)* Kroppzeug o^{39}
grutto Uferschnepfe v^{21}
gruwel Gräuel m^9
gruweldaad Gräueltat v^{20}
gruwelijk grässlich, gräulich, scheußlich
gruwen: *ik gruw van deze man* mir graut vor diesem Menschen
gruzelement: *in ~en vallen* in Scherben gehen^{168}
g-sleutel G-Schlüssel m^9
Guatemala Guatemala o^{39}
Guatemalteek Guatemalteke m^{15}
guerrilla Guerilla v^{27}

gu

guerrillaoorlog Guerillakrieg m^5
guerrillastrijder Guerillakämpfer m^9
guillotine Guillotine v^{21}, Fallbeil o^{29}
guirlande Girlande v^{21}
guit Schelm m^5, Bengel m^9, Schlingel m^9
gul 1 *(royaal)* freigebig: ~ *onthaal* gastfreundliche
Aufnahme v^{21}; **2** *(hartelijk)* herzlich: ~*le lach* herz-
liches Lachen o^{39}
gulden I *zn* Gulden m^{11} *(afk* hfl); **II** *bn* golden
¹gulp *(dikke straal)* Strahl m^{16}, Schwall m^5
²gulp *(in broek)* Hosenschlitz m^5
gulpen strömen
gulzig gierig
gulzigaard Vielfraß m^5, Nimmersatt m^5
gulzigheid Gier v^{28}
gum Radiergummi m^{13}
gummi Gummi m^{13}, o^{36}
gummistok Gummiknüppel m^9
gunnen 1 *(graag zien dat iem iets krijgt)* gönnen; **2**
(toewijzen) zuschlagen^{241}; **3** *(vergunnen)* vergön-
nen
gunst 1 *(gunstige gezindheid)* Gunst v^{28}, Wohlwollen o^{39}; **2** *(blijk van gunst)* Gunst v^{28}, Gunstbezei-
gung v^{20}: *iem een ~ bewijzen* jmdm eine Gunst gewähren; **3** *(voordeel) ten ~e van* zugunsten^{+2} *(of:* zu
Gunsten^{+2})
gunstig günstig: ~ *gelegen* in günstiger Lage; *op iets*
~ *beschikken* etwas genehmigen; ~ *bekendstaan* einen guten Ruf haben^{182}
gunsttarief *(Belg)* Sondertarif m^5
gut *tw (inform)* mein Gott!, ach, du lieber Himmel!
¹guts *(beitel)* Hohleisen o^{35}
²guts *(scheut vloeistof)* Schuss m^6
gutsen *(neerstromen)* strömen, triefen^{292}
guur rau: ~ *weer* raues Wetter o^{39}
guurheid Rauheit v^{28}
gym 1 *(gymnastiek)* Gymnastik v^{28}; *(gymnastiekles)*
Turnen o^{39}; **2** *(gymnasium)* Gymnasium o *(2e nvl*
-s; mv Gymnasien)
gymnasiaal gymnasial, Gymnasial…
gymnasiast Gymnasiast m^{14}
gymnasium Gymnasium o *(2e nvl -s; mv Gymnasi-*
en)
gymnastiek Gymnastik v^{28}
gymnastiekleraar Turnlehrer m^9
gymnastiekles Turnstunde v^{21}
gymnastieklokaal Turnhalle v^{21}
gymnastiekoefening Turnübung v^{20}
gymnastiekonderwijs Turnunterricht m^{19}
gymnastiekvereniging Turnverein m^5
gympje Turnschuh m^5
gynaecologie Gynäkologie v^{28}
gynaecoloog Gynäkologe m^{15}

gu

h

ha *tw* ha!, ah!
haag 1 *(heg)* Hecke *v*[21]; **2** *(van mensen)* Spalier *o*[29], Reihe *v*[21]
haai Hai *m*[5], Haifisch *m*[5]: *naar de ~en gaan* zugrunde *(of:* zu Grunde) gehen[168]
haaibaai Xanthippe *v*[21], Beißzange *v*[21]
haaientanden *(mbt verkeer; ongev)* Wartelinie *v*[21]
haak 1 *(metalen voorwerp)* Haken *m*[11]: *het is niet in de ~* das geht nicht mit rechten Dingen zu; *er is iets niet in de ~* die Sache hat einen Haken; *(Belg) met haken en ogen aan elkaar hangen* schlampig gearbeitet sein[262]; **2** *(van telefoon)* Gabel *v*[21]; **3** *(een teken)* Klammer *v*[21]: *ronde haken* runde Klammern; **4** *(vishaak)* Haken *m*[11], Angelhaken
haakje *(een teken)* Klammer *v*[21]: *tussen ~s* in Klammern, *(fig)* nebenbei bemerkt
haaks rechtwinklig, lotrecht
haakwerk(je) Häkelarbeit *v*[20]
haal 1 Ruck *m*[5], Zug *m*[6]; **2** *(met iets scherps)* Kratzer *m*[9]; **3** *(loop) aan de ~ gaan* durchgehen[168]
haalbaar machbar, durchführbar, realisierbar
haan Hahn *m*[6]: *(op toren ook)* Wetterhahn *m*[6]: *er kraait geen ~ naar* es kräht kein Hahn danach
haantje Hähnchen *o*[35]
¹haar *zn* Haar *o*[29]: *dik ~* starkes Haar; *verzorging van het ~* Haarpflege *v*[20]; *geen ~ op mijn hoofd dat eraan denkt* das fällt mir nicht im Traum ein; *hij is geen ~ beter* er ist um kein Haar besser; *(Belg) iem van ~ noch pluimen kennen* jmdn überhaupt nicht kennen[189]; *(Belg) met het ~ getrokken* sehr unglaubwürdig
²haar I *pers vnw*[82]; *(ev)* ihr[3], sie[+4]; *(mv)* ihnen[3], sie[+4]; II *bez vnw*[80]; *(v ev)* ihr(e); *(v mv)* ihre
haarband Haarband *o*[32]
haarborstel Haarbürste *v*[21]
haarbreed: *geen ~* nicht (um) ein Haarbreit
haard Herd *m*[5]: *elektrische ~* Elektroherd; *open ~* Kamin *m*[5]: *een ~ van onrust* ein Herd der Unruhe
haardos Haarwuchs *m*[19]
haardracht Haarschnitt *m*[5], Frisur *v*[20]
haardroger Haartrockner *m*[9]
haardroogkap Trockenhaube *v*[21]
haardvuur Kaminfeuer *o*[33]
haarfijn 1 *(dun)* haarfein; **2** *(precies)* haarscharf
haargroei Haarwuchs *m*[19]
haarkloverij Haarspalterei *v*[20]

haarknippen Haarschneiden *o*[39]
haarlak Haarlack *m*[5]
haarlint Haarband *o*[32], Haarschleife *v*[21]
haarscherp haarscharf
haarspeldbocht Haarnadelkurve *v*[21]
haarspray Haarspray *m*[13], *o*[36]
haarstukje Haarteil *o*[29], Toupet *o*[36]
haaruitval Haarausfall *m*[19]
haarvat Haargefäß *o*[29]
haarversteviger Haarfestiger *m*[9]
¹haas *(dierk)* Hase *m*[15]
²haas *(van rund en wild)* Filet *o*[36]
haasje: *het ~ zijn* geliefert sein[262]
¹haast *zn* Eile *v*[28], *(gejaagdheid)* Hast *v*[28]: *~ maken* sich beeilen; *er is ~ bij* es eilt; *hij heeft altijd ~* er ist immer in Eile
²haast *bw* fast, beinahe: *ik ben ~ klaar* ich bin fast fertig; *dat is ~ niet te geloven* das ist kaum zu glauben
haasten: *iem ~* jmdn zur Eile antreiben[290]: *ik ben gehaast* ich habe es eilig; *zich ~* sich beeilen
haastig eilig, *(alleen bw)* eilends; *(gejaagd)* hastig: *~ besluit* übereilter Entschluss *m*[6]
haastwerk eilige Arbeit *v*[20], dringliche Arbeit *v*[20]
haat Hass *m*[19]: *blinde ~* blinder Hass
haatdragend nachtragend, unversöhnlich
habbekra(t)s Spottpreis *m*[5]
hachee Haschee *o*[36]
hachelijk misslich, heikel, bedenklich
hachje Leben *o*[35]: *het ~ erbij inschieten* das Leben dabei einbüßen; *zijn ~ wagen* seine Haut zu Markte tragen[288]
hagedis Eidechse *v*[21]
hagel Hagel *m*[9]
hagelen hageln *(ook fig)*
hagelslag Anisstreusel *mv m*[9], *o*[33], Schokostreusel *mv m*[9], *o*[33]
hagelsteen Hagelkorn *o*[32]
hagelwit schneeweiß, blütenweiß
hak 1 *(houw)* Hieb *m*[5]; **2** *(gereedschap)* Hacke *v*[21]; **3** *(hiel)* Ferse *v*[21], Hacke *v*[21]; **4** *(van sok, kous)* Ferse *v*[21]; **5** *(van schoen)* Absatz *m*[6]
hakbijl Hackbeil *o*[29]
hakblok Hackblock *m*[6], Hackklotz *m*[6]
haken I *tr* **1** *(vastmaken)* haken, anhaken; **2** *(handwerken)* häkeln; II *intr* **1** *(blijven vastzitten)* hängen bleiben[134]; **2** *(in elkaar haken)* ineinander greifen[181]; **3** *(reikhalzen)* dürsten (nach[+3])
hakenkruis Hakenkreuz *o*[29]
hakje *(sp)* Absatzkick *m*[13] *(2e nvl ook -)*
hakkelaar Stotterer *m*[9]
hakkelen stottern
hakken 1 hacken; **2** *(fig) op iem ~* jmdn heruntermachen
hakketakken 1 *(kibbelen)* zanken; **2** *(vitten)* kritteln
hakmes Hackbeil *o*[29]
hal 1 Halle *v*[21]; **2** *(markthal)* Markthalle *v*[21]; **3** *(vestibule)* Diele *v*[21]; **4** *(zaal)* Saal *m (2e nvl -(e)s; mv Säle)*

halen 1 *(laten komen)* holen: *een dokter laten ~* einen Arzt kommen lassen[197]: *de politie ~* die Polizei rufen[226]: *een getuige erbij ~* einen Zeugen hinzuziehen[318]; **2** *(ergens vandaan halen)* holen: *het kind uit school ~* das Kind an der Schule abholen; *geld van de spaarbank ~* Geld bei der Sparkasse abheben[186]; **3** *(trekken) (ook fig)* ziehen[318]: *een vlek eruit ~* einen Flecken entfernen; *iem er door ~* jmdn durchbringen[139]: *alles door elkaar ~* alles durcheinander bringen[139]; **4** *(bereiken)* erreichen: *de trein nog ~* den Zug noch erreichen; **5** *(slagen, het halen)* schaffen[230]; **6** *(kopen)* kaufen

half I *zn:* een *~* ein Halbes o[40c]; **II** *bn, bw* halb; *(in samenstellingen)* Halb…: *halve bol* Halbkugel v[21]; *halve wees* Halbwaise v[21]; *~ en ~* halb und halb; *~ zoveel* halb so viel; *~ april* Mitte April; *~ een* halb eins; *betrekking voor halve dagen* Halbtagsstelle v[21]; *hele en halve dagen werken* ganz- und halbtägig arbeiten; *drie en een halve meter* drei(und)einhalb Meter; *voor ~ geld* zum halben Preis

halfautomatisch halbautomatisch

halfbakken unerfahren, stümperhaft

halfbloed Mischling m[5]; *(paard)* Halbblut o[39]

halfbroer Halbbruder m[10], Stiefbruder m[10]

halfdood halb tot

halfedelsteen Halbedelstein m[5]

halffabrikaat Halbfabrikat o[29], Halbfertigware v[21]

halfgeleider Halbleiter m[9]

halfjaar Halbjahr o[29], halbes Jahr o[29]

halfjaarlijks 1 *(elk half jaar)* halbjährlich; **2** *(een half jaar durend)* halbjährig

halfjarig halbjährig

halfje *(half glas)* Halbe(s) o[40c]

halfnaakt halb nackt

halfpension Halbpension v[28]

halfrond I *zn* Halbkugel v[21], Hemisphäre v[21]; **II** *bn* halbrund

halfslachtig 1 *(tweeslachtig)* zwitterhaft, Zwitter…; **2** *(besluiteloos)* unbestimmt, halb: *een ~ antwoord* eine unbestimmte Antwort

halfstok halbmast

halfuur halbe Stunde v[21]: *om het ~* halbstündlich; *van een ~* halbstündig

halfvol 1 halb voll; **2** *(mbt vetgehalte)* fettarm

halfweg auf halbem Wege

halfzacht 1 *(mbt ei)* weich; **2** *(niet goed snik)* bekloppt; **3** *(slap)* weich, schlapp, untüchtig

halfzuster Halbschwester v[21], Stiefschwester v[21]

halfzwaargewicht Halbschwergewicht o[29]

halleluja I *zn* Halleluja o[36]; **II** *tw* halleluja!

hallo hallo; *(groet)* guten Tag

hallucinatie Halluzination v[20]

halm Halm m[5]

hals Hals m[6]: *onnozele ~* Tropf m[6]: *japon met ronde ~ Kleid* mit rundem Halsausschnitt; *iem om de ~ vliegen* jmdm um den Hals fallen[154]: *iem iets op de ~ schuiven* jmdm etwas aufhalsen

halsband Halsband o[32]

halsbrekend halsbrecherisch

halsketting Halskette v[21]

halsmisdaad Kapitalverbrechen o[35]

halsoverkop Hals über Kopf

halsstarrig halsstarrig, hartnäckig

halster Halfter m[7]

halswervel Halswirbel m[9]

halswijdte Halsweite v[21], Kragenweite

halt I *zn* Halt m[5], m[13]: *~ houden* halten[183]: *iem een ~ toeroepen* jmdm Einhalt gebieten[130]; **II** *tw* halt!

halte Haltestelle v[21], Station v[20]

halter Hantel v[21]

halvemaan Halbmond m[5]

halveren halbieren[320]

halvering Halbierung v[20]

halverwege I *bw* auf halbem Wege: *iem ~ tegemoet komen* jmdm auf halbem Wege entgegenkommen[193]; **II** *vz* mitten auf[+3], mitten in[+3]

ham Schinken m[11]

hamburger Hamburger m[9], m[13]

Hamburgs hamburgisch, Hamburger

hamer Hammer m[10]: *onder de ~ brengen* versteigern; *onder de ~ komen* versteigert werden[310]

hameren hämmern: *zij hamerde erop dat …* sie betonte, dass …

hamster Hamster m[9]

hamsteraar Hamsterer m[9]

hamsteren hamstern

hamstring hintere Oberschenkelmuskulatur v[20]

hand 1 *(lichaamsdeel)* Hand v[25]; **2** *(wijze van schrijven)* Handschrift v[20]: *~en thuis!* Hände weg!; *iem de ~ geven* jmdm die Hand geben[166]: *de ~en vol hebben (fig)* alle Hände voll zu tun haben; *(fig) de ~en ineenslaan* zusammenarbeiten; *iem de vrije ~ laten* jmdm freie Hand lassen[197]: *de ~ lichten met de voorschriften* die Vorschriften unterlaufen[198]: *voor iets zijn ~ niet omdraaien* etwas mit der linken Hand erledigen; *de ~ aan zichzelf slaan* Hand an[+4] sich legen; *(fig) geen ~ uitsteken* keinen Finger krumm machen; *het zijn twee ~en op een buik* sie stecken unter einer Decke; *aan de ~ van* anhand[+2]; *wat is er aan de ~?* was ist los?; *er is niets aan de ~!* alles in Ordnung!; *iets bij de ~ hebben* etwas zur Hand haben[182]: *de Heer Meier in ~en* zu Händen von Herrn Meier; *hij heeft een gat in zijn ~* das Geld zerrinnt ihm unter den Händen; *de touwtjes in ~en hebben* das Heft in der Hand haben[182]: *zijn lot is in mijn ~* sein Los liegt in meiner Hand; *met zachte ~* mit sanfter Hand; *met de ~ gemaakt* handgefertigt; *met ~ en tand verdedigen* aufs Äußerste (*of:* aufs äußerste) verteidigen; *iets om ~en hebben* eine Beschäftigung haben[182]: *(fig) iets onder ~en hebben* etwas in Arbeit haben[182]: *zwaar op de ~ zijn* alles pessimistisch sehen[315]: *iets ter ~ nemen* etwas in Angriff nehmen[212]: *een onderzoek weer ter ~ nemen* eine Ermittlung wieder aufnehmen[212]: *iem iets ter ~ stellen* jmdm etwas übergeben[166]: *iets van de ~ doen* etwas verkaufen; *de goederen gaan grif van de ~* die Ware findet reißenden Absatz; *iets van de ~ wijzen* etwas ablehnen

handbagage Handgepäck o^{39}
handbal 1 *(de bal)* Handball m^6; **2** *(het spel)* Handball m^{19}, Handballspiel o^{29}
handballer Handballspieler m^9, Handballer m^9
handbesturing *(comp)* Handsteuerung v^{28}
handboei Handfessel v^{21}, Handschelle v^{21}
handboek Handbuch o^{32}
handcrème Handcreme v^{27}
handdoek Handtuch o^{32}
handdouche Handbrause v^{21}
handdruk Händedruck m^6
handel 1 *(koop en verkoop van waren)* Handel m^{19}; **2** *(zaak)* Handlung v^{20}, Geschäft o^{29}; **3** *(verkeer)* Geschäftsverkehr m^{19}; **4** *(op de effectenbeurs)* Geschäft o^{29}: ~ *drijven in* Handel treiben^{290} mit^{+3}
handelaar Händler m^9: ~ *in* Händler in^{+3}
handelbaar gefügig, fügsam
handelen 1 *(handel drijven)* handeln, Handel treiben^{290}; **2** *(te werk gaan)* handeln, verfahren^{153}, *(optreden)* vorgehen^{168}: *vrijheid van* ~ Handlungsfreiheit v^{28}: ~ *in strijd met de wet* dem Gesetz zuwiderhandeln; ~ *over* handeln von^{+3}
handeling Handlung v^{20}
handelingsbekwaam handlungsfähig
handelmaatschappij Handelsgesellschaft v^{20}
handelsakkoord Handelsabkommen o^{35}
handelsbalans Handelsbilanz v^{20}
handelsbank Handelsbank v^{20}
handelsbetrekking Geschäftsverbindung v^{20}: ~*en (ook)* Handelsbeziehungen *mv* v^{20}
handelscorrespondentie Handelskorrespondenz v^{20}, Geschäftskorrespondenz v^{20}
handelsingenieur *(Belg)* Betriebswirt m^5
handelskapitaal Geschäftskapital o^{29}
handelskennis kaufmännische Kenntnisse *mv* v^{24}
handelsmaatschappij *zie* handelmaatschappij
handelsmerk Warenzeichen o^{35}
handelsonderneming Handelsunternehmen o^{35}, Handelsfirma v *(mv -firmen)*
handelsovereenkomst Handelsabkommen o^{35}
handelspartner Handelspartner m^9
handelsregister Handelsregister o^{33}
handelsreiziger Geschäftsreisende(r) m^{40a}, v^{40b}
handelsrekenen kaufmännisches Rechnen o^{39}
handelstekort Handelsbilanzdefizit o^{29}
handelsverdrag Handelsvertrag m^6
handelsverkeer Handelsverkehr m^{19}
handelwijze Handlungsweise v^{21}, Vorgehen o^{39}
handenarbeid Handarbeit v^{20}
handenwringen Händeringen o^{39}
handenwringend händeringend
handgebaar Handbewegung v^{20}, Geste v^{21}
handgeklap Händeklatschen o^{39}, Applaus m^5
handgeknoopt handgeknüpft
handgeld Handgeld o^{31}
handgemeen I *zn* Handgemenge o^{33}; **II** *bn* handgemein
handgeschreven handgeschrieben
handgranaat Handgranate v^{21}

handgreep Handgriff m^5
handhaven I *tr* **1** *(van gezag, orde, aanbod)* aufrechterhalten^{183}: *zijn eisen* ~ auf seinen Forderungen bestehen^{279}; **2** *(van regeling, toestand)* beibehalten^{183}: *een besluit* ~ bei einem Entschluss bleiben^{134}; **3** *(de wet)* handhaben; **II** *zich* ~ sich behaupten
handhaving Behauptung v^{28}, Aufrechterhaltung v^{28}, Beibehaltung v^{28}; *zie ook* handhaven
handicap Behinderung v^{20}: *iem met een* ~ Behinderte(r) m^{40a}, v^{40b}
handig 1 *(behendig)* geschickt; **2** *(slim)* clever; **3** *(makkelijk te hanteren)* handlich, praktisch
handje Händchen o^{35}: *een* ~ *helpen* etwas nachhelfen^{188}: *iem een* ~ *helpen* jmdm unter die Arme greifen^{181}: *daar heeft hij een* ~ *van* das sieht ihm ähnlich
handkar Handwagen m^{11}, Handkarren m^{11}
handlanger 1 *(helper)* Handlanger m^9, Hilfsarbeiter m^9; **2** *(medeplichtige)* Helfershelfer m^9
handleiding Gebrauchsanleitung v^{20}
handomdraai: *in een* ~ im Handumdrehen
handpalm Handfläche v^{21}, Handteller m^9
handrem Handbremse v^{21}
hands Handspiel o^{29}, Hand v^{28}
handschoen Handschuh m^5
handschoenenkastje Handschuhfach o^{32}
handschrift Handschrift v^{20}
handtas Handtasche v^{21}
handtastelijk zudringlich
handtekening Unterschrift v^{20}: *een* ~ *zetten* eine Unterschrift leisten, unterschreiben^{252}
handtekeningenactie Unterschriftenaktion v^{20}
handvaardig handfertig, fingerfertig
handvat 1 *(lett)* Handgriff m^5, Griff m^5, *(hengsel)* Henkel m^9, *(steel)* Stiel m^5; **2** *(fig)* Handhabe v^{21}
handvol Hand voll v^{28}
handwerk 1 Handarbeit v^{28}; **2** *(beroep, ambacht)* Handwerk o^{29}
handwerken handarbeiten
handwerker Handarbeiter m^9; Handwerker m^9
handwijzer Wegweiser m^9
handwoordenboek Handwörterbuch o^{32}
handzaag Handsäge v^{21}
handzaam 1 *(mbt persoon)* gefügig; **2** *(in de omgang)* umgänglich; **3** *(mbt voorwerpen)* handlich
hanenkam 1 *(van haan)* Hahnenkamm m^6; **2** *(plantk)* Pfifferling m^5, Eierschwamm m^6
hanenpoot *(schrift)* Gekritzel o^{39}, Krakelfuß m^6
hang Hang m^{19}, Neigung v^{20}
hangar Hangar m^{13}
hangbrug Hängebrücke v^{21}
hangen I *tr* hängen, aufhängen; **II** *intr* **1** hängen^{184}: *ik mag* ~ *als het niet waar is* ich fresse einen Besen, wenn es nicht wahr ist; *aan iem, iets blijven* ~ an jmdm, an^{+3} etwas hängen bleiben^{134}; **2** *(onbeslist zijn)* in der Schwebe bleiben^{134}; **3** *(gehecht zijn aan)* hängen^{184}: *aan het geld* ~ am Gelde hängen; *het hangt als los zand aan elkaar* es ist ohne jeden Zu-

sammenhang
hangend hängend, herabhängend: *de zaak is nog*
~*e* die Sache ist noch in der Schwebe
hangerig lustlos, matt, schlaff
hangijzer *(fig) een heet* ~ ein heißes Eisen
hangkast Kleiderschrank m^6
hangklok Wanduhr v^{20}
hanglamp, hanglantaarn Hängelampe v^{21}
hangmat Hängematte v^{21}
hangpartij *(bij schaken)* Hängepartie v^{21}
hangplant Hängepflanze v^{21}
hangslot Hängeschloss, Vorhängeschloss o^{32}
hannes Trottel m^9, Tölpel m^9
hannesen *(onhandig werken)* stümpern
hansworst Hanswurst m^5; Hampelmann m^8
hanteren hantieren^{320} (mit^{+3}), handhaben
Hanze Hansa v^{28}, Hanse v^{28}
hanzestad Hansestadt v^{25}
hap 1 *(beet)* Biss m^5; **2** *(afgehapt stuk, mondvol)*
Happen m^{11}, Bissen m^{11}; **3** *(stuk)* Brocken m^{11}
haperen 1 *(niet verder kunnen, blijven steken)* stocken, *(mbt motor)* stottern, bocken; **2** *(mankeren)*
hapern, fehlen: *wat hapert eraan?* wo hapert es
denn?
hapje 1 *(beetje, mondjevol)* Bissen m^{11}; **2** *(hartig-heidje)* Häppchen o^{35}
happen 1 *(bijten)* beißen^{125}; **2** *(reageren)* anbei-
ßen^{125}; **3** *(snakken)* schnappen: *naar iets* ~ nach^{+3}
etwas schnappen
happig versessen, erpicht: ~ *op iets zijn* auf^{+4} etwas
erpicht *(of:* versessen*)* sein^{262}
happy end Happy End o^{36}; Happyend o^{36}
hard I *bn* 1 hart^{58}; **2** *(streng)* streng: ~*e straffen*
strenge Strafen; **3** *(hevig)* stark^{58}; **4** *(hardvochtig)*
hart^{58}; **5** *(moeilijk, smartelijk)* hart^{58}, schwer: *de* ~*e*
werkelijkheid die raue Wirklichkeit; **6** *(onverzettelijk, meedogenloos)* hart^{58}, scharf^{58}; **7** *(luid)* laut; **8**
(mbt kleur, licht) hart^{58}, grell: *een* ~ *hoofd in iets*
hebben nicht so recht an^{+4} etwas glauben; **II** *bw* **1**
(op onzachte wijze) hart^{58}, schwer: ~ *optreden*
scharf vorgehen^{168}: ~ *vallen* schwer stürzen; **2** *(ijverig)* hart^{58}, fleißig; **3** *(zeer, erg)* dringend, sehr: ~
remmen scharf bremsen; **4** *(luid)* laut; **5** *(snel)*
schnell
hardboard Hartfaserplatte v^{21}
harden 1 *(hard maken)* härten: *staal* ~ Stahl härten;
2 *(het weerstandsvermogen vergroten)* abhärten; **3**
(volhouden) aushalten^{183}: *het is niet om te* ~ es ist
nicht zum Aushalten
hardgekookt hart gekocht
hardhandig unsanft, roh
hardheid Härte v^{21}, Hartherzigkeit v^{20}; *zie ook* hard
hardhoofdig dickköpfig
hardhorig schwerhörig
hardhout Hartholz o^{32}
hardleers 1 *(moeilijk lerend)* begriffsstutzig; **2** *(eigenzinnig)* unbelehrbar, stur
hardlopen um die Wette laufen^{198}
hardloper Läufer m^9

hardnekkig hartnäckig
hardop laut: ~ *denken* laut denken^{140}
hardrijderij 1 *(met paarden)* Pferderennen o^{35}; **2**
(met schaatsen) Eisschnelllauf m^{19}
hardvochtig hart(herzig), unbarmherzig
hardware Hardware v^{27}
harem Harem m^{13}
harembroek Pluderhose v^{21}
haren hären, aus Haar, Haar…
harentwil: *om* ~ um ihretwillen
harerzijds ihrerseits
harig haarig, behaart
¹haring *(pin)* Hering m^5, Zeltpflock m^6
²haring *(vis)* Hering m^5
haringkraam Fischbude v^{21}
hark Harke v^{21}, *(Z-Dui)* Rechen m^{11}
harken harken
harkerig steif, hölzern, linkisch
harlekijn Harlekin m^5, Hanswurst m^5
harmonica Harmonika v^{27} *(mv ook* Harmoniken*)*
harmonie 1 *(overeenstemming)* Harmonie v^{21}; **2**
(muziekvereniging) Musikkapelle v^{21}
harmonieleer Harmonielehre v^{28}
harmoniëren harmonieren^{320}
harmonieus, harmonisch harmonisch
harmoniseren harmonisieren^{320}
harmonium Harmonium o *(2e nvl -s; mv -nien)*
harnas Harnisch m^5
harp Harfe v^{21}: ~ *spelen* (auf der) Harfe spielen
harpenist, harpist Harfenist m^{14}
harpoen Harpune v^{21}
harpoeneren harpunieren^{320}
harpspel Harfenspiel o^{29}
harrewarren (sich) streiten^{287} (mit^{+3})
hars Harz o^{29}
harshoudend harzig, Harz…
hart Herz o *(2e nvl ev -ens, 3e nvl ev -en; mv -en): in*
het ~ *van Europa* im Herzen Europas; *als je het* ~
hebt! wenn du es wagst!; *heb het* ~ *eens (dat te*
doen)! untersteh dich!; *zijn* ~ *aan iets ophalen (aan*
eten, drinken enz.) sich an^{+3} etwas gütlich tun^{295},
(anders) etwas genießen^{172}: *iem een* ~ *onder de*
riem steken jmdm Mut machen; *iem een goed* ~ *toedragen* jmdm wohlgesinnt sein^{262}; *ik houd mijn* ~
vast ich befürchte das Schlimmste; *dat gaat me aan*
het ~ das tut mir Leid; *hij heeft het aan het* ~ er ist
herzkrank; dat ligt me na aan het ~ das liegt mir
sehr am Herzen; iem iets op het ~ *binden, drukken*
jmdm etwas ans Herz legen; hij kon het niet over
zijn ~ *verkrijgen* er konnte es nicht übers Herz brin-
gen; dat gaat mij zeer ter ~*e* das liegt mir sehr am
Herzen; van ~*e wens ik je geluk!* ich gratuliere dir
herzlich!
hartaanval Herzanfall m^6, Herzattacke v^{21}
hartafwijking Herzfehler m^9
hartelijk herzlich
hartelijkheid Herzlichkeit v^{20}
harteloos herzlos
harten Herz *(zonder lw; geen mv)*

hartenaas Herzass o^{29}

hartendief Herzblatt o^{39}, Herzchen o^{35}

*hartenlust (*Wdl:* hartelust)*: naar ~* nach Herzenslust

hartenwens Herzenswunsch m^6

hartgrondig zutiefst, aus tiefster Seele

hartig 1 (*pittig*) herzhaft, würzig, pikant; **2** (*zout*) salzig || *een ~ woordje met iem spreken* sich³ jmdn vornehmen²¹²

hartinfarct Herzinfarkt m^5

hartje Herz *o* (*2e nvl ev -ens; 3e nvl ev -en; mv -en*): *in het ~ van Afrika* im Herzen Afrikas; *alles wat zijn ~ begeert* alles, was das Herz begehrt; *in het ~ van de stad* mitten in der Stadt; *in het ~ van de winter* mitten im Winter

hartkamer Herzkammer v^{21}

hartklep Herzklappe v^{21}

hartkwaal Herzleiden o^{35}, Herzkrankheit v^{20}

hartslag Herzschlag m^6, Pulsschlag m^6

hartspecialist Herzspezialist m^{14}

hartstikke ganz, total, völlig: *~ dood* mausetot; *~ doof* stocktaub; *~ gek* total verrückt

hartstocht Leidenschaft v^{20}

hartstochtelijk leidenschaftlich

hartstreek Herzgegend v^{28}

hartverlamming Herzschlag m^6, Herzstillstand m^{19}

hartverscheurend herzzerreißend

hartverwarmend erfreulich

hasj, hasjiesj Haschisch o^{39}, m^{19}; Hasch o^{39}: *~ gebruiken, ~ roken* haschen

haspel Haspel v^{21}; (*voor slang*) Schlauchrolle v^{21}

haspelen I *tr* (*van garen*) haspeln; **II** *intr* (*wurmen*) stümpern

hatelijk gehässig

hatelijkheid Gehässigkeit v^{20}

haten hassen

hatsjie *tw* hatschi!

hausse Hausse v^{21}

hautain hochmütig, herablassend

haute couture Haute Couture v^{28}

havanna Havanna v^{27}, Havannazigarre v^{21}

have Habe v^{28}, Besitz m^{19}: *~ en goed* Hab und Gut, Habseligkeiten *mv* v^{20}

haveloos 1 (*mbt kleding, personen*) zerlumpt; **2** (*mbt gebouw*) verfallen

haven Hafen m^{12}

havenarbeider Hafenarbeiter m^9

havenen (jmdn, etwas) zurichten, lädieren³²⁰, ramponieren³²⁰: *de goederen zijn erg gehavend* die Güter sind arg beschädigt; *er gehavend uitzien* zerschunden aussehen²⁶¹

havenhoofd Hafendamm m^6, Hafenmole v^{21}

haveninstallatie Hafenanlage v^{21}

havenmeester Hafenmeister m^9, Hafenkapitän m^5

havenstad Hafenstadt v^{25}

haver Hafer m^9

havermout Haferflocken *mv* v^{21}

havik Habicht m^5

haviksneus Habichtsnase v^{21}, Hakennase v^{21}

hazelaar Hasel v^{21}, Haselnussstrauch m^8

hazelnoot Haselnuss v^{25}

hazenlip Hasenscharte v^{21}

hazenpad: *het ~ kiezen* das Hasenpanier ergreifen¹⁸¹

hazenpeper Hasenpfeffer m^9, Hasenklein o^{39}

hazenslaap Hasenschlaf m^{19}

hazewindhond Windhund m^5

hé *tw* hallo!, he!, heda!

hè *tw* ach!: *dat is mooi, hè?* das ist schön, was?

hearing Hearing o^{36}, Anhörung v^{20}

hebbelijk ordentlich, anständig, manierlich

hebbelijkheid (üble) Angewohnheit v^{20}

hebben I *tr* haben¹⁸²: *ik heb niets aan hem* ich kann ihn zu nichts gebrauchen; *ik heb er niets aan* ich habe nichts davon; *ik weet niet wat ik aan hem heb* ich weiß nicht, woran ich mit ihm bin; *wat heb ik aan die tuin?* was habe ich von dem Garten?; *daar ~ we het!* da haben wir die Bescherung!; *daar heb je 'm!* da ist er!; *ik wist niet, hoe ik het had* ich wusste nicht, wie mir geschah; *hoe heb ik het nu met je?* was ist mit dir?; *het heeft er iets van, of ...* es sieht aus, als ob ...; *hij kan niet veel ~* er kann nicht viel vertragen; *moet je mij ~?* suchst du mich?; *ik moet nog geld van hem ~* er ist mir noch Geld schuldig; *ik moet niets van hem ~* ich mag ihn nicht; *het ~ over* sprechen über⁺⁴; *wij moeten het van de vreemdelingen ~* wir sind auf die Fremden angewiesen; **II** *zn*: *iems ~ en houden* jmds ganzes Hab und Gut

hebberig habsüchtig, habgierig, raffgierig

Hebreeër Hebräer m^9

Hebreeuws hebräisch

hebzucht Habsucht v^{28}, Habgier v^{28}

hebzuchtig habsüchtig, habgierig

hecht 1 (*vast, stevig*) stabil, solide; **2** (*duurzaam*) fest, unerschütterlich, dauerhaft

hechten I *tr* **1** (*van wond*) nähen; **2** (*vastmaken*) heften: *iets ~ aan* etwas heften an⁺⁴; **3** *waarde aan iets ~ Wert* auf⁺⁴ etwas legen; **II** *intr* **1** (*vastkleven*) haften, haften bleiben¹³⁴; **2** (*gesteld zijn op*) hängen¹⁸⁴ (an⁺³)

hechtenis Freiheitsstrafe v^{21}, Haft v^{28}: *in ~ zitten* sich in⁺³ Haft befinden¹⁵⁷

hechtheid Festigkeit v^{28}, Stärke v^{21}

hechtpleister Heftpflaster o^{33}

hectare Hektar o^{29}, m^5 (*afk* ha)

hectisch fieberhaft, hektisch

hectogram Hektogramm o^{29} (*afk* hg)

hectoliter Hektoliter o^{33}, m^9 (*afk* hl)

hectometer Hektometer o^{33}, m^9 (*afk* hm)

heden heute: *~ ten dage* heutzutage; *tot op ~, tot ~ toe* bis heute

hedenavond heute Abend

hedendaags heutig, jetzig, gegenwärtig: *-e schrijvers* zeitgenössische Schriftsteller

hedenmiddag heute Nachmittag

hedenmorgen heute Morgen

hedennacht heute Nacht

heel I *bn* **1** *(geheel)* ganz: *een ~ getal* eine ganze Zahl; **2** *(groot)* beträchtlich: *dat is een ~ besluit* das ist ein wichtiger Entschluss || *ik ken de hele man niet* ich kenne den Mann überhaupt nicht; **II** *bw* sehr, ganz: *~ wat beter* bedeutend besser; *~ veel, ~ wat recht viel*

heelal All *o*[39], Weltall *o*[39]

heelhuids unversehrt: *er ~ afkomen* mit heiler Haut davonkommen[193]

heelkunde Chirurgie *v*[21]

heelmeester Chirurg *m*[14]

heemraadschap Deichverband *m*[6]

heen hin: *~ en weer* hin und her; *(fig) waar wil jij ~?* worauf willst du hinaus?; *waar moet dat ~?* worauf soll das hinauslaufen?; *~ en terug* hin und zurück; *ik ga er ~* ich gehe hin

heen- en terugreis Hin- und Rückfahrt *v*[20]

heen-en-weergepraat Hinundhergerede *o*[39]

heengaan 1 *(weggaan)* weggehen[168], fortgehen[168]; **2** *(overlijden)* hinscheiden[232], sterben[282]; **3** *(verlopen)* vergehen[168], verstreichen[286]

heenkomen: *een goed ~ zoeken* zu entkommen versuchen

heenreis Hinreise *v*[21], Hinfahrt *v*[20], Anreise *v*[21]

heenspoeden, zich davoneilen

heenwedstrijd *(uitwedstrijd)* Hinspiel *o*[29]

heenweg Hinweg *m*[5]

heer *(man)* Herr *m*[14] (2e, 3e, 4e nvl ev: Herrn) *(kaartspel)* König *m*[5]

Heer: *de ~* der Herr *m* (2e, 3e, 4e nvl ev -n), Gott *m*[19]: *Onze-Lieve-~* der liebe Herrgott

heerlijk 1 *(prachtig)* herrlich, wunderschön; **2** *(lekker)* herrlich, köstlich

heerschap Typ *m*[16], Patron *m*[5], Mensch *m*[14]: *(iron) een fijn ~* ein sauberer Patron!

heerschappij Herrschaft *v*[28]

heersen herrschen: *~ over* herrschen über[+4]

heerser Herrscher *m*[9]

heerszucht Herrschsucht *v*[28]

heerszuchtig herrschsüchtig

hees heiser

heesheid Heiserkeit *v*[20]

heester Strauch *m*[8], Staude *v*[21]

heet heiß: *hete kost* scharfes Essen

heetgebakerd hitzig, hitzköpfig, heißblütig

heethoofd Hitzkopf *m*[6]

heethoofdig hitzköpfig

hefboom Hebel *m*[9]

hefbrug Hubbrücke *v*[21]; *(voor auto)* Hebebühne *v*[21]

heffen 1 *(optillen)* heben[186]; **2** *(eisen, invorderen)* erheben[186]: *belastingen ~* Steuern erheben

heffing *(van belastingen)* Erhebung *v*[20]

heft Heft *o*[29], Griff *m*[5]

heftig 1 *(hevig)* heftig; **2** *(opvliegend)* aufbrausend; **3** *(krachtig)* gewaltig; **4** *(hartstochtelijk)* leidenschaftlich; **5** *(onstuimig)* stürmisch

heftruck Gabelstapler *m*[9]

heg Hecke *v*[21]

hegemonie Hegemonie *v*[21], Vorherrschaft *v*[28]

heggenschaar Heckenschere *v*[21]

hei Heide *v*[21]

heibel 1 *(lawaai)* Lärm *m*[19]; **2** *(ruzie)* Krach *m*[6]

heide Heide *v*[21]

heiden Heide *m*[15]

heidendom Heidentum *o*[39]

heidens heidnisch: *~ lawaai* Heidenlärm *m*[19]

heien rammen, einrammen

heiig diesig, dunstig

heil 1 *(welzijn, voorspoed)* Heil *o*[39], Wohl *o*[39]; **2** *(nut, voordeel)* Segen *m*[11], Vorteil *m*[5]: *ik zie er geen ~ in* ich verspreche mir nichts davon

Heiland Heiland *m*[5], Erlöser *m*[9]

heilbot Heilbutt *m*[5]

heildronk Trinkspruch *m*[6], Toast *m*[5], *m*[13]

heilgymnastiek Heilgymnastik *v*[28]

heilig heilig: *de Heilige Geest* der Heilige Geist; *~ beloven* hoch und heilig versprechen[274]

heiligdom Heiligtum *o*[32]

heilige Heilige(r) *m*[40a], *v*[40b]

heiligen heiligen

heiligenbeeld Heiligenbild *o*[31]

heiligheid Heiligkeit *v*[28]

heiligschennis Entheiligung *v*[20], Sakrileg *o*[29]

heilloos 1 *(slecht)* heillos, verrucht; **2** *(noodlottig)* verhängnisvoll, unheilvoll

heilzaam heilsam, segensreich

heimelijk heimlich

heimwee Heimweh *o*[39]

heinde: *van ~ en ver* von fern und nah

heining Zaun *m*[6], Umzäunung *v*[20]

heipaal Rammpfahl *m*[6]

heisa Trara *o*[39], Theater *o*[33]

hek Zaun *m*[6]; *(met latten)* Lattenzaun *m*[6]; *(met planken)* Bretterzaun *m*[6]; *(met spijlen)* Gitter *o*[33]; *(van gevlochten draad)* Drahtzaun *m*[6]

hekel: *hij heeft een ~ aan mij* er mag mich nicht

hekelen anprangern: *iem, iets ~* jmdn, etwas anprangern

hekkensluiter Schlusslicht *o*[31]: *de ~ zijn* das Schlusslicht bilden (*of:* machen)

heks Hexe *v*[21]

heksen hexen, zaubern

heksenjacht *(ook fig)* Hexenjagd *v*[20]

heksenketel *(ook fig)* Hexenkessel *m*[9]

heksenkring Hexenring *m*[5]

heksentoer Kunststück *o*[29], Hexerei *v*[20]

hekwerk 1 Zaun *m*[6], Gitter *o*[33]; **2** *(balustrade)* Geländer *o*[33]

¹hel *zn* Hölle *v*[21]

²hel *bn, bw* hell

hela *tw* holla!, hallo!

helaas leider

held Held *m*[14]: *~ op sokken* Angsthase *m*[15]

heldendaad Heldentat *v*[20]

heldendicht Epos *o* (2e nvl -; mv Epen)

heldenmoed Heldenmut *m*[19]

heldenrol Heldenrolle *v*[21]

heldentenor Heldentenor *m*[6]

helder 1 *(mbt lach, stem, toon, kleur, ogen)* hell; **2**
(mbt vloeistof) klar; **3** *(schoon, zuiver)* rein, sauber;
4 *(duidelijk)* klar, deutlich; **5** *(mbt lucht)* heiter: *een
~e lucht* ein heiterer Himmel; **6** *(scherpzinnig)* hell
helderheid 1 Helle v^{28}, Helligkeit v^{20}; **2** Klarheit v^{20};
3 Sauberkeit v^{28}; *zie ook* helder
helderziend hellseherisch
helderziende Hellseher m^9
heldhaftig heldenhaft
heleboel: *een ~* eine Menge (*of:* eine Masse)
helemaal ganz (und gar), völlig, gänzlich: *~ niet*
gar (*of:* überhaupt) nicht
¹helen *(genezen)* heilen
²helen *(van gestolen goed)* hehlen
heler Hehler m^9
helft Hälfte v^{21}: *eerste, tweede ~ van een wedstrijd*
erste, zweite Halbzeit v^{20}: *de ~ duurder* um die
Hälfte teurer; *tegen de ~ van de maand* gegen Mitte
des Monats; *tegen de ~ van de prijs* zum halben
Preis
helikopter Hubschrauber m^9, Helikopter m^9
heling 1 *(van wond)* Heilung v^{20}; **2** *(van gestolen
goed)* Hehlerei v^{20}
helium Helium o^{39}
hellen sich neigen, überhängen^{184}: *~d* geneigt,
schief
helleveeg Hexe v^{21}, Drachen m^{11}
helling 1 *(het hellen)* Neigung v^{20}; **2** *(van spoorbaan,
weg)* Gefälle o^{33}, *(naar boven)* Steigung v^{20}; **3** *(van
berg)* Abhang m^6, Hang m^6; **4** *(op scheepswerf)* Helling v^{20}, m^5: *van de ~ lopen* vom Stapel laufen^{198}
helm Helm m^5
helmdraad Staubfaden m^{12}
helmknop *(plantk)* Staubbeutel m^9
help: *lieve ~!* ach, du lieber Himmel!
helpen helfen^{188+3}: *iem ~* jmdm helfen, *(in een winkel)* jmdn bedienen, *(aan het loket)* jmdn abfertigen; *ik kan het niet ~* ich kann nichts dafür; *hij is
niet te ~* ihm ist nicht zu helfen; *zich weten te ~* sich^3
zu helfen wissen^{314}: *bereid om te ~* hilfsbereit; *help!*
Hilfe!; *iem aan een betrekking ~* jmdm zu einer
Stelle verhelfen; *iem ~ trekken* jmdn ziehen helfen;
iem iets ~ onthouden jmdn an^{+4} etwas erinnern
helper Helfer m^9
hels 1 *(afschuwelijk)* höllisch, Höllen...: *~ lawaai*
Höllenlärm m^{19}: *~e pijn* Höllenpein v^{28}; **2** *(erg
boos)* fuchsteufelswild
hem *pers vnw*^{82}; ihm^3, ihn^{+4}: *jij bent 'm!* du bist
dran!; *dat is ~* das ist er; *dat is van ~* das gehört ihm
hemd Hemd o^{37}: *(fig) in zijn ~ staan* sich bis auf die
Knochen blamiert haben^{182}: *iem in zijn ~ zetten*
jmdn jämmerlich blamieren^{320}: *tot op het ~ nat*
nass bis auf die Haut; *(fig) iem tot op te ~ uitkleden*
jmdn bis aufs Hemd ausziehen^{318}: *iem het ~ van het
lijf vragen* jmdm ein Loch in den Bauch fragen
hemdsmouw Hemdsärmel m^9
hemel Himmel m^9: *lieve ~!* du lieber Himmel!; *~ en
aarde bewegen* Himmel und Hölle in Bewegung
setzen; *in de zevende ~ zijn* im sieb(en)ten Himmel

sein^{262}: *in 's ~s naam* in Gottes Namen
hemellichaam Himmelskörper m^9
hemels himmlisch
hemelsblauw I *zn* Himmelsblau o^{39}; **II** *bn* himmel-
blau
hemelsbreed 1 *(zeer groot)* himmelweit; **2** *(in een
rechte lijn)* in der Luftlinie
hemeltergend himmelschreiend, unerhört
hemelvaart Himmelfahrt v^{28}: *Maria-Hemelvaart*
Mariä Himmelfahrt
hemelvaartsdag Himmelfahrtstag m^5
hemoglobine Hämoglobin o^{39}
¹hen *(kip)* Henne v^{21}
²hen *pers vnw*^{82}; ihnen^3, sie^{+4}
hendel Hebel m^9
hengel Angel v^{21}, Angelrute v^{21}
hengelaar Angler m^9
hengelen angeln
hengsel 1 *(handvat)* Henkel m^9; **2** *(scharnier)* Angel
v^{21}
hengst 1 *(dier)* Hengst m^5; **2** *(dreun)* Hieb m^5
henna Henna v^{28}, o^{39}
hennep Hanf m^{19}
hens: *alle ~ aan dek!* alle Mann an Deck!
¹her *bw: ~ en der* hier und da
²her *zn* Wiederholungsprüfung v^{20}
herademen aufatmen
herbarium Herbarium o *(2e nvl -s; mv Herbarien)*
herbebossen (wieder) aufforsten
herberg Wirtshaus o^{32}, Gasthaus o^{32}
herbergen 1 *(huisvesting geven)* unterbringen^{139}; **2**
(tot verblijf dienen) beherbergen
herbergier Gastwirt m^5, Wirt m^5
herbergzaam gastfreundlich, gastlich
herbewapenen wieder aufrüsten
herbewapening Wiederaufrüstung v^{20}
herbezinnen, zich aufs Neue überdenken^{140}
herboren wieder geboren, neugeboren
herbouw Wiederaufbau m^{19}
herbouwen wieder aufbauen
herdenken 1 *(herinneren)* erinnern an^{+4}; **2** *(de herinnering vieren)* gedenken^{140+2}: *de gevallenen ~ der
Gefallenen gedenken
herdenking Gedenkfeier v^{21}, Gedächtnisfeier v^{21}
herder 1 Hirt m^{14}; **2** *(schaapherder)* Schäfer m^9; **3**
(herdershond) Schäferhund m^5
herderlijk Hirten...: *~ schrijven* Hirtenbrief m^5
herdershond Schäferhund m^5
herdruk Neuausgabe v^{21}, Neuauflage v^{21}; *(ongewijzigd)* Neudruck m^5
herdrukken neu drucken, neu auflegen
heremiet Eremit m^{14}, Einsiedler m^9, Klausner m^9
herenboer Großbauer m^{15}, Gutsbesitzer m^9
herendubbel Herrendoppel o^{33}
herenenkelspel Herreneinzel o^{33}
herenfiets Herren(fahr)rad o^{32}
herenhuis herrschaftliches Haus o^{32}
herenigen wieder vereinigen
hereniging Wiedervereinigung v^{20}

he

herenkleding Herrenbekleidung v^{20}
herenmode Herrenmode v^{21}
herexamen Wiederholungsprüfung v^{20}
herfst Herbst m^5
herfstachtig herbstlich
herfstbloem Herbstblume v^{21}
herfstdag Herbsttag m^5
herfstkleur, herfsttint Herbstfarbe v^{21}
herfstvakantie Herbstferien *(mv)*
hergebruik Wiederverwendung v^{20}
hergebruiken wieder verwenden[308]
hergroeperen umgruppieren[320]
hergroepering Umgruppierung v^{20}
herhaald wiederholt; *(voor de tweede keer)* abermalig: *~e malen* mehrmals
herhaaldelijk wiederholt, mehrmals, öfters
herhalen wiederholen
herhaling Wiederholung v^{20}: *bij ~* wiederholt; *in ~en vervallen* sich wiederholen
herhalingsoefening Wiederholungsübung v^{20}
herhalingsteken Wiederholungszeichen o^{35}
herinneren erinnern: *iem aan iets ~* jmdn an[+4] etwas erinnern; *we ~ ons een gesprek* wir erinnern uns an ein Gespräch
herinnering Erinnerung v^{20}; *(geheugen)* Gedächtnis o^{29a}: *een kleine ~ (souvenir)* ein kleines Andenken; *ter ~ aan* zur Erinnerung an[+4]
herkansing 1 *(sp)* Hoffnungslauf m^6; **2** *(bij examens)* Wiederholungsprüfung v^{20}
herkauwen *(ook fig)* wiederkäuen: *de koe herkauwt* die Kuh käut wieder
herkauwer Wiederkäuer m^9
herkenbaar erkennbar
herkennen (wieder) erkennen[189]
herkenning Wiedererkennung v^{28}
herkenningsplaatje Erkennungsmarke v^{21}
herkenningsteken Erkennungszeichen o^{35}
herkeuren aufs Neue untersuchen
herkeuring neue Untersuchung v^{20}
herkiesbaar wiederwählbar
herkiezen wieder wählen
herkomst Herkunft v^{25}, Ursprung m^6
herkrijgen wiederbekommen[193], wiedererhalten[183]
herleidbaar (met *tot*) zurückzuführen auf[+4]
herleiden zurückführen (auf[+4]), *(rekenen)* reduzieren[320]: *tot een andere munteenheid ~* in eine andere Währung umrechnen
herleiding Zurückführung v^{20}; Umrechnung v^{20}; *(rekenen)* Reduktion v^{20}; *zie ook* herleiden
herleven (wieder) aufleben: *doen ~* neu beleben
herlezen wieder lesen[201], noch einmal lesen[201]
herlezing erneutes Lesen o^{39}
hermelijn I *(dier)* Hermelin o^{29}; **II** *(bont)* Hermelin(pelz) m^5
hermelijnen aus Hermelin, Hermelin...
hermetisch hermetisch
hernemen 1 *(van buit)* wiedererobern; **2** *(terugnemen)* zurücknehmen[212]; **3** *(van rechten)* wieder geltend machen; **4** *(het woord)* fortfahren[153]

hernia Hernie v^{21}
hernieuwen erneuern: *een hernieuwde poging* ein erneuter Versuch
heroïne Heroin o^{39}
heropenen wieder eröffnen
heropvoeden umerziehen[318]
heroriënteren, zich sich umorientieren[320]
heroveren wiedererobern, zurückerobern: *~ op* zurückerobern von[+3]
herrie 1 *(drukte)* Trubel m^{19}; **2** *(ruzie)* Krach m^6, Streit m^5; **3** *(lawaai)* Lärm m^{19}, Radau m^{19}
herriemaker Radaumacher m^9
herrijzen auferstehen[279], (wieder) erstehen[279]
herrijzenis Auferstehung v^{20}
herroepen widerrufen[226], zurücknehmen[212]
herroeping Widerruf m^5, Widerrufung v^{20}
herscheppen umgestalten, verwandeln
herscholen umschulen
hersenbloeding Hirnblutung v^{20}, Gehirnblutung v^{20}
hersens Gehirn o^{29}, Hirn o^{29}: *hij heeft (goede) ~* er hat einen scharfen Verstand; *iets uit zijn ~ laten* er was bleiben lassen[197]; *hoe krijgt hij het in zijn ~?* was fällt ihm bloß ein?; *iem de ~ inslaan* jmdm den Schädel einschlagen[241]
hersenschim Hirngespinst o^{29}, Schimäre v^{21}
hersenschudding Gehirnerschütterung v^{20}
hersenspoeling Gehirnwäsche v^{21}
hersenvlies Hirnhaut v^{25}, Gehirnhaut
hersenvliesontsteking Hirnhautentzündung v^{20}
herstel 1 *(van orde, vrede, vorige toestand)* Wiederherstellung v^{20}: *~ van de handel* Wiederbelebung v^{28} des Handels; **2** *(genezing)* Genesung v^{28}, Besserung v^{28}; **3** *(reparatie)* Reparatur v^{20}; **4** *(van fout)* Berichtigung v^{20}; **5** *(wederopbouw)* Wiederaufbau m^{19}
herstelbaar wiederherstellbar, reparabel
herstellen I tr **1** *(van betrekkingen, evenwicht, orde, telefoonverbinding, vrede, zieke)* wiederherstellen; **2** *(repareren)* ausbessern, reparieren[320]; **3** *(corrigeren)* berichtigen, korrigieren[320]: *zijn fout ~* seinen Fehler gutmachen; **4** *(vergoeden)* vergüten; **II** intr sich erholen: *hij is van zijn ziekte hersteld* er hat sich von seiner Krankheit erholt; **III** *zich ~ (mbt zaken)* sich wiederherstellen; *(mbt personen)* sich fassen: *hij werd verlegen, maar herstelde zich spoedig* er wurde verlegen, fasste sich aber bald
herstellingsoord Erholungsheim o^{29}
herstellingsteken Auflösungszeichen o^{35}
herstructureren umstrukturieren[320]
herstructurering Umstrukturierung v^{20}
hert Hirsch m^5: *jong ~* Hirschkalb o^{32}
hertog Herzog m^6, m^9
hertogdom Herzogtum o^{32}
hertogelijk herzoglich
hertrouwen sich wieder verheiraten
hertz Hertz o (2e nvl -; mv -)
hervatten *(van onderhandelingen, werk)* wieder aufnehmen[212]: *de lessen ~* wieder mit dem Unter-

richt anfangen[155]: *een gesprek ~* ein Gespräch fortsetzen

hervatting Wiederaufnahme *v*[21]

herverkaveling Flurbereinigung *v*[20], Feldbereinigung

herverwerking Wiederverarbeitung *v*[20]

herverzekeren rückversichern

hervinden wieder finden[157]

hervormd reformiert

hervormen umgestalten; reformieren[320]

hervormer Reformer *m*[9], Erneurer *m*[9]; *(godsd)* Reformator *m*[16]

hervorming Reform *v*[20], Erneuerung *v*[20]

Hervorming *(godsd)* Reformation *v*[20]

herwaarderen neu bewerten, umwerten

herwaardering Umwertung *v*[20]

herwinnen wiedererlangen, wiedergewinnen[174]

herzien 1 *(van boek)* revidieren[320]; *(van opstel)* aufs Neue durchsehen[261]; *(van wet)* revidieren[320], ändern; **2** *(van mening)* ändern

herziening Revision *v*[20], Änderung *v*[20]

hes Bluse *v*[21], Kittel *m*[9]

hesp *(Belg)* Schinken *m*[11]

het I *lw* das[66]; **II** *vnw* es[82]

heten heißen[187]: *naar het heet* angeblich

heterdaad: *iem op ~ betrappen* jmdn auf frischer Tat ertappen

hetero, heterofiel Heterosexuelle(r) *m*[40a], *v*[40b]

heterogeen heterogen

hetgeen *(datgene wat)* dasjenige, was; das, was: *~ hij doet* was er tut; *van ~ hij zegt* von dem, was er sagt; *ik heb hem gezien, ~ niet bewijst …* ich habe ihn gesehen, was nicht beweist …

hetze Hetze *v*[21]

hetzelfde dasselbe: *in ~ huis wonen* im selben Haus wohnen; *het is mij ~* es ist mir gleich; *het komt op ~ neer* es läuft auf dasselbe hinaus; *dat blijft ~* das bleibt sich gleich; *dank u!, ~!* danke schön!, gleichfalls!

hetzij sei es; ob: *~ een man, ~ een vrouw* sei es ein Mann, sei es eine Frau; *~ warm of koud* ob kalt oder warm; *~ dit, ~ dat* entweder dies oder das

heug: *tegen ~ en meug* widerwillig

heugen: *dat zal hem ~* das wird er nicht vergessen; *zolang mij heugt* so weit ich zurückdenken kann; *zolang men zich kan ~* seit jeher

heuglijk 1 *(verblijdend)* erfreulich, froh; **2** *(onvergetelijk)* unvergesslich

heulen gemeinsame Sache machen (mit[+3])

heup Hüfte *v*[21]: *het op de ~en hebben, krijgen* einen Koller haben[182], kriegen

heupbeen Hüftknochen *m*[11], Hüftbein *o*[29]

heupgewricht Hüftgelenk *o*[29]

heupwiegen sich in den Hüften wiegen

heus 1 *(vriendelijk)* freundlich; **2** *(beleefd)* höflich, gefällig; **3** *(echt)* echt, wirklich

heuvel Hügel *m*[9]; *(hoogte)* Anhöhe *v*[21]

heuvelachtig hüg(e)lig

heuvelrug Hügelkamm *m*[6], Hügelrücken *m*[11]

hevig 1 *(mbt pijn, regen)* heftig; **2** *(mbt kou)* stark, eisig

hevigheid Heftigkeit *v*[20], Wucht *v*[28]

hiaat Lücke *v*[21]

hiel 1 *(van voet, kous, sok)* Ferse *v*[21]: *de ~en lichten* fortgehen[168]: *iem op de ~en zitten* jmdm auf den Fersen sein[262]; **2** *(van schoen)* Absatz *m*[6]

hiep: *~, ~, hoera!* hipp, hipp, hurra!

hier hier; *(richting)* (hier)her: *naar ~* hierher; *~ en daar* hie(r) und da; vereinzelt

hieraan hieran: *~ valt niet te twijfelen* hieran ist nicht zu zweifeln; *~ is niets te veranderen* daran lässt sich nichts ändern; *~ is het te wijten* diesem Umstand ist es zuzuschreiben

hierachter hierhinter, hinten, dahinter

hiërarchie Hierarchie *v*[21], Rangordnung *v*[20]

hiërarchiek, hiërarchisch hierarchisch

hierbeneden hier unten, hierunter, darunter

hierbij hierbei: *~ komt nog* dazu kommt noch, *(in brieven)* hierdurch, hiermit, *(ingesloten)* anbei

hierbinnen (hier) drinnen

hierboven (hier) oben

hierdoor hierdurch, dadurch

hierheen hierher: *de reis ~* die Herreise

hierin hierin

hierlangs 1 *(langs deze plaats)* hier vorbei; **2** *(evenwijdig hieraan)* hier entlang; **3** *(via deze weg)* auf diesem Wege

hiermee hiermit, damit

hierna hiernach

hiernaast hierneben, (hier) nebenan

hiernamaals Jenseits *o*[39a]

hiëroglief Hieroglyphe *v*[21]

hierom hierum, darum; *(om deze reden)* darum, aus diesem Grunde

hieromheen hierherum

hieromtrent hierüber, darüber

hieronder 1 hierunter: *wat versta je ~?* was verstehst du hierunter?; **2** *(verderop)* nachstehend, (weiter) unten

hierop hierauf, darauf

hierover hierüber, darüber

hiertegen hiergegen, dagegen

hiertegenover gegenüber, hiergegenüber: *~ staat, dat …* dem steht gegenüber, dass …

hiertoe hierzu, dazu

hiertussen hierzwischen, dazwischen

hieruit hieraus, daraus

hiervan hiervon, davon

hiervandaan von hier

hiervoor 1 hierfür, dafür; **2** *(mbt plaats, oorzaak)* davor; **3** *(mbt tijd)* vor dieser Zeit, zuvor

hightech Hightech *o*[39], *o*[39a], *v*[28]

hij *pers vnw* er[82]: *~, die* derjenige, der

hijgen keuchen, schnaufen

hijs: *een hele ~* ein hartes Stück Arbeit

hijsen 1 *(omhoog trekken)* hochziehen[318], heben[186]; *(van vlag, zeil)* hissen; **2** *(veel drinken)* zechen, tanken

hi

hijskraan Kran *m*⁶, Hebekran *m*⁶

hik Schluckauf *m*⁵

hikken schlucksen, den Schluckauf haben¹⁸²

hilariteit Heiterkeit *v*²⁸

hinde Hirschkuh *v*²⁵

hinder Behinderung *v*²⁰: ~ van iets ondervinden durch etwas gehindert werden³¹⁰

hinderen (be)hindern, stören: dat hindert niet das macht nichts

hinderlaag Hinterhalt *m*⁵: in ~ liggen im Hinterhalt liegen²⁰²

hinderlijk 1 hinderlich, störend; 2 (ergerlijk) irritierend, ärgerlich

hindernis, hinderpaal Hindernis *o*²⁹ᵃ

hindoeïsme Hinduismus *m*¹⁹ᵃ

hinkelen (auf einem Bein) hüpfen

hinken hinken, humpeln: op twee gedachten ~ schwanken

hinkepoot Hinkebein *o*²⁹, Hinkefuß *m*⁶

hink-stap-sprong Dreisprung *m*⁶

hinniken wiehern

hint Fingerzeig *m*⁵, Wink *m*⁵, Tipp *m*¹³

hip dufte

hiphop Hip-Hop *m*¹⁹, Hiphop *m*¹⁹

hippie Hippie *m*¹³

historicus Historiker *m*⁹

historie Geschichte *v*²¹

historisch historisch, geschichtlich

hit 1 (succesnummer) Hit *m*¹³ (2e nvl ook -), Schlager *m*⁹; 2 (klein paard) kleines Pferd *o*²⁹

hitparade Hitparade *v*²¹, Hitliste *v*²¹

hitsig hitzig

hitte Hitze *v*²¹

hittegolf Hitzewelle *v*²¹, Hitzeperiode *v*²¹

hiv HIV *o* (2e nvl -(s); mv -(s))

hl afk van hectoliter Hektoliter *o*³³, *m*⁹ (afk hl)

H.M. afk van Hare Majesteit Ihre Majestät *v*²⁸

ho tw halt!, stopp!

hobbel Unebenheit *v*²⁰

hobbelen 1 (schommelen) schaukeln; 2 (over hobbels rijden) holpern

hobbelig holprig

hobbelpaard Schaukelpferd *o*²⁹

hobby Hobby *o*³⁶, Liebhaberei *v*²⁰

hobo Oboe *v*²¹

hoboïst Oboist *m*¹⁴

hobu (Belg) afk van hoger onderwijs buiten de universiteit Fachhochschulunterricht *m*¹⁹

hockey Hockey *o*³⁹

hockeyen Hockey spielen

hockeyer Hockeyspieler *m*⁹

hockeystick Hockeyschläger *m*⁹

hockeywedstrijd Hockeyspiel *o*²⁹

hoe wie: ~ is het? wie geht's (of: steht's)?; ~ dan ook wie dem auch sei; ~ weet u dat? woher wissen Sie das?; ~ zegt u? wie, bitte?; hoe …, hoe je …, je; ~ eerder, ~ beter je eher, je besser; het werd ~ langer ~ kouder es wurde immer kälter

hoed Hut *m*⁶: hoge ~ Zylinder *m*⁹: daar neem ik

mijn ~ voor af! alle Achtung!

hoedanigheid 1 (kwaliteit) Qualität *v*²⁰; 2 (functie) Eigenschaft *v*²⁰: in ~ van als

hoede Hut *v*²⁸, Obhut *v*²⁸, Schutz *m*⁵: iem onder zijn ~ nemen jmdn in seine Obhut nehmen²¹²

hoeden I tr hüten; II zich ~ voor sich hüten vor⁺³

hoederecht (Belg) (jur) Erziehungsberechtigung *v*²⁸

hoedje Hütchen *o*³⁵: zich een ~ lachen sich totlachen

hoef Huf *m*⁵

hoefijzer Hufeisen *o*³⁵

hoefsmid Hufschmied *m*⁵

hoegenaamd überhaupt, gar: ~ niets gar nichts

hoek 1 Ecke *v*²¹: de ~ van de mond der Mundwinkel; op de ~ van de straat an der Straßenecke; hij kan aardig uit de ~ komen er kann recht witzig sein²⁶²: weten uit welke ~ de wind waait wissen³¹⁴, woher der Wind weht; 2 (meetk) Winkel *m*⁹: onder een ~ van 20 graden in einem Winkel von 20 Grad; 3 (afgelegen, verborgen plaats) Winkel *m*⁹, Ecke *v*²¹; 4 (bij boksen) Haken *m*¹¹

hoekbal Eckball *m*⁶, Ecke *v*²¹

hoekhuis Eckhaus *o*³²

hoekig eckig: een ~e stad eine winklige Stadt

hoekkamer Eckzimmer *o*³³

hoekpijler, hoekpilaar Eckpfeiler *m*⁹

hoekpunt Scheitel *m*⁹, Scheitelpunkt *m*⁵

hoekschop Eckball *m*⁶, Eckstoß *m*⁶, Ecke *v*²¹

hoeksteen Eckstein *m*⁵; (fig, ook) Eckpfeiler *m*⁹

hoekstoot Haken *m*¹¹

hoektand Eckzahn *m*⁶

hoelang wie lange: tot ~? bis wann?

hoenderpark Hühnerfarm *v*²⁰, Geflügelfarm *v*²⁰

hoepel Reifen *m*¹¹

hoepelen den Reifen treiben²⁹⁰

hoepla tw hoppla!, hopp!

hoer (inform) Hure *v*²¹, Dirne *v*²¹, Nutte *v*²¹

hoera I zn Hurra *o*³⁶, Hoch *o*³⁶; II tw hurra!, hoch!

hoereren huren

hoes Überzug *m*⁶, Hülle *v*²¹

hoest Husten *m*¹¹

hoestbui Hustenanfall *m*⁶

hoesten husten

hoeve Hof *m*⁶, Bauernhof *m*⁶, Gehöft *o*²⁹

hoeveel wie viel: met (z'n, ons enz.) hoevelen? wie viel?

hoeveelheid Menge *v*²¹: ~ gas Gasmenge

hoeveelste wievielt…: de ~ hebben we? den Wievielten haben wir?

hoeven 1 (moeten) brauchen, müssen²¹¹; 2 (nodig zijn) nötig sein²⁶²

hoever wie weit: in ~(re) (in)wiefern

hoewel obwohl, obgleich

hoezeer wie sehr

¹hof de (tuin) Garten *m*¹²

²hof het 1 Hof *m*⁶; 2 (jur) Gerichtshof *m*⁶ ‖ een dame het ~ maken einer Dame³ den Hof machen

hoffelijk höflich

hoffelijkheid Höflichkeit v^{20}
hofhouding Hofhaltung v^{28}, Hofstaat m^{19}
hofmaarschalk Hofmarschall m^6
hofmeester Steward m^{13}
hofnar Hofnarr m^{14}
hogedrukgebied Hochdruckgebiet o^{29}, Hoch o^{36}
hogepriester Hohepriester m^9
hogerhand: *van ~* auf höheren Befehl
Hogerhuis Oberhaus o^{39}
hogerop höher hinauf, weiter hinauf: *~ willen* höher hinauswollen[315]
hogeschool *(onderwijs)* Hochschule v^{21}
hok 1 *(voor dieren)* Stall m^6; **2** *(voor honden)* Hütte v^{21}; **3** *(voor wilde dieren)* Käfig m^5; **4** *(voor duiven)* Schlag m^6; **5** *(opbergruimte)* Schuppen m^{11}; **6** *(verachtelijk voor huis)* Loch o^{32}
hokje 1 *(voor dieren)* kleiner Stall m^6, kleiner Käfig m^5; **2** *(vak)* Fach o^{32}; **3** *(op formulieren e.d.)* Kästchen o^{35}; **4** *(van portier)* Loge v^{21}; **5** *(kleine ruimte)* Kabine v^{21}
hokken 1 *(thuis zitten)* hocken; **2** *(dicht opeen zitten)* zusammenhocken; **3** *(ongehuwd samenwonen)* in wilder Ehe leben
¹hol: *op ~ slaan* durchgehen[168]: *iem het hoofd op ~ brengen* jmdm den Kopf verdrehen
²hol *zn* **1** *(algem)* Höhle v^{21}; **2** *(van vos e.d.)* Bau m^5; **3** *(van rat, muis)* Loch o^{32}; **4** *(schuilhoek)* Schlupfwinkel m^9
³hol *bn, bw* hohl: *~le frasen* leere Worte; *in het ~st van de nacht* mitten in der Nacht
hola hallo!; *(pas op!)* Vorsicht!
holderdebolder holterdiepolter
hole Hole o^{36}, Loch o^{32}
Holland Holland o^{39}
Hollander Holländer m^9
Hollands I *zn* Holländisch o^{41}; **II** *bn* holländisch
Hollandse Holländerin v^{22}
hollen rennen[222], fliegen[159]
holster Halfter v^{21}, o^{33}
holte 1 *(holle ruimte)* Höhle v^{21}; **2** *(kuil)* Vertiefung v^{20}
hom Milch v^{28}, Fischmilch v^{28}
homecomputer Heimcomputer m^9, Homecomputer m^9
homeopaat Homöopath m^{14}
homeopathie Homöopathie v^{28}
homeopathisch homöopathisch
homepage Homepage v^{27}
hometrainer Heimtrainer m^9, Hometrainer m^9
hommel Hummel v^{21}; *(mannetjesbij)* Drohne v^{21}
hommeles: *het is er ~* da raucht es
homo Homo m^{13}, Homosexuelle(r) m^{40a}, v^{40b}
homofiel I *zn* Homosexuelle(r) m^{40a}, v^{40b}; **II** *bn* homophil, homosexuell
homofilie Homophilie v^{28}
homogeen homogen
homogeniteit Homogenität v^{28}
homoseksualiteit Homosexualität v^{28}
homoseksueel I *zn* Homosexuelle(r) m^{40a}, v^{40b}; **II**

bn homosexuell
homp (großes) Stück o^{29}, (großer) Brocken m^{11}
hompelen humpeln
hond Hund m^5: *zo moe als een ~* hundemüde; *zo ziek als een ~* hundeelend; *(Belg) welkom zijn als een ~ in een kegelspel* sehr ungelegen kommen[193]
hondenbaan(tje) mieser Job m^{13}
hondenhok Hundehütte v^{21}
hondenleven Hundeleben o^{39}
hondenliefhebber Hundeliebhaber m^9
hondenweer Hundewetter o^{39}
honderd I *telw* hundert: *~ (en) een* enz. hundert(und)eins usw.; *(het is) ~ tegen één* die Chancen stehen hundert zu eins; **II** *zn* Hundert o^{29} (met *von*[+3] of bijstelling): *~en jaren* Hunderte (*of:* hunderte) von Jahren; *bij ~en* zu Hunderten (*of:* hunderten); *een paar ~* ein paar Hundert (*of:* hundert); *de boel loopt in het ~* alles geht schief
honderdduizend hunderttausend: *de ~* das große Los
honderdjarig hundertjährig
honderdmaal hundertmal
honderdste hundertst...: *~ (deel)* Hundertstel o^{33}
honds 1 rüde; **2** *(laag)* hundsgemein
hondsdolheid Tollwut v^{28}
honen höhnen
honend höhnisch
Hongaar Ungar m^{15}
Hongaars I *zn* Ungarisch o^{41}; **II** *bn* ungarisch
Hongaarse Ungarin v^{22}
Hongarije Ungarn o^{39}
honger Hunger m^{19}: *~ hebben* Hunger haben[182]; *~ lijden* Hunger leiden[199]: *van ~ sterven* vor Hunger sterben[282]
hongerdood Hungertod m^{19}
hongeren hungern
hongerig hungrig
hongersnood Hungersnot v^{25}
hongerstaking Hungerstreik m^{13}
honing Honig m^5
honingcel, honingraat Honigwabe v^{21}
honingzoet *(ook fig)* honigsüß
honk 1 *(thuis)* Heim o^{29}; **2** *(sp)* Mal o^{29}
honkbal Baseball m^{19}
honkballen Baseball spielen
honkballer Baseballer m^9
honneurs Honneurs *mv* m^{13}: *de ~ waarnemen* die Honneurs machen
honorarium Honorar o^{29}
honoreren honorieren[320]
hoofd 1 Kopf m^6, *(plechtig)* Haupt o^{32}: *aan iets het ~ bieden* einer Sache[3] die Stirn bieten[130]: *zijn ~ over iets breken* sich[3] den Kopf über[+4] etwas zerbrechen[137]: *ik heb er een zwaar ~ in* da sehe ich schwarz; *niet goed bij het ~ zijn* nicht recht gescheit sein; *wat hangt me boven het ~?* was steht mir bevor?; *iem, iets over het ~ zien* jmdn, etwas übersehen[261]; *uit het ~ kennen* auswendig können[194]; **2** *(havenhoofd)* Mole v^{21}; **3** *(van een stoet, leger e.d.)*

Spitze v^{21}; **4** *(van brief)* Kopf m^6; **5** *(van gezin, kerk, staat)* Haupt o^{32}; *(van zaak, politie)* Chef m^{13}; *(van school)* Schulleiter m^9
hoofdagent Polizeihauptwachtmeister m^9
hoofdarbeider Kopfarbeiter m^9
hoofdartikel *(in krant)* Leitartikel m^9
hoofdband Stirnband o^{32}
hoofdbestuur Hauptvorstand m^6
hoofdbreken Kopfzerbrechen o^{39}
hoofdbureau Polizeipräsidium o (2e nvl -s; mv -dien)
hoofdcommissaris Polizeipräsident m^{14}
hoofdconducteur Zugführer m^9
hoofddeksel Kopfbedeckung v^{20}
hoofddoek Kopftuch o^{32}
hoofdeind(e) Kopfende o^{38}
hoofdelijk pro Person: ~ *omslaan (over)* umlegen (auf^{+4}); *bij ~e stemming* durch namentliche Abstimmung; ~ *aansprakelijk* persönlich haftbar
hoofdfilm Hauptfilm m^5
hoofdgedachte Hauptgedanke m^{18}
hoofdgerecht Hauptgericht o^{29}
hoofdhaar Kopfhaar o^{29}
hoofding *(Belg)* Briefkopf m^6
hoofdingenieur Oberingenieur m^5
hoofdkantoor 1 Hauptgeschäftsstelle v^{21}, Zentrale v^{21}; **2** *(van de post)* Hauptpostamt o^{32}
hoofdkussen Kopfkissen o^{35}
hoofdkwartier Hauptquartier o^{29}
hoofdletter Großbuchstabe m^{18}, Majuskel v^{21}: *met een ~ schrijven* großschreiben^{252}
hoofdmotief Hauptmotiv o^{29}, *(muz)* Leitmotiv o^{29}
hoofdpersoon Hauptperson v^{20}
hoofdpijn Kopfschmerz m^{16} *(meestal mv)*
hoofdredacteur Chefredakteur m^5
hoofdrekenen Kopfrechnen o^{39}
hoofdrol Hauptrolle v^{21}
hoofdrolspeler Hauptdarsteller m^9
hoofdschakelaar Hauptschalter m^9
hoofdschotel 1 *(lett)* Hauptgericht o^{29}; **2** *(fig)* Höhepunkt m^5
hoofdschudden *zn* Kopfschütteln o^{39}
hoofdschuddend kopfschüttelnd
hoofdstad Hauptstadt v^{25}
hoofdstedelijk hauptstädtisch
hoofdstuk Kapitel o^{33}
hoofdtelwoord Grundzahl v^{20}, Kardinalzahl v^{20}
hoofdvak Hauptfach o^{32}, Kernfach o^{32}
hoofdverpleegkundige Oberkrankenpfleger m^9; Oberschwester v^{21}
hoofdvertegenwoordiger Generalvertreter m^9
hoofdvogel *(Belg): de ~ afschieten* einen Bock schießen^{238}
hoofdwas Hauptwäsche v^{21}
hoofdweg Hauptstraße v^{21}, Hauptverkehrsstraße v^{21}
hoofdzaak Hauptsache v^{21}
hoofdzakelijk hauptsächlich
hoofdzin Hauptsatz m^6

hoofdzuster Oberschwester v^{21}
hoofs höfisch; *(hoffelijk)* höflich
hoog hoch^{60}: *gebied van hoge druk* Hoch o^{36}: *hoger onderwijs* Hochschulunterricht m^5: ~ *houden* hochhalten^{183}, in Ehren halten^{183}: *iets ~ opnemen* etwas sehr übel nehmen^{212}: *bij ~ en bij laag verzekeren* hoch und heilig versichern; *op hoge leeftijd* in hohem Alter
hoogachten hoch achten
hoogachtend hochachtungsvoll
hoogconjunctuur Hochkonjunktur v^{20}
hoogdag *(Belg)* hoher Festtag m^5
hoogdravend hochtrabend
hoogdringend *(Belg)* sehr dringend
*Hoog-Duits *(Wdl:* Hoogduits) **I** *zn* Hochdeutsch o^{41}; **II** *bn* hochdeutsch
hooggebergte Hochgebirge o^{33}
hooggeleerd hochgelehrt
hooggeplaatst hoch gestellt, hoch
hooghartig hochmütig
hoogheid Hoheit v^{20}, Erhabenheit v^{28}: *Zijne Koninklijke Hoogheid* Seine Königliche Hoheit
hoogleraar Professor m^{16}, Hochschullehrer m^9
hooglijk äußerst, außerordentlich
hooglopend heftig: *~e ruzie* heftiger Streit m^5
hoogmoed Hochmut m^{19}
hoogmoedig hochmütig
hoogmoedswaanzin Größenwahn m^{19}
hoognodig dringend, dringend nötig: *hij heeft slechts het ~e* er hat nur das Allernötigste
hoogoven Hochofen m^{12}, Hütte v^{21}
hoogschatten hoch schätzen, hoch achten
hoogseizoen Hochsaison v^{27}
hoogspanning Hochspannung v^{20}
hoogspringen I *ww* hochspringen^{276}; **II** *zn* Hochsprung m^6
hoogst höchst, Höchst...: *~e aantal* Höchstzahl v^{20}: ~ *belangrijk* äußerst wichtig; *op zijn ~* höchstens
hoogstaand hoch stehend
hoogsteigen: *in ~ persoon* höchstpersönlich
hoogstens höchstens, *(in het ergste geval)* schlimmstenfalls, *(in het beste geval)* bestenfalls
hoogstwaarschijnlijk höchstwahrscheinlich
hoogte Höhe v^{21}: *in de ~ gaan steigen*^{281}: *op deze ~* an dieser Stelle etwa; *op de ~ van de kerk* bei der Kirche; *tot op zekere ~* in gewissem Maße; *op een ~ van 3 meter* in einer Höhe von 3 m; *iem op de ~ houden van iets* jmdn über^{+4} etwas auf dem Laufenden halten^{183}: *zich van iets op de ~ stellen* sich nach^{+3} etwas erkundigen; *op de ~ zijn van iets* über^{+4} etwas informiert sein^{262}: *ik ben nu volkomen op de ~ van die zaak* ich bin jetzt völlig im Bilde; *iem uit de ~ aanzien* jmdn von oben herab ansehen^{261}: *ik kan er geen ~ van krijgen* ich kann nicht klug daraus werden
hoogtelijn 1 *(meetk)* Höhe v^{21}; **2** *(op kaart)* Höhenlinie v^{21}
hoogtepunt Höhepunkt m^5
hoogtevrees Höhenangst v^{28}

hoogtij Blüte v^{28}: ~ *vieren* Triumphe feiern

hooguit *bw* höchstens

hoogveen Hochmoor o^{29}

hoogvlakte Hochebene v^{21}

hoogwaardigheidsbekleder Würdenträger m^9

hoogwater Hochwasser o^{33}

hooi Heu o^{39}: *te veel ~ op zijn vork nemen* sich³ zu viel aufbürden

hooien heuen, Heu machen, Heu ernten

hooikoorts Heuschnupfen m^{19}, Heufieber o^{39}

hooivork Heugabel v^{21}

hoon Hohn m^{19}

hoongelach Hohngelächter o^{39}

¹hoop *(stapel, menigte)* Menge v^{21}, Haufen m^{11}: *een ~ (moeite, zorgen)* viel (Mühe, Sorgen)

²hoop *(verwachting)* Hoffnung v^{28} (auf^{+4}): *stille ~* leise Hoffnung; *iem ~ geven* jmdm Hoffnung machen; *zijn ~ op iem vestigen* seine Hoffnung auf jmdn setzen

hoopvol hoffnungsvoll

hoorapparaat Hörgerät o^{29}, Hörapparat m^5

hoorbaar hörbar

hoorbril Hörbrille v^{21}

hoorcollege Vorlesung v^{20}

hoorder Hörer m^9, Zuhörer m^9

hoorn 1 Horn o^{32}; **2** *(van telefoon)* Hörer m^9

hoorngeschal Hörnerschall m^5, m^6

hoornvlies Hornhaut v^{25}

hoornvliesontsteking Hornhautentzündung v^{20}

hoorspel Hörspiel o^{29}

hoorzitting Anhörung v^{20}, Hearing o^{36}: *openbare ~* öffentliche Anhörung

¹hop *(plantk)* Hopfen m^{11}

²hop *tw* hopp!

hopelijk hoffentlich

hopeloos hoffnungslos, verzweifelt

hopen hoffen: *~ op* hoffen auf^{+4}; *dat is te ~!* das wollen wir hoffen!; *het is niet te ~, dat …* ich will nicht hoffen, dass …

hor Fliegenfenster o^{33}

¹horde *(sp)* Hürde

²horde *(bende)* Horde v^{21}

hordeloop Hürdenlauf m^6

horeca Gaststättengewerbe o^{39}

horecabedrijf Gaststätte v^{21}

horen I *tr* **1** hören: *zo mag ik het ~!* das höre ich gern; *van ~ zeggen* vom Hörensagen; **2** *(verhoren)* vernehmen^{212}: *getuigen ~* Zeugen vernehmen^{212}; **II** *intr* **1** *(betamen)* sich gehören; **2** *(toebehoren)* gehören: *bij elkaar ~* zusammengehören; *er hoort een deksel bij* dazu gehört ein Deckel

horig hörig

horige Hörige(r) m^{40a}, v^{40b}

horizon Horizont m^5

horizontaal horizontal, waagerecht

horloge Uhr v^{20}: *op mijn ~ is het drie uur* auf (*of*: nach) meiner Uhr ist es drei

hormonaal hormonal

hormoon Hormon o^{29}

horoscoop Horoskop o^{29}

hors-d'oeuvre Horsd'oeuvre o^{36}, Vorspeise v^{21}

hort Ruck m^5, Stoß m^6: *met ~en en stoten* ruckweise; *de ~ op zijn* bummeln

horten holpern; *(fig)* stocken, hapern

hortensia Hortensie v^{21}

horzel 1 *(vlieg)* Dasselfliege v^{21}; **2** *(grote wesp)* Hornisse v^{21}

hosanna I *tw* hosianna!; **II** *zn* Hosianna o^{36}

hospes Wirt m^5

hospita Wirtin v^{22}

hospitaal Hospital o^{29}, o^{32}; Krankenhaus o^{32}

hospitaliseren 1 *(opnemen in een ziekenhuis)* hospitalisieren^{320}; **2** *(wennen aan een ziekenhuisverblijf)* sich an einen Krankenhausaufenthalt gewöhnen

hospitant Hospitant m^{14}

hospiteren hospitieren^{320}

hossen springen^{276} und tanzen

hostess Hostess v^{20}

hostie Hostie v^{21}

hotdog Hotdog o^{36}, m^{13}

hotel Hotel o^{36}, *(eenvoudig)* Gasthof m^6

hotelhouder, hôtelier Hotelbesitzer m^9

hotsen rumpeln, rütteln

houdbaar haltbar: *de toestand is niet langer ~* der Zustand ist nicht länger tragbar

houden I *tr* **1** *(behouden)* behalten^{183}; **2** *(vasthouden)* halten^{183}; **3** *(niet verbreken)* (ein)halten^{183}: *zijn belofte ~* sein Versprechen (ein)halten; **4** *(doen blijven in een toestand)* halten^{183}: *afstand ~* Abstand halten; *rechts ~* rechts fahren^{153}: *iem in leven ~* jmdn am Leben erhalten^{183}; **5** *(doen plaatsvinden)* abhalten^{183}: *een bespreking ~* eine Besprechung abhalten || *het bed ~* das Bett hüten; *iem aan zijn woord ~* jmdn an sein Wort halten^{183}; **II** *intr* **1** *(niet loslaten, uithouden)* halten^{183}; **2** *(met van)* lieben, mögen^{210}: *zij ~ van elkaar* sie lieben sich; *ik houd van wandelen* ich spaziere gern; *ik houd niet van druiven* ich mag keine Trauben; **III** *zich ~ (aan)* sich halten^{183} (an^{+4}): *zich kalm ~* ruhig bleiben^{134}

houder 1 *(bezitter)* Inhaber m^9; **2** *(van prijs, titel)* Träger m^9; **3** *(voorwerp dat iets vasthoudt)* Halter m^9

houding 1 *(lichaamshouding)* Haltung v^{20}: *in de ~ gaan staan* Haltung annehmen^{212}: *in de ~ staan* strammstehen^{279}; **2** *(gedrag)* Verhalten o^{39}; *(manier van handelen)* Auftreten o^{39}; *(instelling)* Einstellung v^{20}

hout Holz o^{39}: *~ hakken (bomen omhakken)* Holz fällen; *(Belg) niet meer weten van welk ~ pijlen te maken* verzweifelt sein^{262}

houten hölzern, Holz-: *~ hek* Lattenzaun m^6

houterig hölzern: *~ lopen* stelzen

houthakker Holzfäller m^9

houthandel Holzhandel m^{19}

houtje *(stukje hout)* Hölzchen o^{35}: *iets op eigen ~ doen* etwas auf eigene Faust tun^{295}

houtje-touwtjejas Dufflecoat m^{13}

houtskool Holzkohle v^{21}
houtsnede Holzschnitt m^5
houtsnijwerk Holzschnitzerei v^{20}
houtstapel Holzstapel m^9, Holzstoß m^6
houtworm Holzwurm m^8
houvast Halt m^{19}
houw 1 *(slag)* Hieb m^5; **2** *(wond)* Hieb m^5, Hiebwunde v^{21}; **3** *(hak, houweel)* Hacke v^{21}
houwdegen Haudegen m^{11}
houweel 1 *(met smal scherp blad)* Hacke v^{21}; **2** *(puntig)* Spitzhacke v^{21}
houwen hauen^{185}
hovenier Gärtner m^9
hovercraft Luftkissenfahrzeug o^{29}
hozen 1 schöpfen; **2** *(stortregenen)* gießen^{175}
hso *(Belg)* afk van hoger secundair onderwijs *(ongev)* Sekundarstufe II v^{28}
hufter Rüpel m^9, Grobian m^5
hugenoot Hugenotte m^{15}
huichelaar Heuchler m^9
huichelachtig heuchlerisch
huichelarij Heuchelei v^{20}
huichelen heucheln
huid 1 *(algem)* Haut v^{25}: *iem de ~ vol schelden* jmdm aufs Dach steigen^{281}: *tot op zijn ~ nat* nass bis auf die Haut; **2** *(behaard)* Fell o^{29}
huidaandoening Hauterkrankung v^{20}
huidarts Hautarzt m^6
huidcrème Hautcreme v^{27}, Hautkrem v^{27}
huidig heutig
huidkanker Hautkrebs m^5
huidkleur Hautfarbe v^{21}
huiduitslag Hautausschlag m^6
huidverzorging Hautpflege v^{28}
huidziekte Hautkrankheit v^{20}
huifkar Planwagen m^{11}
huig Zäpfchen o^{35}
huilbui Weinkrampf m^6
huilebalk 1 *(jongen)* Heulpeter m^9; **2** *(meisje)* Heulsuse v^{21}
huilen 1 *(mbt mensen)* weinen; **2** *(mbt dieren, storm, sirene)* heulen
huis Haus o^{32}: *het ~ van bewaring* die Strafanstalt; *ik kan niet van ~* ich kann nicht von zu Hause weg; *voor enige dagen van ~ zijn* für einige Tage verreist sein^{262}: *(Belg) daar komt niets van in ~* es geschieht nicht, es geht nicht
huisarrest Hausarrest m^5
huisarts Hausarzt m^6
huisbaas Hausbesitzer m^9
huisbezoek Hausbesuch m^5
huisbrandolie Heizöl o^{29}
huisdeur Haustür v^{20}
huisdier Haustier o^{29}
huisdokter Hausarzt m^6
huiseigenaar Hausbesitzer m^9
huiselijk häuslich: *in de ~e kring* im Familienkreis
huisgenoot Hausgenosse m^{15}
huisgezin Familie v^{21}

huishoudapparaat Haushaltsgerät o^{29}
huishoudelijk häuslich, Haushalt(s)-: *~ artikel* Haushaltsartikel m^9
huishouden I ww **1** *(de huishouding doen)* den Haushalt führen, wirtschaften; **2** *(tekeergaan)* hausen, wüten; **II** zn Haushalt m^5, Wirtschaft v^{20}: *een eigen ~* ein eigener Haushalt
huishoudgeld Haushaltsgeld o^{31}
huishouding Haushalt m^5: *hulp in de ~* Haushaltshilfe v^{21}
huishoudster Haushälterin v^{22}
huishoudtrap Trittleiter v^{21}
huishuur Miete v^{21}, Wohnungsmiete v^{21}
huisje 1 Häuschen o^{35}; **2** *(van slak)* Schneckengehäuse o^{33}
huisjesmelker profitgieriger Hausbesitzer m^9
huiskamer Wohnzimmer o^{33}
huisman Hausmann m^8
huismoeder Hausfrau v^{20}
huismus Spatz m^{14}, m^{16}; *(fig)* Stubenhocker m^9
huisnummer Hausnummer v^{21}
huisraad Hausrat m^{19}
huisschilder Anstreicher m^9
huissleutel Hausschlüssel m^9
huis-, tuin- en keuken- Feld-Wald-und-Wiesen-
huisvader Familienvater m^{10}
huisvesten unterbringen^{139}
huisvesting 1 *(het huisvesten)* Unterbringung v^{20}; **2** *(het verblijf)* Unterkunft v^{25}
huisvredebreuk Hausfriedensbruch m^{19}
huisvriend Hausfreund m^5
huisvrouw Hausfrau v^{20}
huisvuil Hausmüll m^{19}
huiswaarts nach Hause, heim(wärts)
huiswerk 1 *(werk in huis)* Hausarbeit v^{20}; **2** *(schoolwerk)* Schularbeit v^{20}, Hausaufgabe v^{21}
huiszoeking Haussuchung v^{20}
huiveren 1 *(van kou)* frösteln; **2** *(van afschuw, vrees)* schaudern; **3** *(terugdeinzen)* sich scheuen (vor^{+3})
huiverig 1 *(van kou)* fröstelnd; **2** *(aarzelend)* ik ben ~ om het te doen ich scheue mich davor
huivering Frösteln o^{39}, Schauder m^9
huiveringwekkend schauerlich, schaurig
huizen wohnen
huizenbezit Hausbesitz m^{19}
huizenblok Häuserblock m^6, m^{13}
huizenbouw Hausbau m^{19}
huizenhoog haushoch, turmhoch
huizenrij Häuserreihe v^{21}
hulde Huldigung v^{20}, Anerkennung v^{20}
huldeblijk Huldigung v^{20}
huldigen ehren, feiern; *(plechtstatig en ironisch)* huldigen^{+3}: *een mening ~* eine Meinung vertreten^{291}
huldiging Ehrung v^{20}, Huldigung v^{20}: *~ van de winnaars* Siegerehrung v^{20}
hullen I tr hüllen (in^{+4}); **II** zich ~ sich hüllen (in^{+4})
hulp Hilfe v^{21}: *eerste ~ bij ongelukken* erste Hilfe
hulpbehoevend hilfsbedürftig

hulpbron Hilfsquelle v^{21}
hulpeloos hilflos
hulpeloosheid Hilflosigkeit v^{28}
hulpgeroep Hilferuf m^5 *(meestal mv)*
hulpmiddel Hilfsmittel o^{33}
hulpmotor Hilfsmotor m^5, m^{16}
hulpstuk Zubehör(teil) o^{29}
hulpvaardig hilfsbereit
hulpvaardigheid Hilfsbereitschaft v^{28}
hulpverlener Sozialarbeiter m^9
hulpverlening Hilfeleistung v^{20}
hulpwerkwoord Hilfszeitwort o^{32}, Hilfsverb o^{37}
huls Hülse v^{21}
hulst Stechpalme v^{21}
humaan human, menschlich
humaniora *(Belg)* Humaniora *(mv) (vero, ongev)* altsprachlicher Unterricht m^{19}
humaniseren humanisieren^{320}
humanisme Humanismus m^{19a}
humanist Humanist m^{14}
humanistisch humanistisch
humanitair humanitär, menschenfreundlich
humaniteit Humanität v^{28}
humeur Laune v^{21}, Stimmung v^{20}: *in een goed ~ zijn* gut gelaunt sein^{262}: *in een slecht ~ zijn* schlecht gelaunt sein^{262}
humeurig launenhaft, launisch
hummel Krümel m^9, Wurm o^{32}
humor Humor m^5
humorist Humorist m^{14}
humoristisch humoristisch, humorvoll
humus Humus m^{19a}
hun I *pers vnw*^{82}; ihnen^3: *ze waren met ~ tienen* sie waren zu zehnt; II *bez vnw*^{80}; ihr
hunebed Hünengrab o^{32}, Hünenbett o^{37}
hunkeren *(met naar)* sich sehnen nach^{+3}
huppelen 1 hüpfen; **2** *(trippelen)* tänzeln
huren 1 *(van zaken)* mieten; **2** *(van personeel)* in Dienst nehmen^{212}, einstellen, anstellen
hurken I *zn: op de ~ zitten* hocken; II *ww* hocken, kauern
hut 1 Hütte v^{21}; **2** *(op schip)* Kabine v^{21}
hutkoffer Kabinenkoffer m^9
hutselen (durch)schütteln, mischen, mengen
hutspot Eintopf m^6, Eintopfgericht o^{29}
huur Miete v^{21}: *de kale ~* die kalte Miete; *kamers te ~* Zimmer frei
huurauto Mietauto o^{36}, Mietwagen m^{11}
huurcontract Mietkontrakt m^5, Mietvertrag m^6
huurder Mieter m^9
huurhuis Miet(s)haus o^{32}, Mietwohnung v^{20}
huurkazerne Miet(s)kaserne v^{21}
huurkoop Mietkauf m^6, Leasing o^{36}
huurling Söldner m^9
huurovereenkomst Mietvertrag m^6
huurprijs Miete v^{21}, Mietpreis m^5
huurschuld Mietschuld v^{20}
huursom Miete v^{21}
huurverhoging Mietsteigerung v^{20}, Mieterhöhung

v^{20}
huwelijk 1 *(de plechtigheid, het huwen)* Heirat v^{20}; **2** *(toestand)* Ehe v^{21}: *in het ~ treden* heiraten *(of:* sich verheiraten)
huwelijks: *~e staat* Ehestand m^{19}: *~e voorwaarden* Ehevertrag m^6
huwelijksaanzoek Heiratsantrag m^6
huwelijksfeest Hochzeitsfest o^{29}, Hochzeitsfeier v^{21}
huwelijksgeschenk Hochzeitsgeschenk o^{29}
huwen heiraten, sich verheiraten (mit^{+3})
huzarensalade Fleischsalat m^5
hyacint Hyazinthe v^{21}
hybride Hybride v^{21}
hydraulisch hydraulisch
hydrostatica Hydrostatik v^{28}
hyena Hyäne v^{21}
hygiëne Hygiene v^{28}
hygiënisch hygienisch
hymne Hymne v^{21}, Lobgesang m^6
hyperbool Hyperbel v^{21}
hypercorrect hyperkorrekt
hypermodern hypermodern, hochmodern
hypernerveus hypernervös
hyperventilatie Hyperventilation v^{20}
hyperventileren an Hyperventilation leiden^{199}
hypnose Hypnose v^{21}
hypnotisch hypnotisch
hypnotiseren hypnotisieren^{320}
hypnotiseur Hypnotiseur m^5
hypocriet I *zn* Heuchler m^9; II *bn* heuchlerisch
hypotenusa Hypotenuse v^{21}
hypothecair hypothekarisch
hypotheek Hypothek v^{20}
hypotheekakte Hypothekenbrief m^5
hypothese Hypothese v^{21}
hypothetisch hypothetisch
hysterie Hysterie v^{21}
hysterisch hysterisch

hy

i

icoon Ikone v^{21}
ideaal I *bn* ideal; II *zn* Ideal o^{29}
idealiseren idealisieren^{320}
idealisme Idealismus m^{19a}
idealist Idealist m^{14}
idealistisch idealistisch
idee 1 *(gedachte)* Idee v^{21}, Gedanke m^{18}: *geen (flauw) ~* keine (blasse) Ahnung; 2 *(mening)* Ansicht v^{20}: *naar mijn ~* meiner Ansicht nach
ideëel ideell
idee-fixe fixe Idee v^{21}
identiek identisch, vollkommen gleich
identificatie Identifizierung v^{20}
identificeren identifizieren^{320}
identiteit Identität v^{28}
identiteitsbewijs Personalausweis m^5
identiteitscontrole Ausweiskontrolle v^{21}
identiteitskaart Personalausweis m^5, Ausweis m^5
ideologie Ideologie v^{21}
ideologisch ideologisch
idioom Idiom o^{29}
idioot I *zn* Idiot m^{14}; II *bn, bw* 1 idiotisch; 2 *(belachelijk)* blöd
idolaat abgöttisch: *~ van iem, iets zijn* in jmdn, in^{+4} etwas vernarrt sein^{262}
idool Idol o^{29}
idylle Idyll o^{29}
idyllisch idyllisch
ieder *onbep vnw*^{68}; jeder (jede, jedes): *~e 2 uur alle* 2 Stunden
iedereen jeder(mann), ein jeder
iel mager, dünn
iemand *onbep vnw* jemand, einer: *~ anders* jemand anders; *zo maar ~* irgendjemand, irgendeiner; *een zeker ~* ein gewisser Jemand
iep Ulme v^{21}, Rüster v^{21}
Ier Ire m^{15}, Irländer m^9
Ierland Irland o^{39}
Iers I *zn* Irisch o^{41}; II *bn* irisch, irländisch
iets etwas, *(een beetje)* ein wenig: *een ~je* ein klein wenig; *~ anders* etwas anderes; *~ nieuws* etwas Neues; *anders nog ~?* sonst noch etwas?; *dat is net ~ voor hem:* a) *(zoiets kan men van hem verwachten)* das sieht ihm ähnlich; b) *(daar houdt hij van)* das ist sein Fall; *hij heeft ~ (een probleem)* mit ihm ist etwas los

ietsepietsie: *een ~* ein klitzekleines bisschen
ietwat etwas, ein wenig
ignoreren ignorieren^{320}
ijdel 1 *(mbt mensen)* eitel; 2 *(mbt beloften)* leer; 3 *(vergeefs)* vergeblich: *~e hoop* eitle Hoffnungen
ijdelheid Eitelkeit v^{20}
ijdeltuit 1 *(vrouw)* Zierpuppe v^{21}; 2 *(man)* Geck m^{14}
ijken eichen
¹ijl: *in aller~* in aller Eile, eilends
²ijl *bn* 1 *(mbt klank)* schwach, dünn; 2 *(mbt lucht)* dünn
ijlen 1 *(snellen)* eilen, hasten; 2 *(in koorts)* fantasieren^{320}, phantasieren^{320}
ijlings eiligst, schleunigst
ijltempo Eiltempo o^{39}
ijs Eis o^{39}: *met ~ bedekt* eisbedeckt; *(fig) beslagen ten ~ komen* gut auf^{+4} etwas vorbereitet sein^{262}
ijsafzetting Eisbildung v^{20}
ijsbaan Eisbahn v^{20}
ijsbeer Eisbär m^{14}, Polarbär m^{14}
ijsberen rastlos auf und ab gehen^{168}
ijsberg Eisberg m^5
ijsbergsla Eissalat m^5, Krachsalat m^5
ijsblokje Eiswürfel m^9
ijsbreker Eisbrecher m^9
ijsco Eis o^{39}
ijscoman Eismann m^8, Eisverkäufer m^9
ijselijk 1 *(afschuwelijk)* scheußlich, fürchterlich, grässlich; 2 *(zeer, erg)* unheimlich
ijshockey Eishockey o^{39}
ijsje Eis o^{39}: *twee ~s graag!* zwei Eis, bitte!
ijskast Kühlschrank m^6: *(fig) een plan in de ~ leggen* einen Plan auf^{+4} Eis legen
ijsklomp Eisklumpen m^{11}
ijskompres Eisumschlag m^6
ijskoud 1 eiskalt: *ik kreeg een ~e rilling* es lief mir eiskalt über den Rücken; *een ~e ontvangst* ein eisiger Empfang; 2 *(onverstoorbaar)* seelenruhig, unverfroren
IJsland Island o^{39}
IJslander Isländer m^9
IJslands I *zn* Isländisch o^{41}; II *bn* isländisch
ijslolly Eis o^{39} am Stiel
ijsspegel Eiszapfen m^{11}
ijssalon Eisdiele v^{21}, Eiscafé o^{36}
ijstaart Eistorte v^{21}
ijstijd Eiszeit v^{20}
IJszee Eismeer o^{29}, Polarmeer o^{29}
ijver 1 Fleiß m^{19}; 2 *(geestdrift)* Eifer m^{19}: *al te grote ~* Übereifer; 3 *(het onafgebroken bezig zijn)* Emsigkeit v^{28}; 4 *(het druk bezig zijn)* Geschäftigkeit v^{28}
ijveraar Eiferer m^9
ijveren eifern (für^{+4}; gegen^{+4})
ijverig 1 fleißig; 2 eifrig: *~ in de weer* eifrig bemüht; *~e pogingen doen* sich eifrig bemühen; 3 *(naarstig)* emsig; 4 *(druk bezig)* geschäftig
ijzel Eisregen m^{19}: *kans op ~* Glatteisgefahr v^{28}
ijzelen: *het ijzelt* es gibt Glatteis
ijzen *(gruwen)* schau(d)ern: *~ van* schau(d)ern

vor[+3]; *om van te* ~ schauderhaft

ijzer Eisen o[35]

ijzerdraad Eisendraht m[6]: *omheining van* ~ Drahtzaun m[6]

ijzeren eisern, Eisen…: ~ *hek* Eisengitter o[33]

ijzererts Eisenerz o[29]

ijzergieterij Eisengießerei v[20]

ijzerhoudend eisenhaltig

ijzerindustrie Eisenindustrie v[21]

ijzersterk 1 *(mbt gezondheid, wil)* eisern; **2** *(mbt kleding, schoenen)* strapazierfähig || ~*e argumenten* starke Argumente; *een* ~ *nummer* eine bärenstarke Nummer

ijzervreter Eisenfresser m[9], Draufgänger m[9]

ijzerwaren Eisenwaren mv v[21]

ijzerzaag Eisensäge v[21]

ijzig 1 *(koud) (ook fig)* eisig, eiskalt; **2** *(ijzingwekkend)* schauderhaft, grausig

ijzingwekkend schauderhaft, grausig

ik I *pers vnw* ich[82]: *als* ~ *jou geweest was* ich an deiner Stelle; **II** *zn* Ich o *(2e nvl -(s); mv -(s))*

ik-figuur Icherzähler m[9]

ik-vorm Ichform v[28]

ikzelf ich selbst, ich selber

illegaal I *bn* illegal, gesetzwidrig; **II** *zn (buitenlander)* Illegale(r) m[40a]

illegaliteit Illegalität v[28]

illusie Illusion v[20]: *zich* ~*s maken* sich Illusionen hingeben[166]; ~*s wekken* Illusionen erwecken

illuster illuster, berühmt

illustratie Illustration v[20]

illustreren illustrieren[320]

image Image o[36]

imaginair imaginär

imago Image o[36]

imam Imam m[5], m[13]

imbeciel I *zn* **1** Imbezil(l)e(r) m[40a], v[40b]; **2** *(stommerik)* Idiot m[14]; **II** *bn* **1** imbezil(l); **2** *(dom)* doof

IMF *afk van Internationaal Monetair Fonds* Internationaler Währungsfonds m[19a] *(afk IWF)*

imitatie Imitation v[20]

imiteren imitieren[320], nachahmen

imker Bienenzüchter m[9], Imker m[9]

immaterieel immateriell, unstofflich

immens immens, unermesslich

immer immer, stets

immers ja; doch: *hij is* ~ *kalm* er ist ja ruhig; *dat was een stomme zet,* ~ *daardoor …* das war ein dummer Zug, denn dadurch …

immigrant Immigrant m[14], Einwanderer m[9]

immigratie Immigration v[20], Einwanderung v[20]

immigreren immigrieren[320], einwandern

immobiel immobil, unbeweglich

immobiliën *(Belg)* Immobilien mv v[21]

immoreel unmoralisch, unsittlich

immuniseren immunisieren[320]

immuniteit Immunität v[20]

immuun immun

impact Wirkung v[20]

impasse Sackgasse v[21]

imperiaal *(op auto)* Dachgepäckträger m[9]

imperialisme Imperialismus m *(2e nvl -; mv -men)*

imperialist Imperialist m[14]

imperialistisch imperialistisch

imperium Imperium o *(2e nvl -s; mv Imperien)*

impertinent impertinent, unverschämt

implantaat Implantat o[29]

implicatie Implikation v[20]

impliceren implizieren[320]

impliciet implizit

imponeren imponieren[320+3], beeindrucken

impopulair unpopulär, unbeliebt

import Import m[5], Einfuhr v[20]

importantie Wichtigkeit v[28], Bedeutung v[28]

importartikel Einfuhrware v[21], Einfuhrartikel m[9]

importeren importieren[320], einführen

importeur Importeur m[5]

imposant imposant

impotent impotent

impotentie Impotenz v[28]

impregneren imprägnieren[320]

impresario Agentur v[20]

impresario Agent m[14]

impressie Eindruck m[6]

impressionisme Impressionismus m[19a]

impressionist Impressionist m[14]

impressionistisch impressionistisch

improductief unproduktiv

improvisatie Improvisation v[20]

improviseren improvisieren[320]

impuls Impuls m[5], Antrieb m[5]

impulsief impulsiv

¹in I *vz* **1** *(mbt plaats, ook fig)* in *(bij beweging gericht op doel*[+4]*, anders*[+3]*)*: ~ *het water duiken* ins Wasser tauchen; ~ *uw plaats* an Ihrer Stelle; ~ *volle zee* auf hoher See; **2** *(bij een tijdsduur)* in[+3], an[+3], binnen[+3], innerhalb[+2]: ~ *maart* im März; ~ *het begin* am Anfang; ~ *2001* 2001, im Jahre 2001; **3** *(ten tijde van)* zu[+3]; **4** *(wat betreft)* an[+3]: *iem* ~ *kennis evenaren* jmdm an Kenntnissen gleichkommen[193]; **5** *(mbt de wijze, de vorm)* in[+3], auf[+4]: *iets* ~ *het Engels zeggen* etwas auf Englisch sagen; ~ *Duits geld is dat …* nach deutschem Geld ist das …; **II** *bw* **1** *(van spreker weg)* in[+4] … (hinein): *hij ging het huis* ~ er ging ins Haus (hinein); **2** *(naar spreker toe)* in[+4] … (herein): *hij kwam het huis* ~ er kam ins Haus (herein) || *dat wil er bij mij niet* ~ das will mir nicht in den Kopf; *dag* ~, *dag uit* tagaus, tagein; *jaar* ~, *jaar uit* jahraus, jahrein; *de bal is* ~ der Ball ist im Feld

²in in: *dat is* ~ *(populair)* das ist in

inachtneming Beachtung v[28]: *met* ~ *van* unter Beachtung[+2]

inactiveren inaktivieren[320]

inademen einatmen

inademing Einatmung v[28], Einatmen o[39]

inbedrijfstelling Inbetriebnahme v[21]

inbeelden, zich sich einbilden

inbegrepen inbegriffen, (mit) einbegriffen: *bij de*

prijs ~ zijn im Preis einbegriffen sein[262]
inbegrip: *met ~ van* einschließlich[+2]
inbeslagneming Beschlagnahme *v*[21]
inbezitneming Besitznahme *v*[28], Besitzergreifung *v*[28]
inbinden 1 *(van boek)* (ein)binden[131]; **2** *(zich gematigder opstellen)* einlenken
inblazen: *iets nieuw leven ~* etwas neu beleben
inblikken eindosen
inboedel Mobiliar *o*[29], Hausrat *m*[19]
inboeken (ver)buchen, eintragen[288]
inboeten einbüßen, verlieren[300]
inboezemen einflößen: *iem afschuw ~* jmdm Abscheu einflößen
inboorling(e) Eingeborene(r) *m*[40a], *v*[40b]
inborst Naturell *o*[29], Gemüt *o*[31]
inbouw 1 *(lett)* Einbau *m (2e nvl -(e)s; mv -ten);* **2** *(fig)* Aufnahme *v*[21]
inbouwen 1 einbauen (in[+4]): *een clausule ~* eine Klausel einbauen; *veiligheidsmaatregelen ~* Sicherheitsmaßnahmen einplanen; **2** *(met andere gebouwen omgeven)* umbauen
inbouwkast Einbauschrank *m*[6]
inbraak Einbruch *m*[6]
inbraakvrij einbruch(s)sicher
inbranden einbrennen[138] (in[+4])
inbreken einbrechen[137] (in[+4])
inbreker Einbrecher *m*[9]
inbreng 1 *(algem)* Beitrag *m*[6]; **2** *(in spaarbank)* Einlage *v*[21]; **3** *(bijdrage aan prestatie)* Anteil *m*[5]
inbrengen 1 *(naar binnen)* einbringen[139] (in[+4]); **2** *(in huwelijk)* einbringen[139]; **3** *(in spaarbank)* einlegen; **4** *(als loon thuisbrengen)* einbringen[139]; **5** *(aanvoeren)* vorbringen[139], einwenden[308]: *een klacht ~* eine Klage vorbringen
inbreuk Eingriff *m*[5]; Verletzung *v*[20]: *~ op de bepalingen* Verstoß *m*[6] gegen die Bestimmungen
inburgeren einbürgern (in[+3])
inburgeringsprogramma Einbürgerungsprogramm *o*[29]
incalculeren einkalkulieren[320] (in[+4])
incapabel unfähig, ungeeignet
incarnatie Inkarnation *v*[20]
incasseren (ein)kassieren[320], einziehen[318]; *(invorderen)* beitreiben[290]: *klappen ~* Schläge einstecken; *een doelpunt ~* ein Tor einstecken
incasseringsvermogen: *een groot ~ bezitten* viel einstecken können[194]
incasso Inkasso *o*[36], Einkassierung *v*[20]
incest Inzest *m*[5]
incestueus inzestuös
incheckbalie Abfertigungsschalter *m*[9]
incident Zwischenfall *m*[6]
incidenteel 1 *(toevallig)* zufällig; **2** *(af en toe)* gelegentlich, ab und zu; **3** *(terloops)* beiläufig
inclusief inklusive[+2], einschließlich[+2], einbegriffen, inbegriffen
incognito I *zn* Inkognito *o*[36]; **II** *bw* inkognito
incompetent inkompetent

incompetentie Inkompetenz *v*[20]
incompleet inkomplett, unvollständig
inconsequent inkonsequent
inconsequentie Inkonsequenz *v*[20]
incontinent an Inkontinenz leidend
incorrect inkorrekt, unkorrekt
incourant 1 *(mbt waren)* nicht marktgängig; **2** *(mbt fondsen)* nicht börsengängig
incubatietijd Inkubationszeit *v*[20]
indammen eindämmen, eindeichen
indampen eindampfen
indekken, zich sich absichern (gegen[+4])
indelen einteilen (in[+4]): *bij de zoogdieren ~* den Säugetieren zuordnen
indeling Einteilung *v*[20]
indenken: *zich in iets ~* sich in[+4] etwas (hin)eindenken[140], sich[3] etwas vorstellen
inderdaad in der Tat, tatsächlich
inderhaast in aller Eile, schleunigst
indertijd damals
indeuken einbeulen, eindrücken
index Index *m (2e nvl -(es); mv -e of Indizes)*
indexcijfer Indexziffer *v*[21], Indexzahl *v*[20]
indexeren indexieren[320], indizieren[320]
India Indien *o*[39]
indiaan Indianer *m*[9]
Indiaans indianisch
Indiaas indisch
indicatie 1 Indikation *v*[20]: *een medische ~* eine medizinische Indikation; *op medische ~* aus Gesundheitsgründen; **2** *(aanwijzing)* Indiz *o (2e nvl -es; mv Indizien)*
indien wenn, falls
indienen einreichen, vorlegen: *ingediend wetsontwerp* Gesetzesvorlage *v*[21]: *een aanklacht ~* eine Klage einreichen; *een verzoek ~* einen Antrag stellen; *een verzoekschrift ~* eine Eingabe machen; *een wetsontwerp ~* einen Gesetzentwurf vorlegen
indiening Einreichung *v*[20], Vorlegung *v*[28]; *zie ook* indienen
indiensttreding Dienstantritt *m*[5]
Indiër Inder *m*[9]
indigestie Indigestion
indijken eindeichen, eindämmen
indirect indirekt
indiscreet indiskret
individu Individuum *o (2e nvl -s; mv Individuen)*
individueel individuell
indoctrinatie Indoktrination *v*[20]
indompelen eintauchen (in[+4])
Indonesië Indonesien *o*[39]
Indonesiër Indonesier *m*[9]
Indonesisch indonesisch
indoor- Hallen...
indoorsport Hallensport *m*[5]
indopen eintauchen (in[+4])
indraaien (hin)eindrehen (in[+4]): *de bak ~* im Knast landen; *de straat ~* in die Straße einbiegen[129]
indrijven treiben[290] (in[+4])

indringen I *tr* (hinein)drängen (in⁺⁴); **II** *intr* eindringen[143] (in⁺⁴); **III** *zich* ~ sich eindrängen (in⁺⁴)
indringend eingehend, eindringlich
indringer Eindringling *m*⁵; *(binnenvallende vijand)* Invasor *m*¹⁶
indruisen widersprechen[274+3], verstoßen[285] (gegen⁺⁴): *tegen de wet* ~ gegen das Gesetz verstoßen
indruk Eindruck *m*⁶: *een* ~ *geven* einen Eindruck vermitteln; *onder de* ~ *komen* beeindruckt werden[310]: *onder de* ~ *zijn* beeindruckt sein[262]: *de* ~ *wekken* den Eindruck erwecken
indrukken eindrücken: *het gaspedaal* ~ aufs Gaspedal treten[291]: *de toets* ~ auf die Taste drücken
indrukwekkend imposant, imponierend
in dubio in dubio: ~ *staan* zweifeln
industrialisatie Industrialisierung *v*²⁰
industrialiseren industrialisieren[320]
industrie Industrie *v*²¹: *de zware* ~ die Schwerindustrie
industrieafval Industriemüll *m*¹⁹
industriebond Industriegewerkschaft *v*²⁰ *(afk* IG)
industrieel I *zn* Industrielle(r) *m*⁴⁰ᵃ, *v*⁴⁰ᵇ; **II** *bn* industriell
industriegebied Industriegebiet *o*²⁹
industrieterrein Gewerbegebiet *o*²⁹
indutten einnicken
ineen ineinander, zusammen
ineenkrimpen sich (zusammen)krümmen
ineens 1 *(plotseling)* plötzlich; **2** *(tegelijk)* auf einmal, zugleich: *bedrag* ~ Pauschalbetrag *m*⁶
ineenschrompelen zusammenschrumpfen
ineenstorten zusámmenbrechen[137]
ineenstorting Zusammenbruch *m*⁶
inefficiënt ineffizient, unwirksam
inenten (ein)impfen, vakzinieren[320]: ~ *tegen* impfen gegen⁺⁴
inenting Impfung *v*²⁰, Vakzination *v*²⁰
inentingsbewijs Impfschein *m*⁵, Impfpass *m*⁶
infaam infam, niederträchtig
infanterie Infanterie *v*²¹
infanterist Infanterist *m*¹⁴, Grenadier *m*⁵
infantiel infantil
infarct Infarkt *m*⁵
infecteren infizieren[320], anstecken
infectie Infektion *v*²⁰, Ansteckung *v*²⁰
inferieur inferior
infertiliteit Infertilität *v*²⁸, Unfruchtbarkeit *v*²⁸
infiltrant Infiltrant *m*¹⁴
infiltratie Infiltration *v*²⁰
infiltreren infiltrieren[320], eindringen[143] (in⁺⁴)
inflatie Inflation *v*²⁰, Geldentwertung *v*²⁰
inflatiepercentage Inflationsrate *v*²¹
inflatoir inflatorisch
influisteren einflüstern
info Information *v*²⁰
informateur Politiker *m*⁹, der den Auftrag hat, die Möglichkeiten einer Kabinettsbildung zu sondieren
informatica Informatik *v*²⁸

informaticus Informatiker *m*⁹
informatie 1 Information *v*²⁰ *(meestal mv)* Auskunft *v*²⁵: ~*s zijn verkrijgbaar bij* … Auskunft erteilt …; ~*(s) inwinnen* Erkundigungen einziehen[318] (über⁺⁴); **2** *(gegevens)* Daten *(mv)*
informatiebalie Auskunftsstelle *v*²¹, Auskunftsschalter *m*⁹
informatiebank Datenbank *v*²⁰
informatiebureau Auskunftsbüro *o*³⁶; *(handel)* Auskunftei *v*²⁰
informatiedrager Datenträger *m*⁹, Informationsträger *m*⁹
informatief informativ
informatiesysteem Informationssystem *o*²⁹
informatietechnologie Informationstechnologie *v*²¹
informatieverwerking Datenverarbeitung *v*²⁰ *(afk* DV); Informationsverarbeitung *v*²⁰
informatisering Computerisierung *v*²⁸
informeel informell
informeren: *(bij iem)* ~ *naar* sich (bei jmdm) erkundigen nach⁺³; *telefonisch* ~ telefonisch nachfragen; *informeer eens waar hij woont* frag mal nach, wo er wohnt; *iem omtrent iets* ~ jmdn über⁺⁴ etwas unterrichten
infrarood infrarot, Infrarot…
infuus Infusion *v*²⁰: *aan het* ~ *liggen* am Tropf hängen[184]
ingaan (hinein)gehen[168] in⁺⁴: *het bos* ~ in den Wald (hinein)gehen; *de politiek* ~ in die Politik gehen[168]: *de regeling gaat de 1e april in* die Regelung tritt am 1. April in Kraft; *dat ijsje gaat er wel in* dieses Eis ist eine Gaumenfreude; *(nader) op iets* ~ (näher) auf⁺⁴ etwas eingehen; *tegen iets* ~ sich einer Sache³ widersetzen
ingang 1 Eingang *m*⁶; *(van bus, tram)* Einstieg *m*⁵: ~ *vinden* sich durchsetzen; *met* ~ *van heden* mit Wirkung ab heute; *met* ~ *van 1 mei* vom 1. Mai an; *met onmiddellijke* ~ ab sofort; **2** *(code voor computer)* Kode *m*¹³
ingebeeld eingebildet
ingebouwd eingebaut
ingebruikneming 1 Inbetriebnahme *v*²¹; **2** *(opening)* Eröffnung *v*²⁰
ingeburgerd eingebürgert
ingelegd 1 eingelegt; **2** *(ingemaakt)* eingemacht
ingemaakt 1 eingemacht; **2** *(sp)* weggeputzt
ingenaaid *(mbt boek)* geheftet, broschiert
ingenieur 1 *(hts)* Ingenieur *m*⁵ *(afk* Ing.); **2** *(technische universiteit of landbouwuniversiteit)* Diplomingenieur *(afk* Dipl.-Ing.); *bouwkundig* ~ Bauingenieur; *civiel-*~ Tiefbauingenieur
ingenieus ingeniös, erfinderisch
ingenomen eingenommen: *iedereen is met haar* ~ alle sind von ihr eingenommen; *met zichzelf* ~ *zijn* von sich selbst eingenommen sein[262]: *ik ben met het plan zeer* ~ der Plan gefällt mir sehr
ingeschreven *(bijv. in register)* eingetragen
ingesloten anliegend, anbei: *alles* ~ alles einbegrif-

in

fen; ~ *zenden wij* anbei senden wir

ingespannen angestrengt

ingesprektoon Besetztzeichen *o*[35]

ingetogen besinnlich; *(zedig)* sittsam

ingeval falls

ingeven eingeben[166], *(negatief)* einflüstern

ingeving Eingebung *v*[20], Einfall *m*[6]: *een ~ krijgen* eine Eingebung haben[182]

ingevolge infolge[+2], gemäß[+3]

ingewanden Eingeweide *o*[33] *(meestal mv)*: *de ~ der aarde* das Innere der Erde

ingewijde Eingeweihte(r) *m*[40a], *v*[40b]

ingewikkeld verwickelt, kompliziert

ingeworteld eingewurzelt

ingezetene Einwohner *m*[9]

ingezonden eingesandt: ~ *brief* Leserbrief *m*[5]

ingoed grundgütig, herzensgut

ingooi Einwurf *m*[6]

ingooien einwerfen[311]: *iem de sloot ~* jmdn in den Graben werfen

ingraven eingraben[180] (in[+4]), vergraben[180]

ingrediënt 1 *(van spijzen)* Zutat *v*[20]; **2** *(van farmaceutische producten)* Bestandteil *m*[5]

ingreep Eingriff *m*[6]

ingrijpen eingreifen[181] (in[+4]): *de politie moest ~* die Polizei musste einschreiten

ingrijpend drastisch, einschneidend, tief greifend

ingroeien (hin)einwachsen[302] (in[+4])

inhaalmanoeuvre Überholmanöver *o*[33]

inhaalstrook Überholspur *v*[20]

inhaalverbod Überholverbot *o*[29]

inhaalwedstrijd Nachholspiel *o*[29]

inhaken *(arm in arm gaan lopen)* sich einhaken; *(aanknopen bij)* aufgreifen[181]: *op die opmerking wil ik even ~* diese Bemerkung möchte ich mal aufgreifen

inhakken einhauen[185]: *op de vijand ~* auf den Feind einhauen; *dat hakt erin* das läuft ins Geld

inhalen 1 *(van oogst)* einbringen[139], einfahren[153]; **2** *(van netten, vlag)* einholen, einziehen[318]; **3** *(van zeilen, verloren tijd, president)* einholen; **4** *(iem, die ons vooruit is)* einholen, *(passeren)* überholen; **5** *(het verzuimde, slaap, examen)* nachholen; **6** *(de achterstand)* aufholen: *iem die beter is ~* jmdm gleichkommen[193]

inhaleren inhalieren[320], einatmen

inhalig habgierig, habsüchtig

inham Bucht *v*[20], Meeresbucht *v*[20], Bai *v*[20]

inhebben: *de pest ~* stinksauer sein[262]: *contactlenzen ~* Haftschalen tragen[288]

inhechtenisneming Inhaftierung *v*[20], Verhaftung *v*[20]: *bevel tot ~* Haftbefehl *m*[5]

inheems einheimisch

inherent inhärent: ~ *aan* inhärent[+3]

inhoud Inhalt *m*[5]: *rijk aan ~* inhalt(s)reich

inhouden I *tr* **1** *(bevatten)* enthalten[183]; **2** *(behelzen)* bedeuten; **3** *(onderdrukken, beheersen)* anhalten[183], zurückhalten[183], unterdrücken: *ingehouden pijn* verhaltener Schmerz; *ingehouden tranen* verhalte-

ne Tränen; *ingehouden vreugde* unterdrückte Freude; *de adem ~* den Atem anhalten; *de tranen ~* die Tränen hinunterschlucken; *zijn vaart ~* mit der Geschwindigkeit heruntergehen[168]; **4** *(niet uitbetalen)* einbehalten[183]; **II** *zich ~* sich zurückhalten[183]: *ik kon me niet langer ~* ich konnte mich nicht länger zurückhalten

inhouding Abzug *m*[6]

inhoudsmaat Hohlmaß *o*[29], Kubikmaß *o*[29]

inhoudsopgave Inhaltsverzeichnis *o*[29a]

inhuldigen feierlich in ein Amt einführen

inhuren einstellen, engagieren[320]

initiaal Initiale *v*[21], Anfangsbuchstabe *m*[18]

initiatief Initiative *v*[21]: *het ~ nemen* die Initiative ergreifen[181]: *op iems ~* auf jmds Anregung; *op eigen ~* aus eigener Initiative

initiatiefnemer Initiator *m*[16], Anreger *m*[9]

injagen (hinein)jagen (in[+4]): *iem de dood ~* jmdn in den Tod treiben[290]

injecteren injizieren[320], (ein)spritzen

injectie Injektion *v*[20], Einspritzung *v*[20], Spritze *v*[21]

injectiemotor Einspritzmotor *m*[5], *m*[16]

injectienaald Injektionsnadel *v*[21]

injectiespuit Injektionsspritze *v*[21]

inkapselen einkapseln, verkapseln

inkeer Einkehr *v*[28], Selbstbesinnung *v*[28]

inkepen (ein)kerben (in[+4]), (ein)ritzen (in[+4])

inkeping Einkerbung *v*[20]

inkerven (ein)kerben (in[+4]), (ein)ritzen (in[+4])

inkijk Einblick *m*[5]

inkijken hineinsehen[261], hereinsehen[261]; *(een boek, brief)* einsehen[261], durchsehen[261]

inklaren abfertigen; verzollen

inklaring Abfertigung *v*[20]

inkleden *(ook fig)* einkleiden (in[+4])

inklemmen einklemmen

inklimmen einsteigen[281] (in[+4])

inkoken einkochen

inkom *(Belg)* Eintritt *m*[5]

inkomen I *ww* **1** hineinkommen[193], hereinkommen[193]: *het dorp ~* ins Dorf kommen[193]; **2** *(mbt belastingen, bestellingen, betalingen, brieven, klachten)* eingehen[168]; **3** *(mbt schepen, treinen)* einlaufen[198] ‖ *daar kan ik ~* das kann ich verstehen; *daar komt niets van in* daraus wird nichts; **II** *zn* Einkommen *o*[35], *(salaris)* Gehalt *o*[32]

inkomsten Einkünfte *(mv)* *(ontvangsten)* Einnahmen *mv* *v*[21]: ~ *in natura* Sachbezüge *mv* *m*[6]

inkomstenbelasting Einkommen(s)steuer *v*[21]

inkoop Einkauf *m*[6]: *inkopen doen* einkaufen, Einkäufe machen

inkoopsprijs Einkaufspreis *m*[5]

inkopen einkaufen

inkoper Einkäufer *m*[9]

inkorten *(korter maken, minderen)* kürzen

inkrimpen I *tr* *(kleiner maken)* abbauen, einschränken: *het personeel ~* das Personal abbauen; *het verkeer ~* den Verkehr einschränken; **II** *intr* *(mbt stoffen)* schrumpfen

inkruipen (hinein)kriechen[195] (in[+4])
inkt Tinte v^{21}
inktvis Tintenfisch m^5
inktvlek Tintenfleck m^5, Tintenklecks m^5
inktzwart kohlschwarz, pechschwarz
inkwartieren einquartieren[320], unterbringen[139] (in[+3] (of: bei[+3]))
inlaat Einlass m^6
inladen 1 *(van voertuig)* beladen[196]; **2** *(van lading)* einladen[196], verladen[196]
inlander Eingeborene(r) m^{40a}
inlands *(inheems)* einheimisch, inländisch
inlassen einschalten, einfügen, einschieben[237]; *(radio, tv)* einblenden; *(een pauze)* einlegen
inlaten I *tr* einlassen[197] (in[+4]); **II** *zich* ~ *met* sich einlassen mit[+3]: *zich met speculaties* ~ sich auf[+4] Spekulationen einlassen
inleg Einlage v^{21}; *(bij het spel)* Einsatz m^6
inleggeld Einlage v^{21}, Einzahlung v^{20}
inleggen 1 einlegen; **2** *(geld)* einzahlen
inlegzool Einlegesohle v^{21}
inleiden einführen, einleiten
inleider Referent m^{14}
inleiding Einleitung v^{20}, Einführung v^{20}
inleven, zich sich hineinversetzen (in[+4])
inleveren 1 einliefern, abgeben[166]; *(een klacht, verzoek)* einreichen; **2** *(het met minder moeten doen)* kürzer treten[291]
inlezen einlesen[201]: ~ *in* einlesen in[+4]
inlichten: *iem over iets* ~ jmdn über[+4] etwas informieren[320]: *verkeerd ingelicht* falsch unterrichtet
inlichting Auskunft v^{25}; Information v^{20} *(meestal mv)*: *om ~en vragen* um Auskunft bitten[132]
inlichtingendienst *(mil)* Nachrichtendienst m^5
inlijsten einrahmen
inlijven 1 *(van zaken)* einverleiben[+3], annektieren[320]; **2** *(van personen)* einreihen in[+4]
inlijving 1 *(van zaken)* Einverleibung v^{20}, Annektierung v^{20}; **2** *(van personen)* Einreihung v^{20}
in-lineskate Inlineskate m^{13}
inloggen sich einloggen
inlopen I *intr* **1** hereinlaufen[198], hereingehen[168]; hineinlaufen[198], hineingehen[168]: *(mbt schip) de haven* ~ in den Hafen (ein)laufen[198]: *een huis* ~ in ein Haus gehen[168]: *een straat* ~ in eine Straße einbiegen[129]; **2** *(het slachtoffer worden)* hereinfallen[154]: *iem er laten* ~ jmdn hereinlegen; **II** *tr (schoenen)* einlaufen[198]
inlossen 1 einlösen; **2** *(van hypotheek)* tilgen
inluiden einläuten
inluizen: *iem er* ~ jmdn verpfeifen[214]
inmaken 1 *(wecken)* einmachen, einkochen; **2** *(verslaan)* wegputzen, abfertigen
inmengen, zich sich einmischen (in[+4])
inmetselen einmauern (in[+4])
inmiddels mittlerweile
in natura in natura: *loon* ~ Naturallohn m^6
innemen 1 *(algem)* einnehmen[212]; **2** *(van kleding)* einnähen; **3** *(van rijbewijs)* einziehen[318]

innemend einnehmend, gewinnend
innen kassieren[320], einziehen[318], eintreiben[290]: *een cheque* ~ einen Scheck einlösen
innerlijk I *zn* Innere(s) o^{40c}; **II** *bn, bw* inner; innerlich *(meer als tegenstelling van* äußerlich*)*
innig innig, *(minder sterk)* herzlich
inning Inkasso o^{36}; Einziehung v^{20}, Eintreibung v^{20}; *(van cheque)* Einlösung v^{20}
innovatie Innovation v^{20}
innovatief innovativ
innoveren innovieren[320], erneuern
inpakken einpacken (in[+4]): *zich laten* ~ *(inpalmen)* sich einwickeln lassen[197] || ~ *en wegwezen!* nichts wie weg hier!
inpalmen 1 *(zich toe-eigenen)* einstecken; **2** *(voor zich winnen)* iem jmdn bestricken
inpassen (hin)einpassen (in[+4])
inpeperen einpfeffern: *(fig) ik zal het hem* ~ ich werde es ihm einschärfen
inperken einschränken, eindämmen
inpikken 1 *(zich toe-eigenen)* einstecken, sich[3] zueignen; **2** *(Belg) (inhaken)* einhaken, aufgreifen[181]
inplakken einkleben (in[+4])
inplanten einpflanzen (in[+4])
inpluggen einstöpseln
inpolderen eindeichen, einpoldern
inpompen (hin)einpumpen (in[+4]); *(fig)* eintrichtern: *er bij iem formules* ~ jmdm Formeln eintrichtern
inpraten: *op iem* ~ auf jmdn einreden
inprenten (jmdm etwas) einschärfen
inproppen (hin)einstopfen (in[+4])
input *(van computer)* Input m^{13}, o[36], Eingabe v^{21}
inregenen hereinregnen, hineinregnen
inrekenen festnehmen[212], einsperren
inrichten 1 einrichten; **2** *(Belg)* organisieren[320]: *de ~de macht (ongev)* der Schulträger
inrichter *(Belg)* Organisator m^{16}
inrichting 1 *(aankleding)* Einrichtung v^{20}; **2** *(regeling)* Anordnung v^{20}; Organisation v^{20}; **3** *(instituut)* Anstalt v^{20}
inrijden I *intr* (hinein)fahren[153] (in[+4]), *(op een dier)* (hinein)reiten[221] (in[+4]); **II** *tr (van auto)* einfahren[153]
inrit Einfahrt v^{20}: *verboden* ~! keine Einfahrt!
inroepen: *iems bemiddeling* ~ jmds Vermittlung anrufen[226]; *iems hulp* ~ jmdn um Hilfe bitten[132]
inrollen (hinein)rollen (in[+4])
inroosteren einplanen
inruilen umtauschen, eintauschen; *(een oud product inleveren)* in Zahlung geben[166]: ~ *voor* eintauschen gegen[+4]
inruilwaarde Wiederverkaufswert m^5
inruimen einräumen
inrukken einrücken (in[+4])
inschakelen 1 einschalten; **2** *(inzetten)* einsetzen
inschatten einschätzen
inschenken einschenken, eingießen[175]
inschepen einschiffen, verschiffen
inscheuren einreißen[220]

inschieten I *tr* einschießen[238]: *zijn geld erbij* ~ sein Geld einbüßen; II *intr (missen)* entgehen[168]

inschikkelijk nachgiebig, gefügig

inschikken 1 *(inschikkelijk zijn)* nachgeben[166]; 2 *(plaats maken)* zusammenrücken

inschrijfformulier Anmeldeformular o[29]

inschrijfgeld Anmeldegebühr v[20]

inschrijven I *tr* 1 *(algem)* einschreiben[252]; *(in een officieel register)* eintragen[288]: *zich als student laten* ~ sich immatrikulieren lassen[197], sich als Student einschreiben lassen; 2 *(voor cursus, wedstrijd)* anmelden; II *intr* 1 *(intekenen)* subskribieren[320]; *(algem)* vorausbestellen; 2 *(bij aanbesteding)* ein Angebot einreichen; 3 *(op lening, aandelen)* zeichnen: *op een lening* ~ eine Anleihe zeichnen

inschrijving 1 *(algem)* Einschreibung v[20], Eintragung v[20]; *(als student)* Immatrikulation v[20], Einschreibung v[20]; 2 *(voor wedstrijd, cursus)* Anmeldung v[20]; 3 *(op boek)* Subskription v[20], *(op aandelen, lening)* Zeichnung v[20]; *(algem)* Vorausbestellung v[20]; 4 *(bij aanbesteding)* Angebot o[29]; *zie ook* inschrijven

inschrijvingsformulier Anmeldeformular o[29]

inschrijvingstaks *(Belg)* Kraftfahrzeugsteuer v[21]

inschroeven einschrauben (in[+4])

inschuiven 1 (hin)einschieben[237] (in[+4]); 2 *(opschuiven)* zusammenrücken

inscriptie Inschrift v[20]

insect Insekt o[37]

insecticide Insektizid o[29], Insektengift o[29]

inseinen: *iem* ~ jmdn informieren[320]

inseminatie Insemination v[20]

insgelijks gleichfalls, ebenfalls

insider Eingeweihte(r) m[40a], v[40b], Insider m[9]

insigne Abzeichen o[35]

insinuatie Unterstellung v[20]

insinueren unterstellen

inslaan I *tr* 1 einschlagen[241]; 2 *(inkopen)* einkaufen; II *intr* 1 *(ingaan)* einschlagen[241], einbiegen[129]: *een weg* ~ einen Weg einschlagen (*of:* einbiegen); 2 *(met kracht in iets dringen)* einschlagen[241]: *de bliksem is ingeslagen* der Blitz hat eingeschlagen; 3 *(indruk maken)* zünden, ankommen[193]: *dat idee sloeg in* dieser Gedanke zündete (*of:* kam an)

inslag Einschlag m[6]

inslapen einschlafen[240]

inslikken verschlucken

insluimeren einschlummern

insluipen *(ook fig)* sich einschleichen[242]

insluiten 1 *(bijsluiten)* beifügen, beilegen; 2 *(omsingelen)* einschließen[245]; 3 *(opsluiten)* einsperren; 4 *(betekenen)* bedeuten

insmeren einschmieren; *(zalf, olie)* einreiben[219]

insmijten einschmeißen[247], einwerfen[311]

insneeuwen 1 einschneien; 2 *(naar binnen sneeuwen)* hineinschneien, hereinschneien

insnijden einschneiden[250]

insnijding Einschnitt m[5]

insnoeren einschnüren

insolvent insolvent, zahlungsunfähig

inspannen I *tr* 1 *(van trekdieren)* einspannen; 2 *(van wagen)* anspannen; 3 *(met kracht inzetten)* anstrengen; II *zich* ~ sich anstrengen

inspannend anstrengend

inspanning Anstrengung v[20]; *(moeite)* Bemühung v[20]: *te grote* ~ Überanstrengung v[20]: *met* ~ *van alle krachten* unter Aufbietung aller Kräfte

inspecteren inspizieren[320]

inspecteur 1 *(algem)* Inspektor m[16]: ~ *van politie* Polizeikommissar m[5]; 2 *(ond)* Schulrat m[6]

inspectie 1 Inspektion v[20]; 2 *(mil)* Inspektion v[20], Inspizierung v[20]; 3 *(ond)* Schulamt o[32]; 4 *(belastingen)* Finanzamt o[32]

inspectrice Inspektorin v[22]

inspelen I *tr* einspielen; II *intr (met op)* sich einstellen auf[+4]; III *zich* ~ sich einspielen

inspiratie Inspiration v[20], Anregung v[20]

inspireren inspirieren[320], anregen

inspraak Mitbestimmung v[28], Mitsprache v[28]

inspreken 1 einflößen: *iem moed* ~ jmdm Mut einflößen; 2 *(op geluidsband)* einsprechen[274]

inspringen 1 *(springen in)* (hinein)springen[276] (in[+4]); 2 *(achteruitwijken)* einspringen[276], zurückstehen[279]; 3 *(typ)* einrücken: *een regel laten* ~ eine Zeile einrücken; 4 *(iem vervangen)* einspringen[276]: *voor een collega* ~ für einen Kollegen einspringen; 5 *(reageren)* reagieren[320]: *op iets* ~ auf[+4] etwas reagieren

inspuiten einspritzen

inspuiting Einspritzung v[20], Spritze v[21]

instaan einstehen[279] (für[+4])

instabiel instabil, unstabil

installateur Installateur m[5]

installatie 1 *(techn)* Installation v[20], *(de apparatuur)* Anlage v[21]; 2 *(in een ambt)* Einweisung v[20]; 3 *(van nieuw lid)* Aufnahme v[21]

installeren I *tr* 1 *(techn)* installieren[320]; 2 *(in een ambt)* einweisen[307] (in[+4]); 3 *(van nieuw lid)* aufnehmen[212] (in[+4]); II *zich* ~ sich installieren[320]

instampen 1 einrammen (in[+4]), eintreiben[290] (in[+4]); 2 *(inprenten)* einpauken

instandhouding 1 Instandhaltung v[20]; 2 *(behoud)* Erhaltung v[28]; 3 *(van orde, regel)* Aufrechterhaltung v[28]

instantie *(jur)* Instanz v[20]; *(officiële instelling)* Instanz v[20], Dienststelle v[21], *(overheid)* Behörde v[21]: *in eerste* ~ zuerst, zunächst

instappen einsteigen[281] (in[+4]): *de kamer* ~ ins Zimmer treten[291]

insteken 1 *(iets ergens insteken)* einstecken; *(van draad)* einfädeln; 2 *(inprikken)* einstechen[277]; 3 *(achteruitparkeren)* zurücksetzen

instellen 1 *(oprichten)* gründen: *een commissie* ~ eine Kommission einsetzen; 2 *(invoeren)* einführen; 3 *(beginnen)* einleiten: *een strafvervolging* ~ ein Strafverfahren einleiten; 4 *(voor gebruik gereedmaken)* einstellen

instelling 1 *(het oprichten)* Gründung v[20], Einsetzung v^{20}; **2** *(het invoeren)* Einführung v^{20}; **3** *(het beginnen)* Einleitung v^{20}; **4** *(techn)* Einstellung v^{20}; **5** *(instituut)* Anstalt v^{20}; **6** *(mentaliteit)* Einstellung v^{20}; *zie ook* instellen

instemmen: *met iem, met iets* ~ jmdm, etwas^3 zustimmen

instemming Zustimmung v^{20}: *met algemene* ~ unter allgemeiner Zustimmung

instinct Instinkt m^5

instinctief instinktiv, instinktmäßig

instinken hereinfallen^{154}: *ergens* ~ auf^{+4} etwas hereinfallen

instituut Institut o^{29}; Anstalt v^{20}, Einrichtung v^{20}

instoppen einstecken: *iem warm* ~ jmdn warm einmumme(l)n

instormen: *de kamer* ~ ins Zimmer stürzen

instorten einstürzen, zusammenstürzen, zusammenbrechen^{137}: *de zieke is weer ingestort* der Kranke hat einen Rückfall bekommen

instorting Einsturz m^6, Zusammenbruch m^6; *(van zieke)* Rückfall m^6; *zie ook* instorten

instroom Zustrom m^6

instructeur Instrukteur m^5, Lehrer m^9; *(mil)* Ausbilder m^9

instructie 1 Instruktion v^{20}; **2** *(ond)* Unterricht m^5; **3** *(dienstvoorschrift)* Dienstanweisung v^{20}; **4** *(comp)* Befehl m^5

instructief instruktiv, lehrreich

instrueren instruieren^{320}

instrument Instrument o^{29}

instrumentaal instrumental, Instrumental...

instrumentenbord Armaturenbrett o^{31}, Armaturentafel v^{21}

instuderen einstudieren^{320}, einüben

instuif Fete v^{21}

instuiven: *de kamer* ~ ins Zimmer stürzen

insturen einsenden^{263}: *iem het huis* ~ jmdn ins Haus schicken

intact intakt, unbeschädigt

intakegesprek Aufnahmegespräch o^{29}

inteelt Inzucht v^{20}

integendeel im Gegenteil

integer integer

integraal integral, Integral...

integratie Integration v^{20}

integreren integrieren^{320} (in^{+4})

integriteit Integrität v^{28}

intekenen *(op boek)* subskribieren^{320} (auf^{+4}), *(op lening)* zeichnen: *op een lening* ~ eine Anleihe zeichnen

intekening Subskription v^{20}, Zeichnung v^{20}

intekenlijst 1 *(voor bestelling)* Subskriptionsliste v^{21}; **2** *(voor geldelijke bijdrage)* Sammelliste v^{21}

intekenprijs Subskriptionspreis m^5

intellect Intellekt m^{19}

intellectueel I *bn, bw* intellektuell; **II** *zn* Intellektuelle(r) m^{40a}, v^{40b}

intelligent intelligent

intelligentie Intelligenz v^{28}

intens, intensief intensiv, stark

intensiteit Intensität v^{20}

intensive care Intensivstation v^{20}

intensiveren intensivieren^{320}

intentie Intention v^{20}, Absicht v^{20}

interactie Interaktion v^{20}

interactief interaktiv: *(comp) interactieve gegevensverwerking* Dialogdatenverarbeitung v^{20}

intercity Intercityzug m^6, Intercity m^{13} *(afk* IC)

intercom Gegensprechanlage v^{21}

intercommunale *(Belg)* interkommunales Amt o^{32}

interen seine Ersparnisse angreifen^{181}

interessant interessant

interesse Interesse o^{38}

interesseren interessieren^{320}

interest Zinsen *mv* m^{16}; *zie ook* rente

interieur Interieur o^{29}, o^{36}, Innere(s) o^{40c}

interim *(Belg)* **1** *(tussentijdse betrekking)* Aushilfsstellung v^{20}; **2** *(plaatsvervanger)* Aushilfskraft v^{25}

interimbureau *(Belg)* Büro o^{36} für Zeitarbeit

interlandwedstrijd Länderspiel o^{29}, Länderkampf m^6

interlokaal: ~ *gesprek* Ferngespräch o^{29}

intermenselijk zwischenmenschlich

intermezzo Intermezzo o^{36} *(mv ook Intermezzi)*

intern intern: ~*e geneeskunde* innere Medizin v^{28}

internaat Internat o^{29}

internationaal international: *internationale wedstrijd* Länderspiel o^{29}

international Nationalspieler m^9

interneren internieren^{320}

internering Internierung v^{20}

internet Internet o^{39}, o^{39a}: *op het* ~ *surfen* im Internet surfen

internetsite Internetsite v^{27}, Internetseite v^{21}

internist Internist m^{14}

interpellatie Interpellation v^{20}, Anfrage v^{21}

interpelleren interpellieren^{320}

interpretatie Interpretation v^{20}

interpreteren interpretieren^{320}

interregionaal interregional

interrumperen unterbrechen^{137}

interruptie Interruption v^{20}, Unterbrechung v^{20}; *(bij redevoering)* Zwischenruf m^5

interval Intervall o^{29}

interveniëren intervenieren^{320}

interventie Intervention v^{20}

interview Interview o^{36}

interviewen interviewen

interviewer Interviewer m^9

intiem intim: ~*e vriend* Intimus m *(2e nvl -; mv Intimi)*: ~ *contact,* ~*e omgang* Intimverkehr m^{19}

intifada Intifada v^{28}

intimidatie Einschüchterung v^{20}

intimideren einschüchtern

intimiteit Intimität v^{20}

intocht Einzug m^6

intoetsen *(comp)* eingeben^{166}, eintippen: *gegevens* ~ *(in)* Daten eingeben (in^{+4})

in

intolerant intolerant

intolerantie Intoleranz v^{20}

intomen zügeln, bezähmen

intonatie Intonation v^{20}

intransitief intransitiv

intrappen eintreten[291]: *een open deur ~* offene Türen einrennen[222]: *(fig) daar trapt niemand in* darauf fällt niemand herein; *de bal ~* den Ball ins Tor schießen

intrede Eintritt m^5

intreden eintreten[291]; *(r-k)* in einen Orden eintreten

intrek: *zijn ~ nemen in een hotel* in einem Hotel einkehren; *zijn ~ nemen bij een vriend* zu einem Freund ziehen[318]

intrekken I *tr* **1** einziehen[318]: *de buik ~* den Bauch einziehen; **2** *(terugnemen)* zurückziehen[318]: *een aanklacht ~* eine Klage zurückziehen; *een order ~* einen Auftrag annullieren[320]; *een rijbewijs ~* jmdm den Führerschein entziehen[318]: *de steun ~* jmdm die Unterstützung entziehen[318]: *een wet ~* ein Gesetz aufheben[186]; **II** *intr* **1** *(indringen in)* einziehen[318] in[+4]; **2** *(gaan wonen bij)* ziehen[318] zu[+3]

intrekking 1 Einziehen o^{39}; **2** *(het terugnemen)* Zurücknahme v^{28}; **3** *(het opheffen)* Aufhebung v^{20}; **4** *(het ongedaan maken)* Entzug m^{19}: *de ~ van het rijbewijs* der Führerscheinentzug; *zie ook* intrekken

intrige Intrige v^{21}, Machenschaft v^{20}

intrigeren intrigieren[320]: *dat intrigeert mij* das macht mich neugierig

introducé, introducee Gast m^6

introduceren: *iem ~ (bij)* jmdn einführen (bei[+3])

introductie 1 Einführung v^{20}; **2** *(muz)* Introduktion v^{20}

introvert introvertiert

intuïtie Intuition v^{20}: *bij ~* durch Intuition

intuïtief intuitiv

intussen inzwischen; *(nochtans)* trotzdem

inval Einfall m^6: *een ~ doen (in)* einfallen[154] (in[+4])

invalide I *bn* invalid(e), körperbehindert; **II** *zn* Invalide m^{15}, Körperbehinderte(r) m^{40a}, v^{40b}

invalidenwagentje Rollstuhl m^6

invaliditeit Invalidität v^{28}

invallen 1 *(instorten)* einfallen[154], einstürzen; **2** *(naar binnen komen)* einfallen[154]; **3** *(binnendringen)* einfallen[154] in[+4]; **4** *(plotseling beginnen)* einfallen[154], einbrechen[137]; **5** *(iem vervangen)* für jmdn einspringen[276]; **6** *(te binnen schieten)* einfallen[154]

invaller Ersatzmann m^8; Vertreter m^9; *(sp)* Ersatzspieler m^9, Reservespieler m^9

invalshoek *(gezichtspunt)* Blickwinkel m^9

invalsweg Einfallstraße v^{21}

invaren (hin)einfahren[153] (in[+4])

invasie Invasion v^{20}

inventaris Inventar o^{29}, Bestand m^6

inventariseren inventarisieren[320]

inventief erfinderisch

inventiviteit Erfindungskraft v^{28}, Erfindungsgabe v^{28}

investeren investieren[320] (in[+3,+4])

investering Investierung v^{20}; *(geïnvesteerd geld)* Investition v^{20}

investeringskrediet Investitionskredit m^5

invetten einfetten

invitatie Einladung v^{20}, Invitation v^{20}

inviteren einladen[196]

invliegen I *intr* hereinfliegen[159], hineinfliegen[159] || *(fig) ergens ~* auf[+4] etwas hereinfallen[154]; **II** *tr (uittesten; transporteren)* einfliegen[159]

invloed Einfluss m^6: *~ hebben op* Einfluss haben[182] auf[+4], beeinflussen: *rijden onder ~* unter Alkoholeinfluss fahren[153]

invloedrijk einflussreich

invluchten: *het huis ~* ins Haus fliehen[160]

invoegen 1 einschalten, einschieben[237]; **2** *(in het verkeer)* sich einfädeln

invoegstrook Beschleunigungsspur v^{20}

invoer Einfuhr v^{20}, Import m^5; *(comp)* Eingabe v^{21}

invoeren 1 einführen; **2** *(van goederen)* einführen, importieren[320]; **3** *(comp)* eingeben[166]

invoerrecht Einfuhrzoll m^6: *vrij van ~* zollfrei

invorderen einziehen[318], eintreiben[290]

invreten sich einfressen[162]; anfressen[162]

invriezen einfrieren[163]

invrijheidstelling Entlassung v^{20}, Freilassung v^{20}

invullen 1 *(een open ruimte vullen)* ausfüllen: *een formulier ~* ein Formular ausfüllen; *een datum ~* ein Datum eintragen[288]; **2** *(uitwerken)* ausarbeiten: *details ~* Einzelheiten ausarbeiten; **3** *(aanvullen)* ergänzen

inwaarts I *bw* einwärts; **II** *bn* Einwärts…

inwendig I *bn* inner: *~e geneeskunde* innere Medizin v^{28}: *voor ~ gebruik* zur innerlichen Anwendung; **II** *bw* innen, von innen, innerlich

inwendige Innere(s) o^{40c}

inwerken I *intr* einwirken (auf[+4]); **II** *tr* einarbeiten; **III** *zich ~* sich einarbeiten

inwerking Einwirkung v^{20}

inwerkingtreding In-Kraft-Treten o^{39}

inwerpen einwerfen[311] (in[+4])

inwijden einweihen

inwijding Einweihung v^{20}

inwijkeling *(Belg)* **1** *(immigrant)* Einwanderer m^9; **2** *(wie binnen het land verhuist)* Übersiedler m^9

inwijken *(Belg)* einwandern

inwikkelen einwickeln, einhüllen (in[+4])

inwilligen einwilligen (in[+4]), genehmigen: *een verzoek ~* eine Bitte gewähren

inwilliging Genehmigung v^{20}, Einwilligung v^{20}

inwinnen einziehen[318], einholen: *advies ~* sich Rat holen, *(officieel)* ein Gutachten einholen: *inlichtingen ~ over iets* Erkundigungen über[+4] etwas einziehen

inwisselen einwechseln, umwechseln

inwonen: *bij iem ~* bei jmdm (ein)wohnen; *~de kinderen* zu Hause wohnende Kinder

inwoner Einwohner m^9

inwoning Unterkunft m^6

inwrijven einreiben[219] (in[+4])

inzage Einsicht v^{28}: *ter ~ liggen* ausliegen[202]

inzakken 1 *(wegzakken)* einsinken[266] (in[+3]); **2** *(instorten)* einfallen[154], zusammenfallen[154]; **3** *(mbt personen)* zusammenbrechen[137]

inzamelen einsammeln

inzameling Sammlung v^{20}, Kollekte v^{21}

inzegenen einsegnen

inzenden einsenden[263], einschicken

inzender Einsender m^9; *(op tentoonstelling enz.)* Aussteller m^9

inzending 1 Einsendung v^{20}; **2** *(voor tentoonstelling)* Ausstellungsstück o^{29}

inzepen einseifen

inzet 1 Einsatz m^{19}; **2** *(inleg)* Einlage v^{21}; *(bij spel)* Einsatz m^6; **3** *(bij verkoping)* erstes Gebot o^{29}

inzetten I *tr* **1** einsetzen; **2** *(bij veiling)* aufbieten[130]: *een schilderij op 100 euro ~* ein Bild mit 100 Euro aufbieten; **3** *(beginnen)* starten; **4** *(muz)* anstimmen; **II** *zich ~* sich einsetzen (für[+4])

inzicht 1 *(opvatting)* Ansicht v^{20}; **2** *(besef)* Einsicht v^{20}, Erkenntnis v^{24}: *tot het ~ komen dat ...* zu der Einsicht kommen[193], dass ...: *nieuwe ~en verwerven in iets* neue Erkenntnisse über[+4] etwas gewinnen[174]

inzien I *ww* **1** *(vluchtig doorzien)* einsehen[261]; **2** *(beseffen)* erkennen[189], einsehen[261]: *iem iets doen ~* jmdm etwas klarmachen; **3** *(inschatten)* sehen[261]: *het somber ~* schwarz sehen; *de toestand ernstig ~* die Lage für ernst halten[183]; **II** *zn: mijns ~s* meiner Meinung nach; *bij nader ~* bei genauerer Betrachtung

inzinken einsinken[266]; *(mbt koersen)* sinken[266]: *(mbt zieke) weer ~* einen Rückfall bekommen[193]

inzinking 1 Einsinken o^{39}; **2** *(verzakking)* Einsenkung v^{20}; **3** *(van zieke)* Rückfall m^6; *(psychisch)* Depression v^{20}, *(lichamelijk)* Schwäche v^{21}; **4** *(econ)* Depression v^{20}

inzitten: *dat zit er niet in* das ist nicht drin; *over iets ~ sich³* Sorge(n) um etwas machen; *ik zit erover in* es liegt mir schwer auf der Seele

inzittende Insasse m^{15}

inzoomen näher heranholen

inzouten einsalzen

i.p.v. *afk van in plaats van* anstatt[+2], statt[+2]

Iraaks irakisch

Iraans iranisch

Irak Irak m^{19} *(meestal met lw)*

Irakees Iraker m^9

Iran Iran m^{19} *(meestal met lw)*

Iraniër Iraner m^9

iris Iris v *(mv -)*

ironie Ironie v^{21}

ironisch ironisch

irrationeel irrational

irreëel irreal, unwirklich

irrigatie Bewässerung v^{20}

irrigeren bewässern

irritatie Irritation v^{20}

irriteren irritieren[320]

islam Islam m^{19}, m^{19a}

islamiet Islamit m^{14}, Mohammedaner m^9

islamitisch islamisch, islamitisch

isolatie Isolation v^{20}

isolatieband Isolierband o^{32}

isoleercel Isolierzelle v^{21}

isolement Isolierung v^{20}, Isoliertheit v^{28}

isoleren isolieren[320]

Israël Israel o^{39}, o^{39a}

Israëli 1 *(man)* Israeli m *(2e nvl -(s); mv -(s)); 2 (vrouw)* Israeli v *(mv -(s))*

Israëlisch israelisch

Italiaan Italiener m^9

Italiaans I *zn* Italienisch o^{41}; **II** *bn* italienisch

Italiaanse Italienerin v^{22}

Italië Italien o^{39}

item Item o^{36}

ivbo *afk van individueel voorbereidend beroepsonderwijs (ongev)* individueller vorbereitender berufsbildender Unterricht m^{19}

i.v.m. *afk van in verband met* im *(of:* in) Zusammenhang mit[+3]

ivoor Elfenbein o^{29}

ivoren elfenbeinern, Elfenbein...

j

ja I *zn* Ja o^{36}: ~ *op iets zeggen* Ja (*of:* ja) zu^{+3} etwas sagen; **II** *tw* ja: *er zijn al te veel auto's,* ~ *toch?* es gibt schon zu viele Autos, nicht wahr?

jaap *(snee)* Schnitt m^5, Schnittwunde v^{21}

jaar Jahr o^{29}: *dit* ~ dieses Jahr; ~ *in,* ~ *uit* jahraus, jahrein; *in de jaren tachtig* in den Achtzigerjahren, in den achtziger Jahren; *hij stierf in het* ~ *1800* (im Jahre) 1800 starb er; *ik heb hem in jaren niet gezien* ich habe ihn seit Jahren nicht gesehen; *op zijn 13e* ~ mit 13 Jahren; *op jaren komen in die Jahre kommen*^{193}: *hij is al op jaren* er ist schon bei Jahren; *(aan het) begin van het* ~ zum Jahresanfang; *einde van het* ~ Jahresende o^{38}: *iem van mijn jaren* jmd in meinem Alter

jaarabonnement Jahresabonnement o^{36}

jaarbeurs Messe v^{21}

jaarbeursterrein Messegelände o^{33}

jaarboek Jahrbuch o^{32}

jaargang Jahrgang m^6

jaargemiddelde Jahresdurchschnitt m^5

jaargenoot Altersgenosse m^{15}; *(student)* Studienkollege m^{15}

jaargetijde Jahreszeit v^{20}

jaarlijks jährlich, Jahres-

jaarmarkt Jahrmarkt m^6

jaarring Jahresring m^5

jaartal Jahreszahl v^{20}

jaartelling Zeitrechnung v^{20}

jaarvergadering Jahresversammlung v^{20}

jaarverslag Jahresbericht m^5, *(handel meestal)* Geschäftsbericht m^5

jaarwedde Jahresgehalt o^{32}

jaarwisseling Jahreswechsel m^9

¹jacht *(het jagen)* Jagd v^{20}: *jacht… Jagd…*; ~ *maken op* Jagd machen auf^{+4}; *op* ~ *gaan* auf die Jagd gehen^{168}: *op* ~ *zijn* auf der Jagd sein^{262}

²jacht *(scheepv)* Jacht v^{20}, *(zeilsport)* Yacht v^{20}

jachten (sich) hetzen

jachtgebied Jagdgebiet o^{29}, Jagdrevier o^{29}

jachtgeweer Jagdgewehr o^{29}

jachthaven Jachthafen m^{12}

jachthond Jagdhund m^5

jachtig gehetzt

jachtinstinct Jagdinstinkt m^5

jachtseizoen Jagdzeit v^{20}

jachtsneeuw Schneegestöber o^{39}, Schneetreiben o^{39}

jachtterrein Jagdgebiet o^{29}, Jagdrevier o^{29}

jachtvliegtuig Jagdflugzeug o^{29}, Jäger m^9

jack Jacke v^{21}

jacquet Cutaway m^{13}

jagen jagen: *hazen* ~ Hasen (*of:* auf^{+4} Hasen) jagen; *een wet erdoor* ~ ein Gesetz durchpeitschen; *iem de schrik op het lijf* ~ jmdm einen Schrecken einjagen; *iem op de vlucht* ~ jmdm in die Flucht jagen

jager 1 Jäger m^9; **2** *(vliegtuig, ook)* Jagdflugzeug o^{29}

jaguar Jaguar m^5

jak *(kledingstuk)* Jacke v^{21}

jakhals Schakal m^5

jakkeren jagen, brausen

jaknikker Jasager m^9

jaloers eifersüchtig, neidisch

jaloersheid Eifersucht v^{28}, Neid m^{19}

jaloezie 1 *(afgunst)* Eifersucht v^{28}, Neid m^{19}; **2** *(scherm)* Jalousie v^{21}

jam Marmelade v^{21}; *(van één soort fruit)* Konfitüre v^{21}

jambe Jambe v^{21}, Jambus m (2e nvl -; mv Jamben)

jammer I *zn* Jammer m^{19}; **II** *bn* schade, bedauerlich: *het is* ~ *dat …* es ist schade (*of:* bedauerlich), dass …; *het is ~ van die vaas* es ist schade um^{+4} die Vase; *het is* ~ *voor hem* es ist schade für ihn; **III** *tw* schade

jammeren jammern; *(zwak)* wimmern

jammerklacht Wehklage v^{21}

jammerlijk jämmerlich, kläglich

Jan: *boven* ~ *zijn* über den Berg sein^{262}: ~ *en alleman kwam* alle Welt kam; ~ *met de pet* der kleine Mann

janboel: *het is daar een* ~ es ist da eine polnische Wirtschaft

janet *(Belg) (scheldw)* Homo m^{13}, Homosexuelle(r) m^{40a}, v^{40b}, Schwuler m^{40a}

janken 1 *(mbt hond)* winseln, *(luider)* jaulen; **2** *(mbt mens)* flennen, plärren

januari Januar m^5 *(2e nvl ook -):* *in* ~ im Januar; *sinds* ~ seit (dem) Januar; *tot* ~ bis Januar

januskop Januskopf m^6

Japan Japan o^{39}

Japannees I *zn* Japaner m^9; **II** *bn* japanisch

Japanner Japaner m^9

Japans I *zn* Japanisch o^{41}; **II** *bn* japanisch

Japanse Japanerin v^{22}

japon Kleid o^{31}

jarenlang jahrelang: *een* ~*e vriendschap* eine langjährige Freundschaft

jargon Jargon m^{13}

jarig: ~ *zijn* Geburtstag haben^{182}: *de* ~*e* das Geburtstagskind; *als je dat doet, ben je nog niet* ~*!* wenn du das machst, kannst du dich auf etwas gefasst machen!

jas 1 *(overjas)* Mantel m^{10}; **2** *(deel van kostuum)* Jacke v^{21}, Jackett o^{36}, o^{29}

jasje 1 *(van kostuum)* Jacke v^{21}, Jackett o^{36}, o^{29}; **2** *(verschillend van broek)* Sakko m^{13}, o^{36}

jasmijn Jasmin m^5

jaszak Manteltasche v^{21}; *(in jasje)* Jackentasche v^{21}

jat Flosse v^{21}, Tatze v^{21}, Klaue v^{21}

jatten klauen

jawel jawohl, (ja) doch

jawoord Jawort o^{29}

jazz Jazz *m (2e nvl -)*

jazzband Jazzband v^{27}

je I *pers vnw*^{82}; du^1, dir^3, dich^{+4}; **II** *bez vnw* dein^{80}, *(beleefdheidsvorm)* Ihr^{80} ‖ *dat is* ~ *van het* das ist super; **III** *onbep vnw* man: *zo iets zeg* ~ *niet* so etwas sagt man nicht; *(inform) daar heb* ~ *het gedonder* da haben wir die Bescherung

jeans Jeans *(mv)*

jee *tw* oje!, jemine!: *here* ~! herrje!

jeep Jeep m^{13}

jegens gegen^{+4}, gegenüber^{+3}

jekker Joppe v^{21}

jeminee *tw (inform)* jemine!, ojemine!

jenever Genever m^9, Korn m^{19}, Schnaps m^6

jeneverbes 1 *(bes)* Wacholderbeere v^{21}; **2** *(struik)* Wacholder m^9

jengelen 1 *(drenzen)* quengeln, greinen; **2** *(eentonig klinken)* dudeln, leiern

jennen triezen, piesacken

jerrycan Kanister m^9

jet Jet m^{13}: *met een* ~ *vliegen* jetten

jeu Reiz m^5, Glanz m^{19}: *voor de* ~ zum Spaß

jeugd Jugend v^{28}

jeugdbescherming *(Belg)* **1** *(hulp)* Jugendhilfe v^{28}; **2** *(instantie)* Jugendamt o^{32}

jeugdbeweging Jugendorganisation v^{20}

jeugdbijstand *(Belg)* Jugendschutz m^{19}

jeugdblad Jugendzeitschrift v^{20}

jeugdcentrum Jugendzentrum *o (2e nvl -s; mv -zentren)*

jeugdherberg Jugendherberge v^{21}

jeugdig 1 jugendlich: *~e persoon* Jugendliche(r) m^{40a}, v^{40b}; **2** *(nog niet lang bestaand)* jung

jeugdigheid Jugendlichkeit v^{28}

jeugdleider Jugendleiter m^9

jeugdloon Lohn m^6 für Jugendliche

jeugdpuistjes Akne v^{21}

jeugdrechtbank *(Belg)* Jugendgericht o^{29}

jeugdrechter *(Belg)* Jugendrichter m^9

jeugdvriend Jugendfreund m^5

jeugdwerk Jugendarbeit v^{28}

jeuk Jucken o^{39}, Juckreiz m^5: *ik heb* ~ es juckt mich; *ik heb* ~ *op mijn rug* mir juckt der Rücken

jeuken jucken: *mijn been jeukt* mein Bein juckt, das Bein juckt mir *(of:* mich); *(fig) mijn vingers* ~ es juckt mir *(of:* mich) in den Fingern

jezelf 1 *(3e nvl)* dir selbst, dir selber; **2** *(4e nvl)* dich selbst, dich selber

jezuïet Jesuit m^{14}

Jezus Jesus *m (2e nvl Jesu, 3e nvl Jesus of Jesu; 4e nvl Jesus of Jesum; aanspraakvorm: Jesus of Jesu)*

jicht Gicht v^{28}

jij *(binnen de familie of tegen kinderen)* du^{82}, *(ook in brief)* du; *(vormelijk)* Sie^{83}: ~ *tegen iem zeggen* jmdn duzen

jijen (jmdn) duzen

job Job m^{13}

jobdienst *(Belg)* Arbeitsvermittlungsstelle v^{21} für Studenten

jobstijding Hiobsbotschaft v^{20}, Hiobsnachricht v^{20}

jobstudent *(Belg)* Jobber m^9, Werkstudent m^{14}

joch, jochie Knirps m^5

jockey Jockei m^{13}, Jockey m^{13}

jodelen jodeln

jodenbuurt Judenviertel o^{33}

jodendom Judentum o^{39}

jodenvervolging Judenverfolgung v^{20}

jodin Jüdin v^{22}

jodium Jod o^{39}

Joegoslaaf Jugoslawe m^{15}

Joegoslavië Jugoslawien o^{39}

Joegoslavisch jugoslawisch

Joegoslavische Jugoslawin v^{22}

joekel Riese m^{15}, Riesen…

joelen johlen, toben

jofel dufte, toll

joggen joggen

jogger Jogger m^9

joint Joint m^{13}

jojo Jo-Jo o^{36}

joker Joker m^9: *iem voor* ~ *zetten* jmdn blamieren^{320}: *voor* ~ *staan* sich blamieren^{320}

jokkebrok Lügenpeter m^9, Lügenbold m^5

jokken schwindeln, flunkern

jol Jolle v^{21}

jolig lustig, fröhlich

jong I *bn, bw* jung^{58}, *(jeugdig, ook)* jugendlich: *de ~ste leerling* der jüngste, *(van twee)* der jüngere Schüler; *van* ~ *s af* von Jugend auf; **II** *zn* **1** *(jongen)* Junge m^{15}; **2** *(jong dier)* Junge(s) o^{40c}

jonge: ~! Junge, Junge!

jongedame junge Dame v^{21}, Fräulein o^{35}

jongeheer 1 junger Herr m^{14} *(2e, 3e, 4e nvl ev: Herrn)*; **2** *(penis)* kleiner Mann m^8

jongelui junge Leute *(mv)*

jongeman junger Mann m^8, Jüngling m^5

¹jongen *ww* jungen

²jongen *zn* **1** Junge m^{15}: *de grote ~s* die hohen Tiere; *oude* ~! alter Junge!; *onze* ~s unsere Jungs; *toffe* ~s prima Kerle; **2** *(vrijer)* Freund m^5

jongensachtig jungenhaft

jongensstreek Jungenstreich m^5, Bubenstreich m^5

jongere Jugendliche(r) m^{40a}, v^{40b}

jongerenwerk Jugendarbeit v^{28}

jongerenwerker Jugendpfleger m^9

jongerenwerkster Jugendpflegerin v^{22}

jonggeborene Neugeborene(s) o^{40c}

jonggehuwde Jungverheiratete(r) m^{40a}, v^{40b}

jongleren jonglieren^{320}

jongleur Jongleur m^5

jongmens junger Mann m^8

jongstleden letzt, vorig: ~ *maandag* (am) letzten *(of:* am vorigen) Montag; *de 2e april* ~ am 2. April dieses Jahres

jonker Junker m^9

jood Jude *m*[15]
joods I *zn* Jiddisch *o*[41]; **II** *bn, bw* jüdisch
jool 1 *(pret)* Spaß *m*[19]; **2** *(feest)* Fest *o*[29]
Joost: *dat mag ~ weten* weiß der Kuckuck
jopper Joppe *v*[21]
jota Jota *o*[36]
jou *pers vnw*[82]; dir[3], dich[+4]: *een herrie van heb ik ~ daar* ein Heidenlärm
jouen: *(iem) jijen en ~* (jmdn) duzen
joule Joule *o (2e nvl -(s); mv -) (afk J)*
journaal 1 *(boekh)* Journal *o*[29]; **2** *(dagboek)* Tagebuch *o*[32]; **3** *(nieuws) (op tv)* Nachrichten *(mv)*, Tagesschau *v*[20], *(in bioscoop)* Wochenschau *v*[20]
journalist Journalist *m*[14]
journalistiek I *zn* Journalismus *m*[19a]; **II** *bn, bw* journalistisch
jouw *bez vnw* dein[80]: *mijn boek en het ~e* mein Buch und das deine *(of:* deinige)
jouwen johlen, buhen
joviaal jovial, leutselig
joystick Joystick *m*[13]
jr. *afk van junior* junior *(afk* jr., jun.)
jubel Jubel *m*[19]
jubelen jubeln, jauchzen
jubelkreet Jubelruf *m*[5], Jauchzer *m*[9]
jubelstemming Hochstimmung *v*[28]
jubilaresse Jubilarin *v*[22]
jubilaris Jubilar *m*[5]
jubileren ein Jubiläum feiern
jubileum Jubiläum *o (2e nvl -s; mv Jubiläen)*
judo Judo *o*[39], *o*[39a]
judoka Judoka *m*[13]

juf Lehrerin *v*[22], *(aanspreektitel)* Frau …
juffrouw 1 Fräulein *o*[35]; **2** *(onderwijzeres)* Lehrerin *v*[22], *(aanspreektitel)* Frau …
juichen jauchzen, jubeln
juichkreet Jauchzer *m*[9], Freudenschrei *m*[5]
juist I *bn, bw* **1** *(billijk)* gerecht: *een ~e verdeling* eine gerechte Verteilung; **2** *(goed, precies)* richtig, recht: *de ~e waarde* der genaue Wert; *dat is ~* das ist richtig; *op het ~e ogenblik* im richtigen *(of:* rechten) Augenblick; **3** *(vooral)* gerade: *~ in deze omstandigheden* gerade unter diesen Umständen; **4** *(zoëven)* gerade, eben: *zoals ik ~ opmerkte* wie ich eben *(of:* gerade) bemerkte; *het is ~ 4 uur* es ist gerade 4 Uhr; **II** *tw (goed geraden)* eben: *~!* ganz recht!
juistheid Richtigkeit *v*[28]; *(preciesheid)* Genauigkeit *v*[28]
juk Joch *o*[29]
jukbeen Jochbein *o*[29], Wangenbein *o*[29]
jukebox Jukebox *v (mv -es)*, Musikbox *v*[20]
juli Juli *m*[13] *(2e nvl ook -) (in gesproken taal, ook)* Julei *m*[13] *(2e nvl ook -): in ~* im Juli
jullie I *pers vnw*[82]; ihr[1], euch[3,4]; **II** *bez vnw*[80]; euer
jumper Jumper *m*[9]
jungle *(ook fig)* Dschungel *m*[9], zelden *o*[33]
juni Juni *m*[13] *(2e nvl ook -) (in gesproken taal, ook)* Juno *m*[13] *(2e nvl ook -): in ~* im Juni
junior I *bn* junior; **II** *zn* Junior *m*[16]

junk, junkie Junkie *m*[13] [dzjungkie]
junta Junta *v (mv Junten): militaire ~* Militärjunta
jureren jurieren[320]
juridisch juristisch, Rechts…: *~e hulp* Rechtsbeistand *m*[19]
jurist Jurist *m*[14]
jurk Kleid *o*[31]
jury Jury *v*[27]
jurylid 1 *(bij wedstrijd)* Preisrichter *m*[9], Kampfrichter *m*[9]; **2** *(bij rechtbank)* Geschworene(r) *m*[40a], *v*[40b]
jus Bratensaft *m*[6], Soße *v*[21]
jus d'orange Orangensaft *m*[6]
juskom Soßenschüssel *v*[21]
justitie Justiz *v*[28]: *minister van Justitie* Justizminister *m*[9]
justitieel justiziell, justitiell, gerichtlich
justitiepaleis *(Belg)* Gerichtsgebäude *o*[33]
jute I *zn* Jute *v*[28]; **II** *bn* aus Jute, Jute…
jutten Strandgut sammeln
jutter Strandräuber *m*[9]
juweel Juwel *m*[16], *o*[37]; *(fig)* Juwel *o*[29]
juwelen mit Juwelen besetzt
juwelier Juwelier *m*[5]
juwelierszaak Juwelierladen *m*[12], Juweliergeschäft *o*[29]

k

kaaiman Kaiman m^5

kaak Kiefer m^9; *(boven- en onderkaak samen)* Kinnbacke v^{21}: *hou je kaken op elkaar!* halt die Klappe! ‖ *iem, iets aan de ~ stellen* jmdn, etwas anprangern

kaakbeen Kieferknochen m^{11}

kaakje Keks m^5, o^{29} *(2e nvl ook -; mv ook -)*

kaakslag Ohrfeige v^{21}, Maulschelle v^{21}

kaal 1 kahl: *een ~ hoofd* ein kahler Kopf; **2** *(van kleren)* abgenutzt, abgetragen; **3** *(zuinig, armelijk)* schäbig

kaalhoofdig kahlköpfig

kaalkop Kahlkopf m^6, Glatze v^{21}

kaalscheren kahl scheren²³⁶; kahl rasieren³²⁰

kaalslag *(ook fig)* Kahlschlag m^6

kaap Kap o^{36}

kaars Kerze v^{21}

kaarslicht Kerzenlicht o^{39}

kaarsrecht kerzengerade

kaarsvet Kerzenwachs o^{39}

kaart Karte v^{21}: *(sp) de rode ~* die rote Karte; *een haalbare ~ zijn* ausführbar sein²⁶²: *geen haalbare ~* unausführbar; *(fig) open ~ spelen* mit offenen Karten spielen; *(sp) iem een gele ~ geven* jmdm die gelbe Karte zeigen; *de ~en schudden* die Karten mischen; *iem in de ~ spelen* jmdm in die Hände arbeiten; *(fig) van de ~ zijn* außer Fassung sein²⁶²

kaarten Karten spielen

kaartenbak Karteikasten m^{12}, m^{11}, Kartei v^{20}

kaartenhuis *(ook fig)* Kartenhaus o^{32}

kaarting *(Belg)* Kartenturnier o^{29}

kaartje 1 *(toegangsbewijs)* Eintrittskarte v^{21}, Karte v^{21}; **2** *(visitekaartje)* Visitenkarte v^{21}, Karte v^{21}; **3** *(spoorw)* Fahrkarte v^{21}, Karte v^{21}; **4** *(voor bus, tram)* Fahrschein m^5: *een ~ kopen* eine Karte lösen ‖ *een ~ leggen* eine Partie Karten spielen

kaartspel Kartenspiel o^{29}

kaartspelen Karten spielen

kaartsysteem Kartei v^{20}, Kartothek v^{20}

kaarttelefoon Kartentelefon o^{29}

kaartverkoop Kartenverkauf m^6

kaas Käse m^9: *harde ~* Hartkäse; *zachte ~* Weichkäse; *boterham met ~* Käsebrot o^{29}: *daar heeft hij geen ~ van gegeten* davon versteht er nichts

kaasboer 1 *(boer die kaas maakt)* Käser m^9; **2** *(kaasverkoper)* Käsehändler m^9

kaasfondue Käsefondue o^{36}, v^{27}

kaasschaaf Käsehobel m^9

kaasstolp Käseglocke v^{21}

kaatsen 1 *(sp)* Schlagball spielen; **2** *(terugstuiten) (van de grond)* aufspringen²⁷⁶, *(van muur)* zurückprallen

kabaal Lärm m^{19}, Spektakel m^9, Radau m^{19}: *~ maken* Lärm machen, randalieren³²⁰

kabbelen *(ook fig)* plätschern

kabel Kabel o^{33}; *(gevlochten staaldraad, ook)* Drahtseil o^{29}: *een ~ leggen* ein Kabel (ver)legen; *op de ~ aangesloten zijn* einen Kabelanschluss haben¹⁸²

kabelbaan Drahtseilbahn v^{20}, Seilbahn v^{20}

kabelballon Fesselballon m^5, m^{13}

kabelbreuk Kabelbruch m^6

kabeljauw Kabeljau m^5, m^{13}

kabelnet Kabelnetz o^{29}

kabeltelevisie Kabelfernsehen o^{39}

kabeltouw Kabeltau o^{29}

kabinet 1 *(soort kast)* Kabinettschrank m^6; **2** *(zaal voor kunstvoorwerpen e.d., verzameling)* Kabinett o^{29}; **3** *(klein vertrek)* Kabinett o^{29}; **4** *(gezamenlijke ministers)* Kabinett o^{29}; **5** *(Belg) (ministerie)* Ministerium o *(2e nvl -s; mv -rien)*

kabinetscrisis Kabinettskrise v^{21}

kabinetsformatie Kabinettsbildung v^{20}

kabouter Zwerg m^5

kachel I *zn* Ofen m^{12}; II *bn* blau, besoffen

kachelhoutjes Anbrennholz o^{39}

kachelpijp Ofenrohr o^{29}

kadaster 1 *(grondbeschrijving)* Grundbuch o^{32}; **2** *(dienst, kantoor)* Katasteramt o^{32}

kadaver Kadaver m^9

kade Kai m^{13}, m^5

kader 1 *(omlijsting)* Rahmen m^{11}: *in het ~ van* im Rahmen⁺²; **2** *(leiding, ook mil)* Kader m^9: *vast ~* Kader, Stammpersonal o^{39}; **3** *(Belg) (gezamenlijke ambtenaren) (ongev)* Beamtenschaft v^{28}

kaderlid Funktionär m^9

kaderwet Rahmengesetz o^{29}

kadetje Semmel v^{21}

kaduuk 1 *(versleten)* schadhaft; **2** *(bouwvallig)* baufällig; **3** *(gebrekkig)* gebrechlich

kaf Spreu v^{28}: *het ~ van het koren scheiden* die Spreu vom Weizen trennen

kaffer Lümmel m^9

kaft Umschlag m^6

kaften einschlagen²⁴¹

KAJ *(Belg) afk van Kristelijke Arbeidersjeugd* Christliche Arbeiterjugend v^{28}

kajak Kajak m^{13}

kajotter *(Belg)* Mitglied o^{31} der Christlichen Arbeiterjugend

kajuit Kajüte v^{21}

kak *(inform)* **1** *(poep)* Kacke v^{28}, Kot m^{19}; **2** *(iets verachtelijks)* Kacke v^{28}; **3** *(bluf, praats)* Bluff m^{13}, Prahlerei v^{20}: *kale ~, kouwe ~* Wichtigtuerei v^{20}

kakelbont kunterbunt

kakelen 1 *(mbt kippen)* gackern; **2** *(mbt mensen)* plappern, schnattern

kakelvers ganz frisch
kakken kacken: *iem te ~ zetten* jmdn lächerlich machen
kakkerlak Kakerlak m^{14}, m^{16}
kalebas Kürbis *m (2e nvl -ses; mv -se)*
kalender Kalender m^9
kalenderjaar Kalenderjahr o^{29}
kalf Kalb o^{32}: *een ~ van een jongen* ein Tölpel; *als het ~ verdronken is, dempt men de put* wenn das Kind in den Brunnen gefallen ist, deckt man ihn zu
kalfsmedaillon, kalfsoester Kalbsmedaillon o^{36}
kalfsvlees Kalbfleisch o^{39}, *(toebereid)* Kalbsbraten m^{11}
kaliber Kaliber o^{33}, *(fig ook)* Schlag m^6
kalium Kalium o^{39}
kalk Kalk m^{19}: *gebluste ~* gelöschter Kalk
kalkaanslag Kalkablagerung v^{20}
kalken 1 *(witten)* kalken, tünchen; **2** *(slordig schrijven)* schmieren
kalkhoudend kalkhaltig, kalkig
kalkoen Truthuhn o^{32}; *(gebraden)* Pute v^{21}
kalksteen Kalkstein m^5
kalm ruhig: *er ~ bij blijven* seine Ruhe bewahren; *~ aan!* immer mit der Ruhe!; *een ~ leventje leiden* ein gemächliches Leben führen
kalmeren I *tr* beruhigen, besänftigen; **II** *intr* sich beruhigen
kalmpjes ruhig, gemächlich; *zie ook* kalm
kalmte Ruhe v^{28}: *de ~ bewaren* die Ruhe bewahren
kalven, kalveren kalben
kalverliefde erste Liebe v^{21}
kam 1 Kamm m^6; *(van bergen, ook)* Grat m^5: *alles over één ~ scheren* alles über einen Kamm scheren²³⁶; **2** *(van strijkinstrument)* Steg m^5
kameel Kamel o^{29}
kameleon Chamäleon o^{36}
kamer 1 *(algem)* Kammer v^{21}: *donkere ~* Dunkelkammer; *Eerste en Tweede Kamer* Erste und Zweite Kammer; *de Kamer van Koophandel* die Handelskammer; *(Belg) Kamer van Volksvertegenwoordigers* Kammer von Volksvertretern; **2** *(vertrek)* Zimmer o^{33}: *een ~ doen* ein Zimmer putzen; *op ~s wonen* möbliert wohnen
kameraad Kamerad m^{14}, Freund m^5; Kameradin v^{22}, Freundin v^{22}
kameraadschap Kameradschaft v^{28}
kameraadschappelijk kameradschaftlich
kamerdebat Parlamentsdebatte v^{21}
kamerdeur Zimmertür v^{20}
kamergenoot Stubenkamerad m^{14}, Stubengenosse m^{15}
kamerhuur Miete v^{21}
kamerjas Morgenrock m^6, Morgenmantel m^{10}
kamerlid Parlamentsmitglied o^{31}
kamermeisje Zimmermädchen o^{35}
kamermuziek Kammermusik v^{28}
kamerorkest Kammerorchester o^{33}
kamerplant Zimmerpflanze v^{21}
kamertemperatuur Zimmertemperatur v^{20}: *op ~*

zimmerwarm
kamerverhuurder Zimmervermieter m^9
kamerverkiezing Parlamentswahl v^{20}
kamerzetel Parlamentssitz m^5
kamfer Kampfer m^{19}
kamgaren I *zn* Kammgarn o^{29}; **II** *bn* Kammgarn…
kamille Kamille v^{21}
kammen kämmen
kamp Lager o^{33}: *op ~ gaan* ins Lager fahren¹⁵³
kampeerauto Campingbus *m (2e nvl -busses; mv -busse)*, Wohnmobil o^{29}
kampeerder Zeltler m^9, Camper m^9
kampeerterrein Zeltplatz m^6, Campingplatz m^6
kampeerwagen Wohnwagen m^{11}, Caravan m^{13}; Wohnmobil o^{29}
kampement Lager o^{33}
kampen kämpfen
kamperen zelten, campen
kamperfoelie Geißblatt o^{39}
kampioen(e) *(sp)* Meister m^9; Meisterin v^{22}: *Europees ~* Europameister
kampioenschap Meisterschaft v^{20}: *Europees ~* Europameisterschaft
kampioenstitel Meister(schafts)titel m^9
kamprechter Kampfrichter m^9
kampvuur Lagerfeuer o^{33}
kan Kanne v^{21}: *de zaak is in ~nen en kruiken* die Sache ist unter Dach und Fach
kanaal Kanal m^6: *het Kanaal* der Kanal *(of: der Ärmelkanal)*; *(Belg) Kanaal 2 (commerciële tv-zender)* Kanal 2
kanalisatie Kanalisierung v^{20}
kanaliseren *(ook fig)* kanalisieren³²⁰
kanarie Kanarienvogel m^{10}
kanariegeel kanariengelb
kandelaar Leuchter m^9
kandidaat 1 Kandidat m^{14}; **2** *(bij een examen)* Prüfling m^5, Examenskandidat m^{14}; **3** *(bij verkiezing)* Kandidat m^{14}: *iem ~ stellen* jmdn als Kandidaten aufstellen; *zich ~ stellen (voor)* kandidieren³²⁰ (für⁺⁴); **4** *(sollicitant)* Bewerber m^9: *~ voor een betrekking* Anwärter auf eine Stellung
kandidaatsexamen Zwischenprüfung v^{20}
kandidatuur 1 Kandidatur v^{20}; **2** *(Belg)* Grundstudium *o (2e nvl -s; mv -studien)*
kandideren kandidieren (für⁺⁴)
kandij Kandis m^{19a}
kandijsuiker Kandiszucker m^{19}
kaneel Zimt m^{19}
kangoeroe Känguru o^{36}
kanjer 1 *(knots)* Kaventsmann m^8: *een ~ van een vis* ein Riesenfisch; **2** *(topper)* Ass o^{29}
kanker Krebs m^5: *aan ~ lijden* krebskrank sein²⁶²
kankeraar Nörgler m^9, Meckerer m^9
kankeren nörgeln, meckern: *op iem ~* an jmdm nörgeln
kankergezwel Krebsgeschwulst v^{25}, Karzinom o^{29}
kankerpit Meckerfritze m^{15}
kankerverwekkend Krebs erregend

kannibaal Kannibale m^{15}
kano Paddelboot o^{29}; *(sp)* Kanu o^{36}
kanoën paddeln, Kanu fahren[153]
kanon Kanone v^{21}, Geschütz o^{29}
kanonnade Kanonade v^{21}
kanonneerboot Kanonenboot o^{29}
kanonskogel Kanonenkugel v^{21}
kanonvuur Kanonenfeuer o^{33}
kanovaarder Kanufahrer m^9, Kanute m^{15}
kans Chance v^{21}, Möglichkeit v^{20}, Gelegenheit v^{20}, Aussicht v^{20}: *~ van slagen* Aussicht auf Erfolg; *zijn plannen hebben geen ~ van slagen* seine Pläne sind aussichtslos; *er is alle ~, dat …* es ist sehr wahrscheinlich, dass …; *hij heeft grote ~ het te krijgen* er hat die besten Aussichten, es zu bekommen; *de ~ keert* das Glück wendet sich; *dan loop je ~ je geld te verliezen* dann läufst du Gefahr, dein Geld zu verlieren; *zijn ~en staan goed* seine Chancen stehen gut; *een ~ wagen* sein Glück versuchen; *zijn ~ schoon zien* seine Chance wahrnehmen[212]; *ik zie er geen ~ toe* ich sehe keine Möglichkeit; *daar is niet veel ~ op* es besteht kaum Aussicht darauf; *de ~ is verkeken* die Gelegenheit ist verpasst
kansarm unterprivilegiert
kansel Kanzel v^{21}
kanselarij Kanzlei v^{20}
kanselier Kanzler m^9
kanshebber Favorit m^{14}
kansrekening Wahrscheinlichkeitsrechnung v^{20}
kansspel Hasardspiel o^{29}, Glücksspiel o^{29}
¹kant 1 *(zijde) (ook fig)* Seite v^{21}: *een andere ~ op kijken* wegsehen[261]: *dat is mijn zwakke ~* das ist meine schwache Seite; *de stad brandde aan alle ~en* die Stadt brannte an allen Ecken (und Enden); *aan de andere ~* andrerseits; *aan de ene ~* einerseits; *hij staat aan mijn ~* er steht auf meiner Seite; *van de ~ van het bestuur* von seiten (of: von Seiten) des Vorstandes; *ik van mijn ~* ich meinerseits; *van vaders ~ (verwantschap)* väterlicherseits; **2** *(rand)* Rand m^8; **3** *(snijlijn van twee vlakken)* Kante v^{21}: *iets op zijn ~ zetten* etwas auf die Kante stellen; **4** *(oever)* Ufer o^{33}: *die oplossing raakt ~ noch wal* die Lösung ist ganz und gar falsch ǁ *iets aan ~ doen (wegdoen)* etwas wegtun[295]: *de kamer aan ~ maken* das Zimmer aufräumen; *aan de hoge ~ zijn (van bedrag)* ziemlich hoch sein[262]: *iets over zijn ~ laten gaan* etwas hinnehmen[212]: *(fig) ik weet niet welke ~ dit op gaat* ich weiß nicht, wohin das führt
²kant *(een weefsel)* Spitze v^{21} *(meestal mv)*: *Brusselse ~* Brüsseler Spitzen
kantelen I *tr* kanten: *een kist ~* eine Kiste kanten; **II** *intr* (um)kippen
kantelraam Kippfenster o^{33}
¹kanten I *tr (kanten maken)* bestoßen[285]; **II** *zich ~* sich sträuben: *zich tegen iets ~* sich gegen[+4] etwas sträuben
²kanten *bn (van kant)* Spitzen…: *een ~ kraagje* ein Spitzenkragen
kant-en-klaar fix und fertig; Fertig…

kantig kantig
kantine Kantine v^{21}
kantje 1 *(bladzijde)* Seite v^{21}; **2** *(rand)* Rand m^8 ǁ *op het ~ af ontsnapt* mit knapper Not entkommen; *dat was op het ~ af* da hätte wenig gefehlt; *de ~s eraf lopen* sich[3] kein Bein ausreißen[220]
kantlijn 1 *(marge)* Rand m^8; **2** *(rib)* Kante v^{21}
kanton Kanton m^5; *(jur)* Bezirk m^5
kantongerecht Amtsgericht o^{29}
kantonrechter Amtsrichter m^9
kantoor 1 *(algem)* Büro o^{36}: *op een ~ werken* in einem Büro arbeiten; **2** *(het lokaal zonder meer)* Geschäftsraum m^6; **3** *(van gemeente, rijk)* Dienststelle v^{21}, Amt o^{32}; **4** *(van advocaat)* Kanzlei v^{20}; **5** *(van krant)* Geschäftsstelle v^{21}
kantoorbediende Büroangestellte(r) m^{40a}, v^{40b}
kantoorbehoeften Bürobedarf m^{19}
kantoorboekhandel Schreibwarengeschäft o^{29}
kantoormachine Büromaschine v^{21}
kantoortijd, kantooruren Bürostunden, Geschäftsstunden *(mv)*: *na kantoortijd* nach Büroschluss
kantoorwerk Büroarbeit v^{20}
kanttekening Randbemerkung v^{20}, Randnotiz v^{20}
¹kap 1 *(muts)* Kappe v^{21}: *(Belg) op iems ~ zitten* es auf jmdn abgesehen haben[182]; **2** *(capuchon)* Kapuze v^{21}; **3** *(droogkap)* Trockenhaube v^{21}; **4** *(van huis)* Dachstuhl m^6: *(bouwk) twee onder één ~* Doppelhaus o^{32}; **5** *(van lamp)* Schirm m^5; **6** *(van auto, rijtuig, kinderwagen)* Verdeck o^{29}; **7** *(motorkap)* Motorhaube v^{21}; **8** *(van apparatuur)* Verschlussdeckel m^9
²kap *(van bomen)* Schlag m^6
kapbal Stoppball m^6
kapel Kapelle v^{21}
kapelaan Kaplan m^6
kapelmeester Kapellmeister m^9
kapen 1 *(van bus, vliegtuig)* entführen; **2** *(gappen)* mausen, stibitzen
kaper 1 *(hist)* Kaper m^9; **2** *(ontvoerder)* Entführer m^9; *(van personen)* Geiselnehmer m^9
¹kapitaal *zn* Kapital o^{29}: *eigen ~* Eigenkapital
²kapitaal *bn* kapital, kapital…, stattlich: *~ gebouw* stattliches Gebäude o^{33}
kapitaalkrachtig kapitalkräftig
kapitaalmarkt Kapitalmarkt m^6
kapitaalvorming Kapitalbildung v^{28}
kapitalisme Kapitalismus m^{19a}
kapitalist(e) Kapitalist m^{14}; Kapitalistin v^{22}
kapitalistisch kapitalistisch
kapitein 1 *(mil)* Hauptmann *m (2e nvl -(e)s; mv -leute)*; **2** *(scheepv)* Kapitän m^5
kapittel Kapitel o^{33}: *een stem in het ~ hebben* auch ein Wörtchen mitzureden haben[182]
kapittelen abkanzeln
kapje 1 *(hoedje)* Käppchen o^{35}, Häubchen o^{35}; **2** *(van brood)* Kanten m^{11}; *zie ook* ¹kap
kaplaars Schaftstiefel m^9
kapmes Hackmesser o^{33}
kapot kaputt, entzwei: *het speelgoed is ~* das Spiel-

ka

zeug ist entzwei; *ze was er ~ van* sie war davon zutiefst betroffen; *~ van de rit* ganz kaputt von der Fahrt; *hij was er niet ~ van* er konnte sich nicht dafür begeistern

kapotgaan 1 entzweigehen[168], kaputtgehen[168]; **2** *(doodgaan) (plat)* verrecken, krepieren[320]

kapotje Pariser *m*[9]

kapotmaken kaputtmachen, zerstören

kapotslaan 1 kaputtschlagen[241]; **2** *(doodslaan)* totschlagen[241]

kappen I *tr* **1** *(van haar)* frisieren[320]; **2** *(omhakken)* fällen, schlagen[241]; *(scheepv)* kappen: *bomen ~* Bäume fällen; **II** *intr (breken met, ophouden)* aufhören (mit[+3])

kapper Friseur *m*[5], Frisör *m*[5]

kapperszaak Frisiersalon *m*[13]

kappertjes Kapern *mv v*[21]

kapsalon Frisiersalon *m*[13]

kapseizen kentern, umschlagen[241]

kapsel Frisur *v*[20]

kapsones Getue *o*[39]: *~ hebben* sich wichtig machen; *~ maken* Wind machen

kapster Friseuse *v*[21], Frisöse *v*[21]

kapstok Kleiderablage *v*[21], Garderobe *v*[21], *(staand)* Kleiderständer *m*[9]

kaptafel Toilettentisch *m*[5]

kapucijner *(erwt)* Kapuzinererbse *v*[21]

kar 1 Karren *m*[11], Karre *v*[21]; **2** *(fiets)* Drahtesel *m*[9]; **3** *(auto)* Kiste *v*[21]

karaat Karat *o*[29]

karabijn Karabiner *m*[9]

karaf Karaffe *v*[21]

karakter Charakter *m*[5]

karaktereigenschap Charaktereigenschaft *v*[20]

karakteriseren charakterisieren[320]

karakteristiek I *bn, bw* charakteristisch; **II** *zn* Charakteristik *v*[20]

karakterloos charakterlos

karaktertrek Charakterzug *m*[6]

karamel 1 *(gebrande suiker)* Karamell *m*[19]; **2** *(toffee)* Karamelle *v*[21]

karate Karate *o*[39], *o*[39a]

karavaan Karawane *v*[21]

karbonade Kotelett *o*[36], *o*[29]

kardinaal I *zn* Kardinal *m*[6]; **II** *bn* kardinal, grundlegend: *kardinale fout* Kardinalfehler *m*[9]: *~ punt* Kardinalpunkt *m*[5], Hauptpunkt *m*[5]

kariboe Karibu *o*[36], *m*[13]

karig karg[59]: *~ voedsel* karge Nahrung; *~ zijn met woorden* wortkarg sein

karigheid Kargheit *v*[28]

karikaturiseren karikieren[320]

karikaturist Karikaturist *m*[14]

karikatuur Karikatur *v*[20], Zerrbild *o*[31]

Karinthië Kärnten *o*[39]

Karinthiër Kärnt(e)ner *m*[9]

Karinthisch kärntnerisch

karkas Gerippe *o*[33], Skelett *o*[29]

karnemelk Buttermilch *v*[28]

karnen buttern

karper Karpfen *m*[11]

karpet Teppich *m*[5]

karren I *tr* karren; **II** *intr* fahren[153], karren

karrenvracht Fuhre *v*[21]

karretje Wägelchen *o*[35], kleine Karre *v*[21], *(fiets)* Fahrrad *o*[32]: *zich voor iems ~ laten spannen* sich vor jmds Karren spannen lassen[197]

kartel Kartell *o*[29]

kartelen rändeln; zacken

karteling 1 Rändelung *v*[20]; **2** *(bij postzegels)* Zähnung *v*[20]; **3** *(van mes)* Wellenschliff *m*[5]

karton 1 *(materiaal)* Pappe *v*[21]; **2** *(doos)* Karton *m*[13], *m*[5], Pappkarton *m*[13]

kartonnen aus Karton, aus Pappe, Papp…: *~ doos* Karton *m*[13], *m*[5], Pappschachtel *v*[21]

kartonneren kartonieren[320]

karwei Arbeit *v*[20], Aufgabe *v*[21]

karweitje Gelegenheitsarbeit *v*[20]

karwij Kümmel *m*[9]

kas 1 *(geldkas)* Kasse *v*[21]; **2** *(anat) (holte)* Höhle *v*[21]; **3** *(van horloge)* Gehäuse *o*[33]; **4** *(broeikas)* Gewächshaus *o*[32], Treibhaus *o*[32]

kasbon Kassenobligation *v*[20]

kascheque Barscheck *m*[13]

kasgeld Kassenbestand *m*[6]

kasgroente Treibhausgemüse *o*[33]

kasjmier *(stof)* Kaschmir *m*[5]

kasplant Treibhauspflanze *v*[21]: *(fig) ze is een ~je* sie ist wie aus Porzellan

kassa Kasse *v*[21]: *centrale ~* Hauptkasse

kassabon Kassenzettel *m*[9], Kassenbon *m*[13]

kassier Kassierer *m*[9]

kasstuk 1 *(theat)* Kassenreißer *m*[9], Kassenschlager *m*[9]; **2** *(handel)* Kassenbeleg *m*[5]

kast *(meubel)* Schrank *m*[6], *(ombouw)* Gehäuse *o*[33]: *de ~ van een radiotoestel* das Gehäuse eines Radiogeräts || *een ~ van een huis* ein (sehr) großes Haus; *een oude ~ (gebouw)* ein alter Kasten; *(fig) hij zit op de ~* er ist im Harnisch; *iem op de ~ beuren* jmdn in Harnisch bringen[139]

kastanje Kastanie *v*[21]: *tamme ~* Edelkastanie, *(de vrucht ervan)* Marone *v*[21], Esskastanie *v*[21]

kastanjeboom Kastanie *v*[21]

kastanjebruin kastanienbraun

kastdeur Schranktür *v*[20]

kasteel Schloss *o*[32], *(burcht)* Burg *v*[20]; *(fort)* Kastell *o*[29]; *(schaken)* Turm *m*[6]

kastelein Wirt *m*[5]

kasticket *(Belg)* Kassenzettel *m*[9], Kassenbon *m*[13]

kastje 1 Schränkchen *o*[35]; Kästchen *o*[35]; **2** *(in schoolbank)* Fach *o*[32]; **3** *(televisie)* Flimmerkiste *v*[21]: *voor het ~ zitten* vor der Flimmerkiste hocken

kat 1 Katze *v*[21]: *de ~ uit de boom kijken* sehen[261], wie der Hase läuft: *maak dat de ~ wijs!* mir kannst du viel erzählen!; *(Belg) geen ~* niemand, keine (keiner, keines); **2** *(snibbig persoon)* Kratzbürste *v*[21], Katze *v*[21]; **3** *(grauw)* Anpfiff *m*[5]: *iem een ~ geven* jmdm eins auf den Deckel geben[166]: *een ~ krijgen*

eins auf den Deckel kriegen
katalysator Katalysator m^{16}
katapult Katapult o^{29}, m^5; *(speelgoed, ook)* Schleuder v^{21}
kater *(ook fig)* Kater m^9
kathedraal Kathedrale v^{21}
katholiek I *bn* katholisch; **II** *zn* Katholik m^{14}
katje Kätzchen o^{35}
katoen Baumwolle v^{28}
katoenen baumwollen, Baumwoll...
katrol *(de schijf)* Rolle v^{21}; *(het hele toestel)* Flaschenzug m^6
kattebelletje Zettel m^9
katten *(vitten)* nörgeln, meckern; *(afkraken)* jmdn heruntermachen
kattenbak Katzenklo o^{36}
kattendrek *(ook fig)* Katzendreck m^{19}
kattenkop Katzenkopf m^6; *(persoon)* Kratzbürste v^{21}
kattenkwaad Unfug m^{19}: ~ *uithalen* Unfug treiben^{290} *(of:* machen)
kattensprong Katzensprung m^6
katterig: ~ *zijn* einen Kater haben^{182}
kattig schnippisch
kattin *(Belg)* Kätzin v^{22}
katzwijm: *in* ~ *liggen* in Ohnmacht liegen^{202}
kauw Dohle v^{21}
kauwen kauen
kauwgom Kaugummi m^{13}, o^{36}
kavel *(perceel grond)* Parzelle v^{21}
kaviaar Kaviar m^5
kazerne Kaserne v^{21}
kazuifel Kasel v^{21}
keel Kehle v^{21}, Hals m^6; *(strot)* Gurgel v^{21}: *rauwe* ~ rauer Hals; *schorre* ~ heisere Kehle; *het hangt me de* ~ *uit* es hängt mir zum Hals heraus; *een grote* ~ *opzetten* laut zu heulen anfangen^{155}; *het eten niet door de* ~ *kunnen krijgen* keinen Bissen hinunterbringen können^{194}; *pijn in de* ~ *hebben* Halsschmerzen haben^{182}; *het hart klopte haar in de* ~ das Herz schlug ihr bis zum Hals (herauf); *hij krijgt een brok in de* ~ er ist den Tränen nahe; *de woorden bleven mij in de* ~ *steken* die Worte blieben mir im Hals stecken
keelaandoening Halsleiden o^{35}
keelamandel Gaumenmandel v^{21}, Tonsille v^{21}
keelgat Schlund m^6, Kehle v^{21}: *ik heb iets in het verkeerde* ~ *gekregen* mir ist etwas in die falsche Kehle geraten
keelholte Rachenhöhle v^{21}, Rachen m^{11}
keelontsteking Halsentzündung v^{20}
keelpijn Halsweh o^{39}, Halsschmerzen *mv* m^{16}
keep *(insnijding)* Kerbe v^{21}, Einschnitt m^5
keepen *(sp)* im Tor stehen^{279}, Torhüter sein^{262}
keeper *(sp)* Torwart m^5, Torhüter m^9
keer 1 *(draai)* Wendung v^{20}: *tegen de* ~ *in gaan* sich quer legen; **2** *(maal)* Mal o^{29}: *voor de eerste* ~ das erste Mal *(of:* zum ersten Mal); *voor één* ~ ein einziges Mal; *twee* ~ zweimal; *een enkele* ~ ab und zu;

een paar ~ ein paar Mal; *vele keren* viele Male; *de volgende* ~ nächstes *(of:* das nächste) Mal; *(telecom) tot de volgende* ~*!* auf Wiederhören!
keerkring Wendekreis m^5
keerpunt Wendepunkt m^5, Wende v^{21}
keerzijde 1 *(lett)* Rückseite v^{21}, Kehrseite v^{21}; **2** *(fig)* Schattenseite v^{21}, Kehrseite
Kees: *klaar is* ~ fertig ist die Laube *(of:* der Lack)
keet 1 *(loods)* Schuppen m^{11}; **2** *(bouwkeet)* Bude v^{21}; **3** *(troep)* Unordnung v^{28}, Chaos o^{39a}; **4** *(herrie)* Krach m^6: ~ *schoppen* Krach machen
keffen kläffen, belfern
kegel Kegel m^9
kegelbaan Kegelbahn v^{20}
kegelen kegeln, Kegel spielen
kei 1 Stein m^5; **2** *(grote straatsteen)* Pflasterstein m^5; *(kinderhoofdje)* Katzenkopf m^6; **3** *(rolgesteente)* ~*en* Geröll o^{29}; **4** *(fig)* Könner m^9, Ass o^{29} ‖ *iem op de* ~*en zetten* jmdn auf die Straße setzen
keihard 1 *(zeer hard)* steinhart, knochenhart: ~*e muziek* ohrenbetäubende Musik; **2** *(sp)* knallhart; **3** *(meedogenloos)* schonungslos
keilen werfen^{311}: *iem de deur uit* ~ jmdn hinauswerfen^{311}
keizer Kaiser m^9
keizerin Kaiserin v^{22}
keizerlijk kaiserlich, Kaiser...
keizerrijk Kaiserreich o^{29}
keizersnede *(med)* Kaiserschnitt m^5
kelder Keller m^9 ‖ *(fig) naar de* ~ *gaan: a) (mbt schip)* untergehen^{168}, sinken^{266}; *b) (te gronde gaan)* zugrunde *(of:* zu Grunde) gehen^{168}
kelderen 1 *(scheepv)* sinken^{266}, untergehen^{168}; **2** *(mbt koers, prijzen)* stürzen, fallen^{154}
kelderruimte Kellerraum m^6
kelderverdieping Kellergeschoss o^{29}
kelen *(doden)* abstechen^{277}: *(fig) iem den Hals abschneiden^{250}
kelk Kelch m^5
kelner Kellner m^9: ~*!* Herr Ober!
kelnerin Kellnerin v^{22}
kemphaan 1 *(vogel)* Kampfläufer m^9; **2** *(fig)* Kampfhahn m^6, Streithahn m^6
kenau Mannweib o^{31}
kenbaar kenntlich: *iets* ~ *maken* etwas kenntlich machen; *zijn mening* ~ *maken* seine Meinung äußern
kengetal 1 *(netnummer)* Vorwahl v^{20}; **2** *(wisk)* Kennzahl v^{20}, Kennziffer v^{21}
Kenia Kenia o^{39}
Keniaan Kenianer m^9
Keniaas kenianisch
kenmerk Kennzeichen o^{35}, Merkmal o^{29}
kenmerken kennzeichnen
kenmerkend kennzeichnend, charakteristisch
kennel Kennel m^9, Hundezwinger m^9
kennelijk I *bn* sichtlich; **II** *bw* offenbar: *in* ~*e staat (van dronkenschap) verkeren* offensichtlich betrunken sein^{262}: *met de* ~*e bedoeling* in der unver-

kennbaren Absicht
kennen 1 kennen[189]: *ik heb hem leren ~* ich habe ihn kennen gelernt; *ik ken hem door en door* ich kenne ihn genau; *zich niet laten ~ sich*[3] nichts anmerken lassen[197]; **2** *(beheersen)* können[194]: *Duits ~* Deutsch können; *zijn les ~* seine Lektion können; **3** *(herkennen)* erkennen[189]: *iem aan zijn stem ~* jmdn an der Stimme erkennen; *zijn opvatting over iets te ~ geven* seine Ansicht zu[+3] etwas äußern; *zich als een waar vriend doen ~* sich als ein wahrer Freund erweisen[307]
kenner Kenner *m*[9]
kennersblik Kennerblick *m*[5]
kennersoog Kennerauge *o*[38]
kennis I *zn v* **1** Kenntnis *v*[24]: *personen met elkaar in ~ brengen* Leute miteinander bekannt machen; *~ met iem maken* jmdn kennen lernen; *~ van iets hebben* Kenntnis von[+3] etwas haben[182]; *~ van iets krijgen* etwas erfahren[153]; *~ van iets nemen* Kenntnis von[+3] etwas nehmen[212]; *iem van iets in ~ stellen* jmdn von[+3] etwas in Kenntnis setzen; **2** *(bewustzijn)* Bewusstsein *o*[39]: *bij ~* bei vollem Bewusstsein; *weer bij ~ komen* wieder zu[+3] sich kommen[193]; **3** *(wetenschap, wat iem weet)* Wissen *o*[39], Kenntnisse *(mv)*: *zijn ~ van het Duits* seine Deutschkenntnisse; **II** *m,v (bekende)* Bekannte(r) *m*[40a], *v*[40b]: *kring van ~sen* Bekanntenkreis *m*[5]: *~ hebben aan iem* mit jmdm gehen[168]
kennisgeving Anzeige *v*[21], Mitteilung *v*[20]; *(officieel)* Bekanntmachung *v*[20]: *voor ~ aannemen* zur Kenntnis nehmen[212]
kennisje Bekannte *v*[40b]
kennismaking Bekanntschaft *v*[20]
kennisneming Kenntnisnahme *v*[21]
kenschets Kennzeichnung *v*[20], Charakteristik *v*[20]
kenschetsen kennzeichnen, charakterisieren[320]
kenschetsend charakteristisch, kennzeichnend
kenteken Kennzeichen *o*[35], Merkmal *o*[29]: *~ van een auto* Kennzeichen eines Wagens; *een ~ afgeven voor een auto* ein Auto zulassen[197]
kentekenbewijs Kraftfahrzeugschein *m*[5], Kraftfahrzeugbrief *m*[5], *(ook)* Zulassung *v*[20]
kentekenen kennzeichnen, charakterisieren[320]
kentekenplaat Nummernschild *o*[31]
kenteren kentern
kentering Kentern *o*[39]; *(fig)* Umschwung *m*[6]
keper: *iets op de ~ beschouwen* etwas genauer betrachten
keramiek Keramik *v*[28]
keramisch keramisch
kerel Kerl *m*[5]: *aardige ~* patenter Kerl, netter Mensch *m*[14]: *potige ~* kräftiger Bursche *m*[15]
keren I *tr* wenden[308], kehren, drehen: *het kwaad ~* dem Übel Einhalt gebieten[130]; *de auto ~* den Wagen wenden; *iets ondersteboven ~* das Unterste zuoberst kehren; *de rug naar iem ~* jmdm den Rücken zukehren; **II** *intr* drehen, umdrehen, sich ändern: *(fig) het tij is gekeerd* das Blatt hat sich gewendet; *de wind keert* der Wind dreht; *de chauffeur keerde der*

Autofahrer drehte; *naar huis ~* heimkehren; *per ~de post* postwendend; *in zichzelf gekeerd* in sich[4] gekehrt; **III** *zich ~* sich drehen, sich kehren: *zich tegen zijn vriend ~* sich gegen seinen Freund stellen
kerf Kerbe *v*[21], Einschnitt *m*[5]
kerfstok Kerbholz *o*[32]: *iets op zijn ~ hebben* etwas auf dem Kerbholz haben[182]
kerk Kirche *v*[21]: *naar de ~ gaan* zur Kirche (*of:* in die Kirche) gehen[168]
kerkbank Kirchenbank *v*[25]
kerkbezoek Kirchenbesuch *m*[5]
kerkboek Gebetbuch *o*[32]
kerkdienst Gottesdienst *m*[5]
kerkelijk kirchlich, Kirchen…
kerkenraad 1 *(prot)* Presbyterium *o (2e nvl -s; mv -rien);* **2** *(r-k)* Pfarrgemeinderat *m*[6]
kerker Kerker *m*[9]
kerkganger Kirch(en)gänger *m*[9]
kerkgebouw Kirchenbau *m (2e nvl -(e)s; mv -ten)*
kerkgenootschap Glaubensgemeinschaft *v*[20]
kerkhof Friedhof *m*[6]; *(bij een kerk)* Kirchhof *m*[6]
kerkklok Kirchenglocke *v*[21]; *(het uurwerk)* Kirchturmuhr *v*[20]
kerkkoor Kirchenchor *m*[6]
kerkmuziek Kirchenmusik *v*[28]
kerkplein Kirchplatz *m*[6]
kerkrat: *zo arm als een ~* arm wie eine Kirchenmaus
kerks: *hij is ~* er ist ein eifriger Kirch(en)gänger
kerktoren Kirchturm *m*[6]
kerkzang Kirchengesang *m*[6]
kermen wimmern, winseln
kermis Kirmes *v (mv -sen)*, Jahrmarkt *m*[6]: *naar de ~ gaan* auf den Jahrmarkt gehen[168]: *van een koude ~ thuiskomen* sein blaues Wunder erleben
kermisdrukte Jahrmarktstreiben *o*[39]
kermiskraam, kermistent Jahrmarktsbude *v*[21]
kern Kern *m*[5]: *een ~ van waarheid* ein Körnchen Wahrheit; *tot de ~ van de zaak doordringen* das Wesentliche einer Sache erfassen
kernachtig kernig, markig
kernafval Atommüll *m*[19], Atomabfall *m*[6]
kernbewapening atomare Rüstung *v*[20]
kernbom Atombombe *v*[21]
kernbrandstof Kernbrennstoff *m*[5]
kerncentrale Atomkraftwerk *o*[29], Kernkraftwerk *o*[29]
kerndoel wichtigstes Ziel *o*[29]
kernenergie Kernenergie *v*[21]
kernexplosie Kernexplosion *v*[20]
kernfusie Kernfusion *v*[20]
kerngezond kerngesund
kernkop Atomsprengkopf *m*[6]
kernmacht Atommacht *v*[25]
kernpunt Kernpunkt *m*[5]
kernreactor Kernreaktor *m*[16], Atomreaktor *m*[16]
kernsplitsing Kernspaltung *v*[20]
kernwapen Kernwaffe *v*[21], Atomwaffe *v*[21]
kerosine Kerosin *o*[39]
kerrie Curry *o*[36] [kurie]

kers Kirsche v^{21}: *zure* ~ Sauerkirsche
kersenboom Kirschbaum m^6
kersenjam Kirschmarmelade v^{21}
kersenpit Kirschkern m^5, Kirschstein m^5
kerst Weihnachten *o (2e nvl -; mv -): met de* ~ zu Weihnachten
kerstavond Heiliger Abend m^5, Heiligabend m^5, Weihnachtsabend m^5
kerstboom Weihnachtsbaum m^6
kerstdag Weihnachtstag m^5: *prettige* ~*en!* fröhliche *(of:* frohe*)* Weihnachten!
kerstfeest Weihnachtsfest o^{39}: *gelukkig* ~*!* frohe Weihnachten!; *zalig* ~ gesegnete Weihnachten!
kerstgeschenk Weihnachtsgeschenk o^{29}
kerstkind Christkind o^{39}
kerstkrans Weihnachtskranz m^6
kerstlied Weihnachtslied o^{31}
kerstman Weihnachtsmann m^8
kerstmarkt Weihnachtsmarkt m^6
Kerstmis *(het feest)* Weihnachten *o (2e nvl -; mv -): met* ~ zu Weihnachten
kerstnacht Christnacht v^{25}, Heilige Nacht v^{25}
kerststol Weihnachtsstollen m^{11}
kersttijd Weihnachtszeit v^{28}
kerstvakantie Weihnachtsferien *(mv)*
kersvers 1 ganz frisch; **2** *(net, pas)* gerade, eben erst
kervel Kerbel m^{19}
kerven (ein)kerben, einschneiden[250]
ketchup Ketchup, Ketschup m^{13}, o^{36} *(2e nvl ook -)*
ketel Kessel m^9: *elektrische* ~ elektrischer Kocher m^9
ketelsteen Kesselstein m^{19}
ketelsteenvorming Kesselsteinablagerung v^{20}
keten Kette v^{21}: *een* ~ *van ongevallen* eine Kette von Unfällen
ketenen ketten, fesseln
ketsen zurückspringen[276], abprallen; *(mbt keu)* gicksen; *(mbt vuurwapen)* versagen
ketter Ketzer m^9: *vloeken als een* ~ fluchen wie ein Fuhrmann
ketteren toben, poltern
ketterij Ketzerei v^{20}
ketters ketzerisch
ketting Kette v^{21}
kettingbotsing Massenkarambolage v^{21}
kettingformulier Endlosformular m^6
kettingkast Kettenschutz m^5
kettingreactie Kettenreaktion v^{20}
kettingroker Kettenraucher m^9
kettingzaag Kettensäge v^{21}
keu Queue o^{36}
keuken Küche v^{21}: *open* ~ Kochecke v^{21}
keukenafval Küchenabfälle *mv* m^6
keukendoek 1 *(vaatdoek)* Spültuch o^{52}; **2** *(handdoek)* Küchenhandtuch o^{32}; **3** *(droogdoek)* Geschirrtuch o^{32}
keukenfornuis Küchenherd m^5
keukengereedschap, keukengerei Küchengeräte *mv* o^{29}, Küchengeschirr o^{39}

keukeninrichting Kücheneinrichtung v^{20}
keukenkast Küchenschrank m^6, Geschirrschrank m^6
keukenrol Küchenrolle v^{21}
keukenschort Küchenschürze v^{21}
keukenzout Kochsalz o^{39}
Keulen Köln o^{39}: *de dom van* ~ der Kölner Dom
Keulenaar Kölner m^9
Keuls kölnisch, Kölner
keur 1 *(het uitgezochte)* Auswahl v^{20}: *een* ~ *van spijzen* eine reiche Auswahl von Speisen; **2** *(het beste)* Elite v^{21}, Blüte v^{21}; **3** *(van wijn)* Auslese v^{21}; **4** *(op goud en zilver)* Stempel m^9
keuren 1 untersuchen, prüfen; **2** *(van dienstplichtigen)* mustern; **3** *(medisch)* ärztlich untersuchen; **4** *(van vlees)* beschauen || *iem geen blik waardig* ~ jmdn keines Blickes würdigen
keurig 1 *(prima)* fein, ausgezeichnet; **2** *(netjes)* ordentlich, gepflegt; tadellos
keuring 1 *(onderzoek)* Untersuchung v^{20}, Prüfung v^{20}; **2** *(van dienstplichtigen)* Musterung v^{20}; **3** *(medisch)* ärztliche Untersuchung v^{20}; **4** *(van vlees)* Beschauung v^{28}; *zie ook* keuren
keurkorps Elitetruppe v^{21}
keurslijf Zwangsjacke v^{21}
keurtroepen Elitetruppen *mv* v^{21}
keus Wahl v^{20}; *(sortering)* Auswahl v^{20}: *ruime* ~ reiche Auswahl; *een* ~ *doen* eine Wahl treffen[289]; *naar* ~ nach eigener Wahl
keutel Kot m^5, m^{13}; *(klein mens)* Knirps m^5
keuvelen plaudern, sich unterhalten[183]
keuze *zie* keus
kever Käfer m^9
keyboard *(muz, comp)* Keyboard o^{36}
kg *afk van kilogram* Kilogramm o^{29} *(afk* kg*)*
kibbelaar Zänker m^9
kibbelarij Zänkerei v^{20}
kibbelen sich zanken, (sich) streiten[287]
kibbeling *(ongev)* frittierte Stückchen *mv* o^{35} Kabeljau
kibbelpartij Zänkerei v^{20}
kibboets Kibbuz *m (2e nvl -; mv -im of -e)*
kibla Kibla v^{28}
kick Kick m^{13} *(2e nvl ook -)*
kidnappen kidnappen
kidnapping Kidnapping o^{36}
kiekeboe: ~*!* kuckuck!
kieken knipsen: *iem* ~ jmdn knipsen
kiekje Foto o^{36}
¹kiel *(kledingstuk)* Kittel m^9
²kiel *(scheepv)* Kiel m^5
kielekiele *tw* killekille!: *het was* ~ das war sehr knapp
kielwater, kielzog Kielwasser o^{33}
kiem *(ook fig)* Keim m^5: *in de* ~ *smoren* im Keim ersticken
kiemen keimen
kien clever, schlau
kiepauto Kipper m^9

ki

kiepen kippen

kieperen 1 *(gooien)* schmeißen[247], werfen[311]; **2** *(vallen)* purzeln, fallen[154]

kier Spalt *m*[5]: *de deur staat op een ~* die Tür ist angelehnt

¹kies Backenzahn *m*[6]: *ik heb net een maaltijd achter de kiezen* ich habe gerade gegessen; *zijn kiezen op elkaar houden* nichts preisgeben[166]

²kies *bn, bw* **1** *(fijngevoelig)* feinfühlig; **2** *(kieskeurig)* wählerisch; **3** *(delicaat, discreet)* rücksichtsvoll, delikat, taktvoll

kiesarrondissement *(Belg)* Wahlkreis *m*[5]

kiesbaar wählbar

kiesbrief *(Belg)* Wahlbenachrichtigung *v*[20]; Stimmzettel *m*[9], Wahlzettel *m*[9]

kiesdistrict Wahlbezirk *m*[5]

kiesgerechtigd wahlberechtigt

kieskauwen mit langen Zähnen essen[152]

kieskeurig wählerisch

kieskeurigheid wählerisches Wesen *o*[39]

kieskring Wahlkreis *m*[5]

kiespijn Zahnweh *o*[39], Zahnschmerzen *mv m*[16]: *ik kan hem missen als ~* er kann mir gestohlen bleiben

kiesplatform *(Belg)* Wahlprogramm *o*[29]

kiesrecht Stimmrecht *o*[39], Wahlrecht *o*[39]

kiesschijf *(telecom)* Wählscheibe *v*[21]

kiesstelsel Wahlsystem *o*[29]

kiestoon *(telecom)* Freizeichen *o*[35]

kietelen kitzeln

kieuw Kieme *v*[21]

kieviet Kiebitz *m*[5]: *hij loopt als een ~* er läuft wie ein Wiesel

kiezel 1 *(steentje)* Kiesel *m*[9]; **2** *(grind)* Kies *m*[19]

kiezelsteen Kieselstein *m*[5]

kiezen I *tr* wählen: *(telecom) een nummer ~* eine Nummer wählen; *een richting ~* eine Richtung einschlagen[241]; **II** *intr* wählen; sich entscheiden[232]: *~ of delen* entweder - oder; *hij heeft voor een deeltijdbaan gekozen* er hat sich für eine Teilzeitbeschäftigung entschieden

kiezer Wähler *m*[9]

kiezerskorps Wählerschaft *v*[20]

kift 1 *(ruzie)* Zank *m*[19]; **2** *(afgunst)* Neid *m*[19]

kijf: *buiten ~* unstreitig, zweifellos; *dat is buiten ~* das steht außer Frage

kijk 1 Blick *m*[19], Einsicht *v*[28]: *een goede ~ op iets hebben* den richtigen Blick für[+4] etwas haben[182]: *je hebt een verkeerde ~ op haar* du beurteilst sie falsch; *nu had hij een andere ~ op de zaak* jetzt sah er die Sache ganz anders; **2** *(het bekijken)* Schau *v*[20]: *met zijn gevoelens te ~ lopen* seine Gefühle zur Schau stellen; *iem te ~ zetten* jmdn lächerlich machen; *tot ~* auf Wiedersehen ‖ *daar is geen ~ op* das ist nicht drin

kijkbuis Glotze *v*[21], Mattscheibe *v*[21]

kijkcijfer Einschaltquote *v*[21]

kijkdichtheid *(telecom)* Sehbeteiligung *v*[20]

kijken sehen[261], schauen: *winkels ~* sich[3] Geschäfte ansehen; *boos ~* böse dreinblicken; *vriendelijk ~* freundlich gucken; *ze hebben televisie gekeken* sie haben ferngesehen; *kijk, wat ik heb gevonden* schauen Sie, was ich gefunden habe; *kijk hem eens lopen* schau, wie der läuft; *kijk eens aan! (verrast)* sieh mal einer an!, *(verbaasd)* schau, schau!; *hij komt pas ~* er ist ein Anfänger; *het rapport laten ~* das Zeugnis zeigen; *kijk uit, dat niets gebeurt!* sieh zu, dass nichts passiert!; *daar sta ik van te ~* das überrascht mich; *niet zo nauw ~* es nicht so genau nehmen[212]: *naar beneden ~* hinuntersehen[261]: *(fig) naar iem ~* sich um jmdn kümmern; *hij keek lelijk op zijn neus* er war schwer enttäuscht; *kijk uit je doppen!* aufgepasst!

kijker 1 *(toeschouwer)* Zuschauer *m*[9]; **2** *(telecom)* Fernsehzuschauer *m*[9]; **3** *(toneelkijker)* Opernglas *o*[32]; **4** *(verrekijker)* Fernrohr *o*[29]; **5** *(ogen)* ~s Augen *mv o*[38] ‖ *iem in de ~ hebben* jmdn durchschauen; *hij loopt in de ~(d)* er fällt auf

kijkgat Guckloch *o*[32], Spion *m*[5]

kijkgeld *(telecom)* Fernsehgebühr *v*[20]

kijkgraag schaulustig

kijkje Blick, Einblick *m*[5]

kijklustig schaulustig

kijkspel Spektakel *o*[33]

kijkwoning *(Belg)* Modellwohnung *v*[20], Musterwohnung *v*[20]

kijven keifen, schelten[235]

kik: *geen ~ geven* nicht mucksen

kikken sich mucksen

kikker *(ook fig)* Frosch *m*[6]

kikkerbilletje Froschschenkel *m*[9]

kikvors Frosch *m*[6]: *groene ~* Teichfrosch

kikvorsman Froschmann *m*[8]

kil nasskalt; *(fig)* frostig

killen killen; *(fig)* erledigen, ruinieren[320]

killer Killer *m*[9]

kilo Kilo *o*[36], Kilogramm *o*[29]

kilobyte Kilobyte *o*[36] *(afk KB)*

kilogram Kilogramm *o*[29] *(afk kg)*

kilometer Kilometer *m*[9] *(afk km)*

kilometerpaal Kilometerstein *m*[5]

kilometerteller Kilometerzähler *m*[9]

kilowatt Kilowatt *o (2e nvl -s; mv -) (afk kW)*

kilte feuchte Kälte *v*[28]

kim Horizont *m*[5]

kin Kinn *o*[29]: *dubbele ~* Doppelkinn; *(Belg) op zijn ~ kloppen* nichts (zu essen) bekommen[193]

kind Kind *o*[31]: *het ~ met het badwater weggooien* das Kind mit dem Bade ausschütten; *uit de kleine ~eren zijn* aus den kleinen Kindern heraus sein[262]: *kleine ~eren worden groot* aus Kindern werden Leute; *(fig) ik krijg er een ~ van!* das macht mich noch verrückt!; *een ~ kan de was doen* das ist kinderleicht; *van ~ af aan iem kennen* jmdn von Kind auf kennen[189]

kindeke Kindchen *o*[35]: *~ Jezus* Jesuskind *o*[39]

kinderachtig kindisch: *ergens niet ~ mee zijn* mit[+3] etwas nicht kleinlich sein[262]

kinderarbeid Kinderarbeit *v*[28]

kinderarts Kinderarzt *m*[6]

kinderbescherming Jugendschutz m^{19}; *(instantie)* Jugendamt o^{32}

kinderbijslag Kindergeld o^{39}

kinderboek Kinderbuch o^{32}

kinderdagverblijf Kindertagesstätte v^{21}

kinderhoofdje Pflasterstein m^5, Katzenkopf m^6

kinderjaren Kinderjahre mv o^{29}, Kindheit v^{28}

kinderkaartje Kinderkarte v^{21}

kinderkamer Kinderzimmer o^{33}

kinderkrib(be) *(Belg)* Kinderkrippe v^{21}, Kindertagesstätte v^{21}

kinderleeftijd Kindesalter o^{39}

kinderlijk kindlich, kindhaft: ~ *blij* froh wie ein Kind

kinderloos kinderlos

kindermeisje Kindermädchen o^{35}

kindermenu Kinderteller m^9, Kindermenü o^{36}

kinderoppas Babysitter m^9

kinderopvang Kinderkrippe v^{21}

kinderpraat 1 *(van kinderen)* kindliches Gerede o^{39}; **2** *(van volwassenen)* kindisches Gerede o^{39}

kinderrechter Jugendrichter m^9

kinderrijk kinderreich

kinderschoen Kinderschuh m^5

kinderspel *(ook fig)* Kinderspiel o^{29}

kinderstoel Kinderstuhl m^6

kindertehuis Kinderheim o^{29}

kindertoelage, kindertoeslag Kindergeld o^{31}

kinderverlamming Kinderlähmung v^{28}

kinderwagen Kinderwagen m^{11}

kinderwerk *(onbenullig werk)* Spielerei v^{20}: *dat is geen* ~ das ist keine Kleinigkeit

kinderziekte *(ook fig)* Kinderkrankheit v^{20}

kindje Kindchen o^{35}

kindlief liebes Kind!

kinds kindisch, senil

kindsbeen: *van* ~ *af* von Kindheit an

kindsheid 1 *(dementie)* Senilität v^{28}; **2** *(eerste jeugd)* Kindheit v^{28}, Kinderzeit v^{28}

kinesist, kinesitherapeut *(Belg)* Physiotherapeut m^{14}

kinesitherapie *(Belg)* Physiotherapie v^{28}

kinine Chinin o^{39}

kink: *er is een* ~ *in de kabel* die Sache hat einen Haken

kinkel Lümmel m^9, Flegel m^9

kinkhoest Keuchhusten m^{19}

kiosk Kiosk m^5

kip Henne v^{21}, Huhn o^{32}: *hij is er als de ~pen bij* er geht ran wie Blücher; *hij loopt rond als een* ~ *zonder kop* er läuft kopflos umher; *praten als een* ~ *zonder kop* faseln

kiplekker: *ik voel me* ~ mir geht's prima

kippenboutje Hühnerschlegel m^9

kippenei Hühnerei o^{31}

kippengaas Maschendraht m^6

kippenhok Hühnerstall m^6

kippenloop, kippenren Hühnerauslauf m^6

kippensoep Hühnersuppe v^{21}

kippenvel *(fig)* Gänsehaut v^{25}

kippetje Hühnchen o^{35}

kippig kurzsichtig

kirren girren, gurren

kissebissen sich in die Haare kriegen

kist 1 Kiste v^{21}; **2** *(doodkist)* Sarg m^6; **3** *(geldkist, vioolkist)* Kasten m^{12}; **4** *(meubel)* Truhe v^{21}

kisten *(van lijk)* einsargen; *(fig)* *ik laat me niet ~ ich lasse mich nicht unterkriegen*

kit *(vulmiddel)* Kitt m^{19}

kitchenette Kochnische v^{21}, Kochecke v^{21}

kits: *alles ~! es ist alles in (bester) Butter!*

kitsch Kitsch m^{19}

kittelaar Kitzler m^9

kittelen kitzeln

kitteling Kitzel m^9

kitten *(lijmen)* kitten

kittig 1 *(rap)* flink; **2** *(pittig)* flott, keck

kiwi 1 *(struisvogel)* Kiwi m^{13}; **2** *(vrucht)* Kiwi v^{27}

kJ *afk van* kilojoule Kilojoule o *(2e nvl -(s); mv -) (afk kJ)*

klaaglied Klagelied o^{31}

klaaglijk kläglich

klaagzang Elegie v^{21}, Klagelied o^{31}

klaar 1 *(af)* fertig; **2** *(gereed)* bereit, *(luchtv, scheepv)* klar: ~ *houden* bereithalten[183]: *het schip ligt voor het vertrek* ~ das Schiff ist abfahrbereit; **3** *(duidelijk, helder)* klar; *(zuiver)* rein, klar: ~ *wakker* hellwach; *dat is zo* ~ *als een klontje* das ist sonnenklar

klaarblijkelijk offenbar, offensichtlich

klaarheid Klarheit v^{28}, Deutlichkeit v^{28}: *iets tot* ~ *brengen* etwas aufklären

klaarkomen 1 *(gereedkomen)* fertig werden[310]; **2** *(orgasme krijgen)* kommen[193], fertig werden[310]

klaarkrijgen: *iets* ~ etwas fertig bringen[139]

klaarleggen bereitlegen, zurechtlegen

klaarlicht helllicht: *op ~e dag* am helllichten Tag

klaarliggen bereitliegen[202]

klaarmaken fertig machen; *(van eten)* zubereiten: *iem voor een examen* ~ jmdn auf ein Examen vorbereiten

klaar-over Schülerlotse m^{15}

klaarspelen fertig bringen[139], hinkriegen

klaarstaan bereitstehen[279], bereit sein[262]: *voor iem* ~ jmdm zu Diensten stehen[279]

klaarstomen trimmen

klaarzetten hinstellen, zurechtstellen

klacht 1 *(uiting van smart)* Klage v^{21}; **2** *(uiting van ontevredenheid)* Klage v^{21}, Beschwerde v^{21}, Beanstandung v^{20}; **3** *(jur)* Beschwerde v^{21}, Klage v^{21}, Anzeige v^{21}: *een ~ indienen (bij politie)* Anzeige erstatten, *(bij rechtbank)* eine Klage einreichen; **4** *(handel)* Reklamation v^{20}

klachtenboek Beschwerdebuch o^{32}

¹klad 1 *(vlek)* Klecks m^5; **2** *(bederf)* Verschlechterung v^{20}: *de* ~ *in de prijzen brengen* die Preise verderben[297]

²klad *(concept)* Kladde v^{21}, Konzept o^{29}: *in het* ~ *schrijven* sich[3] ein Konzept machen

kladden 1 klecksen; **2** *(smeren)* schmieren
kladje *(ontwerp)* Kladde v^{21}
kladpapier Konzeptpapier o^{29}, Schmierpapier o^{29}
kladschrift 1 *(knoeierig schrift)* Geschmiere o^{39}; **2** *(schrijfboek)* Schmierheft o^{29}
klagen 1 klagen: ~ *over* klagen über[+4]; **2** *(zijn misnoegen uiten)* sich beklagen, sich beschweren: *over iem* ~ sich über jmdn beschweren; *ik heb niet over hem te* ~ ich kann mich nicht über ihn beklagen
klagend klagend
klager 1 *(iem die klaagt)* Klagende(r) m^{40a}, v^{40b}; **2** *(jur)* Kläger m^9
klakkeloos 1 *(ongemotiveerd)* unbegründet; **2** *(onverwachts)* unversehens; **3** *(zonder bedenken)* bedenkenlos
klakken knallen: *met de tong* ~ mit der Zunge schnalzen
klam feucht, klamm: *het ~me zweet* der kalte Schweiß
klamboe Moskitonetz o^{29}
klampen *(fig)* *zich* ~ *aan* sich klammern an[+4]
klandizie Kundschaft v^{28}
klank 1 *(toon)* Klang m^6, Laut m^5; **2** *(spraakgeluid)* Laut m^5; **3** *(van muziek)* Klänge *(mv)*, Klangfarbe v^{21} || *lege ~en* leere Phrasen
klanknabootsend lautnachahmend
klankrijk, klankvol klangvoll
klant Kunde m^{15}: *rare* ~ komischer Kauz m^6: *vaste* ~ Stammkunde; *vrolijke* ~ lustiger Bruder m^{10}
klantenbinding Kundendienst m^5
klap 1 *(slag)* Schlag m^6, Hieb m^5: *een* ~ *in het gezicht (fig)* ein Schlag ins Gesicht; ~ *om de oren* Ohrfeige v^{21}: *een lelijke* ~ *krijgen (in zaken)* eine schwere Schlappe erleiden[199]: *in één* ~ mit einem Schlag; *dat is de ~ op de vuurpijl!* das schlägt dem Fass den Boden aus!; **2** *(tik)* Klaps m^5: *een* ~ *van de molen hebben* einen Klaps haben[182]; **3** *(knal)* Knall m^5: ~ *(knal) van de zweep* Peitschenknall || ~ *uitvoeren* keinen Handschlag tun[295]: *ik begrijp er geen* ~ *van* ich verstehe überhaupt nichts davon
klapband: *ik kreeg een* ~ ich hatte einen Platten
klapdeur Schwingtür v^{20}
klaplopen schmarotzen
klaploper Schmarotzer m^9
klappen 1 klatschen, knallen: *in de handen* ~ in die Hände klatschen; *met de zweep* ~ mit der Peitsche knallen; *het ~ van de zweep kennen* seine Sache verstehen[279]; **2** *(ontploffen)* platzen; **3** *(praten)* schwatzen: *uit de school* ~ aus der Schule plaudern
klapper 1 *(register)* Register o^{33}; **2** *(succesnummer)* Hit m^{13} *(2e nvl -(s))*; **3** *(ringband)* Ringbuch o^{32}
klapperboom Kokospalme v^{21}
klapperen klappern: *het raam klappert* das Fenster klappert; *de zeilen* ~ die Segel flappen
klappertanden mit den Zähnen klappern
klappertje Zündblättchen o^{35}
klaproos Klatschmohn m^{19}
klapstoel Klappstuhl m^6
klapstuk 1 *(rundvlees)* Hochrippe v^{21}; **2** *(successtuk)*

Glanznummer v^{21}
klaptafel Klapptisch m^5
klapzoen Schmatz m^5, m^6
klare Klare(r) m^{40a}, Schnaps m^6
klaren: *iets* ~ etwas schaffen
klarinet Klarinette v^{21}
klaroengeschal Trompetengeschmetter o^{39}
klas, klasse 1 *(afdeling, categorie)* Klasse v^{21}: *2e* ~ *reizen* zweite(r) Klasse fahren[153]: *(van school) de lagere ~en* die Unterstufe; *de hogere ~en* die Oberstufe; **2** *(lokaal)* Klassenzimmer o^{33}: *(fig) voor de* ~ *staan* unterrichten
klasgenoot Klassenkamerad m^{14}
klaslokaal Klassenzimmer o^{33}
*****klassejustitie** *(Wdl: klassenjustitie)* Klassenjustiz v^{28}
klassement *(sp)* Klassement o^{36}; Rangliste v^{21}: *algemeen* ~ Gesamtwertung v^{20}: *individueel* ~ Einzelwertung v^{20}
klassenboek Klassenbuch o^{32}
klassenfuif Klassenfete v^{21}
klassenleraar Klassenlehrer m^9
klassenonderwijzer Klassenlehrer m^9
klassenraad *(Belg)* Klassenrat m^6
klassenvertegenwoordiger Klassenvertreter m^9, Klassensprecher m^9
klasseren 1 klassifizieren[320], klassieren[320]: *(sp) zich* ~ *sich* qualifizieren[320]; **2** *(Belg)* unter Denkmalschutz stellen
klassering Klassifikation v^{20}
*****klassestrijd** *(Wdl: klassenstrijd)* Klassenkampf m^6
klassiek klassisch
klassieken Klassiker *mv* m^9
klassikaal: ~ *onderwijs* Klassenunterricht m^{19}
klastitularis *(Belg)* Klassenlehrer m^9
klateren plätschern
klats *tw* klatsch!, patsch!
klauteren klettern
klauw 1 *(van hoefdier)* Klaue v^{21}; **2** *(van roofdier)* Kralle v^{21}; **3** *(mensenhand)* Pfote v^{21}, Klaue v^{21} || *de zaak is uit de ~en gelopen* die Sache ist außer Kontrolle geraten
klavecimbel Cembalo o^{36} *(mv ook Cembali)*
klaver *(plantk)* Klee m^{19}
klaveraas *zie* klaverenaas
klaverblad *(ook fig)* Kleeblatt o^{32}; *(voor verkeer, ook)* Autobahnkreuz o^{29}
klaveren Treff o^{36}, Kreuz o *(2e nvl -es; mv -)*
klaverenaas Kreuzass o^{29}, Treffass o^{29}
klaverjassen klaverjassen
klavertjevier Glücksklee m^{19}
klavier 1 *(toetsenbord)* Tastatur v^{20}; **2** *(piano)* Klavier o^{29}
kledderen klecksen
kledderig klecksig; *(modderig)* matschig
kleddernat klatschnass, klitschnass
kleden I *tr* kleiden: *in het zwart gekleed zijn* in[+4] Schwarz gekleidet sein[262]: *naar de laatste mode gekleed gaan* sich nach der neuesten Mode kleiden; **II**

zich ~ *(aankleden)* sich ankleiden, sich anziehen[318]
klederdracht Tracht *v*[20]: *nationale ~* National-
tracht
kledij, kleding Kleidung *v*[20]; Bekleidung *v*[20]; *(het
kleden)* Bekleidung *v*[20]
kledingstuk Kleidungsstück *o*[29]
kleed 1 *(vloerkleed)* Teppich *m*[5]; **2** *(tafelkleed)* Decke *v*[21]; **3** *(gewaad)* Kleid *o*[31], Gewand *o*[32]; **4** *(Belg)*
(jurk, japon) Kleid *o*[31]
kleedcabine Umkleidekabine *v*[21]
kleedje 1 *(klein tapijt)* Brücke *v*[21], kleiner Teppich
m[5]; **2** *(tafelkleedje)* Deckchen *o*[35]
kleedkamer 1 *(sp)* Umkleideraum *m*[6]; **2** *(theat)*
Garderobe *v*[21]
Kleef Kleve *o*[39]
kleefband Kleb(e)streifen *m*[11]
kleefmiddel Kleb(e)mittel *o*[33]
kleefpleister Heftpflaster *o*[33]
kleefstof Klebstoff *m*[5]
kleerborstel Kleiderbürste *v*[21]
kleerhanger *(knaapje)* Kleiderbügel *m*[9]
kleermaker Schneider *m*[9], Maßschneider *m*[9]
kleerscheuren: *er zonder ~ af komen* mit heiler
Haut davonkommen[193]
klef 1 *(mbt brood)* klebrig, teigig; **2** *(klam)* klamm,
nasskalt; *(fig)* klebrig
klei 1 Lehm *m*[19], Ton *m*[19]; **2** *(voor pottenbakkerij)*
Töpferton *m*[19]: *van ~* tönern
klein 1 *(niet groot)* klein: *zeer ~* sehr klein, winzig;
~ geld Kleingeld *o*[39]: *~ snijden* klein schneiden[250]: *~
maken* zerkleinern; *~ maar dapper* klein, aber
oho!; *in het ~ verkopen* im Kleinen verkaufen; **2**
(kleingeestig) kleinlich, engstirnig
kleinbedrijf Kleinbetrieb *m*[5]
kleinbeeldcamera Kleinbildkamera *v*[27]
kleinburgerlijk kleinbürgerlich, spießbürgerlich
kleindochter Enkelin *v*[22]
kleine Kleine(r) *m*[40a]; Kleine *v*[40b]; *(kind ook)* Klei-
ne(s) *o*[40c]
kleineren 1 *(van personen)* herabsetzen; **2** *(iems
verdiensten)* schmälern, herabsetzen
kleingeestig kleinlich, engstirnig
kleingeld Kleingeld *o*[39]
kleinhandel Einzelhandel *m*[19], Kleinhandel *m*[19]
kleinhandelaar Einzelhändler *m*[9], Kleinhändler *m*[9]
kleinhartig kleinherzig, kleinmütig
kleinigheid Kleinigkeit *v*[20], Bagatelle *v*[21]
kleinkind Enkelkind *o*[31]
kleinkunst Kleinkunst *v*[28]
kleinmaken I *tr* **1** zerkleinern, klein machen; **2** *(fig)*
unterkriegen, kleinkriegen; **3** *(van geld)* wechseln;
II *zich ~* sich ducken
kleinood Kleinod *o*[29] *(mv ook Kleinodien)*
kleinschalig kleinmaßstäbig, kleinmaßstäblich;
(mbt bedrijf, onderneming enz.) Klein-
kleintje Kleine(r) *m*[40a]; Kleine *v*[40b]; Kleine(s) *o*[40c]: *de
~s (kinderen)* die Kleinen; *een ~ krijgen* ein Baby
bekommen[193]: *op de ~s passen* sparsam sein[262]:
voor geen ~ vervaard zijn sich nicht einschüchtern

lassen[197]
kleinvee Kleinvieh *o*[39]
kleinzerig wehleidig, empfindlich
kleinzielig kleinlich, engherzig
kleinzoon Enkel *m*[9]
klem I *zn* **1** Klemme *v*[21]: *mijn vinger zit in de ~* mein
Finger ist eingeklemmt; *(fig) in de ~ zitten* in der
Klemme stecken[278]; **2** *(nadruk)* Nachdruck *m*[19]; **II**
bn eingekeilt: *~ zitten* festsitzen[268]: *iem ~ rijden*
jmdn einkeilen
klemmen klemmen: *zijn vinger ~ sich*[3] den Finger
klemmen; *een ~d betoog* eine überzeugende Argumentation
klemtoon Ton *m*[6], Akzent *m*[5], Betonung *v*[20]
klemvast fangsicher
klep 1 Deckel *m*[9], Klappe *v*[21]; **2** *(van pet)* Schirm *m*[5];
3 *(van motor, pomp)* Ventil *o*[29]; **4** *(mond)* Klappe
klepel Klöppel *m*[9], Schwengel *m*[9]
kleppen 1 *(mbt deur, raam)* klappern; **2** *(mbt klok)*
läuten; **3** *(snateren)* plappern
kleren Kleider *mv o*[31], Kleidung *v*[20]: *de ~ maken de
man* Kleider machen Leute; *met ~ en al* in voller
Bekleidung; *zoiets gaat je niet in de koude ~ zitten*
so etwas nimmt einen ganz schön mit; *zie ook* kleed
klerenhanger Kleiderbügel *m*[9]
¹klets I *tw* klatsch!; **II** *zn* **1** *(slag)* Klaps *m*[5]; **2** *(kwak)*
Klecks *m*[5]; **3** *(kletspraat)* Geschwätz *o*[39]
²klets *bn* klatschnass, klitschnass
kletsen I *tr* **1** *(met kletsend geluid slaan, werpen)*
klatschen; **2** *(praat uitslaan)* faseln: *onzin ~* Unsinn
reden; **II** *intr* **1** *(babbelen)* schwatzen; **2** *(zwammen)*
faseln; **3** *(roddelen)* klatschen; **4** *(met een klets vallen)* klatschen
kletser Schwätzer *m*[9]; *(roddelaar)* Klatschmaul *o*[32]
kletserig schwatzhaft, *(boosaardig)* klatschhaft
kletskoek Quatsch *m*[19]
kletskous Klatschtante *v*[21]
kletsmajoor Schwätzer *m*[9], Faselhans *m*[6]
kletsnat klatschnass, klitschnass, pudelnass
kletspraat Quatsch *m*[19]
kletspraatje 1 *(babbeltje)* Plauderei *v*[20]; **2** *(geroddel)*
Gerede *o*[39], Klatsch *m*[19]
kletteren 1 *(mbt wapens)* klirren; **2** *(mbt regen)*
prasseln, klatschen; **3** *(mbt hagel)* prasseln
kleumen frieren[163]
kleur Farbe *v*[21]: *~ houden* farbecht sein[262]: *een ~
krijgen* erröten; *~ bekennen* Farbe bekennen[189]
kleurecht farbecht
kleuren I *tr* färben; **II** *intr* sich färben, erröten: *van
schaamte ~* vor Scham erröten
kleurenblind farbenblind
kleurendia Farbdia *o*[36]
kleurenfilm Farbfilm *m*[5]
kleurenfoto Farbfoto *o*[36], Farbbild *o*[31]
kleurenpracht Farbenpracht *v*[28]
kleurentelevisie Farbfernsehen *o*[39]; *(toestel)* Farb-
fernseher *m*[9]
kleurig farbig, bunt, farbenfroh
kleuring Färbung *v*[20]

kl

kleurkrijt farbige Kreide v^{21}, Farbstift m^5
kleurling 1 *(halfbloed)* Mischling m^5; **2** *(niet-blanke)* Farbige(r) m^{40a}, v^{40b}
kleurloos farblos; *(fig)* farblos, langweilig; *(politiek)* politisch neutral
kleurpotlood Farbstift m^5, Buntstift m^5
kleurrijk farbig, farbenreich, farbenprächtig
kleurschakering Farbschattierung v^{20}
kleurstof Farbstoff m^5, Farbe v^{21}
kleurtje Farbe v^{21}; *(op wangen)* frische Röte v^{28}
kleurverschil Farbunterschied m^5
kleuter Kleinkind o^{31}, Kleine(s) o^{40c}
kleuterleidster Kindergärtnerin v^{22}
kleuteronderwijs Vorschulerziehung v^{28}
kleuterschool Kindergarten m^{12}
kleven kleben: *een smet kleeft op iem* ein Makel haftet an jmdm
kleverig klebrig
kliek Clique v^{21}; *(familie)* Sippschaft v^{20}
kliekje Rest m^5
klier I *(orgaan)* Drüse v^{21}; II *(fig)* Ekel o^{33}
klieren sich flegelhaft benehmen^{212}: *hij kan behoorlijk ~* er schikaniert gern
klieven spalten^{270}; *(van golven, lucht)* durchschneiden^{250}, durchfurchen
klif Kliff o^{29}, Klippe v^{21}
klik I *tw* klick!; II *zn (geluid)* Klicks m^5, Klick m^{13}
klikken 1 *(geluid)* klicken; **2** *(goed uitpakken)* klappen: *het klikte meteen tussen ons* wir verstanden uns sofort; **3** *(verklikken)* petzen
klikspaan Petzer m^9; *(meisje)* Petze v^{21}
klim: *dat is een hele ~* das geht ganz schön rauf
klimaat Klima o^{36}
klimmen steigen^{281}; *(met handen en voeten)* klettern: *trappen ~* Treppen steigen; *in een boom ~* auf einen Baum klettern
klimmer Kletterer m^9; *(bergbeklimmer)* Bergsteiger m^9
klimop Efeu m^{19}
klimplant Kletterpflanze v^{21}
klimtouw Klettertau o^{29}, Kletterseil o^{29}
kling Klinge v^{21}
kliniek Klinik v^{20}
klinisch klinisch
klink 1 Klinke v^{21}; **2** *(deurkruk)* Türklinke v^{21}
klinken I *tr (vastmaken)* (ver)nieten; II *intr* **1** *(een geluid geven)* tönen, (er)klingen^{191}, schallen^{231}; **2** *(toasten)* anstoßen^{285} (auf^{+4})
¹klinker *(steen)* Klinker m^9
²klinker *(taalk)* Vokal m^5, Selbstlaut m^5
klinkklaar rein: *klinkklare onzin* glatter Unsinn
klinknagel Niete v^{21}
klip *(ook fig)* Klippe v^{21}: *tussen de ~pen doorzeilen (fig)* Schwierigkeiten aus dem Wege gehen^{168}; *een ~ omzeilen (ook fig)* eine Klippe umschiffen; *op de ~pen lopen (ook fig)* scheitern
klipper Klipper m^9
klis 1 *(plantk)* Klette v^{21}; **2** *(knoop)* Filz m^5
klissen *(Belg)* verhaften, festnehmen^{212}: *een inbre-*

ker *~* einen Einbrecher festnehmen^{212}
klit Klette v^{21}: *ze hangen als ~ten aan elkaar* sie halten zusammen wie die Kletten; *zie ook* klis
klitten: *aan iem ~ wie eine Klette an jmdm hängen*^{184}
klittenband Klettband o^{32}
klodder Klecks m^5
klodderen klecksen
kloek 1 *(groot en sterk)* stattlich, kräftig, stramm; **2** *(flink)* tüchtig; **3** *(dapper)* mutig, kühn; **4** *(mbt zaken)* stattlich
klok 1 *(bel, glazen stolp)* Glocke v^{21}: *dat klinkt als een ~* das ist vortrefflich; **2** *(uurwerk)* Uhr v^{20}: *een man van de ~* ein pünktlicher Mensch; *de ~ staat op tien uur* die Uhr zeigt zehn; *een race tegen de ~* ein Wettlauf mit der Zeit
klokhuis *(bij fruit)* Kerngehäuse o^{33}
klokje 1 Glöckchen o^{35}; **2** *(uurwerk)* kleine Uhr v^{20}: *het ~ rond slapen* rund um die Uhr schlafen^{240}
¹klokken *(mbt geluid)* glucksen, gluckern
²klokken 1 *(de prikklok hanteren)* stechen^{277}; **2** *(sp)* stoppen
klokkenspel Glockenspiel o^{29}
klokkentoren Glockenturm m^6
klokslag Glockenschlag m^6: *~ tien* Schlag zehn
klokvast *(Belg)* pünktlich: *~e treinen* pünktliche Züge
klomp 1 *(schoeisel)* Holzschuh m^5: *dat kun je met je ~en aanvoelen* das sieht doch ein Blinder; **2** *(brok)* Klumpen m^{11}
klonen klonen
klont Klumpen m^{11}: *~ aarde* Erdscholle v^{21}
klonter Klumpen m^{11}
klonteren klumpen
klonterig klumpig: *~ meel* klumpiges Mehl
klontje Klümpchen o^{35}: *~ suiker* Stück o^{29} Zucker: *zo klaar als een ~* sonnenklar
kloof 1 Kluft v^{25}; **2** *(spleet)* Spalte v^{21}; **3** *(barst, scheur)* Riss m^5: *vol kloven* rissig
klooien 1 *(zeuren)* nölen, quengeln; **2** *(prutsen)* stümpern
kloon *(biol)* Klon m^5
klooster Kloster o^{34}
kloosterling(e) Mönch m^5; Nonne v^{21}
kloot 1 *(kogel, bol)* Kugel v^{21}, Ball m^6; **2** *(inform)* *(teelbal)* Ei o^{31}: *(inform) alles gaat naar de kloten* alles geht zum Teufel; *(inform) kloten!* Scheiße!
klootjesvolk *(inform)* die kleinen Leute *(mv)*
klootzak 1 *(inform) (balzak)* Hodensack m^6; **2** *(scheldw) (persoon)* Scheißer m^9, Scheißkerl m^5
klop Schlag m^6; *(op deur)* Klopfen o^{39}: *~ krijgen* Prügel kriegen, *(sp)* geschlagen werden^{310}
klopboormachine Schlagbohrmaschine v^{21}
klopjacht Treibjagd v^{20}
kloppartij Schlägerei v^{20}
kloppen I *tr* klopfen, schlagen^{241}: *eieren ~* Eier quirlen; *eiwit stijf ~* Eiweiß steif schlagen; II *intr* **1** klopfen, pochen: *met ~d hart* mit klopfendem Herzen; *er wordt geklopt* es klopft; **2** *(in orde zijn)* stim-

men: *dat klopt niet met uw brief* das stimmt nicht mit Ihrem Brief überein

klos 1 *(rolletje)* Rolle v^{21}, Spule v^{21}; **2** *(blok)* Klotz m^6 || *de ~ zijn* der Dumme sein[262]

klossen *(lomp lopen)* latschen, stampfen

klote *(inform)* mies, sau…, Sau…, Scheiß…

kloten *(inform)* **1** *(prutsen)* herumhantieren[320]; **2** *(zaniken)* meckern

kloteweer *(inform)* Sauwetter o^{39}, Scheißwetter o^{39}

klotsen klatschen, platschen

kloven I *tr* spalten[270]; **II** *intr* sich spalten[270]

klucht Posse v^{21}, Schwank m^6

kluif Knochen m^{11} (mit Fleisch): *erwtensoep met ~* Erbsensuppe mit Eisbein; *(fig) dat is een hele ~* das ist eine harte Nuss

kluis 1 Tresor m^5; **2** *(safeloket)* Schließfach o^{32}

kluisteren fesseln: *~ aan* fesseln an[+4]; *hij zit gekluisterd aan de buis* er sitzt gebannt vor der Glotze

kluit 1 Klumpen m^{11}; **2** *(klomp aarde)* Scholle v^{21} || *hij is flink uit de ~en gegroeid* er ist tüchtig gewachsen

kluitje Klümpchen o^{35}: *op een ~* dicht beisammen; *iem met een ~ in het riet sturen* jmdn mit leeren Versprechungen abspeisen

kluiven nagen (an[+3])

kluizenaar Klausner m^9, *(fig)* Stubenhocker m^9

klungel, klungelaar Stümper m^9, Pfuscher m^9

klungelen pfuschen, stümpern

klungelig stümperhaft

kluns Stümper m^9, Pfuscher m^9

klunzen stümpern, murksen

klunzig stümperhaft

klus Aufgabe v^{21}, Auftrag m^6: *ik heb daar een hele ~ aan* das ist keine einfache Aufgabe

klusje Gelegenheitsarbeit v^{20}

klusjesman *(manusje-van-alles)* Faktotum o^{36}; Gelegenheitsarbeiter m^9

klussen 1 *(zwartwerken)* schwarzarbeiten; **2** *(karweitjes opknappen)* jobben, Gelegenheitsarbeiten machen

kluts: *de ~ kwijtraken* den Kopf verlieren[300]: *de ~ kwijt zijn* den Kopf verloren haben[182]

klutsen quirlen, schlagen[241]

kluwen Knäuel m^9, o^{33}

km *afk van kilometer* Kilometer m^9 *(afk* km)

km/u *afk van kilometer per uur* Kilometer je Stunde, Stundenkilometer m^9 *(afk* km/h)

knaagdier Nagetier o^{29}

knaagtand Nagezahn m^6

knaak Zweieinhalbguldenstück o^{29}

knaap Bursche m^{15}, Kerl m^5: *een ~ van een snoek* ein Riesenhecht

knabbelen knabbern; *(hoorbaar)* knuspern

knagen nagen: *~ aan* nagen an[+3]

knak Knick m^5, Knack m^5; *(fig)* Knacks m^5

knakken I *tr* brechen[137], knicken; **II** *intr* knicken, knacken: *zijn gezondheid is geknakt* seine Gesundheit hat einen Knacks bekommen

knakworst Knackwurst v^{25}

¹knal *zn (geluid)* Knall m^5, Schlag m^6

²knal *bn, bw* **1** *(geweldig)* pfundig, großartig, toll; **2** *(mbt kleuren)* knall…, grell, knallig

knaldemper Schalldämpfer m^9

knallen I *tr* knallen, schießen[238]; **II** *intr* knallen

knalpot Auspufftopf m^6

knalrood knallrot, grellrot

knap *bn, bw* **1** *(mooi)* hübsch, schön: *~ in de kleren* adrett gekleidet; **2** *(bekwaam)* tüchtig, fähig, geschickt: *een ~ violist* ein begabter Geiger; *~ gedaan* fein gemacht; **3** *(intelligent)* klug, gescheit: *een ~pe kop* ein kluger Kopf || *dat is ~ duur* das ist ganz schön teuer

knappen 1 *(mbt brandend hout, vuur)* prasseln, knistern; **2** *(barsten)* bersten[127], zerspringen[276]; **3** *(breken)* zerreißen[220]: *het touw knapt* das Seil (zer)reißt

knappend *(bros)* knusperig

knapperd kluger Kopf m^6, gescheiter Kopf m^6

knapperen knistern, prasseln

knapzak Knappsack m^6

knar 1 *(oud mens)* alter Knacker m^9; **2** *(hoofd)* Rübe v^{21}

knarsen 1 *(met de tanden)* knirschen; **2** *(mbt scharnier, slot)* knarren

knarsetanden mit den Zähnen knirschen

knarsetandend zähneknirschend

knauw *(beet)* Biss m^5; *(fig)* Knacks m^5

knauwen nagen, kauen

knecht 1 *(handwerksgezel)* Geselle m^{15}; **2** *(op boerderij)* Knecht m^5; **3** *(bediende)* Diener m^9

kneden kneten

kneedbaar knetbar, formbar

kneedbom Plastikbombe v^{21}

kneep Kniff m^5: *hij kent de knepen* er kennt alle Kniffe; *daar zit 'm de ~!: a) (daar zit het probleem)* da sitzt der Haken!; *b) (dat is de truc)* das ist der Trick!

knel I *zn (klem)* Klemme v^{21}: *in de ~ zitten* in der Klemme sitzen[268]; **II** *bn* eingeklemmt: *~ zitten* eingeklemmt sein[262]

knellen I *tr* klemmen, umklammern; **II** *intr* drücken; *(mbt kleding)* kneifen[192]

knelpunt Engpass m^6

knetteren 1 *(mbt vuur)* prasseln; **2** *(mbt donder)* krachen; **3** *(mbt motor, schoten)* knattern

knettergek plemplem

kneusje 1 *(ei)* Knickei o^{31}; **2** *(auto)* Unfallauto o^{36}; **3** *(persoon)* Versager m^9, Ei o^{31}

kneuzen quetschen, prellen

kneuzing Quetschung v^{20}, Prellung v^{20}; *(van vruchten)* Druckstelle v^{21}

knevelen *(ook fig)* knebeln

knibbelaar Feilscher m^9; Geizhals m^6

knibbelen feilschen, knausern

knie Knie o *(2e nvl -s; mv -)*: *(fig) door de ~ën gaan* in die Knie gehen[168]; *iets onder de ~ hebben* etwas im Griff haben[182]; *iets onder de ~ krijgen* etwas in den Griff bekommen[193]

kniebeschermer Knieschoner *m*⁹, Knieschützer *m*⁹
kniebroek Kniehose *v*²¹
kniebuiging 1 *(uit eerbied)* Knicks *m*⁵, *(diep)* Kniefall *m*⁶; **2** *(sp)* Kniebeuge *v*²¹: *diepe ~ Hocke v*²¹
kniegewricht Kniegelenk *o*²⁹
knieholte Kniekehle *v*²¹
knielen (nieder)knien
knieschijf Kniescheibe *v*²¹
kniesoor Griesgram *m*⁵, Kopfhänger *m*⁹
knieval Kniefall *m*⁶
kniezen sich grämen, sich härmen
kniezer *zie* kniesoor
knijp: *in de ~ zitten: a) (in verlegenheid) in der Klemme sitzen*²⁶⁸; *b) (in de rats)* Bammel haben¹⁸²
knijpen kneifen¹⁹² || *'m ~* Schiss haben¹⁸²
knijper 1 *(persoon)* Kneifende(r) *m*⁴⁰ᵃ, *v*⁴⁰ᵇ; **2** *(vrek)* Knauser *m*⁹; **3** *(wasknijper)* Klammer *v*²¹
knijpfles Spritzflasche *v*²¹
knijpkat Dynamotaschenlampe *v*²¹
knijptang Kneifzange *v*²¹, Beißzange *v*²¹
knik Knick *m*⁵; *(met het hoofd)* Nicken *o*³⁹
knikkebollen *(dutten)* einnicken
knikken 1 *(met het hoofd)* nicken; **2** *(gedeeltelijk breken)* knicken: *(fig) met ~de knieën* mit schlotternden Knien
knikker Murmel *v*²¹: *kale ~* Glatzkopf *m*⁶: *er is iets aan de ~* da stimmt etwas nicht
knikkeren mit Murmeln spielen: *iem eruit ~* jmdn hinausschmeißen²⁴⁷
knip 1 *(met schaar)* Schnitt *m*⁵, Einschnitt; **2** *(met duim en wijsvinger)* Knips *m*⁵: *hij is geen ~ voor de neus waard* er ist keinen Schuss Pulver wert; **3** *(klem)* Klammer *v*²¹; **4** *(grendeltje)* Riegel *m*⁹: *de ~ op de deur doen* den Riegel vorschieben²³⁷; **5** *(beurs)* Geldbeutel *m*⁹
knipkaart Knipskarte *v*²¹
knipmes Klappmesser, Schnappmesser *o*³³
knipogen blinzeln, zwinkern: *tegen iem ~* jmdm zublinzeln, jmdm zuzwinkern
knipoogje Augenblinzeln *o*³⁹: *iem een ~ geven* jmdm zublinzeln
knippatroon Schnittmuster *o*³³
knippen 1 schneiden²⁵⁰; **2** *(van kaartjes)* lochen, knipsen; **3** *(met de vingers)* knipsen || *hij is voor die betrekking (als) geknipt* er ist für diese Stelle wie geschaffen
knipperen 1 *(met de ogen)* blinzeln, zwinkern; **2** *(mbt auto)* blinken
knipperlicht Blinklicht *o*³¹; *(van auto)* Blinker *m*⁹, Blinkleuchte *v*²¹
knipsel 1 *(snipper)* Schnipsel *m*⁹, *o*³³; **2** *(uitgeknipt bericht)* Ausschnitt *m*⁵
knobbel 1 Knoten *m*¹¹; **2** *(aanleg)* Begabung *v*²⁰: *een ~ voor iets hebben* Talent für⁺⁴ etwas haben¹⁸²
knock-out I *bn* knock-out, knockout; **II** *zn* Knock-out, Knockout *m*¹³ (2e nvl ook -)
knoei: *in de ~ zitten (over iets)* in der Patsche sitzen²⁶⁸ (wegen⁺² etwas)
knoeiboel 1 *(slordig werk)* Pfuscherei *v*²⁰; **2** *(bedrog,*

zwendel) Schwindel *m*¹⁹; **3** *(troep)* Schweinerei *v*²⁰
knoeien 1 *(morsen)* kleckern, sudeln; **2** *(prutsen)* stümpern; **3** *(bedriegen)* schwindeln
knoeier 1 Sudler *m*⁹; **2** Stümper *m*⁹; **3** Schwindler *m*⁹; *zie ook* knoeien
knoeierij, knoeiwerk *zie* knoeiboel
knoest Knorren *m*¹¹
knoestig knorrig, knotig
knoet *(van haar)* Dutt *m*⁵, *m*¹³, Haarknoten *m*¹¹
knoflook Knoblauch *m*¹⁹
knokkel Fingerknöchel *m*⁹
knokken sich raufen, sich prügeln
knokpartij Schlägerei *v*²⁰, Prügelei *v*²⁰
knokploeg Schlägertruppe *v*²¹
knol 1 *(stengel-, wortelknol)* Knolle *v*²¹; **2** *(raap)* Rübe *v*²¹; **3** *(paard)* Gaul *m*⁶
knolgewas Knollengewächs *o*²⁹
knolselderie Knollensellerie *m*¹³, *ook v (mv -)*
knoop 1 *(aan kledingstuk)* Knopf *m*⁶; **2** *(alle andere bet)* Knoten *m*¹¹: *een ~ leggen* einen Knoten machen; *een ~ losmaken* einen Knoten lösen; *iets uit de ~ krijgen* etwas entknoten
knooppunt Knotenpunkt *m*⁵
knoopsgat Knopfloch *o*³²
knop 1 Knopf *m*⁶; **2** *(plantk)* Knospe *v*²¹; **3** *(oorclip)* Ohr(en)klipp *m*¹³
knopen (ver)knoten, knüpfen: *aan elkaar ~* verknoten, verknüpfen; *een das ~* eine Krawatte binden¹³¹: *(fig) de eindjes (met moeite) aan elkaar kunnen ~* gerade mit seinem Geld auskommen¹⁹³
knorren 1 *(grommen)* knurren, brummen; **2** *(mbt varken)* grunzen
knorrepot Brummbär *m*¹⁴, Griesgram *m*⁵
knorrig mürrisch, unwirsch
knot 1 *(kluwen)* Knäuel *o*³³; **2** *(haarwrong)* Haarknoten *m*¹¹
¹knots 1 *(knuppel)* Keule *v*²¹; **2** *(iets groots)* Riesen…: *een ~ van een bult* eine Riesenbeule
²knots *bn, bw* verrückt, bekloppt
knotsgek irre: *een ~ type* ein ganz irrer Typ
knowhow Know-how *o*³⁹, *o*³⁹ᵃ
knudde: *het is ~* das ist unter aller Kritik
knuffelbeest Kuscheltier *o*²⁹
knuffelen (ab)knutschen, *(sterker)* hätscheln
knuist Faust *v*²⁵
knul 1 *(algem)* Kerl *m*⁵; **2** *(sukkel)* Trottel *m*⁹: *een goeie ~* ein Trottel; **3** *(lomperd)* Lümmel *m*⁹
knullig tölpelhaft, unbeholfen
knuppel 1 Knüppel *m*⁹; **2** *(fig)* Lümmel *m*⁹
knus behaglich, gemütlich
knutselaar Bastler *m*⁹
knutselen basteln
knutselwerk Bastelarbeit *v*²⁰, Bastelei *v*²⁰
koddig komisch, drollig, ulkig
koe Kuh *v*²⁵: *oude koeien uit de sloot halen* alten Kohl aufwärmen; *men weet nooit, hoe een ~ een haas vangt* man kann nie wissen, wie der Hase läuft
koehandel Kuhhandel *m*¹⁹
koeienletter Riesenbuchstabe *m*¹⁸

koeioneren kujonieren[320], schikanieren[320]

koek Kuchen m[11]: *gevulde* ~ mit Mandelmasse gefüllter Kuchen; *het is voor hem gesneden* ~ das ist für ihn ein Leichtes; *dat is oude* ~ das ist kalter Kaffee; *het was* ~ *en ei tussen hen* sie waren ein Herz und eine Seele

koekeloeren spähen: *zitten te* ~ nichts mit[+3] sich anzufangen wissen[314]

koeken backen, kleben, zusammenkleben

koekenpan Bratpfanne v[21]

koekje Plätzchen o[35]; *(droog)* Keks m[5], o[29]: *hij kreeg een* ~ *van eigen deeg* ihm wurde mit gleicher Münze heimgezahlt

koekjestrommel Keksdose v[21]

koekoek 1 *(vogel)* Kuckuck m[5]; **2** *(dakkapel)* Dachgaube v[21] || *dat haal je de* ~! ist doch logo!

koekoeksklok Kuckucksuhr v[20]

koel 1 kühl; **2** *(kalm)* kühl, kalt(blütig)

koelbloedig kaltblütig

koelbox Kühlbox v[20]

koelcel Kühlraum m[6]

koelen 1 kühlen; **2** *(ontladen)* kühlen (an[+3]), auslassen[197] (an[+3])

koeler Kühler m[9]

koelheid Kühle v[28]; *(fig, ook)* Kälte v[28]

koelhuis Kühlhaus o[32]

koeling Kühlung v[20]

koelinstallatie Kühlanlage v[21]

koelkast Kühlschrank m[6]

koelte Kühle v[28], Kühlung v[28]

koeltjes kühl, frostig, kalt

koelwater Kühlwasser o[34]

koemelk Kuhmilch v[28]

koen kühn, beherzt

koepel Kuppel v[21]

koer *(Belg)* Hof m[6], Innenhof m[6]

koeren girren, gurren

koerier(ster) Kurier m[5], Bote m[15]; Botin v[22]

koers 1 Kurs m[5]: ~ *zetten naar* Kurs nehmen[212] auf[+4]: *uit de* ~ *raken* vom Kurs abkommen[193]; **2** *(sp)* Rennen o[35]

koersdaling Kursrückgang m[6]

koersen steuern; *(sp)* (mit)fahren[153]

koersschommeling Kursschwankung v[20]

koersstijging Kursanstieg m[5]

koersval Kurssturz m[6]

koerswijziging Kursänderung v[20]

koest ruhig, still: *zich* ~ *houden* kuschen

koesteren 1 *(verzorgen)* hegen und pflegen; **2** *(verwarmen)* (er)wärmen: *zich in de zon* ~ sich sonnen; **3** *(bij zichzelf voelen)* hegen: *de hoop, illusies* ~ die Hoffnung, Illusionen hegen; *het voornemen* ~ die Absicht haben[182]

koetje: *over* ~*s en kalfjes praten* von belanglosen Dingen reden

koets Kutsche v[21]

koetsier Kutscher m[9]

koetswerk Karosserie v[21]

koevoet Kuhfuß m[6], Brechstange v[21]

koffer Koffer m[9]; *(kist)* Truhe v[21]; *(bed)* Falle v[21]

kofferbak Kofferraum m[6]

koffie Kaffee m[19]: *slappe* ~ dünner Kaffee; *sterke* ~ starker Kaffee; *dat is geen zuivere* ~ an der Sache ist etwas faul

koffieboon Kaffeebohne v[21]

koffiedik Kaffeesatz m[19]

koffiefilter Kaffeefilter m[9]

koffiegerei Kaffeegeschirr o[29]

koffiehuis Kaffeehaus o[32], Café o[36]

koffiekan Kaffeekanne v[21]

koffiekopje Kaffeetasse v[21]

koffiekransje Kaffeekränzchen o[35]

koffiemaaltijd Brotmahlzeit v[20]

koffiemelk Kaffeemilch v[28]

koffiepot Kaffeekanne v[21]

koffieroom Kaffeesahne v[28]

koffieservies Kaffeeservice o *(2e nvl -(s); mv -)*

koffietijd, koffie-uur Kaffeezeit v[20]

koffiezetapparaat Kaffeemaschine v[21]

koffiezetten Kaffee kochen *(of:* machen*)*

kogel 1 Kugel v[21]: *de* ~ *krijgen* erschossen werden[310]; **2** *(hard schot)* Bombenschuss m[6] || *de* ~ *is door de kerk* die Würfel sind gefallen

kogelgewricht Kugelgelenk o[29]

kogellager Kugellager o[33]

kogelslingeren Hammerwerfen o[39]

kogelstoten Kugelstoßen o[39]

kogelvrij kugelsicher, kugelfest

kok *(persoon)* Koch m[6]

koken kochen: *eten* ~ Essen kochen

kokendheet kochend heiß

¹koker *(kooktoestel)* Kocher m[9]

²koker 1 Behälter m[9]; **2** *(foedraal)* Futteral o[29]; **3** *(voor pijlen)* Köcher m[9]; **4** *(voor sigaren)* Etui o[36]; **5** *(van lift)* Schacht m[6]; **6** *(voor tabletten)* Röhrchen o[35] || *(fig)* dat komt niet uit zijn ~ das ist nicht auf seinem Mist gewachsen

koket kokett

kokhalzen 1 würgen: *hij stond te* ~ er musste heftig würgen; **2** *(walgen)* sich ekeln (vor[+3])

kokker(d) *(neus)* Gurke v[21]

kokkerellen kochen

kokkin Köchin v[22]

kokosnoot Kokosnuss v[25]

kokospalm Kokospalme v[21]

kolder Blödsinn m[19]: *(fig) de* ~ *in de kop hebben* einen Koller haben[182]

kolen Kohle v[21] *(meestal mv)*: *op hete* ~ *zitten (wie)* auf (glühenden) Kohlen sitzen[268]

kolenbekken Kohlenbecken o[35]

kolenkachel Kohle(n)ofen m[12]

kolenmijn Kohlenbergwerk o[29], Kohlengrube v[21]

kolenproductie Kohle(n)förderung v[28]

kolenschop Kohlenschaufel v[21]

kolf Kolben m[11]

kolfje: *dat is een* ~ *naar mijn hand* das passt mir in den Kram

koliek Kolik v[20]

kolk *(draaikolk)* Strudel *m*⁹; *(put)* Gully *m*¹³, *o*³⁶
kolken strudeln, wirbeln
kolom 1 Säule *v*²¹; **2** *(typ)* Spalte *v*²¹: *in twee ~men* zweispaltig; **3** *(boekhouden)* Kolumne *v*²¹
kolonel Oberst *m*⁵, *m*¹⁴
koloniaal kolonial, kolonial…, Kolonial…
kolonie Kolonie *v*²¹
kolonisatie Kolonisation *v*²⁰
koloniseren kolonisieren³²⁰
kolonist Kolonist *m*¹⁴
kolos Koloss *m*⁵; *(personen meestal)* Riese *m*¹⁵
kolossaal kolossal, riesenhaft, riesig
¹kom *zn* **1** Schale *v*²¹, Schüssel *v*²¹; **2** *(aardr)* Mulde *v*²¹, *(groot)* Becken *o*³⁵; **3** *(bassin)* Bassin *o*³⁶ ‖ *bebouwde ~* geschlossene Ortschaft *v*²⁰
²kom *tw (aansporing)* komm (schon)!, los!
komaf Herkunft *v*²⁵, Geburt *v*²⁰
kombuis Kombüse *v*²¹
komediant(e) Komödiant *m*¹⁴
komedie Komödie *v*²¹
komeet Komet *m*¹⁴
komen kommen¹⁹³: *er komt regen* wir bekommen Regen; *het kwam als een verrassing* es kam überraschend; *de dingen, die ~ zullen, afwachten* der Dinge harren, die da kommen sollen; *de dokter laten ~* den Arzt kommen lassen¹⁹⁷: *kom hier!* komm (hier)her!; *dat komt niets van in!* das kommt nicht in Frage!; *~ aanlopen* angelaufen kommen; *~ aanrijden* angefahren kommen; *iem ~ bezoeken* jmdn besuchen; *ik kom (je) helpen* ich komme, um (dir) zu helfen; *de trap ~ oplopen* die Treppe heraufkommen; *hij kwam te vallen* er fiel (hin); *hij kwam naast me zitten* er setzte sich neben mich; *hij kwam te sterven* er starb; *hoe kom je aan dat geld?* woher hast du das Geld?; *hoe ~ we aan een goed huis?* wie kommen wir zu einem guten Haus?; *er komt geen eind aan* es nimmt kein Ende; *achter het geheim ~* hinter das Geheimnis kommen; *bij iem ~* zu jmdm kommen; *hoe kom je erbij?* wie kommst du dazu?; *daar komt nog bij dat …* hinzu kommt noch, dass …; *dat komt door het vele drinken* das kommt vom vielen Trinken; *ik ben benieuwd of die wet erdoor komt* ich bin gespannt, ob das Gesetz durchgebracht wird; *daar kan ik in ~* das kann ich mir vorstellen; *om het leven ~* ums Leben kommen; *hoe ~ ze op dat idee?* wie kommen sie auf diese Idee?; *op krachten ~* zu Kräften kommen; *ik kwam op tijd bij hem* ich kam rechtzeitig zu⁺³ ihm; *dat komt op 50 gulden* das beläuft sich auf 50 Gulden; *met iem tot zaken ~* mit jmdm ins Geschäft kommen; *ik kom er niet uit* ich krieg's nicht hin; *komt er nog wat van!* wird's bald!
komend 1 *(volgend)* nächst, kommend: *~e week* nächste *(of:* kommende) Woche; **2** *(toekomstig)* künftig
komiek I *bn, bw* komisch; **II** *zn* Komiker *m*⁹
komijn Kümmel *m*⁹
komisch komisch, drollig
komische Komische(s) *o*⁴⁰ᶜ, Komik *v*²⁸

komkommer Gurke *v*²¹
komma Komma *o*³⁶ *(mv ook Kommata)*
kommer 1 *(gebrek)* Elend *o*³⁹; **2** *(leed)* Kummer *m*¹⁹, Elend *o*³⁹: *~ en gebrek* Kummer und Not
kommerlijk kümmerlich, elend
kommervol kummervoll
kompas Kompass *m*⁵
kompel Kumpel *m*⁹, *m*¹³
kompres Kompresse *v*²¹
komst Eintreffen *o*³⁹, Ankunft *v*²⁸, Besuch *m*⁵: *~ van de Messias* Kommen *o*³⁹ des Messias: *er is onweer op ~* ein Gewitter ist im Anzug; *er is een kind op ~* es ist ein Kind unterwegs
konijn Kaninchen *o*³⁵: *tam ~* Hauskaninchen *o*³⁵
konijnenhok Kaninchenstall *m*⁶
konijnenhol Kaninchenbau *m*⁵
koning König *m*⁵: *de ~ te rijk zijn* sich königlich freuen
koningin Königin *v*²²
Koninginnedag Geburtstag *m*⁵ der Königin
koningsgezind königstreu, royalistisch
koningshuis Königshaus *o*³²
koninklijk königlich
koninkrijk Königreich *o*²⁹
konkelaar Intrigant *m*¹⁴
konkelen kungeln, mauscheln, intrigieren³²⁰
kont Hintern *m*¹¹, Arsch *m*⁶
konvooi Konvoi *m*¹³
kooi 1 *(voor vogels)* Bauer *o*³³, Käfig *m*⁵; **2** *(voor wilde dieren)* Käfig *m*⁵; **3** *(voor honden)* Zwinger *m*⁹; **4** *(voor schapen e.d.)* Stall *m*⁶; **5** *(scheepv)* Koje *v*²¹: *naar ~ gaan* in die Klappe gehen¹⁶⁸
kook Kochen *o*³⁹: *aan de ~ brengen* zum Kochen bringen¹³⁹: *aan de ~ zijn* kochen
kookboek Kochbuch *o*³²
kookkunst Kochkunst *v*²⁵
kookplaat Kochplatte *v*²¹
kookster Köchin *v*²²
¹kool *(plantk)* Kohl *m*¹⁹: *een ~* ein Kohlkopf *m*⁶: *Chinese ~* Chinakohl; *groene ~* Wirsingkohl; *rode ~* Rotkohl; *witte ~* Weißkohl; *iem een ~ stoven* jmdm einen Possen spielen
²kool *(steen-, houtskool)* Kohle *v*²¹
koolhydraat Kohle(n)hydrat *o*²⁹
koolmees Kohlmeise *v*²¹
koolmonoxide Kohlen(mon)oxid *o*³⁹
koolplant Kohlpflanze *v*²¹
koolraap Kohlrübe *v*²¹, Steckrübe *v*²¹
koolrabi Kohlrabi *m (2e nvl -(s); mv -(s))*
koolzaad Raps *m*⁵
koolzuur Kohlensäure *v*²⁸
koolzuurhoudend kohlensäurehaltig
koon Wange *v*²¹, Backe *v*²¹
koop Kauf *m*⁶: *~ op afbetaling* Abzahlungskauf; *een goede ~ doen* einen guten Kauf machen; *te ~ (aan)bieden* zum Kauf anbieten¹³⁰; *met iets te lopen* etwas zur Schau tragen²⁸⁸; *het huis staat te ~* das Haus steht zum Kauf (aus); *te ~ gevraagd* zu kaufen gesucht; *te ~ (zijn)* zu verkaufen (sein²⁶²):

dat is overal te ~ das ist überall zu haben; *op de* ~ *toe* noch dazu; *iets op de* ~ *toe nemen* etwas in Kauf nehmen[212]

koopakte Kaufvertrag m^6

koopavond Dienstleistungsabend m^5

koopcontract Kaufvertrag m^6

koopflat Eigentumswohnung v^{20}

koopgraag kauflustig

koopje Gelegenheitskauf m^6: *op een* ~ für einen Spottpreis

koopkracht Kaufkraft v^{25}

koopkrachtig kaufkräftig

koopman Kaufmann m^8 *(mv ook -leute)*, Händler m^9

koopprijs Kaufpreis m^5

koopsom Kaufsumme v^{21}

koopster Käuferin v^{22}

koopvaardij Handelsschifffahrt v^{28}

koopvaardijvloot Handelsflotte v^{21}

koopwaar Handelsware v^{21}

koopziek kaufsüchtig

koor Chor m^6: *in* ~ im Sprechchor

koord 1 Schnur v^{25}; **2** *(touw)* Seil o^{29}

koorddanser Seiltänzer m^9, Seilakrobat m^{14}

koorknaap Chorknabe m^{15}

koorts Fieber o^{33}: ~ *hebben* Fieber haben[182]

koortsachtig, koortsig fiebrig, fieberhaft

koortsuitslag Fieberflecken *(mv)*

koortsvrij fieberfrei

koorzang Chorgesang m^6

koosjer koscher

kop 1 Kopf m^6: *een kale* ~ eine Glatze; ~ *op!* Kopf hoch!; *iem aan zijn* ~ *zeuren* jmdn in den Ohren liegen[202]: *(fig) met* ~ *en schouders boven iem uitsteken* jmdm haushoch überlegen sein[262]: *zich niet op de* ~ *laten zitten* sich[3] nicht auf den Kopf spucken lassen[197]: *over de* ~ *gaan (lett)* sich überschlagen[241], *(fig)* Pleite gehen[168]: *van* ~ *tot teen* von Kopf bis Fuß; **2** *(mond)* Klappe v^{21}: *hou je* ~*!* halt die Klappe!; **3** *(verstand)* Kopf m^6; **4** *(manschappen)* Köpfe *mv* m^6, Besatzung v^{20}; **5** *(wat doet denken aan kop)* Kopf m^6, Spitze v^{21}: *de* ~ *van Groningen* der nördliche Teil der Provinz Groningen; *(sp) de* ~ *nemen* die Spitze übernehmen[212]: *op* ~ *komen* sich an die Spitze setzen; *op* ~ *liggen* an der Spitze liegen[202]; **6** *(in krant)* Schlagzeile v^{21}; **7** *(drinkkom)* Tasse v^{21}: ~ *en schotel* Tasse und Untertasse; **8** *(wolk)* Gewitterwolke v^{21} || *iets op de* ~ *tikken* etwas erstehen[279]: *de* ~ *indrukken:* a) *(van bijv. gerucht)* zum Schweigen bringen[139]; b) *(anders)* unterdrücken; *de* ~ *opsteken* aufkommen[193]: *op zijn* ~ *krijgen* eins auf den Deckel bekommen[193]: *zich over de* ~ *werken* sich übernehmen[212]

kopbal Kopfball m^6, Kopfstoß m^6

kopen 1 kaufen; **2** *(van kaartjes)* lösen; **3** *(aankopen)* erwerben[309]: *iems stilzwijgen* ~ *sich[3]* jmds Schweigen erkaufen

¹**koper** *(wie koopt)* Käufer m^9

²**koper** *(metaal)* Kupfer o^{39}

koperdraad Kupferdraht m^6

koperen kupfern, Kupfer…

koperkleurig kupferfarbig, kupferfarben

kopgroep Spitzengruppe v^{21}

kopie Kopie v^{21}, *(afschrift, ook)* Abschrift v^{20}

kopieerapparaat Kopiergerät o^{29}, Kopierer m^9

kopiëren kopieren[320], *(afschrift maken, ook)* abschreiben[252], *(van kunstwerk)* nachbilden

kopij Manuskript o^{29}

kopje *(drinkkom)* Tasse v^{21} || *iem een* ~ *kleiner maken* jmdn einen Kopf kleiner machen

kopjebuitelen, kopjeduikelen einen Purzelbaum machen

kopje-onder mit dem Kopf unter Wasser

koplamp Scheinwerfer m^9

koploper Spitzenreiter m^9

koppel I *(riem)* Koppel o^{33}, Koppelriemen m^{11}; **II 1** *(paar)* Paar o^{29}, Gespann o^{29}; **2** *(stel, menigte)* Koppel v^{21}; **3** *(techn)* Drehmoment o^{29}

koppelaar Ehestifter m^9

koppelaarster Ehestifterin v^{22}

koppelbaas Arbeitsvermittler m^9, Subunternehmer m^9

koppelen 1 *(van dieren)* koppeln; **2** *(van mensen)* verkuppeln; **3** *(elektr, nat, spoorw)* koppeln, kuppeln; **4** *(van woorden)* koppeln

koppeling 1 *(van mensen)* Verkupp(e)lung v^{20}; **2** *(elektr, nat, spoorw)* Kopp(e)lung v^{20}, Kupp(e)lung v^{20}; **3** *(van auto)* Kupplung v^{20}

koppelingspedaal Kupplungspedal o^{29}

koppelteken Bindestrich m^5

koppelwerkwoord Kopula v^{27} *(mv ook Kopulae)*

koppen köpfen

koppig 1 *(eigenzinnig)* dickköpfig, eigensinnig; **2** *(naar het hoofd stijgend)* schwer

koppigaard *(Belg)* Dickkopf m^6

koppigheid Starrsinn m^{19}

koprol Rolle v^{21}, *(sp)* Purzelbaum m^6

kopschuw kopfscheu

kop-staartbotsing Auffahrunfall m^6

kopstoot Kopfstoß m^6

kopstuk 1 *(bovenste deel)* Kopf m^6; **2** *(op de voorgrond tredend figuur)* Prominente(r) m^{40a}, v^{40b}

koptelefoon Kopfhörer m^9

kopzorg Kopfzerbrechen o^{39}

¹**koraal** *(muz)* Choral m^6

²**koraal** *(dierk, kraal)* Koralle v^{21}

koraaleiland Koralleninsel v^{21}

koraalrif Korallenriff o^{29}

koralen korallen, Korallen…

koran Koran m^5

kordaat beherzt, entschlossen

kordon Kordon m^{13}

koren Korn o^{29}; Getreide o^{33}

korenbloem Kornblume v^{21}

korenhalm Getreidehalm m^5

korf Korb m^6

korfbal Korbball m^6

korfballen Korbball spielen

ko

66

kornuit Kumpan *m*⁵, Kamerad *m*¹⁴
korporaal Obergefreite(r) *m*⁴⁰ᵃ, *v*⁴⁰ᵇ
korps Korps *o (2e nvl -; mv -)* [koor]
korrel Korn *o*³²
korrelig körnig, gekörnt
korreltje Körnchen *o*³⁵: *iets met een ~ zout nemen* etwas nicht so ernst nehmen²¹²
korset Korsett *o*²⁹, *o*³⁶
korst 1 *(van kaas, brood)* Rinde *v*²¹; **2** *(hard)* Kruste *v*²¹; **3** *(op wond)* Kruste *v*²¹, Schorf *m*⁵
korstmos Flechte *v*²¹
kort 1 kurz⁵⁸: *~e vakantie* Kurzurlaub *m*⁵: *sinds ~ seit kurzem; tot voor ~ bis vor kurzem; te ~ komen* zu kurz kommen¹⁹³: *ik kom (geld) te ~* ich habe zu wenig Geld dabei; *iem te ~ doen* jmdn benachteiligen; *iem ~ houden: a) (met geld)* jmdn kurz halten¹⁸³; *b) (met vrijheid)* jmdn an der Kandare haben¹⁸² *(of: halten¹⁸³): alles ~ en klein slaan* alles zerschlagen²⁴¹; **2** *(beknopt)* kurz gefasst: *~ verhaal* Kurzgeschichte *v*²¹: *~ en bondig* kurz und bündig; *om ~ te gaan* kurz und gut; *in het ~* kurz (gesagt); *nieuws in het ~* Kurznachrichten *mv v*²⁰: *het ~ maken: a) (bij het vertellen)* sich kurz fassen; *b) (vlug afwerken)* eine Sache kurz abtun²⁹⁵; **3** *(klein)* gedrungen
kortaangebonden kurz angebunden
kortademig kurzatmig
kortaf kurz (angebunden)
korte golf Kurzwelle *v*²¹
korten I *tr* kürzen: *iem op zijn salaris ~* jmdm das Gehalt kürzen; *de tijd ~* die Zeit verkürzen; **II** *intr* kürzer werden³¹⁰, abnehmen²¹²
kortharig kurzhaarig
kortheid Kürze *v*²⁸
kortheidshalve der Kürze halber
korting 1 Rabatt *m*⁵, Preisnachlass *m*⁵, *m*⁶, Ermäßigung *v*²⁰; *(voor contante betaling)* Skonto *m*¹³, *o*³⁶ *(mv ook Skonti)*; **2** *(inhouding)* Kürzung *v*²⁰: *~ op het loon* Lohnkürzung *v*²⁰
kortom kurz(um)
kortparkeerder Kurzparker *m*⁹
kortsluiting Kurzschluss *m*⁶
kortstondig kurz, von kurzer Dauer
kortweg 1 kurz; **2** *(eenvoudigweg)* kurzweg
kortwieken die Flügel stutzen: *(fig) iem ~* jmdm die Flügel beschneiden
kortzichtig kurzsichtig
korzelig mürrisch, griesgrämig
kosmisch kosmisch
kosmonaut Kosmonaut *m*¹⁴
kosmos Kosmos *m*¹⁹, Weltall *o*³⁹
kost 1 *(wat betaald moet worden)* Kosten *(mv)*: *bijkomende ~en* Lebenshaltungskosten; *~en van levensonderhoud* Lebenshaltungskosten; *de ~en dragen* die Kosten tragen²⁸⁸: *dat brengt veel ~en met zich mee* das bringt viele Unkosten mit sich; *~en noch moeite sparen* weder Kosten noch Mühe scheuen; *bijdrage in de ~en* Unkostenbeitrag *m*⁵: *iem op ~en jagen* jmdn in Unkosten stürzen; **2** *(levensonder-*

houd) Lebensunterhalt *m*¹⁹: *de ~ verdienen* (sich³) seinen Lebensunterhalt verdienen; **3** *(dagelijkse voeding)* Kost *v*²⁸: *~ en inwoning* Kost und Logis, Verpflegung und Unterkunft; *ergens in de ~ zijn* bei jmdm wohnen ‖ *ten ~e van* auf Kosten⁺²; *dat gaat ten ~e van zijn gezondheid* das geht auf Kosten seiner Gesundheit; *zijn ogen de ~ geven* die Augen offen halten¹⁸³
kostbaar 1 *(van grote waarde)* kostbar, wertvoll; **2** *(veel kostend)* kostspielig
kostbaarheid Kostbarkeit *v*²⁸
kostelijk köstlich
kosteloos kostenfrei, kostenlos, unentgeltlich
kosten kosten: *moeite ~* Mühe kosten; *~de prijs* Selbstkostenpreis *m*⁵: *dat kan je je baan ~* das kann dich die Stellung kosten; *zie ook* kost
kostendekkend kostendeckend
kostenstijging Kostensteigerung *v*²⁰
koster Küster *m*⁹, Kirchendiener *m*⁹
kostganger Kostgänger *m*⁹
kostgeld Kostgeld *o*³⁹
kosthuis Kosthaus *o*³², Pension *v*²⁰
kostprijs Selbstkostenpreis *m*⁵
kostschool Internat *o*²⁹
kostumeren kostümieren³²⁰
kostuum 1 *(pak) (met broek)* Anzug *m*⁶, *(met rok)* Kostüm *o*²⁹; **2** *(theat; hist)* Kostüm *o*²⁹
kostwinner Ernährer *m*⁹, Verdiener *m*⁹
kostwinning Lebensunterhalt *m*¹⁹
kot *(Belg) (studentenkamer)* Zimmer *o*³³: *op ~ zitten* ein Zimmer haben¹⁸²
kotbaas *(Belg) (pop)* Zimmervermieter *m*⁹
kotelet Kotelett *o*³⁶, zelden *o*²⁹
koter Wurm *o*³², Wicht *m*⁵
kotmadam *(Belg) (pop)* Zimmervermieterin *v*²²
kotsen kotzen: *het is om te ~* es ist zum Kotzen
kotsmisselijk kotzübel, speiübel
kotter Kutter *m*⁹
kou 1 Kälte *v*²⁸: *hevige ~* grimmige Kälte; *(fig) iem in de ~ laten staan* jmdn im Regen stehen lassen¹⁹⁷; **2** *(verkoudheid)* Erkältung *v*²⁰: *~ vatten* sich erkälten
koud kalt⁵⁸: *ik heb het ~* ich friere, mir ist kalt; *dat laat mij ~* das ist mir egal; *iem ~ maken* jmdn kaltmachen; *ik werd er ~ van* es überlief mich kalt ‖ *~e drukte* Windmacherei *v*²⁸: *we waren ~ thuis toen ...* wir waren kaum zu Hause, als ...
koudbloedig *(ook fig)* kaltblütig
koudheid Kälte *v*²⁸
koudjes ziemlich kalt
koukleum Fröstler *m*⁹, Fröstling *m*⁵
kous 1 Strumpf *m*⁶; **2** *(van olielamp)* Docht *m*⁵ ‖ *daarmee is de ~ af* damit ist die Sache erledigt
kousenvoeten: *op ~ (fig)* auf Zehenspitzen
kousje *zie* kous
kouvatten sich erkälten
kouwelijk verfroren, fröst(e)lig
¹kozijn *(van venster)* Fensterrahmen *m*¹¹; *(van deur)* Türrahmen *m*¹¹
²kozijn *(Belg) (neef)* Vetter *m*¹⁷

kraag Kragen m^{11}: *iem bij zijn ~ pakken* jmdn am *(of:* beim) Kragen packen || *hij heeft een stuk in zijn ~ er* hat einen sitzen

kraai Krähe v^{21}

kraaien krähen

kraaienpootjes Krähenfüße *mv* m^6

kraak *(inbraak)* Bruch m^6, Einbruch m^6: *een ~je zetten* einbrechen[137]

kraakactie Hausbesetzung v^{20}

kraakbeen Knorpel m^9

kraakhelder blitzsauber

kraakpand besetztes Haus o^{32}

kraakstem knarrende Stimme v^{21}

kraal Perle v^{21}, Glasperle v^{21}

kraam Bude v^{21}: *dat komt hem in zijn ~ te pas* das passt ihm in den Kram

kraambed Wochenbett o^{37}

kraambezoek Wochenbettbesuch m^5

kraamkliniek Entbindungsanstalt v^{20}, Entbindungsheim o^{29}

kraamverpleegster Wochenpflegerin v^{22}

kraamverzorging Mütterfürsorge v^{28}

kraamverzorgster Wochenpflegerin v^{22}

kraamvrouw Wöchnerin v^{22}

¹kraan 1 *(in leiding)* Hahn m^6; **2** *(hijskraan)* Kran m^5, m^6; **3** *(kraanvogel)* Kranich m^5

²kraan *(uitblinker)* Ass o^{29}, Kanone v^{21}: *een ~ van een vent* ein Mordskerl

kraandrijver Kranführer m^9

kraanvogel Kranich m^5

kraanwater Leitungswasser o^{39}

krab 1 *(dierk)* Krabbe v^{21}; **2** *(schram)* Schramme v^{21}, Kratzer m^9

krabbel 1 *(schram)* Schramme v^{21}; **2** *(van pen, potlood)* ~s Gekritzel o^{39}; **3** *(schets)* Skizze v^{21}

krabbelen 1 *(krabben)* kratzen; **2** *(slecht schrijven)* kritzeln

krabben kratzen

krabber Kratzer m^9

kracht Kraft v^{25}: *argumenten ~ bijzetten* Argumenten Nachdruck verleihen[200]: *in de ~ van zijn jaren* in seinen besten Jahren; *met ~ optreden* kräftig auftreten[291]: *op ~en komen* zu Kräften kommen[193]: *op eigen ~* aus eigener Kraft; *van ~ worden* in Kraft treten[291]: *van ~ zijn* in Kraft sein[262]: *die wet is niet meer van ~* dieses Gesetz ist ist nicht mehr in Kraft

krachtbron Kraftquelle v^{21}

krachtdadig energisch, tatkräftig

krachteloos 1 *(zwak)* kraftlos; **2** *(ongeldig)* außer Kraft: *~ maken* entkräften; *een besluit ~ maken* einen Beschluss außer Kraft setzen

krachtens kraft[+2], aufgrund[+2], auf Grund[+2]

krachtig 1 *(sterk)* kräftig: *~e wind* starker Wind; **2** *(met grote uitwerking)* kräftig, wirksam; **3** *(met kracht, flink)* kraftvoll, energisch: *~ remmen* scharf bremsen

krachtmeting Kraftprobe v^{21}

krachtpatser Kraftmeier m^9

krachtproef Kraftprobe v^{21}

krachtsinspanning Kraftanstrengung v^{20}

krachtsport Kraftsport m^5, Schwerathletik v^{28}

krachtterm Kraftausdruck m^6

krachttoer Kraftakt m^5

krachttraining Krafttraining o^{36}

krak *(ook fig)* Knacks m^5

krakelen krakeelen, sich streiten[287]

krakeling Brezel v^{21}: *zoute ~* Salzbrezel v^{21}

kraken I *tr* **1** *(met gekraak doen breken)* *(ook fig)* knacken: *een brandkast ~* einen Geldschrank knacken; *een computer ~* einen Computer knacken; *noten ~* Nüsse knacken; **2** *(afkraken)* heruntermachen; **3** *(chem)* kracken, spalten || *een huis ~* ein Haus besetzen; **II** *intr (gekraak laten horen)* *(mbt vloer, dak, radio, telefoon, bot)* knacken; *(mbt bed, trap, stem, schoen)* knarren; *(mbt ijs)* krachen; *(mbt sneeuw)* knirschen; *(mbt papier)* knistern

kraker 1 *(van brandkast)* Knacker m^9; **2** *(van huis)* Hausbesetzer m^9; **3** *(van computer)* Hacker m^9; **4** *(succesnummer)* Schlager m^9

krakkemikkig klapp(e)rig, wack(e)lig

kram Krampe v^{21}; *(med)* Klammer v^{21}: *(Belg) uit zijn ~men schieten* aufbrausen

kramiek *(Belg)* Weizenbrot o^{29} mit Korinthen

kramp Krampf m^6

krampaanval Krämpfe *mv* m^6

krampachtig *(ook fig)* krampfhaft

kranig tüchtig

krankjorum verrückt

krankzinnig 1 *(geestesziek)* geisteskrank, geistesgestört; **2** *(dwaas; heel erg)* wahnsinnig, irrsinnig: *~ duur* wahnsinnig teuer

krankzinnige Irrsinnige(r) m^{40a}, v^{40b}, Wahnsinnige(r) m^{40a}, v^{40b}

krankzinnigengesticht Irrenanstalt v^{20}

krans Kranz m^6

kransader Kranzader v^{21}

krant Zeitung v^{20}, Tageszeitung v^{20}

krantenartikel Zeitungsartikel m^9

krantenbericht Zeitungsbericht m^5

krantenbezorger Zeitungsausträger m^9

krantenkiosk Zeitungskiosk m^5

krantenknipsel Zeitungsausschnitt m^5

krantenkop Schlagzeile v^{21}

krantenlezer Zeitungsleser m^9

krantenwijk *een ~ hebben* Zeitungen austragen[288]

krap knapp, eng: *een ~pe overwinning* ein knapper Sieg; *ze hebben het ~* sie kommen nur knapp aus; *(fig) ~ zitten* knapp bei Kasse sein[262]

¹kras *zn* Kratzer m^9

²kras *bn, bw* **1** *(mbt personen)* rüstig; **2** *(mbt zaken)* krass: *~se maatregelen* krasse Maßnahmen || *(fig) dat is ~* das ist starker Tobak

krassen 1 kratzen; **2** *(mbt vogels)* krächzen

krat 1 *(kist)* Lattenkiste v^{21}; **2** *(voor flessen)* Kasten m^{12}: *een ~ bier* ein Kasten Bier

krater Krater m^9

krats: *voor een ~* spottbillig

krediet 1 *(lett)* Kredit m^5: *doorlopend ~* durchlau-

fender Kredit; 2 *(fig)* Vertrauen o[39]
kredietbank Kreditbank v[20]
kredietinstelling Kreditbank v[20], Kreditanstalt v[20]
kredietverlening Kreditgewährung v[20]
kredietwaardig kreditwürdig; kreditfähig
kreeft *(dier)* Krebs m[5]; *(zeekreeft)* Hummer m[9]
Kreeft *(astrol)* Krebs m[5]
kreek 1 *(inham)* Bucht v[20]; **2** *(beekje)* Bächlein o[35]
kreet 1 *(schreeuw)* Schrei m[5]: *een ~ van vreugde* ein Aufschrei der Freude; *een ~ slaken* einen Schrei ausstoßen[285]; **2** *(bewering)* Phrase v[21]: *holle ~* leere Phrase
kregel(ig) gereizt, ärgerlich
krekel Grille v[21]
Kremlin Kreml m[19], m[19a]
kreng 1 *(rottend dier)* Aas o[29]; **2** *(scheldw)* Luder o[33]; **3** *(rotding)* Scheißding o[31], Biest o[31]
krenken kränken, verletzen: *iem geen haar op zijn hoofd ~* jmdm kein Haar krümmen
krent 1 Korinthe v[21]; **2** *(gierigaard)* Knauser m[9]; **3** *(zitvlak)* Hintern m[11]
krentenbol Korinthenbrötchen o[35]
krentenbrood Korinthenbrot o[29]
krenterig knauserig
kreuk Knitter m[9], Knautschfalte v[21]
kreukel Knitter m[9], Knautschfalte v[21]: *een auto in de ~s rijden* ein Auto kaputtfahren[153]
kreukelen (zer)knittern, (zer)knautschen
kreukelig knitt(e)rig, knautschig
kreukelzone Knautschzone v[21]
kreuken *zie* kreukelen
kreukvrij knitterfest
kreunen ächzen, stöhnen, *(zacht)* wimmern
kreupel lahm: *~ lopen, ~ zijn* lahmen, hinken
kreupelhout Dickicht o[29], Gebüsch o[29]
krib, kribbe 1 *(voederbak)* Krippe v[21]; **2** *(dam)* Buhne v[21]
kribbig kribb(e)lig
kriebel Kribbeln o[39], Kitzel m[9]: *ik krijg er de ~s van!* es geht mir auf die Nerven!
kriebelen 1 *(jeuken)* kribbeln; **2** *(kietelen)* kitzeln; **3** *(klein schrijven)* kritzeln
kriebelhoest Reizhusten m[11]
kriebelig 1 *(geprikkeld)* kribb(e)lig; **2** *(mbt schrift)* kritz(e)lig
krieken anbrechen[137], dämmern: *het ~ van de dag* Tagesanbruch m[6]
kriel *(kleine aardappel)* Kartöffelchen o[35]
krijgen 1 *(algem)* bekommen[193], *(inform)* kriegen; *(ontvangen, ook)* erhalten[183]: *een kind ~* ein Kind bekommen; *een kleur ~* erröten; *een ongeluk ~* einen Unfall erleiden[199]; *hij kreeg een jaar* er bekam ein Jahr Gefängnis; *ik krijg het koud* mir wird kalt; *een wet erdoor ~* ein Gesetz durchbringen[139]; *dat krijgt hij nooit voor elkaar* das bringt er nie fertig; *men krijgt niets van hem gedaan* er lässt sich auf nichts ein; *iem aan het spreken ~* jmdn zum Reden bringen[139]: *in elke boekhandel te ~* in jeder Buchhandlung erhältlich; *iets ten geschenke ~* etwas ge-

schenkt bekommen; *een vlek uit een rok ~* einen Fleck aus einem Rock herausbekommen; *iets niet voor elkaar kunnen ~* etwas nicht fertig bringen können[194]: *ik zal je wel ~!* ich kriege dich noch!; *ik zal hem wel ~!* dem will ich's aber zeigen!; *ik krijg er wat van!* es geht mir auf die Nerven!; **2** *(grijpen)* kriegen, fassen: *de dief ~* den Dieb fassen
krijger Krieger m[9]
krijgertje: *~ spelen* Fangen spielen
krijgsgevangen kriegsgefangen
krijgsgevangene Kriegsgefangene(r) m[40a], v[40b]
krijgsgevangenschap Kriegsgefangenschaft v[28]
krijgshaftig 1 *(dapper)* tapfer; **2** *(oorlogszuchtig)* kriegerisch
Krijgshof *(Belg)* oberstes Militärgericht o[29]
krijgsmacht Streitkräfte mv v[25]
krijgsraad Militärgericht o[29], Kriegsgericht o[29]
krijsen kreischen, gellen
krijt Kreide v[21]: *pijpje ~* Kreidestift m[5]
krijtje Kreide v[21], Kreidestift m[5]
krijtwit kreideweiß
krik Wagenheber m[9]
krimp Schrumpfung v[20], Schrumpfen o[39] || *geen ~ geven* nicht nachgeben[166]
krimpen 1 schrumpfen; **2** *(mbt textiel)* schrumpfen, einlaufen[198]; **3** *(mbt hout)* schwinden[258]; **4** *(van pijn)* sich[4] krümmen; **5** *(mbt wind)* krimpen: *~de wind* rückdrehender Wind
krimpfolie Schrumpffolie v[21]
krimpvrij krumpfecht, krumpffrei, schrumpffrei
kring 1 Kreis m[5]; **2** *(onder ogen)* Ring m[5]; **3** *(om maan en zon)* Hof m[6]
kringelen sich ringeln, sich winden[313]
kringloop Kreislauf m[6]
kringlooppapier Recyclingpapier o[39]
krioelen wimmeln
kriskras kreuz und quer
kristal Kristall m[5]
kristalhelder kristallklar
kristallen kristallen, *(meestal)* Kristall…
kristalliseren kristallisieren[320]
kritiek I *zn* Kritik v[20]: *~ op iem leveren* Kritik an jmdm üben; **II** *bn* kritisch
kritisch kritisch
kritiseren kritisieren[320]
krocht Höhle v[21], Spelunke v[21]
kroeg Kneipe v[21]
kroegbaas Wirt m[5]
kroegentocht Zechtour v[20]
kroegloper Kneipbruder m[10], Zechbruder
¹kroes *zn* Becher m[9]
²kroes *bn* kraus, gekräuselt
kroeshaar krauses Haar o[39], Kraushaar o[39]
kroeskop Krauskopf m[6]
kroezen I *tr* krausen, kräuseln; **II** *intr* sich kräuseln
krokant knusprig
kroket Krokette v[21]
krokodil Krokodil o[29]
krokodillentranen Krokodilstränen mv v[21]

krokus Krokus *m (2e nvl -; mv -(se))*
krom 1 krumm[59]: *zich ~ lachen* sich krummlachen; **2** *(gebrekkig)* unbeholfen
krombuigen verbiegen[129]
kromgroeien schief wachsen[302], verwachsen[302]
kromliggen krumm liegen[202], sich krumm legen
kromme Kurve *v[21]*
krommen I *tr* krümmen; **II** *intr* sich krümmen
krommenaas *(Belg): zich van ~ gebaren* sich dumm stellen
kromming Krümmung *v[20]*
krompraten unbeholfen sprechen[274]
kromtrekken sich (ver)ziehen[318]
kromzwaard Krummschwert *o[31]*
kronen krönen: *tot koning ~* zum König krönen
kroniek Chronik *v[20]*
kroning Krönung *v[20]*
kronkel Windung *v[20]*, Schlinge *v[21]*: *een (rare) ~ in zijn hersens hebben* einen Vogel haben[182]
kronkelen sich winden[313]; *(mbt beekje, pad e.d. vooral)* sich schlängeln: *~ van de pijn* sich vor Schmerzen krümmen
kronkelig sich windend, sich schlängelnd, gewunden
kronkeling Windung *v[20]*
kronkelpad Schlängelpfad *m[5]*
kroon Krone *v[21]*: *iem naar de ~ steken* mit jmdm um die Palme ringen[224]: *de ~ spannen* alle (*of:* alles) übertreffen[289]
kroongetuige Kronzeuge *m[15]*
kroonjaar Jubeljahr *o[29]*
kroonkurk Kron(en)korken *m[11]*
kroonlijst Dachgesims *o[29]*
kroonluchter Kronleuchter *m[9]*
kroonprins Kronprinz *m[14]*
kroonprinses Kronprinzessin *v[22]*
kroos Wasserlinse *v[21]*, Entengrün *o[39]*
kroost Kinder *mv o[31]*, Nachkommen *mv m[15]*
¹krop *(stronk)* Kopf *m[6]*: *een ~ sla* ein Salatkopf
²krop *(van vogel, med)* Kropf *m[6]*
krot Loch *o[32]*
krottenwijk Elendsviertel *o[33]*
kruid 1 *(plant)* Kraut *o[32]*: *geneeskrachtige ~en* Heilkräuter; **2** *(specerij)* Gewürz *o[29]*
kruiden *(ook fig)* würzen
kruidenbitter Kräuterschnaps *m[6]*
kruidenboter Kräuterbutter *v[28]*
kruidenier Lebensmittelhändler *m[9]*; *(fig)* Krämer *m[9]*, Spießer *m[9]*
kruidenierswaren Lebensmittel *mv o[33]*
kruidenrek Gewürzständer *m[9]*
kruidenthee Kräutertee *m[13]*
kruidig würzig, aromatisch
kruidje-roer-mij-niet *(ook fig)* Mimose *v[21]*
kruidkaas Kräuterkäse *m[9]*
kruidkoek Gewürzkuchen *m[11]*
kruidnagel Gewürznelke *v[21]*, Nelke *v[21]*
kruien I *tr* karren; **II** *intr* **1** *(mbt rivier)* Eisgang haben[182]; **2** *(mbt ijs)* sich stauen

kruier Gepäckträger *m[9]*, Träger *m[9]*
kruik 1 Krug *m[6]*; **2** *(bedkruik)* Wärmflasche *v[21]*
kruim 1 *(broodkruimel)* Krume *v[21]*; **2** *(Belg) (neusje vd zalm)* das Feinste vom Feinen
kruimel 1 Krümel *m[9]*, Krume *v[21]*: *(fig) geen ~* kein Körnchen; **2** *(klein kind)* Knirps *m[5]*
kruimeldief kleiner Dieb *m[5]*; *(elektrisch apparaat)* Handstaubsauger *m[9]*
kruimelen I *tr* zerkrümeln; **II** *intr* krümeln
kruimelig krüm(e)lig
kruimelwerk Kleinigkeit *v[20]*
kruimig mehlig
kruin 1 *(van hoofd)* Wirbel *m[9]*, Scheitel *m[9]*; **2** *(bovenste deel) (algem)* Krone *v[21]*; *(van berg ook)* Gipfel *m[9]*, *(ronde top)* Kuppe *v[21]*; *(van bomen ook)* Wipfel *m[9]*; *(van golf ook)* Kamm *m[6]*
kruipen *(ook fig)* kriechen[195]
kruipend kriechend: *~ dier* Kriechtier *o[29]*
kruiper 1 *(kind)* Krabbelkind *o[31]*; **2** Kriecher *m[9]*
kruiperig kriecherisch
kruipspoor Kriechspur *v[20]*
kruis 1 *(algem, muz) (stuit)* Kreuz *o[29]*: *~ of munt* Kopf oder Zahl; *het Rode Kruis* das Rote Kreuz; *(Belg) een ~ over iets maken* einen Schlussstrich unter[+4] etwas ziehen[318]; **2** *(kruisbeeld)* Kruzifix *o[29]*; **3** *(van broek)* Schritt *m[5]*
kruisbeeld Kruzifix *o[29]*
kruisbes Stachelbeere *v[21]*
kruiselings kreuzweise, gekreuzt
kruisen kreuzen: *elkaar ~* sich kreuzen; *met gekruiste armen* mit verschränkten Armen
kruiser Kreuzer *m[9]*
kruisgewijs kreuzweise
kruisigen kreuzigen
kruising Kreuzung *v[20]*
kruispunt Kreuzung *v[20]*, Kreuzungspunkt *m[5]*
kruisraket Marschflugkörper *m[9]*
kruissnelheid Reisegeschwindigkeit *v[20]*
kruissteek Kreuzstich *m[5]*
kruisteken Kreuzzeichen *o[35]*
kruistocht *(hist; ook fig)* Kreuzzug *m[6]*
kruisvaart Kreuzzug *m[6]*
kruisverhoor Kreuzverhör *o[29]*
kruisvuur Kreuzfeuer *o[35]*
kruisweg Kreuzweg *m[5]*
kruiswoordpuzzel, kruiswoordraadsel Kreuzworträtsel *o[33]*
kruit Schießpulver *o[33]*, Pulver *o[33]*
kruitdamp Pulverdampf *m[19]*
kruitvat *(ook fig)* Pulverfass *o[32]*
kruiwagen Schubkarren *m[11]*: *(fig) een ~ hebben* einen Fürsprecher haben[182]
kruizemunt Krauseminze *v[28]*
¹kruk 1 *(loopstok)* Krücke *v[21]*: *met ~ken lopen* an Krücken gehen[168]; **2** *(handvat)* Griff *m[5]*; *(aan stok, paraplu)* Krücke *v[21]*; **3** *(deurknop)* Türgriff *m[5]*; **4** *(zwengel)* Kurbel *v[21]*; **5** *(zitkruk)* Schemel *m[9]*
²kruk *(persoon)* Flasche *v[21]*, Stümper *m[9]*
krukas Kurbelwelle *v[21]*

kr

krul 1 Kringel m^9, Ringel m^9; **2** *(van hout)* Hobelspan m^6; **3** *(van haar; kort)* Krause v^{21}, *(lang)* Locke v^{21}; **4** *(versiering)* Schnörkel m^9
krulhaar 1 *(met korte krullen)* Kraushaar o^{29}; **2** *(met lange krullen)* Lockenhaar o^{29}
krullen I *tr* kräuseln, locken, ringeln; **II** *intr* sich kräuseln, sich locken, sich ringeln
krullenbol 1 *(kroeskop)* Krauskopf m^6; **2** *(langharig)* Lockenkopf m^6
krulspeld Lockenwickler m^9, Wickler m^9
krulstaart Ringelschwanz m^6
krultang Frisierstab m^6
kubiek Kubik…: *~e meter* Kubikmeter m^9, o^{33}
kubus Kubus *m (2e nvl -; mv Kuben)*
kuch *(droge hoest)* Hüsteln o^{39}, Räuspern o^{39}
kuchen hüsteln, sich^4 räuspern
kudde *(ook fig)* Herde v^{21}: *in ~n* herdenweise
kuddedier *(ook fig)* Herdentier o^{29}
kuieren spazieren^{320}, bummeln
kuif Schopf m^6; *(van vogels)* Haube v^{21}
kuiken 1 Küken o^{35}; **2** *(fig) (man)* Schafskopf m^6, *(vrouw)* dumme Gans v^{25}
kuil Grube v^{21}, Loch o^{32}
kuiltje 1 *(in kin, wangen)* Grübchen o^{35}; **2** *(voor jus)* Aushöhlung v^{20}
kuip *(vat)* Fass o^{32}; **2** *(van bad)* Wanne v^{21}
kuiperij Intrige v^{21}, Machenschaft v^{20}
kuis I *bn* keusch, züchtig, sittsam; **II** *zn (Belg) (schoonmaak)* Saubermachen o^{39}, *(in huis)* Hausputz m^{19}: *de grote ~* das Großrein(e)machen
kuisen *(Belg)* säubern, reinigen
kuisheid Keuschheit v^{28}
kuit 1 *(anat)* Wade v^{21}; **2** *(van vis)* Laich m^5: *~ schieten* laichen
kuitbeen Wadenbein o^{29}
kuitspier Wadenmuskel m^{17}
kukeleku kikeriki
kukelen purzeln
kul, kulkoek Blödsinn m^{19}, Unsinn m^{19}
kummel Kümmel m^9
kunde Können o^{39}, Könnerschaft v^{28}
kundig kundig, tüchtig: *een ~ arts* ein erfahrener Arzt; *ter zake ~* sachverständig
kundigheid 1 *(kennis)* Kenntnisse *mv* v^{24}; **2** *(bekwaamheid)* Können o^{39}, Tüchtigkeit v^{28}
kunne Geschlecht o^{31}
kunnen I *ww* können^{194}: *(dat) kan best* mag sein; *het zou ~* es ist möglich; *dat kan niet* das ist unmöglich; *dat kan zo niet* das lässt sich so nicht machen; *het kan niet anders* es geht nicht anders; *dat kan ik echt niet* das schaffe ich nie; *ik kan niet meer* ich bin erschöpft; *daar kan ik niet bij* das ist mir zu hoch; *ik kan er niet meer tegen* ich ertrage es nicht länger; *hij kan er wat van* er hat es in^{+3} sich; *ik kan ook zonder* ich komme auch ohne aus; *je kunt gerust zijn* du kannst ohne Sorge sein; *daar kun je van op aan* darauf kannst du dich verlassen; *hij kan me wat!* der kann mir (mal)!; *er kunnen 2000 mensen in de zaal* der Saal fasst 2000 Menschen; *het kon er-*

ger es hätte auch schlimmer kommen können; *hij kan er niets aan doen* er kann nichts dafür; *je kunt nooit weten* man kann nie wissen; *dat zou een idee van jou ~ zijn* dieser Einfall könnte von dir sein; **II** *zn* Können o^{39}, Fähigkeit v^{20}
kunst 1 Kunst v^{25}: *uit de ~!* meisterhaft!; **2** *(handigheidje)* Kunstgriff m^5, Kunststück o^{29}, Kniff m^5: *dat is juist de ~* das ist eben der Kniff
kunstbloem Kunstblume v^{21}
kunsten Launen *mv* v^{21}, Flausen *mv* v^{21}
kunstenaar Künstler m^9
kunstenaarschap Künstlertum o^{39}
kunstenares Künstlerin v^{22}
kunstenmaker *(aansteller)* Firlefanz m^5
kunst- en vliegwerk: *met ~* mit Müh und Not
kunstgebit künstliches Gebiss o^{29}
kunstgeschiedenis Kunstgeschichte v^{21}
kunstgreep Kunstgriff m^5, Kniff m^5
kunsthandelaar Kunsthändler m^9
kunstig kunstvoll, kunstreich
kunstijs Kunsteis o^{39}
kunstijsbaan Kunsteisbahn v^{20}
kunstje Kunststück o^{29}; *(truc)* Trick m^{13}, m^6, Kniff m^5: *zo is het een klein ~!* so ist es keine Kunst!
kunstkenner Kunstkenner m^9
kunstleer Kunstleder o^{39}
kunstlicht Kunstlicht o^{39}, künstliches Licht o^{39}
kunstliefhebber Kunstfreund m^5, Kunstliebhaber m^9
kunstmaan Erdsatellit m^{14}
kunstmatig künstlich
kunstmest Kunstdünger m^9
kunstnier künstliche Niere v^{21}
kunstnijverheid Kunsthandwerk o^{39}
kunstrijden Eiskunstlauf m^{19}
kunstrijder Eiskunstläufer m^9
kunstrijdster Eiskunstläuferin v^{22}
kunstschaats Kunstlaufschlittschuh m^5
kunstschilder Kunstmaler m^9, Maler m^9
kunststof I *zn* Kunststoff m^5; **II** *bn* Kunststoff…
kunststuk Kunststück o^{29}
kunstverzameling Kunstsammlung v^{20}
kunstvezel Kunstfaser v^{21}
kunstvoorwerp Kunstgegenstand m^6
kunstwerk Kunstwerk o^{29}
kunstzijde Kunstseide v^{21}
kunstzinnig kunstsinnig
kuren die Kur machen, *(inform)* kuren
kurk I *(stofnaam)* Kork m^5; **II** *(kurken stop)* Korken m^{11}
kurkdroog knochentrocken
kurken I *ww* verkorken, zukorken; **II** *bn* korken, Kork…
kurkentrekker Korkenzieher m^9
kus Kuss m^6
kushandje Kusshand m^6
¹kussen *ww* küssen: *elkaar ~* sich küssen
²kussen *zn* **1** *(als steun)* Kissen o^{35}; **2** *(van stoelen enz.)* Polster o^{33}

kussensloop Kissenbezug m^6, Kissenüberzug m^6

¹kust *(strand; strook land)* Küste v^{21} ‖ *(fig)* ~ *is veilig* die Luft ist rein

²kust: *te ~ en te keur* in Hülle und Fülle

kustplaats Küstenort m^5

kuststreek Küstengebiet o^{29}

kuststrook Küstenstreifen m^{11}, Küstenstrich m^5

kustvaarder Küstenfahrzeug o^{29}

kustwacht Küstenwache v^{21}

kut *(inform)* Fotze v^{21}, Möse v^{21}

¹kuur *(gril)* Laune v^{21}, Schrulle v^{21}

²kuur *(med)* Kur v^{20}: *een ~ doen* eine Kur machen

kwaad I *bn, bw* **1** *(slecht)* böse, schlimm, übel: *het zijn kwade tijden* es sind schlimme Zeiten; *het is ~ weer* es ist böses Wetter; *dat is lang niet ~* das ist gar nicht übel; **2** *(boos, nijdig)* böse, zornig, verärgert: *iem ~ maken* jmdn böse machen; *~ worden* böse werden³¹⁰: *~ zijn op iem* böse auf jmdn sein²⁶² ‖ *het te ~ krijgen* sich nicht beherrschen können¹⁹⁴; **II** *zn (het slechte)* Böse(s) o^{40c}; *(kwade handeling)* Übel o^{33}: *een noodzakelijk ~* ein notwendiges Übel; *van ~ tot erger* immer schlimmer; *~ van iem denken* von jmdm schlecht denken¹⁴⁰: *iem ~ doen* jmdm etwas zuleide *(of:* zu Leide) tun; *dat doet meer ~ dan goed* das schadet mehr, als es nützt; *ik (hij enz.) zal je geen ~ doen!* es geschieht dir nichts (Böses)!; *dat zal hem geen ~ doen* das wird ihm nicht schaden; *dat kan geen ~* das schadet nicht; *~ met ~ vergelden* Böses mit Bösem vergelten¹⁷⁰

kwaadaardig 1 *(boos van aard)* böse, boshaft; **2** *(gevaarlijk)* bösartig, *(med, ook)* maligne

kwaaddenkend argwöhnisch, misstrauisch

kwaadheid Ärger m^{19}, Zorn m^{19}

kwaadschiks übel; *zie ook* goedschiks

kwaadspreken *(roddelen)* klatschen: *~ over iem* jmdn verleumden

kwaadspreker Verleumder m^9, Lästerer m^9

kwaadwillig böswillig

kwaal 1 *(ziekte)* Übel o^{33}, Leiden o^{35}; **2** *(gebrek)* Fehler m^9, Laster o^{33}

kwadraat Quadrat o^{29}, o^{37}

kwadratisch quadratisch

kwajongen Bengel m^9, Schelm m^5

kwajongensachtig schelmisch, schalkhaft

kwajongensstreek Lausbubenstreich m^5

kwak 1 *(geluid)* Klatsch m^5; **2** *(massa)* Klacks m^5, Klecks m^5

kwaken quaken

kwakkel: *aan de ~ zijn* kränkeln

kwakkelen 1 *(met gezondheid)* kränkeln; **2** *(mbt het weer)* unbeständig sein²⁶²

kwakkelweer unbeständiges Wetter o^{39}

kwakken I *tr* schmettern, donnern, knallen; **II** *intr* schmettern, knallen

kwakzalver 1 *(in geneeskunde)* Quacksalber m^9; **2** *(bedrieger)* Scharlatan m^5; **3** *(knoeier in zijn vak)* Stümper m^9

kwal 1 *(dierk)* Qualle v^{21}; **2** *(scheldw)* Ekel o^{33}

kwalificatie Qualifikation v^{20}

kwalificeren I *tr* qualifizieren³²⁰; **II** *zich ~ sich* qualifizieren³²⁰ *(für⁺⁴)*

kwalijk übel, schlimm: *een ~e zaak* eine schlimme Sache; *iem iets ~ nemen* jmdm etwas übel nehmen²¹²: *neemt u me niet ~!* Entschuldigung!, entschuldigen Sie!; *nou moet je me niet ~ nemen, maar* … nichts für ungut, aber …

kwalitatief qualitativ

kwaliteit 1 Qualität v^{20}; **2** *(rang, functie)* Funktion v^{20}, Eigenschaft v^{20}: *in zijn ~ van voorzitter* in seiner Eigenschaft als Vorsitzender

kwaliteitsproduct Qualitätsware v^{21}

kwantitatief quantitativ, mengenmäßig

kwantiteit Quantität v^{20}, Menge v^{21}

kwantum Quantum o *(2e nvl -s; mv Quanten)*

kwantumkorting Mengenrabatt m^5

kwark Quark m^{19}

kwart Viertel o^{33}: *het is ~ over 5* es ist Viertel nach 5; *het is ~ voor 5* es ist Viertel vor 5; *om ~ over 5* um viertel 6; *om ~ voor 5* um drei viertel 5

kwartaal Quartal o^{29}, Vierteljahr o^{29}: *per ~* vierteljährlich, dreimonatlich

kwartel Wachtel v^{21}

kwartet Quartett o^{29}

kwartfinale Viertelfinale o^{33}, o^{36}

kwartier 1 *(tijdsduur)* Viertelstunde v^{21}; **2** *(van maan)* Viertel o^{33}; **3** *(stadswijk)* Viertel o^{33}; **4** *(onderkomen)* Quartier o^{29}

kwartiertje Viertel o^{33}, Viertelstunde v^{21}

kwartje Viertelgulden m^{11}

kwarts Quarz m^5

kwartshorloge, kwartsklok Quarzuhr v^{20}

kwast 1 *(om te verven)* Pinsel m^9; **2** *(om te reinigen)* Bürste v^{21}; **3** *(knoest)* Ast m^6; **4** *(zot, gek)* Narr m^{14}, Pinsel m^9, *(verwaand)* Geck m^{14}: *rare ~* komischer Kauz m^6

kwatong *(Belg)* Verleumder m^9: *~en beweren* … das Gerücht geht …

kwebbel 1 *(persoon)* Quasseltante v^{21}; **2** *(mond)* Klappe v^{21}: *houd je ~!* halt die Klappe!

kwebbelen quasseln, quatschen

kweek Zucht v^{28}, Züchtung v^{20}

kweekplaats 1 Zuchtstätte v^{21}; **2** *(fig)* Brutstätte v^{21}

kweekreactor Brüter m^9

kweekvijver Fischteich m^5

kweken 1 *(van dieren, planten)* züchten; **2** *(opkweken)* heranziehen³¹⁸; **3** *(haat, verbittering)* erzeugen; **4** *(behoefte)* wecken

kweker Züchter m^9

kwekerij Gärtnerei v^{20}

kwekken 1 *(praten)* schnattern, quatschen; **2** *(mbt kikkers, eenden)* quaken

kwelgeest Quälgeist m^7

kwellen quälen

kwelling Qual v^{20}, Plage v^{21}

kwestie 1 Frage v^{21}: *geen ~ van!* das kommt nicht in Frage!; **2** *(onenigheid)* Streit m^5; **3** *(probleem)* Frage v^{21}, Problem o^{29}: *de persoon in ~* die fragliche Person; *dat is de ~ niet* darum handelt es sich nicht; **4**

(*aangelegenheid*) Frage v^{21}, Sache v^{21}: *dat is een ~ van smaak* das ist Geschmackssache

kwetsbaar verwundbar, verletzbar

kwetsbaarheid Verwundbarkeit v^{28}; (*gevoeligheid*) Verletzlichkeit v^{28}

kwetsen verwunden; verletzen (*ook fig*)

kwetsuur Verwundung v^{20}, Verletzung v^{20}

kwetteren 1 (*mbt mensen*) schnattern, quatschen; 2 (*mbt vogels*) zwitschern

kwibus Tüte v^{21}: *gekke ~* komischer Kauz m^6

kwiek 1 (*levendig*) flink, lebhaft, rege; 2 (*zwierig*) keck, flott

kwijl Geifer m^{19}, Sabber m^{19}

kwijlen geifern, sabbern

kwijnen 1 dahinschwinden[258], dahinsiechen; 2 (*verflauwen*) abflauen

kwijnend 1 (*van gezondheid*) schwach, hinfällig; 2 (*van planten*) hinwelkend

kwijt 1 (*verloren*) verloren, weg: *ik ben mijn bril ~* meine Brille ist weg; *iems naam ~ zijn* jmds Namen vergessen haben[182]; 2 (*vrij, verlost van*) los: *iets wel ~ willen* etwas loswerden wollen[315]; 3 (*zich ontdaan hebbend van*) los: *alles ~ zijn* alles los sein

kwijten: *een schuld ~* eine Schuld bezahlen; *zich van een plicht ~* sich einer Verpflichtung entledigen; *zich van een taak ~* eine Aufgabe erledigen

kwijting 1 (*betaling, afdoening*) Bezahlung v^{20}; 2 (*van taak*) Erfüllung v^{20}, Erledigung v^{28}

kwijtraken 1 (*verliezen*) verlieren[300]; 2 (*verlost worden van*) loswerden[310]

kwijtschelden 1 (*ontheffen*) erlassen[197]; 2 (*vergeven*) vergeben[166]

kwijtschelding (*ontheffing*) Erlass m^5; (*van straf*) Straferlass, (*gratie*) Begnadigung v^{20}

kwik Quecksilber o^{39}: *het ~ daalt* das Quecksilber (im Thermometer) fällt

kwinkslag Scherz m^5, Witz m^5

kwintessens Quintessenz v^{20}

kwintet Quintett o^{29}

kwispelen, kwispelstaarten wedeln

kwistig freigebig, (*sterker*) verschwenderisch

kwistigheid Freigebigkeit v^{28}

kwitantie Quittung v^{20}

sen[314], was die Glocke geschlagen hat: *we zijn wat (te)* ~ wir haben uns verspätet; *te* ~ *komen* zu spät kommen[193]

laatbloeier *(fig)* Spätentwickler *m*[9]

laatdunkend dünkelhaft, eingebildet

laatdunkendheid Dünkel *m*[19], Einbildung *v*[28]

laatkomer Nachzügler *m*[9]

laatst I *bw* **1** *(onlangs)* neulich, kürzlich, vor kurzem; **2** *(in combinatie met 'het')* zuletzt: *op het* ~ zuletzt; *tot het* ~ *toe* bis zum Ende; *op z'n* ~ spätestens; **II** *bn* letzt: *de* ~*e keer* das letzte Mal; *de* ~*e van de maand* der Letzte des Monats; *in de* ~*e tijd* in letzter Zeit, neuerdings; *van de* ~*e tijd* neuzeitlich, modern; *de* ~*e hand aan iets leggen* letzte Hand an[+4] etwas legen

laatste Letzte(r) *m*[40a], *v*[40b]

laatstgenoemde Letztgenannte(r) *m*[40a], *v*[40b]

laatstleden vorig, letzt

laattijdig *(Belg)* spät

lab Labor *o*[29], *o*[36]

label 1 *(adreskaartje)* Anhänger *m*[9]; **2** *(etiket)* Etikett *o*[29], *o*[37], *o*[36], Aufkleber *m*[9]

labeur *(Belg)* Schwerarbeit *v*[28]

labeuren *(Belg)* sich abarbeiten, schuften

labiel labil

labo *(Belg)* Labor *o*[29], *o*[36]

laborant Laborant *m*[14]

laboratorium Laboratorium *o* *(2e nvl -s; mv -rien)*, Labor *o*[29], *o*[36]

labyrint *(ook fig)* Labyrinth *o*[29]

lach Lachen *o*[39]: *in de* ~ *schieten* auflachen

lachbui Lachanfall *m*[6]

lachen *(hoorbaar)* lachen, *(alleen zichtbaar)* lächeln: ~ *om iets* über[+4] etwas lachen; *zich krom (of: een ongeluk)* ~ sich[3] einen Ast lachen; *het is om te* ~ das ist zum Lachen; *ik kan er niet om* ~ mir ist nicht zum Lachen; *iem aan het* ~ *maken* jmdn zum Lachen bringen[139]; *ik lach erom!* ich mache mir (gar) nichts daraus!; *laat me niet* ~! dass ich nicht lache!

lachend lachend, *(zacht, lief)* lächelnd

lacher Lacher *m*[9]: *de* ~*s op zijn hand hebben* die Lacher auf seiner Seite haben[182]

lacherig lachlustig

lachertje Witz *m*[5]: *dit plan is een* ~ dieser Plan ist lächerlich

lachje Lächeln *o*[39]

lachlust Lachlust *v*[28]

lachspier Lachmuskel *m*[17]: *op de* ~*en werken* die Lachmuskeln arg strapazieren

lachwekkend lächerlich, zum Lachen

laconiek lakonisch

lacune Lücke *v*[21]

ladder 1 *(ook fig)* Leiter *v*[21]: *dubbele* ~ Stehleiter; **2** *(in kous e.d.)* Laufmasche *v*[21], Masche *v*[21]; **3** *(muz)* Tonleiter *v*[21]

ladderen eine Laufmasche bekommen[193]

lade Schublade *v*[21], Schubfach *o*[32]

laden 1 laden[196]; **2** *(beladen)* beladen[196]

lading Ladung *v*[20]: *explosieve* ~ Sprengladung

---

la *(lade)* Schublade *v*[21]

laadbak 1 *(container)* Container *m*[9], Behälter *m*[9]; **2** *(van vrachtauto)* Pritsche *v*[21]

laadboom Ladebaum *m*[6]

laadruimte Laderaum *m*[6]

laadvermogen Ladefähigkeit *v*[28]

¹laag *bn, bw* **1** *(van geringe hoogte)* niedrig, tief: ~*ste punt* Tiefpunkt *m*[5]: *zij woont één verdieping lager* sie wohnt eine Etage tiefer; **2** *(muz)* tief: ~ *zingen*[265]; **3** *(gering)* niedrig, gering; **4** *(min, gemeen)* niedrig, gemein, niederträchtig; **5** *(gering van stand)* nieder, niedrig: *lagere school* Grundschule *v*[21]

²laag *zn* **1** Schicht *v*[20], *(van delfstof ook)* Flöz *o*[29]: *een* ~ *kolen* eine Kohlenschicht, ein Kohlenflöz; **2** *(bevolkingsgroep)* Schicht *v*[20] ‖ *(fig) iem de volle* ~ *geven* jmdn abkanzeln; *(fig) de volle* ~ *krijgen* zur Schnecke gemacht werden[310]

laag-bij-de-gronds banal, ordinär

laagbouw Flachbau *m* *(2e nvl -(e)s; mv -ten)*

laaggeschoold *(beperkt opgeleid)* angelernt; *(sterker)* unqualifiziert: ~*e arbeid* einfache Arbeit, unqualifizierte Arbeit

laaghartig niederträchtig, gemein

laagheid 1 *(lett)* Niedrigkeit *v*[28]; **2** *(fig)* Niedertracht *v*[28]

laagland Tiefland *o*[32], *o*[29]; *(aan kust, langs rivier)* Niederung *v*[20]

laagseizoen Nebensaison *v*[27]

laagsgewijs schicht(en)weise

laagstbetaalde Mindestlohnempfänger *m*[9]

laagte 1 *(het laag zijn)* Niedrigkeit *v*[28]; **2** *(diepte)* Tiefe *v*[21]; *(in de grond)* Senkung *v*[20], Mulde *v*[21]

laagvlakte Tiefebene *v*[21], Tiefland *o*[32], *o*[29]

laagvliegen Tiefflug *m*[6]

laagwater Niedrigwasser *o*[33]

laaien lodern: ~*d enthousiasme* flammende Begeisterung; ~*d enthousiast* hell begeistert

laakbaar tadelnswert, tadelnswürdig

laan Allee *v*[21]: *iem de* ~ *uitsturen* jmdn feuern

laars Stiefel *m*[9]: *hij weet er geen* ~ *van* er weiß nicht die Bohne davon; *(fig) iets aan zijn* ~ *lappen* sich nicht den Teufel um[+4] etwas scheren[236]

laat spät: *later* später, *(daarna)* nachher; *tot* ~ *in de nacht* bis spät in die Nacht; *hoe* ~ *is het?* wie spät ist es?; *hoe* ~? wie spät?; *(fig) weten hoe* ~ *het is* wis-

lady Lady *v*²⁷
ladyshave Ladyshave *m*¹³
laf 1 *(lafhartig)* feige; **2** *(mbt spijzen)* fade
lafaard, lafbek Feigling *m*⁵, Angstmeier *m*⁹
lafenis *(ook fig)* Labsal *o*²⁹
lafhartig feige
lafhartigheid Feigheit *v*²⁸
lafheid 1 Feigheit *v*²⁸; **2** Fadheit *v*²⁸; *zie ook* laf
lagedrukgebied Tiefdruckgebiet *o*²⁹, Tief *o*³⁶
lager 1 *(techn)* Lager *o*³³; **2** *(kamp)* Lager *o*³³
lagerwal: *aan ~ komen* herunterkommen¹⁹³
¹lak *(lakverf)* Lack *m*⁵
²lak *(maling) ik heb ~ aan hem* ich schere mich den Teufel um ihn; *ik heb er ~ aan* es ist mir schnuppe
lakei Lakai *m*¹⁴
¹laken *zn* **1** *(wollen weefsel)* Tuch *o*²⁹; **2** *(op bed)* Bett-tuch *o*³²: *(fig) de ~s uitdelen* das Sagen haben¹⁸²
²laken *ww* tadeln, rügen
lakken lackieren³²⁰
lakleer Lackleder *o*³³
lakleren aus Lackleder, Lack…
laks lasch
laksheid Laschheit *v*²⁰
lakverf Lackfarbe *v*²¹
lallen lallen
¹lam *zn* Lamm *o*³²
²lam *bn, bw* **1** *(verlamd)* lahm, gelähmt: *iem ~ slaan* jmdn krumm und lahm schlagen²⁴¹; **2** *(mbt schroef)* ausgeleiert; **3** *(beroerd, akelig)* misslich, elend; **4** *(dronken)* blau || *zich ~ schrikken* einen Heiden-schreck bekommen¹⁹³
lama 1 *(dierk)* Lama *o*³⁶; **2** *(stof)* Lama *o*³⁹
lambrisering Täfelung *v*²⁰, Vertäfelung *v*²⁰
lamel Lamelle *v*²¹
lamenteren lamentieren³²⁰
lamheid Lahmheit *v*²⁸, Gelähmtheit *v*²⁸: *met ~ geslagen* wie gelähmt
lamleggen lahm legen
lamlendig 1 *(naar, beroerd)* elend; **2** *(traag)* lahm, matt
lamme Lahme(r) *m*⁴⁰ᵃ, *v*⁴⁰ᵇ
lamp Lampe *v*²¹; *(gloeilamp)* Birne *v*²¹: *staande ~* Stehlampe || *(fig) tegen de ~ lopen* erwischt wer-den³¹⁰
lampenkap Lampenschirm *m*⁵
lampion Lampion *m*¹³, *zelden o*³⁶
lamplicht Lampenlicht *o*³⁹
lamsbout Lammkeule *v*²¹
lamstraal Ekel *o*³³
lamsvlees Lammfleisch *o*³⁹, *(bereid)* Lammbraten *m*¹¹
lamswol Lammwolle *v*²⁸
lanceerbasis Abschussbasis *v* *(mv -basen)*
lanceerinrichting Abschussrampe *v*²¹
lanceerprijs *(Belg)* Einführungspreis *m*⁵
lanceren 1 *(van raket, torpedo)* abschießen²³⁸; **2** *(van bericht, mode, artikel)* lancieren³²⁰
land 1 Land *o*³²: *~ van herkomst* Heimat *v*²⁰: *~ en volk* Land und Leute; *'s ~s wijs, 's ~s eer* andere Län-

der, andere Sitten; *producten uit eigen ~* (ein)hei-mische Produkte; **2** *(het platteland)* Land *o*³⁹: *op het ~ gaan wonen* aufs Land ziehen³¹⁸ || *hier te ~e* hierzulande, hier zu Lande; *ik heb het ~ aan hem* ich kann ihn nicht leiden¹⁹⁹
landbouw Landbau *m*¹⁹, Ackerbau *m*¹⁹: *~ en vee-teelt* Landwirtschaft *v*²⁸: *minister van Landbouw* Landwirtschaftsminister *m*⁹
landbouwartikel landwirtschaftlicher Artikel *m*⁹
landbouwbedrijf Landwirtschaftsbetrieb *m*⁵
landbouwer Landwirt *m*⁵
landbouwgebied Agrargebiet *o*²⁹
landbouwgrond Ackerboden *m*¹², Ackerland *o*³⁹
landbouwkundige Agronom *m*¹⁴
landbouwmachine Landmaschine *v*²¹
landbouwpolitiek Agrarpolitik *v*²⁸
landbouwproduct Agrarprodukt *o*²⁹
landbouwschool Landwirtschaftsschule *v*²¹
landbouwuniversiteit landwirtschaftliche Hoch-schule *v*²¹
landbouwwerktuig landwirtschaftliches Gerät *o*²⁹
landelijk 1 ländlich; **2** *(nationaal)* national, *(in Duitsland vaak)* bundesweit, Bundes…: *~e dagbla-den* überregionale Zeitungen
landen landen (an, auf, in⁺³)
landengte Landenge *v*²¹
landenklassement Länderwertung *v*²⁰
landenwedstrijd Länderkampf *m*⁶, *(vooral voet-bal)* Länderspiel *o*²⁹
landerijen Ländereien *mv v*²⁰
landgenoot Landsmann *m* *(2e nvl -(e)s; mv -leute)*
landgenote Landsmännin *v*²²
landgoed Landgut *o*³², Gut *o*³²
landhuis Landhaus *o*³²
landing Landung *v*²⁰
landingsbaan Landebahn *v*²⁰, Landepiste *v*²¹
landingsgestel Fahrgestell *o*²⁹, Fahrwerk *o*²⁹
landingsplaats Landestelle *v*²¹, Landeplatz *m*⁶
landingstroepen Landungstruppen *mv v*²¹
landingsvaartuig Landungsfahrzeug *o*²⁹
landinwaarts landeinwärts
landkaart Landkarte *v*²¹
landloper Landstreicher *m*⁹, Stromer *m*⁹
landmacht Heer *o*²⁹, Landstreitkräfte *mv v*²⁵
landmeter Land(ver)messer *m*⁹
landmijn Landmine *v*²¹
landontginning Urbarmachung *v*²⁰
landsbelang Staatsinteresse *o*³⁸
landschap Landschaft *v*²⁸
landschappelijk landschaftlich
landschapspark Landschaftsschutzgebiet *o*²⁹
landschapszorg *(Belg)* Landschaftspflege *v*²⁸
landsgrens Landesgrenze *v*²¹
landskampioen Landesmeister *m*⁹
landstreek Landstrich *m*⁵, Gegend *v*²⁰
landsverdediging *(Belg)* Verteidigung *v*²⁰: *minis-terie van Landsverdediging* Verteidigungsministe-rium *o* *(2e nvl -s; mv -rien)*
landtong Landzunge *v*²¹

la

landverraad Landesverrat *m*[19]
landverrader Landesverräter *m*[9]
landweg Landweg *m*[5]
landwijn Landwein *m*[5]
landwind Landwind *m*[5]
landwinning Landgewinnung *v*[28]
lang *bn, bw* **1** *(mbt ruimte en afstand)* lang[58]: *zij zijn even* ~ sie sind gleich groß; **2** *(lange tijd)* lange: ~ *geleden* vor langer Zeit; *vrij* ~ längere Zeit; *op zijn* ~*st* höchstens; *sedert* ~ seit langem; *ik weet al* ~, *dat … ich* weiß längst, dass …; ~ *van stof* langatmig || *bij* ~*e (na) niet* bei weitem nicht; *dat is* ~ *niet kwaad* das ist gar nicht übel; *hoe* ~*er, hoe mooier* immer schöner
langdradig weitschweifig, langatmig
langdurig länger: ~*e droogte* längere Dürre; ~*e vriendschap* langjährige Freundschaft; ~*e ziekte* langwierige Krankheit
langeafstandsraket Langstreckenrakete *v*[21]
langeafstandsvlucht Langstreckenflug *m*[6]
langgehoopt lang ersehnt
langgerekt 1 *(mbt vorm)* gedehnt; **2** *(van lange duur, lang volgehouden)* lang gezogen
langharig langhaarig
langjarig langjährig
langlauf Langlauf *m*[19]
langlaufen langlaufen; Langlauf betreiben[290]
langlaufer Langläufer *m*[9]
langlopend langfristig
langparkeerder Dauerparker *m*[9]
langs I *vz* **1** *(in de lengte van)* entlang[97+3, +4], an[+3] … entlang: ~ *het bos* entlang dem Wald, den Wald entlang, am Wald entlang; **2** *(voorbij)* an[+3] … vorbei, an[+3] … vorüber: *ik kom* ~ *uw huis* ich komme an Ihrem Hause vorbei *(of:* vorüber); **3** *(aan)* an[+3]: *de bomen* ~ *de weg* die Bäume am Weg; **4** *(via, op)* auf[+3]: ~ *de kortste weg* auf dem kürzesten Wege; **II** *bw* **1** entlang-, herunter-: *de straat* ~ *gaan* die Straße entlanggehen[168] *(of:* heruntergehen); **2** *(voorbij)* vorbei-: *(bij iem)* ~ *komen* (bei jmdm) vorbeikommen[193]: *iem ervan* ~ *geven: a) (slaan)* jmdn durchprügeln; *b) (terechtwijzen)* jmdn rüffeln; *ergens niet* ~ *kunnen* nicht umhinkönnen[194]
langslaper Langschläfer *m*[9]
langspeelplaat Langspielplatte *v*[21] *(afk* LP) *v*[27]
langszij I *bw* längsseits; **II** *vz* längsseits[+2]
languit der Länge nach, längelang
langwerpig länglich
langzaam langsam: ~ *aan!* immer schön langsam!
langzaam-aan-actie Bummelstreik *m*[13]
langzamerhand allmählich, nach und nach
lankmoedig langmütig
lans Lanze *v*[21]: *(fig) een* ~ *breken voor iem, iets* für jmdn, für[+4] etwas eine Lanze brechen[137]
lansiers *(Belg)* Panzertruppen *mv v*[21]
lantaarn Laterne *v*[21]
lantaarnpaal Laternenpfahl *m*[6]
lanterfanten herumlungern
lap 1 *(stuk stof)* Lappen *m*[11], Stück *o*[29] Stoff; **2** *(waar-*

mee men iets verstelt) Flicken *m*[11]; **3** *(poetslap)* Lappen *m*[11]; **4** *(vod)* Fetzen *m*[11]; **5** *(stuk)* Stück *o*[29]: *een* ~ *grond* ein Grundstück; **6** *(stukje vlees)* Stück *o*[29], Scheibe *v*[21]
lapje: *iem voor het* ~ *houden* jmdn auf den Arm nehmen[212]
lapmiddel Notbehelf *m*[5]
lapnaam *(Belg)* **1** *(toenaam)* Beiname *m*[18]; **2** *(spotnaam)* Spitzname *m*[18], Scherzname *m*[18]
lappen 1 *(ver-, herstellen)* flicken; **2** *(ruiten)* ledern: *ramen* ~ Fenster ledern; **3** *(sp)* überrunden; **4** *(slim uitvoeren)* deichseln: *dat heeft hij 'm gauw gelapt* das hat er fix gemacht; *wie heeft me dat gelapt?* wer hat mir diesen Streich gespielt?; **5** *(geld bijeenbrengen)* Geld zusammenlegen
lappenmand Flickkorb *m*[6]: *in de* ~ *zijn* kränkeln
lapwerk Flickwerk *o*[39]
larderen *(ook fig)* spicken
larie, lariekoek Larifari *o*[39], Quatsch *m*[19]
lariks Lärche *v*[21]
larve Larve *v*[21]
las 1 *(verbindingsstuk)* Lasche *v*[21]; **2** *(lasplaats)* Schweißstelle *v*[21]
lasagne Lasagne *(mv)*
lasapparaat Schweißgerät *o*[29]
laser Laser *m*[9]
laserprinter Laserdrucker *m*[9]
laserstraal Laserstrahl *m*[16]
lasnaad Schweißnaht *v*[25]
lassen schweißen
lasser Schweißer *m*[9]
lasso Lasso *m*[13], *o*[36]
last 1 *(wat zwaar is)* Last *v*[20]; **2** *(druk, nood, hinder)* Last *v*[20], Bürde *v*[21]: *de* ~ *der jaren* die Bürde der Jahre; ~ *met de spijsvertering* Verdauungsbeschwerden *mv v*[21]: *daar krijg je nog* ~ *mee!* damit du noch Ärger, ~ *van slapeloosheid hebben* an Schlaflosigkeit leiden[199]: *iem* ~ *bezorgen* jmdm Schwierigkeiten machen; ~ *veroorzaken* belästigen; *hebt u* ~ *van de zon?* stört Sie die Sonne?; **3** *(beschuldiging)* Last *v*[20]: *iem iets ten* ~*e leggen* jmdm etwas zur Last legen; **4** *(lading, vracht)* Ladung *v*[20], Fracht *v*[20]; **5** *(financiële verplichtingen)* Last *v*[20], Kosten *(mv)*, Abgaben *(mv)*: *buitengewone* ~*en* außergewöhnliche Belastungen; *sociale* ~*en* Soziallasten, Sozialabgaben; *ten* ~*e van de koper komen* zulasten *(of:* zu Lasten) des Käufers gehen[168], ~*e* *(bevel, opdracht)* Befehl *m*[5]: *op* ~ *van* auf Befehl[+2]
lastdier Lasttier *o*[29]
lastendruk Belastung *v*[20]
lastenverzwaring zusätzliche Belastung *v*[20]
laster Verleumdung *v*[20]
lasteraar Verleumder *m*[9], Lästerer *m*[9]
lastercampagne Verleumdungskampagne *v*[21]
lasteren verleumden: *God* ~ Gott lästern
lasterlijk verleumderisch; *(mbt God)* lästerlich
lasterpraatje verleumderische Rede *v*[21]
lastgever Auftraggeber *m*[9], *(jur)* Mandant *m*[14]

lastgeving Auftrag m^6
lasthebber Beauftragte(r) m^{40a}, v^{40b}
lastig 1 *(vervelend)* lästig, unbequem: *een ~ kind* ein lästiges Kind; *iem ~ vallen* jmdn belästigen; **2** *(moeilijk)* schwer, schwierig, heikel, misslich: *~e situatie* eine missliche *(of:* heikle*)* Lage; *een ~ examen* ein schwieriges Examen
lastpaard Lastpferd o^{29}
lastpak, lastpost lästiger Mensch m^{14}, lästiges Kind o^{31}
lat Latte v^{21}: *(sp) onder de ~ staan* im Tor stehen^{279}: *schot op de ~* Schuss an die Latte; *op de ~ kopen* auf Pump kaufen
laten I *zelfst ww* lassen^{197}: *iets ~ voor wat het is* etwas gut sein lassen; *laat dat!* lass das (sein)!; *laat maar!* lassen Sie nur!; *we zullen alles maar zo ~* wir wollen alles beim Alten lassen; *we zullen het hierbij ~* wir wollen es hierbei bewenden lassen; *ik kan niet ~ u te zeggen* ich kann nicht umhin, Ihnen zu sagen; **II** *hulpww* lassen^{197}: *dat laat zich denken* das lässt sich denken; *ik heb mijn agenda thuis ~ liggen* ich habe mein Notizbuch zu Hause liegen lassen^{197}: *ik heb geen geld voor een fiets, laat staan voor een auto* ich habe kein Geld für ein Fahrrad, geschweige (denn) für ein Auto; *~ vragen hoe het gaat* fragen lassen, wie es geht; *men liet het mij weten* man ließ es mich wissen; *~ ze het maar doen!* sollen sie es doch tun!; *~ we elkaar helpen!* wir wollen uns³ gegenseitig helfen; *laat ik nu oppassen!* jetzt heißt es aufpassen!; *~ we er niet meer over praten!* Schwamm drüber!; *laat ik maar zwijgen!* darüber kann ich besser schweigen!
latent latent
later später
latertje: *dat wordt een ~* es wird spät werden
Latijn Latein o^{39}: *~ leren* Latein lernen
Latijns lateinisch: *~ Amerika* Lateinamerika o^{39}
latwerk 1 *(hekwerk)* Lattenzaun m^6; **2** *(geraamte van hout)* Lattengerüst o^{29}
lauw *(ook fig)* lau
lauwer Lorbeer m^{16}: *~en behalen* Lorbeeren ernten
lauweren mit Lorbeeren krönen
lauwerkrans Lorbeerkranz m^6
lauwwarm lau(warm)
lava Lava v *(mv* Laven*)*
lavabo *(Belg)* Waschbecken o^{35}
lavastroom Lavastrom m^6
laveloos sternhagelvoll
laven laben: *zich ~ aan* sich laben an^{+3}
lavendel Lavendel m^{19}
laveren 1 *(scheepv)* kreuzen; **2** *(fig)* lavieren^{320}; **3** *(dronken)* taumeln
lavet Sitzbadewanne v^{21}
lawaai Lärm m^{19}, *(van mensen ook)* Radau m^{19}: *hinder van het ~* Lärmbelästigung v^{20}: *~ maken (schoppen)* lärmen
lawaaierig lärmend, geräuschvoll
lawaaimaker 1 Lärmmacher m^9; **2** *(opschepper)* Aufschneider m^9

lawine *(ook fig)* Lawine v^{21}
laxeermiddel Abführmittel o^{33}, Purgiermittel o^{33}
laxeren laxieren^{320}
lazaret Lazarett o^{29}
lazarus *(plat)* stockbesoffen, sternhagelvoll
lazer: *iem op zijn ~ geven: a) (een standje)* jmdm einen Rüffel erteilen; *b) (pak slaag)* jmdm das Leder gerben
lazeren *(plat)* **I** *tr (smijten)* donnern, schmeißen^{247}; **II** *intr* **1** *(vallen)* segeln, fliegen^{159}, *(botsen)* donnern; **2** *(zaniken)* quengeln
leao Handelsschulunterricht m^{19}
leasen leasen
leasing Leasing o^{36}
lector 1 *(van uitgeverij)* Lektor m^{16}; **2** *(aan universiteit)* Dozent m^{14}
lectuur Lektüre v^{21}
ledematen Glieder mv o^{31}, Gliedmaßen mv v^{21}
ledenlijst Mitgliederliste v^{21}
ledental Mitgliederzahl v^{20}
ledenvergadering Mitgliederversammlung v^{20}
leder *zie* ¹leer
lederen *zie* ²leren
lederwaren Lederwaren mv v^{21}
ledigen (ent)leeren
lediggang, ledigheid Müßiggang m^{19}
lediging Leerung v^{20}, Entleerung v^{20}
ledikant Bett o^{37}, Bettgestell o^{29}
leed Leid o^{39}, Kummer m^{19}: *het doet me ~* es tut mir Leid; *iem ~ veroorzaken* jmdm Kummer machen; *niemand ~ doen* keinem etwas zuleide *(of:* zu Leide*)* tun^{295}
leedvermaak Schadenfreude v^{28}: *vol (met) ~* schadenfroh
leedwezen Bedauern o^{39}: *tot ons ~* zu unserem Bedauern
leefbaar: *het bestaan ~ maken* das Dasein lebenswert gestalten; *een huis ~ maken* ein Haus wohnlich machen
leefbaarheid Lebensqualität v^{28}
leefklimaat Lebensumstände mv m^6
leefmilieu *(Belg)* Umwelt v^{20}
leefregel Lebensregel v^{21}
leeftijd Alter o^{33}: *op twintigjarige ~* im Alter von 20 Jahren, mit 20 Jahren; *op die ~* in dem Alter; *een man op ~* ein Mann in vorgerücktem Alter; *hij is al op ~* er ist schon bei Jahren; *als men op ~ komt* wenn man älter wird; *hij is van mijn ~* er ist in meinem Alter; *(film) alle ~en* jugendfrei; *(Belg) de derde ~* die Senioren
leeftijdsgrens Altersgrenze v^{21}
leeftijdsgroep Altersgruppe v^{21}
leeftijdsklasse Altersklasse v^{21}
leefwijze Lebensweise v^{21}
leeg leer: *lege band* Plattfuß m^6
leegdrinken leeren, austrinken^{293}
leeggoed *(Belg)* Leergut o^{39}
leegheid Leere v^{28}, Leerheit v^{20}
leeghoofd Hohlkopf m^6

leeglopen 1 *(mbt vat enz.)* leer laufen[198]; **2** *(mbt zaal)* sich leeren; **3** *(niets doen)* faulenzen

leegloper Müßiggänger *m*[9]

leegmaken leeren, leer machen

leegpompen auspumpen, leer pumpen

leegrijden, zich sich verausgaben

leegstaan leer stehen[279]

leegstand Leerstehen *o*[39]

leegte Leere *v*[28], *(fig ook)* Öde *v*[21]

leek Laie *m*[15]: *volslagen ~* blutiger Laie

leem Lehm *m*[19]

leemte Lücke *v*[21]: *zonder ~* lückenlos

leen: *iem geld te ~ geven* jmdm Geld leihen[200] *(of:* borgen): *een boek van iem te ~ krijgen* von jmdm ein Buch geliehen bekommen[193]: *(inform) iem geld te ~ vragen* jmdn anpumpen

leenbank Leihhaus *o*[32], Pfandhaus *o*[32]

leep schlau, gerissen

¹leer *(leder)* Leder *o*[33]: *van ~ trekken* vom Leder ziehen[318]: *~ om ~* Wurst wider[+4] Wurst

²leer *(lering)* Lehre *v*[21]: *laat je dat een ~ zijn!* das soll dir eine Lehre sein!

leerboek Lehrbuch *o*[32]

leercontract Ausbildungsvertrag *m*[6]

leergang Lehrgang *m*[6], Kurs *m*[5]

leergeld *(ook fig)* Lehrgeld *o*[31]

leergierig lernbegierig, lerneifrig

leergierigheid Lernbegier(de) *v*[28], Lerneifer *m*[19]

leergraag lernbegierig, lerneifrig

leerjaar Lehrjahr *o*[29], Schuljahr *o*[29]

leerjongen Lehrjunge *m*[15], Auszubildende(r) *m*[40a], *v*[40b]

leerkracht Lehrkraft *v*[25]

leerling 1 *(scholier)* Schüler *m*[9]; **2** *(leerjongen, -meisje)* Lehrling *m*[5], *(met leerovereenkomst)* Auszubildende(r) *m*[40a], *v*[40b]; **3** *(volgeling)* Jünger *m*[9], Schüler *m*[9]

leerling-verpleegster Lernschwester *v*[21]

leerlooien gerben

leermeester Lehrer *m*[9]

leermiddel Lehrmittel *o*[33]

leerovereenkomst Lehrvertrag *m*[6]

leerplan Lehrplan *m*[6]

leerplichtig schulpflichtig

leerproces Lernprozess *m*[5]

leerrijk lehrreich

leerschool Schule *v*[21]

leerstelling Lehrsatz *m*[6]

leerstof *(door leerling te verwerken)* Lernstoff *m*[5]; *(te doceren stof)* Lehrstoff *m*[5]

leertijd *(ambacht)* Lehrzeit *v*[28], *(anders)* Schulzeit *v*[28]

leervergunning *(Belg)* Übungsführerschein

leerweg *(ongev)* Studienrichtung *v*[20]

leerzaam 1 *(leergierig)* lernbegierig; **2** *(leerrijk)* lehrreich, aufschlussreich

leesapparaat Leseautomat *m*[14], Lesegerät *o*[29]

leesbaar lesbar; *(van schrift ook)* leserlich

leesblind leseblind

leesboek Lesebuch *o*[32]

leesbril Lesebrille *v*[21]

leeslamp Leselampe *v*[21]

leesmap, leesportefeuille Lesemappe *v*[21]

leesmoeder *(ongev)* Elternhilfe *v*[21] beim Leseunterricht

leesstof Lesestoff *m*[5]

leest 1 Leisten *m*[11]: *op de ~ slaan (of: zetten)* über den Leisten schlagen[241]; **2** *(taille)* Taille *v*[21]; **3** *(vorm van het lichaam)* Wuchs *m*[19] ‖ *(fig) op dezelfde ~ schoeien* über einen Leisten schlagen[241]

leesteken Satzzeichen *o*[35], Interpunktionszeichen *o*[35]

leesvoer Lesestoff *m*[19], Lektüre *v*[21]

leeuw Löwe *m*[15]

leeuwenbek *(ook plantk)* Löwenmaul *o*[39]

leeuwendeel Löwenanteil *m*[19]

leeuwenmoed Löwenmut *m*[19]

leeuwentemmer Löwenbändiger *m*[9]

leeuwerik Lerche *v*[21]

leeuwin Löwin *v*[22]

lef Mumm *m*[19], Schneid *m*[19]

lefgozer Dicktuer *m*[9]

legaal legal, gesetzlich

legalisatie Legalisation *v*[20], Legalisierung *v*[20]

legaliseren legalisieren[320], beglaubigen

legbatterij Legebatterie *v*[21]

legen (ent)leeren

legendarisch legendär

legende Legende *v*[21]

leger 1 *(ligplaats)* Lager *o*[33]; **2** *(landmacht)* Heer *o*[29], *(leger(korps))* Armee *v*[21]: *~, marine en luchtmacht* Streitkräfte *mv* *v*[25], *(in BRD ook)* Bundeswehr *v*[28]: *~ des Heils* Heilsarmee *v*[28]; **3** *(grote menigte)* Heer *o*[29]

legercommandant Heerführer *m*[9]

legeren lagern

¹legering Lagern *o*[39]

²legering Legierung *v*[20]

legerkamp Heerlager *o*[33], Feldlager *o*[33]

legerkorps Armeekorps *o (2e nvl -; mv -)*

legerleiding Heeresleitung *v*[20]

legermacht Heer *o*[29], Armee *v*[21]

legerplaats Lager *o*[33]

leges Gebühren *mv* *v*[20]: *vrij van ~* gebührenfrei

leggen legen: *de hoorn op de haak ~* den Hörer auflegen; *een kaartje ~* Karten spielen; *kabels ~* Kabel (ver)legen; *iets opzij~: a) (lett)* etwas beiseite legen; *b) (sparen)* etwas auf die hohe Kante legen

leghen Legehenne *v*[21], Leguhuhn *o*[32]

legio: *zij heeft ~ vrienden* sie hat eine Unzahl Freunde

legioen Legion *v*[20]

legislatuur 1 *(wetgevende macht)* Legislative *v*[21]; **2** *(Belg) (periode)* Legislaturperiode *v*[21]

legitiem legitim: *~e portie* Pflichtteil *m*[5]

legitimatie *(identiteitsbewijs)* Ausweis *m*[5]

legitimatiepapieren Ausweispapiere *mv* *o*[29]

legitimeren I *tr* legitimieren[320]; **II** *zich ~* sich ausweisen

legkast Wäscheschrank m^6

legkip Legehenne v^{21}, Legehuhn o^{32}

legpuzzel Puzzle o^{36}, Puzzlespiel o^{29}

leguaan Leguan m^5

¹lei I *(stofnaam)* Schiefer m^9; **II 1** *(om op te schrijven)* Schiefertafel v^{21}; **2** *(op het dak)* Schieferplatte v^{21}

²lei *(Belg)* Allee v^{21}

leiden *(algem)* führen; *(richting aan iets geven, ook)* leiten, lenken; *(besturen)* leiten: *een bedrijf* ~ einen Betrieb leiten *(of:* führen); *een delegatie* ~ eine Delegation führen; *een school* ~ eine Schule leiten; *een vergadering* ~ eine Versammlung leiten; *dat leidt tot niets* das führt zu nichts

leider 1 *(persoon die leidt)* Leiter m^9, Führer m^9; **2** *(sp)* Spitzenreiter m^9, *(ploeg, ook)* Tabellenführer m^9; **3** *(dictator)* Führer m^9

leiderschap Führerschaft v^{20}, Leitung v^{28}

leiderspositie Spitzenposition v^{20}

leiding 1 *(het leiden, bestuur)* Leitung v^{28}, Führung v^{28}: *onder* ~ *staan* geleitet *(of:* geführt) werden[310]: *(sp) de* ~ *nemen* die Führung übernehmen[212]; **2** *(buis, e.d.)* Leitung v^{20}

leidinggevend leitend, führend: ~ *personeel* leitende Angestellte mv^{40}

leidingnet Leitungsnetz o^{29}

leidingwater Leitungswasser o^{39}

leidmotief Leitmotiv o^{29}

leidraad 1 *(richtsnoer)* Leitlinie v^{21}; **2** *(handleiding)* Leitfaden m^{12}, Anleitung v^{20}

leidsel Zügel m^9, Zaum m^6

leidsman Führer m^9

leidster, leidsvrouw Führerin v^{22}

leien schiefern, aus Schiefer, Schiefer…

leisteen Schiefer m^9

lek I *zn* **1** *(algem)* undichte Stelle v^{21}; **2** *(plaats waar vloeistof doorlekt)* Leck o^{36}, Leckage v^{21}; **II** *bn* *(algem)* undicht, *(vloeistoffen doorlatend)* leck: *een* ~*ke band hebben* einen Plattfuß *(of:* Platten) haben[182]

lekkage 1 Leckage v^{21}; **2** *(het lek)* Leck o^{36}

lekken *(algem)* undicht sein[262], *(van vloeistoffen)* lecken

lekker 1 *(smakelijk)* lecker, appetitlich: *een* ~ *hapje* ein Leckerbissen; *het smaakt* ~ es schmeckt lecker; **2** *(mbt geur)* gut, angenehm: *het ruikt* ~ es riecht gut; **3** *(plezierig)* angenehm, behaglich, bequem: ~ *weer* angenehmes Wetter; *die schoenen zitten* ~ diese Schuhe sitzen bequem; **4** *(mbt gezondheid)* wohl: *ik voel me niet* ~ ich fühle mich nicht wohl; **5** *(met leedvermaak)* schön: *die hebben we* ~ *beetgehad* den haben wir schön angeführt; *ik doe het* ~ *toch* ich tue es doch! du bist wohl nicht ganz gescheit!; || *je bent niet* ~! du bist wohl nicht ganz gescheit!; *dank je* ~! ich danke!; *je bent me een* ~*e* du bist mir der, die Richtige; *zie ook* lekkers

lekkerbek Leckermaul o^{32}

lekkernij *(iets lekkers)* Leckerbissen m^{11}, Delikatesse v^{21}; **2** *(snoep)* Süßigkeit v^{20}

lekkers *(snoep)* Süßigkeiten $mv v^{20}$ || *het is me wat* ~!

das ist eine schöne Bescherung!

lekkertje: *wat een* ~! so ein Schätzchen!

lel 1 *(afhangend velletje)* Lappen m^{11}; *(van oor)* Ohrläppchen o^{35}; **2** *(klap)* Schlag m^6, Hieb m^5; **3** *(groot stuk, ongev)* kolossales Stück o^{29}

lelie Lilie v^{21}

lelietje-van-dalen Maiglöckchen o^{35}

lelijk 1 hässlich, *(sterker)* garstig: *er* ~ *uitzien* hässlich aussehen[261]; **2** *(kwetsend)* hässlich, gemein; **3** *(slecht, erg)* böse, schlimm: ~*e kwaal* schlimmes Übel; *er* ~ *aan toe zijn* schlimm dran sein; *zich* ~ *vergissen* sich böse irren; **4** *(ontevreden)* böse

lelijkerd hässliche Person v^{20}, *(sterker)* Scheusal o^{29}, Ekel o^{33}: ~! du Ekel!

lellebel Schlampe v^{21}

lemen lehmig, aus Lehm, Lehm…

lemmet Klinge v^{21}

lemming Lemming m^5

lende Lende v^{21}

*lendestuk *(Wdl:* lendenstuk) Lendenstück o^{29}, *(toebereid)* Lendenbraten m^{11}

lenen 1 *tr* leihen[200], *(omgangstaal)* pumpen: *aan iem geld* ~ jmdm Geld leihen; **II** *zich* ~ *voor* sich eignen für[+4] *(of:* zu[+3]): *daarvoor leen ik me niet* dazu gebe ich mich nicht her

lener 1 *(wie te leen geeft)* Leiher m^9, Verleiher m^9; **2** *(ontvanger)* Leiher m^9, Entleiher m^9

lengen sich längen

lengte Länge v^{21}: *de kamer is 6 m in de* ~ die Länge des Zimmers beträgt 6 m; *in de* ~ *vouwen* der Länge nach falten; *in zijn volle* ~ *neervallen* der Länge nach hinfallen[154]; *tot in* ~ *van dagen* noch lange Jahre

lengtecirkel Längenkreis m^5

lengtemaat Längenmaß o^{29}

lengterichting Längsrichtung v^{20}

lenig geschmeidig, biegsam

lenigen lindern, mildern

leniging Linderung v^{28}, Milderung v^{28}

lening 1 *(het te leen geven)* Leihen o^{39}; **2** *(opnemen van geld)* Anleihe v^{21}: *hypothecaire* ~ Hypothekarkredit m^5: *een* ~ *sluiten* eine Anleihe aufnehmen[212]; **3** *(wat verstrekt wordt)* Darlehen o^{35}, Kredit m^5

lens 1 *zn* **1** Linse v^{21}; **2** *(contactlens)* Kontaktlinse v^{21}

lensopening Blende v^{21}

lente Frühling m^5

lenteachtig frühlingshaft, Frühlings…

lentemaand Frühlingsmonat m^5

lentetijd Frühlingszeit v^{28}

lenteweer Frühlingswetter o^{39}

lepel Löffel m^9

lepelaar Löffler m^9, Löffelreiher m^9

lepelen löffeln

leperd Schlaukopf m^6, Schlaumeier m^9

lepra Lepra v^{28}, Aussatz m^{19}

leraar 1 Lehrer m^9; **2** *(bij het vwo)* Gymnasiallehrer m^9

leraarsambt Lehramt o^{32}

leraarschap Lehrtätigkeit v^{20}

leraarskamer Lehrerzimmer o^{33}

lerarenkorps Lehrerkollegium *o (2e nvl -s; mv -kollegien)*

lerarenopleiding Lehrerausbildung v^{20}

lerares Lehrerin v^{22}; *zie ook* leraar

¹leren ww **1** *(onderwijzen)* lehren[+4], unterrichten[+4]: *iem ~ dansen* jmdn tanzen lehren; *de tijd zal het ~* die Zeit wird es lehren; **2** *(kennis, vaardigheid opdoen)* lernen: *iets van buiten ~* etwas auswendig lernen; *iem ~ kennen* jmdn kennen lernen; *van zijn fouten ~* aus seinen Fehlern lernen; *hij leert voor banketbakker* er lernt Konditor

²leren *bn* ledern, aus Leder, Leder…

lering Lehre v^{21}: *~ uit iets trekken* aus[+3] etwas eine Lehre ziehen[318]

les 1 *(onderwijs)* Unterricht m^5: *~ geven* Unterricht *(of:* Stunden) geben[166]: *Duitse ~ geven* Deutsch lehren; *~ nemen* Unterricht *(of:* Stunden) nehmen[212]; **2** *(lesuur)* Stunde v^{21}: *de ~ valt uit* der Unterricht fällt aus; **3** *(hoofdstuk)* Lektion v^{20}; **4** *(opgegeven werk)* Aufgabe v^{21}; **5** *(lering)* Lehre v^{21}; **6** *(vermaning)* Lektion v^{20}: *iem de ~ lezen* jmdm eine Lektion erteilen

lesauto Fahrschulauto o^{36}

lesbienne Lesbierin v^{22}

lesbisch lesbisch

leslokaal Klassenraum m^6, Klassenzimmer o^{33}

lesmateriaal Lehrmittel *mv* o^{33}

lesrooster Stundenplan m^6

lessen I *tr (blussen, stillen)* löschen; **II** *intr (les nemen)* Stunden nehmen[212]; *(bij rijschool)* Fahrstunden nehmen[212]

lessenaar Pult o^{29}, *(muz, ook)* Notenpult o^{29}

lest letzt: *ten (lange) ~e* zuletzt; zu guter Letzt

lesuur Stunde v^{21}

letsel Verletzung v^{20}, Schaden m^{12}: *zwaar lichamelijk ~* schwere Körperschäden; *~ krijgen* verletzt werden[310]: *(iem) ~ toebrengen* (jmdn) verletzen

letten I *intr (acht geven, opletten)* achten (auf[+4]), Acht geben[166] (auf[+4]): *let op mijn woorden!* merke dir meine Worte!; **II** *tr (beletten)* abhalten[183] (von[+3]): *wat let je?* was hält dich davon ab?

letter 1 *(letterteken)* Buchstabe m^{18}: *kleine ~ (van contract, polis)* Kleingedruckte(s) o^{40c}; **2** *(typ)* Letter v^{21}, *(letteren)* Literatur v^{28}, *(wetenschap)* Philologie v^{28}

lettergreep Silbe v^{21}

letterkunde 1 *(literatuur)* Literatur v^{28}; **2** *(studie, wetenschap)* Literaturwissenschaft v^{20}

letterkundig literarisch

letterkundige 1 *(schrijver)* Schriftsteller m^9; **2** *(kenner der letteren)* Literaturwissenschaftler m^9

letterlijk 1 *(naar de letter)* wörtlich; **2** *(volstrekt)* buchstäblich, förmlich

letterteken Schriftzeichen o^{35}

lettertype Letter v^{21}, Schrift v^{20}, Schriftart v^{20}

leugen Lüge v^{21}: *~ en bedrog* Lug und Trug; *~s verzinnen* Lügen spinnen[272]

leugenaar Lügner m^9: *iem tot een ~ maken* jmdn als

Lügner hinstellen

leugenachtig 1 *(dikwijls liegende)* lügnerisch; **2** *(onwaar)* lügenhaft

leugenachtigheid Lügenhaftigkeit v^{28}

leuk 1 *(grappig)* drollig, witzig, lustig: *een ~e grap* ein gelungener Witz; **2** *(aardig)* nett, reizend, schön: *een ~ snuitje* ein hübsches Gesicht ‖ *(iron) dat kan ~ worden* das kann ja lustig werden

leukemie Leukämie v^{21}

leukerd Spaßvogel m^{10}

leukoplast 1 *(pleister)* Leukoplast o^{29}; **2** *(biol)* Leukoplast m^{14}

leukweg ganz gelassen, in aller Ruhe

leunen 1 *(schuin)* (sich) lehnen (an[+4] *(of:* gegen[+4])): *naar buiten ~* sich hinauslehnen; **2** *(recht)* sich stützen (auf[+4]): *op zijn ellebogen ~* sich auf die Ellbogen stützen

leuning 1 *(van bank, stoel)* Lehne v^{21}; **2** *(van balkon, brug, trap)* Geländer o^{33}

leunstoel Lehnstuhl m^6, Armstuhl m^6

leuren hausieren[320]

leus Losung v^{20}, Parole v^{21}

¹leut *(pret)* Spaß m^6: *voor de ~* zum Spaß

²leut *(koffie)* Kaffee m^{19}

leuteraar Schwätzer m^9, Faselhans m^6

leuteren faseln, schwafeln

leuterkoek, leuterpraat Gefasel o^{39}

leuze *zie* leus

¹leven *zn* **1** *(het bestaan)* Leben o^{35}: *het ~ op het land* das Leben auf dem Land; *hoe staat het ~?* wie steht's?; *een eind aan zijn ~ maken* seinem Leben ein Ende machen; *in ~ blijven* am Leben bleiben[134]: *in ~ zijn* am Leben sein[262]: *om het ~ brengen* umbringen[139]: *om het ~ komen* umkommen[193]: *bij ~ en welzijn* so Gott will; *voor het ~ benoemen* auf Lebenszeit ernennen[209]; **2** *(levensduur)* Leben o^{35}: *mijn ~ lang* mein Leben lang; **3** *(geluid)* Lärm m^{19}; *zie ook* leventje

²leven *ww* leben; existieren[320]: *manier van ~* Lebensstil m^5: *~ en laten ~* leben und leben lassen[197]: *iem laten ~* jmdn am Leben lassen[197]: *het is daar goed ~* es lässt sich dort gut leben; *hij kan goed ~* er hat sein sein gutes Auskommen; *met hem valt niet te ~* es ist kein Auskommen mit ihm; *die dan leeft, die dan zorgt* kommt Zeit, kommt Rat; *zo waar als ik leef* so wahr ich lebe; *lang zal hij ~!* er lebe hoch!; *leve de jubilaris!* es lebe der Jubilar!

levend lebend, lebendig; *~e beelden* lebende Bilder; *~e taal* lebende Sprache v^{21}: *~ wezen* Lebewesen o^{35}: *geen ~e ziel* keine Menschenseele; *~ begraven* lebendig begraben; *weer ~ maken* wieder lebendig machen

levendig 1 *(beweeglijk, druk, opgewekt)* lebhaft, rege: *een ~e straat* eine belebte Straße; *~ verkeer* reger Verkehr m^{19}: *(belangstelling enz.) ~ houden* lebendig erhalten[183]: *~ van geest zijn* geistig rege sein[262]; **2** *(krachtig, duidelijk)* lebhaft: *dat kan ik me ~ voorstellen* das kann ich mir lebhaft vorstellen

levendigheid Lebhaftigkeit v^{28}, Belebtheit v^{28}, Le-

bendigkeid v^{28}; *zie ook* levendig
levenloos leblos: ~ *geboren* tot geboren
levenmaker Lärmer m^9
levensbehoeften Lebensbedürfnisse *mv* o^{29a}
levensbelang: *van* ~ lebensnotwendig
levensbeschouwing Weltanschauung v^{20}
levensdoel Lebenszweck m^5, Lebensziel o^{29}
levensduur Lebensdauer v^{28}: *van korte* ~ kurzlebig; *van lange* ~ langlebig
levensecht lebensecht
levenservaring Lebenserfahrung v^{20}
levensfase Lebensphase v^{21}
levensgenieter Genussmensch m^{14}
levensgeschiedenis Lebensgeschichte v^{21}
levensgevaar Lebensgefahr v^{28}
levensgevaarlijk lebensgefährlich
levensgezel Lebensgefährte m^{15}
levensgezellin Lebensgefährtin v^{22}
levensgroot lebensgroß
levenshouding Haltung v^{20}
levensjaar Lebensjahr o^{29}
levenslang lebenslänglich, lebenslang
levenslicht Lebenslicht o^{39}: *het* ~ *zien* das Licht der Welt erblicken
levenslied Chanson o^{36}
levensloop Lebenslauf m^6
levenslust Lebenslust v^{28}
levenslustig lebenslustig, lebensfroh
levensmiddelen Lebensmittel *mv* o^{33}
levensmiddelenvoorziening Lebensmittelversorgung v^{28}
levensmoe lebensmüde
levensomstandigheden Lebensumstände *mv* m^6
levensonderhoud Lebensunterhalt m^{19}: *kosten van* ~ Lebenshaltungskosten *(mv)*
levensstandaard Lebensstandard m^{13}
levensstijl Lebensstil m^5
levensteken Lebenszeichen o^{35}
levensvatbaar lebensfähig
levensverwachting Lebenserwartung v^{28}
levensverzekering Lebensversicherung v^{20}
levensvreugde Lebensfreude v^{28}
levenswerk Lebenswerk o^{29}
levenswijze Lebensweise v^{28}, Lebensart v^{20}
leventje: *een lekker* ~ ein angenehmes Leben
lever Leber v^{21}: *iets op zijn* ~ *hebben* etwas auf dem Herzen haben[182]; *(Belg) het ligt op zijn* ~ es wurmt ihn
leverancier Lieferant m^{14}
leverantie Lieferung v^{20}
leverbaar lieferbar: *direct* ~ sofort lieferbar
leveren liefern: *direct te* ~ sofort lieferbar; *kritiek op iem* ~ an jmdm Kritik üben; *aan zaken* ~ Geschäfte beliefern; *iem iets* ~ jmdm (*of:* an^{+4} jmdn) etwas liefern, *(fig)* jmdm etwas einbrocken; *hij heeft prachtig werk geleverd* er hat prachtvolle Arbeit geleistet; *hij levert het 'm* er bringt es fertig
levering Lieferung v^{20}: *directe* ~ sofortige Lieferung; *bewijs van* ~ Lieferschein m^5

leveringscondities Lieferbedingungen *mv* v^{20}
leveringstermijn Lieferfrist v^{20}, Lieferzeit v^{20}
leverkaas Leberkäse m^9
leverpastei Leberpastete v^{21}
levertijd Lieferzeit v^{20}
leverworst Leberwurst v^{25}
lezen lesen[201]: *iets op iems gezicht* ~ etwas in^{+3} jmds Miene lesen; *ik heb over de fout heen ge~* ich habe den Fehler überlesen; *dat boek leest gemakkelijk* dieses Buch liest sich leicht; *daar staat te* ~ da steht
lezenswaard lesenswert
lezer Leser m^9: *kring van* ~*s* Leserkreis m^5
lezeres Leserin v^{22}
lezing 1 *(het lezen)* Lektüre v^{28}, Lesen o^{39}: *na* ~ *van uw brief* nachdem ich Ihren Brief gelesen habe; **2** *(behandeling in parlement)* Lesung v^{20}; **3** *(voordracht)* Vortrag m^6; **4** *(versie)* Lesart v^{20}
Libanees I *zn* Libanese m^{15}; **II** *bn* libanesisch
Libanon Libanon m^{19}, m^{19a} *(meestal met lw)*
libel Libelle v^{21}
liberaal I *bn, bw* liberal; **II** *zn* Liberale(r) m^{40a}, v^{40b}
liberaliseren liberalisieren[320]
liberalisme Liberalismus m^{19a}
libero Libero m^{13}
Libië Libyen o^{39}
Libiër Libyer m^9
Libisch libysch
licentiaat *(Belg)* **1** *(persoon)* Lizenziat m^{14}, Lizentiat m^{14}; **2** *(graad)* Lizenziat o^{29}, Lizentiat o^{29}
licentie Lizenz v^{20}
licentiehouder Lizenzinhaber m^9
lichaam Körper m^9; *(instelling e.d., ook)* Körperschaft v^{20}: *vreemd* ~ Fremdkörper; *over zijn hele* ~ *beven* am ganzen Körper zittern
lichaamsarbeid körperliche Arbeit v^{28}
lichaamsbeweging Körperbewegung v^{20}
lichaamsbouw Körperbau m^{19}
lichaamsdeel Körperteil m^5
lichaamskracht Körperkraft v^{25}
lichaamsverzorging Körperpflege v^{28}
lichamelijk körperlich: ~*e opvoeding* Leibeserziehung v^{28}; ~ *gehandicapt* körperbehindert; *het toebrengen van* ~ *letsel* Körperverletzung v^{20}
^{1}licht I *bn* **1** *(niet zwaar, luchtig)* leicht: ~ *in het hoofd* schwindlig; **2** *(niet donker)* hell: *het wordt* ~ es wird hell; **3** *(mbt kleur)* hell: ~ *bier* helles Bier; **4** *(makkelijk)* leicht; **5** *(mbt spijzen)* leicht; **6** *(lichtzinnig)* leicht; **II** *bw* **1** leicht: ~ *wegen* leicht wiegen[312]; ~ *verteerbaar* leicht verdaulich; **2** *(helder)* hell
^{2}licht *zn* **1** *(algem)* Licht o^{31}: *de ~en van een auto* die Autoscheinwerfer *mv* m^9; *groen* ~ *geven* grünes Licht geben[166]; *zijn* ~ *bij iem opsteken* sich^4 bei jmdm erkundigen; *het* ~ *zien: a) (mbt mens)* das Licht der Welt erblicken; *b) (mbt boek)* erscheinen[233]; *iets aan het* ~ *brengen* etwas ans Licht bringen[139]; *aan het* ~ *komen* ans Licht kommen[193]; *in het* ~ *van de omstandigheden* unter Berücksichtigung der Verhältnisse; *groot* ~ Fernlicht; **2** *(bliksemstraal)* Blitz m^5; **3** *(verkeerslicht)* Ampel v^{21}: *het*

~ staat op groen die Ampel steht auf Grün
lichtbaken Leuchtbake v^{21}
lichtbeeld Lichtbild o^{31}
lichtblauw hellblau
lichtbron Lichtquelle v^{21}
lichtbundel Lichtbündel o^{33}, Lichtgarbe v^{21}
lichtecht lichtecht, lichtbeständig
lichtelijk leicht: *~ verbaasd* leicht erstaunt
¹lichten 1 *(licht geven)* leuchten; **2** *(aanbreken van de dag)* dämmern; **3** *(bliksemen)* blitzen, *(weerlichten)* wetterleuchten
²lichten 1 *(optillen)* heben[186], *(van hoed)* lüften, *(van anker)* lichten; **2** *(verwijderen)* herausnehmen[212]; **3** *(legen)* leeren: *de brievenbus ~* den Briefkasten leeren
lichtend leuchtend
lichter Leichter m^9
lichterlaaie: *in ~ staan* lichterloh brennen[138]
lichtgebouwd leicht gebaut
lichtgekleurd hellfarben, hellfarbig
lichtgelovig leichtgläubig
lichtgeraakt leicht erregbar, reizbar
lichtgevend leuchtend, Leucht…
lichtgevoelig lichtempfindlich
lichtgewicht 1 *(gewichtsklasse)* Leichtgewicht o^{39}; **2** *(persoon, lett)* Leichtgewichtler m^9; **3** *(persoon, fig)* Null v^{20}
lichting 1 *(het optillen)* Hebung v^{20}; **2** *(het oproepen van soldaten)* Einberufung v^{20}; **3** *(de opgeroepen soldaten)* Rekruten *mv* m^{14}, Jahrgang m^6: *de ~ van 2000* der Jahrgang 2000; **4** *(van brievenbus)* Leerung v^{20}
lichtjaar Lichtjahr o^{29}
lichtkogel Leuchtkugel v^{21}
lichtkoker Lichtschacht m^6, *(groot)* Lichthof m^6
lichtmast Lichtmast m^{16}, m^5
lichtmetaal Leichtmetall o^{29}
lichtmeter Photometer o^{33}, Fotometer o^{33}
lichtnet Lichtnetz o^{29}
lichtpunt 1 Lichtpunkt m^5; **2** *(fig)* Lichtblick m^5
lichtreclame Leuchtreklame v^{21}, Lichtreklame v^{21}
lichtrood hellrot
lichtschakelaar Lichtschalter m^9
lichtsignaal Lichtsignal o^{29}
lichtsnelheid Lichtgeschwindigkeit v^{28}
lichtstraal Lichtstrahl m^{16}
lichtvaardig leichtfertig, unbesonnen
lichtval Lichteinfall m^{19}
lichtvoetig leichtfüßig
lichtwedstrijd *(sp)* Flutlichtspiel o^{29}
lichtzinnig leichtsinnig, leichtfertig
lichtzinnigheid Leichtsinn m^{19}, Leichtfertigkeit v^{28}
lid 1 *(deksel)* Deckel m^9; **2** *(van lichaam, vinger, stengel)* Glied o^{31}: *die ziekte had hij al lang onder de leden* diese Krankheit steckte ihm schon lange im Leib; *zijn arm is uit het ~* er hat sich den Arm verrenkt; **3** *(gewricht)* Gelenk o^{29}; **4** *(ooglid)* Lid o^{31}; **5** *(van wetsartikel)* Absatz m^6; **6** *(groepslid)* Mitglied o^{31}; *(van familie, beroep)* Angehörige(r) m^{40a}, v^{40b}; **7**

(deel van een geheel) Teil m^5
lidgeld *(Belg)* Mitgliedsbeitrag m^6
lidkaart *(Belg)* Mitgliedskarte v^{21}
lidmaat Mitglied o^{31}; *(van kerkgenootschap)* Gemeindemitglied o^{31}
lidmaatschap Mitgliedschaft v^{20}
lidmaatschapskaart Mitgliedskarte v^{21}
lidstaat Mitgliedsland o^{32}, Mitglied(s)staat m^{16}
lidwoord Artikel m^9
lied Lied o^{31}
lieden Leute *(mv)*
liederlijk liederlich
liedje Lied o^{31}: *het is het oude ~* es ist das alte Lied
lief I *bn* lieb, *(vriendelijk, ook)* liebenswürdig, *(aardig, ook)* hübsch, nett, reizend: *een ~ gezichtje* ein liebes Gesicht; *een ~ hoedje* ein reizendes Hütchen; *lieve hemel!* du lieber Himmel!; *een ~ sommetje* ein hübsches Sümmchen; *iets voor ~ nemen* mit[+3] etwas vorlieb nehmen[212]; **II** *bw* **1** *(op vriendelijke wijze)* lieb, nett; **2** *(bekoorlijk)* hübsch, reizend; **3** *(gaarne)* gern: *het ~st had ik …* am liebsten hätte ich; **III** *zn:* *~ en leed* Freud und Leid; *zijn ~* sein Schatz, seine Geliebte
liefdadig karitativ, wohltätig
liefdadigheid Wohltätigkeit v^{28}
liefde Liebe v^{28}: *~ van de ouders voor de kinderen* Liebe der Eltern zu den Kindern; *uit ~ voor iem iets doen* jmdm zuliebe etwas tun[295]
liefdeloos lieblos
liefderijk liebevoll
liefdesaffaire Liebesaffäre v^{21}, Liebesabenteuer o^{33}
liefdesbrief Liebesbrief m^5
liefdesgeschiedenis Liebesgeschichte v^{21}
liefdesverdriet Liebeskummer m^{19}
liefdevol liebevoll
liefdewerk Liebeswerk o^{29}
liefdoenerij Schöntun o^{39}, Schmeicheln o^{39}
liefelijk lieblich, anmutig
liefhebben lieben, lieb haben[182]
liefhebber *(wie van iets houdt)* Liebhaber m^9, Freund m^5: *~ van muziek* Musikliebhaber m^9, Musikfreund m^5; **2** *(amateur)* Amateur m^5; **3** *(gegadigde)* Interessent m^{14}
liefhebberij Liebhaberei v^{20}, *(hobby, ook)* Hobby o^{36}: *uit ~* zum Vergnügen
liefheid Liebenswürdigkeit v^{20}
liefje Geliebte m^{40a}, v^{40b}, Schatz m^6, *(kind)* Liebe(s) o^{40c}, Süße(s) o^{40c}, Herzchen o^{35}
liefjes artig, liebevoll, süß
liefkozen liebkosen
liefkozing Liebkosung v^{20}
liefst am liebsten; *(bij voorkeur, ook)* vorzugsweise: *~ niet liuben net; hij heeft maar ~ 50 gulden verloren* er hat nicht weniger als 50 Gulden verloren
liefste Liebste(r) m^{40a}, v^{40b}, Geliebte(r) m^{40a}, v^{40b}
lieftallig anmutig, lieblich
lieftalligheid Anmut v^{28}, Lieblichkeit v^{28}
liegen lügen[204]: *dat lieg je!* das ist gelogen!; *hij liegt dat hij barst* er lügt das Blaue vom Himmel herun-

li

ter; *dat liegt er niet om* das ist kein Pappenstiel; *tegen iem ~* jmdn belügen

lier 1 *(muz)* Leier v^{21}; **2** *(hijswerktuig)* Winde v^{21}

lies *(anat)* Leiste v^{21}, Leistenbeuge v^{21}

liesbreuk Leistenbruch m^6

lieveheersbeestje Marienkäfer m^9

lieveling Liebling m^5

lievelingsgerecht Lieblingsgericht, Leibgericht o^{29}

liever lieber: *of ~ gezegd* oder besser gesagt

lieverd Liebling m^5

lieverlede: *van ~* nach und nach, allmählich

lievig süßlich: *~ doen* jmdn umschmeicheln

lift 1 *(hijstoestel)* Aufzug m^6, Fahrstuhl m^6, Lift m^5, m^{13}: *(fig) in de ~ zitten* sich im Aufwind befinden[157], *(mbt prijzen)* (an)steigen[281]; **2** *(het gratis meerijden)* Mitfahrgelegenheit v^{20}: *een ~ krijgen* mitgenommen werden[310]

liften per Anhalter *(of:* per Autostopp) fahren[153]; trampen

lifter Anhalter m^9, Tramper m^9

liftkoker Liftschacht m^6

liga Liga v *(mv* Ligen*)*

ligbad Badewanne v^{21}

liggeld *(havengeld)* Hafengebühr v^{20}

liggen liegen[202]: *gaan ~* sich legen, *(languit ook)* sich hinlegen; *(tegen hond) ga ~!* Platz!; *te bed ~* im Bett liegen; *hier liggen (begraven)* hier ruht; *die zaak ligt gevoelig* es ist eine heikle Sache; *ik heb mijn horloge laten ~* ich habe meine Uhr liegen lassen; *dat werk ligt mij niet* diese Arbeit liegt mir nicht; *lig toch niet te zaniken!* höre doch auf zu quengeln!; *het ligt aan u* es liegt an Ihnen; *dat ligt eraan …* das kommt drauf an …; *in scheiding ~* in Scheidung liegen; *het ligt niet in mijn bedoeling* es ist nicht meine Absicht; *de kamer ligt op het zuiden* das Zimmer liegt nach Süden; *hij ligt op de divan te slapen* er schläft auf dem Sofa; *(Belg) iem ~ hebben* jmdn zum Besten haben[182]

ligging Lage v^{21}: *~ van het kind* Kindslage

ligplaats Liegeplatz m^6, Ankerplatz m^6

ligstoel Liegestuhl m^6

liguster Liguster m^9

ligweide Liegewiese v^{21}

lij Lee v^{28}, o^{39}: *in (of: aan) ~* in Lee

lijdelijk *(passief)* untätig, *(bij verzet)* passiv

lijden I *tr* **1** *(verdragen)* erleiden[199], dulden: *de zaak lijdt geen uitstel* die Sache duldet keinen Aufschub; **2** *(ondervinden)* leiden[199], erleiden[199]: *honger ~* Hunger leiden; *pijn ~* Schmerzen (er)leiden; *geen twijfel ~* außer allem Zweifel stehen[279]; **II** *intr* **1** leiden[199]: *~ aan* leiden an[+3]; *~ onder* leiden unter[+3]; **2** *(schade hebben)* leiden[199]: *te ~ hebben* zu leiden haben[182] ‖ *iem mogen ~* jmdn leiden mögen[210]; **III** *zn* Leiden o^{35}

lijdend leidend; *(taalk)* passiv: *~e vorm* Passiv o^{29}, Leideform v^{20}

lijdensweg Leidensweg m^5

lijder(es) 1 *(wie lijdt)* Leidende(r) m^{40a}, v^{40b}; **2** *(wie ziek is)* Kranke(r) m^{40a}, v^{40b}

lijdzaam geduldig, ergeben

lijdzaamheid Ergebung v^{28}, Geduld v^{28}

lijf 1 *(leven)* Leben o^{33}: *het ~ wagen* sein leben wagen; **2** *(lichaam)* Leib m^7: *iets aan den lijve ondervinden* etwas am eigenen Leib erfahren[153]: *hij stond in levenden lijve voor ons* er stand leibhaftig vor uns; *iem te ~ gaan* jmdm zu Leibe gehen[168]: *iem tegen het ~ lopen* jmdm in die Arme laufen[198]: *blijf van mijn ~!* bleib mir vom Leibe!; *zich iem van het ~ houden* sich jmdn vom Leibe halten[183]; **3** *(onderlijf, buik)* Leib m^7 ‖ *dat heeft niets om het ~* das hat nichts auf sich

lijfarts Leibarzt m^6

lijfeigene Leibeigene(r) m^{40a}, v^{40b}

lijfelijk leiblich

lijfje Leibchen o^{35}

lijfrente Leibrente v^{21}

lijfspreuk Wahlspruch m^6

lijfstraf Körperstrafe v^{21}

lijfwacht I *(bescherming)* Leibwache v^{21}; **II** *(persoon)* Leibwächter m^9

lijk Leiche v^{21}, Leichnam m^5: *zo wit als een ~* leichenblass

lijkauto Leichenwagen m^{11}

lijkbleek leichenblass

¹lijken 1 *(overeenkomst hebben met)* ähneln[+3], gleichen[176+3]: *ze lijkt op haar moeder* sie ähnelt *(of:* gleicht) ihrer Mutter; *het lijkt er niet naar* ich sehe überhaupt keine Übereinstimmung; *het lijkt nergens naar* es sieht nach nichts aus; **2** *(schijnen)* scheinen[233]: *het lijkt erop, dat* es sieht aus, als ob; *dat lijkt alleen maar zo* das scheint nur so; *je lijkt wel gek* du bist wohl verrückt

²lijken *(aanstaan)* gefallen[154]: *dat lijkt me wel wat* das hört sich gut an

lijkkist Sarg m^6

lijkkoets Leichenwagen m^{11}

lijkschouwing Leichenschau v^{20}

lijkverbranding Leichenverbrennung v^{20}

lijkwagen Leichenwagen m^{11}

lijkwit leichenblass

lijm Leim m^5

lijmen 1 leimen, kleben; **2** *(herstellen)* kitten, leimen; **3** *(overhalen)* überreden, beschwatzen

lijn 1 *(touw)* Leine v^{21}; **2** *(telefoon)* Leitung v^{20}: *de ~ is dood* die Leitung ist tot; *blijft u aan de ~* bleiben Sie bitte am Apparat; **3** *(sp)* Linie v^{21}; **4** *(fig) (weg)* Linie v^{21}, Tendenz v^{20}: *geen vaste ~ in iets kunnen ontdekken* keine klare Linie erkennen können[194]: *dat ligt in de ~ der verwachting* das entspricht den Erwartungen; *op één ~ zitten* eine gemeinsame Linie verfolgen; *over de hele ~* auf der ganzen Linie; **5** *(meetk)* Linie v^{21}: *rechte ~* gerade Linie; **6** *(rimpel)* Linie v^{21}: *scherpe ~en in het gezicht* scharfe Linien im Gesicht; **7** *(omtrek)* Linie v^{21}: *de slanke ~* die schlanke Linie; *in grote ~en* in groben Zügen; **8** *(bus, tram)* Linie v^{21}

lijndienst Liniendienst m^5, Linienverkehr m^{19}

lijnen auf seine Linie achten

lijnkaart *(Belg) (ongev)* Sammelfahrschein *m*[5]
lijnrecht 1 schnurgerade; **2** *(volkomen)* vollkommen: ~ *in strijd met* in krassem Widerspruch mit[+3]
lijnrechter Linienrichter *m*[9]
lijntje 1 Linie *v*[21]; **2** Leine *v*[21]; **3** *(streepje)* Strich *m*[5]; *zie ook* lijn: *iem aan het ~ houden* jmdn hinhalten[183]
lijntoestel Linienmaschine *v*[21]
lijntrekken trödeln, bummeln
lijntrekker Drückeberger *m*[9]
lijnvliegtuig Linienflugzeug *o*[29]
lijnvlucht Linienflug *m*[6]
lijp doof, behämmert
lijst 1 *(van schilderij, spiegel)* Rahmen *m*[11]: *de ~ van een deur* der Türrahmen; **2** *(opgave)* Liste *v*[21]: *(rapport) een mooie ~* ein gutes Zeugnis; *alfabetische ~* alphabetisches Verzeichnis *o*[29a]; **3** *(rand, richel) (van meubels)* Leiste *v*[21]
lijstaanvoerder 1 *(sp)* Tabellenführer *m*[9]; **2** *(pol)* Listenführer *m*[9], Spitzenkandidat *m*[14]
lijsten (ein)rahmen
lijster Drossel *v*[21]
lijsterbes *(boom)* Eberesche *v*[21]
lijsttrekker *zie* lijstaanvoerder 2
lijvig 1 *(mbt persoon)* beleibt, korpulent; **2** *(mbt boek)* dickleibig
lijzig *(mbt spreken)* schleppend
lijzijde Leeseite *v*[21]
¹lik 1 *(het likken)* Lecken *o*[39]; **2** *(hoeveelheid)* Klecks *m*[5], Klacks *m*[5]; **3** *(slag)* Maulschelle *v*[21] ‖ *een ~ uit de pan* ein Anpfiff
²lik *(gevangenis)* Kittchen *o*[35]
likdoorn Hühnerauge *o*[38]
likeur Likör *m*[5]
likkebaarden sich[3] die Lippen lecken
likken lecken: *ijs ~* Eis lecken
likmevestje: *een vent van ~* eine Niete; *een programma van ~* ein mieses Programm
lila I *zn* Lila *o*[33]; **II** *bn* lila, lilafarben, lilafarbig
lilliputter Liliputaner *m*[9]
limiet Limit *o*[29], *o*[36]: *iem een ~ stellen* jmdm ein Limit setzen
limonade Limonade *v*[21]
limousine Limousine *v*[21]
linde Linde *v*[21]
lindeboom Lindenbaum *m*[6]
lineair linear
linea recta schnurstracks
linesman Linienrichter *m*[9]
lingerie Damenwäsche *v*[28]
linguïst Linguist *m*[14], Sprachwissenschaftler *m*[9]
linguïstiek Linguistik *v*[28], Sprachwissenschaft *v*[28]
linguïstisch linguistisch
liniaal Lineal *o*[29]
linie Linie *v*[21]
liniëren liniieren[320], linieren[320]
¹link *bn, bw* **1** *(slim)* pfiffig, gewieft; **2** *(jofel)* flippig; **3** *(riskant)* brenzlig ‖ *ik kijk wel ~ uit!* ich werde mich hüten!

²link *zn* **1** Verbindung *v*[20]: *een ~ leggen tussen twee zaken* zwei Sachen miteinander in Verbindung bringen[139]; **2** *(schakel)* Glied *o*[31]
linker I *bn* link; **II** *zn (hand)* linke Hand *v*[25]
linkerarm linker Arm *m*[5]
linkerbeen linkes Bein *o*[29]
linkerd Schlauberger *m*[9]
linkerhand linke Hand *v*[25], Linke *v*[40b]: *aan de ~* zur Linken
linkerkant linke Seite *v*[21]
linkerzijde linke Seite *v*[21]; *(pol, ook)* Linke *v*[40b]
links I *bn* **1** *(lett en pol)* link: *een ~e groepering* eine linke Gruppe; **2** *(linkshandig)* linkshändig; **3** *(onhandig)* linkisch; **II** *bw* **1** *(lett en pol)* links: ~ *houden* sich links halten[183]: ~ *van mij* links von mir; *iem ~ laten liggen* jmdn links liegen lassen[197]; **2** *(linkshandig)* links; **3** *(onhandig)* linkisch; **III** *zn (pol)* Linke *v*[40b]
linksachter linker Verteidiger *m*[9]
linksaf nach links
linksbuiten Linksaußen *m*[11]
linkshandig linkshändig
linnen I *zn* **1** *(weefsel)* Leinwand *v*[28], Leinen *o*[35]; **2** *(linnengoed)* zie linnengoed; **II** *bn* leinen, Leinen…
linnengoed Leinenwäsche *v*[28], Wäsche *v*[28]
linnenkast Wäscheschrank *m*[6]
linoleum I *zn* Linoleum *o*[39]; **II** *bn* Linoleum…
lint Band *o*[32]
lintje 1 Bändchen *o*[35]; **2** *(ridderorde)* Orden *m*[11]
lintmeter *(Belg)* Messband *o*[32]
lintworm Bandwurm *m*[8]
linze *(plant, vrucht)* Linse *v*[21]
*linzesoep *(Wdl:* linzensoep*)* Linsensuppe *v*[21]
lip 1 Lippe *v*[21]: *op elkaars ~ zitten* dicht an dicht sitzen[268]; **2** *(van gesp)* Dorn *m*[5]
lipje Zunge *v*[21], Lasche *v*[21]
liplezen Lippenlesen *o*[39]
lippenstift Lippenstift *m*[5]
liquidatie Liquidation *v*[20]
liquide liquid(e), flüssig
liquideren liquidieren[320]
liquiditeit Liquidität *v*[28]
lire Lira *v (mv* Lire*)*
lis Iris *v (mv -)*, Schwertlilie *v*[21]
lisdodde Rohrkolben *m*[11]
lispelen lispeln
list List *v*[20]
listig listig
listigaard Schlaukopf *m*[6], Schlauberger *m*[9]
listigheid Listigkeit *v*[28], List *v*[28]
litanie Litanei *v*[20]
liter Liter *m*[9], *o*[33] *(afk* l*)*: *met ~s tegelijk* literweise
literair literarisch: ~*e kritiek* Literarkritik *v*[20]
literatuur Literatur *v*[20]
literatuurgeschiedenis Literaturgeschichte *v*[21]
literatuurlijst Literaturverzeichnis *o*[29a]
literfles Literflasche *v*[21]
lits-jumeaux Doppelbett *o*[37]
litteken Narbe *v*[21]: *vol ~s* vernarbt

li

liturgie Liturgie v^{21}
liturgisch liturgisch
live live, direkt
live-uitzending Livesendung v^{20}, Direktsendung v^{20}
living Wohnzimmer o^{33}
livrei Livree v^{21}
lob *(sp)* Lob m^{13} *(2e nvl ook -)*
lobbes herzensguter Mensch m^{14}; *(hond)* gütiger Koloss m^5
lobby Lobby v^{27}
locomotief Lokomotive v^{21}
lodderig dösig, schläfrig
¹**loden** *bn* 1 *(lett)* bleiern, Blei…; 2 *(fig)* bleiern, bleischwer
²**loden** I *zn (wollen stof)* Loden m^{11}; II *bn* Loden…
loeder Luder o^{33}
loef Luv v^{28}, o^{39}: *(fig) iem de ~ afsteken* jmdm den Rang ablaufen[198]
loefzijde Luvseite v^{21}
loei 1 *(iets groots)* Riesen…; 2 *(harde klap)* knallender Schlag m^6: *iem een ~ verkopen* jmdm eine knallen
loeien 1 *(mbt dieren)* brüllen, *(mbt koeien)* muhen; 2 *(mbt storm, vuur, sirene)* heulen
loeihard knallhart: *een ~ schot* eine Bombe
loeisterk bullenstark
loempia Frühlingsrolle v^{21}
loens schielend
loensen schielen
loep Lupe v^{21}
loepzuiver lupenrein
loer 1 *(het loeren)* Lauer v^{28}: *op de ~ staan* auf der Lauer stehen[279]; 2 *(streek)* Streich m^5: *iem een ~ draaien* jmdm einen Streich spielen
loeren lauern, *(gluren)* spähen: *~ op iem* auf jmdn lauern
¹**lof** I *(eer)* Lob o^{29}: *met ~* mit Auszeichnung; *iem ~ toezwaaien* jmdm Lob spenden; II *(r-k)* Andacht v^{20}
²**lof** *(witlof)* Chicorée v^{28}, m^{19}, Schikoree v^{28}, m^{19}
loffelijk lobenswert, löblich
loflied Loblied o^{31}
loftuiting Lobpreisung v^{20}
lofwaardig lobenswert, löblich
lofzang Lobgesang m^6
log *bn, bw* schwerfällig, plump
logaritme Logarithmus m *(2e nvl -; mv -men)*
logboek Logbuch o^{32}; *(algem)* Tagebuch o^{32}
loge Loge v^{21}
logé, logee Logiergast m^6, Logierbesuch m^5
logeerbed Gästebett o^{37}
logeergast *zie* logé
logeerkamer Fremdenzimmer o^{33}, Gästezimmer o^{33}
logen laugen
logenstraffen Lügen strafen
logeren wohnen: *uit ~ gaan* auf Logierbesuch gehen[168]
logica Logik v^{28}

logies Unterkunft v^{25}: *~ en ontbijt* Übernachtung v^{20} und Frühstück
logisch logisch: *nogal ~!* logo!
logo Logo m^{13}, o^{36}
logopedie Logopädie v^{28}
logopedist(e) Logopäde m^{15}; Logopädin v^{22}
loipe Loipe v^{21}
lok Locke v^{21}, Haarlocke v^{21}
lokaal I *zn (algem)* Lokal o^{29}, Raum m^6; II *bn* lokal, örtlich, Orts…, Lokal…: *~ gesprek* Ortsgespräch o^{29}
lokaalverkeer Lokalverkehr m^{19}
lokaas Köder m^9
lokaliseren lokalisieren[320]
lokaliteit Lokalität v^{20}, Raum m^6
*****lokatie** *(Wdl:* locatie) *(van film)* Drehort m^5
loket Schalter m^9
loketambtenaar Schalterbeamte(r) m^{40a}
lokettist(e) Schalterbeamte(r) m^{40a}, Schalterbeamtin v^{22}
lokken 1 (an)locken, herbeilocken; 2 *(door aas)* *(ook fig)* ködern; 3 *(lokken tot)* verlocken
lokkertje, lokmiddel Lockmittel o^{33}
lol Spaß m^{19}: *~ hebben* sich amüsieren[320], Spaß haben[182]: *~ maken* Spaß machen; *voor de ~* im *(of:* zum) Spaß; *de ~ is er voor mij af* mir ist der Spaß vergangen; *ergens ~ in hebben* Spaß an[+3] etwas finden[157]
lolbroek Spaßmacher m^9, Spaßvogel m^{10}
lolletje Spaß m^6
lollig spaßig, ulkig, witzig, lustig
lolly Lutscher m^9
lolmaker Spaßmacher m^9, Spaßvogel m^{10}
lommerd Leihhaus o^{32}
lommerig, lommerrijk schattig, schattenreich
¹**lomp** *zn* Lumpen m^{11}: *in ~en gekleed* zerlumpt
²**lomp** *bn, bw* 1 *(mbt vorm)* plump; 2 *(in beweging)* plump, schwerfällig; 3 *(onhandig)* plump, linkisch; 4 *(onbeleefd)* grob[58], rüde
lomperd 1 *(onhandig)* Tölpel m^9; 2 *(onbehouwen)* Grobian m^5
lompheid 1 Plumpheit v^{28}; 2 *(onbeleefdheid)* Grobheit v^{28}; *zie ook* ²lomp
Londen London o^{39}
lonen (sich) lohnen: *het loont de moeite* es lohnt die Mühe, es lohnt sich
lonend *bn* lohnend; *(voordelig)* einträglich
long Lunge v^{21}
longdrink Longdrink m^{13}
longkanker Lungenkrebs m^5
longontsteking Lungenentzündung v^{20}
lonken äugeln: *naar iem ~* nach jmdm äugeln
lont Lunte v^{21}: *~ ruiken* Lunte riechen[223]
loochenen leugnen
lood 1 Blei o^{39}; 2 *(bouw)* Lot o^{29}: *in het ~ staan* im Lot sein[262]; 3 *(dieplood)* Lot o^{29} ‖ *dat is ~ om oud ijzer* das ist Jacke wie Hose; *met ~ in de schoenen* schweren Herzens; *uit het ~ geslagen zijn* fassungslos sein[262]

loodgieter Klempner *m*[9], Installateur *m*[5]
loodgietersbedrijf Installationsbetrieb *m*[5]
loodje *(ter verzegeling)* Plombe *v*[21]: *met een ~ verzegelen* plombieren[320] || *het ~ moeten leggen* den Kürzeren ziehen[318]: *de laatste ~s wegen het zwaarst* das dicke Ende kommt nach
loodlijn Senkrechte *v*[40b], Lotrechte *v*[40b], Lot *o*[29]
loodrecht lotrecht, senkrecht
¹**loods** *(persoon)* Lotse *m*[15]
²**loods** *(berg-, werkplaats)* Schuppen *m*[11]
loodsen lotsen
loodvrij bleifrei
loodzwaar *(ook fig)* bleischwer
loof Laub *o*[39], Laubwerk *o*[39]; *(van aardappelen, knollen e.d.)* Kraut *o*[39]
loofboom Laubbaum *m*[6]
loofbos Laubwald *m*[8]
looien gerben: *huiden ~* Felle gerben
¹**look** *(plantk)* Lauch *m*[5]
²**look** *(Eng) (stijl)* Look *m*[13]
loom 1 *(traag)* träge; 2 *(zonder energie)* träge, matt: *~ weer* drückendes Wetter *o*[39]
loomheid Trägheit *v*[28], Mattigkeit *v*[28]
loon Lohn *m*[6]: *~ in natura* Naturallohn; *hij heeft zijn verdiende ~* das geschieht ihm recht
loonarbeid Lohnarbeit *v*[28]
loonbelasting Lohnsteuer *v*[21]
loonbeleid Lohnpolitik *v*[28], Tarifpolitik *v*[28]
loondienst: *in vaste ~ zijn* in einem festen Arbeitsverhältnis stehen[279]
looneis Lohnforderung *v*[20]
loongrens Einkommensgrenze *v*[21]
loonovereenkomst Tarifvertrag *m*[6]
loonronde Lohnrunde *v*[21]
loonsverhoging Lohnerhöhung *v*[20]
loonsverlaging Lohnsenkung *v*[20]
loontrekker Lohnempfänger *m*[9]
loop 1 *(algem)* Lauf *m*[6]: *de ~ der wereld* der Lauf der Welt; 2 *(vlucht)* Flucht *v*[20]: *op de ~ gaan* die Flucht ergreifen[181]; 3 *(voortgang in de tijd)* Lauf *m*[19], Verlauf *m*[19]: *in de ~ van de avond* im Lauf(e) des Abends; *in de ~ van een jaar* im Verlauf eines Jahres; 4 *(van vuurwapen)* Lauf *m*[6]
loopbaan Laufbahn *v*[20]; *(van sterren)* Bahn *v*[20]
loopbrug Fußgängerbrücke *v*[21]
loopgraaf Schützengraben *m*[12]
loopje 1 *(korte loop)* kleiner Spaziergang *m*[6]; 2 *(muz)* Lauf *m*[6]; 3 *(foefje)* Kniff *m*[5], Trick *m*[13] || *een ~ met iem nemen* jmdn zum Besten haben[182]
loopjongen Laufbursche *m*[15]
looplamp Handlampe *v*[21]
looppas Laufschritt *m*[5]
loopplank Laufbrett *o*[31], Laufsteg *m*[5]
loops brünstig; *(mbt teef)* läufig
loopster *(sp)* Läuferin *v*[22]
looptijd *(van wissel, lening)* Laufzeit *v*[20]
loopvlak Lauffläche *v*[21]
¹**loos** 1 *(leeg)* taub; 2 *(niet echt)* blind, falsch: *~ alarm* falscher Alarm *m*[5]

²**loos**: *ginds is iets ~* drüben ist etwas los
loot 1 *(scheut)* Schössling *m*[5], Spross *m*[5]; 2 *(stek)* Ableger *m*[9]; 3 *(telg)* Spross *m*[5]
lopen 1 *(mbt mensen, dieren, ook fig)* gehen[168], laufen[198]: *trappen ~* Treppen steigen; *alles laten ~: a) (zich nergens mee bemoeien)* den Dingen ihren Lauf lassen[197]; *b) (incontinent zijn)* an[+3] Inkontinenz leiden[199]: *hij loopt al naar de zestig* er geht schon auf die sechzig; *(fig) over zich heen laten ~* zu gefügig sein[262]: *niet over zich heen laten ~* sich behaupten; *ergens losjes overheen ~* flüchtig über[+4] etwas hinweggehen; 2 *(mbt zaken)* laufen[198], gehen[168]: *het onbelast ~ (van motor)* Leerlauf *m*[19]: *dat is te gek om los te ~!* das ist ja irre!; *de motor laten ~* den Motor laufen lassen[197]: *de winkel loopt goed* das Geschäft geht gut; *het loopt naar twaalf* es geht auf zwölf; *de meningen ~ uit elkaar* die Meinungen gehen auseinander; 3 *(zich snel voortbewegen)* laufen[198]: *~ van heb ik jou daar* laufen haste, was kannste; *het op een ~ zetten* Reißaus nehmen[212]
lopend laufend: *~e band* Fließband *o*[32]: *de ~e werkzaamheden* die laufenden Arbeiten; *aan de ~e band (voortdurend)* laufend
loper 1 Läufer *m*[9]; 2 *(sleutel)* Hauptschlüssel *m*[9]
lor 1 *(oude lap)* Lumpen *m*[11]; 2 *(prul)* wertloses Ding *o*[31], *(in mv)* wertloses Zeug *o*[39]: *een ~ van een boek* ein wertloses Buch || *het kan mij geen ~ schelen* es ist mir einerlei
lorrie Lore *v*[21]
los 1 *(niet bevestigd)* los, beweglich: *~ en vast goed* bewegliche und unbewegliche Habe *v*[28]; 2 *(afzonderlijk)* einzeln: *~se onderdelen* Einzelteile *mv o*[29], *(reserveonderdelen)* Ersatzteile *mv o*[29], *m*[5]: *~se nummers* Einzelhefte *mv o*[29]: *elk deel is ~ te koop* jeder Band ist einzeln erhältlich; 3 *(niet vastzittend)* locker, lose: *een ~se tand* ein lockerer Zahn; *de grond ~ maken* den Boden locker machen; *de knoop zit ~* der Knopf ist lose; 4 *(niet star)* locker, lose: *een ~se houding* eine lockere Haltung; 5 *(lichtvaardig, losbandig)* leichtsinnig, locker || *een ~se arbeider* ein Gelegenheitsarbeiter; *~ werk* Gelegenheitsarbeit *v*[20]: *ze leven er maar op los* sie leben in den Tag hinein; *erop ~ slaan* drauflosschlagen[241]; *zie ook losjes*
losbandig locker, *(ongunstig)* liederlich
losbandigheid Lockerheit *v*[28], *(ongunstig)* Liederlichkeit *v*[28]
losbarsten 1 *(losgaan)* aufplatzen; 2 *(uitbreken)* ausbrechen[137]; 3 *(mbt onweer)* losbrechen[137]
losbinden lösen, losbinden[131], aufbinden[131]
losbladig Loseblatt…
losbol Bonvivant *m*[13]; *(ongunstig)* Wüstling *m*[5]
losbranden *(beginnen)* losschießen[238], loslegen
losbreken losbrechen[137]
losdraaien losdrehen, *(open)* aufdrehen
losgaan sich lösen, sich lockern
losgeld Lösegeld *o*[31]
losgespen losschnallen
losgooien loswerfen[311]

loshangen *(mbt knoop)* locker sein[262]; *(mbt touw)* frei hängen[184]

losheid Lockerheit *v*[28]

losjes 1 *(niet hecht)* locker, lose; **2** *(vluchtig)* leicht, leichthin

losknopen 1 *(van kleding)* aufknöpfen; **2** *(van touw)* aufknüpfen

loskomen 1 *(vrijkomen van iets)* loskommen[193] (von[+3]), sich lösen: *het vliegtuig kwam niet van de grond los* das Flugzeug kam nicht vom Boden los; **2** *(beschikbaar worden)* frei werden[310]; **3** *(mbt gevangene)* freikommen[193]

loskoppelen loskoppeln, abkoppeln

loskrijgen 1 loskriegen, losbekommen[193]; **2** *(vrij krijgen)* (jmdn) freibekommen[193]

loslaten I *tr* **1** *(vrijlaten)* loslassen[197]; **2** *(in de steek laten)* im Stich lassen[197]; **3** *(verklappen)* preisgeben[166] || **II** *intr* sich lösen: *de lijm laat los* der Kleber löst sich; *hij laat niet los* er lässt nicht locker

loslippig geschwätzig, redselig

loslopen 1 *(vrij rondlopen)* frei herumlaufen[198]; **2** *(losraken)* sich lockern || *het zal wel ~!* das wird sich schon geben!; *dat is te gek om los te lopen!* das ist ja irre!

losmaken 1 losmachen, lösen, aufmachen, (auf)trennen: *de bovenste knoop ~* den obersten Knopf aufmachen; *de tongen ~* die Zungen lösen; **2** *(aftroggelen)* loseisen: *geld ~* Geld loseisen; **3** *(minder vast maken)* lockern: *de spieren ~* die Muskeln lockern

lospeuteren 1 *(losmaken)* aufnesteln; **2** *(weten te krijgen)* ablocken; entlocken

losplaats Ausladeplatz *m*[6]

losprijs Lösegeld *o*[31]

losraken 1 *(vrij komen)* sich lösen; **2** *(mbt knoop, veter)* aufgehen[168]; **3** *(weer vlot worden)* de boot is losgeraakt das Schiff ist wieder flott

losrukken losreißen[220]

löss Löss *m*[5], Löß *m*[5]

losscheuren losreißen[220]

losschroeven losschrauben

lossen 1 *(ontladen)* entladen[196], ausladen[196], löschen; **2** *(proberen kwijt te raken)* abhängen || *een schot ~* einen Schuss abgeben[166]

losslaan losschlagen[241]

lossnijden losschneiden[250]

losspringen losspringen[276]

lostornen lostrennen, auftrennen

lostrekken herausziehen[318]

losweg leichthin

losweken abweichen, lösen

loszitten locker sein[262], locker sitzen[268]

lot 1 *(loterijbriefje)* Los *o*[29]: *het winnende ~* das große Los; **2** *(noodlot)* Schicksal *o*[39]; *(wat het noodlot beschikt)* Geschick *o*[29]; Los *o*[29]

loten 1 losen: *om iets ~* um etwas losen; **2** *(door het lot verkrijgen)* gewinnen[174], ziehen[318]

loterij Lotterie *v*[21]

lotgenoot Schicksalsgenosse *m*[15]

lotgeval Schicksal *o*[29], Erlebnis *o*[29a]

loting Losen *o*[39]: *bij ~ bepalen* durch das Los bestimmen

lotion Lotion *v*[20], *v*[27]

lotje: *van ~ getikt zijn* einen Sparren haben[182]

lotto Lotto *o*[36]

lotus *(plantk)* Lotos *m* (2e nvl -; mv -)

lotusbloem Lotosblume *v*[21]

louche dubios, fragwürdig, zwielichtig

lounge Lounge *v*[27]

louter rein, lauter: *~ leugens* lauter Lügen; *~ uit gewoonte* lediglich aus Gewohnheit; *het is ~ onzin* es ist barer Unsinn; *het is ~ toeval* es ist reiner Zufall

louteren läutern

loven loben, rühmen, preisen[216]: *God ~* Gott loben; *~ en bieden* feilschen

loyaal loyal

loyaliteit Loyalität *v*[20]

lozen 1 *(laten weglopen)* ableiten, abführen: *zijn water ~* sein Wasser abschlagen[241]; **2** *(zien kwijt te raken)* loswerden[310]

lp Langspielplatte *v*[21] *(afk LP)* *v*[27]

LPG Autogas *o*[29]

lso *(Belg)* afk van *lager secundair onderwijs (ongev)* Sekundarstufe I *v*[28]

lucht 1 *(gasvormige stof)* Luft *v*[28]: *~ inademen* Luft einatmen; *aan zijn gemoed ~ geven* sich[3] Luft machen; **2** *(dampkring)* Luft *v*[25], Atmosphäre *v*[21]: *uit de ~ komen vallen (Belg)* sehr erstaunt sein[262]; *(fig) een slag in de ~* ein Schlag ins Wasser; *dat hangt in de ~: a) (in zekere zin)* das hängt in der Luft; *b) (dreigt te komen)* das liegt in der Luft; *het aanbod kwam uit de ~ vallen* das Angebot kam unerwartet; *een huis in de ~ laten vliegen* ein Haus sprengen; *het huis vloog in de ~* das Haus flog in die Luft; **3** *(luitenlucht)* Luft *v*[28]; **4** *(reuk, geur)* Geruch *m*[6]: *(de) ~ van iets krijgen* Wind von[+3] etwas bekommen[193]; **5** *(uitspansel)* Himmel *m*[9]: *een blauwe ~* ein blauer Himmel || *het onweer is niet van de ~* das Gewitter nimmt kein Ende

luchtaanval Luftangriff *m*[5]

luchtafweer Flugabwehr *v*[28]

luchtalarm Fliegeralarm *m*[5], Luftalarm *m*[5]

luchtballon Luftballon *m*[5], *m*[13]

luchtbed Luftmatratze *v*[21]

luchtbel Luftblase *v*[21]

luchtbezoedeling *(Belg)* Luftverschmutzung *v*[20]

luchtbrug *(luchtverbinding)* Luftbrücke *v*[21]; *(voetbrug)* Brücke *v*[21]

luchtdicht luftdicht, hermetisch

luchtdruk Luftdruck *m*[19]: *gebied van hoge ~* Hoch *o*[36]: *gebied van lage ~* Tief *o*[36]

luchten *(aan de buitenlucht blootstellen)* lüften: *gevangenen ~* Häftlinge an die frische Luft führen; **2** *(uiten)* Luft machen[+3]: *zijn hart ~* seinem Herzen Luft machen || *iem niet kunnen ~ (of zien)* jmdn nicht ausstehen können[194]

luchter 1 *(kandelaar)* Armleuchter *m*[9]; **2** *(lichtkroon)* Kronleuchter *m*[9]

luchtfilter Luftfilter m^9
luchtfoto Luftbild o^{31}, Luftaufnahme v^{21}
luchtgekoeld luftgekühlt
luchtgevecht Luftkampf m^6, Luftgefecht o^{29}
luchthartig sorglos, leichtherzig
luchthaven Flughafen m^{12}
luchtig 1 *(niet compact)* locker: ~ *deeg* lockerer Teig m^5; **2** *(mbt kleding)* luftig; **3** *(fris)* luftig, frisch || *iets ~ opnemen* etwas leicht nehmen[212]: ~ *over iets heenlopen* flüchtig über[+4] etwas hinweggehen[168]
luchtigjes leicht, leichthin; *zie ook* luchtig
luchtje: *een ~ scheppen* an die Luft gehen[168]: *(fig) er is (of: er zit) een ~ aan* hier ist etwas faul
luchtkanaal Luftkanal m^6
luchtkasteel Luftschloss o^{32}
luchtkoeling Luftkühlung v^{28}; *met ~* luftgekühlt
luchtkoker Luftschacht m^6
luchtkussenvaartuig, luchtkussenvoertuig Luftkissenfahrzeug o^{29}
luchtlandingstroepen Luftlandetruppen *mv* v^{21}
luchtledig luftleer
luchtlijn Fluglinie v^{21}
luchtmacht Luftwaffe v^{21}
luchtoorlog Luftkrieg m^5
luchtpijp Luftröhre v^{21}
luchtpiraat Luftpirat m^{14}
luchtpomp Luftpumpe v^{21}
luchtpost Luftpost v^{28}: *per ~* per Luftpost
luchtreiziger Fluggast m^6, Flugpassagier m^5
luchtruim Luftraum m^6
luchtschip Luftschiff o^{29}
luchtspiegeling Luftspieg(e)lung v^{20}
luchtsprong Luftsprung m^6
luchtstreek Zone v^{21}: *gematigde luchtstreken* gemäßigte Zonen
luchtstrijdkrachten Luftstreitkräfte *mv* v^{25}
luchtvaart Luftfahrt v^{28}, Flugwesen o^{39}
luchtvaartmaatschappij Fluggesellschaft v^{20}
luchtverbinding Flugverbindung v^{20}
luchtverdediging Luftverteidigung v^{28}
luchtverkeer Luftverkehr m^{19}, Flugverkehr m^{19}
luchtverkeersleider Flugleiter m^9
luchtverontreiniging Luftverschmutzung v^{20}
luchtverversing Ventilation v^{20}, Entlüftung v^{20}
luchtvervuiling Luftverschmutzung v^{20}
luchtvracht Luftfracht v^{20}
luchtweerstand Luftwiderstand m^{19}
luchtziekte Luftkrankheit v^{28}
lucifer Streichholz o^{32}
lucifersdoosje Streichholzschachtel v^{21}
lucratief lukrativ, einträglich
ludiek spielerisch
luguber düster, unheimlich, gruselig
¹lui *bn, bw* träge, faul, bequem: *een ~e stoel* ein bequemer Sessel
²lui *zn mv* Leute *(mv)*
luiaard 1 Faulenzer m^9; **2** *(dierk)* Faultier o^{29}
luid laut
luiden I *tr* läuten: *de klok ~* die Glocke läuten; **II** *intr*

1 *(weerklinken)* läuten, klingen[191]; **2** *(mbt mededelingen)* lauten
luidkeels aus vollem Hals(e), lauthals, laut
luidop *(Belg)* laut
luidruchtig laut, lautstark
luidruchtigheid Lärm m^{19}
luidspreker Lautsprecher m^9
luidsprekerbox Lautsprecherbox v^{20}
luier Windel v^{21}
luieren faulenzen
luifel Vordach o^{32}, Schirmdach o^{32}
luiheid Faulheit v^{28}, Trägheit v^{28}
luik 1 *(voor raam)* Fensterladen m^{12}, Laden m^{12}; **2** *(algem)* Luke v^{21}; **3** *(van triptiek)* Flügel m^9
Luik Lüttich o^{39}
luilak Faulpelz m^5
luilakken faulenzen
luilekkerland Schlaraffenland o^{39}
luim Laune v^{21}, Stimmung v^{20}, *(kuur)* Grille v^{21}
luipaard Leopard m^{14}
luis Laus v^{25}: *vol luizen* verlaust
luister Glanz m^{19}, Pracht v^{28}; *(fig)* Ruhm m^{19}
luisteraar 1 *(algem)* Zuhörer m^9; **2** *(van radio)* Hörer m^9: *geachte ~s!* verehrte Hörerinnen und Hörer!
luisterdichtheid Einschaltquote v^{21}
luisteren 1 zuhören, hören, hinhören, *(sterker)* horchen: *gespannen ~* angespannt horchen; *luister eens goed!* hör mal gut zu!; *ik luister!* ich höre!; *aandachtig naar iem ~* jmdm aufmerksam zuhören; *naar een plaat ~* eine Platte hören; *zijn oor te ~ leggen* herumhorchen; **2** *(geheten zijn)* hören auf[+4]; **3** *(afluisteren)* horchen, lauschen; **4** *(gehoorzamen)* gehorchen: *naar iem ~* auf jmdn hören || *dat luistert nauw* das erfordert große Genauigkeit
luister- en kijkgeld Rundfunk- und Fernsehgebühr v^{20}
luisterrijk glänzend, prachtvoll
luistervaardigheid Hörverständnis o^{29a}
luistervaardigheidstoets Hörverständnistest m^{13}, m^5
luistervink Horcher m^9, Lauscher m^9
luit Laute v^{21}
luitenant Leutnant m^{13}: *eerste ~* Oberleutnant
luiwagen Schrubber m^9
luiwammes Faulpelz m^5
luizen: *iem erin ~* jmdn hereinlegen
luizenbaan: *hij heeft een ~* er hat einen bequemen Posten
luizenmarkt Flohmarkt m^6, Trödelmarkt m^6
luizig *(armzalig)* lausig, lumpig
lukken gelingen[169]
lukraak aufs Geratewohl
lul 1 *(inform)* **1** *(sukkel)* Trottel m^9; **2** *(penis)* Schwanz m^6: *voor ~ staan* sich lächerlich machen
lulkoek *(inform)* Quark m^{19}, Quatsch m^{19}
lullen *(inform)* schwatzen, faseln
lullig *(inform)* läppisch, doof, dumm
lumineus glänzend
lummel 1 *(sufferd)* Trottel m^9; **2** *(vlegel)* Lümmel m^9

lummelen herumlungern, trödeln
lummelig lümmelhaft
lumpsum Pauschalsumme v^{21}, Pauschale v^{21}
lunch Lunch m^5, m^{13} *(2e nvl ook -)*
lunchen lunchen
lunchpakket Lunchpaket o^{29}
lunchpauze Mittagspause v^{21}
lunchroom Konditorei v^{20}, Café o^{36}; *(in museum e.d.)* Erfrischungsraum m^6
luren: *iem in de ~ leggen* jmdn hereinlegen
lurken lutschen, nuckeln
lurven: *iem bij zijn ~ pakken* jmdn beim Wickel packen
lus 1 *(aan handdoek, kleding e.d.)* Aufhänger m^9; **2** *(strik)* Schleife v^{21}; **3** *(in tram)* Schlaufe v^{21}; **4** *(voor ceintuur e.d.)* Schlaufe v^{21}
lust 1 *(begeerte, trek)* Lust v^{25}: *ik heb geen ~ om te eten* ich habe keine Lust zu essen; **2** *(plezier)* Lust v^{28}, Vergnügen o^{39}, Freude v^{28}: *een ~ voor de ogen* eine Augenweide
lusteloos lustlos, matt
lusteloosheid Mattigkeit v^{28}, Lustlosigkeit v^{28}
lusten 1 *(believen, behagen)* belieben^{+3}; **2** *(zin hebben in)* mögen^{210}: *'m ~ gern trinken*^{293}: *heel graag taart ~* Torte für sein Leben gern essen^{152}: *hij lust geen vlees* er mag kein Fleisch; *lust je nog wat?* willst du noch etwas?; *(fig) iem wel rauw ~* jmdn nicht ausstehen können^{194}: *ik lust hem rauw!* er mag nur kommen! || *hij zal ervan ~* er kriegt noch sein Fett
lustgevoel Lustgefühl o^{29}
lusthof Lustgarten m^{12}
lustig lustig, fröhlich, munter
lustmoord Lustmord m^5
lustmoordenaar Lustmörder m^9
lustrum 1 *(periode)* Jahrfünft o^{29}; **2** *(feest)* fünfjährliche Jubiläumsfeier v^{21}
luthers lutherisch: *de ~e bijbel* die Lutherbibel
luttel 1 *(weinig)* wenig; **2** *(klein)* klein, gering
luwen abflauen, sich legen; *(fig)* nachlassen^{197}
luwte *(windvrije plaats)* Windschatten m^{19}
luxe I *zn* Luxus m^{19a}; **II** *bn, bw* luxuriös, Luxus...
luxeartikel Luxusartikel m^9
luxeauto Luxusauto o^{36}
Luxemburg Luxemburg o^{39}
Luxemburger Luxemburger m^9
Luxemburgs luxemburgisch, Luxemburger
luxueus luxuriös
lyceum Gymnasium o *(2e nvl -s; mv Gymnasien)*
lymfklier Lymphknoten m^{11}
lynchen lynchen
lynx Luchs m^5
lyriek Lyrik v^{28}
lyrisch lyrisch: *~ dichter* Lyriker m^9

lu

m

ma Mama v^{27}

maag Magen m^{11}: *een bedorven ~ hebben* sich³ den Magen verdorben haben[182]: *het aan zijn ~ hebben* Magenbeschwerden haben[182]: *(fig) iem iets in de ~ splitsen* jmdm etwas aufschwatzen; *(fig) daar zit ik mee in mijn ~* das liegt mir schwer im Magen

maagd Jungfrau v^{20}

maagdelijk jungfräulich: *~ woud* Urwald m^8

maagdelijkheid Jungfräulichkeit v^{28}

maagkanker Magenkrebs m^5

maagklachten Magenbeschwerden *mv* v^{21}

maagkwaal Magenleiden o^{35}, Magenkrankheit v^{20}

maaglijder Magenkranke(r) m^{40a}, v^{40b}

maagpijn Magenschmerzen *mv* m^{16}

maagzuur: *last van ~ hebben* Sodbrennen o^{39} haben[182]

maagzweer Magengeschwür o^{29}

maaidorsmachine Mähdrescher m^9

maaien mähen

maaimachine Mähmaschine v^{21}

maak: *in de ~ zijn: a) (herstellen)* in Reparatur sein[262]; *b) (maken)* in Arbeit sein[162] *(of:* vorbereitet werden[310])

maakloon Arbeitslohn, Macherlohn m^6

maaksel Erzeugnis o^{29a}; Produkt o^{29}

¹**maal 1** *(keer)* Mal o^{29}: *voor de eerste ~* zum ersten Mal(e); *een enkele ~* dann und wann; *herhaalde malen* wiederholt; *de laatste ~* das letzte Mal; *te enen male verkeerd* völlig falsch; **2** *(vermenigvuldigingsteken)* mal: *drie ~ vijf* drei mal fünf

²**maal 1** *(maaltijd)* Mahl o^{32}, o^{29}, Essen o^{35}; **2** *(hoeveelheid eten)* Portion v^{20}

maalstroom Mahlstrom m^6; *(fig)* Strudel m^9

maalteken Malzeichen o^{35}

maaltijd Mahlzeit v^{20}, Essen o^{35}: *aan de ~ zitten* bei Tisch sitzen[268]

maan Mond m^5: *halve~* Halbmond; *nieuwe~* Neumond; *volle~* Vollmond; *bij heldere ~* bei hellem Mondschein; *mijn geld is naar de ~* mein Geld ist futsch; *loop naar de ~!* scher dich zum Teufel!; *hij kan naar de ~ lopen!* er kann mir den Buckel runterrutschen

maand Monat m^5: *per ~ betalen* monatlich zahlen; *betaling over 3 ~en* Ziel 3 Monate; *om de drie ~en* dreimonatlich *(of:* vierteljährlich); *de volgende ~ kom ik* nächsten Monat komme ich

maandag Montag m^5: *'s ~s* am Montag

maandags montäglich, Montags…

maandblad Monatsheft o^{29}, Monatsschrift v^{20}

maandelijks monatlich, Monats…

maandenlang monatelang

maandsalaris Monatsgehalt o^{32}

maandverband Damenbinde v^{21}

maanfase, maangestalte Mondphase v^{21}

maanlander Mondfähre v^{21}

maanlicht Mondlicht o^{39}

maanmannetje Mann m^8 im Mond

maansverduistering Mondfinsternis v^{24}

maanzaad Mohnsamen m^{11}

maar I *vw* **1** *(tegenstelling)* aber, jedoch; *(na ontkenning)* sondern: *niet hij, ~ zij* nicht er, sondern sie; *hij sliep, ~ zij hield de wacht* er schlief, sie jedoch wachte; **2** *(een tegenwerping uitdrukkend)* aber: *~ waarom?* aber warum?; **II** *bw* **1** *(waarschuwing, aanbeveling)* nur: *het is ~, dat je het weet* damit du es nur weißt; **2** *(ergernis over het voortduren)* bloß, nur: *ze scheldt ~* sie schimpft nur; *en ~ staan* und stundenlang (herum)stehen[279]; **3** *(een wens uitdrukkend)* nur, doch: *was hij er ~* wäre er nur da; **4** *(slechts)* nur: *het kost ~ twee gulden* es kostet nur zwei Gulden; **III** *zn* Aber o^{33}: *er is een ~ bij* die Sache hat ein Aber; *geen maren!* nur kein Aber!

maarschalk Marschall m^6

maart März m^5 *(2e nvl ook -)*: *in ~* im März

maarts märzlich, März…

maas Masche v^{21}: *de mazen van de wet* die Maschen des Gesetzes

Maas *(rivier)* Maas v^{28}

¹**maat 1** Maß o^{29}, Größe v^{21}: *iem de ~ nemen* bei jmdm Maß nehmen[212]; *(fig) beneden de ~* unter aller Kritik; *we hebben niets in uw ~* wir haben nichts in Ihrer Größe; *met twee maten meten* mit zweierlei Maß messen[208]; **2** *(muz)* Takt m^5: *in de ~ blijven* im Takt bleiben[134]

²**maat 1** *(makker)* Kamerad m^{14}, Kumpan m^5; **2** *(helper)* Gehilfe m^{15}, *(inform)* Kumpel m^9, m^{13}; **3** *(bij het spel)* Partner m^9

maatbeker Messbecher m^9

maatgevend maßgebend

maatgevoel Taktgefühl o^{39}

maatglas Messglas o^{32}

maathouden *(muz)* den Takt halten[183], *(fig)* Maß halten[183]: *hij weet geen maat te houden* er kennt weder Maß noch Ziel

maatje Freund m^5, Freundin v^{22}: *met iem goede ~s zijn* mit⁺³ jmdm gut auskommen[193]

maatjesharing Matjeshering m^5

maatkostuum Maßanzug m^6

maatregel Maßnahme v^{21}: *~en nemen* Maßnahmen ergreifen[181] *(of:* treffen[289]): *geen halve ~en nemen* energisch vorgehen[168]

maatschappelijk gesellschaftlich, sozial: *~e positie* gesellschaftliche Stellung v^{20}: *~ werk* Sozialarbeit v^{28}

maatschappij Gesellschaft v^{20}

maatschappijleer Gesellschaftslehre v^{28}, Sozialkunde v^{28}

maatstaf Maßstab m^6: *dat is geen ~* das ist nicht maßgebend

maatwerk Maßarbeit v^{20}

macaber makaber

macaroni Makkaroni *(mv)*

machinaal maschinell; *(fig)* mechanisch

machine Maschine v^{21}

machinebankwerker Maschinenschlosser m^9

machinegeweer Maschinengewehr o^{29} *(afk MG)*

machinekamer Maschinenraum m^6

machinepistool Maschinenpistole v^{21} *(afk MP)*

machinerie Maschinerie v^{21}

machineschrijven Maschine schreiben[252]

machinist Maschinist m^{14}; *(spoorw)* Lokomotivführer m^9; Lokführer m^9

macho Macho m^{13}

macht 1 *(vermogen)* Macht v^{28}, Kraft v^{25}: *niet bij ~e zijn iets te doen* nicht in der Lage sein[262], etwas zu tun: *alles doen wat in iems ~ ligt* alles tun[295], was in[+3] jmds Macht steht; **2** *(sterkte, kracht)* Macht v^{28}: *uit alle ~ schreeuwen* aus Leibeskräften schreien[253]; **3** *(autoriteit, heerschappij)* Macht v^{28}, Gewalt v^{28}: *~ uitoefenen* Macht ausüben; *de ~ over het stuur verliezen* die Herrschaft über das Auto verlieren[300]: *iets in zijn ~ hebben* etwas in der Gewalt haben[182]; *honger naar ~* Machthunger m^{19}: *strijd om de ~* Machtkampf m^6; **4** *(persoon of personen, lichaam)* Gewalt v^{20}, Macht v^{25}: *de openbare ~* die öffentliche Gewalt; *(groot aantal)* Menge v^{21}; **6** *(wisk)* Potenz v^{20}: *drie tot de derde ~* drei in der dritten Potenz

machteloos machtlos: *~ toezien* ohnmächtig zusehen[261]

machteloosheid Machtlosigkeit v^{28}, Ohnmacht v^{20}

machthebber Machthaber m^9, Gewalthaber m^9

machtig I *bn* **1** mächtig: *iets ~ zijn* einer Sache^2 mächtig sein[262]; **2** *(indrukwekkend)* gewaltig, großartig; **3** *(erg zwaar)* schwer: *~ eten* schweres Essen; **II** *bw* riesig, außerordentlich: *het was ~ mooi* es war außerordentlich schön

machtigen ermächtigen, bevollmächtigen

machtiging Ermächtigung v^{20}, Vollmacht v^{20}

machtsevenwicht Gleichgewicht o^{39} der Kräfte

machtsmiddel Machtmittel o^{33}

machtsmisbruik Machtmissbrauch m^{19}

machtsovername Machtübernahme v^{28}

machtspolitiek Machtpolitik v^{28}

machtspositie Machtstellung v^{20}

machtsstrijd Machtkampf m^6

machtsverheffen potenzieren[320]

machtsvertoon Machtentfaltung v^{28}

macrobiotisch makrobiotisch

made Made v^{21}

madeliefje *(plantk)* Gänseblümchen o^{35}

madonna Madonna v *(mv Madonnen)*

maestro Maestro m^{13} *(mv ook -stri)*, Meister m^9

maf bescheuert, blöde

maffen pennen, knacken

---

magazijn 1 *(bergplaats)* Lager o^{33}, o^{34}, Warenlager o^{33}, o^{34}; **2** *(van vuurwapen)* Magazin o^{29}

magazijnbediende Lagerarbeiter m^9

magazijnier *(Belg)* Lagerarbeiter m^9, Lagerverwalter m^9

mager 1 *(algem)* mager: *~e melk* Magermilch v^{28}; **2** *(lang en mager)* hager; **3** *(vel over been)* dürr; **4** *(fig)* mager, schwach: *een ~e troost* ein magerer *(of:* schwacher) Trost

magertjes 1 mager; **2** *(krap, armoedig)* dürftig, knapp

magie Magie v^{28}, Zauberkunst v^{28}

magiër Magier m^9

magisch magisch

magistraal meisterhaft, großartig

magnaat Magnat m^{14}

magneet Magnet m^5, *(zelden)* m^{14}

magneetband Magnetband o^{32}

magneetkaart Magnetkarte v^{21}

magnesium Magnesium o^{39}

magnetisch magnetisch

magnetiseren magnetisieren[320]

magnetiseur Magnetiseur m^5

magnetisme Magnetismus m^{19a}

magnetron, magnetronoven Mikrowellenherd m^5

magnifiek prächtig, prachtvoll, wunderschön

mahoniehout Mahagoni o^{39}, Mahagoniholz o^{32}

mailbox Mailbox v^{20}

mailen *(jmdn)* anschreiben[252]

maillot Strümpfhose v^{21}

maïs Mais m^{19}

maïskolf Maiskolben m^{11}

maïskorrel Maiskorn o^{32}

maîtresse Mätresse v^{21}, Geliebte v^{40b}

majesteit Majestät v^{20}: *Zijne ~* Seine Majestät

majestueus majestätisch

majeur Dur o *(2e nvl -)*: *a ~* A-Dur

majoor Major m^5

mak zahm, *(soms)* fromm[59]

makelaar Makler m^9: *~ in onroerend goed* Immobilienmakler

makelaardij Maklergeschäft o^{29}

makelaarsprovisie Maklergebühr v^{20}

makelij Fabrikation v^{20}, Machart v^{20}

maken 1 *(vervaardigen)* machen, herstellen, anfertigen; **2** *(voortbrengen, scheppen)* machen, schaffen[230]: *hij gaat het helemaal ~* er wird es noch weit bringen; *je hebt het ernaar gemaakt* du hast es dir selbst zuzuschreiben; **3** *(doen, verrichten)* machen: *stampij ~ over iets* viel Aufhebens von[+3] etwas machen; *hij heeft hier niets te ~* er hat hier nichts zu suchen; **4** *(weer in orde maken)* machen, reparieren[320]; **5** *(veroorzaken)* machen, bewirken: *iem aan het lachen ~* jmdn lachen machen ‖ *hoe maak je het?* wie geht es dir?; *ze ~ het goed* es geht ihnen gut; *daar heb je niets mee te ~* das geht dich nichts an; *hij kan me niets ~* er kann mir nichts anhaben; *ik laat me niet bang ~* ich lasse mich nicht einschüchtern

maker 1 Hersteller *m*⁹; **2** *(schepper)* Schöpfer *m*⁹; **3** *(auteur)* Verfasser *m*⁹; **4** *(muz)* Komponist *m*¹⁴

make-up Make-up *o*³⁶

makheid Zahmheit *v*²⁸

makkelijk *zie* gemakkelijk

makker Kamerad *m*¹⁴, Freund *m*⁵, Gefährte *m*¹⁵

makkie: *een ~ hebben* es leicht haben¹⁸²

makreel Makrele *v*²¹

¹mal *(model, patroon, vorm)* Schablone *v*²¹

²mal *bn, bw (dwaas, zot)* närrisch, verrückt, albern: *~le praat* dummes Gerede; *doe niet zo ~!* mache keine Dummheiten!; *ben je ~?* ach was!; *ik ben niet zo ~!* so dumm bin ich nicht!; *iem voor de ~ houden* jmdn zum Besten halten¹⁸³

malafide mala fide, in böser Absicht

malaise 1 Malaise *v*²¹, Maläse *v*²¹; **2** *(handel)* Flaute *v*²¹; **3** *(econ)* Depression *v*²⁰

malaria Malaria *v*²⁸

malen I *tr* **1** *(met molen)* mahlen: *koffie ~* Kaffee mahlen; **2** *(van water)* auspumpen; **II** *intr (niet goed bij het hoofd zijn)* spinnen²⁷²: *hij is aan het ~* er spinnt || *wat maal ik erom!* was kümmert's mich!

malheid Torheit *v*²⁰, Narrheit *v*²⁰

mali *(Belg)* Defizit *o*²⁹

maling: *iem in de ~ nemen* jmdn zum Narren halten¹⁸³: *ik heb er ~ aan!* ich pfeife darauf!; *ik heb ~ aan je!* ich huste dir was!

mallepraat Unsinn *m*¹⁹, dummes Zeug *o*³⁹

malligheid 1 *(dwaze daad)* Torheit *v*²⁰, Verrücktheit *v*²⁰; **2** *(gekheid)* Unsinn *m*¹⁹

malloot Idiot *m*¹⁴

mallotig verrückt

mals 1 *(zacht, sappig)* zart, saftig: *~ gras* saftiges Gras; *~ vlees* zartes Fleisch, *(toebereid)* saftiger Braten; **2** *(mild)* mild: *~e regen* milder Regen

malversatie Veruntreuung *v*²⁰

mama Mama *v*²⁷, Mami *v*²⁷, Mutti *v*²⁷

mamma Mama *v*²⁷

mammoet Mammut *o*²⁹, *o*³⁶

mams Mami *v*²⁷, Mutti *v*²⁷

man Mann *m*⁸: *de gewone ~* der Mann auf (*of:* von) der Straße; *~ en paard noemen* Ross und Reiter nennen²¹³: *als één ~ stond het volk op* das Volk erhob sich wie ein Mann; *dat kost tien gulden de ~* das kostet zehn Gulden pro Person; *we waren met vier ~* wir waren zu viert; *met ~ en macht* mit aller Macht

management Management *o*³⁶

managen managen

manager Manager *m*⁹

manche 1 *(bij kaartspel)* Partie *v*²¹; **2** *(paardensport)* Durchgang *m*⁶; **3** *(bij races)* Lauf *m*⁶

manchet 1 Manschette *v*²¹; **2** *(op bier)* Schaumkrone *v*²¹

manchetknoop Manschettenknopf *m*⁶

manco Manko *o*³⁶

mand Korb *m*⁶: *(fig) door de ~ vallen* sich verraten²¹⁸

mandaat Mandat *o*²⁹, Auftrag *m*⁶

mandarijn, mandarijntje Mandarine *v*²¹

mandekking *(sp)* Manndeckung *v*²⁰

mandenmaker Korbflechter *m*⁹

mandenwerk Korbware *v*²¹ *(meestal mv)*

mandje Körbchen *o*³⁵

mandoline Mandoline *v*²¹

manege 1 *(rijschool)* Reitschule *v*²¹; **2** *(rijbaan)* Manege *v*²¹, Reitbahn *v*²⁰

¹manen *zn, mv (haren)* Mähne *ev v*²¹

²manen *ww* mahnen: *tot voorzichtigheid ~* zur Vorsicht mahnen

maneschijn Mondschein *m*¹⁹

mangat Mannloch *o*³²

mangel *(werktuig)* Mangel *v*²¹: *iem door de ~ halen* jmdn durch die Mangel drehen

mangelen mangeln: *iem ~* jmdn in der Mangel haben¹⁸²

mango Mango *v*²⁷ *(mv ook Mangonen)*

manhaftig mannhaft, tapfer, unerschrocken

maniak Monomane *m*¹⁵, Fanatiker *m*⁹

manicure Maniküre *v*²¹

manicuren maniküren

manie Manie *v*²¹

manier 1 *(wijze van doen, van handelen)* Art *v*²⁰, Weise *v*²¹, Art und Weise: *op deze ~* auf diese (Art und) Weise; *ieder op zijn ~* jeder nach seiner Art; *op de volgende ~* folgendermaßen; *op de een of andere ~* irgendwie; *dat is zijn ~ van doen* das ist seine Art; *dat is toch geen ~ van doen!* das ist doch keine Art!; *de ~ waarop hij zich gedraagt ...* die Art und Weise, wie er sich benimmt ...; *(Belg) bij ~ van spreken* sozusagen; **2** *(omgangsvorm)* Manier *v*²⁰: *goede ~en hebben* gute Manieren haben¹⁸²

¹manifest *bn (duidelijk)* manifest, deutlich

²manifest Manifest *o*²⁹

manifestant Demonstrant *m*¹⁴

manifestatie 1 *(betoging)* Kundgebung *v*²⁰; *(protestbetoging)* Demonstration *v*²⁰; **2** *(cultureel)* Veranstaltung *v*²⁰

manifesteren, zich sich manifestieren³²⁰

manipulatie Manipulation *v*²⁰

manipuleren manipulieren³²⁰

manisch manisch

mank lahm: *~ lopen* hinken, humpeln, *(mbt paard)* lahmen; *aan een euvel ~ gaan* an einem Übel leiden¹⁹⁹

mankement 1 *(gebrek)* Mangel *m*¹⁰, Fehler *m*⁹; **2** *(van machine)* Defekt *m*⁵, Mangel *m*¹⁰; **3** *(lichaamsgebrek)* Gebrechen *o*³⁵

manken *(Belg)* hinken, humpeln

mankeren fehlen, mangeln: *dat mankeert er nog maar aan!* das fehlt gerade noch!; *het mankeert hem aan ...* es fehlt (*of:* mangelt) ihm an⁺³; *wat mankeert je?* was fehlt dir?; *er mankeert stellig wat aan* es ist gewiss etwas nicht in Ordnung

mankracht menschliche Arbeitskraft *v*²⁵

manmoedig mannhaft, mutig

mannelijk 1 männlich; **2** *(flink)* mannhaft

mannelijkheid 1 Männlichkeit v^{28}; **2** *(moed, flinkheid)* Mannhaftigkeit v^{28}

mannenkoor Männerchor m^6

mannenstem Männerstimme v^{21}

mannentaal kräftige Sprache v^{28}

mannequin Mannequin o^{36}

mannetje 1 Männlein o^{35}, Männchen o^{35}, Kerlchen o^{35}; **2** *(man)* Mann m^8: *zijn ~ staan* seinen Mann stehen^{279}: *ik zal wel een ~ sturen* ich werde schon jemanden schicken; **3** *(mannelijk dier)* Männchen o^{35}

mannetjes- männlicher …

mannetjesputter 1 Kraftmeier m^9; *(vrouw)* Mannweib o^{31}; **2** *(knap in het vak)* Kanone v^{21}

manoeuvre Manöver o^{33}: *op ~ gaan* ins Manöver ziehen^{318}: *op ~ zijn* im Manöver sein^{262}

manoeuvreren manövrieren^{320}

manometer Manometer o^{33}

mans Manns: *hij is ~ genoeg* er ist Manns genug; *zij is heel wat ~* sie steht ihren Mann

manschap 1 *(scheepv)* Mannschaft v^{20}; **2** *(mil)* ~*pen* Soldaten *mv* m^{14}

manshoog mannshoch

manspersoon Mannsperson v^{20}, Mannsbild o^{31}

mantel Mantel m^{10} ‖ *iets met de ~ der liefde bedekken* etwas mit dem Mantel der Liebe bedecken; *iem de ~ uitvegen* jmdn abkanzeln

mantelpak Kostüm o^{29}

mantelzak Manteltasche v^{21}

manufacturen Manufakturwaren *mv* v^{21}

manuscript Manuskript o^{29}: *in ~* handschriftlich

manusje-van-alles Faktotum o^{36} *(mv ook Faktoten)* Mädchen o^{35} für alles

manuur Arbeitsstunde v^{21}

manwijf Mannweib o^{31}

map Mappe v^{21}: *leren ~* Ledermappe

maquette Maquette v^{21}, Modell o^{29}

marathon Marathon m^{13}, Marathonlauf m^6

marchanderen feilschen

marcheren marschieren^{320}

margarine Margarine v^{21}

marge 1 *(typ)* Rand m^8; **2** *(speelruimte)* Marge v^{21}, Spielraum m^6; **3** *(handel)* Marge v^{21}, Handelsspanne v^{21}

marginaal marginal, Marginal…, Rand…

margriet *(plantk)* Margerite v^{21}

Mariabeeld Marienbild o^{31}, Muttergottesbild o^{31}

Mariavering Marienverehrung v^{28}

marihuana Marihuana o^{39}

marinade Marinade v^{21}

marine *zn* Marine v^{21}, Kriegsmarine

marinebasis Marinebasis v *(mv -basen) (in buitenland)* Marinestützpunkt m^5

marineblauw *bn* marine(blau)

marineofficier Marineoffizier m^5

marineren marinieren^{320}

marinier Marineinfanterist m^{14}

marionet Marionette v^{21}

maritiem maritim: *~ station* Marinestation v^{20}

marjolein *(plantk)* Majoran m^5

mark Mark v *(mv -):* Duitse ~ Deutsche Mark *(afk* DM); *biljet van 10 ~* Zehnmarkschein m^5: *biljet van 100 ~* Hundertmarkschein m^5

markant markant

marker Marker m^9, m^{13}

markeren markieren^{320}

marketing Marketing o^{39}, o^{39a}

markies 1 *(titel)* Marquis m *(2e nvl -; mv -);* **2** *(zonnescherm)* Markise v^{21}

markt Markt m^6: *morgen is er ~* morgen ist Markt; *naar de ~ gaan* auf den Markt (*of:* zum Markt) gehen^{168}: *de zwarte ~* der Schwarzmarkt; *een ~ vinden* Absatz finden^{157}: *gat in de ~* Marktnische v^{21}: *het artikel ligt goed in de ~* der Artikel ist marktgängig; *(Belg) het niet onder de ~ hebben* es nicht leicht haben^{182} ‖ *van alle ~en thuis zijn* in allen Sätteln gerecht sein^{262}

marktaandeel Marktanteil m^5

marktdag Markttag m^5

markteconomie Marktwirtschaft v^{20}

marktkoopman Markthändler m^9

marktkraam Marktbude v^{21}, Marktstand m^6

marktonderzoek Marktforschung v^{20}

marktplaats, marktplein Marktplatz m^6

marktprijs Marktpreis m^5

marktwaarde Marktwert m^5

marmelade Marmelade v^{21}

marmer Marmor m^5

marmeren marmorn, Marmor…

marmergroeve Marmorbruch m^6

marmot 1 *(alpenmarmot)* Murmeltier o^{29}; **2** *(cavia)* Meerschweinchen o^{35}

Marokkaan Marokkaner m^9

Marokkaans marokkanisch

Marokko Marokko o^{39}

mars I *zn* Marsch m^6: *een ~ spelen* einen Marsch spielen; *op ~ gaan* sich in Marsch setzen; **II** *tw* marsch: *voorwaarts ~!* vorwärts marsch!

Mars *(sterrenk, myth)* Mars m^{19a}

marsepein Marzipan o^{29}

marskramer Hausierer m^9

marsmannetje Marsmensch m^{14}

martelaar Märtyrer m^9

martelaarschap Martyrium o *(2e nvl -s; mv -rien)*

martelarij Marter v^{21}, Folter v^{21}

marteldood Märtyrertod m^5, Martertod m^5

martelen martern, foltern; *(kwellen)* quälen

marteling Marter v^{21}, Folter v^{21}

marter Marder m^9

marxisme Marxismus m^{19a}

marxist Marxist m^{14}

marxistisch marxistisch

mascotte Maskotte v^{21}, Maskottchen o^{35}

masker Maske v^{21}: *(fig) het ~ afdoen* die Maske fallen lassen^{197}

maskerade 1 *(optocht)* Maskenzug m^6; **2** *(verkleding)* Maskerade v^{21}

maskeren maskieren^{320}, verbergen^{126}

masochisme Masochismus m^{19a}

masochist Masochist m^{14}

massa 1 *(algem, nat)* Masse v^{21}: *soortelijke* ~ Dichte v^{21}; **2** *(hoeveelheid)* Menge v^{21}, Masse v^{21}: *bij ~'s* massenweise; **3** *(menigte)* Menge v^{21}

massaal massenhaft, massig; *(groots)* massiv

massa-artikel Massenartikel m^9

massabijeenkomst Massenkundgebung v^{20}

massafabricage Massenfertigung v^{20}

massage Massage v^{21}

massagraf Massengrab o^{32}

massamedium Massenmedium o (2e nvl -s; mv -medien)

massamoord Massenmord m^5

massaproduct Massenprodukt o^{29}

masseren massieren^{320}

masseur Masseur m^5

masseuse *(algem)* Masseurin v^{22}

massief I *bn* massiv; **II** *zn* Massiv o^{29}

mast Mast m^5, m^{16}

masturbatie Masturbation v^{20}

masturberen masturbieren^{320}

mat! *(schaken)* matt!

^{1}**mat** *zn* Matte v^{21}: *de groene* ~ der Rasen

^{2}**mat** *bn, bw* matt; *(handel ook)* flau

matador Matador m^5, m^{14}

match Spiel o^{29}, Match o^{36}, m^{13} (mv ook -e)

mate Maß o^{29}, Grad m^5: *in gelijke* ~ in gleichem Maße; *in hoge* ~ in hohem Maße; *in meerdere of mindere* ~ mehr oder weniger; *een grote* ~ *van vertrouwen* ein hohes Maß an *(of: von)* Vertrauen; *in welke* ~? inwiefern?; *met* ~ mit Maßen; *in zekere* ~ in gewissem Maße

mateloos maßlos, außerordentlich

materiaal Material o (2e nvl -s; mv Materialien)

materialiseren materialisieren^{320}

materialisme Materialismus m^{19a}

materialist Materialist m^{14}

materialistisch materialistisch

materie Materie v^{21}

materieel I *bn* materiell: *materiële schade* Sachschaden m^{12}; **II** *zn* Material o (2e nvl -s; mv Materialien)

materniteit *(Belg)* Entbindungsabteilung v^{20}

matglas Mattglas o^{39}

matheid 1 *(moeheid)* Mattigkeit v^{28}; **2** *(mbt kleur)* Mattheit v^{28}

mathematica Mathematik v^{28}

mathematicus Mathematiker m^9

mathematisch mathematisch

matig mäßig

matigen mäßigen

matigheid Mäßigkeit v^{28}

matiging Mäßigung v^{28}

matinee Matinee v^{21}

matineus: *hij is* ~ er ist ein Frühaufsteher

matje *(kleine)* Matte v^{21}: *(fig) iem op het* ~ *roepen* jmdn zur Verantwortung ziehen^{318}

matrak *(Belg)* Schlagstock m^6, Gummiknüppel m^9

matras Matratze v^{21}

matrijs Matrize v^{21}, Mater v^{21}

matrixprinter Matrixdrucker m^9

matroos Matrose m^{15}: *licht* ~ Leichtmatrose

mattenklopper Teppichklopfer m^9

mausoleum Mausoleum o (2e nvl -s; mv -leen)

mauwen miauen

mavodiploma mittlere Reife v^{28}

mavoschool Realschule v^{21}, Mittelschule v^{21}

maxi *(mode)* Maxi o^{39}

maximaal maximal, Maximal…: *het maximale bedrag* der Maximalbetrag

maximum Maximum o (2e nvl -s; mv Maxima)

maximumaantal Höchstzahl v^{20}

maximumbedrag Höchstbetrag m^6, Maximalbetrag m^6

maximumprijs Maximalpreis m^5, Höchstpreis m^5

maximumsnelheid Höchstgeschwindigkeit v^{20}

maximumstraf Maximalstrafe v^{21}, Höchststrafe v^{21}

maximumtemperatuur Höchsttemperatur v^{20}

mayonaise Mayonnaise v^{21}, Majonäse v^{21}

mazelen Masern *(mv)*

mazzel Dusel m^{19}, Massel m^{19}

mazzelen Dusel *(of: Massel, Glück)* haben^{182}

me *pers vnw*^{82}; mir^3, mich^{+4}

meander Mäander m^9

meao-school Fachoberschule v^{21}, Fachrichtung Wirtschaft

mecanicien Mechaniker m^9

mechanica Mechanik v^{20}

mechaniek Mechanismus m (2e nvl -; mv Mechanismen)

mechanisch mechanisch

mechaniseren mechanisieren^{320}

mechanisering Mechanisierung v^{20}

mechanisme Mechanismus m (2e nvl -; mv Mechanismen)

medaille Medaille v^{21}

medaillon Medaillon o^{36}

mede *bw* mit, auch

medeaansprakelijk mitverantwortlich

medeaanwezig mit anwesend

medebewoner Mitbewohner m^9

medeburger Mitbürger m^9

mededeelzaam mitteilsam, offen(herzig)

mededelen I *tr (berichten)* mitteilen, *(officieel)* anzeigen; **II** *intr (een aandeel krijgen)* teilhaben^{182} (an^{+3})

mededeling 1 *(bericht)* Mitteilung v^{20}; **2** *(officieel)* Anzeige v^{21}; **3** *(verklaring)* Aussage v^{21}

mededinger Mitbewerber m^9, Konkurrent m^{14}

mededinging Konkurrenz v^{20}, Wettbewerb m^5

mededogen Mitleid o^{39}, Erbarmen o^{39}

mede-eigenaar Miteigentümer m^9, Mitinhaber m^9

medeklinker Mitlaut m^5, Konsonant m^{14}

medelander Angehörige(r) m^{40a} einer ethnischen Minderheit, der auch in den Niederlanden wohnt

medeleerling Mitschüler m^9

medeleven Anteilnahme v^{28}; *(rouwbeklag)* Beileid o^{39}

medelijden Mitleid o^{39}, Erbarmen o^{39}: *iem ~ inboezemen* jmds Mitleid erregen; *ik heb ~ met je!* du dauerst mich!

medemens Mitmensch m^{14}, Nächste(r) m^{40a}, v^{40b}

medeondertekenen mitunterzeichnen

medepassagier Mitreisende(r) m^{40a}, v^{40b}

medeplichtig mitschuldig

medeplichtige Mitschuldige(r) m^{40a}, v^{40b}

medeplichtigheid Mittäterschaft v^{28}, Beihilfe v^{28}: *~ aan moord* Beihilfe zum Mord

medereiziger Mitreisende(r) m^{40a}, v^{40b}

medescholier Mitschüler m^9

medeschuldig mitschuldig

medeschuldige Mitschuldige(r) m^{40a}, v^{40b}

medespeler Mitspieler m^9

medestander, medestrijder Mitkämpfer m^9

medestudent Kommilitone m^{15}

medewerker Mitarbeiter m^9

medewerking Mitarbeit v^{28}, Mitwirkung v^{28}: *~ verlenen aan iets* an^{+3} (*of:* bei^{+3}) etwas mitwirken; *met ~ van* unter Mitwirkung^{+2} (*of:* von^{+3})

medeweten Wissen o^{39}: *buiten mijn ~* ohne mein Wissen

medezeggenschap Mitbestimmungsrecht o^{29}, Mitbestimmung v^{28}

media *mv* Medien (*ev:* Medium)

medicament Medikament o^{29}

medicijn 1 (*geneesmiddel*) Medizin v^{20}, Arznei v^{20}; **2** (*geneeskunde*) Medizin v^{28}: *~en studeren* Medizin studieren^{320}

medicus Arzt m^6, Mediziner m^9

medio Mitte v^{21}: *~ mei* Mitte Mai

medisch medizinisch; (*mbt behandeling, advies*) ärztlich; *~ student* Medizinstudent m^{14}; *~e verklaring* (ärztliches) Attest o^{29}

meditatie Meditation v^{20}

mediteren meditieren^{320}

medium Medium o (*2e nvl -s; mv* Medien)

mee *bw* mit, auch

meebrengen 1 mitbringen^{139}; **2** (*fig*) mit sich bringen^{139}: *dat brengt de zaak met zich mee* das bringt die Sache mit sich

meedelen *zie* mededelen

meedenken mitdenken^{140}

meedingen sich mitbewerben^{309}: *~ naar* sich mitbewerben^{309} um^{+4}

meedoen (*met aan*) mitmachen (bei^{+3}), teilnehmen^{212} (an^{+3}), sich beteiligen (an^{+3})

meedogenloos schonungslos, rücksichtslos

mee-eten mitessen^{152}

mee-eter 1 (*med*) Mitesser m^9; **2** (*gast*) Gast m^6

meegaan 1 mitgehen^{168}, mitkommen^{193}: (*fig*) *met iem ~* mit jmdm einverstanden sein^{262}; *met zijn tijd ~* mit der Zeit gehen; **2** (*goed blijven*) halten^{183}

meegaand gefügig; (*toegevend*) nachgiebig

meegeven I *tr* mitgeben^{166}: *iem een boek ~* jmdm ein Buch mitgeben; **II** *intr* (*doorbuigen*) nachgeben^{166}

meehelpen mithelfen^{188+3}

meekomen mitkommen^{193}

meekrijgen mitbekommen^{193}

meekunnen mitkönnen^{194}; (*op school*) mitkommen^{193}

meel Mehl o^{39}

meeldraad (*plantk*) Staubfaden m^{12}

meeleven mitfühlen, mitempfinden^{157}

meelopen 1 mitgehen^{168}: *met iem een eindje ~* jmdn ein Stück begleiten; **2** (*klakkeloos volgen*) mitlaufen^{198}

meeloper Mitläufer m^9

meemaken 1 mitmachen; **2** (*van reis*) miterleben; **3** (*beleven*) miterleben; **4** (*doorstaan*) durchmachen; **5** (*bijwonen*) beiwohnen^{+3}

meepraten mitreden, mitsprechen^{274}: *daar weet ik van mee te praten!* ich kann ein Lied davon singen!; *maar wat ~* nur nachbeten

meeprater Nachbeter m^9

^{1}**meer I** *onbep telw* mehr: *~ dan tien* mehr als zehn (*of:* über zehn); *hoe langer hoe ~* immer mehr; *hoe vroeger je komt des te ~ tijd hebben we* je eher du kommst, desto mehr Zeit haben wir; *onder ~* unter anderem; *zonder ~* ohne weiteres; **II** *bw* **1** mehr: *~ dan vroeger* mehr als früher; *~ en ~* mehr und mehr; *min of ~* mehr oder weniger; *te ~ daar* umso mehr, als; **2** (*vaker*) öfter: *je moet wat ~ komen* du sollst öfter kommen; **3** (*verder*) sonst: *wie waren er nog ~?* wer war sonst noch da?

^{2}**meer** *zn* See m^{17}

ME'er Bereitschaftspolizist m^{14}

meerdaags mehrtägig

meerder größer, höher, weiter: *het ~e loon* der höhere Lohn; *de ~e moeite* die größere Mühe; *ter ~e zekerheid* zur größeren Sicherheit

meerdere I *telw* mehrere; **II** *zn* Vorgesetzte(r) m^{40a}, v^{40b}: *hij is mijn ~ in kennis* er ist mir an Kenntnissen überlegen

meerderheid 1 (*groter aantal*) Mehrheit v^{20}; (*van stemmen*) Majorität v^{20}: *met ~ van stemmen* mit Stimmenmehrheit; **2** (*overmacht, overwicht*) Überlegenheit v^{28}

meerderjarig volljährig, mündig: *iem ~ verklaren* jmdn für mündig erklären

meerderjarigheid Volljährigkeit v^{28}, Mündigkeit v^{28}

meerekenen mitrechnen

meerijden mitfahren^{153}; (*op rijdier*) mitreiten^{221}

meerjarenplan Langzeitprogramm o^{29}

meerjarig mehrjährig

meerkeuzevraag Mehrwahlfrage v^{21}

meerkleurendruk Mehrfarbendruck m^5

meerkoet Blässhuhn o^{32}

meermaals, meermalen öfter, mehrmals

meerpaal Duckdalbe v^{21}

meerprijs Mehrpreis m^5

meerstemmig mehrstimmig

meervoud Mehrzahl v^{20}; Plural m^5

meervoudig mehrfach

meervoudsvorm Mehrzahlform v^{20}, Pluralform v^{20}

meerwaarde Mehrwert m^{19}
mees Meise v^{21}
meeslepen 1 *(met zich slepen)* mitschleppen; **2** *(mbt stroom)* mitreißen^{220}; **3** *(mede ten val brengen)* mitreißen^{220}; **4** *(mbt gevoelens)* hinreißen^{220}, mitreißen^{220}
meeslepend hinreißend
meesmuilen schmunzeln, ironisch lächeln
meespelen mitspielen
meespreken mitsprechen^{274}
meest I *bn* **1** *(het grootste deel)* meist: *de ~e tijd* die meiste Zeit; **2** *(zeer veel)* größt, meist: *met de ~e aandacht* mit größter Aufmerksamkeit; **II** *bw (in de hoogste mate)* am meisten, meist: *de ~ barbaarse daad* die barbarischste Tat; *het ~ ertoe bijdragen* am meisten dazu beitragen^{288}
meestal meist, meistens
meestbiedende Meistbietende(r) m^{40a}, v^{40b}
meestentijds meist, meistens
meester 1 *(in ambacht)* Meister m^9; **2** *(leermeester)* Lehrer m^9; **3** *(jurist)* Jurist m^{14}, Volljurist m^{14}: *Mr. Meyer* Dr. Meyer; **4** *(autoriteit op zijn vakgebied)* Meister m^9, Könner m^9; **5** *(leider)* Herr m^{14} *(2e, 3e, 4e nvl ev: Herrn)*, Meister m^9: *de toestand ~ zijn* die Situation unter Kontrolle haben^{182}: *een taal ~ zijn* eine Sprache beherrschen; *een opstand ~ worden* einen Aufstand bezwingen^{319}: *zich ~ maken van iets* sich einer Sache^2 bemächtigen
meesteres Herrin v^{22}, Meisterin v^{22}
meesterhand Meisterhand v^{25}
meesterlijk meisterhaft, Meister…
meesterschap Meisterschaft v^{28}
meesterstuk Meisterstück o^{29}
meesterwerk Meisterwerk o^{29}
meestrijden mitkämpfen
meet *(sp)* Linie v^{21}, Ziellinie v^{21} || *van ~ (af) aan* von Anfang an
meetbaar messbar
meetellen mitzählen
meeting *(Eng)* Meeting o^{36}
meetinstrument Messinstrument o^{29}
meetkunde Geometrie v^{28}
meetkundig geometrisch
meetlat Messlatte v^{21}
meetronen lotsen
meettechniek Messtechnik v^{20}
meeuw Möwe v^{21}
meevallen 1 *(minder erg dan verwacht)* halb so schlimm sein^{262}: *het werk valt mee* die Arbeit ist halb so schlimm; *hij is me meegevallen* er ist gar nicht so übel; *het valt reuze mee* es ist halb so wild; *het zal wel ~* es wird schon gehen; **2** *(beter dan verwacht)* die Erwartungen übertreffen^{289}
meevaller Glücksfall m^6
meevechten mitkämpfen
meevoelen mitfühlen, mitempfinden^{157}
meevoeren mitführen
meewarig mitleidig, mitleidsvoll
meewarigheid Mitleid o^{39}

meewegen mitwiegen^{312}; *(fig)* mitzählen
meewerken mitwirken, mitarbeiten: *het weer werkt mee* das Wetter hilft mit
meezenden mitschicken
meezingen mitsingen^{265}
meezitten Glück haben^{182}: *het zit mee* es klappt; *het zat hem niet mee* er hatte Pech
megafoon Megafon o^{29}, Megaphon o^{29}
mei Mai m^5 *(2e nvl ook -)*: *in ~* im Mai
meid 1 *(meisje)* Mädchen o^{35}: *een aardige ~* ein nettes Mädchen; *een schattige kleine ~* eine süße Kleine; **2** *(hulp)* Haushaltshilfe v^{21}; **3** *(inform) (slet)* Dirne v^{21}
meidoorn Weißdorn m^5, Hagedorn m^5
meikever Maikäfer m^9
meiklokje Maiglöckchen o^{35}
meimaand Maimonat m^5, Mai m^5
meinedig meineidig
meineed Meineid m^5: *een ~ doen* einen Meineid schwören^{260}
meisje 1 Mädchen o^{35}; **2** *(vriendin)* Mädchen o^{35}, Freundin v^{22}
meisjesachtig mädchenhaft
meisjesgek Herzensbrecher m^9
meisjesnaam Mädchenname m^{18}
meisjesstem Mädchenstimme v^{21}
mej. *afk van mejuffrouw* Fräulein o^{35} *(afk Frl.)*
mejuffrouw Fräulein o^{35}
mekaar einander; *(1e pers)* uns; *(2e pers)* euch; *(3e pers)* sich: *dat komt voor ~* das geht in Ordnung
mekkeren *(ook fig)* meckern
melaats aussätzig
melaatse Aussätzige(r) m^{40a}, v^{40b}
melaatsheid Aussatz m^{19}, Lepra v^{28}
melancholie Melancholie v^{28}, Schwermut v^{28}
melancholiek melancholisch, schwermütig
melange Melange v^{21}, Mischung v^{20}
melden I *ww* melden, berichten; **II** *zich ~* sich melden
melding Meldung v^{20}, Bericht m^5: *~ maken van iets* etwas erwähnen
mêleren melieren^{320}, mischen
melig 1 *(lett)* mehlig; **2** *(fig)* fade, albern
melk Milch v^{28}: *volle ~* Vollmilch; *hij heeft veel in de ~ te brokken* er hat großen Einfluss; *hij heeft niets in de ~ te brokken* er hat nichts zu melden
melkachtig milchig
melkboer Milchmann m^8
melkchocolade Milchschokolade v^{21}
melken melken^{207}
melkfabriek Molkerei v^{20}
melkfles Milchflasche v^{21}
melkgebit Milchgebiss o^{29}
melkkoe *(ook fig)* Milchkuh v^{25}
melkmachine Melkmaschine v^{21}
melkmuil Milchbart m^6, Grünschnabel m^{10}
melkpoeder Milchpulver o^{33}, Trockenmilch v^{28}
melkproduct Milchprodukt o^{29}
melktand Milchzahn m^6

me

melkvee Milchvieh o^{39}
melkveehouderij Milchviehhaltung v^{28}
melkweg Milchstraße v^{28}
melodie Melodie v^{21}
melodieus melodiös
meloen Melone v^{21}
memo 1 Memo o^{36}, Notiz v^{20}; **2** *(papiertje)* Notizzettel m^9
memoires Memoiren *(mv)*
memorabel memorabel, denkwürdig
memorandum Memorandum o *(2e nvl -s; mv Memoranden of Memoranda)*
memoreren erwähnen
memorie Gedächtnis o^{29a}; *(verhandeling)* Denkschrift v^{20}; ~ *van toelichting* Begleitschreiben o^{35}, *(bij wetsvoorstellen)* Erläuterung v^{20} des Gesetzentwurfs: *kort van ~ zijn* ein kurzes Gedächtnis haben[182]
memoriseren memorieren[320]
men man
menagerie Menagerie v^{21}
meneer Herr m^{14} *(2e, 3e, 4e nvl ev: Herrn)*: ~ *Müller* Herr Müller; ~ *de directeur* der Herr Direktor, *(als aanspreking)* Herr Direktor; *zeker* ~ ja sicher, mein Herr!
menen 1 *(denken)* glauben, denken[140], meinen: *ik meen dat hij komt* ich glaube, er kommt; **2** *(bedoelen)* meinen: *meende hij jou?* meinte er dich?; *dat meent u niet!* das ist nicht Ihr Ernst!
menens: *het was hem* ~ er meinte es ernst; *nu is het* ~*!* jetzt gilt's!
mengeling Mischung v^{20}
mengelmoes Gemisch o^{29}, Mischmasch m^5
mengen I *tr* **1** *(stoffen dooreen werken)* mischen, mixen, mengen; **2** *(met iets anders in betrekking brengen)* in Verbindung bringen[139]; **II** *zich* ~ sich einmischen, sich mischen
menging Mischung v^{20}
mengkleur Mischfarbe v^{21}
mengkraan Mischbatterie v^{21}
mengpaneel Mischpult o^{29}
mengsel Gemisch o^{29}, Mischung v^{20}
mengvoeder Mischfutter o^{39}
menie Mennige v^{28}
meniën mit Mennige bestreichen[286]
menig *onbep vnw*[68]; mancher, manche, manches
menigeen mancher, manch einer
menigerlei mancherlei, vielerlei
menigmaal manches Mal, häufig, oft
menigte Menge v^{21}, Masse v^{21}
mening Meinung v^{20}, Ansicht v^{20}: *van ~ zijn* der Meinung sein[262]: *ik ben een andere ~ toegedaan* ich bin anderer Meinung; *van ~ veranderen* seine Meinung ändern; *volgens mijn ~* meiner Meinung (*of:* Ansicht) nach
meningsuiting Meinungsäußerung v^{20}: *vrijheid van ~* Meinungsfreiheit v^{28}
meningsverschil Meinungsverschiedenheit v^{20}
meniscus Meniskus m *(2e nvl -; mv Menisken)*

mennen lenken
mens I *m* **1** Mensch m^{14}: *de grote ~en* die Erwachsenen; **2** *(personen)* Menschen *mv* m^{14}, Leute *(mv)*: *geen ~ op straat* keine Menschenseele auf der Straße; *geen ~ ter wereld* niemand auf der Welt; *onder de ~en komen* unter die Leute gehen[168]; **II** o Person v^{20}, Mensch o^{31}, Frau v^{20}: *een aardig ~* eine nette Frau
mensa Mensa v^{27} *(mv ook Mensen)*
mensaap Menschenaffe m^{15}
mensdom Menschheit v^{28}
menselijk menschlich
menselijkerwijs: ~ *gesproken* nach menschlichem Ermessen
menselijkheid Menschlichkeit v^{20}
menseneter Menschenfresser m^9
mensengedaante Menschengestalt v^{20}
mensenhater Menschenhasser m^9, Menschenfeind m^5
mensenheugenis: *sinds ~* seit Menschengedenken
mensenkennis Menschenkenntnis v^{28}
mensenkinderen: ~*!* Mensch!
mensenleven Menschenleben o^{35}
mensenmassa Menschenmasse v^{21}
mensenras Menschenrasse v^{21}
mensenrecht Menschenrecht o^{29}
mensenschuw menschenscheu
mensensmokkel 1 Menschenhandel m^{19}; **2** *(illegaal over de grens brengen)* Einschleusung v^{28}, Ausschleusung v^{28} (von Menschen)
mensenvriend Menschenfreund m^5
mensenzee wogende Menschenmenge v^{21}
mensheid *(mensdom)* Menschheit v^{28}
menslievend menschenfreundlich
menslievendheid Menschenfreundlichkeit v^{28}
mensonwaardig menschenunwürdig
menstruatie Menstruation v^{20}
menstrueren menstruieren[320]
menswaardig menschenwürdig
menswetenschap Humanwissenschaft v^{20}
mentaal mental, geistig
mentaliteit Mentalität v^{20}
menthol Menthol o^{39}
mentor Mentor m^{16}
mentrix Mentorin v^{22}
menu 1 *(maaltijd)* Menü o^{36}; **2** *(spijskaart)* Speisekarte v^{21}; **3** *(comp)* Menü o^{36}
menuet Menuett o^{29}, o^{36}
mep Schlag m^6, Hieb m^5: *iem een ~ geven* jmdm einen Hieb versetzen
meppen hauen[185]
merci *tw* danke (schön)!
merel Amsel v^{21}, Schwarzdrossel v^{21}
meren *(scheepv)* festmachen, vertäuen
merendeel Mehrzahl v^{28}, größerer Teil m^5, Mehrheit v^{28}: *voor het ~* größtenteils; *het ~ van de ambtenaren* der größere Teil der Beamten
merendeels größtenteils
merg Mark o^{39}

mergel Mergel *m*[9]

mergpijp Markknochen *m*[11]

meridiaan Meridian *m*[5]

merk 1 *(handelsmerk)* Marke *v*[21]: *gedeponeerd ~* Schutzmarke; **2** *(soort)* Sorte *v*[21]; **3** *(kenteken)* Kennzeichen *o*[35], Merkmal *o*[29]; **4** *(op goud en zilver)* Stempel *m*[9]

merkartikel Markenartikel *m*[9]

merkbaar merkbar, spürbar, merklich

merken 1 *(van merk voorzien)* markieren[320]; **2** *(bemerken, zien)* bemerken: *iem iets laten ~* etwas merken lassen[197]: *niets laten ~* nichts merken lassen[197]

merkloos markenlos: *~ product* No-Name-Produkt *o*[29]

merkteken Kennzeichen *o*[35], Merkmal *o*[29]

merkwaardig 1 *(opvallend)* bemerkenswert, auffallend; **2** *(vreemd)* seltsam, merkwürdig

merkwaardigerwijs seltsamerweise

merkwaardigheid Merkwürdigkeit *v*[20]

merrie Stute *v*[21]

mes Messer *o*[33]: *het ~ erin zetten* entschieden gegen[+4] etwas vorgehen[168]

mesjogge, mesjokke meschugge, verrückt

mespunt Messerspitze *v*[21]

mess *(scheepv)* Messe *v*[21]; *(mil)* Kasino *o*[36]

messcherp messerscharf

messentrekker Messerstecher *m*[9]

messing *(metaal)* Messing *o*[39]

messteek Messerstich *m*[5]

mest Mist *m*[19], Dünger *m*[9]

mesten 1 *(land)* düngen; **2** *(vee)* mästen

mesthoop Misthaufen *m*[11]; *(fig)* Schweinestall *m*[6]

mestkalf Mastkalb *o*[32]

mestkever Mistkäfer *m*[9]

meststof Dünger *m*[9], Düngemittel *o*[33]

mestvaalt *zie* mesthoop

mestvee Mastvieh *o*[39]

mestvork Mistgabel *v*[21]

met 1 *(algem)* mit[+3]; *(benevens)* nebst[+3], samt[+3]: *huis ~ tuin* Haus mit (of: nebst, samt) Garten; **2** *(ondanks)* trotz[+2], bei[+3]: *~ al zijn geld* trotz all seines Geldes; *~ dat al* trotz alledem; *~ de beste wil* beim besten Willen; **3** *(ten tijde van)* zu[+3]: *~ Pasen* zu Ostern; *~ het begin van het jaar* zu Anfang des Jahres; **4** *(ten getale van)* zu[+3]: *~ zijn vieren* zu vieren (of: zu viert); **5** *(binnen)* in[+3]: *~ een uur* in einer Stunde; **6** *(mbt de hoeveelheid waarmee iets verandert)* um[+4]: *~ 10% toenemen, dalen, groeien* um 10% zunehmen[212], sinken[266], wachsen[302]; *~ 5 euro verlagen, verhogen* um 5 Euro herabsetzen, steigern; **7** *(ter gelegenheid van)* zu[+3]: *~ zijn verjaardag* zu seinem Geburtstag; **8** *(mbt de wijze; soms)* mit[+3]: *~ ijver* mit Fleiß; *~ opzet* absichtlich; *~ scherp schieten* scharf schießen[238]: *iem ~ rust laten* jmdn in Ruhe lassen[197]: *~ vakantie gaan* in Urlaub gehen[168]

metaal I *o* Metall *o*[29]; **II** *v* Metallindustrie *v*[21]

metaalachtig metallisch

metaalbewerker Metallarbeiter *m*[9], Metaller *m*[9]

metaalglans metallischer Glanz *m*[19]

metaalindustrie Metallindustrie *v*[21]

metaalmoeheid Metallermüdung *v*[28]

metafoor Metapher *v*[21]

metaforisch metaphorisch

metalen 1 metallen, Metall…; **2** *(mbt klank, stem)* metallisch

metallic metallic

metallurgisch metallurgisch

metamorfose Metamorphose *v*[21]

metastase Metastase *v*[21]

meteen 1 *(tegelijkertijd)* gleichzeitig, zugleich; **2** *(onmiddellijk)* sofort, gleich

meten messen[208]: *zich met iem ~* sich mit jmdm messen

meteoor Meteor *m*[5], *(zelden ook)* *o*[29]

meteorologie Meteorologie *v*[28]

meteorologisch meteorologisch: *~e dienst* Wetterdienst *m*[5]: *~ instituut* Wetteramt *o*[32]

meteoroloog Meteorologe *m*[15]

¹meter 1 *(lengtemaat)* Meter *m*[9], *o*[33] *(afk* m); **2** *(persoon die meet)* Messer *m*[9]; **3** *(toestel)* Messgerät *o*[29], Messer *m*[9]; **4** *(teller voor elektriciteit, gas enz.)* Zähler *m*[9]

²meter *(doopmoeder)* Patin *v*[22], Taufpatin *v*[22]

meteropnemer *(van elektriciteit, gas)* Ableser *m*[9]

metgezel Gefährte *m*[15]

metgezellin Gefährtin *v*[22]

methaan Methan *o*[39]

methadon Methadon *o*[39]

methode Methode *v*[21], *(wijze van handelen)* Verfahren *o*[35]

methodiek Methodik *v*[20]

methodisch methodisch, planmäßig

metier Metier *o*[36]

meting Messung *v*[20]

metriek I *zn* Metrik *v*[20]; **II** *bn* metrisch: *~ stelsel* metrisches System *o*[29]

metrisch metrisch

metro U-Bahn *v*[20]

metropool Metropole *v*[21]

metrum Metrum *o* *(mv* Metren)

metselaar Maurer *m*[9]

metselen mauern

metselkalk, metselspecie Mörtel *m*[9]

metselwerk 1 *(gemetseld werk)* Mauerwerk *o*[39]; **2** *(metselaarswerk)* Maurerarbeit *v*[28]

metten *(fig)* korte *~ maken* kurzen Prozess machen

metterdaad wirklich, tatsächlich

mettertijd 1 *(na verloop van tijd)* im Laufe der Zeit; **2** *(langzamerhand)* allmählich

metterwoon: *zich ~ vestigen* sich niederlassen[197]

metworst Mettwurst *v*[25]

meubel Möbel *o*[33]

meubelfabriek Möbelfabrik *v*[20]

meubelmaker Tischler *m*[9], Schreiner *m*[9]

meubelstuk Möbel *o*[33], Möbelstück *o*[29]

meubilair Mobiliar *o*[29]

meubileren möblieren[320]

meug: *ieder zijn* ~ jeder nach seinem Geschmack
meute Meute *v*[21]
mevrouw Frau *v*[20]; *(aanspreking)* gnädige Frau, Frau *(naam volgt; of indien zij een titel heeft, volgt titel): zat die* ~ *hier?* saß die Dame hier?
Mexicaan Mexikaner *m*[9]
Mexicaans mexikanisch
Mexicaanse Mexikanerin *v*[22]
Mexico Mexico *o*[39]
miauwen miauen
micro *(Belg)* Mikro *o*[36]
microbe Mikrobe *v*[21]
microchip Mikrochip *m*[13]
micro-elektronica Mikroelektronik *v*[28]
microfilm Mikrofilm *m*[5]
microfoon Mikrofon *o*[29], Mikrophon *o*[29]
micro-organisme Mikroorganismus *m (2e nvl -; mv -organismen)*
microprocessor Mikroprozessor *m*[16]
microscoop Mikroskop *o*[29]
microscopisch mikroskopisch
middag Mittag *m*[5]; *(tijd na 12 uur)* Nachmittag *m*[5]: *om 2 uur 's* ~*s* 2 Uhr nachmittags; *heden* ~ heute Nachmittag
middagdutje Mittagsschlaf *m*[19], Mittagsschläfchen *o*[35]
middageten, middagmaal Mittagessen *o*[35]
middagpauze Mittagspause *v*[21]
middagtemperatuur Mittagstemperatur *v*[20]
middaguur *('s middags 12 uur)* Mittagsstunde *v*[21]; *(uur in de namiddag)* Nachmittagsstunde *v*[21]
middagvoorstelling Nachmittagsvorstellung *v*[20]
middel 1 Mittel *o*[33]: *door* ~ *van* mittels[+2], durch[+4]; **2** *(taille)* Taille *v*[21]; **3** *(geld)* Mittel *mv o*[33]: *algemene* ~*en* öffentliche Mittel; **4** *(geneesmiddel)* Mittel *o*[33], Heilmittel *o*[33]; **5** *(rechtsmiddel)* Rechtsmittel *o*[33]
middelaar Vermittler *m*[9]
middelbaar mittler: ~ *beroepsonderwijs* Berufsfachschule *v*[21]; ~ *onderwijs (ongev)* weiterführende Schulen *mv v*[21]: *van middelbare leeftijd* mittleren Alters; *een stad van middelbare grootte* eine mittelgroße Stadt
Middeleeuwen Mittelalter *o*[39]
middeleeuws mittelalterlich
middelgebergte Mittelgebirge *o*[33]
middelgroot mittelgroß, mittler, Mittel...
middellands mittelländisch: *de Middellandse Zee* das Mittelmeer
middellang von mittlerer Länge
middellijn Durchmesser *m*[9], Diameter *m*[9]
middelmaat Mittelmaß *o*[29]
middelmatig mittelmäßig: *van* ~*e grootte* (von) mittlerer Größe
middelmatigheid Mittelmäßigkeit *v*[28]
middelpunt Mittelpunkt *m*[5]
middelst mittler, Mittel...
middeltje Mittel *o*[33]; *(taille)* schlanke Taille *v*[21]
middelvinger Mittelfinger *m*[9]
midden I *zn* Mitte *v*[21]: *in het* ~ *van januari* Mitte Januar; *in het* ~ *van de nacht* mitten in der Nacht; *in het* ~ *van de stad* in der Stadtmitte; *dit blijft nog in het* ~ das steht noch dahin; *iets in het* ~ *brengen* etwas vorbringen[139]: *iets in het* ~ *laten* etwas dahingestellt sein lassen[197]: *op het* ~ *van de dag* mitten am Tag; *te* ~ *van haar familie* inmitten[+2] ihrer Familie; **II** *bw* mitten: ~ *op de dag* am helllichten Tage; *hij is* ~ *60* er ist Mitte sechzig
Midden-Afrika Mittelafrika *o*[39]
Midden-Amerika Mittelamerika *o*[39]
middenberm Mittelstreifen *m*[11]
middenbermbeveiliging Leitplanke *v*[21]
middendoor entzwei, mittendurch
Midden-Europa Mitteleuropa *o*[39]
middengewicht 1 *(krachtsport)* Mittelgewicht *o*[39]; **2** *(persoon)* Mittelgewichtler *m*[9]
middenin mittendrin, in der Mitte *(zijn)*, in die Mitte *(komen): hij gaat* ~ *staan* er stellt sich in die Mitte; *hij staat* ~ er steht in der Mitte; *hij staat er* ~ er steht mittendrin
middenkader mittlerer Kader *m*[9]
middenklasse 1 *(middenstand)* Mittelstand *m*[19]; **2** *(van kwaliteit)* Mittelklasse *v*[21]
middenkoers Mittelkurs *m*[5]
middenmoot *(fig)* Mittelfeld *o*[31]
middenoor Mittelohr *o*[37]
middenoorontsteking Mittelohrentzündung *v*[20]
Midden-Oosten Mittlerer Osten *m*[19], Nahost *m*[19]
middenrif Zwerchfell *o*[29]
middenschip *(van kerk)* Mittelschiff *o*[29]
middenschool integrierte Gesamtschule *v*[21]
middenstand Mittelstand *m*[19]
middenstander Einzelhändler *m*[9]
middenstands- mittelständisch
middenweg *(fig)* Mittelweg *m*[5]
middernacht Mitternacht *v*[25]
middernachtelijk mitternächtlich
midgetgolf Minigolf *o*[39]
midscheeps mittschiffs..., Mittschiffs...
midvoor Mittelstürmer *m*[9]
midweek von Montag bis Freitag *m*[9]
midwinter Mittwinter *m*[9]
midzomer Mittsommer *m*[9]
mier Ameise *v*[21]: *rode* ~ Rote Waldameise
mieren 1 *(peuteren)* herumfummeln an[+3]; **2** *(zeuren)* quengeln
miereneter Ameisenbär *m*[14]
mierenhoop Ameisenhaufen *m*[11]
mierennest Ameisennest *o*[31], Ameisenhaufen *m*[11]
mieter *(inform): hoge* ~ hohes Tier; *ik geef er geen* ~ *om!* ich schere mich den Teufel darum!; *iem op zijn* ~ *geven* jmdn verprügeln, *(de les lezen)* jmdm die Leviten lesen[201]: *op zijn* ~ *krijgen* die Hose voll kriegen
mieteren *(inform)* **1** *(gooien)* schmeißen[247]; **2** *(vallen)* herunterfliegen[159], stürzen
mieters *(inform)* fein, toll: ~ *mooi* verteufelt schön
mietje *(scheldw, inform)* warmer Bruder *m*[10], Schwule(r) *m*[40a]

Mietje: *laten wij elkaar geen ~ noemen!* wir wollen einander nichts vormachen!

miezeren nieseln

miezerig 1 *(mbt weer)* trübe; **2** *(mbt persoon)* mick(e)rig

migraine Migräne *v*[21]

migratie Migration *v*[20]

mij *pers vnw*[82]; *mir*[3], mich[+4]

mijden (jmdn) meiden[206]

mijl Meile *v*[21]: *Engelse ~* englische Meile

mijlenver meilenweit

mijlpaal *(ook fig)* Meilenstein *m*[5]

mijmeren träumen: *over iets ~* über[+4] etwas sinnieren[320]

mijmering Träumerei *v*[20]

¹mijn *bez vnw*[80]; **I** *bijvoegl m* mein *m*, meine *v*, mein *o*: *ik heb ~ voet bezeerd* ich habe mir den Fuß (*of:* ich habe meinen Fuß) verletzt; **II** *zelfst* der, die, das meine (*of:* meinige): *jouw boek en het ~* dein Buch und das meine (*of:* meinige); *de ~en* die Meinen (*of:* die meinen, die Meinigen, die meinigen); *het ~ en dijn* das Mein und Dein; *ik wil er het ~e van hebben* ich will es genau wissen

²mijn *zn (voor mijnbouw)* Bergwerk *o*[29], Grube *v*[21], Zeche *v*[21], Mine *v*[21]

³mijn *(mil)* Mine *v*[21]: *~en leggen* Minen legen

mijnbouw Bergbau *m*[19]

mijnbouwkundig: *~ ingenieur* Bergingenieur *m*[5]

mijnenlegger Minenleger *m*[9]

mijnenveger Minensuchboot *o*[29]

mijnenveld Minenfeld *o*[31]

mijnerzijds meinerseits

mijngalerij, mijngang Stollen *m*[11]

mijnheer Herr *m*[14] *(2e, 3e, 4e nvl ev -n)*: *~ de directeur* der Herr Direktor, *(als aanspreking)* Herr Direktor; *goedemorgen ~!* *(bijv.)* guten Morgen, Herr Doktor, Herr Lehrer, Herr Schmidt!; *~, u wenst?* was wünschen Sie?

mijningenieur Bergingenieur *m*[5]

mijnramp Grubenkatastrophe *v*[21]

mijnschacht Schacht *m*[6], Förderschacht *m*[6]

mijnstreek Berg(bau)revier *o*[29], *(met kolenmijnen, ook)* Kohlenrevier *o*[29]

mijnwerker Bergarbeiter *m*[9], Kumpel *m*[9], *m*[13]

¹mijt *(insect)* Milbe *v*[21]

²mijt *(stapel)* Haufen *m*[11], Miete *v*[21], Feim *m*[5]

mijter Mitra *v (mv* Mitren)

mik *(brood)* Brot *o*[29]

mikken 1 zielen: *~ op* zielen auf[+4]; **2** *(streven naar)* anstreben; **3** *(gooien)* werfen[311]

mikmak Kram *m*[19], Plunder *m*[19]

mikpunt Zielscheibe *v*[21]

Milaan Mailand *o*[39]

Milanees I *zn* Mailänder *m*[9]; **II** *bn* mailändisch

mild 1 *(vrijgevig)* großzügig; **2** *(zacht)* mild

mildheid 1 *(goedgeefsheid)* Großzügigkeit *v*[28]; **2** *(zachtheid)* Milde *v*[28]

milicien *(Belg)* Wehrpflichtige(r) *m*[40a]

milieu Umwelt *v*[20]; *(sociaal)* Milieu *o*[36]: *gunstig voor het ~* umweltfreundlich

milieubeheer Umweltschutz *m*[19]

milieubeleid Umweltpolitik *v*[28]

milieubescherming Umweltschutz *m*[19]

milieubeweging Ökobewegung *v*[20]

milieubewust umweltbewusst

milieuheffing Umweltabgabe *v*[21]

milieuramp Umweltkatastrophe *v*[21]

milieuverontreiniging Umweltverschmutzung *v*[20]

milieuvriendelijk umweltfreundlich

milieuwet Umwelt(schutz)gesetz *o*[29]

militair I *bn* militärisch, Militär…, militär…: *~e academie* Militärakademie *v*[21]: *~e dienst* Wehrdienst *m*[19]: *~ gerechtshof* Militärgericht *o*[29]: *~ gezag* Militärgewalt *v*[28]: *~e politie* Militärpolizei *v*[28]; **II** *zn* Soldat *m*[14]: *de ~en* Militär *o*[39]

militant I *bn* militant; **II** *zn (Belg)* engagiertes Mitglied *o*[31], engagierter Anhänger *m*[9]: *vakbonds~* engagiertes Gewerkschaftsmitglied *o*[31]

militarisme Militarismus *m*[19a]

militaristisch militaristisch

military Military *v*[27]

militie 1 Miliz *v*[20]; **2** *(Belg, hist) (militaire dienstplicht)* Wehrpflicht *v*[28]

militieplicht *(Belg)* Wehrpflicht *v*[28]

miljard Milliarde *v*[21] *(afk* Md., Mrd.)

miljardair Milliardär *m*[5]

miljoen Million *v*[20] *(afk* Mill., Mio.); *één ~ inwoners* eine Million Einwohner; *drie ~* drei Millionen

miljoenennota Staatshaushaltsplan *m*[6]

miljoenenschade Millionenschaden *m*[19]

miljoenenwinst Millionengewinn *m*[5]

miljonair Millionär *m*[5]

milkbar Milchbar *v*[27]

milkshake Milchmischgetränk *o*[29], Milchmixgetränk *o*[29]

mille Mille *o (2e nvl -; mv -)*: *per ~* per mille; *pro ~* pro mille

millennium Millennium *o (2e nvl -s; mv* Millennien)

millibar Millibar *o*[36] *(afk* mbar, mb)

milligram Milligramm *o*[29] *(afk* mg)

milliliter Milliliter *m*[9], *o*[33] *(afk* ml)

millimeter Millimeter *o*[33], *m*[9] *(afk* mm)

millimeteren die Haare kurz schneiden[250]

milt Milz *v*[19]

mime 1 *(gebaar)* Gebärde *v*[21]; **2** *(mimespel)* Mimik *v*[28], Mimodrama *o (2e nvl -s; mv* -dramen)

mimespeler Pantomime *m*[15]

mimicry Mimikry *v*[28]

mimiek Mimik *v*[28]

mimosa Mimose *v*[21]

min 1 *(minus)* weniger, minus: *10 ~ 3* 10 weniger *(of:* minus) 3; *~ 2 °* minus 2 °; *~ of meer* mehr oder weniger; *~ 5 m AP* 5 m unter Amsterdamer Pegel; **2** *(zwak)* schwächlich: *een ~ kind* ein schwächliches Kind; **3** *(gemeen)* schäbig: *het is ~ van hem* es ist schäbig von ihm ‖ *zo ~ mogelijk* möglichst wenig; *hij is me te ~* er ist mir zu gering

minachten gering schätzen: *geminacht* verachtet

mi

minachtend geringschätzig, verächtlich

minachting Geringschätzung v^{28}: *iem met ~ behandelen* jmdn geringschätzig behandeln

minaret Minarett o^{29}

minarine *(Belg)* halbfette Margarine v^{21}

-minded gesinnt, -begeistert, liebend

minder weniger, geringer, schlechter: *~e kwaliteit* geringere Qualität v^{20}: *van ~ belang* von geringerer Bedeutung; *ze is er niet ~ om* sie ist darum nicht schlechter; *hij wou niet ~ zijn dan zijn broer* er wollte nicht hinter seinem Bruder zurückstehen; *niemand ~ dan de chef* kein Geringerer als der Chef; *met zijn broer wordt het ~* mit seinem Bruder geht es abwärts

minderbedeelde Minderbemittelte(r) m^{40a}, v^{40b}

mindere *(ondergeschikte)* Untergebene(r) m^{40a}, v^{40b}: *hij is de ~ van zijn broer* er steht hinter seinem Bruder zurück

minderen I *intr* abnehmen^{212}, nachlassen^{197}: *de pijn mindert* der Schmerz lässt nach; II *tr* vermindern, verringern: *vaart ~* die Geschwindigkeit vermindern

minderhedenvraagstuk Minderheitenfrage v^{28}

minderheid 1 *(het minder zijn)* Unterlegenheit v^{20}; 2 *(kleinste groep)* Minderheit v^{20}: *nationale ~* nationale Minderheit; *religieuze ~* religiöse Minderheit; *de ~ vormen* in der Minderzahl sein^{262}

mindering Verminderung v^{20}, Minderung v^{20}: *in ~ brengen* in Abzug bringen^{139}

minderjarig minderjährig; *~e* Minderjährige(r) m^{40a}, v^{40b}

mindervalide I *zn* 1 *(geestelijk)* geistig Behinderte(r) m^{40a}, v^{40b}; 2 *(lichamelijk)* Körperbehinderte(r) m^{40a}, v^{40b}; II *bn* 1 geistig behindert; 2 körperbehindert

minderwaardig minderwertig, geringwertig

minderwaardigheid Minderwertigkeit v^{28}

minderwaardigheidscomplex Minderwertigkeitskomplex m^5

mineraal I *bn* mineralisch, Mineral-: *minerale bron* Mineralquelle v^{21}; II *zn* Mineral o^{29} *(mv ook -ien)*

mineraalwater Mineralwasser o^{34}

mineur *(muz)* Moll o^{39a}: *a ~* a-Moll

mineurstemming Niedergeschlagenheit v^{28}

mini *(mode)* Mini o^{39}

miniatuur Miniatur v^{20}: *in ~* im Kleinen

miniem I *bn* minimal, sehr klein, gering, winzig; II *zn (Belg, sp)* Junior m^{16}

minima Einkommensschwache(n) *mv* m^{40a}, v^{40b}

minimaal minimal, Minimal…: *~ bedrag* Minimalbetrag m^6, Mindestbetrag m^6

minimaliseren minimalisieren^{320}

minimum Minimum o *(2e nvl -s; mv Minima)*, Mindestmaß o^{39}

minimumaantal Mindestzahl v^{20}

minimumbedrag Mindestbetrag m^6

minimumloon Mindestlohn, Minimallohn m^6

minimumprijs Mindestpreis, Minimalpreis m^5

minister Minister m^9, *(BRD)* Bundesminister; *(van een deelstaat)* Minister; *(van stadstaat)* Senator m^{16}: *~ van Binnenlandse Zaken* Innenminister; *~ van Buitenlandse Zaken* Außenminister; *~ van Defensie* Verteidigungsminister; *~ van Economische Zaken* Wirtschaftsminister; *~ van Financiën* Finanzminister; *~ van Justitie* Justizminister; *~ van Onderwijs* Kultusminister; *~ van Verkeer en Waterstaat* Verkehrsminister

ministerie Ministerium o *(2e nvl -s; mv -rien)*, *(BRD)* Bundesministerium: *~ van Binnenlandse Zaken* Innenministerium; *~ van Buitenlandse Zaken* Auswärtiges Amt o^{32}, Außenministerium; *~ van Defensie* Verteidigungsministerium; *~ van Economische Zaken* Wirtschaftsministerium; *~ van Financiën* Finanzministerium; *~ van Justitie* Justizministerium; *~ van Onderwijs* Kultusministerium; *~ van Verkeer en Waterstaat* Verkehrsministerium; *Openbaar Ministerie* Staatsanwaltschaft v^{28}

ministerieel ministeriell

minister-president Premier m^{13}, Premierminister m^9, *(in deelstaten)* Ministerpräsident m^{14}

ministerraad Ministerrat m^6

minnaar 1 Geliebte(r) m^{40a}, v^{40b}; 2 *(van jacht, sport)* Liebhaber, Freund m^5

minnares Geliebte v^{40b}, Freundin v^{22}

minne: *een zaak in der ~ schikken* etwas gütlich beilegen, *(jur)* sich mit jmdm vergleichen^{176}

minnekozen (lieb)kosen

minnelijk gütlich

minnen I *tr* lieben; II *intr* kosen

minnetjes schwach

minnezang Minnesang m^{19}; Liebesgedicht o^{29}

minnezanger Minnesänger m^9

minpunt Minuspunkt m^5

minst wenigst, wenigst, geringst: *het ~* am wenigsten; *hij heeft de ~e fouten gemaakt* er hat die wenigsten Fehler gemacht; *hij heeft het ~e geld* er hat das wenigste Geld; *hij weet er niet ~e van* er hat nicht die geringste Ahnung davon; *bij het ~e of geringste* bei der geringsten Kleinigkeit; *niet in het ~* gar nicht; *op zijn ~* mindestens; *ten ~e* mindestens; *een gevangenisstraf van ten ~e twee jaar* nicht unter zwei Jahren Gefängnis

minstbedeelden Einkommensschwache(n) *mv* m^{40a}, v^{40b}

minstens mindestens, wenigstens

minstreel Minstrel m^{13}

minteken Minuszeichen o^{35}

minus minus, weniger

minuscuul winzig: *~ klein* sehr klein

minutieus minutiös, minuziös, peinlich genau

minuut 1 Minute v^{21}: *de ~ stilte (voor overledene)* die Gedenkminute; *op de ~ af* auf die Minute; 2 *(van akte)* Original m^5

minvermogend minderbemittelt

minzaam freundlich, liebenswürdig

miraculeus wunderbar, erstaunlich

mirakel Mirakel o^{33}, Wunder o^{33}

¹mis zn Messe v^{21}: ~ *voor overledene* Totenmesse, Seelenmesse; *de ~ lezen* die Messe lesen (*of:* zelebrieren)

²mis 1 *(niet raak)* daneben: *~!, ~ poes!* gefehlt!; *glad ~!* weit gefehlt!; **2** *(verkeerd)* falsch: *dat is ~!* das ist falsch; *het ~ hebben* sich irren; *hij heeft het niet zo ver ~* er hat nicht so ganz Unrecht; *hij is lang niet ~* er ist nicht auf den Kopf gefallen; *dat is lang niet ~* das ist nicht von Pappe; *het is weer ~ met hem* es steht wieder schlecht um ihn

misbaar Lärm m^{19}, Spektakel m^9

misbaksel Missgestalt v^{20}

misbruik Missbrauch m^6: ~ *van sterkedrank* Alkoholmissbrauch; ~ *maken van zijn macht* seine Macht missbrauchen

misbruiken missbrauchen

misdaad Verbrechen o^{35}

misdaadbestrijding Verbrechensbekämpfung v^{20}

misdadig verbrecherisch

misdadiger Verbrecher m^9: *gevaarlijke (zware) ~* Schwerverbrecher

misdadigheid Kriminalität v^{28}

misdeeld I *bn (arm)* arm, bedürftig: *geestelijk ~* geistesschwach; **II** *zn ~en* Arme(n) *mv* m^{40a}, v^{40b}

misdienaar Messdiener m^9, Ministrant m^{14}

misdoen 1 *(misdrijven)* verbrechen[137]; **2** *(onrecht aandoen)* antun[295]

misdragen, zich sich schlecht benehmen[212]

misdrijf Vergehen o^{35}, Verbrechen o^{35}: *plaats van het ~* Tatort m^5

misdrijven verbrechen[137]

misdruk Fehldruck m^5

miserabel miserabel, erbärmlich, elend

misère Misere v^{21}, Not v^{25}; Elend o^{39}

misgaan misslingen[209]

misgeboorte Fehlgeburt v^{20}

misgreep Fehlgriff m^5

misgrijpen fehlgreifen[181]

misgunnen missgönnen, nicht gönnen

mishagen I *ww* missfallen[154]: *het mishaagt mij* es missfällt mir; **II** *zn* Missfallen o^{39}

mishandelen misshandeln, malträtieren[320]

mishandeling Misshandlung v^{20}

misinterpretatie Fehlinterpretation v^{20}

miskend verkannt

miskennen verkennen[189]: *het is niet te ~* es ist unverkennbar

miskenning Verkennung v^{20}

miskleun Fehlgriff m^5, Schnitzer m^9

miskleunen einen Schnitzer machen

miskoop Fehlkauf m^6

miskraam Fehlgeburt v^{20}

misleiden täuschen, irreführen: *zich laten ~* sich täuschen lassen[197]

misleidend irreführend

misleider Betrüger m^9

misleiding Täuschung v^{20}, Irreführung v^{28}

mislopen I *tr* **1** *(niet treffen)* verfehlen: *iem ~* jmdn verfehlen; **2** *(niet krijgen)* verpassen: *iets ~* etwas

verpassen; *hij is de prijs misgelopen* der Preis ist ihm entgangen; **II** *intr (misgaan)* zie mislukken

mislukkeling Versager m^9

mislukken misslingen[209], fehlschlagen[241], scheitern: *mislukt genie* gescheiterte Existenz v^{20}: *mislukte oogst* Missernte v^{21}: *het mislukt* es missglückt

mislukking Misserfolg m^5, Fehlschlag m^6

mismaakt missgestaltet, missgebildet

mismaaktheid Missbildung v^{20}

mismaken entstellen, verunstalten

mismoedig missmutig, niedergeschlagen

misnoegd verstimmt, verärgert

misnoegen Missfallen o^{39}, Ärger m^{19}

misoogst Missernte v^{21}

mispel Mispel v^{21}

mispeuteren *(Belg)* anstellen, verüben: *wat heeft hij mispeuterd?* was hat er angestellt (*of:* verübt)?

misplaatst unangebracht, unpassend: *strengheid is ~* Strenge ist fehl am Platz

misprijzen missbilligen, tadeln

mispunt *(fig)* Ekel o^{39}: *~!* du Ekel!

misrekenen, zich sich verrechnen, sich täuschen

misrekening Fehlkalkulation v^{20}, Fehlrechnung v^{20}

misschien vielleicht; etwa

misschieten fehlschießen, danebenschießen[238]

misschot Fehlschuss m^6

misselijk 1 *(onpasselijk)* übel, schlecht: *ik ben ~* mir ist übel (*of:* schlecht); *ik word ~* mir wird übel (*of:* schlecht); **2** *(fig)* widerlich: *je wordt er ~ van* es ist zum Kotzen

misselijkheid 1 *(lett)* Übelkeit v^{28}; **2** *(fig)* Widerlichkeit v^{28}

missen I *tr* **1** *(niet bereiken)* verfehlen, verpassen: *het doel ~* das Ziel verfehlen; *zijn kans ~* seine Chance verpassen; *de trein ~* den Zug verpassen; *zijn uitwerking ~* seine Wirkung verfehlen; **2** *(kwijt zijn)* vermissen, entbehren: *ik kan hem niet ~* ich kann ihn nicht entbehren; *hij kan niet gemist worden* er ist unabkömmlich; *iets moeten ~* etwas entbehren müssen[211]: *wij hebben je gisteren gemist* wir haben dich gestern vermisst; *ik mis mijn vulpen* ich vermisse meinen Füller; **3** *(geen doel treffen)* verfehlen; **II** *intr (ontbreken)* fehlen: *ik mis mijn auto erg* das Auto fehlt mir sehr; *hij mist de nodige kennis* ihm fehlt das nötige Wissen; *hij mist daartoe de moed* ihm fehlte der Mut dazu; *dat kan niet ~* das kann nicht fehlen

misser *(ook fig)* Fehlschlag m^6, *(van schot)* Fehlschuss m^6

missie Mission v^{20}

missionaris Missionar m^5

misslaan fehlschlagen[241], danebenhauen[185]

misslag *(ook fig)* Fehlschlag m^6

misstaan 1 *(lett)* nicht stehen[279]; **2** *(fig)* schlecht anstehen[279]

misstand Missstand m^6

misstap *(ook fig)* Fehltritt m^5

misstappen fehltreten[291], danebentreten[291]

mist Nebel m^9

mistachterlamp Nebelschlussleuchte v^{21}
mistasten *(ook fig)* fehlgreifen[181]
mistbank Nebelbank v^{25}
misten neblig sein[262], nebeln
mistgordijn Nebelschleier m^9
misthoorn Nebelhorn o^{32}
mistig neblig, *(fig)* vage
mistlamp Nebelscheinwerfer m^9
mistletoe Mistel v^{21}
mistroostig missmutig, niedergeschlagen, trübselig: ~ *weer* trübes Wetter
mistvorming Nebelbildung v^{20}
misvatting Irrtum m^8; Missverständnis o^{29a}
misverstaan missverstehen[279], falsch verstehen[279]: *niet mis te verstaan* unmissverständlich
misverstand Missverständnis o^{29a}: *hier heerst een ~!* hier liegt ein Missverständnis vor!
misvormd entstellt, verunstaltet
misvormen entstellen, verunstalten
misvorming Entstellung v^{20}, Verunstaltung v^{20}
mitella Armschlinge v^{21}, Mitella v *(mv Mitellen)*
mitrailleur Maschinengewehr o^{29} *(afk MG)*
mits vorausgesetzt, dass ...
mix Mischung v^{20}
mixen mixen, mischen
mixer Mixer m^9
mixtuur Mixtur v^{20}, Mischung v^{20}
ml *afk van milliliter* Milliliter m^9, o^{33} *(afk ml)*
mlk-school *(ongev)* Sonderschule v^{21} für Lernbehinderte
mm *afk van millimeter* Millimeter o^{33}, m^9 *(afk mm)*
mobiel mobil, beweglich: ~*e eenheid* Bereitschaftspolizei v^{28}
mobilhome Wohnmobil o^{29}
mobilisatie Mobilmachung v^{20}
mobiliseren mobil machen, mobilisieren[320]
mobiliteit Mobilität v^{28}, Beweglichkeit v^{28}
mobilofoon Funksprechgerät o^{29}, Sprechfunkgerät o^{29}
mocassin Mokassin m^5, m^{13}
modaal 1 *(taalk)* modal; 2 *(gemiddeld)* durchschnittlich: ~*e werknemer* Durchschnittsarbeitnehmer m^9; *Jan Modaal* Otto Normalverbraucher; ~ *inkomen* Durchschnittseinkommen o^{35}
modaliteit Modalität v^{20}
modder Schlamm m^5, m^6: *iem, iets door de ~ halen* jmdn, etwas in den Dreck ziehen[318]
modderbad Fangobad o^{32}, Moorbad o^{32}, Schlammbad o^{32}
modderen *(prutsen)* pfuschen
modderfiguur: *een ~ slaan* eine klägliche Figur machen
modderig schlammig; *(bevuild)* dreckig
modderpoel Schlammtümpel m^9; *(fig)* Sumpf m^6
moddervet *bn* feist, dick und fett
mode Mode v^{21}, Trend m^{13}: *dat is geen ~ meer* das ist aus der Mode; *aan ~ onderhevig zijn* der Mode unterliegen[202]: *in de ~ zijn* in (der) Mode sein[262]: *dat is erg in de ~* das ist große Mode; *uit de ~ raken*

aus der Mode kommen[193]
modeartikel Modeartikel m^9
modeblad Mode(n)zeitschrift v^{20}
modegek Modegeck m^{14}, Modenarr m^{14}
modegril Modelaune v^{21}
modekleur Modefarbe v^{21}
model I *zn* 1 *(voorbeeld, ook persoon)* Modell o^{29}; 2 *(vorm)* Form v^{20}: *uit zijn ~ raken* aus der Form geraten[218]; II *bn, bw* 1 *(correct)* vorschriftsmäßig; 2 *(perfect)* musterhaft
modelactie Dienst m^5 nach Vorschrift
modelbedrijf Musterbetrieb m^5
modelbouw Modellbau m^{19}
modelleren modellieren[320]
modelwoning Modellwohnung v^{20}, Musterwohnung v^{20}
modeontwerper Modeschöpfer m^9
modepop Modepuppe v^{21}
modern modern, neu, zeitgemäß, zeitgenössisch: *de ~e jeugd* die heutige Jugend; ~*e talen* neuere *(of:* lebende) Sprachen
moderniseren modernisieren[320], erneuern
modeshow Mode(n)schau v^{20}
modesnufje letzte modische Neuheit v^{20}
modeverschijnsel Modeerscheinung v^{20}
modezaak *(winkel)* Mode(n)geschäft o^{29}
modieus modisch
modificatie Modifikation v^{20}
modificeren modifizieren[320]
modulatie Modulation v^{20}
module Modul o^{29}
moduleren modulieren[320]
modus Modus m *(2e nvl -; mv Modi)*
moe müde: ~ *van het werken* müde von der Arbeit; *het werk ~ zijn* der Arbeit[2] müde sein[262]: *ik ben het ~ zijn (of:* habe) es satt; *hij is het leven ~* er ist lebensmüde
moed Mut m^{19}: *met nieuwe ~* mit frischem Mut; ~ *geven* Mut geben[166]; ~ *houden* nicht verzagen; *iem ~ inspreken* jmdm Mut machen; ~ *scheppen* Mut fassen; *de ~ laten zakken* den Mut sinken lassen[197]: *het is mij bang te ~e* es ist mir ängstlich zumute *(of:* zu Mute); *hij heeft goede ~* er ist sehr zuversichtlich
moedeloos mutlos, niedergeschlagen
moedeloosheid Mutlosigkeit v^{28}
moeder Mutter v^{26}, *(ook)* Mutti v^{27}: *aanstaande ~* werdende Mutter
moederdag Muttertag m^5
moederhuis *(Belg)* Entbindungsanstalt v^{20}, Entbindungsheim o^{29}
moederkoek Plazenta v^{27}, Mutterkuchen m^{11}
moederland Mutterland o^{32}
moederlief liebe Mutter v^{26}: *daar helpt geen ~ aan* da hilft kein Bitten und kein Flehen
moederliefde Mutterliebe v^{28}
moederlijk mütterlich
moederloos mutterlos
moedermaatschappij Muttergesellschaft v^{20}
moedermavo Realschule v^{21} für Erwachsene

moedermelk Muttermilch *v*[28]
moeder-overste Oberin *v*[22]
moederschap Mutterschaft *v*[28]
moederszijde: *van* ~ mütterlicherseits
moedertaal Muttersprache *v*[21]
moedertje Mütterchen *o*[35]
moedervlek Muttermal *o*[29], *o*[32]
moederziel: ~ *alleen* mutterseelenallein
moedig mutig, tapfer
moedwil *(opzet)* Absicht *v*[20], Mutwille *m*[18] *(geen mv):* met ~ absichtlich, aus Mutwillen
moedwillig absichtlich, mutwillig
moeheid Müdigkeit *v*[28], Ermüdung *v*[20]
moeilijk 1 schwer, schwierig; **2** *(met veel moeite en last gepaard)* mühsam, mühselig
moeilijkheid Schwierigkeit *v*[20]; *(last)* Unannehmlichkeit *v*[20]: *in moeilijkheden geraken* in Schwierigkeiten geraten[218]: *er zit nog een* ~ *aan de zaak* die Sache hat noch einen Haken; *op grote moeilijkheden stuiten* auf[+4] große Schwierigkeiten stoßen[285]: *er ontstonden moeilijkheden* es gab Schwierigkeiten
moeite Mühe *v*[21]; *(hulp)* Bemühungen *mv v*[20]: ~ *bij het slikken* Schluckbeschwerden *mv v*[21]: ~ *doen* sich[3] Mühe geben[166]: *alle* ~ *doen* alles aufbieten[130]: *doet u geen* ~! machen Sie sich[3] keine Mühe; *het gaat in één* ~ *door!* es ist ein Aufwaschen; *zich* ~ *geven* sich[3] Mühe geben[166]: *het heeft ons veel* ~ *gekost* es hat uns[+4] viel Mühe gekostet; *het loont de* ~ *niet* es lohnt sich nicht; *met* ~ *in zijn onderhoud voorzien* sich mühsam ernähren; *als het niet teveel* ~ *is* wenn es nicht zu viel Mühe macht; *het is de* ~ *(niet) waard* es lohnt sich (nicht)
moeiteloos mühelos
moeizaam mühsam, mühselig
moer Mutter *v*[21] ‖ *dat kan me geen* ~ *schelen* das ist mir scheißegal; *daar klopt geen* ~ *van* das stimmt hinten und vorne nicht; *naar zijn* ~ *zijn* im Eimer sein[262]
moeras Sumpf *m*[6], Morast *m*[5], *m*[6]
moerasachtig, moerassig sumpfig, morastig
moeren kaputtmachen, vermurksen
moersleutel Mutternschlüssel *m*[9]
moertje *(van bout)* Mutter *v*[21]
moes Mus *o*[29], Brei *m*[5]
moesje *(mamma)* Mutti *v*[27]
moesson Monsun *m*[5]
moestuin Gemüsegarten *m*[12]
¹moet *(indruksel)* Abdruck *m*[6]
²moet *(dwang)* Muss *o*[39], Müssen *o*[39]
moeten 1 *(noodzakelijk, verplicht, logisch zijn)* müssen[211]: *iedereen moet sterven* jeder muss sterben; *moet dat nou?* muss das sein?; **2** *(advies)* müssen[211]: *dat moet u ook eens lezen!* das müssen Sie auch mal lesen!; **3** *(wenselijkheid)* müssen[211]: *hij moest eens een jaartje in dienst, dan …* der müsste ein Jahr beim Militär sein, dann …; **4** *(bevel, opdracht)* sollen[269]: *je moet komen!* du sollst kommen!; *je moet de groeten hebben van … ich* soll dich grüßen von[+3] …; **5** *(behoren)* sollen[269]: *je moest je*

schamen! du solltest dich schämen!; **6** *(bewering, gerucht)* sollen[269]: *hij moet erg ziek zijn* er soll sehr krank sein; **7** *(onzekerheid)* sollen[269]: *moet dat een tuin voorstellen?* das soll einen Garten vorstellen?; **8** *(Belg) (hoeven)* brauchen: *u moet niet komen* Sie brauchen nicht zu kommen; **9** *(overige gevallen) als het dan moet, vooruit dan maar!* wenn schon, denn schon!; *dat moest er nog bijkomen!* das fehlte gerade noch!; *wat moet je?* was willst du?
Moezel Mosel *v*[28]
moezel(wijn) Moselwein *m*[5], Mosel *m*[9]
¹mof 1 *(voor de handen)* Muff *m*[5]; **2** *(techn)* Muffe *v*[21]
²mof *(scheldw)* Teutone *m*[15]
moffelen *(techn)* Lack einbrennen[138]: *iets in de zak* ~ etwas in der Tasche verschwinden lassen[197]
mogelijk I *bn* möglich, etwaig, eventuell; **II** *bw* womöglich: *de grootst ~e voordelen* die größtmöglichen Vorteile; *zo* ~ wo möglich (*of:* wenn möglich); *zo veel* ~ möglichst viel; *zo spoedig* ~ möglichst bald; *dat is goed* ~ das ist durchaus möglich; *al het ~e doen* alles Mögliche tun[295]: *zich zoveel* ~ *inspannen* sich so viel wie möglich anstrengen; *iets* ~ *maken* etwas ermöglichen; *in de kortst ~e tijd* in kürzester Zeit
mogelijkerwijs möglicherweise, vielleicht
mogelijkheid Möglichkeit *v*[20]: *met geen* ~ unmöglich
mogen 1 *(toestemming hebben)* dürfen[145]: *je mag uitgaan!* du darfst ausgehen; **2** *(kunnen)* können[194]: *u mag er van uitgaan, dat …* Sie können davon ausgehen, dass …; **3** *(noodlot, veronderstelling, behoren)* sollen[269]: *het heeft niet* ~ *zijn!* es hat nicht sein sollen!; *mocht het regenen, dan …* sollte es regnen, so …; *hij mocht zich wel wat inspannen* er sollte sich etwas anstrengen; **4** *(mogelijkheid)* können[194]: *je mocht anders te laat komen* du könntest sonst zu spät kommen; **5** *(algem)* mögen[210]: *het moge het goed gaan* möge es ihm gut gehen; *hij mag wel oppassen!* er mag sich in Acht nehmen!; *ik mag hem niet!* ich mag ihn nicht; *hij mag een deskundige zijn, maar … er* mag ein Sachverständiger sein, aber …; *wat hij ook mocht beweren, men geloofde hem niet* was er auch behaupten mochte, man glaubte ihm nicht ‖ *(afwijzend) het mocht wat!* ach was!; *ik mag sterven, als … ich* will sterben, wenn …
mogendheid Macht *v*[25]: *grote* ~ Großmacht *v*[25]
mohammedaan Mohammedaner *m*[9]
mohammedaans mohammedanisch
mok *(beker)* Becher *m*[9]
moker Fausthammer *m*[10]
mokerslag Hammerschlag *m*[6]
mokka Mokka *m*[13]
mokkel 1 *(inform)* Mieze *v*[21]; **2** *(dik meisje)* Dickerchen *o*[33]
mokken schmollen
¹mol *(dierk, spion)* Maulwurf *m*[6]
²mol 1 *(muz)* b *o (2e nvl -; mv -);* **2** *(toonaard)* Moll *o (2e nvl -; mv -)*
moleculair molekular, Molekular-

mo

molecule Molekül o^{29}
molen Mühle v^{21}: *(fig) door de ~ gaan* scharf geprüft werden[310]
molenaar Müller m^9
molensteen Mühlstein m^5
molenwiek ein ~ ein m Mund voll
molestatie Belästigung v^{20}, Misshandlung v^{20}
molesteren belästigen, misshandeln
mollen kaputtmachen
mollig mollig
molm 1 *(van turf)* Torfmull m^5; **2** *(houtmolm, humus)* Mulm m^{19}
molotovcocktail Molotowcocktail m^{13}
molshoop Maulwurfshaufen m^{11}, Maulwurfshügel m^9
molton Molton m^{13}: *~ deken* Moltondecke v^{21}
mom, mombakkes Maske v^{21}
moment Moment m^5, Augenblick m^5
momenteel augenblicklich, momentan
momentopname Momentaufnahme v^{21}
mompelen murmeln
monarch Monarch m^{14}
monarchie Monarchie v^{21}
monarchist Monarchist m^{14}
monarchistisch monarchistisch
mond 1 *(van mens)* Mund m^8; *(plat)* Maul o^{32}, Klappe v^{21}: *een grote ~ hebben* einen großen Mund haben[182]; *de ~ houden* den Mund halten[183]: *geen ~ opendoen* den Mund nicht auftun[295]: *een grote ~ opzetten* einen großen Mund haben[182]: *iem de ~ snoeren* jmdm den Mund stopfen; *de ~ van iets vol hebben* nicht aufhören von[+3] etwas zu reden; *iedereen heeft er de ~ vol van* jedermann spricht davon; *bij ~e van* durch[+4]; *met open ~ staan kijken* Mund und Augen aufsperren; *met de ~ vol tanden staan* sprachlos sein[262]: *iem naar de ~ praten* jmdm nach dem Mund reden; *het nieuwtje ging van ~ tot ~* die Nachricht ging von Mund zu Mund; **2** *(van buis, geweer, kanon, rivier)* Mündung v^{20}
mondain mondän
monddood mundtot
mondeling I *bn, bw* mündlich; **II** *zn (examen)* mündliche Prüfung v^{20}
monden münden (in[+4])
mond- en klauwzeer Maul- und Klauenseuche v^{28}
mondharmonica Mundharmonika v^{27}
mondhoek Mundwinkel m^9
mondholte Mundhöhle v^{21}
mondiaal mondial, weltweit
mondig mündig: *~ verklaren* mündig sprechen[274]
mondigheid Mündigkeit v^{28}
monding *(van kanon, rivier)* Mündung v^{20}
mondje Mündchen o^{35}: *(fig) ~ dicht!* halt den Mund!; *hij is niet op zijn ~ gevallen* er ist nicht auf den Mund gefallen
mondjesmaat kärglich, karg, spärlich
mondjevol *een ~* ein m Mund voll
mond-op-mondbeademing Mund-zu-Mund-Beatmung v^{20}

mond-op-neusbeademing Mund-zu-Nase-Beatmung v^{20}
mondorgel Mundharmonika v^{27}
mondstuk Mundstück o^{29}
mond-tot-mondreclame Mundpropaganda v^{28}
mondvol *een ~* ein m Mund voll
mondvoorraad Mundvorrat m^6, Proviant m^5
monetair Währungs-, monetär
monitor 1 *(techn)* Monitor m^{16}; **2** *(Belg) (jeugdleider)* Jugendleiter m^9; **3** *(Belg) (studiementor)* Studienberater m^9, Mentor m^{16}
monitoraat *(Belg)* Studienberatung v^{20}
monitrice 1 *(Belg) (jeugdleidster)* Jugendleiterin v^{22}; **2** *(Belg) (studiementrix)* Studienberaterin v^{22}, Mentorin v^{22}
monnik Mönch m^5
monnikenklooster Mönchskloster o^{34}
monnikenwerk Geduldsarbeit v^{20}
monnikspij Mönchskutte v^{21}
monochroom monochrom, einfarbig
monocle Monokel o^{33}
monocultuur Monokultur v^{20}
monogaam monogam
monogamie Monogamie v^{28}
monografie Monographie v^{21}, Monografie v^{21}
monogram Monogramm o^{29}
monoloog Monolog m^5, Selbstgespräch o^{29}
monopolie Monopol o^{29}
monopoliepositie Monopolstellung v^{20}
monotonie Monotonie v^{21}, Eintönigkeit v^{28}
monotoon monoton
monseigneur Monseigneur m^5, m^{13} *(afk Mgr.)*
¹monster *(staal)* Muster o^{33}, Probe v^{21}: *volgens ~ kopen* nach Muster *(of: Probe)* kaufen
²monster *(gedrocht)* Ungeheuer o^{33}
monsterachtig 1 scheußlich; **2** *(afschrikwekkend)* ungeheuerlich
monsteren I *tr* **1** beurteilen, prüfen; **2** *(inspecteren)* mustern; **II** *intr (scheepv)* anmustern, anheuern
monsterlijk abscheulich, scheußlich
monstrueus monströs
montage Montage v^{21}
montagebouw Fertigbau m *(2e nvl -(e)s; mv -ten)*
montagefoto Phantombild o^{31}
monter munter, heiter
monteren montieren[320]
monterheid Munterkeit v^{28}, Heiterkeit v^{28}
monteur Monteur m^5; Mechaniker m^9
montuur *(van bril)* Gestell o^{29}, Brillenfassung v^{20}
monument Denkmal o^{32}
monumentaal monumental
monumentenzorg Denkmal(s)pflege v^{28}
mooi schön, hübsch: *het ~e* das Schöne; *~ zo!* schön!; *wel, nu nog ~er!* das wäre noch schöner!; *zich ~ maken* sich herausputzen; *je hebt ~ praten* du hast gut reden; *dat komt ~ uit* das trifft sich gut; *ik heb me ~ vergist!* ich habe mich arg geirrt!; *iets ~er voorstellen dan het is* etwas schönfärben; *(iron) jij bent ook een ~e!* du bist mir aber einer!; *hoe lang*

ben je daar ~ mee geweest? wie lange hat das gedauert?; *het is te ~ om waar te zijn* es ist zu schön, um wahr zu sein

mooidoenerij Schöntuerei *v*[20]

mooipraten schönfärben, beschönigen

mooiprater Schmeichler *m*[9], Schönredner *m*[9]

moois Schöne(s) *o*[40c]: *iets ~* etwas Schönes; *dat is ook wat ~!* das ist ja eine schöne Geschichte!

moord Mord *m*[5]: *de ~ op de rechter* der Mord an dem Richter; *poging tot ~* Mordversuch *m*[5]: *een ~ begaan* einen Mord begehen[168] (*of:* verüben): *~ en brand schreeuwen* Zeter und Mord(io) schreien[253]: *(plat) stik de ~!* verrecke!

moordaanslag Mordanschlag *m*[6], *(pol)* Attentat *o*[29]: *de ~ op ...* der Mordanschlag auf[+4] ...

moorddadig 1 mörderisch; **2** *(geweldig)* toll

moorden morden; *~d (mbt werk, ziekte e.d.)* aufreibend; *~d klimaat* mörderisches Klima

moordenaar Mörder *m*[9]

moordenares Mörderin *v*[22]

moordgriet, moordmeid dufte Biene *v*[21]

moordpartij Gemetzel *o*[33], Blutbad *o*[32]

moordtuig, moordwapen Mordwaffe *v*[21]

moordzaak Mordfall *m*[6], Mordsache *v*[21]

moorkop *(gebak)* Mohrenkopf *m*[6]

moot Stück *o*[29], Scheibe *v*[21]

mop 1 *(koekje)* Plätzchen *o*[33]; **2** *(vlek)* Klecks *m*[5]; **3** *(grap)* Witz *m*[5]: *een flauwe ~* ein fauler Witz; *schuine ~ Zote v*[21]: *~pen tappen* Witze erzählen; **4** *(liedje, wijsje)* Melodie *v*[21]

mopperaar Meckerer *m*[9], Nörgler *m*[9]

mopperen meckern, nörgeln, murren

mopperig mürrisch, nörgelig

moraal Moral *v*[20]

moraliseren moralisieren[320]

moreel I *bn, bw* moralisch; **II** *zn* Moral *v*[28]

mores: *iem ~ leren* jmdn Mores lehren

morfine Morphium *o*[39], Morphin *o*[39]

morgen I *zn* Morgen *m*[11]: *'s ~s* am Morgen, morgens; *'s ~s vroeg* frühmorgens; *vroeg in de ~* am frühen Morgen; *goede ~!* guten Morgen!; *op een ~* eines Morgens; *tegen de ~* gegen Morgen; *van de ~ tot de avond* vom Morgen bis zum Abend; **II** *bw* morgen: *~ vroeg* morgen früh; *de dag van ~* der morgige Tag; *~ brengen!* prost Mahlzeit!

morgenavond morgen Abend

morgenmiddag morgen Nachmittag; *(12 uur)* morgen Mittag

morgenochtend morgen früh

morgenrood Morgenrot *o*[39], Morgenröte *v*[28]

morgenuur Morgenstunde *v*[21]

morgenvroeg morgen früh

mormel 1 *(lelijk schepsel)* Scheusal *o*[29]; **2** *(lelijke hond)* Köter *m*[9]

morning-afterpil Pille *v*[21] danach

morrelen herumfingern: *aan iets ~* an[+3] etwas herumfingern

morren murren

morsdood mausetot

morsen kleckern: *op de jas ~* auf[+4] den Mantel kleckern

morseteken Morsezeichen *o*[35]

morsig schmutzig, dreckig, schlampig

mortel Mörtel *m*[19]

mortier Mörser *m*[9]

mortuarium Mortuarium *o* (2e nvl -s; mv -rien)

mos Moos *o*[29]: *met ~ begroeid* moosbedeckt

mosgroen moosgrün

moskee Moschee *v*[21]

Moskou Moskau *o*[39]

moslim Moslem *m*[13]

moslims moslemisch

mossel Muschel *v*[21]

mossig moosbewachsen, moosbedeckt

mosterd Senf *m*[5]: *als ~ na de maaltijd komen* zu spät kommen[193]

mosterdpot Senftopf *m*[6]

mosterdsaus Senfsoße *v*[21]

¹mot *(een insect)* Motte *v*[21]: *de ~ zit erin* es ist von Motten angefressen

²mot *(ruzie)* Zank *m*[19], Krach *m*[6]: *~ hebben* sich zanken; *~ krijgen met iem* Krach mit jmdm bekommen[193]: *~ zoeken* Streit suchen

motel Motel *o*[36]

motet *(muz)* Motette *v*[21]

motie Antrag *m*[6], Votum *o* (2e nvl -s; mv Voten of Vota): *~ van vertrouwen* Vertrauensvotum, Vertrauensantrag; *~ van wantrouwen* Misstrauensvotum, Misstrauensantrag; *een ~ indienen* einen Antrag stellen

motief Motiv *o*[29]

motivatie Motivation *v*[20], Motivierung *v*[20]

motiveren motivieren[320], begründen

motivering Begründung *v*[20], Motivierung *v*[20]

motor 1 Motor *m*[16], *m*[5]: *de ~ afzetten* den Motor abstellen; *de ~ starten* den Motor einschalten; **2** *(motorfiets)* Motorrad *o*[32]

motoragent Motorradpolizist *m*[14]

motorblok Motorblock *m*[6]

motorboot Motorboot *o*[29]

motorbrandstof Kraftstoff *m*[5], Treibstoff *m*[5]

motorcross Motocross *o* (2e nvl -; mv -e), Moto-Cross *o* (2e nvl -; mv -e)

motorfiets Motorrad *o*[32]

motoriek Motorik *v*[28]

motorisch motorisch

motoriseren motorisieren[320]

motorisering Motorisierung *v*[20]

motorjacht Motorjacht *v*[20]

motorkap Haube *v*[21], Motorhaube *v*[21]

motorolie Motor(en)öl *o*[29]

motorongeluk Motorradunfall *m*[6], Motorradunglück *o*[29]

motorpanne, motorpech Motorpanne *v*[21]

motorrace, motorrennen Motorradrennen *o*[35]

motorrijder Motorradfahrer *m*[9]

motorrijdster Motorradfahrerin *v*[22]

motorrijtuigenbelasting Kraftfahrzeugsteuer *v*[21]

mo

motorschip Motorschiff o^{29}
motorsport Motorradsport m^{19}
motorvoertuig Kraftfahrzeug o^{29} *(afk Kfz)*
motregen Sprühregen m^{11}, Nieselregen m^{11}
motregenen nieseln
mottenballetje Mottenkugel v^{21}
mottig 1 *(pokdalig)* pockig; **2** *(mbt het weer)* neblig
motto Motto o^{36}
mountainbike Mountainbike o^{36}
mousse Mousse v^{27}
mousseren moussieren[320], schäumen: *~de wijn*
  Schaumwein m^5
mout Malz o^{39}
mouw Ärmel m^9: *daar is wel een ~ aan te passen* das
  lässt sich schon machen; *overal een ~ aan weten te*
  passen immer Rat wissen[314]; *iem iets op de ~ spel-*
  den jmdm einen Bären aufbinden[131]; *iets uit de ~*
  schudden etwas aus dem Ärmel schütteln
mozaïek Mosaik o^{37}, o^{29}
Mr. *afk van meester (titel)* Dr. jur.
mts *afk van middelbaar technische school* Fachoberschule v^{21} für Technik
mud Hektoliter m^9, o^{33}
mudvol gestopft voll, gedrängt voll
muezzin Muezzin m^{13}
muf 1 *(onfris)* muffig, dumpf; **2** *(saai)* öde
mug Mücke v^{21}: *van een ~ een olifant maken* aus einer Mücke einen Elefanten machen
muggenbeet, muggenbult Mückenstich m^5
muggenolie Mückenschutzmittel o^{33}
muggensteek Mückenstich m^5
muggenziften Haarspalterei treiben[290]
muggenzifter Haarspalter m^9
muggenzifterij Haarspalterei v^{20}
¹muil 1 *(bek)* Maul o^{32}, Fresse v^{21}, Schnauze v^{21}; **2**
  (van groot roofdier, monster) Rachen m^{11}
²muil *(schoeisel)* Schlappen m^{11}, Pantoffel m^{17}
muildier Maultier o^{29}
muilezel Maulesel m^9
muilkorf Maulkorb m^6
muilkorven *(fig): iem ~* jmdn mundtot machen
muis *(ook anat en comp)* Maus v^{25}
muisgrijs mausgrau, mausfarbig
muisje Mäuschen o^{35}: *dat ~ zal een staartje hebben*
  die Sache wird noch ein Nachspiel haben; *~s Anis-*
  zucker m^{19}
muisstil mäuschenstill
muiten meutern
muiter Meuterer m^9
muiterij Meuterei v^{20}
muizenissen Grillen *mv* v^{21}
muizenval Mausefalle v^{21}, Mäusefalle v^{21}
mul *bn* locker
multi- Multi-, multi-
multicultureel multikulturell
multifunctioneel multifunktional
multilateraal multilateral
multimiljonair Multimillionär m^5
multinational multinationaler Konzern m^5, Multi

m^{13}
multiplechoicetest Multiple-Choice-Test m^{13}, m^5,
  Multiplechoicetest m^{13}, m^5
multiplechoicevraag Multiple-Choice-Frage v^{21},
  Multiplechoicefrage v^{21}
multiraciaal ethnisch gemischt
multoband, multomap Ringbuch o^{32}
mum: *in een ~ van tijd* im Nu
mummelen mummeln, murmeln
mummie Mumie v^{21}
munitie Munition v^{28}
munitiedepot Munitionsdepot o^{36}, Munitionslager
  o^{33}
Munster Münster o^{39}
¹munt 1 Münze v^{21}: *in vreemde ~ omrekenen* in aus-
  ländische Währung umrechnen; *(fig) ~ uit iets*
  slaan Kapital aus[+3] etwas schlagen[241]; **2** *(munt voor*
  automaat) Marke v^{21}, Münze v^{21} || *met gelijke ~ be-*
  talen mit gleicher Münze heimzahlen
²munt *(plantk)* Minze v^{21}
munteenheid Währung(seinheit) v^{20}
munten münzen, prägen: *het op iem gemunt heb-*
  ben es auf jmdn abgesehen haben[182]; *die opmerking*
  was op mij gemunt diese Bemerkung war auf mich
  gemünzt
muntstelsel Währungssystem o^{29}
muntstuk Geldstück o^{29}, Münze v^{21}
murmelen murmeln
murw mürbe, weich: *~ maken* zermürben
mus Sperling m^5, Spatz m^{14}
museum Museum o *(2e nvl -s; mv Museen)*
musical Musical o^{36}
musiceren musizieren[320], Musik machen
musicus Musiker m^9
muskaat 1 *(specerij)* Muskat m^5; **2** *(wijn)* Muskateller m^9
muskaatdruif Muskateller m^9
muskaatnoot Muskatnuss v^{25}
muskaatwijn Muskateller m^9
muskiet Moskito m^{13}, Malariamücke v^{21}
muskietengaas, muskietennet Moskitonetz o^{29}
müsli Müsli o *(2e nvl -s; mv -)*
mutatie 1 *(wisseling)* Wechsel m^9; **2** *(wijziging)* Änderung v^{20}; **3** *(biol)* Mutation v^{20}
muts Mütze v^{21}; **2** *(klederdracht)* Haube v^{21}
mutualist, mutualiste *(Belg)* Kassenpatient m^{14}
mutualiteit 1 *(wederkerigheid)* Mutualität v^{20}; **2**
  (Belg) (ziekenfonds) Krankenkasse v^{21}
muur 1 *(buitenmuur)* Mauer v^{21}; *(binnenmuur)*
  Wand v^{25}; **2** *(voetbal)* Mauer v^{21}
muurbloempje *(fig)* Mauerblümchen o^{35}
muurkrant Wandzeitung v^{20}
muurlamp Wandlampe v^{21}
muurschildering Wandgemälde o^{33}
muurtegel Wandkachel v^{21}, Wandfliese v^{21}
muurvast 1 *(mbt schroef, dop)* völlig fest; **2** *(mbt on-*
  derhandelingen) total festgefahren: *~ zitten* total
  festgefahren sein[262]
muurverf Tünche v^{21}

muze Muse *v*[21]: *de lichte ~* die leichte Muse
muzelman Moslem *m*[13]
muziek 1 Musik *v*[28]; **2** *(gedrukte of geschreven mu-*
ziek) Noten *(mv):* *iets op ~ zetten* etwas vertonen ||
(fig) daar zit ~ in darin steckt Musik; *(fig) er zit ~ in*
die jongen in dem Jungen steckt was drin
muziekbalk Notenlinien *mv v*[21]
muziekboek Notenbuch *o*[32]
muziekcassette Musikkassette *v*[21]
muziekgezelschap Musikensemble *o*[36]
muziekhandel Musikalienhandlung *v*[20]
muziekinstrument Musikinstrument *o*[29]
muziekkapel Musikkapelle *v*[21]
muziekkorps Musikkorps *o (2e nvl -; mv -)*
muziekles Musikstunde *v*[21]
muzieknoot Notenzeichen *o*[35], Note *v*[21]
muziekpapier Notenpapier *o*[29]
muziekschool Musikschule *v*[21]
muzieksleutel Notenschlüssel *m*[9]
muziekstandaard Notenständer *m*[9]
muziekstuk Musikstück *o*[29]
muziekuitvoering musikalische Darbietung *v*[20],
Konzert *o*[29]
muziekzaal Konzertsaal *m (2e nvl -(e)s; mv -säle)*
muzikaal musikalisch
muzikant Musikant *m*[14]; Musiker *m*[9]
mysterie Mysterium *o (2e nvl -s; mv Mysterien)*
mysterieus mysteriös, geheimnisvoll
mystiek I *zn* Mystik *v*[28]; **II** *bn* mystisch
mythe Mythos *m (2e nvl -; mv Mythen)*
mythisch mythisch
mythologie Mythologie *v*[21]

my

n

na I *vz* nach[+3]: ~ *mij* nach mir; *jaar ~ jaar* Jahr um
Jahr; *dag ~ dag* Tag für Tag; *~ gewerkt te hebben* ...
nachdem er gearbeitet hatte ...; **II** *bw* nahe: *iem te*
~ komen jmdm zu nahe kommen[193]: *dat was zijn*
eer te ~ das verbot ihm seine Ehre; *wat eten we ~*
was gibt es zum Nachtisch; *op één ~* bis auf einen;
op 100 euro ~ bis auf 100 Euro; *op mijn broer ~* außer meinem Bruder; *op een beetje ~* bis auf weni-
ges; *bij lange ~ niet* bei weitem nicht; *mijn beste*
pak op één ~ mein zweitbester Anzug
naad Naht *v*[25] ‖ *zich uit de ~ werken* sich abarbeiten
naadje: *het ~ van de kous willen weten* alles haarklein wissen wollen[315]
naadloos nahtlos
naaf Nabe *v*[21]
naaidoos Nähkasten *m*[12]
naaien 1 nähen; **2** *(een boek)* heften; **3** *(plat) (seksu-*
ele gemeenschap hebben) vögeln, ficken, bumsen; **4**
(plat) (beduvelen) bescheißen[234]
naaigaren Nähgarn *o*[29]
naaigerei Nähzeug *o*[39]
naaimachine Nähmaschine *v*[21]
naaister Näherin *v*[22]; *(beroep)* Schneiderin *v*[22]
naakt I *bn, bw (ook fig)* nackt; **II** *zn* **1** *(model)* Nackt-
modell *o*[29]; **2** *(schilderij)* Akt *m*[5]
naaktheid Nacktheit *v*[28], Blöße *v*[28]
naaktloper Nudist *m*[14]
naaktschilderij Akt *m*[5]
naaktstrand Nacktbadestrand *m*[6]
naald Nadel *v*[21]
naaldboom Nadelbaum *m*[6]
naaldhak Pfennigabsatz *m*[6], Bleistiftabsatz *m*[6]
naaldhout Nadelholz *o*[32]
naam Name *m*[18]; *(reputatie)* Ruf *m*[19]: *de ~ hebben*
van im Ruf stehen[279+2]; *het mag geen ~ hebben* es ist
nicht der[2] Rede wert; *een goede ~ hebben* einen guten Ruf haben[182]; *~ maken* sich[3] einen Namen machen; *hoe was de ~ ook al weer?* wie war doch gleich
Ihr Name?; *het kind bij zijn ware ~ noemen* das
Kind beim rechten Namen nennen; *in ~ der wet* im
Namen des Gesetzes; *onder een valse ~* unter fal-
schem Namen; *op zijn eigen ~ handelen* im eigenen
Namen handeln; *de zaak staat op de ~ van zijn*
vrouw das Geschäft läuft auf den Namen seiner
Ehefrau; *uit ~ van de chef* im Namen des Chefs; *een*
geleerde van ~ ein namhafter Gelehrter; *iem van ~*

kennen jmdn dem Namen nach kennen[189]
naambordje Namensschild *o*[31]
naamgenoot Namensvetter *m*[17]
naamgenote Namensschwester *v*[21]
naamkaartje Besuchskarte *v*[21], Visitenkarte *v*[21]
naamloos namenlos, anonym: *naamloze vennoot-*
schap Aktiengesellschaft *v*[20]
naamplaat Namensschild *o*[31]
naamstemming *(Belg)* namentliche Abstimmung
v[20]
naamval Kasus *m (2e nvl -; mv -)*, Fall *m*[6]
na-apen (jmdn) nachäffen, nachahmen
na-aperij Nachäfferei *v*[20]
¹naar I *vz* **1** *(in de richting van, bij personen)* zu[+3]: ~
de dokter gaan zum Arzt gehen[168]; **2** *(in de richting*
van, bij zaken) zu[+3]: *~ het station* zum Bahnhof; ~
het postkantoor zur Post; *~ bed* zu Bett; *~ school*
zur Schule; *~ stad* zur Stadt; **3** *(naar binnen)* in[+4]: ~
de bioscoop ins Kino; *~ een concert* ins Konzert; ~
school in die Schule; *~ het buitenland* ins Ausland;
4 *(bij aardr namen met lw)* in[+4]: *~ Zwitserland* in
die Schweiz; **5** *(bij aardr namen zonder lw; bij wind-*
streken, bij bep. ww en bep. andere woorden) nach[+3]:
~ Berlijn nach Berlin; *~ Polen* nach Polen; *~ het*
noorden nach Norden; *ruiken ~* riechen[223] nach: ~
huis nach Hause; *~ rechts* nach rechts; *~ boven*
nach oben; **6** *(in bepaalde uitdrukkingen)* auf[+4]: ~
zijn kamer gaan auf sein Zimmer gehen[168]; **7** *(bij*
See, Meer, Küste*)* an[+4]: *~ zee gaan* ans Meer fahren[153]: *~ de kust gaan* an die Küste fahren[153]; **8**
(overeenkomstig) nach[+3]: *~ mijn mening* meiner
Meinung nach; **II** *bw*: ja, *maar het is er ook ~!* ja,
aber es is het auch danach!; *de prijs is er ook ~* der
Preis ist denn auch entsprechend; **III** *vw (zoals)* wie:
~ men zegt wie man sagt
²naar *bn, bw* **1** *(akelig)* unheimlich, leidig; **2** *(onpas-*
selijk) übel, schlecht; **3** *(onaangenaam)* unangenehm, scheußlich, eklig: *~ weer* unangenehmes
Wetter; *de nare gewoonte* die leidige Gewohnheit;
ik ben ~ mir ist schlecht; *ik word ~* mir wird
schlecht
naargeestig 1 *(treurig)* trübe; **2** *(akelig)* düster
naargelang I *vz* je nach[+3]: *~ van zaken* je nach den
Umständen; **II** *vw: (al)* je nach[+3], je nachdem
naarling Ekel *o*[33]
naarmate in dem Maße, wie; je nachdem: *~ hij*
werkt je nachdem er arbeitet
naarstig fleißig, emsig
naast I *bn* nächst: *in de ~e toekomst* in nächster Zukunft; *in mijn ~e omgeving* in meiner näheren Umgebung; *ten ~e bij* ungefähr; **II** *bw: hij staat mij het*
~ er steht mir am nächsten; *dat ligt mij het ~ aan*
het hart das liegt mir sehr am Herzen; **III** *vz neben*
(bij rust[+3]*, bij beweging gericht op doel*[+4]*)*: *hij zit ~*
mij er sitzt neben mir; *hij gaat ~ mij zitten* er setzt
sich neben mich; *vlak ~ het postkantoor* gleich neben dem Postamt; *je schenkt er ~* du gießt daneben;
(voetbal) hij schoot ~ het doel er schoss am Tor vorbei; *(fig) dat is er helemaal ~* das ist ganz falsch

naaste Nächste(r) m^{40a}, v^{40b}: *zijn ~n liefhebben* seine Nächsten lieben

naasten verstaatlichen, nationalisieren^{320}

naastenliefde Nächstenliebe v^{28}

nabehandeling Nachbehandlung v^{20}

nabeschouwing nachträgliche Betrachtung v^{20}

nabestaande Hinterbliebene(r) m^{40a}, v^{40b}

nabestellen nachbestellen

nabij I *bn, bw* nah^{60}: *het Nabije Oosten* Nahost *(zonder lw)*, der Nahe Osten; *zij was de dood ~* sie war dem Tod nahe; *zeer ~* sehr nahe, in nächster Nähe; *de tijd is ~ dat …* die Zeit ist nahe, wo …; *zij is om en ~ de twintig* sie ist etwa zwanzig Jahre alt; *tot ~ de grens* bis nahe an die Grenze; *iets van ~ bekijken* etwas aus der Nähe betrachten; *iem van ~ kennen* jmdn näher kennen^{189}; *van zeer ~ op iem schieten* aus nächster Nähe auf jmdn schießen^{238}; **II** *vz* nahe^{+3}: *~ de stad* nahe der Stadt

nabijgelegen nahe gelegen, benachbart

nabijheid Nähe v^{28}

nabijzijnd nahe, nahe gelegen

nablijven 1 *(schoolblijven)* nachsitzen^{268}; **2** *(achterblijven)* zurückbleiben^{134}

nabootsen nachahmen; *(namaken)* nachbilden

nabootsing Nachahmung v^{20}, Nachbildung v^{20}

naburig benachbart: *~e staat* Nachbarstaat m^{16}

nacht Nacht v^{25}: *~en lang* nächtelang; *goede ~!* gute Nacht!; *bij ~* nachts, in der Nacht; *'s ~s* nachts, in der Nacht; *tot diep in de ~* bis spät in die Nacht; *op een ~* eines Nachts

nachtarbeid Nachtarbeit v^{28}

nachtbel Nachtglocke v^{21}

nachtblind nachtblind

nachtbraken 1 *(vermaak zoeken)* nächtlichen Vergnügungen nachgehen^{168}; **2** *('s nachts werken)* nachts arbeiten

nachtbraker 1 *(boemelaar)* Nachtschwärmer m^9; **2** *(werker)* Nachtarbeiter m^9

nachtclub Nachtklub m^{13}

nachtcrème Nachtcreme v^{27}

nachtdienst Nachtdienst m^5

nachtdier Nachttier o^{29}

nachtegaal Nachtigall v^{20}

nachtelijk nächtlich, Nacht…

nachtgoed Nachtzeug o^{39}

nachthemd, nachtjapon Nachthemd o^{37}

nachtkluis Nachttresor m^5

nachtleven Nachtleben o^{39}

nachtmerrie Albtraum m^6, Alptraum m^6

nachtploeg Nachtschicht v^{20}

nachtpon Nachthemd o^{37}

nachtrust Nachtruhe v^{28}

nachtslot Nachtschloss o^{32}: *op het ~ doen* den Nachtschlossriegel vorschieben^{237}

nachttrein Nachtzug m^6

nachtverblijf Nachtlager o^{33}, Nachtquartier o^{29}

nachtvlucht Nachtflug m^6

nachtvorst Nachtfrost m^6

nachtwaker Nachtwächter m^9

nachtwerk Nachtarbeit v^{28}

nacijferen nachrechnen

nacompetitie Aufstiegsrunde v^{21}

nadagen: *in zijn ~ zijn: a) (ouder worden)* (sichtlich) älter werden^{310}; *b) (aftakelen, aflopen)* zu Ende gehen^{168}

nadarafsluiting *(Belg)* Absperrgitter o^{33}

nadat nachdem

nadeel Nachteil m^5; *(schade)* Schaden m^{12}: *iem ~ berokkenen* jmdm Schaden zufügen; *~ lijden bij* Schaden erleiden^{199} bei^{+3}: *in mijn ~* zu meinem Nachteil; *ten nadele van de firma* zuungunsten *(of:* zu Ungunsten) der Firma

nadelig nachteilig, schädlich: *~ voor de gezondheid zijn* der Gesundheit^3 schaden

nadenken I *ww* nachdenken^{140}, überlegen, sich^3 überlegen: *over iets ~* über^{+4} etwas nachdenken; **II** *zn* Nachdenken o^{39}: *zonder ~* ohne Nachdenken; *dat stemt tot ~* das stimmt nachdenklich

nadenkend nachdenklich

nader näher; *(nauwkeuriger)* genauer: *iets ~s* etwas Näheres; *~ bericht* weitere Nachricht v^{20}: *~e gegevens* weitere Einzelheiten; *salaris ~ overeen te komen* Gehalt nach Vereinbarung; *tot ~ order* bis auf weiteres

naderbij näher

naderen 1 sich nähern^{+3}: *hij nadert de zestig* er geht auf die sechzig zu; **2** *(in aantocht zijn)* näher kommen^{193}, nahen: *bij het ~ van de vijand* beim Herannahen des Feindes

naderhand nachher, später, hinterher

nadering Herannahen o^{39}

nadien danach, nachher

nadieselen nachdieseln

nadoen: *iem ~* jmdn nachahmen; *iets ~* etwas^{+4} nachahmen; *(voor) iem iets ~* jmdm etwas nachahmen

nadorst Nachdurst m^{19}

nadruk Nachdruck m^{19}: *de ~ leggen op iets* etwas betonen *(of:* hervorheben^{186}): *met ~* nachdrücklich

nadrukkelijk nachdrücklich

nagaan 1 *(volgen)* nachgehen^{168+3}, folgen^{+3}; **2** *(inspecteren)* kontrollieren^{320}; **3** *(zich voorstellen)* sich^3 vorstellen, sich^3 denken^{140}: *moet je ~!* stell dir vor!; **4** *(controleren)* (nach)prüfen: *iems gangen ~* jmdn auf Schritt und Tritt beobachten || *voor zover we kunnen ~* soweit wir feststellen können^{194}

nagalm Nachhall m^5; *(fig)* Nachklang m^{19}

nagalmen nachhallen; *(fig)* nachklingen^{191}

nageboorte Nachgeburt v^{20}

nagedachtenis Andenken o^{39}: *ter ~ van iem* zur Erinnerung an jmdn

nagel *(ook spijker)* Nagel m^{10}: *op zijn ~s bijten* an den Nägeln kauen

nagelbijten *ww* an den Nägeln kauen

nagelborstel Nagelbürste v^{21}

nagelgarnituur Nageletui o^{36}

nagellak Nagellack m^5

nagelnieuw nagelneu

nagelriem Nagelhaut v^{25}
nagelschaar Nagelschere v^{21}
nageltang Nagelzange v^{21}
nagelvijl Nagelfeile v^{21}
nagenoeg nahezu, fast
nagerecht Nachtisch m^5, Dessert o^{36}
nageslacht 1 *(algem)* Nachwelt v^{28}; **2** *(nakomeling-schap)* Nachkommenschaft v^{28}
nageven *(als toegift)* zugeben[166]: *dat moet men hem ~ das muss man ihm lassen
nahollen *(jmdm)* nacheilen, nachrennen[222]
nahouden 1 *(van leerling)* nachsitzen lassen[197]; **2** *(bezitten)* (sich³) halten[183]: *er een auto op ~ (sich³) ein Auto halten
naïef naiv
naïeveling Naivling m^5
naijver 1 *(afgunst)* Neid m^{19}; **2** *(wedijver)* Wetteifer m^{19}
naïviteit Naivität v^{28}
najaar Herbst m^5
najaarsmode Herbstmode v^{21}
najaarsopruiming Sommerschlussverkauf m^6
najagen nachjagen[+3]; verfolgen: *een doel ~ ein Ziel verfolgen
nakaarten nachkarten
nakauwen *(ook fig)* wiederkäuen
nakijken 1 *(achternazien)* nachsehen[261+3], nachblicken[+3], nachschauen[+3]; **2** *(controleren)* nachsehen[261]; nachprüfen; **3** *(techn)* überholen || *het ~ hebben* das Nachsehen haben[182]
naklinken nachklingen[191], nachhallen
nakomeling Nachkomme m^{15}
nakomelingschap Nachkommenschaft v^{28}
nakomen nachkommen[193+3]: *nagekomen berichten* später eingelaufene Nachrichten; *een belofte ~ ein Versprechen halten[183]: een gebod ~ ein Gebot befolgen; zijn verplichtingen ~ seinen Verpflichtungen nachkommen
nakomertje Nesthäkchen o^{35}
nalaten 1 *(bij overlijden)* hinterlassen[197]; **2** *(vermaken)* hinterlassen[197], vermachen; **3** *(zich onthouden van)* unterlassen; **4** *(verzuimen)* verfehlen, versäumen: *ik kan niet ~ u te zeggen* ich kann nicht umhin, Ihnen zu sagen
nalatenschap Hinterlassenschaft v^{20}, Erbschaft v^{20}, Nachlass m^5, m^6
nalatig *(slordig)* nachlässig, fahrlässig
nalatigheid Nachlässigkeit v^{20}, Fahrlässigkeit v^{20}
naleven befolgen
naleveren nachliefern
naleving Einhaltung v^{28}, Befolgung v^{28}
nalezen nachlesen[201]
nalopen 1 *(achternalopen)* nachlaufen[198+3]; **2** *(controleren)* nachsehen[261]
namaak Nachahmung v^{28}
namaken nachmachen[+4], nachahmen[+4]; *(van bankbiljet e.d.)* fälschen
name: *met ~ besonders, namentlich
namelijk nämlich

nameloos unsäglich, unsagbar, namenlos
namens namens[+2], im Namen[+2], im Auftrag[+2]: *~ mij* in meinem Namen
nameten nachmessen[208]
namiddag Nachmittag m^5: *in de ~ am Nachmittag, nachmittags
naoorlogs Nachkriegs…: *~e toestanden* Nachkriegszustände *mv* m^6
napalm Napalm o^{39}
Napels Neapel o^{39}
napijn Nachschmerzen *mv* m^{16}
napluizen nachforschen[+3]
napraten I *tr* *(hetzelfde zeggen)* (jmdm) nachplappern, (jmdm) nachbeten; **II** *intr* *(blijven praten)* sich hinterher unterhalten[183]
naprater Nachbeter m^9
napret nachträgliches Vergnügen o^{39}
nar Narr m^{14}
narcis Narzisse v^{21}
narcose Narkose v^{21}: *iem onder ~ brengen* jmdn[+4] narkotisieren[320]
narcoticabrigade Rauschgiftdezernat o^{29}
narcoticum Narkotikum o *(2e nvl -s; mv Narkotika)*
narcotisch narkotisch
narcotiseren narkotisieren[320]
narcotiseur Narkotiseur m^5, Anästhesist m^{14}
narekenen nachrechnen[+4]
narennen nachrennen[222+3]
narigheid Ärger m^{19}
narijden nachfahren[153+3], *(op paard)* nachreiten[221+3]
naroepen *(jmdm)* nachrufen[226]
narrig mürrisch
nasaal I *bn, bw* nasal; **II** *zn* Nasallaut m^5
naschilderen nachmalen[+4]
nascholen weiterbilden, fortbilden
nascholing Weiterbildung v^{20}, Fortbildung v^{20}
naschreeuwen *(jmdm)* nachschreien[253]
naschrift Nachschrift v^{20} *(afk NS)*
naseizoen Nachsaison v^{27}
naslaan nachschlagen[241+4]
naslagwerk Nachschlagewerk o^{29}
nasleep Nachspiel o^{29}, Folgeerscheinungen *mv* v^{20}
nasmaak Nachgeschmack m^{19}
naspel Nachspiel o^{29}
naspelen nachspielen
naspeuren, nasporen nachforschen[+3]
nasporing Nachforschung v^{20}, *(jur)* Ermittlung v^{20}: *~en doen* Nachforschungen anstellen
nastaren nachstarren[+3]
nastreven nachstreben[+3]: *een doel ~ ein Ziel anstreben
nasturen *(jmdm etwas)* nachschicken
nasynchronisatie Synchronisation v^{20}
nasynchroniseren synchronisieren[320]
nat I *bn, bw* nass[59]; **II** *zn* *(vloeistof)* Nass o^{39}; *(kookvocht)* Sud m^5; *(water)* Wasser o^{39}; **III** *tw* *~!* *(geverfd)* frisch gestrichen!
natafelen noch bei Tisch sitzen bleiben[134]

natellen nachzählen[+4]
natheid Nässe v^{28}
natie Nation v^{20}
nationaal national, National…: *de nationale economie* die Volkswirtschaft; *~ elftal* Nationalelf v^{20}: *nationale feestdag* Nationalfeiertag m^5: *het ~ inkomen* das Volkseinkommen; *~ kampioen* Landesmeister m^9: *~ park* Nationalpark m^{13}
nationaal-socialisme Nationalsozialismus m^{19a}
nationaal-socialist Nationalsozialist m^{14}
nationaal-socialistisch nationalsozialistisch
nationalisatie Verstaatlichung v^{20}
nationaliseren verstaatlichen
nationalisme Nationalismus m^{19a}
nationalistisch nationalistisch
nationaliteit 1 Staatsangehörigkeit v^{28}, Staatsbürgerschaft v^{28}; **2** *(mensen)* Nationalitäten *mv* v^{20}
natrappen 1 *(fig)* (jmdn) hinterher diffamieren[320]; **2** *(voetbal)* nachhaken
natrekken 1 *(nareizen)* nachreisen[+3]; **2** *(controleren)* nachgehen[168+3]
natrium Natrium o^{39}
nattig feucht
nattigheid Nässe v^{28}, Feuchtigkeit v^{28}: *(fig) ~ voelen* den Braten riechen[223]
natura: *in ~* Natural…, Sach…; *betaling in ~* Sachleistung v^{20}
naturalisatie Naturalisation v^{20}
naturaliseren naturalisieren[320]
naturalisme Naturalismus m^{19a}
naturel *(niet gekleurd)* naturfarben
naturisme Freikörperkultur v^{28} *(afk* FKK)
naturist Anhänger m^9 der Freikörperkultur
natuur Natur v^{20}: *van nature* von Natur aus
natuurbehoud Naturschutz m^{19}
natuurbescherming Naturschutz m^{19}
natuurgebied Naturlandschaft v^{20}: *beschermd ~* Naturschutzgebiet o^{29}
natuurgeneeswijze Naturheilverfahren o^{35}
natuurgetrouw naturgetreu
natuurkunde Physik v^{28}
natuurkundig physikalisch
natuurkundige Physiker m^9
natuurliefhebber Naturfreund m^5
natuurlijk natürlich; *(vanzelfsprekend, ook)* selbstverständlich
natuurmens Naturmensch m^{14}
natuurmonument Naturdenkmal o^{32}
natuurproduct Naturprodukt o^{29}, Naturerzeugnis o^{29a}
natuurramp Naturkatastrophe v^{21}
natuurreservaat Naturschutzgebiet o^{29}
natuurschoon Naturschönheit v^{20}
natuursteen Naturstein m^5
natuurtalent Naturtalent o^{29}
natuurverschijnsel Naturerscheinung v^{20}
natuurwetenschap Naturwissenschaft v^{20}
nauw I *bn, bw* **1** *(niet wijd, intiem)* eng, knapp: *~ bevriend* eng befreundet; *~ sluiten (van kleren)* eng

(of: knapp) anliegen[202]); **2** *(precies)* genau: *hij neemt het zeer ~* er nimmt es sehr genau; *niet zo ~ kijken* es nicht so genau nehmen[212]: *het komt er niet zo ~ op aan!* so genau braucht man es nicht zu nehmen!; **II** *zn* **1** *(moeilijkheid, nood)* Enge v^{21}, Klemme v^{21}: *iem in het ~ brengen* jmdn in die Enge treiben[290]: *in het ~ raken* in[+4] Bedrängnis geraten[218]: *in het ~ zitten* in der Klemme sitzen[268]; **2** *(zee-engte)* Meerenge v^{21}: *het Nauw van Calais* der Ärmelkanal
nauwelijks kaum: *ik was ~ thuis, of …* ich war kaum zu Hause, da …
nauwgezet gewissenhaft, genau, *(stipt)* pünktlich
nauwgezetheid Gewissenhaftigkeit v^{28}, Genauigkeit v^{28}, *(stiptheid)* Pünktlichkeit v^{28}
nauwkeurig genau; *(grondig)* eingehend
nauwkeurigheid Genauigkeit v^{28}
nauwlettend genau, sorgfältig
nauwlettendheid Genauigkeit v^{28}, Sorgfalt v^{28}
nauwsluitend eng anliegend
n.a.v. *afk van* naar aanleiding van anlässlich[+2]
navel Nabel m^9
navelsinaasappel Navel v^{27}, Navelorange v^{21}
navelstreng Nabelschnur v^{25}
navenant (dem)entsprechend
navertellen nacherzählen[+4]
navigatie Navigation v^{28}
navigator *(persoon)* Navigator m^{16}
navigeren 1 navigieren[320]; **2** *(manoeuvreren)* manövrieren[320]
NAVO NATO v^{28}, Nato
navoelen (jmdm etwas) nachempfinden[157]
navolgen nachfolgen[+3], folgen[+3]: *een voorbeeld ~* einem Beispiel folgen
navolgend nachstehend, nachfolgend
navolgenswaardig nachahmenswert
navolger Nachahmer m^9
navolging Nachahmung v^{20}: *in ~ van de Russen* nach dem Vorbild der Russen
navraag Nachfrage v^{21}: *bij ~* auf Nachfrage
navragen nachfragen (bei[+3])
navullen nachfüllen
navulpak Nachfüllpackung v^{20}
naweeën *(ook fig)* Nachwehen *mv* v^{21}
nawegen nachwiegen[312+4]
nawerken nachwirken
nawerking Nachwirkung v^{20}
nazaat Nachkomme m^{15}, Nachfahr m^{14}
nazeggen nachsagen[+4]
nazenden (jmdm etwas) nachsenden[263]
nazi Nazi m^{13}
nazicht *(Belg)* Kontrolle v^{21}
nazien 1 *(achternakijken)* nachsehen[+3]; **2** *(doorlezen)* durchsehen[261]; **3** *(corrigeren)* korrigieren[320], nachsehen[261+4]: *iets in een boek ~* etwas[+4] in einem Buch nachschlagen[241]
nazitten *(vervolgen)* (jmdm) nachsetzen
nazomer Nachsommer m^9, Spätsommer m^9
nazorg 1 *(bij patiënten)* Nachsorge v^{28}; **2** *(bij machines)* Wartung v^{20}

necessaire Necessaire o^{36}, Nessessär o^{36}
nectar Nektar m^5
nectarine Nektarine v^{21}
nederig 1 *(eenvoudig)* einfach, bescheiden; **2** *(deemoedig)* demütig
nederigheid Bescheidenheit v^{28}; Demut v^{28}
nederlaag Niederlage v^{21}: *een ~ lijden* eine Niederlage erleiden[199]
Nederland die Niederlande *(mv)*
Nederlander Niederländer m^9
Nederlanderschap niederländische Staatsangehörigkeit v^{28}
Nederlands I *zn* Niederländisch o^{41}; **II** *bn* niederländisch: *in het ~ vertalen* ins Niederländische übersetzen
Neder-Rijn Niederrhein m^{19}
nederzetting Niederlassung v^{20}, Ansiedlung v^{20}
¹nee *tw* nein: *wel ~!* aber nein!; *~ zeker niet!* natürlich nicht!; *hij zegt van ~* er sagt Nein *(of:* nein); *~ toch! aber nein!; ~ maar! wat ben je groot geworden!* nein! wie groß du geworden bist!
²nee *zn* Nein *o* (2e nvl -(s); mv -(s))
neef 1 *(zoon van oom, tante)* Vetter m^{17}; **2** *(zoon van broer, zuster)* Neffe m^{15}
neen *zie* nee
neer *bw* nieder, hinunter, herunter, hinab, herab: *op en ~* auf und ab und nieder
neerbonzen hinknallen
neerbuigend herablassend
neerdalen herabsteigen[281], hinabsteigen[281]; *(mbt vliegtuig)* niedergehen[168]
neergaan hinuntergehen[168], hinabgehen[168]: *~de beweging* Abwärtsbewegung v^{20}: *~de conjunctuur* rückläufige Konjunktur; *op- en ~* auf und ab gehen, *(in bokswedstrijd)* niedergehen[168]
neergang Niedergang m^6, Rückgang m^6
neergooien hinwerfen[311]
neerhalen 1 *(een muur)* niederreißen[220]; **2** *(neerschieten)* abschießen[238]; **3** *(bekritiseren)* heruntermachen; **4** *(naar beneden halen)* niederholen, einholen
neerhangen I *tr* hinhängen; **II** *intr* herabhängen[184], herunterhängen[184]
neerkijken 1 *(lett)* hinuntersehen[261], heruntersehen[261]; **2** *(met minachting)* herabsehen[261]: *~ op iem* auf jmdn herabsehen
neerknielen niederknien, hinknien
neerkomen 1 *(op de grond komen)* landen (auf⁺³): *met een smak ~* aufschlagen[241]; **2** *(treffen)* treffen[289]: *op hem komt alles neer (ook)* er ist für alles verantwortlich; **3** *(de strekking hebben)* hinauslaufen[198] (auf⁺⁴): *de inhoud komt op het volgende neer* der Inhalt ist kurz folgender; **4** *(mbt vliegtuig)* niedergehen[168], landen
neerkwakken hinknallen
neerlandicus Niederlandist m^{14}
neerlaten herablassen[197], herunterlassen[197]
neerleggen I *tr* **1** *(op iets leggen)* hinlegen: *waar moet ik het boek ~?* wo soll ich das Buch hinlegen?;

(fig) iets naast zich ~ etwas nicht beachten; **2** *(deponeren)* hinterlegen, deponieren[320]; **3** *(afstand doen van)* niederlegen: *het werk ~ die* Arbeit niederlegen; **4** *(betalen)* hinlegen, hinblättern; **5** *(doodschieten)* töten, umlegen; **II** *zich ~ (erin berusten)* sich abfinden[157] (mit⁺³), sich fügen⁺³
neerlopen: *op- en ~* auf und ab gehen[168]
neerploffen (hin)fallen[154], (hin)plumpsen: *in een stoel ~* sich in einen Sessel plumpsen lassen[197]
neerschieten 1 niederschießen[238]: *iem ~* jmdn niederschießen; **2** *(van vliegtuig)* abschießen[238]
neerschrijven niederschreiben[252]
neerslaan I *tr* **1** *(iem, zijn ogen, een opstand)* niederschlagen[241]; **2** *(zijn kraag)* herunterschlagen[241]; **3** *(doen bezinken)* niederschlagen[241]; **II** *intr* **1** *(bezinken, condenseren)* sich niederschlagen[241]; **2** *(neervallen)* hinstürzen
neerslachtig niedergeschlagen, gedrückt
neerslag 1 Niederschlag m^6: *er is kans op ~* es gibt möglicherweise Niederschlag; *een ~ van kalk* eine Kalkablagerung; **2** *(resultaat)* Niederschlag m^6: *zijn ~ vinden in* seinen Niederschlag finden[157] in⁺³
neersmakken I *tr* hinknallen (auf⁺⁴); **II** *intr* hinschlagen[241], aufschlagen[241] (auf⁺⁴)
neersmijten hinschmeißen[247]
neersteken (jmdn) niederstechen[277]
neerstorten I *tr* *(omlaag werpen)* hinunterstürzen; **II** *intr* *(neervallen)* niederstürzen; *(mbt parachutist)* abstürzen: *het ~* der Absturz
neerstrijken 1 *(mbt vogels)* sich niederlassen[197]; *(mbt vliegtuig)* niedergehen[168]; **2** *(zich vestigen)* sich niederlassen[197] (in⁺³)
neertellen *(betalen)* hinlegen, hinblättern
neervallen 1 *(op de grond vallen)* hinfallen[154]; *(mbt hagel, regen)* niedergehen[168]; **2** *(door oververmoeidheid)* umfallen[154]
neervlijen hinlegen
neerwaarts niederwärts, abwärts
neerwerpen hinwerfen[311], niederwerfen[311]
neerzetten 1 *(plaatsen)* hinsetzen, hinstellen: *een huis ~* ein Haus bauen; **2** *(theat, film)* darstellen: *een personage ~* eine Figur darstellen; **3** *(behalen)* erzielen: *een tijd ~* eine Zeit erzielen
neerzien *(fig) op iem ~* auf jmdn herabsehen[261]
neet 1 Nisse v^{21}; **2** *(fig) kale ~* Habenichts m^5
negatief I *bn, bw* negativ; **II** *zn* Negativ o^{29}
negen neun: *alle ~* alle neun *(of:* alle neune); *zie ook* ²acht
negende I *rangtelw* der (die, das) neunte: *ten ~* neuntens; **II** *zn (deel)* Neuntel o^{33}
negenjarig neunjährig
negenmaal neunmal
negental neun: *een ~* etwa neun
negentien neunzehn
negentig neunzig
neger Neger m^9, Schwarze(r) m^{40a}
¹negeren quälen, zwiebeln, piesacken
²negeren 1 *(ontkennen)* negieren[320]; **2** *(geen notitie van iem of iets nemen)* ignorieren[320]

negerin Negerin *v*[22], Schwarze *v*[40b]
negligé Negligé *o*[36], Negligee *o*[36]: *in* ~ im Negligé (*of:* Negligee)
neigen neigen
neiging 1 Neigung *v*[20]: ~ *tot iets* Neigung zu[+3] etwas; **2** (*sterker*) Hang *m*[19]: ~ *tot liegen* Hang zum Lügen; ~ *tot overgeven* Brechreiz *m*[5]; **3** (*beursterm*) Tendenz *v*[20]: *een ~ tot dalen tonen* eine fallende Tendenz zeigen
nek Nacken *m*[11], Genick *o*[29]: *zijn ~ breken* sich[3] das Genick brechen[137]: (*fig*) *iem de ~ breken* jmdm das Genick brechen[137]: *een stijve ~ hebben* einen steifen Nacken haben[182]: *iem de ~ omdraaien* jmdm den Hals umdrehen; (*fig*) *zijn ~ uitsteken* Kopf und Kragen riskieren[320]: *iem met de ~ aanzien* jmdn über die Schulter ansehen[261]: *over zijn ~ gaan* kotzen; *uit zijn ~ kletsen* faseln
nek-aan-nekrace Kopf-an-Kopf-Rennen *o*[35]
nekken 1 (*doden*) (jmdm) den Hals umdrehen; **2** (*de genadeslag geven*) zugrunde (*of:* zu Grunde) richten
nekslag (*fig*) Todesstoß *m*[6]
nemen nehmen[212]: *de moeite ~* sich[3] die Mühe nehmen; *de verantwoordelijkheid op zich ~* die Verantwortung übernehmen; *een verplichting op zich ~* eine Verpflichtung übernehmen; *tot vrouw ~* zur Frau nehmen; *als u de moeite wilt ~ om boven te komen* wenn Sie sich heraufbemühen wollen; (*fig*) *dat neem ik niet!* das lasse ich mir nicht bieten!; *men moet alles maar ~, zoals het valt* man muss die Dinge nehmen, wie sie sind; *het ervan ~* sich[3] etwas gönnen
neofascisme Neofaschismus *m*[19a]
neonazisme Neonazismus *m*[19a]
neonlicht Neonlicht *o*[39]
nep Schwindel *m*[19]
neppen neppen, übervorteilen
nerf 1 (*plantk*) Nerv *m*[16], Ader *v*[21]; **2** (*in leer*) Narbe *v*[21]; **3** (*in hout, papier*) Faser *v*[21]
nergens nirgends, nirgendwo; (*niets*) nichts: *dat dient ~ toe* das ist zu nichts nütze; ~ *over spreken* von nichts reden; *zich ~ mee bemoeien: a)* (*bekommeren*) sich um nichts kümmern; *b)* (*inmengen*) sich nicht einmischen; *dat is ~ goed voor* das taugt nichts; ~ *zijn: a)* (*op geen enkele plaats*) nirgendwo sein[262]; *b)* (*niets bereikt hebben*) erst am Anfang stehen[279]; *c)* (*niet meetellen*) weg vom Fenster sein[262]: *hij geeft ~ om* ihm ist alles egal
nering Geschäft *o*[29]; (*handel*) Handel *m*[19]
nerts (*dier, bont*) Nerz *m*[5]
nerveus nervös
nerveusheid, nervositeit Nervosität *v*[28]
nest 1 (*van dieren, bed, kleine plaats*) Nest *o*[31]; **2** (*van roofvogels, meestal*) Horst *m*[5]; **3** (*eigenwijs meisje*) Kröte *v*[21]; **4** (*stel pannen, schalen*) Satz *m*[6]; **5** (*worp*) Wurf *m*[6] ‖ (*fig*) *uit een goed ~ komen* aus einem guten Stall kommen[193]
nestelen I nisten; **II** *zich ~* sich einnisten (in[+3])
[1]net (*ook fig*) Netz *o*[29]: (*van tv*) *op het eerste ~* im ers-

ten Programm
[2]net I *bn, bw* **1** (*fatsoenlijk, keurig*) anständig; **2** (*schoon*) sauber; **3** (*opgeruimd*) ordentlich; **II** *zn: in het ~ schrijven* ins Reine schreiben[252]; **III** *bw* gerade, eben, genau: ~ *genoeg* gerade genug; ~ *mijn idee* genau meine Idee; ~ *van pas komen* gerade gelegen kommen; *hij is ~ zijn vader* er ist ganz der Vater; *hij is ~ thuis* er ist gerade nach Hause gekommen; *dat is ~ wat voor hem: a)* (*dat kan men van hem verwachten*) das sieht ihm ähnlich; *b)* (*dat moet hij net hebben*) das ist gerade das Richtige für ihn; ~ *zolang, tot* so lange, bis; ~ *zo!* eben!; *ik weet het zo ~ nog niet* das weiß ich noch nicht so recht; *ik blijf ~ zo lief thuis* ich bleibe genauso gern zu Hause
netbal Netzball *m*[6]
netelig (*hachelijk*) misslich, heikel
netelroos Nesselsucht *v*[28], Nesselfieber *o*[39]
netheid 1 (*keurigheid*) Anständigkeit *v*[28]; **2** (*zin voor orde*) Ordentlichkeit *v*[28]; **3** (*orde*) Ordnung *v*[28]
nethemd Netzhemd *o*[37]
netjes 1 (*naar behoren*) anständig; **2** (*keurig*) sauber: ~ *werken* sauber arbeiten; **3** (*ordelijk*) ordentlich; **4** (*aardig, sierlijk*) sauber, fein: *dat is niet ~* das ist nicht fein; ~ *schrijven* sauber schreiben[252]: *wat ben je ~ vandaag!* du hast dich aber heute fein gemacht!
netkaart Netzkarte *v*[21]
netnummer Vorwahl *v*[20], Vorwahlnummer *v*[21]
netspanning Netzspannung *v*[20]
netto netto, Netto...
nettogewicht Nettogewicht *o*[29]
nettoprijs Nettopreis *m*[5]
nettowinst Nettogewinn *m*[5], Reingewinn *m*[5]
netvlies Netzhaut *v*[25]
netwerk Netz *o*[29], (*mbt leidingen, draden*) Netzwerk *o*[29]: *het sociale ~* das soziale Netz
neuken (*inform*) ficken, vögeln, bumsen
Neurenberg Nürnberg *o*[39]
neuriën summen
neurologie Neurologie *v*[28]
neuroloog Neurologe *m*[15]
neurose Neurose *v*[21]
neuroticus Neurotiker *m*[9]
neus 1 (*algem*) Nase *v*[21]: *hij doet alsof zijn ~ bloedt: a)* (*zich van de domme houden*) er stellt sich dumm; *b)* (*alsof er niets aan de hand is*) er tut so, als ob er nichts merkt; *een frisse ~ halen* frische Luft schnappen; (*fig*) *een fijne ~ voor iets hebben* ein feines Gespür für etwas haben[182]: *niet verder kijken dan zijn ~ lang is* nicht weiter sehen[261] als seine Nase: *dat komt mijn ~ uit* davon habe ich die Nase voll; *de ~ ophalen voor* die Nase rümpfen über[+4]; *zijn ~ snuiten* sich[3] die Nase putzen; *iem iets aan zijn ~ hangen* jmdm etwas auf die Nase binden[131]: *iem bij de ~ hebben* jmdn an der Nase herumführen; *iem iets door de ~ boren* jmdn um etwas bringen[139]: *langs zijn ~ weg* nebenbei; (*raar*) *op zijn ~ kijken* ein langes Gesicht machen; (*Belg*) *van zijn ~ maken* sich aufregen; **2** (*van schoen*) Spitze *v*[21]; **3**

(mbt wijn) Blume v^{21}; *zie ook* neusje
neusbloeding Nasenbluten o^{39}
neusdruppels Nasentropfen *mv* m^{11}
neusgat Nasenloch o^{32}
neusholte Nasenhöhle v^{21}
neushoorn Nashorn o^{32}
neusje Näschen o^{35}: *(fig) het ~ van de zalm* das Feinste vom Feinen
neuslengte Nasenlänge v^{21}
neusverkoudheid Schnupfen m^{11}
neut *(borrel)* Schnaps m^6
neutraal neutral
neutraliseren neutralisieren^{320}
neutraliteit Neutralität v^{20}
neutron Neutron o^{37}
neuzen 1 *(snuffelen)* schnüffeln; 2 *(komen kijken)* sich umgucken
nevel Nebel m^9; *(waas)* Dunst m^{19}
nevelachtig 1 *(vaag)* nebelhaft; 2 *(mistig)* neblig
nevelbank Nebelbank v^{25}
nevelig 1 *(vaag)* nebelhaft; 2 *(mistig)* neblig
nevenactiviteit Nebenbeschäftigung v^{20}
nevenfunctie Nebentätigkeit v^{20}
neveninkomsten Nebeneinkünfte *mv* v^{25}
nevenproduct Nebenprodukt o^{29}
nevenstaand nebenstehend
nicht 1 *(kind van oom, tante)* Kusine v^{21}; 2 *(kind van broer, zuster)* Nichte v^{21}; 3 *(mannelijke homo)* Tunte v^{21}, Schwule(r) m^{40a}
nicotine Nikotin o^{39}
niemand niemand, keine (keiner, keines): *~ anders dan hij* niemand anders als er; *anders ~* sonst niemand
niemandsland Niemandsland o^{39}
niemendal gar nichts
nier Niere v^{21}: *in hart en ~en* durch und durch
niersteen Nierenstein m^5
niesbui Niesanfall m^6
¹niet *bw* nicht: *om ~* umsonst; *ik vrees van ~* ich fürchte nein; *zo ~, dan ...* wenn nicht, dann ...; *ik geloof van ~* ich glaube nicht
²niet I *zn o* Nichts o^{39}: *uit het ~ te voorschijn roepen* aus dem Nichts hervorrufen^{226}; II *zn m (in loterij)* Niete v^{21}
³niet *(klinknagel)* Niet m^5, o^{29}, Niete v^{21}
nietapparaat Hefter m^9
nieten 1 *(met klinknagels)* (ver)nieten; 2 *(met nietjes)* heften (an^{+4})
nietig 1 *(ongeldig)* nichtig, ungültig: *~ verklaren* für nichtig erklären; 2 *(zonder waarde)* nichtig; 3 *(onbeduidend)* unbedeutend, winzig
nietigheid Nichtigkeit v^{28}, Ungültigkeit v^{28}
nietje Heftklammer v^{21}
nietmachine Hefter m^9, Heftmaschine v^{21}
niet-officieel inoffiziell
niets I *onbep vnw* nichts: *~ nieuws* nichts Neues; *het is ~!* das macht nichts!; *daar is ~ aan te doen!* da ist nichts zu machen!; *~ doen dan werken* immer nur arbeiten; *een vent van ~* eine Niete; *~ daarvan*

nichts da!; *daar komt ~ van!* daraus wird nichts!; *voor ~* umsonst; *~ voor ~* nichts ist umsonst; II *bw* gar: *~ geen zin* gar keine Lust; III *zn* Nichts o^{29}
nietsbetekenend nichts bedeutend
nietsdoen Nichtstun o^{39}
nietsnut Nichtsnutz m^5
nietsvermoedend nichts ahnend, ahnungslos
nietszeggend nichts sagend
niettegenstaande I *vz* trotz$^{+2, zelden+3}$: *~ dat* trotzdem; II *vw* obwohl
niettemin trotzdem, dennoch
nietwaar nicht, nicht wahr, oder
nieuw neu, Neu…: *~e auto (ook)* Neuwagen m^{11}; *~e druk (ook)* Neudruck m^5: *~ gebouw (ook)* Neubau m (2e nvl -s; *mv* -ten): *de ~ere tijd* die Neuzeit; *in het ~ steken* neu einkleiden; *het ~e is eraf* es hat den Reiz des Neuen verloren; *dat is het ~ste* das ist das Neueste
nieuwbakken *(ook fig)* frisch gebacken
nieuwbouw Neubau m (2e nvl -s; *mv* -ten)
nieuweling Neuling m^5
nieuwemaan Neumond m^{19}
nieuwerwets neumodisch
nieuwheid 1 *(nieuw denkbeeld e.d.)* Neuerung v^{20}; 2 *(iets nieuws)* Neuheit v^{20}
nieuwjaar Neujahr o^{29}: *gelukkig ~!* prosit Neujahr!, ein glückliches neues Jahr!
nieuwjaarsbrief *(Belg)* Neujahrswunsch m^6
nieuwjaarsdag Neujahrstag m^5
nieuwjaarswens Neujahrswunsch m^6
nieuwkomer Neuling m^5
nieuwkuis *(Belg)* Reinigungsanstalt v^{20}, Reinigung v^{20}
nieuwprijs Neupreis m^5
nieuws 1 *(bericht, tijding)* Nachricht v^{20}, *(officieel)* Meldung v^{20}: *wat is er voor ~?* was gibt's Neues?; *dat is oud ~!* das ist doch kalter Kaffee!; 2 *(nieuwsberichten)* Nachrichten *(mv)*: *het laatste ~* die neuesten Nachrichten; *het plaatselijk ~* die Lokalnachrichten
nieuwsagentschap Nachrichtenagentur v^{20}
nieuwsbericht Nachricht v^{20}
nieuwsblad Zeitung v^{20}, Tageszeitung v^{20}
nieuwsbrief Rundschreiben o^{35}, Rundbrief m^5
nieuwsgaring Informationsbeschaffung v^{20}
nieuwsgierig *(met naar)* neugierig (auf^{+4})
nieuwsgierigheid Neugier v^{28}
nieuwslezer Nachrichtensprecher m^9
nieuwtje 1 *(iets nieuws)* Neuheit v^{20}, Novität v^{20}; 2 *(bericht)* Neuigkeit v^{20}
Nieuw-Zeeland Neuseeland o^{39}
Nieuw-Zeelands neuseeländisch
niezen niesen
nihil nichts: *het resultaat was ~* das Ergebnis war gleich null
nijd Neid m^{19}, Missgunst v^{28}
nijdig 1 *(boos)* wütend, böse; 2 *(vinnig)* grimmig
nijdigheid Ärger m^{19}, Wut v^{28}
nijgen sich verbeugen, sich verneigen

Nijl Nil *m*[19], *m*[19a]
nijlpaard Nilpferd *o*[29], Flusspferd *o*[29]
nijpend bitter: *~e armoede* bittere Armut; *~ gebrek (aan)* erheblicher Mangel (an[+3])
nijptang Kneifzange *v*[21], Beißzange *v*[21]
nijver fleißig, emsig, betriebsam
nijverheid Industrie *v*[21], Gewerbe *o*[33]
nikkel Nickel *o*[39]
nikkelen *bn* aus Nickel, Nickel…
niks: *een boek van ~* ein jämmerliches Buch; *een vent van ~* ein Schlappschwanz; *~ hoor!* ja, Pustekuchen!; *zie ook* niets
niksen herumsitzen[268], faulenzen
niksnut Nichtsnutz *m*[5], Taugenichts *m*[5]
nimmer nie(mals)
nippel Nippel *m*[9]
nippen nippen: *~ aan* nippen an[+3]
nippertje: *op het ~: a) (tijdsbepaling)* im letzten Augenblick; *b) (maar net)* mit knapper Not
nis Nische *v*[21]
niveau Niveau *o*[36], Ebene *v*[21]: *op het hoogste ~* auf höchster Ebene
nivelleren *(ook fig)* nivellieren[320]
nivellering Nivellierung *v*[20]
nl. *afk van namelijk* nämlich
nobel nobel
Nobelprijs Nobelpreis *m*[5]
Nobelprijswinnaar Nobelpreisträger *m*[9]
noch noch: *~ … ~* weder … noch; *hij heeft ~ geld ~ goed* er hat weder Geld noch Gut
nochtans dennoch, trotzdem
no-claimkorting Schadenfreiheitsrabatt *m*[5]
node ungern, widerstrebend, zögernd: *ik doe het ~* ich tue es ungern ‖ *van ~* vonnöten, nötig
nodeloos unnötig, *(bw ook)* unnötigerweise
noden einladen[196], bitten[132]
nodig I *bn, bw* nötig, notwendig, dringend: *beslist ~* unbedingt nötig; *zo ~* wenn nötig; *het is hoog ~* es ist sehr nötig; *~ hebben* nötig haben[182], brauchen; *iets hard ~ hebben* etwas dringend brauchen; *je hebt er niets ~!* du hast da nichts zu schaffen!; *ik moet er ~ heen* ich muss dringend hin; *het ~ vinden* es für nötig halten[183]; **II** *zn: het ~e* das Nötige; *het hoogst ~e* das Notwendigste; *het ~e kosten* einiges kosten
nodigen einladen[196], bitten[132]
noemen nennen[213]: *om (maar) eens iets te ~* zum Beispiel; *een straat naar iem ~* eine Straße nach jmdm benennen[213]; *iem ~ naar …* jmdn nennen nach[+3] …
noemenswaard(ig) nennenswert
noemer Nenner *m*[9]: *(fig) onder één ~ brengen* auf einen (gemeinsamen) Nenner bringen[139]
¹noest *zn* Knorren *m*[11]
²noest *bn, bw* emsig, unermüdlich
nog noch: *~ maar een week* nur noch eine Woche; *tot ~ toe* bis jetzt, bisher; *dat ontbrak er ~ maar aan* das fehlte gerade noch; *hij zal ~ wel komen* er wird schon noch kommen; *om ~ maar te zwijgen van* ganz zu schweigen von[+3]; *dat is ~ zo gek niet* das ist gar nicht übel; *al is hij ~ zo dom* und wenn er noch so dumm ist

noga Nugat *m*[13], *o*[36], Nougat *m*[13], *o*[36]
nogal ziemlich: *het gaat ~* es geht so ziemlich; *hij is ~ vlijtig* er ist ziemlich fleißig; *het is ~ niet koud* es ist ja nicht sehr kalt
nogmaals nochmals, abermals
no-iron bügelfrei
nok 1 *(van dak)* First *m*[5]; **2** *(techn)* Nocken *m*[9]
nokkenas Nockenwelle *v*[21]
nomade Nomade *m*[15]
nominaal nominal, Nominal…: *~ bedrag* Nominalbetrag *m*[6]
nominatie 1 *(benoeming)* Ernennung *v*[20]; **2** *(voordracht)* Kandidatenliste *v*[21]: *op de ~ staan …* nahe daran sein[262] …
non Nonne *v*[21]
nonchalance 1 Lässigkeit *v*[28]; **2** *(slordigheid)* Nachlässigkeit *v*[28], *(ernstiger)* Fahrlässigkeit *v*[20]
nonchalant 1 lässig; **2** *(slordig)* nachlässig, *(ernstiger)* fahrlässig
non-profit nicht auf Gewinn gerichtet
non-proliferatie Nonproliferation *v*[28]
nonsens Unsinn *m*[19], Blödsinn *m*[19]
non-stop nonstop
non-stopvlucht Non-Stop-Flug, Nonstopflug *m*[6]
non-verbaal nonverbal
nood Not *v*[25]: *~ breekt wet* Not kennt kein Gebot; *geen ~!* keine Sorge!; *hij heeft geen ~* er leidet keine Not; *als de ~ aan de man komt* wenn Not am Mann ist; *uit ~* notgedrungen; *in geval van ~* im Notfall, notfalls; *van de ~ een deugd maken* aus der Not eine Tugend machen
noodbrug Behelfsbrücke *v*[21]
nooddeur Nottür *v*[21]
noodgebied Katastrophengebiet *o*[29]
noodgedwongen notgedrungen
noodgeval Notfall *m*[6]
noodlanding Notlandung *v*[20]
noodlijdend Not leidend
noodlot *(algem)* Schicksal *o*[29]; *(ongunstig)* Verhängnis *o*[29a]
noodlottig verhängnisvoll, fatal
noodmaatregel Notmaßnahme *v*[21]
noodoplossing Notlösung *v*[20]
noodrantsoen Notration *v*[20]
noodrem Notbremse *v*[21]
noodsein Notsignal *o*[29]
noodsprong Notlösung *v*[20]
noodtoestand Notlage *v*[21], *(jur)* Ausnahmezustand *m*[6], Notstand *m*[6]
nooduitgang Notausgang *m*[6], *(in bus e.d.)* Notausstieg *m*[6]
noodverband 1 *(lett)* Notverband *m*[6]; **2** *(fig)* Notmaßnahme *v*[21]
¹noodweer *(slecht weer)* Unwetter *o*[33]
²noodweer *(verweer)* Notwehr *v*[28]: *iem uit ~ doden* jmdn in Notwehr töten

no

noodzaak Notwendigkeit v^{20}: *zonder* ~ ohne Not; *uit* ~ notgedrungen

noodzakelijk notwendig: *het strikt* ~*e* das unbedingt Notwendige

noodzakelijkerwijs notwendig(erweise)

noodzakelijkheid Notwendigkeit v^{20}

noodzaken nötigen, zwingen[319]

nooit nie(mals): ~ *ofte nimmer* nie und nimmer

Noor Norweger m^9

noord I *zn* Norden m^{19}; II *bn, bw* nördlich: *de wind is* ~ der Wind weht von Norden

Noord-Afrika Nordafrika o^{39}

Noord-Amerika Nordamerika o^{39}

Noord-Amerikaan Nordamerikaner m^9

Noord-Amerikaans nordamerikanisch

noordelijk nördlich: ~ *van Parijs* nördlich von Paris; ~ *van de stad* nördlich der Stadt

noorden Norden m^{19}: *het hoge* ~ der hohe Norden; *naar het* ~ nach Norden; *op het* ~ *liggen* nach Norden liegen[202]; *ten* ~ *van Parijs* nördlich von Paris; *uit, van het* ~ aus, von Norden

noordenwind Nordwind m^5

noorderbreedte nördliche Breite v^{21}

noorderkeerkring nördlicher Wendekreis m^{19}

noorderlicht Nordlicht o^{31}, Polarlicht o^{31}

noorderzon *(fig)* *met de* ~ *vertrekken* bei Nacht und Nebel verschwinden[258]

Noord-Holland Nordholland o^{39}

noordoost, noordoostelijk nordöstlich

noordoosten Nordosten m^{19}

noordpool Nordpol m^{19}

noordpoolcirkel nördlicher Polarkreis m^{19}

noordpoolexpeditie Nordpolexpedition v^{20}

noordpoolgebied Nordpolargebiet o^{29}, Arktis v^{28}

noordwaarts I *bw* nordwärts; II *bn* nördlich

noordwest, noordwestelijk nordwestlich

noordwesten Nordwesten m^{19}

noordwestenwind, noordwester Nordwestwind m^5

Noordzee Nordsee v^{28}

Noors I *zn* Norwegisch o^{41}; II *bn* norwegisch

Noorwegen Norwegen o^{39}

¹noot *(muz)* Note v^{21}: *veel noten op zijn zang hebben* anspruchsvoll sein[262]

²noot *(aantekening)* Anmerkung v^{20}, Notiz v^{20}

³noot 1 *(vrucht)* Nuss v^{25}; **2** *(boom)* Nussbaum m^6

nootmuskaat Muskatnuss v^{25}

nop 1 *(oneffenheid)* Noppe v^{21}; **2** *(onder sportschoen)* Stollen m^{11}

nopen 1 *(dwingen)* zwingen[319], nötigen; **2** *(aanzetten)* veranlassen: *iem tot spoed* ~ jmdn zur Eile veranlassen

noppes nix, nichts

nor Kittchen o^{35}, Knast m^6, m^5

noren Schnelllaufschlittschuhe *mv* m^5

norm Norm v^{20}: *de* ~ *halen* das Soll erfüllen

normaal *bn, bw* normal: ~ *gesproken* normalerweise; *hij is niet* ~ er ist nicht bei Verstand

normaalschool *(Belg)* pädagogische Hochschule

v^{21}

normaalspoor Normalspur v^{20}

normalisatie 1 *(standaardisatie)* Normung v^{20}, Standardisierung v^{20}; **2** *(van rivier)* Regulierung v^{20}

normaliseren I *tr* **1** *(standaardiseren)* normieren[320]; **2** *(van rivier)* regulieren[320]; **II** *intr* *(normaal worden)* sich normalisieren[320]

normaliter normalerweise

normeren normen, normieren[320]

nors barsch, mürrisch, unwirsch

nostalgie Nostalgie v^{21}

nostalgisch nostalgisch

nota 1 *(rekening)* Rechnung v^{20}; **2** *(pol)* Note v^{21}: *diplomatieke* ~ diplomatische Note || ~ *nemen van iets* Kenntnis *(of:* Notiz*)* von etwas nehmen

nota bene *tw* **1** *(let wel)* nota bene!, wohlgemerkt!; **2** *(warempel)* wahrhaftig!

notariaat Notariat o^{29}

notarieel notariell

notaris Notar m^5

notariskantoor Notariat o^{29}

notenbalk Notenlinien *mv* v^{21}

notendop Nussschale v^{21}: *(fig)* *in een* ~ kurz zusammengefasst

notenkraker Nussknacker m^9

notenschrift Notenschrift v^{20}

noteren notieren[320]: *iets* ~ (sich[3]) etwas notieren; *een bestelling* ~ eine Bestellung vormerken

notering Notierung v^{20}

notie Ahnung v^{20}, Idee v^{21}: *niet de minste* ~ keine blasse Ahnung

notitie Notiz v^{20}: ~*s maken* sich[3] Notizen machen; ~ *van iets nemen* Notiz von etwas nehmen[212]; *hij nam geen* ~ *van mij* er beachtete mich nicht

notitieboekje Notizbuch o^{32}

notoir *(berucht)* notorisch, *(algemeen bekend)* allbekannt

notulen Protokoll o^{29}: *de* ~ *maken* das Protokoll führen; *in de* ~ *opnemen* protokollieren[320]

notuleren protokollieren[320]

notulist Protokollant m^{14}, Protokollführer m^9

nou: ~ *ja, wat zal ik zeggen?* na ja, was soll ich sagen?; *nou en of!* na, und ob!; *zie ook* nu

nouveauté Novität v^{20}, Neuheit v^{20}

novelle *(verhaal, wijzigingswet)* Novelle v^{21}

november November m^9 *(2e nvl ook -)*: *in* ~ im November

novum Novum o *(2e nvl -s; mv* Nova*)*

nozem Halbstarke(r) m^{40a}, v^{40b}

nu I *bw* **1** jetzt, nun; **2** *(tegenwoordig)* heute: *tot* ~ *toe* bis jetzt, bisher; **3** *(vanaf dit ogenblik)* jetzt, nun, nunmehr || ~ *gebeurde het, dat …* nun geschah es, dass …; ~ *eens …, dan weer …* bald …, bald …; ~ *en dan* dann und wann; *van* ~ *af aan* von nun an; **II** *vw* nun, da; jetzt, da: ~ *hij rijk is* nun, da er reich ist; **III** *tw* nun, denn, bloß: *hoe kun je dat* ~ *doen?* wie kannst du das bloß tun?; **IV** *zn* Jetzt o^{39a}

nuance Nuance v^{21}

nuanceren nuancieren[320]

nuancering Nuancierung v^{20}

nuchter nüchtern: *op de ~e maag* auf nüchternen Magen

nuchterheid Nüchternheit v^{28}

nucleair nuklear

nudisme Nudismus m^{19a}, Freikörperkultur v^{28}

nudist Nudist m^{14}, FKKler m^9

nuffig spröde, geziert

nuk Grille v^{21}, Laune v^{21}

nukkig launenhaft, launisch, grillenhaft

nul I *zn* Null v^{20}: *hij is een ~* er ist eine Null; *~ op het rekest krijgen* abgewiesen werden[310]; **II** *telw* null: *zijn invloed is gelijk ~* sein Einfluss ist gleich null; *10 ° onder ~* 10 Grad unter null; *~ komma ~* null Komma nichts; *in het jaar ~* anno dazumal; **III** *bn* null: *van ~ en gener waarde verklaren* für null und nichtig erklären

nulgroei Nullwachstum o^{39}

nulmeridiaan Nullmeridian m^{19}

nulpunt Nullpunkt m^5

numeriek zahlenmäßig

nummer 1 *(cijfer)* Nummer v^{21}: *brieven onder ~* Briefe unter Chiffre; **2** *(persoon of zaak)* Nummer v^{21} ‖ *(bij wedstrijd) ~ 1 worden* Erster werden[310]: *(inform) een ~tje maken* eine Nummer machen; *(fig) een ~tje weggeven* eine Show abziehen[318]: *iem op zijn ~ zetten* jmdn zurechtweisen[307]

nummerbord Nummernschild o^{31}

nummeren nummerieren[320]

nummering Nummerierung v^{20}

nummerplaat Nummernschild o^{31}

nurks I *zn* Nörgler m^9; **II** *bn* mürrisch

nut Nutzen m^{19}: *ik heb er veel ~ van gehad* es hat mir sehr genützt; *zich iets ten ~te maken* sich[3] etwas zunutze (*of:* zu Nutze) machen; *van ~ zijn* nützen, helfen[188+3]: *het is van geen ~* es nützt nichts

nutsbedrijf Versorgungsbetrieb m^5: *openbare nutsbedrijven* Stadtwerke *mv* o^{29}

nutteloos nutzlos, unnütz: *~ werk doen* unnütze Arbeit verrichten

nutteloosheid Nutzlosigkeit v^{28}

nuttig nützlich: *~ gewicht* Nutzlast v^{20}: *het ~e met het aangename verenigen* das Angenehme mit dem Nützlichen verbinden[131]

nuttigen verzehren, zu[+3] sich nehmen[212]

nuttiging Genuss m^{19}, Verzehr m^{19}

NV *afk van naamloze vennootschap* Aktiengesellschaft v^{20} (*afk* AG)

nylon I *zn* o *(stof)* Nylon o^{39}, o^{39a}; **II** *zn* v(m) *(kous)* Nylonstrumpf m^6; **III** *bn* aus Nylon, Nylon…

ny

O

o *tw* oh!, o!: ~ *ja!* o ja!; ~ *jee!* herrje!; ~ *nee!* ach nein!; ~ *wee!* o weh!, auweh!; ~ *zo!* ach so!; ~, ~! oh, oh!

o.a. 1 *afk van onder andere* unter anderem (*afk* u.a.); **2** *afk van onder anderen* unter anderen (*afk* u.a.)

oase *(ook fig)* Oase v^{21}

obelisk Obelisk m^{14}

o-benen O-Beine *mv* o^{29}

ober Ober m^9, Kellner m^9: ~! Herr Ober!

object Objekt o^{29}: *indirect* ~ Dativobjekt; *(direct)* ~ Objekt, Akkusativobjekt

objectief I *bn, bw* objektiv; II *zn (lens)* Objektiv o^{29}

objectiviteit Objektivität v^{28}

obligaat obligatorisch

obligatie Obligation v^{20}

obsceen obszön, schlüpfrig

obscuur obskur: *een* ~ *zaakje* ein zweifelhaftes Geschäft

obsederen faszinieren[320]

observatie Beobachtung v^{20}, Observation v^{20}

observatiepost Beobachtungsposten m^{11}

observator 1 *(waarnemer)* Beobachter m^9; **2** *(sterrenkundige)* Observator m^{16}

observatorium Observatorium *o (2e nvl -s; mv Observatorien)*

observeren beobachten, observieren[320]

obsessie Obsession v^{20}, Zwangsvorstellung v^{20}

obstakel Hindernis o^{29a}

obstinaat obstinat, starrsinnig

obstipatie Obstipation v^{20}

obstructie Obstruktion v^{20}: ~ *voeren* obstruieren[320]

obus *(Belg)* Granate v^{21}

occasie *(Belg)* (günstige) Gelegenheit v^{20}

occasion 1 Okkasion v^{20}, Gelegenheitskauf m^6; **2** *(auto)* Gebrauchtwagen m^{11}

occult okkult

occultisme Okkultismus m^{19a}

oceaan Ozean m^5: *Atlantische* ~ *(ook)* Atlantik m^{19}: *de Grote (of: de Stille)* ~ *(ook)* der Pazifik

oceaanreus Ozeanriese m^{15}

och I *tw* ach!: ~ *kom!* ach was!; II *zn* Ach o^{36}

ochtend Morgen m^{11}

ochtendblad Morgenblatt o^{32}, Morgenzeitung v^{20}

ochtendeditie Morgenausgabe v^{21}

ochtendgloren Morgenrot o^{39}

ochtendhumeur: *een* ~ *hebben* ein Morgenmuffel

sein[262]

ochtendjas Morgenrock m^6, Morgenmantel m^{10}

ochtendkrant Morgenzeitung v^{20}, Morgenblatt o^{32}

ochtendschemering Morgendämmerung v^{28}

ochtendspits morgendliche Rushhour v^{27}

octaaf Oktave v^{21}

octaangehalte, octaangetal Oktanzahl v^{20}

octet Oktett o^{29}

octopus Oktopode m^{15}

octrooi Patent o^{29}: *voor iets* ~ *aanvragen* etwas zum Patent anmelden

octrooirecht Patentrecht o^{29}

oculair I *zn* Okular o^{29}; II *bn* okular, Okular...

oculeren okulieren[320]

ode Ode v^{21}

oecumene Ökumene v^{28}

oecumenisch ökumenisch

oedeem Ödem o^{29}

oef *tw* uff!

oefenboek Übungsbuch o^{32}

oefenen 1 *(trainen)* üben, trainieren[320]; **2** *(van deugden)* üben, sich üben in[+3]: *geduld* ~ Geduld üben

oefening Übung v^{20}: ~ *baart kunst* Übung macht den Meister

oefenkamp Übungslager o^{33}

oefenmeester Trainer m^9

oefenstuk Übungsstück o^{29}

oefenterrein Übungsgelände o^{33}

oehoe Uhu m^{13}

oei *tw* ach!, au!

oen Blödmann m^8, Knallkopf m^6

oergezellig urgemütlich

oergezond kerngesund

oerknal Urknall m^{19}

oerkomisch urkomisch

oermens Urmensch m^{14}, Vorzeitmensch m^{14}

oeroud uralt

oerstom erzdumm

oertijd Urzeit v^{20}: *wereld in de* ~ Urwelt v^{20}

oervervelend stinklangweilig

oerwoud Urwald m^8; *(fig)* Dschungel m^9, o^{33}

oester Auster v^{21}

oesterbank Austernbank v^{25}

oesterzwam Austernpilz m^5

OETC *afk van onderwijs in hun eigen taal en cultuur* Unterricht m^{19} in eigener Sprache und Kultur

oeuvre Gesamtwerk o^{29}, Œuvre o^{36}

oever Ufer o^{33}: *buiten de* ~*s treden* über die Ufer treten[291]

oeverloos uferlos

of 1 *(nevenschikkend)* oder: *nu* ~ *nooit* jetzt oder nie; ~ ... ~ entweder ... oder; *een jaar* ~ *veertig* etwa vierzig Jahre; *een dag* ~ *wat* einige Tage; *niet meer* ~ *minder dan* nicht mehr oder weniger als; **2** *(onderschikkend, in afhankelijke vragen)* ob: *hij wist niet* ~ *hij lachen* ~ *huilen zou* er wusste nicht, ob er lachen oder weinen sollte; *ik vroeg hem,* ~ *hij bij mij kwam,* ~ *dat ik bij hem zou komen* ich fragte ihn, ob er zu mir komme, oder ob ich zu ihm kommen solle; *heeft hij geld? nou en ~!* hat er Geld? und ob!; **3** *(in toegevende zinnen)* ob: *~ je roept ~ schreeuwt, ik doe toch niet open* ob du rufst oder schreist, ich mache doch nicht auf; *weer ~ geen weer …* ob es gutes oder schlechtes Wetter ist …; **4** *(in vergelijkende modale bijzinnen)* als ob; wie wenn; als: *hij deed, ~ hij het niet hoorde* er tat, als ob er es nicht hörte *(of:* als hörte er es nicht); **5** *(in bijzin na ontkennende hoofdzin)* er zijn niet veel boeken, *~ hij heeft ze gelezen* es gibt nicht viele Bücher, die er nicht gelesen hat; *het duurde niet lang, ~ het begon te regenen* es dauerte nicht lange, da fing es an zu regnen; *het scheelde niet veel ~ hij was gevallen* es fehlte nicht viel, und er wäre gefallen; *ik kan niet uitgaan, ~ ik kom hem tegen* ich kann nicht ausgehen, ohne ihm zu begegnen; *ik kan niet anders zeggen, ~ uw boek bevalt me* ich kann Ihnen nichts anderes sagen, als dass Ihr Buch mir gefällt; *nauwelijks zag hij me, ~ …* kaum sah er mich, da …

offensief I *bn, bw* offensiv; **II** *zn* Offensive v^{21}

offer Opfer o^{33}: *een ~ brengen* ein Opfer bringen[139]

offerande Opfergabe v^{21}, Opfer o^{33}

offeren opfern; *(betalen)* spenden

offerfeest Opferfeier v^{21}

offergave Opfergabe v^{21}

offerte Offerte v^{21}, Angebot o^{29}: *een ~ doen* ein Angebot machen

official *(sp)* Funktionär m^5

officieel offiziell, amtlich

officier 1 *(mil)* Offizier m^5; **2** *(rechtswezen)* Staatsanwalt m^6: *~ van justitie* Staatsanwalt m^6

officieus inoffiziell, offiziös

offreren anbieten[130]; *(handel)* offerieren[320]

offsetdruk Offsetdruck m^5

offshore Offshore…: *~boring* Offshorebohrung v^{20}

ofschoon obgleich, obwohl, obschon

ofte: *nooit ~ nimmer* nie und nimmer

oftewel, ofwel oder, beziehungsweise

ogen *(er uitzien)* aussehen[261]

ogenblik Augenblick m^5, Moment m^5: *een ~je!* einen Augenblick bitte!; *in een ~* im Nu; *op dat ~* in dem Augenblick; *op het ~* im Augenblick, momentan, zurzeit; *op het ~, dat …* in dem Augenblick, wo …; *onder de omstandigheden van het ~* unter den jetzigen Umständen

ogenblikkelijk I *bn* sofortig; **II** *bw* sofort

ogenschijnlijk 1 *(schijnbaar)* scheinbar; **2** *(naar het uiterlijk)* anscheinend, dem Anschein nach

ogenschouw Augenschein m^{19}: *iets in ~ nemen* etwas in Augenschein nehmen[212]

ohm Ohm o *(2e nvl -(s); mv -)*

okay okay, alles klar

oker Ocker m^9, o^{33}

okergeel *bn* ockergelb, ockerfarbig

oksel, okselholte Achselhöhle v^{21}

oktober Oktober m^9 *(2e nvl ook -)*

oleander Oleander m^9

O.L.H. *(Belg)* afk van Onze-Lieve-Heer: O.L.H.-Hemelvaart Himmelfahrtstag m^5

olie Öl o^{29}: *ruwe ~* Rohöl; *~ bijvullen* Öl nachfüllen; *~ controleren* Öl kontrollieren[320]

olieachtig ölig

oliebol 1 Krapfen m^{11}; **2** *(persoon)* Dummkopf m^6

olieboring Ölbohrung v^{20}, Erdölbohrung v^{20}

olieboycot Ölboykott m^{13}, m^5

oliebron Ölquelle v^{21}

oliedom stockdumm

olie-embargo Ölembargo o^{36}

oliefilter Ölfilter o^{33}, m^9

oliehoudend ölhaltig

oliekachel Ölofen m^{12}

olielamp Öllampe v^{21}

olieleiding Ölleitung v^{20}

oliën ölen

oliepijpleiding Ölleitung v^{20}, Pipeline v^{27}

olieproductie Ölforderung v^{20}

olieveld Erdölfeld o^{31}, Ölfeld o^{31}

olieverf Ölfarbe v^{21}

olieverwarming Ölheizung v^{20}

olievlek Ölfleck m^5, Ölflecken m^{11}: *zich als een ~ uitbreiden* um sich greifen[181]

olifant Elefant m^{14}

olifantshuid Elefantenhaut v^{25}

olijf Olive v^{21}; *(boom)* Olivenbaum m^6

Olijfberg Ölberg m^{19}

olijfboom Olivenbaum m^6, Ölbaum m^6

olijfgroen I *zn* Olivgrün o^{39}; **II** *bn* olivgrün

olijfkleurig olivenfarbig, olivenfarben

olijfolie Olivenöl o^{29}

olijk schalkhaft

olijkerd Schelm m^5, Schalk m^5, m^6

o.l.v. *afk van onder leiding van* unter (der) Leitung von[+3]

O.L.V. *(Belg) afk van Onze-Lieve-Vrouw: O.L.V.-Hemelvaart* Mariä Himmelfahrt v^{28}

olympiade Olympiade v^{21}

olympisch olympisch: *~ kampioen* Olympiasieger m^9: *de Olympische Spelen* die Olympischen Spiele

om I *vz* **1** *(rondom)* um[+4] … *(herum):* ~ *de tafel zitten* um den Tisch (herum) sitzen[268]; **2** *(voorbij)* um[+4]: ~ *de hoek kijken* um die Ecke schauen; **3** *(op het moment van)* um[+4]: ~ *negen uur* um neun Uhr; **4** *(omstreeks)* um[+4] … *(herum):* ~ *Pasen* um Ostern (herum); ~ *en bij de 60* etwa 60; **5** *(telkens na)* ~ *de drie uur* alle drei Stunden; ~ *de maand* jeden zweiten Monat; ~ *beurten* abwechselnd; **6** *(wegens)* wegen[+2], für[+4]: *hij deed het ~ het geld* er tat es wegen des Geldes *(of:* fürs Geld); *bekend ~ het natuurschoon* bekannt wegen der Naturschönheit; **7** *(met het doel, teneinde)* um: *hij kwam ~ mij te helpen* er kam, um mir zu helfen; **8** *(in* om te + *onbepaalde wijs is om vaak overbodig en wordt dan in het Duits niet vertaald): ik ben bereid ~ u te helpen* ich bin bereit, Ihnen zu helfen; *geen stoel ~ op te zitten* kein Stuhl zum Sitzen; ~ *zo te zeggen* sozusagen; *het is ~ te lachen* es ist zum Lachen; *het is ~ gek te worden* es ist zum Verrücktwerden; *het is ~ wanhopig van* *te worden* es ist zum Verzweifeln; **II** *bw* **1** *(mbt een richting)* um[+4]: *de hoek ~ fietsen* um die Ecke radeln; **2** *(verstreken)* herum, abgelaufen: *enige uren waren reeds ~* einige Stunden waren schon herum; *uw tijd is ~* Ihre Zeit ist abgelaufen; *hoe moet hij zijn tijd ~ krijgen?* wie soll er seine Zeit hinbringen?; **3** *(ergens omheen)* um: *een sjaal ~ hebben, ~ krijgen* einen Schal umhaben[182], umbekommen[193] ‖ *~ en ~ iets doen* reihum etwas tun[295]: *dat is een uur ~* das ist im Umweg von einer Stunde; *een straatje ~ gaan* einen kleinen Spaziergang machen; *hij heeft hem ~* er hat einen sitzen

oma Oma *v*[27]; *(liefkozend)* Omi *v*[27]

omarmen umarmen

omarming Umarmung *v*[20]

ombinden umbinden[131]

omblazen umblasen[133]

ombouw Umbau *m* *(2e nvl -(e)s; mv -ten)*

ombouwen umbauen

ombrengen 1 *(de tijd)* verbringen[139], zubringen[139]; **2** *(doden)* umbringen[139]

ombudsman Ombudsmann *m*[8] *(mv ook -leute)*

ombuigen I *tr* **1** *(lett)* umbiegen[129]; **2** *(veranderen)* ändern, verändern; **II** *intr* sich biegen[129]

omdat weil, da

omdoen umtun[295], umhängen; *(een das, sjaal)* umbinden[131]; *(een ketting)* umlegen: *de veiligheidsgordel ~* sich anschnallen

omdonderen I *intr* *(plat)* *(omvallen)* umfallen[154]; **II** *tr* *(plat)* *(omverwerpen)* umschmeißen[247]

omdopen umtaufen

omdraaien I *tr* *(ronddraaien)* umdrehen, umwenden[308]; **II** *intr* **1** *(van mening veranderen)* umschwenken; **2** *(keren)* (um)kehren; **III** *zich ~* sich umdrehen

omduwen umstoßen[285], umwerfen[311]

omelet Omelett *o*[29], *o*[36]

omgaan 1 *(rondgaan)* umhergehen[168]: *een straatje ~* einen kleinen Spaziergang machen; **2** *(voorbijgaan)* vorübergehen[168]: *de dag ging om* der Tag ging vorüber; **3** *(verkeren met)* verkehren (mit[+3]); **4** *(hanteren)* umgehen[168]: *hij kan goed met dieren ~* er kann gut mit Tieren umgehen; **5** *(omvallen)* umkippen; **6** *(verzet opgeven)* umschwenken: *het parlement ging om* das Parlament schwenkte um; **7** *(gebeuren)* umgehen[168], vorgehen[168]: *dat gaat buiten ons om* damit haben wir nichts zu tun; *je weet niet, wat in een kind omgaat* man weiß nicht, was in einem Kind vorgeht

omgaand umgehend: *per ~e* umgehend

omgang Umgang *m*[19], Verkehr *m*[19]: *prettig in de ~* umgänglich; *hij is lastig in de ~* er ist schwierig im Umgang; *veel ~ met iem hebben* viel mit jmdm verkehren

omgangstaal Umgangssprache *v*[21]

omgekeerd umgekehrt: *de ~e wereld* die verkehrte Welt; *het ~e van mooi* das Gegenteil von schön; *juist ~* gerade umgekehrt

omgespen umschnallen

omgeven umgeben[166]

omgeving Umgebung *v*[20]

omgooien umwerfen[311]

omhaal 1 *(drukte)* Getue *o*[39]: *met veel ~* umständlich; **2** *(van woorden)* Weitschweifigkeit *v*[28]; **3** *(bij voetbal)* Rückzieher *m*[9]

omhakken umhacken, umhauen[185]

omhalen 1 *(voetbal)* einen Rückzieher machen; **2** *(Belg)* *(collecteren)* einsammeln

omhaling *(Belg)* Einsammlung *v*[20]

omhangen umhängen

omheen herum: *ergens niet ~ kunnen* um[+4] etwas nicht herumkommen[193]

omheinen umzäunen, einzäunen

omheining Umzäunung *v*[20], Zaun *m*[6]

omhelzen umarmen: *iem ~* jmdn umarmen

omhelzing Umarmung *v*[20]

omhoog in die Höhe, empor, hoch: *handen ~!* Hände hoch!; *naar ~ hinauf*; *van ~* von oben

omhooggaan in die Höhe gehen[168], *(mbt prijzen, ook)* steigen[281], anziehen[318]

omhoogkomen 1 *(mbt water)* steigen[281]; **2** *(zich oprichten)* sich aufrichten; **3** *(vooruitkomen)* emporkommen[193]

omhoogsteken I *tr* *(van armen)* emporrecken, in die Höhe recken; **II** *intr* emporragen

omhoogtillen heben[186], hochheben[186]

omhoogvliegen emporfliegen[159], auffliegen[159]; *(mbt prijzen)* in die Höhe schnellen

omhoogzitten *(in moeilijkheden zitten)* in der Klemme sitzen[268]; *(fin)* in Geldnot sein

omhullen umhüllen, einhüllen

omhulsel Umhüllung *v*[20], Hülle *v*[21]

omissie Unterlassung *v*[20]

omkadering *(Belg)* *(ongev)* Stab-Studentenrate *v*[21]

omkantelen umkippen

omkeer *zie* ommekeer

omkegelen umwerfen[311], umstoßen[285]

omkeren umkehren, umdrehen: *een kaart ~* eine Spielkarte aufdecken; *(fig)* *elk dubbeltje ~* jeden Pfennig umdrehen

omkiepen umkippen

omkijken 1 *(achterwaarts kijken)* sich umsehen[261]: *naar iem ~* sich nach jmdm umsehen; **2** *(zorg tonen)* sich kümmern um[+4]

¹omkleden umziehen[318]: *zich ~* sich umziehen[318]

²omkleden *(met iets omgeven)* umkleiden

omklemmen umklammern

omknikkeren umstoßen[285], umwerfen[311]

omkomen *(sterven)* umkommen[193]: *een hoek ~* um eine Ecke herumkommen

omkoopbaar bestechlich

omkopen bestechen[277]

omkoping Bestechung *v*[20]

omkrullen I *tr* umbiegen[129]; *(lippen)* kräuseln; **II** *intr* sich kräuseln, sich aufrollen

omlaag *(naar)* ~ nach unten, *(van de spreker af)* hinunter, hinab, *(naar de spreker toe)* herunter, herab; *van ~* von unten herauf *(of:* hinauf)

omlaaggaan hinuntergehen[168], hinabgehen[168]; *(mbt koers e.d.)* sinken[266]; *(plotseling)* fallen[154]

omleggen 1 *(om iets heen leggen)* umlegen, anlegen: *een verband ~* (jmdm) einen Verband anlegen; **2** *(omkeren)* umdrehen, umwenden[308]; **3** *(een rivier, het verkeer)* umleiten

omleiden umleiten

omliggend umliegend: *~e plaatsen* umliegende Orte, Nachbarorte *mv m*[5]

omlijnd 1 *(met een lijn omgeven)* umrandet; **2** *(duidelijk aangegeven)* umrissen

omlijnen 1 *(met een lijn omgeven)* umranden; **2** *(duidelijk aangeven)* umreißen[220]

omlijsten einrahmen, *(fig ook)* umrahmen

omlijsting 1 *(de lijst)* Rahmen *m*[11]; **2** *(het omlijsten)* Umrahmung *v*[20]

omloop 1 *(kringloop)* Kreislauf *m*[6]; **2** *(circulatie)* Umlauf *m*[19], Zirkulation *v*[20]: *in ~ brengen* in Umlauf bringen[139]; *in ~ zijn* in *(of:* im) Umlauf sein[262]; **3** *(van molen, toren)* Umgang *m*[6]

omloopsnelheid Umlauf(s)geschwindigkeit *v*[20]

omlopen 1 *(een omweg maken)* einen Umweg machen; **2** *(een wandeling maken)* spazieren gehen[168]: *nog een straatje ~* einen kleinen Spaziergang machen; **3** *(van richting veranderen)* drehen; **4** *(omverlopen)* umrennen[222], umlaufen[198]; **5** *(rondlopen)* zirkulieren[320]

ommekeer Umschwung *m*[6], Wende *v*[21]

ommezien: *in een ~* im Handumdrehen, im Nu

ommezijde Rückseite *v*[21]: *aan ~* auf der Rückseite

ommezwaai Umschwung *m*[6], Wende *v*[21]

ommuren ummauern

omnivoor Omnivore *m*[15]

omploegen umpflügen

ompraten umstimmen, überreden

omranden umranden, umrändern

omrastering Drahtzaun *m*[6], Umzäunung *v*[20]

omrekenen umrechnen

omrekening Umrechnung *v*[20]

omrijden 1 *(rondrijden)* umherfahren[153]: *een eindje ~* eine Spazierfahrt machen; **2** *(langs een omweg rijden)* umfahren[153]; **3** *(omverrijden)* umfahren; **4** *(om iets heen rijden)* umfahren[153]

omringen umringen, umgeben[166]

omroep Rundfunk *m*[19]

omroepbijdrage Rundfunk- und Fernsehgebühr *v*[20]

omroepen *(telecom)* ansagen, durchsagen

omroeper *(telecom)* Sprecher *m*[9], Ansager *m*[9]

omroepgids Programmzeitschrift *v*[20]

omroepinstallatie Lautsprecheranlage *v*[21]

omroeporkest Rundfunkorchester *o*[33]

omroepster Sprecherin *v*[22], Ansagerin *v*[22]

omroepvereniging Rundfunkanstalt *v*[20]

omroeren umrühren, durchrühren

omruilen umtauschen

omruiling Umtausch *m*[5]

omschakelen 1 *(lett)* umschalten; **2** *(anders inrichten)* umschalten; **3** *(aanpassen bij)* umstellen

omscholen umschulen

omscholing Umschulung *v*[20]

omschoppen umtreten[291]

omschrijven 1 *(definiëren)* umschreiben[252]; **2** *(beschrijven)* beschreiben[252]

omschrijving Umschreibung *v*[20]; Beschreibung *v*[20]

omschudden *(schuddend legen)* ausschütten

omsingelen *(een stad, vijand)* einschließen[245]; *(een huis)* umstellen; *(leger)* einkesseln

omslaan I tr **1** *(omkeren, omvouwen)* umschlagen[241]; **2** *(omdoen)* umschlagen[241], umwerfen[311]; **3** *(omverslaan)* umwerfen[311]; **4** *(gelijk verdelen over)* umlegen, verteilen; **II** intr **1** *(omvallen)* umschlagen[241], umstürzen; **2** *(plotseling veranderen)* umschlagen[241]: *in het tegendeel ~* ins Gegenteil umschlagen; **3** *(om iets heen bewegen)* biegen[129]: *een hoek ~* um eine Ecke biegen

omslachtig umständlich

omslag 1 Umschlag *m*[6]; **2** *(van kosten)* Umlegung *v*[20]; **3** *(drukte, omhaal)* Umstand *m*[6] *(meestal mv)*

omslagdoek Umschlag(e)tuch *o*[32]

omsluiten umschließen[245]

omsmijten umschmeißen[247], umwerfen[311]

omspelen umspielen

omspitten umgraben[180]

omspoelen *(reinigen)* ausspülen

omspringen umgehen[168]

omstander Umstehende(r) *m*[40a]

omstandig umständlich, ausführlich

omstandigheid 1 *(gesteldheid, toestand)* Umstand *m*[6], Verhältnis *o*[29a]: *de tegenwoordige omstandigheden* die gegenwärtigen Verhältnisse; *in de gegeven omstandigheden* bei den gegebenen Umständen; *naar omstandigheden redelijk wel* den Umständen entsprechend recht gut; *naar omstandigheden handelen* je nach den Umständen handeln; *wegens omstandigheden* umstandshalber; **2** *(breedvoerigheid)* Umständlichkeit *v*[28]

omstoten umstoßen[285]

omstreden umstritten

omstreeks I *bw* ungefähr, etwa, zirka; **II** *vz* um[+4] (herum): *~ Pasen* um Ostern (herum)

omstreken Umgebung *v*[20]

omstrengelen umschlingen[246]

omstuiven sausen um[+4]: *de hoek ~* um die Ecke sausen

omstuwen umdrängen

omtrappen umtreten[291]

omtrek 1 *(buitenlijn, grenslijn)* Umriss *m*[5], Kontur *v*[20]; **2** *(meetk)* *(van voorwerp)* Umfang *m*[6]: *binnen een ~ van … im Umkreis von*[+3] *…;* **3** *(omstreken)* Umgebung *v*[20]

omtrekken 1 *(omvertrekken)* umreißen[220]; **2** *(ergens omheen trekken)* umgehen[168]

omtrent I *bw* ungefähr, etwa: *of daar ~* oder da herum; **II** *vz* **1** *(betreffende)* in Bezug auf[+4], über[+4]; **2** *(nabij)* um[+4] … (herum): *~ Pasen* um Ostern (herum)

omturnen umkrempeln, herumkriegen: *iem ~*

jmdn herumkriegen
omvallen umfallen[154]
omvang Umfang *m*[6]
omvangrijk umfangreich
omvatten umfassen
omver um…, über den Haufen, nieder…
omverblazen umblasen[133]
omverduwen umstoßen[285]
omvergooien umwerfen[311]
omverhalen umreißen[220], niederreißen[220]
omverlopen umrennen[222]
omverpraten überreden, bereden
omverrijden umfahren[153]
omverwerpen 1 *(tegen de grond werpen)* umstoßen[285], umwerfen[311]; **2** *(doen vallen)* stürzen
omvliegen 1 sausen um[+4]: *de hoek ~* um die Ecke sausen; **2** *(mbt tijd)* dahinfliegen[159]
omvormen umformen, umbilden
omvouwen (um)falten
omwaaien umwehen
omwandelen herumspazieren[320], umherspazieren[320]
omwassen abwaschen[304], spülen
omweg Umweg *m*[5]: *langs een ~* auf Umwegen; *zonder ~en (fig)* ohne Umschweife
omwenden umwenden[308], umdrehen
omwentelen 1 *(een steen)* umwälzen; **2** *(een rad)* umdrehen
omwenteling 1 *(om een as)* Umdrehung *v*[20]; **2** *(meetk)* Rotation *v*[20]; **3** *(techn)* Drehung *v*[20], Tour *v*[20]: *aantal ~en* Drehzahl *v*[20]; **4** *(revolutie)* Umwälzung *v*[20], Revolution *v*[20]
omwerken umarbeiten
omwerpen umwerfen[311]
[1]**omwikkelen** umwickeln, wickeln um[+4]
[2]**omwikkelen** umwickeln
omwisselen (um)wechseln, umtauschen
omwonend umwohnend
omwonenden, omwoners Umwohner *mv m*[9]
omzeilen 1 umsegeln; **2** *(fig) (uit de weg gaan)* umgehen[168], ausweichen[306]
omzendbrief *(Belg)* Rundbrief *m*[5], Rundschreiben *o*[35]
omzet Umsatz *m*[6]: *jaarlijkse ~* Jahresumsatz
omzetbelasting Umsatzsteuer *v*[21]
omzetten I *tr* **1** *(doen verwisselen van plaats)* umstellen, umsetzen; **2** *(muz)* transponieren[320]; **3** *(chem)* umsetzen (in[+4]); **4** *(omschakelen)* umschalten, umstellen; **5** *(verhandelen)* umsetzen; **II** *intr* *(snel lopen om iets)* rennen[222] um[+4]
omzetting Umstellung *v*[20], Umsetzung *v*[20]; *zie ook* omzetten
omzichtig umsichtig, behutsam
omzien *zie* omkijken
[1]**omzomen** umsäumen
[2]**omzomen** umsäumen
omzwaaien 1 *(in de rondte zwaaien)* herumschwenken; **2** *(van studierichting veranderen)* umsatteln

omzwerven herumschweifen, umherschweifen, sich herumtreiben[290]
omzwerving Wanderung *v*[20], Irrfahrt *v*[20]
onaandoenlijk unempfindlich
onaangedaan ungerührt, unberührt
onaangediend, onaangemeld unangemeldet
onaangenaam *(niet plezierig)* unangenehm
onaangenaamheid Unannehmlichkeit *v*[20]
onaangepast unangepasst
onaangeraakt, onaangeroerd unberührt
onaangetast unangetastet
onaangevochten unangefochten
onaannemelijk 1 *(niet aanvaardbaar)* unannehmbar; **2** *(mbt bewering)* unglaubwürdig
onaantastbaar unantastbar
onaantrekkelijk reizlos
onaanvaardbaar unannehmbar
onaanzienlijk 1 unansehnlich; **2** *(niet groot)* unbedeutend, unbeträchtlich
onaardig unfreundlich || *niet ~ (vrij goed)* nicht übel
onachtzaam nachlässig, unachtsam
onaf unfertig
onafgebroken ununterbrochen
onafhankelijk unabhängig
onafhankelijkheid Unabhängigkeit *v*[28]
onafscheidelijk unzertrennlich
onafzienbaar unabsehbar, unübersehbar
onappetijtelijk unappetitlich
onattent unaufmerksam
onbaatzuchtig uneigennützig, selbstlos
onbarmhartig unbarmherzig, erbarmungslos
onbeantwoord unbeantwortet, unerwidert
onbebouwd unbebaut
onbedaarlijk unbändig
onbedacht, onbedachtzaam unbesonnen
onbedekt *(openlijk)* unumwunden, unverhüllt
onbedorven unverdorben
onbedreven ungeübt, unbewandert
onbedrieglijk untrüglich, unfehlbar
onbeduidend unbedeutend
onbedwingbaar unbezwingbar
onbegaanbaar unwegsam
onbegonnen undurchführbar: *dat is een ~ werk* das ist verlorene Liebesmühe
onbegrensd unbegrenzt, grenzenlos
onbegrijpelijk unbegreiflich, unfassbar
onbehaaglijk unbehaglich
onbehagen Unbehagen *o*[39], Missbehagen *o*[39]
onbeheerd herrenlos, unbeaufsichtigt
onbeheerst unbeherrscht
onbeholpen unbeholfen, ungeschickt
onbehoorlijk 1 *(ongepast)* ungehörig; **2** *(onwelvoeglijk)* unanständig
onbehouwen *(vlegelachtig)* flegelhaft
onbehuisd obdachlos
onbekend unbekannt: *dat is hier ~* das kennt man hier nicht
onbekende Unbekannte(r) *m*[40a], *v*[40b]

onbekendheid 1 *(het niet bekend zijn)* Unbekanntheit v^{28}; **2** *(het niet-kennen)* Unkenntnis v^{28}

onbekommerd unbekümmert, unbesorgt

onbekwaam unfähig

onbekwaamheid Unfähigkeit v^{28}

onbelangrijk unbedeutend, unwichtig

onbelast 1 *(niet belast)* unbelastet, unbeschwert; **2** *(vrij van belasting)* steuerfrei

onbeleefd unhöflich

onbeleefdheid Unhöflichkeit v^{20}

onbelemmerd ungehindert, unbehindert

onbemand unbemannt

onbemerkt unbemerkt

onbemiddeld unbemittelt

onbemind unbeliebt

onbenul Tollpatsch m^5; Tölpel m^9

onbenullig 1 *(dom)* albern, einfältig, tölpelhaft; **2** *(gering)* unbedeutend, geringfügig

onbepaald unbestimmt: *voor ~e tijd* auf unbestimmte Zeit; *de ~e wijs* der Infinitiv

onbeperkt unbeschränkt, unbegrenzt: ~ *gezag* unumschränkte Gewalt

onbeproefd unversucht

onberaden unbesonnen, unüberlegt

onbereikbaar unerreichbar

onberekenbaar unberechenbar

onberijdbaar unbefahrbar

onberispelijk tadellos, untad(e)lig

onberoerd *(ook fig)* unberührt

onbeschaafd 1 *(ongeciviliseerd)* unzivilisiert; **2** *(ongemanierd)* ungeschliffen

onbeschaafdheid 1 *(gebrek aan ontwikkeling)* Unbildung v^{28}; **2** *(ongemanierdheid)* Ungeschliffenheit v^{28}

onbeschaamd unverschämt

onbeschaamdheid Unverschämtheit v^{20}

onbeschadigd unbeschädigt, unversehrt

onbescheiden unbescheiden

onbeschoft unverschämt

onbeschoftheid Unverschämtheit v^{20}

onbeschreven unbeschrieben

onbeschrijfelijk unbeschreiblich

onbeschroomd freimütig, offen

onbeschut ungeschützt, unbeschützt

onbeslecht, onbeslist unentschieden

onbespoten ungespritzt

onbespreekbaar tabu

onbesproken 1 *(niet besproken)* unbesprochen; **2** *(onberispelijk)* unbescholten; **3** *(niet gehuurd)* nicht reserviert, frei

onbestaanbaar unmöglich: *dat is ~!* so was gibt's nicht!

onbestelbaar unzustellbar

onbestemd unbestimmt

onbestendig unbeständig, veränderlich

onbestuurbaar 1 *(niet te leiden)* unregierbar; **2** *(mbt vaar-, voertuig)* unlenkbar

onbesuisd 1 *(onnadenkend)* unbesonnen; **2** *(onstuimig)* ungestüm

onbetaalbaar unbezahlbar

onbetamelijk ungebührlich, unschicklich

onbetekenend unbedeutend

onbetrouwbaar unzuverlässig

onbetrouwbaarheid Unzuverlässigkeit v^{28}

onbetuigd: *zich niet ~ laten* regen Anteil nehmen[212] (an[+3])

onbetwist unbestritten, unangefochten

onbetwistbaar unstreitig, unanfechtbar

onbevaarbaar unschiffbar, unbefahrbar

onbevangen unbefangen

onbevestigd unbestätigt

onbevlekt unbefleckt, makellos

onbevoegd unbefugt; *(jur)* unzuständig

onbevooroordeeld unvoreingenommen

onbevredigd unbefriedigt

onbevredigend unbefriedigend

onbevreesd unerschrocken

onbewaakt unbewacht

onbeweeglijk 1 *(lett)* unbeweglich; **2** *(onverzettelijk)* unerschütterlich

onbewerkt unbearbeitet; *(niet bewerkt, ook)* roh: ~ *staal* Rohstahl m^6; *~e stoffen* Rohstoffe *mv* m^5

onbewezen unbewiesen

onbewogen 1 *(roerloos)* unbewegt; **2** *(onaangedaan)* unbewegt, ungerührt

onbewolkt unbewölkt, wolkenlos, heiter

onbewoonbaar unbewohnbar

onbewust unbewusst

onbezet unbesetzt

onbezoldigd unbesoldet

onbezonnen unbesonnen, unüberlegt

onbezorgd sorglos, unbesorgt

onbezwaard 1 unbeschwert; **2** *(vrij van lasten, van hypotheek)* unbelastet

onbillijk unbillig, ungerecht

onbrandbaar nicht brennbar, feuerfest

onbreekbaar unzerbrechlich, bruchfest

onbruik: *in ~ raken* außer Gebrauch kommen[193]

onbruikbaar unbrauchbar

onbuigzaam 1 *(niet buigzaam)* unbiegsam; **2** *(koppig)* unbeugsam

onchristelijk unchristlich

oncollegiaal unkollegial

oncomfortabel unkomfortabel, unbequem

oncontroleerbaar unkontrollierbar

ondank Undank m^{19}

ondankbaar undankbar

ondankbaarheid Undankbarkeit v^{28}

ondanks I *vz* trotz[+2, soms +3]: ~ *alles* trotz allem; ~ *dat alles* trotz alledem; **II** *vw* obwohl

ondeelbaar 1 unteilbar; **2** *(zeer klein)* winzig: ~ *klein* unendlich klein

ondefinieerbaar undefinierbar

ondemocratisch undemokratisch

ondenkbaar undenkbar

onder I *vz* **1** *(mbt plaats)* unter *(bij beweging gericht op doel*[+4]*, anders*[+3]*)*: ~ *de tafel liggen* unter dem Tisch liegen[202]: ~ *de tafel leggen* unter den Tisch le-

gen; ~ *de brug door* unter der Brücke hindurch; **2**
(minder dan) unter[+3]: ~ *de zestig (jaar)* unter sechzig (Jahren); **3** *(onder de verantwoording van)* unter[+3]: ~ *zijn voorganger* unter seinem Vorgänger; **4**
(in de kring van) unter[+3]: ~ *andere* unter anderem;
~ *anderen* unter anderen; ~ *elkaar* unter sich, untereinander; **5** *(gedurende)* unter[+3], während[+2]: ~
het werk unter (*of:* während) der Arbeit; **6** *(bij het
drinken, eten van)* bei[+3]: ~ *een glas wijn* bei einem
Glas Wein; **II** *bw* unten: *naar* ~ nach unten; *a) (van
spreker af)* hinunter; *b) (naar spreker toe)* herunter;
van ~ von unten; ~ *in de fles* unten in der Flasche;
de zon is ~ die Sonne ist untergegangen; *erop of er~*
entweder oder; *ten* ~ *gaan* zugrunde (*of:* zu Grunde) gehen[168]

onderaan unten: *helemaal* ~ zuunterst
onderaannemer Subunternehmer *m*[9]
onderaards unterirdisch
onderaf unten: *van* ~ von unten
onderafdeling Unterabteilung *v*[20]
onderarm Unterarm *m*[5]
onderbeen Unterschenkel *m*[9]
onderbelichten 1 *(foto)* unterbelichten; **2** *(te weinig aandacht geven)* zu wenig beachten
onderbetalen unterbezahlen
onderbewust unterbewusst
onderbewustzijn Unterbewusstsein *o*[39]
onderbezet 1 *(met te weinig personeel)* unterbe-
setzt; **2** *(met te weinig werk)* unterbeschäftigt
onderbinden unterbinden[131], *(met riem of gesp)*
anschnallen
onderbouw 1 *(bouw)* Unterbau *m* (2e nvl -(e)s; mv
-ten);* **2** *(van school)* Unterstufe *v*[21]; **3** *(pol)* Basis *v*
(mv Basen)
onderbouwen *(ook fig)* unterbauen, untermauern
onderbreken unterbrechen[137]
onderbreking Unterbrechung *v*[20]
onderbrengen unterbringen[139]
onderbroek Unterhose *v*[21]
onderbuur Nachbar *m*[15], *(soms)* *m*[17] unten
onderdaan Untertan *m*[14], *m*[16]
onderdak Unterkunft *v*[25]: *iem* ~ *verschaffen* jmdn
bei[+3] sich aufnehmen[212]
onderdanig 1 *(ondergeschikt)* untergeben; **2** *(onderworpen)* untertänig
onderdanigheid Untertänigkeit *v*[28]
onderdeel 1 *(onderafdeling)* Unterabteilung *v*[20]; **2**
(bestanddeel) Teil *m*[5], Bestandteil *m*[5]; **3** *(bij reparatie)* Ersatzteil *o*[29], Einzelteil *o*[29]; **4** *(van auto, fiets,
machine e.d.)* Zubehörteil *o*[29]; **5** *(fractie)* Bruchteil
m[5]; **6** *(mil)* Einheit *v*[20]
onderdirecteur stellvertretender Direktor *m*[16]
onderdoen I *tr (onderbinden)* unterbinden[131], *(met
riem, gesp)* anschnallen; **II** *intr (de mindere zijn)*
unterlegen sein[262]: *voor niemand* ~ keinem etwas
nachgeben[166]
onderdompelen untertauchen
onderdoor untendurch, unter[+3] hindurch: *er* ~
gaan (lett) hindurchgehen[168] unter[+3], *(fig)* zugrun-

de (*of:* zu Grunde) gehen[168]
onderdrukken unterdrücken
onderdrukker Unterdrücker *m*[9]
onderdrukking Unterdrückung *v*[20]
onderduiken *(ook fig)* untertauchen
ondereinde unteres Ende *o*[38]
onderen unten: *van* ~ unten; *naar* ~ nach unten
¹ondergaan untergehen[168]
²ondergaan 1 *(verduren)* erleiden[199]; **2** *(doorstaan)*
erdulden: *een operatie* ~ sich einer Operation[3] unterziehen[318]: *straf* ~ Strafe verbüßen; *de invloed* ~
van beeinflusst werden[310] von[+3]
ondergang Untergang *m*[6]
ondergeschikt 1 *(afhankelijk)* untergeordnet: *aan
iem, aan iets* ~ *maken* jmdm, einer Sache unterord-
nen; **2** *(lager in rang)* untergeben
ondergeschikte Untergebene(r) *m*[40a], *v*[40b]
ondergeschoven untergeschoben
ondergetekende Unterzeichnete(r) *m*[40a], *v*[40b]
ondergoed Leibwäsche *v*[28], Unterwäsche *v*[28]
ondergraven *(ook fig)* untergraben[180]
ondergrens Untergrenze *v*[21]
ondergrond 1 *(bodem)* Untergrund *m*[6]; **2** *(fig)*
Grundlage *v*[21], Basis *v (mv Basen)*
ondergronds 1 *(onder de grond)* unterirdisch: *~e
parkeergarage* Tiefgarage *v*[21]: *~e spoorweg* U-Bahn
v[20]; **2** *(heimelijk)* im Untergrund: *~e beweging* Untergrundbewegung *v*[20]
ondergrondse 1 *(metro)* U-bahn *v*[20]; **2** *(verzetsbeweging)* Untergrundbewegung *v*[20]
onderhand inzwischen
onderhandelaar Unterhändler *m*[9]
onderhandelen verhandeln
onderhandeling Verhandlung *v*[20]
onderhands: *iets* ~ *verkopen* etwas unter der Hand
verkaufen
onderhavig betreffend, vorliegend: *in het ~e geval*
im vorliegenden Fall
onderhemd Unterhemd *o*[37]
onderhevig unterworfen[+3]: *aan bederf* ~ verderblich; *aan (invoer)rechten* ~ zollpflichtig; *dat is aan
geen twijfel* ~ das unterliegt keinem Zweifel
onderhoud 1 *(levensonderhoud)* Unterhalt *m*[19], Lebensunterhalt *m*[19]; **2** *(verzorging, voeding)* Versorgung *v*[28]; **3** *(van zaken)* Instandhaltung *v*[20], Unterhaltung *v*[20], Unterhalt *m*[19]; *(van tuin, ook)* Pflege
v[28]; *(van machine, ook)* Wartung *v*[20]: *in goede staat
van* ~ in gutem Zustand; **4** *(gesprek)* Gespräch *o*[29],
Unterredung *v*[20]
onderhouden I *tr* **1** *(doen voortduren)* unterhalten[183]; **2** *(verzorgen)* ernähren, unterhalten[183], versorgen; **3** *(naleven)* einhalten[183]; **4** *(in stand houden)* instand (*of:* in Stand) halten[183]; *(van tuin, ook)*
pflegen; *(van machine, ook)* warten; **5** *(onder het
oog brengen)* zur Rede stellen; **6** *(aangenaam bezighouden)* unterhalten[183]; **II** *zich* ~ sich unterhalten[183]
onderhoudend unterhaltend, unterhaltsam
onderhoudsbeurt Inspektion *v*[20]
onderhoudskosten 1 *(voor personen)* Unterhalts-

kosten *(mv)*; **2** *(voor zaken)* Erhaltungskosten *(mv)*
onderhoudsmonteur Wartungsmonteur m^5
onderhoudswerkzaamheden Instandhaltungs-arbeiten *mv* v^{20}
onderhuur Untermiete v^{28}: *een woning van iem in ~ hebben* bei jmdm in *(of:* zur) Untermiete wohnen; *in ~ geven* untervermieten
onderhuurder Untermieter m^9
onderin unten: *het lag ~ de koffer* es lag unten im Koffer
onderjurk Unterkleid o^{31}
onderkaak Unterkiefer m^9
onderkant Unterseite v^{21}
onderkennen erkennen[189]
onderkin Doppelkinn o^{29}
onderkleding Unterkleidung v^{28}, Unterwäsche v^{28}
onderkoeld *(ook fig)* unterkühlt
¹onderkomen I *ww* unterkommen[193]; **II** *zn* Unterkunft v^{25}, Unterkommen o^{35}
²onderkomen verkommen, verfallen
onderlaag Unterschicht v^{20}
onderlaken Betttuch o^{32}
onderlangs unten an[+3] ... vorbei
onderlegd beschlagen
onderlegger 1 Unterlage v^{21}; **2** *(balk)* Träger m^9
onderlichaam Unterkörper m^9
onderliggen 1 *(lett)* unten liegen[202]; **2** *(fig)* jmdm unterlegen sein[262]
onderlijf Unterleib m^7
onderling gegenseitig, wechselseitig; *(van twee)* beiderseitig; *(bw ook)* untereinander
onderlip Unterlippe v^{21}
onderlopen überschwemmt werden[310]
ondermaats unter dem Mindestmaß
ondermijnen *(ook fig)* unterminieren[320]; untergraben[180]
ondermijning Unterminierung v^{20}, Untergrabung v^{28}
ondernemen unternehmen[212]
ondernemend unternehmend
ondernemer Unternehmer m^9; Unternehmerin v^{22}
onderneming Unternehmen o^{35}
ondernemingsgeest Unternehmungsgeist m^{19}
ondernemingsraad Betriebsrat m^6
onderofficier Unteroffizier m^5
onderonsje 1 *(kleine kring)* intime Gesellschaft v^{20}; **2** *(gesprek)* (vertrauliches) Gespräch o^{29}
onderontwikkeld unterentwickelt
onderpand Pfand o^{32}
onderpastoor *(Belg)* (r-k) Kaplan m^6
onderricht Unterricht m^5
onderrichten unterrichten
onderschatten unterschätzen
onderschatting Unterschätzung v^{20}
onderscheid Unterschied m^5: *men moet ~ maken* man muss unterscheiden
onderscheiden I *ww* **1** *(scheiden)* unterscheiden[232]; **2** *(onderkennen)* unterscheiden[232], erkennen[189]; **3** *(decoratie verlenen)* auszeichnen; **II** *zich ~* sich un-

terscheiden[232]; **III** *bn* **1** *(verschillend)* verschieden; **2** *(uiteenlopend)* unterschieden
onderscheiding 1 *(het onderscheiden)* Unterscheidung v^{20}; **2** *(eerbied)* Ehrfurcht v^{28}, Respekt m^{19}; **3** *(decoratie)* Auszeichnung v^{20}, Orden m^{11}: *(Belg, ond) met ~* mit Auszeichnung
onderscheidingsvermogen Unterscheidungsvermögen o^{39}
onderscheppen *(opvangen)* abfangen[155]
onderschrift Unterschrift v^{20}
onderschrijven *(ook fig)* unterschreiben[252]
onderspit: *het ~ delven* den Kürzeren ziehen[318]
onderspitten untergraben[180]
onderst unter, *(alleronderst)* unterst
onderstaan unter Wasser stehen[279]
onderstaand nachstehend
onderste Unterste(s) o^{40c}; *(van twee)* Untere(s) o^{40c}
ondersteboven auf den Kopf, *(verkeerd om)* verkehrt herum: *alles ~ gooien* alles durcheinander werfen[311]: *~ keren* das Unterste zuoberst kehren; *~ zetten* auf den Kop stellen; *ik was er helemaal van ~* ich war ganz durcheinander
ondersteek Bettschüssel v^{21}, Bettpfanne v^{21}
onderstel 1 *(van auto, vliegtuig e.d.)* Untergestell o^{29}, Fahrgestell o^{29}; **2** *(uit planken)* Gestell o^{29}
ondersteunen 1 *(stutten)* stützen; **2** *(helpen, bijstaan)* unterstützen
ondersteuning 1 *(het ondersteunen)* Stützen o^{39}; **2** *(hulp, bijstand)* Unterstützung v^{20}
onderstrepen unterstreichen[286]
onderstromen überschwemmt werden[310]
onderstuk Unterteil o^{29}, m^5
ondertekenaar Unterzeichner m^9
ondertekenen unterzeichnen, unterschreiben[252]
ondertekening 1 *(het ondertekenen)* Unterzeichnung v^{20}; **2** *(handtekening)* Unterschrift v^{20}
ondertitel Untertitel m^9
ondertitelen untertiteln
ondertiteling Untertitelung v^{20}
ondertoon Unterton m^6
ondertrouw Aufgebot o^{29}: *in ~ gaan* das Aufgebot bestellen
ondertussen inzwischen, mittlerweile; *(niettemin)* indessen, allerdings
onderuit unten heraus, unten hinaus: *~ gaan (ook fig)* zu Fall kommen[193]: *(sp) een tegenstander ~ halen* einen Gegner umsäbeln; *ergens niet ~ kunnen* nicht umhinkönnen[194]
ondervangen abfangen[155]: *bezwaren ~* Bedenken beseitigen
onderverdelen unterteilen, (unter)gliedern (in[+4])
onderverdeling Unterteilung v^{20}, Untergliederung v^{20}
onderverhuren untervermieten
onderverzekerd unterversichert
onderverzekering Unterversicherung v^{20}
ondervinden 1 *(algem)* erfahren[153]; **2** *(beleven)* erleben; **3** *(ontmoeten)* begegnen[+3]
ondervinding Erfahrung v^{20}: *bij ~* aus Erfahrung

ondervoed unterernährt
ondervoeding Unterernährung v^{28}
ondervoorzitter Vizepräsident m^{14}
ondervragen *(inlichtingen vragen)* befragen; *(verhoren)* vernehmen[212], verhören
ondervraging *(het vragen om informatie)* Befragung v^{20}; *(verhoor)* Verhör o^{29}, Vernehmung v^{20}
onderwaarderen unterbewerten
onderweg unterwegs
onderwereld Unterwelt v^{28}
onderwerp 1 *(stof, thema)* Gegenstand m^6, Thema o *(2e nvl -s; mv Themen)*; **2** *(boven een brief)* Betreff m^5; **3** *(taalk)* Subjekt o^{29}
onderwerpen unterwerfen[311]
onderwijl unterdessen
onderwijs Unterricht m^5: *bijzonder* ~ Privatunterricht; *openbaar* ~ öffentlicher Unterricht; *schriftelijk* ~ Fernunterricht; *speciaal* ~ Sonderunterricht; *(Belg) technisch secundair* ~ weiterführender technischer Unterricht; *(Belg) vernieuwd secundair* ~ erneuerter weiterführender Unterricht; *voortgezet* ~ weiterführender Unterricht; *(Belg) kunstsecundair* ~ weiterführender Kunstunterricht; ~ *in vreemde talen* Fremdsprachenunterricht; *ministerie van Onderwijs* Kultusministerium o *(2e nvl -s; mv -ministerien)*: ~ *geven (aan iem)* (jmdm) Unterricht geben[166] *(of:* erteilen)
onderwijsgevende Lehrkraft v^{25}
onderwijsinrichting, onderwijsinstelling Lehranstalt v^{20}
onderwijsinspecteur Schulrat m^6, Schulinspektor m^{16}
onderwijsinspectie Schulaufsichtsbehörde v^{21}
onderwijskracht Lehrkraft v^{25}
onderwijskunde Schulpädagogik v^{28}
onderwijspolitiek Bildungspolitik v^{28}
onderwijzen unterrichten, lehren: *iem (in het) Frans* ~ jmdn in Französisch unterrichten
onderwijzend: ~ *personeel* Lehrerschaft v^{20}
onderwijzer Lehrer m^9
onderwijzeres Lehrerin v^{22}
onderworpen 1 unterworfen; **2** *(berustend)* ergeben; **3** *(blootgesteld aan)* ausgesetzt[+3]
onderzeeboot Unterseeboot o^{29}, U-Boot o^{29}
onderzees unterseeisch, Untersee...
onderzetter Untersetzer m^9
onderzijde Unterseite v^{21}: *aan de* ~ unterseits
onderzoek Untersuchung v^{20}; *(diepgaand)* Forschung v^{20}; *(toetsing, ook)* Prüfung v^{20}; *(jur, politie ook)* Ermittlung v^{20}; *(wetenschappelijk)* Forschung v^{20}: *een* ~ *instellen (naar)* eine Untersuchung anstellen (über[+4])
onderzoeken untersuchen; *(diepgaand)* forschen; *(controleren)* prüfen; *(jur, politie ook)* ermitteln; *(wetenschappelijk)* erforschen
onderzoeker Forscher m^9
onderzoeking Untersuchung v^{20}
onderzoeksrechter Untersuchungsrichter m^9
ondeugd I 1 Untugend v^{20}, *(sterker)* Laster o^{33}; **2**

(guitigheid) Schelmerei v^{20}; **II** *(persoon)* Schelm m^5
ondeugdelijk 1 von schlechter Qualität; **2** *(ongeschikt)* untauglich, ungeeignet
ondeugend 1 *(stout)* ungezogen; **2** *(uitdagend)* pikant; **3** *(schalks)* schelmisch, schalkhaft
ondeugendheid Ungezogenheit v^{20}; Schalkhaftigkeit v^{20}; *zie ook* ondeugend
ondiep 1 *(mbt water)* nicht tief, *(doorwaadbaar)* seicht; **2** *(mbt afmeting)* nicht tief
ondiepe Nichtschwimmerbecken o^{35}
ondiepte seichte Stelle v^{21}, Untiefe v^{21}
ondier Untier o^{29}, Ungeheuer o^{33}
onding 1 Unding o^{29}; **2** *(prul)* wertloses Zeug o^{39}
ondoelmatig unzweckmäßig
ondoeltreffend unwirksam
ondoenlijk unmöglich
ondoordacht unüberlegt, unbesonnen
ondoordringbaar undurchdringlich
ondoorgrondelijk unergründlich
ondoorzichtig *(ook fig)* undurchsichtig
ondraaglijk unerträglich
ondubbelzinnig unzweideutig: *op* ~*e wijze* auf unmissverständliche Weise
onduidelijk 1 undeutlich; **2** *(moeilijk te begrijpen)* unklar, *(sterker)* unverständlich
onduidelijkheid Undeutlichkeit v^{28}; Unklarheit v^{20}; *zie ook* onduidelijk
onecht 1 *(vals)* unecht, falsch; **2** *(onwettig)* unehelich: ~ *kind* uneheliches Kind
oneens uneinig: *zij zijn het met elkaar* ~ sie sind (sich) uneinig; *zij is het ermee* ~ sie ist damit nicht einverstanden
oneerbaar unsittlich, unanständig
oneerbiedig unehrerbietig, respektlos
oneerlijk unehrlich, *(door knoeierij)* unlauter
oneerlijkheid Unehrlichkeit v^{28}
oneetbaar ungenießbar, nicht essbar
oneffen uneben; *(hobbelig)* holprig
oneffenheid Unebenheit v^{20}, Holprigkeit v^{28}
oneigenlijk *(fig)* übertragen
oneindig unendlich
oneindigheid Unendlichkeit v^{28}
onenigheid Uneinigkeit v^{20}
onervaren unerfahren
onervarenheid Unerfahrenheit v^{28}
onesthetisch unästhetisch
oneven ungerade
onevenredig unverhältnismäßig
onevenwichtig unausgeglichen
onfatsoenlijk unanständig
onfeilbaar unfehlbar
onfeilbaarheid Unfehlbarkeit v^{28}
onfortuinlijk unglücklich
onfris *(niet fris, niet helder)* unsauber, *(mbt water, lucht, adem)* unrein
ongaarne ungern
ongans: *zich* ~ *eten* sich überessen[152]
ongeacht *vz* ungeachtet[+2], trotz[+2]
ongebleekt ungebleicht

ongebonden ungebunden
ongebreideld zügellos, ungehemmt
ongebruikelijk ungebräuchlich, unüblich
ongebruikt unbenutzt, ungebraucht
ongecompliceerd unkompliziert
ongedaan: ~ *maken* rückgängig machen
ongedeerd unversehrt, unverletzt; *(fig)* heil
ongedekt ungedeckt
ongedierte Ungeziefer *o*[39]
ongedisciplineerd undiszipliniert
ongeduld Ungeduld *v*[28]: *vol* ~ voller Ungeduld
ongeduldig ungeduldig
ongedurig ruhelos, unruhig
ongedwongen 1 *(niet gedwongen)* freiwillig; **2** *(ongekunsteld)* ungezwungen
ongeëvenaard einzigartig, unvergleichlich
ongefundeerd unbegründet
ongegeneerd ungeniert
ongegrond unbegründet
ongehavend unversehrt, heil
ongehinderd ungehindert
ongehoord *(fig)* unerhört
ongehoorzaam ungehorsam
ongehoorzaamheid Ungehorsam *m*[19]
ongehuwd unverheiratet, ledig
ongeïnteresseerd uninteressiert
ongekend 1 ungeahnt; **2** *(enorm)* unerhört
ongekleed unbekleidet
ongekookt ungekocht, roh
ongekroond ungekrönt
ongekunsteld ungekünstelt
ongeldig ungültig, *(jur)* nichtig: ~ *verklaren* für ungültig *(of:* für nichtig) erklären
ongelegen ungelegen: *het kwam mij erg* ~ es kam mir sehr ungelegen
ongeletterd ungebildet
ongelijk I *bn, bw* **1** *(verschillend)* ungleich: *een* ~*e strijd* ein ungleicher Kampf; **2** *(ongelijkmatig)* ungleichmäßig; **3** *(oneffen)* uneben, holprig; **II** *zn* Unrecht *o*[39]: *zijn* ~ *bekennen* sein Unrecht eingestehen[279]; ~ *geven* Unrecht geben[166]; ~ *hebben* Unrecht haben[182]; ~ *krijgen* Unrecht bekommen[193]: *iem in het* ~ *stellen* jmdn ins Unrecht setzen
ongelijkheid Ungleichheit *v*[20]; Ungleichmäßigkeit *v*[20]; Unebenheit *v*[20], Holprigkeit *v*[28]; *zie ook* ongelijk I
ongelijkmatig ungleichmäßig
ongelikt ungeschliffen, ungehobelt
ongelimiteerd unlimitiert, unbegrenzt
ongelofelijk unglaublich
ongelood bleifrei
ongeloof Unglaube *m*[18] *(alleen ev)*
ongeloofwaardig unglaubwürdig, unglaubhaft
ongelovig ungläubig
ongelovige Ungläubige(r) *m*[40a], *v*[40b]
ongelovigheid Ungläubigkeit *v*[28]
ongeluk 1 *(tegenspoed)* Unglück *o*[39], Missgeschick *o*[29], Unheil *o*[39]; **2** *(ongeval)* Unfall *m*[6], Unglück *o*[29]: *plaats van het* ~ Unfallstelle *v*[21]: *oorzaak van het* ~

Unfallursache *v*[21]: *per* ~ aus Versehen; *een* ~ *zit in een klein hoekje* (das) Unglück kommt über Nacht; **3** *(ongunstige toestand)* Unglück *o*[39] ǁ *een stuk* ~ ein Ekel; *zich een* ~ *haasten* sich mächtig beeilen; *zich een* ~ *lachen* sich einen Bruch lachen
ongelukje Betriebsunfall *m*[6]
ongelukkig 1 *(algem)* unglücklich: ~ *genoeg was hij ziek* unglücklicherweise war er krank; **2** *(invalide)* behindert
ongelukkige Unglückliche(r) *m*[40a], *v*[40b]
ongelukkigerwijs unglücklicherweise
ongeluksdag Unglückstag *m*[5]
ongeluksgetal Unglückszahl *v*[20]
ongeluksvogel Unglücksvogel *m*[10], Pechvogel *m*[10]
ongemak 1 *(ongerief)* Unbequemlichkeit *v*[20]; **2** *(hinder, last)* Beschwerde *v*[21]; **3** *(gebrek, kwaal)* Gebrechen *o*[35]
ongemakkelijk 1 *(niet gerieflijk)* unbequem; **2** *(lastig, moeilijk)* unbequem, lästig; **3** *(mbt kind, leerling)* schwierig
ongemanierd unmanierlich, ungesittet
ongemeen ungemein, außerordentlich
ongemerkt *bw* unbemerkt, unbeachtet
ongemoeid unbehelligt, ungestört: *iem* ~ *laten* jmdn ungestört lassen[197]
ongemotiveerd unmotiviert, unbegründet
ongenaakbaar *(zgt)* unnahbar, unzugänglich
ongenade Ungnade *v*[28]
ongenadig 1 *(onbarmhartig)* erbarmungslos, mitleid(s)los; **2** *(zeer erg)* tüchtig, gehörig: ~ *koud* abscheulich kalt
ongeneeslijk unheilbar
ongenegen abgeneigt[+3], abhold[+3]: *iem niet* ~ *zijn* jmdm nicht abgeneigt sein
ongenietbaar ungenießbar
ongenoegen 1 *(ontevredenheid)* Missvergnügen *o*[39]: *zich iems* ~ *op de hals halen* jmds Unwillen erregen; **2** *(onenigheid)* Streit *m*[5]
ongenood ungebeten
ongenuanceerd undifferenziert
ongeoefend ungeübt
ongeoorloofd unerlaubt, verboten
ongeopend ungeöffnet
ongeorganiseerd *(niet geleid)* ungeordnet; nicht organisiert
ongepast 1 *(misplaatst)* unpassend; **2** *(onbetamelijk)* unziemlich, unanständig
ongepermitteerd unerlaubt, unangebracht
ongerechtigheid Ungerechtigkeit *v*[20]
ongerechtvaardigd ungerechtfertigt
ongerede: *in het* ~ *raken:* a) *(verliezen)* abhanden kommen[193], verloren gehen[168]; b) *(in de war raken)* in Unordnung geraten[218]
ongeregeld 1 *(onregelmatig)* unregelmäßig; **2** *(wanordelijk)* ungeordnet; **3** *(zonder regels)* regellos: ~*e goederen* Ramschware *v*[21]
ongeregeldheid 1 *(wanordelijkheid)* Unordnung *v*[28], Regellosigkeit *v*[28]; **2** *(relletjes)* Krawalle *mv m*[5], Unruhen *mv v*[21]

on

ongeremd ungehemmt
ongerept unberührt
ongerief Unbequemlichkeit v^{20}; Ungelegenheit v^{20}: *iem ~ veroorzaken* jmdm Ungelegenheiten bereiten
ongerieflijk unbequem, unbehaglich
ongerieflijkheid Unbequemlichkeit v^{20}
ongerijmd ungereimt, unsinnig
ongerust besorgt: *~ erover zijn, dat het niet goed zal gaan* um den Erfolg in Sorge sein; *zich ~ maken* sich[3] Sorgen machen (um[+4])
ongerustheid Besorgnis v^{24}
ongeschikt *(mbt personen)* unfähig, *(mbt personen en zaken)* ungeeignet, untauglich; *(mbt tijd)* ungelegen: *hij is niet ~* er ist ganz nett
ongeschonden unverletzt, unversehrt
ongeschoold ungeschult, ungelernt
ongeslagen ungeschlagen, unbesiegt
ongesteld 1 *(licht ziek)* unwohl, unpässlich; 2 *(menstruatie hebbend)* menstruierend: *zij is ~* sie hat ihre Periode *(of:* ihre Regel)
ongesteldheid 1 Unwohlsein o^{39}; 2 *(menstruatie)* Periode v^{21}, Regel v^{21}
ongestoord ungestört
ongestraft ungestraft
ongetrouwd unverheiratet, ledig
ongetwijfeld ohne Zweifel, zweifellos
ongevaarlijk ungefährlich
ongeval Unfall m^6, Unglück o^{29}: *~ met dodelijke afloop* Unfall mit tödlichem Ausgang
ongevallenverzekering Unfallversicherung v^{20}
ongeveer ungefähr, etwa, zirka
ongeveinsd unverstellt, ungeheuchelt
ongevoelig unempfindlich: *~ voor* unempfindlich gegen[+4]
ongevraagd unaufgefordert, ungebeten
ongewapend unbewaffnet
ongewassen ungewaschen
ongewenst unerwünscht
ongewijzigd unverändert
ongewild ungewollt
ongewis ungewiss, unsicher
ongewoon 1 *(niet alledaags)* ungewöhnlich; 2 *(niet gewend)* ungewohnt; 3 *(zeer)* ungewöhnlich: *~ belangrijk* außergewöhnlich wichtig
ongezeglijk ungehorsam, unfolgsam
ongezellig ungemütlich
ongezien 1 *(ongemerkt)* ungesehen; 2 *(zonder gezien te hebben)* unbesehen
ongezond ungesund
ongezouten 1 *(lett)* ungesalzen; 2 *(fig)* unverblümt, ungeschminkt
ongrijpbaar ungreifbar
ongrondwettig verfassungswidrig
ongunstig ungünstig
onguur 1 *(ruw, gemeen)* schäbig, unlauter; 2 *(schrikwekkend)* widerlich, garstig: *een ongure kerel* ein widerlicher Kerl
onhaalbaar *(onuitvoerbaar)* undurchführbar; *(onbereikbaar)* unerreichbar

onhandelbaar 1 *(mbt personen)* widerspenstig; 2 *(mbt zaken)* schwer handhabbar
onhandig 1 *(lomp, links)* ungeschickt, linkisch; 2 *(moeilijk te hanteren)* unhandlich
onhandigheid 1 Ungeschicktheit v^{28}; 2 *(onhandige daad)* Ungeschicklichkeit v^{20}
onhebbelijk unmanierlich, taktlos, grob
onheil Unheil o^{39}, Katastrophe v^{21}
onheilsbode Unheilsbote m^{15}, Unglücksbote m^{15}
onheilspellend Unheil verkündend, unheimlich, ominös: *~e blik* unheimlicher Blick; *een ~ teken* ein Unheil verkündendes Zeichen
onherbergzaam unwirtlich
onherkenbaar nicht wieder zu erkennen
onherroepelijk unwiderruflich
onherstelbaar 1 *(mbt schade, verlies)* unersetzlich; 2 *(niet ongedaan te maken)* nicht wieder gutzumachen
onheuglijk undenklich
onheus unhöflich, unfreundlich, grob
onhoorbaar unhörbar
onhoudbaar unhaltbar
onhygiënisch unhygienisch
oninteressant uninteressant
onjuist 1 *(onwaar)* unrichtig, falsch; 2 *(niet ter zake dienend)* unzutreffend
onjuistheid Unrichtigkeit v^{20}
onkerkelijk unkirchlich, außerkirchlich
onkies unzart, taktlos
onklaar 1 *(onduidelijk)* unklar; 2 *(defect)* defekt
onknap *niet ~* hübsch
onkosten Unkosten *(mv)*, *(bij het werk)* Spesen *(mv)*: *~ maken* sich[4] in Unkosten stürzen
onkostenrekening Spesenrechnung v^{20}
onkreukbaar *(integer)* unbestechlich
onkruid Unkraut o^{32}
onkruidbestrijding Unkrautbekämpfung v^{28}
onkuis 1 *(onzedig)* unkeusch; 2 *(ruw)* anstößig
onkunde Unkenntnis v^{28}, Unwissenheit v^{28}: *uit ~* aus Unkenntnis
onkundig unkundig: *iem ~ van iets laten* jmdn in[+3] Unkenntnis über[+4] etwas lassen[197]
onkwetsbaar unverwundbar, unverletzbar
onlangs neulich, vor kurzem
onleesbaar 1 *(mbt schrift)* unleserlich; 2 *(mbt inhoud)* unlesbar
on line online
onlogisch unlogisch
onlosmakelijk unlöslich, unlösbar
onlust 1 Unlust v^{28}; 2 *~en* Wirren *mv* v^{21}
onmacht 1 *(machteloosheid)* Ohnmacht v^{20}, Unvermögen o^{39}; 2 *(bezwijming)* Ohnmacht v^{20}
onmachtig ohnmächtig; *(niet in staat, ook)* nicht imstande, nicht im Stande
onmatig unmäßig
onmens Unmensch m^{14}
onmenselijk unmenschlich
onmerkbaar unmerkbar
onmetelijk unermesslich

onmiddellijk I *bn* **1** *(dadelijk)* sofortig; **2** *(rechtstreeks)* unmittelbar, direkt: ~ *gevaar* direkte Gefahr; *in de* ~*e nabijheid* in nächster Nähe; **II** *bw* sofort, (so)gleich, unverzüglich: ~ *om de hoek* gleich um die Ecke

onmin Zwietracht v^{28}, Uneinigkeit v^{20}

onmisbaar unentbehrlich

onmiskenbaar unverkennbar

onmogelijk unmöglich

onmogelijkheid Unmöglichkeit v^{20}

onmondig unmündig

onmuzikaal unmusikalisch

onnadenkend unbedacht, unüberlegt

onnaspeurbaar unerforschlich

onnatuurlijk unnatürlich

onnauwkeurig ungenau

onnauwkeurigheid Ungenauigkeit v^{20}

onnavolgbaar unnachahmlich

onneembaar uneinnehmbar

onnodig unnötig

onnoemelijk unsagbar, unbeschreiblich

onnozel 1 *(onschuldig)* unschuldig, harmlos; **2** *(onervaren)* einfältig, grün; **3** *(dom)* einfältig, albern; **4** *(onbeduidend)* lächerlich

onnozelheid 1 *(onschuld)* Unschuld v^{28}, Harmlosigkeit v^{28}; **2** *(domheid)* Einfältigkeit v^{28}

onomkeerbaar nicht umkehrbar

onomkoopbaar unbestechlich

onomstotelijk unumstößlich

onomwonden unumwunden

ononderbroken ununterbrochen

onontbeerlijk unentbehrlich

onontkoombaar unvermeidlich

onontwikkeld 1 *(niet tot ontwikkeling gekomen)* unentwickelt, *(econ)* unterentwickelt; **2** *(zonder ontwikkeling)* ungebildet

onooglijk *(lelijk)* hässlich

onoorbaar 1 *(ontoelaatbaar)* unzulässig; **2** *(onbetamelijk)* unschicklich

onopgehelderd ungeklärt

onopgemerkt unbemerkt, unbeachtet

onopgevoed unerzogen

onophoudelijk unaufhörlich, unablässig

onoplettend unaufmerksam

onoplosbaar unlösbar

onopvallend unauffällig

onopzettelijk unabsichtlich

onoverkomelijk unüberwindlich

onovertroffen unübertroffen

onoverwinnelijk unbesiegbar

onoverzichtelijk unübersichtlich

onpaar *(Belg)* ungerade

onpartijdig unparteiisch

onpasselijk unpässlich: *ik word* ~ mir wird übel

onpeilbaar 1 unermesslich; **2** *(ondoorgrondelijk)* unergründlich

onpersoonlijk unpersönlich

onplezierig unangenehm, unerfreulich

onpraktisch unpraktisch

onproductief unproduktiv

onraad Gefahr v^{20}: ~ *bespeuren* Unrat wittern

onrecht Unrecht o^{39}: *ten* ~*e* zu Unrecht

onrechtmatig unrechtmäßig

onrechtmatigheid Unrechtmäßigkeit v^{20}

onrechtvaardig ungerecht

onrechtvaardigheid Ungerechtigkeit v^{20}

onredelijk 1 *(ongegrond)* unbegründet; **2** *(onbillijk)* unangemessen

onregelmatig unregelmäßig

onregelmatigheid Unregelmäßigkeit v^{20}

onrein unrein

onrendabel unrentabel

onrijp unreif

onroerend unbeweglich: ~ *goed* Immobilien *(mv)*

onrust Unruhe v^{28}

onrustbarend beunruhigend

onrustig unruhig

onruststoker Unruhestifter m^9, Aufwiegler m^9

¹ons I *pers vnw*⁸²; uns; **II** *bez vnw*⁸⁰; unser(e): *we zijn met* ~ *achten* wir sind zu acht(en); *de, het onze* der, die, das unsrige *(of:* unsere); *de onzen* die Unseren, die unseren, die Unsrigen, die unsrigen

²ons *zn* hundert Gramm o^{29}: *een* ~ *kaas* hundert Gramm Käse

onsamenhangend unzusammenhängend

onschadelijk unschädlich, harmlos

onschatbaar unschätzbar

onschendbaar unverletzlich

onscherp unscharf

onschuld Unschuld v^{28}

onschuldig unschuldig: *iem* ~ *verklaren* jmdn für unschuldig erklären

onsmakelijk unappetitlich

onsportief unsportlich, unfair

onstandvastig unbeständig

onsterfelijk unsterblich

onsterfelijkheid Unsterblichkeit v^{28}

onstuimig stürmisch, ungestüm

onstuimigheid Ungestüm o^{39}

onstuitbaar unaufhaltsam

onsympathiek unsympathisch

ontaard 1 entartet; **2** *(zeer)* fürchterlich

ontaarden entarten: ~ *in* entarten zu⁺³

ontactisch taktlos

ontberen entbehren

ontbering Entbehrung v^{20}

ontbieden kommen lassen¹⁹⁷

ontbijt Frühstück o^{29}

ontbijten frühstücken

ontbijtkoek Honigkuchen m^{11}

ontbinden 1 *(wisk)* zerlegen; **2** *(van contract)* (auf)lösen; **3** *(een huwelijk, de Kamer, een vennootschap)* auflösen; **4** *(chem)* zersetzen

ontbinding 1 *(wisk)* Zerlegung v^{20}; **2** *(van contract)* Lösung v^{20}; **3** *(van huwelijk, Kamer)* Auflösung v^{20}; **4** *(chem)* Zersetzung v^{28}; **5** *(rotting)* Fäulnis v^{28}, Verwesung v^{28}

ontbladeren entblättern, entlauben

ontbloot entblößt: *niet van aanleg* ~ nicht ohne Begabung

ontbloten entblößen

ontboezeming Herzenserguss *m*[6]

ontbossen entwalden

ontbrandbaar entzündbar, entzündlich

ontbranden 1 *(lett)* sich entzünden; **2** *(fig)* entbrennen[138]

ontbreken *(niet voorhanden zijn)* fehlen, mangeln: *~d bedrag* Fehlbetrag *m*[6]: *er ~ nog 10 gulden* es fehlen noch zehn Gulden; *dat ontbreekt er nog maar aan!* das fehlt gerade noch!

ontcijferen entziffern

ontdaan bestürzt, entsetzt

ontdekken entdecken

ontdekker Entdecker *m*[9]

ontdekking Entdeckung *v*[20]

ontdoen I *tr* entledigen[+2], befreien (von[+3]): *van vuil ~* von Schmutz befreien; **II** *zich ~ van* sich entledigen[+2]: *zich van iem, van iets (lastigs) ~* sich[3] jmdn, etwas vom Hals(e) schaffen

ontdooien abtauen, auftauen; *(fig)* auftauen

ontduiken *(van wet e.d.)* umgehen[168]: *de belasting ~* die Steuern hinterziehen[318]

ontegenzeglijk unbestreitbar, unstreitig

onteigenen enteignen

onteigening Enteignung *v*[20]

ontelbaar 1 unzählbar; **2** *(zeer veel)* unzählig

ontembaar *(ook fig)* unzähmbar

onterecht unberechtigt

onteren 1 entehren; **2** *(schenden)* schänden

onterven enterben

ontevreden unzufrieden: *~ over* unzufrieden mit[+3]

ontevredenheid Unzufriedenheit *v*[28]

ontfermen, zich sich erbarmen[+2]

ontfutselen ablisten: *iem zijn geld ~* jmdm sein Geld ablisten

ontgaan entgehen[168]: *dat ontgaat mij* das entgeht mir

ontgelden entgelten[170]: *hij moest het ~* er musste es entgelten

ontginnen 1 *(van grond)* urbar machen; **2** *(mijnb)* abbauen, ausbeuten

ontginning 1 *(van grond)* Urbarmachung *v*[20]; **2** *(mijnb)* Abbau *m*[19]

ontglippen 1 *(ontsnappen)* entschlüpfen, entwischen; **2** *(mbt woord)* entfahren[153]

ontgoochelen enttäuschen

ontgoocheling Enttäuschung *v*[20]

ontgroeien entwachsen[302]: *aan de kinderschoenen ~* den Kinderschuhen entwachsen

onthaal 1 *(ontvangst)* Aufnahme *v*[21]; *(met voedsel en drank)* Bewirtung *v*[20]: *een goed ~ vinden* eine gute Aufnahme finden[157]; **2** *(Belg) (receptie, ontvangstbalie)* Empfang *m*[6], Rezeption *v*[20]

onthaalouders *(Belg) (ongev)* Gastfamilie *v*[21]

onthalen aufnehmen[212]; *(trakteren)* bewirten: *op iets ~* mit[+3] etwas bewirten

onthand: *ik ben er erg door ~!* ich vermisse es sehr!

ontharen enthaaren

ontheemde Heimatlose(r) *m*[40a], *v*[40b]

ontheffen entheben[186+2], entbinden[131+2]

ontheffing Enthebung *v*[20], Befreiung *v*[20]: *~ van belastingplicht* Steuerbefreiung

onthoofden enthaupten, köpfen

onthouden I *tr* **1** *(niet geven)* vorenthalten[183]: *iem zijn loon ~* jmdm den Lohn vorenthalten; **2** *(in het geheugen houden)* behalten[183], sich[3] merken: *onthoud dat* merke dir das!; *iem iets helpen ~* jmdm an[+4] etwas erinnern; **II** *zich ~ van* sich enthalten[183+2]

onthouding 1 *(het niet meedoen)* Enthaltung *v*[20]; **2** *(het zich ontzeggen)* Enthaltung *v*[28]

onthullen *(ook fig)* enthüllen

onthulling Enthüllung *v*[20]

onthutst bestürzt, betroffen

ontijdig ungelegen; *(te vroeg)* vorzeitig

ontkennen I *tr* **1** *(niet erkennen)* leugnen, bestreiten[287], abstreiten[287]: *een daad ~* eine Tat leugnen; **2** *(niet bevestigen)* verneinen; **II** *intr* *(niet bekennen)* leugnen

ontkenning Verneinung *v*[20], Leugnung *v*[20]; *zie ook* ontkennen

ontketenen *(fig)* entfesseln

ontkiemen *(ook fig)* (auf)keimen

ontkleden entkleiden, auskleiden

ontknoping Auflösung *v*[20], Lösung *v*[20]

ontkomen entkommen[193+3], entrinnen[225+3]: *aan een gevaar ~* einer Gefahr entrinnen

ontkoppelen 1 *(techn)* abkoppeln, entkoppeln, loskoppeln; **2** *(automotor)* auskuppeln

ontkrachten entkräften

ontkurken entkorken

ontladen entladen[196]

ontlasten I *tr* entlasten; **II** *zich ~ (ontlasting hebben)* sich entleeren

ontlasting 1 *(verlichting)* Entlastung *v*[20]; **2** *(stoelgang)* Stuhl(gang) *m*[19]; **3** *(uitwerpselen)* Stuhl *m*[6], Fäzes *(mv)*, Kot *m*[19]

ontleden 1 zergliedern, zerlegen: *een lijk ~* eine Leiche sezieren[320]; **2** *(nauwkeurig onderzoeken)* analysieren[320]

ontlenen 1 *(overnemen)* entlehnen; **2** *(ontnemen)* entnehmen[212]: *aan het rapport ~ wij* (aus) dem Bericht entnehmen wir; **3** *(te danken hebben)* herleiten: *zijn naam aan iets ~* seinen Namen von etwas herleiten; **4** *(ontvangen)* bekommen[193]

ontlokken entlocken: *iem een bekentenis ~* jmdm ein Geständnis entlocken

ontlopen 1 *(ontsnappen)* entkommen[193], entgehen[168]; **2** *(mijden)* ausweichen[306]: *iem ~* jmdm ausweichen; **3** *(verschillen)* sich unterscheiden[232]: *ze ~ elkaar niet veel* der Unterschied ist nicht groß

ontluiken sich entfalten

ontluisteren des Glanzes berauben

ontmaagden entjungfern

ontmantelen 1 *(van industrie)* demontieren[320]; **2** *(van organisatie)* auflösen

ontmanteling 1 Demontage *v*[21]; **2** Auflösung *v*[20]; *zie*

ook ontmantelen
ontmaskeren entlarven
ontmoedigen entmutigen
ontmoediging Entmutigung *v*[20]
ontmoeten 1 *(toevallig)* begegnen[+3] *(+ sein)*, treffen[289+4]: *een vriend* ~ einem Freund begegnen; **2** *(opzettelijk)* sich treffen[289]; **3** *(ondervinden)* stoßen[285] auf[+4]
ontmoeting *(ook sp)* Begegnung *v*[20], Treffen *o*[35]: *vriendschappelijke* ~ Freundschaftsspiel *o*[29]
ontnemen 1 *(afnemen)* abnehmen[212], fortnehmen[212]: *een kind een mes* ~ einem Kind ein Messer abnehmen; **2** *(fig)* nehmen[212]: *iem het leven* ~ jmdm das Leben nehmen; *iem het woord* ~ jmdm das Wort entziehen[318]
ontnuchteren *(ook fig)* ernüchtern
ontnuchtering Ernüchterung *v*[20]
ontoegankelijk *(ook fig)* unzugänglich
ontoelaatbaar unzulässig
ontoereikend ungenügend, unzureichend
ontoerekeningsvatbaar unzurechnungsfähig
ontoonbaar schmutzig, schäbig
ontplofbaar explosiv
ontploffen explodieren[320]
ontploffing Explosion *v*[20]
ontplooien entfalten
ontpoppen, zich sich entpuppen
ontraadselen enträtseln, entschlüsseln
ontraden abraten[218]: *iem iets* ~ jmdm von[+3] etwas abraten
ontredderd 1 *(mbt personen)* erschüttert; **2** *(mbt zaken)* zerrüttet
ontregelen durcheinander bringen[139]
ontroerd gerührt, ergriffen, bewegt
ontroeren rühren, ergreifen[181], bewegen
ontroering Rührung *v*[28]
ontroostbaar untröstlich
ontrouw I *bn* untreu, treulos; **II** *zn* Untreue *v*[28]
ontroven rauben
ontruimen räumen
ontruiming Räumung *v*[20]
ontschepen ausschiffen, landen
ontscheping Ausschiffung *v*[20]
ontschieten *(vergeten)* entfallen[154]
ontsieren verunzieren[320], *(sterker)* verunstalten
ontslaan entlassen[197], kündigen[+3]: *iem op staande voet* ~ jmdn fristlos entlassen; *iem uit de gevangenis* ~ jmdn aus dem Gefängnis entlassen; *iem van zijn eed* ~ jmdn von seinem Eid *(of:* seines Eides) entbinden[131]
ontslag Entlassung *v*[20], Kündigung *v*[20]: ~ *aanvragen* um seine Entlassung bitten[132]; *iem zijn* ~ *geven* jmdn entlassen, jmdm kündigen; *zijn* ~ *indienen* seine Entlassung einreichen; *zijn* ~ *nemen* kündigen
ontslapen entschlafen[240]
ontsluieren *(ook fig)* entschleiern
ontsluiten 1 *(openen)* aufschließen[245]; **2** *(toegankelijk maken)* erschließen[245]

ontsluiting Aufschließung *v*[28], Erschließung *v*[28]
ontsmetten desinfizieren[320]
ontsmetting Desinfektion *v*[20]
ontsnappen 1 *(ontkomen)* entgehen[168], entrinnen[225]; **2** *(mbt gas, lucht)* entweichen[306], ausströmen; **3** *(uit gevangenschap)* entkommen[193], entwischen; **4** *(sp)* sich lösen: *uit het peloton* ~ sich aus dem Peloton lösen
ontsnapping 1 Entrinnen *o*[39], Entweichen *o*[39], Ausströmung *v*[20]; **3** Flucht *v*[20]; *zie ook* ontsnappen
ontspannen I *bn* entspannt, gelockert; **II** *tr (slapper maken)* entspannen, lockern; **III** *zich* ~ sich entspannen, sich erholen
ontspanner Auslöser *m*[9]
ontspanning 1 *(foto)* Entspannung *v*[20]; **2** *(verpozing)* Entspannung *v*[20], Erholung *v*[28]
ontsporen *(ook fig)* entgleisen
ontsporing Entgleisung *v*[20]
ontspringen entspringen[276]
ontspruiten *(ook fig)* entsprießen[275]
ontstaan I *ww* entstehen[279]; **II** *zn* Entstehung *v*[20], Entstehen *o*[39]
ontsteken I *tr (doen ontbranden)* anzünden; *(techn)* zünden; **II** *intr (med)* sich entzünden
ontsteker Zünder *m*[9]
ontsteking 1 Anzünden *o*[39]; **2** *(med)* Entzündung *v*[20]; **3** *(techn)* Zündung *v*[20]
ontsteld bestürzt, entsetzt
ontstellen I *tr* entsetzen, erschrecken; **II** *intr* erschrecken[251], sich entsetzen
ontstellend entsetzlich: ~ *duur* schrecklich teuer; ~ *koud* entsetzlich kalt
ontsteltenis Schrecken *m*[11], Entsetzen *o*[39]
ontstemd *(ook fig)* verstimmt
ontstemmen *(ook fig)* verstimmen
ontstemming Verstimmung *v*[20]
ontstentenis 1 *(gebrek)* Ermangelung *v*[28]; **2** *(afwezigheid)* Abwesenheit *v*[28]: *bij* ~ in[+3] Ermangelung[+2], in[+3] Abwesenheit[+2]
ontstoken entzündet
onttrekken entziehen[318]: *zich aan zijn verplichtingen* ~ sich seinen Verpflichtungen entziehen
onttronen *(ook fig)* entthronen
ontucht Unzucht *v*[28]: ~ *plegen* Unzucht treiben[290]
ontvallen *(sterven)* entrissen werden[310]: *aan zijn gezin* ~ seiner Familie entrissen werden; **2** *(ontglippen)* entschlüpfen, *(mbt woord, ook)* entfahren[153]
ontvangen 1 *(krijgen)* empfangen[155], erhalten[183], bekommen[193]: *onderwijs* ~ Unterricht bekommen; **2** *(begroeten)* empfangen[155]: *(sp) de* ~ *de ploeg* der Gastgeber; **3** *(wie om een onderhoud verzoekt)* empfangen[155]; **4** *(onthalen)* aufnehmen[212]
ontvanger 1 *(persoon, toestel)* Empfänger *m*[9]; **2** *(ambtenaar)* Einnehmer *m*[9]: ~ *van de belastingen* Steuereinnehmer
ontvangst 1 *(onthaal)* Aufnahme *v*[21]; **2** *(het ontvangen)* Empfang *m*[19]: *datum van* ~ Eingangsdatum *o* (2e nvl -s; mv -daten): *na* ~ *van* nach Empfang[+2]; *in* ~ *nemen* in Empfang nehmen[212]; **3** *(inkomsten)*

Einnahmen *mv* v^{21}; 4 *(telecom)* Empfang m^{19}
ontvankelijk 1 *(voor indrukken e.d.)* empfänglich
(für^{+4}); **2** *(jur)* zulässig: *niet ~ verklaren* als unzulässig abweisen^{307}
ontvellen (ab)schürfen, aufschürfen
ontvelling Schürfung v^{20}, Abschürfung v^{20}
ontvetten entfetten
ontvlambaar *(ook fig)* entflammbar
ontvlammen 1 *(vlam vatten)* entflammen, sich entzünden; **2** *(fig)* entflammen
ontvluchten entfliehen^{160+3}: *de stad ~* der Stadt ent-
fliehen
ontvluchting Flucht v^{20}
ontvoerder Entführer m^9
ontvoeren entführen
ontvoering Entführung v^{20}
ontvouwen entfalten
ontvreemden entwenden
ontwaken 1 erwachen, aufwachen; **2** *(fig)* erwachen, sich regen
ontwapenen I *tr* entwaffnen; **II** *intr (wapens afschaffen)* abrüsten
ontwapening 1 Entwaffnung v^{20}; **2** *(afschaffen van
wapens)* Abrüstung v^{28}
ontwapeningsconferentie Abrüstungskonferenz
v^{20}
ontwaren gewahren, gewahr werden^{310}
ontwarren entwirren
ontwennen abgewöhnen: *iem iets ~* jmdm etwas
abgewöhnen
ontwenning Abgewöhnung v^{28}; *(van alcohol,
drugs)* Entziehung v^{20}
ontwenningskuur Entziehungskur v^{20}
ontwerp Entwurf m^6, *(techn, ook)* Plan m^6; *(concept)* Konzept o^{29}
ontwerpen entwerfen^{311}; *(techn)* planen
ontwerper Entwerfer m^9, Designer m^9
ontwijken ausweichen^{306+3}
ontwijkend ausweichend
ontwikkelaar *(foto)* Entwickler m^9
ontwikkeld 1 entwickelt; **2** *(beschaafd, kundig)* gebildet: *minder ~* zurückgeblieben
ontwikkelen I *tr* **1** entwickeln; **2** *(vormen)* bilden; **3**
(ontplooien) entfalten; **II** *zich ~* sich entwickeln
ontwikkeling 1 Entwicklung v^{20}; **2** *(vorming)* Bildung v^{20}: *algemene ~* Allgemeinbildung v^{28}; **3** *(beschaving)* Bildung v^{20}; **4** *(ontplooiing)* Entfaltung
v^{20}: *tot ~ komen* sich entwickeln
ontwikkelingshulp Entwicklungshilfe v^{28}
ontwikkelingsproject Entwicklungsprojekt o^{29}
ontworstelen entringen^{224+3}
ontwortelen *(ook fig)* entwurzeln
ontwrichten 1 *(lett)* verrenken; **2** *(fig)* zerrütten
ontwrichting 1 *(med)* Verrenkung v^{20}; **2** *(fig)* Zer-
rüttung v^{20}
ontzag Respekt m^{19}, Ehrfurcht v^{28}
ontzaglijk ungeheuer, riesig
ontzeggen I *tr* **1** *(betwisten)* absprechen^{274}: *iem het
recht ~* jmdm das Recht absprechen; **2** *(weigeren)*

verweigern: *iem de toegang ~* jmdm den Zutritt
verweigern; **II** *zich ~* verzichten auf^{+4}
ontzegging Verweigerung v^{20}: *~ van het rijbewijs*
Führerscheinentzug m^{19}
ontzenuwen entkräften, widerlegen
ontzet 1 *(ontsteld)* entsetzt; **2** *(uit het verband gerukt)* aus dem Lot
ontzetten 1 *(uit een ambt zetten)* entheben^{186}: *iem
uit zijn ambt ~* jmdn seines Amtes entheben, *(jur)*
entziehen^{318}: *iem uit de ouderlijke macht ~* jmdm
die elterliche Gewalt entziehen; **2** *(bevrijden)* entsetzen, befreien
ontzettend entsetzlich: *~ rijk* furchtbar reich
ontzetting Entsetzen o^{39}
ontzien I *tr* (ver)schonen; **II** *zich ~* sich schonen
onuitgesproken unausgesprochen
onuitputtelijk unerschöpflich
onuitroeibaar unausrottbar
onuitspreekbaar unaussprechbar
onuitsprekelijk unaussprechlich
onuitstaanbaar unausstehlich
onuitvoerbaar unausführbar, undurchführbar
onvast 1 *(mbt grond)* weich; **2** *(mbt slaap)* unruhig,
leicht; **3** *(op de benen)* unsicher; **4** *(mbt karakter,
weer)* unbeständig; **5** *(mbt markt, prijzen)* schwankend
onvatbaar immun (gegen^{+4})
onveilig unsicher
onveiligheid Unsicherheit v^{20}
onveranderbaar unabänderlich
onveranderd unverändert
onveranderlijk unveränderlich
onverantwoord verantwortungslos
onverantwoordelijk unverantwortlich
onverbeterlijk unverbesserlich
onverbiddelijk unerbittlich, unnachsichtig
onverbloemd unumwunden
onverbrekelijk un(auf)löslich
onverdedigbaar unhaltbar
onverdeeld ungeteilt
onverdiend 1 unverdient; **2** *(buiten zijn schuld)* un-
verschuldet
onverdienstelijk: *niet ~* (gar) nicht schlecht
onverdraagzaam unverträglich, intolerant
onverdroten unverdrossen, unentwegt
onverenigbaar unvereinbar
onverflauwd unvermindert
onvergankelijk unvergänglich, unsterblich
onvergeeflijk unverzeihlich
onvergelijkbaar unvergleichbar
onvergetelijk unvergesslich
onverhoeds I *bn* unerwartet; **II** *bw* unversehens
onverholen unverhohlen, unverhüllt
onverhoopt unverhofft
onverklaarbaar unerklärlich, unerklärbar
onverkoopbaar unverkäuflich
onverkort 1 *(mbt film, toneelstuk e.d.)* ungekürzt; **2**
(mbt rechten) uneingeschränkt
onverkwikkelijk unerfreulich

onverlaat Bösewicht m^5, m^7
onverlet 1 *(onbelemmerd)* ungestört, unbehindert; **2** *(ongedeerd)* unverletzt
onvermijdelijk unvermeidlich
onverminderd I *bn, bw* unvermindert; **II** *vz* unbeschadet[+2]
onvermoed unvermutet
onvermoeibaar, onvermoeid unermüdlich
onvermogen Unvermögen o^{39}
onvermogend unvermögend
onvermurwbaar unerbittlich
onverpakt unverpackt
onverricht: *~er zake* unverrichteter Dinge
onversaagd unverzagt, unerschrocken
onverschillig 1 gleichgültig: *hij is mij ~* er ist mir gleichgültig; *~ voor lof of blaam* gleichgültig gegen Lob oder Tadel; **2** *(om het even)* gleich, egal: *het is me totaal ~* es ist mir ganz gleich (*of:* egal)
onverschilligheid Gleichgültigkeit v^{28}
onverschrokken unerschrocken, unverzagt
onverslijtbaar unverwüstlich
onverstaanbaar unverständlich
onverstandig unvernünftig
onverstoorbaar unerschütterlich
onvertaalbaar unübersetzbar
onverteerbaar *(ook fig)* unverdaulich
onvertogen unanständig
onvervaard unverzagt, unerschrocken
onvervalst unverfälscht, *(fig)* waschecht
onvervangbaar unersetzlich, unersetzbar
onvervreemdbaar unveräußerlich
onvervuld unerfüllt
onverwacht(s) unerwartet
onverwarmd ungeheizt
onverwijld unverzüglich
onverwoestbaar unverwüstlich
onverzadigbaar unersättlich, unstillbar
onverzadigd ungesättigt
onverzekerd nicht versichert
onverzettelijk unerschütterlich, unbeugsam
onverzorgd 1 *(slordig)* ungepflegt; **2** *(zonder verzorging)* unversorgt
onvindbaar unauffindbar
onvoldaan 1 *(onbevredigd)* unbefriedigt, enttäuscht; **2** *(niet betaald)* unbezahlt
onvoldoend ungenügend, unzureichend
onvoldoende Note v^{21} "ungenügend": *een ~ krijgen* die Note "ungenügend" bekommen[193]
onvolkomen unvollkommen, *(niet volledig, ook)* unvollständig
onvolledig unvollständig
onvolmaakt unvollkommen
onvolprezen sehr lobenswert
onvoltallig unvollzählig, nicht vollzählig
onvoltooid unvollendet
onvolwaardig *(met gebrek)* behindert
onvolwassen 1 *(niet volgroeid)* nicht ausgewachsen; **2** *(geestelijk onrijp)* unreif
onvoorbereid unvorbereitet

onvoordelig unvorteilhaft
onvoorstelbaar unvorstellbar
onvoorwaardelijk unbedingt, bedingungslos: *~e gevangenisstraf* Gefängnisstrafe ohne Bewährung
onvoorzichtig unvorsichtig
onvoorzichtigheid Unvorsichtigkeit v^{20}
onvoorzien unvorhergesehen
onvrede Unfriede m^{18} *(geen mv)*, Unfrieden m^{19}
onvriendelijk unfreundlich
onvrij unfrei
onvrijwillig unfreiwillig
onvrouwelijk unweiblich
onvruchtbaar *(ook fig)* unfruchtbar
onwaar unwahr: *~ bericht* Falschmeldung v^{20}
onwaarachtig 1 unwahrhaftig; **2** *(onoprecht)* unaufrichtig
onwaardig unwürdig, unwert: *hij is deze gunst ~* er ist dieser Gunst[2] unwürdig (*of:* unwert)
onwaarheid Unwahrheit v^{20}
onwaarschijnlijk unwahrscheinlich
onwaarschijnlijkheid Unwahrscheinlichkeit v^{20}
onwankelbaar unerschütterlich
onweer Gewitter o^{33}, *(zwaar)* Unwetter o^{33}
onweerlegbaar unwiderlegbar
onweersbui Gewitterschauer m^9
onweerslucht 1 *(atmosfeer)* Gewitterluft v^{28}; **2** *(bewolking)* Gewitterhimmel m^9
onweerstaanbaar unwiderstehlich; *(niet tegen te houden)* unaufhaltsam
onwel unwohl, unpässlich
onwelkom unwillkommen
onwellevend unhöflich
onwennig nicht heimisch
onweren gewittern: *het onweert* es gewittert; *ik hoor het ~* ich höre das Gewitter
onwerkbaar: *een onwerkbare situatie* eine unmögliche Situation
onwerkelijk unwirklich
onwetend unwissend
onwetendheid Unwissenheit v^{28}
onwettig 1 *(strijdig met de wet)* ungesetzlich, gesetzwidrig; **2** *(mbt kinderen)* unehelich
onwezenlijk unwirklich
onwijs 1 *(dwaas)* töricht; **2** *(heel erg)* wahnsinnig: *~ gaaf!* Spitze!
onwil Nichtwollen o^{39}; *(weerspannigheid)* Widerspenstigkeit v^{28}
onwillekeurig unwillkürlich
onwillig widerwillig
onwrikbaar 1 *(onomstotelijk)* unumstößlich; **2** *(fig)* unerschütterlich
onzacht unsanft
onzalig unselig
onzedelijk unsittlich
onzeker 1 *(in twijfel)* unsicher; **2** *(besluiteloos)* unentschlossen; **3** *(onvast)* unsicher, schwankend; **4** *(niet vaststaand)* unsicher, ungewiss
onzekerheid Ungewissheit v^{20}, Unsicherheit v^{20}
onzelfstandig unselbstständig, unselbständig

Onze-Lieve-Heer der liebe Gott
onzelieveheersbeestje Marienkäfer *m*[9]
Onze-Lieve-Vrouw Unsere Liebe Frau *v*[28]
onzerzijds unser(er)seits
onzevader Vaterunser *o*[33]
onzichtbaar unsichtbar
onzijdig 1 *(neutraal)* neutral: *zich ~ houden* neutral bleiben[134]; **2** *(onpartijdig)* unparteiisch; **3** *(taalk)* sächlich
onzin Unsinn *m*[19]: *~!* Unsinn!, Quatsch!; *~ verkopen* Unsinn reden
onzindelijk 1 *(vuil)* unsauber; **2** *(mbt kind)* nicht sauber, *(mbt huisdier)* nicht stubenrein
onzinnig unsinnig: *~ duur* unsinnig teuer
onzuiver 1 unrein; **2** *(bruto)* brutto; **3** *(afdruk)* undeutlich; **4** *(bedoelingen)* unlauter; **5** *(redenering)* falsch, irrig; **6** *(weegschaal)* ungenau
oog 1 *(algem)* *(gezichtsorgaan)* Auge *o*[38]: *zijn ogen niet (kunnen) geloven* seinen Augen nicht trauen; *zijn ogen de kost geven* die Augen offen haben[182]; *een open ~ voor iets hebben* für[+4] etwas aufgeschlossen sein[262]; *hij heeft er ~ voor* er hat ein Auge dafür; *zijn ogen in zijn zak hebben* Tomaten auf den Augen haben[182]; *het ~ houden op iem, iets* jmdn, etwas im Auge behalten[183]; *grote ogen opzetten* (große) Augen machen; *de ogen voor iets sluiten* die Augen vor[+3] etwas verschließen[245]: *zijn ogen uitkijken* sich nicht satt sehen können[194] (an[+3]): *mijn ~ viel erop* mein Blick fiel darauf; *zo ver het ~ reikt* so weit das Auge reicht; *aan één ~ blind zijn* auf einem Auge blind sein[262]: *door het ~ van de naald kruipen* mit knapper Not entkommen[193]: *iem, iets in het ~ krijgen* jmdn, etwas erblicken; *in het ~ lopen* ins Auge fallen[154]: *in het ~ lopend* augenfällig; *in mijn ogen … meiner Ansicht nach …*; *met het ~ op* im Hinblick auf[+4]; *met het blote ~* mit bloßem Auge; *met een half ~ kijken naar* einen flüchtigen Blick werfen[311] auf[+4]: *iem naar de ogen zien* vor jmdm kriechen[195]: *iem iets onder het ~ brengen* jmdn auf[+4] etwas aufmerksam machen; *iets onder ogen krijgen* etwas sehen[261]: *een gevaar onder ogen zien* einer Gefahr[3] ins Auge sehen; *op het ~ hebben* etwas im Auge haben[182]: *iem uit het ~ verliezen* jmdn aus dem Auge verlieren[300]: *iets voor ogen houden* etwas im Auge haben[182]: *het staat me niet voor ogen* es schwebt mir nicht vor Augen; **2** *(ronde opening)* Öhr *o*[29]: *het ~ van een naald* das Nadelöhr; **3** *(van haak, knoop, schakel)* Öse *v*[21]
oogaandoening Augenleiden *o*[35]
oogappel 1 *(pupil)* Pupille *v*[21]; **2** *(oogbol)* Augapfel *m*[10]; **3** *(dierbaar bezit)* Augenstern *m*[5]
oogarts Augenarzt *m*[6]; Augenärztin *v*[22]
ooggetuige Augenzeuge *m*[15]
ooggetuigenverslag Augenzeugenbericht *m*[5]
ooghaar Augenwimper *v*[21]
oogheelkundige Augenarzt *m*[6]
ooghoek Augenwinkel *m*[9]
ooghoogte: *op ~* in Augenhöhe

oogje 1 *(klein oog)* Äuglein *o*[35]: *een ~ op iem hebben* jmdn gern haben[182]: *een ~ dichtdoen* ein Auge zudrücken; *een ~ in het zeil houden* nach dem Rechten sehen[261]; **2** *(ringetje)* Öse *v*[21]
oogklep Augenklappe *v*[21]: *~pen voor hebben* Scheuklappen tragen[288]
ooglid Augenlid *o*[31], Lid *o*[31]
oogluikend: *iets ~ toelaten* etwas geflissentlich übersehen[261]
oogmerk 1 *(bedoeling)* Absicht *v*[20]: *met het ~ in der Absicht;* **2** *(doel)* Zweck *m*[5]
oogontsteking Augenentzündung *v*[20]
oogopslag Blick *m*[5]: *in een ~* mit einem Blick
oogpunt *(ook fig)* Blickpunkt *m*[5]
oogschaduw Lidschatten *m*[11]
oogst Ernte *v*[21], *(van wijn)* Lese *v*[21]
oogsten *(ook fig)* ernten
oogstopbrengst Ernteertrag *m*[6]
oogsttijd Erntezeit *v*[20]
oogverblindend *(ook fig)* blendend; *(fig ook)* glänzend
oogvlies Augenhaut *v*[25]
oogwenk *(zeer korte tijd)* Augenblick *m*[5]: *in een ~* im Nu
oogwimper Augenwimper *v*[21]
ooievaar Storch *m*[6]
ooit je(mals): *als ik je ~ kan helpen* wenn ich dir irgendeinmal helfen kann; *wel heb je ~!* na, so was!
ook *(algem)* auch; *(bijgeval)* vielleicht, etwa: *niet alleen … maar ~* nicht nur … sondern auch; *hoe heet hij ~ weer?* wie heißt er doch gleich?; *hoe was dat ~ weer?* wie war das nur?; *hoe het ~ zij* wie dem auch sei; *waar dan ~* wo auch immer; *wie dan ~* wer auch immer
oom Onkel *m*[9]
oor 1 *(gehoororgaan)* Ohr *o*[37]: *iem een oor aannaaien* jmdn übers Ohr hauen[185]: *iem de oren van het hoofd eten* jmdn die Haare vom Kopf fressen[162]: *dat gaat het ene ~ in, het andere uit* das geht zum einen Ohr herein, zum anderen wieder hinaus; *zijn oren niet geloven* seinen Ohren nicht trauen; *een open ~ voor iem, iets hebben* ein offenes Ohr für[+4] jmdn, etwas haben[182]: *ik heb er wel oren naar* das sagt mir wohl zu; *zijn ~ te luisteren leggen* sich umhören; *de oren spitsen* aufhorchen; *een ~ vinden* ein geneigtes Ohr finden[157]: *geheel ~ zijn* ganz Ohr sein[262]: *aan één ~ doof zijn* auf einem Ohr taub sein[262]: *dat zal ik in mijn ~ knopen* das will ich mir hinter die Ohren schreiben; *iem zijn oren staan te klapperen* met den Ohren schlackern; *met een half ~ luisteren* mit halbem Ohr zuhören; *het is op een ~ na gevild* es ist fast fertig; *iets komt iem ter ore* etwas kommt jmdm zu Ohren; *tot over de oren in de schulden steken* bis über die Ohren in[+3] Schulden stecken; *tot over de oren verliefd zijn* bis über die Ohren verliebt sein[262]: *(Belg) op zijn beide (twee) oren slapen* sich[3] keine Sorgen machen; **2** *(van kopje, kruik)* Henkel *m*[9]
oorarts Ohrenarzt *m*[6]

oorbaar schicklich, passend
oorbel Ohrring m^5
oorclip Ohr(en)klipp m^{13}
oord *(plaats)* Ort m^5; *(streek)* Gegend v^{20}
oordeel 1 *(mening)* Ansicht v^{20}, Meinung v^{20}; **2** *(uitspraak, rechtspraak)* Urteil o^{29}: *dat laat ik aan uw ~ over* das überlasse ich Ihrem Urteil; *ik ben van ~* ich bin der Ansicht (*of:* der Meinung); **3** *(verstand)* Verstand m^{19}
oordeelkundig vernünftig
oordelen 1 *(rechtspreken)* ein Urteil sprechen^{274}; **2** *(tot een gevolgtrekking komen)* urteilen: *over iem, iets ~* über^{+4} jmdn, etwas urteilen; *te ~ naar ...* nach^{+3} ... zu urteilen; **3** *(van mening zijn)* der Meinung sein^{262}
oorkonde Urkunde v^{21}
oorlel Ohrläppchen o^{35}
oorlog *(ook fig)* Krieg m^5: *koude ~* kalter Krieg; *in tijd(en) van ~* in Kriegszeiten; *~ voeren tegen iem* gegen jmdn (*of:* mit jmdm) Krieg führen
oorlogsbodem Kriegsschiff o^{29}
oorlogsgevaar Kriegsgefahr v^{20}
oorlogsinvalide Kriegsbeschädigte(r) m^{40a}, v^{40b}
oorlogsjaar Kriegsjahr o^{29}
oorlogsmisdadiger Kriegsverbrecher m^9
oorlogspad: *op het ~ zijn* auf dem Kriegspfad sein^{262}
oorlogsschip Kriegsschiff o^{29}
oorlogsslachtoffer Kriegsopfer o^{33}
oorlogssterkte Kriegsstärke v^{28}
oorlogstijd Kriegszeit v^{20}: *in ~* in Kriegszeiten
oorlogsvloot Kriegsflotte v^{21}
oorlogszuchtig kriegerisch, kriegslüstern
oorlogvoerend Krieg führend
oorlogvoering Krieg(s)führung v^{20}
oorontsteking Ohrenentzündung v^{20}
oorschelp Ohrmuschel v^{21}
oorsmeer Ohrenschmalz o^{39}
oorsprong Ursprung m^6: *certificaat van ~* Ursprungszeugnis o^{29a}: *land van ~* Ursprungsland o^{32}, Herkunftsland o^{32}
oorspronkelijk ursprünglich
oorverdovend ohrenbetäubend
oorvijg Ohrfeige v^{21}
oorworm, oorwurm Ohrwurm m^8
oorzaak Ursache v^{21}: *~ en gevolg* Ursache und Wirkung; *kleine oorzaken hebben grote gevolgen* kleine Ursachen, große Wirkung
oorzakelijk ursächlich, kausal
oost I *zn* Osten m^{19}: *~ west, thuis best* eigener Herd ist Goldes wert; **II** *bn, bw* östlich: *de wind is ~* der Wind kommt von Ost
Oostblok Ostblock m^{19}
Oost-Duitse DDR-Bürgerin v^{22}
Oost-Duitser DDR-Bürger m^9, *(omgangstaal)* Ossi m^{13}
Oost-Duitsland Deutsche Demokratische Republik v^{28} *(afk* DDR); Ostdeutschland o^{39}
oostelijk östlich: *~ van Utrecht* östlich von Utrecht;

~ van de stad östlich der Stadt
oosten 1 Osten m^{19}: *ten ~ van* östlich von^{+3}, östlich^{+2}; **2** *(Levant)* Orient m^{19}: *het Nabije Oosten* der Nahe Osten, Nahost *(zonder lw)*: *het Verre Oosten* der Ferne Osten, Fernost *(zonder lw)*
Oostenrijk Österreich o^{39}
Oostenrijker Österreicher m^9
Oostenrijks österreichisch
Oostenrijkse Österreicherin v^{22}
oostenwind Ostwind m^5
oosterburen östliche Nachbarn *mv* m^{15}, m^{17}
oosters östlich, *(mbt Oriënt)* orientalisch
Oost-Europa Osteuropa o^{39}
Oost-Europees osteuropäisch
oostkust Ostküste v^{21}
oostwaarts ostwärts
Oostzee Ostsee v^{28}
ootje: *iem in het ~ nemen* jmdn zum Besten haben^{182}
ootmoed Demut v^{28}
ootmoedig demütig
op I *vz* **1** *(mbt plaats, ook fig)* auf *(bij rust^{+3}, bij beweging gericht op doel^{+4})*; an *(bij beweging gericht op doel^{+4}, anders^{+3})*; in *(bij beweging gericht op doel^{+4}, anders^{+3})*: *~ zijn kamer zijn* auf (*of:* in) seinem Zimmer sein^{262}: *hij woont ~ de derde verdieping* er wohnt im dritten Stock; *~ een plaats zijn* an einer Stelle sein^{262}: *~ een plaats zetten* an eine Stelle stellen; *~ het bord schrijven* an die Tafel schreiben^{252}: *~ het bord staan* an der Tafel stehen^{279}: *hij is nog ~ school* er geht noch in die Schule; *~ kantoor zijn* im Büro sein^{262}: *~ straat zijn* auf der Straße sein^{262}: *~ een afdeling werken* in einer Abteilung arbeiten; *~ zijn hoogst* höchstens; *~ een diepte van ...* in einer Tiefe von^{+3} ...; *~ drie mijl van A.* drei Meilen von A. (entfernt); **2** *(mbt een tijd)* an^{+3}, in^{+3}, auf^{+4}, zu^{+3}: *~ die dag* an dem Tag; *~ de 1e maart* am 1. März; *~ zekere dag* eines Tages; *~ zekere avond* eines Abends; *~ dit ogenblik* in diesem Augenblick; *~ zijn laatst* spätestens; *~ zijn vroegst* frühestens; *van vandaag ~ morgen* von heute auf morgen; *van de ene dag ~ de andere* von einem Tag zum anderen; **3** *(mbt een ligging)* gegen^{+4}: *het huis ligt ~ het oosten* das Haus liegt gegen Osten; **4** *(mbt een wijze)* auf^{+4}, in^{+3}: *~ deze wijze* auf diese Weise (*of:* in dieser Weise); *~ vriendelijke toon* in freundlichem Ton; **5** *(mbt een oorzaak)* auf^{+4}: *~ zijn initiatief* auf seine Initiative; **6** *(mbt een beperking)* ~ zichzelf an sich; *~ zijn hoogst* höchstens; *allen ~ mijn vader na* alle außer meinem Vater; **7** *(in ruil voor)* gegen^{+4}; **8** *(mbt een herhaling)* über^{+4}: *fout ~ fout maken* Fehler über Fehler machen; **II** *bw* **1** *(omhoog)* auf, *(van spreker af)* hinauf, *(naar spreker toe)* herauf: *~ en trap af* treppauf, treppab; *~ en af* auf und ab *(heen en weer)* **2** *(mbt plaats)* auf: *hij had een bril ~* er hatte eine Brille auf; *hij is ~ (uit bed)* er ist auf, *(afgemat)* er ist erschöpft; *mijn geld is ~* mein Geld ist hin; *het bier is ~* das Bier ist alle; *mijn geduld is ~* ich bin mit meiner Geduld zu Ende; *tegen iem ~ kunnen* jmdm

gewachsen sein[262]: *(bij ww, aansporend) schrijf ~!*
schreib nur!; *vertel maar ~* erzähl nur!

opa Opa *m*[13]

opaal Opal *m*[5]

opbaren aufbahren

opbellen anrufen[226]

opbergen 1 *(wegbergen)* aufräumen; **2** *(wegsluiten)* wegschließen[245]; **3** *(in iets opbergen)* einräumen

opbeuren 1 *(optillen)* aufheben[186], hochheben[186]; **2** *(fig)* aufheitern, aufmuntern

opbiechten eingestehen[279], beichten

opbieden 1 *(hoger bieden)* mehr bieten[130]; **2** *(kaartspel)* reizen; **3** *(fig)* überbieten[130]

opbinden aufbinden[131]

opblaasbaar aufblasbar

opblaasboot Schlauchboot *o*[29]

opblazen 1 *(doen opzwellen)* aufblasen[133]; **2** *(met springstof)* sprengen; **3** *(fig)* aufbauschen

opblijven aufbleiben[134]

opbloei Aufschwung *m*[6]

opbloeien aufblühen, erblühen

opbod: *bij ~ verkopen* versteigern

opboksen ankämpfen: *tegen iem, iets ~* gegen jmdn, etwas ankämpfen

opborrelen hervorquellen[217], hervorsprudeln, aufsprudeln; *(fig)* aufwallen

opbouw *(het opbouwen)* Aufbau *m*[19]

opbouwen aufbauen

opbouwend aufbauend: *~e kritiek* konstruktive Kritik

opbreken I *tr* **1** *(openbreken)* aufbrechen[137], aufreißen[220]; **2** *(afbreken)* abbrechen[137]; **II** *intr* **1** *(in keel opstijgen) (ook fig)* aufstoßen[285]; **2** *(weggaan)* aufbrechen[137]

opbrengen 1 *(opleveren)* eintragen[288], einbringen[139]: *rente ~* Zinsen tragen[288] *(of:* bringen[139]): *dat heeft zijn geld opgebracht* das hat sich bezahlt gemacht; **2** *(betalen)* aufbringen[139]; **3** *(arresteren)* festnehmen[212]; **4** *(bedekken met)* auftragen[288]: *verf ~* Farbe auftragen; **5** *(begrip, geduld, moed)* aufbringen[139]

opbrengst Ertrag *m*[6]

opbruisen *(ook fig)* aufbrausen

opdagen erscheinen[233]: *komen ~* erscheinen[233]

opdat damit

opdelen aufteilen

opdienen auftragen[288], servieren[320]

opdiepen 1 *(met moeite vinden)* aufstöbern; **2** *(uit diepte ophalen)* hervorziehen[318]

opdirken, zich sich aufdonnern, sich auftakeln

opdissen *(ook fig)* auftischen

opdoeken auflösen

opdoemen auftauchen

opdoen 1 *(kopen)* kaufen; **2** *(zich verschaffen)* sammeln: *ervaringen ~* Erfahrungen sammeln; **3** *(krijgen)* sich[3] zuziehen[318]: *een ziekte ~* sich[3] eine Krankheit zuziehen[318]; **4** *(vernemen)* erfahren[153]; **5** *(opdienen)* auftragen[288], servieren[320]; **6** *(opdweilen)* aufwischen

opdoffen I *tr* putzen; **II** *zich ~* sich herausputzen

opdoffer Schlag *m*[6], Hieb *m*[5]

opdonder *(plat)* **1** *(stomp, stoot)* Hieb *m*[5], Schlag *m*[6]; **2** *(klein persoon)* Knirps *m*[5]

opdonderen *(plat)* sich zum Teufel scheren

opdraaien *(opwinden)* aufziehen[318] ‖ *ik moet voor alles ~:* a) *(betalen)* ich muss für alles aufkommen[193]; b) *(de last dragen)* ich muss alles ausbaden; *ik moet er voor ~* ich habe die ganze Arbeit auf dem Hals

opdracht 1 *(last, taak)* Auftrag *m*[6]: *in ~ van* im Auftrag[+2]; *volgens ~* auftragsgemäß; **2** *(toewijding)* Widmung *v*[20]

opdrachtgever Auftraggeber *m*[9]

opdragen 1 *(gelasten)* auftragen[288]: *iem iets ~* jmdm etwas auftragen[288]; **2** *(toevertrouwen)* betrauen mit[+3]; **3** *(toewijden)* widmen; *(naar boven dragen)* hinauftragen[288], herauftragen[288]; **4** *(dragen tot het versleten is)* abtragen[288]; **5** *(r-k) (de mis)* zelebrieren[320]

opdraven: *iem laten ~* jmdn kommen lassen[197]

opdreunen herunterleiern, ableiern

opdrijven hochtreiben[290], hochschrauben

opdringen I *tr* aufdrängen: *iem iets ~* jmdm etwas aufdrängen; **II** *intr (voorwaarts dringen)* vordrängen; **III** *zich ~* sich aufdrängen

opdringerig zudringlich, aufdringlich

opdrinken trinken[293], austrinken[293]

opdrogen auftrocknen; *(mbt beek, rivier)* austrocknen; *(mbt bron; ook fig)* versiegen

opdruk Aufdruck *m*[5]

opdrukken aufdrucken

opduikelen aufstöbern, auftreiben[290]

opduiken I *intr* auftauchen; **II** *tr* **1** *(boven water halen)* heraufholen; **2** *zie* opduikelen

opduvel *(plat)* Hieb *m*[5], Schlag *m*[6]

opduvelen *(plat)* verduften, verschwinden[258]

opdweilen aufwischen

opeen aufeinander, zusammen: *dicht ~ schrijven* gedrängt schreiben[252]

opeengepakt zusammengedrängt

opeenhopen anhäufen

opeenhoping Anhäufung *v*[20]

opeens auf einmal

opeenvolgen aufeinander folgen

opeenvolging Aufeinanderfolge *v*[21]

opeisbaar fällig: *het bedrag is per … ~* der Betrag ist zum … fällig

opeisen 1 *(vorderen)* fordern, *(geld, stukken e.d.)* einfordern, *(bij eis tot teruggave)* zurückfordern; **2** *(aanspraak maken)* beanspruchen: *gerechtelijk ~* einklagen; *de verantwoordelijkheid ~* die Verantwortung übernehmen[212]

open 1 offen: *een ~ been* ein offenes Bein; *~ dag* Tag der offenen Tür; *~ gesprek* offenes Gespräch; *~ plek in het bos* Lichtung *v*[20]: *~ deuren intrappen* offene Türen einrennen[222]; *met ~ raam slapen* bei offenem Fenster schlafen[240]: *mijn huis staat altijd voor je ~* meine Tür ist immer für dich offen; **2** *(niet bezet)* frei, leer: *de betrekking is* ~ die Stelle ist frei

openbaar I *bn, bw* öffentlich: *de openbare mening* die öffentliche Meinung; *(jur) Openbaar Ministerie* Staatsanwaltschaft v^{28}: *de openbare school* die öffentliche Schule v^{20}: *het* ~ *vervoer* die öffentlichen Verkehrsmittel; ~ *maken* veröffentlichen; ~ *worden* bekannt werden[310]: *op de openbare weg* auf offener Straße; **II** *zn* Öffentlichkeit v^{28}: *in het* ~ in der Öffentlichkeit

openbaarheid Öffentlichkeit v^{28}: ~ *aan iets geven* etwas an die Öffentlichkeit bringen[139]

openbaarmaking Veröffentlichung v^{20}

openbaren offenbaren

openbaring Offenbarung v^{20}

openbarsten aufbersten[127], aufplatzen

openblijven offen bleiben[134]

openbreken 1 *(met geweld openen)* aufbrechen[137]; **2** *(wijzigen)* ändern

opendeurdag *(Belg)* Tag m^5 der offenen Tür

opendoen aufmachen, auftun[295], öffnen; *(met een sleutel)* aufschließen[245]: *er werd niet opengedaan* niemand machte auf

opendraaien aufdrehen

openduwen aufstoßen[285]

openen 1 *(open doen)* öffnen, aufmachen: *de ogen* ~ die Augen aufmachen *(of:* öffnen); **2** *(beginnen)* eröffnen: *een zaak* ~ ein Geschäft eröffnen; *een zitting* ~ eine Sitzung eröffnen

opener Öffner m^9

opengaan aufgehen[168], sich öffnen

openhalen aufreißen[220], aufritzen

openhartig offen(herzig)

openhartigheid Offenherzigkeit v^{28}, Offenheit v^{28}

openheid Offenheit v^{28}

openhouden offen halten[183]

opening 1 *(algem)* Öffnung v^{20}: ~ *van zaken geven* völligen Aufschluss geben[166] (über[+4]); **2** *(begin)* Eröffnung v^{20}: *de* ~ *van de vijandelijkheden* die Eröffnung der Feindseligkeiten

openingsplechtigheid Eröffnungsfeier v^{21}

openknopen aufknöpfen

openkrabben aufkratzen

openlaten offen lassen[197]

openleggen 1 *(een boek)* aufschlagen[241], öffnen; **2** *(openbaren)* aufdecken: *zijn plannen* ~ seine Pläne darlegen

openlijk 1 *(in het openbaar)* öffentlich; **2** *(onverholen)* offen

openlucht: *in de* ~ im Freien

openluchtbad Freibad o^{32}

openluchtmuseum Freilichtmuseum o *(2e nvl -s; mv -museen)*

openluchtspel Freilichtaufführung v^{20}

openluchttheater Freilichttheater o^{33}

openmaken aufmachen, öffnen

openrukken, openscheuren aufreißen[220]

openslaan aufschlagen[241]

openslaand: ~*e deur* Flügeltür v^{20}: ~ *raam* Flügelfenster o^{33}

opensnijden aufschneiden[250]

opensperren aufsperren, aufreißen[220]

openspringen aufspringen[276]

openstaan offen stehen[279]: ~ *voor nieuwe ideeën* für neue Ideen aufgeschlossen sein[262]

openstellen öffnen: *een weg voor het verkeer* ~ eine Straße für den Verkehr freigeben[166]

op-en-top ganz und gar, durch und durch

opentrekken aufziehen[318]

openvallen 1 *(vallend opengaan)* aufgehen[168]; **2** *(vacant worden)* frei werden[310]

openvouwen auffalten, auseinander falten

openzetten öffnen, aufmachen

opera Oper v^{21}

operagebouw Opernhaus o^{32}

operateur 1 *(van computer)* Operator m^{16}; **2** *(van film)* Operateur m^5; **3** *(chirurg)* Operateur m^5

operatie Operation v^{20}

operatief operativ

operatiekamer Operationssaal m^6 *(mv -säle)*

operatietafel Operationstisch m^5

operationeel gebrauchsfähig; *(mil)* einsatzfähig

operator Operator m^{16}

operazanger Opernsänger m^9

opereren operieren[320]

operette Operette v^{21}

opeten aufessen[152], *(mbt dieren)* auffressen[162]

opflakkeren *(ook fig)* aufflackern

opfleuren I *tr* aufmuntern; **II** *intr* aufblühen

opflikker Hieb m^5, Schlag m^6

opflikkeren 1 *(opvlammen)* aufflackern; **2** *(plat) (opdonderen)* abhauen[185]

opfokken 1 *(grootbrengen)* aufziehen[318], aufzüchten; **2** *(opwinden)* aufbringen[139]

opfrissen I *tr (mbt personen)* erfrischen; *(fig)* auffrischen; **II** *intr* frisch werden[310]

opgaan 1 *(opkomen, rijzen)* aufgehen[168]: *de zon gaat op* die Sonne geht auf; **2** *(naar boven gaan)* hinaufgehen[168], *(van berg)* hinaufsteigen[281]: *de trap* ~ die Treppe hinaufgehen; **3** *(mbt deling)* aufgehen[168]; **4** *(afleggen)* machen: *voor een examen* ~ ein Examen machen; **5** *(opraken)* alle werden[310]: *het eten zal wel* ~ das Essen wird schon alle werden; *zijn geld gaat op* sein Geld geht drauf; **6** *(in beslag genomen worden)* aufgehen[168] in[+3]: *in zijn werk* ~ in seiner Arbeit aufgehen; **7** *(juist zijn)* stimmen, zutreffen[289]: *die regel gaat hier niet op* diese Regel trifft hier nicht zu ‖ *er gaan stemmen op* es werden Stimmen laut; *in de menigte* ~ sich in der Menge verlieren[300]: *de straat* ~ auf die Straße gehen[168]: *het slechte pad* ~ auf die schiefe Bahn geraten[218]

opgaand 1 *(mbt deling, zon)* aufgehend; **2** *(opwaarts)* aufsteigend: ~*e beweging* Aufwärtsbewegung v^{20}: ~*e lijn* aufsteigende Linie

opgang Aufgang m^6 ‖ ~ *maken: a) (bijval vinden)* Anklang finden[157]; *b) (in de mode komen)* im Kommen sein[262]

opgave 1 *(vermelding)* Angabe v^{21}: *onder* ~ *van ...* mit Angabe[+2] ...; **2** *(lijst, staat)* Verzeichnis o^{29a},

op

Liste v^{21}; 3 *(vraagstuk, taak)* Aufgabe v^{21}
opgeblazen 1 *(gezwollen)* aufgedunsen; 2 *(verwaand)* aufgeblasen
opgebruiken aufbrauchen
opgelaten aufgeschmissen: *zich ~ voelen* aufgeschmissen sein^{262}
opgeld *(fig):* ~ *doen* Anklang finden^{157}
opgelegd: *een ~e kans* eine einmalige Chance
opgepropt voll gepfropft
opgeruimd 1 *(lett)* aufgeräumt; 2 *(fig)* heiter
opgescheept: *met iem, iets ~ zitten* jmdn, etwas auf dem Hals haben^{182}
opgeschoten: *een ~ jongen* ein halbwüchsiger Junge
opgesmukt 1 *(lett)* geschmückt; 2 *(fig)* geziert
opgetogen entzückt, begeistert
opgeven I *tr* 1 *(vermelden)* angeben^{166}: *als reden ~* als Grund angeben; 2 *(afgeven)* hergeben^{166}: *geef op!* her damit!; 3 *(braken)* auswerfen^{311}, aushusten; 4 *(gelasten te doen)* aufgeben^{166}: *huiswerk ~* Hausaufgaben aufgeben; 5 *(verliezen)* aufgeben^{166}; 6 *(aanmelden)* sich (an)melden; II *intr (roemen)* rühmen: *hoog van iem ~* jmdn hoch rühmen
opgewassen gewachsen: *tegen iem, iets ~ zijn* jmdm, einer Sache gewachsen sein^{262}
opgewekt munter, heiter
opgewektheid Munterkeit v^{28}, Heiterkeit v^{28}
opgewonden aufgeregt, erregt
opgewondenheid Aufregung v^{20}, Erregung v^{20}
opgezet 1 *(mbt dode dieren)* ausgestopft; 2 *(gezwollen)* aufgedunsen; 3 *(Belg) (blij)* froh: *~ zijn met iets* froh sein^{262} über^{+4} etwas, sich freuen über^{+4} etwas
opgezwollen (auf)geschwollen
opgieten aufgießen^{175}, aufbrühen
opgooien hochwerfen^{311}
opgraven ausgraben^{180}
opgraving Ausgrabung v^{20}
opgroeien aufwachsen^{302}, heranwachsen^{302}
ophaalbrug Zugbrücke v^{21}
ophaaldienst *(huisvuil)* Müllabfuhr v^{20}
ophalen 1 *(van kleding, schouders, neus)* hochziehen^{318}; *(van net, anker)* einholen; *(van steken)* aufnehmen^{212}; 2 *(inzamelen)* einsammeln: *geld ~* Geld einsammeln; 3 *(afhalen)* abholen: *iem komen ~* jmdn abholen; 4 *(opfrissen)* auffrischen: *zijn Duits ~* seine Deutschkenntnisse auffrischen; 5 *(verbeteren)* verbessern: *zijn cijfer ~* seine Note verbessern; 6 *(openhalen)* aufreißen^{220}
ophanden: *~ zijn* bevorstehen^{279}
ophangen I *tr* 1 aufhängen: *een schilderij ~* ein Gemälde aufhängen; 2 *(ter dood brengen)* (auf)hängen: *iem ~* jmdn (auf)hängen; *zich ~ (ook)* sich erhängen; II *intr (telecom): ik moet nu ~* ich muss jetzt aufhängen
ophebben 1 *(algem)* aufhaben^{182}: *zijn eten ~* das Essen aufhaben; *huiswerk ~* Schulaufgaben aufhaben; *het ontbijt ~* gefrühstückt haben^{182}: *wat ~* beschwipst sein^{262}; 2 *(houden van)* mögen^{210}: *veel met iem ~* große Stücke auf jmdn halten^{183}

ophef: *veel ~ van iets maken* viel Aufhebens von^{+3} etwas machen; *met veel ~* mit viel Lärm
opheffen 1 *(optillen)* aufheben^{186}, hochheben^{186}; 2 *(opslaan)* erheben^{186}: *de ogen ~* die Augen erheben; 3 *(afschaffen) (van wet, beleg)* aufheben^{186}, *(van vereniging)* auflösen: *belemmeringen ~* Hindernisse beseitigen; *een zaak ~* ein Geschäft auflösen; 4 *(tenietdoen)* aufheben^{186}: *krachten, die elkaar ~* Kräfte, die sich aufheben
opheffingsuitverkoop Räumungsverkauf m^6
ophefmakend *(Belg)* sensationell
ophelderen I *tr* aufklären; II *intr (weer helder worden)* sich aufheitern
opheldering Aufklärung v^{20}
ophemelen herausstreichen^{286}
ophijsen 1 *(zeilen)* (auf)hissen; 2 *(kleding)* hochziehen^{318}
ophitsen aufhetzen, aufstacheln
ophoepelen sich packen
ophogen erhöhen, aufschütten
ophopen I *tr* aufhäufen; II *zich ~* sich häufen
ophoren sich (ver)wundern: *daar hoor ik van op!* das (ver)wundert mich!
ophouden I *intr (stoppen, uitscheiden)* aufhören: *hou toch op!* hör doch auf!; *laten we erover ~* reden wir nicht mehr davon; *~ met schieten* das Schießen einstellen; *~ met regenen* zu regnen aufhören; *het tijdschrift houdt op te bestaan* die Zeitschrift geht ein; *zonder ~* unaufhörlich; II *tr* 1 *(op het hoofd houden)* aufbehalten^{183}; 2 *(tegenhouden)* aufhalten^{183}, zurückhalten^{183}; 3 *(uitsteken)* hinhalten^{183}: *de hand ~* die Hand hinhalten; 4 *(hooghouden)* aufrechterhalten^{183}: *de eer ~* die Ehre aufrechterhalten; III *zich ~ (verblijven)* sich aufhalten^{183} ‖ *een plas ~* den Harn *(of:* Urin*)* halten^{183}
opinie Meinung v^{20}: *de publieke ~* die öffentliche Meinung, die Öffentlichkeit
opinieonderzoek Meinungsumfrage v^{21}
opium Opium o^{39}: *~ schuiven* Opium rauchen
opjagen 1 hetzen: *dieren ~* Tiere aufscheuchen; 2 *(doen stijgen)* in die Höhe treiben^{290}
opjutten aufreizen, aufstacheln
opkalefateren ausbessern, aufmöbeln
opkijken 1 aufsehen^{261}: *(fig) tegen iem ~* zu jmdm aufsehen; 2 *(verbaasd zijn)* sich (ver)wundern: *daar kijk ik van op!* das wundert mich!; *hij zal vreemd ~!* er wird Augen machen!
opkikkeren I *tr* aufmuntern; II *intr* aufmuntern, sich erholen
opkikkertje Stärkung v^{20}; *(borrel)* Schnaps m^6
opklapbaar hochklappbar
opklapbed Klappbett o^{37}
opklappen hochklappen, aufklappen
opklaren I *tr* klären; II *intr* sich aufklären
opklaring Aufheiterung v^{20}
opklimmen 1 *(naar boven klimmen)* hinaufsteigen^{281}, heraufsteigen^{281}; 2 *(groter, hoger worden)* aufsteigen^{281}
opkloppen 1 *(lett)* schlagen^{241}: *eiwit ~* Eiweiß

schlagen; **2** *(fig)* aufbauschen

opknappen I *tr* **1** *(reinigen) (mbt personen)* frisch machen; *(van zaken)* auffrischen, aufarbeiten; *(van een huis)* herrichten; **2** *(uitvoeren)* deichseln; **3** *(tot taak geven)* aufhalsen: *iem ergens mee ~* jmdm etwas aufhalsen; **II** *intr* sich erholen: *daar knap je van op!* das tut gut; *het weer knapt op* das Wetter wird besser

opknopen (jmdn) aufknüpfen, (auf)hängen

opkoken aufkochen

opkomen 1 *(boven de horizon komen)* aufgehen[168]: *de zon komt op* die Sonne geht auf; **2** *(naar boven komen)* heraufkommen[193]: *de trap ~* die Treppe heraufkommen; **3** *(uit bed komen)* aufstehen[279]; **4** *(ontkiemen)* aufgehen[168]; **5** *(theat)* auftreten[291]; **6** *(opgang maken)* aufkommen[193]; **7** *(mbt koorts)* ausbrechen[137]; **8** *(mbt onweer)* heraufziehen[318]; **9** *(mbt vloed)* kommen[193]; **10** *(in de geest oprijzen)* aufkommen[193]; **11** *(verschijnen)* erscheinen[233], kommen[193]; **12** *(mil)* einrücken: *moeten ~ eingezogen werden*; **13** *(opgroeien)* aufkommen[193]; **14** *(zich verzetten tegen)* protestieren[320]: *tegen iets ~ gegen*[+4] *etwas protestieren; tegen iem ~ sich jmdm widersetzen*; **15** *(opdraaien voor iets of iem)* aufkommen[193]: *voor de schade ~* für den Schaden aufkommen; **16** *(verdedigen)* eintreten[291]: *voor iem, voor iets ~* für jmdn, für[+4] etwas eintreten, *(moeite doen voor iets)* etwas befürworten

opkomst 1 *(opgang)* Aufgang *m*[6]: *de ~ van de zon* der Sonnenaufgang; **2** *(het kiemen)* Aufgehen *o*[39]; **3** *(theat)* Auftritt *m*[5]; **4** *(fig) (bloei)* Aufstieg *m*[5]: *een land in ~* ein aufstrebendes Land; **5** *(eerste ontwikkeling)* Entstehung *v*[20]; **6** *(bij vergadering)* Besuch *m*[5], Teilnahme *v*[21]; **7** *(bij verkiezingen)* Wahlbeteiligung *v*[20]; **8** *(mil)* Einberufung *v*[20] ‖ *die muziek is weer in ~* diese Musik ist wieder im Kommen

opkopen aufkaufen

opkoper Aufkäufer *m*[9]

opkrabbelen sich aufraffen

opkrassen *(ophoepelen)* verduften

opkrijgen aufbekommen[193]

opkrikken 1 *(van auto)* mit einem Wagenheber anheben[186]; **2** *(verbeteren)* anheben[186]

opkroppen hinunterschlucken, verbeißen[125]: *zijn woede ~* seine Wut unterdrücken

oplaadbaar aufladbar

oplaaien *(ook fig)* auflodern

opladen aufladen[196]

oplage Auflage *v*[21]

oplappen ausbessern, flicken

oplaten auflassen[197], steigen lassen[197]: *een vlieger ~ einen Drachen steigen lassen*

oplawaai Schlag *m*[6], Stoß *m*[6]

oplazeren *(plat)* abhauen[185]

opleggen 1 auflegen: *iem de handen ~* jmdm die Hand auflegen; **2** *(van schip)* auflegen; **3** *(verplichten tot)* auferlegen: *een boete ~* eine Buße auferlegen; *iem een taak ~* jmdm eine Aufgabe zuweisen[307]: *iem het zwijgen ~* jmdm Schweigen auferle-

gen; **4** *(dwingen te aanvaarden)* aufzwingen[319]

oplegger Aufleger *m*[9]: *truck met ~* Sattelzug *m*[6]

opleiden 1 ausbilden: *iem voor onderwijzer ~* jmdn zum Lehrer ausbilden; **2** *(voor examen)* vorbereiten

opleiding 1 Ausbildung *v*[20]; **2** *(voor examen)* Vorbereitung *v*[20]; **3** *(vorming)* Bildung *v*[20]

opleidingscentrum, opleidingsinstituut Ausbildungsstätte *v*[21]

opletten aufpassen: *let op! (ook)* Achtung!

oplettend aufmerksam

oplettendheid Aufmerksamkeit *v*[28]

opleven aufleben: *doen ~* beleben

opleveren 1 *(afleveren)* übergeben[166]; **2** *(opbrengen)* (ein)bringen[139]: *winst ~* Gewinn bringen[139]: *het zoeken leverde niets op* die Suche blieb ohne Erfolg; *het onderzoek leverde niets nieuws op* die Untersuchung ergab nichts Neues

opleving Aufleben *o*[39], Belebung *v*[20]

oplezen vorlesen[201]; *(officieel)* verlesen[201]

¹oplichten 1 *(optillen)* (auf)heben[186], lüften: *de hoed even ~* den Hut lüften; *(fig) de sluier ~* den Schleier lüften; **2** *(bedriegen)* betrügen[294]

²oplichten *(helder worden)* sich aufhellen

oplichter Schwindler *m*[9], Betrüger *m*[9]

oplichting Betrug *m*[19], Schwindel *m*[19]

oplikken auflecken

oploop Auflauf *m*[6]

oplopen I *intr* **1** *(naar boven lopen)* hinaufgehen[168]: *de trap ~* die Treppe hinaufgehen; **2** *(naar boven gaan)* ansteigen[281]: *deze weg loopt sterk op* dieser Weg steigt stark an; **3** *(toenemen)* ansteigen[281], steigen[281]: *de prijzen lopen op* die Preise ziehen an; **4** *(botsen)* (an)prallen: *tegen iem ~ gegen jmdn* (an)prallen; **II** *tr* *(krijgen)* sich³ zuziehen[318], davontragen[288]: *een ziekte ~ sich eine Krankheit zuziehen*

oplopend *(mbt weg)* ansteigend

oplosbaar 1 *(in vloeistof)* löslich, auflösbar; **2** *(van raadsel)* lösbar

oploskoffie Instantkaffee *m*[13], Pulverkaffee *m*[13]

oplosmiddel Lösungsmittel *o*[33]

oplossen I *intr* *(in vloeistof)* sich lösen, sich auflösen (in[+3]); **II** *tr* *(ontwarren)* (auf)lösen, klären

oplossing Lösung *v*[20]

opluchten erleichtern: *dat lucht op!* das tut gut!

opluchting Erleichterung *v*[28]

opluisteren: *een feest ~* den Glanz eines Festes erhöhen

opmaak Aufmachung *v*[20]

opmaken I *ww* **1** *(opeten)* aufessen[152]; **2** *(verkwisten)* verschwenden; **3** *(in orde maken)* machen: *het bed ~* das Bett machen; *het haar ~* die Haare machen; **4** *(een contract e.d.)* aufstellen, aufsetzen; *(een rekening)* aufstellen, machen; **5** *(de berekening maken van)* aufstellen: *een begroting ~* ein Budget aufstellen; *de inventaris ~* das Inventar aufnehmen[212]: *de kas ~* den Kassenbestand aufnehmen[212]; **6** *(versieren)* garnieren[320]; **7** *(typ)* aufmachen; **8** *(make-up aanbrengen)* schminken; **9** *(concluderen)* schließen[245]: *daaruit maak ik op, dat ...* daraus

op

schließe ich, dass ...; **II** *zich ~ (zich gereedmaken)* sich anschicken

opmars Aufmarsch *m*[6]: *de computer is in ~* der Computer ist im Vormarsch

opmerkelijk 1 bemerkenswert; **2** *(raar)* merkwürdig, sonderbar

opmerken bemerken

opmerking 1 *(uiting)* Bemerkung *v*[20]; **2** *(aantekening)* Notiz *v*[20]

opmerkzaam aufmerksam: *iem op iets ~ maken* jmdn auf[+4] etwas aufmerksam machen

opmeten aufmessen[208], vermessen[208]

opmieteren *(plat)* abhauen[185]

opmonteren aufmuntern, aufheitern

opnaaien 1 *(vastnaaien op iets)* aufnähen (auf[+4]); **2** *(opjutten)* aufhetzen

opname Aufnahme *v*[21]

opnemen 1 *(algem)* aufnehmen[212]; **2** *(met een doek wegnemen)* aufwischen; **3** *(geld van de bank)* abheben[186], *(lenen)* aufnehmen[212]; **4** *(bekijken)* mustern; **5** *(een plaats geven)* aufnehmen[212]: *in een gezin ~* in eine Familie aufnehmen; **6** *(optekenen)* aufnehmen[212]: *bestellingen ~* Bestellungen aufnehmen; **7** *(vastleggen op geluidsband of film)* aufnehmen[212], aufzeichnen; **8** *(de meterstand)* ablesen[201]: *de tijd ~* die Zeit stoppen; **9** *(beginnen)* aufnehmen[212]: *contact ~ met iem* Kontakt mit jmdm aufnehmen; **10** *(hervatten)* aufgreifen[181]: *het gesprek weer ~* das Gespräch wieder aufgreifen; **11** *(opvatten)* aufnehmen[212]; **12** *(vakantiedagen)* nehmen[212] || *het tegen iem ~* es mit jmdm aufnehmen[212]: *het voor iem ~* für jmdn Partei ergreifen[181]

opnieuw aufs Neue, von neuem, wiederum

opnoemen nennen[213], aufzählen

opoe Oma *v*[27]

opofferen opfern

opoffering Opfer *o*[33]: *zich ~en getroosten* Opfer bringen[139]

opofferingsgezind opferwillig

oponthoud Aufenthalt *m*[5], *(vertraging, ook)* Verzögerung *v*[20]

oppakken 1 *(opnemen)* aufnehmen[212], aufheben[186]; **2** *(optillen)* hochheben[186]; **3** *(inrekenen)* festnehmen[212]

oppas Betreuer *m*[9]; *(bij kinderen)* Babysitter *m*[9]

oppassen 1 *(opletten)* aufpassen, Acht geben[166]: *pas op!* pass auf!, Achtung!; **2** *(zich gedragen)* sich benehmen[212]; **3** *(zich in acht nemen)* sich hüten, sich in Acht nehmen[212]; **4** *(verzorgen)* aufpassen: *op een kind ~* auf ein Kind aufpassen

oppassend ordentlich, tüchtig

oppasser Aufseher *m*[9], Wärter *m*[9]

oppeppen (jmdn) aufpulvern, aufputschen

oppepper Kick *m*[13] *(2e nvl ook -)*

opperbest ausgezeichnet, vorzüglich

opperbevel Oberbefehl *m*[19]

opperbevelhebber Oberbefehlshaber *m*[9]

oppercommando Oberkommando *o*[36]

opperen äußern, vorschlagen[241]: *bezwaren ~* Be-

denken äußern; *een plan ~* einen Plan vorschlagen

oppergezag Oberherrschaft *v*[28]

opperhoofd Oberhaupt *o*[32], *(van volksstam)* Häuptling *m*[5]

opperhuid Oberhaut *v*[28]

oppermachtig allmächtig

oppersen *(kleren)* aufbügeln

opperst 1 oberst; **2** *(voornaamst)* höchst

oppervlak *zie* oppervlakte

oppervlakkig oberflächlich

oppervlakkigheid Oberflächlichkeit *v*[20]

oppervlakte 1 Oberfläche *v*[21]; **2** *(grootte)* Oberfläche *v*[21], Fläche *v*[21]

Opperwezen Allmächtige(r) *m*[40a] *(geen mv)*

oppeuzelen aufknabbern

oppiepen anpiepsen: *iem ~* jmdn anpiepsen

oppikken 1 *(door vogels)* aufpicken; **2** *(meenemen)* mitnehmen[212]; *(door politie)* aufgreifen[181]; *(schipbreukelingen)* auffischen; *(afhalen)* abholen; **3** *(opvangen)* mitbekommen[193]

opplakken aufkleben

oppoetsen (auf)polieren[320]

oppompen aufpumpen

opponent Opponent *m*[14]

opponeren opponieren[320]

opporren *(aansporen)* antreiben[290]

opportunisme Opportunismus *m*[19a]

opportunist Opportunist *m*[14]

opportunistisch opportunistisch

opposant Gegner *m*[9], Widersacher *m*[9]

oppositie Opposition *v*[20]: *~ voeren* Opposition (be)treiben[299]

oppositiepartij Oppositionspartei *v*[20]

oppotten 1 *(opsparen)* horten; **2** *(in een pot sparen)* eintopfen

opproppen voll pfropfen: *opgepropt zitten* zusammengedrängt sitzen[268]

oppuntstellen *(Belg)* regeln

oprakelen 1 *(vuur)* schüren; **2** *(fig)* aufrühren

opraken ausgehen[168], zur Neige gehen[168]: *mijn geduld raakt op* mir geht die Geduld aus

oprapen 1 *(van de grond)* aufheben[186]; **2** *(een gevallen steek)* aufnehmen[212] || *iem uit de goot ~* jmdn aus der Gosse auflesen[201]

oprecht aufrichtig, ehrlich

oprechtheid Aufrichtigkeit *v*[28], Ehrlichkeit *v*[28]

oprennen *(de trap)* hinaufrennen[222], heraufrennen[222]: *de straat ~* auf die Straße rennen[222]

oprichten I *tr* **1** *(bouwen)* errichten; **2** *(vestigen, stichten)* gründen: *een vereniging ~* einen Verein gründen; **3** *(omhoogheffen)* aufrichten; **II** *zich ~* sich aufrichten

oprichter Gründer *m*[9]

oprichting 1 *(het bouwen)* Errichtung *v*[20]; **2** *(het stichten)* Gründung *v*[20]

oprijden hinauffahren[153], herauffahren[153], *(op rijdier)* hinaufreiten[221], heraufreiten[221]: *~ tegen* fahren[153] gegen[+4], *(van achteren)* auffahren[153] auf[+4]: *een weg ~* auf eine Straße fahren

oprijlaan Auffahrt v^{20}, Zufahrt v^{20}

oprijzen 1 *(omhoog rijzen)* emporragen, aufragen; **2** *(gaan staan)* sich aufrichten; **3** *(opkomen)* erwachen

oprisping Rülpser m^9, Aufstoßen o^{39}

oprit Auffahrt v^{20}

oproep Aufruf m^5

oproepen 1 *(aansporen)* aufrufen[226]; **2** *(mil)* einziehen[318]; **3** *(ontbieden)* aufrufen[226]; *(getuigen)* aufrufen[226]; *(voor de zitting)* vorladen[196]: *sollicitanten* ~ Bewerber zum Vorstellungsgespräch einladen[196]; **4** *(te voorschijn doen komen)* heraufbeschwören[260]: *verbazing* ~ Erstaunen hervorrufen[226]

oproer 1 Aufruhr m^5; **2** *(opstand)* Aufstand m^6, Erhebung v^{20}, *(van militairen)* Putsch m^5

oproerig aufrührerisch, rebellisch

oproerkraaier, oproerling Aufwiegler m^9

oproken aufrauchen

oprollen 1 aufrollen; **2** *(onschadelijk maken)* hochgehen lassen[197]

oprotpremie Rückkehrprämie v^{21}

oprotten abhauen[185]

opruien aufhetzen, aufwiegeln

opruimen 1 *(netjes maken)* aufräumen; **2** *(uitverkopen)* ausverkaufen: *dat ruimt op!* das schafft Platz!

opruiming Ausverkauf m^6, Schlussverkauf m^6

opruimingswerkzaamheden Aufräumungsarbeiten mv v^{20}

oprukken vorrücken

oprustgesteld *(Belg)* **1** *(gepensioneerd)* pensioniert; **2** *(mbt militair)* außer Dienst

opruststelling *(Belg)* Pensionierung v^{20}

opscharrelen auftreiben[290]

opschenken aufgießen[175]

opschepen: *iem met iets* ~ jmdm etwas aufhalsen; *zie ook* opgescheept

opscheppen 1 *(bijeenscheppen)* aufschaufeln; **2** *(van eten)* (sich) auftun[295], sich bedienen: *(fig) ik heb het ook niet voor het* ~ so viel habe ich auch nicht; **3** *(opsnijden)* angeben[166]

opschepper Angeber m^9

opschepperig angeberisch

opschepperij Angeberei v^{20}

opschieten 1 *(naar boven schieten)* hochfahren[153]; **2** *(groeien)* aufschießen[238]; **3** *(vooruitkomen)* vorankommen[193]; **4** *(voortmaken)* sich beeilen: *schiet op!* beeil dich!; *de tijd begint op te schieten* die Zeit drängt; **5** *(overweg kunnen)* auskommen[193]; *zie ook* opgeschoten

opschik Putz m^{19}, Schmuck m^{19}

opschikken aufrücken

opschilderen neu anstreichen[286]

opschorten aufschieben[237], verschieben[237]

opschrift 1 *(op brief, deur, fles e.d.)* Aufschrift v^{20}; **2** *(op gedenkteken, munt)* Inschrift v^{20}; **3** *(hoofd)* Überschrift v^{20}: *het* ~ *van een boek* der Titel eines Buches

opschrijfboekje Notizbuch o^{32}

opschrijven aufschreiben[252], notieren[320]; *(op de re-*

kening zetten) anschreiben[252] || *ten dode opgeschreven zijn* dem Tode geweiht sein[262]

opschrikken I *tr* aufschrecken, aufscheuchen; **II** *intr (van schrik opspringen)* aufschrecken[251]

opschroeven *(opdrijven)* hochschrauben

opschudden 1 *(losser maken)* aufschütteln); **2** *(opschrikken)* wachrütteln, aufrütteln

opschudding Aufregung v^{20}, Erregung v^{20}

opschuiven I *tr* **1** *(lett)* weiterschieben[237]; **2** *(doen opengaan)* zurückschieben[237]; **3** *(uitstellen)* aufschieben[237]; **II** *intr (opschikken)* aufrücken

opsieren *(ook fig)* ausschmücken

opslaan I *tr* **1** *(algem)* aufschlagen[241]: *een bal* ~ einen Ball aufschlagen; **2** *(van deksel, luik enz.)* aufklappen; **3** *(verhogen, duurder maken)* aufschlagen[241]; **4** *(opbergen)* lagern, speichern: *goederen* ~ Waren lagern; *gegevens* ~ Daten speichern; **II** *intr (duurder worden)* aufschlagen[241]

opslag 1 *(het opslaan) (ook sport)* Aufschlag m^6; **2** *(muz)* Auftakt m^5; **3** *(verhoging van prijs, loon enz.)* Aufschlag m^6, Erhöhung v^{20}: *om* ~ *vragen* um eine Gehaltserhöhung bitten[132]; **4** *(het opbergen)* Lagerung v^{20}, Speicherung v^{20}: *de* ~ *van gegevens* die Speicherung von Daten; **5** *(opslagplaats)* Lager o^{33}, Speicher m^9

opslagplaats, opslagruimte Lagerraum m^6

opslagterrein Lagerplatz m^6

opslobberen aufschlürfen

opslokken verschlingen[246]

opslorpen 1 *(drinken)* schlürfen; **2** *(opzuigen)* aufsaugen[229], *(meer techn)* absorbieren[320]

opsluiten I *tr* einschließen[245]; einsperren (in[+3,+4]); **II** *zich* ~ sich einschließen[245]; *(fig)* sich zurückziehen[318]

opsluiting Haft v^{28}, Freiheitsentzug m^{19}

opsmuk Schmuck m^{19}, Putz m^{19}

opsmukken schmücken; *(fig)* ausschmücken

opsnijden *(ook fig)* aufschneiden[250]

opsnorren auftreiben[290], aufstöbern

opsnuiven einatmen, *(med)* inhalieren[320]

opsodemieter *(plat)* Hieb m^5, Schlag m^6

opsodemieteren *(plat)* sich zum Teufel scheren

opsolferen *(Belg)* andrehen: *iem iets* ~ jmdm etwas andrehen

opsommen aufzählen

opsomming Aufzählung v^{20}

opsouperen durchbringen[139]

opsparen sparen, zusammensparen

opspatten aufspritzen

opspelden anstecken, anheften

opspelen *(razen)* toben, wettern

opsplitsen teilen, aufteilen

opsporen aufstöbern: *een misdadiger* ~ einen Verbrecher ermitteln

opsporing Ermittlung v^{20}, Fahndung v^{20}

opsporingsdienst *(van politie)* Fahndung v^{20}: *fiscale* ~ Steuerfahndung v^{20}

opspraak: *in* ~ *brengen* ins Gerede bringen[139]; *in* ~ *komen* ins Gerede kommen[193]

opspreken: *spreek maar op!* heraus mit der Sprache!

opspringen aufspringen[276]; *(van schrik, uit de slaap)* auffahren[153], hochfahren[153]

opspuiten 1 *(omhoogspuiten)* aufwerfen[311]; *(van terrein)* aufspülen; **2** *(van kennis)* herunterleiern

opstaan 1 *(gaan staan)* aufstehen[279], sich erheben[186]; **2** *(uit bed komen)* aufstehen[279]; **3** *(levend worden)* auferstehen[279]; **4** *(in opstand komen)* sich auflehnen

opstaand: *~e kraag* Stehkragen *m*[11]: *~e rand* hoch stehender Rand

opstal Baulichkeiten *mv v*[20], Gebäude *o*[33]

opstand Aufstand *m*[6], Revolte *v*[21]: *in ~ komen tegen* sich auflehnen gegen[+4]

opstandeling Aufständische(r) *m*[40a]

opstandig 1 *(oproerig)* aufständisch, rebellisch; **2** *(weerspannig)* widersetzlich

opstanding Auferstehung *v*[20]

opstap 1 *(trede)* Stufe *v*[21]; **2** *(fig)* Sprungbrett *o*[31]

opstapelen I *tr* aufstapeln; **II** *zich ~* sich häufen

opstappen 1 *(op fiets e.d.)* aufsteigen[281]; *(in tram e.d.)* einsteigen[281]; **2** *(vertrekken)* gehen[168], fortgehen[168]; **3** *(opzeggen)* kündigen

opsteken I *tr* **1** *(in de hoogte steken)* (auf)heben[186]: *de vinger ~* sich melden; **2** *(van haar)* aufstecken; **3** *(leren van iets)* klüger werden[310] (von[+3]); **4** *(aansteken)* anstecken, anzünden; **II** *intr* zunehmen[212], stärker werden[310]: *de wind steekt op* der Wind nimmt zu

opstel Aufsatz *m*[6]: *een ~ maken* einen Aufsatz schreiben[252]

opstellen I *tr* **1** *(ontwerpen)* entwerfen[311], aufstellen; **2** verfassen, aufsetzen: *een brief ~* einen Brief aufsetzen; **3** *(plaatsen)* aufstellen; **II** *zich ~* sich aufstellen

opsteller Verfasser *m*[9]

opstelling 1 Aufstellung *v*[20]; **2** *(standpunt)* Haltung *v*[20], Standpunkt *m*[5]; **3** *(van brief e.d.)* Aufsetzen *o*[39]

opstijgen aufsteigen[281]

opstoken 1 *(beter doen branden)* schüren; **2** *(verbranden)* verbrennen[138]; **3** *(ophitsen)* aufhetzen

opstoker Aufhetzer *m*[9]; *(pol)* Aufwiegler *m*[9]

opstootje Krawall *m*[5]

opstopping Stauung *v*[20], Verkehrsstockung *v*[20]

opstormen hinaufstürmen, heraufstürmen

opstrijken 1 *(krijgen)* kassieren[320]; **2** *(met strijkbout)* aufbügeln

opstropen aufkrempeln

opstuiven 1 *(mbt sneeuw, stof)* aufstieben[283]; **2** *(mbt personen)* auffahren[153], aufbrausen

opsturen zusenden[263], zuschicken

optakelen I *tr* **1** *(ophijsen)* hochwinden[313]; **2** *(van schip)* antakeln; **II** *zich ~ (fig)* sich aufdonnern

optekenen aufschreiben[252], notieren[320]

optellen 1 *(bijeentellen)* addieren[320], zusammenzählen; **2** *(opsommen)* aufzählen

optelling, optelsom Addition *v*[20]

opteren: *voor iets ~* für[+4] etwas optieren[320]

opticien Optiker *m*[9]

optie 1 *(keuze)* Option *v*[20]; **2** *(Belg) (keuzevak)* Wahlfach *o*[32]

optiek Optik *v*[28]

optillen aufheben[186], hochheben[186]

optimaal optimal

optimisme Optimismus *m*[19a]

optimist Optimist *m*[14]

optimistisch optimistisch

optisch optisch

optocht Zug *m*[6], Umzug *m*[6], Aufzug *m*[6]

optornen ankämpfen: *~ tegen* ankämpfen gegen[+4]

optreden I *ww* **1** *(op toneel)* auftreten[291]; **2** *(handelen)* auftreten[291], vorgehen[168]: *handelend ~* einschreiten[254]: *tegen iem ~* gegen jmdn vorgehen; **II** *zn* **1** *(op toneel)* Auftreten *o*[39], Auftritt *m*[5]; **2** *(manier van handelen)* Auftreten *o*[39], Vorgehen *o*[39]

optrekje kleine Wohnung *v*[20]

optrekken I *tr* **1** *(omhoogtrekken)* hochziehen[318]: *lonen ~* Löhne erhöhen; *zijn neus voor iets ~* die Nase über[+4] etwas rümpfen; *de schouders ~* die Achseln zucken; **2** *(opbouwen)* errichten[+4]; **II** *intr* **1** *(mbt auto)* anziehen[318], beschleunigen; **2** *(zich bezighouden)* sich beschäftigen: *met iem ~* sich mit jmdm beschäftigen; **3** *(langzaam verdwijnen)* aufsteigen[281]; **4** *(opmarcheren)* aufmarschieren[320]

optrommelen zusammentrommeln

optuigen 1 *(scheepv)* auftakeln; **2** *(een paard)* aufzäumen; **3** *(versieren)* schmücken

optutten, zich sich aufdonnern

opvallen auffallen[154]

opvallend auffallend, auffällig

opvang 1 Aufnahme *v*[21]; **2** *(steun)* Betreuung *v*[28]

opvangcentrum 1 *(voor daklozen)* Obdachlosenasyl *o*[29]; **2** *(voor vluchtelingen)* Auffanglager *o*[33]; **3** *(voor mensen in nood)* Anlaufstelle *v*[21]

opvangen auffangen[155]

opvaren hinauffahren[153]: *de rivier ~* den Fluss hinauffahren

opvarenden Passagiere *mv m*[5] und Bemannung *v*[20], *(alleen de bemanning)* Schiffsbesatzung *v*[20]

opvatten 1 *(ter hand nemen)* aufnehmen[212]: *zijn studie weer ~* sein Studium wieder aufnehmen; **2** *(gaan gevoelen)* empfinden[157]: *liefde voor iets ~* von Liebe für[+4] etwas ergriffen werden[310]; **3** *(beschouwen)* auffassen

opvatting Auffassung *v*[20], Ansicht *v*[20]

opvegen auffegen, aufkehren

opvijzelen *(fig)* aufmöbeln, verbessern

opvissen auffischen; *(fig, ook)* aufgabeln

opvlammen aufflammen, *(sterk)* auflodern

opvliegen 1 *(mbt vogel)* auffliegen[159]; *(de trap)* hinauffliegen[159]; **2** *(driftig worden)* aufbrausen

opvliegend aufbrausend, jähzornig

opvoeden erziehen[318]

opvoedend erzieherisch, Erziehungs…

opvoeder Erzieher *m*[9]

opvoeding Erziehung *v*[28]

opvoedingsgesticht, opvoedingsinrichting Er-

ziehungsanstalt *v*[20]
opvoedkunde Pädagogik *v*[28]
opvoedkundig pädagogisch
opvoedkundige Pädagoge *m*[15]; Pädagogin *v*[22]
opvoeren 1 *(opdrijven)* erhöhen, steigern, hinauf-
schrauben: *een opgevoerde brommer* ein frisiertes
Moped; **2** *(theat)* aufführen
opvoering 1 *(het opdrijven)* Erhöhung *v*[20], Steigerung *v*[20]; **2** *(theat)* Aufführung *v*[20]
opvolgen 1 folgen[+3]; **2** *(raad, bevel)* befolgen[+4]: *iem*
~ jmdm nachfolgen
opvolger Nachfolger *m*[9]
opvolging 1 *(mbt ambt enz.)* Nachfolge *v*[21], *(op de*
troon) Thronfolge *v*[21]; **2** *(het naleven)* Befolgung *v*[20]
opvouwbaar faltbar, zusammenlegbar: *opvouwba-*
re boot Faltboot *o*[29]: *opvouwbare fiets* Klapprad *o*[32]
opvouwen (zusammen)falten
opvragen anfordern, zurückfordern, abrufen[226];
(geld van de bank) abheben[186]: *informatie* ~ Infor-
mationen anfordern
opvreten auffressen[162]: *hij wordt opgevreten van de*
zenuwen er stirbt vor Nervosität
opvriezen wieder zu frieren anfangen[155]
opvrolijken aufheitern, aufmuntern
opvullen füllen
opwaaien aufwehen, aufwirbeln
opwaarderen aufwerten
opwaarts I *bw* aufwärts; **II** *bn* aufwärts gerichtet
opwachten 1 warten auf[+4]; **2** *(met vijandige bedoe-*
ling) (jmdm) auflauern
opwachting: *bij iem zijn* ~ *maken* jmdm seine Auf-
wartung machen
opwarmen I *tr* **1** *(lett)* aufwärmen; **2** *(fig)* erwärmen; **II** *zich* ~ *(sp)* sich aufwärmen
opwegen aufwiegen[312]: *het een weegt tegen het an-*
der op das eine wiegt das andere auf; *het weegt te-*
gen elkaar op es gleicht sich aus
opwekken 1 *(wakker maken)* wecken: *argwaan* ~
Argwohn wecken; **2** *(levend maken)* auferwecken:
iem uit de dood ~ jmdn vom Tode aufwecken; **3**
(prikkelen) anregen; **4** *(opvrolijken)* aufmuntern; **5**
(doen ontstaan) erzeugen: *elektriciteit* ~ Elektrizität erzeugen; **6** *(aansporen)* anregen
opwekkend 1 *(vrolijk stemmend)* ermunternd: *de*
eetlust ~ appetitanregend; **2** *(med)* anregend
opwekking *(het doen ontstaan)* Erzeugung *v*[20]
opwellen aufwallen, aufsteigen[281], (auf)quellen[217]:
~*de driften* aufwallende Triebe
opwelling 1 Aufwallen *o*[39], Aufquellen *o*[39]; **2** *(op-*
bruising) Regung *v*[20], Ausbruch *m*[6]
opwerken I *(opnieuw bewerken)* aufbereiten; **II**
zich ~ sich hocharbeiten (zu[+3])
opwerpen I *tr* **1** *(omhoogwerpen)* hinaufwerfen[311],
heraufwerfen[311]; **2** *(barricade, dam)* aufwerfen[311]; **3**
(vraag) aufwerfen[311]; **II** *zich* ~ sich aufwerfen[311]
(zu[+3])
opwinden I *tr* **1** aufwickeln; **2** *(ophijsen)* aufwinden[313]; **3** *(uurwerk)* aufziehen[318]; **4** *(in geestdriftige*
stemming brengen) begeistern; **II** *zich* ~ sich aufre-

gen (über[+4])
opwindend 1 *(spannend)* aufregend; **2** *(prikkelend)*
erregend, aufreizend
opwinding Aufregung *v*[20], Erregung *v*[20]
opwrijven blank reiben[219], polieren[320]
opzadelen 1 *(lett)* (auf)satteln; **2** *(fig)* aufhalsen:
iem met iets ~ jmdm etwas aufhalsen
opzeggen 1 *(afzeggen)* kündigen, beenden: *zijn*
abonnement ~ das Abonnement abbestellen; *iem* ~
jmdm kündigen; *een contract* ~ einen Vertrag kündigen; **2** *(uit het hoofd zeggen)* aufsagen
opzegging Kündigung *v*[20], Abbestellung *v*[20]
opzeggingstermijn Kündigungsfrist *v*[20]
¹**opzet** *(ontwerp)* Entwurf *m*[6], Anlage *v*[21], Plan *m*[6]
²**opzet** *(bedoeling, voornemen)* Absicht *v*[20], *(jur)*
Vorsatz *m*[6]: *met* ~ absichtlich; *zonder* ~ unabsichtlich
opzettelijk absichtlich
opzetten I *tr* **1** *(op iets zetten)* aufsetzen: *een bril* ~
eine Brille aufsetzen; **2** *(grammofoonplaat)* auflegen; **3** *(overeind zetten)* aufsetzen, aufstellen: *zijn*
kraag ~ seinen Kragen hochschlagen[241]: *een tent* ~
ein Zelt aufschlagen[241]; **4** *(beginnen)* gründen; **5**
(opstoken) aufwiegeln, aufhetzen; **6** *(een dier)* aus-
stopfen; **7** *(op touw zetten)* organisieren[320], veranstalten: *iets breed* ~ etwas breit anlegen ‖ *grote ogen*
~ große Augen machen; **II** *intr* **1** *(zwellen)*
(an)schwellen[256]; **2** *(naderen)* herankommen[193];
(mbt onweer) aufziehen[318]; *(mbt de vloed)* heraufkommen[193]
opzicht 1 *(toezicht)* Aufsicht *v*[28]; **2** *(betrekking)* Hinsicht *v*[20], Beziehung *v*[20]: *ten* ~*e van* in Bezug auf[+4];
in elk ~ in jeder Hinsicht; *in geen* ~ in keiner Weise;
in vele ~*en* in mancher Hinsicht
opzichter Aufseher *m*[9]
opzichtig auffällig, auffallend
opzichzelfstaand einzeln, vereinzelt
opzien I *ww* **1** *(omhoogzien)* hinaufsehen[261]; **2** *(de*
ogen opslaan) aufsehen[261]; **3** *(eerbiedigen)* empor-
blicken: *hoog tegen iem* ~ hoch zu jmdm emporbli-
cken; **4** *(vrezen)* scheuen, mit Befürchtung entgegensehen[261]: *tegen iets* ~ etwas³ mit Befürchtung
entgegensehen; *tegen de kosten* ~ die Kosten scheu-
en; *er tegen* ~ *de waarheid te zeggen* sich scheuen,
die Wahrheit zu sagen; **II** *zn* Aufsehen *o*[39]: ~ *baren*
Aufsehen erregen
opzienbarend Aufsehen erregend
opzitten 1 *(overeind zitten)* aufsitzen[268]; **2** *(mbt*
honden) Männchen machen ‖ *er zit niets anders op!*
es bleibt mir (dir usw.) nichts anderes übrig!; *het*
zit erop! das wäre geschafft!
opzoeken 1 aufsuchen; **2** *(naslaan)* nachschlagen[241]; **3** *(bezoeken)* aufsuchen, besuchen
opzuigen aufsaugen[229]
opzuipen 1 *(zijn geld)* versaufen[228]; **2** *(leeg drinken)*
aussaufen[228]; **3** *(bier e.d.)* aufsaufen[228]
opzwellen (auf)schwellen[256]
opzwepen *(ook fig)* aufpeitschen
orakel Orakel *o*[33]

or

orang-oetang Orang-Utan *m*[13]
oranje I *bn* orange, orange(n)farbig; **II** *zn* Orange *o* *(2e nvl -; mv -)*
Oranje *(vorstenhuis)* das Haus *o*[39] Oranien
Oranjeploeg niederländische Nationalmannschaft *v*[20]
oratie *(inaugurele rede)* Antrittsrede *v*[21]
oratorium Oratorium *o (2e nvl -s; mv Oratorien)*
orchidee Orchidee *v*[21]
orde 1 *(regelmaat)* Ordnung *v*[28]: *voor de goede ~* ordnungshalber; *~ op zaken stellen* seine Angelegenheiten in Ordnung bringen[139]; **2** *(geregelde toestand)* Ordnung *v*[28]: *de openbare ~* die öffentliche Ordnung; *iets in ~ brengen* (of: *maken): a)* etwas in Ordnung bringen[139]; *b)* (*repareren)* reparieren[320]; *dat komt in ~!* das geht in Ordnung!; **3** *(volgorde)* Ordnung *v*[28]: *aan de ~ komen* zur Sprache kommen[193]; *aan de ~ stellen* zur Diskussion stellen; *aan de ~ zijn* auf der Tagesordnung stehen[279]; *tot de ~ van de dag overgaan* zur Tagesordnung übergehen[168]; **4** *(biol)* Ordnung *v*[20]; **5** *(grootte)* Größe *v*[21], Größenordnung *v*[28]; **6** *(vereniging, kloosterorde)* Orden *m*[11]: *~ van advocaten* Anwaltskammer *v*[21]: *een ~ verlenen* einen Orden verleihen[200]
ordebewaarder *(algem)* Ordner *m*[9], *(politieman)* Ordnungshüter *m*[9]
ordelievend ordnungsliebend
ordelijk ordentlich, geordnet
ordeloos ungeordnet, unordentlich
ordenen ordnen
ordening Ordnung *v*[28]
ordentelijk ordentlich, anständig
order 1 *(bevel)* Befehl *m*[5], Auftrag *m*[6]; *(mil)* Order *v*[27], *v*[21]: *tot nader ~* bis auf weiteres; *ik ben tot uw ~s* ich stehe zu Ihren Diensten; **2** *(opdracht, bestelling)* Auftrag *m*[6], Bestellung *v*[20], Order *v*[27]: *een ~ plaatsen* einen Auftrag erteilen
orderbevestiging Auftragsbestätigung *v*[20]
orderportefeuille Auftragsbestand *m*[6]
ordeverstoorder Ruhestörer *m*[9]
ordeverstoring Ruhestörung *v*[20]
ordinair ordinär
ordner Ordner *m*[9]
ordonnans Melder *m*[9]
oreren 1 reden; **2** *(hoogdravend)* schwadronieren[320]
orgaan Organ *o*[29]
organisatie Organisation *v*[20]: *de rechterlijke ~* die Gerichtsverfassung
organisator Organisator *m*[16]
organisatorisch organisatorisch
organisch organisch
organiseren 1 organisieren[320]; **2** *(op touw zetten)* organisieren[320]; veranstalten
organisme Organismus *m (2e nvl -; mv -men)*
organist Organist *m*[14]
orgasme Orgasmus *m (2e nvl -; mv Orgasmen)*
orgel Orgel *v*[21]; *(draaiorgel)* Drehorgel *v*[21], *(klein)* Leierkasten *m*[12]
orgelbespeling Orgelspiel *o*[39]

orgelconcert Orgelkonzert *o*[29]
orgeldraaier, orgelman Leierkastenmann *m*[8]
orgie Orgie *v*[21]
Oriënt Orient *m*[19]
oriëntatie Orientierung *v*[28]
oriënteren orientieren[320]: *het ~de gesprek* das Sondierungsgespräch
oriëntering Orientierung *v*[28]
oriënteringsvermogen Orientierungssinn *m*[19]
originaliteit Originalität *v*[20]
origine Herkunft *v*[25], Abstammung *v*[28]
origineel I *bn, bw* **1** originell: *originele ideeën* originelle Ideen; **2** *(oorspronkelijk)* original: *originele tekst* Originaltext *m*[5]: *originele verpakking* Originalverpackung *v*[20]; **II** *zn* Original *o*[29]
orkaan Orkan *m*[5]
orkaankracht Orkanstärke *v*[28]
orkest Orchester *o*[33]
orkestratie Orchestrierung *v*[20]
orkestreren orchestrieren[320]
ornaat Ornat *m*[5], *o*[29]: *in vol ~* in vollem Ornat
ornament Ornament *o*[29]
orthodox orthodox
orthodoxie Orthodoxie *v*[28]
orthopedagoog Heilpädagoge *m*[15]
orthopedie Orthopädie *v*[28]
orthopedisch orthopädisch
os Ochse *m*[15]: *slapen als een ~* schlafen[240] wie ein Dachs
ossenhaas Rinderfilet *o*[36], *(toebereid)* Lendenbraten *m*[11], Filetbraten *m*[11]
ossenstaartsoep Ochsenschwanzsuppe *v*[21]
otter Otter *m*[9]
oud alt[58]: *de ~e dag* das Alter; *mijn ~e heer* mein Alter Herr; *een ~-lid van de vereniging* ein früheres Vereinsmitglied; *de ~ lui* die Senioren; *(fig) een ~e rot* ein alter Hase; *een kind van een jaar ~* ein einjähriges Kind; *jong en ~* Alt und Jung; *~en en jongen* Alte und Junge; *~en van dagen* alte Leute; *~ en nieuw* nieuw viert Silvester feiern; *hij is weer de ~e* er ist wieder der Alte; *zo ~ als de weg naar Rome* so alt wie de Welt; *hoe ~er, hoe gekker* Alter schützt vor Torheit nicht; *iem als ~ vuil behandelen* jmdn wie den letzten Dreck behandeln
oud- alt-, Alt-, ehemalig
oudbakken *(ook fig)* altbacken
oud-burgemeester ehemaliger Bürgermeister *m*[9]
oudedagsvoorziening Altersversorgung *v*[28]
oudeheer Alte(r) *m*[40a]
oudejaar Silvester *m*[9], *o*[33]
oudejaarsavond Silvesterabend *m*[5]
oudelui Alte *mv*[40]
ouder Elternteil *m*[5]: *~s* Eltern
ouderavond Elternabend *m*[5]
oudercommissie Elternbeirat *m*[6]
ouderdom Alter *o*[33]
ouderdomskwaal Altersbeschwerde *v*[21]
ouderdomspensioen Altersrente *v*[21], Rente *v*[21]; *(van ambtenaren)* Pension *v*[20]

ouderdomsuitkering Altersrente v^{21}, Rente v^{21}
ouderdomsvoorziening Altersversorgung v^{28}
ouderejaars *(student)* älteres Semester o^{33}
ouderhuis Elternhaus o^{32}
ouderlijk elterlich, Eltern-: *het ~e huis* das Elternhaus
ouderling Kirchenälteste(r) m^{40a}, v^{40b}
ouderloos elternlos
ouderpaar Elternpaar o^{29}
ouderschapsverlof Erziehungsurlaub m^5
ouderwets 1 altmodisch; **2** *(echt)* richtig: *een ~e
winter* ein richtiger Winter
oudgediende 1 *(oud-soldaat)* Veteran m^{14}; **2** *(iem
met ervaring)* alter Hase m^{15}
oudheid 1 *(tijd)* Altertum o^{39}; **2** *(het oud-zijn)* Alter
o^{33}; **3** *(voorwerp)* Altertümer *mv* o^{32}
Oudheid Altertum o^{39}, Antike v^{28}
oudheidkunde Archäologie v^{28}
oudheidkundig archäologisch
oudheidkundige Archäologe m^{15}
oudjaar Silvester m^9, o^{33}
oudje 1 *(man)* Alte(r) m^{40a}; **2** *(vrouw)* Alte v^{40b}
oud-leerling ehemaliger Schüler m^9
ouds: *van ~* von alters her
oudsher: *van ~* von alters her
oudste Älteste(r) m^{40a}, v^{40b}
oud-strijder Veteran m^{14}
outfit Outfit o^{36} *(2e nvl ook -)*
outillage Ausrüstung v^{20}, Ausstattung v^{20}
outilleren ausrüsten, ausstatten
output Output m^{13}, o^{36}
outsider 1 *(niet-ingewijde)* Außenstehende(r) m^{40a},
v^{40b}; **2** *(sp)* Außenseiter m^9
ouverture Ouvertüre v^{21}
ouvreuse Platzanweiserin v^{22}
ouwe: *de ~* der Alte m^{40a}
ouwehoer *(inform)* Quatschkopf m^6
ouwehoeren *(inform)* quatschen
ouwel Oblate v^{21}
ouwelijk ältlich
ovaal I *zn* Oval o^{29}; **II** *bn* oval
ovatie Ovation v^{20}
ovationeel stürmisch, tosend
oven Ofen m^{12}; *(in fornuis)* Backofen m^{12}
ovenplaat Backblech o^{29}
ovenvers ofenfrisch
over I *vz* **1** *(mbt het bedekken van een oppervlak)*
über *(bij rust*$^{+3}$*, anders*$^{+4}$*): een deken ~ het bed leggen* eine Decke über das Bett legen; **2** *(aan de andere kant van)* über^{+3}: *~ de grens wonen* über der
Grenze wohnen; **3** *(naar de andere kant van)*
über^{+4}: *~ de grens vluchten* über die Grenze flie-
hen^{160}; **4** *(van de ene kant naar de andere)* über^{+4}:
de brug ~ de rivier die Brücke über den Fluss; **5**
(langs de oppervlakte van) über^{+4}: *de bal rolt ~ het
veld* der Ball rollt über das Feld; **6** *(meer dan)*
über^{+4}: *kinderen ~ de 12 jaar* Kinder über 12 Jahre;
het is ~ zessen es ist über sechs (Uhr); **7** *(na)* in^{+3}: *~
een week in* einer Woche; **8** *(gedurende)* über^{+4}: *~*

een periode van 10 jaar über eine Periode von 10
Jahren; **9** *(wat betreft)* über^{+4}: *heersen ~* herrschen
über; **10** *(via)* über^{+4}: *wij rijden ~ Keulen* wir fahren über Köln; **11** *(door, tengevolge van)* über^{+4}:
verdrietig zijn ~ traurig sein^{262} über; **II** *bw* **1** *(van de
ene kant naar de andere)* über^{+4}: *zij ging de straat ~*
sie ging über die Straße; *~ en weer* hin und her,
(wederzijds) gegenseitig; *~ en weer praten* hin und
her reden; **2** *(voorbij)* vorüber, vorbei: *de pijn is ~*
die Schmerzen sind vorüber; **3** *(ongebruikt)* übrig:
er is niet veel ~ es ist nicht viel übrig; *hij heeft tijd te
~* er hat Zeit im Überfluss; **4** *(naar een andere
plaats) morgen zijn we ~ (verhuisd)* morgen sind
wir umgezogen; *hij is ~ (bevorderd)* er ist versetzt
worden; *ze zijn ~ (op bezoek)* sie sind zu Besuch;
familie ~ hebben Verwandtenbesuch haben^{182}
overal I *vw (op alle plaatsen)* überall; **II** *vnw bw* alles: *~ van weten* alles wissen^{314}
overall Overall m^{13}
overbekend allbekannt, weit bekannt
overbelast überlastet
overbelasten überlasten
overbelasting Überlastung v^{20}
overbeleefd übertrieben höflich
overbelichten überbelichten
overbevissing Überfischung v^{20}
overbevolking Übervölkerung v^{28}
overbevolkt übervölkert
overblijfsel Überrest m^5, Rest m^5
overblijven 1 *(resteren)* (übrig) bleiben^{134}; **2** *(logeren)* übernachten; **3** *(op school)* in der Mittagspause
in der Schule bleiben^{134}
overbluffen verblüffen, verdutzen
overbodig überflüssig
overboeken *(gireren)* überweisen^{307}
overboord über Bord
overbrengen 1 *(van de ene plaats naar de andere
brengen)* bringen^{139}, überbringen^{139}: *naar het pakhuis ~* ins Lagerhaus bringen; **2** *(zeggen)* ausrichten: *groeten ~* Grüße ausrichten; **3** *(overdragen)*
übertragen^{288}: *een besmetting ~* eine Ansteckung
übertragen; **4** *(vertalen)* übersetzen; **5** *(verklikken)*
(jmdm etwas) zutragen^{288}
overbrenging Überbringung v^{20}; *(techn)* Übertragung v^{20}; Übersetzung v^{20}; *zie ook* overbrengen
overbrieven (jmdm etwas) zutragen^{288}
overbruggen überbrücken
overbrugging Überbrückung v^{20}
overbuur Gegenüber o^{33}
overcapaciteit Überkapazität v^{20}
overcompleet überzählig
overdaad Überfluss m^{19}
overdadig überreichlich, üppig
overdag tagsüber
overdekken 1 *(geheel bedekken)* überdecken; **2**
(met een dak) überdachen: *overdekt zwembad* Hallenbad o^{32}
overdenken überdenken^{140}, nachdenken^{140} über^{+4},
sich^3 überlegen

ov

overdenking Überlegung *v*[20]
overdoen 1 *(opnieuw doen)* noch einmal tun[295], noch einmal machen, wiederhölen; **2** *(verkopen)* verkaufen
overdonderen verblüffen
overdosering Überdosierung *v*[20]
overdosis Überdosis *v (mv -dosen)*
overdracht Übertragung *v*[20], Übergabe *v*[21]
overdrachtelijk übertragen, bildlich
overdragen übertragen[288]: *iets aan iem* ~ jmdm etwas übertragen; *zijn vorderingen aan iem* ~ seine Forderungen an jmdn abtreten[291]
overdreven übertrieben
¹overdrijven vorüberziehen[318]
²overdrijven übertreiben[290]
overdrijving Übertreibung *v*[20]
overdruk *zn* **1** *(van artikel)* Sonderdruck *m*[5]; **2** *(spanning)* Überdruck *m*[6]
overduidelijk überdeutlich
overdwars quer: *~e doorsnede* Querschnitt *m*[5]
overeen *(over elkander)* übereinander: *(Belg) de armen* ~ mit den Armen übereinander
overeenkomen I *tr (een overeenkomst sluiten)* vereinbaren: *een prijs* ~ einen Preis vereinbaren; **II** *intr (overeenstemmen)* übereinstimmen: *in iets* ~ in[+3] etwas übereinstimmen; *~ met* übereinstimmen mit[+3]
overeenkomend 1 *(gelijk)* übereinstimmend; **2** *(gelijkend)* ähnlich
overeenkomst 1 *(gelijkheid)* Übereinstimmung *v*[20]; **2** *(gelijkenis)* Übereinstimmung *v*[20], Ähnlichkeit *v*[20]: *~ vertonen met* Ähnlichkeit aufweisen[307] mit[+3]; **3** *(afspraak)* Übereinkunft *v*[25], Vereinbarung *v*[20]; **4** *(contract)* Vertrag *m*[6]
overeenkomstig I *bn, bw* ähnlich: *~e gevallen* ähnliche Fälle; *~ hiermede* dementsprechend; *~ zijn met* entsprechen[274+3]; **II** *vz* gemäß[+3], entsprechend[+3]: *~ zijn wens* seinem Wunsch gemäß; *hij wordt ~ zijn werk betaald* er wird seiner Arbeit entsprechend bezahlt
overeenstemmen übereinstimmen
overeenstemming Übereinstimmung *v*[20]: *tot ~ komen* Übereinstimmung erreichen
overeind aufrecht, gerade: *~ komen (opstaan)* hochkommen[193]; *~ gaan zitten* sich aufrichten; *iets ~ houden* etwas aufrechterhalten[183]
overgaan 1 *(gaan)* gehen[168]: *van het ene schip op het andere* ~ von einem Schiff auf das andere gehen; **2** *(verhuizen)* umziehen[318]; **3** *(bevorderd worden)* versetzt werden[310]; **4** *(in andere handen komen)* übergehen[168] (auf[+4]); **5** *(in een andere toestand komen)* übergehen[168]: *tot ontbinding* ~ in[+4] Fäulnis übergehen; **6** *(zich over iets bewegen)* gehen[168] über[+4]: *de brug* ~ über die Brücke gehen; **7** *(voorbijgaan)* vorbeigehen[168], vorübergehen[168]: *de pijn gaat over* der Schmerz geht vorbei; **8** *(beginnen met iets)* übergehen[168]: *tot stemmen* ~ zur Abstimmung übergehen; **9** *(geluid geven)* gehen[168]: *de telefoon gaat over* das Telefon geht

overgang 1 Übergang *m*[6]; **2** *(bevordering)* Versetzung *v*[20]; **3** *(med)* Wechseljahre *mv o*[29]
overgangsexamen Versetzungsprüfung *v*[20]
overgangsjaren Wechseljahre *mv o*[29]
overgankelijk transitiv
overgave 1 *(het overhandigen)* Übergabe *v*[21]; **2** *(capitulatie)* Übergabe *v*[21]; **3** *(toewijding)* Hingabe *v*[28]; **4** *(berusting)* Ergebung *v*[28]
overgelukkig überglücklich
overgeven I *tr* **1** *(overreiken)* übergeben[166]: *een boek* ~ ein Buch übergeben; **2** *(overdragen)* übergeben[166]: *een ambt* ~ ein Amt übergeben; **II** *intr (braken)* sich übergeben[166]; **III** *zich* ~ **1** *(aan de vijand)* sich ergeben[166]; **2** *(toevertrouwen)* sich anvertrauen; **3** *(zich wijden aan)* sich hingeben[166]; **4** *(verslaafd raken aan)* sich ergeben[166]
overgevoelig überempfindlich; *(sentimenteel)* empfindsam
overgewicht Übergewicht *o*[39]
¹overgieten *(in een ander vat)* umgießen[175]
²overgieten übergießen[175]
overgooien I *tr (een bal)* herüberwerfen[311], hinüberwerfen[311]; **II** *intr (opnieuw gooien)* noch einmal werfen[311]
overgooier Trägerkleid *o*[31]
overgordijn Übergardine *v*[21]
overgrootmoeder Urgroßmutter *v*[26]
overgrootvader Urgroßvater *m*[10]
overhaast übereilt, überstürzt
overhaasten überstürzen: *niets ~* nichts überstürzen
overhalen 1 *(bepraten)* überreden; **2** *(ompraten)* umstimmen; **3** *(een hendel)* umlegen
overhand Oberhand *v*[28]: *de ~ hebben* die Oberhand haben[182]; *de ~ krijgen* die Oberhand gewinnen[174]; *die mening heeft thans de ~* die Meinung herrscht jetzt vor
overhandigen übergeben[166], überreichen
overheadprojector Overheadprojektor *m*[16]
overhebben 1 *(overhouden)* übrig haben[182]: *ik heb nog iets over* ich habe noch etwas übrig; **2** *(willen missen)* übrig haben[182]: *iets voor iem* ~ etwas für jmdn übrig haben; *alles voor iem* ~ alles für jmdn hergeben[166]: *daar heb ik geen geld voor over* dafür gebe ich mein Geld nicht her; *geen goed woord voor iem* ~ jmdm kein gutes Wort gönnen; *ik zou er wat voor ~, als …* ich gäbe etwas dafür, wenn …
overheen über: *een kist waar een kleed* ~ *ligt* eine Kiste mit einer Decke darüber; *ik ben er nu* ~ ich bin jetzt darüber hinweg; *over iets heen komen* über etwas hinwegkommen[193]; *jaren zijn er* ~ *gegaan* seitdem sind Jahre verstrichen; *ergens losjes* ~ *gaan* flüchtig über etwas hinweggehen[166]
overheerlijk vorzüglich, ausgezeichnet
overheersen beherrschen, vorherrschen, dominieren[320]: *een ~de kleur* eine vorherrschende Farbe; *een ~de positie* eine dominierende Stellung
overheerser Herrscher *m*[9]
overheersing 1 *(onderdrukking)* Beherrschung *v*[28]:

vreemde ~ Fremdherrschaft v^{28}; **2** *(overvleugeling)* Vorherrschaft v^{28}

overheid Staat m^{16}, Behörde v^{21}

overheidsapparaat Verwaltungsapparat m^5

overheidsbedrijf Staatsbetrieb m^5

overheidsdienst Behörde v^{21}: *in ~ zijn* im öffentlichen Dienst stehen[279]

overheidsgezag Staatsgewalt v^{28}

overheidspersoneel öffentlicher Dienst m^5

overheidssubsidie staatliche Subvention v^{20}

overheidsuitgaven Ausgaben *mv* v^{21} der öffentlichen Hand

overheidswege: *van ~* staatlich, behördlich, behördlicherseits

overhellen 1 überhängen[184]: *het schip helt over naar bakboord* das Schiff hat Schlagseite nach Backbord; **2** *(fig)* neigen (zu[+3])

overhemd Oberhemd o^{37}

overhoop durcheinander

overhoopgooien durcheinander werfen[311]

overhoophalen 1 *(lett)* durcheinander werfen[311]; **2** *(fig)* durcheinander bringen[139]

overhoopliggen: *met iem ~* sich mit jmdm überworfen haben[182]

overhoopschieten über den Haufen schießen[238]

overhoren prüfen, abfragen: *woordjes ~* Vokabeln abfragen; *de klas ~* die Klasse prüfen

overhoring Prüfung v^{20}

overhouden 1 *(als overschot)* übrig behalten[183]; **2** *(van ziekte e.d.)* (zurück)behalten[183] || *dat houdt niet over* das könnte besser sein

overig übrig: *het ~e* das Übrige, der Rest; *al het ~e* alles Übrige; *voor het ~e* übrigens

overigens übrigens

overijld übereilt

overjarig 1 *(van het vorige jaar)* vom vergangenen Jahr; **2** *(plantk)* ausdauernd

overjas Mantel m^{10}

overkant andere Seite v^{21}: *aan de ~* auf der anderen Seite; *aan de ~ van de zee* jenseits[+2] des Meeres; *naar de ~ (gaan enz.)* hinüber(gehen[168] usw.)

overkapping Überdachung v^{20}

overkoepelend: *~e organisatie* Dachverband m^6

overkoken überkochen

overkomelijk überwindbar

¹overkomen 1 *(van elders komen)* herüberkommen[193]; **2** *(over iets heen komen)* kommen[193] über[+4]: *de rivier ~* über den Fluss kommen; **3** *(begrepen worden)* ankommen[193]: *bij het publiek goed ~* beim Publikum gut ankommen

²overkomen passieren[320]: *dat is mij nog nooit ~* das ist mir noch nie passiert

overkrijgen zu Besuch bekommen[193]

¹overladen umladen[196]

²overladen 1 *(te zwaar laden)* überladen[196]; **2** *(overstelpen)* überladen[196], überhäufen: *een ~ programma* ein überladenes Programm

overland auf dem Landweg

overlangs der Länge nach

overlap Überlappung v^{20}, Überschneidung v^{20}

overlappen überlappen, sich überschneiden[250]

overlapping *zie* overlap

overlast *(hinder)* Belästigung v^{20}: *iem ~ aandoen* jmdn belästigen

overlaten 1 *(laten overblijven)* übrig lassen[197]: *iets te wensen ~* etwas zu wünschen übrig lassen; **2** *(zich niet bekommeren om)* überlassen[197]: *aan zijn lot ~* seinem Schicksal überlassen; **3** *(laten zorgen voor)* überlassen[197]

overleden gestorben

overledene Verstorbene(r) m^{40a}, v^{40b}

overleg 1 *(nadenken)* Überlegung v^{20}: *met ~* mit Bedacht; **2** *(beraadslaging)* Beratung v^{20}, Beratschlagung v^{20}: *~ plegen met* sich beraten[218] mit[+3]; **3** *(raadpleging)* Rücksprache v^{21}: *in ~ met* nach Rücksprache mit[+3]; *in onderling ~* im gegenseitigen Einvernehmen

¹overleggen vorlegen: *stukken ~* Unterlagen vorlegen

²overleggen 1 *(overwegen)* überlegen; **2** *(beraadslagen)* beratschlagen

¹overlegging Vorlage v^{21}: *onder ~ van* gegen Vorlage[+2]

²overlegging Überlegung v^{20}

overleven überleben

overlevende Überlebende(r) m^{40a}, v^{40b}

overleveren 1 *(in handen stellen)* ausliefern, übergeben[166]; **2** *(van verhalen)* überliefern

overlevering Überlieferung v^{20}

overlevingspensioen *(Belg)* Hinterbliebenenrente v^{21}

overlezen noch einmal lesen[201]

overlijden I *ww* sterben[282]; **II** *zn* Tod m^5: *bij het ~ van* beim Tode[+2]; *bij ~* im Todesfall

overloop 1 *(het overstromen)* Überlauf m^6; **2** *(bij trap)* Treppenabsatz m^6; **3** *(gang)* Flur m^5

overlopen 1 *(over iets heen lopen)* gehen[168] über[+4]; **2** *(vervloeien)* überlaufen[198]; **3** *(deserteren)* überlaufen[198]: *naar de vijand ~* zum Feind überlaufen

overloper Überläufer m^9

overmaat Übermaß o^{39}: *tot ~ van ramp* zu allem Unglück

overmacht 1 *(grotere macht)* Übermacht v^{28}; **2** *(meerderheid)* Übermacht v^{28}, Überzahl v^{28}; **3** *(force majeure)* höhere Gewalt v^{20}

overmachtig übermächtig, überlegen

overmaken 1 *(opnieuw maken)* noch einmal machen; *(omwerken)* umarbeiten; **2** *(een bedrag)* überweisen[307]

overmannen übermannen, überwältigen

overmatig übermäßig

overmeesteren überwältigen

overmoed Übermut m^{19}: *in ~* im Übermut

overmoedig übermütig

overmorgen übermorgen

overnachten übernachten

overnachting Übernachtung v^{20}

overname Übernahme v^{21}

overnemen übernehmen[212]: *iets uit een boek ~* etwas aus einem Buch übernehmen

overpakken umpacken

overpeinzen nachdenken[140] über[+4]

overpeinzing Nachdenken *o*[39]

overplaatsen versetzen

overplaatsing Versetzung *v*[20]

overplanten umpflanzen, verpflanzen

overproductie Überproduktion *v*[28]

overreden überreden

overredingskracht Überredungskunst *v*[25]

¹overrijden 1 *(over iets rijden)* fahren[153] über[+4]; **2** *(nog eens rijden)* noch einmal fahren[153]

²overrijden überfahren[153]: *iem ~* jmdn überfahren

overrijp überreif

overrompelen überrumpeln

overrompeling Überrump(e)lung *v*[20]

overschaduwen 1 überschatten; **2** *(overtreffen)* in den Schatten stellen

overschakelen umschalten

overschakeling Umschaltung *v*[20]

overschatten überschätzen

overschenken umgießen[175]

overschieten 1 *(overblijven)* übrig bleiben[134]; **2** *(opnieuw schieten)* noch einmal schießen[238]

overschilderen noch einmal malen

overschot 1 *(rest)* Rest *m*[5], Überrest *m*[5]: *het stoffelijk ~* die sterblichen Reste; *(Belg) ~ van gelijk hebben* vollkommen Recht haben[182]; **2** *(geld)* Überschuss *m*[6]

overschreeuwen überschreien[253]

overschrijden 1 *(stappen over)* überschreiten[254]: *de grens ~* die Grenze überschreiten; **2** *(te ver gaan)* überschreiten[254]: *zijn bevoegdheid ~* seine Befugnisse überschreiten; *zijn tegoed ~* sein Guthaben überziehen[318]

overschrijven 1 *(opnieuw schrijven)* noch einmal schreiben[252], *(omwerken)* umschreiben[252]; **2** *(afschrijven)* abschreiben[252]; **3** *(van het klad)* ins Reine schreiben[252]; **4** *(op een andere naam)* überschreiben[252]; **5** *(overmaken)* überweisen[307]: *een bedrag ~* einen Betrag überweisen

overslaan I *tr* **1** *(verzuimen, passeren, weglaten)* überschlagen[241]; **2** *(een schoolklas)* überspringen[276]; **3** *(overladen)* umladen[196]; **II** *intr* **1** *(mbt stem)* sich überschlagen[241]; **2** *(mbt brand, epidemie)* übergreifen (auf[+4])

overslag 1 *(wat over iets heen slaat)* Umschlag *m*[6]; *(aan kleren, ook)* Aufschlag *m*[6]; **2** *(van lading)* Umschlag *m*[19]

oversmokkelen: *iets de grens ~* etwas über die Grenze schmuggeln

overspannen I *tr* **1** *(overwelven)* überspannen; **2** *(te veel inspannen)* überanstrengen; *zich ~* sich überanstrengen; **II** *bn* **1** *(overdreven)* überspannt; **2** *(overwerkt)* überanstrengt, überarbeitet; **3** *(overprikkeld)* überreizt: *~ conjunctuur* überhitzte Konjunktur

overspel Ehebruch *m*[6]: *~ plegen* Ehebruch begehen[168]

overspelen noch einmal spielen

overspelig ehebrecherisch

overspoelen überspülen; *(ook fig)* überschwemmen, überfluten

overspringen 1 *(over iets heen springen)* überspringen[276], springen[276] über[+4]; **2** *(van het een op het andere overgaan)* überspringen[276]: *elektrische vonken springen over* elektrische Funken springen über

overspuiten noch einmal spritzen

overstaan: *ten ~ van* in Anwesenheit von[+3]

overstag: *~ gaan:* a) *(lett)* über Stag gehen[168]; b) *(fig)* seine Meinung ändern

overstapje Umsteig(e)karte *v*[21]

overstappen 1 *(over iets stappen)* treten[291] über[+4]; **2** *(van trein, bus veranderen)* umsteigen[281]; **3** *(van onderwerp, van baan veranderen)* hinüberwechseln; **4** *(overgaan op)* umsteigen[281] (auf[+4])

overste *(mil)* Oberstleutnant *m*[13], *m*[5]

oversteekplaats Fußgängerüberweg *m*[5]

oversteken 1 *(naar de overzijde gaan)* überqueren: *de rivier, de straat ~* den Fluss, die Straße überqueren; **2** *(ruilen)* tauschen: *tegelijk ~* Zug um Zug

overstelpen überhäufen

overstemmen 1 *(met meerderheid van stemmen)* überstimmen; **2** *(door geluid)* übertönen

overstromen *(ook fig)* überschwemmen, überfluten

overstroming Überschwemmung *v*[20]

overstuur: *mijn maag is ~* mein Magen ist verstimmt; *hij is helemaal ~* er ist ganz durcheinander

overtekenen *(naar een voorbeeld)* abzeichnen, nachzeichnen

overtellen nachzählen

overtikken 1 *(uittypen)* abtippen; **2** *(opnieuw tikken)* noch einmal tippen

overtocht *(over water)* Überfahrt *v*[20]

overtollig überflüssig

overtreden übertreten[291], verletzen

overtreder Übertreter *m*[9]

overtreding Übertretung *v*[20]: *in ~ zijn* sich einer Übertretung[2] schuldig machen

overtreffen übertreffen[289]: *iem in kennis ~* jmdn an[+3] Kenntnissen übertreffen; *de vraag overtreft het aanbod* die Nachfrage übersteigt das Angebot

overtrek Überzug *m*[6]

¹overtrekken 1 *(naar de andere zijde trekken)* (hinüber)ziehen[318] über[+4]; **2** *(de lijnen natrekken)* durchzeichnen; **3** *(mbt wolken, buien e.d.)* vorüberziehen[318], sich verziehen[318]

²overtrekken 1 *(bekleden)* überziehen[318]; **2** *(overdrijven)* überziehen[318], überspitzen

overtroeven übertrumpfen

overtuigd überzeugt

overtuigen I *tr* überzeugen: *iem van iets ~* jmdn von[+3] etwas überzeugen; **II** *zich ~* sich überzeugen

overtuigend überzeugend

overtuiging Überzeugung *v*[20]: *tot de ~ komen* zu der Überzeugung kommen[193]

overuren Überstunden *mv v*[21]
overvaart Überfahrt *v*[20]
overval Überfall *m*[6]
overvallen überfallen[154]
overvaller Räuber *m*[9]
overvaren überfahren[153]
oververhit überhitzt
oververhitten überhitzen
oververmoeid übermüdet
oververmoeidheid Übermüdung *v*[28]
oververzadigd übersättigt
overvleugelen überflügeln
overvliegen fliegen[159] über[+4]: *de oceaan ~* über den
　Ozean fliegen
overvloed Überfluss *m*[19]: *in ~* in (*of:* im) Überfluss;
　een ~ van … ein Überfluss an[+3] …; *ten ~e* zu allem
　Überfluss
overvloedig reichlich
overvloeien überfließen[161]
overvoeren 1 *(te veel voer geven)* überfüttern; **2** *(de
　markt)* überschwemmen
overvol überfüllt, übervoll
overvragen einen zu hohen Preis fordern
overwaaien 1 *(weggevoerd worden)* herüberwehen,
　hinüberwehen; **2** *(overgaan)* vorbeigehen[168]; **3** *(van
　elders komen) komen ~* hinüberkommen[193], herü-
　berkommen[193]
overwaarde Mehrwert *m*[19]
overwaarderen überbewerten
¹overweg Bahnübergang *m*[6]
²overweg: *met iem ~ kunnen* mit jmdm auskom-
　men[193]
overwegen 1 *(overdenken)* erwägen[303]; **2** *(de door-
　slag geven)* überwiegen[312]
overwegend *(hoofdzakelijk)* überwiegend
overweging Erwägung *v*[20]: *iem iets in ~ geven*
　jmdm etwas zu bedenken geben[166]; *in ~ nemen* in
　Erwägung ziehen[318]
overweldigen überwältigen
overweldigend überwältigend
overwerk Mehrarbeit *v*[28]
¹overwerken Überstunden machen: *twee uur ~* zwei
　Überstunden machen
²overwerken, zich sich überarbeiten
overwerkuren Überstunden *mv v*[21]
overwicht *(meer macht of aanzien)* Überlegenheit
　v[28], Autorität *v*[28]: *militair ~* militärische Überle-
　genheit
overwinnaar Sieger *m*[9]; *zie ook* overwinnen
overwinnen I *tr* besiegen, siegen über[+4], überwin-
　den[313]: *een gevoel ~* ein Gefühl überwinden; *moei-
　lijkheden ~* Schwierigkeiten überwinden; **II** *intr*
　siegen
overwinning 1 Sieg *m*[5]: *~ op* Sieg über[+4]; *zeker van
　de ~* siegesgewiss; **2** *(van zichzelf)* Überwindung *v*[28]
overwinningsroes Siegestaumel *m*[19]
overwinteren überwintern
overwippen *(even bezoeken)* vorbeikommen[193]:
　komen ~ (bij jmdm) vorbeikommen

overwoekeren überwuchern
overzee: *Nederlanders ~* Niederländer in Übersee;
　naar ~ gaan nach Übersee auswandern; *van ~* aus
　Übersee
overzees überseeisch, Übersee…
overzetten 1 *(overvaren)* überfahren[153]; **2** *(verta-
　len)* übersetzen, übertragen[288]
overzicht Übersicht *v*[20]: *beknopt ~* Abriss *m*[5]
overzichtelijk übersichtlich
¹overzien durchsehen[261]
²overzien übersehen[261]: *niet te ~* unabsehbar; *ge-
　makkelijk te ~* übersichtlich
overzijde *zie* overkant
overzwemmen schwimmen[257] über[+4]: *de rivier ~*
　über den Fluss schwimmen[257]
OV-jaarkaart Jahreskarte *v*[21] für die öffentlichen
　Verkehrsmittel
ovulatie Ovulation *v*[20]
oxidatie Oxidation *v*[20]
oxide Oxid *o*[29]
oxideren oxidieren[320]
ozon Ozon *m*[19], *o*[39]
ozongat Ozonloch *o*[32]
ozonlaag Ozonschicht *v*[28]

p

pa Papa m^{13}, Vater m^{10}

p.a. *afk van per adres* per Adresse (*afk* p.A.)

paadje (schmaler) Pfad m^5

paaien *(tevredenstellen)* beschwichtigen

paal 1 Pfahl m^6; *(voor elektrische leidingen)* Mast m^5, m^{16}; **2** *(doelpaal)* Pfosten m^{11} || *dat staat als een ~ boven water!* das steht unumstößlich fest; *aan iets ~ en perk stellen* einer Sache³ Grenzen setzen

paalwoning Pfahlbau *m (2e nvl -(e)s; mv -ten)*

paar I *(twee bij elkaar behorende)* Paar o^{29}: *twee ~ schoenen* zwei Paar Schuhe; **II** *(enige)* paar: *in een ~ woorden* mit ein paar Worten; *een ~ keer* ein paar Mal(e); **III** *bn (Belg)* gerade

paard Pferd o^{29} || *werken als een ~* arbeiten wie ein Pferd; *een gegeven ~ moet men niet in de bek zien* einem geschenkten Gaul sieht (*of:* schaut) man nicht ins Maul; *over het ~ getild zijn* auf dem hohen Ross sitzen²⁶⁸

***paardenbloem** (Wdl:* paardebloem) Löwenzahn m^{19}

paardenfokker Pferdezüchter m^9

paardenfokkerij 1 *(het fokken)* Pferdezucht v^{28}; **2** *(stoeterij)* Gestüt o^{29}

***paardenkastanje** (Wdl:* paardekastanje) Rosskastanie v^{21}

paardenkracht *(maat van arbeidsvermogen)* Pferdestärke v^{21} (*afk* PS)

paardenliefhebber Pferdeliebhaber m^9

paardenmarkt Pferdemarkt m^6

paardenmiddel *(fig)* Rosskur v^{20}, Gewaltkur v^{20}

paardensport Pferdesport m^{19}

paardensprong *(schaken)* Rösselsprung m^6

paardenstaart *(ook fig)* Pferdeschwanz m^6

paardenstal Pferdestall m^6

paardentram Pferdebahn v^{20}

paardenvlees Pferdefleisch o^{39}

paardrijden reiten²²¹

paardrijder Reiter m^9

paarlemoer Perlmutter o^{39}, v^{28}

paars I *bn* violett; **II** *zn* Violett o^{33}, o^{36}

paarsgewijs paarweise; *(plantk)* paarig

paartijd Paarungszeit v^{20}

paartje Pärchen o^{35}

paasbrood 1 *(matse)* Matze v^{21}; **2** *(krentenbrood)* Stollen m^{11}

paasdag Osterfeiertag m^5: *eerste ~* Ostersonntag; *tweede ~* Ostermontag

paasdrukte Osterverkehr m^{19}

paasei Osterei o^{31}

paashaas Osterhase m^{15}

paasvakantie Osterferien *(mv)*

paaszondag Ostersonntag m^5

pacemaker Herzschrittmacher m^9, Schrittmacher m^9

pacht Pacht v^{20}: *in ~ geven* in Pacht geben¹⁶⁶: *in ~ hebben* in Pacht haben¹⁸²

pachten pachten

pachter Pächter m^9

pachtgeld, pachtprijs, pachtsom Pachtzins m^{16}, Pachtgeld o^{31}

pacifisme Pazifismus m^{19a}

pacifist Pazifist m^{14}

pacifistisch pazifistisch

pact Pakt m^5

¹pad *(weg)* Pfad m^5: *op ~ zijn* unterwegs sein²⁶²: *al vroeg op ~ zijn* schon früh auf den Beinen sein²⁶²

²pad *(dierk)* Kröte v^{21}: *(Belg) een ~ in iems korf zetten* jmdm entgegenarbeiten

paddestoel Pilz m^5: *eetbare ~* Speisepilz; *als ~en uit de grond oprijzen* wie Pilze aus dem Boden schießen²³⁸

padvinder Pfadfinder m^9

padvinderij Pfadfinderbewegung v^{28}

paf *(versteld)* baff: *~ staan* baff sein²⁶²

paffen 1 *(roken)* paffen; **2** *(schieten)* knallen

pafferig aufgedunsen, schwammig

pag. *afk van pagina* Seite v^{21} (*afk* S.)

page Page m^{15}, Edelknabe m^{15}

pagekopje *(kapsel)* Pagenkopf m^6, Bubikopf m^6

pagina Seite v^{21}

pais *~ en vree* Friede(n) und Einigkeit

pak 1 *(bundel)* Packen m^{11}, Pack m^5, m^6; Bündel o^{33}; *(pakket)* Paket o^{29}: *een ~ boeken* ein Packen Bücher; *een ~ kranten* ein Pack(en) Zeitungen; **2** *(kostuum)* Anzug m^6; **3** *(dracht)* Tracht v^{20}; **4** *(vracht, laag)* Haufen m^{11}: *een ~ sneeuw* hoher Schnee || *een ~ slaag* eine Tracht Prügel; *iem een ~ slaag geven* jmdn verprügeln; *iem een ~ voor de broek geven* jmdm die Hosen stramm ziehen³¹⁸: *bij de ~ken neerzitten* den Kopf hängen lassen¹⁹⁷

pakezel Packesel m^9

pakhuis Lager o^{33}, Lagerhaus o^{32}

pakijs Packeis o^{39}

Pakistaan Pakistaner m^9

Pakistaans pakistanisch

Pakistaanse Pakistanerin v^{22}

Pakistan Pakistan o^{39}

pakje 1 Päckchen o^{35}, Paket o^{29}; **2** *(stapeltje)* Bündel o^{33}: *het ~ bankbiljetten* das Bündel Geldscheine; **3** *(sigaretten, thee enz.)* Packung v^{20}, Päckchen o^{35}

pakken I *tr* **1** *(inpakken)* packen: *iets in kisten ~* etwas in Kisten⁺⁴ packen; *iets in papier ~* etwas in Papier einpacken; **2** *(beetpakken, grijpen)* ergreifen¹⁸¹, packen: *een dief ~* einen Dieb festnehmen²¹²; **3** *(omhelzen)* an⁺⁴ sich drücken, umarmen; **4** *(betrappen)* erwischen: *iem te ~ krijgen* jmdn erwischen; **5** *(vangen)* fassen; **6** *(boeien)* fesseln; **7** *(tot zich nemen)* nehmen[212]: *er eentje ~ (een borrel)* einen heben[186]; **8** *(opnemen)* nehmen[212]: *een boek ~* ein Buch nehmen; **II** *intr (houden, grijpen)* packen: *de sneeuw pakt niet* der Schnee backt nicht || *een kou ~* sich[4] erkälten; *iem te ~ nemen* jmdn zum Besten haben[182]; *hij heeft het te ~: a) (is verkouden)* er hat sich erkältet; *b) (is verliefd)* er ist verliebt; *c) (hij heeft het door)* er hat den (richtigen) Dreh heraus

pakkend 1 *(boeiend)* fesselnd; **2** *(effectief)* wirkungsvoll

pakkerd Kuss *m6*

pakket Paket *o29*, *(licht)* Päckchen *o35*: *~ maatregelen* Maßnahmenkatalog *m5*

pakking 1 Packung *v20*; **2** *(techn)* Dichtung *v20*

pakpaard Lastpferd *o29*

pakpapier Packpapier *o29*

paksoi Pak-Choi *m19*

1pal Sperrklinke *v21*; *(van slot)* Zuhaltung *v20*; *(van geweer)* Sicherung *v20*

2pal *bw* **1** *(vast)* fest: *~ staan* standhalten[183]: *~ staan voor de vrijheid* die Freiheit bis zum Äußersten verteidigen; **2** *(juist, precies)* direkt

paleis 1 *(vorstelijk verblijf)* Schloss *o32*; **2** *(prachtig gebouw)* Palast *m6*: *~ van justitie* Gerichtsgebäude *o33*

Palestijn Palästinenser *m9*

Palestijns palästinensisch

palet Palette *v21*

paling Aal *m5*: *gerookte ~* Räucheraal

palingboer Aalverkäufer *m9*

palissade Palisade *v21*

palissanderhout Palisanderholz *o32*

pallet Palette *v21*

1palm *(boom, palmtak)* Palme *v21*

2palm *(van de hand)* Handfläche *v21*, Handteller *m9*

palmboom Palme *v21*

palmolie Palmöl *o29*

Palmpasen Palmsonntag *m5*

palmtak Palm(en)zweig *m5*

pamflet Pamphlet *o29*

Pampus: *voor ~ liggen* sich nicht mehr rühren können[194], *(dronken)* stockbetrunken sein[262]

pan 1 *(kookpan)* Pfanne *v21*, *(diep)* Topf *m6*; **2** *(braadpan)* Bratpfanne *v21*; **3** *(dakpan)* Dachziegel *m9*, Ziegel; **4** *(duinpan)* Mulde *v21* || *de ~ uit rijzen (mbt prijzen)* in die Höhe schießen[238]: *onder de ~nen zijn* versorgt sein[262]

pancreas Pankreas *o (2e nvl -; mv -kreaten)*

pand I *o* **1** *(onderpand)* Pfand *o32*: *in ~ geven* als Pfand geben[166]; **2** *(perceel)* Haus *o32*, Gebäude *o33*; **II** *m en o* **1** *(van jas)* Rockschoß *m6*; **2** *(van jurk)* Teil *m5*

pandbrief Pfandbrief *m5*

panden *(in beslag nemen)* pfänden; *(belenen)* verpfänden

pandjesbaas Pfandleiher *m9*

pandjesjas Frack *m6*

pandverbeuren I *zn* Pfänderspiel *o29*; **II** *ww* Pfänderspiel machen

paneel 1 *(van deur e.d.)* Füllung *v20*, Paneel *o29*; **2** *(schilderstuk)* Tafelbild *o31*: *op ~ schilderen* auf[+4] Holz malen; **3** *(schakelbord)* Tafel *v21*, Pult *o29*

paneermeel Paniermehl *o29*

panel Forum *o (2e nvl -s; mv Foren of Fora)*

paneren panieren[320]

panfluit Panflöte *v21*

panharing Brathering *m5*

paniek Panik *v20*

paniekerig panikartig

panikeren *(Belg)* in Panikstimmung geraten[218]

panisch panisch

panklaar kochfertig, *(van kip)* bratfertig

panne Panne *v21*

pannendak Ziegeldach *o32*

pannendekker Dachdecker *m9*

pannenkoek Pfannkuchen *m11*

pannenlap Topflappen *m11*

pannenspons Topfkratzer *m9*

panorama Panorama *o (2e nvl -s; mv Panoramen)*

pantalon Hose *v21*

panter Panther *m9*, Panter *m9*

pantoffel Pantoffel *m17*, Hausschuh *m5*

pantoffelheld Pantoffelheld *m14*

pantry Pantry *v27*

pantser Panzer *m9*

pantserauto Panzerwagen *m11*

pantserdivisie Panzerdivision *v20*

pantseren *(ook fig)* panzern

pantsering Panzerung *v20*

pantserplaat Panzerplatte *v21*

pantserwagen Panzerwagen *m11*

panty Strumpfhose *v21*

pap *(half vloeibaar gerecht)* Brei *m5* || *een vinger in de ~ hebben* ein Wörtchen mitzureden haben[182]: *ik kan geen ~ meer zeggen* ich bin ganz erschossen

papa Papa *m13*, Vati *m13*

papaver Mohn *m5*

papegaai *(ook fig)* Papagei *m14*, *m5*

paperassen Papiere *mv o29*

paperback Paperback *o36*

paperclip Büroklammer *v21*, Heftklammer *v21*

papier Papier *o29*: *hij heeft goede ~en: a) (goede getuigschriften)* er hat gute Zeugnisse; *b) (goede kansen)* er kann sich gute Chancen ausrechnen

papieren papieren, Papier…: *~ bloemen* Papierblumen *mv v21*: *~ geld* Papiergeld *o39*

papiergeld Papiergeld *o39*

papier-maché Papiermaché *o36*, Papiermaschee *o36*

papiermand Papierkorb *m6*

papiersnipper Papierschnitzel *o33*, *m9*

papierstrook Papierstreifen *m11*

papiertje 1 Papierchen *o35*; **2** *(briefje)* Zettel *m9*

papierwinkel Papierkram *m19*

papkind *(slappeling)* Muttersöhnchen *o35*

paplepel Dessertlöffel *m9*: *met de ~ ingegeven* mit der Muttermilch eingesogen

pa

pappa Papa m^{13}, Vati m^{13}
pappenheimer: *zijn ~s kennen* seine Pappenheimer kennen[189]
papperig *zie* pappig
pappie Papi m^{13}, Vati m^{13}
pappig 1 *(brijachtig, niet vast)* pappig, breiig; **2** *(van personen)* aufgeschwemmt
paprika Paprika m^{13} *(mv ook -)*
paps Papi m^{13}, Vati m^{13}
papzak Dickwanst m^6
paraaf Paraphe v^{21}, Namenszug m^6
paraat parat, bereit; *(mil)* einsatzbereit
paraatheid Einsatzbereitschaft v^{28}
parabel Parabel v^{21}, Gleichnis o^{29a}
parachute Fallschirm m^5
parachutesprong Fallschirmabsprung m^6
parachutist Fallschirmspringer m^9, *(mil)* Fallschirmjäger m^9: *(mil)* ~*en* Fallschirmtruppen *(mv)*
paracommando *(Belg)* *(ongev)* Fallschirmjäger m^9
parade Parade v^{21}
paradepaard *(ook fig)* Paradepferd o^{29}
paraderen paradieren[320]
paradijs Paradies o^{29}
paradijselijk paradiesisch
paradox I *zn* Paradox o^{29}; **II** *bn* paradox
paradoxaal paradox
paradoxie Paradoxie v^{21}
paraferen paraphieren[320], abzeichnen
paraffine Paraffin o^{29}
parafrase Paraphrase v^{21}
parafraseren paraphrasieren[320]
paragnost Paragnost m^{14}
paragnostisch paragnostisch
paragraaf Paragraph m^{14}, Paragraf m^{14}
paragraferen paragraphieren[320], paragrafieren[320]
parallel I *zn* Parallele v^{21}; **II** *bn, bw* parallel, Parallel...: ~ *lopen* parallel laufen[198]
paramilitair paramilitärisch
paranoïde paranoid
paranoot Paranuss v^{25}
paranormaal paranormal
paraplu Regenschirm m^5, Schirm m^5
paraplubak Schirmständer m^9
parapsychologie Parapsychologie v^{28}
parasiet Parasit m^{14}, Schmarotzer m^9
parasiteren schmarotzen
parasol Sonnenschirm m^5
parastataal *(Belg)* halbstaatlich
parastatale *(Belg)* halbstaatlicher Betrieb m^5
parcours Strecke v^{21}, Rennstrecke; *(paardensport)* Parcours *m (2e nvl -; mv -)*
pardoes *bw (plotseling)* plötzlich
pardon I *zn* Pardon m^{19}, o^{39}, Verzeihung v^{28}: ~ *vragen* um Verzeihung bitten[132]; *geen ~ kennen* kein(en) Pardon kennen[189]; **II** *tw* Entschuldigung!, Verzeihung!, entschuldigen Sie!, verzeihen Sie!: ~, *kunt u mij zeggen, waar ... is?* verzeihen Sie, wo ist ...?
parel *(ook fig)* Perle v^{21}

parelen perlen: ~*de lach* perlendes Lachen
parelhoen Perlhuhn o^{32}
parelsnoer Perlenschnur v^{25}
parelvisser Perlenfischer m^9
parelwit perlweiß
paren I *tr (bijeenvoegen)* paaren: *hij paart vlijt aan degelijkheid* er paart Fleiß mit Gründlichkeit; **II** *intr (biol)* sich paaren; *zie ook* gepaard
pareren parieren[320]
parfum Parfum o^{36}, Parfüm o^{29}, o^{36}
parfumeren parfümieren[320]
parfumerie Parfümerie v^{21}
pari I *bw* pari; **II** *zn* Nennwert m^5: *boven ~* über pari; *onder ~* unter pari
paria Paria m^{13}
Parijs I *zn* Paris o^{39}; **II** *bn* Pariser
Parijzenaar Pariser m^9
paring Paarung v^{21}
pariteit Parität v^{20}
park Park m^{13}, *soms* m^5, Anlagen *mv* v^{21}
parkeerautomaat Parkscheinautomat m^{14}
parkeerbiljet Parkschein m^5
parkeerder Parker m^9
parkeergarage Parkhaus o^{32}, *(ondergronds)* Tiefgarage v^{21}
parkeergeld Parkgebühr v^{20}
parkeergelegenheid Parkplatz m^6
parkeerhaven Parkbucht v^{20}
parkeerklem Parkkralle v^{21}
parkeermeter Parkuhr v^{20}, Parkometer o^{33}, m^9
parkeerontheffing Sonderparkerlaubnis v^{24}
parkeerplaats Parkplatz m^6, Parklücke v^{21}
parkeerruimte Parkraum m^6, Parkplatz m^6
parkeerschijf Parkscheibe v^{21}
parkeerstrook Parkstreifen m^{11}
parkeerterrein Parkplatz m^6
parkeervak Parkplatz m^6, Stellplatz m^6
parkeerverbod Parkverbot o^{29}
parkeren parken: *verboden te ~* Parken verboten
parket 1 *(vloer, plaats in theater)* Parkett o^{29}, o^{36}; **2** *(het Openbaar Ministerie)* Staatsanwaltschaft v^{28} || *iem in een moeilijk ~ brengen* jmdn in eine missliche Lage bringen[139]
parketvloer Parkett(fuß)boden m^{12}
parkiet Wellensittich m^5
parlement Parlament o^{29}
parlementair *bn* parlamentarisch
parlementariër Parlamentarier m^9
parlementslid Parlamentsmitglied o^{31}
parlofoon *(Belg)* Türsprechanlage v^{21}
parmantig selbstsicher, stolz, keck
parochiaan Gemeinde(mit)glied o^{31}
parochie Parochie v^{21}, Pfarrei v^{20}
parochiehuis Gemeindehaus o^{32}
parochiekerk Pfarrkirche v^{21}, Parochialkirche v^{21}
parodie Parodie v^{21}
parodiëren parodieren[320]
parool Parole v^{21}, Losung v^{20}
¹part 1 *(deel)* Teil m^5, o^{29}; **2** *(aandeel)* Anteil m^5; **3**

(van sinaasappel e.d.) Stück o^{29} ‖ ~ *noch deel aan iets hebben* an[+3] etwas überhaupt nicht beteiligt sein[262]: *voor mijn ~* meinetwegen

²**part:** *mijn geheugen speelt me ~en* mein Gedächtnis lässt mich im Stich

parterre Parterre o^{36}, Erdgeschoss o^{29}

participant Teilhaber m^9

participatie Beteiligung v^{20}, Partizipation v^{20}

participeren partizipieren[320], teilnehmen[212], teilhaben[182] (an[+3])

particulier I *bn, bw* privat, Privat…: *~e aangelegenheid* Privatangelegenheit v^{20}; **II** *zn* Privatperson v^{20}

partieel partiell, teilweise, Teil…

partij 1 *(gedeelte, hoeveelheid)* Partie v^{21}; **2** *(spel)* Partie v^{21}: *~ biljart* Partie Billard; **3** *(groep personen; ook pol)* Partei v^{20}: *(jur) eisende ~* Kläger m^9: *de strijdende ~en* die streitenden Parteien; *iems ~ kiezen* jmds Partei ergreifen[181]: *~ kiezen voor, tegen* Partei ergreifen[181] für[+4], gegen[+4]; **4** *(feest)* Party v^{27}; **5** *(huwelijksverbintenis, -kandidaat)* Partie v^{21}; **6** *(muz)* Partie v^{21} ‖ *ook van de ~ zijn* mit von der Partie sein[262]

partijbelang Parteiinteresse o^{38}

partijbestuur Parteivorstand m^6

partijcongres, partijdag Parteitag m^5

partijdig parteiisch

partijdigheid Parteilichkeit v^{28}

partijgenoot Parteifreund m^5

partijleider Parteiführer m^9

partijpolitiek I *zn* Parteipolitik v^{28}; **II** *bn, bw* parteipolitisch

partijtje 1 *(spel)* Partie v^{21}; **2** *(feest)* Party v^{27}

partijtop Parteispitze v^{21}

partikel Partikel o^{33}, v^{21}

partituur Partitur v^{20}

partizaan Partisan m^{16}, m^{14}

partje Stückchen o^{35}, Scheibe v^{21}

partner Partner m^9

partnerruil Partnertausch m^{19}

parttime Teilzeit…

parttimebaan Teilzeitbeschäftigung v^{20}

parttimer Teilzeitkraft v^{25}, Teilzeitbeschäftigte(r) m^{40a}, v^{40b}

parttimewerk Teilzeitbeschäftigung v^{20}

party Party v^{27}

parvenu Parvenü m^{13}, Emporkömmling m^5

¹**pas 1** *(stap)* Schritt m^5: *in de ~* im Gleichschritt; *met iem in de ~ blijven* mit jmdm Schritt halten[183]: *op tien ~sen afstand* auf zehn Schritt Abstand; **2** *(bergpas)* Pass m^6; **3** *(paspoort)* Pass m^6: *een ~ aanvragen* einen Pass beantragen; *de ~ is verlopen* der Pass ist abgelaufen

²**pas** *(goede gelegenheid)* *dat komt mij goed te ~* das kommt mir gerade zustatten; *dat kan bij iets te ~ komen* das kann man bei[+3] etwas gebrauchen; *ik moet er altijd aan te ~ komen* ich muss immer hinzukommen; *dat komt niet te ~* das ist unpassend; *te ~ en te onpas* bei passender und unpassender Gelegenheit; *dat komt net van ~* das kommt gerade ge-

legen

³**pas** *bw* **1** *(kort geleden)* gerade, (so)eben: *hij is ~ aangekomen* er ist eben angekommen; **2** *(niet meer dan)* erst: *ze is ~ zes jaar* sie ist erst sechs (Jahre alt); *~ geboren* neugeboren; *~ getrouwd* frisch verheiratet; **3** *(niet vroeger dan)* erst: *~ om acht uur* erst um acht Uhr

⁴**pas** *bn, bw (passend)* *iets ~ zagen* etwas auf Maß sägen; *~ zijn* genau passen

pascontrole Passkontrolle v^{21}

Pasen Ostern o *(2e nvl -; mv -)*: *met ~* zu Ostern

pasfoto Passbild o^{31}

pasgeboren neugeboren

pasje 1 *(kleine stap)* kleiner Schritt m^5; **2** *(legitimatiebewijs)* Ausweis m^5

paskamer Ankleidekabine v^{21}, Kabine v^{21}

pasklaar 1 *(lett)* zum Anprobieren fertig; **2** *(fig)* maßgerecht, passend: *(fig) iets ~ maken voor etwas* zuschneiden[250] auf[+4]

pasmunt Kleingeld o^{39}

paspoort Pass m^6, Reisepass

pass *(sp)* Pass m^6: *foutieve ~* Fehlpass

passaat Passat m^5, Passatwind m^5

passage Passage v^{21}

passagebureau Reisebüro o^{36}

passagier Passagier m^5, Fahrgast m^6, *(luchtv, ook)* Fluggast m^6

passagiersboot Passagierschiff o^{29}

passagierstrein Personenzug m^6

passagiersvliegtuig Passagierflugzeug o^{29}

passant 1 *(voorbijganger)* Passant m^{14}; **2** *(reiziger)* Durchreisende(r) m^{40a}; *zie ook en passant*

¹**passen I** *intr* **1** *(de juiste grootte hebben)* passen: *die jas past me* der Mantel passt mir; *de sleutel past in het slot* der Schlüssel passt in das Schloss; *~ bij* passen zu[+3]; *bij elkaar ~* zusammenpassen; *(bij betaling) heeft u het gepast?* haben Sie es passend?; **2** *(bij het kaartspel)* passen: *ik pas!* (ich) passe!; **3** *(betamen)* passen, gehören; **4** *(schikken)* passen, gelegen kommen[193]: *het past me nu niet* es passt mir jetzt nicht; **5** *(waken)* achten, aufpassen: *op de kinderen ~* auf die Kinder aufpassen ‖ *ik pas ervoor* darauf verzichte ich; **II** *tr* **1** *(aanmeten)* anprobieren[320], anpassen: *schoenen ~* Schuhe anprobieren; **2** *(afmeten)* abmessen[208] ‖ *(fig) met veel ~ en meten* nach langem Hin und Her

²**passen** *(een bal spelen)* passen

passend passend: *~ bij* passend zu[+3]

passer Zirkel m^9

passerdoos *(met tekengerei)* Reißzeug o^{29}

passeren I *tr* **1** *(inhalen)* überholen: *iem links ~* jmdn links überholen; *mag ik even ~?* dürfte ich mal vorbei?; **2** *(overtrekken, overgaan)* passieren[320]; **3** *(voorbijgaan)* vorbeigehen[168], vorübergehen[168]; **4** *(akte)* unterzeichnen; **5** *(overslaan)* übergehen[168]: *iem ~ (bij benoeming)* jmdn übergehen; **II** *intr (gebeuren)* passieren[320], geschehen[173] ‖ *hij was de vijftig gepasseerd* er hatte die fünfzig überschritten

passie Passion v^{20}

pa

passief I *bn* passiv; II *zn* **1** *(het geheel der financiële verplichtingen)* Passiva *(mv)*, Passiven *(mv)*; **2** *(taalk)* Passiv o^{29}

passiespel Passionsspiel o^{29}

passiviteit Passivität v^{28}

pasta 1 *(deegwaren)* Teigwaren *mv* v^{21}, Nudeln *mv* v^{21}; **2** *(broodbelegsel)* Paste v^{21}, Pasta *v (mv Pasten)*

pastei Pastete v^{21}

pasteitje Pastetchen o^{35}

pastel Pastell o^{29}

pastelkleur Pastellfarbe v^{21}

pasteuriseren pasteurisieren ^{320}

pastille Pastille v^{21}

pastoor Pfarrer m^9

pastoraal pastoral

pastoraat Pfarramt o^{32}

pastorie Pfarrhaus o^{32}

pat *(schaken)* I *bn* patt; II *zn* Patt o^{36}

patat, patates frites Pommes frites *(mv)*: *een ~(je) met eine* Pommes mit Mayo

patatkraam Würstchenbude v^{21}

paté Pastete v^{21}

¹patent Patent o^{29}

²patent *bn, bw* vortrefflich, ausgezeichnet

patenteren patentieren ^{320}

pater Pater m^9 *(mv ook Patres)*

paternoster I *o (onzevader)* Paternoster o^{33}; II *m (rozenkrans)* Rosenkranz m^6

paternosterlift Paternoster m^9

pathetisch pathetisch

pathologisch pathologisch

patholoog Pathologe m^{15}: *~-anatoom* pathologischer Anatom m^{14}

pathos Pathos o^{39a}

patience Patience v^{21}

patiënt(e) Patient m^{14}, Patientin v^{22}

patisserie Konditorei v^{20}

patriarch Patriarch m^{14}

patriarchaal patriarchalisch

patriarchaat Patriarchat o^{29}

patrijs *(vogel)* Rebhuhn o^{32}

patrijspoort *(scheepv)* Bullauge o^{38}

patriot Patriot m^{14}

patriottisch patriotisch

patriottisme Patriotismus m^{19a}

patronaal *(Belg)* Arbeitgeber…

patronaat 1 *(Belg)* Arbeitgeber *mv* m^9; **2** Schirmherrschaft v^{28}; Patronat o^{29}

¹patroon 1 *(beschermheer)* Schutzherr m^{14} *(2e, 3e, 4e nvl ev: -herrn)*, Gönner m^9; **2** *(beschermheilige)* Patron m^5; **3** *(werkgever)* Chef m^{13}

²patroon *(mil)* Patrone v^{21}: *losse ~* Platzpatrone; *scherpe ~* scharfe Patrone

³patroon 1 *(van behang, stoffen)* Muster o^{33}; **2** *(knippatroon)* Schnittmuster o^{33}; **3** *(model)* Modell o^{29}

patrouille Streife v^{21}, Patrouille v^{21}

patrouilleauto Streifenwagen m^{11}

patrouilleren patrouillieren ^{320}

patrouillewagen Streifenwagen m^{11}

pats I *zn* Patsch m^5, Schlag m^6; II *tw* patsch!

patsen patschen

patser Protz m^5, m^{14}, Wichtigtuer m^9

patserig protzig

patstelling Patt o^{36}

pauk Pauke v^{21}

paukenist Paukist m^{14}

paus Papst m^6

pauselijk päpstlich

pauw Pfau m^{16}

pauze Pause v^{21}

pauzeren pausieren ^{320}, eine Pause machen

paviljoen Pavillon m^{13}

PC PC m^{13} *(2e nvl ook -; mv ook -)*

pech Pech o^{39}, Panne v^{21}: *~ hebben* Pech haben ^{182}: *~ met de wagen hebben* eine Panne mit dem Wagen haben ^{182}

pechdienst *(Belg)* Straßenwacht v^{20}

pechlamp Warnblinkleuchte v^{21}

pechstrook *(Belg)* Standspur v^{20}

pedaal Pedal o^{29}

pedaalemmer Treteimer m^9

pedagogisch pädagogisch: *~e academie* Pädagogische Hochschule v^{21}

pedagoog Pädagoge m^{15}

pedant pedantisch

peddel Paddel o^{33}

peddelen *(kanoën)* paddeln

pedicure Pediküre v^{21}

pedicuren pediküren

pee: *de ~ in hebben* sauer sein ^{262}

peen Möhre v^{21}, Karotte v^{21}

peer 1 *(vrucht)* Birne v^{21}; **2** *(boom)* Birne v^{21}, Birnbaum m^6; **3** *(gloeilamp)* Birne v^{21} ‖ *hij is een aardige ~* er ist ein netter Kerl

pees Sehne v^{21}

pegel *(ijskegel)* Eiszapfen m^{11}

peigeren sterben ^{282}, krepieren ^{320}

peignoir Morgenrock m^6

peil 1 *(merkteken)* Stand m^{19}, Niveau o^{36}, Pegel m^9; **2** *(niveau)* Niveau o^{36}, Stufe v^{21}: *(fig) beneden ~ zijn* unter allem Niveau sein ^{262}: *op ~ houden* aufrechterhalten ^{183}: *op een hoog ~ staan* auf einer hohen Stufe stehen ^{279} ‖ *daar is geen ~ op te trekken* darauf ist kein Verlass

peildatum Stichtag m^5

peilen 1 *(diepte opnemen)* peilen, loten; **2** *(plaats bepalen)* anpeilen, orten; **3** *(hoeveelheid opmeten)* bestimmen; **4** *(fig)* ergründen, ausloten: *de stemming ~* die Stimmung ausloten

peiling Peilung v^{20}, Lotung v^{20}, Ortung v^{20}, Bestimmung v^{20}, Ergründung v^{20}; *zie ook* peilen

peillood Senkblei o^{29}

peilloos unermesslich

peilstok Peilstock m^6

peinzen sinnen ^{267}, grübeln: *over iets ~* über $^{+4}$ etwas nachsinnen ^{267}: *ik peins er niet over …* ich denke nicht im Entferntesten daran …

peinzend sinnend, grübelnd

pek Pech o^{29}
pekel 1 Pökel m^9; **2** *(strooizout)* Streusalz o^{39}
pekelen (ein)pökeln
pekelharing Salzhering m^5
pekelvlees Pökelfleisch o^{39}
pekinees *(hond)* Pekinese m^{15}
pelgrim Pilger m^9, Wallfahrer m^9
pelgrimage, pelgrimsreis, pelgrimstocht Pilgerfahrt v^{20}, Wallfahrt v^{20}
pelikaan Pelikan m^5
pellen schälen, pellen: *(med) de amandelen* ~ die
  Mandeln ausschälen
peloton 1 *(mil)* Zug m^6; **2** *(wielersp)* Hauptfeld o^{31}
pels Pelz m^5
pelsdier Pelztier o^{29}
pelshandel Pelzhandel m^{19}
pelsmantel Pelzmantel m^{10}, Pelz m^5
pen 1 *(schrijfpen, veer van vogel)* Feder v^{21}: *in de* ~
  klimmen zur Feder greifen[181]: *het is in de* ~ es wird
  vorbereitet; **2** *(houten pen)* Holznagel m^{10}; *(spie)*
  Keil m^5; **3** *(metalen pin)* Stift m^5, Nadel v^{21}; **4** *(van*
  cello, van stekelvarken) Stachel m^{17}
penalty *(sp)* Elfmeter m^9, Strafstoß m^6: *een* ~ *ne-*
  men einen Elfmeter schießen[238]: *het nemen van* ~*'s*
  das Elfmeterschießen o^{39}
penarie: *in de* ~ *zitten* in der Patsche sitzen[268]
pendant Pendant o^{36}, Gegenstück o^{29}
pendelaar Pendler m^9
pendeldienst Pendeldienst m^5
pendelen pendeln
penetrant penetrant, durchdringend
penetratie Penetration v^{20}
penetreren I *intr* eindringen[143] (in[+4]); **II** *tr* penet-
  rieren[320]
penhouder Federhalter m^9
penibel peinlich
penicilline Penizillin o^{29}
penis Penis *m (2e nvl -; mv -se of Penes)*, Glied o^{31}
pennen schreiben[252]
pennenstreek Federstrich m^5
pennenstrijd Polemik v^{20}
penning 1 *(algem)* Münze v^{21}; **2** *(van rechercheur)*
  Marke v^{21}
penningmeester Kassenwart m^5, Schatzmeister m^9
pens 1 *(dierk)* Pansen m^{11}; **2** *(inform) (buik)* Wanst
  m^6, Wampe v^{21}: *zijn* ~ *vol eten* sich[3] den Wanst voll
  schlagen[241]; **3** *(als voedsel)* Kaldaunen *mv* v^{21}, Kut-
  teln *mv* v^{21}
penseel Pinsel m^9
pensioen *(mbt ambtenaren)* Pension v^{20}; *(mbt*
  niet-ambtenaren) Rente v^{21}: *met* ~ *gaan* in Pension
  (of: auf Rente*)* gehen[168]
pensioenfonds Pensionskasse v^{21}, Rentenversiche-
  rungsanstalt v^{20}
pensioengerechtigd *(mbt ambtenaren)* pensions-
  berechtigt; *(mbt niet-ambtenaren)* rentenberech-
  tigt: ~*e leeftijd* Pensionsalter o^{33}, Rentenalter o^{33}
pension Pension v^{20}: *half* ~ Halbpension; *volledig* ~
  Vollpension

pensioneren pensionieren[320], in den Ruhestand
  versetzen
pensionering Pensionierung v^{20}
pensiongast Pensionsgast m^6, Hausgast m^6
pensionhouder Pensionsinhaber m^9
pensionprijs Pensionspreis m^5
pentekening Federzeichnung v^{20}
peper Pfeffer m^{19}
peperbus Pfefferstreuer m^9
peperduur sündhaft teuer
peperen pfeffern
peper-en-zoutstel Gewürzständer m^9
peperkoek Pfefferkuchen m^{11}
peperkorrel Pfefferkorn o^{32}
pepermolen Pfeffermühle v^{21}
pepermunt *(plant)* Pfefferminze v^{28}
pepermuntje Pfefferminzpastille v^{21}
pepermuntthee Pfefferminztee m^{13}
pepernoot Pfeffernuss v^{25}
pepmiddel Pepmittel o^{33}, Aufputschmittel o^{33}
per pro[+4], per[+4], je[+4]: ~ *adres* per Adresse; ~ *mille*
  pro mille; ~ *post* durch die Post, per Post; ~ *schip*
  mit dem Schiff, per Schiff; ~ *vliegtuig* per Flugzeug,
  mit dem Flugzeug; ~ *1 maart* ab[+3 of +4] 1. März
perceel 1 *(stuk grond)* Parzelle v^{21}, Grundstück o^{29};
  2 *(pand)* Haus o^{32}, Gebäude o^{33}
percent Prozent o^{29}: *tegen 8* ~ zu 8 Prozent
percentage Prozentsatz m^6
percentsgewijze prozentual
percussie Perkussion v^{20}
perenboom Birnbaum m^6, Birne v^{21}
perfect perfekt
perfectie Perfektion v^{28}: *in de* ~ perfekt
perfectioneren perfektionieren[320]
perfectionist Perfektionist m^{14}
perfide perfid(e)
perforatie Perforation v^{20}, Lochung v^{20}
perforator Perforator m^{16}, Locher m^9
perforeren perforieren[320], (durch)lochen
performance Performance v^{27}, Auftreten o^{39}
pergola Pergola *v (mv Pergolen)*
periferie Peripherie v^{21}
perikelen Affären *mv* v^{21}, Vorfälle *mv* m^6
periode Periode v^{21}
periodiek I *bn, bw* periodisch: ~ *aftreden* turnus-
  mäßig zurücktreten[291]; **II** *zn* **1** *(tijdschrift)* Zeitschrift v^{20}; **2** *(salarisverhoging)* regelmäßige Gehaltserhöhung v^{20}
periscoop Periskop o^{29}
perk Beet o^{29}: *dat gaat alle* ~*en te buiten* das über-
  schreitet jedes Maß; *binnen de* ~*en blijven* sich in
  Grenzen halten[183]: *binnen de* ~*en der wet* innerhalb
  der gesetzlichen Grenzen
perkament Pergament o^{29}
¹permanent *bn, bw* permanent, ständig
²permanent *(kapsel)* Dauerwelle v^{21}
permanenten eine Dauerwelle machen
permissie Genehmigung v^{20}, Erlaubnis v^{24}
permitteren I *tr* erlauben, gestatten; **II** *zich* ~ *sich*[3]

pe

erlauben: *dat kan ik mij niet* ~ das kann ich mir nicht leisten

perplex perplex, verblüfft, verdutzt

perron Bahnsteig *m*[5]

¹pers *(werktuig, journalisten)* Presse *v*[21]: *ter ~e gaan* gedruckt werden[310]

²pers *(Perzisch tapijt)* Perser *m*[9]

Pers Perser *m*[9]

persafdeling Pressestelle *v*[21]

persagentschap Nachrichtenagentur *v*[20]

persbericht Pressemeldung *v*[20]

persbureau Pressebüro *o*[36]

perschef Pressechef *m*[13]

persconferentie Pressekonferenz *v*[20]

persdienst Pressestelle *v*[21], Presseamt *o*[32]

per se 1 *(op zichzelf)* an und für sich; **2** *(met alle geweld)* unbedingt

persen pressen: *broeken* ~ Hosen dämpfen

persfotograaf Pressefotograf *m*[14]

persiflage Persiflage *v*[21]

persifleren persiflieren[320]

perskaart Pressekarte *v*[21]

personage 1 Person *v*[20]; **2** *(theat)* Figur *v*[20]

personal computer Personalcomputer *m*[9]

personalia Personalien *(mv)*

personeel I *bn* **1** *(mbt iemands persoon)* persönlich; **2** *(mbt één of meer personen)* personell, personal; **II** *zn (algem)* Personal *o*[39], Angestellte *mv m*[40a]; *(van bedrijf)* Betriebsangehörige *mv m*[40a]; Belegschaft *v*[20]

personeelsafdeling Personalabteilung *v*[20]

personeelschef Personalchef *m*[13]

personeelslid Mitarbeiter *m*[9]

personenauto Personenauto *o*[36] *(afk* Pkw, PKW)

personenlift Personenaufzug *m*[6]

personentrein Reisezug *m*[6], Personenzug *m*[6]

personenvervoer Personenbeförderung *v*[20]

personenwagen Personenwagen *m*[11]

personificatie Personifikation *v*[20]

personifiëren personifizieren[320]

persoon Person *v*[20]: *jeugdig* ~ Jugendliche(r) *m*[40a], *v*[40b]; *in eigen* ~ persönlich

persoonlijk persönlich: *strikt* ~ *(van abonnement)* nicht übertragbar

persoonlijkheid Persönlichkeit *v*[28]

persoonsbeschrijving Personenbeschreibung *v*[20]

persoonsbewijs Personalausweis *m*[5]

persoonsgebonden personengebunden

persoonsvorm *(taalk)* Personalform *v*[20]

perspectief Perspektive *v*[21]

perspectivisch perspektivisch

persvrijheid Pressefreiheit *v*[28]

pertinent entschieden, bestimmt: *~e leugen* unverschämte Lüge *v*[21]; *iets* ~ *verklaren* etwas mit aller Entschiedenheit erklären

Peru Peru *o*[39]

Peruaan Peruaner *m*[9]

Peruaans peruanisch

pervers pervers, abartig

perversie Perversion *v*[20]

Perzië Persien *o*[39]

perzik Pfirsich *m*[5]

Perzisch persisch: *de ~e Golf* der Persische Golf; ~ *tapijt* Perserteppich *m*[5], Perser *m*[9]

peseta Peseta *v (mv Peseten)*, Pesete *v*[21]

pessimisme Pessimismus *m*[19a]

pessimist Pessimist *m*[14]

pessimistisch pessimistisch

pest Pest *v*[28]: *de ~ aan iem, iets hebben* jmdn, etwas wie die Pest hassen; *(inform) krijg de ~!* hol dich der Teufel!; *de ~ in hebben* ärgerlich sein[262]: *de ~ in krijgen* ärgerlich werden[310]

pestbui Stinklaune *v*[21]

pesten piesacken, schikanieren[320]

pesterig schikanös

pesterij Schikane *v*[21]

pesthekel: *een ~ aan iem hebben* jmdn hassen wie die Pest

pesthumeur Stinklaune *v*[21]

pesticide Pestizid *o*[29]

pestkop Quälgeist *m*[7]

pestlijder Pestkranke(r) *m*[40a], *v*[40b]

pestvent elender Kerl *m*[5]

pet Mütze *v*[21]: ~ *met klep* Schirmmütze; *dat gaat boven mijn* ~ das geht über meinen Verstand; *er met de ~ naar gooien* pfuschen, *(niet veel doen)* faulenzen; *het is* ~ es ist Scheiße; *van iem geen hoge ~ op hebben* von[+3] jmdm keine hohe Meinung haben[182]: *het is huilen met de ~ op* es ist zum Heulen; *zie ook* petje

peterselie Petersilie *v*[21]

petieterig winzig

petitie Petition *v*[20], Bittschrift *v*[20]

petje Mützchen *o*[35]: *ik neem mijn ~ af voor deze prestatie* ich ziehe meinen Hut vor dieser Leistung

petrochemisch petrochemisch

petroleum 1 Petroleum *o*[39]; **2** *(aardolie)* Erdöl *o*[39]

pets Schlag *m*[6], Hieb *m*[5]

petsen klatschen, schlagen[241]

petticoat Petticoat *m*[13]

petto: *in ~ hebben* in petto haben[182]

petunia Petunie *v*[9]

peuk Stummel *m*[9]; *(van sigaret, ook)* Kippe *v*[21]

peul Schote *v*[21], Hülse *v*[21]; *zie ook* peultjes

peulenschil *(fig)* Kleinigkeit *v*[20], Pappenstiel *m*[5]

peulerwt Zuckererbse *v*[21]

peultjes Zuckererbsen *mv v*[21]

peulvrucht Hülsenfrucht *v*[25]

peut *(oplosmiddel)* Terpentin *o*[29]

peuter Kleinkind *o*[31], Knirps *m*[5]

peuteren 1 *(in tanden, vuur)* stochern: *in zijn neus* ~ in der Nase bohren; **2** *(knutselen)* tüfteln, basteln: *aan iets* ~ an[+3] etwas herumfummeln

peuterig *(mbt schrift)* kritz(e)lig

peuterspeelzaal Kindertagesstätte *v*[21]

peutertuin *(Belg)* Kindertagesstätte *v*[21]

peuzelen schmausen, knabbern (an[+3])

pezen 1 *(hard lopen, rijden)* rasen; **2** *(hard werken)*

schuften; **3** *(hard leren)* büffeln
pezig sehnig; *(mbt gestalte)* drahtig
pianist Pianist m^{14}, Klavierspieler m^9
¹piano *(instrument)* Klavier o^{29}
²piano *(muz)* **I** *bw* piano; **II** *zn (het zacht spelen of zingen)* Piano o^{36}
pianoconcert Klavierkonzert o^{29}
pianoles Klavierstunde v^{21}
pianomuziek Klaviermusik v^{28}
pianospel Klavierspiel o^{39}
pianospelen Klavier spielen
pianostemmer Klavierstimmer m^9
pias Hanswurst m^5, *(iron ook)* m^6
piccolo 1 *(muz)* Pikkolo o^{36}; **2** *(bediende)* Pikkolo m^{13}
picknick Picknick o^{29}, o^{36}
picknicken picknicken
pick-up 1 *(grammofoon)* Plattenspieler m^9; **2** *(vrachtauto)* Pritschenwagen m^{11}
pictogram Piktogramm o^{29}
pief Typ m^{16}
¹piek 1 *(hoogtepunt)* Spitze v^{21}; **2** *(haar)* Strähne v^{21}; **3** *(bergtop)* Spitze v^{21}, Gipfel m^9
²piek *(gulden)* Gulden m^{11}
piekeraar Grübler m^9
piekeren grübeln: *ik pieker er niet over!* ich denke nicht daran!
piekerig strähnig
piekfijn piekfein, tipptopp
piekhaar strähniges Haar o^{39}
piekuur Spitzenzeit v^{20}; *(in het verkeer)* Stoßzeit v^{20}, Hauptverkehrszeit v^{20}
pielen *(prutsen)* fummeln
piemel *(penis)* Pimmel m^9
piemelen 1 *(prutsen)* fummeln; **2** *(urineren)* pinkeln
pienter gescheit, klug; *(gewiekst)* schlau
piepen 1 *(algem)* piepen, piepsen, *(scherper)* quieken; **2** *(van deur, remmen)* quietschen; **3** *(klagend geluid)* wimmern ‖ *hij is 'm gepiept* er ist auf und davon; *'m ~* stiften gehen[168]
pieper 1 *(iem die piept)* Pieper m^9; **2** *(aardappel)* Kartoffel v^{21}; **3** *(oproepapparaat)* Piepser m^9
piepjong blutjung
piepklein winzig
piepschuim Styropor o^{39}
piepstem Piepsstimme v^{21}
piepzak *in de ~ zitten* in tausend Ängsten schweben
¹pier *(worm)* Regenwurm m^8: *zo dood als een ~* mausetot
²pier 1 *(landhoofd)* Mole v^{21}, Pier m^5, m^{13}; **2** *(van luchthaven)* Flugsteig m^5
piercing Piercing o^{39}
pierenbad Planschbecken o^{35}
pierewaaien bummeln, sumpfen
pierewaaier Liederjan m^5
pies *(inform)* zie pis
piesen *(inform)* zie pissen

Piet: *hoge piet* hohes Tier o^{29}: *zwarte ~* Knecht Ruprecht; *hij voelt zich weer een hele piet (na ziekte)* er ist wieder ganz auf der Höhe; *hij is een hele piet* er ist ein großer Herr; *voor ~ Snot staan* dastehen[279] wie die Kuh vorm Scheunentor
piëteit Pietät v^{20}
pietepeuterig 1 *(heel klein)* winzig; **2** *(overdreven precies)* pingelig
pieterig winzig, mick(e)rig
pieterman *(zwarte Piet)* Knecht Ruprecht
pietlut Kleinigkeitskrämer m^9, Haarspalter m^9
pietluttig kleinlich, pingelig, pedantisch
pietluttigheid Kleinlichkeit v^{20}, Pedanterie v^{21}
pietsje: *een ~* ein bisschen
pigment Pigment o^{29}
pij Kutte v^{21}
pijl Pfeil m^5: *~ en boog* Pfeil und Bogen
pijler Pfeiler m^9
pijlkoker Pfeilköcher m^9
pijlsnel pfeilschnell
pijn Schmerz m^{16} *(meestal mv)*: *~ in de maag* Magenschmerzen *mv* m^{16}: *~ hebben* Schmerzen haben[182]: *~ lijden* Schmerzen leiden[199]: *de ~ verlichten* die Schmerzen lindern; *met ~ en moeite* mit Mühe und Not; *~ doen* wehtun[295], schmerzen
pijnbank Folter v^{21}, Folterbank v^{25}: *iem op de ~ leggen* jmdn auf die Folter spannen
pijnboom Kiefer v^{21}
pijnigen peinigen, quälen, foltern: *zijn hersens ~* sich[3] das Gehirn abmartern
pijniging Peinigung v^{20}, Folterung v^{20}
pijnlijk 1 *(pijn veroorzakend)* schmerzhaft: *~ een ~e operatie* eine schmerzhafte Operation; **2** *(pijn doend)* schmerzend: *~e voeten* schmerzende Füße; **3** *(wat verdriet doet)* schmerzlich; **4** *(netelig, penibel)* peinlich: *~ een ~e stilte* eine peinliche Stille; **5** *(zeer nauwkeurig)* peinlich
pijnloos schmerzlos
pijnstillend schmerzstillend
pijnstiller Schmerzmittel o^{33}
pijp 1 *(tabaks-, orgelpijp)* Pfeife v^{21}; **2** *(buis voor gas, vloeistof)* Rohr o^{29}; **3** *(broekspijp)* Hosenbein o^{29}; **4** *(gang van hol)* Röhre v^{21}; **5** *(drop, kaneel, lak)* Stange v^{21} ‖ *hij is de ~ uit* er ist abgekratzt
pijpenkrul Ringellocke v^{21}
pijpenla(de) *(fig)* Schlauch m^6
pijpenrager Pfeifenreiniger m^9
pijpensteel Pfeifenrohr o^{29}: *(fig) het regent pijpenstelen* es regnet Bindfäden
pijpleiding, pijplijn Rohrleitung v^{20}; Pipeline v^{27}
pijpsleutel Steckschlüssel m^9
pijptabak Pfeifentabak m^{19}
¹pik *(met snavel)* Hieb m^5
²pik *(haat)* Pik m^5, m^{13}: *de ~ op iem hebben* einen Pik auf jmdn haben[182]
³pik *(houweel)* Pickel m^9
⁴pik *(penis)* Pimmel m^9, Schwanz m^6
pikant pikant
pikdonker stockfinster, stockdunkel

pikhouweel Spitzhacke v^{21}, Pickel m^9
pikken 1 *(met de snavel steken, oppikken)* picken; **2** *(stelen)* klauen ‖ *een bioscoopje ~* ins Kino gehen[168]: *dat pik ik niet* das lasse ich mir nicht gefallen
pikzwart pechschwarz, rabenschwarz
pil 1 *(medicijn, anticonceptiepil)* Pille v^{21}; **2** *(dik boek)* Wälzer m^9; **3** *(dikke snee brood)* Butterbrot o^{29}
pilaar Pfeiler m^9, Säule v^{21}
piloot *(luchtv)* Pilot m^{14}, Flugzeugführer m^9: *eerste ~* Flugkapitän m^5: *tweede ~* Kopilot
pils, pilsener Pils o (2e nvl -; mv -), Pils(e)ner o^{33}
pimpelen picheln, zechen
pimpelpaars blaurot, violett
pin *(van hout, metaal)* Stift m^5
pincet Pinzette v^{21}
pincode PIN v^{28}, persönliche Geheimzahl v^{20}
pinda Erdnuss v^{25}
pindakaas Erdnussbutter v^{28}
pindasaus Soße v^{21} auf der Basis von Erdnüssen
pineut: *hij is de ~* er ist der Dumme
pingelen feilschen; *(voetbal)* fummeln
pingpong Tischtennis o^{39a}
pingpongen Tischtennis spielen
pinguïn Pinguin m^5
pink kleiner Finger m^9
pinken: *bij de ~* zijn gewitzt sein[262]
pinksterbloem Wiesenschaumkraut o^{39}
pinksterdag Pfingstfeiertag m^5: *eerste ~* Pfingstsonntag m^5: *tweede ~* Pfingstmontag m^5
Pinksteren Pfingsten o (2e nvl -; mv -): *met ~* zu Pfingsten
pinksterfeest Pfingstfest o^{29}
pinkstergemeente Pfingstgemeinde v^{21}
pinnen 1 *(betalen)* mit der Karte zahlen; **2** *(geld opnemen)* Geld aus dem Automaten abheben[186]
pinnig 1 *(gierig)* knauserig; **2** *(vinnig)* bissig
pinpas Scheckkarte v^{21}, Kreditkarte v^{21}
pioen(roos) Pfingstrose v^{21}
pion 1 *(stuk)* Stein m^5; **2** *(schaken)* Bauer m^{15}
pionier *(ook fig)* Pionier m^5
pionierswerk *(ook fig)* Pionierarbeit v^{28}
pips: *er ~ uitzien* spitz aussehen[261]
piraat Pirat m^{14}, Seeräuber m^9
piramide Pyramide v^{21}
pirouette Pirouette v^{21}
pis *(inform)* Harn m^{19}, Piss m^{19}, Pisse v^{28}
pisang Banane v^{21} ‖ *de ~ zijn* der Dumme sein[262]
pisnijdig stinkwütend
pispaal Prügelknabe m^{15}
pissebed *(insect)* Kellerassel v^{21}
pissen *(inform)* harnen, pissen, pinkeln
pissig *(inform)* sauer
pistache Pistazie v^{21}
piste Piste v^{21}
pistolet Brötchen o^{35}
pistool Pistole v^{21}
pit 1 *(van kaars, olielamp)* Docht m^5; **2** *(gaspit)* Flamme v^{21}; **3** *(in vruchtvlees)* Kern m^5: *zonder ~*

kernlos ‖ *er zit ~ in hem* er hat Mumm
pitje: *op een laag ~ (ook fig)* auf Sparflamme
pits *(sp)* Box v^{20}
pitten *(slapen)* pennen
pittig 1 *(energiek)* schneidig: *een ~ meisje* ein rassiges Mädchen; **2** *(kruidig)* würzig; *(mbt wijn)* rassig ‖ *een ~ proefwerk* eine gepfefferte Klassenarbeit
pittoresk pittoresk, malerisch
pizza Pizza v^{27} *(mv ook Pizzen)*
pizzeria Pizzeria v^{27}
pk *afk van paardenkracht* Pferdestärke v^{21} *(afk PS)*
plaag Plage v^{21}
plaaggeest Quälgeist m^7, Quäler m^9
plaagziek quälerisch
plaaster *(Belg)* Stuck m^{19}, Gips m^5
plaat 1 *(algem)* Platte v^{21}: *(muz) een nieuwe ~ opzetten* eine neue Platte auflegen; **2** *(gravure)* Stich m^5; **3** *(afbeelding)* Bild o^{31}; **4** *(zandbank)* Sandbank v^{25} ‖ *de ~ poetsen* ausreißen[220]
plaatje kleine Platte v^{21}, Bildchen o^{35}; *zie ook* plaat
plaats 1 *(algem)* Ort m^5: *~ van bestemming* Bestimmungsort; *ter ~e* an Ort und Stelle; *~ van het misdrijf* Tatort; **2** *(dorp, stadje)* Ortschaft v^{20}; **3** *(binnenplaats)* Hof m^6; **4** *(plek, ruimte)* Stelle v^{21}, Platz m^6: *een vacante ~* eine offene Stelle; *zekere ~* Toilette v^{21}: *in de eerste ~* an erster Stelle; *in uw ~* an Ihrer Stelle; *stel je in mijn ~* versetz dich in meine Lage; *in ~ van ... anstatt*[+2] *..., statt*[+2] *...; in ~ van de vader kwam de dochter* (an)statt[+2] des Vaters kam die Tochter; *in de ~ komen* an die Stelle treten[291]: *iets op zijn ~ leggen* etwas an seinen Platz legen; *(fig) iem op zijn ~ zetten* jmdm den Kopf waschen[304]: *op enkele ~en* stellenweise; *de ambulance was onmiddellijk ter ~e* der Krankenwagen war sofort zur Stelle; *daar ter ~e* dort; *hier ter ~e* hier; *voor iets ~ maken* Platz für[+4] etwas machen; *de teleurstelling maakte ~ voor vreugde* die Enttäuschung wich der Freude; **5** *(passage in boek e.d.)* Stelle v^{21}; **6** *(staan-, zitplaats, positie)* Platz m^6: *~ voor iem maken* jmdm Platz machen; *strengheid is hier niet op zijn ~* Strenge ist hier fehl am Platz
plaatsbepaling Ortsbestimmung v^{20}
plaatsbespreking Platzreservierung v^{20}
plaatsbewijs 1 *(spoorw e.d.)* Fahrschein m^5, Fahrkarte v^{21}; **2** *(toegangsbewijs)* Eintrittskarte v^{21}
plaatschade Blechschaden m^{12}
plaatselijk örtlich, lokal: *~e krant* Lokalzeitung v^{20}: *~e tijd* Ortszeit v^{20}: *~e verdoving* örtliche Betäubung v^{20}
plaatsen I *tr* **1** *(plaats geven)* stellen, setzen; *(machine, stoelen, een monument)* aufstellen: *een advertentie ~* eine Annonce (in eine Zeitung) einrücken; *orders ~* Aufträge erteilen; *waar wilt u die meubels ~?* wo wollen Sie diese Möbel hinstellen?; *mensen ~* Leute unterbringen[139]: *ik kan zijn opmerking niet ~* ich verstehe seine Bemerkung nicht; *hier geen fietsen ~!* keine Fahrräder abstellen!; *een artikel in de krant ~* einen Artikel in die Zeitung setzen; *in een tehuis ~* in einem Heim unterbringen[139]: *onder mi-*

litair bestuur ~ der[3] Militärverwaltung unterstellen; **2** *(een bal plaatsen)* platzieren[320]; **3** *(geld beleggen)* anlegen: *een lening* ~ eine Anleihe unterbringen[139]; **4** *(plaats toekennen in wedstrijd)* setzen: *hij is als nummer één geplaatst* er wurde als Nummer eins gesetzt; **II** *zich* ~ sich qualifizieren[320]

plaatsgebrek Platzmangel *m*[19]

plaatsgrijpen, plaatshebben stattfinden[157]

plaatsing 1 *(van meubels)* Aufstellung *v*[20]; **2** *(onderbrenging)* Unterbringung *v*[20]; **3** *(sp)* Platzierung *v*[20], Qualifizierung *v*[20]; **4** *(van advertentie)* Einrückung *v*[20]; **5** *(in inrichting)* Einweisung *v*[20]; *zie ook* plaatsen

plaatsnaam Ortsname *m*[18]

plaatsnemen Platz nehmen[212] (an, auf, hinter, neben, in, unter, vor, zwischen[+3]), sich setzen (an, auf, hinter[+4] enz.)

plaatsruimte Raum *m*[19], Platz *m*[19]

plaatstaal Stahlblech *o*[29]

plaatsvervangend stellvertretend

plaatsvervanger 1 Stellvertreter *m*[9]; **2** *(sp en op het werk)* Ersatzmann *m*[8] *(mv ook Ersatzleute)*

plaatsvervanging Stellvertretung *v*[20]

plaatsvinden stattfinden[157], erfolgen

placemat Platzdeckchen *o*[35]

placenta Plazenta *v*[27] *(mv ook Plazenten)*

pladijs *(Belg) (schol)* Scholle *v*[21]

plafond 1 *(zoldering)* Decke *v*[21]; **2** *(luchtv)* Gipfelhöhe *v*[21]; **3** *(maximum)* Höchstgrenze *v*[21]: *(fig) hij zit aan zijn* ~ er hat seine Leistungsgrenze erreicht

plafonnière Deckenleuchte *v*[21]

plag Sode *v*[21], Plagge *v*[21]

plagen 1 *(kwellen)* plagen, quälen; **2** *(treiteren)* ärgern, *(goedaardig)* necken: *mag ik u even* ~? *(beleefdheidsformule)* darf ich Sie einen Augenblick stören?

plager Quälgeist *m*[7]

plagerig quälerisch, *(goedaardig)* neckisch

plagerij Quälerei *v*[20], *(goedaardig)* Neckerei *v*[20]

plagiaat Plagiat *o*[29]

plaid Plaid *m*[13], *o*[36]

plak 1 *(medaille)* Medaille *v*[21]; **2** *(schijf)* Scheibe *v*[21] || *onder de* ~ *zitten* unter dem Pantoffel stehen[279]; *zie ook* plaque

plakband Kleb(e)streifen *m*[11]

plakboek Buch *o*[32] zum Einkleben

plakkaat 1 Plakat *o*[29]; **2** *(vlek)* Klecks *m*[5]

plakken 1 *(kleven)* kleben, haften: *een band* ~ einen Reifen flicken; **2** *blijven* ~ hängen bleiben[134]: *hij is de hele avond blijven* ~ er ist den ganzen Abend hängen geblieben

plakker *(sticker)* Aufkleber *m*[9]

plakkerig klebrig

plakpleister Kleb(e)pflaster *o*[33]

plaksel 1 Klebstoff *m*[5]; **2** *(pap)* Kleister *m*[9]

plamuren spachteln

plamuur Grundiermasse *v*[21], Spachtelmasse *v*[21]

plamuurmes Spachtel *m*[9], *v*[21]

plan 1 *(algem)* Plan *m*[6]: ~*nen maken* Pläne machen; *het* ~ *voor een aanslag beramen* einen Anschlag pla-

nen; *volgens* ~ planmäßig; **2** *(ontwerp)* Plan *m*[6], Entwurf *m*[6]; **3** *(voornemen)* Absicht *v*[20], Vorhaben *o*[35]: *van* ~ *zijn* die Absicht haben[182]: *met het* ~ in der Absicht; *zijn* ~ *trekken: a) (bedenken wat men wil)* einen Beschluss fassen; *b) (zijn gang gaan)* seine eigenen Wege gehen[168]; *c) (Belg)* sich retten; **4** *(niveau)* Niveau *o*[36], Stufe *v*[21]: *op een hoger* ~ *staan* auf einem höheren Niveau stehen[279]

planbureau Planungsbehörde *v*[21]

plan de campagne Schlachtplan *m*[6]

planeconomie Planwirtschaft *v*[28]

planeet Planet *m*[14]

planetarium Planetarium *o* *(2e nvl -s; mv Planetarien)*

plank 1 *(algem)* Brett *o*[31]: *zo stijf als een* ~ steif wie ein Brett; *de* ~ *misslaan* danebenhauen[185]: *dat is van de bovenste* ~ das ist Spitzenklasse; **2** *(vloerplank)* Diele *v*[21]; **3** *(scheepv)* Planke *v*[21]; **4** *(zeer dik)* Bohle *v*[21]; **5** *(over een sloot)* Steg *m*[5]

plankenkoorts Lampenfieber *o*[39]

plankgas Vollgas *o*[39]: ~ *geven* Vollgas geben[166]

plankton Plankton *o*[39]

plankzeilen surfen

plannen planen

planning Planung *v*[20], Planen *o*[39]

planologie Raumplanung *v*[20]

planoloog Stadtplaner *m*[9]

plant Pflanze *v*[21]

plantaardig pflanzlich: ~ *vet* Pflanzenfett *o*[29]

plantage Plantage *v*[21]

planten 1 *(poten)* pflanzen; **2** *(aanplanten)* anpflanzen; **3** *(stevig vastzetten)* setzen

plantenetend Pflanzen fressend

planteneter Pflanzenfresser *m*[9]

plantengroei Pflanzenwuchs *m*[19], Vegetation *v*[20]

plantentuin botanischer Garten *m*[12]

plantenziekte Pflanzenkrankheit *v*[20]

planter Pflanzer *m*[9]

plantgoed Pflanzgut *o*[39]

plantkunde Botanik *v*[28], Pflanzenkunde *v*[28]

plantsoen Anlagen *mv v*[21], Park *m*[13], *soms m*[5]

plaque Zahnbelag *m*[6], Plaque *v*[27]

plaquette Plakette *v*[21]

plas 1 *(op straat)* Pfütze *v*[21]; **2** *(poel)* Pfuhl *m*[5], Tümpel *m*[9]; **3** *(meer)* See *m*[17]; **4** *(bloed, gemorste vloeistof)* Lache *v*[21]; **5** *(grote hoeveelheid vocht)* Menge *v*[21]; **6** *(urine)* Urin *m*[19]

plasje: *een* ~ *doen* Pipi machen

plasma Plasma *o* *(2e nvl -s; mv Plasmen)*

plassen 1 *(in water bewegen)* planschen; **2** *(urineren)* urinieren[320], pinkeln

plastic Plastik *o*[39], *(ook)* Kunststoff *m*[5]

plasticbom Plastikbombe *v*[21]

plastiek Plastik *v*[20]

plastificeren plastifizieren[320]

plastisch plastisch

plat I *zn* **1** *(plat gedeelte)* Fläche *v*[21]; **2** *(plat dak)* Flachdach *o*[32]; **3** *(streektaal)* Platt *o* *(2e nvl -(s)); II bn, bw* **1** *(vlak)* flach, platt: ~ *bord* flacher Teller *m*[9]:

~te neus platte Nase v^{21}: ~ *vlak* flache Ebene v^{21}: ~ *op zijn buik liggen* platt auf dem Bauch liegen^{202}; **2** *(niet beschaafd)* platt, vulgär: ~ *praten* Platt sprechen^{274} || *de haven is* ~ die Hafenarbeiter streiken; *de fabriek gaat* ~ die Fabrik wird lahm gelegt

plataan Platane v^{21}

plateau Plateau o^{36}, Hochebene v^{21}

platenboek Bildband m^6; Bilderbuch o^{32}

platenbon Gutschein m^5 für eine Schallplatte

platenspeler Plattenspieler m^9

platform Plattform v^{20}

platina I *zn* Platin o^{39}; **II** *bn* aus Platin

platleggen *(door staking)* lahm legen

platliggen flach liegen^{202}

platlopen *(lett)* zertreten^{291}: *(fig) bij iem de deur ~* jmdm die Tür einrennen^{222}

platspuiten ruhig stellen

plattegrond 1 *(grondtekening)* Grundriss m^5; **2** *(kaart)* Plan m^6, *(van stad)* Stadtplan m^6; **3** *(van schoolklas)* Klassenspiegel m^9

plattekaas *(Belg)* Quark m^{19}

platteland Land o^{39}

plattelands- ländlich, Land-

plattrappen *(vertrappen)* zertreten^{291}

plattreden *(fig): platgetreden paden* ausgetretene Pfade

platvis Plattfisch m^5

platvloers derb, grob, platt

platvoet Plattfuß m^6

platzak blank, abgebrannt

plausibel plausibel, einleuchtend

plaveien pflastern

plaveisel Pflaster o^{33}

plavuis Fliese v^{21}, Steinplatte v^{21}

playback Play-back, Playback o *(2e nvl -; mv -s)*

playboy Playboy m^{13}

plebejer Plebejer m^9

plebs Plebs m^{19}

plechtig feierlich

plechtigheid Feierlichkeit v^{20}: *feestelijke ~* Festakt m^5

plee Klo o^{36}, Örtchen o^{35}

pleegkind Pflegekind o^{31}

pleegouders Pflegeeltern *(mv)*

plegen 1 *(gewoon zijn)* pflegen; **2** *(begaan)* verüben, begehen^{168}: *geweld ~* Gewalt gebrauchen; *een staatsgreep ~* einen Staatsstreich durchführen; *verraad ~* Verrat üben

pleidooi Plädoyer o^{36} [pledooje]

plein Platz m^6

¹pleister *(hechtpleister)* Pflaster o^{33}: *(fig) de ~ op de wond* das Trostpflaster

²pleister *(gips)* Gips m^{19}; *(op muren)* Putz m^{19}

pleisteren *(een muur)* verputzen

pleisterplaats Rastplatz m^6

pleisterwerk 1 *(het pleisteren)* Putzarbeit v^{28}; **2** *(bepleistering)* Putz m^{19}; **3** *(versiering)* Stuckverzierung v^{20}

pleit Rechtsstreit m^5 || *het ~ is beslecht* die Entschei-

dung ist gefallen

pleitbezorger *(fig)* Anwalt m^6, Fürsprecher m^9

pleiten plädieren^{320}: ~ *voor* plädieren für^{+4}; *dat pleit voor hem* das spricht für ihn

pleiter Anwalt m^6, Verteidiger m^9

plek 1 *(vlek)* Fleck m^5; **2** *(plaats)* Stelle v^{21}

plenair Plenar-: *~e vergadering* Plenarversammlung v^{20}, Vollversammlung v^{20}

plensbui Platzregen m^{11}, Gussregen m^{11}

plenty sehr viel, jede Menge

plenzen in Strömen regnen

pletten 1 *(met wals platpersen)* walzen; **2** *(verbrijzelen)* zerquetschen

pletter: *te ~ slaan* zerschmettern; *te ~ vallen* zerschellen; *hij viel te ~* er stürzte zu Tode; *zich te ~ werken* sich zu Tode schuften; *zich te ~ vervelen* sich zu Tode langweilen

pleuren schmeißen^{247}, knallen

pleuris Pleuritis v *(mv Pleuritiden)*

plevier, pluvier Regenpfeifer m^9

plexiglas Plexiglas o^{39}

plezant lustig, vergnüglich

plezier Vergnügen o^{39}, Freude v^{28}, Spaß m^{19}: *veel ~!* viel Vergnügen!; ~ *hebben (of: maken)* sich amüsieren^{320}: *dat doet me ~!* das freut mich!; ~ *hebben in* Spaß haben^{182} an^{+3}: *ik heb er geen ~ in* es macht mir kein Vergnügen; *doe me het ~ niet meer te schreeuwen!* tu mir den Gefallen und schrei nicht mehr!; *met alle ~* mit dem größten Vergnügen; *voor zijn ~* zu seinem Vergnügen

plezierboot Ausflugsdampfer m^9

plezieren (er)freuen

plezierig 1 *(mbt zaken)* erfreulich, angenehm: *een ~e vakantie* angenehme Ferien; *iets ~ vinden* etwas angenehm finden^{157}; **2** *(mbt personen)* nett: *een ~e collega* ein netter Kollege

plezierjacht Jacht v^{20}, Yacht v^{20}

plezierreis Vergnügungsreise v^{21}, Vergnügungsfahrt v^{20}

plicht Pflicht v^{20}: *zijn ~ doen* seine Pflicht tun^{295}: *zijn ~ vervullen* seine Pflicht erfüllen

plichtmatig pflichtmäßig, pflichtgemäß

plichtpleging Höflichkeit v^{20}

plichtsbesef Pflichtgefühl o^{39}

plichtsgetrouw pflichttreu

plichtsvervulling Pflichterfüllung v^{28}

plichtsverzuim Pflichtverletzung v^{20}

plint Fußleiste v^{21}

plisserok Plisseerock m^6

¹ploeg *(landbouwwerktuig)* Pflug m^6

²ploeg 1 *(arbeiders)* Gruppe v^{21}, Kolonne v^{21}; **2** *(bij ploegendienst)* Schicht v^{20}: *in ~en werken* Schichtarbeit machen; **3** *(sp)* Mannschaft v^{20}

ploegen pflügen

ploegendienst Schichtarbeit v^{28}, Schicht v^{20}

ploegenklassement Mannschaftswertung v^{20}

ploegleider Mannschaftsführer m^9

ploegschaar Pflugschar v^{20}

ploert Lump m^{14}, Schuft m^5

ploeteraar Arbeitstier o^{29}
ploeteren sich abrackern
plof 1 *(van gas)* Puff m^6; **2** *(geluid van vallend, stotend lichaam)* Plumps m^5: ~! plumps!
ploffen 1 puffen; **2** plumpsen; **3** *(van woede)* platzen; *zie ook* plof
plomberen *(van tanden)* füllen
plomp plump; *(ruw)* grob
plompen plumpsen
plompweg geradeheraus, ungeniert
plons I *zn* Plumps m^5; **II** *tw* plumps!
plonzen plumpsen
plooi Falte v^{21}: *in ~en vallen* Falten werfen[311]; *(fig) de ~en gladstrijken* die letzten Mängel beseitigen
plooibaar *(fig)* geschmeidig, flexibel
plooien I *tr* **1** *(lett)* falten; **2** *(regelen)* einrichten: *(fig) ik zal het wel ~* ich werde es schon machen; **II** *zich ~ (fig)* sich fügen
plooirok Faltenrock m^6
plotseling plötzlich
pluche Plüsch m^{19}: *beer van ~* Plüschbär m^{14}
pluchen Plüsch-
plug 1 *(voor schroeven)* Dübel m^9; **2** *(stekker)* Stöpsel m^9, Stecker m^9
pluim 1 *(op helm, hoed)* Feder v^{21}, Federbusch m^6; **2** *(kwastje aan muts)* Troddel v^{21}, Quaste v^{21}; **3** *(bloeiwijze)* Rispe v^{21}; **4** *(compliment)* Lob o^{29}, Kompliment o^{29}
pluimage Gefieder o^{33}: *(fig) vogels van diverse ~* Leute aller Art
pluimvee Federvieh o^{39}, Geflügel o^{39}
pluimveehouder Geflügelhalter m^9, Geflügelzüchter m^9
¹pluis *(vlokje)* Fussel v^{21}, m^9
²pluis *bn, bw: die zaak is niet ~* die Sache ist nicht geheuer; *het is daar niet ~* es geht dort nicht mit rechten Dingen zu
pluizen *(pluisjes afgeven)* fusseln
pluk 1 *(het plukken)* Pflücken o^{39}; **2** *(oogst)* Ernte v^{21} ‖ *een ~ haar* ein Haarbüschel
plukken I *tr* **1** pflücken; **2** *(veren uittrekken)* rupfen; **3** *(fig)* ernten: *de vruchten van zijn werk ~* die Früchte seiner Arbeit ernten; **II** *intr (trekken)* zupfen
plunderaar Plünderer m^9
plunderen plündern
plundering Plünderung v^{20}
plunje Klamotten *(mv)*, *(pak)* Kluft v^{20}
plunjezak Kleidersack m^6, *(scheepv)* Seesack m^6
plus I *vz* plus[+2], und; **II** *zn* Plus o^{39a}
plusminus ungefähr, etwa, rund
pluspunt Pluspunkt m^5
plussen nachdenken[140], hin und her überlegen
plutonium Plutonium o^{39}
pneumatisch pneumatisch: *~e hamer* Presslufthammer m^{10}
po Nachttopf m^6, Topf m^6
pochen prahlen, angeben[166]
pocher Prahler m^9, Angeber m^9

pocheren pochieren[320]
pochet Einstecktuch o^{32}
pocketboek Taschenbuch o^{32}
podium Podium o *(2e nvl -s; mv Podien)*
poedel Pudel m^9
poedelen plätschern
poedelnaakt pudelnackt, splitternackt
poedelprijs Trostpreis m^5
poeder *(ook apoth)* Pulver o^{33}; *(toiletartikel)* Puder m^9
poederchocolade Kakaopulver o^{39}
poederdoosje Puderdose v^{21}
poederen pudern
poedersneeuw Pulverschnee m^{19}
poedersuiker Puderzucker m^{19}
poedervorm Pulverform v^{28}
poef *(zitkussen)* Puff m^5, m^{13}
poeha Wirbel m^9, Tamtam o^{39}: *veel ~ over iets maken* viel Lärm um[+4] etwas machen
poel Pfuhl m^5, Tümpel m^9
poelet Suppenfleisch o^{39}
poelier Geflügelhändler m^9
poema Puma m^{13}
poen *(geld)* Pinke v^{28}, Moneten *(mv)*
poep *(inform)* Kacke v^{28}, Kot m^{19}, Scheiße v^{28}
poepen *(inform)* scheißen[234], kacken, einen Haufen machen: *in zijn broek ~* in die Hose machen
poeper(d) *(inform)* Po(po) m^{13}
poepje *(inform)* Furz m^6, Wind m^5, Pup(s) m^5: *een ~ laten* einen fahren lassen[197]
poes Katze v^{21}; *(roep)* Miez(e)!: *dat is niet voor de ~* das ist kein Pappenstiel
poesje Kätzchen o^{35}, Miezchen o^{35}
poeslief katzenfreundlich
poespas 1 *(mengelmoes)* Mischmasch m^5; **2** *(opgeblazenheid)* Theater o^{39}
poet Beute v^{28}
poëtisch poetisch, dichterisch
poets Streich m^5: *iem een ~ bakken* jmdm einen Streich spielen
poetsdoek Putztuch o^{32}
poetsen putzen: *schoenen ~* Schuhe putzen
poetser Putzer m^9
poetsvrouw Raumpflegerin v^{22}, Putzfrau v^{20}
poëzie Poesie v^{21}
poëziealbum Poesiealbum o *(2e nvl -s; mv -alben)*
pof *(krediet)* op de ~ auf Borg, auf Pump
poffen 1 *(op krediet kopen)* auf Pump kaufen; **2** *(op krediet leveren)* auf Pump liefern; **3** *(van kastanjes)* rösten
pogen versuchen, probieren[320]
poging Versuch m^5: *~ tot diefstal* versuchter Diebstahl m^6: *een uiterste ~* ein letzter Versuch; *al mijn ~en* all meine Bemühungen; *een ~ doen* einen Versuch machen
pogrom Pogrom m^5, o^{29}
pointe Pointe v^{21} [pwɛntə]
pok Pocke v^{21}: *de ~ken* die Pocken
pokdalig pockennarbig

po

poken stochern
poker Poker o^{39}, m^{19}
pokeren pokern, Poker spielen
pokken Pocken mv v^{21}
pokkenbriefje Impfschein m^5
pol Büschel o^{33}
polair polar: ~e lucht Polarluft v^{28}
polarisatie Polarisierung v^{20}
polariseren polarisieren^{320}
polder Polder m^9
polderland Marschland o^{39}
polemiek Polemik v^{20}
polemiseren polemisieren^{320}
polemologie Polemologie v^{28}
Polen Polen o^{39}
poliep Polyp m^{14}
polijsten polieren^{320}
polikliniek Poliklinik v^{20}
poliklinisch poliklinisch, ambulant
polio Polio v^{28}, Kinderlähmung v^{28}
poliopatiënt Poliokranke(r) m^{40a}, v^{40b}
polis Police v^{21}
polishouder Policeninhaber m^9
politicologie Politologie v^{28}
politicoloog Politologe m^{15}
politicus Politiker m^9
politie Polizei v^{20}: vanwege de ~ polizeilich
politieagent Polizist m^{14}
politieapparaat Polizeiapparat m^5
politiebeambte Polizeibeamte(r) m^{40a}; Polizeibeamtin v^{22}
politiebericht Durchsage v^{21} der Polizei
politiebewaking Polizeischutz m^{19}
politiebureau Polizeiwache v^{21}
politieel polizeilich, Polizei...
politiehond Polizeihund m^5
politiek I zn Politik v^{20}: binnenlandse ~ Innenpolitik; buitenlandse ~ Außenpolitik; economische ~ Wirtschaftspolitik; financiële ~ Finanzpolitik; betreffende de binnenlandse ~ innenpolitisch; betreffende de buitenlandse ~ außenpolitisch; II bn, bw politisch
politiemaatregel Polizeimaßnahme v^{21}
politiemacht (aantal agenten) Polizeiaufgebot o^{29}
politieman Polizist m^{14}, Polizeibeamt(r) m^{40a}
politieonderzoek polizeiliche Ermittlungen mv v^{20}
politiepatrouille Polizeistreife v^{21}
politiepost Polizeiposten m^{11}
politierapport Polizeibericht m^5
politierechter Einzelrichter m^9
politiestaat Polizeistaat m^{16}
politietoezicht Polizeiaufsicht v^{28}
politiewezen Polizeiwesen o^{39}
politioneel polizeilich
politiseren politisieren^{320}
politoeren polieren^{320}
polka Polka v^{21}
pollen Pollen m^{11}, Blütenstaub m^{19}
pollepel Kochlöffel m^9

polo (sp) Polo o^{39}, Polospiel o^{39}
polonaise Polonaise v^{21}, Polonäse v^{21}
poloshirt Polohemd o^{37}
pols 1 (polsader, polsslag) Puls m^5: zwakke ~ schwacher Puls; 2 (gewricht) Handgelenk o^{29}
polsader Pulsader v^{21}
polsen: iem ~ over een benoeming bei jmdm wegen einer Ernennung vorfühlen
polshorloge Armbanduhr v^{20}
polsslag Pulsschlag m^6, Puls m^5
polsstok Sprungstab m^6
polsstokhoogspringen Stabhochsprung m^{19}
polyester Polyester m^9
polyfonie Polyphonie v^{28}, Polyfonie v^{28}
polygamie Polygamie v^{28}
polytechnisch polytechnisch
polytheen Polyäthylen o^{29}
pomp 1 (algem) Pumpe v^{21}; 2 (benzinepomp) Zapfsäule v^{21}; 3 (benzinestation) Tankstelle v^{21}
pompbediende Tankwart m^5
pompen pumpen
pompeus pompös
pompoen Kürbis m^5 (2e nvl -ses; mv -se)
pompstation 1 (gebouw) Pumpstation v^{20}; 2 (benzinepomp) Tankstelle v^{21}
poncho Poncho m^{13}
pond Pfund o^{29}: per ~ per Pfund; het ~ sterling das Pfund Sterling
poneren (veronderstellen) annehmen^{212}: een stelling ~ eine These aufstellen
ponsband Lochstreifen m^{11}
ponskaart Lochkarte v^{21}
ponsmachine (voor kaarten) Lochmaschine v^{21}
pont Fähre v^{21}, Fährboot o^{29}
pontificaal (plechtig) feierlich
ponton Ponton m^{13}
pony Pony o^{36}
ponyhaar Pony m^{13}, Ponyfrisur v^{20}
pooier (souteneur) Zuhälter m^9
pook Schüreisen o^{35}, Schürhaken m^{11}
¹**pool** (aardr, nat) Pol m^5
²**pool** (van tapijt e.d.) Pol m^5
Pool Pole m^{15}
poolcirkel Polarkreis m^5
poolijs Polareis o^{39}
poollicht Polarlicht o^{31}
Pools polnisch
poolshoogte: ~ nemen (fig) sich erkundigen
Poolster Polarstern m^{19}
poolstreek Polarzone v^{21}
poolzee Polarmeer o^{29}, Eismeer o^{29}
poon Knurrhahn m^6
poort Tor o^{29}, (klein) Pforte v^{21}
poortje kleines Tor o^{29}; Pförtchen o^{35}
poos Weile v^{28}, Zeit v^{28} lang
poot 1 (lidmaat van dier) Pfote v^{21}; (van insecten, vogels) Bein o^{29}; (van roofdieren) Tatze v^{21}; 2 (inform) (hand, handschrift) Pfote v^{21}, Klaue v^{21}: blijf er met je poten af! Pfoten weg!; geen ~ uitsteken kei-

nen Finger rühren; **3** *(van stoel, tafel)* Bein o^{29}; *(van fauteuil)* Fuß m^6 ‖ *op zijn achterste poten gaan staan (ook fig)* sich auf die Hinterbeine stellen; *op hoge poten* aufgebracht; *op zijn ~ spelen* wettern; *een brief op poten* ein geharnischter Brief; *iets op poten zetten* etwas auf die Beine stellen; *zijn ~ stijf houden* nicht nachgeben[166]

pootgoed *(plantk)* Pflanzgut o^{39}, Setzlinge *mv* m^5

pootje Pfötchen o^{35}, Füßchen o^{35}, Beinchen o^{35}; *zie ook* poot: *op zijn ~s terecht komen (fig)* gut ausgehen[168]: *iem ~ haken* jmdm ein Bein stellen

pootjebaden im Wasser *(of:* im Meer) waten

pop 1 *(ook van insect)* Puppe v^{21}; **2** *(muziek)* Pop o^{39}, o^{39a} ‖ *daar heb je de ~pen aan het dansen* da hast du die Bescherung

pop-art Pop-Art v^{28}

popelen: *~ van ongeduld* vor Ungeduld brennen[138]

popfestival Popfestival o^{36}

popgroep Popgruppe v^{21}

popje Püppchen o^{35}: *mijn ~!* mein Herzchen!

popmuziek Popmusik v^{28}

poppenkast 1 *(lett)* Puppenspiel o^{29}, Kasperletheater o^{33}; **2** *(fig)* Theater o^{39}

popperig puppig, winzig

populair populär

populariseren popularisieren[320]

populariteit Popularität v^{28}

populier Pappel v^{21}

por Stoß m^6, Puff m^6, Schubs m^5

poreus porös

porie Pore v^{21}

porno Porno m^{13}

pornografie Pornographie v^{21}, Pornografie v^{21}

pornografisch pornographisch, pornografisch

porren I *intr (in het vuur)* stochern (in^{+3}); **II** *tr* **1** *(duwen)* stoßen[285]; **2** *(aansporen)* anspornen, antreiben[290]: *daarvoor is hij niet te ~* dafür ist er nicht zu haben

porselein Porzellan o^{29}

porseleinen porzellanen, Porzellan-

¹**port** *(wijn)* Portwein m^5

²**port** *(porto)* Porto o^{36} *(mv ook* Porti), Postgebühr v^{20}: *vrij van ~* portofrei

portaal 1 *(van kerk e.d.)* Portal o^{29}; **2** *(vestibule)* Flur m^5, Vorhalle v^{21}, Diele v^{21}

portable Reiseschreibmaschine v^{21}, Kofferschreibmaschine v^{21}

portefeuille 1 *(mapje voor papieren)* Brieftasche v^{21}; *(voor grotere stukken)* Mappe v^{21}; **2** *(ambtelijke dienst)* Geschäftsbereich m^5, Ressort o^{36}, Amtsbereich m^5: *minister zonder ~* Minister ohne Geschäftsbereich

portemonnee Portemonnaie o^{36}, Portmonee o^{36}

portie 1 *(hoeveelheid)* Portion v^{20}: *een grote ~ geduld hebben* eine große Dosis Geduld haben[182]; **2** *(aandeel, deel)* Anteil m^5, Teil m^5: *legitieme ~* Pflichtteil; *hij heeft zijn ~ gehad* er hat sein(en) Teil weg

portiek Hauseingang m^6

¹**portier** *(persoon)* Portier m^{13} [portje], Pförtner m^9

²**portier** *(deur)* Wagentür v^{20}, Tür v^{20}

portiershokje Pförtnerloge v^{21}, Portier(s)loge v^{21}

porto *zie* ²port

portofoon Sprechfunkgerät o^{29}, Funksprechgerät o^{29}

portret Porträt o^{36}, o^{29}, Bild o^{31}: *(fig) een lastig ~* ein lästiger Mensch

portretschilder Porträtmaler m^9, Porträtist m^{14}

portretteren porträtieren[320]

Portugal Portugal o^{39}

Portugees I *zn (inwoner)* Portugiese m^{15}; **II** *zn (taal)* Portugiesisch o^{41}; **III** *bn* portugiesisch

portvrij portofrei

pose Pose v^{21}

poseren posieren[320]: *voor een schilder ~* einem Maler Modell stehen[279] *(of:* sitzen[268])

positie 1 *(betrekking)* Position v^{20}, Stellung v^{20}; **2** *(toestand)* Lage v^{21}: *maatschappelijke ~* gesellschaftliche Stellung; *in ~ zijn (van vrouwen)* in anderen Umständen sein[262]; **3** *(plaats)* Standort m^5, Position v^{20}; **4** *(houding)* Position v^{20}

positief I *bn, bw* positiv; **II** *zn (foto)* Positiv o^{29}

positiejapon Umstandskleid o^{31}

positieven: *niet bij zijn ~ zijn: a) (bewusteloos)* bewusstlos sein[262]; *b) (niet goed bij zinnen)* nicht ganz bei Verstand sein[262]: *weer bij zijn ~ komen* wieder zu^{+3} sich kommen[193]

¹**post 1** *(algem) (plaats)* Posten m^{11}: *(fig) het idee heeft ~ gevat* die Idee hat Fuß gefasst; **2** *(ambt, betrekking)* Posten m^{11}, Stellung v^{20}, Stelle v^{21}; **3** *(van deur, raam)* Pfosten m^{11}

²**post 1** *(PTT)* Post v^{20}: *per ~* per *(of:* mit der, durch die) Post; **2** *(postkantoor)* Postamt o^{32}, Post v^{20}: *naar de ~ brengen* zur Post bringen[139]

postagentschap Poststelle v^{21}

postassignatie *(Belg)* Postanweisung v^{20}

postauto Postauto o^{36}

postbeambte Postbeamte(r) m^{40a}; Postbeamtin v^{22}

postbestelling Postzustellung v^{28}

postbode Postbote m^{15}, Briefträger m^9

postbox, postbus Post(schließ)fach o^{32}

postcheque Postscheck m^{13}

postcheque-en-girodienst Postscheckamt o^{32}

postcode Postleitzahl v^{20}

postduif Brieftaube v^{21}

postelein Portulak m^5, m^{13}

¹**posten** *(op de post doen)* zur Post bringen[139]

²**posten 1** *(bij staking)* Streikposten aufstellen (vor^{+3}); **2** *(op de uitkijk staan)* Posten stehen[279]

poster *(affiche)* Poster m^9, o^{33}

posteren postieren[320], aufstellen

poste restante postlagernd

posterijen Postwesen o^{39}, Post v^{20}

postkamer Poststelle v^{21}

postkantoor Postamt o^{32}, Post v^{20}

postkoets Postkutsche v^{21}

postmandaat *(Belg)* Postanweisung v^{20}

postmeester *(Belg)* Leiter m^9 des Postamts

po

postnummer *(Belg)* Postleitzahl v^{20}
postorderbedrijf Versandhaus o^{32}
postpakket Postpaket o^{29}
postpapier Briefpapier o^{29}
postrekening Postscheckkonto o^{36} *(2e nvl -s; mv ook -konten en -konti)*
postuum postum, posthum
postuur Gestalt v^{20}, Figur v^{20}, Statur v^{20}: *flink van ~* stattlich; *klein van ~* von kleiner Gestalt
postwissel Postanweisung v^{20}
postzegel Briefmarke v^{21}: *een ~ van 10 cent* eine Briefmarke zu zehn Cent; *speciale ~* Sonderbriefmarke
postzegelverzameling Briefmarkensammlung v^{20}
postzending Postsendung v^{20}
¹pot 1 *(vaatwerk)* Topf m^6: *~ten en pannen* Kochgeschirr o^{39}; *gewone ~* Hausmannskost v^{28}: *eten wat de ~ schaft* essen, was auf den Tisch kommt; **2** *(po)* Nachttopf m^6, Topf m^6; **3** *(inzet bij het spel)* Pot m^{19}, Spielkasse v^{21}: *(sp) in de ~ zetten* einsetzen ‖ *de ~ bier* das (Glas) Bier; *het is een ~ nat* es ist gehupft wie gesprungen; *hij kan me de ~ op* er kann mir den Buckel runterrutschen; *zie ook* potje
²pot *(inform) (lesbienne)* Lesbe v^{21}
potdicht 1 *(geheel dicht)* fest verschlossen; **2** *(mbt personen)* verschwiegen wie das Grab; **3** *(mbt verkeerswegen)* verstopft
potdoof stocktaub
potdorie *tw* potz Blitz!, potztausend!
poten 1 *(in de grond zetten)* pflanzen, setzen; **2** *(van vis)* aussetzen
potent potent
potentaat Potentat m^{14}
potentie Potenz v^{20}
potentieel I *bn* potenziell, potentiell; **II** *zn* Potenzial o^{29}, Potential o^{29}
potig handfest, stämmig, stramm
potje Töpfchen o^{35}: *het ~ bier* das (Glas) Bier; *het ~ jam* das Glas Marmelade; *hij maakt er een ~ van* er treibt es zu bunt; *een ~ voetballen* eine Partie Fußball spielen
potkachel Kanonenofen m^{12}
potlood Bleistift m^5: *rood ~* Rotstift m^5
potloodslijper Bleistiftspitzer m^9
potpourri Potpourri o^{36}
potsierlijk possierlich, drollig
potten 1 *(sparen)* sparen, Geld zurücklegen; **2** *(van plant)* (ein)topfen
pottenbakker Töpfer m^9
pottenkijker Topfgucker m^9
potverteren die Ersparnisse verjubeln
potvis Pottwal m^5
poule *(sport)* Gruppe v^{21}
pover 1 *(armoedig)* ärmlich; **2** *(schraal)* dürftig
praal Pomp m^{19}, Pracht v^{28}, Prunk m^{19}
praalgraf Grabmal o^{32}, *soms* o^{29}
praalwagen Prunkwagen m^{11}
praat 1 *(het geklets)* Geplauder o^{39}: *iem aan de ~ houden* jmdn aufhalten[183], *(aan het lijntje houden)*

jmdn hinhalten[183]: *aan de ~ komen* ins Gespräch kommen[193]; **2** *(het gesprokene)* Rede v^{21}: *wat is dat voor ~?* was sind das für Reden? ‖ *hij kreeg zijn auto niet aan de ~* er konnte sein Auto nicht in Gang bringen
praatgraag redselig
praatgroep Gesprächsgruppe v^{21}
praatje Plauderei v^{20}: *~s (geroddel)* Gerede o^{39}, Klatsch m^{19}: *~s over iem rondstrooien* jmdn ins Gerede bringen[139]; *veel ~s hebben* große Töne spucken; *met iem een ~ maken* mit jmdm plaudern
praatjesmaker Angeber m^9, Großmaul o^{32}
praatpaal Notrufsäule v^{21}
praatprogramma Talkshow v^{27} [tɔksjo:]
praats *~ hebben* große Töne spucken
praatstoel *op zijn ~ zitten* kein Ende finden können[194]
praatziek schwatzhaft, geschwätzig
pracht Pracht v^{28}, Prunk m^{19}: *een ~ van een huis* ein Prachthaus
prachtexemplaar Prachtexemplar o^{29}
prachtig prächtig, prachtvoll, wunderschön: *een ~ uitzicht* eine herrliche Aussicht; *~ van kleur* farbenprächtig
prachtkerel Prachtkerl m^5
prachtstuk Prachtstück o^{29}
prachtwerk Prachtwerk o^{29}
practicus Praktiker m^9
pragmaticus Pragmatiker m^9
pragmatiek, pragmatisch pragmatisch
prairie Prärie v^{21}
prak Happen m^{11}: *in de ~ rijden* zu Schrott fahren[153]
prakje 1 *(kliekje)* Rest m^5; **2** *(maaltijd)* Essen o^{35}
prakken zermanschen
prakkeseren, prakkiseren I *intr (peinzen)* grübeln; **II** *tr (uitdenken)* sich³ ausdenken[140], ersinnen[267]
praktijk Praxis v *(mv Praxen)*: *man van de ~* Mann der Praxis; *op de ~ gericht* praxisbezogen; *in ~ brengen* in die Praxis umsetzen; *de ~ verleren* aus der Übung kommen[193]: *de ~ van een arts* die Praxis eines Arztes
praktijkruimte Praxis v *(mv Praxen)*
praktijkscholing praktische Schulung v^{20}
praktikant Praktikant m^{14}
praktisch praktisch; *(bijna)* fast, beinahe
praktiseren praktizieren[320]
pralen prahlen
praline Praline v^{21}
prat *~ gaan op* sich rühmen[+2]
praten 1 *(iets zeggen)* reden, sprechen[274]: *je hebt gemakkelijk ~!* du hast leicht reden; *praat me er niet van!* reden wir nicht mehr davon; *laten we er niet meer over ~!* sprechen wir nicht mehr darüber!; *laat de mensen maar ~!* lass die Leute nur reden!; *iem aan het ~ krijgen* jmdn zum Sprechen bringen[139]; *hij praat maar wat* er faselt bloß; *zich eruit ~* sich herausreden; *eromheen ~* drum herumreden; *daar weet ik van mee te ~* davon kann ich ein

265

Lied singen; *al dat* ~ all das Gerede; **2** *(babbelen)* plaudern, schwatzen; **3** *(roddelen)* klatschen
prauw Prau v^{23}
precair prekär, heikel
precedent Präzedenzfall m^6
precies genau, präzis(e): *~ om 3 uur* Punkt drei Uhr; *het is ~ 3 uur* es ist gerade 3 Uhr; *~ op tijd* pünktlich; *hij is erg* ~ er ist sehr pünktlich; *hij kijkt niet zo* ~ er nimmt es nicht so genau
preciseren präzisieren^{320}
precisie Präzision v^{28}, Genauigkeit v^{28}
predestinatie Prädestination v^{28}
predikaat Prädikat o^{29}
predikant *(dominee)* Pfarrer m^9
prediken predigen
preek Predigt v^{20}
preekstoel Kanzel v^{21}
prefab vorgefertigt
preferent bevorrechtigt: *~e aandelen* Vorzugsakti-en *mv* v^{21}: *~e crediteuren* bevorrechtigte Gläubiger *mv* m^9
prefereren vorziehen^{318}, bevorzugen: *zij prefereert sinaasappels boven appels* sie bevorzugt Orangen vor Äpfeln, sie zieht Apfelsinen^{+4} Äpfeln vor
pregnant prägnant
prehistorisch prähistorisch, vorgeschichtlich
prei Porree m^{13}
preken predigen
prematuur vorzeitig, verfrüht
premie Prämie v^{21}, *(van sociale verzekering)* Beitrag m^6: *jaarlijkse* ~ Jahresprämie
premieheffing Einziehen o^{39} der Sozialbeiträge
premier Premierminister m^9, Premier m^{13}, Minis-terpräsident m^{14}
première Premiere v^{21}
premievrij prämienfrei; *(sociale verzekering)* bei-tragsfrei
premiewoning *(ongev)* subventionierte Wohnung v^{20}
preminiem *(Belg)* junges Mitglied o^{31} (von etwa 6-10 Jahren) eines Sportvereins
prenataal pränatal
prent 1 *(plaat)* Bild o^{31}; **2** *(gravure)* Stich m^5
prentbriefkaart Ansichtskarte v^{21}
prenten (ein)prägen: *in het geheugen* ~ ins Ge-dächtnis (ein)prägen
prentenboek Bilderbuch o^{32}
preparaat Präparat o^{29}
prepareren I *tr* präparieren^{320}; **II** *zich* ~ *(voor)* sich vorbereiten auf^{+4} *(of:* für^{+4})
preselectie *(Belg)* Vorrunde v^{21}
present I *zn* Geschenk o^{29}: *iem iets ~ geven* jmdm etwas schenken; *~ krijgen* geschenkt bekom-men^{193}; **II** *bn* anwesend, gegenwärtig
presentabel präsentabel, vorzeigbar
presentatie Präsentation v^{20}
presentator *(telecom)* Moderator m^{16}, Präsentator m^{16}
presenteerblaadje Tablett o^{36}, o^{29}

presenteren 1 *(voorstellen)* vorstellen, präsentie-ren^{320}; **2** *(aanbieden)* anbieten^{130}, präsentieren^{320}; **3** *(optreden als presentator)* moderieren^{320}; **4** *(mil)* präsentieren^{320}
presentexemplaar Freiexemplar o^{29}
presentie Präsenz v^{28}, Anwesenheit v^{28}
presentiegeld Diäten *(mv)*, Sitzungsgeld o^{31}
presentielijst Anwesenheitsliste v^{21}
president 1 *(staatshoofd)* Präsident m^{14}; **2** *(voorzit-ter)* Vorsitzende(r) m^{40a}, v^{40b}
president-commissaris Vorsitzende(r) m^{40a} des Aufsichtsrates
president-directeur Generaldirektor m^{16}
presidentieel präsidial: *een presidentiële rede* eine Rede des Präsidenten
presidentschap Präsidentschaft v^{20}
presidentsverkiezing Präsidentenwahl v^{20}
pressen pressen
pressie 1 *(druk)* Druck m^{19}; **2** *(dwang)* Zwang m^6
pressiegroep Pressionsgruppe v^{21}
pressiemiddel Druckmittel o^{33}
prestatie Leistung v^{20}
prestatieloon Leistungslohn m^6
prestatievermogen Leistungsfähigkeit v^{28}
presteren leisten: *goed ~* eine gute Leistung erbrin-gen^{139}
prestige Prestige o^{39}
pret Vergnügen o^{39}, Spaß m^{19}, Freude v^{28}: *dolle ~* riesiger Spaß; *voor de ~* zum Spaß; *~ hebben* sich amüsieren^{320}
pretendent Prätendent m^{14}, Anwärter m^9
pretenderen prätendieren^{320}, behaupten
pretentie Anmaßung v^{20}: *zonder ~* anspruchslos; *veel ~s hebben* anmaßend sein^{262}
pretentieus prätentiös, anmaßend
pretje Vergnügen o^{35}, Spaß m^6
pretpark Vergnügungspark m^{13}, *soms* m^5
prettig angenehm, gemütlich: *ik voel me niet erg* ~ ich fühle mich nicht recht wohl
preuts spröde, prüde
preutsheid Sprödigkeit v^{28}, Prüderie v^{28}
prevaleren prävalieren^{320}, überwiegen^{312}
prevelen murmeln
preventie Prävention v^{20}
preventief 1 präventiv: *~ middel* Präventivmittel o^{33}; **2** *(jur)* vorläufig: *preventieve hechtenis* Unter-suchungshaft v^{28}
prieel Gartenlaube v^{21}, Laube v^{21}
priegelig winzig, fummelig
priem Ahle v^{21}, Pfriem m^5
priester Priester m^9
priesteres Priesterin v^{22}
priesterschap Priesteramt o^{39}, Priestertum o^{39}
prijken prangen
prijs Preis m^5, *(in loterij, ook)* Treffer m^9, Gewinn m^5: *kostende ~* Selbstkostenpreis; *~ per stuk* Ein-zelpreis; *hoge ~ stellen op* großen Wert legen auf^{+4}; *beneden de ~* unter dem Preis; *ver beneden de ~ ver-kopen* zu Schleuderpreisen verkaufen; *sterk in ~*

prijs

pr

verhoogde artikelen verteuerte Waren; *op ~ stellen* schätzen; *tegen de ~ van* zum Preis von[+3]; *voor geen* ~ um keinen Preis

prijsbeheersing Preiskontrolle v^{21}

prijsbewust preisbewusst

prijscontrole Preiskontrolle v^{21}

prijsdaling Preissenkung v^{20}, Preisrückgang m^6: *plotselinge ~* Preissturz m^6

prijsgeven preisgeben[166]

prijskaartje Preisschild o^{31}

prijsklasse Preisklasse v^{21}

prijslijst Preisliste v^{21}, Preisverzeichnis o^{29a}

prijsopgave Preisangabe v^{21}

prijspeil Preisniveau o^{36}

prijsschommeling Preisschwankung v^{20}

prijsstijging Preissteigerung v^{20}, Preiserhöhung v^{20}

prijsstop Preisstopp m^{13}

prijsuitreiking Preisverteilung v^{20}

prijsverhoging Preiserhöhung v^{20}, Preissteigerung v^{20}

prijsverlaging Preissenkung v^{20}

prijsverschil Preisunterschied m^5

prijsvorming Preisgestaltung v^{20}

prijsvraag Preisausschreiben o^{35}: *een ~ uitschrijven* ein Preisausschreiben veranstalten

prijswinnaar Preisträger m^9

¹prijzen *(loven)* preisen[216], loben, rühmen: *zich gelukkig ~* sich glücklich preisen

²prijzen *(de prijs vermelden)* auszeichnen

prijzenswaardig lobenswert, löblich, *(te waarderen)* anerkennenswert

prijzig teuer

prik 1 *(steek)* Stich m^5; **2** *(met naald)* Einstich m^5: *een ~ krijgen* eine Spritze bekommen[193]; **3** *(priklimonade)* Brause(limonade) v^{21} ‖ *dat is hier vaste ~* das ist hier gang und gäbe

prikactie Warnstreik m^{13}, m^5

prikbord schwarzes Brett o^{31}, Pinnwand v^{25}

prikje: *voor een ~* für einen Spottpreis

prikkel 1 *(doorn)* Stachel m^{17}; **2** *(biol, psych)* Reiz m^5; **3** *(aansporing)* Ansporn m^{19}, Anreiz m^5

prikkelbaar reizbar, empfindlich

prikkeldraad Stacheldraht m^6

prikkeldraadversperring Drahtverhau m^5

prikkelen 1 *(op de huid, tong)* prickeln; **2** *(irriteren)* reizen; **3** *(aansporen)* anregen

prikkelend prickelnd; reizend

prikkeling Prickeln o^{39}: *~ van een zenuw* Nervenreiz m^5

prikken 1 *(steken)* stechen[277]; **2** *(vaststeken)* stecken, heften; **3** *(bepalen)* festsetzen; **4** *(injecteren)* spritzen

prikklok Stechuhr v^{20}

pril früh, zart: *~le jeugd* frühe Jugend

prima prima, hervorragend

primaat I *zn m (zoogdier)* Primat m^{14}; **II** *zn o (voorrang)* Primat m^5, o^{29}

primair primär: *~e kleuren* Primärfarben *mv* v^{21}: *~ getal* Primzahl v^{20}

primeur: *de ~ hebben* als Erste(r) eine Nachricht bringen[139] *(of:* bekommen[193])

primitief primitiv

primula Primel v^{21}

primus *(kooktoestel)* Petroleumkocher m^9

principe Prinzip o *(2e nvl -s; mv -ien, soms -e)*, Grundsatz m^6: *in ~* im Prinzip, grundsätzlich; *uit ~* prinzipiell, grundsätzlich

principieel prinzipiell, grundsätzlich

prins Prinz m^{14}

prinselijk prinzlich

prinses Prinzessin v^{22}

prinsessenboon Prinzessbohne v^{21}

prinsheerlijk fürstlich

print Ausdruck m^5

printen ausdrucken

prior Prior m^{16}

priori: *a ~* a priori, von vornherein

prioriteit Priorität v^{20}

prisma Prisma o *(2e nvl -s; mv Prismen)*

privaatrecht Privatrecht o^{39}

privacy privater Lebensbereich m^5

privatiseren privatisieren[320]

privé privat, persönlich

privéleven Privatleben o^{39}

privilege Privileg o^{29} *(mv meestal -ien)*

privilegiëren privilegieren[320]

pro pro: *het ~ en contra* das Pro und Kontra

probaat probat, erprobt, bewährt

probeersel Versuch m^5

proberen probieren[320], versuchen

probleem Problem o^{29}, Frage v^{21}

probleemloos problemlos

probleemstelling Problemstellung v^{20}

problematiek Problematik v^{28}

problematisch problematisch

procédé Verfahren o^{35}

procederen prozessieren[320], einen Prozess führen

procedure Verfahren o^{35}

procent Prozent o^{29}: *tegen 8 ~* zu 8 Prozent

procentueel prozentual

proces Prozess m^5: *iem een ~ aandoen* einen Prozess gegen jmdn anstrengen; *zonder vorm van ~* ohne jeden Prozess

processie Prozession v^{20}

proces-verbaal 1 *(schriftelijk vastgelegd verslag)* Protokoll o^{29}; **2** *(bekeuring)* Anzeige v^{21}

proclamatie Proklamation v^{20}

proclameren proklamieren[320]

procuratie Prokura v *(mv Prokuren)*, Vollmacht v^{20}

procuratiehouder Prokurist m^{14}

procureur Prozessbevollmächtigte(r) m^{40a}

procureur-generaal Generalstaatsanwalt m^6

pro Deo kostenlos, kostenfrei

producent Produzent m^{14}

produceren produzieren[320]

product Produkt o^{29}

productie Produktion v^{28}: *iets in ~ nemen* die Produktion von[+3] etwas aufnehmen[212]: *in ~ komen* in

Produktion gehen[168]

productief produktiv: *zijn tijd ~ maken* seine Zeit (aus)nutzen

productieproces Produktionsprozess m^5

productievermogen Produktionskraft v^{25}, Leistungsfähigkeit v^{28}

productiviteit Produktivität v^{28}: *stijging van de ~* Produktivitätssteigerung v^{20}

proef 1 Probe v^{21}: *iem op de ~ stellen* jmdn auf die Probe stellen; *bij wijze van ~* versuchsweise; **2** *(chem, nat)* Versuch m^5, Experiment o^{29}: *proeven nemen* Versuche anstellen

proefbestelling Probeauftrag m^6

proefdier Versuchstier o^{29}

proefdraaien Probe laufen[198]: *een motor laten ~* einen Motor Probe laufen lassen[197]

proefkonijn Versuchskaninchen o^{35}

proeflokaal Ausschank m^6, Probierstube v^{21}

proefneming Experiment o^{29}, Versuch m^5

proefnummer Probenummer v^{21}

proefondervindelijk experimentell

proefpersoon Versuchsperson v^{20}

proefproces Musterprozess m^5

proefrijden Probe fahren[153]

proefrit Probefahrt v^{20}

proefschrift Dissertation v^{20}, Doktorarbeit v^{20}

proeftijd Probezeit v^{20}; *(bij voorwaardelijke veroordeling)* Bewährungsfrist v^{20}

proefwerk Klassenarbeit v^{20}: *een ~ maken* eine Klassenarbeit schreiben[252]

proefzending Probesendung v^{20}

proesten prusten; *(niezen)* niesen

proeve Probe v^{21}; Versuch m^5

proeven 1 *(van drank, eten)* kosten, probieren[320]; **2** *(een smaak waarnemen)* schmecken; **3** *(fig)* erkennen[189], spüren

prof 1 *(professor)* Professor m^{16} *(afk* Prof.); **2** *(professional)* Profi m^{13}

profaan profan

profeet Prophet m^{14}

professional *(sp)* Profi m^{13}, Berufssportler m^9

professioneel professionell

professor Professor m^{16}: *~ in de medicijnen* Professor der (*of:* für) Medizin

profeteren prophezeien

profetie Prophezeiung v^{20}

profetisch prophetisch

proficiat *tw* ich gratuliere!, Glückwunsch

profiel Profil o^{29}

profijt Profit m^5, Nutzen m^{19}: *~ trekken van iets* aus[+3] etwas Profit schlagen[241]

profijtig *(Belg)* **1** *(zuinig)* sparsam, wirtschaftlich; **2** *(goedkoop)* billig

profileren profilieren[320]

profiteren profitieren[320]: *~ van* profitieren von[+3]

prognose Prognose v^{21}

programma Programm o^{29}: *volgens ~* programmgemäß

programmablad Programmheft o^{29}

programmatisch programmatisch

programmeertaal Programmiersprache v^{21}

programmeren programmieren[320]

programmeur Programmierer m^9

progressie Progression v^{20}

progressief progressiv

project Projekt o^{29}, Plan m^6, Entwurf m^5

projecteren 1 *(ontwerpen)* projektieren[320], planen; **2** *(in tekening, op een scherm)* projizieren[320]; **3** *(psych)* projizieren[320]

projectgroep Projektgruppe v^{21}

projectie Projektion v^{20}

projectieapparaat Projektor m^{16}

projectiel Geschoss o^{29}, Projektil o^{29}

projectiescherm Bildwand v^{25}

projector Projektor m^{16}

proleet Prolet m^{14}

proletariaat Proletariat o^{29}

proletariër Proletarier m^9

prolongatie Prolongation v^{20}, Verlängerung v^{20}

prolongeren prolongieren[320], verlängern

proloog Prolog m^5, Vorspiel o^{29}

promenade Promenade v^{21}

promenadeconcert Promenadenkonzert o^{29}

promillage Promillesatz m^6

promille Promille o (2e nvl -(s); mv -)

prominent prominent

promoten promoten, Werbung machen für[+4]

promotie 1 *(bevordering tot hogere rang)* Beförderung v^{20}, Aufstieg m^5; *(tot doctor)* Promotion v^{20}: *~ maken* befördert werden[310]; **2** *(reclame)* Promotion v^{28}; **3** *(sp)* Aufstieg m^5

promotiecompetitie *(sp)* Aufstiegsrunde v^{21}

promotiekansen Aufstiegsmöglichkeiten *mv* v^{20}

promotiewedstrijd *(sp)* Aufstiegsspiel o^{29}

promoting Promotion v^{28}

promotor 1 *(bevorderaar)* Förderer m^9; **2** *(van doctor)* Doktorvater m^{10}; **3** *(sp)* Promotor m^{16}

promovendus Doktorand m^{14}

promoveren 1 promovieren[320]; **2** *(sp)* aufsteigen[281]

prompt *bn, bw* prompt, sofort; *(stipt)* pünktlich

pronken prunken, prahlen

pronkerig prunkhaft

pronkstuk Prunkstück o^{29}

pronkzucht Prunksucht v^{28}

prooi *(ook fig)* Beute v^{28}, Raub m^6

proost *tw* prost!, prosit!, zum Wohl!

prop 1 *(algem)* Ball m^6; **2** *(in afvoerbuis, bloedvat)* Pfropf m^5; **3** *(plug, stop)* Pfropfen m^{11}; **4** *(papier)* Kugel v^{21}; **5** *(van zacht materiaal)* Bausch m^5, m^6: *~ watten* Wattebausch; **6** *(in de mond)* Knebel m^9 ‖ *met iets op de ~pen komen* etwas aufs Tapet bringen[139]

propaangas Propan(gas) o^{39}

propaganda Propaganda v^{28}

propagandistisch propagandistisch

propageren propagieren[320]

propeller Propeller m^9

proper sauber

propje Kügelchen o^{35}

proportie Proportion v^{20}, Verhältnis o^{29a}: *de zaak neemt reusachtige ~s aan* die Sache nimmt ungeheure Ausmaße an

proportioneel proportional

proppen pfropfen: *~ in* pfropfen in $^{+4}$

propvol gepfropft voll, proppenvoll

prosit *tw* prost!, prosit!, zum Wohl!

prospectus Prospekt m^5

prostaat Prostata *v (mv Prostatae)*

prostituee Prostituierte v^{40b}

prostitutie Prostitution v^{28}

protectie 1 *(bescherming)* Schutz m^{19}; **2** *(steun, voorspraak)* Protektion v^{20}

protectionisme Protektionismus m^{19a}

protectionistisch protektionistisch

proteïne Protein o^{29}

protest Protest m^5: *~ aantekenen* Protest erheben ^{186} (*gegen* $^{+4}$)

protestactie Protestaktion v^{20}

protestant I *zn* Protestant m^{14}; **II** *bn* protestantisch, evangelisch

protestants protestantisch, evangelisch

protestbetoging Protestkundgebung v^{20}

protesteren protestieren ^{320}

protestmars Protestmarsch m^5

protestmeeting Protestkundgebung v^{20}

prothese Prothese v^{21}

protocol Protokoll o^{29}

protocollair protokollarisch

protocolleren protokollieren ^{320}

protonkaart *(Belg)* Chipkarte v^{21}

prototype Prototyp m^{16}

protserig protzig, protzenhaft

proviand Proviant m^5

provider Provider m^9

provinciaal I *zn* Provinzbewohner m^9; **II** *bn, bw* provinzial; *(kleinsteeds)* provinziell

provincie Provinz v^{20}

provisie 1 Provision v^{20}; **2** *(voorraad)* Vorrat m^6

provisorisch provisorisch

provocatie Provokation v^{20}

provoceren provozieren ^{320}

proza Prosa v^{28}

prozaïsch prosaisch

pruik Perücke v^{21}

pruilen schmollen

pruilerig schmollend

pruim 1 Pflaume v^{21}, *(kwets)* Zwetsche, Zwetschge v^{21}; **2** *(tabak)* Priem m^5

pruimen 1 *(tabak)* priemen, Tabak kauen; **2** *(eten)* schmausen ‖ *(fig) iem niet kunnen ~* jmdn nicht leiden können ^{194}: *het eten is niet te ~* das Essen schmeckt scheußlich

pruimenboom Pflaumenbaum m^6

Pruisen Preußen o^{39}

Pruisisch preußisch

prul wertloses Ding o^{31}; *(in mv)* wertloses Zeug o^{39}: *hij is een ~ (in zijn vak)* er ist ein Stümper; *een ~*

van een vent eine Flasche

prut I *zn* **1** *(bezinksel)* Satz m^{19}; **2** *(modder)* Schlamm m^{19}, Dreck m^{19}; **II** *bn, bw* mies

pruts *(Belg)* wertloses Ding o^{31}

prutsding wertloses Ding o^{31}

prutsen 1 *(knoeien)* stümpern; **2** *(knutselen)* (herum)basteln

prutswerk 1 *(knoeiwerk)* Pfuscharbeit v^{20}; **2** *(knutselwerk)* Bastelarbeit v^{20}

pruttelen 1 *(mopperen)* murren; **2** *(borrelend koken)* brodeln *(mbt water)*, brutzeln *(in vet)*

psalm Psalm m^{16}

psalmboek Psalter m^9

pseudo- pseudo-, Pseudo-

pseudoniem Pseudonym o^{29}

psyche Psyche v^{21}

psychiater Psychiater m^9

psychiatrie Psychiatrie v^{21}

psychiatrisch psychiatrisch

psychisch psychisch

psychologie Psychologie v^{28}

psychologisch psychologisch

psycholoog Psychologe m^{15}

psychopaat Psychopath m^{14}

psychose Psychose v^{21}

psychosomatisch psychosomatisch

psychotherapeut Psychotherapeut m^{14}

psychotherapie Psychotherapie v^{28}

PTT Post- und Fernmeldewesen o^{39}, *(in Duitsland)* Deutsche Bundespost

puber pubertierende(r) Jugendliche(r) m^{40a}, v^{40b}

pubertät Pubertät v^{28}

publicatie 1 Publikation v^{20}, Veröffentlichung v^{20}; **2** *(bekendmaking)* Bekanntmachung v^{20}

publiceren publizieren ^{320}, veröffentlichen

publicist Publizist m^{14}

publiciteit Publizität v^{28}: *~ aan iets geven* etwas ^{3} Publizität verschaffen

public relations Public Relations *(mv)*, Publicrelations *(mv)*, Öffentlichkeitsarbeit v^{28} *(afk PR)*

publiek I *zn* Publikum o^{39}: *het grote ~* die breite Masse; **II** *bn, bw* öffentlich: *~ domein* öffentliches Eigentum o^{39}: *de ~e opinie* die öffentliche Meinung; *~ recht* öffentliches Recht; *~e vrouw* Prostituierte v^{40b}, Dirne v^{21}: *~e werken* Stadtwerke *mv* o^{29}: *iets ~ maken* etwas publik machen

publiekswissel Publikumswechsel m^9

puck Puck m^{13}

pudding Pudding m^5, m^{13}

puf *zn (lust)* Puste v^{28}: *ik heb er geen ~ in* mir fehlt die Puste dazu

puffen schnaufen; *(mbt locomotief)* keuchen

pui Fassade v^{21}, Front v^{20}

puik prima, fein, spitze

puilen *(hervor)*quellen ^{217}

puimsteen Bimsstein m^5

puin 1 *(stukken steen)* Schutt m^{19}; **2** *(bouwval, ruïne)* Trümmer *(mv)*; **3** *(fig)* Schrott m^5: *een auto in ~ rijden* einen Wagen zu Schrott fahren ^{153}

puinhoop 1 *(lett)* Schutthaufen m^{11}, Trümmerhaufen m^{11}; **2** *(fig)* Wust m^{19}, Durcheinander o^{39}
puist Pustel v^{21}; *(puistje)* Pickel m^9
puisterig pick(e)lig
puit 1 *(kikvors)* Frosch m^6; **2** *(vis)* Aalmutter v^{21}
puk *(klein persoon)* Knirps m^5
pukkel 1 *(puistje)* Pickel m^9; **2** *(mil)* Tornister m^9
pul 1 *(vaas)* Vase v^{21}; **2** *(bierpul)* Krug m^6
pulken fummeln, bohren: *in de neus ~* in der Nase bohren
pull Pulli m^{13}
pullover Pullover m^9, Pulli m^{13}
pulp Pulp m^{16}
pulseren pulsieren^{320}
pummel Lümmel m^9, Rüpel m^9
pump Pumps m *(2e nvl -; mv -)*
punaise Heftzwecke v^{21}, Reißzwecke v^{21}
punctie Punktion v^{20}
punctueel pünktlich
punk 1 *(stroming)* Punk m^{19} *(2e nvl ook -);* **2** *(punker)* Punk m^{13} *(2e nvl ook -),* Punker m^9, Punkerin v^{22}
¹punt I *de, het* **1** Punkt m^5: *overwinning op ~en* Punktsieg m^5: *nederlaag op ~en* Punktniederlage v^{21}: *ergens een ~ achter zetten* einen Schlussstrich unter^{+4} etwas ziehen^{318}: *op ~en winnen* nach Punkten siegen; **2** *(cijfer)* Note v^{21}; **II** *het (plaats, ogenblik, feit)* Punkt m^5: *het dode ~* der tote Punkt; *~en van overeenkomst* Berührungspunkte; *het ~ in kwestie* der fragliche Punkt; *het mooiste ~ van de stad* die schönste Ecke der Stadt; *~ voor ~* Punkt für Punkt; *het ~ is echter dat …* das Problem ist aber, dass …; *op het ~ staan te vertrekken* im Begriff sein^{262} abzureisen: *op dit ~ geeft hij niet toe* in diesem Punkt gibt er nicht nach
²punt *de* **1** *(puntig uiteinde)* Spitze v^{21}: *de ~ van een tafel* die Ecke eines Tisches; *een ~ aan een potlood slijpen* einen Bleistift (an)spitzen; **2** *(hoek van een lap)* Zipfel m^9; **3** *(stuk taart)* ein Stück o^{29} Kuchen
puntbaard Spitzbart m^6
punten (an)spitzen, zuspitzen
puntenlijst Schulzeugnis o^{29a}
puntenslijper Bleistiftspitzer m^9
punter *(ongev)* Kahn m^6
punteren punktieren^{320}
puntgaaf tadellos
punthoofd: *je krijgt er een ~ van!* es ist wirklich zum Verzweifeln!
puntig 1 *(spits, scherp)* spitz(ig), scharf; **2** *(snedig)* witzig, treffend
puntje 1 *(kleine punt)* Pünktchen o^{35}; **2** *(stip)* Tupfen m^{11}; **3** *(broodje)* Brötchen o^{35} ‖ *als ~ bij paaltje komt* wenn es darauf ankommt; *daar kan jij een ~ aan zuigen* davon kannst du dir eine Scheibe abschneiden; *iets tot in de ~s kennen* etwas aus dem Effeff können^{194}: *alles wat tot in de ~s verzorgd* alles war tipptopp in Ordnung
puntkomma Semikolon o^{36}, Strichpunkt m^5
puntsgewijze punktweise

pupil I *(pleegkind)* Mündel o^{33}, m^9; *(leerling)* Schüler m^9; **II** *(van het oog)* Pupille v^{21}
puppy Welpe m^{15}
puree Püree o^{36}: *in de ~ zitten* in der Patsche sitzen^{268}
purgeren purgieren^{320}, abführen
puritein Puritaner m^9
puriteins puritanisch
purper Purpur m^{19}
purperachtig purpurhaft
purperen purpurn, Purpur…
purperrood purpurrot
purser Purser m^9
pus Eiter m^{19}
pushen 1 *(duwen)* stoßen^{285}; **2** *(promoten)* pushen
put 1 *(kuil)* Grube v^{21}; **2** *(waterput)* Brunnen m^{11}; **3** *(waterafvoerput)* Gully m^{13}, o^{36} ‖ *(fig) in de ~ zitten* einen Moralischen haben^{182}: *dat is een bodemloze ~* das ist ein Fass ohne Boden
putsch Putsch m^5
putten schöpfen
puur pur, rein: *pure chocola* bittere Schokolade; *pure onzin* reiner Unsinn; *~ slecht* durch und durch schlecht; *whisky ~* Whisky pur
puzzel 1 *(legpuzzel)* Puzzle o^{36}, Puzzlespiel o^{29}; **2** *(denkpuzzel)* Rätsel o^{33}; **3** *(fig)* Rätsel o^{33}
puzzelen 1 *(legpuzzels)* puzzeln; **2** *(denkpuzzels)* Rätsel lösen
pyjama Pyjama m^{13} [puudzjama], Schlafanzug m^6
pyromaan Pyromane m^{15}
Pyrrusoverwinning Pyrrhussieg m^5
python Python m^{13} *(mv ook Pythonen)*

py

q

qu

qua qua: *~ grootte* was die Größe betrifft; *~ inhoud* vom Inhalt her

quarantaine Quarantäne *v*[21]

quartair quartär: *~e sector* quartärer Sektor *m*[16]

quasi 1 quasi, gleichsam, angeblich: *~-geleerde* Scheingelehrte(r) *m*[40a], *v*[40b]: *hij luisterde ~ aandachtig* er hörte scheinbar aufmerksam zu; **2** *(Belg) (bijna)* fast, beinahe: *het is ~ onmogelijk* es ist fast unmöglich

quatsch Quatsch *m*[19]

queue Schlange *v*[21], Reihe *v*[21]

quiche Quiche *v*[27]

quitte quitt [kviet]: *~ zijn* quitt sein[262]

qui-vive *op zijn ~ zijn* auf dem Quivive sein[262]

quiz Quiz *o (2e nvl -; mv -)*

quizmaster Quizmaster *m*[9]

quizzen quizzen

quorum Quorum *o*[39]

quota, quote Quote *v*[21]

quotiënt Quotient *m*[14]

quotum Quote *v*[21]

r

ra Rah v^{20}, Rahe v^{21}
raad 1 *(adviserend of besturend orgaan)* Rat m^6: ~ *van beheer*, ~ *van bestuur* Verwaltungsrat; ~ *van toezicht*, ~ *van commissarissen* Aufsichtsrat; *Hoge Raad* Oberstes Gericht (der Niederlande), *(BRD)* Bundesgerichtshof m^6: *Raad van Europa* Europarat; *lid van de* ~ Gemeinderat, *(in stad)* Stadtrat; *lid van de* ~ *zijn (ook)* im Rat sitzen^{268}; **2** *(advies)* Rat m^{19}: *hij wil geen* ~ *aannemen* er lässt sich^3 nicht raten; *iem* ~ *geven* jmdm raten^{218}, jmdm einen Rat geben^{166}: ~ *inwinnen* sich^3 Rat holen; *overal* ~ *voor weten* für alles Rat wissen^{314}: *geen* ~ *meer weten sich^3 keinen Rat mehr wissen^{314}: *naar (iems)* ~ *luisteren* auf^{+4} (jmds) Rat hören; *iem om* ~ *vragen* jmdn um Rat fragen; *op iems* ~ auf^{+4} jmds Rat hin; *bij iem te rade gaan* jmdn zurate (*of:* zu Rate) ziehen^{318}: *ten einde* ~ *zijn* weder aus noch ein wissen^{314}
raadgevend beratend
raadgever Ratgeber m^9, Berater m^9
raadgeving Rat m^{19}, Ratschlag m^6
raadhuis Rathaus o^{32}
raadplegen zurate (*of:* zu Rate) ziehen^{318}: *iem, iets* ~ jmdn, etwas zurate (*of:* zu Rate) ziehen^{318}: *een dokter* ~ einen Arzt konsultieren^{320}
raadsbesluit Ratsbeschluss m^6
raadsel Rätsel o^{33}
raadselachtig rätselhaft
raadsheer *(schaken)* Läufer m^9
raadslid Stadtrat m^6, Gemeinderat m^6; Stadträtin v^{22}, Gemeinderätin v^{22}
raadsman 1 Berater m^9; **2** *(jur)* Rechtsanwalt m^6
raadsvrouw 1 Beraterin v^{22}; **2** *(jur)* Rechtsanwältin v^{22}
raadszetel Sitz m^5 im Gemeinderat
raadszitting Ratssitzung v^{20}
raadzaal Rathaussaal m^6 *(mv -säle)*
raadzaam ratsam, empfehlenswert
raaf Rabe m^{15}
raak getroffen: *een rake opmerking* eine treffende Bemerkung; *maar* ~ *praten* ins Blaue hineinreden; *maar* ~ *schieten* ins Blaue hineinschießen^{238}: *het schot is* ~ der Schuss trifft; *die klap was* ~ der Hieb hat gesessen; *(fig) die was* ~! das hat gesessen; *het is weer* ~ es geht wieder hoch her; ~ *schieten*, ~ *slaan* treffen^{289}

raaklijn Berührungslinie v^{21}, Tangente v^{21}
raakpunt *(ook fig)* Berührungspunkt m^5
raakvlak 1 *(wisk)* Tangentialebene v^{21}; **2** *(fig)* Berührungspunkt m^5
raam 1 *(venster)* Fenster o^{33}: *bij (of: voor) het* ~ *staan* am Fenster stehen^{279}; *met open* ~ *slapen* bei offenem Fenster schlafen^{240}; **2** *(lijst, omlijsting)* Rahmen m^{11}; **3** *(kader)* Rahmen m^{11}
raambiljet Anschlag m^6
raamkozijn Fensterrahmen m^{11}
raap *(plantk)* Rübe v^{21} || *recht voor zijn* ~ geradeheraus
raar 1 *(vreemd)* sonderbar, merkwürdig, komisch: *een rare vent* ein komischer Kauz; ~ *van iets opkijken* sich wundern; *zich* ~ *gedragen* sich sonderbar benehmen^{212}: *wat* ~! merkwürdig!; **2** *(niet wijs)* verrückt; **3** *(onpasselijk)* schlecht, übel: *ik voel me zo* ~ mir ist schlecht
raaskallen faseln, Unsinn reden
raat Wabe v^{21}
rabarber Rhabarber m^{19}
rabat *(korting)* Rabatt m^5
rabbi Rabbi m *(2e nvl -(s); mv -nen of -s)*
rabbijn Rabbiner m^9
race Rennen o^{35}
raceauto Rennwagen m^{11}
racebaan Rennbahn v^{20}
racefiets Rennrad o^{32}
racen *(te voet)* in Rennen laufen^{198}; *(met auto, fiets, motor)* ein Rennen fahren^{153}
racisme Rassismus m^{19a}
racist Rassist m^{14}
racistisch rassistisch
racket Schläger m^9
¹rad *zn* Rad o^{32}: ~ *van avontuur* Glücksrad o^{32}: *iem een* ~ *voor de ogen draaien* jmdm blauen Dunst vormachen
²rad *bn, bw* schnell, flink, rasch
radar Radar m^5, o^{29}
radarinstallatie Radaranlage v^{21}
raddraaier Rädelsführer m^9
radeloos ratlos, verzweifelt
raden raten^{218}; *(goed gissen)* erraten: *iem iets* ~ jmdm etwas raten; *geraden!* erraten!; *dat is je geraden!* das lass dir geraten sein!
raderwerk *(ook fig)* Getriebe o^{33}
radiaalband Gürtelreifen m^{11}, Radialreifen m^{11}
radiateur Kühler m^9
radiator *(verwarmingselement)* Radiator m^{16}, Heizkörper m^9
radicaal I *zn* Radikale(r) m^{40a}, v^{40b}; **II** *bn, bw* radikal
radicaliseren (sich) radikalisieren^{320}
radicalisme Radikalismus m *(2e nvl -; mv Radikalismen)*
radijs Radieschen o^{35}
radio 1 *(omroep)* Rundfunk m^{19}; **2** *(zendstation)* Radio *(zonder lw)*: *Radio Luxemburg* Radio Luxemburg; **3** *(toestel)* Rundfunkgerät o^{29}, Radiogerät o^{29}: *draagbare* ~ Kofferradio o^{36}; **4** *(uitzending)* Radio

o^{39}, Rundfunk m^{19}: *ik heb het door de ~ gehoord* ich habe es im Radio (*of:* im Rundfunk) gehört; *voor de ~* im Rundfunk; *naar de ~ luisteren* Radio (*of:* Rundfunk) hören

radioactief radioaktiv: *~ afval* Atommüll m^{19}

radioactiviteit Radioaktivität v^{28}

radioamateur Funkamateur m^5

radiocassetterecorder Radiorekorder m^9, Radiorecorder m^9

radiogids Rundfunkzeitschrift v^{20}

radiografisch: *~ bestuurd* ferngelenkt

radioloog Radiologe m^{15}

radioprogramma Radioprogramm o^{29}

radiostation Rundfunkstation v^{20}

radiotelefonie Funksprechverkehr m^{19}

radiotoestel Radiogerät o^{29}, Rundfunkgerät o^{29}

radio-uitzending Rundfunksendung v^{20}

radiozender Rundfunksender m^9

radium Radium o^{39}

rafel Franse v^{21}

rafelen I *tr* zerfransen; II *intr* fransen

rafelig fransig, ausgefranst

raffinaderij Raffinerie v^{21}

raffinement Raffinement o^{36}

raffineren raffinieren ^{320}

rag Spinn(en)gewebe o^{33}

rage Mode v^{21}: *het is een ~* es ist große Mode

ragebol (*woeste haardos*) Wuschelkopf m^6

ragfijn hauchfein, hauchzart

ragout Ragout o^{36}

rail 1 (*spoorstaaf*) Schiene v^{21}: *uit de ~s lopen* aus den Schienen springen ^{276}; **2** (*richel waarover wieltjes lopen*) Schiene v^{21}; **3** (*spoor*) Gleis o^{29}, Bahn v^{20}: *per ~* mit der Bahn || (*fig*) *iets op de ~s zetten* etwas anbahnen

railverkeer Schienenverkehr m^{19}

rakelings hart, haarscharf: *~ gaan langs* fast streifen; *iem ~ voorbijgaan* hart an jmdm vorbeigehen ^{168}

raken I *tr* **1** (*treffen*) treffen ^{289}; **2** (*aangaan, betreffen*) angehen ^{168}, betreffen ^{289}; **3** (*beroeren*) berühren: (*fig*) *iems hart ~* jmds Herz rühren; *dat raakt me niet* das berührt mich nicht; II *intr* (*geraken tot*) geraten ^{218}, kommen ^{193}: *bevriend ~* sich anfreunden; *verloren ~* verloren gehen ^{168}: *buiten zichzelf ~* außer $^{+4,+3}$ sich geraten; *aan de drank ~* sich dem Trunk ergeben ^{166}: *aan het vertellen ~* ins Erzählen kommen ^{193}: *met iem aan de praat ~* mit jmdm ins Gespräch kommen ^{193}; *zie ook* geraken

raket Rakete v^{21}: *een ~ lanceren* eine Rakete abschießen ^{238}

rakker (*deugniet*) Racker m^9, Schlingel m^9

rally Rallye v^{27}

ram 1 (*schaap*) Widder m^9; **2** (*konijn*) Rammler m^9

ramadan Ramadan m^{19}, m^{19a}

ramen (*begroten*) veranschlagen (mit $^{+3}$); (*schatten*) schätzen (auf $^{+4}$)

raming Veranschlagung v^{20}, Schätzung v^{20}: *~ der kosten* Kosten(vor)anschlag m^6

rammel: *een pak ~* eine Tracht Prügel

rammelaar (*speelgoed*) Klapper v^{21}

rammelen 1 (*ratelen, klepperen*) klappern, rasseln; (*mbt voertuig*) rumpeln: *met een bos sleutels ~* mit einem Schlüsselbund rasseln; *op een piano ~* auf einem Klavier klimpern; **2** (*slecht gecomponeerd zijn*) nicht stimmen; **3** (*schudden*) schütteln, rütteln: *iem door elkaar ~* jmdn kräftig schütteln; **4** (*knorren*) knurren

rammelkast 1 (*piano*) Klimperkasten m^{12}; **2** (*wagen*) Klapperkasten m^{12}

rammen 1 (*beuken*) rammen; **2** (*een auto, schip*) rammen; **3** (*slaan*) schlagen ^{241}: *iem in elkaar ~* jmdn zusammenschlagen

rammenas Rettich m^5

ramp Katastrophe v^{21}, Unheil o^{39}: *dat is (toch) geen ~* das ist (doch) kein Beinbruch

rampgebied Katastrophengebiet o^{29}

rampspoed 1 (*tegenslag*) Missgeschick o^{29}; **2** (*onheil*) Unheil o^{39}

rampspoedig, rampzalig unheilvoll

ramsj Ramsch m^5

ranch Ranch v (2e nvl -; mv -(e)s)

rancune Groll m^{19}: *~ tegen iem hebben* einen Groll gegen jmdn hegen

rancuneus nachtragend

rand 1 (*omtrek*) Rand m^8, Kante v^{21}: *de ~ van het aanrecht* die Kante der Anrichte; *~ van de tafel* Tischkante; *aan de ~ van de afgrond* am Rand des Abgrundes; *tot de ~ gevuld* randvoll; **2** (*omlijsting*) Rand m^8, Rahmen m^{11}; **3** (*geweven rand*) Borte v^{21}

randapparatuur peripheres Gerät o^{29}, Zusatzgerät o^{29}

randgroep Randgruppe v^{21}

randje: *op het ~* an der Grenze; *dat was op het ~* das ist noch einmal gut gegangen

random (*comp*): *~ access* wahlfreier Zugriff m^5

randverschijnsel Randerscheinung v^{20}

randvoorwaarde Vorbedingung v^{20}

rang *zn* Rang m^6: *oudste in ~* Rangälteste(r) m^{40a}, v^{40b}: *een hotel van de eerste ~* ein erstklassiges Hotel

range Skala v^{27} (*mv ook* Skalen)

rangeren rangieren ^{320}

ranglijst Rangliste v^{21}, (*sp ook*) Tabelle v^{21}

rangnummer Rangnummer v^{21}

rangorde Rangordnung v^{20}

rangschikken ordnen: *~ onder* zählen zu $^{+3}$, (*indelen in groepen*) klassifizieren ^{320}

rangschikking 1 Ordnung v^{20}; **2** (*ordening*) Rangordnung v^{20}, Klassifizierung v^{20}

rangtelwoord Ordnungszahl v^{20}

¹rank *zn* **1** (*twijg*) Ranke v^{21}; **2** (*loot*) Trieb m^5

²rank *bn, bw* rank, schlank: *een ~e boot* ein instabiles Boot

rankheid Rankheit v^{28}

ransel 1 (*mil*) Tornister m^9; **2** (*ranseling*) Prügel *mv* m^9: *iem een pak ~ geven* jmdm den Ranzen voll hauen ^{185}

ranselen prügeln

rantsoen Ration v^{20}
rantsoeneren rationieren[320]
ranzig ranzig
rap *bn, bw* 1 *(vlug)* rasch; 2 *(vaardig)* flink
rapen *(verzamelen)* sammeln, *(oppakken)* aufheben[186], *(haastig)* raffen
rapport 1 *(verslag)* Bericht m^5; *(van deskundige)* Gutachten o^{35}: ~ *uitbrengen over* Bericht erstatten über[+4], ein Gutachten abgeben[166] über[+4]; 2 *(school)* Zeugnis o^{29a}; 3 *(mil)* Rapport m^5
rapportage Berichterstattung v^{20}
rapportcijfer Zensur v^{20}, Note v^{21}
rapportenvergadering Zensurenkonferenz v^{20}
rapporteren 1 *(berichten)* berichten; 2 *(mil)* melden
rapporteur Berichterstatter m^9
rapsodie Rhapsodie v^{21}
rara: ~, *wat is dat?* rate mal, was ist denn das?
rariteit Rarität v^{20}
¹ras *zn* Rasse v^{21}
²ras *bn, bw* rasch, geschwind; *(weldra)* bald
rasecht: *een ~e Berlijner* ein richtiger Berliner
rashond Rassehund m^5
rasp Raspel v^{21}, Reibe v^{21}
raspaard Rassepferd o^{29}
raspen raspeln, *(van aardappel, kaas, noten)* reiben[219]: *geraspte kaas* Reibkäse m^9
rassendiscriminatie Rassendiskriminierung v^{20}
rassenhaat Rassenhass m^{19}
rassenstrijd Rassenkampf m^6
¹raster *(hekwerk)* Gitter o^{33}
²raster *(glasplaat met netwerk)* Raster m^9
rasterwerk Gitter o^{33}
raszuiver rasserein
rat Ratte v^{21}
rataplan: *de hele* ~ der ganze Kram
ratatouille Ratatouille v^{27}, o^{36}
ratel 1 *(houten klepper)* Knarre v^{21}; 2 *(kletskous)* Plappermaul o^{32}; 3 *(mond)* Klappe v^{21}
ratelen 1 *(algem)* rasseln, rattern; *~de machinegeweren* ratternde Maschinengewehre; *de wekker ratelt* der Wecker rasselt; 2 *(met ratel)* knarren; 3 *(mbt schrijfmachine)* klappern; 4 *(praten)* plappern
ratelkous Plappermaul o^{32}, Plappertasche v^{21}
ratelslang Klapperschlange v^{21}
ratificatie Ratifizierung v^{20}
ratificeren ratifizieren[320]
rationaliseren rationalisieren[320]
rationalistisch rationalistisch
rationeel 1 *(verstandelijk, doordacht)* rational; 2 *(doelmatig)* rationell
ratjetoe Mischmasch m^5
rato: *naar* ~ verhältnismäßig
rats: *in de* ~ *zitten* in der Patsche sitzen[268]
rattengif, rattenkruit Rattengift o^{29}
rauw 1 *(ongekookt)* roh: ~ *vlees* rohes Fleisch; 2 *(ontveld)* wund: *~e plek* wunde Stelle; 3 *(schor)* rau: *~e keel* rauer Hals; *~e stem* raue Stimme; 4 *(grof)* grob, roh, rau

rauwkost Rohkost v^{28}
ravage 1 *(verwoesting)* Verwüstung v^{20}; 2 *(bende)* wildes Durcheinander o^{39}
ravijn Schlucht v^{20}, *(met beek)* Klamm v^{20}
ravotten sich balgen, herumtollen
rayon 1 *(gebied)* Bezirk m^5; 2 *(afdeling)* Abteilung v^{20}
razen *(tekeergaan)* rasen, toben, wüten
razend rasend, wütend, toll: ~ *veel geld* schrecklich viel Geld; ~ *op iem zijn* wütend auf jmdn sein[262]: *ben je ~?* bist du toll?; *het is om ~ te worden* es ist zum Verrücktwerden
razernij Raserei v^{28}
razzia Razzia *v (mv Razzien): een ~ houden* eine Razzia machen
reactie Reaktion v^{20}
reactionair I *bn, bw* reaktionär; II *zn* Reaktionär m^5
reactor Reaktor m^{16}
reageerbuis Reagenzglas o^{32}
reageerbuisbaby Retortenbaby o^{36}
reageren reagieren[320]: ~ *op* reagieren auf[+4]
realisatie Realisierung v^{20}, Realisation v^{20}
realiseerbaar realisierbar
realiseren realisieren[320]: *zich iets* ~ etwas realisieren, etwas erkennen[189]
realisme Realismus m^{19a}
realist Realist m^{14}
realistisch realistisch
realiteit Realität v^{20}
rebel Rebell m^{14}
rebelleren rebellieren[320]
rebellie Rebellion v^{20}
rebels 1 rebellisch; 2 *(woest)* wütend
recalcitrant widerspenstig
recapitulatie Rekapitulation v^{20}
recapituleren rekapitulieren[320]
recensent Rezensent m^{14}
recenseren rezensieren[320]
recensie Rezension v^{20}
recent neu: *van ~e datum* neueren Datums
recentelijk neulich, vor kurzem
recept Rezept o^{29}
receptie 1 *(ontvangst)* Empfang m^6; 2 *(in hotel)* Empfang m^6, Rezeption v^{20}
receptief rezeptiv
receptionist Empfangschef m^{13}
receptioniste Empfangsdame v^{21}
reces Parlamentsferien *(mv)*
recessie Rezession v^{20}
recette Einnahmen *mv* v^{21}
rechaud Rechaud m^{13}, o^{36}
recherche Kriminalpolizei v^{28}, Kripo v^{27}
rechercheren recherchieren[320]
rechercheur Kriminalbeamte(r) m^{40a}
recht I *bn, bw* 1 *(niet scheef)* gerade: *de ~e weg: a)* *(lett)* der gerade Weg; *b) (fig)* der rechte Weg; ~ *staan* gerade stehen[279]: *(fig) iets ~ zetten* etwas berichtigen; 2 *(omhoog gericht)* gerade, aufrecht; 3 *(rechtvaardig)* (ge)recht; 4 *(juist)* recht, richtig: ~

tegenover mij mir genau gegenüber; **II** *zn* **1** *(gerechtigheid)* Gerechtigkeit v^{28}: *iem ~ doen* jmdm Gerechtigkeit widerfahren lassen[197]; **2** *(rechtsregels)* Recht o^{39}: *burgerlijk ~* bürgerliches Recht; **3** *(studie)* Jura *(zonder lw)*: *~en studeren* Jura studieren[320]; **4** *(rechtspraak)* Recht o^{39}: *~ spreken* Recht sprechen[274]; **5** *(gelijk)* Recht o^{39}: *in zijn ~ staan* im Recht sein[262]; **6** *(bevoegdheid, aanspraak)* Recht o^{29}: *~ van bestaan hebben* eine Daseinsberechtigung haben[182]: *alle ~en voorbehouden* alle Rechte vorbehalten; *~ op iets hebben* ein Anrecht auf[+4] etwas haben[182]; **7** *(belasting)* Zoll m^6, Steuer v^{21}

rechtaan geradeaus

rechtbank Gericht o^{29}

rechtbuigen gerade biegen[129]

rechtdoor geradeaus

rechteloos rechtlos: *~ maken* rechtlos machen

¹rechter *zn* **1** *(persoon)* Richter m^9; **2** *(het college)* Gericht o^{29}: *voor de ~ brengen* vor den Richter bringen[139]

²rechter *bn* recht: *de ~ deur* die rechte Tür

rechterarm rechter Arm m^5

rechterbeen rechtes Bein o^{29}

rechter-commissaris Untersuchungsrichter m^9

rechterhand *(ook fig)* rechte Hand v^{25}: *aan uw ~* zu Ihrer Rechten

rechterkant rechte Seite v^{21}: *aan de ~* auf der rechten Seite

rechterlijk richterlich: *~e macht* richterliche Gewalt v^{20}

rechteroever rechtes Ufer o^{33}

rechtervoet rechter Fuß m^6

rechterzijde rechte Seite v^{21}; *(pol)* Rechte v^{40b}: *aan de ~* auf der rechten Seite

rechtgeaard rechtschaffen

rechthebbende Berechtigte(r) m^{40a}, v^{40b}

rechthoek Rechteck o^{29}

rechthoekig rechteckig

rechtlijnig g(e)radlinig

rechtmatig rechtmäßig

rechtop aufrecht, gerade: *~ lopen* aufrecht gehen[168]: *~ zetten* aufrecht hinstellen; *~ gaan zitten* sich aufrichten

rechts I *bn* **1** recht: *het ~e huis* das rechte Haus; **2** *(rechtshandig)* rechtshändig ‖ *~e partij* Rechtspartei v^{20}; **II** *bw* rechts: *~ houden* sich rechts halten[183]: *~ zijn* rechtshändig sein[262]; **III** *zn (pol)* Rechte v^{40b}

rechtsachter rechter Verteidiger m^9

rechtsaf nach rechts

rechtsbijstand Rechtshilfe v^{28}

rechtsbuiten Rechtsaußen m^{11}

rechtschapen rechtschaffen, redlich

rechtscollege Richterkollegium o *(2e nvl -s; mv -kollegien)*

rechtsgebied 1 *(bevoegdheid)* Gerichtsbarkeit v^{28}; **2** *(ressort)* Gerichtsbezirk m^5; **3** *(al wat de rechtspraak betreft)* juristisches Gebiet o^{29}

rechtsgebouw Gerichtsgebäude o^{33}

rechtsgeding Prozess m^5, Gerichtsverfahren o^{35}

rechtsgeldig rechtskräftig

rechtsgeleerde Jurist m^{14}

rechtsgelijkheid Gleichberechtigung v^{28}

rechtshandig rechtshändig

rechtskundig rechtskundig, juristisch: *~ adviseur* Rechtsberater m^9

rechtsmiddel Rechtsmittel o^{33}

rechtsom rechts(her)um

rechtsorde Rechtsordnung v^{28}

rechtspersoon juristische Person v^{20}

rechtspersoonlijkheid Rechtsfähigkeit v^{28}

rechtspositie Rechtsstellung v^{20}

rechtspraak 1 *(jurisprudentie)* Rechtsprechung v^{20}; **2** *(rechtspleging)* Rechtspflege v^{28}

rechtspreken Recht sprechen[274]

rechtsstaat Rechtsstaat m^{16}

rechtstaan gerade stehen[279]

rechtstreeks direkt, unmittelbar: *~e verbinding* direkte Verbindung

rechtsvervolging gerichtliche Verfolgung v^{20}: *een ~ tegen iem instellen* jmdn gerichtlich verfolgen; *iem van ~ ontslaan* jmdn freisprechen[274]

rechtsvordering Klage v^{21}: *een ~ tegen iem instellen* Klage gegen jmdn erheben[186]

rechtswege: *van ~* von Rechts wegen

rechtswinkel Rechtsberatungsstelle v^{21}

rechtszaak Rechtssache v^{21}, Rechtsfall m^6

rechtszaal Gerichtssaal m^6 *(mv -säle)*

rechtszitting Gerichtsverhandlung v^{20}

rechttoe: *~, rechtaan* immer geradeaus

rechttrekken *(ook fig)* zurechtrücken

rechtuit 1 *(in rechte richting)* geradeaus; **2** *(ronduit)* geradeheraus

rechtvaardig gerecht

rechtvaardigen rechtfertigen

rechtvaardiging Rechtfertigung v^{20}

rechtzetten 1 *(lett)* gerade stellen; **2** *(rectificeren)* berichtigen, richtig stellen

rechtzinnig rechtgläubig

recidivist Rückfalltäter m^9, Wiederholungstäter m^9

recipiëren einen Empfang geben[166]

recital Recital o^{36}

recitatief Rezitativ o^{29}

reciteren rezitieren[320]

reclamant Reklamant m^{14}

reclamatie Reklamation v^{20}, Beschwerde v^{21}

reclame 1 *(bezwaar(schrift))* Reklamation v^{20}, Beschwerde v^{21}; **2** *(openbare aanprijzing)* Reklame v^{21}, Werbung v^{28}: *~ maken* Reklame machen; werben[309]

reclameaanbieding Werbeangebot o^{29}

reclameartikel Werbeartikel m^9

reclamebureau Werbebüro o^{36}, Werbeagentur v^{20}

reclamecampagne Werbekampagne v^{21}

reclameren reklamieren[320]

reclamespot Werbespot m^{13}

reclamezuil Litfaßsäule v^{21}

reclasseren resozialisieren[320]

reclassering 1 Resozialisierung v^{20}; **2** *(de organisa-*

tie) Resozialisierungshilfe v^{28}

reclasseringsambtenaar Bewährungshelfer m^9

recommanderen empfehlen[147]

reconstructie Rekonstruktion v^{20}

reconstrueren rekonstruieren[320]

record Rekord m^5, *(sp, ook)* Höchstleistung v^{20}: *het ~ breken* den Rekord brechen[137]: *een ~ vestigen* einen Rekord aufstellen

recorder Rekorder m^9, Recorder m^9

recordhouder Rekordhalter m^9, Rekordinhaber m^9

recordpoging Rekordversuch m^5

recreatie Erholung v^{28}

recreatiegebied Erholungsgebiet o^{29}

recreatiesport Freizeitsport m^5

recreëren sich erholen

rectificatie Berichtigung v^{20}

rectificeren berichtigen

rector 1 *(van atheneum, gymnasium)* Direktor m^{16}; **2** *(r-k)* Rektor m^{16}; **3** *(univ)* Rektor m^{16}

rectoraat Direktorat o^{29}; Rektorat o^{29}

rectrice, rectrix Direktorin v^{22}; Rektorin v^{22}; *zie ook* rector

reçu Empfangsschein m^5

recyclen wieder verwenden[308], recyclen

recycling Recycling o^{39}

redacteur Redakteur m^5

redactie Redaktion v^{20}

redactioneel redaktionell

redactrice Redakteurin v^{22}

reddeloos rettungslos

redden 1 retten: *iem van de verdrinkingsdood ~* jmdn vor dem Ertrinken retten; *~d zwemmen* Rettungsschwimmen o^{39}: *zich eruit ~* sich herauswinden[313]; **2** *(klaar krijgen)* schaffen

redder Retter m^9

redding Rettung v^{20}

reddingsboot Rettungsboot o^{29}

reddingsploeg Rettungsmannschaft v^{20}

reddingspoging Rettungsversuch m^5

reddingswerk Rettungsarbeiten *mv* v^{20}

¹rede 1 *(redevoering)* Rede v^{21}: *een ~ houden* eine Rede halten[183]; **2** *(denkvermogen)* Verstand m^{19}, Vernunft v^{28}: *met ~ begaafd* vernünftig; *naar ~ luisteren* Vernunft annehmen[212]: *iem tot ~ brengen* jmdn zur Vernunft bringen[139]; **3** *(het spreken)* Rede v^{21}: *iem in de ~ vallen* jmdm ins Wort fallen[154]

²rede *(ankerplaats)* Reede v^{21}

redelijk 1 *(met rede begaafd)* vernunftbegabt, vernünftig; **2** *(billijk)* angemessen, gerecht: *een ~e prijs* ein angemessener Preis; **3** *(tamelijk)* ziemlich: *~ goed* ziemlich gut

redelijkerwijze 1 *(terecht)* gerechterweise; **2** *(met billijkheid)* berechtigterweise

redelijkheid Angemessenheit v^{28}: *in ~* mit Recht

redeloos 1 unvernünftig; **2** *(ongegrond)* grundlos

reden 1 *(beweeggrond)* Grund m^6, Beweggrund m^6: *daar heb ik mijn ~ voor* dafür habe ich meine Gründe; *om die ~* aus diesem Grund; *om ~ dat hij …* weil er …; *er is ~ om aan te nemen dat …* es besteht

Grund zur Annahme, dass …; **2** *(argument)* Grund m^6; **3** *(wisk)* Verhältnis o^{29a}

redenaar Redner m^9

redenatie Argumentation v^{20}

redeneren 1 *(praten)* reden; **2** *(argumenteren)* argumentieren[320]: *ik redeneer zo … ich denke so …*

redenering Argumentation v^{20}

reder Reeder m^9

rederij Reederei v^{20}

redetwisten disputieren[320], sich streiten[287]

redevoering Rede v^{21}

redigeren redigieren[320]

reduceren reduzieren[320]

reductie Reduktion v^{20}: *~ op de prijs* Preisnachlass m^5, m^6

reductieprijs reduzierter Preis m^5

ree *(hert)* Reh o^{29}: *jong ~* Rehkitz o^{29}

reebok Rehbock m^6

reebout Rehkeule v^{21}, *(gebraden)* Rehbraten m^{11}

reeds bereits, schon

reëel 1 *(werkelijk bestaand)* reell, wirklich: *de reële waarde* der Realwert; **2** *(van de werkelijkheid uitgaand)* realistisch: *reële politiek* Realpolitik v^{28}

reeks 1 *(rij)* Reihe v^{21}; **2** *(opeenvolging)* Serie v^{21}

reep 1 *(linnen, papier)* Streifen m^{11}; **2** *(chocolade)* Tafel v^{21}, Riegel m^9

reet 1 *(kier)* Ritze v^{21}, Spalt m^5: *~ van de deur* Türspalt; **2** *(plat)* *(zitvlak)* Arsch m^6

referaat Referat o^{29}

referendum Volksentscheid m^5

referent 1 *(rapporteur)* Berichterstatter m^9; **2** *(wie een referaat houdt)* Referent m^{14}

referentie *(inlichting)* Referenz v^{20}

referentiekader Bezugsrahmen m^{11}

refereren 1 referieren[320]: *~ over* referieren über[+4]; **2** *(verwijzen)* sich beziehen[318] (auf[+4])

referte Bezugnahme v^{21}: *onder ~ aan uw brief* unter Bezugnahme auf Ihren Brief

reflectant Bewerber m^9, Interessent m^{14}

reflecteren reflektieren[320]

reflectie Reflexion v^{20}

reflector Reflektor m^{16}

reflex Reflex m^5

reformatie Reformation v^{20}

reformatorisch reformatorisch

reformvoeding Reformkost v^{28}

refrein Refrain m^{13}, Kehrreim m^5

refter Remter m^9, Rempter m^9

regeerder Regierende(r) m^{40a}, v^{40b}

regel 1 *(voorschrift, gewoonte)* Regel v^{21}: *een ~ in acht nemen* eine Regel befolgen; *in de ~* in der Regel; *volgens de ~s van de kunst* nach allen Regeln der Kunst; *in strijd met de ~s* gegen die Regeln; **2** *(lijn)* Linie v^{21}; **3** *(korte mededeling)* Zeile v^{21}

regelaar Regler m^9

regelbaar regelbar, regulierbar

regelen regeln, *(techn, ook)* regulieren[320]

regelgeving Regelung v^{20}

regeling 1 Regelung v^{20}, *(techn)* Regulierung v^{20}; **2**

(verordening) Regelung *v*[20]
regelmaat Regelmäßigkeit *v*[20]
regelmatig regelmäßig
regelmatigheid Regelmäßigkeit *v*[20]
regelrecht 1 geradewegs, direkt; **2** *(op de man af)* direkt, *(bw, ook)* geradeheraus
regen Regen *m*[11]: *zure ~* saurer Regen; *van de ~ in de drup komen* aus dem *(of:* vom) Regen in die Traufe kommen[193]
regenachtig regnerisch
regenboog Regenbogen *m*[11]
regenboogvlies Regenbogenhaut *v*[25]
regenbui Regenschauer *m*[9], Regenguss *m*[6]
regendruppel Regentropfen *m*[11]
regenen *(ook fig)* regnen
regenereren regenerieren[320]
regenfront Regenfront *v*[20]
regenjas Regenmantel *m*[10]
regenkleding Regenkleidung *v*[28]
regenmeter Regenmesser *m*[9]
regent 1 *(pol)* Regent *m*[14]; **2** *(van weeshuis e.d.)* Vorsteher *m*[9], Leiter *m*[9]; **3** *(Belg, ongev)* Mittelschullehrer *m*[9]
regentijd Regenzeit *v*[20]
regenton Regenfass *o*[32], Regentonne *v*[21]
regenval Regenfall *m*[6]
regenvlaag Regenbö *v*[20], Regenschauer *m*[9]
regenweer Regenwetter *o*[39]
regenworm Regenwurm *m*[8]
regeren regieren[320]
regering Regierung *v*[20]
regeringsbeleid Regierungspolitik *v*[28]
regeringsbesluit Regierungsbeschluss *m*[6]
regeringscrisis Regierungskrise *v*[21]
regeringskringen Regierungskreise *mv m*[5]
regeringsleider Regierungschef *m*[13]
regeringspartij Regierungspartei *v*[20]
regeringsprogramma Regierungsprogramm *o*[29]
regeringsverklaring Regierungserklärung *v*[20]
regeringswege: *van ~* von Regierungsseite
regie Regie *v*[28]
regime Regime *o*[33], *o*[36]
regiment Regiment *o*[31]
regio Region *v*[20]: *per ~* regional
regionaal regional
regisseren Regie führen
regisseur Regisseur *m*[5], Spielleiter *m*[9]
register 1 *(ook muz)* Register *o*[33]; **2** *(ook fig) alle ~s openzetten* alle Register ziehen[318]
registratie Registrierung *v*[20]
registreren registrieren[320]
reglement Reglement *o*[36]; *(statuten)* Satzung *v*[20]
reglementair reglementarisch
reglementeren reglementieren[320]
regressie Regression *v*[20]
regressief regressiv
reguleren regulieren[320]
regulering Regulierung *v*[20]
rehabilitatie Rehabilitation *v*[20]

rehabiliteren rehabilitieren[320]
¹rei 1 *(koor)* Chor *m*[6]; **2** *(dans)* Reigen *m*[11]
²rei *(Belg)* Kanal *m*[6], Gracht *v*[20]
reiger Reiher *m*[9]: *blauwe ~* Graureiher
reiken reichen: *tot aan het plafond ~* bis zur Decke reichen
reikhalzen sich sehnen: *~ naar* sich sehnen nach[+3]
reikhalzend sehnsuchtsvoll
reikwijdte Reichweite *v*[21]
rein rein
reïncarnatie Reinkarnation *v*[20]
reinheid Reinheit *v*[28]
reinigen *(ook fig)* reinigen
reiniging 1 *(het reinigen)* Reinigung *v*[20]; **2** *(reinigingsdienst)* Müllabfuhr *v*[20]
reinigingsmiddel Reinigungsmittel *o*[33]
reis Reise *v*[21]: *enkele ~ (kaartje)* einfache Fahrkarte; *enkele ~ Arnhem!* einfach Arnheim, bitte!; *een ~ naar het buitenland* eine Reise ins Ausland; *op ~ gaan* auf Reisen gehen[168]: *goede ~!* gute Reise!
reisbureau Reisebüro *o*[36]
reisdeclaratie Reisekostenabrechnung *v*[20]
reisgelegenheid Transportmittel *o*[33]
reisgenoot Reisegefährte *m*[15]
reisgezelschap Reisegesellschaft *v*[20]
reisgids *(persoon en boek)* Reiseführer *m*[9]
reiskosten Reisekosten *(mv)*, Reisespesen *(mv)*
reisleider Reiseleiter *m*[9]
reisorganisator Reiseveranstalter *m*[9]
reizen reisen: *per trein ~* mit der Bahn reisen *(of:* fahren[153])
reizend reisend, *(rondtrekkend)* wandernd, Wander…
reiziger Reisende(r) *m*[40a], *v*[40b]
reizigersverkeer Personenverkehr *m*[19]
reizigersvervoer Personenbeförderung *v*[20]
¹rek *(rekbaarheid)* Dehnbarkeit *v*[28]: *de ~ is eruit: a) (lett)* es dehnt sich nicht mehr; *b) (fig)* der Elan ist weg
²rek 1 *(sp)* Reck *o*[29], *o*[36]; **2** *(stelling)* Gestell *o*[29]; Regal *o*[29]; *(droogrek)* Trockner *m*[9]; **3** *(lepelrek)* Löffelbrett *o*[31]
rekbaar *(ook fig)* dehnbar
rekenen I *intr* **1** *(cijferen)* rechnen: *uit het hoofd ~* im Kopf rechnen; **2** *(rekening houden met)* rechnen mit[+3]: *reken maar!* darauf kannst du Gift nehmen!; **3** *(vertrouwen op)* rechnen mit[+3], sich verlassen[197] auf[+4]; **II** *tr* **1** *(als prijs vragen)* (be)rechnen; **2** *(houden voor)* halten[183] für[+4], rechnen zu[+3]: *iem tot zijn vrienden ~* jmdn zu seinen Freunden rechnen; **3** *(veronderstellen)* voraussetzen
rekenfout Rechenfehler *m*[9]
Rekenhof *(Belg)* Rechnungshof *m*[6]
rekening Rechnung *v*[20]; *(bij bank)* Konto *o*[36] *(mv ook Konten en Konti):* *~ en verantwoording doen* Rechenschaft ablegen; *een ~ openen* ein Konto eröffnen; *~ houden met iets* etwas berücksichtigen; *~ houden met iem* auf jmdn Rücksicht nehmen[212]; *de ~ graag!* zahlen bitte!; *in ~ brengen* in Rechnung

stellen; *per slot van* ~ schließlich; *dat is voor mijn*
~ *(ook fig)* das geht auf meine Rechnung
rekeningafschrift Kontoauszug *m*[6]
rekening-courant Kontokorrent *o*[29]
rekeninghouder Kontoinhaber *m*[9]
Rekenkamer Rechnungshof *m*[6], *(in BRD)* Bundes-
rechnungshof *m*[6]
rekenliniaal Rechenschieber *m*[9]
rekenmachine Rechenmaschine *v*[21]
rekenschap Rechenschaft *v*[28]: *zich ~ van iets geven*
sich über[+4] etwas im Klaren sein[262]
rekensom Rechenaufgabe *v*[21]
rekest Bittgesuch *o*[29], Eingabe *v*[21]: *een ~ indienen*
ein Bittgesuch einreichen
rekken I *tr* 1 *(langer, wijder maken)* dehnen, strecken; **2** *(lang doen duren)* in die Länge ziehen[318]:
zijn leven ~ sein Leben fristen; **II** *intr* sich dehnen
rekruteren 1 *(mil)* einberufen[226], einziehen[318]; **2**
(fig) rekrutieren[320]
rekruut Rekrut *m*[14]
rekstok Reckstange *v*[21], Reck *o*[29], *o*[36]
rekverband Streckverband *m*[6]
rekwisiet Requisit *o*[37]
rel Krawall *m*[5]: *het is een hele ~ geworden* es hat viel
Staub aufgewirbelt
relaas Bericht *m*[5]
relais Relais *o (2e nvl -; mv -)*
relateren beziehen[318] (auf[+4])
relatie 1 *(betrekking)* Verbindung *v*[20], Beziehung
v[20]; *(in zaken)* Geschäftsverbindung; **2** *(persoon)*
Bekannte(r) *m*[40a], *v*[40b], Freund *m*[5]
relatief relativ, verhältnismäßig
relatiegeschenk Werbegeschenk *o*[29]
relativeren relativieren[320]
relativiteit Relativität *v*[20]
relaxed gelöst, relaxed
relaxen relaxen
relayeren übertragen[288]
relevant relevant
relict Relikt *o*[29]
reliëf Relief *o*[36], *o*[29]: *in ~* erhaben; *(fig) ~ aan iets ge-*
ven einer Sache[3] Relief geben[166]
religie Religion *v*[20]
religieus religiös
relikwie Reliquie *v*[21]
reling Reling *v*[27], *v*[23]
relletje 1 *(opstootje)* Krawall *m*[5]; **2** *(opschudding)*
Aufruhr *m*[5]
rem 1 Bremse *v*[21]: *de ~ aanzetten* die Bremse betäti-
gen; **2** *(remming)* Hemmung *v*[20]: *alle ~men losgooi-*
en sich gehen lassen[197]
rembekrachtiging Servobremse *v*[21]
remblok Bremsklotz *m*[6]
rembours: *onder ~* per *(of:* unter*)* Nachnahme
remedial teacher Lehrer *m*[9] der Förderunterricht
erteilt
remedie 1 *(med)* Heilmittel *o*[33]; **2** *(fig)* Rezept *o*[29]: *~*
voor verveling Rezept gegen Langeweile
remigrant Remigrant *m*[14], Rückwanderer *m*[9]

remigratie Rückwanderung *v*[20]
remise 1 *(van geld)* Überweisung *v*[20]; **2** *(van tram,*
bus) Depot *o*[36]; **3** *(sp)* Remis *o (2e nvl -; mv -)*
[rəmi:e]: *het spel eindigde in ~* das Spiel endete unentschieden
remlicht Bremslicht *o*[31], Bremsleuchte *v*[21]
remmen *(ook fig)* bremsen
remming Hemmung *v*[20]
rempedaal Bremspedal *o*[29]
remspoor Bremsspur *v*[20]
remvoering Bremsbelag *m*[6]
remweg Bremsweg *m*[5]
¹ren 1 *(snelle loop)* Lauf *m*[6], Rennen *o*[39]; **2** *(harddra-*
verij) Pferderennen *o*[39]
²ren *(kippenloop)* Auslauf *m*[6]
renbaan Rennbahn *v*[20]
rendabel rentabel
rendement 1 *(opbrengst)* Ertrag *m*[6], Rendite *v*[21]; **2**
(nuttig effect) Nutzeffekt *m*[5]
renderen sich rentieren[320], sich lohnen
rendez-vous Verabredung *v*[20]
rendier Ren *o*[29], *o*[36], Rentier *o*[29]
rennen rennen[222]
renner Rennfahrer *m*[9]
renovatie Renovierung *v*[20]
renoveren renovieren[320], erneuern
renpaard Rennpferd *o*[29]
rensport Rennsport *m*[19]
rentabiliteit Rentabilität *v*[28]
rente 1 *(opbrengst van een kapitaal)* Zins *m*[16]
(meestal mv): ~ *wegens te late betaling* Verzugszin-
sen; ~ *op ~* Zinseszins(en); **2** *(inkomsten uit vermo-*
gen, pensioen) Rente *v*[21]
rentegevend verzinslich
renteloos zinslos
rentenier Privatmann *m (2e nvl -(e)s; mv -leute)*
rentenieren privatisieren[320]
renteopbrengst Zinsertrag *m*[6]
renteverschil Zinsspanne *v*[21]
rentevoet Zinsfuß *m*[6], Zinssatz *m*[6]
rentmeester Verwalter *m*[9]
rentree Comeback *o*[36] *(2e nvl ook -)*, Come-back *o*[36]
(2e nvl ook -), Rückkehr *v*[20]
reorganisatie Reorganisation *v*[20]
reorganiseren reorganisieren[320]
rep: *in ~ en roer brengen* in Aufregung versetzen
reparateur Mechaniker *m*[9]
reparatie Reparatur *v*[20]: *~s (aan gebouw bijv.)* In-
standsetzungsarbeiten *mv v*[20]
reparatiewerkplaats Reparaturwerkstatt *v (mv*
-stätten)
repareren reparieren[320], wiederherstellen
repatriëren I *intr* heimkehren; **II** *tr* repatriieren[320]
repertoire Repertoire *o*[36], Spielplan *m*[6]
repeteren 1 *(herhalen)* wiederholen; **2** *(instuderen)*
proben, einstudieren[320]
repetitie 1 *(herhaling)* Wiederholung *v*[20]; **2** *(her-*
haalde oefening) Repetition *v*[20], Probe *v*[21]; **3** *(proef-*
werk) Klassenarbeit *v*[20]

re

repliek Replik v^{20}: *iem van ~ dienen* jmdm geharnischt antworten

reportage Reportage v^{21}

reporter Reporter m^9, Berichterstatter m^9

reppen I *tr (aanroeren)* erwähnen: *over (of: van) iets ~* etwas erwähnen; **II** *zich ~* sich beeilen

represaille Repressalie v^{21} *(meestal mv)*

representant Repräsentant m^{14}, Vertreter m^9

representatie Repräsentation v^{20}

representatief repräsentativ

representeren repräsentieren^{320}

repressie Repression v^{20}

repressief repressiv

reprimande Rüge v^{21}, Verweis m^5

reprise 1 Wiederholung v^{20}; **2** *(film)* Reprise v^{21}

reproduceren reproduzieren^{320}

reproductie Reproduktion v^{20}

reptiel Reptil o *(2e nvl -s; mv -ien, zelden -e)*

republiek Republik v^{20}

republikein Republikaner m^9

republikeins republikanisch

reputatie Ruf m^{19}, Leumund m^{19}

requiem Requiem o^{36}

requisitoir *(ook fig)* Plädoyer o^{36}

research Forschung v^{20}

reservaat Reservat o^{29}

reserve 1 *(voorraad)* Reserve v^{21}; **2** *(voorbehoud)* Vorbehalt m^5; **3** *(terughoudendheid)* Zurückhaltung v^{28}; **4** *(sp)* Ersatzspieler m^9; **5** *(plaatsvervanger)* Ersatzmann m^8

reserveband Reservereifen m^{11}, Ersatzreifen m^{11}

reservegetal Zusatzzahl v^{20}

reserveonderdeel Ersatzteil o^{29}, soms m^5

reserveren reservieren^{320}; *(van geld)* zurücklegen

reservewiel Reserverad o^{32}, Ersatzrad o^{32}

reservoir Reservoir o^{29}

residentie Residenz v^{20}

residu Rest m^5, Rückstand m^6

resistent resistent

resolutie Resolution v^{20}

resoluut resolut, entschlossen

resonantie Resonanz v^{20}

resoneren resonieren^{320}

resp. *afk van respectievelijk* beziehungsweise *(afk bzw.)*

respect Respekt m^{19}, Achtung v^{28}: *~ voor iem hebben* Respekt vor jmdm haben^{182}

respectabel respektabel

respecteren respektieren^{320}, achten: *zich doen ~ sich*^{3} Respekt verschaffen

respectief jeweilig

respectievelijk I *bn* jeweilig; **II** *bw* respektive, beziehungsweise

respijt Aufschub m^6, Frist v^{20}

respons Respons m^5

respons(ie) Respons m^5

ressentiment Ressentiment o^{36}

ressort Ressort o^{36}, Amtsbereich m^5

ressorteren ressortieren^{320}: *~ onder* ressortieren

bei^{+3}

rest Rest m^5: *~jes (van het eten)* Reste; *voor de ~* übrigens

restant Rest m^5, m^7, Restbestand m^6

restaurant Restaurant o^{36}, Gaststätte v^{21}

restauratie 1 Restauration v^{20}; **2** *(restaurant)* Gaststätte v^{21}

restauratierijtuig, restauratiewagen Speisewagen m^{11}

restaureren restaurieren^{320}

resten übrig bleiben^{134}

resteren übrig bleiben^{134}: *~d bedrag* Restbetrag m^6

restitueren (zurück)erstatten

restitutie Rückerstattung v^{20}, Erstattung

restrictie Restriktion v^{20}, Vorbehalt m^5

restrictief restriktiv, einschränkend

resultaat Resultat o^{29}, Ergebnis o^{29a}, *(gunstig)* Erfolg m^5: *zonder ~ blijven* ergebnislos bleiben^{134}: *geen ~ opleveren* kein Resultat bringen^{139}

resulteren 1 *(voortvloeien)* resultieren (aus^{+3}); **2** *(als gevolg hebben)* resultieren (in^{+3})

resumé Resümee o^{36}, Zusammenfassung v^{20}

resumeren resümieren^{320}, zusammenfassen

resusfactor Rhesusfaktor m^{19}

retoriek Rhetorik v^{20}, Redekunst v^{28}

retorisch rhetorisch

retort Retorte v^{21}

retoucheren retuschieren^{320}

retour I *zn (retourbiljet)* Rückfahrkarte v^{21}; **II** *bw* zurück || *(fig) op zijn ~ zijn* zurückgehen^{168}: *hij is op zijn ~* mit ihm geht es abwärts

retourbiljet Rückfahrkarte v^{21}

retourneren retournieren^{320}, zurücksenden^{263}

retourtje Rückfahrkarte v^{21}

retourvracht Rückfracht v^{20}

retriever Retriever m^9

retrospectief retrospektiv

return 1 *(terugslag)* Return m^{13}; **2** *(returnwedstrijd)* Rückspiel o^{29}

reu Rüde m^{15}

reuk 1 *(reukzin)* Geruch m^{19}; *(van hond, wild)* Witterung v^{20}; **2** *(geur)* Geruch m^6, Duft m^6; **3** *(fig)* Geruch m^{19}

reukloos geruchlos

reukorgaan Riechorgan o^{29}, Geruchsorgan o^{29}

reuma Rheuma o^{39}

reumatiek Rheumatismus m *(2e nvl -; mv Rheumatismen)*

reumatisch rheumatisch

reünie Treffen o^{35}; *(van oud-klasgenoten)* Klassentreffen o^{35}

reus Riese m^{15}

reusachtig riesig, riesenhaft: *~ succes* Riesenerfolg m^5: *~ groot* riesengroß

reut 1 *(zaken)* Plunder m^{19}; **2** *(mensen)* Bande v^{21}

reutelen röcheln

reutemeteut *zie* reut

reuze I *bn* riesig, fabelhaft: *dat is ~!* das ist ja fabelhaft!; **II** *bw* riesig, gewaltig

reuzebof Mordsglück o^{39}
reuzeherrie Mordskrach m^{19}
reuzehonger Riesenhunger m^{19}
reuzekerel Mordskerl m^5
reuzel Schweineschmalz o^{29}, Schmalz o^{29}
reuzeleuk sehr amüsant, köstlich
reuzenkracht Riesenkraft v^{25}
reuzenrad Riesenrad o^{32}
reuzenslalom Riesenslalom m^{13}
reuzepret Mordsspaß m^{19}, Heidenspaß m^{19}
reuzesucces Riesenerfolg m^5
revalidatie Rehabilitation v^{20}
revalideren rehabilitieren^{320}
revaluatie Aufwertung v^{20}
revalueren aufwerten
revanche Revanche v^{21}: ~ *nemen* sich revanchieren^{320}
revancheren, zich sich revanchieren^{320}
reverentie Reverenz v^{20}
rêverie Reverie v^{21}
revers *(op-, omslag)* Revers o *(2e nvl -; mv -)*
reviseren überholen: *geheel* ~ generalüberholen
revisie 1 *(jur)* Revision v^{20}; **2** *(techn)* Überholung v^{20}
revival Revival o^{36}
revolutie Revolution v^{20}
revolutionair I *bn, bw* revolutionär; **II** *zn* Revolutionär m^5
revolver Revolver m^9
revue Revue v^{21} ‖ *iets de ~ laten passeren* etwas Revue passieren lassen^{197}
riant 1 *(aantrekkelijk)* reizend; **2** *(royaal)* beachtlich, *(mbt ruimte)* geräumig
rib 1 Rippe v^{21}: *een ~ kneuzen* eine Rippe quetschen; *dat is een ~ uit je lijf!* das reißt ein großes Loch in den Geldbeutel!; **2** *(scheepv)* Rippe v^{21}, Spant o^{37}; **3** *(wisk)* Kante v^{21}
ribbel 1 *(verhoogd)* Rippe v^{21}, Riffel v^{21}; **2** *(verlaagd)* Rille v^{21}, Riffel v^{21}
ribbenkast Brustkorb m^6
ribfluweel Kord(samt) m^5, Cord(samt) m^5
ribfluwelen Kord…, Cord…: ~ *broek* Kordhose v^{21}, Cordhose v^{21}
richel Leiste v^{21}
richten I *tr* richten, *(van schreden, van iem)* lenken: *een brief aan iem* ~ einen Brief an jmdn richten; *het oog op iets* ~ den Blick auf^{+4} etwas richten; *de blik ten hemel* ~ zum Himmel aufblicken; *een verzoek tot iem* ~ eine Bitte an jmdn richten; *het woord tot iem* ~ das Wort an jmdn richten; **II** *zich* ~ **1** *(met naar)* sich richten nach^{+3}; **2** *(met tot iem)* sich an jmdn wenden^{308}
richting Richtung v^{20}: *(sp)* de bal werd van ~ *veranderd* der Ball wurde abgefälscht; ~ *Londen gaan* in Richtung London gehen^{168}; *in de ~ van het zuiden* in Richtung Süden
richtingaanwijzer Blinkleuchte v^{21}, Blinker m^9
richtlijn Richtlinie v^{21}
richtprijs Richtpreis m^5
richtsnoer *(ook fig)* Richtschnur v^{20}

ridder Ritter m^9
ridderen einen Orden verleihen^{200}
ridderlijk ritterlich
ridderorde Orden m^{11}
ridderzaal Rittersaal m^6 *(mv -säle)*
ridicuul lächerlich
riedel 1 *(loopje)* Jingle m^{13} *(2e nvl ook -; mv ook -)*; **2** *(slagzin)* Phrase v^{21}; **3** *(reeks, rij)* Reihe v^{21}
riek Gabel v^{21}
rieken riechen^{223}
riem 1 *(om iets vast te binden)* Riemen m^{11}, *(van hond)* Leine v^{21}; **2** *(gordel)* Riemen m^{11}, Gürtel m^9, Gurt m^5; **3** *(roeispaan)* Ruder o^{33}, Riemen m^{11}
riet 1 *(grassoort)* Ried o^{29}, Schilfrohr o^{29}: *een huis met ~ dekken* ein Haus mit Rohr decken; **2** *(rietstengel)* Schilfrohr o^{29}; Schilf o^{29}: *beven als een ~* zittern wie Espenlaub
rieten schilfen, Schilf…, Rohr…: ~ *dak* Schilfdach o^{32}: ~ *meubelen* Korbmöbel mv o^{33}
rietje Trinkhalm m^5, Strohhalm m^5
rietsuiker Rohrzucker m^{19}
rif *(klip)* Riff o^{29}
rigoureus rigoros
rij 1 Reihe v^{21}: *in de ~ staan (bijv. voor loket)* Schlange stehen^{279}: *op de ~ af* der Reihe nach; **2** *(file)* Schlange v^{21}
rijbaan *(van weg)* Fahrbahn v^{20}
rijbewijs Führerschein m^5: *het ~ halen* den Führerschein machen; *het ~ intrekken* jmdm den Führerschein entziehen^{318}
rijbroek Reithose v^{21}
rijden I *intr* **1** *(in, op een voertuig)* fahren^{153}: *verkeerd ~* sich verfahren; *door rood ~* eine rote Ampel überfahren; *we gaan een eindje ~* wir machen eine Tour; **2** *(op een dier)* reiten^{221}: *op welk paard wil je ~?* welches Pferd willst du reiten?; **3** *(schaatsen)* Schlittschuh laufen^{198}; **II** *tr (vervoeren)* fahren^{153}: *mest ~* Mist fahren; *zijn auto in puin ~* seinen Wagen zu Bruch fahren; *een rondje ~* eine Runde fahren ‖ *zit niet zo op die stoel te ~!* rutsche nicht so auf dem Stuhl herum!
rijder 1 *(ruiter)* Reiter m^9; **2** *(van voertuig)* Fahrer m^9; **3** *(schaatser)* Schlittschuhläufer m^9
rijdier Reittier o^{29}
rijervaring Fahrpraxis v^{28}
rijexamen Fahrprüfung v^{20}
rijgedrag Fahrverhalten o^{39}
rijgen 1 *(aan een snoer)* anreihen, aufreihen; **2** *(met grote steken naaien)* heften, reihen
rijggaren Reihgarn o^{29}
rijglaars Schnürstiefel m^9
rij-instructeur Fahrlehrer m^9
¹rijk I *bn, bw* reich; *(mbt inhoud)* reichhaltig; **II** *zn*: ~ *en arm* Reich und Arm; ~*en en armen* Reiche und Arme mv^{40}
²rijk *zn* Reich o^{29}, *(overheid)* Staat m^{16}: *het ~ alleen hebben* allein (zu Hause) sein^{262}: *op kosten van het* ~ auf Staatskosten
rijkaard Reiche(r) m^{40a}, v^{40b}

ri

rijkdom Reichtum m^8
rijke Reiche(r) m^{40a}, v^{40b}
rijkelijk reichlich: ~ *genoeg* mehr als genug
rijkelui reiche Leute *(mv)*
rijksambtenaar Staatsbeamte(r) m^{40a}
rijksbegroting Staatshaushalt m^5
rijksbelasting Staatssteuer v^{21}
rijksdienst *(instantie)* Staatsbehörde v^{21}
rijksinstelling staatliche Institution v^{20}
rijksmuseum staatliches Museum *o (2e nvl -s; mv Museen)*: *het Rijksmuseum (in Amsterdam)* das Rijksmuseum
rijksoverheid Staat m^{19}
rijkspolitie staatliche Polizei v^{28}
rijkssubsidie staatliche Subvention v^{20}
rijksuniversiteit staatliche Universität v^{20}
rijkswacht *(Belg) (ongev)* staatliche Polizei v^{28}
rijkswachter *(Belg)* Mitglied o^{31} der staatlichen Polizei
rijksweg Staatsstraße v^{21}; *(BRD)* Bundesstraße v^{21}
rijkswege: *van* ~ von Staats wegen
rijlaars Reitstiefel m^9
rijles Fahrstunde v^{21}; *(in manege)* Reitstunde v^{21}
rijm Reim m^5: *op* ~ *brengen* in Reime bringen[139]
rijmelaar Dichterling m^5, Reimschmied m^5
rijmelen Reime schmieden
rijmen 1 *(op rijm dichten)* reimen; **2** *(rijm hebben)* sich reimen: ~ *op* sich reimen auf[+4]; **3** *(overeenstemmen)* sich reimen; **4** *(in overeenstemming brengen)* sich[3] zusammenreimen: *dat valt niet te* ~ *met … ich* kann mir das nicht zusammenreimen
Rijn Rhein m^{19}
rijnaak Rheinkahn m^6
Rijndal Rheintal o^{39}
rijnschip Rheinschiff o^{29}
rijnwijn Rheinwein m^5
¹rijp *bn* reif: *op ~ere leeftijd* im reiferen Alter; *na ~ beraad* nach reiflicher Überlegung
²rijp *(rijm)* Reif m^{19}, *(losser)* Raureif m^{19}
rijpaard Reitpferd o^{29}
rijpen reifen
rijpheid Reife v^{28}
rijping Reifung v^{28}
rijs 1 *(twijg)* Reis o^{31}; **2** *(takken)* Reisig o^{39}
rijschool 1 *(autorijschool)* Fahrschule v^{21}; **2** *(manege)* Reitschule v^{21}
rijsnelheid Fahrgeschwindigkeit v^{20}
rijst Reis m^{19}
rijstebrij, rijstepap Reisbrei m^5
rijstkorrel Reiskorn o^{32}
rijstrook Fahrspur v^{20}, Fahrstreifen m^{11}
rijsttafel Reistafel v^{21}
rijtaks *(Belg)* Kraftfahrzeugsteuer v^{21}
rijten reißen[220]: *in stukken* ~ zerreißen[220]
rijtijd Fahrzeit v^{20}
rijtoer Spazierfahrt v^{20}
rijtuig Wagen m^{11}, *(huurrijtuig)* Droschke v^{21}
rijvaardigheid Fahrtüchtigkeit v^{28}
rijven *(Belg) (harken)* harken

rijweg Fahrbahn v^{20}
rijwiel Fahrrad o^{32}
rijwielpad Fahrradweg m^5, Radweg m^5
rijwielstalling Fahrradwache v^{21}
rijzen 1 *(omhooggaan)* steigen[281], aufgehen[168]: *de barometer rijst* das Barometer steigt; **2** *(gisten)* aufgehen[168]; **3** *(zich oprichten)* sich erheben[186]; **4** *(opkomen)* aufkommen[193]; **5** *(oprijzen)* sich erheben[186]
rijzig hoch gewachsen: ~ *van gestalte* von hohem Wuchs
rijzweep Reitpeitsche v^{21}, Reitgerte v^{21}
rillen zittern: ~ *van de kou* vor[+3] Kälte zittern; *(fig) het is om van te* ~ es ist schauderhaft
rillerig fröstelnd: *ik ben* ~ mich fröstelt
rilling 1 *(huivering)* Schauder m^9: *er ging een koude* ~ *door zijn leden* es überlief ihn kalt; **2** *(koortsrilling)* Schüttelfrost m^6
rimboe Dschungel m^9, *zelden* o^{33}
rimpel 1 *(in huid)* Falte v^{21}, Runzel v^{21}; *(in vrucht)* Runzel v^{21}; *(in stof)* Falte v^{21}; **2** *(golfje)* Kräuselung v^{20}
rimpelen I *tr (van voorhoofd)* runzeln; *(van water)* kräuseln; **II** *intr (mbt huid)* sich runzeln; *(mbt water)* sich kräuseln
rimpelig runz(e)lig
ring 1 Ring m^5: *~en om de ogen* Ringe unter den Augen; *gouden* ~ Goldring m^5; **2** *(om de maan)* Hof m^6
ringbaan *(weg)* Ringstraße v^{21}
ringband Ringbuch o^{32}, Ringheft o^{29}
ringeloren kujonieren[320], schikanieren[320]
ringen beringen: *vogels* ~ Vögel beringen
ringetje: *er uitzien om door een* ~ *te halen* wie aus dem Ei gepellt sein[262]
ringslang Ringelnatter v^{21}
ringsleutel Ringschlüssel m^9
ringvaart Ringkanal m^6
ringvinger Ringfinger m^9
ringweg Ring m^5, Ringstraße v^{21}
rinkelen 1 *(mbt metaal, glas)* klirren; **2** *(mbt geld)* klimpern; **3** *(mbt telefoon)* klingeln
rinoceros Rhinozeros o^{29a} *(2e nvl ook -)*
riolering Kanalisation v^{20}
riool Abzugskanal m^6, Kanal
rioolkolk Gully m^{13}, o^{36}
rioolwater Abwasser o^{34} *(vaak mv)*
risico Risiko o^{36} *(mv ook Risiken)*: *(bij verzekering) een eigen* ~ *van …* eine Selbstbeteiligung von …; *een ~ aanvaarden* ein Risiko auf sich nehmen[212]: *hij wil geen ~ nemen* er will kein Risiko eingehen; *op eigen* ~ auf eigenes Risiko
riskant riskant
riskeren riskieren[320]
rit 1 *(het rijden)* Fahrt v^{20}; *(op rijdier)* Ritt m^5; **2** *(afstand)* Fahrt v^{20}, *(bij wielrennen)* Etappe v^{21}, *(bij schaatsen)* Lauf m^6
ritme Rhythmus m *(2e nvl -; mv Rhythmen)*
ritmisch rhythmisch
¹rits *(serie)* Reihe v^{21}
²rits *(ritssluiting)* Reißverschluss m^6

ritselen I *intr (geluid maken)* rascheln; II *tr (voor elkaar brengen)* deichseln
ritssluiting Reißverschluss m^6
ritueel I *bn, bw* rituell; II *zn* Ritual o^{29}
rivaal Rivale m^{15}
rivaliseren rivalisieren^{320}
rivaliteit Rivalität v^{20}
rivier Fluss m^6, *(groot, ook)* Strom m^6
rivierarm Flussarm m^5
rivierbedding Flussbett o^{37}
riviermond Flussmündung v^{20}
rivierpolitie Wasserschutzpolizei v^{20}
riviervaart Flussschifffahrt v^{28}
r.-k. *afk van* rooms-katholiek römisch-katholisch *(afk r.-k., röm.-kath.)*
rob Robbe v^{21}
robbedoes Wildfang m^6
robbenjacht Robbenjagd v^{20}; Robbenfang m^6
robijn Rubin m^5
robot Roboter m^9
robuust robust, kräftig
rochel *(fluim)* Schleim m^5, Auswurf m^6
rochelen 1 *(fluimen opgeven)* Schleim absondern; 2 *(een keelgeluid maken)* röcheln
rock Rock m^{19}, m^{19a}
rocker Rocker m^9
rock-'n-roll Rock'n'Roll m *(2e nvl* Rock'n'Roll(s))
rococo Rokoko o^{39}, o^{39a}
roddel Klatsch m^{19}
roddelaar(ster) Klatschmaul o^{32}, Klatschtante v^{21}
roddelen klatschen
rodehond Röteln *(mv)*
rodekool Rotkohl m^{19}, Rotkraut o^{39}
Rode Kruis Rotes Kreuz o^{39}: *het ~* das Rote Kreuz
rodelbaan Rodelbahn v^{20}
rodelen rodeln
roe *zie* roede
roebel Rubel m^9
roede 1 *(twijg, penis)* Rute v^{21}; 2 *(voor gordijn, traploper)* Stange v^{21}
roedel Rudel o^{33}, Rotte v^{21}
roeibaan Regattastrecke v^{21}
roeiboot Ruderboot o^{29}
roeien rudern
roeier Ruderer m^9
roeiriem, roeispaan Ruder o^{33}, Riemen m^{11}
roeisport Rudersport m^{19}
roeister Ruderin v^{22}
roeitochtje Bootsfahrt v^{20}
roeiwedstrijd Ruderregatta v *(mv -regatten)*
roekeloos leichtsinnig, tollkühn
roekeloosheid Leichtsinn m^{19}; Tollkühnheit v^{28}
roem 1 *(lof)* Ruhm m^{19}; 2 *(in kaartspel)* Sequenz v^{20}
Roemeen Rumäne m^{15}
Roemeens I *zn* Rumänisch o^{41}; II *bn* rumänisch
roemen 1 *(loven)* rühmen, loben: *op iets ~* sich einer Sache² rühmen; 2 *(in kaartspel)* eine Sequenz ansagen
Roemenië Rumänien o^{39}

roemer Römer m^9
roemloos ruhmlos
roemrijk ruhmreich
roemrucht(ig) berühmt
roep Ruf m^5
roepen 1 rufen^{226}: *ik voel me er niet toe ge~* ich habe wenig Lust dazu; 2 *(wekken)* wecken
roeper Rufer m^9
roeping Berufung v^{20}
roepletter Rufzeichen o^{35}
roepnaam Rufname m^{18}
roer Ruder o^{33}, Steuerruder o^{33}: *(fig) aan het ~ staan* am Ruder sein^{262}: *(ook fig) het ~ omgooien* das Ruder herumwerfen^{311}: *hou je ~ recht!* bleib senkrecht!
roerdomp Rohrdommel v^{21}
roerei Rührei o^{31}
roeren rühren: *zijn mond ~* schnattern; *zijn mond weten te ~* nicht auf den Mund gefallen sein^{262}
roerend 1 *(aandoenlijk)* rührend; 2 *(niet vast)* beweglich: *~ goed* Mobilien *(mv)*, bewegliche Güter *(mv)* || *het ~ eens zijn* sich ganz einig sein^{262}
roerganger Rudergänger m^9, Rudergast m^6
Roergebied Ruhrgebiet o^{39}
roerig lebhaft, unruhig
roerloos unbeweglich, reg(ungs)los
roerspaan Rührer m^9
roerzeef Passiersieb o^{29}
roes Rausch m^6
roest Rost m^{19}: *een laag ~* eine Rostschicht
roesten rosten, Rost ansetzen
roestig rostig
roestplek, roestvlek Rostfleck m^5
roestvrij rostfrei: *~ staal* rostfreier Stahl
roestwerend rostbeständig
roet Ruß m^{19}: *(fig) iem ~ in het eten gooien* jmdm die Suppe versalzen
roetzwart rußschwarz
roezemoezen rumoren, lärmen
roffel Wirbel m^9, Trommelwirbel
roffelen *(op de trom)* wirbeln
rog Rochen m^{11}
rogge Roggen m^{11}
roggebrood Roggenbrot o^{29}
rok 1 *(van vrouwen)* Rock m^6; 2 *(van mannen)* Frack m^6
roken 1 rauchen; 2 *(vis, vlees)* räuchern
roker Raucher m^9
rokerig rauchig
rokkostuum Frack m^6
rol 1 *(lijst)* Liste v^{21}; 2 *(theat)* Rolle v^{21}: *de ~len omkeren* die Rollen (ver)tauschen; 3 *(opgerold iets)* Rolle v^{21}
rolbezetting Rollenbesetzung v^{20}
rolgordijn Rouleau o^{36}, Rollo o^{36}
rollade Rollbraten m^{11}
rollebollen 1 *(buitelen)* purzeln; 2 *(vrijen)* es (mit jmdm) treiben^{290}
rollen I *intr* 1 rollen; *(buitelen, ook)* sich wälzen:

(fig) aan het ~ brengen ins Rollen bringen[139]: *de donder rolt* der Donner (g)rollt; *de kinderen rolden over elkaar* die Kinder purzelten übereinander; *(fig) ergens in ~ in*[+4] etwas hineinkommen[193]; **2** *(makkelijk gaan)* sich durchschlagen[241]; **II** *tr* **1** *(plat maken)* rollen, walzen, *(gras)* mähen: *een sigaret ~* eine Zigarette rollen; **2** *(stelen)* klauen

rollenspel Rollenspiel *o*[29]

rollerskate Rollerskate *m*[13]

rolletje: *het gaat op ~s* es läuft wie am Schnürchen

rolluik Rollladen *m*[12], *m*[11]

rolschaats Rollschuh *m*[5]

rolschaatsen Rollschuh laufen[198]

rolstoel Rollstuhl *m*[6]

roltrap Rolltreppe *v*[21]

rolverdeling Rollenverteilung *v*[20]

ROM *afk van Read Only Memory* Fest(wert)speicher *m*[9] *(afk* ROM)

roman Roman *m*[5]: *~ in brieven* Briefroman

romance Romanze *v*[21]

romancier Romanschriftsteller *m*[9]

romanticus Romantiker *m*[9]

romantiek Romantik *v*[28]

romantisch romantisch

Rome Rom *o*[39]

Romein Römer *m*[9]

Romeins römisch: *~e cijfers* römische Ziffern

romig sahnig

rommel **1** *(warboel)* Wust *m*[19], Durcheinander *o*[39]: *~ maken* alles in Unordnung bringen[139]; **2** *(oude spullen)* Gerümpel *o*[39]; **3** *(ondeugdelijke waar)* Schund *m*[19] || *de hele ~* der ganze Kram

rommelen **1** *(snuffelen)* (herum)stöbern, (herum)kramen; **2** *(dof dreunen)* grollen, *(in buik, maag)* knurren; **3** *(knoeien)* pfuschen; **4** *(regelen)* deichseln || *in de club begon het te ~* im Verein begann es zu brodeln

rommelig unordentlich, wüst

rommelmarkt Flohmarkt *m*[6], Trödelmarkt *m*[6]

rommelzolder Abstellraum *m*[6]

rommelzooitje Krempel *m*[19], Trödel *m*[19]

romp Rumpf *m*[6]

rompslomp Kram *m*[19], Umstände *mv m*[6]: *administratieve ~* Papierkram

rond I *bn, bw* rund: *een ~ getal* eine runde Zahl; *~ 25 euro* etwa 25 Euro; *~ voor iets uitkomen* etwas offen gestehen[279]: *een wet ~ hebben* ein Gesetz fertig haben[182]; **II** *vz* um[+4] ... (herum): *~ de tafel* um den Tisch (herum); **III** *zn: in het ~ kijken* um[+4] sich blicken, umherblicken; *drie kilometer in het ~* drei Kilometer im Umkreis

rondbazuinen ausposaunen

rondborstig offen(herzig)

rondbrengen austragen[288]

rondbrieven herumerzählen, herumtragen[288]

ronddelen herumreichen, herumgeben[166]

ronddobberen umhertreiben[290]

ronddraaien I *tr* herumdrehen; **II** *intr* sich herumdrehen

ronddwalen herumirren, umherirren

ronde **1** Runde *v*[21]: *het gerucht doet de ~* das Gerücht kursiert; **2** *(sp)* Runde *v*[21], Durchgang *m*[6], *(wielerwedstrijd)* Rundfahrt *v*[20]

ronden runden

rondfietsen herumradeln, umherradeln

rondgaan herumgehen[168]: *het praatje gaat rond* es geht die Rede

rondgang Runde *v*[21], Rundgang *m*[6]

rondgeven herumgeben[166], herumreichen

rondhangen herumlungern

ronding Rundung *v*[20]

rondje: *een ~ geven* eine Runde ausgeben[166]

rondkijken umherblicken, sich umsehen[261]

rondkomen auskommen[193]: *hij kan goed ~* er hat sein gutes Auskommen

rondleiden (herum)führen

rondleiding Führung *v*[20]

rondlopen herumgehen[168], umhergehen[168]: *met een plan ~* sich mit einem Plan tragen[288]

rondlummelen herumlungern

rondneuzen herumstöbern, herumschnüffeln

rondom I *bw* rundherum; **II** *vz* um[+4] ... (herum): *~ de tafel* um den Tisch herum

rondpunt *(Belg) (verkeersplein)* Kreisel *m*[9]

rondreis Rundreise *v*[21]

rondreizen herumreisen, umherreisen

rondrijden herumfahren[153], umherfahren[153]

rondrit Rundfahrt *v*[20]

rondscharrelen **1** *(doelloos)* herumtrödeln; **2** *(bezig zijn)* herumhantieren[320]

rondschrijven Rundschreiben *o*[35], Rundbrief *m*[5]

rondslenteren herumschlendern, umherschlendern

rondslingeren: *iets laten ~* etwas herumliegen lassen[197]

rondsluipen herumschleichen[242], umherschleichen[242]

rondsnuffelen herumschnüffeln

rondstrooien *(ook fig)* ausstreuen

rondte Runde *v*[21]: *uren in de ~* im ganzen Umkreis; *in de ~ draaien* sich drehen

rondtrekken herumziehen[318], umherziehen[318]

ronduit rundheraus; *(bepaald)* schlicht: *~ gezegd* rundheraus gesagt; *dat is ~ gelogen* das ist schlicht gelogen

rondvaart Rundfahrt *v*[20]

rondvaartboot Rundfahrtboot *o*[29]

rondvertellen herumerzählen, herumtragen[288]

rondvliegen herumfliegen[159], umherfliegen[159]

rondvlucht Rundflug *m*[6]

rondvraag Rundfrage *v*[21]

rondwandelen herumspazieren[320], umherspazieren[320]

rondweg I *bw* rundheraus; **II** *zn* Ringstraße *v*[21]

rondzwerven herumstreifen, umherstreifen

ronken **1** *(snurken)* schnarchen; **2** *(mbt motor)* brummen

ronselen (an)werben[309]

röntgenapparaat Röntgenapparat *m*[5], Röntgengerät *o*[29]

röntgenfoto Röntgenaufnahme *v*[21], Röntgenbild *o*[31]

röntgenonderzoek Röntgenuntersuchung *v*[20]

rood I *bn* rot[59]: *het Rode Kruis* das Rote Kreuz; *~ potlood* Rotstift *m*[5]: *rode wijn* roter Wein, Rotwein *m*[5]: *~ worden* rot werden[310]: *het verkeerslicht staat op ~* die Ampel zeigt Rot; *in de rode cijfers komen* in die roten Zahlen kommen[193]; **II** *zn (rode kleur)* Rot *o*[33]; *(blos)* Röte *v*[28]

roodachtig rötlich

roodborstje Rotkehlchen *o*[35]

roodbruin rotbraun

roodgloeiend rot glühend: *de telefoon staat ~* das Telefon klingelt fortwährend

roodharig rothaarig

roodheid Röte *v*[28]

roodhuid Rothaut *v*[25]

Roodkapje Rotkäppchen *o*[39]

roodvonk Scharlach *m*[19], Scharlachfieber *o*[39]

¹roof *(het roven; het geroofde)* Raub *m*[5]

²roof *(op wond)* Schorf *m*[5], Kruste *v*[21]

roofbouw Raubbau *m*[19]: *~ plegen op* Raubbau treiben[290] mit[+3]

roofdier Raubtier *o*[29]

roofmoord Raubmord *m*[5]

roofoverval Raubüberfall *m*[6]

roofvogel Raubvogel *m*[10]

¹rooien *(klaarspelen)* fertig bringen[139]

²rooien *(landb)* ausgraben[180]; *(een bos, bomen)* roden

rooilijn Bauflucht *v*[20], Baufluchtlinie *v*[21]

rook Rauch *m*[19]: *(fig) in ~ opgaan* in Rauch aufgehen[168]: *onder de ~ van Amsterdam* in der Nähe von Amsterdam

rookartikelen Rauchwaren *mv v*[21]

rookbom Rauchbombe *v*[21]

rookcoupé Raucherabteil *o*[29]

rookmelder Rauchmelder *m*[9]

rookpluim Rauchfahne *v*[21]

rookspek Räucherspeck *m*[19]

rookvlees Rauchfleisch *o*[39], Räucherfleisch *o*[39]

rookwolk Rauchwolke *v*[21]

rookworst Rauchwurst *v*[25]

room Sahne *v*[28]; *(fig)* Rahm: *(fig) de ~ is er al af* das Beste ist schon weg

roomboter Butter *v*[28]

roomijs Sahneeis *o*[39]

roomkaas Sahnekäse *m*[9], Butterkäse *m*[9]

roomkleurig cremefarben

roomklopper Schneebesen *m*[11]

rooms katholisch: *~er zijn dan de paus* päpstlicher sein als der Papst

roomsaus Sahnesoße *v*[21]

roomse Katholik *m*[14]; Katholikin *v*[22]

rooms-katholiek römisch-katholisch

roomsoes Windbeutel *m*[9]

roos 1 *(plantk)* Rose *v*[21] || *slapen als een ~* schlafen[240]

wie ein Murmeltier; **2** *(van kompas)* Windrose *v*[21]; **3** *(van schietschijf)* Schwarze(s) *o*[40c]: *in de ~ schieten* ins Schwarze treffen[289]; **4** *(haarroos)* Schuppen *mv v*[21] || *op rozen zitten* auf Rosen gebettet sein[262]

rooskleurig *(fig)* rosig: *de toekomst is niet ~* die Zukunft sieht nicht rosig aus; *~ voorstellen* in rosigsten Licht erscheinen lassen[197]

rooster 1 *(raamwerk)* Rost *m*[5]; **2** *(als afsluiting van openingen)* Gitter *o*[33]: *(Belg) iem op het ~ leggen* jmdn auf den Zahn fühlen; **3** *(schema)* Plan *m*[6], *(school)* Stundenplan *m*[6]: *volgens ~ aftreden* turnusgemäß ausscheiden[232]

roosteren rösten

roosterwerk Gitterwerk *o*[39]

¹ros *zn (paard)* Ross *o*[29]: *stalen ~* Stahlross *o*[29]

²ros *bn* rot, rötlich: *~se baard* fuchsroter Bart; *~se buurt* Amüsierviertel *o*[33]

rosbief Roastbeef *o*[36]

rosé Rosé *m*[13], Roséwein *m*[5]

rossig rötlich, *(mbt haar)* rotblond

¹rot *zn (rat)* Ratte *v*[21]: *een oude ~* ein alter Hase

²rot I *bn, bw* **1** *(in staat van bederf)* faul: *~te appel* fauler Apfel; **2** *(mbt hout)* morsch; **3** *(naar)* faul, beschissen: *zich ~ lachen* sich totlachen; *zich ~ voelen* sich beschissen fühlen; **II** *zn* **1** *(het rot zijn)* Fäulnis *v*[28]; **2** *(rotte plek)* faule Stelle *v*[21]

rotan Rotan *m*[5], Rotang *m*[5]

rotatie Rotation *v*[20]

rotbui Stinklaune *v*[21]

rotding Dreckding *o*[29]

roteren rotieren[320]

rotonde *(verkeersplein)* Kreisel *m*[9]

rotor Rotor *m*[16], *(van motor ook)* Läufer *m*[9]

rots Felsen *m*[11], Fels *m*[18]

rotsachtig felsig: *~e bodem* felsiger Boden

rotsblok Felsblock *m*[6]

rotsspleet Felsspalt *m*[5], Felsritze *v*[21]

rotstekening Felszeichnung *v*[20], Felsbild *o*[31]

rotstreek Gemeinheit *v*[20]

rotsvast felsenfest

rotswand Fels(en)wand *v*[25]

rotten (ver)faulen, (ver)modern

rottig 1 *(onaangenaam)* mies; **2** *(onbenullig)* lumpig

rottigheid Unannehmlichkeit *v*[20]

rotting *(het rotten)* Fäulnis *v*[28]

rottweiler Rottweiler *m*[9]

rotweer Sauwetter *o*[39]

rotzak *(scheldw, plat)* Scheißkerl *m*[5]

rotzooi Mist *m*[19]

rotzooien 1 *(rommel veroorzaken)* schweinigeln; **2** *(harrewarren)* sich zanken; **3** *(onpraktisch werken)* schludern

rouge Rouge *o*[36]

roulatie Umlauf *m*[19]

rouleren 1 in *(of:* im) Umlauf sein[262]; **2** *(beurtelings waargenomen worden)* rollieren[320], roulieren[320]

roulette Roulett *o*[29], *o*[36], Roulette *o*[36]

route Route *v*[21]

routine Routine *v*[28]

ro

routineonderzoek Routineuntersuchung v^{20}
routinewerk Routinearbeit v^{20}
rouw Trauer v^{28}: *in de ~ zijn* trauern; *in diepe ~ dompelen* in tiefe Trauer versetzen
rouwband Trauerbinde v^{21}, Trauerflor m^5
rouwbeklag Beileid o^{39}, Beileidsbezeigung v^{20}
rouwbrief Trauerbrief m^5
rouwdienst Trauerfeier v^{21}, Trauergottesdienst m^5
rouwen trauern: *om iem ~* um jmdn trauern
rouwig traurig: *ik ben er niet ~ om!* ich bedau(e)re es nicht!
rouwkamer, rouwkapel Leichenhalle v^{21}
rouwplechtigheid Trauerfeier v^{21}
rouwstoet Trauerzug m^6
roven rauben
rover Räuber m^9
roversbende Räuberbande v^{21}
royaal großzügig; *(vrijgevig)* nobel, freigebig: *een royale fooi* ein nobles Trinkgeld; *een ~ huis* ein geräumiges Haus; *een royale bui hebben* die Spendierhosen anhaben[182]; *hij erkende dat ~* er gab es großzügig zu; *een royale overwinning* ein hoher Sieg
royalty Tantieme v^{21}
royeren *(schrappen als lid)* ausschließen[245]
roze *bn* rosafarben; *(onverbuigbaar)* rosa
rozemarijn Rosmarin m^{19}
rozenbottel Hagebutte v^{21}
rozengeur: *het is niet alles ~ en maneschijn* es herrscht nicht eitel Sonnenschein
rozenkrans Rosenkranz m^6
rozenstruik Rosenstrauch m^8, Rosenstock m^6
rozig 1 *(rooskleurig)* rosig; **2** *(loom)* wohlig
rozijn Rosine v^{21}
rubber I *zn* Gummi m^{13}, o^{36}, Kautschuk m^{19}; **II** *bn* aus Gummi, Gummi...
rubberband *(van auto e.d.)* Gummireifen m^{11}
rubberboot Schlauchboot o^{29}
rubberen aus Gummi, Gummi...
rubberhandschoen Gummihandschuh m^5
rubberzool Gummisohle v^{21}
rubriceren rubrizieren[320]
rubriek Rubrik v^{20}
ruchtbaar bekannt: *~ maken* bekannt machen
ruchtbaarheid: *~ aan iets geven* etwas bekannt machen
rudiment Rudiment o^{29}
rudimentair rudimentär
rug Rücken m^{11}: *je kan m'n ~ op!* rutsch mir den Buckel runter!; *dat is weer achter de ~!* das ist überstanden!; *met de handen op de ~* die Hände auf dem Rücken; *er liep een koude rilling over mijn ~* es überlief mich eiskalt
rugby Rugby o^{39} *(2e nvl ook -)*
rugbyen Rugby spielen
rugdekking Rückendeckung v^{20}
ruggelings rücklings
ruggengraat *(ook fig)* Rückgrat o^{29}
ruggenmerg Rückenmark o^{39}

ruggensteun 1 *(lett)* Rückenstütze v^{21}; **2** *(fig)* Rückhalt m^5
ruggensteunen stützen
ruggespraak Rücksprache v^{28}
rugleuning Rückenlehne v^{21}
rugpijn Rückenschmerz m^{16}
rugslag Rückenschwimmen o^{39}: *100 m ~* 100 m Rücken
rugvin Rückenflosse v^{21}
rugwaarts rückwärts; Rückwärts... v^{20}
rugwervel Rückenwirbel m^9
rugzak Rucksack m^6
rugzwemmen rückenschwimmen[257]
¹rui Mauser v^{28}
²rui *(Belg)* *(in straatnamen)* Kanal m^6, Gracht v^{20}
ruien *(mbt vogels)* (sich) mausern
ruif Raufe v^{21}, Futterraufe v^{21}
ruig 1 *(borstelig, ruw)* struppig; **2** *(grof, harig)* rau; **3** *(fig)* roh, rau, *(mbt taal)* derb: *het gaat er ~ toe* es geht wüst zu
ruigte 1 *(wild gewas)* Gestrüpp o^{29}; **2** *(het ruig zijn)* Struppigkeit v^{28}; Rauheit v^{28}; Rohheit v^{28}, Derbheit v^{28}; *zie ook* ruig
ruiken riechen[223]; *(jagerstaal)* wittern: *gevaar ~* Gefahr wittern
ruiker Strauß m^6, Blumenstrauß m^6
ruil 1 Tausch m^5: *in ~ voor* im Tausch für[+4] *(of:* gegen[+4]*)*; **2** *(uitwisseling)* Austausch m^{19}
ruilen 1 tauschen; **2** *(omruilen)* umtauschen
ruilhandel Tauschhandel m^{19}
ruilmiddel Tauschmittel o^{33}
ruilverkaveling Flurbereinigung v^{20}
ruim I *bn* **1** *(zich ver uitstrekkend)* weit: *in ~e kring* in weitem Kreis; **2** *(veel ruimte biedend)* geräumig, *(mbt kleding)* weit: *een ~ huis* ein geräumiges Haus; **3** *(open)* frei: *~e blik* Fernblick m^{19}; **4** *(uitgebreid)* reichhaltig: *een ~e keus* eine große Auswahl; **5** *(mbt tijd)* reichlich; **6** *(rijkelijk)* reichlich: *in ~e mate* in reichem Maße; *~ gebruik van iets maken* von[+3] etwas reichlich Gebrauch machen; *het niet ~ hebben* nur knapp auskommen[193]; **7** *(niet bekrompen)* großzügig; **II** *bw* **1** *(op grote afstand)* weit: *~ uit elkaar staan* weit auseinander stehen[279]; **2** *(overvloedig)* reichlich: *~ meten* reichlich messen[208]: *~ wonen* ein geräumiges Haus haben[182]; **3** *(onbekrompen)* großzügig: *~ denken* großzügig denken[140]; **4** *(meer dan)* gut: *~ vijf jaar* gut fünf Jahre; *~ een uur* eine gute Stunde; **III** *zn* *(van schip)* Schiffsraum m^6
ruimen 1 *(een stad, vesting)* räumen; **2** *(schoonmaken)* reinigen; **3** *(opruimen)* räumen: *sneeuw ~* Schnee räumen; *iem uit de weg ~* jmdn aus dem Weg räumen
ruimhartig großzügig
ruimschoots reichlich
ruimte Raum m^6; *(heelal, ook)* Weltraum m^{19}: *iem de ~ geven* jmdm Raum geben[166]: *~ maken* Raum schaffen[230]: *~ sparen* Raum sparen; *in de ~ zwammen* ins Blaue hineinreden
ruimtecapsule Raumkapsel v^{21}

ruimtegebrek Raummangel m^{19}, Platzmangel m^{19}
ruimtelaboratorium Raumlabor o^{36}, o^{29}
ruimtelijk räumlich
ruimtepak Raumanzug m^6
ruimteschip Raumfahrzeug o^{29}, Raumschiff o^{29}
ruimtestation Raumstation v^{20}
ruimtevaarder Astronaut m^{14}, Raumfahrer m^9
ruimtevaart Weltraumfahrt v^{28}, Raumfahrt v^{28}
ruimteveer Raumfähre v^{21}
ruimtevrees Platzangst v^{25}
ruin Wallach m^5
ruïne I *ev* Ruine v^{21}; **II** *mv* Trümmer *mv*
ruïneren ruinieren^{320}
ruis Geräusch o^{29}, Rauschen o^{39}
ruisen rauschen
ruit 1 *(glazen plaat)* Scheibe v^{21}, Glasscheibe; **2** *(op stoffen)* Karo o^{36}; **3** *(vierhoek)* Raute v^{21}
ruiten I *mv* Karo *(zonder lw; geen mv)*; **II** *bn* kariert
ruitenaas Karoass o^{29}
ruitenboer Karobube m^{15}
ruitensproeier Scheibenwaschanlage v^{21}
ruitenwisser Scheibenwischer m^9
ruiter Reiter m^9
ruiterlijk offen, unumwunden, rundheraus: *~ voor iets uitkomen* etwas offen gestehen^{279}
ruiterpad Reitweg m^5
ruitersport Reitsport m^{19}
ruitjespapier kariertes Papier o^{29}
ruitvormig rautenförmig
ruk 1 Ruck m^5: *een ~ aan de teugel geven* einen Ruck am Zügel geben^{166}; **2** *(afstand)* Strecke v^{21}; **3** *(tijdsduur)* Weile v^{28}: *in één ~ door* in einem fort
rukken zerren, *(harder)* reißen^{220}: *aan een touw ~* an einem Seil zerren; *iem iets uit de handen ~* jmdm etwas aus den Händen reißen; *de woorden uit hun verband ~* die Worte aus dem Zusammenhang reißen
rukwind Windstoß m^6
rul locker
rum Rum m^{13}
rumba Rumba v^{27}
rumoer 1 *(lawaai)* Lärm m^{19}; **2** *(opschudding)* Aufregung v^{20}
rumoeren lärmen, tosen
rumoerig lärmend, laut, unruhig
run 1 *(grote toeloop)* Run m^{13}, Ansturm m^6 (auf^{+4}); **2** *(sp)* Lauf m^6; **3** *(comp)* Durchlauf m^6
rund 1 Rind o^{31}; **2** *(scheldw)* Rindvieh o^{39}, *(voor vrouw)* blöde Kuh v^{25} || *bloeden als een ~* bluten wie ein Schwein
runderlap Stück o^{29} Rindfleisch
rundleer Rind(s)leder o^{33}
rundleren rind(s)ledern
rundvee Rindvieh o^{39}
rundvlees Rindfleisch o^{39}, *(toebereid)* Rinderbraten m^{11}
runnen leiten
rups Raupe v^{21}
rupsband Raupe(nkette) v^{21}, Gleiskette v^{21}

rupsvoertuig Raupenfahrzeug o^{29}
Rus Russe m^{15}
rush 1 *(stormloop)* Rush m^{13}, Ansturm m^6; **2** *(sp)* Rush m^{13}
Rusland Russland o^{39}
Russin Russin v^{22}
Russisch I *zn* Russisch o^{41}; **II** *bn* russisch
rust 1 Ruhe v^{28}: *zich te(r) ~e begeven* sich schlafen legen; **2** *(innerlijke vrede)* Ruhe v^{28}, Frieden m^{11}: *iem met ~ laten* jmdn in Ruhe lassen^{197}: *tot ~ komen* zur Ruhe kommen^{193}; **3** *(sp)* Halbzeit v^{20}; **4** *(muz)* Pause v^{21}: *een kwart ~* eine Viertelpause
rustdag Ruhetag m^5
rusteloos 1 *(zonder ophouden)* rastlos; **2** *(zonder innerlijke rust)* rastlos, ruhelos, unruhig
rusten *(rust houden; slapen)* ruhen; *(pauzeren)* rasten: *wat ~* ein wenig ausruhen; *we zullen dat maar laten ~* wir wollen das auf sich^3 beruhen lassen; *~ op (ook fig)* ruhen auf^{+3}
rustgevend beruhigend
rusthuis Erholungsheim o^{29}
rustiek rustikal
rustig ruhig: *zich ~ houden* sich ruhig verhalten^{183}
rustplaats Ruheplatz m^6, Ruhestätte v^{21}: *laatste ~* letzte Ruhestätte
rustpunt Ruhepunkt m^5
rustsignaal Halbzeitpfiff m^5
ruststand *(sp)* Halbzeitstand m^6
rustverstoorder Ruhestörer m^9
rustverstoring Ruhestörung v^{20}
ruw 1 *(ruig)* rau; **2** *(oneffen)* rau: *~e handen* raue Hände; **3** *(niet bewerkt)* roh: *~e olie* Rohöl o^{29}; **4** *(niet nauwkeurig)* grob, roh; **5** *(wild, onstuimig)* rau: *~ weer* raues Wetter; **6** *(onbeschaafd)* roh, grob, derb: *~ spelen* hart spielen
ruwharig zottig, struppig, rauhaarig
ruwweg grob
ruzie Streit m^5, Zank m^{19}: *~ maken* Streit anfangen^{155}: *~ zoeken* Streit suchen; *hooglopende ~ hebben* sich heftig streiten^{287}
ruzieachtig zänkisch, zanksüchtig
ruziemaker Zänker m^9
ruziën sich streiten^{287}, sich zanken

S

saai langweilig, fade: *het is daar een ~e boel!* das ist vielleicht ein müder Laden!

saamhorig zusammengehörig

saamhorigheid Zusammengehörigkeit v^{28}

saampjes zusammen

sabbat Sabbat m^5

sabbelen lutschen, *(mbt zuigeling)* nuckeln

sabel *(wapen)* Säbel m^9

sabotage Sabotage v^{21}: *~ plegen* Sabotage begehen[168] *(of:* treiben[290])

saboteren sabotieren[320]

saboteur Saboteur m^5

sacrament Sakrament o^{29}

Sacramentsdag Fronleichnam m^{19} *(meestal zonder lw),* Fronleichnamsfest o^{29}

sacristie Sakristei v^{20}

sadisme Sadismus m^{19a}

sadist Sadist m^{14}

sadistisch sadistisch

safari Safari v^{27}: *op ~ gaan* auf Safari gehen[168]

safaripark Safaripark m^{13}

safe I *bn* sicher; **II** *zn* Tresor m^5, Geldschrank m^6, Safe m^{13}, o^{36}

safeloket Safe m^{13}, o^{36}, Schließfach o^{32}

saffraan *(specerij)* Safran m^{19}

saffraangeel safrangelb

sage Sage v^{21}: *rijk aan ~n* sagenreich

sago Sago m^{19}

Sahara Sahara v^{28}

saillant I *bn* markant; **II** *zn* Vorsprung m^6

Saksen Sachsen o^{39}

Saksisch sächsisch

salade Salat m^5

salamander Salamander m^9

salami Salami v^{27} *(mv ook -)*

salariëren bezahlen, *(ambtenaren)* besolden

salariëring Bezahlung v^{20}, Besoldung v^{20}

salaris Gehalt o^{32}: *vast ~* festes Gehalt; *een ~ ontvangen* ein Gehalt beziehen[318]

salariseis Gehaltsanspruch m^6

salarisschaal Gehaltsstufe v^{21}

salarisverhoging Gehaltserhöhung v^{20}

salderen saldieren[320]

saldo Saldo m^{13} *(mv ook Salden en Saldi):* *batig ~* Aktivsaldo; *nadelig ~* Passivsaldo

salesmanager Salesmanager m^9; Verkaufsleiter m^9

sales promotion Salespromotion v^{28}; Verkaufsförderung v^{28}

salie Salbei m^{19}, v^{28}

salmiak Salmiak m^{19}, o^{39}

salon Salon m^{13}

salpeter Salpeter m^{19}

salpeterzuur Salpetersäure v^{28}

salto Salto m^{13} *(mv ook Salti)*

salueren salutieren[320]

saluut I *tw (heil)* Heil!; **II** *zn (mil)* Salut m^5

saluutschot Salutschuss m^6

salvo *(ook fig)* Salve v^{21}

samba Samba v^{27}

samen *(bijeen)* zusammen, beisammen; *(met elkaar)* zusammen, miteinander: *het ~ eens zijn* sich einig sein[262]

samenbrengen zusammenbringen[139]

samenbundelen bündeln

samendoen zusammentun[295]

samendrukken zusammendrücken

samenduwen zusammenpressen, zusammendrücken

samengaan zusammengehen[168]

samengesteld zusammengesetzt: *~e interest* Zinseszins m^{16} *(meestal mv)*

samengroeien zusammenwachsen[302]

samenhang Zusammenhang m^6

samenhangen zusammenhängen[184]

samenklank Zusammenklang m^6

samenknijpen zusammenkneifen[192]

samenknopen verknüpfen, verknoten

samenkomen *zie* bijeenkomen

samenkomst *zie* bijeenkomst

samenkoppelen kuppeln, koppeln

samenleven zusammenleben

samenleving Gesellschaft v^{20}

samenloop: *de ~ van omstandigheden* das Zusammentreffen verschiedener Umstände

samenlopen zusammenkommen[193], zusammentreffen[289]

samenpakken I *tr* zusammenpacken; **II** *zich ~ (mbt wolken)* sich zusammenballen; *(mbt onweer)* sich zusammenziehen[318]

samenpersen zusammenpressen

samenraapsel Mischmasch m^5: *~ van leugens* Lügengewebe o^{33}

samenroepen zusammenrufen[226]

samenscholen sich ansammeln

samenscholing Ansammlung v^{20}

samensmelten zusammenschmelzen[248], verschmelzen[248]; *(fig)* (miteinander) verschmelzen[248], fusionieren[320]: *de bedrijven zijn samengesmolten* die Betriebe haben fusioniert

samensmelting *(ook fig)* Verschmelzung v^{20}

samenspannen sich verschwören[260]

samenspel Zusammenspiel o^{29}

samenspraak Wechselgespräch o^{29}, Dialog m^5

samenstel Komplex m^5, Struktur v^{20}, Gefüge o^{33}

samenstellen 1 *(algem)* zusammenstellen, zusam-

mensetzen; **2** *(vervaardigen)* herstellen; **3** *(schrij-ven)* verfassen; **4** *(vormen)* bilden; **5** *(een overzicht)* zusammenstellen
samensteller Hersteller *m*[9]; *(van tijdschrift, pro-gramma e.d.)* Mitarbeiter *m*[9]
samenstelling 1 *(wijze waarop iets is samengesteld)* Zusammensetzung *v*[20]; **2** *(het bijeenplaatsen)* Zu-sammenstellung *v*[20]; *zie ook* samenstellen
samentreffen zusammentreffen[289]
samentrekken I *tr* zusammenziehen[318]; **II** *zich* ~ sich zusammenziehen[318]
samenvallen zusammenfallen[154], zusammentref-fen[289]
samenvatten zusammenfassen
samenvatting Zusammenfassung *v*[20]
samenvloeien zusammenfließen[161]
samenvloeiing Zusammenfluss *m*[19]
samenvoegen zusammenfügen; *(combineren van schoolklassen e.d.)* zusammenlegen
samenvouwen zusammenfalten
samenwerken 1 *(mbt personen)* zusammenarbei-ten; **2** *(mbt zaken)* zusammenwirken
samenwerking Zusammenarbeit *v*[28]
samenwerkingsverband Arbeitsgemeinschaft *v*[20]
samenwonen *(bij elkaar wonen)* zusammenwoh-nen; *(ongehuwd)* zusammenleben
samenzijn Beisammensein *o*[39], Zusammensein *o*[39]
samenzweerder Verschwörer *m*[9]
samenzweren sich verschwören[260]
samenzwering Verschwörung *v*[20]
samsam: ~ *doen* halbe-halbe machen
sanatorium Sanatorium *o (2e nvl -s; mv -rien)*
sanctie Sanktion *v*[20]: ~*s uitvaardigen tegen* Sankti-onen verhängen gegen[+4]
sanctioneren sanktionieren[320]
sandaal Sandale *v*[21]
sandwich Sandwich *m, o (2e nvl - of -(e)s; mv -(e)s of -e) (Belg)* Brötchen *o*[35]
saneren sanieren[320]
sanering Sanierung *v*[20]
sanitair I *bn* sanitär, hygienisch; **II** *zn* Sanitäranla-gen *mv v*[21]
santé *tw* prosit!, zum Wohl!
santenkraam: *de hele* ~ der ganze Kram
sap Saft *m*[6]: *een glas* ~ ein Glas Saft
sapcentrifuge Entsafter *m*[9]
sappel: *zich* ~ *maken:* a) *(ploeteren)* sich abrackern; b) *(bezorgd zijn)* besorgt sein[262]
sappelen sich abrackern
sappig saftig
saprijk saftreich, saftig
sarcasme Sarkasmus *m (2e nvl -; mv Sarkasmen)*
sarcastisch sarkastisch
sardientje Sardine *v*[21]
Sardinië Sardinien *o*[39]
sarong Sarong *m*[13] *(2e nvl ook -)*
sarren quälen, piesacken; *(een dier)* quälen
sas: *in zijn* ~ *zijn* gut aufgelegt sein[262]
Satan Satan *m*[5]

satanisch satanisch, teuflisch
satanswerk Teufelswerk *o*[29]
satelliet Satellit *m*[14]: *uitzending via* ~ Satellitenü-bertragung *v*[20]
satellietbaan Satellitenbahn *v*[20]
satellietfoto Satellitenfoto *o*[36]
satellietstaat Satellitenstaat *m*[16]
satésaus kräftig gewürzte Soße *v*[21] auf der Basis von Erdnüssen
satijn Atlas *m (2e nvl -(ses); mv -se)*, Satin *m*[13]
satijnen Atlas…, Satin…: ~ *jurk* Atlaskleid *o*[31]
satijnzacht seidenweich
satire Satire *v*[21]
saucijs Saucischen *o*[35]
sauna Sauna *v*[27] *(mv ook Saunen)*
saus 1 *(algem)* Soße *v*[21]; *(voor tabak, ook)* Beize *v*[21]; **2** *(verf)* Tünche *v*[21]
sauskom Sauciere *v*[21], Soßenschüssel *v*[21]
sauslepel Soßenlöffel *m*[9]
sauteren sautieren[320]
sauzen 1 *(van tabak)* soßen, beizen; **2** *(een muur e.d.)* tünchen; **3** *(regenen)* gießen[175]
savooi(e)kool Wirsing *m*[19], Wirsingkohl *m*[19]
savoureren genießen[172]
sax Saxophon *o*[29], Saxofon *o*[29]
saxofonist Saxophonist *m*[14], Saxofonist *m*[14]
saxofoon Saxophon *o*[29], Saxofon *o*[29]
S-bocht S-Kurve *v*[21]
scala Skala *v*[27] *(mv ook Skalen)*
scalpel Skalpell *o*[29]
scalperen skalpieren[320]
scandaleus skandalös
scanderen skandieren[320]
Scandinavië Skandinavien *o*[39]
Scandinaviër Skandinavier *m*[9]
Scandinavisch skandinavisch
Scandinavische Skandinavierin *v*[22]
scannen scannen, abtasten
scanner Scanner *m*[9]
scanning Scanning *o*[36] *(2e nvl ook -)*
scenario 1 *(theat)* Szenario *o*[36]; **2** *(film)* Drehbuch *o*[32]
scenarioschrijver Drehbuchautor *m*[16]
scene Szene *v*[21]
scène Szene *v*[21], Auftritt *m*[5]: *in* ~ *zetten* in Szene set-zen
scepsis Skepsis *v*[28]
scepter Zepter *o*[33], *m*[9]: *de* ~ *zwaaien* das Zepter schwingen[259] *(of:* führen)
sceptisch skeptisch
schaaf Hobel *m*[9]
schaafbank Hobelbank *v*[25]
schaafwond Schürfwunde *v*[21]
schaak Schach *o*[36]: ~ *staan* im Schach stehen[279]: ~ *zetten* Schach bieten[130]
schaakbord Schachbrett *o*[31]
schaakkampioen Schachmeister *m*[9]
schaakmat (schach)matt: *iem* ~ *zetten* jmdn (schach)matt setzen

sc

schaakmeester Schachmeister m^9
schaakpartij Schachpartie v^{21}: *afgebroken ~* Hängepartie v^{21}
schaakspel Schachspiel o^{29}
schaakspelen Schach spielen
schaakspeler Schachspieler m^9
schaakstuk Schachfigur v^{20}
schaaktoernooi Schachturnier o^{29}
schaal 1 *(schaalverdeling)* Skala v^{27} *(mv ook Skalen)* Maßstab m^6: *de ~ van Richter* die Richterskala; *op een ~ van een op veertig* im Maßstab eins zu vierzig; *op ~ tekenen* maßstab(s)getreu zeichnen; 2 *(van ei)* Schale v^{21}; 3 *(van weekdier)* Schild m^5; 4 *(schotel)* Schale v^{21}, Schüssel v^{21}; 5 *(weegschaal)* Waage v^{21}; 6 *(toonladder)* Tonleiter v^{21}, Skala v^{27} *(mv ook Skalen)*; 7 *(fig)* Umfang m^6
schaaldier Schal(en)tier o^{29}, Krustentier o^{29}
schaambeen Schambein o^{29}
schaamdelen Schamteile *mv* m^5
schaamhaar Schamhaar o^{29}
schaamlippen Schamlippen *mv* v^{21}
schaamrood I *bn* schamrot; II *zn* Schamröte v^{28}
schaamstreek Schamgegend v^{28}, Intimbereich m^5
schaamte Scham v^{28}: *valse ~* falsche Scham
schaamtegevoel Schamgefühl o^{39}
schaamteloos schamlos, unverschämt
schaamteloosheid Schamlosigkeit v^{20}, Unverschämtheit v^{20}
schaap *(ook fig)* Schaf o^{29}: *onnozel ~* Schafskopf m^6: *het ~ met vijf poten* der Tausendsasa
schaapachtig dämlich, blöde
schaapherder Schäfer m^9, Schafhirt m^{14}
schaapje Schäfchen o^{35}: *(fig) zijn ~s op het droge hebben* sein Heu im Trocknen haben[182]
schaar 1 *(knipwerktuig, ook van kreeft)* Schere v^{21}; 2 *(ploegschaar)* Schar v^{20}
schaars I *bn* knapp, spärlich: *geld is ~* Geld ist knapp; *~ worden* knapp werden[310]; *~ artikel* Mangelware v^{21}; II *bw (op karige wijze)* spärlich: *~ bevolkt* spärlich besiedelt; *~ gekleed* spärlich bekleidet; *~ verlicht* spärlich beleuchtet
schaarsheid Knappheit v^{28}
schaarste Knappheit v^{28} (an[+3])
schaats Schlittschuh m^5: *een scheve ~ rijden* krumme Sachen machen
schaatsen I *ww* Schlittschuh laufen[198], Eis laufen[198]; II *zn* Eislauf m^{19}, Schlittschuhlaufen o^{39}
schaatsenrijden *zie* schaatsen
schaatser Schlittschuhläufer m^9, Eisläufer m^9
schaatsplank Rollerbrett o^{31}, Skateboard o^{36}
schabouwelijk *(Belg)* arg, schlecht
¹schacht 1 *(van laars, lans)* Schaft m^6; 2 *(van veer, pen)* Kiel m^5; 3 *(van lift, mijn)* Schacht m^6
²schacht *(Belg) (ongev)* Erstsemester o^{33}
schade Schaden m^{12}: *materiële ~* Sachschaden; *~ aan gewassen* Flurschaden; *zijn ~ inhalen* das Versäumte nachholen; *~ lijden* Schaden erleiden[199]: *(iem) ~ toebrengen* (jmdm) Schaden zufügen; *~ veroorzaken* Schaden verursachen; *iem de ~ ver-*

goeden jmdm den Schaden ersetzen; *het onderwijs lijdt ~* der Unterricht wird beeinträchtigt; *door ~ en schande wordt men wijs* durch Schaden wird man klug
schadebedrag Schadenbetrag m^6
schadeberekening Schaden(s)berechnung v^{20}
schadeclaim Schaden(s)ersatzforderung v^{20}
schade-expert Schadensachbearbeiter m^9
schadelijk schädlich: *~ insect, ~ wezen, ~e plant* Schädling m^5: *~ voor het milieu* umweltschädlich
schadeloosstellen entschädigen
schadeloosstelling Entschädigung v^{20}: *eis tot ~* Schaden(s)ersatzklage v^{21}
schaden schaden[+3], schädigen[+4]
schadepost Verlustposten m^{11}
schadevergoeding Schaden(s)ersatz m^{19}, Entschädigung v^{20}: *plicht tot ~* Ersatzpflicht v^{28}: *~ geven* Schaden(s)ersatz leisten
schadeverzekering Schaden(s)versicherung v^{20}
schadevrij unfallfrei
schaduw Schatten m^{11}: *je kunt niet in zijn ~ staan* du kannst ihm das Wasser nicht reichen
schaduwachtig schattenhaft
schaduwbeeld *(ook fig)* Schattenbild o^{31}
schaduwen *(schaduw aanbrengen)* schattieren[320]; *iem ~* jmdn beschatten
schaduwkabinet Schattenkabinett o^{29}
schaduwrijk *bn* schattig, schattenreich
schaduwzijde *(ook fig)* Schattenseite v^{21}
schaffen schaffen[230]: *raad ~* Rat schaffen
schaften 1 *(pauzeren)* Pause machen; 2 *(eten)* essen[152]
schaftlokaal Kantine v^{21}
schafttijd Arbeitspause v^{21}
schakel 1 Glied o^{31}; 2 *(fig)* Bindeglied o^{31}
schakelaar Schalter m^9
schakelarmband Gliederarmband o^{32}
schakelbord Schaltbrett o^{31}, Schalttafel v^{21}
schakelen 1 *(aaneenhechten)* verbinden[131]; 2 *(mbt auto)* schalten; 3 *(elektr)* schalten: *parallel ~* parallel schalten; *in serie ~* in Reihe schalten
schakeling Schaltung v^{20}: *(auto) automatische ~* Automatik v^{20}
schakelschema Schaltschema o^{36}
schakelstation Schaltstation v^{20}
schaken 1 *(sp)* Schach spielen; 2 *(ontvoeren)* entführen
schaker *(sp)* Schachspieler m^9
schakeren schattieren[320], nuancieren[320]
schakering Schattierung v^{20}, Nuance v^{21}
schalks schalkhaft, schelmisch
schallen schallen[231], hallen
schamel 1 *(armoedig)* ärmlich; 2 *(slecht)* dürftig; 3 *(karig)* kärglich
schamen, zich sich schämen: *zich over iem, over iets ~* sich wegen jmds, sich wegen[+2] einer Sache schämen; *zich voor iem ~* sich vor jmdm schämen; *zich dood ~* sich zu Tode schämen
schampen streifen

schamper verächtlich, geringschätzig

schamperen höhnen, spotten

schampschot Streifschuss m^6

schandaal Skandal m^5: *bij een ~ betrokken zijn* in einen Skandal verwickelt sein[262]

schandaleus skandalös

schandalig skandalös, schändlich

schande Schande v^{28}: *iem te ~ maken* jmdm Schande bringen[139]: *~ van iets spreken* über[+4] etwas empört sein[262]

schandelijk schändlich: *~ duur* sündhaft teuer

schandknaap Strichjunge m^{15}

schandvlek Schandfleck m^5

schans Schanze v^{21}

schansspringen *zn* Skispringen o^{39}, Schispringen o^{39}

schap Schrankbrett o^{31}; Regal o^{29}

schapenbout Hammelkeule v^{21}; *(toebereid)* Hammelbraten m^{11}

schapenfokker Schafzüchter m^9

schapenhok Schafstall m^6

schapenkaas Schafkäse m^9

schapenvacht Schafpelz m^5

schapenvel Schaffell o^{29}

schapenvlees Schaffleisch o^{39}, *(toebereid)* Hammelbraten m^{11}

schapenwolkje Schäfchenwolke v^{21} *(meestal mv)*

schappelijk 1 *(mbt prijs)* kulant; 2 *(mbt personen)* umgänglich; 3 *(behoorlijk)* fair || *er nog ~ afkomen* glimpflich davonkommen[193]

schar Kliesche v^{21}

scharen I *tr (opstellen)* scharen; II *zich ~* sich scharen, sich stellen: *zich ~ aan de zijde van ...* sich auf die Seite[+2] ... stellen; *zich achter iem, iets ~* sich hinter jmdn, hinter[+4] etwas stellen

scharminkel wandelndes Gerippe o^{33}

scharnier Scharnier o^{29}

scharrel Flirt m^{13}

scharrelaar 1 *(sjacheraar)* Schacherer m^9; 2 *(prutser)* Pfuscher m^9; 3 *(met meisjes)* Schürzenjäger m^9

scharrelei Landei o^{31}

scharrelen 1 *(mbt kippen)* scharren; 2 *(in laden, kasten)* herumwühlen, kramen; 3 *(sjacheren)* schachern; 4 *(vrijen)* flirten || *bij elkaar ~* zusammenraffen

scharrelkip Freilandhuhn o^{32}

scharrelpartijtje Flirt m^{13}, Techtelmechtel o^{33}

scharreltje Schätzchen o^{35}

schat Schatz m^6

schatbewaarder *(Belg)* Schatzmeister m^9

schateren schallend lachen: *~ van het lachen* aus vollem Halse lachen

schaterend: *~ gelach* schallendes Gelächter o^{33}

schaterlach schallendes Gelächter o^{33}

schaterlachen schallend lachen

schatgraver Schatzgräber m^9

schatje Schätzchen o^{35}, Liebling m^5

schatkamer Schatzkammer v^{21}

schatkist *(staatskas)* Staatskasse v^{21}

schatrijk steinreich

schattebout Liebling m^5, Schatz m^6

schatten schätzen, abschätzen; *(door taxateur)* taxieren[320], bewerten: *iets grof ~* etwas über den Daumen peilen

schattig goldig, niedlich, süß

schatting Schätzung v^{20}, Taxation v^{20}, Taxierung v^{20}: *naar ~* schätzungsweise

schaven 1 *(met schaaf)* hobeln; 2 *(huiden)* schaben; 3 *(fig)* feilen; 4 *(afschuren) zijn huid ~* sich[3] die Haut schürfen

schavot Schafott o^{29}

schavuit Schurke m^{15}, Schuft m^5

schede Scheide v^{21}

schedel Schädel m^9

schedelbasisfractuur Schädelbasisbruch m^6

scheef *bn, bw* schief: *een scheve voorstelling van iets geven* eine falsche Vorstellung von etwas geben[166]: *~ trekken (mbt deuren)* sich verziehen[318]: *hij zet een ~ gezicht* er macht ein schiefes Maul; *het zit ~* es ist schief gegangen

scheeflopen: *zijn hakken ~* die Absätze ablaufen[198]

scheel *bn, bw* schielend; *(fig)* scheel: *schele hoofdpijn* Migräne v^{21}: *~ oog* schielendes Auge o^{38}

scheelheid Schielen o^{39}

scheelzien schielen

scheen, scheenbeen Schienbein o^{29}

scheenbeschermer Schienbeinschoner m^9

scheepsagentuur Schiffsagentur v^{20}

scheepsbouw Schiff(s)bau m^{19}

scheepsbouwer Schiff(s)bauer m^9

scheepslading Schiffsladung v^{20}

scheepspapieren Schiffspapiere *mv* o^{29}

scheepsradio Seefunk m^{19}

scheepsramp Schiffskatastrophe v^{21}

scheepsrecht: *driemaal is ~* aller guten Dinge sind drei

scheepsromp Schiffsrumpf m^6

scheepsruim Schiffsraum m^6

scheepsvolk Seeleute *(mv) (van een bepaald schip)* Schiffsbesatzung v^{20}

scheepswerf Schiffswerft v^{20}

scheepvaart Schifffahrt v^{28}: *Raad voor de Scheepvaart* Seeamt o^{32}

scheepvaartmaatschappij Schifffahrtsgesellschaft v^{20}

scheepvaartroute Schifffahrtsweg m^5

scheepvaartverkeer Schiffsverkehr m^{19}

scheerapparaat Rasierapparat m^5: *elektrisch ~* Elektrorasierer m^9

scheergerei Rasierzeug o^{39}

scheerhoofd, scheerkop Scherkopf m^6

scheerkwast Rasierpinsel m^9

scheerlijn Spannschnur v^{25}, v^{20}; *(van een tent)* Zeltleine v^{21}

scheermes Rasiermesser o^{33}

scheermesje Rasierklinge v^{21}

scheerwol Schurwolle v^{28}, Scherwolle v^{28}

scheerzeep Rasierseife v^{21}

scheet Furz *m*[6], Pup *m*[5], Pups *m*[5]: *een ~ laten* furzen, *einen Furz lassen*[197]

scheidbaar trennbar

scheiden I *intr* sich trennen, sich scheiden[232]: *hier scheiden onze wegen* hier trennen (*of:* scheiden) sich unsere Wegen; *zij gaan ~* sie wollen sich scheiden lassen; **II** *tr* trennen, scheiden[232]: *een muur scheidt de tuinen* eine Mauer trennt die Gärten; *een gescheiden vrouw* ein geschiedener Mann; **III** *zich ~* sich trennen, sich scheiden[232]

scheiding 1 *(algem, ook bij huwelijk)* Scheidung *v*[20], Trennung *v*[20], Ehescheidung *v*[20]: *in ~ liggen* in Scheidung liegen[202]; **2** *(in het haar)* Scheitel *m*[9]; **3** *(tussen de aanhangers van een partij, enz.)* Spaltung *v*[20]

scheidingslijn, scheidslijn Trennlinie *v*[21]

scheidsmuur *(fig)* Barriere *v*[21]; *(lett)* Trennwand *v*[25]

scheidsrechter Schiedsrichter *m*[9]

scheikunde Chemie *v*[28]

scheikundig chemisch

scheikundige Chemiker *m*[9]

¹schel: *de ~len vallen iem van de ogen* es fällt jmdm wie Schuppen von den Augen

²schel *bn, bw* **1** *(mbt geluid)* schrill, grell, gellend; **2** *(mbt kleur, licht)* grell

schelden schimpfen, schelten[235]: *iem de huid vol ~* jmdn mit Schimpfwörtern überschütten; *op iem ~* auf jmdn schelten (*of:* schimpfen)

scheldnaam Schimpfname *m*[18]

scheldwoord Schimpfwort *o*[32]

schele Schieler *m*[9]

schelen 1 *(verschillen)* differieren[320], verschieden sein[262]: *ze ~ twee jaar* sie sind im Alter zwei Jahre auseinander; *zij ~ haast niets (in leeftijd)* sie sind fast gleich alt, *(in lengte)* sie sind fast gleich lang; *dat scheelt veel* das macht einen großen Unterschied; **2** *(mankeren)* fehlen: *wat scheelt je?* was fehlt dir?; *het scheelde weinig of ...* es fehlte wenig, so ... || *het kan mij niets ~* es ist mir egal; *wat kan het je ~?* was kümmert es dich?; *het kon hem weinig ~* es kümmerte ihn wenig

schelheid 1 *(van geluid)* Schrillheit *v*[28], Grellheit *v*[28]; **2** *(van kleur, licht)* Grellheit *v*[28]

schelklinkend schrill, grell

schelm Schurke *m*[15], Schelm *m*[5]

schelp Muschel *v*[21]

schelpdier Schalentier *o*[29], Muschel *v*[21]

schelvis Schellfisch *m*[5]

schema Schema *o*[36] *(mv ook Schemen of Schemata)*

schematisch schematisch

schematiseren schematisieren[320]

schemer Dämmerung *v*[20], Zwielicht *o*[39]

schemerachtig dämm(e)rig; *(fig)* unklar, vage

schemerdonker I *zn* Dämmerlicht *o*[39]; **II** *bn* dämm(e)rig

schemeren dämmern: *het schemert* es dämmert; *het licht schemert door de bladeren* das Licht schimmert durch die Blätter; *het schemert me voor de ogen* es flimmert mir vor den Augen; *er schemert*

mij zoiets voor de geest ich habe eine vage Vorstellung davon

schemerig dämm(e)rig

schemering Dämmerung *v*[20], Zwielicht *o*[39]: *de ~ valt* die Dämmerung bricht an

schemerlamp Schirmlampe *v*[21], *(groot)* Stehlampe *v*[21]

schemerlicht Dämmerlicht *o*[39]

schemertoestand Dämmerzustand *m*[6]

schenden 1 *(ontwijden)* schänden; *(van meisje, ook)* entehren; **2** *(ontsieren)* verschandeln; **3** *(beschadigen)* beschädigen: *geschonden a)* *(mbt gezicht)* entstellt; *b)* *(mbt voorwerpen)* schadhaft; **4** *(niet nakomen, niet ontzien)* verletzen

schending Schändung *v*[20], Beschädigung *v*[20], Verletzung *v*[20], Entehrung *v*[20]; *zie ook* schenden

schenkel Schenkel *m*[9]

schenken 1 *(gieten)* (ein)schenken, (ein)gießen[175]; *(serveren)* servieren[320]; **2** *(geven)* schenken, spenden: *iem zijn vertrouwen ~* jmdm sein Vertrauen schenken

schenking Gabe *v*[21], Spende *v*[21]; *(jur)* Schenkung *v*[20]: *een ~ (aan iem) doen* eine Schenkung (an jmdn) machen

schennis Schändung *v*[20], Entehrung *v*[20]

schep Schaufel *v*[21]; *(lepel)* Löffel *m*[9]: *dat kost een ~ geld* das kostet einen Haufen Geld

schepen *(Belg)* Beigeordnete(r) *m*[40a]

schepencollege *(Belg)* Magistrat *m*[5]

schepje *(kleine)* Schaufel *v*[21]; *(lepeltje)* Löffelchen *o*[35]: *er een ~ opdoen: a)* *(de prijs verhogen)* den Preis erhöhen; *b)* *(meer moeite doen)* sich mehr anstrengen; *c)* *(overdrijven)* übertreiben[290]

schepnet Kescher *m*[9], Käscher *m*[9]

¹scheppen 1 *(vaste stoffen verplaatsen)* schaufeln; **2** *(putten, ademen)* schöpfen: *een luchtje ~* frische Luft schöpfen; *vermaak ~ in* seine Freude haben[182] an[+3]; **3** *(sp)* unterlaufen[198] || *een fietser ~* einen Radfahrer umfahren[153]

²scheppen *(voortbrengen)* schaffen[230]: *orde ~* Ordnung schaffen

scheppend: *~ vermogen* Schöpferkraft *v*[25], schöpferische Kraft *v*[25]

schepper Schöpfer *m*[9]

schepping Schöpfung *v*[20]

scheppingsdrang Schaffensdrang *m*[19]

scheppingskracht Schaffenskraft *v*[28]

schepsel Geschöpf *o*[29]

¹scheren *(afsnijden)* rasieren[320]; *(van heg, dier)* scheren[236]

²scheren *(snel bewegen)* streichen[286]: *zwaluwen ~ over het water* Schwalben streichen über das Wasser; *scheer je weg!* scher dich fort!

scherf Scherbe *v*[21]; *(dun, fijn; ook van granaat)* Splitter *m*[9]

schering *(van weefsel)* Kette *v*[21]: *~ en inslag (fig)* gang und gäbe

scherm 1 Schirm *m*[5]; **2** *(kamerscherm)* Wandschirm *m*[5]; **3** *(theat)* Vorhang *m*[6]: *(fig) achter de*

~en blijven hinter den Kulissen bleiben[134]
schermen fechten[156]: *met woorden* ~ das große Wort führen
schermutselen scharmützeln, *(met woorden)* plänkeln
schermutseling Scharmützel *o*[33], *(met woorden)* Geplänkel *o*[33]
scherp I *bn, bw* **1** *(algem)* scharf[58]: *~e blik* scharfer Blick *m*[19]: ~ *zeilen* hart am Wind segeln; **2** *(mbt dolk)* scharf[58], spitz; **3** *(mbt geluid)* scharf[58], durchdringend; **4** *(meetk)* spitz: *~e hoek* spitzer Winkel *m*[9]; **5** *(mbt kou, wind)* scharf[58], eisig; **6** *(mbt pijn)* scharf[58], stechend; **7** *(mbt toezicht)* scharf[58], streng; **8** *(mbt vloeistof)* scharf[58], ätzend, beißend; **9** *(mbt woord)* scharf[58], beißend; **II** *zn (van mes e.d.)* Schneide *v*[21]: *met* ~ *schieten* scharf schießen[238]: *met* ~ *geladen* mit scharfer Munition geladen
scherpen 1 *(slijpen)* schärfen, wetzen, schleifen[243]; *(van potlood)* spitzen; **2** *(van zintuigen, verstand)* schärfen
scherphoekig spitzwink(e)lig
scherpschutter Scharfschütze *m*[15]
scherpslijper 1 *(muggenzifter)* Haarspalter *m*[9]; **2** *(ophitser)* Scharfmacher *m*[9]
scherpslijperij 1 *(muggenzifterij)* Haarspalterei *v*[20]; **2** *(ophitsing)* Scharfmacherei *v*[20]
scherpte Schärfe *v*[28]; *(strengheid)* Härte *v*[28]
scherpziend *(ook fig)* scharfsichtig
scherpzinnig scharfsinnig
scherts Scherz *m*[5], Spaß *m*[6]
schertsen scherzen, spaßen
schertsend scherzend, scherzhaft
schertsfiguur Witzfigur *v*[20]
schets 1 *(ook fig)* Skizze *v*[21]; **2** *(ontwerp)* Entwurf *m*[6]; **3** *(beschrijving)* Schilderung *v*[20]; **4** *(kort overzicht)* Abriss *m*[5]
schetsboek Skizzenbuch *o*[32]
schetsen 1 skizzieren[320]; **2** *(ontwerpen)* entwerfen[311]; **3** *(beschrijven)* schildern, darstellen
schetsmatig skizzenhaft
schetstekening Skizze *v*[21]
schetteren *(mbt trompetten)* schmettern
scheur Riss *m*[5]; *(barst)* Sprung *m*[6]: *de ~ opentrekken* eine große Klappe haben[182]
scheuren I *tr* reißen[220]: *niet ~d* reißfest; *in stukken* ~ *zerreißen*[220]: *zijn kleren waren gescheurd* seine Kleider waren zerrissen; **II** *intr (mbt muur)* einen Riss (*of:* Risse) bekommen[193] || *door een bocht* ~ brausend durch eine Kurve fahren[153]
scheuring 1 *(het scheuren)* zie scheuren; **2** *(in kerk, partij)* Spaltung *v*[20]
scheurkalender Abreißkalender *m*[9]
scheut 1 *(uitloper)* Schössling *m*[5], Trieb *m*[5]; **2** *(hoeveelheid vloeistof)* Schuss *m*[6]: *een ~ melk* ein Schuss Milch; **3** *(van pijn)* Stich *m*[5]
scheutig *(vrijgevig)* freigebig, spendabel
scheutigheid Freigebigkeit *v*[28]
scheutje Schuss *m*[6], ein wenig
schichtig scheu, kopfscheu

schielijk I *bw* hastig, plötzlich: ~ *eten* hastig essen[152]; **II** *bn* rasch, geschwind
schier *(bijna)* fast, beinahe
schiereiland Halbinsel *v*[21]
schietbaan Schießstand *m*[6]
schieten I *ww* schießen[238]: *daar schiet me iets te binnen!* da fällt mir etwas ein!; *iets laten ~* etwas schießen lassen[197]: *in de hoogte* ~ in die Höhe schießen; *in de kleren* ~ in die Kleider fahren[153]: *in de lucht* ~ in die Luft schießen; *de tranen* ~ *hem in de ogen* die Tränen schießen ihm in die Augen; *er naast* ~ danebenschießen; *op iem* ~ auf jmdn schießen; *uit de grond* ~ aufschießen; **II** *zn* Schießen *o*[39]
schietgebedje Stoßgebet *o*[29]
schietlood Senklot *o*[29], Lot *o*[29], Senkblei *o*[29]
schietschijf Schießscheibe *v*[21]
schietstoel Schleudersitz *m*[5]
schiettent Schießbude *v*[21]
schietterrein Schießplatz *m*[6], Schießstand *m*[6]
schiettuig Schusswaffen *mv v*[21], Waffen *mv v*[21]
schietvereniging Schützenverein *m*[5]
schiften I *tr* **1** *(sorteren)* sortieren[320]; **2** *(afzonderen)* trennen; **3** *(doorkijken en ordenen)* sichten; **II** *intr (mbt melk)* gerinnen[225]
schijf 1 *(algem)* Scheibe *v*[21]; **2** *(damschijf)* Damestein *m*[5]; **3** *(grammofoonplaat)* Schallplatte *v*[21]; **4** *(deel van een katrol)* Rolle *v*[21]
schijfrem Scheibenbremse *v*[21]
schijn Schein *m*[19], Anschein *m*[19]: ~ *bedriegt* der Schein trügt; *geen ~ van kans* nicht die geringste Chance; *het heeft de ~ alsof …* es hat den Anschein, als ob …; *de ~ ophouden* den Schein wahren; *de ~ wekken* den Anschein erwecken; *voor de ~* zum Schein
schijnbaar scheinbar: *hij heeft ~ gelijk* er hat anscheinend Recht
schijndood I *zn* Scheintod *m*[19]; **II** *bn* scheintot
schijnen scheinen[233]: *naar het schijnt* allem Anschein nach
schijngestalte Phase *v*[21]
schijngevecht Scheingefecht *o*[29]
schijnheilig scheinheilig
schijnsel Schein *m*[5], Schimmer *m*[9]
schijntje Kleinigkeit *v*[20]: *ik kocht het voor een* ~ ich kaufte es für eine Kleinigkeit
schijnvertoning Ablenkungsmanöver *o*[33]: *het is maar een* ~ das ist alles nur Theater
schijnwerper Scheinwerfer *m*[9]
schijt *(inform)* Scheiße *v*[28], Kacke *v*[28]: *ik heb ~ aan die mensen!* ich scheiße auf diese Leute!
schijten *(inform)* scheißen[234], kacken
schijterij *(inform)* Scheißerei *v*[28], Dünnschiss *m*[19]: *aan de ~ zijn* Dünnschiss haben[182]
schijthuis *(inform)* **1** *(plee)* Scheißhaus *o*[32]; **2** *(fig)* Angsthase *m*[15], Hosenscheißer *m*[9]
schik 1 *(tevreden stemming)* Vergnügen *o*[39], Freude *v*[28]: *ik ben ermee in mijn ~* ich freue mich darüber; *hij is niet in zijn ~* er ist nicht gut gelaunt; *enorm in zijn ~ zijn* sehr vergnügt sein[262]; **2** *(plezier)* Spaß

m^6: ~ *hebben* Spaß haben[182]: *hij heeft ~ in zijn leven* er hat Spaß am Leben; *ik heb er geen ~ in* es gefällt mir nicht

schikken I *tr* **1** *(ordenen)* ordnen, *(van meubels, ook)* gruppieren[320], platzieren[320]: *bloemen ~* Blumen ordnen; **2** *(regelen)* einrichten: *ik zal het zo ~, dat ...* ich werde es so einrichten, dass ...; **II** *intr (gelegen komen)* passen: *als het u schikt!* wenn es Ihnen passt!; **III** *zich ~* sich ergeben[166], sich fügen: *zich in zijn lot ~* sich in sein Schicksal ergeben *(of:* fügen); *zich naar de omstandigheden ~* sich in die Umstände fügen; *zich naar iem ~* sich jmdm fügen; *zich om een tafel ~* sich um einen Tisch setzen; *zie ook* geschikt

schikking 1 *(ordening)* Ordnung v^{28}; *(van figuren op schilderstuk e.d.)* Anordnung v^{28}; **2** *(overeenkomst)* Einigung v^{20}: *de minnelijke ~* die gütliche Einigung, *(jur)* der Vergleich; *een ~ tot stand brengen* einen Vergleich zustande *(of:* zu Stande) bringen[139]

schil Schale v^{21}

schild 1 *(van ridder, insect, het wapen)* Schild m^5: *(fig) iets in zijn ~ voeren* etwas im Schilde führen; **2** *(uithangbord)* Schild o^{31}

schilder 1 *(huisschilder)* Maler m^9, Anstreicher m^9; **2** *(kunstschilder)* Maler m^9

schilderachtig malerisch

schilderen 1 *(met verf)* malen, *(verven)* anstreichen[286]; **2** *(beschrijven)* schildern

schilderij Gemälde o^{33}

schilderijententoonstelling Gemäldeausstellung v^{20}

schildering 1 *(het schilderen)* Malen o^{39}; **2** *(wijze van schilderen)* Malweise v^{21}; **3** *(het geschilderde)* Malerei v^{20}; **4** *(beschrijving)* Schilderung v^{20}, Darstellung v^{20}

schilderkunst Malerei v^{28}

schildersatelier Maleratelier o^{36}

schildersbedrijf Malerbetrieb m^5

schildersezel Staffelei v^{20}

schilderstuk Gemälde o^{33}, Bild o^{31}

schilderwerk *(aan huizen e.d.)* Malerarbeiten *mv* v^{20}; Anstrich m^5: *het ~ bladdert* der Anstrich blättert ab

schildklier Schilddrüse v^{21}

schildpad 1 *(dier)* Schildkröte v^{21}; **2** *(stof)* Schildpatt o^{39}

schilfer 1 *(van huid)* Schuppe v^{21}; **2** *(van muur e.d.)* Abschilferung v^{20}; **3** *(van hout, metaal)* Splitter m^9

schilferen 1 *(mbt huid)* sich (ab)schuppen; **2** *(mbt muur)* abblättern

schillen schälen

schim Schatten m^{11}

¹**schimmel** *(paard, zwam)* Schimmel m^9

schimmelen schimmeln, schimm(e)lig werden[310]

schimmelig schimm(e)lig

schimp Schimpf m^5: *~ en smaad* Schimpf und Schande

schimpen schimpfen, schmähen: *~ op iets* auf[+4] etwas schimpfen

schimpscheut Seitenhieb m^5, Stichelei v^{20}

schip *(scheepv, van kerk)* Schiff o^{29}: *schoon ~ maken* reinen Tisch machen; *(fig) het ~ in gaan* baden gehen[168]

schipbreuk Schiffbruch m^6: *~ lijden (ook fig)* Schiffbruch erleiden[199], *(fig, ook)* scheitern

schipbreukeling Schiffbrüchige(r) m^{40a}, v^{40b}

schipper Schiffer m^9

schipperen taktieren[320]: *hij wil altijd ~* er sucht immer Kompromisse

schitteren *(ook fig)* glänzen; *(mbt ogen, ster, zon, ook)* leuchten

schitterend glänzend, glanzvoll, leuchtend

schittering Glänzen o^{39}, Leuchten o^{39}; *(praal)* Glanz m^{19}; *zie ook* schitteren

schizofrenie Schizophrenie v^{21}

schlager Schlager m^9

schnitzel Schnitzel o^{33}

schoeisel Schuhe *mv* m^5, Schuhwerk o^{39}

schoen Schuh m^5: *hoge ~* Stiefel m^9: *lage ~* Halbschuh; *de ~ knelt (me)* der Schuh drückt (mich); *iem iets in de ~en schuiven* jmdm etwas in die Schuhe schieben[199]: *vast in zijn ~en staan* seiner Sache gewiss sein[262]: *de moed zinkt hem in de ~en* das Herz rutscht ihm in die Hose; *ik zou niet graag in zijn ~en staan* ich möchte nicht in seiner Haut stecken; *de stoute ~en aantrekken* sich³ ein Herz fassen; *(Belg) in nauwe ~tjes zitten* sich in einer misslichen Lage befinden[157]

schoenenzaak Schuhgeschäft o^{29}

schoener Schoner m^9

schoenlepel Schuhlöffel m^9

schoenmaat Schuhgröße v^{21}, Schuhnummer v^{21}

schoenmaker Schuhmacher m^9, Schuster m^9

schoensmeer Schuhcreme v^{27}, Schuhwichse v^{21}

schoenveter Schnürsenkel m^9

schoenzool Schuhsohle v^{21}

schoep Schaufel v^{21}

schoffel Schuffel v^{21}

schoffelen schuffeln

¹**schoft** *(schoelje)* Schuft m^5, Lump m^{14}

²**schoft** *(schouder)* Widerrist m^5

schofterig schuftig, schurkisch

schok 1 *(stoot)* Stoß m^6, *(hevig)* Erschütterung v^{20}; **2** *(elektrisch)* Schlag m^6; **3** *(beroering)* Schock m^{13}, m^5

schokbeton Rüttelbeton m^{13}, m^5

schokbreker Stoßdämpfer m^9

schokken I *intr* **1** schütteln; **2** *(mbt wagens e.d.)* rumpeln, rütteln, holpern; **3** *(betalen)* blechen; **II** *tr (verbijsteren)* erschüttern

schokvrij stoßfest

¹**schol 1** *(aardkluit, ijsschots, deel van aardkorst)* Scholle v^{21}; **2** *(vis)* Scholle v^{21}, Goldbutt m^5

²**schol** *tw (Belg)* prost

scholekster Austernfischer m^9

scholen *(opleiden)* schulen, ausbilden

scholengemeenschap *(ongev)* Gesamtschule v^{21}

scholier 1 Schüler m^9; **2** *(Belg, sp)* Junior m^{16}

scholing Schulung v^{20}, Ausbildung v^{20}

schommel 1 *(speelgoed)* Schaukel v^{21}; **2** *(dikke vrouw)* Maschine v^{21}
schommelen 1 *(op golven, op de schommel)* schaukeln; **2** *(mbt slinger)* pendeln, (hin und her) schwingen[259]; **3** *(mbt koersen, prijzen)* schwanken; **4** *(waggelend lopen)* watscheln
schommeling *(van koersen, prijzen, temperatuur)* Schwankung v^{20}
schommelstoel Schaukelstuhl m^6
schoof Garbe v^{21}
schooien betteln
schooier 1 *(bedelaar)* Bettler m^9; **2** *(landloper)* Vagabund m^{14}; **3** *(schoft)* Schuft m^5, Lump m^{14}
school 1 Schule v^{21}: *openbare ~* Gemeinschaftsschule; *bijzondere ~* Bekenntnisschule, Konfessionsschule; *~ moeten blijven* nachsitzen müssen[211]: *~ maken* Schule machen; *naar ~ gaan* in die Schule *(of:* zur Schule) gehen[168]; *op ~* in der Schule; *op ~ doen* einschulen; *op een andere ~ doen* umschulen; *op een goede ~ zijn* eine gute Schule besuchen; *van ~ nemen* ausschulen; *van ~ veranderen* die Schule wechseln; *vrij van ~* schulfrei; **2** *(groep vissen)* Schwarm m^6; **3** *(methode)* Schule v^{21}
schooladviesdienst Schulberatung v^{20}
schoolagenda Aufgabenheft o^{29}
schoolarts Schularzt m^6
schoolbank Schulbank v^{25}
schoolbestuur Schulträger m^9
schoolbezoek Schulbesuch m^5
schoolblijven nachsitzen[268], nachbrummen
schoolboek Schulbuch o^{32}
schoolbord Wandtafel v^{21}
schoolbus Schulbus m^5 *(2e nvl -ses; mv -se)*
schoolclub Schülerverein m^5
schoolgaan die Schule besuchen
schoolgaand: *~e jongen* Schuljunge m^{15}; *~e kinderen* Schuljugend v^{28}; *~ meisje* Schulmädchen o^{35}
schoolgebouw Schulgebäude o^{33}
schoolhoofd Schulleiter m^9
schooljaar Schuljahr o^{29}
schooljeugd Schuljugend v^{28}
schooljuffrouw Lehrerin v^{22}
schoolkameraad Schulkamerad m^{14}
schoolkeuze Wahl v^{20} der Schule
schoolkind Schulkind o^{31}
schoolkrant Schülerzeitung v^{20}
schoolleider Schulleiter m^9
schoollokaal Klassenzimmer o^{33}
schoolmeisje Schulmädchen o^{35}
schoolparlement Schülermitverwaltung v^{20}
schoolplein Schulhof m^6
schoolradio Schulfunk m^{19}
schoolreisje Schulausflug m^6, Klassenfahrt v^{20}
schoolreünie Klassentreffen o^{35}
schoolslag *(sp)* Brustschwimmen o^{39}: *100 m ~ 100 m Brust*
schooltas Schulmappe v^{21}, Schultasche v^{21}, *(op de rug gedragen)* Schulranzen m^{11}
schooluitzending *(telecom)* Schulfunk m^{19}, Schul-

fernsehen o^{39}
schoolvak Schulfach o^{32}
schoolvakantie Schulferien *(mv)*
schoolvoorbeeld Musterbeispiel o^{29}, Paradebeispiel o^{29}
schoolwerk Schularbeiten *mv* v^{20}, Schulaufgaben *mv* v^{21}
schoolziek schulkrank
schoon 1 *(mooi)* schön: *zijn kans ~ zien* seine Chance nutzen; **2** *(niet vuil)* sauber, rein; **3** *(helemaal)* völlig
schoondochter Schwiegertochter v^{26}
schoonheid Schönheit v^{20}
schoonheidsfout(je) Schönheitsfehler m^9
schoonheidskoningin Schönheitskönigin v^{22}
schoonheidsleer Ästhetik v^{20}
schoonheidssalon Kosmetiksalon m^{13}
schoonheidsspecialiste Kosmetikerin v^{22}
schoonheidsverzorging Schönheitspflege v^{28}
schoonheidswedstrijd Schönheitswettbewerb m^5
schoonhouden rein halten[183], sauber halten[183]
schoonmaak Saubermachen o^{39}, *(in huis)* Hausputz m^{19}: *de grote ~* das Großrein(e)machen
schoonmaakbeurt Saubermachen o^{39}
schoonmaakster Putzfrau v^{20}
schoonmaken sauber machen, reinigen
schoonmaker Putzer m^9
schoonmoeder Schwiegermutter v^{26}
schoonouders Schwiegereltern *(mv)*
schoonrijden Eiskunstlauf m^{19}
schoonrijder Eiskunstläufer m^9
schoonschrift Schönschrift v^{28}
schoonspringen *zn* Kunstspringen o^{39}
schoonvader Schwiegervater m^{10}
schoonzoon Schwiegersohn m^6
schoonzuster Schwägerin v^{22}
schoorsteen 1 *(op dak, scheepv)* Schornstein m^5; **2** *(van fabriek)* Schlot m^5, Fabrikschornstein m^5; **3** *(schoorsteenmantel)* Kamin m^5
schoorsteenveger Schornsteinfeger m^9
schoorvoetend ungern; *(aarzelend)* zögernd
schoot 1 Schoß m^6: *(fig) het hoofd in de ~ leggen* sich fügen; **2** *(scheepv)* Schot v^{20}
schoothondje Schoßhündchen o^{35}
¹schop *(trap)* Fußtritt m^5, Tritt m^5: *vrije ~* Freistoß m^6: *iem een ~ geven* jmdm einen Tritt *(of:* Fußtritt) versetzen *(of:* geben[166])
²schop *(schep)* Schaufel v^{21}; *(spade)* Spaten m^{11}
¹schoppen *zn (kaartspel)* Pik o^{36}, Schippen *(zonder lw, alleen mv)*
²schoppen treten[291]: *iem ~* jmdm treten; *(fig) tegen iem aan ~* gegen jmdn anrennen[222] ‖ *kinderen in de wereld ~* Kinder in die Welt setzen; *herrie ~* Krach machen; *het ver ~* es weit bringen[139]
schoppenaas Pikass o^{29}
schor heiser
schorem Gesindel o^{39}, Mob m^{19}, Pack o^{39}
schoren abstützen
schorheid Heiserkeit v^{28}

schorpioen Skorpion *m*[5]
schorriemorrie *zie* schorem
schors Rinde *v*[21]
schorsen 1 *(van ambtenaar)* suspendieren[320]; **2** *(sp)* sperren; **3** *(van vergadering)* unterbrechen[137]; **4** *(van proces)* aussetzen
schorseneer Schwarzwurzel *v*[21]
schorsing 1 Suspension *v*[20]; **2** *(sp)* Sperrung *v*[20]; **3** Unterbrechung *v*[20]; **4** Aussetzung *v*[20]; *zie ook* schorsen
schort Schürze *v*[21]
schorten *(haperen)* hapern, fehlen: *wat schort eraan?* wo hapert es denn?
schot 1 *(met wapen; sp)* Schuss *m*[6]: *buiten ~ blijven* außer Schussweite bleiben[134]; **2** *(afscheiding)* Verschlag *m*[6], Scheidewand *v*[25], Trennwand *v*[25]; **3** *(scheepv)* Schott *o*[37]: *waterdicht ~* wasserdichtes Schott || *er zit geen ~ in het werk* die Arbeit kommt nicht voran; *er komt ~ in* die Sache kommt in Fluss
Schot Schotte *m*[15]
schotel 1 *(schaal)* Schüssel *v*[21]; *(kom)* Schale *v*[21]: *kop en ~* Tasse und Untertasse; *vliegende ~* fliegende Untertasse; **2** *(gerecht)* Platte *v*[21]
schotelantenne Parabolantenne *v*[21]
schoteltje 1 *(klein bord)* Schüsselchen *o*[35]; **2** *(van kopje)* Untertasse *v*[21]
Schotland Schottland *o*[39]
¹schots *zn* Eisscholle *v*[21], Scholle
²schots *bn, bw*: *~ en scheef* kreuz und quer
Schots *bn* schottisch: *met een ~e ruit* mit Schottenmuster; *~e rok* Schottenrock *m*[6]
schotwond Schusswunde *v*[21]
schouder Schulter *v*[21], Achsel *v*[21]: *een jurk met blote ~s* ein schulterfreies Kleid; *de ~s ophalen* die Achseln zucken; *(fig) z'n ~(s) onder iets zetten* sich hinter[+4] etwas klemmen
schouderblad Schulterblatt *o*[32]
schouderklopje: *iem een ~ geven* jmdm auf die Schulter klopfen, *(fig)* jmdm ein Kompliment machen
schoudertas Schultertasche *v*[21], Umhängetasche *v*[21]
schouw *(schoorsteen)* Kamin *m*[5]
schouwburg Theater *o*[33], Schauspielhaus *o*[32]: *naar de ~ gaan* ins Theater gehen[168]
schouwen *(dijken, sloten)* inspizieren[320]
schouwspel Schauspiel *o*[29]
schraag Bock *m*[6], Auflagerbock *m*[6]
schraal 1 *(mager, ook mbt grond)* mager, dürr: *een schrale troost* ein schwacher Trost; **2** *(mbt kost)* karg[59], schmal[59]; **3** *(mbt huid, weer, wind)* rau
schragen (unter)stützen, *(fig)* unterstützen
schram Schramme *v*[21]
schrammen schrammen, ritzen
schrander klug[58], gescheit, intelligent
schranderheid Klugheit *v*[28], Intelligenz *v*[28]
schransen futtern
¹schrap *zn (streep)* Strich *m*[5]
²schrap *bw*: *zich ~ zetten tegen (ook fig)* sich

(an)stemmen gegen[+4]
schrapen I *tr* 1 *(van aardappels, wortels)* schaben; **2** *(van vis)* schuppen; II *intr (inhalig zijn)* raffgierig sein[262] || *zijn keel ~* sich räuspern
schraperig raffgierig, raffsüchtig
schrappen 1 *(van aardappels, wortels)* schaben; **2** *(van vis)* schuppen; **3** *(doorstrepen)* streichen[286]
schrede Schritt *m*[5]
schreef Strich *m*[5], Linie *v*[21]: *dat gaat over de ~!* das geht zu weit!
schreeuw Aufschrei *m*[5], Schrei *m*[5]
schreeuwen 1 *(algem, ook mbt aap, papegaai, pauw, varken)* schreien[253]; **2** *(gillen, krijsen)* kreischen
schreeuwend schreiend: *~e kleuren* schreiende Farben; *~ duur* furchtbar teuer
schreeuwer 1 Schreier *m*[9], Schreihals *m*[6]; **2** *(snoever)* Großmaul *o*[32], Angeber *m*[9]
schreien *(huilen)* weinen: *van vreugde ~* vor[+3] Freude weinen; **2** *(grienen)* flennen
schriel 1 *(gierig)* karg, filzig; **2** *(mager)* mager
schrift *(handschrift, lettertekens)* Schrift *v*[20]; *(cahier)* Schreibheft *o*[29], Heft: *op ~ brengen* zu Papier bringen[139], aufschreiben[252]: *ik heb het op ~* ich habe es schriftlich
Schrift (Heilige) Schrift *v*[28], Bibel *v*[21]
schriftelijk schriftlich; *(per brief)* brieflich
schrijden schreiten[254]
schrijfbenodigdheden Schreibbedarf *m*[19]
schrijffout Schreibfehler *m*[9]
schrijfgerei Schreibzeug *o*[39]
schrijfmachine Schreibmaschine *v*[21]: *met de ~ geschreven* maschine(n)geschrieben
schrijfpapier Schreibpapier *o*[29]
schrijftaal Schriftsprache *v*[21]
schrijftafel Schreibtisch *m*[5]
schrijfwijze *(spelling)* Rechtschreibung *v*[28]
schrijlings rittlings
schrijnen brennen[138]: *de wond schrijnt* die Wunde brennt; *~de armoede* bittere Armut
schrijnwerker Tischler *m*[9], Schreiner *m*[9]
schrijven I *ww* schreiben[252]: *iem ~* jmdm schreiben, an jmdn schreiben; *een boek ~* ein Buch schreiben *(of:* verfassen); II *zn* Schreiben *o*[35], Brief *m*[5]
schrijver 1 *(iem die schrijft)* Schreiber *m*[9]; **2** *(van artikelen, boeken)* Autor *m*[16], *(letterkundige, ook)* Schriftsteller *m*[9]; **3** *(auteur van een genoemd werk)* Verfasser *m*[9]
schrijverij Schreiberei *v*[20], Geschreibe *o*[39]
schrik Schrecken *m*[11], Schreck *m*[5]: *iem ~ aanjagen* jmdn in Schrecken versetzen; *de ~ sloeg mij om het hart* der Schreck(en) fuhr mir durch *(of:* in) die Glieder
schrikaanjagend Schrecken erregend
schrikbarend schrecklich, entsetzlich
schrikbeeld Schreckbild *o*[31]
schrikdraad Elektrozaun *m*[6]
schrikkeldans Damenwahl *v*[28]
schrikkeljaar Schaltjahr *o*[29]

schrikken erschrecken[151]: *wakker* ~ *aus dem Schlaf aufschrecken*[251]: *zich dood* ~ zu Tode erschrecken[151]: *iem laten* ~ jmdn erschrecken *(zwak vervoegd)*

schrikkerig schreckhaft

schril 1 *(mbt geluid)* schrill, grell; 2 *(mbt kleuren)* grell; 3 *(mbt tegenstelling)* krass, schroff

schrobben schrubben, scheuern

schrobber Schrubber *m*[9]

schrobbering Rüffel *m*[9], Ausputzer *m*[9]

schroef 1 *(algem)* Schraube *v*[21]; 2 *(bankschroef)* Schraubstock *m*[6]; 3 *(van snaarinstrument)* Wirbel *m*[9]; 4 *(scheepsschroef)* Schraube *v*[21] || *alles staat op losse schroeven* alles ist in Frage gestellt

schroefdop Schraubdeckel *m*[9]

schroefdraad Gewinde *o*[33]

schroeien ansengen, versengen

schroeven schrauben

schroevendraaier Schraubenzieher *m*[9]

schrokken schlingen[246], gierig essen[152]: *naar binnen* ~ hinunterschlingen

schrokkerig gierig, gefräßig

schromelijk gewaltig, fürchterlich

schromen sich scheuen: *zonder* ~ ohne Scheu

schrompelen schrumpfen

schrompelig schrump(e)lig, schrumpfig

schroom Scheu *v*[28]: *zonder* ~ ohne Scheu

schroot 1 *(hagel)* Schrot *m*[5], *o*[29]; 2 *(lat)* Latte *v*[21]; 3 *(oud ijzer)* Schrott *m*[5], Altmetall *o*[29]: *tot* ~ *verwerken* verschrotten

schub Schuppe *v*[21]

schuchter schüchtern, zaghaft

schuchterheid Schüchternheit *v*[28], Zaghaftigkeit *v*[28]

schudden schütteln: *iem de hand* ~ jmdm die Hand schütteln; *iem wakker* ~ jmdn aus dem Schlaf rütteln; *iem door elkaar* ~ jmdn durchschütteln; *het hoofd* ~ den Kopf schütteln; ~ *van het lachen* sich vor Lachen schütteln || *dat kun je wel* ~ das kannst du dir aus dem Kopf schlagen

schuier Bürste *v*[21]

schuif 1 Schieber *m*[9]; 2 *(grendel)* Riegel *m*[9]

schuifdak Schiebedach *o*[32]

schuifdeur Schiebetür *v*[20]

schuifelen 1 *(sloffen)* schlurfen, latschen; 2 *(als teken van misnoegen)* scharren

schuifje (kleiner) Schieber *m*[9]

schuifraam Schiebefenster *o*[33]

schuiftrompet Zugtrompete *v*[21]

schuifwand Schiebewand *v*[25]

schuilen 1 *(zich verbergen)* sich verbergen[126]: *daar schuilt iets achter* es steckt etwas dahinter; 2 *(staan schuilen)* unterstehen[279]; *(gaan schuilen)* sich unterstellen; 3 *(te vinden zijn)* liegen[202], stecken[278]

schuilgaan sich verbergen[126], sich verstecken

schuilhoek Schlupfwinkel *m*[9], Versteck *o*[29]

schuilhouden, zich sich versteckt halten[183]

schuilnaam Deckname *m*[18], Pseudonym *o*[29]

schuilplaats 1 Unterschlupf *m*[5], Versteck *o*[29]; 2 *(toe-*

vluchtsoord) Zufluchtsort *m*[5]; 3 *(mil)* Unterstand *m*[6]

schuim 1 Schaum *m*[6]: *opspattend* ~ *van golven (ook)* Gischt *m*[5], *v*[20]; 2 *(geklopt eiwit)* Schaum *m*[19], Schnee *m*[19]; 3 *(gespuis)* Auswurf *m*[19]

schuimblusapparaat Schaumlöscher *m*[9]

schuimen schäumen

schuimklopper Schneebesen *m*[11]

schuimplastic Schaumstoff *m*[5]

schuimrubber Schaumgummi *m*[13]

schuimwijn Schaumwein *m*[5]

schuin 1 *(scheef)* schräg: ~*e lijn* schräge Linie; 2 *(hellend)* abschüssig; 3 *(dubbelzinnig)* zweideutig

schuinte Schräge *v*[21]; *(het hellen)* Neigung *v*[28]

schuit Kahn *m*[6], Schute *v*[21]

schuitje 1 *(kleine boot)* Kahn *m*[6], Nachen *m*[11]; 2 *(van luchtballon)* Gondel *v*[21]; 3 *(spoel)* Schiffchen *o*[35]; 4 *(blokvorm)* Block *m*[6] || *in hetzelfde* ~ *zitten* im gleichen Boot sitzen[268]

schuiven 1 schieben[237]: *de stoelen bij elkaar* ~ die Stühle zusammenrücken; 2 *(van opium)* rauchen; 3 *(in het damspel)* ziehen[318]; 4 *(geld betalen, dokken)* blechen || *(fig) laat hem maar* ~ lass ihn nur machen

schuiver 1 *(opiumschuiver)* Opiumraucher *m*[9]; 2 *(sp)* Roller *m*[9]: *een* ~ *maken* ausrutschen

schuld Schuld *v*[20]: *nationale* ~ Staatsschuld; ~ *bekennen* sich schuldig bekennen[189]: *iem de* ~ *van iets geven* jmdm für[+4] etwas die Schuld geben[166]: ~ *aan iets hebben* an[+3] etwas schuld sein[262]: *buiten mijn* ~ ohne meine Schuld; *(jur) door grove* ~ durch grobe Fahrlässigkeit; *dood door* ~ fahrlässige Tötung; *diep in de* ~*(en) zitten (ook)* hoch verschuldet sein[262]: *de* ~ *van iets op zich nemen* die Schuld an[+3] etwas auf sich nehmen[212]

schuldbekentenis 1 *(document)* Schuldschein *m*[5]; 2 *(belijdenis)* Schuldbekenntnis *o*[29a]

schuldbewijs Schuldschein *m*[5]

schuldbewust schuldbewusst

schuldeiser Gläubiger *m*[9]

schuldenaar Schuldner *m*[9]

schuldig schuldig: *zich aan iets* ~ *maken* sich[3] etwas zuschulden (*of:* zu Schulden) kommen lassen[197]: *zich aan een misdrijf* ~ *maken (ook)* sich eines Verbrechens schuldig machen; *aan een misdrijf* ~ *zijn* an einem Verbrechen schuldig sein[262]: *iem* ~ *verklaren* jmdn schuldig sprechen[274]

schuldige Schuldige(r) *m*[40a], *v*[40b]

schuldkwijting Schuldenerlass *m*[5]

schulp 1 *(versiersel)* Rüsche *v*[21]; 2 *(schelp)* Muschel *v*[21]: *(fig) in zijn* ~ *kruipen* klein beigeben[166]

schunnig 1 *(armoedig)* schäbig: *zich* ~ *gedragen* sich schäbig benehmen[212]; 2 *(obsceen)* schweinisch, schlüpfrig

schunnigheid 1 *(armoedigheid)* Schäbigkeit *v*[20]; 2 *(obsceniteit)* Schweinerei *v*[20], Sauerei *v*[20]

schuren scheuern, reiben[219]; *(met schuurpapier)* schmirgeln: *blank* ~ blank scheuern

schurft Krätze *v*[28], *(bij dieren)* Räude *v*[21]

schurftig krätzig: *een ~e hond* ein räudiger Hund

schurk Schurke *m*[15], Halunke *m*[15]

[1]**schut 1** *(scherm)* Schirm *m*[5]; **2** *(kamerscherm)* Wandschirm *m*[5]; **3** *(stuw)* Schütz *o*[29]; **4** *(beschutting)* Schutz *m*[19]

[2]**schut:** *voor ~ staan* sich blamieren[320]; *iem voor ~ zetten* jmdn blamieren

schutspatroon *(r-k)* Schutzheilige(r) *m*[40a], *v*[40b]

schutter Schütze *m*[15]

schutteren *(onhandig doen)* stümpern

schuttersfeest Schützenfest *o*[29]

schutting Zaun *m*[6], Bretterzaun *m*[6]

schuur *(groot)* Scheune *v*[21]; *(klein)* Schuppen *m*[11]

schuurpapier Schmirgelpapier *o*[29]

schuw scheu, furchtsam

schuwen scheuen

schuwheid Scheu *v*[28], Furchtsamkeit *v*[28]

scooter Motorroller *m*[9]

score 1 *(aantal behaalde punten)* Spielstand *m*[6]; **2** *(uitslag)* Ergebnis *o*[29a], Endstand *m*[6]

scorebord Anzeigetafel *v*[21]

scoren erzielen, scoren: *een doelpunt ~* ein Tor schießen[238]

scouting Pfadfinderbewegung *v*[28]

scrabble Scrabble *o*[36]

screentest Probeaufnahme *v*[21]

script *(van film)* Drehbuch *o*[32], Skript *o*[36], *o*[37]

scriptie Referat *o*[29], *(voor academisch examen)* Diplomarbeit *v*[20]

scrupule Skrupel *m*[9]; Bedenken *o*[35]

scrupuleus skrupulös, peinlich genau

sculptuur Skulptur *v*[20]

sec trocken, herb, dry

seconde Sekunde *v*[21]

secreet 1 *(afscheidsel)* Sekret *o*[29] *(2e nvl ook -)*; **2** *(mispunt)* Ekel *o*[33]

secretaire Sekretär *m*[5]

secretaresse Sekretärin *v*[22]

secretariaat Sekretariat *o*[29]

secretarie *(van gemeente)* Gemeindeamt *o*[32]

secretaris *(persoon belast met correspondentie)* Sekretär *m*[5], Schriftführer *m*[9]: *particulier ~* Privatsekretär; **2** *(gemeentesecretaris)* Stadtdirektor *m*[16]; **3** *(vogel)* Sekretär *m*[5]

secretaris-generaal Generalsekretär *m*[5]

secretie Sekretion *v*[20], Absonderung *v*[20]

sectie 1 *(anat)* Sektion *v*[20], Autopsie *v*[21]; **2** *(deel van gebied)* Abschnitt *m*[5]; **3** *(afdeling)* Abteilung *v*[20], Sektion *v*[20]; **4** *(in school)* Fachbereich *m*[5]

sector 1 *(meetk)* Sektor *m*[16]; **2** *(afdeling)* Sektor *m*[16], Bereich *m*[5]: *~ van het front* Frontabschnitt *m*[5]: *de oostelijke ~ van Berlijn* der Ostsektor Berlins

secundair sekundär

secuur genau, präzis(e), pünktlich

sedert I *bw* seitdem, seither; **II** *vz* seit[+3]: *~ kort* seit kurzem; **III** *vw* seit(dem)

sedertdien seitdem, seither

seffens *(Belg)* (so)gleich, sofort

segment Segment *o*[29]

sein Signal *o*[29], Zeichen *o*[35]

seinen I *tr* **1** *(bekendmaken)* signalisieren[320]; **2** *(telegrafisch)* telegrafieren[320], telegraphieren[320]; **II** *intr* *(door tekens)* *(radio)* funken; *(morse)* morsen; *(met lichtsignalen)* blinken: *met vlaggen ~* Flaggensignale geben[166]

seinlamp Signallampe *v*[21]

seinlicht Signallicht *o*[31]

seinvlag Signalflagge *v*[21]

seismograaf Seismograph *m*[14], Seismograf *m*[14]

seismologisch seism(olog)isch: *~ station* Erdbebenwarte *v*[21]

seizoen 1 *(jaargetijde)* Jahreszeit *v*[20]; **2** *(periode met bepaalde kenmerken)* Saison *v*[27], *(theat, ook)* Spielzeit *v*[20]

seizoenarbeid Saisonarbeit *v*[28]

seizoenopruiming Saisonschlussverkauf *m*[6]

seks Sex *m*[19], *m*[19a]

sekse Geschlecht *o*[31]

seksfilm Sexfilm *m*[5]

seksleven Sexualleben *o*[39]

seksualiteit Sexualität *v*[28]

seksueel sexuell, geschlechtlich: *seksuele voorlichting* Sexualaufklärung *v*[28]

sekte Sekte *v*[21]

selderie, selderij Sellerie *m (2e nvl -s; mv -(s); of v; mv -)*

selderieknol Sellerieknolle *v*[21]

selecteren selektieren[320], auswählen

selectie Selektion *v*[28], Auswahl *v*[28]

selectief selektiv

selfmade man Selfmademan *m (2e nvl -s; mv Selfmademen)*

selfservice Selbstbedienung *v*[20]

semester Semester *o*[33], Halbjahr *o*[29]

semi- halb, Halb…

seminarie Seminar *o*[29], *(r-k)* Priesterseminar *o*[29], *(prot)* Predigerseminar *o*[29]

semi-permanent *(ongev)* provisorisch

senaat Senat *m*[5]

senator Senator *m*[16]

seniel senil: *~e aftakeling* Altersschwäche *v*[28]

seniliteit Senilität *v*[28]

senior I *bn* senior *(afk sen.)*; **II** *zn* Senior *m*[16]

seniorenkaart Seniorenpass *m*[6]

sensatie Sensation *v*[20]: *~ verwekken* Sensation erregen; *op ~ belust* sensationslüstern

sensatiepers Sensationspresse *v*[28]

sensationeel sensationell

sensibel sensibel

sensibiliteit Sensibilität *v*[28]

sensitief sensitiv

sensitiviteit Sensitivität *v*[28]

sensitivitytraining Sensitivitätstraining *o*[39]

sensor Sensor *m*[16]

sensueel sensuell, sinnlich

sentiment Sentiment *o*[36], Gefühl *o*[29]

sentimentaliteit Sentimentalität *v*[20]

sentimenteel sentimental, empfindsam

separaat separat, getrennt: ~ *zenden* mit getrennter Post senden[263]
separatisme Separatismus *m*[19a]
separatist Separatist *m*[14]
separeren separieren[320], absondern, trennen
seponeren einstellen: *de zaak wordt geseponeerd* das Verfahren wird eingestellt
september September *m*[9] (*2e nvl ook -*)
serenade Serenade *v*[21], Ständchen *o*[35]
sergeant Unteroffizier *m*[5]
sergeant-majoor Feldwebel *m*[9]
serie Serie *v*[21], Reihe *v*[21], (*opeenvolging*) Folge *v*[21]; (*sp*) Vorlauf *m*[6], Qualifikationsvorlauf *m*[6]: ~ *postzegels* Satz *m*[6] Briefmarken
serieproductie Serienproduktion *v*[20]
serieus seriös, ernsthaft
sérieux: *au* ~ *nemen* ernst nehmen[212]
sering Flieder *m*[9]
serpentine Papierschlange *v*[21], Luftschlange *v*[21]
serre Veranda *v* (*mv Veranden*)
serum Serum *o* (*2e nvl -s; mv Seren of Sera*)
serveerster Serviererin *v*[22], Kellnerin *v*[22]
server (*comp*) Server *m*[9]
serveren 1 (*opdienen*) auftragen[288], servieren[320]; **2** (*sp*) aufschlagen[241]
servet Serviette *v*[21]
servetring Serviettenring *m*[5]
service 1 (*dienstbetoon*) Kundendienst *m*[19], Service *m, o* (*2e nvl -; mv -s*); **2** (*sp*) Aufschlag *m*[6]
servicedienst Kundendienst *m*[5]
serviceflat (*tehuis*) Seniorenheim *o*[29]; (*individueel*) Seniorenwohnung *v*[20]
servicegame Aufschlagspiel *o*[29]
servicekosten Unterhaltskosten (*mv*)
Servië Serbien *o*[39]
Serviër Serbe *m*[15]
servies(goed) Service *o* (*2e nvl -(s); mv -*)
Servisch I *zn* Serbisch *o*[41]; **II** *bn* serbisch
servobesturing Servolenkung *v*[20]
sesam Sesam *m*[13]
sessie Session *v*[20], Sitzung *v*[20]
set Satz *m*[6]
sex-appeal Sexappeal *m*[19]
sextant Sextant *m*[14]
sexy sexy
sfeer Atmosphäre *v*[21]; (*fig: gebied*) Sphäre *v*[21]
shag Shag *m*[13], Feinschnitt *m*[5]
shampoo Shampoo *o*[36], Schampon *o*[36], Schampun *o*[36]
sheet Transparent *o*[29]
sheriff Sheriff *m*[13]
sherry Sherry *m*[13]
shilling Schilling *m*[5] (*mv na telwoord onverbogen*)
shirt Shirt *o*[36], Freizeithemd *o*[37]; (*sp*) Trikot *o*[36]
shirtreclame Trikotwerbung *v*[28]
shit 1 (*hasj*) Shit *m*[19], *o*[39]; **2** (*inform*) (*rotzooi*) Scheiße *v*[28]
shock Schock *m*[13], *zelden m*[5]
shockproof stoßsicher

shocktherapie Schockbehandlung *v*[20]
shorts Shorts (*mv*)
short story Kurzgeschichte *v*[21]
shot 1 (*opname*) Aufnahme *v*[21]; **2** (*injectie*) Schuss *m*[6]; **3** (*belangrijk persoon*) hohes Tier *o*[29]
shotten (*Belg*) (*een balletje trappen*) eine Runde kicken
shovel Löffelbagger *m*[9]
show (*expositie*) Ausstellung *v*[20], Schau *v*[20]; (*theat*) Show *v*[27]
showroom Ausstellungsraum *m*[6]
shuttle 1 (*sp*) Federball *m*[6]; **2** (*ruimteveer*) Raumfähre *v*[21]
Siberië Sibirien *o*[39]
Siberisch: *dat laat me* ~ das ist mir Wurs(ch)t
Siciliaan Sizilianer *m*[9]
Siciliaans sizilianisch
Sicilië Sizilien *o*[39]
sidderen zittern, beben
siddering Zittern *o*[39]
sier: *goede* ~ *maken* sich gütlich tun[295]
sieraad 1 (*bijou*) Schmuck *m*[5], Schmuckstück *o*[29]; **2** (*fig*) Zierde *v*[21]
sieren schmücken, zieren: (*fig*) *het siert hem, dat ...* es gereicht ihm zur Ehre, dass ...
siergewas Zierpflanze *v*[21]
sierlijk zierlich, anmutig, elegant
sierlijkheid Zierlichkeit *v*[28], Eleganz *v*[28], Anmut *v*[28]
sierplant Zierpflanze *v*[21]
sierstrip Zierleiste *v*[21]
sigaar Zigarre *v*[21]: *hij is altijd de* ~ er ist immer der Dumme
sigarenpeuk Zigarrenstummel *m*[9]
sigaret Zigarette *v*[21]
sigarettenpapier Zigarettenpapier *o*[29]
sigarettenpeuk Kippe *v*[21]
sigarettenpijpje Zigarettenspitze *v*[21]
signaal Signal *o*[29]
signalement Personalbeschreibung *v*[20]
signaleren 1 (*aanwezigheid constateren*) bemerken, sichten; **2** (*wijzen op*) hinweisen[307] auf[+4]
signalisatie (*Belg*) Ausschilderung *v*[20], Beschilderung *v*[20]
signatuur Signatur *v*[20]; (*karakter*) Charakter *m*[5]: (*pol*) *van linkse, rechtse* ~ links, rechts orientiert
signeren (*van boek, schilderij*) signieren[320]
sijpelen I *ww* sickern; **II** *zn* Sickern *o*[39]
sijs Zeisig *m*[5]
sik 1 (*baard*) Spitzbart *m*[6]: *zij krijgt er een* ~ *van* es hängt ihr zum Hals heraus; **2** (*geit*) Ziege *v*[21]
sikkel Sichel *v*[21]: ~ *van de maan* Mondsichel
sikkeneurig verdrießlich, mürrisch
Silezië Schlesien *o*[39]
Sileziër Schlesier *m*[9]
Silezisch schlesisch
silhouet Silhouette *v*[21], Schattenriss *m*[5]
silo Silo *m*[13], *o*[36]
simpel 1 (*eenvoudig*) einfach, simpel; **2** (*onnozel*) einfältig, beschränkt

298

simpelheid 1 *(eenvoudigheid)* Einfachheit *v*[28]; **2** *(onnozelheid)* Einfältigkeit *v*[28]

simplistisch einfältig, simplifizierend

simulant Simulant *m*[14]

simulatie Simulation *v*[20]

simuleren simulieren[320]

simultaan I *bn* simultan; **II** *zn* Simultanspiel *o*[29]

simultaanpartij Simultanpartie *v*[21]

sinaasappel Apfelsine *v*[21], Orange *v*[21]

sinaasappelsap Orangensaft *m*[6], Apfelsinensaft

sinds I *bw* *(van die tijd af)* seitdem; **II** *vz* seit[+3]: ~ *14 dagen* seit 14 Tagen; **III** *vw* *(van het tijdstip af dat)* seit(dem)

sindsdien seitdem, seither

singel 1 *(gracht)* Ringwall *m*[6]; Gracht *v*[20]; **2** *(bosbouw)* Mantel *m*[10]; **3** *(buikriem van paard)* Sattelgurt *m*[5]; **4** *(band)* Gurt *m*[5]

singelen *(sp)* im Einzel spielen

single 1 *(sp)* Einzel *o*[33], Einzelspiel *o*[29]; **2** *(grammofoonplaat)* Single *v*[27] *(mv ook -)*

sinister unheilvoll, sinister

sint Sankt: *de* ~ Sankt Nikolaus *m* *(2e nvl -)*

sintel Schlacke *v*[21], Zinder *m*[9]

sintelbaan *(sp)* Aschenbahn *v*[20]

sinterklaas Nikolaus *m* *(2e nvl -; mv -e)*: *(fig)* voor ~ *spelen* den Wohltäter spielen

Sinterklaas Sankt Nikolaus *m* *(2e nvl -)*

sinterklaasavond Nikolausabend *m*[5]

sint-juttemis: *met* ~ am Nimmerleinstag

sip betreten

sirene Sirene *v*[21]

siroop Sirup *m*[5]

sissen 1 *(scherp geluid maken)* zischen; **2** *(mbt kat, vos, locomotief)* fauchen

sisser: *met een* ~ *aflopen* keine unangenehmen Folgen haben[182]

sit-downstaking Sitzstreik *m*[13]

site Site *v*[27], Seite *v*[21]

situatie Situation *v*[20], Lage *v*[21], Zustand *m*[6]

situatietekening Lageskizze *v*[21]

situeren situieren[320]

sjaal Schal *m*[13], *m*[5]

sjabloon *(ook fig)* Schablone *v*[21]

sjacheraar Schacherer *m*[9]

sjacheren schachern

sjah Schah *m*[13]

sjalot Schalotte *v*[21]

sjans: ~ *hebben* gut ankommen[193]

sjeik Scheich *m*[13], *m*[5]

sjekkie Selbstgedrehte *v*[40b]

sjerp Schärpe *v*[21]

sjezen 1 *(hardlopen)* sausen; **2** *(zakken voor examen)* durchfallen[154], durchfliegen[159]: *gesjeesd student* verbummelter Student

sjiek schick, fein, elegant

sjilpen zwitschern, schilpen

sjirpen zirpen

sjoege: *geen* ~ *van iets hebben* keine blasse Ahnung von[+3] *etwas haben*[182]: *geen* ~ *geven* nicht reagieren[320]

sjofel, sjofeltjes schäbig, armselig

sjokken schlurfen, trotten

sjorren 1 *(vastbinden)* zurren; **2** *(trekken)* zerren

sjouw Plackerei *v*[20], Schufterei *v*[20]: *dat is een hele* ~! das ist aber eine Plackerei!

sjouwen I *tr* schleppen; **II** *intr* sich abrackern, sich abmühen, schuften

skai Skai *o*[39], *o*[39a]

skateboard Roll(er)brett *o*[31], Skateboard *o*[36]

skaten skaten

skeeler Inlineskate *m*[13], Inliner *m*[9]

skelet Skelett *o*[29]

skelter *(sp)* Gokart *m*[13] *(2e nvl ook -)*

sketch Sketch *m* *(2e nvl -(es); mv -e(s) of -s)*, Sketsch *m*[5]

ski Ski *m*[7] *(mv ook -)*, Schi *m*[7] *(mv ook -)*

skiën I *ww* Ski *(of:* Schi*)* fahren[153], Ski *(of:* Schi*)* laufen[198]; **II** *zn* Skifahren *o*[39], Schifahren *o*[39], Skilaufen *o*[39], Schilaufen *o*[39]

skiër Skiläufer *m*[9], Schiläufer *m*[9], Skifahrer *m*[9], Schifahrer *m*[9]

skiff Skiff *o*[29]

skilift Skilift *m*[5], *m*[13], Schilift *m*[5], *m*[13]

skipas Skipass *m*[6], Schipass *m*[6]

skipiste Skipiste *v*[21], Schipiste *v*[21]

skischans Sprungschanze *v*[21]

skischoen Skischuh *m*[5], Schischuh *m*[5]

sla Salat *m*[5], Kopfsalat *m*[5]

slaaf Sklave *m*[15]

slaafs sklavisch

slaag: ~ *krijgen* Prügel bekommen[193]

slaags: ~ *raken* aneinander geraten[218]

slaan I *tr* schlagen[241]: *(damspel) een schijf* ~ einen Stein schlagen; *de trommel* ~ die Trommel schlagen; *iem in elkaar* ~ jmdn zusammenschlagen; **II** *intr* **1** schlagen[241]: *de bliksem is in de toren geslagen* der Blitz hat in den Turm eingeschlagen; *met de deur* ~ die Tür zuschlagen; **2** *(betreffen)* sich beziehen (auf[+4]): *dat slaat op mij!* das bezieht sich auf mich! ‖ *zijn tong slaat dubbel* er lallt

¹slaap *(anat)* Schläfe *v*[21]

²slaap *(het slapen)* Schlaf *m*[19]: ~ *hebben* schläfrig sein[262]: ~ *krijgen* schläfrig werden[310]: *in* ~ *sussen (ook fig)* einschläfern; *in* ~ *vallen* einschlafen[240]

slaapbank Schlafcouch *v*[27], *v*[20], Bettcouch *v*[27], *v*[20]

slaapdronken schlaftrunken

slaapkamer Schlafzimmer *o*[33]

slaapkop Langschläfer *m*[9]; *(suffer)* Schlafmütze *v*[21]

slaapmiddel Schlafmittel *o*[33]

slaapmutsje *(drankje)* Schlaftrunk *m*[6]

slaapplaats Schlafstelle *v*[21], Schlafstätte *v*[21]

slaaptablet Schlafpille *v*[21], Schlaftablette *v*[21]

slaapverwekkend einschläfernd

slaapwandelaar Schlafwandler *m*[9], Nachtwandler *m*[9]

slaapwandelen schlafwandeln, nachtwandeln

slaapzaal Schlafsaal *m*[6] *(mv -säle)*

slaapzak Schlafsack *m*[6]

si

slaatje Salat m^5 ‖ *(fig) ergens een ~ uit slaan* seinen Schnitt bei[+3] etwas machen

slabakken *(Belg) (slecht gaan)* schlecht gehen, abflauen, daniederliegen[202]: *de ~de economie* die daniederliegende Wirtschaft

slabbetje Lätzchen o^{35}, Latz m^6

slachten schlachten

slachthuis Schlachthaus o^{32}, Schlachthof m^6

slachting 1 *(het slachten)* Schlachtung v^{20}; **2** *(massamoord)* Gemetzel o^{33}

slachtoffer 1 *(persoon)* Opfer o^{33}; **2** *(offerdier)* Opfertier o^{29}

slachtpartij Blutbad o^{32}, Gemetzel o^{33}

slachtvee Schlachtvieh o^{39}

slacouvert Salatbesteck o^{29}

¹slag 1 *(klap)* Schlag m^6, Hieb m^5; **2** *(van hart, pols, klok, zuiger)* Schlag m^6: *op ~ van elven* Schlag elf; *van ~ zijn:* a) *(mbt klok)* verkehrt schlagen[241]; b) *(fig)* durcheinander sein[262]; **3** *(bij het kaartspel)* Stich m^5; **4** *(mil)* Schlacht v^{20}: *~ leveren* eine Schlacht liefern; **5** *(van machine)* Tour v^{20}, Umdrehung v^{20}; **6** *(roeien)* Schlag m^6; **7** *(zwemmen)* Zug m^6; **8** *(schaatsen)* Schritt m^5; **9** *(dammen)* Schlagen o^{39} ‖ *er zit een ~ in het wiel* das Rad eiert; *geen ~ doen* keinen Handschlag tun; *de ~ te pakken krijgen* den Dreh heraushaben[182]; *zijn ~ slaan* seinen Schnitt machen; *aan de ~ gaan* an die Arbeit gehen[168]; *druk aan de ~ zijn* fleißig bei der Arbeit sein[262]: *(fig) een ~ in de lucht* ein Schlag ins Wasser; *iets met de Franse ~ doen* etwas oberflächlich tun[295]: *een ~ om de arm houden* sich ein Hintertürchen offen halten[183]; *hij was op ~ dood* er war auf der Stelle tot; *zonder ~ of stoot* widerstandslos; *(Belg) zich uit de ~ trekken* sich zu retten wissen[314]

²slag 1 *(soort)* Art v^{20}, Schlag m^6: *mensen van zijn ~* Leute von seinem Schlag; **2** *(duiventil)* Taubenschlag m^6

slagader Arterie v^{21}, Schlagader v^{21}

slagboom Schlagbaum m^6, Schranke v^{21}; *(spoorw)* Bahnschranke v^{21}, Schranke

slagboormachine Schlagbohrmaschine v^{21}

slagen gelingen[169], Erfolg haben[182], *(bij examen)* durchkommen[193], bestehen[279]: *hij is geslaagd voor het examen* er hat die Prüfung bestanden; *ik slaag in iets* etwas gelingt mir; *de tekening is goed geslaagd* die Zeichnung ist (gut) gelungen; *ben je naar je zin geslaagd?* hast du etwas Passendes gefunden?

slager Metzger m^9, Fleischer m^9

slagerij Metzgerei v^{20}, Fleischerei v^{20}

slaghoedje Zündhütchen o^{35}

slaghout *(sp)* Schlagholz o^{32}

slaginstrument Schlaginstrument o^{29}

slagregen Sturzregen m^{11}, Platzregen m^{11}

slagroom Schlagsahne v^{28}, Sahne v^{28}

slagtand Stoßzahn m^6, *(wild zwijn)* Hauer m^9

slagvaardig schlagfertig; *(energiek)* tatkräftig

slagveld Schlachtfeld o^{31}

slagwerk *(muz)* Schlagzeug o^{39}

slagwerker Schlagzeuger m^9

slagzij Schlagseite v^{21}

slagzin Schlagwort o^{32}, o^{29}

slak 1 *(dierk)* Schnecke v^{21}; **2** *(van metaal, steenkool)* Schlacke v^{21}

slaken: *een kreet ~* aufschreien[253]

slakkengang *(fig) met een ~ gaan* im Schneckentempo gehen[168]

slakkenhuis(je) 1 Schneckenhaus o^{32}; **2** *(med)* Schnecke v^{21}

slakom Salatschüssel v^{21}

slalom Slalom m^{13}

slamix Marinade v^{21}, Salatsoße v^{21}

slampamper Müßiggänger m^9

slang 1 *(dierk)* Schlange v^{21}; **2** *(voor gas, vloeistof)* Schlauch m^6; **3** *(econ)* Schlange v^{21}: *monetaire ~* Währungsschlange v^{21}

slank schlank: *de ~e lijn* die schlanke Linie; *zo ~ als een den* schlank wie eine Tanne

slaolie Salatöl o^{29}, Speiseöl o^{29}

slap 1 *(niet strak gespannen, niet stevig)* schlaff: *de ~pe lach hebben* einen Lachkrampf haben[182]: *zich ~ lachen* sich kaputtlachen; **2** *(van koffie, soep)* dünn; **3** *(niet doortastend)* schwach, schlaff: *~ geklets* fades Geschwätz; **4** *(handel)* lustlos, matt, flau

slapeloos schlaflos

slapen schlafen[240], *(inform)* pennen: *gaan ~* schlafen gehen[168]: *~ als een marmot* schlafen wie ein Dachs; *slaap lekker!* schlaf wohl!

slaper 1 Schläfer m^9; *(fig)* Träumer m^9; **2** *(logé)* Schlafgast m^6

slaperig schläfrig

slapheid 1 Schlaffheit v^{28}; **2** Schwäche v^{21}; **3** Flaute v^{21}; *zie ook* slap

slapjes 1 *(handel)* flau, lustlos; **2** *(na ziekte)* schwach, flau; **3** *(niet energiek)* lasch, lax

slappeling Schwächling m^5

slapte *zie* slapheid

slasaus Salatsoße v^{21}, Dressing o^{36}

slash Schrägstrich m^5

slavenarbeid Sklavenarbeit v^{20}

slavendrijver *(fig)* Leuteschinder m^9

slavernij Sklaverei v^{28}

slavin Sklavin v^{22}

Slavisch I *zn* Slawisch o^{41}; **II** *bn* slawisch

slecht schlecht: *een ~ cijfer* eine schlechte Note; *~ gehumeurd* schlecht (of: übel) gelaunt; *hij ziet er ~ uit* er sieht schlecht aus; *het ziet er ~ uit* es sieht schlimm aus; *hij is er ~ aan toe* er ist schlecht (of: übel) daran; *een ~e betaler* ein säumiger Zahler; *dat is ~ te horen* das kann man kaum hören

slechten 1 *(van huis)* abreißen[220]; **2** *(van dijk, wal)* abtragen[288]; **3** *(van vesting)* schleifen

slechthorend schwerhörig

slechts nur, bloß, lediglich

slechtvalk Wanderfalke m^{15}

sledehond Schlittenhund m^5

slee Schlitten m^{11}: *(fig) een ~ van een wagen* ein Straßenkreuzer

sleedoorn Schlehdorn *m*⁵, Schwarzdorn *m*⁵
sleeën Schlitten fahren¹⁵³
sleep 1 *(deel van japon)* Schleppe *v*²¹; **2** *(scheepv)* Schleppzug *m*⁶; **3** *(stoet)* Zug *m*⁶: *een hele ~ kinderen* eine große Kinderschar
sleepasperge Stangenspargel *m*⁹
sleepboot Schleppdampfer *m*⁹, Schlepper *m*⁹
sleepkabel Schleppseil *o*²⁹; *(mbt auto)* Abschleppseil *o*²⁹
sleepkosten Abschleppkosten *(mv)*
sleepnet Schleppnetz *o*²⁹
sleeptouw Schlepptau *o*²⁹ || *(ook fig)* op ~ *nemen* in Schlepp nehmen²¹²
Sleeswijk-Holstein Schleswig-Holstein *o*³⁹
slenteren schlendern
slepen I *tr* schleppen: *zich naar huis* ~ sich nach Hause schleppen; *iem door het examen* ~ jmdn durch die Prüfung bringen¹³⁹; **II** *intr* schleppen, schleifen: *over de grond* ~ auf dem Boden schleifen; *met z'n linkervoet* ~ den linken Fuß nachziehen³¹⁸
slepend schleppend: *~e gang* schleppender Gang; *~e ziekte* schleichende Krankheit
slet *(scheldw, inform)* **1** *(slordige vrouw)* Schlampe *v*²¹; **2** *(hoer)* Dirne *v*²¹
sleuf 1 *(smalle groef)* Rille *v*²¹; **2** *(uitgraving)* Rinne *v*²¹; **3** *(van brievenbus, spaarpot)* Einwurf *m*⁶, Schlitz *m*⁵; **4** *(bosbouw)* Schneise *v*²¹
sleur Schlendrian *m*¹⁹, Trott *m*⁵
sleuren schleppen, zerren, ziehen³¹⁸
sleutel Schlüssel *m*⁹: *Engelse* ~ Engländer *m*⁹
sleutelbeen Schlüsselbein *o*²⁹
sleutelbloem Schlüsselblume *v*²¹
sleutelbos Schlüsselbund *m*⁵, *o*²⁹
sleutelen basteln: *aan een auto* ~ an einem Wagen basteln
sleutelfiguur Schlüsselfigur *v*²⁰
sleutelpositie Schlüsselstellung *v*²⁰
slib Schlamm *m*⁵, *m*⁶
sliding *(voetbal)* Slidingtackling *o*³⁶
sliert 1 *(lange rij) (personen)* Kette *v*²¹, Reihe *v*²¹; *(voertuigen)* Kolonne *v*²¹; **2** *(haar)* Strähne *v*²¹; **3** *(regen, vermicelli)* Faden *m*¹²
slijk Schlamm *m*⁵, *m*⁶ || *door het* ~ *halen* durch den Schmutz ziehen³¹⁸
slijm Schleim *m*⁵
slijmbal *zie* slijmerd
slijmen *(ook fig)* schleimen
slijmerd *(inform)* Schleimscheißer *m*⁹
slijmerig *(ook fig)* schleimig
slijmjurk *zie* slijmerd
slijmvlies Schleimhaut *v*²⁵
slijpen 1 *(scherp maken)* schleifen²⁴³, wetzen, schärfen; **2** *(diamanten, glaswerk)* schleifen²⁴³; **3** *(een potlood)* (an)spitzen
slijpsteen Schleifstein *m*⁵, Wetzstein *m*⁵
slijtage Abnutzung *v*²⁸, Verschleiß *m*¹⁹
slijten I *tr* **1** *(van kleding)* verschleißen²⁴⁴, abnutzen, abtragen²⁸⁸; **2** *(verkopen)* verkaufen, vertreiben²⁹⁰; **3** *(doorbrengen)* verbringen¹³⁹; **II** *intr* sich abnut-

zen: *de jas begint te* ~ der Mantel wird schon kahl
slijter *(van drank)* Wein- und Spirituosenhändler *m*⁹
slijterij Wein- und Spirituosenhandlung *v*²⁰
slikgrond Schlammboden *m*¹²
slikken 1 *(innemen)* schlucken: *iets* ~ etwas hinunterschlucken; **2** *(accepteren)* schlucken, hinnehmen²¹²: *heel wat moeten* ~ viel einstecken müssen²¹¹
slim *(schrander)* klug⁵⁸, gescheit; *(sluw)* schlau: *iem te* ~ *af zijn* jmdn überlisten
slimheid Klugheit *v*²⁸, Gescheitheit *v*²⁸; Schlauheit *v*²⁸; *zie ook* slim
slimmerd Schlaukopf *m*⁶
slimmigheid Schlauheit *v*²⁸
slinger 1 *(bocht, lus)* Schleife *v*²¹; **2** *(manoeuvre)* Schlenker *m*⁹; **3** *(versiering)* Girlande *v*²¹; **4** *(draaiende arm)* Kurbel *v*²¹; *(van pomp)* Schwengel *m*⁹; **5** *(van uurwerk)* Pendel *o*³³; **6** *(werptuig)* Schleuder *v*²¹
slingeren I *tr* schleudern; **II** *intr* **1** *(regelmatig heen en weer gaan)* schwingen²⁵⁹, pendeln; **2** *(zwaaiende beweging maken)* baumeln, schaukeln: *met de benen* ~ mit den Beinen schlenkern; **3** *(mbt vaartuig)* schlingern, rollen; **4** *(mbt voertuig)* schlingern, *(slippen)* schleudern; **5** *(mbt dronkaard)* taumeln, schwanken; **6** *(ordeloos ergens liggen)* herumliegen²⁰²; **III** *zich* ~ sich schlängeln, sich winden³¹³ || *iem op de bon* ~ jmdm einen Strafzettel verpassen
slingerplant Schlingpflanze *v*²¹
slinken 1 abnehmen²¹², schwinden²⁵⁸; **2** *(bij het koken)* einkochen; **3** *(mbt geld, voorraad)* zusammenschrumpfen
slinks hinterlistig, arglistig, tückisch: *~e streek* Tücke *v*²¹: *op ~e wijze* tückisch
slip 1 *(afhangend deel)* Zipfel *m*⁹; **2** *(strookje)* Zettel *m*⁹; **3** *(broekje)* Slip *m*¹³ || *(met voertuig) in een ~ raken* ins Schleudern geraten²¹⁸
slipgevaar Rutschgefahr *v*²⁸, Schleudergefahr *v*²⁸
slipje Slip *m*¹³
slippen 1 *(mbt auto, fiets)* rutschen, schlittern: *ik slipte* ich kam ins Rutschen; **2** *(mbt koppeling)* schleifen || *(ongemerkt) mee naar binnen* ~ mit hineinschlüpfen
slipper Slipper *m*⁹ *(mv ook -s)*
slippertje: *een* ~ *maken* einen Seitensprung machen
sliptong kleine Seezunge *v*²¹
slissen lispeln
slobberen 1 *(slurpen)* schlürfen; **2** *(mbt kleren)* schlottern, schlenkern
slobbroek *(voor baby's)* Strampelhose *v*²¹
sloddervos 1 *(vrouw)* Schlampe *v*²¹; **2** *(man)* Schluderer *m*⁹
sloeber: *arme* ~ armer Schlucker *m*⁹
sloep Schaluppe *v*²¹, Rettungsboot *o*²⁹
sloerie *(scheldw, inform)* **1** *(slons)* Schlampe *v*²¹; **2** *(slet)* Dirne *v*²¹
slof *zn* **1** *(pantoffel)* Pantoffel *m*¹⁷: *(fig) alles op z'n*

~fen doen alles ganz bequem tun[295]; **2** *(strijkstok)* Frosch *m*[6]; **3** *(pak)* Stange *v*[21]: *een ~ sigaretten* eine Stange Zigaretten

sloffen schlurfen, latschen: *(fig) iets laten ~ etwas schleifen lassen*[197]

slogan Slogan *m*[13]

slok Schluck *m*[5], *m*[6], *(teug, ook)* Zug *m*[6]: *in één ~* in einem Zug

slokdarm Speiseröhre *v*[21]

slokken schlingen[246]

slons *zie* sloddervos

slonzen schlampen, schludern

slonzig schlampig, schlud(e)rig

sloof *(zwoegende vrouw)* Arbeitstier *o*[29]

sloom träge: *slome duikelaar* Trottel *m*[9]

¹sloop *(van kussen)* Kissenbezug *m*[6], Kissenüberzug *m*[6]

²sloop *(het slopen) (van huizen)* Abbruch *m*[19]; *(van auto's, vliegtuigen)* Verschrottung *v*[20]

sloopauto schrottreifes Auto *o*[36]

sloot 1 *(greppel)* Graben *m*[12]: *van de wal in de ~ raken* vom Regen in die Traufe kommen[193]: *hij loopt in geen zeven sloten tegelijk* ihm passiert nicht so leicht etwas; **2** *(grote hoeveelheid)* Unmenge *v*[21]

slootwater *(slechte soep, slechte koffie)* Plempe *v*[21], Brühe *v*[21]

slop Gasse *v*[21], *(doodlopend)* Sackgasse *v*[21]: *(fig) in het ~ raken* in eine Sackgasse geraten[218]

slopen 1 *(afbreken)* abreißen[220], abbrechen[137], *(slechten)* schleifen; **2** *(machines, stellages)* abbauen, *(voertuigen, vliegtuigen)* verschrotten, *(vaartuigen)* abwracken; **3** *(ondermijnen)* abzehren, verzehren: *een ~de ziekte* eine schleichende Krankheit

sloper 1 *(ondernemer)* Abbruchunternehmer *m*[9]; **2** *(handelaar)* Schrotthändler *m*[9]

sloperij 1 *(voor auto's)* Autoverwertung *v*[20]; **2** *(voor huizen)* Abbruchfirma *v* *(mv -firmen)*

slordig 1 nachlässig; **2** *(ordeloos)* unordentlich; **3** *(ongeveer)* etwa, ungefähr, zirka: *een ~e drie miljoen* etwa drei Millionen

slorpen schlürfen

slot 1 *(sluitmiddel, ook van vuurwapen)* Schloss *o*[32]; *(van boeken, kleding, sieraden)* Schließe *v*[21]: *achter ~ en grendel* hinter Schloss und Riegel; *achter ~ houden* unter Verschluss halten[183]: *achter ~ zetten* einsperren; *op ~ verschlossen; op ~ doen* verschließen[245]; **2** *(kasteel)* Schloss *o*[32]; **3** *(einde)* Schluss *m*[6]: *ten ~te* zum Schluss; *per ~ van rekening* schließlich, letzten Endes

slotakkoord Schlussakkord *m*[5]

slotsom 1 *(resultaat)* Ergebnis *o*[29a], Resultat *o*[29]; **2** *(gevolgtrekking)* Schlussfolgerung *v*[20], Schluss *m*[6]

sloven sich abrackern, sich (ab)plagen

slow motion I *zn* Zeitlupentempo *o*[39]; **II** *bn* Zeitlupen…

sluier Schleier *m*[9]

sluik *bn* schlicht, glatt

sluikhandel Schleichhandel *m*[19], Schwarzhandel *m*[19]

sluikreclame Schleichwerbung *v*[28]

sluikstorten *(Belg)* illegal Müll abladen[196]

sluimeren schlummern

sluimering Schlummer *m*[19]

sluipen (sich) schleichen[242]: *naar binnen ~* hineinschleichen; *er is een fout in de rekening geslopen* es hat sich ein Fehler in die Rechnung eingeschlichen

sluipmoord Meuchelmord *m*[5]

sluipmoordenaar Meuchelmörder *m*[9]

sluipschutter Heckenschütze *m*[15]

sluipweg Schleichweg *m*[5]

sluis Schleuse *v*[21]

sluiten I *tr* **1** *(dichtmaken)* schließen[245], zumachen; **2** *(opbergen)* schließen[245]; **3** *(beëindigen)* schließen[245]; **4** *(aangaan)* schließen[245], abschließen[245]; **II** *intr* **1** *(dichtgaan)* schließen[245]; **2** *(passen)* (an)schließen[245]; **3** *(kloppen, logisch zijn)* schlüssig sein[262]; **4** *(geen verlies opleveren)* stimmen

sluiting 1 *(handeling)* Schließen *o*[39], Schließung *v*[20]: *~ van de zendtijd* Sendeschluss *m*[19]: *na ~ van de beurs* nach Börsenschluss; **2** *(middel tot sluiten)* Verschluss *m*[6]: *luchtdichte ~* luftdichter Verschluss; **3** *(van bedrijf)* Stilllegung *v*[20]

sluitingstijd 1 *(van winkels)* Geschäftsschluss *m*[19], Ladenschluss *m*[19]; **2** *(van cafés)* Sperrstunde *v*[21]

sluizen schleusen

slungel Schlaks *m*[5]

slurf 1 *(snuit)* Rüssel *m*[9]; **2** *(van vliegtuigen)* Fluggastbrücke *v*[21]

slurpen schlürfen

sluw 1 *(listig)* schlau; **2** *(geslepen)* gerissen

sluwheid 1 Schlauheit *v*[28]; **2** Gerissenheit *v*[28]

smaad Schmach *v*[28]; *(jur)* Beleidigung *v*[20]

smaak 1 Geschmack *m*[6]: *de ~ van iets te pakken krijgen* an[+3] etwas Geschmack finden[157]: *dat is een kwestie van ~* das ist Geschmack(s)sache; *in de ~ vallen* Anklang finden[157]: *iets op ~ afmaken* etwas abschmecken; **2** *(trek, eetlust)* Appetit *m*[5]: *met ~ eten* mit Appetit essen[152]

smaakje *(bijsmaak)* Beigeschmack *m*[19]

smaakloos geschmacklos

smaakmaker *(persoon)* Trendsetter *m*[9]

smaakvol geschmackvoll

smachten schmachten, lechzen (nach[+3])

smadelijk schmählich, schmachvoll

smak 1 *(bons)* Schlag *m*[6], Knall *m*[5]; **2** *(val)* Fall *m*[19]; **3** *(grote hoeveelheid)* Menge *v*[21]

smakelijk 1 *(lekker)* schmackhaft, appetitlich: *eet ~* guten Appetit!; **2** *(vrolijk)* herzlich, genüsslich: *~ lachen* herzlich lachen; *~ vertellen* genüsslich erzählen

smakeloos geschmacklos

smaken I *tr (genieten)* genießen[172], erleben: *het genoegen ~* das Vergnügen haben[182]; **II** *tr (smaak hebben)* schmecken: *hoe smaakt het?* wie schmeckt es?

smakken I *tr (gooien)* schmeißen[247]; **II** *intr* **1** *(vallen)* hart fallen[154], hart aufschlagen[241] (auf[+4]); **2** *(geluid maken)* schmatzen

smal schmal[59]: ~*le zijde* Schmalseite *v*[21]

smaldeel Geschwader *o*[33]

smalen: *op iem* ~ über jmdn herziehen[318]

smalfilm Schmalfilm *m*[5]

smalletjes schmal, mager

smalltalk Smalltalk *m*[13], *o*[36], Small Talk *m*[13], *o*[36]

smalspoor Schmalspur *v*[28]

smaragd Smaragd *m*[5]

smart 1 *(lichamelijke pijn)* Schmerz *m*[16]; **2** *(verdriet)* Schmerz *m*[16], Kummer *m*[19]; **3** *(verlangen)* Sehnsucht *v*[25]

smartelijk 1 *(pijnlijk)* schmerzhaft; **2** *(verdriet veroorzakend)* schmerzlich

smartengeld Schmerzensgeld *o*[39]

smartlap Schnulze *v*[21]

smash Smash *m*[13] *(2e nvl ook -)* Schmetterball *m*[6]

smashen schmettern

smeden *(ook fig)* schmieden

smederij *(smidse)* Schmiede *v*[21]

smeekbede Flehen *o*[39], inständige Bitte *v*[21]

smeekschrift Bittgesuch *o*[29]

smeer 1 *(smeermiddel)* Schmiere *v*[21]; **2** *(dierlijk vet)* Fett *o*[29], Talg *m*[19]

smeerboel Sauerei *v*[20], Schweinerei *v*[20]

smeergeld Schmiergeld *o*[31]

smeerkaas Schmierkäse, Streichkäse *m*[9]

smeerkees Schmierfink, Schmutzfink *m*[14], *m*[16]

smeerlap 1 *zie* smeerkees; **2** *(eerloos persoon)* Schuft *m*[5], Lump *m*[14]

smeerolie Schmieröl *o*[29]

smeerpijp 1 *(voor afvalwater)* Abwasserleitung *v*[20]; **2** *zie* smeerkees

smeerpoets *zie* smeerkees

smeken flehentlich bitten[132+4], flehen (zu[+3])

smelten schmelzen[248]: *het vlees smelt op de tong* der Braten zergeht auf der Zunge

smeltkroes Schmelztiegel *m*[9]

smeltpunt Schmelzpunkt *m*[5]

smeren 1 *(invetten)* (ab)schmieren, *(met olie)* ölen; **2** *(van boter, vet voorzien)* (be)schmieren, (be)streichen[286]; **3** *hem* ~ *(ervandoor gaan)* abhauen[185], verduften || *(fig) de keel* ~ sich[3] die Kehle schmieren

smerig 1 *(vuil)* schmutzig, dreckig; **2** *(vettig)* schmierig; **3** *(schunnig)* schmutzig, obszön

smering Schmierung *v*[20], Ölen *o*[39]

smeris Bulle *m*[15]

smet Fleck *m*[5]; *(fig)* Makel *m*[9]: *een* ~ *op iem werpen* jmdm einen Makel anhängen[184]

smetteloos fleckenlos, *(meestal fig)* makellos

smeuïg 1 *(zacht, gebonden)* sämig; **2** *(smakelijk) (ook fig)* unterhaltsam, unterhaltend

smeulen glimmen[179], *(ook fig)* schwelen

smid Schmied *m*[5]

smidse Schmiede *v*[21]

smiecht Lumpenkerl *m*[5], Hundsfott *m*[5], *m*[8]

smiespelen flüstern, tuscheln

smiezen: *iem in de* ~ *hebben* jmdn durchschauen; *iets in de* ~ *hebben* etwas wittern; *dat loopt in de* ~ das springt ins Auge

smijten schmeißen[247]: *met geld* ~ mit Geld um sich schmeißen

smikkelen schnabulieren[320]

smoel 1 *(mond)* Maul *o*[32], Fresse *v*[21], Klappe *v*[21]: *hou je* ~ halt die Klappe; **2** *(gezicht)* Fresse *v*[21]: *iem op zijn* ~ *slaan* jmdm die Fresse polieren[320]

smoelwerk Fratze *v*[21], Fresse *v*[21]

smoesje Ausrede *v*[21], Ausflucht *v*[25]

smoezelig schmudd(e)lig, angeschmutzt

smoezen *(zacht praten)* tuscheln

smog Smog *m*[13] *(2e nvl ook -)*

smoking Smoking *m*[13]

smokkel Schmuggel *m*[19]

smokkelaar Schmuggler *m*[9]

smokkelarij Schmuggelei *v*[20], Schmuggel *m*[19]

smokkelen 1 schmuggeln; **2** *(oneerlijk zijn)* schwindeln, mogeln

¹smoor: *de* ~ *in hebben* sauer sein[262]

²smoor *zie* smoordronken, smoorverliefd

smoordronken sternhagelvoll

smoorheet erstickend heiß

smoorverliefd hoffnungslos verliebt

smoren I *tr* **1** *(doen stikken)* ersticken: *iets in de kiem* ~ etwas im Keim ersticken; **2** *(gaar laten worden)* schmoren; **3** *(techn)* drosseln; **II** *intr (stikken)* ersticken

smos *(Belg):* *broodje* ~ *(ongev)* Schinkenbrötchen *o*[35]

smout Schmalz *o*[29]

smullen schlemmen, schnabulieren[320]: *(fig) van iets* ~ etwas genießen[172]

smulpaap Schlemmer *m*[9]

smurrie Matsch *m*[19]

snaak Spaßvogel *m*[10], Schelm *m*[5]

snaaks drollig, spaßig, schelmisch

snaar *(muz, sp)* Saite *v*[21]: *(fig) een gevoelige* ~ *raken* eine empfindliche Saite bei jmdm berühren

snaarinstrument Saiteninstrument *o*[29]

snack Snack *m*[13]

snackbar Snackbar *v*[27], Imbissstube *v*[21]

snakken 1 *(vurig verlangen)* sich sehnen (nach[+3]), schmachten (nach[+3]); **2** *(hijgend happen)* schnappen, ringen[224]: *naar adem* ~ nach[+3] Atem ringen

snappen I *intr (happen)* schnappen; **II** *tr* **1** *(betrappen)* erwischen, ertappen; **2** *(begrijpen)* kapieren[320], verstehen

snars: *geen* ~ einen Dreck, nicht die Bohne; *hij begrijpt er geen* ~ *van* davon versteht er nicht die Bohne

snater Maul *o*[32], Schnabel *m*[10]

snateren schnattern

snauw Anschnauzer *m*[9]: *iem een* ~ *geven* jmdn anschnauzen

snauwen anschnauzen, anfahren[153]: *tegen iem* ~ jmdn anschnauzen

snauwerig barsch, bissig

snavel Schnabel *m*[10]

snede 1 *(het snijden)* Schnitt *m*[5]; **2** *(wond)* Schnitt

m^5, Schnittwunde v^{21}; **3** *(snit)* Schnitt m^5; **4** *(afgesneden stuk)* Schnitte v^{21}, Scheibe v^{21}; **5** *(scherp gedeelte)* Schneide v^{21}

snedig schlagfertig, scharfsinnig

sneer höhnische Bemerkung v^{20}

sneeuw Schnee m^{19}: *eeuwige ~* Firn m^5, m^{16}, Firnschnee m^{19}: *er valt ~* es schneit; *(Belg)* zwarte *~ zien* darben

sneeuwbal Schneeball m^6

sneeuwblind schneeblind

sneeuwbril Schneebrille v^{21}

sneeuwen *(ook fig)* schneien

sneeuwgrens Schneegrenze v^{21}

sneeuwjacht Schneetreiben o^{39}, Schneegestöber o^{33}

sneeuwketting Schneekette v^{21}

sneeuwklas *(Belg):* op *~ gaan* mit der Klasse in den Wintersport fahren[153]

sneeuwklokje Schneeglöckchen o^{35}

sneeuwploeg *(machine)* Schneepflug m^6

sneeuwpop Schneemann m^8

sneeuwschoen Schneeschuh m^5

sneeuwstorm Schneesturm m^6

sneeuwval Schneefall m^6 *(meestal mv)*

sneeuwvlok Schneeflocke v^{21}

sneeuwvrij schneefrei

sneeuwwit schneeweiß

snel 1 *(vlug)* schnell, rasch, geschwind; **2** *(modern)* flott, modern: *een ~le auto* ein Flitzer

snelbuffet Schnellimbiss m^5

snelheid Geschwindigkeit v^{20}: *een ~van 450 km per uur* eine Stundengeschwindigkeit von 450 km; *op ~ komen* auf Touren kommen[193]

snelheidsbeperking Tempolimit o^{36}, o^{29}

snelheidscontrole Geschwindigkeitskontrolle v^{21}

snelheidsduivel, snelheidsmaniak Raser m^9

snelkoker, snelkookpan Schnellkochtopf m^6

snellen eilen

sneltrein Schnellzug m^6, D-Zug m^6

snelverkeer Schnellverkehr m^{19}

snelwandelen Gehen o^{39}

snelweg Autobahn v^{20}: *de elektronische ~* die Datenautobahn

snerpen *(pijn veroorzaken)* schneiden[250]: *een ~de kou* eine schneidende Kälte

snert 1 *(erwtensoep)* Erbsensuppe v^{21}; **2** *(onzin)* Quatsch m^{19}; **3** *(rotzooi)* Mist m^{19}

snertvent Dreckskerl m^5

snertweer Sauwetter o^{39}

sneu schade: *wat ~!* wie schade!

sneuvelen 1 *(omkomen)* umkommen[193], fallen[154]; **2** *(breken)* zerbrechen[137] ‖ *het record sneuvelde* der Rekord wurde gebrochen

snibbig schnippisch, bissig

snijbiet Mangold m^{19}

snijbloem Schnittblume v^{21}

snijboon Schnittbohne v^{21}: *een rare ~* ein wunderlicher Kauz

snijbrander Schneidbrenner m^9

snijden 1 *(algem, ook fig)* schneiden[250]: *de lijnen ~*

elkaar die Linien schneiden sich; *de sfeer was om te ~* die Atmosphäre war zum Zerreißen gespannt; *in de begroting ~* den Etat kürzen; **2** *(teveel laten betalen)* übervorteilen

snijtand Schneidezahn m^6

snijwond Schnittwunde v^{21}

¹snik Schluchzer m^9: *de laatste ~* der letzte Atemzug

²snik: *hij is niet goed ~* er ist übergeschnappt

snikheet erstickend heiß

snikken schluchzen

snip *(vogel)* Schnepfe v^{21}

snipper *(stukje)* Schnitzel m^9, o^{33}

snipperdag Urlaubstag m^5

snipperen schnippeln, schnitzeln

snipverkouden: *~ zijn* einen argen Schnupfen haben[182]

snit Schnitt m^5, Zuschnitt m^5, Fasson v^{27}

snob Snob m^{13}

snoeien 1 zurückschneiden[250], stutzen; **2** *(bezuinigen)* einschränken: *in de begroting ~* den Etat kürzen

snoek Hecht m^5

snoekbaars Zander m^9

snoekduik, snoeksprong Hechtsprung m^6

snoep Süßigkeiten *mv* v^{20}

snoepen naschen

snoeper Nascher m^9: *(fig) oude ~* Lustgreis m^5

snoeperij, snoepgoed Süßigkeiten *mv* v^{20}

snoepje Bonbon m^{13}, o^{36}, Süßigkeit v^{20}

snoepreisje angebliche Dienstreise v^{21}

snoer Schnur v^{25}, *(zelden)* v^{20}

snoeren: *iem de mond ~* jmdn mundtot machen

snoes Herzchen o^{35}

snoeshaan: *een rare ~* ein sonderbarer Kauz

snoet 1 *(snuit, bek)* Schnauze v^{21}; **2** *(mond)* Schnauze v^{21}, Maul o^{32}; **3** *(gezicht)* Fratze v^{21}

snoeven angeben[166], prahlen, aufschneiden[250]

snoezig reizend, niedlich, süß

snol *(scheldw, inform)* Dirne v^{21}, Nutte v^{21}, Flittchen o^{35}

snood ruchlos, niederträchtig, verrucht

snor 1 *(van personen)* Schnurrbart m^6; **2** *(van dieren)* Schnurrhaar o^{29} ‖ *dat zit ~* das ist o.k.

snorren *(een brommend geluid maken)* s(chn)urren, schwirren, summen

snorscooter *(ongev)* Motorroller m^9 mit Mopedmotor

snot *(neusvocht)* Rotz m^{19}

snotaap, snotjongen Rotzjunge m^{15}

snotneus *(ook fig)* Rotznase v^{21}

snotteren 1 rotzen; **2** *(grienen)* flennen

snuffelen schnüffeln

snufje 1 *(nieuwigheid)* Neuheit v^{20}: *het nieuwste ~* die letzte Neuheit; **2** *(geringe hoeveelheid)* Prise v^{21}: *een ~ peper* eine Prise Pfeffer

snugger gescheit, klug[58]

snuisterijen Nippsachen *(mv)*, Nippes *(mv)*

snuit 1 Schnauze v^{21}, *(van insect, olifant, zwijn)* Rüssel m^9; **2** *(gezicht)* Schnauze v^{21}

snuiten

snuiten 1 *(neus reinigen)* schnäuzen: *zijn neus ~* sich schnäuzen; **2** *(een kaars)* putzen
snuiter Kauz *m*[6], Vogel *m*[10]
snuiven 1 schnauben[249]: *van woede ~* vor Wut schnauben; **2** *(drugs gebruiken)* schnupfen
snurken schnarchen
s.o. *(Belg)* afk van *secundair onderwijs* weiterführender Unterricht *m*[19]
soap opera Seifenoper *v*[21]
sober 1 *(eenvoudig)* einfach, schlicht; *(met weinig tevreden)* genügsam: *een ~e stijl* ein nüchterner Stil; **2** *(armoedig)* dürftig, karg
sociaal sozial: *sociale bijstand* Sozialhilfe *v*[28]: *de gemeentelijke sociale dienst* das Sozialamt der Gemeinde; *sociale lasten* Sozialabgaben *mv v*[21]: *sociale partners* Sozialpartner *mv m*[9], Tarifpartner *mv m*[9]: *~ product* Sozialprodukt *o*[29]: *sociale voorzieningen (uitkeringen)* Sozialleistungen *mv v*[20]: *(Belg) ~ assistent* Sozialarbeiter *m*[9]
socialisme Sozialismus *m*[19a]
socialist Sozialist *m*[14]
socialistisch sozialistisch
sociëteit Klub *m*[13], Verein *m*[5]
sociologie Soziologie *v*[28]
sociologisch soziologisch
socioloog Soziologe *m*[15]
sodemieter *(scheldw, plat)* Arschloch *o*[32]: *een arme ~* ein armer Schlucker; *als de ~* dalli, dalli! ‖ *iem op zijn ~ geven* jmdn verprügeln
sodemieteren *(plat)* **I** *tr (smijten)* schmeißen[247]; **II** *intr* **1** *(vallen)* stürzen; **2** *(zaniken)* quengeln
soebatten betteln, (flehentlich) bitten[132]
soelaas 1 *(verzachting)* Linderung *v*[20]; **2** *(troost)* Trost *m*[19]
soep Suppe *v*[21] ‖ *een auto in de ~ rijden* ein Auto zu Bruch fahren[153]: *iets in de ~ laten lopen* etwas vermasseln
soepballetje Suppenklößchen *o*[35]
soepblokje Suppenwürfel *m*[9]
soepel geschmeidig, biegsam, elastisch
soepgroente Suppengemüse *o*[33], Suppengrün *o*[39]
soeplepel Suppenlöffel *m*[9]
soepvlees Suppenfleisch *o*[39]
soepzootje Durcheinander *o*[39], Chaos *o*[39a]
soesa Umstände *mv m*[6], Rummel *m*[19]
soeverein I *bn, bw* souverän, überlegen: *~ gebied* Hoheitsgebiet *o*[29]: *~e rechten* Hoheitsrechte *mv o*[29]; **II** *zn* Souverän *m*[5]
soevereiniteit Souveränität *v*[28]
soezen 1 *(suffen)* (vor sich hin) dösen; **2** *(mijmeren)* seinen Gedanken nachhängen[184]
soezerig dösig
sof Pleite *v*[21], Fiasko *o*[36], Reinfall *m*[6]
sofa Sofa *o*[36], Couch *v*[27], *v*[20]
softbal Softball *m*[19]
softijs Softeis *o*[39]
software Software *v*[27]
soigneren pflegen, betreuen
sojaboon Sojabohne *v*[21]

sok 1 *(kous)* Socke *v*[21]: *een held op ~ken* ein Angsthase; *hij zet er de ~ken in* er nimmt die Beine in die Hand; *iem van de ~ken praten* dauernd auf jmdn einreden; *iem van de ~ken rijden* jmdn über den Haufen fahren[153]; **2** *(techn)* Muffe *v*[21]; **3** *(sukkel)* Trottel *m*[9]
sokkel Sockel *m*[9]
solarium Solarium *o* (2e nvl -s; mv Solarien)
soldaat Soldat *m*[14]: *~ 1e klasse* Gefreite(r) *m*[40a]: *iets ~ maken* etwas alle machen
soldeer Lot *o*[29], Lötmetall *o*[29]
soldeerbout Lötkolben *m*[11]
soldeersel Lot *o*[29], Lötmetall *o*[29]
solden *(Belg)* **1** *(winkelrestant)* Restposten *m*[11]; **2** *(seizoenopruiming)* Schlussverkauf *m*[6]
solderen löten
soldij Sold *m*[5]
solfège Solfeggio *o* (2e nvl -s; mv Solfeggien)
solidair solidarisch: *zich ~ verklaren met iem* sich mit jmdm solidarisch erklären
solidariteit Solidarität *v*[28]
solide solid(e)
solist Solist *m*[14]
solitair I *bn, bw* solitär; **II** *zn (eenling) (mens, dier)* Einzelgänger *m*[9]
sollen: *met een hond ~* ausgelassen mit einem Hund spielen; *niet met zich laten ~* nicht mit[+3] sich spaßen lassen[197]
sollicitant Bewerber *m*[9]
sollicitatie Bewerbung *v*[20]
sollicitatiebrief Bewerbungsschreiben *o*[35]
solliciteren sich[4] bewerben[309]: *~ naar* sich[4] bewerben um[+4]
solo I *bw* solo; **II** *zn* Solo *o*[36] *(mv ook Soli)*
solutie Gummilösung *v*[20]
solvabel solvent, zahlungsfähig
solvabiliteit Solvenz *v*[20], Zahlungsfähigkeit *v*[28]
solvent solvent, zahlungsfähig
som 1 *(uitkomst van optelling)* Summe *v*[21]: *8–5=3* acht weniger *(of:* minus*)* fünf ist *(of:* macht, gibt*)* drei; *5+3=8* fünf und *(of:* plus*)* drei ist *(of:* macht, gibt*)* acht; *3×5=15* drei mal fünf ist *(of:* macht, gibt*)* fünfzehn; *15:3=5* fünfzehn (geteilt) durch drei is *(of:* macht, gibt*)* fünf; *3²=9* drei hoch zwei ist neun; *3³=27* drei hoch drei ist siebenundzwanzig; *√9 =3* die Wurzel aus neun ist drei; *de derdemachtswortel van 27 is 3* die dritte Wurzel aus siebenundzwanzig ist drei; **2** *(opgave)* Rechenaufgabe *v*[21]: *~men maken* Rechenaufgaben machen; **3** *(bedrag)* Summe *v*[21], Betrag *m*[6]: *een ~ geld* eine Geldsumme
somber 1 *(donker)* düster, *(mbt weer)* trübe; **2** *(droevig)* düster, trübe
somberte 1 *(duisternis)* Düsterkeit *v*[28]; **2** *(treurigheid)* Düsterkeit *v*[28], Trübheit *v*[28]
sommatie Aufforderung *v*[20], Mahnung *v*[20]
sommeren auffordern, mahnen
sommige manche[68], einige
soms 1 *(nu en dan)* zuweilen, bisweilen, manchmal; **2** *(misschien)* etwa, vielleicht

sonde Sonde v^{21}

sonderen sondieren[320]

soort 1 *(categorie)* Art v^{20}, Sorte v^{21}: *een raar ~ mensen* ein sonderbarer Menschenschlag; *enig in zijn ~* einzigartig; *~ zoekt ~* Gleich und Gleich gesellt sich gern; **2** *(kwaliteit)* Sorte v^{21}: *goederen van de eerste ~* Waren erster Qualität; **3** *(biol)* Gattung v^{20}, Art v^{20}

soortelijk spezifisch

soortgelijk derartig, ähnlich

soortgenoot Artgenosse m^{15}

soos Klub m^{13}: *op de ~ eten* im Klub essen[152]

sop *(zeepwater)* Seifenwasser o^{39}: *iem in zijn eigen ~ gaar laten koken* jmdn in seinem eigenen Fett schmoren lassen[197] || *het ruime ~* die offene See; *het ruime ~ kiezen* in See stechen[277]

soppen eintauchen

sopraan I *(stem)* Sopran m^5; **II** *(zangeres)* Sopranistin v^{22}; *(jongen)* Sopranist m^{14}

sorbet Sorbet m^{13}, o^{36}, Sorbett m^5, o^{29}

sorteren sortieren[320]: *effect ~ Wirkung erzielen; goed gesorteerd* (gut) assortiert

sortering Sortierung v^{20}: *ruime ~* reiche Auswahl v^{20}, reiches Sortiment o^{29}

sortiment Sortiment o^{29}, Auswahl v^{20}

soufflé Auflauf m^6

soul Soul m^{19}

sound Sound m^{13}

soundtrack Soundtrack m^{13}

souper Souper o^{36}

souteneur Zuhälter m^9

souterrain Souterrain o^{36}, Kellergeschoss o^{29}

souvenir Souvenir o^{36}, Andenken o^{35}

sovjet Sowjet m^{13}

Sovjet-Unie Sowjetunion v^{28} *(afk* SU)

spa *(mineraalwater)* Mineralwasser o^{34}

¹spaak *zn (van wiel)* Speiche v^{21}

²spaak *bw: dat loopt ~* das geht schief

spaakbeen Speiche v^{21}

spaan 1 *(stukje hout)* Span m^6; **2** *(schuimspaan)* Schaumlöffel m^9; **3** *(roeispaan)* Ruder o^{33}

spaanplaat Spanplatte v^{21}

Spaans I *bn* spanisch; **II** *bw: het ~ benauwd hebben* eine Heidenangst haben[182]; **III** *zn* Spanisch o^{41}

spaarbank Sparkasse v^{21}: *geld op de ~ zetten* Geld auf die Sparkasse bringen[139]

spaarbankboekje Spar(kassen)buch o^{32}

spaarder Sparer m^9

spaargeld Spargeld o^{31}, Ersparnisse *mv* v^{24}

spaarpot Sparbüchse v^{21}

spaarzaam sparsam

spade Spaten m^{11}

spagaat Spagat m^5, o^{29}

spaghetti Spaghetti *(mv)*

spalk Schiene v^{21}

spalken schienen

span *(gespan)* Gespann o^{29}: *het ~ paarden* das Gespann Pferde

spandoek Transparent o^{29}, Spruchband o^{32}

Spanjaard Spanier m^9

Spanje Spanien o^{39}

spankracht Spannkraft v^{28}

spannen spannen: *het zal erom ~!* es wird spannend!

spannend spannend

spanning Spannung v^{20}

spant 1 *(van dak)* Sparren m^{11}; **2** *(van schip)* Spant o^{37}

spanwijdte Spannweite v^{21}

spar I *(plantk)* Tanne v^{21}; *(fijne spar)* Fichte v^{21}; **II** *(spant)* Sparren m^{11}

sparappel Tannenzapfen m^{11}

sparen 1 sparen: *moeite noch kosten ~ weder Mühe noch Kosten sparen; **2** *(ontzien)* schonen: *iem ~* jmdn schonen; *zijn krachten ~* seine Kräfte schonen; **3** *(verzamelen)* sammeln: *postzegels ~* Briefmarken sammeln

sparringpartner Sparringspartner m^9

spartelen zappeln

spat *(spetter, vlek)* Spritzer m^9 || *geen ~ uitvoeren* keinen Finger krumm machen

spatader Krampfader v^{21}

spatbord 1 *(van auto)* Kotflügel m^9; **2** *(van motor)fiets)* Schutzblech o^{29}

spatel Spachtel m^9, v^{21}, Spatel m^9, v^{21}

spatten spritzen; *(mbt vonken)* sprühen: *uit elkaar ~* (zer)platzen

speaker 1 *(omroeper)* Sprecher m^9; **2** *(luidspreker)* Lautsprecher m^9

specerij Gewürz o^{29}, Würze v^{21}

specht Specht m^5

speciaal I *bw* speziell, besonders, eigens; **II** *bn* speziell, Sonder…, Spezial…: *speciale aanbieding* Sonderangebot o^{29}: *speciale prijs* Sonderpreis m^5

speciaalzaak Fachgeschäft o^{29}, Spezialgeschäft o^{29}

specialiseren spezialisieren[320]: *zich ~ in* sich spezialisieren auf[+4]

specialisme Spezialgebiet o^{29}

specialist Spezialist m^{14}; *(in geneeskunde, ook)* Facharzt m^6

specialistisch Spezial…: *~e kennis* Spezialwissen o^{39}

specialiteit Spezialität v^{20}

specie *(bouwk)* Mörtel m^9

specificatie Spezifikation v^{20}

specificeren spezifizieren[320]

specifiek spezifisch

spectaculair spektakulär, Aufsehen erregend

spectrum Spektrum o *(2e nvl -s; mv Spektra of Spektren)*

speculaas Spekulatius m *(2e nvl -; mv -)*

speculant Spekulant m^{14}

speculeren spekulieren[320]

speech Speech m^5 *(mv ook -es)*, Ansprache v^{21}

speechen eine Ansprache halten[183]

speed 1 *(snelheid)* Speed m^{13}; **2** *(middel)* Speed o^{36}

speedboot Schnellboot o^{29}; *(sp)* Rennboot o^{29}

speeksel Speichel m^{19}

speelautomaat Spielautomat m^{14}

sp

speelbal *(ook fig)* Spielball m^6
speelbank Spielbank v^{20}
speelfilm Spielfilm m^5
speelgoed Spielzeug o^{39}; *(artikelen)* Spielwaren *mv* v^{21}
speelgoedzaak Spielwarengeschäft o^{29}
speelhelft 1 *(halve speelduur)* Spielzeithälfte v^{21}, Halbzeit v^{20}; **2** *(veld)* Spielfeldhälfte v^{21}
speelkaart Spielkarte v^{21}
speelkameraad Spielkamerad m^{14}
speelkwartier Schulpause v^{21}
speelplaats Spielplatz m^6
speelruimte *(tussenruimte) (ook fig)* Spielraum m^6
speels spielerisch
speelseizoen Spielzeit v^{20}
speelsheid Verspieltheit v^{28}
speeltafel Spieltisch m^5
speeltje Spielzeug o^{29}
speeltuin Spielplatz m^6
speelveld Spielfeld o^{31}, Spielfläche v^{21}
speen 1 *(tepel)* Zitze v^{21}; **2** *(op zuigfles)* Sauger m^9; **3** *(fopspeen)* Schnuller m^9, Lutscher m^9
speenvarken Spanferkel o^{33}
speer Speer m^5
speerwerpen *zn* Speerwerfen o^{39}
spek Speck m^5: *gerookt* ~ Räucherspeck
spekglad spiegelglatt
spekken spicken
spekpannenkoek Speckpfannkuchen m^{11}
spektakel 1 *(schouwspel)* Spektakel o^{33}; **2** *(lawaai)* Spektakel m^9, Lärm m^{19}
spel Spiel o^{29}: *een* ~ *kaarten* ein Spiel Karten; *gelijk* ~ Unentschieden o^{35}: *ruw* ~ rohes *(of:* hartes) Spiel; *(sp) buiten* ~ *staan* abseits stehen^{279}; *zijn leven op het* ~ *zetten* sein Leben aufs Spiel setzen
spelbederf unsportliches Verhalten o^{39}
spelbederver Spielverderber m^9
spelbepaler Spielmacher m^9
spelbreker Spielverderber m^9
speld 1 *(naaigerei)* Stecknadel v^{21}: *er is geen* ~ *tussen te krijgen!:* a) *(iem praat maar door)* man kommt nicht zu Wort!; b) *(het sluit als een bus)* es ist nichts dagegen einzuwenden!; *men kan een* ~ *horen vallen* man kann eine Nadel fallen hören; **2** *(broche)* Nadel v^{21}
spelden feststecken, heften: *een zoom* ~ einen Saum feststecken
speldenprik *(ook fig)* Nadelstich m^5
speldje *(broche)* Nadel v^{21}, Anstecknadel v^{21}
spelen 1 *(algem)* spielen: *dat speelt hem door het hoofd* das geht ihm im Kopfe herum; **2** *(een rol spelen)* mitspielen
spelenderwijs spielend
speler Spieler m^9
spelfout Rechtschreib(ungs)fehler m^9
speling 1 *(grillige wending)* Spiel o^{29}: *een* ~ *van het lot* ein Spiel des Schicksals; **2** *(ruimte)* Spielraum m^6
spelleider Spielleiter m^9
spelleiding Spielleitung v^{20}

spellen buchstabieren^{320}
spelling Rechtschreibung v^{28}
spelonk Höhle v^{21}
spelregel *(sp)* Spielregel v^{21}
spelt Dinkel m^9, Spelz m^5, Spelt m^5
spencer Pullunder m^9
spenderen ausgeben^{166}: ~ *aan* ausgeben^{166} für^{+4}
sperma Sperma o *(2e nvl -s; mv Spermen)*, Samen m^{11}
spermabank Spermabank v^{20}, Samenbank v^{20}
spervuur Sperrfeuer o^{33}
sperwer Sperber m^9
sperzieboon Prinzessbohne v^{21}, Brechbohne v^{21}
spetter 1 *(spat)* Spritzer m^9; **2** *(vrouw)* Klasseweib o^{31}; **3** *(man)* toller Typ m^{16}, m^{14}
spetteren spritzen, *(mbt vonken)* sprühen
speurder Kriminalbeamte(r) m^{40a}
speuren I *tr (het spoor volgen)* spüren, wittern; **II** *intr (nasporen)* fahnden
speurhond Spürhund m^5
speurtocht Streifzug m^6, Suche v^{21}
speurzin Spürsinn m^{19}
spichtig 1 *(puntig)* spitz; **2** *(mager)* hager
spie Keil m^5
spieden spähen
spiegel Spiegel m^9
spiegelbeeld Spiegelbild o^{31}
spiegelei 1 Spiegelei o^{31}; **2** *(spoorw)* Kelle v^{21}
spiegelen I *intr* spiegeln; **II** *zich* ~ sich spiegeln: *zich in het water* ~ sich im Wasser spiegeln; *zich aan iem* ~ sich^3 jmdn zum Vorbild nehmen^{212}
spiegelglad spiegelglatt
spiegeling Spiegelung v^{20}
spieken abgucken, spicken
spiekpapiertje Spickzettel m^9
spier Muskel m^{17}: *gescheurde* ~ Muskelriss m^5: *een* ~ *verrekken* einen Muskel zerren; *geen* ~ *vertrekken* keine Miene verziehen^{318}
spierbal Muskelbündel o^{33}
spierkracht Muskelkraft v^{25}
spiernaakt splitter(faser)nackt
spierpijn Muskelschmerz m^{16}, Muskelkater m^9
spierwit schneeweiß; *(doodsbleek)* kreideweiß
spies Spieß m^5
spijbelaar Schwänzer m^9
spijbelen *(die Schule)* schwänzen
spijker Nagel m^{10}: ~*s op laag water zoeken* kritteln
spijkerbroek Jeans *(mv)*, Bluejeans *(mv)*, Blue Jeans *(mv)*, Nietenhose v^{21}
spijkeren nageln
spijkerhard stahlhart, steinhart
spijkerjasje Jeansjacke v^{21}
spijkerpak Jeansanzug m^6
spijkerschrift Keilschrift v^{28}
spijl Stab m^6
spijs Speise v^{21}
spijskaart Speisekarte v^{21}
spijsvertering Verdauung v^{28}
spijt Bedauern o^{39}: *tot mijn* ~ zu meinem Bedauern;

~ *van iets hebben* etwas bedauern
spijten bedauern, Leid tun[295]: *het spijt me!* ich bedauere (es)!, es tut mir Leid!; *het spijt me voor hem* es tut mir Leid für ihn
spijtig bedauerlich: *het is ~!* es ist schade
spike Spike *m*[13]: *(schoenen)* ~*s* Spikes *mv m*[13]
spikkel Tupfen *m*[11], Sprenkel *m*[9]
spiksplinternieuw funkelnagelneu
spil 1 *(as)* Achse *v*[21]; **2** *(fig)* Mittelpunkt *m*[5]; **3** *(sp)* Mittelläufer *m*[9]
spilziek verschwenderisch
spilzucht Verschwendungssucht *v*[28]
spin *(dierk)* Spinne *v*[21]
spinazie Spinat *m*[19]: ~ *à la crème* Rahmspinat
spinet Spinett *o*[29]
spinnaker Spinnaker *m*[9]
spinnen 1 *(draden maken)* spinnen[272]; **2** *(mbt katten)* schnurren
spinnenweb Spinn(en)gewebe *o*[33]
spinnerij Spinnerei *v*[20]
spinnewiel Spinnrad *o*[32]
spinnijdig giftig, stocksauer
spinrag Spinn(en)gewebe *o*[33]
spion Spion *m*[5]; *(ongunstig)* Spitzel *m*[9]
spionage Spionage *v*[28]
spioneren spionieren[320]
spiraal Spirale *v*[21]
spiraaltje *(voorbehoedmiddel)* Spirale *v*[21]
spirit Schwung *m*[19]
spiritus Spiritus *m* (2e nvl -; *mv* -se)
spit 1 *(braadspit)* Spieß *m*[5]; **2** *(med)* Hexenschuss *m*[19]
¹spits *zn* **1** *(top)* Spitze *v*[21]: *iets op de ~ drijven* etwas auf die Spitze treiben[290]; **2** *(mil)* Spitze *v*[21]; **3** *(spitsuur)* Spitzenzeit *v*[20]; **4** *(sp)* Spitze *v*[21]
²spits *bn, bw* **1** *(puntig)* spitz; **2** *(bits)* spitz; **3** *(scherpzinnig)* scharfsinnig || *een ~e vent* ein kluger Kopf
spitsen spitzen: *gespitst zijn op iets* auf[+4] etwas gefasst sein[262]
spitskool Spitzkohl *m*[5]
spitsroede: ~*n lopen* Spießruten laufen[198]
spitstechnologie *(Belg)* Spitzentechnologie *v*[21]
spitsuur Hauptverkehrszeit *v*[20], Stoßzeit *v*[20]
spitsverkeer Stoßverkehr *m*[19], Berufsverkehr *m*[19]
spitsvondig spitzfindig
spitten graben[180]
spleet Spalt *m*[5], Spalte *v*[21]
spleetogig schlitzäugig
splijten I *tr* spalten[270]; **II** *intr* sich spalten[270]
splijtstof Spaltmaterial *o* (2e nvl -s; *mv* -ien)
splinter Splitter *m*[9]
splinteren splittern
splinternieuw (funkel)nagelneu
splinterpartij Splitterpartei *v*[20]
split 1 *(spleet)* Schlitz *m*[5]; **2** *(steenslag)* Splitt *m*[5]
splitsen I *tr* **1** *(verdelen)* teilen, *(splijten)* spalten[270]; **2** *(een kabel, touw)* spleißen[273]; **3** *(atomen)* spalten[270]; **II** *zich* ~ sich teilen, *(mbt weg)* sich gabeln
splitsing Teilung *v*[20], Spaltung *v*[20]; Gabelung *v*[20]: ~

van autosnelweg Autobahndreieck *o*[29]; *zie ook* splitsen
spoed Eile *v*[28]: ~ *maken* eilen, sich beeilen; *met de meeste ~* schleunigst
spoedbestelling Eilzustellung *v*[20]
spoedcursus Schnellkurs *m*[5]
spoeddebat Dringlichkeitsdebatte *v*[21]
spoedeisend dringend, dringlich
spoeden I *intr* eilen; **II** *zich* ~ sich beeilen
spoedgeval Notfall *m*[6], dringender Fall *m*[6]
spoedig I *bw* bald[65]: *ik kom (zeer) ~!* ich komme (recht) bald!; **II** *bn* baldig
spoel Spule *v*[21]
spoelbak Spülbecken *o*[35]
spoelen 1 *(reinigen)* spülen: *zijn mond ~* den Mund spülen; **2** *(verplaatsen)* spülen, schwemmen; **3** *(op een spoel winden)* (auf)spulen
spoeling 1 *(het spoelen)* Spülen *o*[39]; **2** *(van wc)* Spülung *v*[20]; **3** *(veevoeder)* Schlempe *v*[21]
spoiler Spoiler *m*[9]
spoken spuken, geistern: *het spookt in dit huis* in diesem Haus spukt es; *het kan op zee geducht ~* das Meer kann furchtbar toben
sponning Nut *v*[20], Falz *m*[5]
spons Schwamm *m*[6]
sponsor Sponsor *m*[16], *m*[13]
sponsoren sponsern
sponsoring Sponsoring *o*[39], Sponsorschaft *v*[20]
spontaan spontan
spontaniteit Spontaneität *v*[20], Spontanität *v*[20]
spook Gespenst *o*[31]; *(scheldw)* Kröte *v*[21]: *je ziet spoken!* du siehst Gespenster!
spookachtig gespensterhaft, gespenstisch
spookrijder Geisterfahrer *m*[9], Falschfahrer *m*[9]
¹spoor *(van bloem, haan, ruiter)* Sporn *m* (2e nvl -(e)s; *mv* Sporen): *een paard de sporen geven* einem Pferd die Sporen geben[166]: *zijn sporen verdienen* sich[3] die Sporen verdienen
²spoor 1 *(algem, ook fig)* *(afdruk)* Spur *v*[20]: *niet het geringste ~* nicht die geringste Spur; *iem op het ~ zijn* jmdm auf der Spur sein[262]; **2** *(afdruk in het wegdek)* Spurrille *v*[21]; **3** *(spoorweg, trein)* Bahn *v*[20]: *met het ~ reizen* mit dem Zug (of: mit der Bahn) fahren[153]: *per ~* mit der Bahn; **4** *(rails)* Gleis *o*[29]: *met enkel ~* eingleisig; *met dubbel ~* doppelgleisig; *de trein komt binnen op ~ 2* der Zug fährt auf Gleis 2 ein; **5** *(spoorwegbedrijf)* Bahn *v*[20], Eisenbahn *v*[20]
spoorbaan Gleis *o*[29], Schienenweg *m*[5]
spoorboekje Kursbuch *o*[32]
spoorboom Eisenbahnschranke *v*[21]
spoorbreedte Spurbreite *v*[21], Spurweite *v*[21]
spoorbrug Eisenbahnbrücke *v*[21]
spoorkaartje Fahrkarte *v*[21]
spoorlijn Bahnlinie *v*[21]; Bahnverbindung *v*[20]
spoorloos spurlos
spoorrail, spoorstaaf Schiene *v*[21]
spoorstudent Fahrstudent *m*[14]
spoortrein Eisenbahnzug *m*[6], Zug *m*[6]
spoorverbinding Eisenbahnverbindung *v*[20]

sp

spoorvorming Bildung v^{20} von Spurrillen: ~! Spurrillen!

spoorwagen Eisenbahnwagen m^{11}

spoorweg Eisenbahn v^{20}

spoorwegmaatschappij Eisenbahngesellschaft v^{20}

spoorwegnet Eisenbahnnetz o^{29}, Bahnnetz o^{29}

spoorwegovergang Bahnübergang m^6

sporadisch sporadisch, vereinzelt

¹sporen *(reizen)* mit der Bahn reisen

²sporen *(mbt fiets, wagen)* spuren

¹sport *(van ladder)* Sprosse v^{21}

²sport *(ontspanning)* Sport m^5 *(mv ook -arten)*: aan ~ doen Sport (be)treiben[290]

sportartikel Sportartikel m^9

sportclub Sportklub m^{13}, Sportverein m^5

sporten Sport (be)treiben[290]

sporter Sportler m^9

sporthal Sporthalle v^{21}

sportief sportlich

sportiviteit Sportlichkeit v^{28}

sportpark Sportanlage v^{21}, Sportstätte v^{21}

sporttas Sporttasche v^{21}

sportveld Sportplatz m^6

sportvereniging Sportverein m^5

sportvrouw Sportlerin v^{22}

sportwagen Sportwagen m^{11}

sportzaal Sporthalle v^{21}

¹spot *(ironie)* Spott m^{19}: bittere ~ bitterer Spott

²spot *(reclamefilmpje, lamp)* Spot m^{13}

spotgoedkoop spottbillig

spotkoopje: het was een ~ es war spottbillig

spotlight Spotlight o^{36}

spotprent Karikatur v^{20}

spotprijs Spottpreis m^5

spotten 1 spotten (über[+4]); **2** *(de draak steken met)* spaßen: hij laat niet met zich ~ er lässt nicht mit[+3] sich spaßen

spotter Spötter m^9

spouwmuur Hohlmauer v^{21}

spraak Sprache v^{21}

spraakgebrek Sprachfehler m^9, Sprachstörung v^{20}

spraakkunst Sprachlehre v^{21}, Grammatik v^{20}

spraakstoornis Sprachstörung v^{20}

spraakzaam gesprächig: niet ~ einsilbig

sprake: er is ~ van (men zegt), dat ... es geht die Rede, dass ...; als er ~ is van geld wenn es sich um Geld handelt; iets ter ~ brengen etwas zur Sprache bringen[139]

sprakeloos sprachlos

sprank *(vonk)* Funke m^{18}, Funken m^{11}

sprankelen *(ook fig)* funkeln, sprühen

sprankje Funke m^{18}, Funken m^{11}, Schimmer m^9: het ~ hoop der Schimmer (von) Hoffnung

spray Spray m^{13}, o^{36}

sprayen sprayen

spreekbeurt Referat o^{29}, Vortrag m^6

spreekbuis *(ook fig)* Sprachrohr o^{29}

spreekkamer Sprechzimmer o^{33}

spreektaal Umgangssprache v^{21}

spreekuur Sprechstunde v^{21}

spreekvaardigheid Sprachfertigkeit v^{28}

spreekwoord Sprichwort o^{32}

spreekwoordelijk sprichwörtlich

spreeuw Star m^5

spreiden 1 *(uitspreiden)* (aus)breiten: iets over een aantal weken ~ etwas auf einige Wochen verteilen; **2** *(uiteenplaatsen)* spreizen: de benen ~ die Beine spreizen

spreiding 1 Ausbreitung v^{20}; Verteilung v^{20}; **2** Spreizung v^{20}; zie ook spreiden

spreidsprong, spreidstand Grätsche v^{21}

spreken sprechen[274], reden: een taal ~ eine Sprache sprechen; iem ~ jmdn sprechen; dat spreekt vanzelf das versteht sich; hij is slecht te ~ er ist übel gelaunt; we ~ elkaar nader! wir sprechen uns noch!; (aan de telefoon) met wie spreek ik? mit wem spreche ich?; daar spreekt u mee! am Apparat!; (zeer) te ~ zijn over iets mit[+3] etwas sehr zufrieden sein[262]: van zich doen ~ von sich³ reden machen; om niet te ~ van ... geschweige denn ...

sprekend sprechend: een ~ bewijs ein schlagender Beweis; ~e film Tonfilm m^5: ~e kleuren helle Farben

spreker 1 *(redenaar)* Redner m^9: de vorige ~ der Vorredner; **2** *(woordvoerder)* Sprecher m^9

sprenkelen sprengen, besprengen

spreuk Spruch m^6

spriet 1 *(voelhoorn)* Fühler m^9; **2** *(gras)* Halm m^5; **3** *(scheepv)* Spriet o^{29}; **4** *(mager persoon)* Bohnenstange v^{21}

springconcours Springturnier o^{29}

springen 1 *(algem)* springen[276]: je kunt hoog of laag ~ und wenn du dich auf den Kopf stellst; wij zitten er om te ~ wir brauchen es dringend; (fig) hij staat te ~ om ... er brennt darauf ...; op de fiets ~ sich aufs Fahrrad schwingen[259]: het stoplicht sprong op rood die Ampel sprang auf Rot; (fig) eruit ~ herausragen; **2** *(barsten)* springen[276]: de buis is gesprongen das Rohr ist geplatzt; gesprongen lippen gesprungene Lippen; **3** *(doen ontploffen)* sprengen: een mijn doen ~ eine Mine sprengen; de speelbank laten ~ die Spielbank sprengen; **4** *(uitsteken)* herausspringen[276]; **5** *(failliet gaan)* Bankrott machen: op ~ staan (mbt bank, zaak) vor dem Bankrott stehen[279]

springer Springer m^9

springlading Sprengladung v^{20}

springlevend springlebendig, quicklebendig

springnet Sprungtuch o^{32}

springplank *(ook fig)* Sprungbrett o^{31}

springschans Sprungschanze v^{21}

springstof Sprengstoff m^5, Sprengmittel o^{33}

springstok Sprungstab m^6

springtij Springtide v^{21}, Springflut v^{20}

springtouw Sprungseil o^{29}, Springseil o^{29}

springvloed Springflut v^{20}

springzeil Sprungtuch o^{32}

sprinkhaan Heuschrecke v^{21}

sprinklerinstallatie Sprinkleranlage v^{21}

sprint Sprint m^{13}

sprinten sprinten

sprinter 1 *(sp)* Sprinter m^9; **2** *(trein)* S-Bahn v^{20}

sprits Spritzkuchen m^{11}

sproeien sprengen

sproeier 1 *(van gieter)* Brause v^{21}; **2** *(van douche)* Brause v^{21}; **3** *(in tuin)* Rasensprenger m^9, Sprenger m^9; **4** *(in carburateur)* Düse v^{21}

sproeikop Düse v^{21}, Brause v^{21}; *zie ook* sproeier

sproeiwagen Sprengwagen m^{11}

sproet Sommersprosse v^{21}

sprokkelen Holz sammeln

sprong Sprung m^6, *(groot)* Satz m^6: *in één ~* mit einem Sprung *(of:* Satz); *de prijzen gaan met ~en omhoog* die Preise steigen sprunghaft an

sprookje Märchen o^{35}

sprookjesachtig märchenhaft

sprot Sprotte v^{21}

spruit 1 *(plantk)* Trieb m^5, Spross m^5, Schössling m^5; **2** *(telg)* Sprössling m^5

spruiten sprießen[275]

spruitjes Rosenkohl m^{19}

spugen 1 spucken; **2** *(overgeven)* sich erbrechen[137]

spuien 1 *(water)* ablassen[197]; **2** *(uiten)* von sich[3] geben[166]: *kritiek ~* Kritik von sich geben

spuigat Speigat(t) o^{37}, o^{36}

spuit 1 *(instrument)* Spritze v^{21}; **2** *(injectie)* Spritze v^{21}; **3** *(geweer)* Knarre v^{21}

spuitbus Sprühdose v^{21}, Spraydose v^{21}

spuiten *(algem)* spritzen; *(van drugs, ook)* fixen, schießen[238]: *een auto ~* ein Auto spritzen; *de tuin ~* den Garten sprengen

spuiter Spritzer m^9; *(van drugs, ook)* Fixer m^9

spuitgast Feuerwehrmann m^8 *(mv ook -leute)*

spuitje Spritze v^{21}

spuitwater Sprudel m^9, Sprudelwasser o^{34}

spul 1 *(gereedschap, waar)* Zeug o^{39}, Sachen *(mv)*; **2** *(kleding)* Sachen *(mv)*, Klamotten *(mv)*; **3** *(groep)* Bande v^{21}: *het hele ~* die ganze Bande; **4** *(problemen)* Schwierigkeiten *(mv)*

spurt Spurt m^{13}

spurten spurten

sputteren 1 *(in pan)* brutzeln; **2** *(mbt motor)* stottern; **3** *(mopperen)* murren

spuug Spucke v^{28}, Speichel m^{19}

spuwen speien[271], spucken: *bloed ~* Blut spucken *(of:* speien); *vuur ~* Feuer speien

squadron Staffel v^{21}

squash Squash o^{39a}

sr. *afk van* senior senior *(afk sen.)*

staaf Stab m^6; *(van edelmetaal)* Barren m^{11}: *~ goud* Goldbarren

staak 1 Stange v^{21}; **2** *(persoon)* Bohnenstange v^{21}

staakt-het-vuren Feuereinstellung v^{20}

¹staal 1 *(metaal)* Stahl m^6; **2** *(med)* Eisen o^{39}

²staal *(monster)* Muster o^{33}, Probe v^{21}

staalborstel Drahtbürste v^{21}

staalkaart 1 *(lett)* Musterkarte v^{21}; **2** *(bonte mengeling)* bunte Sammlung v^{20}

staalkabel Drahtseil o^{29}

staaltje Probe v^{21}

staalwol Stahlwolle v^{28}

staan stehen[279]: *hoe ~ de zaken?* *(fig)* wie geht's?; *zoals de zaken nu ~* wie die Dinge jetzt liegen; *het staat 2-1* es steht 2:1; *blijven ~* stehen bleiben[134]: *er staat een stevige bries* es weht eine steife Brise; *gaan ~* aufstehen; *die jas staat u goed* der Mantel steht Ihnen gut; *zijn eten laten ~* sein Essen stehen lassen[197]; *laat ~* geschweige denn; *wie weet wat ons nog te wachten staat* wer weiß, was uns[3] noch alles bevorsteht; *hij staat te lezen* er steht und liest; *ik sta al een uur te wachten* ich warte schon eine Stunde; *achter iem, achter iets ~* zu jmdm, zu[+3] etwas stehen; *bij het raam ~* am Fenster stehen; *bij het raam gaan ~* sich ans Fenster stellen; *boven iem ~* über jmdm stehen; *daar sta ik buiten* damit habe ich nichts zu tun; *het stoplicht staat op groen* die Ampel steht auf Grün; *ik sta erop dat …* ich bestehe darauf, dass …; *ik sta op mijn recht!* ich bestehe auf meinem Recht!; *het huis staat op instorten* das Haus droht einzustürzen; *tegenover iem ~* *(ook fig)* jmdm gegenüberstehen; *hoe sta jij daar tegenover?* wie stehst du dazu?; *3 staat tot 5 als …* 3 verhält sich zu 5 wie …; *tot ~ brengen* zum Stehen bringen[139]

staand: *~e hond* Vorstehhund m^5: *~e klok* Standuhr v^{20}: *~e lamp* Stehlampe v^{21}: *~e receptie* Stehempfang m^6: *~e uitdrukking* Redensart v^{20}: *op zichzelf ~ geval* Einzelfall m^6: *iets ~e houden* bei[+3] etwas bleiben[134]: *zich ~ houden:* a) *(lett)* sich auf den Beinen halten[183]; b) *(fig)* sich behaupten

staande während[+2]: *~ de vergadering* während der Sitzung

staanplaats Stehplatz m^6; *(voor taxi's)* Stand m^6

staar Star m^5: *grauwe ~* grauer Star

staart 1 *(van dier)* Schwanz m^6, *(lang en behaard, ook)* Schweif m^5: *(fig) met de ~ tussen de af-druipen* den Schwanz einziehen[318]; **2** *(vlecht)* Zopf m^6; **3** *(van komeet)* Schweif m^5; **4** *(van vliegtuig)* Heck o^{29}; **5** *(van optocht, vlieger)* Schwanz m^6; **6** *(overschot)* Rest m^5

staartbeen Steißbein o^{29}

staartvin Schwanzflosse v^{21}

staartvlak Leitwerk o^{29}

staat 1 *(toestand)* Stand m^6, Zustand m^6: *burgerlijke ~* Familienstand; *de ~ van zijn gezondheid* sein Gesundheitszustand; *in goede ~* in gutem Zustand; *in ~ stellen* instand *(of:* in Stand) setzen; *in ~ zijn* imstande *(of:* im Stande) sein[262]; *tot alles in ~ zijn* zu allem fähig sein[262]: *~ maken op* rechnen auf[+4]; **2** *(pol)* Staat m^{16}; **3** *(lijst)* Liste v^{21}

staathuishoudkunde Volkswirtschaftslehre v^{28}

staatkunde 1 *(wetenschap)* Staatslehre v^{28}; **2** *(toepassing daarvan)* Politik v^{28}

staatkundig politisch

staatkundige Staatsmann m^8, Politiker m^9

staatsbelang Staatsinteresse o^{38}

staatsbestel Staatssystem o^{29}

staatsburger Staatsbürger m^9, *(ook)* Staatsangehörige(r) *m*[40a]

staatsburgerschap Staatsbürgerschaft *v*[28], Staatsangehörigkeit *v*[28]

staatsgeheim Staatsgeheimnis *o*[29a]

staatsgreep Staatsstreich *m*[5], Putsch *m*[5]

staatshoofd Staatsoberhaupt *o*[32]

staatshuishouding Staatshaushalt *m*[5]

staatsinrichting Staatssystem *o*[29], (*het leervak*) Staatsbürgerkunde *v*[28]

staatsinstelling staatliche Institution *v*[20]

staatsman Staatsmann *m*[8]

staatsrecht Staatsrecht *o*[39]

staatsrechtelijk staatsrechtlich

staatsruif Staatskasse *v*[21]: *uit de ~ eten* von der Staatskasse zehren

staatsschuld Staatsschuld *v*[20]

staatssecretaris Staatssekretär *m*[5]

staatswege: *van ~* vonseiten (*of*: von Seiten) des Staates, staatlich

stabiel stabil

stabilisatie Stabilisierung *v*[20]

stabiliseren stabilisieren[320]

stabiliteit Stabilität *v*[28]

stacaravan Wohnwagen *m*[11]

stad Stadt *v*[25]: *grote ~* Großstadt; *kleine ~* Kleinstadt; *de ~ uit zijn* verreist sein[262]

stadhuis Rathaus *o*[32], Stadthaus *o*[32]

stadion Stadion *o* (*2e nvl -s; mv Stadien*)

stadium Stadium *o* (*2e nvl -s; mv Stadien*)

stads städtisch

stadsbestuur Stadtverwaltung *v*[20], Magistrat *m*[5]

stadscentrum Innenstadt *v*[25], Stadtmitte *v*[21]

stadslicht (*van auto*) Standlicht *o*[39]

stadsschouwburg Stadttheater *o*[33]

stadswijk Stadtteil *m*[5], Stadtviertel *o*[33], Stadtbezirk *m*[5]

staf Stab *m*[6]: *generale ~* Generalstab

stafchef Generalstabschef *m*[13]

staffelen eine Staffelrechnung machen

stafhouder (*Belg*) (*ongev*) Vorsitzende(r) *m*[40a], *v*[40b] der Anwaltskammer

stafkaart Generalstabskarte *v*[21]

staflid Mitglied *o*[31] des Stabes

stafofficier Generalstäbler *m*[9]

stag Stag *o*[29], *o*[37]

stage Praktikum *o* (*2e nvl -s; mv Praktika*): *~ lopen* als Praktikant arbeiten

stageplaats Praktikantenstelle *v*[21]

stagiair Praktikant *m*[14]

stagnatie Stockung *v*[20]; (*econ*) Stagnation *v*[20]

stagneren stocken, stagnieren[320]

sta-in-de-weg Hindernis *o*[29a]

staken I *tr* einstellen: *de betalingen ~* die Zahlungen einstellen; *de studie ~* das Studium abbrechen[137]; **II** *intr* (*het werk neerleggen*) streiken ‖ *de stemmen ~* die Stimmen sind gleich

staker Streikende(r) *m*[40a], *v*[40b]

staking 1 (*van betaling, productie e.d.*) Einstellung *v*[20]; (*van studie*) Abbruch *m*[6]; **2** (*mbt arbeiders enz.*) Streik *m*[13], zelden *m*[5]: *in ~ gaan* in (den) Streik treten[291]: *in ~ zijn* streiken ‖ *~ van stemmen* Stimmengleichheit *v*[28]

stakingskas Streikkasse *v*[21]

stakker armer Schlucker *m*[9]

stal Stall *m*[6]

stalen I *bn* **1** (*lett*) stählern, Stahl…: *~ meubelen* Stahlrohrmöbel *mv o*[33]: *~ ros* Drahtesel *m*[9]; **2** (*fig*) eisern, stählern: *~ zenuwen* stählerne Nerven; **II** *ww* (*ook fig*) stählen

stallen (*van auto, fiets e.d.*) abstellen

stalles *mv* Sperrsitz *m*[5]

stalletje (*kraam*) Stand *m*[6], Bude *v*[21]

stalling 1 (*het stallen*) Abstellen *o*[39]; **2** (*fietsen*) Fahrradstand *m*[6], (*auto's*) Garage *v*[21]

stam Stamm *m*[6]

stamboekvee Herdbuchvieh *o*[39]

stamboom Stammbaum *m*[6]

stamelen stammeln

stamgast Stammgast *m*[6]

stamkapitaal Stammkapital *o*[29] (*mv ook Stammkapitalien*)

stamkroeg Stammkneipe *v*[21]

stammen stammen

stampen 1 stampfen; (*als teken van bijval e.d.*) trampeln; **2** (*met moeite leren*) pauken

stamper 1 (*werktuig*) Stampfer *m*[9]; (*in vijzel*) Stößel *m*[9]; (*van stratenmakers*) Ramme *v*[21]; **2** (*plantk*) Stempel *m*[9]

stampij Tamtam *o*[39]: *veel ~ maken over iets* großes Tamtam um[+4] etwas machen

stamppot Eintopfgericht *o*[29], Eintopf *m*[6]

stampvoeten aufstampfen, trampeln

stampvol gerammelt voll

¹stand 1 (*houding*) Stand *m*[19], Stellung *v*[20]: *~ van een schakelaar* Stellung eines Schalters; **2** (*toestand, gesteldheid*) Stand *m*[6]: *~ van de barometer* Barometerstand; *de ~ van zaken* der Stand der Dinge; **3** (*sp*) Stand *m*[6]: *de ~ is o-o* der Stand ist 0:0; **4** (*rang*) Stand *m*[6]: *burgerlijke ~* Standesamt *o*[32]: *overeenkomstig zijn ~* standesgemäß; **5** (*ligging*) Lage *v*[21]: *winkel op uitstekende ~* Laden in bester Geschäftslage; **6** (*wezen, bestaan*) Stand *m*[19]: *in ~ houden* aufrechterhalten[183]: *tot ~ brengen* zustande (*of*: zu Stande) bringen[139]: *tot ~ komen* zustande (*of*: zu Stande) kommen[193]

²stand (*kraam*) Stand *m*[6]

standaard I *zn* **1** (*vaandel*) Standarte *v*[21]; **2** (*scheepv*) Stander *m*[9]; **3** (*steun*) Ständer *m*[9]; **4** (*muntwezen*) Währung *v*[20]; **5** (*maatstaf*) Standard *m*[13]; **II** *bw* als Standard, Standard…

standaardisatie Standardisation *v*[20]

standaardiseren standardisieren[320]

standaardwerk Standardwerk *o*[29]

standbeeld Statue *v*[21], Standbild *o*[31]

stand-by alarmbereit

standhouden 1 (*staande blijven*) standhalten[183], sich behaupten, sich halten[183]; **2** (*blijven bestaan*) Bestand haben[182]

standhouder Aussteller m^9, Standinhaber m^9

standing Rang m^6, Ansehen o^{39}

standje 1 Tadel m^9; **2** *(houding)* Stellung v^{20}

standlicht *(Belg)* Standlicht o^{31}

standplaats 1 Standort m^5; **2** *(vaste plaats)* Standort m^5, Standplatz m^6, Stand m^6: ~ *van taxi's* Taxistand

standpunt Standpunkt m^5: *van dit ~ beschouwd* von diesem Standpunkt aus; *op het ~ staan* auf dem Standpunkt stehen^{279}: *zijn ~ bepalen ten opzichte van een kwestie* Stellung nehmen^{212} zu einer Frage

standsverschil Standesunterschied m^5

standvastig standhaft, beharrlich

stang Stange v^{21}: *(fig) iem op ~ jagen* jmdn auf die Palme bringen^{139}

stank Gestank m^{19}

stante pede auf der Stelle

stap *(ook fig)* Schritt m^5: *gerechtelijke ~pen doen* gerichtlich vorgehen^{168} (gegen^{+4}); *op ~ gaan* sich auf den Weg machen; ~ *voor* ~ Schritt für Schritt

¹**stapel** *zn* **1** *(opgetaste hoop)* Stapel m^9, Stoß m^6; **2** *(scheepv)* Stapel m^9: *van ~ lopen* vom Stapel laufen^{198}, *(fig)* vonstatten gehen^{168}: *te hard van ~ lopen* voreilig sein^{262}

²**stapel** *bn* völlig verrückt: ~ *op* verrückt auf^{+4}

stapelbed Etagenbett o^{37}

stapelen stapeln, aufstapeln

stapelgek völlig verrückt

stapelhuis *(Belg)* Lager o^{33}, Lagerhaus o^{32}

stapelwolk Quellwolke v^{21}

stappen 1 gehen^{168}, schreiten^{254}: *(fig) over iets heen ~ sich über^{+4} etwas hinwegsetzen; **2** *(een stap doen)* steigen^{281} in^{+4}, treten^{291} in^{+4}: *in een plas ~* in eine Pfütze treten; *in de auto, in de trein ~* ins Auto, in den Zug steigen; **3** *(boemelen)* bummeln

stapvoets im Schritt

star starr

staren starren, stieren

start Start m^{13}: *koude ~* Kaltstart; *(sp) staande ~* stehender Start; *valse ~* Fehlstart

startbaan Startbahn v^{20}, Rollbahn v^{20}, Piste v^{21}

startblok Startblock m^6: *(fig) in de ~ken staan* startbereit sein^{262}

starten starten

starter Starter m^9

startgeld Startgeld o^{31}

startmotor Anlasser m^9

startschot Startschuss m^6

startsein Startsignal o^{29}

Staten-Generaal Generalstaaten *(mv)*

statief Stativ o^{29}

statiegeld Pfand o^{32}

statig 1 *(deftig)* würdig, würdevoll: *een ~e eik* eine mächtige Eiche; **2** *(plechtig)* feierlich

station 1 *(algem)* *(halte)* Station v^{20}: *het ~ binnenrijden (mbt trein)* einlaufen^{198}; **2** *(gebouw)* Bahnhof m^6: *centraal ~* Hauptbahnhof; *ik breng je naar het ~* ich bringe dich zur Bahn

stationair stationär: *het ~ draaien* der Leerlauf m^6

stationcar Kombi m^{13}, Kombiwagen m^{11}

stationeren stationieren^{320}

stationschef Bahnhofsvorsteher m^9

stationsgebouw Bahnhofsgebäude o^{33}

stationsrestauratie Bahnhofsrestaurant o^{36}

statisch statisch

statistiek Statistik v^{20}

statistisch statistisch

statten in die Stadt gehen^{168}

status Status *m (2e nvl -; mv -)*

status-quo Status quo *m (2e nvl - -)*

statutair statutarisch, statutengemäß

statuut Statut o^{37}, Satzung v^{20}

staven 1 *(bekrachtigen)* bestätigen; **2** *(bewijzen)* beweisen^{307}: *met bewijzen ~* mit Beweisen belegen

stayer Steher m^9

steak Steak o^{36}

stedelijk städtisch, Stadt…

stedeling Städter m^9, Stadtbewohner m^9

stedenbouw Städtebau m^{19}

stedenbouwkundig städtebaulich

stedenbouwkundige Stadtplaner m^9

¹**steeds** *bw* immer, stets

²**steeds** *bn, bw (als in de stad)* städtisch

steeg 1 *(straatje)* Gasse v^{21}; **2** *(weg)* Weg m^5

steek 1 *(van angel, mes, dolk enz.)* Stich m^5; **2** *(scheepv)* Stek m^{13}; **3** *(bij borduren, naaien)* Stich m^5; **4** *(bij breien, haken)* Masche v^{21}: *een ~ laten vallen* eine Masche fallen lassen^{197}; **5** *(toespeling)* Stich m^5: ~ *onder water* Seitenhieb m^5; **6** *(pijn)* Stich m^5 || *(fig) een ~ laten vallen* einen Fehler machen; *(fig) dat houdt geen ~!* das ist nicht stichhaltig!; *iem in de ~ laten* jmdn im Stich lassen^{197}: *ik begrijp er geen ~ van!* ich begreife nicht die Bohne davon!

steekhoudend stichhaltig

steekpartij Messerstecherei v^{20}

steekpenningen Bestechungsgelder *mv* o^{31}

steekproef Stichprobe v^{21}

steeksleutel Gabelschlüssel m^9

steekvlam Stichflamme v^{21}

steekwagen Stechkarren m^{11}, Sackkarren m^{11}

steekwapen Stichwaffe v^{21}

steel Stiel m^5, *(van bloem, ook)* Stängel m^9

steels verstohlen, heimlich

steen 1 Stein m^5; **2** *(bouwmateriaal)* Backstein m^5, Ziegelstein m^5, Ziegel m^9: *de eerste ~ leggen* den Grundstein legen; **3** *(dobbelsteen)* Würfel m^9 || ~ *en been klagen* laut klagen

steenbok Steinbock m^6

steenbokskeerkring Wendekreis m^{19} des Steinbocks

steenboor Steinbohrer m^9

steendruk Steindruck m^5, Lithographie v^{21}, Lithografie v^{21}

steengoed *bn* klasse, spitze: *dat is ~!* das ist klasse! *(of:* Klasse!)

steengroeve Steinbruch m^6

steenhouwer Steinmetz m^{14}

steenkolen *zie* steenkool

st

steenkolenmijn Steinkohlenbergwerk o^{29}, Steinkohlenzeche v^{21}

steenkool Steinkohle v^{21} *(vaak mv)*

steenkoud eiskalt

steenpuist Furunkel m^9, o^{33}

steenrijk steinreich

steentje Steinchen o^{35}: *zijn ~ (aan iets) bijdragen* sein Scherflein (zu^{+3} etwas) beitragen[288]

steenuil Steinkauz m^6, Steineule v^{21}

steenweg *(Belg)* Landstraße v^{21}

steenworp Steinwurf m^6

steevast I *bn* fest; **II** *bw* ständig

steiger 1 *(scheepv)* Landungsbrücke v^{21}, Landungssteg m^5; **2** *(bouwk)* Gerüst o^{29}, Baugerüst o^{29}: *in de ~s staan* eingerüstet sein[262]

steigeren *(mbt paard)* sich bäumen

steil 1 *(min of meer loodrecht)* steil, schroff, *(naar beneden, ook)* jäh; **2** *(star)* starr

stek 1 *(van plant)* Steckling m^5, Ableger m^9; **2** *(vaste plek)* Platz m^6, Lieblingsplatz m^6

stekel Stachel m^{17}

stekelbaars Stichling m^5

stekelig *(ook fig)* stach(e)lig

stekelvarken Stachelschwein o^{29}

steken 1 *(prikken)* stechen[277]; **2** *(pijn veroorzaken)* stechen[277]: *de zon steekt* die Sonne sticht; **3** *(uitspitten)* stechen[277]: *zoden ~* Rasen stechen; **4** *(opbergen, stoppen, ergens in doen)* stecken: *iets in zijn zak ~* etwas in die Tasche stecken; *de hoofden bij elkaar ~* die Köpfe zusammenstecken; *zich in schulden ~* Schulden machen; **5** *(bevestigen)* stecken; **6** *(zich bevinden)* stecken[278]: *de sleutel steekt in het slot* der Schlüssel steckt im Schloss || *in brand ~* in Brand stecken; *er steekt wat achter* es steckt etwas dahinter; *blijven ~* stecken bleiben[134]

stekend stechend

stekken durch Stecklinge vermehren

stekker Stecker m^9

stel 1 *(set)* Satz m^6, Garnitur v^{20}: *een goed ~ hersens hebben* Grütze im Kopf haben[182]; **2** *(het paar)* Paar o^{29}: *een raar ~* ein seltsames Gespann; **3** *(een aantal)* einige: *een heel ~ mensen* eine Menge Leute; **4** *(kooktoestel)* Kocher m^9 || *op ~ en sprong* auf der Stelle

stelen stehlen[280]: *(fig) om te ~* entzückend

stellage 1 *(rek)* Stellage v^{21}; **2** *(steiger)* Gerüst o^{29}; **3** *(verhoging)* Podest o^{29}, m^5

stellen 1 *(plaatsen)* stellen, setzen: *ramen ~* Fenster richten; *het is slecht met haar gesteld* es geht ihr schlecht; *een vraag ~* eine Frage stellen; *iem verantwoordelijk ~ voor* jmdn verantwortlich machen für^{+4}; *vertrouwen in iem ~* sein Vertrauen auf jmdn setzen; **2** *(in een toestand brengen)* setzen, versetzen: *in werking, buiten werking ~* in Betrieb, außer Betrieb setzen; **3** *(genoegen nemen met)* auskommen[193]: *het met iem goed, slecht kunnen ~* gut, schlecht mit jmdm auskommen; *heel wat met iem te ~ hebben* seine liebe Not mit jmdm haben[182]; **4** *(bepalen)* stellen: *een diagnose ~* eine Diagnose

stellen; **5** *(op schrift brengen)* schreiben[252], abfassen; **6** *(veronderstellen)* annehmen[212]: *iets ~ (zeggen)* etwas sagen

stellend: *~e trap* Positiv m^5, Grundstufe v^{21}

stellig 1 *(werkelijk)* entschieden; **2** *(zeker)* bestimmt, gewiss, sicher: *het ~e voornemen* der feste Vorsatz; *iets ~ beweren* etwas mit großer Bestimmtheit behaupten

stelling 1 *(probleem)* Problemstellung v^{20}; **2** *(wijze waarop iem, iets gesteld is)* Stellung v^{20}, Position v^{20}: *~ nemen tegen* Stellung nehmen[212] gegen^{+4}; **3** *(stellage)* Stellage v^{21}, Gestell o^{29}, *(steiger)* Gerüst o^{29}; **4** *(thesis)* These v^{21}; **5** *(wisk)* Lehrsatz m^6

stellingname Stellungnahme v^{21}

stelpen stillen: *bloed ~* Blut stillen

stelplaats *(Belg)* **1** *(voor treinen)* Abstellbahnhof m^6; **2** *(loods)* Depot o^{36}

stelregel Grundsatz m^6, Prinzip o^{29} *(mv ook Prinzipien)*

stelsel System o^{29}

stelselmatig systematisch, planmäßig

stelt Stelze v^{21}: *de boel op ~en zetten* alles auf den Kopf stellen

steltloper *(persoon en vogel)* Stelzenläufer m^9

stem Stimme v^{21}: *zijn ~ kwijt zijn* seine Stimme verloren haben[182]; *zijn ~ op iem uitbrengen* jmdm seine Stimme geben[166]; *er gaan ~men op … Stimmen werden laut, …*

stembiljet *(stembriefje)* Stimmzettel m^9

stembureau Wahllokal o^{29}

stembus Wahlurne v^{21}

stemgeluid Stimme v^{21}, Klang m^6 der Stimme

stemgerechtigd stimmberechtigt

stemlokaal Wahllokal o^{29}

stemmen stimmen, *(bij verkiezing)* wählen

stemmig dezent

stemming 1 Stimmung v^{20}; **2** *(het stemmen)* Abstimmung v^{20}, Stimmabgabe v^{21}: *tot ~ overgaan* zur Abstimmung schreiten[254]: *zich van ~ onthouden* sich der Stimme enthalten[183]

stemmingmakerij Stimmungsmache v^{28}

stempel 1 *(algem)* Stempel m^9: *(fig) zijn ~ op iets drukken* einer Sache^3 seinen Stempel aufdrücken; *van de oude ~* von altem Schrot und Korn; **2** *(afdruk met reliëf)* Prägung v^{20}

stempelaar Unterstützungsempfänger m^9

stempelautomaat *(in bus, tram)* Entwerter m^9

stempelen 1 *(brieven)* stempeln, abstempeln; **2** *(munten)* prägen; **3** *(Belg) (werkloos zijn)* arbeitslos sein[262]; *(mbt steuntrekkers) gaan ~ stempeln gehen[168]

stempelgeld *(Belg) (pop)* Arbeitslosengeld o^{39}; Unterstützungsgeld o^{31}

stemplicht Wahlpflicht v^{20}

stemrecht Stimmrecht o^{29}, Wahlrecht o^{29}

stemverheffing Stimmaufwand m^{19}

stemvork Stimmgabel v^{21}

stencil *(afdruk)* Abzug m^6

stencilen vervielfältigen

stenen *bn* steinern, Stein…
stengel Stängel *m*⁹: *zoute* ~ Salzstange *v*²¹
steno Steno *v*²⁸
stenograaf Stenograf *m*¹⁴, Stenograph *m*¹⁴
stenograferen stenografieren³²⁰, stenographieren³²⁰
stenografie Stenografie *v*²¹, Stenographie *v*²¹
stenografisch stenografisch, stenographisch
stenogram Stenogramm *o*²⁹
stenotypist Stenotypist *m*¹⁴
step 1 *(dans)* Stepp *m*¹³; **2** *(autoped)* Roller *m*⁹
steppe Steppe *v*²¹
steppen 1 *(een step dansen)* steppen, Stepp tanzen; **2** *(met autoped)* rollern
ster Stern *m*⁵, *(beroemdheid)* Star *m*¹³: *vallende* ~ Sternschnuppe *v*²¹: *vaste* ~ Fixstern; *zij is een* ~ *in wiskunde* sie ist ein Ass in Mathematik
stereo I *zn* **1** *(stereometrie)* Stereometrie *v*²⁸; **2** *(stereofonie)* Stereo *o*³⁹; **3** *(stereoapparatuur)* Stereoanlage *v*²¹; **II** *bn* stereo, Stereo…
stereo-installatie Stereoanlage *v*²¹
sterfbed 1 *(doodsbed)* Sterbebett *o*³⁷; **2** *(wijze van sterven)* Tod *m*⁵
sterfdag Sterbetag *m*⁵, Todestag *m*⁵
sterfelijk sterblich
sterfelijkheid Sterblichkeit *v*²⁸
sterfgeval Sterbefall *m*⁶, Todesfall *m*⁶
sterfte 1 *(het sterven)* Sterben *o*³⁹; **2** *(aantal sterfgevallen)* Sterblichkeit *v*²⁸, Mortalität *v*²⁸
sterftecijfer Sterblichkeitsziffer *v*²¹, Sterbeziffer *v*²¹
steriel steril
sterilisatie Sterilisation *v*²⁰, Sterilisierung *v*²⁰
steriliseren sterilisieren³²⁰
sterk *(algem)* stark⁵⁸; *(krachtig, ook)* kräftig; *(onverslijtbaar, ook)* strapazierfähig: *100 man* ~ 100 Mann stark; ~ *aanbevelen* sehr empfehlen¹⁴⁷: *dat lijkt me* ~ das glaube ich nicht; *ik maak me* ~, *dat …* ich wette, dass …
sterkedrank starkes Getränk *o*²⁹, Schnaps *m*⁶
sterken stärken, kräftigen
sterkgebouwd kräftig gebaut, stämmig
sterkstroom Starkstrom *m*¹⁹
sterkte *(algem)* Stärke *v*²¹, *(kracht, ook)* Kraft *v*²⁵: *(mil) effectieve* ~ Effektivstärke *v*²⁸: *de* ~ *van het materiaal* die Festigkeit des Materials; ~! Hals- und Beinbruch!
stern Seeschwalbe *v*²¹
sterrenbeeld Sternbild *o*³¹
sterrenhemel Sternhimmel *m*¹⁹
sterrenkunde Astronomie *v*²⁸, Sternkunde *v*²⁸
sterrenkundige Astronom *m*¹⁴
sterrenstelsel Sternsystem *o*²⁹
sterrenwacht Sternwarte *v*²¹
sterretje Sternchen *o*³⁵: ~*s zien* Sterne sehen²⁶¹
sterrit Sternfahrt *v*²¹
sterveling(e) Sterbliche(r) *m*⁴⁰ᵃ, *v*⁴⁰ᵇ: *geen* ~ keine Sterbensseele
sterven 1 sterben²⁸²: ~ *van honger* sterben vor⁺³ Hunger; *op* ~ *na dood zijn* in den letzten Zügen liegen²⁰²: *op* ~ *liggen* im Sterben liegen²⁰²; **2** *(wemelen)* wimmeln von⁺³
stethoscoop Stethoskop *o*²⁹
steun 1 *(stut)* Stütze *v*²¹; **2** *(ondersteuning)* Unterstützung *v*²⁰, Stütze *v*²¹: ~ *verlenen* Unterstützung gewähren; **3** *(houvast)* Halt *m*¹⁹; **4** *(uitkering)* Arbeitslosengeld *o*³⁹, Fürsorge *v*²⁸
steunbeer Strebepfeiler *m*⁹
¹steunen I *intr* **1** *(leunen)* sich stützen, sich lehnen: *op een stok* ~ sich auf einen Stock stützen; **2** *(vertrouwen op)* sich stützen (auf⁺⁴); **II** *tr* **1** *(stutten)* stützen; **2** *(steun verlenen aan)* unterstützen: *een motie* ~ einen Antrag unterstützen
²steunen *(kermen)* stöhnen, ächzen
steunkous Stützstrumpf *m*⁵
steunpilaar 1 *(lett)* Stützpfeiler *m*⁹; **2** *(fig)* Stütze *v*²⁸
steunpunt Stützpunkt *m*⁵
steuntrekker Unterstützungsempfänger *m*⁹
steunzool Einlage *v*²¹
steur Stör *m*⁵
steven Steven *m*¹¹
stevenen steuern
stevig 1 *(sterk)* kräftig: ~*e bries* steife Brise; ~*e handdruk* fester Händedruck; ~ *e schoenen* festes Schuhwerk; **2** *(flink)* kräftig, tüchtig: ~ *eten* tüchtig essen¹⁵²
steward Steward *m*¹³, Flugbegleiter *m*⁹
stewardess Stewardess *v*²⁰, Flugbegleiterin *v*²²
stichtelijk erbaulich
stichten 1 *(grondvesten)* gründen, stiften; **2** *(doen ontstaan)* stiften: *brand* ~ Brand stiften; **3** *(in godsdienstige stemming brengen)* erbauen
stichter *(oprichter)* Gründer *m*⁹, Stifter *m*⁹
stichting 1 *(het stichten)* Gründung *v*²⁰; **2** *(lichaam met rechtspersoonlijkheid)* Stiftung *v*²⁰; **3** *(instelling)* Anstalt *v*²⁰; **4** *(godsdienstige stemming)* Erbauung *v*²⁰
stick *(sp)* Schläger *m*⁹, Hockeyschläger *m*⁹
sticker Aufkleber *m*⁹, Sticker *m*⁹
stickie Joint *m*¹³
stiefdochter Stieftochter *v*²⁶
stiefkind Stiefkind *o*³¹
stiefmoeder Stiefmutter *v*²⁶
stiefvader Stiefvater *m*¹⁰
stiefzoon Stiefsohn *m*⁶
stiekem 1 *(heimelijk)* heimlich; **2** *(achterbaks)* hinterhältig
stiekemerd Heimtücker *m*⁹
stielman *(Belg)* Fachmann *m*⁸ *(mv meestal Fachleute)*
stier Stier *m*⁵; *(mannelijk rund, ook)* Bulle *m*¹⁵
stierengevecht Stierkampf *m*⁶
stierlijk schrecklich: ~ *vervelend* stinklangweilig
Stiermarken die Steiermark *v*²⁸
¹stift 1 *(puntig voorwerp, viltstift)* Stift *m*⁵; **2** *(potloodstaafje, ballpointvulling)* Mine *v*²¹
²stift *(sticht)* Stift *o*²⁹
stifttand Stiftzahn *m*⁶
stijf 1 *(mbt ledematen, rug, spieren)* steif: ~ *van de*

kou steif (*of:* starr) vor Kälte; ~ *staan van het vuil* starren von (*of:* vor) Schmutz; **2** *(vormelijk)* förmlich, steif; **3** *(houterig)* hölzern, steif; **4** *(stevig)* steif, fest: *hij hield het kind ~ tegen zich aan* er hielt das Kind fest an[+4] sich gedrückt || ~ *staan van de fouten* strotzen von (*of:* vor) Fehlern

stijfkop Starrkopf *m*[6], *(een kind)* Trotzkopf *m*[6]

stijfkoppig starrköpfig, trotzköpfig

stijfsel 1 *(voor textiel)* Stärke *v*[21]; **2** *(plaksel)* Kleister *m*[9]

stijgbeugel Steigbügel *m*[9]

stijgen steigen[281]: ~ *met* steigen um[+4]; ~ *tot* steigen auf[+4]

stijging Steigerung *v*[20], Anstieg *m*[5]: ~ *van de temperatuur* Temperaturanstieg

¹**stijl** *(uitdrukkingsvorm)* Stil *m*[5]: *in* ~ stilvoll

²**stijl 1** *(opstaande paal)* Pfosten *m*[11]: *de* ~ *van een deur* der Türpfosten; **2** *(spijl)* Stab *m*[6]

stijlbloempje Stilblüte *v*[21]

stijlloos stillos

stijven I *(van textiel)* stärken; **II** *(sterken)* bestärken: *iem in iets* ~ jmdn in[+3] etwas bestärken

stikdonker stockfinster, stockdunkel

stikheet erstickend heiß

¹**stikken** ersticken: ~ *van het lachen* vor[+3] Lachen ersticken || ~ *van het geld* im Geld ersticken; *het stikt hier van de toeristen* es wimmelt hier von Touristen

²**stikken** *(naaien)* steppen

stikstof Stickstoff *m*[19]

stikvol gerammelt voll, gepfropft voll

stil still: ~*le agent* Geheimpolizist *m*[14]; ~*le armoede* verborgene Armut; *een* ~*le getuige* ein stummer Zeuge

stileren stilisieren[320]

stiletto Schnappmesser *o*[33]

stilhouden I *intr (stoppen)* (an)halten[183]; **II** *tr (verzwijgen)* geheim halten[183]

stilleggen 1 *(van bedrijven, mijnen)* stilllegen; **2** *(van verkeer)* lahm legen

stillen stillen, *(dorst)* löschen; *(pijn)* lindern

stilletjes 1 *(zachtjes)* leise; **2** *(stiekem)* heimlich

stilleven Stillleben *o*[35]

stilliggen 1 *(niet bewegen)* still liegen[202]; **2** *(niet functioneren)* stillliegen[202]

stilstaan stillstehen[279], *(mbt water, ook)* stehen[279]: *bij een onderwerp* ~ bei einem Thema verweilen

stilstand 1 Stillstand *m*[19]: *tot ~ brengen* stoppen; **2** *(Belg) (halte)* Haltestelle *v*[21]

stilte 1 Stille *v*[28]: *minuut* ~ Schweigeminute *v*[21]: *in diepe* ~ in tiefer Stille; *de ~ voor de storm* die Stille vor dem Sturm; **2** *(kalmte)* Ruhe *v*[28]: ~*! Ruhe*! || *in* ~ heimlich

stilzetten abstellen

stilzitten 1 *(zich niet verroeren)* still sitzen[268]; **2** *(niets doen)* stillsitzen[268], müßig sein[262]

stilzwijgen I *ww* schweigen[255]; **II** *zn* Schweigen *o*[39]

stimulans Stimulans *o* (2e nvl -; mv Stimulanzien of Stimulantia)

stimuleren stimulieren[320], anregen: ~*d middel* Auf-

putschmittel *o*[33]

stinken stinken[284]: *erin ~ hereinfallen*[154]

stip Punkt *m*[5], Tupfen *m*[11]

stipendium Stipendium *o* (2e nvl -s; mv Stipendien)

stippelen punktieren[320]; *(een stof)* tüpfeln

stippellijn punktierte Linie *v*[21]

stipt pünktlich, gewissenhaft; *(precies)* genau: ~ *op tijd* pünktlich

stiptheid Pünktlichkeit *v*[28], Gewissenhaftigkeit *v*[28]

stiptheidsactie Dienst *m*[5] nach Vorschrift

stockeren *(Belg) (van goederen)* lagern

stoeien 1 *(ravotten)* sich balgen; **2** *(vrijen)* herumspielen

stoel Stuhl *m*[6], *(met armleuning)* Sessel *m*[9]: *iets niet onder ~en of banken steken* kein(en) Hehl aus[+3] etwas machen

stoelen *(berusten op)* sich gründen (auf[+4])

stoelgang Stuhlgang *m*[19], Stuhl *m*[19]

stoeltjeslift Sessellift *m*[5], *m*[13], Sesselbahn *v*[20]

stoep 1 *(stenen opstap)* Türstufe *v*[21]: *bij iem op de* ~ *staan* bei jmdm vor der Tür stehen[279]; **2** *(trottoir)* Bürgersteig *m*[5], Gehsteig *m*[5]

stoer 1 *(flink)* rüstig; **2** *(robuust)* stramm, stämmig, robust: ~ *doen* sich aufspielen

stoet 1 *(optocht)* Zug *m*[6], Aufzug *m*[6]; **2** *(gevolg)* Gefolge *o*[33]: *een ~ mensen* eine Menge Leute

stoeterij Gestüt *o*[29]

¹**stof** *zn v,m (materie, onderwerp, weefsel)* Stoff *m*[5]: *vaste* ~ fester Stoff; *kort van ~ zijn* kurz angebunden sein[262]: *lang van* ~ langatmig

²**stof** *zn o* Staub *m*[19]: ~ *afnemen* Staub wischen; ~ *doen opwaaien* Staub aufwirbeln

stofdoek Staubtuch *o*[32], Stablappen *m*[11]

stoffeerder *(van meubels)* Polsterer *m*[9]; *(van woningen)* Raumausstatter *m*[9]

stoffelijk materiell, stofflich

¹**stoffen** *bn* aus Stoff, Stoff…

²**stoffen** *ww* Staub wischen

stoffer Handfeger *m*[9], Handbesen *m*[11]: ~ *en blik* Schaufel und Besen

stofferen 1 *(bekleden)* polstern; **2** *(een kamer)* ausschlagen[241], ausstatten

stoffig staubig, bestaubt

stofjas Kittel *m*[9], Arbeitsmantel *m*[10]

stofkap Schutzhaube *v*[21]

stofwisseling Stoffwechsel *m*[9]

stofzuigen staubsaugen (staubsaugte, staubgesaugt), saugen (saugte, gesaugt)

stofzuiger Staubsauger *m*[9]

stok 1 *(dunne stam)* Stock *m*[6]: *de ~ van een roos* der Stock einer Rose; **2** *(stuk hout)* Stock *m*[6], Stab *m*[6]: *met een ~ lopen* am Stock gehen[168]; **3** *(sp)* Kartenstock *m*[6] || *(fig) het met iem aan de ~ hebben* Krach mit jmdm haben[182]

stokboon Stangenbohne *v*[21]

stokbrood Stangenbrot *o*[29]

stokdoof stocktaub

stoken I *tr* **1** *(als brandstof gebruiken)* heizen mit[+3], brennen[138]: *cokes* ~ mit Koks heizen, Koks brennen; **2** *(distilleren)* brennen[138]: *brandewijn ~* Branntwein brennen; **II** *intr* **1** *(verwarmen)* heizen; **2** *(opruien)* hetzen

stoker 1 Heizer *m*[9]; **2** *(opruier)* Hetzer *m*[9]

stokje Stöckchen *o*[35], Stäbchen *o*[35]: *een ~ vanille* eine Stange Vanille || *ergens een ~ voor steken* einer Sache[3] einen Riegel vorschieben[237]: *van zijn ~ vallen* aus den Latschen kippen

stokken stocken, aussetzen

stokoud steinalt

stokpaardje Steckenpferd *o*[29]

stokstijf 1 stocksteif; **2** *(volhardend)* steif und fest

stokvis Stockfisch *m*[5]

stola Stola *v (mv Stolen)*

stollen gerinnen[225], stocken, erstarren

stolp Glasglocke *v*[21], Glocke *v*[21]

stolsel Gerinnsel *o*[33]

stom 1 *(sprakeloos)* stumm: *~me film* Stummfilm *m*[5]; **2** *(dom)* blöd, dumm: *~ geluk* blindes Glück

stoma Stoma *o (2e nvl -s; mv Stomata)*

stomdronken stockbetrunken

stomen I *intr (varen)* dampfen; **II** *tr* **1** *(gaar maken)* dämpfen; **2** *(reinigen)* (chemisch) reinigen

stomerij Reinigungsanstalt *v*[20], Reinigung *v*[20]

stomheid: *met ~ geslagen* völlig sprachlos

stommelen poltern

stommeling Dummkopf *m*[6], Dussel *m*[9]

stommetje: *~ spelen* sich stumm stellen

stommiteit Dummheit *v*[20], Torheit *v*[20]

¹stomp *(stoot)* Puff *m*[6], Stoß *m*[6]

²stomp *(kort stuk)* Stumpf *m*[6], Stummel *m*[9]

³stomp *bn, bw* stumpf

stompen puffen, stoßen[285]

stompje Stummel *m*[9]

stompzinnig stumpfsinnig

stompzinnigheid Stumpfsinn *m*[19]

stomtoevallig rein zufällig

stomverbaasd sehr erstaunt: *~ zijn* baff sein[262]

stomvervelend stinklangweilig

stoof Kiek *v*[20], Kieke *v*[21]

stoofappel Kochapfel *m*[10]

stookolie Heizöl *o*[29]

stoom Dampf *m*[6]: *~ afblazen* Dampf ablassen[197]

stoomboot Dampfschiff *o*[29], Dampfer *m*[9]

stoomcursus Schnellkurs *m*[5]

stoomketel Dampfkessel *m*[9]

stoommachine Dampfmaschine *v*[21]

stoomstrijkijzer Dampfbügeleisen *o*[35]

stoomturbine Dampfturbine *v*[21]

stoot I 1 *(duw, kort geluid)* Stoß *m*[6]: *de eerste ~ tot iets geven* den Anstoß zu etwas geben[166]; **2** *(massa)* Menge *v*[21], Haufen *m*[11]; **II** *(knappe meid)* tolle Motte *v*[21]

stootblok Prellbock *m*[6]

stootkussen Puffer *m*[9]; *(van schip)* Fender *m*[9]

¹stop *zn* **1** Stöpsel *m*[9], Pfropfen *m*[11]; **2** *(elektr)* Sicherung *v*[20]; **3** *(in sok e.d.)* gestopfte Stelle *v*[21]; **4** *(het stopzetten van iets)* Stopp *m*[13]: *sanitaire ~* Pinkelpause *v*[21]; **5** *(pauze)* Halt *m*[5], *m*[13]

²stop *tw* halt!, stopp!

stopbord Stoppschild *o*[31]

stopcontact Steckdose *v*[21]

stoplicht 1 *(van auto)* Stopplicht *o*[31]; **2** *(verkeerslicht)* Verkehrsampel *v*[21]: *door het rode ~ heenrijden* die rote Ampel überfahren[153]

stopnaald Stopfnadel *v*[21]

stoppel Stoppel *v*[21]

stoppelbaard Stoppelbart *m*[6]

stoppen I *tr* **1** *(een opening opvullen)* stopfen, *(een lek)* dichten; **2** *(in iets steken)* stecken: *iem geld in de hand ~* jmdm Geld zustecken; *iem in de gevangenis ~* jmdn einsperren; *iets in zijn zak ~* etwas in die Tasche stecken; *iem onder de grond ~* jmdn verscharren; **II** *intr* **1** *(stilstaan)* halten[183], anhalten[183], stoppen; **2** *(ophouden)* aufhören: *~ met roken* mit dem Rauchen aufhören

stopperspil Stopper *m*[9]

stopplaats Haltestelle *v*[21]

stopsein Haltesignal *o*[29], Stoppsignal *o*[29]

stoptrein Personenzug *m*[6], Bummelzug *m*[6]

stopverbod Halteverbot *o*[29]

stopverf Fensterkitt *m*[5]

stopwatch Stoppuhr *v*[21]

stopwoord Flickwort *o*[32], Lieblingswort *o*[32]

stopzetten 1 *(fabriek, verkeer)* stilllegen; **2** *(machine, auto)* stoppen; **3** *(activiteit)* einstellen

storen stören; *(lastig vallen, ook)* belästigen: *zich niet ~ aan* sich nicht kümmern um[+4]; *iem in zijn werk ~* jmdn bei der Arbeit stören

storing Störung *v*[20]

storingvrij störungsfrei

storm Sturm *m*[6]: *een ~ in een glas water* ein Sturm im Wasserglas

stormachtig *(ook fig)* stürmisch

stormen 1 *(hard waaien)* stürmen; **2** *(rennen)* stürmen, stürzen: *hij kwam uit het huis ~* er stürzte aus dem Hause

stormloop 1 Sturmlauf *m*[6]; **2** *(run)* Ansturm *m*[6]

stormlopen 1 *(aanvallen)* stürmen; **2** *het liep storm om plaatsen* man riss sich um Plätze; *het loopt storm* es herrscht großer Andrang

stormschade Sturmschaden *m*[12]

stormvloed Sturmflut *v*[20]

stormvloedkering Sturmflutsperre *v*[21]

stort Müllkippe *v*[21], Mülldeponie *v*[21]

stortbak 1 *(van wc)* Spülkasten *m*[12]; **2** *(bak waarin iets wordt gestort)* Container *m*[9]

stortbui Regenguss *m*[6]

storten I *tr* **1** *(doen vallen)* schütten, *(beton)* gießen[175], *(tranen)* vergießen[175]: *puin ~* Schutt abladen[196]: *iem in het ongeluk ~* jmdn ins Unglück stürzen; **2** *(betalen)* einzahlen: *geld op een rekening ~* Geld auf ein Konto einzahlen; **II** *intr* stürzen

storting Einzahlung *v*[20]

stortingsbewijs Einzahlungsbeleg *m*[5]

stortingskaart Zahlkarte *v*[21]

stortkoker Müllschlucker *m*[9]

stortplaats Müllkippe *v*[21], Schuttabladeplatz *m*[6]

st

stortregen Gussregen m^{11}, Platzregen m^{11}

stortregenen gießen[175]

stortvloed Sturzflut v^{20}, (fig) Flut v^{20}, Strom m^6: ~ *van woorden* Wortschwall m^{19}

stoten stoßen[285]: *iets fijn* ~ etwas zu Pulver stoßen; *zijn hoofd* ~: a) (lett) sich[4] am Kopf stoßen; b) (fig) sich[3] eine Abfuhr holen; *op de vijand* ~ auf den Feind stoßen; *tegen elkaar* ~ aufeinander stoßen[285]: *zijn hoofd tegen de muur* ~ mit dem Kopf an die Wand stoßen; *iem voor het hoofd* ~ jmdn vor den Kopf stoßen

stotteraar Stotterer m^9

stotteren stottern

stout bn, bw 1 (ondeugend) unartig, ungezogen; 2 (stoutmoedig) kühn, (sterker) verwegen

stouterd Racker m^9

stoutmoedig kühn

stoutmoedigheid Kühnheit v^{28}

stouwen 1 (scheepv) stauen; 2 (veel eten en drinken) spachteln

stoven I tr schmoren, dämpfen, dünsten; II intr schmoren

stoverij (Belg) Haschee o^{36}

¹straal (algem) Strahl m^{16}; (van cirkel) Halbmesser m^9, Radius m (2e nvl -; mv Radien)

²straal bw (volkomen) völlig, total: *iem* ~ *negeren* jmdn schneiden[250]; *hij is* ~ *bezopen* er ist sternhagelvoll

straalaandrijving Strahlantrieb m^5, Düsenantrieb m^5

straaljager Düsenjäger m^9

straalkachel Heizstrahler m^9, Strahler m^9

straalstroom Jetstream m^{13} (2e nvl ook -)

straalvliegtuig Düsenflugzeug o^{29}, Strahlflugzeug o^{29}

straat Straße v^{21}: *de Straat van Gibraltar* die Straße von Gibraltar; *de* ~ *op gaan* auf die Straße gehen[168]: *langs de* ~ *lopen* durch die Straßen gehen[168]

straatarm bettelarm

straathond (zwerfhond) Straßenköter m^9

straatje Gasse v^{21} ‖ *een* ~ *omlopen* einen Spaziergang machen

straatkant Straßenseite v^{21}

straatlantaarn Straßenlaterne v^{21}

Straatsburg Straßburg o^{39}

straatsteen Pflasterstein m^5

straatverlichting Straßenbeleuchtung v^{20}

straatweg Straße v^{21}

¹straf zn Strafe v^{21}: *bijkomende* ~ Nebenstrafe; *dat is op* ~*fe van* ... *verboden* das wird mit ... bestraft; *op* ~*fe des doods verbieden* bei Todesstrafe verbieten[130]: *voor* ~ zur Strafe

²straf bn, bw 1 (sterk) stark, kräftig; 2 (energiek) energisch; 3 (streng) scharf, streng

strafbaar strafbar: ~ *stellen* unter Strafe stellen

strafbepaling Strafbestimmung v^{20}

strafblad Strafregister o^{33}

strafcel Isolierzelle v^{21}

straffeloos straflos, ungestraft

straffen (be)strafen

strafgevangene Strafgefangene(r) m^{40a}, v^{40b}

strafgevangenis Straf(vollzugs)anstalt v^{20}

strafinrichting Strafanstalt v^{20}

strafproces Strafprozess m^5, Strafverfahren o^{35}

strafpunt Strafpunkt m^5

strafrecht Strafrecht o^{39}: *het Wetboek van Strafrecht* das Strafgesetzbuch (afk StGB)

strafschop Strafstoß m^6, Elfmeter m^9

strafschopgebied Strafraum m^6

strafvervolging Strafverfolgung v^{20}

strafwerk Strafarbeit v^{20}

strak 1 (gespannen) straff: *de broek zit te* ~ die Hose sitzt zu stramm; ~ *aanhalen* straff anziehen[318]; 2 (star) starr, unverwandt: ~ *voor zich uit kijken* starr vor sich hin blicken

strakjes, straks 1 (over enige ogenblikken) gleich, bald: *tot* ~! bis nachher!; 2 (zoëven) vorhin, soeben

stralen 1 strahlen; 2 (blinken) glänzen: ~ *van geluk* strahlen; 3 (afgewezen worden) durchfallen[154]

straling Strahlung v^{20}

stram 1 (stijf) steif; 2 (flink) stramm

stramien (lett) Stramin m^5; 2 (fig) Schema o^{36} (mv ook Schemata of Schemen)

strand Strand m^6

stranden 1 (aanspoelen) angespült werden[310]; 2 (vastraken) stranden; 3 (mislukken) scheitern

strandstoel Strandkorb m^6

strapless trägerlos

strategie (ook fig) Strategie v^{21}

strategisch strategisch

streefdatum Zieldatum o (2e nvl -s; mv Zieldaten)

streek I 1 (strijkende beweging) Strich m^5: ~ *met de penseel* Pinselstrich; 2 (windstreek) Strich m^5; 3 (gebied) Gegend v^{20}: *in deze* ~ in dieser Gegend; *de bevolking van deze* ~ die einheimische Bevölkerung; 4 (richting van de haartjes) Strich m^5 ‖ *hij komt weer op* ~ er erholt sich wieder; *nu ben ik goed op* ~ ich bin jetzt im besten Zuge; *mijn maag is van* ~ mein Magen ist verstimmt; *hij was helemaal van* ~ er war völlig außer Fassung; II (laakbare daad, handeling) Streich m^5: *een* ~ *uithalen* einen Streich verüben; *achter iems streken komen* jmdm auf die Schliche kommen[193]

streekroman Heimatroman m^5

streekschool 1 (voor de streek) Mittelpunktschule v^{21}; 2 (leerlingwezen) Berufsschule v^{21}

streep 1 (haal) Strich m^5: *een* ~ *door iets halen*: a) (lett) etwas durchstreichen[286]; b) (fig) jmdm einen Strich durch[4] etwas machen; 2 (lijn) Strich m^5, (kleurig) Streifen m^{11}: *met strepen gestreift*; 3 (distinctief) Dienstgradabzeichen o^{35} ‖ (fig) *een* ~ *zetten onder iets* einen Schlussstrich unter[4] etwas ziehen[318]

streepje (fig) *een* ~ *voor hebben* bei jmdm einen Stein im Brett haben[182]

streepjescode Strichkode m^{13}, EAN-Code m^{13}

strekken I tr (uitrekken) strecken: *zijn ledematen* ~

die Glieder strecken; **II** *intr* **1** *(reiken)* reichen: *zover strekt zijn macht niet* so weit reicht seine Macht nicht; **2** *(toereikend zijn)* reichen: *zolang de voorraad strekt* solange der Vorrat reicht; **3** *(dienen)* gereichen: *tot eer ~* zur Ehre gereichen; *een daartoe ~d besluit* ein entsprechender Beschluss

strekkend: *de ~e meter* der laufende Meter

strekking 1 *(het strak trekken)* Strecken o^{39}, Streckung v^{20}; **2** *(bedoeling, doel)* Zweck m^5; **3** *(tendens)* Tendenz v^{20}, Tenor m^{19}

strelen 1 *(aaien)* streicheln: *de kat ~* die Katze streicheln; **2** *(aangenaam aandoen)* schmeicheln[+3]: *dat streelt zijn ijdelheid* das schmeichelt seiner Eitelkeit; *dat streelt het gehemelte* das kitzelt den Gaumen; *zich gestreeld voelen* sich geschmeichelt fühlen

streling Streicheln o^{39}: *~ van het gehemelte* Gaumenkitzel m^{19}

stremmen I *tr* **1** *(van melk)* zum Gerinnen bringen[139]; **2** *(het verkeer)* lahm legen, *(een doorgang)* sperren; **II** *intr* gerinnen[225]

stremming 1 *(van melk)* Gerinnung v^{20}; **2** *(tot stilstand komen)* Stockung v^{20}, Stagnation v^{20}

¹streng *zn* **1** *(katoen, wol, e.d.)* Strang m^6; **2** *(hoofdhaar)* Strähne v^{21}; **3** *(touw)* Strang m^6

²streng *bn, bw* streng: *ten ~ste* strengstens

strengelen (sich) schlingen[246]: *in elkaar gestrengeld* verschlungen

strengheid Strenge v^{28}

strepen *ww* mit Streifen versehen[261]

stress Stress m^5

stretcher Feldbett o^{37}

streven I *ww* streben: *naar iets ~* nach[+3] etwas streben; *wij ~ ernaar ...* wir sind bemüht, ...; **II** *zn (het ijverig bezig zijn)* Bestreben o^{39}, Bemühen o^{39}

striem *(streep over de huid)* Striemen m^{11}

striemen 1 *(pijn doen)* peitschen; **2** *(mbt woorden)* verletzen

strijd 1 *(gevecht)* Kampf m^6: *de ~ om het bestaan* der Kampf ums Dasein; *om ~* um die Wette; *ten ~e trekken* in den Kampf ziehen[318]; **2** *(onenigheid)* Streit m^5: *in ~ met onze afspraak* gegen[+4] unsere Verabredung; *in ~ met de wet* dem Gesetz zuwider[+3]; *in ~ handelen met een voorschrift* gegen[+4] eine Vorschrift verstoßen[285]: *dat is in ~ met de goede zeden* das verstößt gegen die guten Sitten; *uw verklaringen zijn met elkaar in ~* Ihre Aussagen widersprechen[274] sich

strijden kämpfen; *(met woorden)* streiten[287], sich streiten[287]

strijdig gegensätzlich: *~ zijn met* im *(of:* in) Widerspruch stehen[279] mit[+3]

strijdkrachten Streitkräfte *mv* v^{25}

strijdperk Kampfplatz m^6, Arena *v (mv* Arenen): *in het ~ treden* in die Schranken treten[291]

strijdvraag Streitfrage v^{21}

strijkbout Bügeleisen o^{35}

strijkconcert Streichkonzert o^{29}

strijken I *intr* **1** streichen[286], streifen: *over het water*

~ über das Wasser streichen, das Wasser streifen; **2** *(zich toe-eigenen)* davontragen[288]: *met de prijs gaan ~* den Preis davontragen; *met de winst gaan ~* den Gewinn einstecken; **II** *tr* **1** *(neerhalen)* einholen, herunterholen: *een sloep ~* ein Boot aussetzen; *de vlag ~* die Fahne einholen; *de zeilen ~* die Segel herunterholen; **2** *(wasgoed)* bügeln

strijker *(muz)* Streicher m^9

strijkgoed Bügelwäsche v^{28}

strijkijzer Bügeleisen o^{35}

strijkinstrument Streichinstrument o^{29}

strijkje Ensemble o^{36}

strijkkwartet Streichquartett o^{29}

strijkmuziek Streichmusik v^{28}

strijkplank Bügelbrett o^{31}, Bügeltisch m^5

strijkstok Bogen m^{11}: *er blijft heel wat aan de ~ hangen* es wird viel abgerahmt

strik 1 *(knoop met lussen)* Schleife v^{21}: *een ~ maken* eine Schleife binden[131]; **2** *(valstrik)* Schlinge v^{21}: *~ken zetten* Schlingen legen

strikje Fliege v^{21}

strikken 1 *(tot een strik binden)* binden[131]; **2** *(vangen)* in einer Schlinge fangen[155]

strikt 1 *(precies)* strikt, genau; **2** *(streng)* streng, strikt

strikvraag Fangfrage v^{21}

stringent stringent

strip 1 *(techn)* Lasche v^{21}; **2** *(beeldverhaal)* Comicstrip m^{13}; **3** *(verpakking)* Durchdrückverpackung v^{20}; **4** *(van strippenkaart)* Abschnitt m^5; **5** *(strook)* Streifen m^{11}; **6** *(airstrip)* Piste v^{21}

strippen strippen

strippenkaart Sammelfahrschein m^5

striptease Striptease m^{19a}, o^{39a}

stripverhaal Comic m^{13}, Comicstrip m^{13}

stro Stroh o^{39}; *(strooisel)* Streu v^{20}

strobloem Strohblume v^{21}

strobreed: *iem geen ~ in de weg leggen* jmdm die Steine aus dem Weg räumen

stroef 1 *(mbt oppervlak)* rau; **2** *(niet goed bewegend)* schwergängig: *het slot gaat ~* das Schloss dreht sich schwer; **3** *(mbt personen)* stur; **4** *(mbt stijl)* holp(e)rig; **5** *(moeizaam)* zäh

stroefheid 1 Rauheit v^{28}; **2** Schwergängigkeit v^{28}; **3** Sturheit v^{28}; **4** Holp(e)rigkeit v^{28}; **5** Zähheit v^{28}; *zie ook* stroef

strofe Strophe v^{21}

strohalm Strohhalm m^5: *zich aan een ~ vasthouden* sich an einen Strohhalm klammern

stroken übereinstimmen (mit[+3]), entsprechen[274+3]

stromen strömen, fließen[161]

stromend fließend: *~ water* fließendes Wasser

stroming *(ook fig)* Strömung v^{20}

strompelen stolpern, humpeln

stronk 1 *(van boom)* Stumpf m^6, Strunk m^6; **2** *(van koolplant e.d.)* Strunk m^6

stront *(inform)* Dreck m^{19}, Scheiße v^{28}

strontje Gerstenkorn o^{32}

strooibiljet Flugblatt o^{32}

st

¹strooien *bn* strohern, Stroh…

²strooien *ww* streuen

strook Streifen *m¹¹*: ~ *papier* Papierstreifen, *(af-scheurbaar)* Abschnitt *m⁵*

stroom 1 *(rivier)* Strom *m⁶*, Fluss *m⁶*: *(fig) tegen de* ~ *oproeien* gegen den Strom schwimmen²⁵⁷; **2** *(stro-ming)* Strom *m⁶*, Strömung *v²⁰*; **3** *(elektr)* Strom *m⁶*: *onder* ~ *staan* unter Strom stehen²⁷⁹ ‖ *een* ~ *van vluchtelingen* ein Strom von Flüchtlingen

stroomafnemer Stromabnehmer *m⁹*

stroomafwaarts stromab, stromabwärts

stroomlijn Stromlinie *v²¹*

stroomnet Stromnetz *o²⁹*, Elektrizitätsnetz *o²⁹*

stroomop(waarts) stromauf, stromaufwärts

stroomopwekking Stromerzeugung *v²⁸*

stroomsterkte Stromstärke *v²¹*

stroomverbruik Stromverbrauch *m¹⁹*

stroomversnelling *(lett)* Stromschnelle *v²¹*

stroop Sirup *m⁵*: *iem* ~ *om de mond smeren* jmdm Honig um den Mund schmieren

strooplikken, stroopsmeren schönreden

strooptocht Raubzug *m⁶*

strop 1 *(lus)* Schlinge *v²¹*; **2** *(scheepv)* Stropp *m¹³*; **3** *(stropdas)* Krawatte *v²¹*; **4** *(tegenvaller)* Pech *o³⁹*, Verlust *m⁵*, *(bij koop)* Fehlkauf *m⁶*

stropdas Krawatte *v²¹*, Schlips *m⁵*

stropen I *tr* **1** *(omhoogschuiven)* hochschieben²³⁷: *zijn mouwen omhoog* ~ seine Ärmel aufkrempeln; **2** *(villen)* abhäuten; **II** *intr* **1** *(mbt stroper)* wildern; **2** *(op rooftocht zijn)* plündernd herumstreifen

stroper 1 *(wilddief)* Wilderer *m⁹*, Wilddieb *m⁵*; **2** *(plunderaar)* Plünderer *m⁹*

stroperig zähflüssig

strot Kehle *v²¹*, Gurgel *v²¹*: *iem bij de* ~ *grijpen* jmdn an der Kehle packen; *iem naar de* ~ *vliegen* jmdn an die Gurgel fahren¹⁵³

strubbeling Reiberei *v²⁰*

structureel strukturell

structureren strukturieren³²⁰

structuur Struktur *v²⁰*

struik Strauch *m⁸*

struikelblok Hindernis *o²⁹ᵃ*

struikelen stolpern, straucheln; *(in morele zin)* einen Fehltritt begehen¹⁶⁸

struikgewas Gebüsch *o²⁹*, Dickicht *o²⁹*

struis *bn* kräftig, stämmig

struisvogel Strauß *m⁵*

struisvogelpolitiek Vogel-Strauß-Politik *v²⁸*

stucwerk Stuckatur *v²⁰*, Stuckarbeit *v²⁰*

studeerkamer Studierzimmer *o³³*, Arbeitszimmer *o³³*

student Student *m¹⁴*: ~ *in de medicijnen* Student der Medizin, Medizinstudent; *zich als* ~ *inschrijven* sich immatrikulieren³²⁰

studente Studentin *v²²*

studentencorps Studentenverbindung *v²⁰*

studentenhaver Studentenfutter *o³⁹*

studentikoos studentisch, burschenhaft

studeren studieren³²⁰: *voor arts* ~ Medizin studie-

ren; *(muz) elke dag* ~ täglich üben; *voor een exa-men* ~ sich auf ein Examen vorbereiten

studie 1 Studium *o (2e nvl -s; mv Studien)*, Untersu-chung *v²⁰*: ~ *van iets maken* etwas untersuchen; *de medische* ~ das medizinische Studium; **2** *(geschrift)* Studie *v²¹*, Untersuchung *v²⁰*; **3** *(tekening, schets)* Studie *v²¹*

studieadviseur Studienberater *m⁹*

studiebeurs Stipendium *o (2e nvl -s; mv Stipendi-en)*

studieboek Lehrbuch *o³²*

studiebol Büffler *m⁹*, hervorragender Student *m¹⁴*

studiegenoot Kommilitone *m¹⁵*

studiehuis Studienhaus *o³²*

studiemeester *(Belg)* Aufsichtführende(r) *m⁴⁰ᵃ*, *v⁴⁰ᵇ*

studiereis Studienreise *v²¹*

studietoelage Studienbeihilfe *v²¹*

studio Studio *o³⁶*

stuf Radiergummi *m¹³*

stuff Drogen *mv v²¹*, Stoff *m⁵*

stug 1 *(onbuigzaam)* steif; **2** *(stuurs)* störrisch; *(flink, energiek)* tüchtig; *(stevig)* stark ‖ *dat lijkt me* ~ das ist kaum zu glauben

stuifmeel Blütenstaub *m¹⁹*, Pollen *m¹¹*

stuip: *iem de ~en op het lijf jagen* jmdm einen Schre-cken einjagen

stuiptrekken zucken

stuiptrekking Zuckung *v²⁰*

stuit *(anat)* Steiß *m⁵*

stuitbeen Steißbein *o²⁹*

stuiten I *tr* *(tot staan brengen)* aufhalten¹⁸³, zum Stehen bringen¹³⁹: *iets in z'n vaart* ~ etwas in sei-nem Lauf hemmen; *een niet te* ~ *woordenvloed* ein unaufhaltsamer Wortschwall; **II** *intr* **1** *(mbt bal)* springen²⁷⁶, zurückprallen; **2** *(niet verder kunnen)* prallen (auf⁺⁴), stoßen²⁸⁵ (auf⁺⁴): *op moeilijkheden* ~ auf Schwierigkeiten stoßen

stuitend empörend, *(kwetsend)* anstößig

stuiter Murmel *v²¹*

stuiteren aufspringen²⁷⁶, aufprallen: *een bal laten* ~ einen Ball aufspringen lassen

stuitje Steiß *m⁵*

stuiven 1 stauben, stäuben, stieben²⁸³: *het stuift* es staubt; *(Belg) het zal er* ~ es wird da heiß hergehen; **2** *(snel voortbewegen)* flitzen

stuiver: *geen* ~ *waard zijn* keinen Pfennig wert sein²⁶²

stuivertje-wisselen Bäumchen wechseln

¹stuk *zn* **1** *(voorwerp, brok, gedeelte)* Stück *o²⁹*: *een* ~ *zeep* ein Stück Seife; *een lekker* ~ eine dufte Biene; *30 ~s vee* 30 Stück Vieh; *een* ~ *of tien* etwa zehn; *een* ~ *duurder zijn* viel teurer sein²⁶²; *aan één* ~ *door* ununterbrochen; *iets in ~ken scheuren* etwas zer-reißen²²⁰; *op geen ~ken na* überhaupt nicht; *per* ~ *verkopen* stückweise verkaufen; **2** *(toneelstuk)* Stück *o²⁹*, Theaterstück *o²⁹*; **3** *(lap)* Flicken *m¹¹*; **4** *(kanon)* Geschütz *o²⁹*; **5** *(van schaakspel)* Figur *v²⁰*; **6** *(geschreven artikel)* Stück *o²⁹*, Artikel *m⁹*; **7** *(docu-*

ment, akte) Schriftstück o^{29}, Akte v^{21}, Urkunde v^{21}, Unterlagen *mv* v^{21} ‖ *van zijn ~ zijn* außer Fassung sein[262]: *iem van zijn ~ brengen* jmdn aus dem Konzept bringen[139]: *(Belg) op het ~ van ... was ...*[+4] betrifft, betreffs[+2]

²stuk *bn, bw* entzwei, kaputt

stukadoor Stuckateur m^5, Gipser m^9

stukbreken zerbrechen[137]

stukgaan kaputtgehen[168]

stukgoederen Stückgüter *mv* o^{32}

stukgooien kaputtschmeißen[247]

stukje: *bij ~s en beetjes* nach und nach

stukloon Akkordlohn m^6, Stücklohn m^6

stukmaken zerstören, kaputtmachen

stukslaan I *tr* zerschlagen[241]; **II** *intr* zerspringen[276], zerschellen

stuktrappen zertreten[291]

stulp *(armoedige woning)* Hütte v^{21}

stumper 1 *(sukkel)* Trottel m^9, Stümper m^9; **2** *(stakker)* Schlucker m^9

stumperachtig, stumperig stümperhaft

stunt Stunt m^{13}, Kunststück o^{29}

stuntelen stümpern

stuntelig täppisch, unbeholfen

stunten *(kunstvliegen)* Kunstflüge ausführen

stuntprijs Schleuderpreis m^5

sturen 1 *(zenden)* senden[263], schicken: *iem het veld uit ~* jmdn vom Platz verweisen[307]; **2** *(een dier, vliegtuig, voertuig)* lenken; **3** *(een schip)* steuern

stut Stütze v^{21}, Stützbalken m^{11}

stuur 1 *(van schip, vliegtuig)* Steuer o^{33}; **2** *(van auto)* Steuer o^{33}, Lenkrad o^{32}; **3** *(van fiets, motor)* Lenkstange v^{21}

stuurbekrachtiging Servolenkung v^{20}

stuurboord Steuerbord o^{29}

stuurgroep Lenkungsausschuss m^6

stuurinrichting Steuerung v^{20}, Lenkung v^{20}; *(van vliegtuig)* Leitwerk o^{29}

stuurloos steuerlos

stuurman Steuermann *m (2e nvl -(e)s; mv -leute)*

stuurs unwirsch, mürrisch

stuurslot Lenkradschloss o^{32}

stuw Wehr o^{29}; *(van stuwmeer)* Talsperre v^{21}

stuwbekken Staubecken o^{35}

stuwdam Staudamm m^6, *(van stuwmeer)* Talsperre v^{21}

stuwen 1 *(voortduwen)* treiben[290]: *de ~de kracht* die treibende Kraft; **2** *(stouwen)* stauen

stuwing 1 *(stuwkracht)* Antriebskraft v^{25}, Schub m^6; **2** *(het stouwen)* Stauen o^{39}

stuwkracht 1 *(lett)* Antriebskraft v^{25}, Schub m^6; **2** *(fig)* treibende Kraft v^{25}

stuwmeer Stausee m^{17}

subcommissie Unterausschuss m^6

subiet 1 *(plotseling)* plötzlich; **2** *(dadelijk)* sofort

subject Subjekt o^{29}

subjectief subjektiv

subjectiviteit Subjektivität v^{28}

subliem herrlich, ausgezeichnet

subsidie Subvention v^{20}, Beihilfe v^{21}

subsidiëren subventionieren[320]

substantie Substanz v^{20}

substantief Substantiv o^{29}, Hauptwort o^{32}

substitueren substituieren[320]

substitutie Substitution v^{20}

subtiel subtil, nuanciert, sehr fein

succes Erfolg m^5: *een ~ boeken* einen Erfolg erzielen; *veel ~!* viel Erfolg!

succesnummer Schlager m^9, Spitzenreiter m^9

successiebelasting Erbschaft(s)steuer v^{21}

successief *bn* sukzessiv

successierecht Erbschaft(s)steuer v^{21}

successievelijk *bw* sukzessive

succestuk Erfolgsstück o^{29}

succesvol erfolgreich

sudderen schmoren

suède Wildleder o^{33}

suf dösig, benommen: *zich ~ denken* sich den Kopf zerbrechen[137]

suffen dösen: *zitten te ~* dösen

suffer(d) Döskopp m^6, Dussel m^9

sufheid Benommenheit v^{28}

suggereren suggerieren[320]

suggestie Suggestion v^{20}: *iem een ~ doen* jmdm einen Vorschlag machen

suggestief suggestiv

suiker Zucker m^9

suikerbiet Zuckerrübe v^{21}

suikergehalte Zuckergehalt m^{19}

suikerklontje Zuckerwürfel m^9

suikeroom Erbonkel m^9

suikerpot Zuckerdose v^{21}

suikerriet Zuckerrohr o^{29}

suikertante Erbtante v^{21}

suikerzakje Zuckerbeutel m^9

suikerzieke Zuckerkranke(r) m^{40a}, v^{40b}, Diabetiker m^9

suikerziekte Zuckerkrankheit v^{28}, Diabetes m^{19a}

suite 1 *(kamers)* Suite v^{21}; **2** *(muz)* Suite v^{21}

suizen 1 *(snellen)* sausen; **2** *(ruisen)* säuseln

sukade Sukkade v^{21}

sukkel Trottel m^9 ‖ *aan de ~ zijn* kränkeln

sukkelen 1 *(ziekelijk zijn)* kränkeln: *hij sukkelt met zijn knie* sein Knie ist nicht in Ordnung; **2** *(sjokkend voortgaan)* trotten

sukkelgangetje: *in een ~* im Schneckentempo

sul Tropf m^6, Trottel m^9

sulky Sulky o^{36}

sullig einfältig, trott(e)lig; *(goedig)* gutmütig

sultan Sultan m^5

summier summarisch, bündig

summum Gipfel m^9, Inbegriff m^5

¹super *zn (benzine)* Super o^{39}, Superbenzin o^{29}

²super *bn, bw* spitze, super, klasse

superbenzine *zie* ¹super

superette *(Belg)* kleiner Selbstbedienungsladen m^{12}

superieur I *bn, bw* **1** *(beter)* überlegen; **2** *(voortreffe-*

lijk) vorzüglich, hervorragend; **II** *zn* Vorgesetzte(r) m^{40a}, v^{40b}, Chef m^{13}
superioriteit Superiorität v^{28}, Überlegenheit v^{28}
supermarkt Supermarkt m^6
supersonisch supersonisch: ~ *vliegtuig* Über-
schallflugzeug o^{29}
supervisie Aufsicht v^{28}, Leitung v^{28}
suppoost Wärter m^9, Aufseher m^9
support *(ondersteuning)* Unterstützung v^{20}
supporter Anhänger m^9: ~ *die zijn club overal volgt*
Schlachtenbummler m^9
surfen I *ww* surfen *(ook comp)*; **II** *zn* Surfing o^{39} *(ook comp)*
surfer Surfer m^9 *(ook comp)*
surfplank Surfbrett o^{31}
surplus Surplus o *(2e nvl -; mv -)*, Überschuss m^6
surprise Überraschung v^{20}
surrealisme Surrealismus m^{19a}
surrogaat Ersatz m^{19}, Surrogat o^{29}
surseance Aufschub m^6: ~ *van betaling* gerichtli-
cher Zahlungsaufschub m^6
surveillance Aufsicht v^{28}, Beaufsichtigung v^{20}
surveillancewagen Funkstreifenwagen m^{11}, Peter-
wagen m^{11}
surveillant Aufseher m^9, Aufsichtführende(r) m^{40a}
surveilleren (die) Aufsicht führen; *(door politie
e.d.)* Streife fahren^{153}
suspect suspekt, verdächtig
sussen beruhigen, beschwichtigen
s.v.p. *afk van s'il vous plaît* bitte
sweater Pullover m^9, Pulli m^{13}
sweatshirt Sweatshirt o^{36}
syllabus Syllabus m *(2e nvl -; mv - of Syllabi)*, Zusammenfassung v^{20}
symboliek Symbolik v^{28}
symbolisch symbolisch
symboliseren symbolisieren^{320}
symbool Symbol o^{29}, Sinnbild o^{31}
symfonie *(ook fig)* Sinfonie v^{21}, Symphonie v^{21}
symfonieorkest Sinfonieorchester o^{33}, Sympho-
nieorchester o^{33}
symmetrie Symmetrie v^{21}
symmetrisch symmetrisch
sympathie Sympathie v^{21}
sympathiek sympathisch
sympathisant Sympathisant m^{14}
sympathiseren sympathisieren^{320}
symposium Symposium o *(2e nvl -s; mv Symposien)*
symptomatisch symptomatisch
symptoom Symptom o^{29}
synagoge Synagoge v^{21}
synchroniseren synchronisieren^{320}
synchroon synchron
syndicaat Syndikat o^{29}
syndroom Syndrom o^{29}
synode Synode v^{21}
synoniem I *bn* synonym; **II** *zn* Synonym o^{29}
syntaxis Syntax v^{20}, Satzlehre v^{28}
synthese Synthese v^{21}

synthesizer Synthesizer m^9
synthetisch synthetisch: ~*e stof* synthetischer
Stoff, Kunststoff m^5
Syrië Syrien o^{39}
Syriër Syrer m^9, Syrier m^9
Syrisch syrisch
systeem System o^{29}
systeemanalist Systemanalytiker m^9
systeemanalyse Systemanalyse v^{21}
systeembouw Montagebau m^{19}
systeemontwerper Systemanalytiker m^9
systematiek Systematik v^{20}
systematisch systematisch
systematiseren systematisieren^{320}

t

t. *(ton, nl. 1000 kg)* Tonne v^{21} *(afk t)*
taai 1 *(ook fig)* zäh: ~ *vlees* zähes Fleisch; *hou je* ~!
  bleib gesund!; **2** *(mbt vloeistof)* zähflüssig; **3** *(verve-*
  lend) öde, langweilig; **4** *(sterk)* zäh: *een* ~*e kerel* ein
  zäher Bursche
taaiheid Zähigkeit v^{28}; Zähflüssigkeit v^{28}; Langwei-
  ligkeit v^{28}; *zie ook* taai
taaitaai Lebkuchen m^{11}
taak Aufgabe v^{21}, Auftrag m^6: *de burgemeester heeft*
  tot ~ die Aufgabe des Bürgermeisters; *zich iets*
  tot ~ *stellen* sich³ etwas zur Aufgabe machen; *zich*
  van zijn ~ *kwijten* sich seines Auftrags entledigen
taakleerkracht, taakleraar *(Belg)* Lehrer m^9 der
  Förderunterricht erteilt
taal Sprache v^{21}: *vreemde* ~ Fremdsprache; *onder-*
  wijs in de vreemde talen Fremdsprachenunterricht
  m^{19}: ~ *noch teken geven* kein Lebenszeichen von
  sich geben[166]; *ik zal duidelijke* ~ *spreken* ich werde
  mich klar und deutlich ausdrücken
taalcursus Sprachkurs m^5
taaleigen Idiom o^{29}
taalgebruik Sprachgebrauch m^6
taalgevoel Sprachgefühl o^{39}
taalkunde Sprachwissenschaft v^{28}, Linguistik v^{28}
taallab, taallaboratorium *(Belg)* Sprachlabor o^{36},
  o^{29}
taalonderwijs Sprachunterricht m^5
taalvaardigheid Sprachgewandtheit v^{28}
taart Torte v^{21}, Kuchen m^{11}: *(fig) een ouwe* ~ eine
  alte Schachtel
taartje Törtchen o^{35}
tabak Tabak m^{19}: *(fig) van iets* ~ *hebben* von[+3] etwas
  die Nase voll haben[182]
tabaksplant Tabakpflanze v^{21}
tabaksplantage Tabakpflanzung v^{20}
tabel Tabelle v^{21}; *(lijst)* Verzeichnis o^{29a}
tabernakel Tabernakel o^{33}, m^9
tablet 1 *(apoth)* Tablette v^{21}; **2** *(reep)* Tafel v^{21}: *een* ~
  chocolade eine Tafel Schokolade
taboe I *bn* tabu; **II** *zn* Tabu o^{36}
taboeret Hocker m^9
tachograaf Tachograph m^{14}, Tachograf m^{14}
tachometer Tachometer m^9, o^{33}
tachtig achtzig
tackle Tackling o^{36}
tact Takt m^{19}: *met veel* ~ taktvoll

tacticus Taktiker m^9
tactiek Taktik v^{20}
tactisch taktisch
tactloos taktlos
tactloosheid Taktlosigkeit v^{20}
tactvol taktvoll
tafel 1 Tisch m^5: *aan* ~ *zitten* bei Tisch sitzen[268]: *aan*
  de ~ *zitten* am Tisch sitzen[268]: *ter* ~ *brengen* aufs Tapet bringen[139]; **2** *(plaat)* Tafel v^{21}; **3** *(tabel)* Tabelle
  v^{21}: *de* ~ *van vermenigvuldiging* das Einmaleins; *de*
  ~*s van 1 t/m 10* das kleine Einmaleins; *de* ~*s van 1*
  t/m 20 das große Einmaleins
tafelen tafeln
tafelkleed Tischdecke v^{21}
tafellaken Tischtuch o^{32}
tafelservies Tafelservice o^{33} *(2e nvl ook -)*
tafeltennis Tischtennis o^{39a}
tafeltennissen Tischtennis spielen
tafereel 1 *(afbeelding)* Bild o^{31}, Szene v^{21}; **2** *(be-*
  schrijving) Schilderung v^{20}, Beschreibung v^{20}
taille Taille v^{21}
tailleren taillieren[320]
tak 1 *(dik en aan de stam)* Ast m^6; **2** *(dun, zijtak)*
  Zweig m^5: ~ *van een gewei* Stange v^{21} eines Ge-
  weihs: ~ *van een rivier* Flussarm m^5; **3** *(deel van fa-*
  milie) Zweig m^5; **4** *(branche)* Zweig m^5, Sparte v^{21}
takel *(hijswerktuig)* Flaschenzug m^6, Takel o^{33}
takelen *(ophijsen)* winden[313], hochwinden[313]
takelwagen Abschleppwagen m^{11}, Kranwagen m^{11}
taks *(hoeveelheid)* Maß o^{29}; *(belasting)* Steuer v^{21}
tal: ~ *van ...* zahlreiche; *zonder* ~ zahllos
talen *(met naar)* verlangen nach[+3]; sich kümmern
  um[+4]; sich interessieren für[+4]
talenkennis Sprachkenntnisse *(mv)*
talenknobbel Sprachtalent o^{29}: *hij heeft een* ~ er ist
  sprachbegabt
talenpracticum Sprachlabor o^{36}, o^{29}
talent Talent o^{29}, Begabung v^{20}: ~ *voor schilderen*
  Talent zum Malen; *zij heeft veel* ~ sie ist sehr talentiert
talentvol talentvoll, talentiert, begabt
talg Talg m^5
talgkliertje Talgdrüse v^{21}
talisman Talisman m^5
talk 1 *(vet)* Talg m^5; **2** *(delfstof)* Talk m^{19}
talkpoeder Talkpuder m^9
talkshow Talkshow v^{27}
talloos zahllos, unzählig, unzählbar
talmen zaudern, zögern
talrijk zahlreich
talud Böschung v^{20}
tam *(ook fig)* zahm
tamboer Trommler m^9
tamboerijn Tamburin m^5
tamboerkorps Spielmannszug m^6
tamelijk ziemlich
tampon Tampon m^{13}
tamtam Tamtam o^{36}
tand 1 *(anat, van blad, rad, zaag)* Zahn m^6: *zijn* ~*en*

laten zien: a) (mbt dieren) die Zähne fletschen; *b) (fig)* jmdm die Zähne zeigen; *(fig) iem aan de ~ voelen* jmdm auf den Zahn fühlen; **2** *(van eg, hark, kam, vork)* Zinke v^{21}

tandaanslag Zahnbelag m^6

tandarts Zahnarzt m^6

tandartsassistente Zahnarzthelferin v^{22}

tandbederf Karies v^{28}, Zahnfäule v^{28}

tandem Tandem o^{36}

tandenborstel Zahnbürste v^{21}

tandenknarsend zähneknirschend

tandenstoker Zahnstocher m^9

tandfloss Zahnseide v^{21}

tandglazuur Zahnschmelz m^{19}

tandheelkunde Zahnmedizin v^{28}, Zahnheilkunde v^{28}

tandpasta Zahnpasta v *(mv -pasten)*, Zahnpaste v^{21}

tandpijn Zahnschmerzen *(mv)*

tandplak Zahnbelag m^6, Plaque v^{27}

tandprothese Zahnprothese v^{21}, Zahnersatz m^6

tandrad Zahnrad o^{32}

tandsteen Zahnstein m^{19}

tandtechnicus Zahntechniker m^9

tandvlees Zahnfleisch o^{39}

tandwiel Zahnrad o^{32}

tang 1 *(gereedschap)* Zange v^{21}: *dat slaat als een ~ op een varken* das passt wie die Faust aufs Auge; **2** *(feeks)* alte Hexe v^{21}

tanga, tangaslip Tangaslip m^{13}

tango Tango m^{13}

tangverlossing Zangengeburt v^{20}

tanig: *een ~ gezicht* ein gegerbtes Gesicht

tank 1 *(reservoir)* Tank m^{13}, soms m^5, Behälter m^9; **2** *(gevechtswagen)* Panzer m^9

tankauto Tankwagen m^{11}

tankboot Tanker m^9, Tankschiff o^{29}

tanken tanken

tanker Tanker m^9

tankstation Tankstelle v^{21}

tankwagen Tankwagen m^{11}

tante Tante v^{21}: *je ~!* du kannst mich!; *is me dat een dikke ~!* ist das aber eine Maschine!

tantième Tantieme v^{21}

tap 1 *(algem)* Zapfen m^{11}; **2** *(van as)* Zapfen, Achszapfen m^{11}; **3** *(tapkast)* Theke v^{21}

tape 1 *(geluidsband)* Tonband o^{32}; **2** *(plakband)* Klebeband o^{32}

taperecorder Tonbandgerät o^{29}

tapijt Teppich m^5

tapijttegel Teppichfliese v^{21}

tapkast Theke v^{21}

tappen 1 zapfen: *wijn op flessen ~* Wein in Flaschen füllen; **2** *(laten vloeien)* (ab)zapfen

tapperij Schenke v^{21}, Schänke v^{21}

taps konisch, kegelförmig, zapfenförmig

taptoe Zapfenstreich m^5

tapvergunning Schankkonzession v^{20}

tarbot Steinbutt m^5, Tarbutt m^5

tarief Tarif m^5: *speciaal ~* Sondertarif; *volgens ~ ta-*rifmäßig, tariflich, laut Tarif

tariefgroep *(bij belastingen)* Steuerklasse v^{21}

tariefwijziging *(algem)* Tarifänderung v^{20}

tarra Tara v *(mv Taren)*

tarten 1 *(tergen)* ärgern; **2** *(uitdagen)* herausfordern; **3** *(trotseren)* trotzen^{+3}; **4** *(overtreffen)* spotten^{+2}: *dat tart iedere beschrijving* das spottet jeder Beschreibung

tarwe Weizen m^{12}

tarwebrood Weizenbrot o^{29}

tas 1 Tasche v^{21}; **2** *(akte-, schooltas)* Mappe v^{21}

tasje Handtasche v^{21}

tast: *op de ~ tastend; op de ~ naar de deur lopen* sich zur Tür tasten

tastbaar greifbar, handgreiflich: *een ~ bewijs* ein handgreiflicher Beweis; *tastbare resultaten* greifbare Ergebnisse

tasten 1 *(zoekend voelen)* tasten; **2** *(onzeker lopen)* tappen || *in het duister ~* im Finstern tappen

tastzin Tastsinn m^{19}

t.a.v. 1 *afk van ten aanzien van* in Bezug auf; **2** *afk van ter attentie van* zu Händen^{+2}, zu Händen von^{+3}

taxateur Taxator m^{16}, Schätzer m^9

taxatie Taxation v^{20}, Schätzung v^{20}

taxatieprijs Taxpreis m^5

taxeren taxieren^{320}, schätzen; *(ramen)* veranschlagen: *getaxeerde waarde* Taxwert m^5

taxfree steuerfrei, zollfrei

taxi Taxi o^{36}, Taxe v^{21}

taxichauffeur Taxifahrer m^9

taxiën rollen

taxionderneming Taxiunternehmen o^{35}

taxirit Taxifahrt v^{20}

taxistandplaats Taxistand m^6

tb, tbc *afk van tuberculose* Tuberkulose v^{21} *(afk Tb, Tbc)*

te, ten, ter I *vz* **1** *(mbt plaats, ook fig)* in *(bij beweging gericht op doel*$^{+4}$*, anders*$^{+3}$*)*; auf *(bij rust*$^{+3}$*, bij beweging gericht op doel*$^{+4}$*)*; zu^{+3}: *te lijf gaan* zu Leibe rücken; **2** *(met het doel van)* zu^{+3}: *ter inzage* zur Ansicht; **3** *(mbt tijd)* um^{+4}; zu^{+3}: *te allen tijde* zu jeder Zeit; **4** *(mbt de manier of het middel)* in^{+3}; mit^{+3}; zu^{+3}: *te vuur en te zwaard verwoesten* mit Feuer und Schwert verwüsten; **II** *bw* **1** *(overmatig, buitensporig)* zu: *te vroeg* zu früh; *te veel* zu viel; **2** *umso (met vergrotende trap)*: *des te beter* umso besser

teakhout Teakholz o^{39}

team Mannschaft v^{20}, Team o^{36}

teamgeest Teamgeist m^{19}

teamverband: *in ~ werken* im Team arbeiten

teamwork Teamarbeit v^{28}

technicus Techniker m^9

techniek Technik v^{20}

technisch technisch: *~e hogeschool* technische Hochschule *(afk TH)*; *~e universiteit* technische Universität v^{20} *(afk TU)*

technisch-onderwijsassistent *(ongev)* technischer Assistent m^{14} beim Unterricht

technocraat Technokrat m^{14}

technologie Technologie v^{21}
technologisch technologisch
teckel Dackel m^9, Dachshund m^5, Teckel m^9
teder zärtlich
tederheid Zärtlichkeit v^{28}
teef *(wijfjeshond)* Hündin v^{22}
teek Zecke v^{21}
teelaarde 1 *(humus)* Humus m^{19b}; **2** *(teelgrond)* Ackerkrume v^{21}
teelbal Hode m^{15}, v^{21}, Hoden m^{11}, Testikel m^9
teelt *(van dieren, planten)* Zucht v^{28}, *(van landbouwgewassen, ook)* Anbau m^{19}
¹teen 1 *(lichaamsdeel)* Zehe v^{21}, Zeh m^{16}: *(fig)* iem op zijn tenen trappen jmdm auf die Zehen treten^{291}: *(fig)* hij is op zijn tenen getrapt er fühlt sich auf den Schlips getreten; **2** *(deel van sok)* Spitze v^{21}
²teen *(twijg)* Weidenrute v^{21}, Weidengerte v^{21}
¹teer *bn* zart: *een tere gezondheid* eine zarte Gesundheit; *een tere huid* eine zarte Haut; *een tere kwestie* eine heikle Frage
²teer *zn* Teer m^{19}
teergevoelig *(gauw gekwetst)* empfindlich
teerling Würfel m^9: *de ~ is geworpen* die Würfel sind gefallen
tegel 1 *(voor vloer)* Fliese v^{21}, Platte v^{21}; **2** *(voor muur)* Fliese v^{21}, Kachel v^{21}
tegelijk, tegelijkertijd zugleich, gleichzeitig
tegelzetter Fliesenleger m^9, Plattenleger m^9
tegemoet entgegen^{+3}: *~ gaan (of: lopen)* entgegengehen^{168+3}: *~ komen (ook fig)* entgegenkommen^{193+3}: *iems wensen ~ komen* jmds Wünschen entgegenkommen; *in de kosten ~ komen* einen Teil der Kosten übernehmen^{212}; *~ zien* entgegensehen^{261+3}: *iets ~ zien* einer Sache^3 entgegensehen^{261}
tegemoetkoming 1 *(wijze van doen)* Entgegenkommen o^{39}; **2** *(vergoeding)* Unterstützung v^{20}, Beihilfe v^{21}: *~ in de kosten* Beitrag m^6 zu den Kosten
tegen I *vz* **1** *(in de andere richting)* gegen^{+4}: *~ de stroom* gegen den Strom; **2** *(in strijd met)* gegen^{+4}, zuwider^{+3}, wider^{+4}: *dat is ~ de wet* das ist gegen das Gesetz; *~ de verwachting* wider Erwarten; **3** *(vijandig, afwijzend ten opzichte van)* gegen^{+4}: *~ iets zijn* gegen etwas sein^{262}: *beschermen ~* schützen gegen^{+4} *(of:* vor^{+3}); *~ iets kunnen* etwas vertragen können^{194}; **4** *(gekeerd naar)* gegen^{+4}, zu^{+3}, gegenüber^{+3}: *~ iem spreken* zu jmdm sprechen^{274}; *~ iem blaffen* jmdn anbellen; **5** *(kort voor)* gegen^{+4}: *~ de avond* gegen Abend; **6** *(bijna)* an^{+4}, gegen^{+4}: *de 60 schepen* an die *(of:* gegen) 60 Schiffe; **7** *(in aanraking met)* gegen^{+4}, an^{+4}: *leunen ~* lehnen gegen^{+4} *(of:* an^{+4}); **8** *(mbt een bepaalde tijd)* auf^{+4}: *het loopt ~ drie uur* es geht auf drei Uhr; **9** *(mbt een prijs of percentage)* zu^{+3}: *~ 5%* zu 5%; **II** *bw* *(vijandig, afwijzend ten opzichte van) ~ zijn* dagegen sein^{262}; **III** *zn: het voor en het ~* das Für und das Wider
tegenaan: *ergens ~ lopen: a) (lett)* gegen^{+4} etwas anlaufen^{198}; *b) (fig)* zufällig auf^{+4} etwas stoßen^{285}: *ergens ~ zitten kijken* nicht den Mut zu^{+3} etwas haben^{182}; *ergens (flink) ~ gaan* sich (mächtig) ins

Zeug legen; *er hard ~ gaan (sp)* hart einsteigen^{281}
tegenaanval Gegenangriff m^5, Gegenschlag m^6
tegenargument Gegenargument o^{29}
tegenbeeld 1 *(pendant)* Gegenstück o^{29}; **2** *(contrast)* Gegenteil o^{29}
tegenbericht Abmeldung v^{20}: *zonder ~* ohne Nachricht Ihrerseits
tegendeel Gegenteil o^{29}: *de bewering van het ~* die gegenteilige Behauptung
tegengaan entgegentreten^{291+3}
tegengas: *~ geven* entgegenwirken^{+3}
tegengesteld entgegengesetzt, gegensätzlich
tegenhanger Gegenstück o^{29}
tegenhebben gegen^{+4} sich haben^{182}
tegenhouden 1 *(de beweging beletten)* aufhalten^{183}; **2** *(verhinderen)* verhindern
tegenkomen *(ontmoeten)* begegnen^{+3}: *iem ~* jmdm begegnen
tegenlicht Gegenlicht o^{31}
tegenligger *(in het wegverkeer)* entgegenkommender Wagen m^{11}: *~s!* Gegenverkehr!
tegenlopen quer gehen^{168}, schief gehen^{168}
tegenmaatregel Gegenmaßnahme v^{21}
tegenop hinauf: *ergens niet ~ kunnen* gegen^{+4} etwas nicht ankommen können^{194}
tegenover gegenüber^{+3}
tegenovergesteld entgegengesetzt: *in ~e richting gaan* in die entgegengesetzte Richtung gehen^{168}: *in het ~e geval* im gegenteiligen Fall
tegenoverstellen entgegensetzen^{+3}
tegenpartij Gegenseite v^{21}, Gegenpartei v^{20}; *(bij ongeluk)* Unfallgegner m^9
tegenslag Missgeschick o^{29}, Rückschlag m^6
tegenspartelen sich sträuben, sich wehren
tegenspeler Gegenspieler m^9
tegenspoed Missgeschick o^{29}, Pech o^{39}
tegenspraak Widerspruch m^6, Widerrede v^{21}: *in ~ zijn met* in Widerspruch stehen^{279} mit^{+3}: *met elkaar in ~ zijn* sich widersprechen^{274}
tegenspreken 1 widersprechen^{274+3}: *iem ~* jmdm widersprechen^{274}: *hij moet altijd ~* er hat immer etwas einzuwenden; **2** *(de juistheid van iets ontkennen)* dementieren^{320}
tegensputteren aufmucken, murren
tegenstaan zuwider sein^{262}: *het staat mij tegen, zo iets te doen!* es geht mir gegen den Strich, so etwas zu tun!
tegenstand Widerstand m^6: *~ bieden* Widerstand leisten; *~ ondervinden* auf^{+4} Widerstand stoßen^{285}
tegenstander Gegner m^9, Widersacher m^9
tegenstelling Gegensatz m^6, Kontrast m^5: *in ~ met* im Gegensatz zu^{+3}
tegenstreven entgegenwirken^{+3}
tegenstrever Gegner m^9, Widersacher m^9
tegenstribbelen 1 sich sträuben; **2** *(tegensputteren)* (auf)mucken, murren
tegenstrijdig widersprüchlich, gegensätzlich: *~ belangen* entgegengesetzte Interessen; *~e gevoelens* widersprüchliche Gefühle

tegenstrijdigheid Widerspruch m^6
tegenvallen enttäuschen, hinter den Erwartungen zurückbleiben[134]: *dat valt me tegen!* das enttäuscht mich!; *dat valt tegen!* das ist eine Enttäuschung!; *het valt vaak tegen* es läuft oft auf eine Enttäuschung hinaus; *het product valt tegen* das Produkt bleibt hinter den Erwartungen zurück
tegenvaller 1 *(teleurstelling)* Enttäuschung v^{20}; **2** *(tegenslag)* Rückschlag m^6
tegenvoeter *(ook fig)* Antipode m^{15}
tegenvoorstel Gegenvorschlag m^6
tegenwaarde Gegenwert m^5
tegenwerken I *tr* entgegenarbeiten: *iem ~* jmdm entgegenarbeiten; **II** *intr* sich quer legen
tegenwerking Widerstand m^6
tegenwerpen einwenden[308]
tegenwerping Einwand m^6, Einwendung v^{20}
tegenwind Gegenwind m^5
tegenwoordig I *bn* **1** *(aanwezig)* anwesend; **2** *(van deze tijd)* heutig, gegenwärtig: *~e tijd* Gegenwart v^{28}; *(taalk)* Präsens o *(2e nvl -; mv Präsentia of Präsenzien)*, Gegenwart v^{28}: *in de ~e tijd* heutzutage; **II** *bw* heute, heutzutage, gegenwärtig
tegenwoordigheid Anwesenheit v^{28}, Gegenwart v^{28}: *~ van geest* Geistesgegenwart; *in ~ van* in Anwesenheit[+2]
tegenzin Widerwille m^{18}: *met ~* widerwillig
tegenzitten 1 *(mbt werk)* nicht gelingen[169]; **2** *(mbt weer, omstandigheden)* ungünstig sein[262]: *het zit me tegen!* ich habe kein Glück!
tegoed *zn* Guthaben o^{35}: *~ bij een bank* Bankguthaben
tegoedbon Gutschein m^5
tehuis Zuhause o^{39}, Heim o^{29}: *geen ~ hebben* obdachlos sein[262]: *~ voor ouden van dagen* Altersheim, Altenheim
teil Wanne v^{21}
teint Teint m^{13}
teisteren heimsuchen
tekeergaan rasen, toben
teken 1 Zeichen o^{35}: *een ~ des tijds* ein Zeichen der Zeit; *een ~ van leven geven* ein Lebenszeichen von[+3] sich geben[166]; **2** *(sein)* Signal o^{29}
tekenaar Zeichner m^9
tekendriehoek Zeichendreieck o^{29}
tekenen 1 *(afbeelden)* zeichnen; **2** *(ondertekenen)* zeichnen, unterschreiben[252]; **3** *(beschrijven)* schildern; **4** *(karakteristiek zijn)* kennzeichnen, charakterisieren[320] || *zo'n leventje, daar teken ik voor!* solch ein Leben würde mir ganz gut gefallen!
tekenend *(fig)* kennzeichnend
tekenfilm Zeichenfilm m^5
tekening Zeichnung v^{20}; *(ondertekening)* Unterzeichnung v^{20}, Unterschrift v^{20}: *ter ~ liggen* zur Unterzeichnung ausliegen[202]
tekenleraar Zeichenlehrer m^9
tekenplank Reißbrett o^{31}
tekenpotlood, tekenstift Zeichenstift m^5
tekort *zn* Defizit o^{29}, Fehlbetrag m^6, Manko o^{36}: *het*

~ aan werkkrachten der Mangel an[+3] Arbeitskräften
tekortkoming Unzulänglichkeit v^{20}, Mangel m^{10}
tekortschieten versagen, nicht ausreichen
tekst Text m^5, *(van brief ook)* Wortlaut m^5: *iem ~ en uitleg (van iets) geven* jmdm etwas haarklein auseinander setzen
tekstdichter Textdichter m^9
tekstverwerker Textverarbeitungsgerät o^{29}
tekstverwerking Textverarbeitung v^{20}
tel: *de ~ kwijt zijn* sich verzählen; *zeer in ~ zijn* sehr geschätzt sein[262]: *hij is niet in ~* man schätzt ihn nicht sonderlich; *in twee ~len klaar zijn* im Handumdrehen fertig sein[262]: *op zijn ~len passen* aufpassen; *(Belg) van geen ~ zijn* unwichtig sein[262]
telastlegging Anschuldigung v^{20}, Anklage v^{21}
telecommunicatie Fernmeldewesen o^{39}, Telekommunikation v^{28}
telefoneren anrufen[226], telefonieren[320]
telefonisch telefonisch, fernmündlich
telefonist Telefonist m^{14}
telefoon Telefon o^{29}, Fernsprecher m^9: *de ~ gaat* das Telefon läutet; *de ~ aannemen* den Anruf entgegennehmen[212]: *de ~ opnemen* den Hörer abnehmen[212]: *de ~ wordt niet opgenomen* es meldet sich keiner; *er is ~ voor u!* Sie werden am Telefon verlangt!
telefoonaansluiting Fernsprechanschluss m^6, Telefonanschluss m^6
telefoonabonnee Fernsprechteilnehmer m^9
telefoonautomaat Münzfernsprecher m^9
telefoonbeantwoorder Anrufbeantworter m^9
telefoonboek Telefonbuch o^{32}
telefooncel Fernsprechzelle v^{21}, Telefonzelle v^{21}: *publieke ~* öffentliche Fernsprechzelle, öffentliche Telefonzelle
telefooncentrale Fernmeldeamt o^{32}; *(van bedrijf, ministerie e.d.)* Telefonzentrale v^{21}
telefoondienst Fernsprechamt o^{32}
telefoongesprek Telefongespräch o^{29}: *lokaal ~* Ortsgespräch o^{29}: *interlokaal ~* Ferngespräch
telefoongids Telefonbuch o^{32}
telefoonkaart Telefonkarte v^{21}
telefoonkosten Telefongebühren, Fernsprechgebühren *mv* v^{20}
telefoonnummer Telefonnummer v^{21}
telefoontje Anruf m^5
telefoontoestel Telefonapparat m^5, Fernsprechapparat m^5
telegraaf Telegraf m^{14}, Telegraph m^{14}
telegraferen telegrafieren[320], telegraphieren[320]
telegram Telegramm o^{29}: *een ~ aanbieden* ein Telegramm aufgeben[166]
telegramkosten Telegrammgebühr v^{20}
telegramstijl Telegrammstil m^{19}
telelens Teleobjektiv o^{29}
telen 1 *(kweken)* ziehen[318], züchten; anbauen; **2** *(fokken)* züchten

teleobjectief Teleobjektiv o^{29}
teleonthaal *(Belg)* Telefonseelsorge v^{21}
telepathie Telepathie v^{28}
teler Züchter m^9
telerecording Fernsehaufzeichnung v^{20}
telescoop Teleskop o^{29}
teletekst Bildschirmtext m^5, Videotext m^5
teleurstellen enttäuschen
teleurstelling Enttäuschung v^{20}
televisie 1 Fernsehen o^{39}: *op de* ~ im Fernsehen; *commerciële* ~ Werbefernsehen; **2** *(toestel)* Fernseher m^9
televisieantenne Fernsehantenne v^{21}
televisiebeeld Fernsehbild o^{31}
televisiebewerking Fernsehfassung v^{20}
televisiekijker Fernsehzuschauer m^9
televisieomroeper Fernsehansager m^9
televisieomroepster Fernsehansagerin v^{22}
televisiescherm Fernsehschirm m^5, Bildschirm m^5
televisietoestel Fernsehgerät o^{29}, Fernseher m^9
televisie-uitzending Fernsehsendung v^{20}, Fernsehübertragung v^{20}
telex Telex o *(2e nvl -; mv -(e))*, Fernschreiber m^9: *per* ~ fernschriftlich
telexapparaat Fernschreiber m^9
telexbericht Fernschreiben o^{35}
telexen telexen
telexist Fernschreiber m^9
telexverkeer Telexverkehr m^{19}, Fernschreibverkehr m^{19}
telg Spross m^5, Sprössling m^5
telkens 1 *(elke keer)* jedes Mal: ~ *drie* jeweils drei; **2** *(herhaaldelijk)* immer wieder, ständig: ~ *na een paar stappen stilstaan* alle paar Schritte halten[183]
tellen zählen: *dat telt niet (mee)!* das gilt nicht!; *op zijn vingers* ~ an den Fingern zählen
teller Zähler m^9
telling Zählung v^{20}: *een* ~ *houden* eine Zählung durchführen
telwoord Zahlwort o^{32}
temeer: ~ *omdat* umso mehr, als; zumal(, da)
temmen zähmen, bändigen
tempel Tempel m^9
temperament Temperament o^{29}
temperatuur Temperatur v^{20}
temperatuurschommelingen Temperaturschwankungen *mv* v^{20}
temperatuurverschil Temperaturunterschied m^5
temperatuurwisseling Temperaturwechsel m^9
temperen dämpfen, mäßigen
tempo 1 *(snelheid)* Tempo o^{36}, Geschwindigkeit v^{20}: *het* ~ *opvoeren* das Tempo beschleunigen; **2** *(muz)* Tempo o^{36} *(mv meestal Tempi)*
temporiseren verzögern
ten zu, zum, zur: ~ *eerste* erstens; *zie ook* te
tendens Tendenz v^{20}
tendentieus tendenziös
teneinde um, damit: ~ *u te bewijzen ...* um Ihnen zu beweisen ...

tengel Pfote v^{21}, Klaue v^{21}
tenger 1 *(teer)* zart; **2** *(rank)* schmächtig
tengevolge van infolge[+2]
tenietdoen widerrufen[226], aufheben[186]
tenietgaan verloren gehen[168]
tenlastelegging *zie* telastlegging
tenminste 1 wenigstens; **2** *(in ieder geval)* jedenfalls; **3** *(dan al)* überhaupt
tennis Tennis o^{39a}
tennisbaan Tennisplatz m^6
tennisbal Tennisball m^6
tennisracket Tennisschläger m^9
tennissen Tennis spielen
tenor Tenor m^6
tenslotte *(per slot van rekening)* schließlich
tent 1 Zelt o^{29}; **2** *(op kermis, markt)* Bude v^{21}; **3** *(café e.d.)* Lokal o^{29} ‖ *iem uit zijn* ~ *lokken* jmdn aus der Reserve (heraus)locken
tentamen Prüfung v^{20}
tentamineren prüfen
tentenkamp Zeltlager o^{33}
tentoonspreiden entfalten, zur Schau tragen[288]
tentoonstellen ausstellen; zur Schau stellen
tentoonstelling Ausstellung v^{20}
tentstok Zeltstange v^{21}, Zeltstock m^6
tentzeil Zeltplane v^{21}
tenuitvoerlegging Vollzug m^6; Vollstreckung v^{20}
tenzij es sei denn, dass
tepel Brustwarze v^{21}; *(van zoogdier)* Zitze v^{21}
ter zu, zum, zur; *zie ook* te
teraardebestelling Beerdigung v^{20}
terdege tüchtig, gehörig
terecht I *bw* **1** mit Recht: ~ *beweert hij* mit Recht behauptet er; **2** *(terug)* wieder da; **II** *bn (gerechtvaardigd)* richtig, berechtigt
terechtbrengen: *hij brengt er niets van terecht* er bringt nichts zustande (*of:* zu Stande)
terechtkomen 1 *(op de plaats van bestemming komen)* ankommen[193]: *het geld is niet terechtgekomen* das Geld hat sich nicht (wieder) gefunden; **2** *(belanden)* geraten[218], landen: *je weet niet, waar je terechtkomt!* man weiß nicht, wohin man gerät!; *hij kwam lelijk terecht* er stürzte unglücklich; **3** *(in orde komen)* sich finden[157]: *dat zal wel* ~! das wird sich schon finden!; *daar komt niets van terecht!* daraus wird nichts!; *hij zal wel* ~! der findet seinen Weg schon!
terechtkunnen: *ik kon bij hem niet terecht* er konnte mich nicht empfangen; *in dit land kun je met Duits terecht* in diesem Land kommt man mit Deutsch durch
terechtstaan vor Gericht stehen[279]
terechtstellen hinrichten
terechtstelling Hinrichtung v^{20}
terechtwijzen zurechtweisen[307], tadeln
terechtwijzing Zurechtweisung v^{20}, Tadel m^9
terechtzitting Gerichtsverhandlung v^{20}
teren zehren: ~ *op* zehren von[+3]
tergen reizen, herausfordern

terhandstelling Übergabe v^{21}
tering *(tbc)* Schwindsucht v^{28}
terloops beiläufig, nebenbei
term Ausdruck m^6: *technische ~* technischer Fachausdruck; *iets in bedekte ~en zeggen* etwas verblümt sagen; *in de ~en vallen* in Betracht kommen*[193]*: *volgens de ~en van de wet* nach dem Wortlaut des Gesetzes
termiet Termite v^{21}
termijn 1 *(tijdruimte)* Frist v^{20}, Zeitraum m^6; *(vastgesteld tijdstip)* Termin m^5: *~ van betaling* Zahlungsfrist; *een ~ vaststellen* eine Frist, *(tijdstip)* einen Termin bestimmen; *op korte ~* kurzfristig; *op lange ~* langfristig; **2** *(gedeeltelijke betaling)* Rate v^{21}, Teilzahlung v^{20}: *betaling in ~en* Ratenzahlung v^{20}
termijnbetaling Ratenzahlung v^{20}
terminal Terminal m^{13}, o^{36}
terminus *(Belg)* Endhaltestelle v^{21}
ternauwernood kaum, mit knapper Not
terneergeslagen niedergeschlagen
terpentijn Terpentin o^{25}
terrarium Terrarium o *(mv Terrarien)*
terras Terrasse v^{21}
terrein 1 *(stuk grond, veld)* Gelände o^{33}; **2** *(fig) (gebied)* Gebiet o^{29}, Bereich m^5: *het ~ van de wetenschap* das Gebiet der Wissenschaft; *dat hoort niet op mijn ~* das ist nicht mein Ressort; *~ verliezen* (an) Boden verlieren*[300]*
terreinwagen Geländewagen m^{11}
terreur Terror m^{19}
terriër Terrier m^9
terrine Terrine v^{21}
territoriaal territorial: *territoriale wateren (ook)* Hoheitsgewässer *mv* o^{33}
territorium Territorium o *(2e nvl -s; mv Territorien)*
terroriseren terrorisieren*[320]*
terrorisme Terrorismus m^{19a}
terrorist Terrorist m^{14}
terroristisch terroristisch
terstond gleich, sogleich, unverzüglich
terts *(muz)* Terz v^{20}
terug 1 zurück: *heen en ~* hin und zurück; *enige jaren ~* vor einigen Jahren; *van 10 Mark ~ hebben* auf 10 Mark herausgeben*[166]*: *ik heb niet ~!* ich kann nicht herausgeben!; **2** *(Belg) (weer, opnieuw)* wieder, aufs Neue, von neuem: *hij is ~ ziek geworden* er ist wieder krank geworden
terugbellen zurückrufen*[226]*
terugbetalen zurückzahlen
terugbetaling Rückzahlung v^{20}
terugblik Rückblick m^5, Rückschau v^{20}
terugblikken zurückblicken
terugbrengen 1 *(bij eigenaar bezorgen)* zurückbringen*[139]*; **2** *(verkleinen)* reduzieren*[320]*: *tot op de helft ~* auf die Hälfte reduzieren; **3** *(herleiden tot)* zurückführen auf*[+4]*
terugdeinzen zurückschrecken*[251]*: *(fig) voor het risico ~* vor dem Risiko zurückschrecken
terugdoen: *iets ~* sich revanchieren*[320]*
terugdraaien zurückdrehen, *(fig)* zurückschrauben
terugdringen zurückdrängen
teruggaan zurückgehen*[168]*
teruggang Rückgang m^6
teruggave Rückgabe v^{21}, *(van geld, belasting, ook)* Rückerstattung v^{20}
teruggeven zurückgeben*[166]*; *(van geld, belasting)* zurückerstatten: *van 10 gulden ~* auf 10 Gulden herausgeben*[166]*
terughouden zurückhalten*[183]*, abhalten*[183]*: *iem van iets ~* jmdn von*[+3]* etwas zurückhalten
terughoudend zurückhaltend, reserviert
terugkaatsen I *tr 1* *(van geluid)* zurückwerfen*[311]*; **2** *(van licht)* reflektieren*[320]*, zurückwerfen*[311]*; **3** *(van bal)* zurückgeben; **II** *intr (mbt geluid)* widerhallen
terugkeer Rückkehr v^{28}, *(naar huis)* Heimkehr v^{28}
terugkeren 1 zurückkehren; **2** *(zich herhalen)* wiederkehren; **3** *(naar huis)* heimkehren
terugkomen zurückkommen*[193]*, wiederkommen*[193]*: *op iets ~* auf*[+4]* etwas zurückkommen; *van een idee ~* von einer Idee abkommen*[193]*
terugkomst Rückkehr v^{28}
terugkrabbelen einen Rückzieher machen
terugkrijgen zurückbekommen*[193]*, zurückerhalten*[183]*
teruglopen zurückgehen*[168]*: *de prijzen lopen terug* die Preise sinken*[266]*
teruglopend rückläufig
terugmars Rückmarsch m^6
terugnemen zurücknehmen*[212]*: *de snelheid ~* das Tempo drosseln
terugreis Rückreise v^{20}, *(naar huis)* Heimreise v^{21}
terugreizen zurückreisen
terugrijden zurückfahren*[153]*
terugroepen zurückrufen*[226]*
terugschakelen zurückschalten
terugschrikken *(met voor)* zurückschrecken*[251]* vor*[+3]*
terugslaan zurückschlagen*[241]*
terugslag Rückschlag m^6
terugspringen zurückspringen*[276]*
terugstorten zurückzahlen
terugtocht 1 Rückreise v^{21}, Rückfahrt v^{20}, *(te voet)* Rückmarsch m^6; **2** *(mil)* Rückzug m^6
terugtrappen zurücktreten*[291]*
terugtraprem Rücktrittbremse v^{21}
terugtreden zurücktreten*[291]*
terugtrekken zurückziehen*[318]*
terugverlangen *(met naar)* zurückverlangen (nach*[+3]*), sich sehnen (nach*[+3]*)
terugvinden zurückfinden*[157]*, wieder finden*[157]*
terugvragen zurückverlangen, zurückfordern
terugweg Rückweg m^5, *(naar huis)* Heimweg m^5
terugwerkend *met ~e kracht tot 1 juli* rückwirkend vom 1. Juli
terugwijzen zurückweisen*[307]*

terugwinnen zurückgewinnen[174]
terugzeggen antworten
terugzenden zurücksenden[263], zurückschicken
terugzetten zurückstellen
terugzien 1 *(een terugblik werpen op)* zurücksehen[261], zurückblicken; **2** *(weerzien)* wieder sehen[261]
terwijl I *vw* **1** *(in de tijd dat)* während; *~ ik schreef, las hij* während ich schrieb, las er; **2** *(op het moment dat)* indem; *~ hij dit zei, stond hij op* indem er dies sagte, stand er auf; **II** *bw (in die tijd)* indessen, inzwischen
terzelfder: *~ tijd* zur selben *(of:* zur gleichen) Zeit
terzijde *bw* **1** *(naar opzij)* seitwärts; **2** *(aan de zijkant)* beiseite: *geld ~ leggen* Geld beiseite legen; *iem ~ staan* jmdm zur Seite stehen[279]
test Test *m*[13], *m*[5], Prüfung *v*[20]
testament Testament *o*[29]: *bij ~ bepalen* testamentarisch verfügen
testamentair testamentarisch: *~e beschikking* letztwillige Verfügung
testbeeld *(telecom)* Testbild *o*[31]
testcase Testfall *m*[6]
testen testen
testikel Testikel *m*[9], Hode *v*[21], *m*[15], Hoden *m*[11]
testmethode Testmethode *v*[21]
testpiloot Testpilot *m*[14]
testrijder Testfahrer *m*[9]
tetanus Tetanus *m*[19a], Wundstarrkrampf *m*[19]
tetteren 1 *(schetterend blazen)* schmettern; **2** *(luid spreken)* trompeten; **3** *(veel drinken)* zechen, bechern
teug Zug *m*[6], Schluck *m*[5]: *in één ~* auf einen Zug, in einem Zug
teugel Zügel *m*[9]: *iem de vrije ~ laten* jmdm freie Hand lassen[197]: *zijn hartstochten de vrije ~ laten* seinen Leidenschaften freien Lauf lassen[197]: *(ook fig) de ~ strak houden* die Zügel kurz halten[183]
teugelloos zügellos
teut *bn* besoffen, benebelt, blau
teuten *(talmen)* trödeln
tevens zugleich
tevergeefs I *bw* vergebens; **II** *bn* vergeblich
tevoren 1 *(vroeger)* früher, zuvor: *als ~* wie früher; *een jaar ~* ein Jahr zuvor; **2** *(vooraf)* vorher, im Voraus
tevreden zufrieden: *~ met (of: over) iets zijn* mit[+3] etwas zufrieden sein[262]
tevredenheid Zufriedenheit *v*[28]
tevredenstellen zufrieden stellen: *zich met weinig ~* sich mit[+3] wenig begnügen
tewaterlating Stapellauf *m*[6]
teweegbrengen verursachen, herbeiführen
tewerkstellen beschäftigen, einsetzen
¹textiel *zn* Textilien *(mv)*, Textilwaren *(mv)*
²textiel *bn* textil, Textil...
textielindustrie Textilindustrie *v*[21]
tezamen zusammen
thans 1 *(op dit moment)* jetzt, nun; **2** *(in onze tijd)* heutzutage, heute

theater Theater *o*[33]
theatraal theatralisch
thee Tee *m*[19]: *slappe ~* dünner Tee; *sterke ~* starker Tee; *een kopje ~* eine Tasse Tee
theeblad 1 *(plantk)* Teeblatt *o*[32]; **2** *(dienblad)* Teebrett *o*[31]
theebuiltje Teebeutel *m*[9]
theedoek Geschirrtuch *o*[32]
theekopje Teetasse *v*[21]
theelepeltje Teelöffel *m*[9]
theepot Teekanne *v*[21]
theezakje Teebeutel *m*[9]
thema 1 Thema *o* (2e nvl -s; mv Themen), Gegenstand *m*[6]; **2** *(oefening)* Aufgabe *v*[21]
thematisch thematisch
theocraat Theokrat *m*[14]
theologie Theologie *v*[21]
theoloog Theologe *m*[15]
theoreticus Theoretiker *m*[9]
theoretisch theoretisch
theorie Theorie *v*[21]
therapeut Therapeut *m*[14]
therapeutisch therapeutisch
therapie Therapie *v*[21]
thermiek Thermik *v*[28]
thermometer Thermometer *o*[33]
thermosfles Thermosflasche *v*[21]
thermoskan Thermoskanne *v*[21]
thermostaat Thermostat *m*[5], *m*[14]
these These *v*[21]
thesis *(Belg) (ond, ongev)* Diplomarbeit *v*[20]
thriller Thriller *m*[9]
thuis 1 *(naar huis)* nach Haus(e): *wel ~!* kommen Sie gut nach Hause!; **2** *(in zijn huis)* zu Haus(e): *~ zijn (ook fig)* zu Hause sein[262]: *de kinderen wonen niet meer ~* die Kinder sind aus dem Haus; *~ raken in* sich hineinfinden[157] in[+4]
thuisbankieren Homebanking *o*[39], Home-Banking *o*[39]
thuisbezorgen ins Haus schicken; zustellen
thuisblijven zu Hause bleiben[134]
thuisbrengen 1 nach Hause bringen[139]; **2** *(weten te plaatsen)* (jmdn) unterbringen[139]
thuisclub Heimmannschaft *v*[20]
thuishoren 1 *(afkomstig zijn)* stammen (aus[+3]): *in A. ~* aus A. stammen; *waar hoort hij thuis?* wo ist er zu Hause?; **2** *(op zijn plaats zijn)* hingehören
thuiskomen heimkommen[193]
thuiskomst Heimkehr *v*[28]
thuismarkt Inlandsmarkt *m*[6]
thuisreis Heimreise *v*[21], Heimfahrt *v*[20]
thuiswedstrijd Heimspiel *o*[29]
thuiswerk Heimarbeit *v*[20]
thuiswerker Heimarbeiter *m*[9]
tic 1 *(zenuwtrekking)* Tic *m*[13]; **2** *(aanwensel)* Fimmel *m*[9], Tick *m*[13]; **3** *(scheut)* Schuss *m*[6]: *cola met een ~* Cola mit Schuss
ticket Ticket *o*[36]
tiebreak Tie-Break *m*[13], *o*[36], Tiebreak *m*[13], *o*[36]

ti

tien I *telw* zehn; *zie ook* ²acht; II *zn* 1 *(cijfer)* Zehn *v²⁰*; 2 *(cijferwaardering)* Eins *v²⁰*

tiener Teenager *m⁹*

tienkamp Zehnkampf *m⁶*

tienmarkbiljet Zehnmarkschein *m⁵*

tienrittenkaart Zehnerkarte *v²¹*

tiental Zehner *m⁹*: *een ~ dagen* zehn Tage; *~len mensen* Dutzende (*of:* dutzende) (von) Menschen

tientje Zehnguldenschein *m⁵*: *dat kost een ~* das kostet zehn Gulden

tieren 1 *(razen)* toben; 2 *(schreeuwen)* lärmen; 3 *(welig groeien)* üppig wachsen³⁰²

tierig 1 *(welig)* üppig; 2 *(opgewekt)* munter

tiet *(inform)* Titte *v²¹*, Zitze *v²¹*

tij *(eb en vloed)* Gezeiten *(mv) (scheepv)* Tide *v²¹*: *hoog ~* Hochwasser *o³³*: *laag ~* Niedrigwasser *o³³*: *opkomend ~* Flut *v²⁰*: *vallend ~* Ebbe *v²¹*

tijd Zeit *v²⁰*, *(taalk, ook)* Tempus *o (2e nvl -; mv Tempora)*: *de komende ~* in der nächsten (*of:* in nächster) Zeit; *de laatste ~* in der letzten (*of:* in letzter) Zeit; *de ~ na de oorlog* die Nachkriegszeit; *de ~ van voor de oorlog* die Vorkriegszeit; *vrije ~* Muße *v²⁸*: *(taalk) de tegenwoordige ~* das Präsens; *(taalk) de verleden ~* das Präteritum; *(taalk) de toekomende ~* das Futur; *een ~ geleden* vor einiger Zeit; *een ~ lang* eine Zeit lang; *neem de ~!* lass dir Zeit!; *(sp) de ~ opnemen* die Zeit stoppen; *het is hoog ~* es ist höchste Zeit; *bij ~ en wijle* von Zeit zu Zeit; *in de eerste ~* anfangs; *in onze ~* heutzutage; *in minder dan geen ~* im Nu; *op zijn ~* gelegentlich; *te allen ~e* zu jeder Zeit; *van ~ tot ~* dann und wann

tijdbom Zeitbombe *v²¹*

tijdelijk 1 *(voor een tijdje)* vorübergehend, zeitweilig: *een ~e aanstelling* ein befristetes Arbeitsverhältnis; *~ uitstellen* einstweilen aufschieben²³⁷; *~ gesloten* vorübergehend geschlossen; 2 *(voorlopig)* vorläufig

tijdens während⁺²

tijdgebrek Zeitmangel *m¹⁹*

tijdig 1 *(op tijd)* rechtzeitig; 2 *(vroeg)* früh, zeitig; 3 *(binnen de gestelde tijd)* fristgemäß

tijding Nachricht *v²⁰*

tijdlang: *een ~* eine Zeit lang

tijdmelding Zeitansage *v²¹*

tijdnood Zeitnot *v²⁰*

tijdpassering Zeitvertreib *m⁵*

tijdperk Zeitalter *o³³*, Ära *v (mv Ären)*, Periode *v²¹*

tijdrit Zeitfahren *o³⁹*

tijdrovend zeitraubend

tijdsbestek Zeitraum *m⁶*, Frist *v²⁰*

tijdschema Zeitplan *m⁶*

tijdschrift Zeitschrift *v²⁰*

tijdstip Zeitpunkt *m⁵*, Augenblick *m⁵*: *op dit ~* zu diesem Zeitpunkt

tijdsverloop Zeitraum *m⁶*

tijdsverschil Zeitunterschied *m⁵*

tijdvak Epoche *v²¹*, Periode *v²¹*

tijdverdrijf Zeitvertreib *m⁵*

tijdverlies Zeitverlust *m¹⁹*

tijger Tiger *m⁹*

tik *(klap)* Klaps *m⁵*: *~ om de oren* Ohrfeige *v²¹*

tikfout Tippfehler *m⁹*

tikje: *een ~ te snel* ein bisschen zu schnell

tikkeltje: *een ~* eine Idee, eine Spur

tikken I *tr* klopfen; *(typen)* tippen: *een brief ~* einen Brief tippen; II *intr* 1 *(een tikkend geluid laten horen)* ticken; 2 *(aanraken)* tippen || *iets op de kop ~* etwas auftreiben²⁹⁰

tikkertje *(kinderspel)* Fangen *o³⁹*

¹til: *er is iets op ~* es braut sich etwas zusammen

²til *(duivenhok)* Taubenschlag *m⁶*

tillen I *tr* (auf)heben¹⁸⁶, hochnehmen²¹²; *(fig) ze willen me ~* sie wollten mich hochnehmen; II *intr* heben¹⁸⁶: *(fig) ergens zwaar aan ~* etwas schwer nehmen²¹²

timbre Timbre *o³⁶*

timen timen

time-out Time-out *o³⁶ (2e nvl ook -)* Auszeit *v²⁰*

timide zaghaft, schüchtern

timing Timing *o³⁶*

timmeren zimmern, tischlern: *graag aan de weg ~* gern im Licht der Öffentlichkeit stehen²⁷⁹

timmerman Zimmermann *m (2e nvl -(e)s; mv -leute)*, *(in de bouw)* Bauschreiner *m⁹*

timmermanswerkplaats Zimmerwerkstatt *v (mv -stätten)*

tin Zinn *o³⁹*

tingelen klingeln; *(op de piano)* klimpern

tinnen zinnern, Zinn…

tinnetje Büchse *v²¹*

tint 1 *(kleurschakering)* Farbe *v²¹*, Farbton *m⁶*; 2 *(gelaatskleur)* Teint *m¹³*

tintelen 1 *(flonkeren)* funkeln, glitzern; 2 *(steken)* prickeln: *mijn vingers ~ van de kou* die Finger prickeln mir vor Kälte

tinteling Funkeln *o³⁹*, Prickeln *o³⁹*; *zie ook* tintelen

tinten färben, tönen: *getinte glazen* getönte Gläser; *het artikel is liberaal getint* der Artikel hat einen liberalen Anstrich

tintje Anstrich *m¹⁹*, Note *v²⁸*: *een godsdienstig ~* ein religiöser Anstrich; *een politiek ~* eine politische Note; *Duits met een Keuls ~* kölnisch gefärbtes Deutsch

¹tip *(punt, uiteinde)* Zipfel *m⁹*

²tip 1 *(inlichting, wenk)* Tipp *m¹³*, Wink *m⁵*; 2 *(fooi)* Trinkgeld *o³¹*

tipgever Informant *m¹⁴*

tippel Spaziergang *m⁶*

tippelaar Wanderer *m⁹*

tippelen tippeln, marschieren³²⁰, spazieren³²⁰; *(mbt prostituee)* auf den Strich gehen¹⁶⁸

tippen I *tr* 1 *(afpunten)* stutzen; 2 *(een tip geven)* (jmdm) einen Tipp geben¹⁶⁶; II *(licht aanraken)* tippen: *(fig) daar kun je niet aan ~* daran ist nicht zu tippen

tipsy angeheitert, beschwipst

tiptoets Tipptaste *v²¹*

tiptop tipptopp

tirade Tirade v^{21}

tiran Tyrann m^{14}

tirannie Tyrannei v^{20}

tissue Papiertaschentuch o^{32}

titaan *(chem)* Titan o^{39}

titel Titel m^9: ~ *van doctor* Doktortitel

titelblad Titelblatt o^{32}, Titelseite v^{21}

titelhouder *(sp)* Titelhalter m^9

titelverdediger Titelverteidiger m^9

titularis *(Belg) (ond)* Klassenlehrer m^9

tjalk Tjalk v^{20}

tjilpen zwitschern, tschilpen

tjirpen zirpen

tjokvol gerammelt voll

tl-buis Neonröhre v^{21}, Leuchtstoffröhre v^{21}

toa *afk van technisch-onderwijsassistent (ongev)* technischer Assistent m^{14} beim Unterricht

toast Toast m^5, m^{13}: ~*jes met boter* Toasts mit Butter; *een ~ uitbrengen op iem* einen Toast auf jmdn ausbringen^{139}

toasten toasten

tobbe Wanne v^{21}

tobben 1 *(zwoegen)* sich plagen, sich abmühen; **2** *(piekeren)* grübeln (über^{+4}): *met iem, met iets* ~ mit jmdm, mit^{+3} etwas seine liebe Not haben^{182}

tobber(d) Grübler m^9; *(stakker)* Schlucker m^9

toch 1 *(desondanks)* doch, dennoch, trotzdem: *hij wil het ~ proberen* er will es dennoch versuchen; **2** *(immers)* doch: *je weet ~, wat je me beloofd hebt* du weißt doch, was du mir versprochen hast; **3** *(inderdaad)* doch; **4** *(ter uitdrukking van gevoelens)* doch: *hou ~ eindelijk eens op!* hör doch endlich auf!; *het is ~ al laat* es ist sowieso schon spät; *hij was me ~ kwaad!* der war vielleicht wütend!

tocht 1 *(trek)* Zug m^{19}: *op de ~ zitten* im Zug sitzen^{268}; **2** *(expeditie)* Expedition v^{20}; **3** *(reis)* Reise v^{21}, Fahrt v^{20}, Tour v^{20}

tochten ziehen^{318}

tochtig 1 *(winderig)* zugig; **2** *(bronstig)* brünstig

tochtje Ausflug m^6, Tour v^{20}, *(met vervoermiddel)* Fahrt v^{20}

tochtstrip Dichtungsstreifen m^{11}

tochtvrij zugfrei

toe I *bw* zu: *deur* ~! Tür zu!; *dat doet er niet* ~ das tut nichts zur Sache; *ik ben er nog niet aan* ~ ich bin noch nicht so weit; *hij is er slecht aan* ~ er ist übel dran; *nu weet ik waar ik aan* ~ *ben!* jetzt weiß ich, woran ich bin!; *ik kom er niet aan* ~ ich komme nicht dazu!; *wat eten we* ~? was haben wir als Nachtisch?; *naar iem* ~ *gaan* zu jmdm hingehen^{168}: *tot daar* ~ bis dahin; **II** *bn* verschlossen; **III** *tw:* ~, *help eens!* bitte, hilf mal!; ~, *ga weg!* na, geh fort!; ~, *kom eens hier!* du, komm mal her!; ~ *maar!:* a) *(ga je gang)* nur zu!; b) *(spreek op)* schieß los!; c) *(verwonderd)* na, so was!

toebedelen zuteilen, zuweisen^{307}, *(mbt lot)* bescheren

toebehoren I *ww* (zu)gehören; **II** *zn* Zubehör o^{29}, m^5: *stofzuiger met* ~ Staubsauger mit Zubehör

toebereiden zubereiten

toebereidselen Vorbereitungen *mv* v^{20}

toebijten 1 *(lett)* zubeißen^{125}, *(mbt vissen, ook fig)* anbeißen^{125}; **2** *(toesnauwen)* anschnauzen

toebrengen beibringen^{139}, zufügen: *iem een wond* ~ jmdn verwunden

toedekken zudecken

toedichten zuschreiben^{252}

toedienen verabreichen: *iem een geneesmiddel* ~ jmdm ein Medikament verabreichen; *een sacrament* ~ ein Sakrament spenden

toedoen I *ww* **1** *(dichtdoen)* zumachen, zutun^{295}; **2** *(helpen)* beitragen^{288}: *hij kan er veel aan* ~ er kann viel dazu beitragen; *er het zwijgen* ~ schweigen^{255}; **II** *zn* Zutun o^{39}: *buiten mijn* ~ ohne mein Zutun

toedraaien *(dichtdraaien)* zudrehen: *iem de rug* ~ jmdm den Rücken zukehren

toedracht Hergang m^6; Verlauf m^6

toedragen I *tr* entgegenbringen^{139}; **II** *zich* ~ sich zutragen^{288}

toe-eigenen, zich sich aneignen, sich zueignen

toefluisteren zuflüstern

toegaan 1 *(dichtgaan)* zugehen^{168}; **2** *(gebeuren)* zugehen^{168}, hergehen^{168}: *het ging er wild toe* es ging heiß her

toegang 1 *(entree)* Zutritt m^{19}, Eintritt m^{19}: *verboden* ~! Zutritt verboten!; **2** *(ingang)* Eingang m^6; **3** *(weg)* Zugang m^6, *(voor voertuigen)* Zufahrt v^{20}

toegangsbewijs Eintrittskarte v^{21}

toegangsprijs Eintrittspreis m^5

toegankelijk zugänglich

toegedaan zugetan: *iem* ~ *zijn* jmdm zugetan sein^{262}: *de mening* ~ *zijn* der Meinung sein^{262}

toegeeflijk 1 *(inschikkelijk)* nachgiebig; **2** *(niet streng)* nachsichtig

toegeeflijkheid Nachgiebigkeit v^{28}, Nachsicht v^{28}; *zie ook* toegeeflijk

toegepast angewandt: ~*e wetenschap* angewandte Wissenschaft v^{20}

toegeven I *tr* **1** *(erkennen)* zugeben^{166}, zugestehen^{279}, einräumen; **2** *(onderdoen voor)* nachgeben^{166}; **3** *(handel) iets* ~ etwas zugeben^{166}; **II** *intr* *(inwilligen)* nachgeben^{166}: *de wijste geeft toe* der Klügere gibt nach

toegevend nachsichtig, nachgiebig

toegevoegd: ~*e waarde* Mehrwert m^{19}

toegewijd ergeben; *zie ook* toewijden

toegift *(muz)* Zugabe v^{21}

toehappen zubeißen^{125}; *(fig)* anbeißen^{125}

toehoorder Zuhörer m^9

toehoren *(aanhoren)* (jmdm) zuhören

toejuichen zujubeln: *iem* ~ jmdm zujubeln; *een voorstel* ~ einen Vorschlag begrüßen

toejuiching Beifall m^{19}, Beifallsruf m^5

toekennen 1 *(het recht van iem op iets erkennen)* zuerkennen^{189}: *iem een beloning* ~ jmdm eine Belohnung zuerkennen; *grote waarde aan iets* ~ einer Sache^3 großen Wert beimessen^{208}; **2** *(toewijzen)* zusprechen^{274}: *iem een recht* ~ jmdm ein Recht zusprechen

toekenning Zuerkennung v^{20}, *(jur)* Zusprechung v^{20}

toekeren: *iem de rug* ~ jmdm den Rücken zukehren, *(fig)* jmdm den Rücken kehren

toekijken zusehen[261]

toeknikken zunicken: *iem* ~ jmdm zunicken

toekomen 1 *(toesturen)* zukommen[193]: *doen* ~ zukommen lassen[197]; **2** *(toebehoren)* zustehen[279]: *dit geld komt u toe* dieses Geld steht Ihnen zu; **3** *(naderen)* zukommen[193]: *op iem* ~ auf jmdn zukommen; **4** *(rondkomen)* auskommen[193]

toekomst Zukunft v^{25}

toekomstig (zu)künftig

toekunnen auskommen[193]: *met het geld* ~ mit dem Geld auskommen

toelaatbaar zulässig: *de maximaal toelaatbare snelheid* die höchstzulässige Geschwindigkeit

toelachen: *iem* ~ jmdm zulachen; *dat plan lacht me wel toe!* dieser Plan sagt mir wohl zu!; *het geluk lacht hem toe* das Glück lacht ihm

toelage 1 Zulage v^{21}; **2** *(subsidie)* Zuschuss m^6

toelaten 1 *(toestaan)* zulassen[197], gestatten, erlauben; **2** *(binnenlaten)* zulassen[197]

toelating Zulassung v^{20}

toelatingsexamen Zulassungsprüfung v^{20}

toeleggen I *tr* **1** *(dichtleggen)* zudecken; **2** *(erop toegeven)* zusetzen: *er geld op* ~ Geld zusetzen; **3** *(zijn best doen)* anlegen auf[+4]: *het erop* ~ *om ... es* darauf anlegen, ...; **II** *zich* ~ *op* sich verlegen auf[+4]

toeleverancier Zulieferer m^9

toelichten erläutern

toelichting 1 Erläuterung v^{20}; **2** *(motivering)* Begründung v^{20}

toeloop Zulauf m^6

toelopen zulaufen[198]: *hij kwam op mij* ~ er kam auf mich zugelaufen; *spits* ~ spitz zulaufen

toeluisteren zuhören

toemaatje *(Belg)* Extra o^{36}: *een* ~ *krijgen* etwas dazubekommen[193]: *iem een* ~ *geven* jmdm etwas dazugeben[166]

toen I *bw* **1** *(op die tijd)* damals: *van* ~ *af* von da an; **2** *(vervolgens)* dann; **II** *vw* als: ~ *ik jong was* als ich jung war

toenadering Annäherung v^{20}

toename Zunahme v^{21}, Zuwachs m^6

toenemen zunehmen[212]: *in krachten* ~ an Kräften zunehmen

toeneming Zunahme v^{21}

toenmalig damalig

toentertijd damals

toepasselijk 1 *(passend)* passend: *een* ~ *woord* ein passendes Wort; **2** *(aangewend kunnende worden)* anwendbar, zutreffend: *dat is hier niet* ~ das ist hier nicht anwendbar; *dat is ook op hem* ~ das gilt auch für ihn

toepassen anwenden[308]: *de wet* ~ das Gesetz handhaben; *zie ook* toegepast

toepassing Anwendung v^{20}: *in* ~ *brengen* anwenden[308]: *van* ~ *zijn* anwendbar sein[262]

toer 1 *(tocht)* Tour v^{20}; **2** *(één rij steken)* Reihe v^{21}, Tour v^{20}; **3** *(lastig werk)* Strapaze v^{21}: *een hele* ~ ein hartes Stück Arbeit; **4** *(kunststukje)* Kunststück o^{29}; **5** *(omwenteling)* *(techn)* Tour v^{20}, Umdrehung v^{20}: *(fig) over zijn ~en zijn* durchgedreht sein[262]

toerbeurt Turnus m (2e nvl -; mv -se): *bij* ~ im Turnus, turnusgemäß

toereiken I *tr* reichen, hinhalten[183]; **II** *intr* (aus)reichen

toereikend ausreichend, hinreichend

toerekenbaar zurechnungsfähig: *verminderd* ~ vermindert zurechnungsfähig

toeren eine Tour machen

toerental Drehzahl v^{20}

toerenteller Drehzahlmesser m^9

toerisme Tourismus m^{19a}, Fremdenverkehr m^{19}

toerist Tourist m^{14}

toeristenbranche Fremdenverkehrsgewerbe o^{33}

toeristisch touristisch

toernooi Turnier o^{29}

toeroepen zurufen[226]: *iem iets* ~ jmdm etwas zurufen

toeschietelijk entgegenkommend

toeschietelijkheid Entgegenkommen o^{39}

toeschieten herbeistürzen: *op iem* ~ auf jmdn zuschießen[238]

toeschouwer Zuschauer m^9

toeschreeuwen *zie* toeroepen

toeschrijven zuschreiben[252+3]: *iets aan iem* ~ jmdm etwas zuschreiben; *waaraan is dat toe te schrijven?* welchem Umstand ist das zuzuschreiben?

toeslaan zuschlagen[241]

toeslag 1 *(toewijzing op veiling, extra bedrag)* Zuschlag m^6; **2** *(extra loon)* Zulage v^{21}

toesnauwen (jmdn) anfahren[153]

toespelen: *iem de bal* ~ jmdm den Ball zuspielen

toespeling Anspielung v^{20}

toespijs 1 *(dessert)* Nachtisch m^5; **2** *(bijgerecht)* Beilage v^{21}

toespraak Ansprache v^{21}, Rede v^{21}

toespreken zureden: *iem* ~ jmdm zureden

toestaan 1 *(veroorloven)* erlauben, gestatten; **2** *(verlenen)* gewähren, einräumen: *een verzoek* ~ eine Bitte gewähren

toestand 1 Zustand m^6; **2** *(situatie)* Lage v^{21}: *economische* ~ Wirtschaftslage

toesteken reichen: *iem de hand* ~ jmdm die Hand reichen

toestel 1 *(apparaat)* Apparat m^5, Gerät o^{29}; **2** *(vliegtuig)* Flugzeug o^{29}, Maschine v^{21}

toestemmen einwilligen, bewilligen: ~ *in iets* mit[+3] etwas einverstanden sein[262]

toestemming Einwilligung v^{20}, Zustimmung v^{20}

toestoppen 1 *(dichtmaken)* zustopfen; **2** *(geven)* zustecken; **3** *(instoppen)* zudecken

toestromen herbeiströmen

toesturen (zu)schicken, (zu)senden[263]

toet *(gezicht)* Gesicht o^{31}, Schnäuzchen o^{35}

toetakelen I *tr* zurichten: *iem lelijk ~* jmdn übel zurichten; **II** *zich ~* sich aufdonnern

toetasten zugreifen[181], zulangen

toeter I *zn (claxon)* Hupe *v*[21]; **II** *bn* betrunken

toeteren hupen

toetje Nachtisch *m*[5]

toetreden 1 *(deelnemen aan)* beitreten[291+3]: *tot een partij ~* einer Partei beitreten; **2** *(op iem toegaan)* auf jmdn zutreten[291]

toetreding Beitritt *m*[5] (zu[+3])

toets 1 *(test)* Test *m*[13], *m*[5], Prüfung *v*[20]: *(fig) de ~ doorstaan* die Probe bestehen[279]; **2** *(van piano, apparatuur)* Taste *v*[21]

toetsen prüfen, testen

toetsenbord Tastatur *v*[20]; *(van muziekinstrument, ook)* Klaviatur *v*[20]

toetsing Prüfung *v*[20]

toetssteen *(fig)* Prüfstein *m*[5]

¹toeval *(onvoorzien geval)* Zufall *m*[6]: *bij ~* zufällig(erweise)

²toeval *(med)* epileptischer Anfall *m*[6]

toevallen zufallen[154]

toevallig zufällig, *(bw ook)* zufälligerweise

toevalstreffer Zufallstreffer *m*[9]

toeven verweilen

toeverlaat Stütze *v*[21]

toevertrouwen anvertrauen: *iem een geheim ~* jmdm ein Geheimnis anvertrauen

toevloed Zustrom *m*[19]: *de ~ van bezoekers* der Zustrom von Besuchern

toevlucht Zuflucht *v*[20]

toevluchtsoord Zufluchtsort *m*[5]

toevoegen 1 *(bij iets voegen)* (hin)zufügen: *zout ~* Salz hinzufügen; *aan een spijs zout ~* einer Speise Salz zufügen; **2** *(toewijzen)* beigeben[166], beiordnen

toevoer Zufuhr *v*[20]

toevoeren zuführen

toewenden zuwenden[308]: *iem de rug ~* jmdm den Rücken wenden[308]

toewensen wünschen: *iem iets ~* jmdm etwas wünschen

toewijden weihen, widmen: *zijn leven aan de kunst ~* sein Leben der Kunst widmen (*of:* weihen)

toewijding 1 *(opdracht)* Widmung *v*[20]; **2** *(ijver)* Hingabe *v*[28]: *met ~* mit Hingabe

toewijzen 1 *(jur)* zuerkennen[189], zusprechen[274]: *iem een raadsman ~* jmdm einen Rechtsanwalt beiordnen; **2** *(toekennen)* zuweisen[307]: *iem een woning ~* jmdm eine Wohnung zuweisen

toewijzing Zuerkennung *v*[20], Zuteilung *v*[20], Zuweisung *v*[20]; *zie ook* toewijzen

toezeggen zusagen, versprechen[274]

toezegging Zusage *v*[21], Versprechen *o*[35]

toezenden zusenden[263], zuschicken

toezicht Aufsicht *v*[28], Beaufsichtigung *v*[28]: *(lid van de) raad van ~* Aufsichtsrat *m*[6]: *~ houden op iem, op iets* jmdn, etwas beaufsichtigen

toezien 1 *(toezicht houden)* beaufsichtigen: *op het werk ~* die Arbeit beaufsichtigen; **2** *(naar iets kijken)* zusehen[261]

toezwaaien zuwinken[+3]: *iem lof ~* jmdm Lob spenden

tof 1 *(betrouwbaar)* prima; **2** *(gezellig)* toll, dufte: *een ~fe meid* ein duftes Mädchen

toffee Toffee *o*[36]

toga Talar *m*[5]

toilet Toilette *v*[21]: *naar het ~ gaan* zur (*of:* auf die, in die) Toilette gehen[168]

toiletartikel Toilettenartikel *m*[9]

toiletpapier Toilettenpapier *o*[29]

tokkelen *(muz)* zupfen

tokkelinstrument Zupfinstrument *o*[29]

¹tol *(tolgeld)* Zoll *m*[6], *(Oostenr)* Maut *v*[20]: *~ heffen van* Zoll erheben[186] auf[+4]

²tol *(sp)* Kreisel *m*[9]

tolerant tolerant, duldsam

tolerantie Toleranz *v*[20]

tolereren tolerieren[320], dulden

tolk Dolmetscher *m*[9]

tolken dolmetschen

tollen kreiseln: *in het rond ~* sich wie ein Kreisel drehen

tomaat Tomate *v*[21]

tomatenpuree Tomatenmark *o*[39]

tomatensaus Tomatensoße *v*[21]

tomatensoep Tomatensuppe *v*[21]

tombe 1 *(grafzerk)* Grabplatte *v*[21]; **2** *(praalgraf)* Sarkophag *m*[5], Prunksarg *m*[6]

tomeloos zügellos, hemmungslos

ton 1 *(gewichtsmaat, tonvormige boei, vat)* Tonne *v*[21]; **2** *(vat)* Fass *o*[32]; **3** *(scheepsmaat)* Bruttoregistertonne *v*[21] *(afk BRT)*; **4** *(geld)* een ~ hfl 100.000

tondeuse Haarschneidemaschine *v*[21]

toneel 1 *(podium)* Bühne *v*[21]: *draaibaar ~* Drehbühne; **2** *(schouwburg-, toneelwezen)* Theater *o*[39]; **3** *(onderdeel van een bedrijf)* Szene *v*[21], Auftritt *m*[5] || *(fig) een aandoenlijk ~* eine rührende Szene; *op het ~ verschijnen: a) (lett)* auf der Bühne erscheinen[233]; *b) (fig)* auf der Bildfläche erscheinen[233]

toneelaanwijzing Bühnenanweisung *v*[20]

toneelgezelschap Ensemble *o*[36]

toneelkijker Opernglas *o*[32]

toneelrecensent Theaterkritiker *m*[9]

toneelschool Schauspielschule *v*[21]

toneelschrijver Theaterdichter *m*[9], Dramatiker *m*[9]

toneelspelen spielen, *(ook fig)* Theater spielen

toneelspeler Schauspieler *m*[9], Akteur *m*[5]

toneelstuk Theaterstück *o*[29], Bühnenstück *o*[29]

toneeluitvoering Theateraufführung *v*[20]

tonen 1 *(laten zien)* sehen lassen[197], zeigen: *iem iets ~* jmdm etwas zeigen, jmdn etwas sehen lassen[197]: *zijn pas ~* seinen Pass vorzeigen; **2** *(te kennen geven)* zeigen, beweisen[307]

tong 1 *(algem)* Zunge *v*[21]: *over de ~ gaan* ins Gerede kommen[193]; **2** *(van gesp)* Dorn *m*[5], Stift *m*[5]; **3** *(van schoen)* Zunge *v*[21], Lasche *v*[21]; **4** *(vis)* Seezunge *v*[21], Zunge *v*[21]

tongenworst Zungenwurst *v*[25]

tongriem Zungenbändchen o^{35}: *ze is goed van de* ~ *gesneden* sie ist redegewandt

tongval Mundart v^{20}, Dialekt m^5

tonic Tonic o^{36} (2e nvl ook -)

tonijn Thunfisch m^5, Tunfisch m^5

tonnage Tonnage v^{21}, Tonnengehalt m^5

tonsil Tonsille v^{21}

tooi Schmuck m^5

tooien schmücken

toom 1 *(teugel)* Zaum m^6, Zügel m^9; **2** *(groep hoenders)* Schar v^{20}: *een* ~ *kippen* ein Hühnervolk || *in* ~ *houden* im Zaum halten[183]

¹toon *(klank, kleurschakering)* Ton m^6: *op zachte* ~ in sanftem Ton; *(fig) de juiste* ~ *aanslaan* den richtigen Ton finden[157]

²toon: *ten* ~ *spreiden* zur Schau tragen[288]

toonaangevend tonangebend

toonaard Tonart v^{20}

toonbaar: ~ *zijn* sich sehen lassen können[194]

toonbank Ladentisch m^5, Theke v^{21}

toonbeeld Muster o^{33}, Vorbild o^{31}

toonder Inhaber m^9: *cheque aan* ~ Inhaberscheck m^{13}

toonhoogte Tonhöhe v^{21}

toonladder Tonleiter v^{21}

toonloos klanglos, tonlos

toonsoort Tonart v^{20}

toonsterkte Tonstärke v^{21}

toontje: *een* ~ *lager zingen* gelindere Saiten aufziehen[318]: *een* ~ *lager alstublieft!* nicht so laut bitte!

toonzaal Ausstellungshalle v^{21}

toonzetten vertonen, komponieren[320]

toonzetting Vertonung v^{20}, Komposition v^{20}

toorn Zorn m^{19}: *in* ~ *ontstoken* zornentbrannt

toornig zornig: *iem* ~ *maken* jmdn erzürnen

toorts Fackel v^{21}

¹top *(hoogste punt, bovenste uiteinde)* Spitze v^{21}, *(van berg, ook)* Gipfel m^9, *(van boom, ook)* Wipfel m^9; *(van mast)* Topp m^5, m^{13}, m^{16}: ~*je van de vinger* Fingerkuppe v^{21}: *van* ~ *tot teen* vom Scheitel bis zur Sohle; *(Belg) hoge* ~*pen scheren* Erfolg haben[182]

²top *tw* topp!

topaas Topas m^5

topconferentie Gipfelkonferenz v^{20}, Gipfeltreffen o^{35}

topfiguren Spitzen *mv* v^{21}

topfunctionaris Spitzenfunktionär m^5

topgevel Giebel m^9

tophit Schlager m^9

topic Thema o (2e nvl -s; mv Themen)

topje *(kleding)* Top o^{36}, Sonnentop o^{36}

topklasse Spitzenklasse v^{21}

topless topless, busenfrei

topografie Topographie v^{21}, Topografie v^{21}

toppen *(bomen, planten)* köpfen

topper Spitzenreiter m^9, Schlager m^9

topprestatie Spitzenleistung v^{20}, Gipfelleistung v^{20}

toppunt 1 *(hoogste punt)* Gipfel m^9, Höhepunkt m^5: *het* ~ *van geluk* der Gipfel des Glücks; *op het* ~ *van*

roem *staan* auf dem Gipfel des Ruhms angelangt sein; *dat is het* ~! das ist der Gipfel!; **2** *(meetk, sterrenk)* Scheitel m^9

topscorer *(sp)* Torschützenkönig m^5

topsnelheid Spitzengeschwindigkeit v^{20}

topspin Topspin m^{13}

topsport Hochleistungssport m^{19}, Spitzensport m^{19}

topsporter Spitzensportler m^9

topvoetballer Spitzenfußballer m^9

topvorm Topform v^{28}, Bestform v^{28}

topwedstrijd Spitzenspiel o^{29}

tor Käfer m^9

toreador Toreador m^5, m^{14}

toren Turm m^6

torenflat Hochhaus o^{32}

torenklok Turmglocke v^{21}; *(uurwerk)* Turmuhr v^{20}

torenvalk Turmfalke m^{15}

tornado Tornado m^{13}

tornen auftrennen: *(fig) daar valt niet aan te* ~! daran gibt es nichts zu rütteln!; *(fig) ergens niet aan* ~ es dabei belassen[197]

torpederen torpedieren[320]

torpedo Torpedo m^{13}

torpedoboot Torpedoboot o^{29}

torpedojager Zerstörer m^9

torsen *(zwaar dragen)* schleppen: *zijn leed* ~ sein Leid tragen[288]

torsie *(techn)* Torsion v^{20}

tortelduif Turteltaube v^{21}

toss Seitenwahl v^{28}

tossen die Seitenwahl vornehmen[212]

tot I *vz* **1** *(mbt plaats)* bis[+4], bis nach[+3], bis an[+4], bis zu[+3]: ~ *Berlijn* bis (nach) Berlin; ~ *hier* bis hierher; ~ *daar* bis dahin; ~ *en met blz. 40* bis einschließlich Seite 40; *zijn knieën* bis an die Knie; ~ *de bushalte* bis zur Haltestelle; **2** *(mbt tijd)* bis[+4], *(met lw)* bis zu[+3]: ~ *maandag* bis Montag; ~ *morgen* bis morgen; ~ *nu toe* bis jetzt, bisher; ~ *het eind van de maand* bis zum Monatsende; ~ *en met 6 mei* bis zum 6. Mai (einschließlich); **3** *(mbt hoeveelheid, graad)* bis zu[+3]: ~ *vervelens toe* bis zum Überdruss; *personen* ~ *vijftig jaar* Personen bis zu fünfzig Jahren; *personen* ~ *en met vijftig jaar* Personen bis zum vollendeten fünfzigsten Lebensjahr; **4** *(mbt het zich richten op iem of iets)* an[+4], zu[+3]; **5** *(mbt functie, toestand, resultaat)* zu[+3]: *a* ~ *de derde macht* a hoch drei; **II** *vw* bis: *wacht,* ~ *ik kom!* warte, bis ich komme!

totaal I *bn, bw* total, völlig, vollständig; *(bij optelling)* insgesamt: *het totale aantal* die Gesamtzahl; *het totale bedrag* der Gesamtbetrag; *de totale indruk* der Totaleindruck; *totale uitverkoop* Totalausverkauf m^6: ~ *anders* ganz anders; ~ *vergeten* ganz und gar vergessen[299]: *ik ben* ~ *op* ich bin total kaputt; **II** *zn* Ganze(s) o^{40c}; *(bedrag)* Gesamtsumme v^{21}, Gesamtbetrag m^6

totaalbedrag Gesamtbetrag m^6, Gesamtsumme v^{21}

totalisator Totalisator m^{16}

totalitair totalitär, Total…

333

totaliteit Totalität v^{28}, Gesamtheit v^{28}

total loss schrottreif: *een auto ~ rijden* ein Auto schrottreif fahren[153]: *de auto is ~* der Wagen hat Totalschaden

totdat bis

tot-en-met äußerst, durch und durch: *hij is gierig ~* er ist äußerst geizig

toto Toto o^{36}, m^{13}

totstandkoming Zustandekommen o^{39}

toucheren 1 *(sp)* touchieren[320]; **2** *(van salaris)* empfangen[146]; **3** *(med)* touchieren[320]

toupet Toupet o^{36}

touringcar Reiseomnibus m^5 (2e nvl -ses; mv -se)

tournee Tournee v^{27}, v^{21}, Gastspielreise v^{21}

tourniquet Drehkreuz o^{29}

touroperator Reiseveranstalter m^9

touw 1 *(dun)* Schnur v^{25}, Bindfaden m^{12}; **2** *(stevig)* Strick m^5, Seil o^{29}; **3** *(scheepstouw)* Tau o^{29}, Leine v^{21}, Reep o^{29} || *(fig) ik kan er geen ~ aan vastknopen* ich kann nicht klug daraus werden; *in ~ zijn* sehr beschäftigt sein[262]; *iets op ~ zetten* etwas veranstalten

touwladder Strickleiter v^{21}

touwtje Bindfaden m^{12}, *(dikker)* Schnur v^{25}

touwtjespringen seilhüpfen, seilspringen[276]

t.o.v. *afk van ten opzichte van* in Bezug auf[+4]

tovenaar Zaub(e)rer m^9, Zauberkünstler m^9

tovenarij Zauberei v^{20}

toverdrank Zaubertrank m^6

toveren zaubern

toverij Zauberei v^{20}

toverslag: *als bij ~* wie durch Zauberhand

toverspreuk Zauberspruch m^6

traag träge: *geestelijk ~* geistig träge

traagheid Trägheit v^{28}

¹traan *(druppel oogvocht)* Träne v^{21}: *tranen met tuiten schreien* bitterlich weinen; *tot tranen bewogen* zu Tränen gerührt; *ik zal er geen ~ om laten* mir soll es recht sein

²traan *(visolie)* Tran m^{19}

traangas Tränengas o^{29}

traanklier Tränendrüse v^{21}

tracé Trasse v^{21}

trachten versuchen

tractie *(spoorw)* elektrische ~ elektrischer Antrieb m^{19}

tractor Traktor m^{16}, Trecker m^9, Schlepper m^9

traditie Tradition v^{20}

traditioneel traditionell

tragedie Tragödie v^{21}, Trauerspiel o^{29}

tragiek Tragik v^{28}

tragikomedie Tragikomödie v^{21}

tragikomisch tragikomisch

tragisch tragisch: *iets ~ opvatten* etwas tragisch nehmen[212]

trailer Trailer m^9

trainen trainieren[320]

trainer Trainer m^9

traineren I *tr* in die Länge ziehen[318]; **II** *intr* sich in

die Länge ziehen[318]

training Training o^{36}

trainingspak Trainingsanzug m^6

traite *(handel)* Tratte v^{21}

traject Strecke v^{21}

traktatie festliche Bewirtung v^{20}: *dat is een ~ voor mij* das esse ich für mein Leben gern

traktement Gehalt o^{32}, Besoldung v^{20}

trakteren 1 bewirten; einladen[196]; **2** *(met op)* bewirten mit[+3]; einladen zu[+3]: *~ op een rondje* eine Runde (aus)geben[166]

tralie Gitterstab m^6; *(mv: traliewerk)* Gitter o^{33}: *achter de ~s zitten* hinter Schloss und Riegel sitzen[268]

traliehek Gitter o^{33}

tralievenster Gitterfenster o^{33}

tram Straßenbahn v^{20}

tramhalte Straßenbahnhaltestelle v^{21}

tramlijn Straßenbahnlinie v^{21}

trampoline Trampolin o^{29}

tramrail Straßenbahnschiene v^{21}

tramwagen Straßenbahnwagen m^{11}

trance Trance v^{21}

trancheren tranchieren[320], transchieren[320]

tranen tränen

tranquillizer Tranquilizer m^9

transactie Transaktion v^{20}, Geschäft o^{29}

trans-Atlantisch transatlantisch

transfer *(handel, sp)* Transfer m^{13}

transferbedrag *(sp)* Transfersumme v^{21}

transfereren transferieren[320]

transferlijst *(sp)* Transferliste v^{21}

transfersom *(sp)* Transfersumme v^{21}

transformatie Transformation v^{20}

transformator Transformator m^{16} *(afk Trafo)* m^{13}

transformeren transformieren[320]

transfusie Transfusion v^{20}

transistor Transistor m^{16}

transistorradio Transistorradio o^{36}

transitief transitiv

transito Transit m^5, Durchfuhr v^{20}

transitogoederen Transitgüter mv o^{32}

transitoverkeer Transitverkehr m^{19}

transmissie Transmission v^{20}, Übertragung v^{20}

transparant transparent, durchscheinend

transpiratie Transpiration v^{20}

transpireren transpirieren[320], schwitzen

transplantatie Transplantation v^{20}

transplanteren transplantieren[320]

transport 1 *(vervoer)* Transport m^5, Beförderung v^{20}; **2** *(boekh)* Übertrag m^6, Vortrag m^6; **3** *(jur: overdracht)* Übertragung v^{20}

transportband Transportband o^{32}, Förderband o^{32}

transporteren transportieren[320], befördern; *(boekh)* übertragen[288], vortragen[288]

transportmiddel Transportmittel o^{33}, Beförderungsmittel o^{33}

transportonderneming Transportunternehmen o^{35}, Spedition v^{20}

transvestiet Transvestit m^{14}

trant Stil m^5, Art v^{20}, Manier v^{20}, Weise v^{21}

¹trap 1 *(schop)* Fußtritt m^5, Tritt; *(tegen bal)* Stoß m^6: *(sp) vrije ~* Freistoß; *iem een ~ geven* jmdm einen Tritt geben[166]; **2** *(alle treden)* Treppe v^{21}; *(trede)* Stufe v^{21}: *~ op, ~ af lopen* treppauf, treppab laufen[198]; **3** *(graad)* Stufe v^{21}

²trap *(van raket)* Stufe v^{21}, Raketenstufe v^{21}

trapas Kurbelachse v^{21}

trapeze Trapez o^{29}

trapezium Trapez o^{29}

trapgevel Treppengiebel m^9

trapleuning Treppengeländer o^{33}

traploper Treppenläufer m^9

trappelen trampeln, *(mbt baby)* strampeln: *~ van de kou* vor Kälte stampfen

trappelzak Strampelsack m^6

trappen 1 *(schoppen)* treten[291]: *de bal in het doel ~* den Ball ins Tor treten; *iem ~* jmdn treten; *hij is van school getrapt* er ist aus der Schule hinausgeflogen; *iem de deur uit ~* jmdn zur Tür hinausbefördern; **2** *(hard treden)* treten[291], stampfen: *in de hondenpoep ~* in Hundedreck treten; *daar trap ik niet in* darauf falle ich nicht herein; **3** *(fietsen)* strampelen

trappenhuis Treppenhaus o^{32}

trapper *(pedaal)* Pedal o^{29}

trapportaal Treppenabsatz m^6

trapsgewijs stufenweise: *~ vaststellen (van prijzen e.d.)* staffelförmig festsetzen; *~ oplopen (mbt prijzen e.d.)* sich staffeln

trapveldje Bolzplatz m^6

trapvormig stufenförmig

trauma Trauma o *(2e nvl -s; mv Traumen of -ta)*

traumatisch traumatisch

traverse Traverse v^{21}

travestiet Transvestit m^{14}

trawler Trawler m^9

trechter Trichter m^9

tred Schritt m^5, Tritt m^5: *(ook fig) gelijke ~ met iem houden* mit jmdm Schritt halten[183]

trede 1 *(deel van een trap)* Stufe v^{21}; **2** *(sport)* Sprosse v^{21}; **3** *(stap)* Schritt m^5

treden treten[291]

treeplank Trittbrett o^{31}

trefcentrum *(Belg)* Nachbarschaftshaus o^{32}

treffen I *ww* treffen[289]; *(ontroeren)* rühren: *een regeling ~* eine Vereinbarung treffen; *een schikking ~* einen Vergleich schließen[245]; *de juiste toon ~* den richtigen Ton treffen; *hij heeft het daar goed, slecht getroffen* er hat es dort gut, schlecht getroffen; *iem thuis ~* jmdn zu Hause antreffen; **II** *zn* **1** *(sp)* Treffen o^{35}; **2** *(mil)* Gefecht o^{29}

treffend 1 *(raak)* treffend: *een ~e gelijkenis* eine täuschende Ähnlichkeit; *een ~e uitdrukking* ein treffender Ausdruck; **2** *(aandoenlijk)* rührend

treffer Treffer m^9

trefwoord Stichwort o^{32}

trefwoordenregister Stichwortverzeichnis o^{29a}

trefzeker treffsicher

trefzekerheid Treffsicherheit v^{28}

trein Zug m^6: *de ~ van twee uur* der Zweiuhrzug; *met de ~ gaan* mit dem Zug fahren[153]: *het loopt als een ~* es läuft wie geschmiert

treincoupé Eisenbahnabteil o^{29}, Abteil o^{29}

treinongeluk Zugunglück, Eisenbahnunglück o^{29}

treinreis Bahnfahrt v^{20}, Eisenbahnfahrt

treinstel Zug m^6, Zuggarnitur v^{20}

treinverkeer Eisenbahnverkehr m^{19}, Zugverkehr m^{19}

treiteraar Quäler m^9, Quälgeist m^7

treiteren quälen, piesacken, triezen

trek 1 *(het trekken)* Zug m^6, Ziehen o^{39}; **2** *(slag bij het kaartspel)* Stich m^5; **3** *(begeerte)* Lust v^{28}: *ik heb er geen ~ in* ich habe keine Lust dazu; **4** *(eetlust)* Appetit m^5: *~ in vlees hebben* Appetit auf[+4] Fleisch haben[182]; **5** *(lijn van gelaat, karakter)* Zug m^6 || *(fig) aan zijn ~ken komen* auf seine Kosten kommen[193]: *in grote ~ken schetsen* in großen Zügen darstellen; *in ~ zijn* beliebt (of: gesucht, begehrt) sein[262]

trekbal *(bij voetbal)* Rückzieher m^9

trekhaak Zughaken m^{11}; *(om auto weg te slepen)* Abschleppstange v^{21}

trekken I *tr* ziehen[318]: *een mes ~* ein Messer ziehen; *de aandacht ~* die Aufmerksamkeit auf sich ziehen; *loon ~* Lohn beziehen[318]: *pensioen ~ (eine) Pension beziehen[318]: *veel publiek ~* viele Besucher anziehen[318]; *(handel) een wissel (op iem) ~* einen Wechsel (auf jmdn) ziehen; **II** *intr* ziehen[318]: *aan de noodrem ~* die Notbremse ziehen; *met één been ~* ein Bein nachziehen[318]: *het trekt hier* es zieht hier

trekker 1 *(persoon die trekt)* Zieher m^9: *deze zanger is een grote ~* dieser Sänger zieht enorm; **2** *(kampeerder)* Zeltler m^9; **3** *(van lamp e.d.)* Zug m^6; **4** *(tractor)* Traktor m^{16}, Trecker m^9, Schlepper m^9; **5** *(vakantieganger)* Wanderer m^9; **6** *(van vuurwapen)* Abzug m^6; **7** *(truck)* Sattelschlepper m^9

trekking *(loterij)* Ziehung v^{20}

trekkracht *(ook fig)* Zugkraft v^{25}

trekpleister Zugpflaster o^{33}; *(fig)* Attraktion v^{20}

trekschakelaar Zugschalter m^9

trekschuit Treckschute v^{21}

trektocht Wanderung v^{20}, Fußwanderung v^{20}

trekvermogen Zugkraft v^{28}

trekvogel Zugvogel m^{10}

trend Trend m^{13}

trendy modisch

treuren trauern: *~ om (of: over)* trauern um[+4] (of: über[+4])

treurig 1 *(bedroefd)* traurig, betrübt; **2** *(erbarmelijk)* traurig, erbärmlich

treurmars Trauermarsch m^6

treurmuziek Trauermusik v^{20}

treurspel Trauerspiel o^{29}, Tragödie v^{21}

treurwilg Trauerweide v^{21}, Tränenweide v^{21}

treuzelaar Trödelfritze m^{15}

treuzelarij Trödelei v^{20}

treuzelen trödeln

tribunaal Tribunal o^{29}

tribune Tribüne v^{21}

tricot I *zn o (stof)* Trikot m^{13}, *zelden* o^{36}; II *zn m,o (kledingstuk)* Trikot o^{36}

triest traurig, trübselig; *(somber)* düster

trilbeton Rüttelbeton m^{13}, m^5

trillen 1 *(bibberen)* zittern (vor^{+3}): *met ~de stem* mit zitternder Stimme; *doen ~* erschüttern; **2** *(nat)* schwingen^{259}, vibrieren^{320}

trilling *(het trillen)* Zittern o^{39}; *(nat)* Schwingung v^{20}, Vibration v^{20}

trillingsgetal Schwingungszahl v^{20}

trilogie Trilogie v^{21}

trimbaan Trimm-dich-Pfad m^5

trimester Trimester o^{33}

trimmen 1 *(sp)* sich trimmen; **2** *(knippen)* trimmen: *een hond ~* einen Hund trimmen

trimmer *(sp)* Trimmer m^9

triomf Triumph m^5: *in ~* im Triumph

triomfantelijk triumphierend

triomferen triumphieren^{320}

triomftocht Triumphzug m^6; *(fig)* Siegeszug m^6

trip 1 *(uitstapje)* Ausflug m^6, Trip m^{13}; **2** *(drugs)* Trip m^{13}: *een ~ maken* auf dem Trip sein^{262}

triplex Sperrholz o^{39}

trippelen trippeln

triviaal trivial

troebel trübe, *(fig)* verwirrt

troebelen Wirren *mv* v^{21}, Unruhen *mv* v^{21}

troebelheid Trübe v^{28}, Trübheit v^{28}

troef 1 *(bij kaartspel)* Trumpf m^6: *harten is ~* Herz ist Trumpf; *zijn laatste ~ uitspelen* den letzten Trumpf ausspielen; **2** *(persoon, omstandigheid)* Trumpfass o^{29}, Trumpf m^6 || *(fig) alle troeven in handen hebben* alle Trümpfe in der Hand haben^{182}

troefkaart Trumpfkarte v^{21}

troep 1 *(menigte)* Haufen m^{11}, Schar v^{20}; Bande v^{21}; **2** *(mil)* ~en Truppen *mv* v^{21}; **3** *(zooi)* Dreckhaufen m^{11}; **4** *(rommel)* Dreck(s)zeug o^{39}: *het was er een ~!* das war ein Saustall!; *ik lust die ~ niet* ich mag das Zeug nicht

troepenbeweging Truppenbewegung v^{20}

troepenmacht Streitkraft v^{25} *(meestal mv)*

troeteldier Kuscheltier o^{29}

troetelen liebkosen, hätscheln

troetelkind Herzenskind o^{31}

troetelnaam Kosename m^{18}

troeven trumpfen: *(fig) iem ~* jmdn abtrumpfen

trofee Trophäe v^{21}

troffel Maurerkelle v^{21}, Kelle v^{21}

trog Trog m^6; *(geol, ook)* Graben m^{12}

trolleybus Oberleitungsomnibus m^5 *(2e nvl -ses; mv -se) (afk* Obus)

trom Trommel v^{21}: *met de stille ~ vertrekken* sang- und klanglos verschwinden^{258}

trombone Posaune v^{21}

trombose Thrombose v^{21}

trommel 1 *(trom)* Trommel v^{21}; **2** *(blikken doos)* Dose v^{21}, Büchse v^{21}

trommelaar Trommler m^9

trommelen trommeln

trommelvel, trommelvlies Trommelfell o^{29}

trompet Trompete v^{21}

trompetten trompeten

trompetter, trompettist Trompeter m^9

¹tronen 1 thronen; **2** *(fig)* herrschen

²tronen *(verleiden) iem ergens heen ~* jmdn zum Mitgehen überreden

tronie Visage v^{21}, Fratze v^{21}

troon Thron m^5

troonopvolger Thronfolger m^9, Thronerbe m^{15}

troonopvolging Thronfolge v^{28}

troonpretendent Thronanwärter m^9

troonsafstand Abdankung v^{20}

troost Trost m^{19}: *een kopje ~* eine Tasse Kaffee; *geestelijke ~* geistlicher Zuspruch m^{19}: *dat is een schrale ~* das ist ein schwacher Trost, ein magerer Trost

troosteloos trostlos

troosteloosheid Trostlosigkeit v^{28}

troosten trösten

troostend tröstend, *(sterker)* trostreich

troostprijs Trostpreis m^5

troostrijk trostreich

troostvol trostvoll

tropen Tropen *(mv)*

tropenkoorts Tropenfieber o^{33}

tropisch tropisch: ~*e hitte* tropische Hitze

tros 1 *(bloeiwijze, bundel vruchten)* Traube v^{21}: ~ *druiven* Weintrauben *mv* v^{21}; *(fig) een ~ bijen* eine Traube Bienen; **2** *(mil)* Tross m^5; **3** *(kabel)* Trosse v^{21}

trots I *zn* Stolz m^{19}; *(ongunstig)* Hochmut m^{19}; II *bn (gunstig)* stolz; *(ongunstig)* hochmütig, überheblich

trotseren trotzen^{+3}: *iem ~* jmdm trotzen

trottoir Bürgersteig m^5, Gehsteig m^5

trouw I *bn, bw* treu: *een ~ bezoeker* ein ständiger Besucher; *iem ~ blijven* jmdm treu bleiben^{134}; II *zn* Treue v^{28}; *te goeder ~* auf Treu und Glauben; *te goeder ~ zijn* ahnungslos sein^{262}: *te kwader ~* in böser Absicht

trouwakte Heiratsurkunde v^{21}, Trauschein m^5

trouwboekje Familienbuch o^{32}

trouwdag Hochzeitstag m^5

trouweloos treulos

trouwen 1 *(huwen)* heiraten, sich verheiraten: *hij trouwt met mijn zuster* er heiratet meine Schwester, er verheiratet sich mit meiner Schwester; *wanneer zijn zij getrouwd?* wann haben sie geheiratet?; *ze zijn al jaren getrouwd* sie sind schon jahrelang verheiratet; **2** *(in het huwelijk verbinden)* (jmdn) trauen

trouwens übrigens: ~ *de zaak is nog niet duidelijk* die Sache ist ohnehin *(of:* sowieso*)* noch nicht klar

trouwerij Hochzeit v^{20}

trouwhartig treuherzig

trouwpartij Hochzeitsfeier v^{21}, Hochzeitsfest o^{29}

trouwplannen ~ *hebben* Heiratspläne haben^{182}

tr

trouwplechtigheid Trauung v^{20}
trouwring Ehering m^5, Trauring
truc Trick m^{13}; Kunstgriff m^5, Kniff m^5
trucfilm Trickfilm m^5
truck Sattelschlepper m^9: ~ met oplegger Sattelzug m^6
truffel Trüffel v^{21}
trui Pullover m^9: (sp) de gele ~ das gelbe Trikot; de groene ~ das grüne Trikot
trust Trust m^5, m^{13}
trustkantoor Treuhandstelle v^{21}
trustmaatschappij Treuhandgesellschaft v^{20}
trut (scheldw) Zicke v^{21}, Trine v^{21}
try-out Probe v^{21}, Erprobung v^{20}; (van toneelstuk) Voraufführung v^{20}
tsaar Zar m^{14}
T-shirt T-Shirt o^{36}
Tsjech Tscheche m^{15}
Tsjechisch I zn Tschechisch o^{41}; II bn tschechisch
Tsjecho-Slowakije Tschechoslowakei v^{28} (met lw)
tso o (Belg) afk van technisch secundair onderwijs weiterführender technischer Unterricht m^{19}
tuba Tuba v (mv Tuben)
¹tube (kokertje) Tube v^{21}
²tube (tubeless band) Rennreifen m^{11}
tuberculose Tuberkulose v^{21}
tucht Zucht v^{28}, Disziplin v^{28}
tuchtcommissie (sp) Sportgericht o^{29}
tuchtigen züchtigen
tuchtrecht Disziplinarrecht o^{39}
tui Abspannseil o^{29}, Schrägseil o^{29}
tuien festmachen
tuig 1 (van trekdier) Geschirr o^{29}; **2** (scheepv) Takelage v^{21}, Takelwerk o^{39}; **3** (fig) Gesindel o^{39}
tuigage Takelage v^{21}, Takelwerk o^{39}
tuigen 1 (van paard) zäumen, (dem Pferd) das Geschirr anlegen; **2** (van schip) auftakeln
tuil Blumenstrauß m^6, Bukett o^{36}, o^{29}
tuimelen purzeln, fallen[154], stürzen
tuimeling Purzelbaum m^6; (val) Fall m^6, Sturz m^6
tuimelraam Kippfenster o^{33}
tuin Garten m^{12}: (fig) iem om de ~ leiden jmdn hinters Licht führen
tuinarchitect Garten(bau)architekt m^{14}
tuinbank Gartenbank v^{25}
tuinboon Puffbohne v^{21}, Saubohne v^{21}
tuinbouw Gartenbau m^{19}
tuinbouwbedrijf Gärtnerei v^{20}
tuinbroek Latzhose v^{21}
tuincentrum Gartencenter o^{33}
tuinder Gärtner m^9
tuinderij Gärtnerei v^{20}, Gartenbaubetrieb m^5
tuindorp Gartenstadt v^{25}
tuinen: erin ~ hereinfallen[154] (auf[+4])
tuinfeest Gartenfest o^{29}, Gartenparty v^{27}
tuinhuisje Gartenhäuschen o^{35}, Gartenlaube v^{21}
tuinier Gärtner m^9
tuinieren gärtnern, im Garten arbeiten
tuinkers Gartenkresse v^{21}

tuinman Gärtner m^9
tuinslang Gartenschlauch m^6
tuit Tülle v^{21}, Schnabel m^{10}
tuiten 1 spitzen: de lippen ~ die Lippen spitzen; **2** (toeten) gellen
¹tuk bn (begerig naar) erpicht, versessen: ~ zijn op iets scharf auf[+4] etwas sein[262]
²tuk zn: iem ~ nemen jmdn zum Besten halten[183]
tukje Nickerchen o^{35}, Schläfchen o^{35}
tulband 1 (een doek) Turban m^5; **2** (gebak) Napfkuchen m^{11}, Topfkuchen m^{11}
tule Tüll m^5
tulen Tüll…: ~ gordijnen Tüllgardinen mv v^{21}
tulp Tulpe v^{21}
tulpenbol Tulpenzwiebel v^{21}
tulpvakantie Maiferien (mv)
tumor Tumor m^{16}, Geschwulst v^{25}
tumult Tumult m^5, Lärm m^{19}, Unruhe v^{21}
tumultueus tumultuarisch, tumultuös
tune Melodie v^{21}, Weise v^{21}
tuner Tuner m^9
tuner-versterker Receiver m^9
Tunesië Tunesien o^{39}
Tunesiër Tuneser m^9, Tunesier m^9
Tunesisch tunesisch, Tuneser
tunnel Tunnel m^9; (onder de weg door) Straßenunterführung v^{20}
turbine Turbine v^{21}
turbulent turbulent, stürmisch, ungestüm
turbulentie Turbulenz v^{20}
tureluurs: het is om ~ van te worden das ist zum Wahnsinnigwerden
turen 1 (strak) starren; **2** (zoekend) spähen
turf 1 (stofnaam) Torf m^5; **2** (dreumes) Dreikäsehoch m^{13}; **3** (dik boek) Wälzer m^9
turfmolm Torfmull m^{19}, Torfstreu v^{28}
Turijn Turin o^{39}
Turk Türke m^{15}
Turkije Türkei v^{28} (met lw): naar ~ gaan in die Türkei reisen
Turks I zn Türkisch o^{41}; II bn türkisch
turnen turnen
turner Turner m^9
turnlokaal Turnhalle v^{21}
turnvereniging Turnverein m^5
turven (tellen) mit Strichen zählen
tussen vz **1** (mbt plaats) zwischen (bij rust[+3], bij beweging[+4]): ~ zijn vrienden zitten zwischen seinen Freunden sitzen[268]; ~ zijn vrienden gaan zitten sich zwischen seine Freunde setzen; er van ~ gaan abhauen[185]: dat blijft ~ ons das bleibt unter[+3] uns; **2** (mbt tijd) zwischen[+3]: ~ de middag um die Mittagszeit
tussenbeide 1 (niet slecht en niet goed) mäßig, leidlich; **2** (nu en dan) mitunter, von Zeit zu Zeit; **3** (tussen beide partijen) ~ komen: a) (hinderend, vijandig) dazwischentreten[291]; b) (schikkend) sich ins Mittel legen; c) (ingrijpend met gezag) einschreiten[254]

tussendoor zwischendurch

tussendoortje Appetithappen m^{11}, Häppchen o^{31}, Imbiss m^5

tussenhandel Zwischenhandel m^{19}

tussenin: *daar ~* dazwischen

tussenkomst 1 *(inmenging)* Intervention v^{20}; **2** *(bemiddeling)* Vermittlung v^{20}

tussenlanding Zwischenlandung v^{20}

tussenmaat Zwischengröße v^{21}

tussenmuur Zwischenwand v^{25}

tussenpersoon Vermittler m^9

tussenpoos: *bij tussenpozen* von Zeit zu Zeit; *met regelmatige tussenpozen* in regelmäßigen Abständen; *zonder tussenpozen* unausgesetzt

tussenschot Zwischenwand v^{25}, Trennwand v^{25}: *(scheepv) waterdicht ~* Schott o^{29}, o^{37}

tussentijd Zwischenzeit v^{20}

tussentijds zwischenzeitlich: *~ akkoord* Zwischenabkommen o^{35}: *~ moet hij niets gebruiken* er soll zwischendurch nichts essen

tussenuit: *dat stak er ~* das ragte heraus; *er ~ knijpen* sich davonmachen

tussenuur Zwischenstunde v^{21}

tussenverdieping Zwischengeschoss o^{29}, Zwischenstock m^{19}

tussenvoegen 1 einschieben[237], einfügen; **2** *(bij tv, film)* einblenden

tussenwand Zwischenwand v^{25}, Scheidewand v^{25}

tussenweg *(fig)* Mittelweg m^5

tut *zn* Trine v^{21}

tutoyeren duzen

tv *afk van televisie* Television v^{28} *(afk* TV); *zie ook* televisie en samenstellingen met televisie-

t.w. *afk van te weten* und zwar, nämlich

twaalf zwölf

twaalfuurtje Mittagsbrot o^{39}, Imbiss m^5

twaalfvingerige darm Zwölffingerdarm m^6

twee I *telw* zwei; *(duidelijkheidshalve vaak)* zwo: *alle ~* alle beide; *met zijn ~ën* zu zweit; *iets in ~ën delen* etwas halbieren[320]: *voor ~ uitleggingen vatbaar* doppeldeutig; **II** *(cijfer)* Zwei v^{20}; *(cijferwaardering)* Sechs v^{20}

tweearmig zweiarmig, beidarmig

tweebaansweg zweispurige Straße v^{21}

tweede *rangtelw* zweit: *~ auto* Zweitwagen m^{11}: *~ woning* Zweitwohnung v^{20}: *de Tweede Kamer* die Zweite Kammer; *hij werd ~* er wurde Zweiter; *ten ~* zweitens

tweedehands 1 *(mbt boeken)* antiquarisch; **2** *(mbt voertuigen)* Gebraucht…: *~ auto* Gebrauchtwagen m^{11}

tweedejaarsstudent Student m^{14} im dritten *(of:* im vierten) Semester

tweedekansonderwijs zweiter Bildungsweg m^5: *via het ~* auf dem zweiten Bildungsweg

tweederangs zweitklassig

tweedracht Zwietracht v^{28}

tweegevecht Zweikampf m^6, Duell o^{29}

tweehandig zweihändig, beidhändig

tweekapper Doppelwohnung v^{20}

tweeledig zweigliedrig, zweiteilig: *dat kan men ~ opvatten* das ist doppeldeutig

tweeling Zwilling m^5: *dat is een ~* das sind Zwillinge

tweelingbroer Zwillingsbruder m^{10}

tweelingzuster Zwillingsschwester v^{21}

tweemaster, tweemastschip Zweimaster m^9

tweepersoons für zwei Personen: *~bed* Doppelbett o^{37}: *~bobslee* Zweierbob m^{13}: *(scheepv) ~hut* Doppelkabine v^{21}: *~(hotel)kamer* Doppelzimmer o^{33}, Zweibettzimmer o^{33}

tweeslachtig 1 *(hermafrodiet)* zwitterhaft; **2** *(plantk)* zweigeschlechtig; **3** *(fig)* zwiespältig, zweideutig

tweespalt Zwiespalt m^5, m^6; Zwietracht v^{28}

tweespraak Zwiegespräch o^{29}, Dialog m^5

tweesprong Weggab(e)lung v^{20}; *(fig)* Scheideweg m^5

tweestemmig zweistimmig

tweestrijd Zwiespalt m^5, m^6: *in ~ zijn (of: staan)* sich in einem Zwiespalt befinden[157]

tweetaktmotor Zweitaktmotor m^{16}, m^5

tweetal *zn, (twee personen)* Paar o^{29}

tweetalig zweisprachig

tweeverdiener Doppelverdiener m^9

tweevoud Zweifache(s) o^{40c}: *in ~* in zweifacher Ausfertigung

tweevoudig zweifach

tweewegkraan Zweiwegehahn m^6

tweewieler Zweirad o^{32}

tweezijdig zweiseitig, bilateral

twijfel Zweifel m^9: *in geval van ~* im Zweifelsfall; *het lijdt geen ~* es unterliegt keinem Zweifel; *zijn ~ over iets hebben* gewisse Zweifel über[+4] etwas nicht loswerden[310]: *boven alle ~ verheven* über jeden Zweifel erhaben; *buiten ~* ohne Zweifel; *zonder ~* zweifellos

twijfelaar Zweifler m^9

twijfelachtig zweifelhaft, fraglich

twijfelen zweifeln: *~ aan* zweifeln an[+3]; *wij ~ of hij komt* wir zweifeln, dass er kommt

twijfelgeval Zweifelsfall m^6

twijg Zweig m^5, Reis o^{31}

twinkelen glänzen, funkeln, blinken

twinset Twinset m^{13}, o^{36} (2e nvl ook -)

twintig zwanzig

¹twist *(ruzie)* Streit m^5, Auseinandersetzung v^{20}, *(heftig)* Zwist m^5, Hader m^{19}; *(geschil)* Streitigkeit v^{20}

²twist *(dans)* Twist m^{13}

twistappel Zankapfel m^{10}

¹twisten *(ruziën)* (sich) streiten[287], sich zanken

²twisten *(een twist dansen)* twisten

twistgesprek Wortstreit m^5, Streitgespräch o^{29}

twistpunt Streitpunkt m^5, strittiger Punkt m^5

twistziek streitsüchtig, zänkisch

two-seater Zweisitzer m^9

tycoon Tycoon m^{13} [taikoen]

ty

tyfoon Taifun m^5
tyfus Typhus m^{19a}
type 1 *(typ)* Type v^{21}, Letter v^{21}; **2** *(model, voorbeeld)* Typ m^{16}; **3** *(eigenaardig persoon)* Type v^{21}: *wat een ~!* das ist vielleicht eine Type!; *origineel ~* Original o^{29}
typen Maschine schreiben^{252}; *(inform)* tippen: *getypt (ook)* maschine(n)geschrieben
typeren typisieren^{320}, charakterisieren^{320}
typerend typisch, charakteristisch
typering Typisierung v^{20}, Charakterisierung v^{20}
typisch typisch, kennzeichnend, bezeichnend; *(inform: zonderling, vreemd)* seltsam
typist, typiste Schreibkraft v^{25}
typografie Typographie v^{21}, Typografie v^{21}
typografisch typographisch, typografisch
t.z.t. *afk van te zijner tijd* zu gelegener *(of:* zu gegebener) Zeit

u

u Sie[82,83]: *~ bent er vroeg* Sie sind früh da; *oma, ~ hebt dat beloofd* Oma, du hast das versprochen
ufo *afk van unidentified flying object* Ufo, UFO *o*[36] *(2e nvl ook -)*
ui Zwiebel *v*[21]
uiensoep Zwiebelsuppe *v*[21]
uier Euter *o*[33]
uil 1 *(vogel)* Eule *v*[21]; *(grote uil)* Uhu *m*[13]; **2** *(stommeling)* Schafskopf *m*[6], Dummkopf *m*[6]
uilenbal 1 *(lett)* Gewölle *o*[33]; **2** *(sufferd)* Dummkopf *m*[6]
uilskop, uilskuiken *zie* uil 2
uiltje: *een ~ knappen* ein Nickerchen machen
uit I *vz* aus[+3]: *~ de mode zijn* aus der Mode sein[262]; **II** *bw (van spreker af)* aus[+3] ...(hinaus); *(naar spreker toe)* aus[+3] ... (heraus): *hij gaat de stad ~* er geht aus der Stadt (hinaus); *hij komt de stad ~* er kommt aus der Stadt (heraus); *hij is ~ (niet thuis)* er ist nicht zu Hause; *hij is ~ jagen* er ist jagen gegangen; *(sp; mbt een bal) ~ gaan* ins Aus rollen; *de bal is ~* der Ball ist im Aus; *hij is op een krant ~* er ist ausgegangen, um eine Zeitung zu kaufen; *hij is erop ~ om ons te hinderen* er legt es darauf an, uns zu hindern; *op zijn voordeel ~ zijn* auf seinen Vorteil bedacht sein[262]: *het boek is ~* das Buch ist heraus; *het is ~ tussen ons* wir sind geschiedene Leute; *de school is ~* die Schule ist aus; *van Keulen ~* von Köln aus
uitademen *(lett)* ausatmen; *(fig)* atmen
uitademing Ausatmung *v*[20]
uitbannen verbannen
uitbarsten ausbrechen[137]: *in snikken ~* in Weinen ausbrechen
uitbarsting Ausbruch *m*[6]: *~ van woede* Wutausbruch
uitbaten betreiben[290], führen
uitbater Inhaber *m*[9], Geschäftsführer *m*[9]
uitbeelden 1 *(met woorden)* schildern; **2** *(in beeld, op het toneel)* darstellen
uitbeelding Schilderung *v*[20]; Darstellung *v*[20]
uitbesteden 1 *(van kind)* unterbringen[139]; **2** *(van werk)* vergeben[166]
uitbesteding 1 *(van kind)* Unterbringung *v*[20]; **2** *(van werk)* Vergabe *v*[21]
uitbetalen aus(be)zahlen
uitbetaling Aus(be)zahlung *v*[20]
uitbijten 1 *(aantasten)* zerfressen[162]; **2** *(door scherp*

vocht verwijderen) ätzen
uitblazen I *tr* ausblasen[133]: *de laatste adem ~ sein* Leben aushauchen; **II** *intr* Atem schöpfen
uitblijven ausbleiben[134]
uitblinken sich auszeichnen, sich hervortun[295]
uitblinker Kanone *v*[21], *(sp, ook)* Ass *o*[29]
uitbloeien ausblühen, verblühen
uitbouw Anbau *m (2e nvl -(e)s; mv -ten)*
uitbouwen ausbauen
uitbraak Ausbruch *m*[6]
uitbraken 1 *(van voedsel)* (er)brechen[137]; **2** *(fig)* ausstoßen[285], ausspeien[271]
uitbrander Rüffel *m*[9]
uitbreiden I *ww* **1** *(uitspreiden)* ausbreiten; **2** *(groter maken)* erweitern, ausdehnen: *zijn kennis ~ seine* Kenntnisse erweitern; **II** *zich ~* sich ausbreiten, sich verbreiten
uitbreiding Ausbreitung *v*[28], Ausdehnung *v*[28]: *voor ~ vatbaar* erweiterungsfähig, ausbaufähig; *zie ook* uitbreiden
uitbreken I *ww* ausbrechen[137]: *er een dagje ~ sich* einen Tag freimachen; **II** *zn* Ausbruch *m*[6]
uitbrengen 1 *(scheepv)* ausbringen[139]; **2** *(uiten)* herausbringen[139], hervorbringen[139]: *hij kon geen woord ~* er konnte kein Wort herausbringen; **3** *(bekendmaken)* abgeben[166]: *een advies ~* ein Gutachten abgeben; *een rapport ~* einen Bericht erstatten; **4** *(op de markt brengen)* herausbringen[139]
uitbroeden ausbrüten; *(fig, ook)* aushecken
uitbuiten ausnutzen, *(sterker)* ausbeuten
uitbundig überschwänglich; *(mbt toejuiching, vreugde)* stürmisch
uitchecken auschecken
uitdagen herausfordern
uitdager Herausforderer *m*[9]
uitdaging Herausforderung *v*[20]
uitdelen austeilen, verteilen
uitdenken *(bedenken)* sich[3] ausdenken[140]; *(spitsvondig)* ausklügeln
uitdeuken ausbeulen
uitdiepen 1 *(dieper maken)* austiefen, vertiefen; **2** *(bestuderen)* eingehend untersuchen
uitdijen sich ausdehnen
uitdoen 1 *(uittrekken)* ausziehen[318]; **2** *(uitdoven)* ausmachen
uitdokteren ausknobeln
uitdossen herausputzen
uitdoven I *tr* löschen; *(een sigaret)* ausdrücken; **II** *intr (uitgaan)* erlöschen[150]
uitdraai *(comp)* Ausdruck *m*[5]
uitdraaien I *tr* **1** *(uitdoen)* ausdrehen, abschalten, ausschalten; **2** *(naar buiten draaien)* herausdrehen; **3** *(computerbestand)* ausdrucken; **II** *intr* hinauslaufen[198]: *waar zal dat op ~?* worauf läuft das hinaus?
uitdragen *(verkondigen)* verbreiten
uitdrager Altwarenhändler *m*[9], Trödler *m*[9]
uitdrinken austrinken[293], leeren
uitdrogen austrocknen
uitdrukkelijk ausdrücklich, *(met klem)* nachdrück-

lich

uitdrukken I *tr* 1 *(uitpersen)* auspressen, ausdrücken; 2 *(uiten)* ausdrücken, äußern; II *zich ~* sich ausdrücken: *zacht uitgedrukt* gelinde gesagt

uitdrukking 1 Ausdruck *m*[6]: *tot ~ komen* zum Ausdruck kommen[193] (in[+3]); 2 *(spreekwijze)* Redensart *v*[20]

uiteen auseinander

uiteendrijven auseinander treiben[290]

uiteengaan auseinander gehen[168]

uiteenhouden auseinander halten[183]

uiteenlopen 1 *(mbt lijnen)* auseinander laufen[198]; 2 *(mbt mensen, meningen)* auseinander gehen[168]; 3 *(variëren)* variieren[320]

uiteenlopend auseinander gehend, unterschiedlich

uiteenspatten zerplatzen

uiteenvallen auseinander fallen[154]

uiteenzetten 1 *(lett)* auseinander stellen; 2 *(fig)* auseinander setzen, darlegen

uiteenzetting Darlegung *v*[20]; Ausführungen *mv v*[20]

uiteinde Ende *o*[38]: *een zalig ~!* guten Rutsch ins neue Jahr!

uiteindelijk 1 *(ten slotte)* schließlich, letztendlich; 2 *(definitief)* endgültig

uiten I *ww* äußern; II *zich ~* sich äußern

uitentreuren immer wieder; *(tot vervelens toe)* bis zum Überdruss

uiteraard natürlich, selbstverständlich

uiterlijk I *bn* äußer: *de ~e schijn* der äußere Anschein; II *bw* äußerlich; *(op z'n laatst)* spätestens; III *zn* Äußere(s) *o*[40c], Aussehen *o*[39]

uitermate überaus, äußerst

uiterst I *bn* äußerst: *zijn ~e best doen* sein Äußerstes tun[295]: *in het ~e geval* äußerstenfalls; II *bw* äußerst: *~ belangrijk* äußerst wichtig; *~ nauwkeurig* genau(e)stens

uiterste 1 *(wat het verst uiteenligt)* Extrem *o*[29]: *de ~n raken elkaar* die Extreme berühren sich; *van het ene ~ in het andere vallen* von einem Extrem ins andere fallen[154]; 2 *(het laatste)* das Äußerste, das Letzte: *het ~ wagen* das Äußerste wagen; *iem tot het ~ brengen* jmdn bis zum Äußersten reizen; *zich tot het ~ inspannen* sein Letztes hergeben[166]

uiterwaard(en) Deichvorland *o*[39], Vorland

uitfoeteren *iem ~* jmdn ausschimpfen

uitgaan ausgehen[168]: *het huis ~* das Haus verlassen[197]: *de kamer ~* aus dem Zimmer gehen[168]: *op een baan ~* eine Stelle suchen; *het woord gaat uit op een n* das Wort endet auf n; *onze gedachten gaan uit naar de slachtoffers* unsere Gedanken gelten den Opfern; *het vuur gaat uit* das Feuer geht aus

uitgaand ausgehend: *~e post* ausgehende Post; *het ~ publiek (theater)* das Theaterpublikum, *(bioscoop)* das Kinopublikum; *hiervan ~e* dies vorausgesetzt

uitgaansverbod Ausgangssperre *v*[21]

uitgang 1 *(algem)* Ausgang *m*[6], *(in bus, tram)* Ausstieg *m*[5]; 2 *(van woord)* Endung *v*[20]

uitgangspunt Ausgangspunkt *m*[5]

uitgave 1 *(van geld)* Ausgabe *v*[21]; 2 *(van boek)* Ausgabe *v*[21]; *(druk, editie)* Auflage *v*[21]

uitgebreid ausgedehnt, umfassend: *een ~e bibliotheek* eine umfangreiche Bibliothek; *~e activiteiten* umfangreiche Aktivitäten *mv v*[20]

uitgebreidheid Ausdehnung *v*[20], Umfang *m*[6]

uitgehongerd ausgehungert

uitgekookt *(ook fig)* ausgekocht

uitgelaten ausgelassen, übermütig

uitgeleefd abgelebt

uitgeleide *iem ~ doen* jmdm das Geleit geben[166]

uitgelezen auserlesen, ausgesucht

uitgemaakt ausgemacht: *dat is een ~e zaak* das ist eine ausgemachte Sache

uitgeput erschöpft: *de voorraad raakt ~* der Vorrat geht aus

uitgerekend 1 *(op eigen voordeel bedacht)* gerissen; 2 *(juist)* ausgerechnet

uitgeslapen 1 *(lett)* ausgeschlafen; 2 *(fig) (slim)* schlau, pfiffig; gerissen

uitgesloten ausgeschlossen

uitgesproken ausgesprochen: *een ~ tegenstander* ein erklärter Gegner

uitgestrekt ausgedehnt

uitgestrektheid Ausdehnung *v*[20], Weite *v*[21]

uitgeven 1 *(besteden)* ausgeben[166]; 2 *(waardepapieren e.d.)* emittieren[320]; 3 *(doen verschijnen) een boek ~:* a) *(de uitgave bezorgen)* ein Buch herausgeben[166], herausbringen[139]; b) *(drukken en in de handel brengen)* verlegen; *het boek wordt uitgegeven bij das Buch erscheint bei*[+3]; 4 *(zich voordoen) zich als … ~* sich als … ausgeben[166]

uitgever *(van boeken)* Verleger *m*[9], *(van krant, tijdschrift, ook)* Herausgeber *m*[9]

uitgeverij Verlag *m*[5]

uitgewerkt ausgearbeitet, detailliert

uitgezocht ausgesucht, auserlesen

uitgezonderd I *vw* ausgenommen; II *vz* außer[+3]: *~ jou heb ik niemand* außer dir habe ich niemand

uitgifte 1 Ausgabe *v*[21]; 2 *(emissie)* Emission *v*[20]

uitglijden ausgleiten[178], ausrutschen

uitgommen ausradieren[320]

uitgooi *(sp: door keeper)* Abwurf *m*[6]

uitgooien 1 *(sp: door keeper)* abwerfen[311]; 2 *(snel uitdoen)* abwerfen[311]

uitgraven 1 *(opgraven)* ausgraben[180]; 2 *(uitdiepen)* ausschachten

uitgraving Ausgrabung *v*[20], Ausschachtung *v*[20]

uitgroeien sich entwickeln, wachsen[302]

uithaal *(uitval)* Ausfall *m*[6]

uithakken aushauen[185]

uithalen I *tr* 1 *(loshalen)* aufräufeln: *een trui ~* einen Pullover aufräufeln; 2 *(leeghalen)* ausnehmen[212], ausräumen: *de kast ~* den Schrank ausräumen; *een nestje ~* ein Nest ausnehmen; 3 *(helpen)* nützen: *dat haalt niets uit* das nützt nichts; 4 *(uitvoeren)* anstellen: *wat heb je uitgehaald?* was hast du angestellt?; II *intr* 1 *(arm, been uitstrekken)* ausholen: *de bokser haalde uit* der Boxer holte aus; **2** *(fig)* anfahren[153]; **3** *(uitwijken)* ausweichen[306]

uithangbord Aushängeschild *o*[31]

uithangen I *tr* **1** *(de was)* aufhängen: *de vlag* ~ flaggen; **2** *(zich voordoen als)* spielen: *de grote meneer* ~ den großen Herrn spielen; **II** *intr* **1** *(zich ophouden)* stecken: *waar hangt hij uit?* wo steckt er?; **2** *(buiten hangen)* heraushängen[184]

uitheems fremdländisch, exotisch

uithoek entlegener Winkel *m*[9]

uithollen *(ook fig)* aushöhlen

uitholling *(ook fig)* Aushöhlung *v*[20]: ~ *overdwars!* *(op verkeersbord)* Querrinne!

uithoren (jmdn) ausfragen, aushorchen

uithouden 1 *(volhouden)* aushalten[183], durchhalten[183]; **2** *(verdragen)* aushalten

uithoudingsvermogen Ausdauer *v*[28]

uiting 1 *(uitlating)* Äußerung *v*[20]; **2** *(het uiten)* Ausdruck *m*[6]: ~ *geven aan zijn verbolgenheid* seinen Ärger zum Ausdruck bringen[139]: *de* ~ *van blijdschap* die Äußerung der Freude; *tot* ~ *komen* zum Ausdruck kommen[193]

uitje: *een* ~ *hebben* mal ausgehen[168]

uitjouwen ausbuhen

uitkafferen (jmdn) anschnauzen

uitkeren 1 *(uitbetalen)* auszahlen; **2** *(dividend)* ausschütten

uitkering 1 *(het uitkeren)* Auszahlung *v*[20]; **2** *(de uitgekeerde som)* ausgezahlte Summe *v*[21]; **3** *(van dividend)* Ausschüttung *v*[20]; **4** *(van sociale verzekering)* Leistung *v*[20]; *(bijstand)* Sozialhilfe *v*[21]

uitkeringstrekker Sozialhilfeempfänger *m*[9]

uitkienen ausknobeln

uitkiezen (aus)wählen

uitkijk 1 *(uitzicht)* Ausblick *m*[5], Aussicht *v*[20]; **2** *(uitkijktoren)* Aussichtsturm *m*[6]; **3** *(scheepv)* Ausguck *m*[5]

uitkijken 1 ausschauen, Ausschau halten[183] (nach[+3]): *(fig) zijn ogen* ~ große Augen machen; **2** *(trachten te krijgen)* sich umsehen[261] (nach[+3]): *naar een baan* ~ sich nach einer Stelle umsehen; **3** *(uitzicht geven)* (hinaus)gehen[168] (auf[+4]): *het raam kijkt uit op het plein* das Fenster geht auf den Platz (hinaus); **4** *(opletten)* aufpassen: *kijk uit!* Vorsicht!

uitkijktoren Aussichtsturm *m*[6]

uitklaren zollamtlich abfertigen

uitkleden I *ww* ausziehen[318], auskleiden; **II** *zich* ~ sich ausziehen, sich auskleiden

uitknijpen ausquetschen, auspressen

uitknippen ausschneiden[250]; *(licht)* ausknipsen

uitknobbelen ausknobeln

uitkoken auskochen

uitkomen 1 *(iets verlaten)* (heraus)kommen[193] aus[+3]: *(fig) ik kom er helemaal niet uit!* damit werde ich nicht fertig!; **2** *(mbt bloemen, zaden)* aufgehen[168]; *(mbt bomen, planten)* ausschlagen[241]; **3** *(mbt boek, film)* herauskommen[193]; **4** *(mbt de waarheid)* ans Licht kommen[193]; **5** *(mbt misdrijf)* herauskommen[193]; **6** *(eruitzien)* sich ausnehmen[212]; **7** *(rondko-*

men met) auskommen[193]: *met zijn salaris* ~ mit seinem Gehalt auskommen; **8** *(in het oog vallen)* hervortreten[291]; **9** *(kloppen)* stimmen: *dat komt uit!* das stimmt!; *dat komt goed uit!* das trifft sich gut!; **10** *(uitvallen)* sich treffen[289]: *het kwam net zo uit, dat we ... es traf sich, dass wir ...; dat komt mij niet goed uit!* das passt mir nicht recht!; **11** *(mbt voorspelling)* eintreffen[289], sich erfüllen; **12** *(in wedstrijd)* spielen; **13** *(bij het kaartspel)* ausspielen; **14** *(toegang geven)* gehen[168] (auf[+4])

uitkomst 1 *(afloop, uitslag)* Ergebnis *o*[29a], Resultat *o*[29]; **2** *(van som)* Ergebnis *o*[29a] || ~ *brengen* Abhilfe schaffen[230]

uitkopen: *iem* ~ jmdn abfinden[157]

uitkramen verzapfen, reden

uitkrijgen 1 *(van bijv. schoenen)* ausbekommen[193]; **2** *(oplossen)* lösen; **3** *(een boek)* auslesen[201]

uitkunnen: *er niet over* ~ *dat ... sich nicht genug darüber wundern können, dass ...*

uitlaat Auspuff *m*[5]

uitlaatgas Auspuffgas *o*[29], Abgas *o*[29]

uitlaatklep Auslassventil *o*[29]

uitlachen auslachen

uitladen ausladen[196]

uitlaten I *ww* hinauslassen[197]: *de hond* ~ den Hund ausführen; **II** *zich* ~ **1** sich äußern; **2** *zich over iem, iets* ~ sich über jmdn, über[+4] etwas äußern

uitlating Äußerung *v*[20]

uitleentermijn Leihfrist *v*[20]

uitleg Erklärung *v*[20]; *(interpretatie)* Deutung *v*[20]

uitleggen 1 *(verklaren)* auslegen, erklären; *(interpreteren)* deuten; **2** *(ruimer maken)* auslassen[197]

uitlekken 1 *(lett)* abtropfen: *groente laten* ~ Gemüse abtropfen lassen[197]; **2** *(fig)* durchsickern

uitlenen I *ww* ausleihen[200]; **II** *zn* Ausleihen *o*[39]

uitleven, zich sich ausleben

uitleveren ausliefern (an[+4])

uitlevering Auslieferung *v*[20]

uitlezen auslesen[201], zu Ende lesen[201]

uitlijnen auswuchten

uitlokken 1 *(uitnodigen)* einladen[196]; **2** *(doen ontstaan)* auslösen: *het ene woord lokt het andere uit* ein Wort gibt das andere

uitlopen I *intr* **1** *(mbt vloeistof)* auslaufen[198]: *het vat* ~ aus dem Fass auslaufen; **2** *(naar buiten lopen)* auslaufen[198]; **3** *(mbt machine)* auslaufen[198], *(mbt vliegtuig, voertuig)* ausrollen; **4** *(sp: mbt keeper)* herauslaufen[198]; **5** *(plantk)* ausschlagen[241]; *(kiemen)* keimen; **6** *(eindigen)* auslaufen[198]: *waar moet dat op* ~? wohin soll das führen?; *dat loopt op een prijsverhoging uit* das führt zu einer Preiserhöhung; **7** *(uitmonden)* münden; **II** *tr* *(ten einde lopen)* zu Ende laufen[198]

uitloper Ausläufer *m*[9]

uitloten auslosen

uitloven *(een beloning, prijs)* aussetzen

uitmaken 1 *(doven)* ausmachen, löschen; **2** *(verbreken)* (auf)lösen; **3** *(vormen)* bilden; **4** *(bepalen)* feststellen: *dat moet hij met zichzelf* ~ das muss er

ui

mit sich selbst ausmachen; **5** *iem ~ (uitschelden)* jmdn schelten[235]: *iem voor dief ~* jmdn einen Dieb schelten || *dat maakt niets uit!* das macht nichts!

uitmeten ausmessen[208]: *(fig) iets breed ~* viel Aufhebens von[+3] etwas machen

uitmonden münden (in[+4])

uitmonsteren herausputzen

uitmonstering Kleidung *v*[28]

uitmunten sich auszeichnen

uitmuntend ausgezeichnet, hervorragend

uitnodigen einladen[196]

uitnodiging Einladung *v*[20]

uitoefenen *(ambacht, beroep, praktijk, invloed)* ausüben: *kritiek ~* Kritik üben (an[+3])

uitoefening Ausübung *v*[28]

uitpakken I *tr (van verpakking ontdoen)* auspacken; **II** *intr* **1** *(onthalen)* aufwarten (mit[+3]); **2** *(vertellen)* auspacken: *tegen iem ~* jmdm die Meinung sagen || *hoe zal dat ~?* wie wird das ausgehen?

uitpersen auspressen

uitpikken 1 *(de ogen)* aushacken; **2** *(fig)* herausgreifen[181], auswählen

uitpluizen *(fig): iets ~* einer Sache[3] nachspüren

uitpraten ausreden: *iem laten ~* jmdn ausreden lassen[197]: *ze moeten het eens ~* sie müssen sich mal aussprechen

uitprinten ausdrucken

uitproberen ausprobieren[320]

uitpuilen *(mbt zakken)* überquellen[217]; *(mbt ogen)* hervorquellen[217]: *~de ogen* Glotzaugen *mv o*[38]

uitputten 1 *(krachteloos maken)* erschöpfen: *volkomen uitgeput* völlig erschöpft; **2** *(verbruiken) (middelen, krachten, reserves)* erschöpfen; *(voorraden)* aufzehren || *een onderwerp ~d behandelen* ein Thema erschöpfend behandeln

uitputting Erschöpfung *v*[20]

uitraken *(mbt verloving)* in die Brüche gehen[168]

uitrangeren: *iem, iets ~* jmdn, etwas auf ein totes Gleis schieben[237]

uitreiken 1 *(ter hand stellen)* überreichen; **2** *(prijzen)* verleihen[200]; **3** *(voedsel)* verteilen; **4** *(communie)* austeilen

uitreis Ausreise *v*[21]

uitrekenen ausrechnen

uitrekken I *ww* recken: *de hals ~* den Hals recken; *een elastiek ~* ein Gummiband dehnen; **II** *zich ~* sich strecken

uitrit Ausfahrt *v*[20]

uitroeien *(verdelgen)* ausrotten, vertilgen

uitroeiing Ausrottung *v*[20], Vertilgung *v*[20]

uitroep Ausruf *m*[5], Schrei *m*[5]

uitroepen ausrufen[226]

uitroepteken Ausrufezeichen *o*[35]

uitrukken I *tr (verwijderen)* ausreißen[220]; **II** *intr (mbt brandweer, militairen)* ausrücken

¹uitrusten *(rust nemen)* sich ausruhen

²uitrusten 1 *(van het nodige voorzien)* ausrüsten; **2** *(fig)* ausstatten

uitrusting Ausrüstung *v*[20], Ausstattung *v*[20]

uitschakelen ausschalten

uitschakeling Ausschaltung *v*[20]

¹uitscheiden *(ophouden)* aufhören: *ik ben uitgescheiden* ich habe aufgehört

²uitscheiden *(afscheiden)* ausscheiden[232]

uitscheiding Ausscheidung *v*[20]

uitschelden ausschimpfen, beschimpfen

uitscheuren (her)ausreißen[220]

uitschieten I *tr* **1** *(door schieten wegnemen)* ausschießen[238]; **2** *(snel uittrekken)* fahren[153] aus[+3]; **II** *intr (onwillekeurig bewegen)* ausrutschen

uitschieter 1 *(rukwind)* Bö *v*[20]; **2** *(iets bijzonders)* Spitzenleistung *v*[20]

uitschijnen *(Belg): iets laten ~* etwas durchblicken lassen[197]

uitschijter *(inform)* Rüffel *m*[9]

uitschot *(handel)* Ausschuss *m*[19] || *het ~ van de maatschappij* der Abschaum der Gesellschaft

uitschrijven 1 *(algem)* ausschreiben[252]: *een recept ~* ein Rezept ausschreiben; *verkiezingen ~* Wahlen ausschreiben; *een prijsvraag ~* ein Preisausschreiben veranstalten; *een vergadering ~* eine Versammlung einberufen[226]; **2** *(schrappen)* austragen[288]

uitschuiven ausziehen[318], *(hydraulisch)* ausfahren[153]

uitslaan I *tr* **1** *(door slaan verwijderen)* ausschlagen[241]: *een spijker er ~* einen Nagel herausschlagen[241]; **2** *(vleugels, armen)* ausbreiten, spreizen; **II** *intr (mbt muur)* schwitzen; *(verkleuren)* sich verfärben || *de vlammen slaan het dak uit* die Flammen schlagen aus dem Dach heraus; *~de brand* Großfeuer *o*[33]

uitslag 1 *(van magneetnaald, wijzer)* Ausschlag *m*[6]; **2** *(med)* Ausschlag *m*[6]; **3** *(op muur)* Feuchtigkeit *v*[28], Schimmel *m*[9]; **4** *(resultaat)* Ergebnis *o*[29a], Resultat *o*[29]

uitslapen ausschlafen[240]

uitsloven, zich sich abmühen

uitslover Arbeitstier *o*[29]; *(kruiper)* Kriecher *m*[9]

uitsluiten ausschließen[245]

uitsluitend *bn, bw* ausschließlich

uitsluiting Ausschluss *m*[6]

uitsluitsel Aufschluss *m*[6]

uitsmijten: *iem de deur ~* jmdn rausschmeißen[247]

uitsmijter 1 *(van bar, nachtclub)* Rausschmeißer *m*[9]; **2** *(gerecht)* strammer Max *m*[19a]

uitsnijden 1 (her)ausschneiden[250]; **2** *(in hout)* ausschnitzen

uitspannen *(een net, paarden)* ausspannen

uitspanning Ausflugslokal *o*[29]

uitspansel Firmament *o*[39]

uitsparen 1 sparen: *iets ~* sich[3] etwas ersparen; **2** *(ruimte openlaten)* aussparen

uitspatting Ausschweifung *v*[20]

uitspelen I *tr (ten einde spelen)* zu Ende spielen; *(in het spel brengen)* ausspielen: *een kaart ~* eine Karte ausspielen; **II** *intr (een uitwedstrijd spelen)* auswärts spielen

uitspoken 1 *(uitbroeden)* aushecken; **2** *(uitvoeren)* anstellen, treiben[290]

uitspraak 1 *(wijze van spreken)* Aussprache *v*[21]; **2** *(uitlating)* Aussage *v*[21]; **3** *(beslissing)* Entscheidung *v*[20]; **4** *(vonnis)* Urteil *o*[29]: *de ~ van de jury* der Spruch der Geschworenen

uitspreiden ausbreiten; *(van benen)* spreizen

uitspreken 1 *(zijn dank, een woord)* aussprechen[274]; **2** *(gevoelens)* äußern; **3** *(een vonnis)* (aus)sprechen[274], verkünden; **4** *(ten einde spreken)* aussprechen[274], ausreden

uitspringen 1 *(uitsteken)* vorspringen[276]; **2** *(fig)* *ergens goed ~* bei etwas gut wegkommen[193]

uitspuwen ausspeien[271], ausspucken

uitstaan I *tr* ausstehen[279]: *angst ~* Angst ausstehen; *iem niet kunnen ~* jmdn nicht ausstehen können[194]: *ik heb met hem niets uit te staan* ich habe mit ihm nichts zu schaffen; *wat heb ik daarmee uit te staan?* was geht das mich an?; *veel met iem moeten ~* seine liebe Not mit jmdm haben[182]; **II** *zich* sich verzinsen: *~ tegen 8%* sich mit acht Prozent verzinsen

uitstaand: *~e gelden* ausstehende Gelder; *~e vorderingen* Außenstände *(mv)*

uitstallen ausstellen; *(fig)* zur Schau stellen

uitstalling Auslage *v*[21]

uitstalraam *(Belg)* Schaufenster *o*[33]

uitstapje Ausflug *m*[6], *(tijdens grotere reis)* Abstecher *m*[9]

uitstappen aussteigen[281]

uitsteeksel Vorsprung *m*[6]

uitstek: *bij ~* ganz besonders, überaus

uitsteken I *tr* **1** *(door steken verwijderen)* ausstechen[277]; **2** *(uitstrekken)* ausstrecken: *zijn hand ~* die Hand ausstrecken; *(fig) geen hand ~* keinen Finger rühren; *de vlag ~* die Flagge aushängen; **II** *intr* vorspringen[276], vorstehen[279]: *~ boven (ook fig)* überragen; *hinausragen über*[+4]

¹uitstekend vorspringend, vorstehend

²uitstekend ausgezeichnet, hervorragend

uitstel 1 Aufschub *m*[6], Moratorium *o* (2e nvl -s; mv Moratorien): *~ van betaling* Zahlungsaufschub; *(fig) ~ van executie* Galgenfrist *v*[20]: *zonder ~* unverzüglich; *iem ~ verlenen* jmdm Aufschub gewähren; *iem ~ van militaire dienst verlenen* jmdn vom Militärdienst zurückstellen; **2** *(Belg, jur) met ~* mit Bewährung; *drie maanden met ~* drei Monate Freiheitsstrafe mit Bewährung

uitstellen aufschieben[237], verschieben[237], hinausschieben[237]: *tot een andere dag ~* auf einen anderen Tag verlegen; *de zaak kan niet uitgesteld worden* die Sache duldet keinen Aufschub

uitsterven aussterben[282]

uitstippelen vorzeichnen

uitstoot *(emissie)* Emission *v*[20], Auswurf *m*[6]

uitstorten ausschütten: *zijn hart voor iem ~* jmdm sein Herz ausschütten

uitstorting *(het uitstorten)* Ausschütten *o*[39]; *(van bloed, sperma)* Erguss *m*[6]: *de ~ van de Heilige Geest* die Ausgießung des Heiligen Geistes

uitstoten 1 *(algem)* ausstoßen[285]; **2** *(buitensluiten)* ausschließen[245]; **3** *(van afvalstoffen)* emittieren[320], auswerfen[311]

uitstraling Ausstrahlung *v*[20]

uitstrekken I *ww* ausstrecken; **II** *zich* sich ausdehnen, sich erstrecken: *zich op de grond ~* sich auf dem Boden hinstrecken

uitstrijkje Ausstrich *m*[5]

uitstrooien *(ook fig)* ausstreuen

uitstroom *(van arbeidskrachten)* Abwanderung *v*[20]

uitsturen ausschicken, aussenden[263]: *iem op iets ~* jmdn nach[+3] etwas ausschicken

uittekenen: *iem ~* jmdn zeichnen

uittellen *(bij het boksen)* ausgeteld worden ausgezählt werden[310]; *(fig)* uitgeteld zijn kaputt sein[262]

uittesten austesten, ausprobieren[320]

uittikken tippen

uittocht Auszug *m*[6]

uittorenen *(ook fig)* hinausragen (über[+4])

uittrap Abschlag *m*[6], Abstoß *m*[6]

uittrappen 1 *(doven)* austreten[291]; **2** *(in het spel brengen)* abschlagen[241]; **3** *(uit het veld trappen)* ins Aus treten[291]

uittreden 1 *(als lid)* austreten[291]; **2** *(uit een functie)* ausscheiden[232]: *vervroegd ~* vorzeitig ausscheiden

uittreding Austritt *m*[5], Ausscheiden *o*[39]

uittrekken I *tr* **1** ausziehen[318]; **2** *(kleding)* ausziehen[318]; **3** *(een bedrag)* bereitstellen; **4** *(tijd)* zur Verfügung stellen; **5** *(een boek)* ausziehen[318]; **II** *intr* losziehen[318]: *ze trekken erop uit om ...* sie ziehen los, um ...

uittreksel 1 *(chem, farm)* Auszug *m*[6], Extrakt *m*[5]; **2** *(van boek)* Auszug *m*[6]; **3** *(van rekening)* Kontoauszug *m*[6]

uittypen tippen

uitvaardigen erlassen[197]; *(bevel)* ausgeben[166]: *sancties ~* Sanktionen verhängen

uitvaart *(begrafenis)* Beerdigung *v*[20], *(r-k, uitvaartdienst)* Seelenamt *o*[32]

uitval Ausfall *m*[6]

uitvallen 1 *(algem)* ausfallen[154]; **2** *(mbt naaldboom)* nadeln; **3** *(mil, bij het schermen)* ausfallen[154]; **4** *(tijdens een wedstrijd)* ausscheiden[232]; **5** *(fig) tegen iem ~* jmdn anfahren[153] || *goed, slecht ~* gut, schlecht ausfallen[154]

uitvaller Ausgeschiedene(r) *m*[40a], *v*[40b]

uitvalsweg Ausfallstraße *v*[21]

uitvaren 1 *(lett)* auslaufen[198], ausfahren[153]; **2** *(razen, tieren)* toben: *tegen iem ~* jmdn anfahren[153]

uitvechten: *iets ~* etwas ausfechten[156]: *het onder elkaar ~* es miteinander ausmachen

uitverkiezen (aus)erwählen

uitverkocht ausverkauft, *(mbt boek)* vergriffen

uitverkoop Ausverkauf *m*[6]

uitverkopen ausverkaufen

uitverkoren auserwählt

uitvinden erfinden[157]; *(achter iets komen)* herausfinden[157]

uitvinder Erfinder *m*[9]

uitvinding Erfindung v^{20}
uitvissen *(fig)* herausfinden[157], herausbekommen[193]
uitvlakken ausradieren[320]: *(fig) dat moet je niet ~!* das ist kein Pappenstiel!
uitvloeisel Ausfluss m^6, Folge v^{21}
uitvlucht Ausflucht v^{25}, Ausrede v^{21}
uitvoegstrook Ausfädelspur v^{20}, Abbiegespur v^{20}
uitvoer 1 *(export)* Ausfuhr v^{28}, Export m^{19}; **2** *(comp)* Output m^{13}, o^{36} ‖ *ten ~ brengen* ausführen, durchführen
uitvoerbaar ausführbar, durchführbar
uitvoerder *(bouwk)* Bauführer m^9
uitvoeren 1 *(exporteren)* ausführen, exportieren[320]; **2** *(een bevel, bestelling, reparatie)* ausführen: *een vonnis ~* ein Urteil vollstrecken; **3** *(een besluit, plan)* ausführen, durchführen; **4** *(een opdracht)* ausführen, erledigen; **5** *(een opera e.d.)* aufführen; **6** *(comp)* ausdrucken ‖ *het boek is goed uitgevoerd* das Buch ist gut ausgestattet; *niets ~* keinen Finger krumm machen; *wat voer jij daar uit?* was machst du da?
uitvoerend: *~e macht* Exekutivgewalt v^{20}
uitvoerig ausführlich, *(en grondig)* eingehend
uitvoering 1 *(van bevel, bestelling, reparatie)* Ausführung v^{28}; **2** *(van besluit, plan)* Ausführung v^{28}, Durchführung v^{28}: *aan een plan ~ geven* einen Plan ausführen; **3** *(van opdracht)* Ausführung v^{28}, Erledigung v^{28}; **4** *(van vonnis)* Vollstreckung v^{20}; **5** *(van opera e.d.)* Aufführung v^{20}; **6** *(van boek)* Ausstattung v^{20}
uitvoeroverschot Ausfuhrüberschuss m^6
uitvoerproduct Exportartikel m^9
uitvoervergunning Ausfuhrgenehmigung v^{20}
uitvragen: *iem ~* jmdn ausfragen; *ik ben uitgevraagd* ich habe keine weiteren Fragen mehr
uitvreten *(uitspoken)* ausfressen[162]
uitwas *(ook fig)* Auswuchs m^6
uitwasemen ausdünsten
uitwaseming Ausdünstung v^{20}, Dunst m^6
uitwassen *(reinigen)* auswaschen[304]
uitwatering Entwässerung v^{20}
uitwedstrijd Auswärtsspiel o^{29}
uitweg Ausweg m^5
uitweiden ausführlich berichten (über[+4])
uitwendig I *bn* äußer, äußerlich: *voor ~ gebruik* für den äußerlichen Gebrauch; **II** *bw* äußerlich
uitwerken I *tr* **1** *(algem)* ausarbeiten; **2** *(een som)* ausrechnen, lösen; **II** *intr: de verdoving, de medicijn is uitgewerkt* die Betäubung, das Medikament wirkt nicht mehr
uitwerking 1 *(algem)* Ausarbeitung v^{20}; **2** *(van som)* Ausrechnen o^{39}, Lösung v^{20}; **3** *(effect)* Wirkung v^{20}: *~ hebben op* sich auswirken auf[+4]
uitwerpselen Exkremente *mv* o^{29}, Kot m^{19}, *(van wild)* Losung v^{20}
uitwijkeling *(Belg)* Auswanderer m^9
uitwijken 1 *(opzijgaan)* ausweichen[306]: *voor een auto ~* einem Auto ausweichen; **2** *(zich in balling-*

schap begeven) ins Exil gehen[168]; **3** *(Belg) (emigreren)* auswandern
uitwijzen 1 *(tonen)* zeigen: *de tijd zal het ~* die Zukunft wird es lehren; **2** *iem ~ (over de grens zetten)* jmdn ausweisen[307]
uitwijzing Ausweisung v^{20}
uitwisselen austauschen (gegen[+4])
uitwisseling Austausch m^{19}
uitwissen auswischen, wegwischen; *(de sporen van een misdrijf)* beseitigen; *(een schuld)* sühnen
uitwringen auswringen[316]
uitwuiven: *iem ~* jmdm nachwinken
uitzendbureau Büro o^{36} für Zeitarbeit
uitzenden 1 *(telecom)* senden[263], übertragen[288]; **2** *iem ~* jmdn ausschicken, aussenden[263]
uitzending 1 *(telecom)* Sendung v^{20}, Übertragung v^{20}; **2** *(het uitsturen)* Aussendung v^{20}
uitzendkracht Zeitarbeitnehmer m^9
uitzet Aussteuer v^{21}
uitzetten I *tr* **1** *(uitschakelen)* ausschalten; **2** *(uit een plaats zetten)* aussetzen: *een sloep ~* ein Boot aussetzen; *iem de deur ~* jmdn vor die Tür setzen; *iem het land ~* jmdn ausweisen[307]: *geld op rente ~* Geld verzinsen; **II** *intr* **1** *(zich uitbreiden)* sich ausdehnen: *metaal zet door warmte uit* Metall dehnt sich durch Erwärmung aus; **2** *(mbt hout)* quellen[217]
uitzetting 1 *(nat)* Ausdehnung v^{20}; **2** *(uit het land)* Ausweisung v^{20}; **3** *(uit een woning)* Zwangsräumung v^{20}
uitzettingsbevel 1 *(uit woning)* Räumungsbefehl m^5; **2** *(uit land)* Ausweisungsbefehl m^5
uitzicht 1 Aussicht v^{20}, Ausblick m^5; **2** *(vooruitzicht)* Aussicht v^{20} (auf[+4])
uitzichtloos aussichtslos
uitzieken sich auskurieren[320]
uitzien I *intr* **1** aussehen[261]: *er goed ~* gut aussehen; *het ziet ernaar uit, dat het gaat regenen* es sieht nach Regen aus; **2** *(proberen te krijgen)* sich umsehen[261] (nach[+3]): *naar een gelegenheid ~* sich nach einer Gelegenheit umsehen; **3** *(verlangen naar)* sich sehnen (nach[+3]) ‖ *de kamer ziet uit op de tuin* das Zimmer sieht auf den Garten; **II** *tr (tot het einde zien)* zu Ende sehen[261]: *een film ~* einen Film zu Ende sehen
uitzingen *(volhouden)* aushalten[183]
uitzinnig zügellos, wahnsinnig: *~ zijn van vreugde* vor Freude außer[+3] sich sein[262]
uitzitten: *een straf ~* eine Strafe verbüßen; *zijn tijd ~* seine Zeit absitzen
uitzoeken 1 *(uitkiezen)* aussuchen; **2** *(onderzoeken)* untersuchen, *(met succes)* herausfinden[157]
uitzonderen ausnehmen[212]
uitzondering Ausnahme v^{21}: *bij (wijze van) ~* ausnahmsweise; *met ~ van* mit Ausnahme[+2]; *een ~ op de regel* eine Ausnahme von der Regel
uitzonderingspositie Ausnahmestellung v^{20}
uitzonderlijk außergewöhnlich
uitzuigen *(lett)* aussaugen[229]; *(fig)* ausbeuten
uitzuiger Ausbeuter m^9
uitzwaaien: *iem ~* jmdm nachwinken

uitzwermen ausschwärmen
uk, ukkepuk Knirps m^5
ultimatum Ultimatum o^{36} *(mv ook Ultimaten)*
ultimo: ~ *juni* ultimo Juni
ultra *(Lat)* **I** *bn* ultra…, Ultra…; **II** *zn* Ultra m^{13}
umpire Schiedsrichter m^9, Umpire m^{13} *(2e nvl -)*
unaniem einstimmig, einmütig
unanimiteit Einstimmigkeit v^{28}, Einmütigkeit v^{28}
underdog Unterlegene(r) m^{40a}, v^{40b}
underground Underground m^{19}
understatement Understatement o^{36}, Untertreibung v^{20}
unfair unfair
uni uni
unicum Unikum o *(2e nvl -s; mv Unika)*
unie Union v^{20}
unief *(Belg)* Uni v^{27}, Universität v^{20}
uniek einmalig, einzigartig
uniform I *bn* einheitlich, Einheits…, uniform: ~ *tarief* einheitlicher Tarif, Einheitstarif m^5; **II** *zn* Uniform v^{20}
uniseks I *zn* Unisex m^{19} *(2e nvl ook -);* **II** *bn:* ~ *kleding* Partnerlook m^{19}
universeel universal, universell: ~ *middel* Universalmittel o^{33}
universitair akademisch: ~*e studie* Universitätsstudium o *(2e nvl -s; mv -studien)*
universiteit Universität v^{20}, *(inform)* Uni v^{27}: *de open* ~ die Fernuniversität
universum Universum o^{39}
upper class Upperclass v^{28}, Oberschicht v^{20}
up-to-date up to date, zeitgemäß
uranium Uran o^{39}
urenlang stundenlang
urgent dringend
urgentie Dringlichkeit v^{28}
urgentieverklaring Dringlichkeitsbescheinigung v^{20}
urinaal Urinal o^{29}
urine Urin m^5, Harn m^5
urineblaas Harnblase v^{21}
urineren urinieren[320], harnen
urinoir öffentliche Toilette v^{21}; *(voor mannen)* Pissoir o^{29}, o^{36}
urn Urne v^{21}
uroloog Urologe m^{15}
USA die USA *(mv; alleen met lw)*
usance Brauch m^6, Usance v^{21}
USSR UdSSR v^{28}
utiliteitsbouw Nutzbau m *(2e nvl -(e)s; mv -ten)*
utopie Utopie v^{21}
utopisch utopisch
uur 1 *(60 minuten, lesuur)* Stunde v^{21}: *130 km per* ~ 130 km/h, 130 Kilometer pro Stunde, 130 Stundenkilometer; *om het* ~ jede Stunde; *(de treinen vertrekken) op de hele en halve uren* jede Stunde und jede halbe Stunde; *op elk* ~ zu jeder Stunde; *over een* ~ in einer Stunde; *we hebben het derde uur natuurkunde* wir haben in der dritten Stunde Physik;

2 *(tijdstip)* Uhr *v*: *om drie* ~ um drei Uhr
uurgemiddelde Stundendurchschnitt m^5
uurloon Stundenlohn m^6
uurtje: *tot in de kleine* ~*s* bis nach Mitternacht
uurwerk 1 *(horloge, klok)* Uhr v^{20}; **2** *(het raderwerk)* Uhrwerk o^{29}
uurwijzer Stundenzeiger m^9
uw *bez vnw*[80]; Ihr(e); *(bij familie)* dein(e) *(mv)* euer(e)
uwerzijds Ihrerseits

V

v.a. *afk van* vanaf ab[+3]
vaag unbestimmt, vag(e), ungenau: *vage lijnen* verschwommene Linien; *een ~ voorgevoel* ein dunkles Vorgefühl
vaagheid Vagheit *v*[20]
vaak *bw* oft[65], häufig, öfters
vaal fahl, blass, farblos
vaan Fahne *v*[21], Banner *o*[33]
vaandel Fahne *v*[21]
vaandrig Fähnrich *m*[5], Fahnenjunker *m*[9]
vaantje Fähnchen *o*[35]
vaardiepte Wassertiefe *v*[21]
vaardig gewandt, geübt, geschickt
vaardigheid Gewandtheit *v*[28], Fertigkeit *v*[20]: *technische vaardigheden* technische Fertigkeiten
vaargeul Fahrrinne *v*[21]
vaarroute Fahrweg *m*[5], Fahrstrecke *v*[21]
vaars Färse *v*[21]
vaart 1 *(tocht met schip)* Fahrt *v*[20]: *de grote ~* die große Fahrt; *de kleine ~* die kleine Fahrt; *de wilde ~* die Trampschifffahrt; *een schip in de ~ brengen* ein Schiff in Dienst stellen; *een schip uit de ~ nemen* ein Schiff auflegen; **2** *(kanaal)* Kanal *m*[6]; **3** *(snelheid)* Geschwindigkeit *v*[20], Fahrt *v*[28]: *het zal zo'n ~ niet lopen* es wird nicht so schlimm kommen; *~ achter iets zetten* etwas beschleunigen; *in volle ~* in voller Fahrt; *behouden ~!* gute Fahrt!
vaartje *(snelheid)* Tempo *o*[36]: *met een ~* in hohem Tempo
vaartuig Fahrzeug *o*[29], Schiff *o*[29]
vaarwater Fahrwasser *o*[39]: *iem in het ~ zitten* jmdm in die Quere kommen[193]
vaarweg Wasserweg *m*[5]
vaarwel I *zn* Lebewohl *o*[36], *o*[29]; **II** *tw*: *~!* leb(e) wohl!, leben Sie wohl!
vaas Vase *v*[21]
vaat Geschirr *o*[29]: *de ~ doen* spülen
vaatdoek Spüllappen *m*[11]: *zo slap als een ~* sehr schlapp
vaatje *uit een ander ~ tappen* andere Saiten aufziehen[318]
vaatwasmachine, vaatwasser Geschirrspüler *m*[9]
vaatziekte Gefäßkrankheit *v*[20]
vacant offen, frei
vacatiegeld Tagegeld *o*[31]
vacature offene Stelle *v*[21], freie Stelle *v*[21]: *er komt*

daar een ~ da wird eine Stelle frei; *die ~ is al vervuld* diese Stelle ist schon besetzt
vaccin Vakzine *v*[21], Vakzin *o*[29], Impfstoff *m*[5]
vaccinatie Vakzination *v*[20], Impfung *v*[20]
vaccinatiebewijs Impfschein *m*[5]
vaccineren vakzinieren[320], impfen
vacht Fell *o*[29]; *(fig)* Pelz *m*[5]
vacuüm Vakuum *o (2e nvl -s; mv Vakuen of Vakua)*
vader Vater *m*[10]: *daar helpt geen lieve ~ of moeder aan* da hilft kein Bitten und kein Flehen; *(iron) neen, ~, dat gaat niet!* nein, mein lieber Freund, das geht nicht!
vaderen *zn mv* Vorfahren *mv m*[14]
vaderland Vaterland *o*[32]; *(geboorteland)* Heimat *v*[20]: *(fig) voor het ~ weg* ungehemmt
vaderlander Patriot *m*[14]
vaderlandsliefde Vaterlandsliebe *v*[28]
vaderlijk väterlich: *~ erfdeel* väterliches Erbe
vadsig träge, faul
vadsigheid Trägheit *v*[28], Faulheit *v*[28]
vagebond Vagabund *m*[14], Landstreicher *m*[9]
vagevuur Fegefeuer *o*[39]
vagina Vagina *v (mv Vaginen)*, Scheide *v*[21]
vak 1 Fach *o*[32]: *het ~ biologie* das Fach Biologie; *facultatief ~* Wahlfach; *verplicht ~* Pflichtfach; *een man van het ~* ein Fachmann; **2** *(deel van een vlak)* Feld *o*[31]
vakantie *(van bedrijven)* Urlaub *m*[5]; *(van scholen)* Ferien *(mv)*: *met ~ zijn* auf *(of:* im, in) Urlaub sein[262]: *met ~ thuis zijn* die Ferien zu Hause verbringen[139]: *met ~ gaan* auf *(of:* in) Urlaub gehen[168] *(of:* fahren[153])
vakantiedag Ferientag *m*[5], Urlaubstag *m*[5]
vakantieganger Urlauber *m*[9], Ferienreisende(r) *m*[40a], *v*[40b]
vakantiespreiding Ferienstaffelung *v*[20]
vakantiewerk Ferienarbeit *v*[28]
vakbekwaam fachkundig
vakbekwaamheid Fachkenntnisse *mv v*[24]
vakbeurs Fachmesse *v*[21]
vakbeweging Gewerkschaften *mv v*[20]
vakbond Gewerkschaft *v*[20]
vakbondsleider Gewerkschaftsführer *m*[9]
vakdiploma Facharbeiterzeugnis *o*[29a]
vakgebied Fachgebiet *o*[29]
vakje 1 Fach *o*[32]; **2** *(van formulier, puzzel)* Kästchen *o*[35]; **3** *(van bureau)* Fach *o*[32]; **4** *(deel van een vlak)* Feld *o*[31]
vakkennis Fachkenntnisse *mv v*[24], Fachwissen *o*[39]
vakkenpakket Prüfungsfächer *mv o*[32]
vakkundig fachkundig, fachgemäß: *iets ~ repareren* etwas fachmännisch reparieren[320]
vakliteratuur Fachliteratur *v*[20]
vakman Fachmann *m*[8] *(mv meestal Fachleute)*
vakopleiding Fachausbildung *v*[20]
vakterm Fachausdruck *m*[6]
vaktijdschrift Fachzeitschrift *v*[20]
vakvereniging Gewerkschaft *v*[20]: *lid van ~* Gewerkschaft(l)er *m*[9]

va

vakwerk 1 *(vakkundig werk)* Facharbeit v^{20}; **2** *(bouwk)* Fachwerk o^{39}

¹val *(het vallen) (ook fig)* Fall m^6, *(krachtig)* Sturz m^6: *de ~ van het kabinet* der Sturz der Regierung; *ten ~ komen* zu Fall kommen[193]: *ten ~ brengen* stürzen

²val *(om te vangen)* Falle v^{21}: *in de ~ lopen* in die Falle gehen[168]

³val *(scheepv)* Fall o^{37}, Tau o^{29}

valavond *(Belg)* Abenddämmerung v^{28}: *(Belg) bij ~* in der Abenddämmerung

valeriaan Baldrian m^5

valhelm Sturzhelm m^5

valhoogte Fallhöhe v^{21}

valide 1 *(gezond)* arbeitsfähig; **2** *(geldig)* gültig

validiteit 1 *(lichamelijke geschiktheid)* Arbeitsfähigkeit v^{28}; **2** *(geldigheid)* Gültigkeit v^{28}

valk Falke m^{15}

valkuil Fallgrube v^{21}, *(fig)* Fallstrick m^5

vallei Tal o^{32}

vallen I *ww* fallen[154], *(krachtig)* stürzen; *(sneuvelen)* fallen[154]: *de avond valt* es wird Abend; *het kabinet viel* die Regierung wurde gestürzt; *de schemering valt* die Dämmerung bricht herein; *er ~ klappen* es gibt *(of:* setzt) Hiebe; *er valt sneeuw* es fällt Schnee; *er vielen boze woorden* es fielen böse Worte; *komen te ~* hinfallen; *(zich) laten ~* (sich) fallen lassen[197]: *iets van de prijs laten ~* etwas vom Preis nachlassen[197]: *het huis valt aan een neef* die Wohnung fällt an einen Vetter; *in slaap ~* einschlafen[240]: *dat valt onder dezelfde categorie* das gehört in dieselbe Kategorie; *op de grond ~* zu Boden fallen; *over iets ~* über[+4] etwas fallen, *(fig)* Anstoß an[+3] etwas nehmen[212] || *met hem valt niet te spotten* er lässt nicht mit sich spaßen; *daarover valt te praten* darüber lässt sich reden; *er valt weinig van te zeggen* man kann noch nicht viel darüber sagen; *daar valt veel voor te zeggen* das hat viel für sich; *er valt wat te snoepen* es gibt etwas zu naschen; **II** *zn: het ~ van de avond* die (her)einbrechende Nacht; *tegen het ~ van de avond* gegen Abend; *het ~ van het water* das Fallen des Wassers

vallend: *~e ziekte* Epilepsie v^{21}: *lijder aan ~e ziekte* Epileptiker m^9

valling *(Belg)* **1** *(verkoudheid)* Schnupfen m^{11}; *(erger)* Erkältung v^{20}; **2** *(neiging)* Neigung v^{20}

valpartij Sturz m^6

valreep Fallreep o^{29}

vals 1 falsch: *~ geld* Falschgeld o^{31}: *~e naam* falscher Name m^{18}: *~e sleutel* Nachschlüssel m^9: *~e start* Fehlstart m^{13}; **2** *(kwaad)* böse; **3** *(geniepig)* falsch, hinterlistig

valscherm Fallschirm m^5

valschermtroepen Fallschirmjäger *mv* m^9

valselijk fälschlich

valsemunter Falschmünzer m^9

valsheid Falschheit v^{28}: *~ in geschrifte* Urkundenfälschung v^{20}

valstrik 1 *(fig)* Fallstrick m^5; **2** *(lett)* Schlinge v^{21}: *in een ~ lopen* jmdm ins Garn gehen[168]

valuta Währung v^{20}, Valuta *v (mv Valuten):* *vreemde ~* fremde Währung

valutahandel Devisenhandel m^{19}

valutamarkt Devisenmarkt m^6

valutatransactie Devisengeschäft o^{29}

vamp Vamp m^{13}

vampier Vampir m^5

¹van I *vz* **1** *(toebehorend aan, behorend bij)* wordt uitgedrukt met 2e nvl, *(inform)* von[+3]: *de fiets ~ mijn broer* das Rad meines Bruders; *het dak ~ het huis* das Dach des Hauses; *het ambt ~ burgemeester* das Amt eines Bürgermeisters; *het beroep ~ arts* der Beruf eines Arztes; *de rol ~ verrader* die Rolle eines Verräters; *de hoofdstad ~ België* die Hauptstadt Belgiens *(of:* von Belgien); *de straten ~ Parijs* die Straßen von Paris; *de prijs ~ 4 stoelen* der Preis von 4 Stühlen; **2** *(gemaakt door)* wordt uitgedrukt met 2e nvl, *(inform)* von[+3]: *een schilderij ~ Rembrandt* ein Gemälde Rembrandts; **3** *(mbt degene die (datgene dat) de handeling uitvoert)* wordt uitgedrukt met 2e nvl, *(inform)* von[+3]: *de mededeling ~ de directeur* die Mitteilung des Direktors; *het rollen ~ de donder* das Rollen des Donners; **4** *(mbt degene die (datgene dat) de handeling ondergaat)* wordt uitgedrukt met 2e nvl, *(inform)* von[+3]: *het beleg ~ de stad* die Belagerung der Stadt; **5** *(inhoudend, omvattend)* wordt uitgedrukt met 2e nvl of von[+3]: *woorden ~ troost* Worte des Trostes; *geen spoor ~ medelijden* keine Spur von Mitleid; **6** *(mbt de oorzaak)* wordt uitgedrukt met 2e nvl of met von[+3], vor[+3]: *tranen ~ berouw* Tränen der Reue; *moe ~ het wachten* müde vom Warten; *beven ~ angst* zittern vor Angst; **7** *(mbt plaats, ook fig)* von[+3]: *5 km ~ het dorp* 5 km vom Dorf; **8** *(mbt tijd)* von[+3]: *~ nu af aan* von jetzt an; *~ toen af aan* von da an; *de dag ~ heden* der heutige Tag; *de dag ~ morgen* der morgige Tag; *de dag ~ gisteren* der gestrige Tag; *~ de week* diese Woche; **9** *(mbt herkomst)* von[+3], aus[+3]: *zij is ~ Keulen* sie ist aus Köln; **10** *(vervaardigd uit)* aus[+3]: *een stoel ~ hout* ein Stuhl aus Holz; **11** *(wat betreft)* von[+3], an[+3]: *jong ~ jaren* jung von *(of:* an) Jahren; **12** *(een deel van een groter geheel aangevend)* von[+3]: *een ~ de mannen* einer von den Männern, *(ook met 2e nvl)* einer der Männer; **13** *(mbt een eigenschap)* wordt uitgedrukt met 2e nvl of met von[+3]: *een mens ~ goede wil* ein Mensch guten Willens; *een man ~ karakter* ein Mann von Charakter; **14** *(over)* von[+3]: *geen flauw idee ~ iets hebben* keine blasse Ahnung von etwas haben[182]; **15** *(onvertaald)*: *hij zei ~ ja* er sagte ja *(of:* Ja); *ik geloof ~ niet* ich glaube nicht; **II** *bw* davon: *er iets ~ nemen* etwas davon nehmen[212]: *wat zeg je daar ~?* was sagst du dazu?; *daar komt niets ~* daraus wird nichts; *daar is niets ~ aan* das stimmt nicht

²van *zn* Familienname m^{18}

vanaf ab[+3,soms +4], von[+3] ... an: *~ maandag* von Montag an; *~ 1 juli* ab erstem (1.) Juli, vom ersten (1.) Juli an; *~ heden* ab heute

vanavond heute Abend

vandaag heute: ~ *de dag* heutzutage
vandaan: *waar* ~? woher?; *waar halen (krijgen) we het* ~? wo nehmen wir es her?; *(fig) waar haal je het* ~? wie kommst du darauf?; *waar komt dat* ~? woher kommt das?; *ik moet hier* ~ ich muss fort von hier
vandaar 1 *(daarom)* daher: ~, *dat ik schrijf!* daher *(of: deswegen)* schreibe ich!; **2** *(van die plaats)* von da her
vandalisme Vandalismus m^{19a}, Wandalismus m^{19a}
vandoor: *ik moet er* ~ ich muss gehen; *zijn vrouw is er* ~ seine Frau ist ihm davongelaufen; *haar man is er* ~ ihr Mann ist ihr davongelaufen
vaneen voneinander, auseinander
vangen fangen[155]; *(verdienen)* einnehmen[212]
vangnet Fangnetz o^{29}
vangrail Leitplanke v^{21}
vangst Fang m^{19}
vangzeil Sprungtuch o^{32}, Fangtuch o^{32}
vanhier von hier
vanille Vanille v^{28}
vanilleijs Vanilleeis o^{39}
vanillesuiker Vanillezucker m^9
vanmiddag 1 *(omstreeks 12 uur)* heute Mittag; **2** *(na 14 uur)* heute Nachmittag
vanmorgen heute Morgen
vannacht heute Nacht, *(in de afgelopen nacht, ook)* in der vergangenen Nacht
vanochtend heute Morgen
vanouds von alters her, von jeher
vanuit aus[+3], von[+3] ... aus
vanwaar 1 *(van welke plaats)* woher; **2** *(om welke reden)* woher, weshalb
vanwege 1 *(uit naam van)* vonseiten[+2], von Seiten[+2], seitens[+2]; **2** *(om)* wegen[+2]
vanzelf von selbst: *dat spreekt* ~ das versteht sich; *dat gaat* ~ das geht von alleine
vanzelfsprekend selbstverständlich
vaporisateur Zerstäuber m^9
¹varen *zn (plantk)* Farn m^5, Farnpflanze v^{21}
²varen *ww* fahren[153]: *(fig) ergens wel bij* ~ sich gut bei[+3] etwas stehen; *een plan laten* ~ einen Plan aufgeben[166]
variabel variabel, veränderlich
variant Variante v^{21}
variatie Variation v^{20}: *voor de* ~ zur Abwechslung
variëren variieren[320]
variété Varieté o^{36}, Varietee o^{36}
variëteit Varietät v^{20}
varken Schwein o^{29}: *wild* ~ Wildschwein o^{29}; *(fig) hij is een* ~ er ist ein Schwein
varkensfokker Schweinezüchter m^9
varkenskarbonade Schweinekotelett o^{36}
varkensstal Schweinestall m^6, Schweinekoben m^{11}
varkensvlees Schweinefleisch o^{39}, *(toebereid)* Schweinebraten m^{11}
varkensvoer 1 *(lett)* Schweinefutter o^{39}; **2** *(slecht voedsel)* Schweinefraß m^{19}
varkentje Ferkel o^{33}: *hij zal dat* ~ *wel wassen* er wird das Kind schon schaukeln

vaseline Vaseline v^{28}
vast I *bn* **1** fest: ~*e baan* feste Stelle; ~ *inkomen* festes Einkommen; ~*e klant* fester Kunde m^{15}, Stammkunde m^{15}: ~*e prijzen* feste Preise; **2** *(voortdurend)* ständig: ~ *lid (van een commissie)* ständiges Mitglied o^{31}: ~*e woonplaats* ständiger *(of:* fester*)* Wohnsitz; ~ *weer* beständiges Wetter; **3** *(andere vertalingen) een* ~*e hand hebben* eine sichere Hand haben[182]: ~ *goed* Immobilien *(mv)*: ~*e huurder* Dauermieter m^9; **II** *bw* **1** *(intussen)* schon: *ga maar* ~ *vooruit, ik kom zo!* geh schon voraus, ich komme gleich nach!; **2** *(stevig, stellig)* fest, *(stellig, ook)* bestimmt: *iets* ~ *beloven* etwas fest versprechen[274]: ~ *slapen* fest schlafen[240]: *hij komt* ~ er kommt bestimmt; *u kunt er* ~ *op rekenen!* Sie können sich darauf verlassen!; ~ *en zeker* ganz gewiss
vastberaden entschlossen
vastbijten *(ook fig) zich* ~ *in iets* sich in[+3] etwas festbeißen[125]
vastbinden festbinden[131] (an[+3])
vasteland Festland o^{39}; *(de oever)* Land o^{39}
vasten I *ww* fasten; **II** *zn* Fasten *(mv): de* ~ *begint* die Fasten fangen an; *in de* ~ in der Fastenzeit
Vastenavond Fastnacht v^{28}, *(Z-Dui, Oostenr)* Fasching m^5, m^{13}
vastendag Fasttag m^5
vastgespen festschnallen
vastgoed Immobilien *(mv)*
vastgrijpen ergreifen[181]
vastheid Festigkeit v^{28}, Sicherheit v^{28}
vasthouden festhalten[183]: *aan zijn eis* ~ auf seiner Forderung bestehen[279]: *zich* ~ *aan* sich festhalten an[+3]
vasthoudend: ~ *zijn* nicht lockerlassen[197], nicht nachgeben[166]
vastigheid Sicherheit v^{28}
vastklampen: *zich* ~ *aan* sich festklammern an[+3], *(fig)* sich klammern an[+4]
vastknopen zuknöpfen: *er een dagje aan* ~ noch einen Tag anhängen; *(fig) daar kan ik geen touw aan* ~! darauf kann ich mir keinen Vers machen!
vastleggen I *tr* **1** *(vastmaken)* festmachen: *iets* ~ *aan* etwas festmachen an[+3]; **2** *(registreren)* festlegen: *iets schriftelijk* ~ etwas schriftlich festlegen, festhalten[183]; **II** *zich* ~ sich festlegen, sich binden[131]
vastliggen festliegen[202]; *(mbt hond)* an der Kette liegen[202]
vastlopen *(sich)* festlaufen[198]: *de motor is vastgelopen* der Motor hat sich festgefressen; *de onderhandelingen zijn vastgelopen* die Verhandlungen sind festgefahren
vastmaken festmachen (an[+3])
vastnaaien festnähen, annähen
vastpakken anfassen, anpacken
vastpinnen festnageln: *(fig) iem op iets* ~ jmdn auf[+4] etwas festnageln
vastrecht Grundgebühr v^{20}
vastroesten einrosten
vastschroeven festschrauben, anschrauben

vaststaan feststehen[279]
vaststellen 1 *(bepalen)* festsetzen, bestimmen: *de prijs* ~ den Preis festsetzen; **2** *(besluiten)* festlegen; **3** *(constateren)* feststellen
vaststelling Festsetzung *v*[20], Festlegung *v*[20], Feststellung *v*[20], vaststellen
vastzetten 1 *(vast maken)* befestigen (an[+3]); **2** *(van geld)* festlegen; **3** *iem* ~ *(in de gevangenis)* jmdn festsetzen, jmdn einsperren; **4** *(door redenering)* jmdn in die Enge treiben[290]
vastzitten festsitzen[268]; *(in de gevangenis)* (ein)sitzen[268]: *aan een belofte* ~ *(fig)* an ein Versprechen gebunden sein[262]: *het overleg zit vast* die Verhandlungen sind in eine Sackgasse geraten
[1]**vat**: *ik heb geen* ~ *op hem* ich kann ihm nicht beikommen; ~ *op iem krijgen* Einfluss auf jmdn gewinnen[174]
[2]**vat** *(ton)* Fass *o*[32], Tonne *v*[21]: *wijn van het* ~ Wein vom Fass, offener Wein
vatbaar: ~ *voor kou zijn* empfindlich gegen[+4] Kälte sein[262]: *voor rede* ~ *zijn* Vernunft annehmen[212]: *niet voor verbetering* ~ unverbesserlich
Vaticaan Vatikan *m*[19]
vatten 1 *(algem)* fassen: *in goud* ~ in[+4] Gold fassen; *kou* ~ sich erkälten; *post* ~ (einen) Posten beziehen[318]: *de slaap niet kunnen* ~ nicht einschlafen können[194]: *vuur* ~ Feuer fangen[155], *(fig)* aufbrausen; **2** *(van misdadiger)* ergreifen[181], festnehmen[212]; **3** *(begrijpen)* verstehen[279]: *dat vat ik niet!* das verstehe ich nicht!; *vat je?* verstanden?
vazal Vasall *m*[14]
vbo *afk van voorbereidend beroepsonderwijs (ongev)* vorbereitender berufsbildender Unterricht *m*[19]
vechten kämpfen: *met iem* ~ sich mit jmdm schlagen[241]: *ze* ~ *met elkaar* sie schlagen sich; *voor zijn leven* ~ um sein Leben kämpfen
vechter 1 *(lett)* Kämpfer *m*[9]; **2** *(iem die taai volhardt)* Kämpfernatur *v*[20]
vechtersbaas, vechtjas Raufbold *m*[5]
vechtlust Kampflust *v*[28], Streitlust *v*[28]
vechtpartij Schlägerei *v*[20], Prügelei *v*[20]
vedergewicht Federgewicht *o*[29]
vedette Star *m*[13]
vee Vieh *o*[39]: *een kudde* ~ eine Viehherde
veearts Tierarzt *m*[6]
veefokker Viehzüchter *m*[9]
veefokkerij Viehzucht *v*[28]
[1]**veeg** *bn, bw: een* ~ *teken* ein böses Vorzeichen; *het vege lijf redden* nur das nackte Leben retten
[2]**veeg** *zn* **1** *(met bezem)* Bürsten *o*[39]; **2** *(met doek)* Wischen *o*[39]; **3** *(klap)* Hieb *m*[5]: ~ *uit de pan* Seitenhieb *m*[5]
veehandel Viehhandel *m*[19]
veehouder Viehhalter *m*[9]
veehouderij Viehhaltung *v*[28]
veekoper Viehhändler *m*[9]
veel 1 *(als eenheid gezien)* viel[60]: ~ *eten* viel essen[152]: ~ *geld* viel Geld; ~ *moeite* viel Mühe; ~ *plezier!* viel Spaß!; **2** *(veel afzonderlijke dingen, velerlei)* viel(es), viel(e): ~ *huizen* viel(e) Häuser; ~ *hoge huizen* viele hohe Häuser; ~ *roem verwerven* sich[3] großen Ruhm erwerben[309]: *het scheelt* ~ es macht einen großen Unterschied; *het scheelde niet* ~, *of* … es fehlte nicht viel, so …; ~ *te* ~ viel zu viel; *het doet me* ~ *plezier!* es freut mich sehr!; *weet ik* ~! was weiß ich!

veelal gewöhnlich, meistens
veelbelovend viel versprechend
veelbetekenend bedeutungsvoll: *een* ~*e blik* ein bedeutsamer Blick
veeleer eher
veeleisend anspruchsvoll
veelheid Vielheit *v*[28], Menge *v*[21]
veelomvattend umfassend, umfangreich
veelschrijver Vielschreiber *m*[9]
veelsoortig vielfältig, verschiedenartig
veelstemmig vielstimmig
veelvormig vielförmig
veelvoud Vielfache(s) *o*[40c]: *het kleinste gemene* ~ das kleinste gemeinsame Vielfache
veelvoudig *(veelvuldig)* vielfach, mehrfach
veelvraat *(mens en dier)* Vielfraß *m*[5]
veelvuldig 1 *(talrijk)* mannigfach, mannigfaltig; **2** *(dikwijls)* häufig
veelzeggend viel sagend, bedeutungsvoll
veelzijdig *(ook fig)* vielseitig
veem 1 *(vennootschap)* Lagerhausgesellschaft *v*[20]; **2** *(het pakhuis)* Lagerhaus *o*[32]
veemarkt Viehmarkt *m*[6]
veen Moor *o*[29]; *(veengrond)* Moorboden *m*[12]
veenbes Moosbeere *v*[21]
[1]**veer** *(van vogel, techn)* Feder *v*[21]: *zo licht als een* ~ federleicht; *vroeg uit de veren* früh aus den Federn
[2]**veer** *(veerboot)* Fähre *v*[21]
veerboot Fähre *v*[21], *(groter)* Fährschiff *o*[29]
veerdienst Fährdienst *m*[5]
veerkracht 1 *(lett)* Elastizität *v*[28]; **2** *(fig)* Vitalität *v*[28], Spannkraft *v*[28]
veerkrachtig 1 *(lett)* elastisch; **2** *(fig)* vital
veerman Fährmann *m*[8] *(mv ook Fährleute)*
veerpont Fähre *v*[21], Fährschiff *o*[29]
veertien vierzehn: *om de* ~ *dagen* alle vierzehn Tage
veertig vierzig
veertigurig: ~*e werkweek* 40-Stunden-Woche, Vierzigstundenwoche *v*[21]
veestal Viehstall *m*[6]
veestapel Viehbestand *m*[6]
veeteelt Viehzucht *v*[28]
veevervoer Viehtransport *m*[5]
vegen wischen, *(met bezem, stoffer)* kehren, fegen: *mijnen* ~ Minen räumen; *de voeten* ~ sich[3] die Füße abtreten[291]
veger *(voorwerp)* Besen *m*[11], Feger *m*[9]
vegetariër Vegetarier *m*[9]
vegetarisch vegetarisch
vegetatie Vegetation *v*[20]

vegeteren vegetieren[320]
vehikel Vehikel o[33], (inform) Nuckelpinne v[21]
veilen versteigern
veilig sicher: de kust is ~ (fig) die Luft ist rein; op een ~e afstand in gebührender Entfernung; de ~ste partij kiezen (fig) sichergehen[168]
veiligheid Sicherheit v[28]
veiligheidsdienst Sicherheitsdienst m[5]
veiligheidsglas Sicherheitsglas o[32]
veiligheidsgordel Sicherheitsgurt m[5]
veiligheidshalve sicherheitshalber
veiligheidsklep Sicherheitsventil o[29]
veiligheidskooi knautschfreie Zone v[21]
veiligheidsmaatregel Sicherheitsmaßnahme v[21], Sicherheitsvorkehrung v[20]
veiligheidsoverwegingen: uit ~ aus Sicherheitsgründen
Veiligheidsraad (VN) Weltsicherheitsrat m[19]
veiligheidsspeld Sicherheitsnadel v[21]
veiling Auktion v[20], Versteigerung v[20]
veinzen heucheln, vortäuschen: medelijden ~ Mitleid heucheln; hij veinst te slapen er stellt sich schlafend
vel 1 (algem) Haut v[25]: ~ over been nur noch Haut und Knochen; het is om uit je ~ te springen! man möchte aus der Haut fahren; iem het ~ over de oren halen jmdm das Fell über die Ohren ziehen[318]; **2** (behaarde dierenhuid) Fell o[29]; **3** (afgestroopt dierenvel) Balg m[6]; **4** (blad papier) Blatt o[32], Bogen m[11]
veld Feld o[31]: het ~ ruimen das Feld räumen; ~ winnen (an) Boden gewinnen[174]: in het open ~ auf freiem Feld; in geen ~en of wegen weit und breit; (fig) uit het ~ slaan aus der Fassung bringen[139]: (sp) iem het ~ uit sturen jmdn des Feldes (of: vom) Feld verweisen[307]: uit het ~ gestuurd worden Feldverweis erhalten[183]
veldbed Feldbett o[37]
veldbloem Feldblume v[21]
veldfles Feldflasche v[21]
veldhospitaal Feldlazarett o[29]
veldloop Querfeldeinlauf m[6], Geländelauf m[6]
veldmaarschalk Feldmarschall m[6]
veldmuis Feldmaus v[25]
veldoverwicht Feldüberlegenheit v[28]
veldrijden, veldrit Querfeldeinrennen o[35]
veldsla Feldsalat m[19]
veldslag Feldschlacht v[20], Schlacht
veldtocht Feldzug m[6]
veldwerk Feldforschung v[20], Feldarbeit v[28]
veldwerker Feldforscher m[9]
¹velen telw viele; zie ook veel
²velen ww: iem niet kunnen ~ jmdn nicht ausstehen können[194]; hij kan niets ~: a) (lichamelijk) er kann nichts vertragen; b) (anders) er kann nichts ertragen
velerlei vielerlei, mancherlei, allerlei
velg Felge v[21]
velgrem Felgenbremse v[21]
vellen 1 (doen vallen) fällen: bomen ~ Bäume fällen;

iem ~ jmdn fällen, (doden) jmdn erschlagen[241]; **2** (uitspreken) verkünden: een vonnis ~ ein Urteil verkünden || door griep geveld an[+3] Grippe erkrankt
velours Velours m (2e nvl -; mv -)
ven Moorsee m[17]
vendel Fahne v[21]
vendelzwaaien Fahnenschwingen o[39]
venerisch venerisch: ~e ziekte venerische Krankheit, Geschlechtskrankheit v[20]
Venetië (de stad) Venedig o[39]
venijn (ook fig) Gift o[29]
venijnig 1 (vergiftig) giftig; **2** (fig) giftig, boshaft, gehässig: ~e kou schneidende Kälte
venkel Fenchel m[19]
vennoot Teilhaber m[9], Gesellschafter m[9]
vennootschap Handelsgesellschaft v[20], (ook) Gesellschaft v[20]: besloten ~ (BV) Gesellschaft mit beschränkter Haftung (afk GmbH); naamloze ~ (NV) Aktiengesellschaft (afk AG); ~ onder firma offene Handelsgesellschaft
vennootschapsbelasting Körperschaftssteuer v[21]
venster Fenster o[33]
vensterbank Fensterbank v[25], Fensterbrett o[31]
vensterenveloppe Fensterbriefumschlag m[6]
vent Kerl m[5], Bursche m[15]
venten Straßenhandel treiben[290], (van huis tot huis) hausieren[320] (mit[+3])
venter Straßenhändler m[9], (van huis tot huis) Hausierer m[9]
ventiel Ventil o[29]
ventilatie Ventilation v[20], Lüftung v[20]
ventilatiesysteem Lüftungsanlage v[21]
ventilator Ventilator m[16]
ventileren 1 (lett) ventilieren[320], lüften; **2** (uiten) kundtun[295], äußern
ventje Kerlchen o[35]
ver weit, fern: ~re neef entfernter (of: weitläufiger) Vetter; een ~re reis eine weite Reise; het Verre Oosten der Ferne Osten; ~ gezocht weit hergeholt; ~ achterblijven bij weit zurückbleiben[134] hinter[+3]: ~ in de veertig weit über (die) vierzig; het niet ~ brengen es nicht weit bringen[139]: hij ging zo ~ te beweren ... er verstieg sich zu der Behauptung ...; niet ~ van het dorp unweit des Dorfes (of: unweit vom Dorf); ~ van rijk nichts weniger als reich; in de ~re toekomst in ferner Zukunft; ik denk er in de ~ste verte niet aan! ich denke nicht im Traum daran!; op ~re afstand in weiter Ferne; van ~re von weitem
veraangenamen angenehmer machen
verachtelijk verächtlich
verachten verachten: iem ~ jmdn verachten
verachting Verachtung v[28]
verademen aufatmen
verademing Erleichterung v[20]
veraf weit entfernt, weitab
verafgelegen entlegen, weit entfernt
verafgoden: iem ~ jmdn vergöttern
verafschuwen verabscheuen

veralgemenen verallgemeinern

veranda Veranda *v (mv Veranden)*

veranderen I *tr* **1** *(algem)* ändern: *dat verandert niets aan de zaak* das ändert nichts an der Sache; **2** *(wijzigingen aanbrengen)* abändern; **3** *(tot iets volkomen anders maken)* verwandeln; **II** *intr* sich ändern: *het weer verandert* das Wetter ändert sich; *de wind verandert voortdurend* der Wind dreht sich ständig; *hij is erg veranderd* er hat sich sehr geändert; *van beroep ~* den Beruf wechseln; *van gedachten ~* sich anders besinnen; *van godsdienst ~* die Religion wechseln; *van kleur ~* die Farbe wechseln; *van mening ~* seine Meinung ändern; *van plaats ~* seinen Platz wechseln; *van woning ~* die Wohnung wechseln

verandering 1 *(het wijzigen)* Änderung *v*[20]: *~ in iets brengen* an etwas[+3] eine Änderung vornehmen[212]; *we krijgen ~ van weer* wir bekommen anderes Wetter; **2** *(geringe wijziging)* Abänderung *v*[20]; **3** *(totale wijziging)* Verwandlung *v*[20]; **4** *(afwisseling)* Abwechslung *v*[20], Wechsel *m*[9]: *voor de ~* zur Abwechslung

veranderlijk veränderlich, *(mbt weer, ook)* unbeständig

verantwoord vertretbar, fundiert: *een ~e beslissing* eine vertretbare Entscheidung

verantwoordelijk verantwortlich: *iem voor iets ~ stellen* jmdn für[+4] etwas verantwortlich machen; *~ zijn voor* verantwortlich sein für[+4]

verantwoordelijkheid Verantwortung *v*[28], Verantwortlichkeit *v*[28]: *~ dragen* Verantwortung tragen[288]; *de ~ op zich nemen* die Verantwortung übernehmen[212]

verantwoorden I *tr* verantworten: *een bedrag ~* über einen Betrag Rechenschaft ablegen; **II** *zich ~* sich verantworten: *zich voor iets moeten ~* sich für[+4] etwas verantworten müssen[211]

verantwoording 1 *(rekenschap)* Verantwortung *v*[28], Rechenschaft *v*[28]: *iem ter ~ roepen* jmdn zur Rechenschaft *(of:* zur Verantwortung*)* ziehen[318]; *~ afleggen* Rechenschaft ablegen; **2** *(verantwoordelijkheid)* Verantwortung *v*[20], Verantwortlichkeit *v*[20]

verbaal I *zn (proces-verbaal)* Strafmandat *o*[29]; **II** *bn* verbal

verbaasd erstaunt: *~ zijn* staunen, erstaunt sein[262]; *iem ~ doen staan* jmdn in Staunen (ver)setzen

verbalisant Protokollant *m*[14]

verbaliseren ein Strafmandat ausstellen: *iem ~* jmdm ein Strafmandat erteilen

verband 1 *(verbintenis)* Vertrag *m*[6]; **2** *(samenwerkingsvorm, kader)* Rahmen *m*[11], Zusammenhang *m*[6]: *in Europees ~* in europäischem Rahmen; **3** *(windsel)* Verband *m*[6], Binde *v*[21]; **4** *(samenhang)* Zusammenhang *m*[6], Beziehung *v*, Verbindung *v*[20]: *~ leggen tussen twee dingen* zwei Dinge miteinander in Zusammenhang bringen[139]; *in ~ met* im *(of:* in*)* Zusammenhang mit[+3]; *in dit ~* in diesem Zusammenhang

verbandmiddelen Verband(s)material *o*[39]

verbandtrommel Verband(s)kasten *m*[12], *m*[11]

verbannen *(ook fig)* verbannen

verbanning Verbannung *v*[20]

verbazen I *tr* erstaunen, in Erstaunen versetzen; **II** *zich ~* staunen, sich (ver)wundern: *zich over iets ~* über[+4] etwas staunen, sich über[+4] etwas (ver)wundern

verbazend erstaunlich

verbazing Erstaunen *o*[39], Staunen *o*[39]: *van de ene ~ in de andere vallen* aus dem Staunen nicht herauskommen[193]: *tot mijn stomme ~* zu meinem großen Erstaunen

verbeelden, zich 1 *(zich inbeelden)* sich[3] einbilden; **2** *(zich voorstellen)* sich[3] vorstellen

verbeelding 1 *(het zich inbeelden)* Einbildung *v*[20]: *alles louter ~* alles nur Einbildung; **2** *(fantasie)* Fantasie *v*[21], Phantasie *v*[21]; **3** *(verwaandheid)* Einbildung *v*[28]

verbeiden erwarten: *lang verbeid* lange ersehnt

verbergen 1 *(geheimhouden)* verbergen[126]; **2** *(verstoppen)* verstecken

verbeten 1 *(ingehouden)* verhalten: *~ woede* verhaltene Wut; **2** *(fel, vastberaden)* verbissen

verbeteren I *tr* **1** *(beter maken)* (ver)bessern; **2** *(herstellen)* ausbessern, reparieren[320], wiederherstellen; **3** *(corrigeren)* verbessern, korrigieren[320]; **II** *intr* sich (ver)bessern, besser werden[310]

verbetering Verbesserung *v*[20], Reparatur *v*[20], Wiederherstellung *v*[20], Korrektur *v*[20]; *zie ook* verbeteren

verbeurdverklaren beschlagnahmen

verbeurdverklaring Beschlagnahme *v*[21]

verbeuren I *tr* verwirken, verlieren[300]: *zijn leven ~* sein Leben verwirken; **II** *zich ~* sich verheben[186]

verbeuzelen vergeuden

verbieden verbieten[130], untersagen: *de invoer ~* die Einfuhr sperren

verbijsterd fassungslos, bestürzt

verbijsteren aus der Fassung bringen[139]

verbijsterend bestürzend, erschütternd

verbijstering Bestürzung *v*[28]

verbijten verbeißen[125]: *het lachen ~* (sich[3]) das Lachen verbeißen; *zich van woede ~* fast ersticken vor Wut

verbinden I *tr* verbinden[131]: *(med) iem ~* jmdn verbinden; *daaraan zijn voordelen verbonden* damit sind Vorteile verbunden; **II** *zich ~* sich (ver)binden[131]: *zich tot iets ~* sich zu[+3] etwas verpflichten; *zie ook* verbonden

verbinding Verbindung *v*[20]: *in ~ staan met* in Verbindung stehen[279] mit[+3]; *zich in ~ stellen met* in Verbindung treten[291] mit[+3], sich in Verbindung setzen mit[+3]

verbintenis 1 *(verplichting)* Verpflichtung *v*[20], Verbindlichkeit *v*[20]; **2** *(contract)* Vertrag *m*[6], Kontrakt *m*[5]; **3** *(persoonlijke band)* Verbindung *v*[20]

verbitterd 1 *(heftig)* erbittert; **2** *(vol woede en wrok)* erbittert, verbittert

verbittering Verbitterung *v*[20]

verbleken 1 *(bleek worden)* erblassen; **2** *(mbt kleuren)* verblassen, verbleichen[135]; **3** *(fig)* verbleichen[135]

verblijd erfreut, froh

verblijden erfreuen, beglücken: *iem met iets ~* jmdn mit[+3] etwas erfreuen; *zich over iets ~* sich über[+4] etwas freuen

verblijdend erfreulich

verblijf Aufenthalt *m*[5]

verblijfkosten Aufenthaltskosten *(mv)*

verblijfplaats Aufenthaltsort *m*[5]; *(domicilie)* Wohnsitz *m*[5]

verblijfsvergunning Aufenthaltsgenehmigung *v*[20]

verblijven 1 *(vertoeven)* sich aufhalten[183]: *ik verblijf, met vriendelijke groeten … ich verbleibe mit freundlichen Grüßen; **2** *(wonen)* wohnen

verblikken: *~ noch verblozen* keine Miene verziehen[318]

verblind 1 *(lett)* geblendet; **2** *(fig)* geblendet, betört

verblinden 1 *(lett)* blenden; **2** *(fig)* (ver)blenden, betören

verbloemd verblümt, verhüllt

verbloemen 1 *(niet laten merken)* verhehlen, vertuschen; **2** *(bedekt zeggen)* verschleiern

verbluffen verblüffen

verbod Verbot *o*[29]

verbodsbepaling Verbotsbestimmung *v*[20]

verboemelen 1 *(van geld)* verjubeln; **2** *(van tijd)* verbummeln

verbolgen erzürnt, zornig, aufgebracht

verbond 1 *(verdrag)* Bündnis *o*[29a]: *een ~ sluiten* ein Bündnis schließen[245]; **2** *(vereniging)* Bund *m*[6], Verband *m*[6]

verbonden 1 verbunden: *verkeerd ~* falsch verbunden; **2** *(verenigd)* verbündet, alliiert

verbondenheid Verbundenheit *v*[28]

verborgen 1 *(onzichtbaar gemaakt)* verborgen, versteckt: *~ gebreken* versteckte Mängel; **2** *(geheim)* geheim

verbouwen 1 *(telen)* anbauen, anpflanzen; **2** *(door bouwen wijzigen)* umbauen, *(tot iets anders)* ausbauen (zu[+3])

verbouwereerd 1 *(onthutst)* bestürzt; **2** *(verbluft)* verdutzt, perplex

verbouwing Umbau *m*[19], *(tot iets anders)* Ausbau *m*[19]

verbranden verbrennen[138]

verbranding Verbrennung *v*[20]

verbrandingsmotor Verbrennungsmotor *m*[16], *m*[5]

verbrandingsproces Verbrennungsprozess *m*[5]

verbrassen verprassen, vergeuden

verbreden verbreitern

verbreding Verbreiterung *v*[20]

verbreiden verbreiten

verbreiding Verbreitung *v*[20]

verbreken 1 *(stukmaken)* zerbrechen[137]; **2** *(afbreken)* abbrechen[137], lösen: *de betrekkingen ~ die Beziehungen abbrechen; het stilzwijgen ~* das Schweigen brechen[137]: *de verloving ~* die Verlobung lösen;

(elektr, telecom) het contact, de verbinding *~* den Kontakt, die Verbindung unterbrechen[137]; **3** *(schenden)* brechen[137]: *een contract ~* einen Vertrag brechen

verbrijzelen zerschmettern, zertrümmern

verbrodden *(Belg)* verderben[297], verpfuschen

verbroederen, zich sich verbrüdern

verbroedering Verbrüderung *v*[20]

verbrokkelen zerbröckeln

verbruien verderben[297]: *het bij iem ~* es mit jmdm verderben

verbruik Verbrauch *m*[19], *(van levens- en genotmiddelen, ook)* Konsum *m*[19]

verbruiken 1 *(algem)* verbrauchen; **2** *(volledig verbruiken, uitputten)* erschöpfen

verbruiker Konsument *m*[14], Verbraucher *m*[9]

verbruiksbelasting Verbrauch(s)steuer *v*[21]

verbruiksgoederen Verbrauchsgüter *mv o*[32]

verbuigen 1 *(ombuigen)* verbiegen[129]; **2** *(taalk)* beugen, deklinieren[320], flektieren[320]

verbuiging 1 *(lett)* Verbiegung *v*[20]; **2** *(taalk)* Beugung *v*[20], Deklination *v*[20], Flexion *v*[20]

verchromen verchromen

verdacht verdächtig: *er ~ uitzien* verdächtig aussehen[261]: *iem ~ maken* jmdn verdächtigen; *dat komt mij ~ voor* das kommt mir verdächtig vor; *ik was er niet op ~* ich war darauf nicht gefasst

verdachte *(voor de aanklacht)* Verdächtige(r) *m*[40a], *v*[40b]; *(tijdens het onderzoek)* Beschuldigte(r) *m*[40a], *v*[40b]; *(tijdens het proces)* Angeklagte(r) *m*[40a], *v*[40b]

verdachtmaking Verdächtigung *v*[20]

verdagen vertagen: *~ tot* vertagen auf[+4]

verdaging Vertagung *v*[20]

verdampen verdampfen, *(langzaam)* verdunsten

verdedigbaar 1 *(te verdedigen)* haltbar; **2** *(te rechtvaardigen)* vertretbar

verdedigen verteidigen, *(mening, standpunt, ook)* verfechten[156], vertreten[291]

verdediger 1 *(ook jur)* Verteidiger *m*[9]; **2** *(sp)* Verteidiger *m*[9], Abwehrspieler *m*[9]

verdediging Verteidigung *v*[20]

verdeeld geteilt: *de meningen zijn ~* die Meinungen sind geteilt

verdeeldheid Uneinigkeit *v*[20]

verdeelsleutel Verteilerschlüssel *m*[9]

verdekt verdeckt

verdelen 1 *(in delen scheiden)* (ver)teilen: *iets in vieren ~* etwas in vier Stücke teilen; **2** *(uitdelen)* verteilen; **3** *(in delen afmeten)* verteilen, aufteilen, einteilen, unterteilen

verdelgen vertilgen

verdeling Teilung *v*[20], Verteilung *v*[20], Aufteilung *v*[20], Einteilung *v*[20], Unterteilung *v*[20]; *zie ook* verdelen

verdenken verdächtigen: *iem van diefstal ~* jmdn des Diebstahls verdächtigen

verdenking Verdacht *m*[5], *m*[6]: *reden tot ~* Verdachtsgrund *m*[6]: *~ koesteren tegen iem* einen Verdacht gegen jmdn hegen; *onder ~ staan* im Verdacht stehen[279]

verder 1 weiter: ~ *zeg ik niets* weiter sage ich nichts;
2 *(als voorvoegsel bij ww)* weiter…, fort…: ~ *gaan*
weitergehen[168], fortfahren[153]: ~ *lezen* weiterlesen[201]: ~ *spelen* weiterspielen
verderf Verderben *o*[39]
verderfelijk verderblich
verderfelijkheid Verderblichkeit *v*[28]
verderven verderben[297]
verdichten I *tr (verzinnen)* erdichten, fingieren[320];
2 *(nat, techn)* verdichten, komprimieren[320]; **II** *zich* ~
sich verdichten
verdichting 1 Erdichtung *v*[20]; **2** Verdichtung *v*[20],
Komprimierung *v*[20]; *zie ook* verdichten
verdichtsel 1 *(verzinsel)* Erdichtung *v*[20]; **2** *(fabel)*
Fabel *v*[21], Märchen *o*[35]
verdienen verdienen: *op deze auto verdient hij 1000*
euro an diesem Auto verdient er 1000 Euro; *dat heb*
ik niet aan hem verdiend das habe ich nicht um ihn
verdient
verdienste 1 *(loon)* Verdienst *m*[5], Einkommen *o*[35]:
zonder ~ *zijn* ohne Verdienst sein[262]; **2** *(winst)* Gewinn *m*[5]; **3** *(verdienstelijkheid)* Verdienst *o*[35]
verdienstelijk verdient, verdienstvoll: *een* ~*e po-*
ging ein lobenswerter Versuch; *zich* ~ *maken jegens*
sich verdient machen um[+4]; *hij maakt zich graag* ~
er ist sehr dienstbeflissen
verdiepen I *tr (dieper maken)* vertiefen, austiefen;
(fig) zijn kennis ~ sein Wissen vertiefen; **II** *zich* ~
sich vertiefen (in[+4])
verdieping 1 *(het dieper maken)* Vertiefung *v*[20]; **2**
(bouwk) Stockwerk *o*[29], Stock *m*[19], Etage *v*[21], Geschoss *o*[29]: *zes* ~*en hoog* sechs Stock hoch; *de gelijk-*
vloerse ~ das Erdgeschoss; das Parterre; *eerste* ~
erster Stock; *op de derde* ~ *wonen* im dritten Geschoss wohnen; *een* ~ *op een gebouw zetten* ein Gebäude aufstocken
verdikke(me) *tw (inform)* zum Kuckuck noch mal!
verdikking Verdickung *v*[20]
verdisconteren 1 *(handel)* diskontieren[320]; **2** *(incal-*
culeren) einkalkulieren[320]
verdoemen verdammen
verdoemenis Verdammnis *v*[28]: *(inform) naar de* ~
gaan zum Teufel gehen[168]
verdoen *(geld, tijd)* vertun[295], vergeuden
verdoezelen vertuschen, verschleiern
verdomboekje: *bij iem in het* ~ *staan* es bei jmdm
versiebt haben[182]
verdomd *(plat)* **1** *(vervloekt)* verdammt, verflucht;
2 *(erg)* verdammt, verflucht
verdommen *(plat): de motor verdomt het* der Motor
streikt; *ik verdom het!* ich tue es nicht!; *het kan me*
niks ~ es ist mir scheißegal
verdommenis *zie* verdoemenis
verdoofd betäubt
verdorie *tw (inform)* potz Blitz!, potztausend!
verdorren verdorren, ausdorren, ausdörren
verdorven verdorben
verdoven betäuben: *plaatselijk* ~ örtlich betäuben;

~*d middel: a) (med)* Betäubungsmittel *o*[33]; *b)*
(drugs) Rauschgift *o*[29]: *aan de* ~*de middelen ver-*
slaafd zijn süchtig sein[262]
verdoving Betäubung *v*[20]; *(med)* Narkose *v*[21]:
plaatselijke ~ örtliche Betäubung
verdraagzaam duldsam, tolerant
verdraagzaamheid Duldsamkeit *v*[28], Toleranz *v*[28]
verdraaid 1 *(vervelend)* verflixt; **2** *(kapot gedraaid)*
überdreht; **3** *(verkeerd)* verdreht; *(handschrift)* verstellt; **4** *(erg)* verflixt, verflucht
verdraaien 1 *(algem)* verdrehen; **2** *(verkeerd draai-*
en en stuk maken) überdrehen, verdrehen; **3** *(ver-*
keerd weergeven) verdrehen, entstellen, verstellen
verdraaiing Verdrehung *v*[20], Entstellung *v*[20], Verstellung *v*[20]; *zie ook* verdraaien
verdrag Vertrag *m*[6], Pakt *m*[5], Abkommen *o*[35]
verdragen 1 *(verduren)* ertragen[288]; **2** *(bestand zijn*
tegen) vertragen: *regen kunnen* ~ Regen vertragen
können[194]: *elkaar* ~ *sich vertragen*[288]: *iem goed*
kunnen ~ gut mit jmdm auskommen[193]
verdriet Kummer *m*[19], Verdruss *m*[5]: *iem* ~ *aandoen*
jmdm Kummer bereiten; ~ *hebben* Kummer haben[182]
verdrietig 1 *(verdriet hebbend)* betrübt; **2** *(van ver-*
driet getuigend) bekümmert, betrübt; **3** *(verdriet*
veroorzakend) verdrießlich; **4** *(onaangenaam)* unangenehm
verdrievoudigen verdreifachen
verdrijven 1 *(verjagen)* vertreiben[290]; **2** *(doorbren-*
gen) sich[3] vertreiben[290]: *de tijd* ~ sich die Zeit vertreiben
verdringen verdrängen: *zij* ~ *elkaar voor het thea-*
ter sie drängen sich vor dem Theater
verdrinken I *tr* **1** *(in het water doen omkomen)* ertränken; **2** *(met drinken uitgeven)* vertrinken[293]; **II**
intr (in het water omkomen) ertrinken[293]
verdrogen vertrocknen
verdrukken unterdrücken
verdrukking 1 *(onderdrukking)* Unterdrückung *v*[20];
2 *(nood)* Bedrängnis *v*[24]: *in de* ~ *komen* in Bedrängnis geraten[218]: *tegen de* ~ *in* trotz allem
verdubbelen verdoppeln
verduidelijken verdeutlichen
verduisteren I *tr* **1** *(duister maken)* verdunkeln; **2**
(achteroverdrukken) unterschlagen[241], veruntreuen; **II** *intr (duister worden)* sich verdunkeln: *(fig)*
zijn geest is verduisterd sein Geist ist umnachtet
verduistering Verdunk(e)lung *v*[20], Unterschlagung
v[20], Veruntreuung *v*[20], Umnachtung *v*[20]; *zie ook* verduisteren
verdunnen verdünnen
verdunning Verdünnung *v*[20]
verduren ertragen[288], aushalten[183]: *het zwaar te* ~
hebben einen schweren Stand haben[182]
verdwaald verirrt: ~ *raken* sich verirren
verdwaasd töricht, verblendet
verdwalen sich verirren
verdwazing Verrücktheit *v*[28], Verblendung *v*[20]
verdwijnen verschwinden[258]: *verdwijn uit mijn*

ogen! geh mir aus den Augen!

veredelen veredeln

veredelingsbedrijf Vered(e)lungsbetrieb *m*[5]

vereenvoudigen vereinfachen

vereenvoudiging Vereinfachung *v*[20]

vereenzamen vereinsamen

vereenzelvigen identifizieren[320], gleichsetzen: *zich ~ met* sich identifizieren mit[+3]

vereerder Verehrer *m*[9]

vereeuwigen verewigen

vereffenen 1 *(betalen)* begleichen[176], ausgleichen[176]; **2** *(schikken, bijleggen)* beilegen

vereffening 1 *(betaling)* Begleichung *v*[20]; **2** *(bijlegging)* Beilegung *v*[20]

vereisen erfordern

vereiste *(het gevorderde)* Erfordernis *o*[29a]; *(gestelde eis)* Anforderung *v*[20]

¹veren *bn* Feder…: *~ bed* Federbett *o*[37]

²veren *ww* federn; *~d* federnd

verenen vereinen: *met vereende krachten* mit vereinten Kräften

verenigbaar vereinbar

verenigen vereinigen, vereinen: *een verenigd Europa* ein vereintes Europa; *de Verenigde Naties* die Vereinten Nationen; *de Verenigde Staten* die Vereinigten Staaten; *een verenigde zitting* eine Plenarsitzung; *zich tot een concern ~* sich zu einem Konzern zusammenschließen[245]: *deze meningen zijn niet met elkaar te ~* diese Auffassungen lassen sich nicht miteinander vereinbaren; *daarmee kan ik me ~!* damit bin ich einverstanden!

vereniging I *(club)* Verein *m*[5], Klub *m*[13], *(groep, organisatie)* Vereinigung *v*[20], *(bond)* Verband *m*[6], *(van studenten)* Verbindung *v*[20]; **2** *(samenvoeging)* Vereinigung *v*[20], Zusammenschluss *m*[6]: *coöperatieve ~* Genossenschaft *v*[20]

vereren 1 *(aanbidden)* verehren; **2** *(de eer aandoen)* beehren: *iem met een bezoek ~* jmdm mit einem Besuch beehren

verergeren I *tr* verschlimmern, schlimmer machen; **II** *intr* sich verschlimmern, schlimmer werden[310]

verering Verehrung *v*[28]

verf Farbe *v*[21]: *in de ~ staan* frisch angestrichen sein[262]: *(fig) niet goed uit de ~ komen* nicht überzeugen

verfbom Farbbeutel *m*[9]

verfdoos Farbenkasten *m*[12], *m*[11], Malkasten *m*[12], *m*[11]

verfijnen verfeinern

verfijning Verfeinerung *v*[20]

verfilmen verfilmen

verfkwast Pinsel *m*[9]

verflaag Farbschicht *v*[20]

verflauwen nachlassen[197], abflauen

verfoeien verabscheuen

verfoeilijk abscheulich, verabscheuenswert

verfomfaaien zerknittern, zerknautschen

verfraaien verschönern, schmücken

verfraaiing Verschönerung *v*[20]

verfrissen erfrischen, erquicken

verfrissing Erfrischung *v*[20], Erquickung *v*[20]

verfrol, verfroller Farbroller *m*[9], Farbrolle *v*[21]

verfrommelen zerknüllen

verfspuit Spritzpistole *v*[21]

verfstof Farbstoff *m*[5]

vergaan 1 *(voorbijgaan)* vergehen[168]; **2** *(verteren)* zerfallen[154], vermodern; **3** *(ophouden te bestaan)* untergehen[168], umkommen[193], sterben[282]: *ik verga van de kou* ich sterbe vor Kälte; **4** *(aflopen)* ergehen[168]: *hoe zal het ons ~?* wie wird es uns³ ergehen?

vergaand weitgehend, weit gehend

vergaarbak *(ook fig)* Sammelbecken *o*[35]

vergaderen eine Versammlung abhalten[183], tagen

vergadering *(georganiseerde bijeenkomst)* Versammlung *v*[20], Sitzung *v*[20], *(congres)* Tagung *v*[20], *(conferentie)* Konferenz *v*[20]: *algemene ~* Generalversammlung; *algemene ~ van aandeelhouders* Hauptversammlung; *buitengewone ~* außerordentliche Versammlung; *gewone ~* ordentliche Versammlung; *een ~ bijeenroepen (of: uitschrijven)* eine Versammlung einberufen[226]

vergaderplaats Versammlungsort *m*[5]

vergaderzaal Sitzungssaal *m* (2e *nvl -(e)s; mv -säle*)

vergallen vergällen: *iems genoegen ~* jmdm die Freude vergällen

vergalopperen, zich sich vergaloppieren[320]

vergankelijk vergänglich

vergapen, zich bestaunen: *zich aan een auto ~* ein Auto bestaunen

vergaren sammeln

vergassen vergasen

vergasser Vergaser *m*[9]

vergasten bewirten: *iem op iets ~* jmdn mit[+3] etwas bewirten

vergeefs I *bn* vergeblich: *~e pogingen* vergebliche Versuche; **II** *bw* vergebens, umsonst

vergeetachtig vergesslich

vergeetboek: *in het ~ raken* in Vergessenheit geraten[218]

vergeet-mij-nietje Vergissmeinnicht *o*[29]

vergelden vergelten[170]

vergelding Vergeltung *v*[20]

vergelen vergilben

vergelijk 1 *(jur)* Vergleich *m*[5]; **2** *(overeenkomst)* Einigung *v*[20], *(compromis)* Kompromiss *m*[5], *o*[29]

vergelijkbaar vergleichbar

vergelijken vergleichen[176]

vergelijking 1 Vergleich *m*[5]: *in ~ met* im Vergleich zu[+3]; *een ~ maken* einen Vergleich anstellen; *een ~ trekken* einen Vergleich ziehen[318]: *dat is geen ~!* das ist doch gar kein Vergleich!; **2** *(wisk)* Gleichung *v*[20]: *een ~ van de tweede graad* eine Gleichung zweiten Grades

vergemakkelijken erleichtern

vergen (er)fordern, verlangen: *dat vergt veel geld* das erfordert viel Geld

vergenoegd vergnügt, zufrieden

vergetelheid Vergessenheit v^{28}
vergeten vergessen[299]: *ik ben ~ ...* ich habe vergessen ...
vergeven 1 *(vergiffenis schenken)* vergeben[166], verzeihen[317]: *iem iets ~* jmdm etwas vergeben *(of:* verzeihen)*; **2** *(schenken)* vergeben[166]; **3** *(vergiftigen)* vergiften: *~ zijn van ...* voll[+2] *...* stecken, voll von[+3] *...* sein[262]
vergevensgezind versöhnlich
vergeving 1 Vergebung v^{20}, Verzeihung v^{20}: *iem om ~ vragen* jmdn um Verzeihung bitten[132]; **2** *(het schenken)* Vergabe v^{21}; *zie ook* vergeven
vergevorderd fortgeschritten, vorgerückt: *op ~e leeftijd* in vorgerücktem Alter
vergewissen: *zich van iets ~* sich einer Sache[2] vergewissern
vergezellen begleiten
vergezicht Aussicht v^{20}
vergezocht weit hergeholt
vergiet Durchschlag m^6
vergieten vergießen[175]
vergif Gift o^{29}
vergiffenis Verzeihung v^{20}, Vergebung v^{20}: *ik vraag u ~!* ich bitte Sie um Verzeihung!
vergift Gift o^{29}
vergiftig giftig
vergiftigen *(ook fig)* vergiften
vergiftiging Vergiftung v^{20}
vergissen, zich sich irren, sich täuschen
vergissing Irrtum m^8, Versehen o^{35}: *bij ~* versehentlich; *er is een ~ in het spel* es liegt ein Irrtum vor
vergoeden 1 *(terugbetalen)* ersetzen, erstatten, vergüten; **2** *(goedmaken)* ersetzen, *(ter compensatie)* ausgleichen[176], wettmachen
vergoeding 1 *(het vergoeden)* Erstattung v^{20}, Vergütung v^{20}; **2** *(schadeloosstelling)* Entschädigung v^{20}, *(van schade)* Ersatz m^{19}; **3** *(het bedrag)* Vergütung v^{20}: *tegen ~ van 5 euro* gegen Zahlung von 5 Euro
vergoelijken beschönigen
vergokken verspielen
vergooien *(verloren doen gaan) (zijn leven)* wegwerfen[311], *(verkwisten)* vergeuden
vergrendelen verriegeln
vergrijp Vergehen o^{35}, Verstoß m^6: *~ tegen de goede zeden* Verstoß gegen die guten Sitten
vergrijpen, zich sich vergreifen[181]: *zich aan iem, aan iets ~* sich an jmdm, an[+3] etwas vergreifen
vergrijzen *(grijze haren krijgen)* ergrauen: *een vergrijsde bevolking* eine überalterte Bevölkerung
vergrijzing Überalterung v^{20}
vergroeien verwachsen[302]
vergrootglas Vergrößerungsglas o^{32}, Lupe v^{21}
vergroten vergrößern, *(oppervlak, volume, kennis)* erweitern, *(handel)* ausweiten, erweitern, *(welvaart, zelfbewustzijn)* heben[186], *(kapitaal, productie, weerstand)* erhöhen, *(druk, inspanning)* verstärken: *(taalk) ~de trap* Komparativ m^5

vergroting Vergrößerung v^{20}, Erweiterung v^{20}, Hebung v^{20}, Erhöhung v^{20}, Verstärkung v^{20}; *zie ook* vergroten
verguld 1 vergoldet: *~ op snee* mit Goldschnitt; *~e lijst* Goldrahmen m^{11}; **2** *(gevleid)* geschmeichelt, angetan, *(blij)* erfreut, entzückt
vergunnen erlauben, gestatten: *dat was hem niet vergund* das war ihm nicht vergönnt
vergunning *(toestemming)* Erlaubnis v^{24}, Bewilligung v^{20}; *(machtiging)* Genehmigung v^{20}, *(ambtelijk)* Konzession v^{20}: *een ~ aanvragen* eine Genehmigung beantragen; *iem een ~ verlenen* jmdm eine Genehmigung erteilen
verhaal 1 *(mondeling verslag)* Geschichte v^{21}, *(verslag)* Bericht m^5, *(vertelling)* Erzählung v^{20}; **2** *(schadeloosstelling)* Entschädigung v^{20}, *(schadevergoeding)* Schadenersatz m^{19}, *(aanspraak op vergoeding)* Ersatzanspruch m^6; **3** *(herstel van krachten)* weer op ~ komen sich erholen
verhalen I *intr (vertellen)* erzählen, *(verslag doen)* berichten; **II** *tr (zich schadeloosstellen)* sich schadlos halten[183]: *de schade op iem ~* jmdn für den Schaden haftbar machen
verhandelen handeln in[+3], handeln mit[+3]
verhandeling 1 *(betoog) (mondeling)* Vortrag m^6, *(schriftelijk)* Abhandlung v^{20}; **2** *(Belg, ond)* Referat o^{29}
verhangen I *tr (anders hangen)* umhängen; **II** *zich ~* sich erhängen
verhapstukken regeln, erledigen
verhard 1 *(hard gemaakt)* gehärtet, *(van weg)* befestigt; **2** *(hard geworden)* verhärtet; **3** *(fig)* verhärtet, *(verstokt)* verstockt
verharden I *tr* (ver)härten, *(van weg)* befestigen, *(fig)* verhärten; **II** *intr (ook fig)* sich verhärten
verharding *(het verharden)* Verhärtung v^{20}; *(van wegen)* Befestigung v^{20}; *(fig)* Verhärtung v^{20}
verharen *(sich)* haaren
verheerlijken verherrlichen: *God ~* Gott preisen[216]
verheffen erheben[186]
verheffend erhebend: *een weinig ~ schouwspel* ein wenig erhebender Anblick
verheffing Erhebung v^{20}
verheimelijken verheimlichen
verhelderen I *tr (verduidelijken)* verdeutlichen, erhellen; **II** *intr (opklaren, helder worden)* sich aufklären
verhelen verheimlichen, verhehlen: *iets voor iem ~* jmdm etwas verhehlen; *ik verheel het niet* ich mache keinen Hehl daraus
verhelpen beheben[186], beseitigen, abhelfen[188+3]: *een euvel ~* ein Übel beheben; *dat is gemakkelijk te ~!* dem ist leicht abzuhelfen!
verhemelte *(anat)* Gaumen m^{11}
verheugd froh, erfreut
verheugen I *tr* (er)freuen: *zijn bezoek verheugt ons* sein Besuch erfreut uns; *het verheugt me dat ...* es freut mich, dass ...; **II** *zich ~* sich freuen: *zich op een uitstapje ~* sich auf einen Ausflug freuen; *zich over*

iets ~ *sich über*[+4] etwas freuen; *zich* ~ *in een goede gezondheid* sich einer guten Gesundheit[2] erfreuen

verheven erhaben; *(mbt stijl, taalgebruik)* gehoben: ~ *gedachten* erhabene Gedanken; *een* ~ *stijl* ein gehobener Stil; *boven iedere lof* ~ über alles Lob erhaben

verhinderen *(iets)* verhindern, *(iem)* hindern

verhindering Verhinderung v^{20}: *(iem) bij* ~ im Verhinderungsfall

verhippen: *ik verhip van de kou* ich bin halb erfroren; *(inform) verhip!* verdammt (noch mal)!

verhitten erhitzen: *een verhitte discussie* eine erregte Diskussion

verhoeden verhüten[+4], vorbeugen[+3]

verhogen 1 *(hoger maken)* erhöhen; **2** *(vermeerderen)* erhöhen, *(van productie, snelheid, spanning, vraag, waarde)* steigern, *(van prijzen)* erhöhen, heraufsetzen: ~ *met ... tot ...* erhöhen um[+4] ... auf[+4], heraufsetzen um[+4] ... auf[+4], *(van niveau, stemming)* heben[186], *(van lonen, uitkeringen)* anheben[186]

verhoging 1 *(het verhogen)* Erhöhung v^{20}, Steigerung v^{20}, Hebung v^{20}, Anhebung v^{20}: *een* ~ *met 5%* eine Erhöhung um[+4] 5%; **2** *(verhoogd gedeelte van vloer)* Podest o^{29}, m^5; **3** *(hogere lichaamstemperatuur)* Temperatur; *zie ook* verhogen

verhongeren I *tr* aushungern; **II** *intr* verhungern

verhoor Verhör o^{29}, Vernehmung v^{20}: *iem een* ~ *afnemen* jmdn verhören *(of:* vernehmen)[212]: *een* ~ *ondergaan* verhört werden[310]

verhoren 1 *(ondervragen)* verhören, vernehmen[212]; **2** *(vervullen)* erhören

verhouden, zich sich verhalten[183]: *a verhoudt zich tot b als 2 tot 3* a verhält sich zu b wie 2 zu 3

verhouding Verhältnis o^{29a}: *in* ~ *tot* im Verhältnis zu[+3]; *naar* ~ verhältnismäßig

verhoudingsgewijs verhältnismäßig

verhuiskosten Umzugskosten *(mv)*

verhuiswagen Möbelwagen m^{11}

verhuizen I *tr (de inboedel van anderen overbrengen)* den Umzug übernehmen[212]; **II** *intr (van woning veranderen)* umziehen[318]; *(naar andere gemeente, ook)* übersiedeln

verhuizer Möbelpacker m^9

verhuizing *(het verhuizen)* Umzug m^6, *(naar andere plaats)* Übersiedlung v^{20}

verhullen verhüllen

verhuren vermieten

verhuurder Vermieter m^9

verifiëren verifizieren[320], überprüfen

verijdelen vereiteln: *iems hoop* ~ jmds Hoffnungen zunichte machen

vering Federung v^{20}

verjaardag 1 Geburtstag m^5; **2** *(gedenkdag)* Jahrestag m^5

verjaardagscadeau Geburtstagsgeschenk o^{29}

verjaardagsfeest Geburtstagsfeier v^{21}

verjaardagsgeschenk Geburtstagsgeschenk o^{29}

verjagen verjagen, verscheuchen

verjaren 1 *(jarig zijn)* Geburtstag haben[182]; **2** *(jur)* verjähren

verjaringstermijn Verjährungsfrist v^{20}

verjongen I *tr* verjüngen; **II** *intr* sich verjüngen

verjongingskuur Verjüngungskur v^{20}

verkabelen verkabeln

verkalken verkalken

verkalking Verkalkung v^{20}

verkankeren vom Krebs zerfressen werden[310]; *(fig)* verseuchen

verkapt verkappt

verkassen umziehen[318]

verkavelen parzellieren[320]

verkaveling Parzellierung v^{20}

verkeer 1 *(omgang)* Verkehr m^{19}, Umgang m^{19}: *kost en inwoning met huiselijk* ~ Kost und Logis mit Familienanschluss; *seksueel* ~ Geschlechtsverkehr, Sexualverkehr; **2** *(het zich bewegen over openbare wegen)* Verkehr m^{19}: *doorgaand* ~ Durchgangsverkehr; **3** *(voertuigen, personen)* Verkehr m^{19}: *plaatselijk* ~ Ortsverkehr; *tegemoetkomend* ~ Gegenverkehr

verkeerd 1 *(niet juist)* falsch, verkehrt, unrichtig: *(telecom)* ~ *verbonden* falsch verbunden; *(telecom) een* ~ *nummer draaien* sich verwählen; ~ *rijden* sich verfahren[153]: ~ *verstaan* falsch verstehen[279]: *(fig) de* ~*e voor zich hebben* sich in der Person irren; *(fig) dan heb je met mij toch de* ~*e voor!* da kennst du mich aber schlecht!; *ik vind het* ~ ich halte es nicht für richtig; *alles gaat vandaag* ~ alles geht heute schief; *hij is van de* ~*e kant* er ist schwul; **2** *(omgekeerd)* verkehrt (herum)

verkeersaanbod Verkehrsaufkommen o^{39}

verkeersbord Verkehrsschild o^{31}

verkeersbrigadier Schülerlotse m^{15}

verkeersdrempel Bodenschwelle v^{21}

verkeersleider *(luchtv)* Fluglotse m^{15}, Flugleiter m^9

verkeersleiding 1 *(luchtv)* Flugsicherung v^{20}; **2** *(luchtv) (regelend orgaan)* Flugleitung v^{20}

verkeerslicht Verkehrsampel v^{21}

verkeersmiddel Verkehrsmittel o^{33}

verkeersongeluk, verkeersongeval Verkehrsunfall m^6

verkeersopstopping Verkehrsstau m^5, m^{13}

verkeersplein Kreisel m^9, *(van autosnelwegen)* Autobahnkreuz o^{29}

verkeerspolitie Verkehrspolizei v^{28}

verkeersregel Verkehrsregel v^{21}, Verkehrsvorschrift v^{20}: *zich aan de* ~*s houden* sich an die Verkehrsregeln halten[183]

verkeersteken Verkehrszeichen o^{35}

verkeerstoren Kontrollturm m^6, Tower m^9

verkeerswisselaar *(Belg) (klaverblad)* Autobahnkreuz o^{29}

verkennen erkunden, auskundschaften: *het terrein* ~: *a) (lett)* das Gelände erkunden; *b) (fig)* bei jmdm vorfühlen

verkenner 1 Erkunder m^9; **2** *(vliegtuig)* Aufklärer m^9; **3** *(padvinder)* Pfadfinder m^9

verkenning Erkundung v^{20}

verkeren 1 *(omgang hebben)* verkehren; **2** *(zich bevinden)* sich befinden[157]: *in de mening ~* glauben; *in twijfel ~* im Zweifel sein; **3** *(veranderen)* sich verwandeln

verkering: *(vaste) ~ hebben* einen (festen) Freund *(of:* eine (feste) Freundin) haben[182]

verketteren verketzern

verkiesbaar wählbar: *zich ~ stellen* sich zur Wahl stellen

verkieslijk erwünscht, wünschenswert

verkiezen 1 *(kiezen)* wählen: *iem tot president ~* jmdn zum Präsidenten wählen; **2** *(de voorkeur geven)* vorziehen[318], bevorzugen: *het ene boven het andere ~* das eine dem anderen vorziehen; **3** *(wensen, willen)* wünschen, wollen[315]: *zoals u verkiest!* wie Sie wünschen!

verkiezing Wahl v^{20}: *evenredige ~* Verhältniswahl; *getrapte ~en* indirekte Wahlen; *rechtstreekse ~en* direkte Wahlen; *tussentijdse ~en* vorgezogene Wahlen

verkiezingscampagne Wahlkampagne v^{21}

verkiezingsleus Wahlparole v^{21}

verkiezingsprogram Wahlprogramm o^{29}

verkiezingsstrijd Wahlkampf m^6

verkijken I *tr (verloren laten gaan)* verpassen: *de kans is verkeken* die Chance ist verpasst; **II** *zich ~* **1** *(verkeerd kijken)* sich versehen[261]; **2** *(zich vergissen)* sich irren

verkikkerd: *~ zijn op* vernarrt sein in[+4]

verklaarbaar erklärbar; *(begrijpelijk)* erklärlich, verständlich

verklaard erklärt, entschieden

verklanken vertonen

verklappen verraten[218], ausplaudern

verklaren 1 *(uitleggen)* erklären, deuten, auslegen, *(toelichten)* erläutern; **2** *(plechtig uitspreken)* erklären, *(door een getuige)* aussagen: *iem gezond ~* jmdn gesundschreiben[252]: *iem ziek ~* jmdn krankschreiben[252]: *iem schuldig ~* jmdn für schuldig erklären; *onder ede ~* unter Eid aussagen

verklaring Erklärung v^{20}, Deutung v^{20}, Auslegung v^{20}, Erläuterung v^{20}; Aussage v^{21}, *(bevestiging)* Bescheinigung v^{20}: *een geneeskundige ~* eine ärztliche Bescheinigung

verkleden I *tr* **1** *(omkleden)* umziehen[318], umkleiden: *een kind ~* ein Kind umziehen; **2** *(vermommen)* verkleiden; **II** *zich ~* **1** *(omkleden)* sich umziehen[318], sich umkleiden; **2** *(vermommen)* sich verkleiden

verkleinen verkleinern

verkleining Verkleinerung v^{20}

verkleinwoord Verkleinerungswort o^{32}

verkleumd erstarrt (vor Kälte)

verkleumen vor Kälte erstarren

verkleuren I *tr (van kleur doen veranderen)* verfärben; **II** *intr (de kleur verliezen)* die Farbe verlieren[300], *(verbleken)* verblassen, verschießen[238]: *hij verkleurde* er verfärbte sich

verklikken verraten[218]

verklikker 1 *(persoon)* Verräter m^9; **2** *(toestel)* Anzeiger m^9

verklikkerlamp Kontrolllampe v^{21}

verklungelen vertrödeln, vertun[295]

verknallen *(bederven)* vermasseln

verkneukelen, zich sich heimlich freuen

verknippen verschneiden[250] || *(fig) verknipt* bekloppt, *(seksueel)* verklemmt

verknocht: *aan iem, iets ~ zijn* an jmdm, etwas[3] hängen[184]

verknoeien 1 *(bederven)* verderben[297], verpfuschen, vermasseln; **2** *(verspillen)* verschwenden, vertun[295], vergeuden

verknollen vermasseln, verpfuschen: *het bij iem verknold hebben* bei jmdm unten durch sein[262]

verkoelen I *tr* erfrischen; **II** *intr* (sich) abkühlen: *~de dranken* erfrischende Getränke

verkoeling Abkühlung v^{20}, Erfrischung v^{20}

verkommeren verkümmern

verkondigen verkünd(ig)en

verkondiging Verkünd(ig)ung v^{20}

verkoop Verkauf m^6, *(handel in het groot)* Vertrieb m^5, *(afzet)* Absatz m^6: *openbare ~* Auktion, Versteigerung v^{20}: *gedwongen ~* Zwangsversteigerung; *losse ~* Einzelverkauf

verkoopleider Verkaufsleiter m^9

verkoopprijs Verkaufspreis m^5

verkooppunt Verkaufsstelle v^{21}

verkoopster Verkäuferin v^{22}

verkopen 1 verkaufen, *(verhandelen)* vertreiben[290]: *publiek ~* öffentlich versteigern; *aan iem iets ~* jmdm *(of:* an jmdn) etwas verkaufen; *dat artikel ~ we niet* diesen Artikel führen wir nicht; **2** *(ten beste geven)* auftischen: *leugens ~* Lügen auftischen; **3** *(toedienen)* versetzen: *iem een dreun ~* jmdm einen Schlag versetzen

verkoper Verkäufer m^9

verkoping 1 *(het verkopen)* Verkauf m^6; **2** *(veiling)* Versteigerung v^{20}, Auktion v^{20}

verkorten (ver)kürzen, *(van kleding)* kürzen: *een redevoering ~* eine Rede kürzen; *verkorte arbeidstijd* Kurzarbeit v^{28}: *een reis ~* eine Reise abkürzen

verkouden erkältet, *(neusverkouden)* verschnupft: *~ zijn* einen Schnupfen haben[182], *(erger)* sich erkältet haben

verkoudheid Schnupfen m^{11}, *(erger)* Erkältung v^{20}

verkrachten vergewaltigen

verkrachting Vergewaltigung v^{20}

verkrampen (sich) verkrampfen

verkramping, verkramptheid Verkrampfung v^{20}

verkreukelen zerknittern

verkrijgbaar erhältlich, lieferbar, zu haben: *niet meer ~* nicht mehr zu haben, nicht mehr lieferbar, *(mbt boek, ook)* vergriffen; *inlichtingen ~ bij ...* Auskunft erteilt ...

verkrijgen 1 *(ontvangen)* erhalten[183], bekommen[193]; **2** *(verwerven)* erwerben[309]; **3** *(bemachtigen)* erlangen, *(met veel inspanning)* erringen[224]

verkroppen 1 *(gevoelens onderdrukken)* verbei-ßen[125]; **2** *(onaangename dingen verwerken)* ver-schmerzen
verkrotten verfallen[154], verkommen[193]
verkwanselen verschachern, verscheuern
verkwikken erquicken, erfrischen
verkwikking Erquickung v^{20}, Erfrischung v^{20}
verkwisten verschwenden, vergeuden
verkwistend verschwenderisch
verkwisting Verschwendung v^{20}, Vergeudung v^{20}
verladen verladen[196]
verlagen 1 *(lager maken)* senken, *(concreet)* niedri-ger machen; *(van kosten)* herabsetzen, *(van prijs, tarief)* ermäßigen, *(muz)* erniedrigen: *iem in rang* ~ jmdn degradieren: *de prijs met 5% tot een mil-joen* ~ den Preis um 5% auf eine Million senken; *te-gen verlaagde prijzen* zu herabgesetzten Preisen; **2** *(onteren)* erniedrigen
verlaging Senkung v^{20}, Herabsetzung v^{20}, Ermäßi-gung v^{20}, Erniedrigung v^{20}, Degradation v^{20}
verlamd gelähmt
verlammen I *tr* lähmen; **II** *intr* lahm werden[310]
verlamming Lähmung v^{20}
verlangen I *ww* **1** verlangen: *naar iem* ~ nach jmdm verlangen; **2** *(begeren)* verlangen, *(eisen)* fordern: *verlangd salaris* Gehaltsansprüche *mv* m^6: *wat ver-langt u?* Sie wünschen?; **II** *zn* *(behoefte, eis)* Verlan-gen o^{35}, *(wens)* Wunsch m^6, *(hunkering)* Sehnsucht v^{25}: *op* ~ auf^{+4} Wunsch
verlanglijstje Wunschzettel m^9
¹verlaten, zich *(later komen)* sich verspäten
²verlaten I *ww* **1** verlassen[197]: *de dienst* ~ aus dem Dienst ausscheiden[232]: *de partij* ~ aus der Partei austreten[291]; **2** *(niet meer steunen)* aufgeben[166]; **II** *zn* Verlassen o^{39}: *bij het* ~ *van het land* bei der Ausrei-se; **III** *bn* **1** *(achtergelaten)* *(persoon)* verlassen, *(zaak)* zurückgelassen; **2** *(eenzaam)* verlassen, öde
verlatenheid Verlassenheit v^{28}, Einsamkeit v^{28}
verleden I *bn* vorig, vergangen, letzt: ~ *week* letzte Woche; **II** *zn* Vergangenheit v^{28}
verlegen 1 *(beschroomd)* verlegen, *(schuchter)* schüchtern; **2** *(ergens geen raad mee wetend)* verle-gen; **3** *(behoefte hebbend aan)* verlegen (um^{+4})
verlegenheid Verlegenheit v^{28}
verleggen 1 *(anders leggen)* anders hinlegen; **2** *(el-ders leggen)* woandershin legen, verlegen
verleidelijk verführerisch, verlockend
verleiden verführen, verleiten
verleiding 1 *(verlokking)* Verführung v^{20}, Verlo-ckung v^{20}; **2** *(verzoeking)* Versuchung v^{20}
verlenen *(toestaan)* gewähren, einräumen; *(ver-schaffen)* verleihen[200], geben[166]: *iem gratie* ~ jmdn begnadigen; *iem een gunst* ~ jmdm eine Gunst ge-währen; *hulp* ~ Hilfe leisten; *(handel) iem korting* ~ jmdm Rabatt gewähren; *iem krediet* ~ jmdm ei-nen Kredit gewähren *(of:* einräumen); *iem een on-derscheiding* ~ jmdm einen Orden verleihen
verlengen verlängern, *(handel)* prolongieren[320]
verlenging Verlängerung v^{20}, *(handel)* Prolongati-

on v^{20}
verlengsnoer Verlängerungsschnur v^{25}
verlengstuk Verlängerungsstück o^{29}
verlening Gewährung v^{20}; Einräumung v^{20}, Verlei-hung v^{20}; *zie ook* verlenen
verleppen (ver)welken, verblühen
verleren verlernen
verlet 1 *(uitstel)* Aufschub m^6; **2** *(tijdverlies)* Zeitver-lust m^{19}
verleuteren verquatschen, verplaudern
verlevendigen neu beleben
verlicht 1 *(helder beschenen)* beleuchtet; **2** *(waar lichten schijnen)* erleuchtet, *(feestelijk)* illuminiert; **3** *(vrij van vooroordelen)* aufgeklärt, erleuchtet
verlichten 1 *(beschijnen)* beleuchten; **2** *(van licht voorzien)* erhellen, erleuchten, illuminieren[320]; **3** *(inzicht brengen)* erleuchten; **4** *(minder zwaar ma-ken)* erleichtern; *zie ook* verlicht
verlichting 1 Beleuchtung v^{20}; **2** *(opbeuring)* Trost m^{19}: *dat schonk mij* ~ das brachte mir Trost; **3** *(het brengen van inzicht)* Erleuchtung v^{20}: *(hist) de Ver-lichting* die Aufklärung; **4** *(opluchting)* Erleichte-rung v^{20}; *zie ook* verlichten
verliefd verliebt: ~ *zijn op* verliebt sein[262] in^{+4}: ~ *worden op* sich verlieben in^{+4}
verlies Verlust m^5: *een zwaar* ~ *lijden* einen schwe-ren Verlust erleiden[199]: *een* ~ *goedmaken* einen Verlust wettmachen; *niet tegen zijn* ~ *kunnen* ein schlechter Verlierer sein[262]
verliescijfers *(geld)* rote Zahlen *mv* v^{20}
verliezen verlieren[300]: *de* ~*de partij* die unterlegene Partei; *hoogte* ~ an Höhe verlieren; *de moed* ~ den Mut verlieren
verliezer Verlierer m^9
verlinken verpfeifen[214]
verloederen verludern, verlottern
verlof 1 *(toestemming)* Erlaubnis v^{24}; *(vrijaf)* Urlaub m^5: ~ *vragen* um^{+4} Erlaubnis bitten[132]: ~ *vragen (vrijaf vragen)* Urlaub beantragen; *met* ~ *gaan* in^{+4} *(of:* auf^{+4}) Urlaub gehen[168]; **2** *(vergunning)* Schank-konzession v^{20}
verlofpas Urlaubsschein m^5
verlokkelijk verlockend
verlokken verlocken
verloochenen verleugnen
verloofde Verlobte(r) m^{40a}, v^{40b}
verloop 1 *(ontwikkeling, afloop)* Verlauf m^6, Ablauf m^6, Hergang m^6; **2** *(het verstrijken)* Verlauf m^6: *na* ~ *van enige dagen* nach Verlauf einiger Tage; *na* ~ *van tijd* nach einiger Zeit; **3** *(het achteruitgaan)* Rückgang m^6, Niedergang m^6; **4** *(wisseling)* Fluktu-ation v^{20}
verlopen I *ww* **1** *(zijn beloop nemen)* ablaufen[198], verlaufen[198]; **2** *(minder worden)* nachlassen[197]: *de zaken* ~ das Geschäft lässt nach; **3** *(verstrijken)* ver-gehen[168], verstreichen[286]; **4** *(vervallen)* ablaufen[198]: *mijn visum verloopt morgen* mein Visum läuft mor-gen ab; **II** *bn* **1** *(verstreken)* verstrichen; **2** *(niet meer geldig)* abgelaufen, ungültig; **3** *(verliederlijkt)* ver-

kommen

verloren verloren: *een ~ brief* ein verloren gegangener Brief; *in een ~ ogenblikje* in ein paar freien Minuten; *~ gaan (of: raken)* verloren gehen[168]: *in de menigte ~ gaan* sich in der Menge verlieren[300]

verloskunde Geburtshilfe v^{28}, Obstetrik v^{28}

verloskundig Geburts…, Entbindungs…

verloskundige Geburtshelfer m^9; Geburtshelferin v^{22}

verlossen 1 *(bevrijden)* befreien, erlösen; **2** *(bij een bevalling helpen)* entbinden[131]

verlossing 1 *(bevrijding)* Erlösung v^{20}, Befreiung v^{20}; **2** *(bevalling)* Entbindung v^{20}

verloten verlosen, auslosen

verloting Verlosung v^{20}, Auslosung v^{20}

verloven, zich sich verloben: *verloofd zijn met* verlobt sein[262] mit[+3]

verloving Verlobung v^{20}

verluiden verlauten: *niets laten ~* nichts verlauten lassen[197]: *naar verluidt* wie verlautet

verluieren, verlummelen vertun[295]

verlustigen, zich *(met in)* sich erfreuen an[+3]

vermaak Vergnügen o^{39}, Vergnügung v^{20}

vermaakscentrum Vergnügungscenter o^{33}

vermaard renommiert, berühmt, namhaft

vermaardheid Renommiertheit v^{28}, Berühmtheit v^{28}

vermageren I *tr* abzehren; **II** *intr* abmagern

vermagering Abmagerung v^{20}

vermageringskuur Abmagerungskur v^{20}

vermakelijk amüsant, belustigend

vermakelijkheidsbelasting Vergnügungssteuer v^{21}

vermaken I *tr* **1** *(genoegen geven)* amüsieren[320], belustigen, unterhalten[183]; **2** *(legateren)* hinterlassen[197], vermachen; **3** *(anders maken)* umarbeiten, ändern; **II** *zich ~* sich amüsieren[320]

vermanen 1 *(aansporen)* ermahnen; **2** *(berispen)* zurechtweisen[307], tadeln

vermaning 1 *(aansporing)* Ermahnung v^{20}; **2** *(berisping)* Zurechtweisung v^{20}, Tadel m^9

vermannen, zich sich zusammennehmen[212]

vermeerderen I *tr* vermehren, steigern, erhöhen; **II** *intr* sich vermehren, sich erhöhen, zunehmen[212]: *de bevolking is met 10% vermeerderd* die Bevölkerung hat um 10% zugenommen; *een bedrag van … vermeerderd met de kosten* ein Betrag von … zuzüglich der Kosten

vermelden 1 *(berichten)* erwähnen; **2** *(aangeven)* angeben[166]

vermeldenswaard(ig) erwähnenswert

vermelding Erwähnung v^{20}

vermengen (ver)mischen, vermengen

vermenging Vermischung v^{20}, Mischung v^{20}, Vermengung v^{20}

vermenigvuldigen I *tr* **1** *(rekenen)* multiplizieren[320], malnehmen[212]; **2** *(tot een veelvoud maken)* vervielfachen, vervielfältigen; **II** *zich ~* sich vermehren

vermenigvuldiging 1 *(rekenen)* Multiplikation v^{20}; **2** *(vermeerdering)* Vervielfachung v^{20}, Vervielfältigung v^{20}; **3** *(voortplanting)* Vermehrung v^{20}, Fortpflanzung v^{20}

vermetel verwegen, vermessen, *(roekeloos)* tollkühn

vermetelheid Verwegenheit v^{20}, Vermessenheit v^{20}, *(roekeloosheid)* Tollkühnheit v^{20}

vermicelli Fadennudeln *mv* v^{21}

vermijden (ver)meiden[206]

verminderen I *tr (kleiner maken)* verringern, vermindern; *(vooral verlagen)* herabsetzen; *(beperken)* drosseln: *de pijn ~* den Schmerz lindern; *verminderd met de onkosten* abzüglich der Unkosten; **II** *intr* sich verringern, sich vermindern, abnehmen[212], nachlassen[197], geringer werden[310]: *de koorts vermindert* das Fieber lässt nach; *in waarde ~* an Wert verlieren[300]

vermindering Verringerung v^{20}, Verminderung v^{20}, Herabsetzung v^{20}, Drosselung v^{20}, Abnahme v^{21}: *de (stelselmatige) ~ van personeel* der Personalabbau; *zie ook* verminderen

verminken verstümmeln

vermissen vermissen: *hij wordt sinds de oorlog vermist* er ist im Krieg verschollen

vermiste Vermisste(r) *m*[40a], v^{40b}

vermits *(Belg)* da, weil

vermoedelijk vermutlich, mutmaßlich

vermoeden I *ww* **1** vermuten, *(veronderstellen)* annehmen[212]; **2** *(een voorgevoel hebben)* ahnen; **II** *zn* Vermutung v^{20}, *(veronderstelling)* Annahme v^{21}: *ik heb geen flauw ~* ich habe nicht die geringste Ahnung

vermoeid ermüdet, müde: *er ~ uitzien* abgespannt aussehen[261]

vermoeidheid Müdigkeit v^{28}, Ermüdung v^{20}

vermoeien I *tr* ermüden, müde machen, *(sterker)* abmatten; **II** *zich ~* sich anstrengen

vermoeiend ermüdend; *(inspannend)* anstrengend, strapaziös

¹vermogen *ww* vermögen[210]

²vermogen *zn* **1** *(bezit, rijkdom)* Vermögen o^{35}; **2** *(macht, kracht)* Vermögen o^{39}, Macht v^{28}, Kraft v^{25}: *naar mijn beste ~* nach bestem Vermögen; **3** *(gave, geschiktheid)* Vermögen o^{39}, Fähigkeit v^{20}, Kraft v^{25}; **4** *(capaciteit)* Leistung v^{20}

vermogend vermögend, wohlhabend

vermogensaanwas Vermögenszuwachs m^6

vermogensbelasting Vermögen(s)steuer v^{21}

vermolmen vermorschen, vermodern

vermommen I *tr (verkleden)* vermummen; *(maskeren)* maskieren[320]; **II** *zich ~ als* sich verkleiden als

vermomming Vermummung v^{20}, Verkleidung v^{20}

vermoorden ermorden, umbringen[139]

vermorsen verschütten

vermorzelen zerquetschen, zermalmen

vermout Wermut m^{19}, Wermutwein m^5

vermurwen erweichen: *niet te ~* unerbittlich

vernauwen I *tr* enger machen; **II** *zich ~* enger wer-

den[310]
vernauwing Verengung v^{20}
vernederen demütigen, erniedrigen
vernedering Demütigung v^{20}, Erniedrigung v^{20}
verneembaar vernehmbar, hörbar: *duidelijk ~* vernehmlich
vernemen 1 *(horen)* vernehmen[212], hören; **2** *(te weten komen)* erfahren[153], hören
verneuken *(inform)* bescheißen[234]
vernielen zerstören, kaputtmachen
vernieling Zerstörung v^{20}, Vernichtung v^{20}: *in de ~ helpen* kaputtmachen; *in de ~ raken* kaputtgehen[168]
vernielzucht Zerstörungswut v^{28}
vernietigen 1 *(verwoesten)* vernichten, zerstören; **2** *(tenietdoen)* für nichtig erklären
vernietiging 1 Vernichtung v^{20}, Zerstörung v^{20}; **2** Nichtigkeitserklärung v^{20}; *zie ook* vernietigen
vernieuwbouw *(renovatie)* Renovierung v^{20}
vernieuwen erneuern
vernieuwing Erneuerung v^{20}
vernis Firnis *m* (2e nvl *-ses; mv -se*), *(fig)* Tünche v^{21}
vernissage Vernissage v^{21}
vernoemen (be)nennen[213] nach[+3]
vernuft 1 *(verstand)* Geist m^{19}: *het menselijk ~* der menschliche Geist; **2** *(scherpzinnigheid)* Scharfsinn m^{19}; **3** *(inventiviteit)* Erfindungsgabe v^{28}
vernuftig 1 *(scherpzinnig)* scharfsinnig; **2** *(vindingrijk)* erfinderisch, ingeniös
veronaangenamen unangenehm machen
veronachtzamen vernachlässigen
veronderstellen voraussetzen, annehmen[212]: *verondersteld, dat ...* angenommen, dass ...
veronderstelling Annahme v^{21}: *in de ~, dat ...* in der Annahme, dass ...; *ik verkeerde in de ~, dat ...* ich nahm an, dass ...
verongelijkt: *een ~ gezicht* ein pikiertes Gesicht; *zich ~ voelen* sich zurückgesetzt fühlen
verongelukken verunglücken: *hij is verongelukt* er ist tödlich verunglückt
verontreinigen verunreinigen
verontreiniging Verunreinigung v^{20}
verontrusten beunruhigen: *zich over iets ~* sich wegen[+2] etwas beunruhigen
verontschuldigen entschuldigen: *zich laten ~* sich entschuldigen lassen[197]
verontschuldiging Entschuldigung v^{20}: *iem zijn ~en aanbieden voor iets* jmdn für[+4] etwas um Entschuldigung bitten[132]
verontwaardigd empört, entrüstet
verontwaardiging Empörung v^{28}, Entrüstung v^{20}
veroordeelde Verurteilte(r) m^{40a}, v^{40b}
veroordelen 1 verurteilen: *iem tot een gevangenisstraf ~* jmdn zu einer Freiheitsstrafe verurteilen; **2** *(afkeuren)* verurteilen, missbilligen
veroordeling Verurteilung v^{20}
veroorloven erlauben, gestatten: *dat kan ik mij niet ~* das kann ich mir nicht leisten
veroorzaken verursachen

verorberen verzehren, verspeisen
verordenen verfügen, anordnen, bestimmen
verordening Verordnung v^{20}, Verfügung v^{20}, Anordnung v^{20}, Bestimmung v^{20}: *gemeentelijke ~* Gemeindeordnung v^{20}
verouderd 1 *(oud geworden)* gealtert; **2** *(in onbruik geraakt)* veraltet: *een ~ standpunt* ein überwundener Standpunkt
verouderen *(oud worden)* altern; *(in onbruik raken)* veralten
veroveraar Eroberer m^9
veroveren erobern
verovering Eroberung v^{20}
verpachten verpachten
verpachter Verpächter m^9
verpakken verpacken, einpacken (in[+3,+4])
verpakking Verpackung v^{20}
verpanden verpfänden, *(in de lommerd)* versetzen
verpatsen verkloppen, verschleudern
verpauperen verarmen
verpersoonlijking Personifizierung v^{20}
verpesten 1 *(bederven)* verpesten, *(epidemisch)* verseuchen; **2** *(fig)* verpönen[297], vermiesen
verpieteren 1 *(verkommeren)* verkümmern; **2** *(mbt voedsel)* zerkochen
verpinken *(Belg)* blinzeln: *zonder (te) ~* ohne eine Miene zu verziehen[318]
verplaatsen I *tr* **1** *(elders vestigen)* verlegen; **2** *(elders plaatsen)* umstellen; **3** *(van standplaats doen veranderen)* versetzen; **4** *(van tijd)* verlegen: *een afspraak ~* einen Termin verlegen; **5** *(wegdrukken)* verdrängen; **II** *zich ~* **1** *(zich voortbewegen)* sich fortbewegen; sich verlagern; **2** *(zich inleven)* sich versetzen
verplaatsing Verlegung v^{20}, Umstellung v^{20}, Versetzung v^{20}, Verdrängung v^{20}, Verlagerung v^{20}; *zie ook* verplaatsen
verplaatsingskosten Umzugskosten *(mv)*
verplanten verpflanzen, umpflanzen
verpleeghuis Pflegeheim o^{29}
verpleegkundige Krankenpfleger m^9; Krankenschwester v^{21}
verpleegster Krankenschwester v^{21}
verplegen pflegen
verpleger Krankenpfleger m^9
verpleging 1 *(het verplegen, verpleegd worden)* Pflege v^{28}; **2** *(ziekenzorg)* Krankenpflege v^{28}: *zij gaat in de ~* sie wird Krankenschwester
verpletteren zerschmettern: *een ~de nederlaag* eine vernichtende Niederlage; *~de overmacht* erdrückende Übermacht; *een ~de tijding* eine niederschmetternde Nachricht
verplicht 1 *(genoodzaakt)* verpflichtet; *(gedwongen)* gezwungen: *wij zagen ons ~ direct terug te keren* wir sahen uns genötigt, sofort zurückzukehren; *zich ~ voelen om ...* sich verpflichtet fühlen, ...; **2** *(voorgeschreven)* pflicht..., Pflicht...: *~e bijdrage* Pflichtbeitrag m^6; *~ verzekerd* pflichtversichert
verplichten verpflichten, nötigen, *(dwingen)* zwin-

gen[319]
verplichting 1 *(het verplicht-zijn, het verplichten)*
Verpflichtung v^{20}: *een ~ op zich nemen* eine Verpflichtung übernehmen[212]; **2** *(taak)* Aufgabe v^{21}; **3**
(het gebonden-zijn) Verpflichtung v^{20}, Verbindlichkeit v^{20}: *zijn financiële ~en nakomen* seinen
Zahlungsverpflichtungen nachkommen[193]
verpoten verpflanzen, umpflanzen
verpotten umtopfen
verpozen, zich sich erholen
verpozing Erholung v^{28}
verpraten I *tr* verplaudern; **II** *zich ~* sich verplappern
verprutsen 1 *(verknoeien)* verpfuschen, verderben[297]; **2** *(verkwisten)* vergeuden
verraad Verrat m^{19}: *~ plegen* Verrat üben; *~ jegens
iem plegen* Verrat an jmdm begehen[168]
verraden verraten[218]
verrader Verräter m^9
verraderlijk verräterisch, *(geniepig)* heimtückisch:
een ~e bocht eine gefährliche Kurve
verrassen überraschen
verrassing Überraschung v^{20}
verre *zie* ver
verregaand 1 *(vergaande)* weitgehend, weit gehend; **2** *(buitensporig)* maßlos, unerhört
verregenen verregnen
verreikend weitreichend, weit reichend
verrekenen I *tr* verrechnen; **II** *zich ~* sich verrechnen
verrekening 1 Verrechnung v^{20}; **2** *(misrekening)*
Fehlrechnung v^{20}
verrekijker Fernglas o^{32}, Fernrohr o^{29}
verrekken I *tr (ontwrichten) (van ledematen)* sich[3]
verrenken, *(van spieren)* sich[3] (ver)zerren; **II** *intr
(sterven)* krepieren[320], verrecken: *~ van de kou* krepieren vor Kälte
verrekking *(ontwrichting) (van ledematen)* Verrenkung v^{20}, *(van spieren)* Verzerrung v^{20}
verrekt *tw (fig)* verflucht!, verflixt!
verreweg weitaus, bei weitem
verrichten 1 *(doen)* verrichten, ausführen: *betalingen ~* Zahlungen leisten; *formaliteiten ~* Formali-
täten erledigen; **2** *(presteren)* leisten
verrichting Verrichtung v^{20}, Ausführung v^{20}, Erledigung v^{20}, Leistung v^{20}; *zie ook* verrichten
verrijken I *tr* **1** *(rijker maken)* bereichern; **2** *(van hoger gehalte maken)* anreichern: *verrijkt uranium*
angereichertes Uran; **II** *zich ~* sich bereichern
verrijking 1 Bereicherung v^{20}; **2** *(chem)* Anreiche-
rung v^{20}
verrijzen 1 *(opstaan)* (auf)erstehen[279]; **2** *(opkomen)*
aufschießen[238]: *als paddestoelen uit de grond ~* wie
Pilze aus der Erde schießen[238]; **3** *(oprijzen)* sich erheben[186]
verrijzenis Auferstehung v^{20}
verroeren rühren, regen: *zich niet ~* sich nicht rühren; *geen vin ~* sich gar nicht rühren
verroesten verrosten: *(fig) verroest!* verflixt!

verrot 1 *(bedorven, vergaan)* faul, verfault; **2** *(zeer
slecht)* morsch; **3** *(verrekt)* furchtbar
verrotten verfaulen, vermodern, *(tot ontbinding
overgaan)* verwesen: *(inform) het kan me niks ~!* es
ist mir scheißegal!
verrottingsproces Fäulnisprozess m^5
verruilen umtauschen; *(bij vergissing)* vertauschen,
verwechseln
verruimen erweitern, *(fig)* ausweiten: *zijn blik ~*
den Blick erweitern
verruiming Erweiterung v^{20}, *(fig)* Ausweitung v^{20}
verrukkelijk entzückend, herrlich, vorzüglich
verrukking Entzücken o^{39}, Bezauberung v^{20}
verrukt entzückt
verruwen verrohen
verruwing Verrohung v^{20}
¹vers *zn* **1** *(regel, couplet, dichtvorm)* Vers m^5; **2** *(gedicht)* Gedicht o^{29}
²vers *bn, bw* frisch
versagen verzagen
verschaffen verschaffen, beschaffen: *zich toegang
~* sich Zutritt verschaffen
verschalen schal werden[310]: *verschaald bier* schales
(of: abgestandenes) Bier
verschalken 1 *(te slim af zijn)* überlisten, *(foppen)*
foppen, *(een dier vangen)* fangen[155]; **2** *(nuttigen)*
sich[3] zu Gemüte führen
verschansen *(ook fig) zich ~ achter
iets* sich hinter[3] etwas verschanzen
¹verscheiden *bn, telw* mehrere
²verscheiden *ww* hinscheiden[232], verscheiden[232]
verscheidenheid 1 *(afwisseling)* Vielfalt v^{28}, Man-
nigfaltigkeit v^{28}; **2** *(het verschil)* Verschiedenartig-
keit v^{28}
verschepen 1 *(vervoeren)* verschiffen; **2** *(overladen)* umschiffen
verscherpen I *tr* verschärfen; **II** *intr* sich verschärfen
verscheurdheid Zerrissenheit v^{28}
verscheuren zerreißen[220]
verschiet 1 *(horizon)* Horizont m^5; **2** *(verte)* Ferne
v^{28}; **3** *(perspectief, toekomst)* Perspektive v^{21}; *(fig)
iets in het ~ hebben* etwas in[3] Aussicht haben[182]
verschieten I *tr (schietend verbruiken)* verschießen[238]; **II** *intr (verbleken)* verblassen, verschießen[238]: *van schrik ~* vor Schreck erblassen
verschijnen erscheinen[233]: *in de deur ~* in der Tür
erscheinen; *voor iem ~* vor jmdm erscheinen
verschijning Erscheinung v^{20}
verschijnsel Erscheinung v^{20}, Phänomen o^{29}, *(van
ziekte)* Symptom o^{29}, Anzeichen o^{35}
verschil Unterschied m^5; *(wisk)* Differenz v^{20}: *~ in
leeftijd* Altersunterschied; *~ van mening* Meinungsverschiedenheit v^{20}
verschillen *(zich onderscheiden)* sich unterscheiden[232], verschieden sein[262]; *(als verschil hebben)*
differieren[320]: *de meningen ~* die Meinungen sind
geteilt; *van mening ~* verschiedener Meinung *(of:*
Ansicht) sein[262]: *dat verschilt veel* das macht einen

ve

großen Unterschied; *de prijzen ~ 10 mark* die Preise differieren um zehn Mark; *waarin ~ zij?* wodurch unterscheiden sie sich?; *zij ~ bijna 10 jaar* der Altersunterschied zwischen beiden ist fast zehn Jahre; *ze ~ bijna niets in leeftijd* sie sind fast gleich alt

verschillend I *bn, bw* 1 *(afwijkend)* unterschiedlich, verschieden: *~e belangen hebben* verschiedene Interessen haben[182]; 2 *(niet gelijk)* ungleich; 3 *(uiteenlopend)* verschiedenartig; II *vnw (verscheiden)* mehrere

verscholen *bn* versteckt, verborgen

verschonen I *tr (van schone lakens voorzien)* frisch beziehen[318]; *(van een klein kind)* sauber machen; II *zich ~* die Wäsche wechseln, frische Wäsche anziehen[318]

verschoning 1 *(schoon ondergoed)* frische Wäsche *v*[28]; 2 *(verontschuldiging)* Entschuldigung *v*[20]: *~ vragen* um Entschuldigung bitten[132]

verschoppeling Ausgestoßene(r) *m*[40a]

verschoppen *(verstoten)* ausstoßen[285]

verschralen rau werden[310]

verschrijven I *tr* verschreiben[252]; II *zich ~* sich verschreiben[252]

verschrijving Schreibfehler *m*[9]

verschrikkelijk schrecklich, entsetzlich, furchtbar, fürchterlich: *~ koud* furchtbar kalt

verschrikken I *tr* erschrecken; II *intr* erschrecken[251]

verschrikking Schrecken *m*[11]

verschroeien versengen

verschrompelen (zusammen)schrumpfen

verschuilen, zich sich verstecken: *(fig) zich achter iem ~* sich hinter jmdm verstecken

verschuiven I *tr* 1 verschieben[237]; 2 *(opschorten)* verschieben[237], verlegen; II *intr* sich verschieben[237]

verschuiving Verschiebung *v*[20], Verlegung *v*[20]; *zie ook* verschuiven

verschuldigd schuldig: *het ~e bedrag* der schuldige Betrag; *de ~e eerbied* die schuldige Achtung; *het ~e geld* das geschuldete Geld; *iem geld ~ zijn* jmdm Geld schuldig sein[262]: *ik ben hem veel ~* ich verdanke ihm viel

versgebakken frischbacken, frisch gebacken

versheid Frische *v*[28]

versie Version *v*[20], Fassung *v*[20]

versierder Schürzenjäger *m*[9]

versieren 1 *(verfraaien)* (aus)schmücken; 2 *(sieren)* schmücken; 3 *(voor elkaar krijgen)* schaffen; 4 *(te pakken weten te krijgen)* organisieren[320]; 5 *(verleiden)* aufreißen[220]

versiering 1 Verzierung *v*[20], Ausschmückung *v*[20]; 2 *(muz)* Verzierung *v*[20]

versjacheren verschachern

versjouwen umstellen, schleppen

verslaafd süchtig, abhängig: *aan de drank ~* alkoholsüchtig; *aan drugs ~* rauschgiftsüchtig

verslaafde Süchtige(r) *m*[40a], *v*[40b]

verslaan 1 *(overwinnen)* schlagen[241]; 2 *(verslag uitbrengen van)* berichten über[+4]

verslag Bericht *m*[5]; *(notulen)* Protokoll *o*[29]: *~ geven (of: doen) van* berichten über[+4]

verslagen 1 *(overwonnen)* geschlagen, besiegt; 2 *(terneergeslagen)* niedergeschlagen

verslagenheid Niedergeschlagenheit *v*[28]

verslaggever Berichterstatter *m*[9]

verslaggeving Berichterstattung *v*[20]

verslapen I *tr* verschlafen[240]; II *zich ~* (sich) verschlafen[240]

verslappen I *tr* erschlaffen: *zijn greep ~* seinen Griff lockern; II *intr* 1 *(slap worden)* erschlaffen; 2 *(verflauwen)* abflauen, nachlassen[197]

verslaving Sucht *v*[25], *v*[20]

verslechteren I *tr* verschlechtern; II *intr* sich verschlechtern, sich verschlimmern

versleten 1 abgenutzt, verschlissen, *(mbt kleren, schoeisel)* abgetragen, *(kaal)* fadenscheinig; 2 *(krachteloos)* verbraucht

verslijten I *tr* 1 *(doen slijten)* abnutzen, verschleißen[244], *(van kleren, schoeisel)* abtragen[288]; 2 *(houden voor)* halten[183] für[+4]; 3 *(doorbrengen)* verbringen[139]; II *intr* sich abnutzen, verschleißen[244]

verslikken, zich sich verschlucken: *zich ~ in* sich verschlucken an[+3]

verslinden verschlingen[246]

verslingerd: *~ zijn aan iets* auf[+4] etwas versessen sein[262]

versloffen verwahrlosen lassen[197]

verslonzen I *tr zie* versloffen; II *intr* verschlampen

versluieren verschleiern

versmachten verschmachten: *van dorst ~* vor Durst verschmachten

versmaden 1 *(verwerpen)* verschmähen; 2 *(te gering achten)* verachten

versmallen I *tr* verschmälern; II *intr* sich verschmälern

versnapering Leckerbissen *m*[11], Süßigkeit *v*[20]

versnellen beschleunigen: *versnelde weergave (van film)* Zeitraffer *m*[9]: *(van film) in versneld tempo* im Zeitraffertempo

versnelling 1 Beschleunigung *v*[20]; 2 *(mechanisme)* Übersetzung *v*[20], Gang *m*[6]: *in de eerste ~ zetten* den ersten Gang einlegen; 3 *(schakelinrichting)* Gangschaltung *v*[20]: *een auto met automatische ~* ein Auto mit Automatik

versnellingsbak Getriebe *o*[33]

versnellingshendel Schalthebel *m*[9]

versnellingspook Schaltknüppel *m*[9]

versnijden *(in stukken snijden)* zerschneiden[250]

versnipperen I *tr* 1 *(in snippers snijden)* zerschnippeln; 2 *(te veel verdelen)* verzetteln: *zijn krachten ~* seine Kräfte verzetteln; II *intr (in vele delen uiteenvallen)* zersplittern

versnoepen vernaschen

versoepelen I *tr* lockern; II *intr* sich lockern

verspelen verspielen

versperren sperren

versperring 1 Sperrung *v*[20]; 2 *(middel)* Sperre *v*[21]

verspillen verschwenden, vergeuden

ve

verspilling Verschwendung v^{20}, Vergeudung v^{20}

versplinteren zersplittern

verspreiden I *tr (uitzenden)* verbreiten: *een gerucht* ~ ein Gerücht verbreiten, *(uiteen doen gaan)* zerstreuen; **II** *zich* ~ **1** sich verbreiten, sich (aus)breiten; **2** *(uiteengaan)* sich zerstreuen

verspreiding Verbreitung v^{20}, Zerstreuung v^{28}, Ausbreitung v^{28}; *zie ook* verspreiden

verspreken, zich sich versprechen[274]

verspreking Versprecher m^9

¹verspringen I *ww* weitspringen[276]; **II** *zn* Weitsprung m^{19}

²verspringen 1 *(overslaan)* überspringen[276]; **2** *(op een andere datum vallen)* auf einen anderen Tag fallen[154]

verspringer Weitspringer m^9

verstaan I *tr* **1** *(horen)* verstehen[279]; **2** *(begrijpen)* verstehen[279], begreifen[181]: *iem iets te* ~ *geven* jmdm etwas zu verstehen geben[166]: *wel te* ~ wohlverstanden; **II** *zich* ~ sich beraten[218]: *zich met iem (over iets)* ~ sich mit jmdm (über[+4] etwas) beraten

verstaanbaar verständlich: *zich niet* ~ *kunnen maken* nicht seiner Stimme nicht durchdringen[143]

verstand Verstand m^{19}: *hij heeft* ~ *van muziek* er versteht sich auf[+4] Musik; *iem iets aan het* ~ *brengen* jmdm etwas klar machen; *hij is niet goed bij zijn* ~ er ist nicht recht bei Verstand; *dat gaat mijn* ~ *te boven* das geht über meinen Verstand; *met dien* ~*e, dat …* unter der Voraussetzung, dass …

verstandelijk geistig, intellektuell

verstandhouding Einvernehmen o^{39}: *in goede* ~ in gutem Einvernehmen

verstandig 1 *(met verstand begaafd)* vernünftig, verständig, *(intelligent)* klug[58], *(knap)* gescheit: *wees toch* ~*!* sei doch vernünftig!; **2** *(van inzicht getuigend)* verständig, vernünftig

verstandshuwelijk Vernunftehe v^{21}

verstandskies Weisheitszahn m^6

verstandsverbijstering Geistesverwirrung v^{28}

verstappen, zich sich³ den Fuß vertreten[291]

verstarren erstarren

verstedelijken verstädtern

versteend versteinert

¹verstek *(jur)* Abwesenheit v^{28}: *bij* ~ *veroordelen* in Abwesenheit verurteilen; ~ *laten gaan* nicht erscheinen[233]

²verstek *(techn)* Gehrung v^{20}: *onder* ~ *zagen* auf Gehrung sägen

verstekeling blinder Passagier m^5

verstelbaar verstellbar

versteld verblüfft, überrascht, verdutzt

verstellen 1 *(repareren)* flicken, ausbessern; **2** *(anders stellen)* verstellen

verstenen I *tr* versteinern; **II** *intr* versteinern, *(fig)* erstarren: *van kou* ~ vor Kälte erstarren

versterken 1 *(sterker maken)* (ver)stärken; **2** *(versterkingen aanleggen)* befestigen

versterkend: ~ *middel* stärkendes Mittel o^{33}

versterker *(foto; van geluid)* Verstärker m^9

versterking 1 Verstärkung v^{20}: ~ *krijgen* Verstärkung erhalten[183]; **2** *(mil: stelling)* Befestigung v^{20}

verstevigen (ver)stärken, (be)festigen

versteviger Festiger m^9, Haarfestiger m^9

verstijfd steif, erstarrt, starr: ~ *van kou* steif vor Kälte; ~ *van schrik* starr vor Schreck

verstijven I *tr* versteifen; **II** *intr* (sich) versteifen, steif werden[310], erstarren

verstikken ersticken

verstikking Erstickung v^{20}

verstikkingsdood Erstickungstod m^5

¹verstoken *ww (als brandstof verbruiken)* verbrennen[138], verfeuern, verheizen

²verstoken *bn*: ~ *zijn van iets* etwas entbehren

verstokt eingefleischt, verstockt: *een* ~ *vrijgezel* ein eingefleischter Junggeselle

verstolen verstohlen, heimlich

verstommen verstummen: *verstomd staan* sprachlos sein[262]

verstoord verärgert, verstimmt

verstoppen 1 *(verbergen)* verstecken; **2** *(verstopt doen raken)* verstopfen

verstoppertje: ~ *spelen* Versteck(en) spielen

verstopping 1 *(het verstopt zijn)* Verstopfung v^{20}; **2** *(opstopping)* Stau m^{13}, m^5; **3** *(obstipatie)* Stuhlverstopfung v^{20}

verstoren 1 *(hinderen)* stören; **2** *(bederven)* zerstören

verstoring Störung v^{20}: ~ *van de orde* Ordnungsstörung

verstoten verstoßen[285]

verstouten, zich sich erkühnen

verstouwen 1 *(verstuwen)* verstauen; **2** *(verwerken)* verkraften: *(van eten)* hij kan veel ~ er ist kein Kostverächter

verstrakken I *tr* spannen, straffen; **II** *intr* sich spannen, sich straffen

verstraler Weitstrahler m^9

verstrekken verschaffen, beschaffen, besorgen: *iem geld* ~ jmdm Geld beschaffen; *inlichtingen* ~ Auskunft erteilen; *voedsel* ~ Nahrung verabreichen

verstrekkend weitreichend, weit reichend

verstrekking Verschaffung v^{28}, Beschaffung v^{28}, Besorgung v^{28}, Verabreichung v^{20}, Erteilung v^{20}; *zie ook* verstrekken

verstrijken ablaufen[198], vergehen[168]

verstrikken: *zich in zijn eigen woorden* ~ sich in Widersprüche verstricken; *in een schandaal verstrikt raken* in einen Skandal verstrickt werden[310]

verstrooid 1 *(verspreid)* verstreut; **2** *(afwezig)* zerstreut

verstrooien zerstreuen

verstrooiing Zerstreuung v^{20}

verstuiken verstauchen

verstuiking Verstauchung v^{20}

verstuiven zerstäuben

verstuiver Zerstäuber m^9

versturen versenden[263], verschicken

ve

versuft benommen, betäubt

versukkeling: *in de* ~ *raken* herunterkommen[193], *(mbt zaken)* ins Hintertreffen kommen[193]

vertaalwerk Übersetzungsarbeit *v*[20]

vertakken, zich sich gabeln, sich verzweigen

vertakking Gabelung *v*[20], Verzweigung *v*[20]

vertalen 1 *(in een andere taal overzetten)* übersetzen, übertragen[288]; **2** *(in een andere vorm weergeven)* übertragen[288], umsetzen

vertaler Übersetzer *m*[9]

vertaling Übersetzung *v*[20]

verte Ferne *v*[21]: *in de* ~ in der Ferne; *uit de* ~ *herkennen* von weitem erkennen

vertederen erweichen, rühren

vertedering Erweichung *v*[20], Rührung *v*[28]

verteerbaar verdaulich: *licht* ~ leicht verdaulich

vertegenwoordigen 1 *(uitmaken)* darstellen; **2** *(handelen voor)* vertreten[291]

vertegenwoordiger Vertreter *m*[9]

vertegenwoordiging Vertretung *v*[20]

vertekenen verzerren

vertellen I *tr* erzählen: *(fig) hij heeft hier niets te* ~ er hat hier nichts zu sagen; **II** *zich* ~ sich verzählen

verteller Erzähler *m*[9]

vertelling Erzählung *v*[20]

verteren I *tr* **1** *(als voedsel verwerken)* verdauen: *zijn maag kan dat niet* ~ sein Magen verdaut das nicht; **2** *(opmaken)* ausgeben[166], verzehren; **3** *(doen vergaan)* zerfressen[162], zersetzen, verzehren; **II** *intr* **1** *(als voedsel verwerkt worden)* verdaut werden[310]; **2** *(vergaan)* vermodern, verfaulen

vertering 1 *(spijsvertering)* Verdauung *v*[28]; **2** *(consumptie)* Verzehr *m*[19]; **3** *(kosten)* Zeche *v*[21]

verticaal I *bn, bw* vertikal, senkrecht; **II** *zn* Vertikale *v*[21], Senkrechte *v*[40b]

vertier 1 *(drukte)* Betrieb *m*[19]: *er is hier veel* ~ hier herrscht ein lebhaftes Treiben; **2** *(ontspanning)* Unterhaltung *v*[28]

vertikken 1 *(weigeren te doen)* (gar) nicht daran denken[140]: *ik vertik het!* ich werde es hübsch bleiben lassen!; **2** *(niet langer werken)* nicht funktionieren[320]

vertillen, zich sich verheben

vertimmeren 1 *(verbouwen)* umbauen; **2** *(aan verbouwing besteden)* verbauen

vertoeven verweilen, sich aufhalten[183]

vertolken 1 *(vertalen)* dolmetschen, übersetzen; **2** *(tot uitdrukking brengen)* zum Ausdruck bringen[139]: *iems gevoelens* ~ jmds Gefühlen Ausdruck verleihen[200]; **3** *(uitbeelden)* *(theat)* darstellen, *(muz)* spielen, interpretieren[320]

vertolker Interpret *m*[14], Darsteller *m*[9]

vertolking *(muz)* Interpretation *v*[20], Wiedergabe *v*[21]; *(theat)* Darstellung *v*[20]

vertonen I *tr* **1** *(laten zien)* (vor)zeigen, vorweisen[307]: *een film* ~ einen Film vorführen; **2** *(opvoeren)* zeigen, vorführen, aufführen, spielen; **3** *(doen blijken)* aufweisen[307], zeigen; **II** *zich* ~ sich zeigen, sich sehen lassen[197]

vertoning 1 *(het laten zien)* Vorzeigen *o*[39], Vorweisen *o*[39]; **2** *(het vertoonde)* Schauspiel *o*[29], Aufführung *v*[20], Vorführung *v*[20]: *(fig) een vreemde* ~ ein sonderbares Schauspiel

vertoon 1 *(het laten zien)* Vorlage *v*[28]: *op* ~ *van* gegen Vorlage[+2]; **2** *(praal)* Aufwand *m*[19]

vertragen I *tr* **1** *(trager maken)* verlangsamen, verzögern; **2** *(uitstellen)* verschleppen, *(rekken)* in die Länge ziehen[318]; **II** *intr* sich verlangsamen, sich verzögern: *een vertraagde trein* ein verspäteter Zug; *vertraagde weergave van film* Zeitlupe *v*[21]

vertraging 1 *(het vertragen)* Verlangsamung *v*[20], Verzögerung *v*[20], *(van proces, ook)* Verschleppung *v*[20]; **2** *(oponthoud)* Verspätung *v*[20]: ~ *hebben* Verspätung haben[182]

vertrappen zertreten[291]

vertreden, zich sich ergehen[168], sich die Beine vertreten[291]

vertrek 1 *(lokaal)* Raum *m*[6], *(kamer)* Zimmer *o*[33]; **2** *(afreis)* Abreise *v*[21], Abfahrt *v*[20], Abgang *m*[19], *(van vliegtuig)* Abflug *m*[6]; **3** *(verhuizing)* Wegzug *m*[6]

vertrekhal Wartehalle *v*[21]

vertrekken I *tr* verziehen[318]: *geen spier* ~ keine Miene verziehen; **II** *intr* **1** *(afreizen)* abreisen, *(mbt bus, schip, trein)* abfahren[153], abgehen[168], *(mbt vliegtuig)* abfliegen[159]; **2** *(weggaan)* weggehen[168], fortgehen[168]

vertrekpunt *(fig)* Ausgangspunkt *m*[5]

vertrektijd, vertrekuur Abfahrt(s)zeit *v*[20], *(luchtv)* Abflugzeit *v*[20]

vertroetelen verhätscheln, verzärteln

vertroosten trösten

vertroostend tröstlich, trostreich

vertroosting Trost *m*[19], Tröstung *v*[20]

vertrouwd 1 vertraut: *een* ~*e vriend* ein vertrauter Freund; **2** *(betrouwbaar)* zuverlässig

vertrouwelijk vertraulich: *strikt* ~ streng vertraulich

vertrouweling(e) Vertraute(r) *m*[40a], *v*[40b]

vertrouwen I *ww* **1** *(ver)trauen[+3]: *hij is niet te* ~ ihm ist nicht zu trauen; *ik vertrouw het zaakje niet* ich traue dem Braten nicht; *iem blind* ~ jmdm blind vertrauen; **2** *(rekenen op)* vertrauen auf[+4], sich verlassen[197] auf[+4]; **II** *zn* Vertrauen *o*[39], *(in toekomst)* Zuversicht *v*[28]: *vol* ~ zuversichtlich; ~ *in iem hebben* Vertrauen zu jmdm haben[182]: *iem in* ~ *nemen* jmdn ins Vertrauen ziehen[318]: *in iem* ~ *stellen* Vertrauen auf jmdn *(of:* in) jmdn setzen; *op goed* ~ in gutem Glauben

vertrouwensarts Vertrauensarzt *m*[6]

vertrouwenspersoon Vertrauensperson *v*[20]

vertrouwenspositie Vertrauensstellung *v*[20]

vertwijfelen verzweifeln

vertwijfeling Verzweiflung *v*[28]: *tot* ~ *brengen* zur Verzweiflung bringen[139]

veruit weitaus, bei weitem

vervaardigen herstellen, (an)fertigen

vervaardiging Herstellung *v*[28], Anfertigung *v*[28], Fertigung *v*[28]

vervaarlijk furchtbar, fürchterlich

vervagen sich verwischen, verschwimmen[257]
verval 1 *(achteruitgang)* Verfall m^{19}; **2** *(in rivier)* Gefälle o^{33}
vervaldag, vervaldatum Verfall(s)tag m^5
vervallen I *ww* **1** *(bouwvallig worden)* verfallen[154]; **2** *(achteruitgaan)* verfallen[154]; **3** *(invorderbaar worden)* verfallen[154]; **4** *(verstrijken)* verstreichen[286], ablaufen[198]: *de termijn is* ~ die Frist ist abgelaufen; **5** *(van eigenaar verwisselen)* verfallen[154], fallen[154] an[+4]; **6** *(niet meer gelden)* wegfallen[154], erlöschen[150], hinfällig werden[310]; **7** *(niet plaatsvinden)* ausfallen[154], nicht stattfinden[157]; **8** *(raken, komen tot)* verfallen[154] in[+4]; **II** *bn* **1** *(bouwvallig, afgeschaft, verstreken)* verfallen; **2** *(armoedig)* verkommen, heruntergekommen, verfallen
vervalsen *(namaken)* fälschen
vervalsing Fälschung v^{20}
vervangen ersetzen
vervanger Vertreter m^9, *(sp)* Ersatzspieler m^9
vervanging *(van persoon)* Vertretung v^{20}, *(sp)* Auswechslung v^{20}, Ersatz m^{19}
vervangingsmiddel Ersatzmittel o^{33}
vervangingswaarde Wiederbeschaffungswert m^5
verveeld gelangweilt: *(Belg)* ~ *zitten met iets* mit[+3] etwas nichts anzufangen wissen[314]
vervelen I *tr* langweilen: *iem met iets* ~ jmdn mit[+3] etwas langweilen; *het verveelt mij al lang!* ich bin's längst satt!; *tot* ~*s toe* bis zum Überdruss; **II** *zich* ~ sich langweilen
vervelend 1 *(saai)* öde, langweilig: *stierlijk* ~ stinklangweilig; **2** *(onaangenaam)* ärgerlich, hässlich, unangenehm; **3** *(onhebbelijk)* garstig; **4** *(niet lekker)* unwohl; **5** *(onbehaaglijk)* ungut
verveling Lang(e)weile v^{28}
verven 1 *(schilderen)* (an)streichen[286], malen: *pas geverfd!* frisch gestrichen!; **2** *(met kleurstof bewerken)* färben
verversen 1 *(opfrissen)* erfrischen: *de lucht* ~ frische Luft hereinlassen[197]; **2** *(door nieuwe vervangen)* wechseln: *olie* ~ Öl wechseln
verversing *(verfrissing)* Erfrischung v^{20}
vervlakken verflachen, abflauen; *(vervagen)* sich verwischen
vervlakking Verflachung v^{20}
vervliegen verfliegen[159]: *in rook* ~ in Rauch aufgehen[168]
vervloeken verfluchen: *iem* ~ jmdn verfluchen
vervloeking Verfluchung v^{20}
vervloekt verflucht, verdammt
vervluchtigen sich verflüchtigen, verfliegen[159]
vervoegen 1 *(taalk)* konjugieren[320], beugen, flektieren[320]; **2** *zich bij iem* ~ sich an jmdn wenden[308]
vervoeging *(taalk)* Konjugation v^{20}, Beugung v^{20}, Flexion v^{20}
vervoer 1 *(transport)* Beförderung v^{28}, Transport m^5: ~ *over lange afstand* Fernverkehr m^{19}; **2** *(vervoermiddel)* Transportmittel o^{33}, Beförderungsmittel o^{33}: *het openbaar* ~ die öffentlichen Verkehrsmittel

vervoerbedrijf Transportunternehmen o^{35}
vervoerder Frachtführer m^9, Transporteur m^5
vervoeren befördern, transportieren[320]: *naar het ziekenhuis* ~ ins Krankenhaus befördern
vervoering Verzückung v^{20}, Ekstase v^{21}
vervoermiddel Transportmittel o^{33}, Beförderungsmittel o^{33}
vervolg Fortsetzung v^{20}: *in* ~ *op ons schrijven* im Anschluss an unser Schreiben; *in het* ~ künftig, in Zukunft
vervolgen 1 *(achtervolgen)* verfolgen; **2** *(aanklagen)* verfolgen, gerichtlich vorgehen[168] gegen[+4]; **3** *(voortzetten)* fortsetzen, *(verder spreken)* fortfahren[153]
vervolgens 1 *(daarna)* darauf(hin), dann, danach; **2** *(naderhand)* nachher
vervolger Verfolger m^9
vervolging Verfolgung v^{20}: *een* ~ *instellen tegen iem* einen Prozess gegen jmdn anstrengen
vervolgingswaanzin Verfolgungswahn m^{19}
vervolgverhaal Fortsetzungsroman m^5
vervolmaken vervollkommnen
vervormen 1 verformen, umbilden; **2** *(van beeld, geluid)* verzerren
vervorming Verformung v^{20}, Umbildung v^{20}; Verzerrung v^{20}; *zie ook* vervormen
vervrachten verfrachten
vervreemding 1 *(het overdragen)* Veräußerung v^{20}; **2** *(theat)* Verfremdung v^{20}; **3** *(het vreemd worden aan)* Entfremdung v^{20}
vervroegen früher ansetzen, vorverlegen, vorziehen[318]: *vervroegde verkiezingen* vorgezogene Wahlen; *met vervroegd pensioen gaan* in den Vorruhestand treten[291]
vervuilen I *tr* verunreinigen, verschmutzen; **II** *intr* verunreinigt werden[310], verschmutzen
vervuiling Verunreinigung v^{20}, Verschmutzung v^{20}
vervullen 1 *(vol maken)* erfüllen; **2** *(vervangen)* einnehmen[212]; **3** *(verwezenlijken)* erfüllen; **4** *(bekleden)* bekleiden; **5** *(nakomen)* erfüllen, *(van dienstplicht)* (ab)leisten
vervulling Erfüllung v^{20}, *(van dienstplicht)* Ableistung v^{20}: *in* ~ *gaan* in Erfüllung gehen[168]
verwaaid zerzaust
verwaand eingebildet, dünkelhaft
verwaandheid Einbildung v^{28}, Dünkel m^{19}
verwaardigen würdigen[+2]: *iem geen blik* ~ jmdn keines Blickes würdigen
verwaarlozen vernachlässigen, *(van ziekte)* verschleppen: *een verwaarloosde griep* eine verschleppte Grippe; *zijn plicht* ~ seine Pflicht vernachlässigen; *dat is te* ~ das kann man unberücksichtigt lassen
verwaarlozing Vernachlässigung v^{20}, *(van ziekte)* Verschleppung v^{20}; *zie ook* verwaarlozen
verwachten erwarten, *(hopend verwachten)* sich[3] versprechen[274]: *een kind* ~ ein Kind erwarten; *zoals te* ~ *was* wie erwartet; *wij* ~ *daar niet veel van!* wir versprechen uns[3] nicht viel davon!; *zoiets kan men*

ve

van hem ~! das sieht ihm ähnlich!
verwachting Erwartung v^{20}: *in ~ zijn* schwanger sein[262]
verwant I *bn* verwandt; **II** *zn* Verwandte(r) m^{40a}, v^{40b}
verwantschap Verwandtschaft v^{20}
verward 1 *(in de war)* wirr, verwirrt: *~e haren* verwirrte Haare; **2** *(onsamenhangend)* wirr, verworren: *~ spreken* wirr sprechen; *~ raken in* sich verfangen[155] in[+3]
verwarmen erwärmen, *(een gebouw, een ruimte)* (be)heizen
verwarming 1 *(het verwarmen)* Erwärmung v^{28}, *(van ruimte, gebouw)* Heizung v^{28}, Beheizung v^{28}; **2** *(installatie)* Heizung v^{20}: *centrale ~* Zentralheizung
verwarmingsinstallatie Heizanlage v^{21}
verwarren 1 verwirren; **2** *(door elkaar halen)* verwechseln: *ik verwar hem met zijn broer* ich verwechsle ihn mit seinem Bruder
verwarring 1 Verwirrung v^{20}; **2** *(het door elkaar halen)* Verwechslung v^{20}; **3** *(chaos)* Durcheinander o^{39}
verwateren *(ook fig)* verwässern
verwedden verwetten
verweer 1 *(verdediging)* Verteidigung v^{20}; **2** *(jur)* Einrede v^{21}; **3** *(verzet)* Widerstand m^6
verweerd verwittert
verweerschrift Verteidigungsschrift v^{20}
verwekken erregen, erzeugen, erwecken, hervorrufen[226]: *een kind ~* ein Kind zeugen
verwelken *(ook fig)* (ver)welken
verwelkomen willkommen heißen[187], begrüßen
verwennen verwöhnen
verwennerij Verwöhnung v^{28}
verwensen verwünschen
verwensing Verwünschung v^{20}
¹verweren, zich 1 *(zich verdedigen)* sich verteidigen, sich wehren; **2** *(zich verzetten)* sich widersetzen, sich sträuben (gegen[+4])
²verweren *(door het weer)* verwittern
verwerkelijken verwirklichen
verwerken *(ook psychisch)* verarbeiten
verwerkingseenheid: *centrale ~* Zentraleinheit v^{20}
verwerpelijk verwerflich
verwerpen verwerfen[311]
verwerven erwerben[309]: *bekendheid ~* allgemein bekannt werden[310]: *kennis ~* sich³ Kenntnisse erwerben
verwerving Erwerbung v^{20}
verwezenlijken verwirklichen
verwezenlijking Verwirklichung v^{20}
verwijderd entfernt, fern
verwijderen I *tr* entfernen; **II** *zich ~* sich entfernen
verwijdering Entfernung v^{20}
verwijfd weibisch, weichlich, feminin
verwijfdheid weibisches Benehmen o^{39}
verwijsbriefje, verwijskaart Überweisungsschein m^5
verwijt Vorwurf m^6
verwijten vorwerfen[311]
verwijtend vorwurfsvoll

verwijzen überweisen[307], verweisen[307]: *een patiënt naar een specialist ~* einen Patienten an einen Facharzt überweisen; *we ~ naar onze brief van ... wir* nehmen Bezug auf[+4] *(of: beziehen uns auf)* unser Schreiben vom ...
verwijzing *(in een tekst)* Verweis m^5, Verweisung v^{20}; *(van patiënt)* Überweisung v^{20}: *onder ~ naar* unter Bezug auf[+4], mit Bezug auf[+4]
verwikkelen verwickeln: *in een discussie verwikkeld zijn* in eine Diskussion verwickelt sein[262]
verwikkeling Verwick(e)lung v^{20}
verwilderd verwildert: *~e blik* verstörter Blick
verwisselbaar austauschbar: *verwisselbare onderdelen* auswechselbare Teile
verwisselen 1 austauschen, wechseln, umtauschen; *(onderdelen)* auswechseln: *van eigenaar ~* den Besitzer wechseln; *van kleren ~* die Kleider wechseln; **2** *(verwarren)* verwechseln
verwisseling Auswechs(e)lung v^{20}, Wechsel m^9; Umtausch m^5; Verwechs(e)lung v^{20}; *zie ook* verwisselen
verwittigen benachrichtigen, verständigen
verwittiging Benachrichtigung v^{20}
verwoed 1 heftig, wütend; **2** *(hartstochtelijk)* leidenschaftlich
verwoesten zerstören
verwoesting Zerstörung v^{20}
verwonden verletzen, verwunden
verwonderd verwundert, erstaunt
verwonderen I *tr* (ver)wundern, erstaunen; **II** *zich* *~ sich* verwundern, staunen
verwondering Verwunderung v^{28}, Staunen o^{39}
verwonderlijk verwunderlich, erstaunlich
verwonding Verletzung v^{20}, Verwundung v^{20}
verwonen an Miete bezahlen
verworvenheid Errungenschaft v^{20}
verwringen verdrehen, verzerren: *een verwrongen gezicht* ein verzerrtes Gesicht
verzachten mildern, *(van pijn, leed, nood)* lindern: *~de omstandigheid* mildernder Umstand m^6
verzachting Linderung v^{28}, Milderung v^{28}; *zie ook* verzachten
verzadigd gesättigt, satt: *de markt is ~* der Markt ist gesättigt
verzadigen sättigen: *hij is niet te ~* er ist unersättlich
verzadiging Sättigung v^{28}
verzadigingspunt Sättigungspunkt m^5
verzaken 1 *(van geloof)* verleugnen, abschwören[260+3]; **2** *(van plicht)* versäumen, vernachlässigen; **3** *(bij het kaartspel)* nicht bedienen, verzichten || *de wereld ~* der Welt³ entsagen
verzaking Verleugnung v^{20}, Abschwörung v^{20}, Versäumnis o^{29a}, Vernachlässigung v^{20}, Entsagung v^{20}; *zie ook* verzaken
verzakken 1 *(mbt bodem, weg, gebouw)* (ab)sacken, sich senken; **2** *(med)* vorfallen[154]
verzakking 1 *(van de grond)* Bodensenkung v^{20}; **2** *(van gebouw)* Senkung v^{20}; **3** *(van baarmoeder)* Ge-

bärmuttervorfall m^6
verzamelaar Sammler m^9
verzamelbundel Sammelband m^6
verzamelen I *tr* sammeln; **II** *zich* ~ sich (ver)sammeln
verzameling Sammlung v^{20}; *(ophoping)* Ansammlung v^{20}; *(wisk)* Menge v^{21}
verzamelingenleer Mengenlehre v^{28}
verzamelplaats Sammelplatz m^6, Sammelstelle v^{21}
verzamelwoede Sammelwut v^{28}
verzanden *(ook fig)* versanden
verzegelen versiegeln
verzeilen: *ergens verzeild raken* irgendwohin verschlagen werden[310]
verzekeraar Versicherer m^9
verzekerd versichert: ~ *bedrag* Versicherungssumme v^{21}: *verplicht* ~ pflichtversichert; *vrijwillig* ~ freiwillig versichert; *u kunt ervan* ~ *zijn, dat …* Sie können versichert sein, dass …; *van iets* ~ *zijn* von etwas überzeugt sein[262]: *zijn toekomst is* ~ seine Zukunft ist gesichert
verzekerde Versicherte(r) m^{40a}, v^{40b}
verzekeren I *tr* versichern: *zijn leven* ~ sein Leben versichern; *ik verzeker u, dat …* ich versichere Ihnen, dass …; **II** *zich* ~ sich versichern: *zich van hulp* ~ sich[4] der Hilfe[2] versichern; *zich van een plaats* ~ sich[3] einen Platz sichern; *zie ook* verzekerd
verzekering Versicherung v^{20}: *aanvullende* ~ Zusatzversicherung; *onderlinge* ~ Versicherung auf Gegenseitigkeit; *sociale* ~ Sozialversicherung; *verplichte* ~ Pflichtversicherung; ~ *tegen brandschade* Feuerversicherung; ~ *tegen inbraak* Einbruch(s)diebstahlversicherung; ~ *tegen ongevallen* Unfallversicherung; ~ *tegen wettelijke aansprakelijkheid* Haftpflichtversicherung
verzekeringsmaatschappij Versicherungsgesellschaft v^{20}
verzekeringsnemer Versicherungsnehmer m^9
verzekeringsovereenkomst Versicherungsvertrag m^6
verzekeringspolis Versicherungspolice v^{21}, Versicherungsschein m^5
verzekeringspremie Versicherungsprämie v^{21}
verzekeringsvoorwaarden Versicherungsbedingungen *mv* v^{20}
verzelfstandigen verselbstständigen, verselbständigen
verzenden versenden[263], verschicken
verzender Absender m^9
verzendhuis Versandhaus o^{32}, Versandgeschäft o^{29}
verzending Versendung v^{20}, Versand m^{19}: *bericht van* ~ Versandanzeige v^{21}
verzendkosten Versandkosten *(mv)*
verzet 1 *(tegenstand)* Widerstand m^6; *(protest)* Protest m^5: *in* ~ *komen* sich auflehnen; *het verstand komt daartegen in* ~ der Verstand sträubt sich dagegen; **2** *(jur)* Einspruch m^6: ~ *aantekenen* Einspruch erheben[186]; **3** *(ontspanning)* Erholung v^{28}; **4** *(van fiets)* Gang m^5

verzetje Zerstreuung v^{20}
verzetsbeweging Widerstandsbewegung v^{20}
verzetsstrijder Widerstandskämpfer m^9
verzetten I *tr* **1** *(verplaatsen)* versetzen, verschieben[237]; **2** *(van tijd)* verlegen: *een vergadering* ~ *naar 8 uur* eine Versammlung auf 8 Uhr verlegen; **3** *(ontspannen)* zerstreuen, ablenken; **II** *zich* ~ sich wehren, Widerstand leisten: *zich tegen iets* ~ sich gegen[4] etwas wehren; *zich tegen de straf* ~ sich der Strafe[3] widersetzen || *veel werk* ~ tüchtig arbeiten
verzieken vergiften, verseuchen, verderben[297]
verziend *(ook fig)* weitsichtig
verziendheid Weitsichtigkeit v^{28}
verzilveren versilbern; *(te gelde maken, ook)* einlösen
¹verzinken *(galvaniseren)* verzinken
²verzinken I *tr* *(techn)* *(doen verdwijnen)* versenken: *verzonken schroef* Versenkschraube v^{21}; **II** *intr* *(wegzinken)* versinken[266]
verzinnen ersinnen[267], sich[3] ausdenken[140]
verzinsel Erfindung v^{20}, Erdichtung v^{20}
verzitten: *gaan* ~ den Platz wechseln
verzoek Bitte v^{21}, *(form)* Ersuchen o^{35}, *(schriftelijk)* Gesuch o^{29}, Antrag m^6: *een* ~ *afwijzen* eine Bitte abweisen[307]; *iem een* ~ *doen* jmdn bitten[132]: *op* ~ auf Wunsch
verzoeken 1 *(vragen)* bitten[132+4], *(form)* ersuchen[+4], nachsuchen um[+4], verlangen: *iem om hulp* ~ jmdn um[+4] Hilfe bitten; **2** *(uitnodigen)* bitten[132], einladen[196]; *(dringend)* auffordern: *als ik u* ~ *mag!* wenn ich bitten darf!; ~ *van iets verschoond te blijven* sich[3] etwas verbitten
verzoeking Versuchung v^{20}
verzoekschrift Gesuch o^{29}, Eingabe v^{21}: *een* ~ *indienen* eine Eingabe machen
verzoenen versöhnen: *zich met iem* ~ sich mit jmdm versöhnen *(of:* aussöhnen)
verzoenend versöhnend, versöhnlich
verzoening Versöhnung v^{20}, Aussöhnung v^{20}
verzolen besohlen, mit Sohlen versehen[261]
verzonken *(techn)* versenkt: ~ *schroef* versenkte Schraube v^{21}
verzorgd gepflegt
verzorgen *(van het nodige voorzien)* versorgen; *(kinderen, zieken)* pflegen, betreuen: *de bloemen* ~ die Blumen versorgen; *een gezin* ~ eine Familie ernähren
verzorger Pfleger m^9, Betreuer m^9
verzorging Pflege v^{28}, Betreuung v^{28}
verzorgingsflat Seniorenwohnheim o^{29}
verzorgingsstaat Sozialstaat m^{16}
verzorgster Pflegerin v^{22}, Betreuerin v^{22}
verzot vernarrt, erpicht, versessen: ~ *zijn op iem* in jmdn vernarrt sein[262]: ~ *zijn op iets* auf[+4] etwas versessen *(of:* erpicht) sein[262]
verzuchten seufzen, stöhnen
verzuim 1 Versäumnis o^{29a}, Unterlassung v^{20}; **2** *(jur)* Verzug m^{19}: *in* ~ *stellen* in Verzug setzen
verzuimen 1 *(nalaten)* unterlassen[197], versäumen; **2**

ve

(de gelegenheid) versäumen, verpassen; **3** *(zijn plicht, de school)* versäumen

verzuipen I *tr* ersäufen, ertränken; *(mbt motor)* absaufen[228]: *zijn geld ~* sein Geld versaufen[228]; **II** *intr* ersaufen[228], ertrinken[293]

verzuren: *iems leven ~* jmdm das Leben vergällen

verzwakken I *tr (zijn gezondheid, een land, de vijand)* schwächen; **II** *intr* schwächer werden[310], nachlassen[197]: *de belangstelling verzwakt* das Interesse lässt nach

verzwakking Schwächung *v*[20]

verzwaren erschweren *(ook fig): een straf ~* eine Strafe verschärfen

verzwelgen verschlingen[246]

verzwijgen verschweigen[255], verheimlichen

verzwikken sich[3] verrenken

vest Weste *v*[21], Jacke *v*[21]

vestiaire Kleiderablage *v*[21], Garderobe *v*[21]

vestibule Flur *m*[5], Diele *v*[21], Vorhalle *v*[21]

vestigen I *tr* **1** *(stichten)* gründen: *gevestigd zijn (mbt particulieren)* wohnhaft sein[262], *(mbt maatschappijen)* den Geschäftssitz haben[182]: *die zaak is te A. gevestigd* dieses Geschäft hat seinen Sitz in A.; **2** *(richten)* richten: *de aandacht ~ op* die Aufmerksamkeit richten auf[+4]; *zijn hoop op iem ~* seine Hoffnung auf[+4] jmdn setzen; **II** *zich ~* sich niederlassen[197] (in[+3])

vestiging *(stichting)* Gründung *v*[20]; *(filiaal)* Niederlassung *v*[20]; *(nederzetting)* Siedlung *v*[20]: *plaats van ~ (van personen)* Wohnsitz *m*[5]; *(van rechtspersoon)* Sitz *m*[5]; *(van bedrijven)* Standort *m*[5]: *vrijheid van ~* Freizügigkeit *v*[28]

vestigingsplaats Standort *m*[5]

vesting Festung *v*[20]

vestzak Westentasche *v*[21]

vet I *bn* fett: *een ~ baantje* eine einträgliche Stelle; *~te handen* fettige Hände; **II** *zn* Fett *o*[29], *(spijsvet, ook)* Schmalz *o*[29]: *in het ~ zetten* einfetten; *iem zijn ~ geven* jmdm sein(en) Teil geben[166]

vetarm fettarm, mager

veter Schnürsenkel *m*[9]

veteraan Veteran *m*[14]

veteranenteam Altherrenmannschaft *v*[20]

veteranenziekte Legionärskrankheit *v*[28]

veterinair I *bn* veterinär; **II** *zn* Veterinär *m*[5], Tierarzt *m*[6]

vetgehalte Fettgehalt *m*[19]

vetmesten I *ww* mästen; **II** *zn* Mästung *v*[20]

veto Veto *o*[36]: *zijn ~ over iets uitspreken* sein Veto gegen[+4] etwas einlegen

vetpot: *het is daar geen ~* da ist Schmalhans Küchenmeister

vetpuistje Mitesser *m*[9]

vetspuit Schmierpistole *v*[21]

vettig fettig

vettigheid Fettigkeit *v*[28]

vetvlek Fettfleck *m*[5], Fettflecken *m*[11]

vetzucht Fettsucht *v*[28]

vetzuur Fettsäure *v*[21]

veulen Füllen *o*[35], Fohlen *o*[35]

vezel Faser *v*[21]: *plantaardige ~* Pflanzenfaser

vezelig faserig

vezelplant Faserpflanze *v*[21]

vgl. *afk van vergelijk* vergleiche (*afk* vgl.)

via via[+4], über[+4]; *(door)* durch[+4]

viaduct Viadukt *m*[5], *o*[29], Überführung *v*[20]

vibrafoon Vibraphon *o*[29], Vibrafon *o*[29]

vibratie Vibration *v*[20], Schwingung *v*[20]

vibrator Vibrator *m*[16]

vibreren vibrieren[320], schwingen[259]

vicaris Vikar *m*[5]

vice-president Vizepräsident *m*[14]

vice versa vice versa (*afk* v.v.)

vicieus: *vicieuze cirkel* Teufelskreis *m*[5]

video 1 *(techn)* Video *o*[39]; **2** *(apparaat)* Videogerät *o*[29], Videorekorder *m*[9], Videorecorder *m*[9]

videoband Video *o*[36], Videoband *o*[32]

videocamera Videokamera *v*[27]

videocassette Videokassette *v*[21]

videocassetterecorder Videokassettenrekorder *m*[9], Videokassettenrecorder *m*[9]

videoclip Videoclip *m*[13]

videofilm Videofilm *m*[5]

videofoon Bildtelefon *o*[29]

videoplaat Videoplatte *v*[21], Bildplatte

videorecorder Videorekorder *m*[9], Videorecorder *m*[9]

videotheek Videothek *v*[20]

viditel Bildschirmtext *m*[5]

vief lebhaft, aufgeweckt, munter

vier I *telw* vier; **II** *zn* Vier *v*[20]

vierbaans vierspurig

vierde I *telw* der (die, das) vierte: *Willem de Vierde* Wilhelm der Vierte (IV.); **II** *zn* Viertel *o*[33]

vieren 1 *(een feest)* feiern, *(plechtig)* begehen[168]; **2** *(een touw)* fieren

vierhoek Viereck *o*[29]

vierhoekig viereckig

viering *(van een feest)* Feier *v*[21]

vierjarenplan Vierjahresplan *m*[6]

vierkant I *bn, bw* viereckig, quadratisch, *(in maatnamen)* Quadrat…: *een ~e kerel: a) (eerlijk)* ein ehrlicher Kerl; *b) (stevig)* ein stämmiger Kerl; *~e meter* Quadratmeter *m*[9], *o*[33]: *iem ~ de deur uitgooien* jmdn hochkant(ig) hinauswerfen[311]: *iem ~ uitlachen* jmdm ins Gesicht lachen; *iem ~ de waarheid zeggen* jmdm ungeschminkt die Wahrheit sagen; *~ weigeren* rundweg abschlagen[241]; **II** *zn* Quadrat *o*[29]

vierkantsvergelijking Gleichung *v*[20] zweiten Grades

vierkleurendruk Vierfarbendruck *m*[5]

viersprong Kreuzweg *m*[5], *(fig, ook)* Scheideweg *m*[5]

viertaktmotor Viertaktmotor *m*[16], *m*[5]

vieruurtje *(Belg) (ongev)* Nachmittagskaffee *m*[19]

viervoeter Vierfüßer *m*[9]

vierwielaandrijving Vierradantrieb *m*[5]

vies 1 *(vuil)* schmutzig, dreckig; **2** *(mbt geur, smaak)* widerlich, ekelhaft: *een vieze lucht* ein widerlicher Geruch; *een ~ woord* ein unanständiges Wort; *een ~ gezicht zetten* ein angewidertes Gesicht aufsetzen; *ik ben er ~ van* ich ekle mich davor

viespeuk Schmutzfink *m*[14], *m*[16]

Vietnam Vietnam *o*[39]

Vietnamees I *zn* Vietnamese *m*[15]; **II** *bn* vietnamesisch

viewdata Bildschirmtext *m*[5]

viewer Diabetrachter *m*[9], Gucki *m*[13]

viezerik Schmutzfink *m*[14], *m*[16], Ferkel *o*[33]

viezigheid Dreck *m*[19], Schmutzigkeit *v*[20]

vignet Vignette *v*[21]

vijand Feind *m*[5]

vijandelijk feindlich, gegnerisch

vijandelijkheid Feindseligkeit *v*[20]: *de vijandelijkheden openen* die Feindseligkeiten eröffnen

vijandig feindlich, feindselig

vijandigheid Feindlichkeit *v*[20], Feindseligkeit *v*[20]

vijandschap Feindschaft *v*[28]

vijf I *telw* fünf; **II** *zn* Fünf *v*[20]

vijfde I *telw* der (die, das) fünfte: *Willem de Vijfde* Wilhelm der Fünfte (V.); **II** *zn* Fünftel *o*[33]

vijfenvijftigplusser Senior *m*[16] über 55

vijfenzestigplusser Senior *m*[16] (über 65)

vijfhoek Fünfeck *o*[29], Pentagon *o*[29]

vijfkamp Fünfkampf *m*[19], Pentathlon *o*[39]

vijftiger Fünfziger *m*[9]

vijftigplusser Senior *m*[16] über 50

vijg Feige *v*[21]: *(Belg) dat zijn ~en na Pasen* das ist reichlich spät

vijgenblad Feigenblatt *o*[32]

vijl Feile *v*[21]

vijlen feilen

vijs *(Belg)* Schraube *v*[21]

¹vijzel *(stampvat)* Mörser *m*[9]

²vijzel *(dommekracht)* Schraubenwinde *v*[21]

villa Villa *v (mv* Villen), Landhaus *o*[32]

villapark, villawijk Villenviertel *o*[33]

villen (ab)häuten, abdecken

vilt Filz *m*[5]

viltje Bierdeckel *m*[9]

viltstift Filzstift *m*[5], Filzschreiber *m*[9]

vin 1 *(van vis)* Flosse *v*[21]; **2** *(puist)* Finne *v*[21], Pustel *v*[21] || *(fig) geen ~ verroeren* kein Glied rühren

vinden finden[157], *(ontdekken, opsporen, ook)* ausfindig machen: *het met iem kunnen ~* gut mit jmdm auskommen[193]; *hoe vindt u dat?* was sagen Sie dazu?; *voor een grap is hij altijd te ~* für einen Spaß ist er immer zu haben; *ik vind het terecht* ich halte es für richtig

vinder Finder *m*[9]

vindersloon Finderlohn *m*[19]

vinding 1 *(ontdekking)* Entdeckung *v*[20]; **2** *(uitvinding)* Erfindung *v*[20]

vindingrijk erfinderisch

vindingrijkheid Erfindungsgabe *v*[28]

vindplaats Fundort *m*[5], Fundstelle *v*[21]; *(van delf-*

stoffen) Vorkommen *o*[35]; *(fig)* Fundgrube *v*[21]

vinger Finger *m*[9]: *middelste ~* Mittelfinger; *(fig) lange ~s hebben* lange Finger machen; *zich de ~s aflikken* sich[3] die Finger lecken; *(fig) zijn ~s branden* sich[3] die Finger verbrennen[138]: *(van iem) iets door de ~s zien* (bei jmdm) etwas durch die Finger sehen[261]: *een ~ in de pap hebben* seine Finger dazwischen haben[182]: *iem op de ~s kijken* jmdm auf die Finger sehen[261]

vingerafdruk Fingerabdruck *m*[6]

vingerdoekje kleine Serviette *v*[21]

vingerhoed Fingerhut *m*[6]

vingertop Fingerspitze *v*[21], Fingerkuppe *v*[21]

vingerverf Fingerfarbe *v*[21]

vingervlug fingerfertig

vingervlugheid Fingerfertigkeit *v*[28]

vingerwijzing Fingerzeig *m*[5]

vink Fink *m*[14]

vinken abhaken

vinkenslag *m (Belg): op ~ zitten* auf dem Sprung sein[262]

vinnig 1 *(mbt antwoord)* bissig, spitz, scharf; **2** *(mbt kou)* beißend, schneidend; **3** *(mbt strijd)* heftig, erbittert; **4** *(venijnig)* boshaft

violet violett

violist Geiger *m*[9], Violinist *m*[14]

violoncel Violoncello *o*[36] *(mv ook -celli)*

¹viool *(plantk)* Veilchen *o*[35]

²viool *(muz)* Geige *v*[21], Violine *v*[21]

vioolconcert Violinkonzert *o*[29]

vioolmuziek Violinmusik *v*[28]

viooltje Veilchen *o*[35]: *driekleurig ~* Stiefmütterchen *o*[35]: *Kaaps ~* Usambaraveilchen

vip VIP, V.I.P. *v*[27]

virtueel virtuell: *~ beeld* virtuelles Bild

virtuoos Virtuose *m*[15]

virtuositeit Virtuosität *v*[28]

virus Virus *m* en o (2e nvl -; mv Viren)

virusinfectie Virusinfektion *v*[20]

vis Fisch *m*[5]: *het is vlees noch ~* es ist weder Fisch noch Fleisch

visakte Angelschein *m*[5]

vis-à-vis I *bw en vz* vis-à-vis[+3], vis-a-vis[+3], gegenüber[+3]; **II** *zn* Visavis *o*[33]

viscouvert Fischbesteck *o*[29]

visgraat Fischgräte *v*[21]; *(dessin)* Fischgrätenmuster *o*[33]

vishengel Angelrute *v*[21]

visie *(kijk, mening)* Auffassung *v*[20], Sicht *v*[20]

visioen Vision *v*[20], Gesicht *o*[29]

visionair I *bn* visionär; **II** *zn* Visionär *m*[5]

visitatie Visitation *v*[20]

visite Besuch *m*[5]: *bij iem op ~ gaan* jmdn besuchen; *op ~ zijn* auf (of: zu) Besuch sein[262]

visitekaartje Visitenkarte *v*[21]

visiteren visitieren[320], durchsuchen

vissen fischen, *(hengelen)* angeln: *bij iem naar iets ~* jmdn aushorchen

vissenbloed Fischblut *o*[39]

vi

visser Fischer m^9
visserij Fischerei v^{28}
vissersboot Fischerboot o^{29}
vissershaven Fischer(ei)hafen m^{12}
visserslatijn Fischerlatein o^{39}
vissersvloot Fischereiflotte v^{21}
vissersvrouw Fischer(s)frau v^{20}
vissnoer Angelschnur v^{25}
vissoep Fischsuppe v^{21}
visstick Fischstäbchen o^{35}
visualiseren visualisieren^{320}
visueel visuell
visum Visum o (2e nvl -s; mv Visen of Visa)
visumplicht Visumzwang m^{19}
visvangst Fischfang m^{19}
visvergunning Angelschein m^5
viswater Fischwasser o^{33}
vitaal lebenswichtig, vital
vitaliteit Vitalität v^{28}
vitamine Vitamin o^{29}: rijk aan ~n vitaminreich
vitrage 1 (de stof) Tüll m^5; **2** (gordijnen) Gardinen mv v^{21}
vitrine 1 (glazen kast) Vitrine v^{21}; **2** (etalage) Schaukasten m^{12}
vitten kritteln, mäkeln; ~ op bekritteln, bemäkeln; hij heeft altijd wat op mij te ~ er hat immer etwas an mir auszusetzen
vizier (aan helm, vuurwapen) Visier o^{29}: iem in het ~ hebben jmdn auf der Kimme haben^{182}
vla 1 (nagerecht) Pudding m^5, m^{13}; **2** (soort vruchtentaart, ongev) Obstkuchen m^{11}
vlaag 1 (windstoot) Windstoß m^6; **2** (aanval) Anwandlung v^{20}, Anfall m^6: de ~ van woede der Wutanfall; bij vlagen dann und wann
vlaai zie vla 2
Vlaams I zn Flämisch o^{41}; **II** bn flämisch
Vlaanderen Flandern o^{39}
vlag Fahne v^{21}, (scheepv) Flagge v^{21}: met ~ en wimpel mit Glanz und Gloria; onder goedkope ~ unter billiger Flagge
vlaggen 1 (de vlag uitsteken) flaggen; **2** (sp) die Fahne heben^{186}; **3** (zichtbaar zijn van ondergoed) blitzen: je vlagt! bei dir blitzt es!
vlak I zn **1** Fläche v^{21}; **2** (terrein, gebied) Ebene v^{21}: op het economisch ~ auf wirtschaftlicher Ebene; **II** bn flach, eben: het ~ke land das Flachland; **III** bw **1** (horizontaal) flach; **2** (dichtbij, onmiddellijk) gerade, direkt, hart: ~ bij ganz nahe; ik zeg het je ~ in je gezicht ich sage es dir gerade ins Gesicht; ~ om de hoek direkt um die Ecke; ~ tegenover mij gerade mir gegenüber; ~ voor mij dicht vor mir
vlakaf (Belg) unumwunden, unverblümt
vlakgom Radiergummi m^{13}
vlakte Fläche v^{21}, Ebene v^{21}: ik sloeg hem tegen de ~ ich schlug ihn zu Boden; tegen de ~ gaan zu Boden gehen^{168}: (fig) zich op de ~ houden mit seiner Meinung hinter dem Berg halten^{183}
vlaktemaat Flächenmaß o^{29}
vlam (ook fig) Flamme v^{21}; (in hout) Maser v^{21}: ~

vatten Feuer fangen^{155}
Vlaming Flame m^{15}
vlammen 1 flammen; **2** (fig) leuchten, glühen
vlammenzee Flammenmeer o^{29}
vlas Flachs m^{19}
vlasblond flachsblond
vlashaar Flachshaar o^{29}
vlassen: op iets ~ sich auf^{+4} etwas spitzen
vlecht Zopf m^6
vlechten flechten^{158}: (ook fig) iets ~ in etwas einflechten in^{+4}
vlechtwerk Flechtwerk o^{29}
vleermuis Fledermaus v^{25}
vlees (ook van vruchten) Fleisch o^{39}: bevroren ~ (ook) Gefrierfleisch; gebraden ~ gebratenes Fleisch, Braten m^{11}
vleesboom Muskelgeschwulst v^{25}, Myom o^{29}
vleesextract Fleischbrühe v^{21}
vleesgerecht Fleischgericht o^{29}
vleeskeuring Fleischbeschau v^{28}
vleeskleur Fleischfarbe v^{28}
vleesmolen Fleischwolf m^6
vleesnat Fleischbrühe v^{21}
vleespastei Fleischpastete v^{21}
vleesverwerkend Fleisch verarbeitend
vleesvork Tranchiergabel v^{21}, Transchiergabel v^{21}
vleeswaren Fleischwaren (mv) (voor de boterham) Aufschnitt m^{19}
vleet (fig) bij de ~ in Hülle und Fülle
vlegel 1 (dorswerktuig) Dreschflegel m^9; **2** (kwajongen) Flegel m^9; **3** (lomperik) Grobian m^5
vlegelachtig flegelhaft, rüpelhaft
vleien schmeicheln^{+3}: iem ~ jmdm schmeicheln; zich met de hoop ~, dat ... sich der Hoffnung^3 hingeben^{166}, dass ...
vleiend schmeichelnd, schmeichlerisch: dit is niet erg ~ voor hem dies ist nicht sehr schmeichelhaft für ihn
vleier Schmeichler m^9
vleierij Schmeichelei v^{20}, Geschmeichel o^{39}
¹vlek Fleck m^5, Flecken m^{11}, (van inkt, verf, ook) Klecks m^5: blinde ~ (in oog) blinder Fleck
²vlek (gehucht) Flecken m^{11}
vlekkeloos fleckenlos, (fig) makellos
vlekken flecken
vlerk 1 (vleugel) Flügel m^9, (dichterlijk) Fittich m^5, Schwinge v^{21}; **2** (hand) Pfote v^{21}: blijf er met je ~en af! Pfoten weg!; iem bij zijn ~en pakken jmdn am Wickel packen; **3** (vlegel) Flegel m^9
vlet Jolle v^{21}
vleug Strich m^{19}: met de ~ mit dem Strich
vleugel Flügel m^9: (sp, pol) de rechter ~ der rechte Flügel; (muz) iem aan de ~ begeleiden jmdn am Flügel begleiten
vleugellam flügellahm
vleugelmoer Flügelmutter v^{21}, Flügelschraube v^{21}
vleugelspeler Außenstürmer m^9
vleugelverdediger Außenverteidiger m^9
vleugje Hauch m^5: een ~ hoop ein Hoffnungs-

schimmer

vlezig fleischig

vlieg Fliege v^{21}: *geen ~ kwaad doen* keiner Fliege etwas zuleide (*of:* zu Leide) tun[295]

vliegangst Flugangst v^{28}

vliegbasis Fliegerhorst m^5

vliegbiljet Flugschein m^5, Flugticket o^{36}

vliegdekschip Flugzeugträger m^9

vliegen fliegen[159]: *de tijd vliegt* die Zeit verfliegt; *hij vloog de trap af* er rannte die Treppe hinunter; *er eentje laten ~* einen gehen lassen[197]: *hij ziet ze ~* er ist bekloppt; *in brand ~* Feuer fangen[155]: *elkaar in de haren ~* sich in die Haare geraten[218]: *in de lucht laten ~* in die Luft sprengen; *erin ~* auf[+4] etwas hereinfallen[154]: *iem erin laten ~* jmdn hereinlegen; *de auto vloog uit de bocht* das Auto flog aus der Kurve; *ze vliegt voor hem* sie gehorcht ihm blind

vliegend fliegend: *~e schotel* fliegende Untertasse v^{21}: *(sp) ~ start* fliegender Start m^{13}: *in ~e vaart* in rasender Fahrt

vliegengaas Fliegengitter o^{33}

vliegenier Flieger m^9

vliegenmepper Fliegenklappe v^{21}

vliegenraam *(Belg) (hor)* Fliegenfenster o^{33}

vliegensvlug blitzschnell

vliegenzwam Fliegenpilz m^5

vlieger 1 *(speelgoed)* Drachen m^{11}; **2** *(vliegenier)* Flieger m^9 || *die ~ gaat niet op* die Tour zieht nicht

vliegeren Drachen steigen lassen[197]

vliegerij Flugwesen o^{39}

vlieggewicht *(sp)* Fliegengewicht o^{39}

vlieghaven Flughafen m^{12}, Flugplatz m^6

vlieghoogte Flughöhe v^{21}

vliegramp Flugzeugkatastrophe v^{21}

vliegsport Flugsport m^{19}

vliegtuig Flugzeug o^{29}, *(inform)* Kiste v^{21}

vliegtuigbemanning Crew v^{27}

vliegtuigkaper Flugzeugentführer m^9

vliegtuigkaping Flugzeugentführung v^{20}

vliegveld Flugplatz m^6, Flughafen m^{12}

vliegverbod Flugverbot o^{29}

vliegwiel Schwungrad o^{32}

vlier Holunder m^9

vliering Oberboden m^{12}

vlies 1 *(biol)* Haut v^{25}; **2** *(dun laagje)* Film m^5

vlijen 1 *(neerleggen)* hinlegen; **2** *(zacht neerleggen)* schmiegen: *zij vlijde haar hoofd tegen zijn schouder* sie schmiegte den Kopf an seine Schulter

vlijmscherp messerscharf; *(fig)* beißend

vlijt Fleiß m^{19}, Emsigkeit v^{28}

vlijtig fleißig, emsig

vlinder Schmetterling m^5, Falter m^9

vlinderdasje Fliege v^{21}

vlinderslag Schmetterlingsstil m^{19}: *200 m ~* 200 m Schmetterling

vlo Floh m^6

vloed Flut v^{20}; *(overstroming)* Überflutung v^{20}: *een ~ van tranen* eine Flut von Tränen

vloedgolf Flutwelle v^{21}

vloedlijn Strandlinie v^{21}

vloei *zie* vloeipapier

vloeibaar flüssig: *~ maken* flüssig machen

vloeiblad Löschblatt o^{32}

vloeien fließen[161], rinnen[225]; *(menstrueren)* menstruieren[320]

vloeiend fließend: *hij spreekt ~ Spaans* er spricht fließend Spanisch

vloeipapier 1 *(opzuigend)* Löschpapier o^{29}; **2** *(dun papier)* Seidenpapier o^{29}; **3** *(voor sigaretten)* Zigarettenpapier o^{29}

vloeistof Flüssigkeit v^{20}

vloeitje Zigarettenpapier o^{29}

vloek Fluch m^6: *in een ~ en een zucht* im Handumdrehen

vloeken fluchen: *die kleuren ~* die Farben beißen[125] sich

vloer Fußboden m^{12}: *houten ~* Holz(fuß)boden; *(fig) de ~ met iem aanvegen* jmdn zur Sau machen; *hij komt daar veel over de ~* er geht da ein und aus

vloerbedekking Bodenbelag m^6, Fußbodenbelag m^6

vloeren *(sp)* zu Boden werfen[311]

vloerkleed Teppich m^5

vloerschakeling Knüppelschaltung v^{20}

vloertegel Fußbodenplatte v^{21}, Fliese v^{21}

vloerverwarming Bodenheizung v^{20}

vlok Flocke v^{21}

vlonder 1 *(bruggetje)* Steg m^5; **2** *(losse houten vloer)* Lattenrost m^5; **3** *(pallet)* Palette v^{21}

vlooien flöhen

vlooienmarkt Flohmarkt m^6

vloot Flotte v^{21}

vlootbasis Flottenbasis v (*mv* -basen)

¹vlot *bn, bw* flott: *~ van de hand gaan* reißenden Absatz finden[157]; *een ~ verloop hebben* reibungslos verlaufen[198]: *een schip ~ krijgen* ein Schiff flottmachen; *~ spreken* fließend sprechen[274]

²vlot *zn* Floß o^{30}

vlotten: *het gesprek wil niet ~* das Gespräch kommt nicht in Fluss; *het werk vlot niet* die Arbeit kommt nicht vom Fleck

vlottend: *~ kapitaal* Umlaufvermögen o^{35}

vlotter *(drijver)* Schwimmer m^9

vlucht 1 *(het vliegen)* Flug m^6: *rechtstreekse ~* Direktflug; **2** *(troep vogels)* Flug m^6, Strich m^5, Schwarm m^6; **3** *(afstand tussen vleugeleinden)* Spannweite v^{21}; **4** *(het vluchten)* Flucht v^{28}, Fliehen o^{39}; **5** *(bloei)* Aufschwung m^6

vluchteling Flüchtling m^5

vluchtelingenkamp Flüchtlingslager o^{33}

vluchten fliehen[160], flüchten

vluchtheuvel *(verkeer)* Verkehrsinsel v^{21}

vluchthuis *(Belg)* Frauenhaus o^{32}

vluchthuis *(Belg)* Frauenhaus o^{32}

vluchtig flüchtig

vluchtmisdrijf *(Belg) (jur)* Fahrerflucht v^{28}: *~ plegen* Fahrerflucht begehen

vluchtrecorder Flug(daten)schreiber m^9

vl

vluchtstrook Standspur v^{20}

vlug schnell, rasch: *iem te ~ af zijn* jmdm zuvor-kommen[193]: *~ ter been zijn* gut zu Fuß sein[262]: *~ van begrip zijn* eine schnelle Auffassungsgabe haben[182]

vluggertje *(inform)* *(snelle seksuele gemeenschap)* schnelle Nummer v^{21}

vlugheid Schnelligkeit v^{28}, Raschheit v^{28}

vocaal I *bn* vokal: *vocale muziek* Vokalmusik v^{28}; **II** *zn* Vokal m^5, Selbstlaut m^5

vocabulaire Vokabular o^{29}

vocht 1 *(vochtigheid)* Feuchtigkeit v^{28}: *voor ~ bewaren* vor Nässe schützen; **2** *(vloeistof)* Flüssigkeit v^{20}

vochtig feucht

vochtigheid Feuchtigkeit v^{28}

vochtigheidsgraad Feuchtigkeitsgrad m^5

vochtvlek Stockfleck m^5

vod 1 *(lap, lomp)* Lumpen m^{11}, Lappen m^{11}, Fetzen m^{11}; **2** *(prullig geschrift)* Wisch m^5 ‖ *iem achter de ~den zitten* jmdn auf Trab bringen[139]: *iem bij zijn ~den pakken* jmdn beim Wickel packen

vodje: *het ~ papier* der Fetzen Papier

voeden I *tr* nähren, *(van computer, van dieren)* füttern; *(borstvoeding geven)* stillen; *(elektr, stoom, water toevoeren)* speisen; *(techn)* beschicken; **II** *zich ~* sich ernähren

voeder Futter o^{39}

voederbiet Futterrübe v^{21}

voederen füttern

voedergewas Futterpflanze v^{21}

voederkrib Futterkrippe v^{21}

voeding 1 *(het voeden)* Ernährung v^{28}, *(van baby)* Stillung v^{28}; **2** *(met elektriciteit, stoom, water)* Speisung v^{20}; **3** *(voedsel)* Nahrung v^{28}; **4** *(techn)* Beschickung v^{20}

voedingsmiddel Nahrungsmittel o^{33}

voedingsstoornis Ernährungsstörung v^{20}

voedingswaarde Nährwert m^5

voedsel Nahrung v^{28}: *(fig) ~ geven aan iets* einer Sache[3] Nahrung geben[166]

voedselgebrek Nahrungsmangel m^{19}

voedselvergiftiging Nahrungsmittelvergiftung v^{20}

voedzaam nahrhaft

voeg Fuge v^{21}: *het leven is uit zijn ~en gerukt* das Leben ist aus den Fugen geraten

voege *(Belg): in ~ treden* in Kraft treten[291]

voegen I *tr* **1** *(onderling verbinden)* fugen; **2** *(van muur)* fugen; **3** *(toevoegen)* fügen: *de rente bij het kapitaal ~* die Zinsen zum Kapital schlagen[241]: *iets bij de stukken ~* etwas zu den Akten legen; **II** *zich ~* sich fügen: *zich naar anderen ~* sich anderen fügen; *zich bij iem ~* sich jmdm anschließen

voegwoord Konjunktion v^{20}, Bindewort o^{32}

voelbaar fühlbar, *(merkbaar, ook)* spürbar

voelen I *ww* **1** *(tastzin)* fühlen; **2** *(gevoelen)* fühlen, empfinden[157]: *voor die methode voel ik niet veel!* diese Methode sagt mir nicht zu!; **3** *(bespeuren, merken)* spüren; **II** *zich ~* sich fühlen: *zich niet lekker ~* sich unwohl fühlen; *ik voel me beter* mir ist

besser; *zie ook* gevoelen

voeler, voelhoorn Fühler m^9

voeling Fühlung v^{28}: *~ krijgen met de vijand* mit dem Feind in Fühlung kommen[193]

voelspriet Fühler m^9

voer Futter o^{39}: *droog ~* Trockenfutter

¹voeren *(voederen)* füttern: *(fig) iem ~* jmdn auf die Palme bringen[139]

²voeren *(leiden, brengen)* führen

³voeren *(van voering voorzien)* füttern

voering 1 *(van kledingstuk)* Futter o^{33}; **2** *(techn)* Futter o^{33}, Einlage v^{21}; **3** *(van rem)* Belag m^6

voertaal Verkehrssprache v^{21}; *(bij onderhandelingen)* Verhandlungssprache v^{21}

voertuig Fahrzeug o^{29}

voet Fuß m^6: *belastingvrije ~* Steuerfreibetrag m^6: *iem de ~ dwars zetten* sich jmdm in den Weg stellen; *hij krijgt geen ~ aan de grond* er erreicht nicht das Geringste; *~ bij stuk houden* auf seinem Standpunkt beharren; *geen ~ buiten de deur zetten* immer in der Stube hocken; *met blote ~en lopen* barfuß gehen[168]; *onder de ~ lopen* überrennen[222]; *op staande ~* sofort; *op een staande ~ ontslaan* fristlos entlassen[197]; *zich uit de ~en maken* sich aus dem Staube machen; *~ voor ~* Schritt für Schritt; *(Belg) met iems ~en spelen* jmdn zum Narren haben[182] *(of: halten[183])*; *(Belg) ergens zijn ~en aan vegen* sich nicht anstrengen

voetbal Fußball m^6

voetbalbond Fußballverband m^6

voetbalclub Fußballklub m^{13}, Fußballverein m^5

voetbalelftal Fußballmannschaft v^{20}, Fußballelf v^{20}

voetbalfan Fußballfan m^{13}

voetbalkampioen Fußballmeister m^9

voetballen Fußball spielen

voetballer Fußballer m^9, Fußballspieler m^9

voetbalploeg Fußballmannschaft v^{20}

voetbalschoen Fußballschuh m^5

voetbalspel Fußballspiel o^{29}

voetbalveld Fußballfeld o^{31}

voetbalwedstrijd Fußballspiel o^{29}

voetbreed Fußbreit m^{19a}: *geen ~ wijken* keinen Fußbreit weichen[306]

voeteinde Fußende o^{38}

voetganger Fußgänger m^9

voetgangersgebied Fußgängerzone v^{21}

voetje Füßchen o^{35}: *een wit ~ bij iem hebben* bei jmdm einen Stein im Brett haben[182]

voetlicht Rampenlicht o^{31}: *voor het ~ brengen (fig)* an die Öffentlichkeit bringen[139]; *voor het ~ komen* ins Rampenlicht treten[291], *(fig)* im Rampenlicht stehen[279]

voetnoot Fußnote v^{21}

voetpad Fußweg m^5

voetrem Fußbremse v^{21}

voetspoor Fußspur v^{20}: *iems ~ volgen* in jmds Spuren treten[291]

voetstap 1 *(trede)* Schritt m^5; **2** *(voetspoor)* Fußstapfe v^{21}, Fußstapfen m^{11}: *(fig) in iems ~pen treden* in jmds Fußstapfen treten[291]

voetstoots ohne weiteres

voettocht Fußtour v^{20}, Wanderung v^{20}

voetverzorging Fußpflege v^{28}, Pediküre v^{28}

voetzool Fußsohle v^{21}

vogel Vogel m^{10}: *een slimme ~* ein Schlaumeier; *een vreemde ~* ein wunderlicher Kauz; *(Belg) een ~ voor de kat zijn* rettungslos verloren sein[262]

vogelbescherming Vogelschutz m^{19}

vogelhuis Vogelhaus o^{32}, Voliere v^{21}

vogelkers Vogelkirsche v^{21}

vogelkooi Vogelbauer o^{33}, m^9, Vogelkäfig m^5

vogelnest Vogelnest o^{31}, *(van roofvogel)* Horst m^5

vogelpik *m (Belg) (darts)* Darts o^{39a}, Dartspiel o^{29}

vogelstation Vogelwarte v^{21}

vogelverschrikker Vogelscheuche v^{21}

vogelvlucht 1 *(lett)* Vogelflug m^6; **2** *(vogelperspectief)* Vogelperspektive v^{21} || *iets in ~ afbeelden* etwas in großen Zügen darstellen

Vogezen Vogesen *(mv)*

voicemail Voicemail v^{27}

vol *bn, bw* voll: *~le broer* leiblicher Bruder m^{10}: *een ~ jaar* ein volles Jahr; *~le melk* Vollmilch v^{28}: *~ verwachting* erwartungsvoll; *~ gas geven* Vollgas geben[166]: *hij zit ~ plannen* er steckt voller Pläne; *hij is er ~ van* er ist voll davon; *met het ~ste recht* mit vollem Recht; *ten ~le* vollständig

volautomatisch vollautomatisch

volbloed I *zn* Vollblut o^{39}, Vollblüter m^9, Vollblutpferd o^{29}; **II** *bn* vollblütig, Vollblut…

volbrengen vollbringen[139], vollführen

voldaan 1 *(tevreden)* zufrieden: *~ over iets zijn* zufrieden mit[+3] etwas sein[262]; **2** *(betaald)* bezahlt; *(op rekening)* Betrag erhalten: *voor ~ tekenen* quittieren[320]

voldoen I *intr (tevreden stellen)* zufrieden stellen[+4], erfüllen[+4], entsprechen[274+3], genügen[+3]: *dat product heeft niet voldaan* das Produkt hat sich nicht bewährt; *aan de eisen ~* den Anforderungen entsprechen; *aan een plicht ~* eine Pflicht erfüllen; *aan een verzoek ~* einer Bitte entsprechen; *aan de voorwaarden ~* die Bedingungen erfüllen; *(handel) aan de vraag ~* die Nachfrage befriedigen; *in een betrekking ~* sich in einer Stelle bewähren; **II** *tr (betalen)* begleichen[176], bezahlen || *aan een belofte ~* ein Versprechen halten; *aan een bevel ~* einem Befehl gehorchen; *zie ook* voldaan

voldoende I *bn* genügend, ausreichend: *~ geld hebben* genügend Geld haben[182]: *over ~ bewijzen beschikken* über ausreichende Beweise verfügen; *dat is ~* das genügt; **II** *bw* genügend, hinlänglich: *dat is ~ bekend* das ist hinlänglich bekannt; **III** *zn* ausreichende Note v^{21}

voldoening 1 *(tevredenheid)* Befriedigung v^{28}, Genugtuung v^{20}: *~ schenken* Befriedigung gewähren; *iem ~ geven* jmdm Genugtuung geben[166]; **2** *(betaling)* Bezahlung v^{20}

voldongen: *een ~ feit* eine vollendete Tatsache

voleindigen vollenden, vollbringen[139]

volgeboekt ausgebucht

volgeling 1 *(aanhanger)* Anhänger m^9; **2** *(discipel)* Schüler m^9, Jünger m^9

volgen I *tr* **1** *(achterna gaan)* folgen[+3]: *iem ~* jmdm folgen; **2** *(aanhouden, gaan langs)* folgen[+3], verfolgen[+4]: *een politiek ~* eine Politik verfolgen; *een weg ~* einen Weg verfolgen; **3** *(bijhouden)* verfolgen[+4]: *de ontwikkelingen ~* die Entwicklungen verfolgen; **4** *(bezoeken)* besuchen, hören: *een college ~* eine Vorlesung hören; *een cursus ~* einen Kursus besuchen; **5** *(handelen naar)* folgen[+3], befolgen[+4]; **II** *intr (komen na)* folgen[+3]: *als volgt* wie folgt; *hieruit volgt* hieraus geht hervor; *kort daarna volgde een explosie* kurz darauf erfolgte eine Explosion

volgend folgend, nächst: *de ~e keer* nächstes Mal; *de ~e morgen* am folgenden Morgen; *het ~e jaar* nächstes Jahr; *de ~e voorwaarden* folgende Bedingungen; *~e week vrijdag* am Freitag nächster Woche; *de 1e van de ~e maand* am 1. nächsten Monats

volgens zufolge[+3] *(doorgaans achter het zn)*, nach[+3], gemäß[+3]: *~ afspraak* wie verabredet; *~ art. 5* gemäß Paragraph *(of:* Paragraf*)* 5; *~ de berichten* den Nachrichten zufolge; *~ contract* vertragsgemäß; *~ mij* nach meiner Meinung; *~ uw brief* Ihrem Brief zufolge

volgnummer 1 laufende Nummer v^{21}; **2** *(in winkel e.d.)* Nummer v^{21}

volgorde Reihenfolge v^{21}

volgroeien auswachsen[302]

volgzaam folgsam, fügsam

volharden durchhalten[183], beharren: *bij zijn besluit ~* auf seinem Entschluss beharren; *in het geloof ~* im Glauben beharren

volhardend beharrlich, ausdauernd

volharding 1 Ausdauer v^{28}, Beharrlichkeit v^{28}; **2** *(standvastigheid)* Standhaftigkeit v^{28}

volhardingsvermogen Ausdauer v^{28}

volheid *(het vol zijn)* Vollheit v^{28}; *(fig)* Fülle v^{28}

volhouden I *tr* aushalten[183], durchhalten[183]: *zijn beschuldiging ~* seine Beschuldigung aufrechterhalten[183]: *een staking ~* einen Streik durchhalten; **II** *intr* durchhalten[183]: *u moet ~!* Sie müssen durchhalten!; *tot het einde ~* bis zum Ende durchhalten; *hij houdt maar vol* er gibt nicht auf

volk o^{32}: *goed ~!* gut Freund!

volkenkunde Völkerkunde v^{28}

volkenmoord Völkermord m^5

volkomen 1 *(volmaakt)* vollkommen, vollendet; **2** *(geheel)* vollständig, völlig

volkorenbrood Vollkornbrot o^{29}

volksaard *zie* volkskarakter

volksdans Volkstanz m^6

volkskarakter Volkscharakter m^5, Nationalcharakter m^9

volkslied 1 Volkslied o^{31}; **2** *(nationale hymne)* Nationalhymne v^{21}

volksmenigte Volksmenge v^{21}, Menschenmenge v^{21}

volksraadpleging 1 *(plebisciet)* Volksabstimmung

vo

v^{20}; **2** *(gemeente)* Bürgerentscheid m^5; **3** *(i.v.m. wetgeving)* Volksentscheid m^5
volksrepubliek Volksrepublik v^{20}
volksstam Volksstamm m^6
volksstemming Volksabstimmung v^{20}
volkstuintje Schrebergarten m^{12}
volksuniversiteit Volkshochschule v^{21}
volksverhuizing Völkerwanderung v^{20}
volksvertegenwoordiger Volksvertreter m^9
volksverzekering Sozialversicherung v^{20}
volle: *ten* ~ völlig, vollständig
volledig vollständig, völlig, komplett: *een ~e betrekking* eine Ganztagsstelle; *met ~ pension* mit Vollpension
volledigheid Vollständigkeit v^{28}: *voor de ~ der* ^{2} Vollständigkeit halber
volledigheidshalve der^2 Vollständigkeit halber
volleerd ausgelernt: *een ~ toneelspeler* ein hervorragender Schauspieler
vollemaan Vollmond m^5
volleren vollieren^{320}
volley Volley m^{13}
volleybal Volleyball m^6
volleyballen Volleyball spielen
vollopen sich füllen, voll laufen^{198}
volmaakt vollkommen, vollendet: *~ gelukkig* restlos glücklich; *het is mij ~ onverschillig* es ist mir völlig egal
volmaaktheid Vollkommenheit v^{28}
volmacht Vollmacht v^{20}: *bij ~ in* Vollmacht *(afk* i.V.)
volmaken vervollkommnen
volmaking Vervollkommnung v^{20}
volmondig offen
volontair Volontär m^5
volop in Hülle und Fülle, reichlich, vollauf: *~ bezig zijn* vollauf beschäftigt sein^{262}
volslagen vollkommen, völlig, total
volstaan sich beschränken: *men kan met de eenvoudigste regels ~* man kann sich auf die einfachsten Regeln beschränken; *met die verklaring kunt u ~!* diese Erklärung genügt!; *u kunt ~ met te schrijven* es genügt, wenn Sie schreiben
volstrekt 1 *(absoluut)* absolut; **2** *(onbeperkt)* absolut, uneingeschränkt
volt Volt *o (2e nvl - of -(e)s; mv -):* drie ~ drei Volt
voltallig vollzählig
voltijds Vollzeit-: *~ onderwijs* Vollzeitschule v^{28}, Vollzeitunterricht m^{19}
voltooien vollenden, fertig stellen: *zijn studie ~ das* Studium absolvieren^{320}
voltooiing Vollendung v^{20}, Fertigstellung v^{20}
voltreffer Volltreffer m^9
voltrekken vollziehen^{318}, vollstrecken: *een vonnis ~* ein Urteil vollstrecken
voltrekking Vollstreckung v^{20}, Vollzug m^{19}
voluit *(ten volle)* ganz: *een naam ~ schrijven* einen Namen ausschreiben^{252}
volume 1 Volumen o^{35}; **2** *(sterkte van geluid)* Laut-

stärke v^{21}
volumineus voluminös, sehr umfangreich
volvet vollfett
volwaardig vollwertig
volwassen erwachsen
volwassene Erwachsene(r) m^{40a}, v^{40b}
volwasseneneducatie Erwachsenenbildung v^{20}
volwassenheid Reife v^{28}, Erwachsensein o^{39}
volzet *(Belg)* besetzt, voll besetzt
vondeling Findelkind o^{31}: *te ~ leggen* aussetzen
vondst 1 Fund m^5; **2** *(idee)* Einfall m^6
vonk Funke m^{18}
vonkelen, vonken funkeln, Funken sprühen
vonnis Urteil o^{29}, *(de uitspraak)* Urteilsspruch m^6: *een ~ uitspreken* ein Urteil verkünden; *bij ~ van* durch Urteil von^{+3}
vonnissen ein Urteil fällen
voogd Vormund m^5, m^8
voogdij, voogdijschap Vormundschaft v^{20}
¹voor *zn* Furche v^{21}
²voor I *vz* **1** *(mbt plaats, ook fig)* vor *(bij beweging gericht op doel*$^{+4}$*, anders*$^{+3}$*):* ~ *iem staan* vor jmdm stehen^{279}; ~ *iem gaan staan* sich vor jmdn stellen; ~ *zich uit staren* vor sich hin starren; *(fig) houd dat ~ je!* behalte das für dich!; **2** *(vroeger dan)* vor^{+3}: ~ *de 15e* vor dem 15.; *kwart ~ vier* Viertel vor vier; ~ *alles* vor allem; **3** *(gedurende)* für^{+4}, auf^{+4}: ~ *een paar weken op reis zijn* für *(of:* auf) einige Wochen verreist sein^{262}: ~ *altijd* für *(of:* auf) immer; **4** *(ten aanzien van)* vor^{+3}: *angst ~* Angst vor; *eerbied ~* Ehrfurcht vor; *veilig ~* sicher vor; **5** *(ten behoeve van, ten gunste van)* für^{+4}: *een boek ~ kinderen* ein Buch für Kinder; *daar is veel ~* das hat viel für sich; ~ *arts studeren* Medizin studieren^{320}; **6** *(tegen)* für^{+4}, gegen^{+4}: *een middeltje ~ de hoofdpijn* ein Mittel für *(of:* gegen) Kopfschmerzen; *gevoelig ~ kou* empfindlich gegen Kälte; **7** *(wat betreft)* für^{+4}: ~ *vandaag* für heute; *ik ~ mij* ich für meine Person; ~ *Frans een vier hebben* in Französisch eine Vier haben^{182}; **8** *(in plaats van)* für^{+4}: *ik betaal ~ hem* ich zahle für ihn; *eens ~ al(tijd)* ein für alle Mal; **9** *(mbt een herhaling)* für^{+4}: *stap ~ stap* Schritt für Schritt; **10** *(wegens)* für^{+4}, wegen^{+2}: *dankbaar zijn ~ iets* dankbar sein für etwas; **11** *(ten koste van)* für^{+4}: *geld kopen* für Geld kaufen; ~ *alles in de wereld* um alles in der Welt; **12** *(mbt een gelijkstelling)* für^{+4}: *wat ~ een man?* was für ein Mann?; **II** *zn* Für o^{39a}: *het ~ en tegen* das Für und Wider; **III** *bw* vorn(e): ~ *ligt de tuin* vorn liegt der Garten; ~ *in het huis* vorn im Haus; *van ~ tot achter* von vorn bis hinten; ~ *af (aan)* von vorn an; *hij is ~ in de veertig* er ist Anfang vierzig; *hij is … ~* er hat einen Vorsprung von^{+3} …; *(sp) ~ staan* führen; *iem ~ zijn (bij hulp e.d.)* jmdm zuvorkommen^{193}; **IV** *vw* bevor, ehe: *hij is er,* ~ *hij het weet* er ist da, bevor *(of:* ehe) er es weiß
vooraan vorn(e): ~ *zitten* vorn *(of:* vorne) sitzen^{268}
vooraanstaand prominent, führend
vooraanzicht Vorderansicht v^{20}

vooraf vorab, im Voraus, vorher, zuvor

voorafgaan vorangehen[168+3], vorausgehen[168+3]

voorafgaand vorangehend, vorhergehend: *~e bespreking* Vorbesprechung *v*[20]

voorafje Vorspeise *v*[21]

vooral 1 *(voornamelijk)* besonders, insbesondere; **2** *(bovenal)* hauptsächlich; *(met name)* namentlich; *(vóór alles)* vor allem || *ga er ~ niet heen!* gehen Sie auf keinen Fall hin!

vooraleer bevor, ehe

vooralsnog fürs Erste, vorläufig, vorerst

voorarrest Untersuchungshaft *v*[28]

vooravond 1 *(begin van de avond)* früher Abend *m*[5]; **2** *(avond van tevoren)* Vorabend *m*[5]: *(fig) aan de ~ staan van grote gebeurtenissen* am Vorabend großer Ereignisse stehen[279]

voorbaat: *bij ~ danken* im Voraus danken

voorband Vorderreifen *m*[11]

voorbarig voreilig, vorschnell

voorbedacht: *met ~en rade* vorsätzlich; *moord met ~en rade* vorsätzlicher Mord

voorbede *(voorspraak)* Fürbitte *v*[21]

voorbeeld 1 Beispiel *o*[29]: *een goed ~ geven* mit gutem Beispiel vorangehen[168]; **2** *(model, toonbeeld)* Muster *o*[33]; **3** *(ideaal voorbeeld)* Vorbild *o*[31]: *iem tot ~ nemen* sich[3] jmdn zum Vorbild nehmen[212]: *een ~ stellen* ein Exempel statuieren[320]: *iem ten ~ stellen* jmdn als Vorbild hinstellen; **4** *(bij het schrijven, tekenen e.d.)* Vorlage *v*[21]

voorbeeldig vorbildlich, musterhaft, mustergültig: *~e leerling* Musterschüler *m*[9]

voorbehoedmiddel Verhütungsmittel *o*[33]

voorbehoud Vorbehalt *m*[5]: *onder ~ mededelen* unter[+3] Vorbehalt mitteilen; *zonder enig ~* ohne Vorbehalt

voorbehouden 1 vorbehalten[183]: *ik behoud mij het recht voor* ich behalte mir das Recht vor; **2** *(Belg)* reservieren[320]

voorbereiden vorbereiten: *op het ergste voorbereid zijn* auf das Schlimmste gefasst sein[262]: *iem op iets ~* jmdn auf[+4] etwas vorbereiten

voorbereiding Vorbereitung *v*[20]

voorbereidselen Vorbereitungen *mv v*[20]

voorbespreking Vorbesprechung *v*[20]

voorbij I *vz* vorbei an[+3], vorüber an[+3]: *~ de kruising* an der Kreuzung vorbei *(of:* vorüber); **II** *bw* vorbei, vorüber: *het onweer trekt ~* das Unwetter zieht vorbei; **III** *bn* vergangen

voorbijgaan vorbeigehen[168], vorübergehen[168]: *het huis ~* am dem Hause vorbeigehen *(of:* vorübergehen); *geen gelegenheid laten ~* keine Gelegenheit versäumen

voorbijgaand vorübergehend

voorbijganger Passant *m*[14], Vorübergehende(r) *m*[40a], *v*[40b]

voorbijkomen vorbeikommen[193] (an[+3])

voorbijlopen vorbeigehen[168] (an[+3])

voorbijpraten: *zijn mond ~* sich verplappern

voorbijrennen vorbeirennen[222] (an[+3])

voorbijrijden vorbeifahren (an[+3]); *(passeren)* überholen

voorbode Vorbote *m*[15]

voordat ehe, bevor

voordeel Vorteil *m*[5], Nutzen *m*[19]: *zijn ~ doen met iets* sich[3] etwas zunutze *(of:* zu Nutze) machen; *~ bij iets hebben* von etwas profitieren[320]: *~ opleveren* Vorteil *(of:* Nutzen) bringen[139]: *in zijn ~ zu* seinem Vorteil; *in het ~ zijn* im Vorteil sein[262]

voordeelregel *(sp):* *de ~ toepassen* Vorteil gelten lassen[197]

voordelig vorteilhaft

voordeur Haustür *v*[20], Vordertür *v*[20]

voordeurdeler unverheiratet Zusammenwohnende(r) *m*[40a], *v*[40b]

voordoen I *ww* **1** *(voorbinden)* umbinden[131], vorbinden[131]; **2** *(doen als voorbeeld)* vormachen: *iets ~* etwas vormachen; **II** *zich ~* **1** *(zich uitgeven voor)* sich ausgeben[166] *(für[+4]):* *hij doet zich voor als Duitser* er gibt sich als Deutscher aus; **2** *(voorkomen)* sich ergeben[166], eintreten[291], auftreten[291]: *problemen die zich ~* auftretende Probleme; *als de gelegenheid zich voordoet* wenn sich die Gelegenheit ergibt

voordracht 1 *(het voordragen)* Vortrag *m*[6]; **2** *(de wijze van voordragen)* Vortragsweise *v*[21]; **3** *(lezing)* Vortrag *m*[6]; **4** *(kandidatenlijst)* Kandidatenliste *v*[21]; **5** *(aanbeveling)* Vorschlag *m*[6]: *op ~ van de minister* auf Vorschlag des Ministers

voordragen 1 *(voorleggen, toelichten)* vortragen[288]; **2** *(reciteren)* vortragen[288]: *een gedicht ~* ein Gedicht vortragen; **3** *(op de voordracht plaatsen)* vorschlagen[241]

voorechtelijk vorehelich

vooreerst vorläufig, vorerst

voorgaan 1 *(prioriteit hebben)* vorgehen[168]; **2** *(vóór iem gaan)* vor(aus)gehen[168]; **3** *(een godsdienstoefening leiden)* leiten[168]; **4** *(mbt een uurwerk)* vorgehen[168]

voorgaand vorhergehend: *het ~e* das Vorhergehende; *het ~e jaar* das Vorjahr; *in het ~e hoofdstuk* im vorhergehenden Kapitel

voorgebergte Vorgebirge *o*[33]

voorgerecht Vorgericht *o*[29]

voorgeschiedenis Vorgeschichte *v*[21]

voorgeslacht Vorfahren *mv m*[14], *m*[15]

voorgevel Fassade *v*[21], Vorderfront *v*[20]

voorgeven vorgeben[166], *(voorwenden, ook)* vorschützen

voorgevoel Ahnung *v*[20], Vorgefühl *o*[29]: *ik had er een ~ van* ich ahnte es

voorgift Vorgabe *v*[21]

voorgoed 1 *(definitief)* endgültig; **2** *(voor altijd)* für *(of:* auf) immer

voorgoochelen vorgaukeln: *iem iets ~* jmdm etwas vorgaukeln

voorgrond Vordergrund *m*[6]: *zich op de ~ plaatsen* sich in den Vordergrund schieben[237]: *op de ~ staan* im Vordergrund stehen[279]: *op de ~ treden* in den Vordergrund treten[291]

voorhand Vorderhand v^{28} || op ~ im Voraus

voorhanden *(beschikbaar)* vorhanden; *(in voorraad)* vorhanden, vorrätig

voorhebben 1 vorhaben[182]: *een schort ~* eine Schürze vorhaben; **2** *(voor zich hebben)* vor[3] sich haben[182]; **3** *(voordeel hebben boven)* voraushaben[182]: *iets op iem ~* etwas (vor) jmdm voraushaben[182]; **4** *(bedoelen)* vorhaben[182]

voorheen früher, ehemals

voorhoede 1 *(mil)* Vorhut v^{20}; **2** *(fig)* Spitze v^{21}; **3** *(sp)* Sturm m^6

voorhoedespeler Stürmer m^9

voorhoofd Stirn v^{20}

voorhoofdsholteontsteking Stirnhöhlenentzündung v^{20}

voorhouden vorhalten[183]: *iem zijn gedrag ~* jmdm sein Benehmen vorhalten

voorhuid Vorhaut v^{25}

voorin vorn

vooringenomen voreingenommen: *~ tegen iem zijn* jmdm gegenüber voreingenommen sein[262]

voorjaar Frühjahr o^{29}, Frühling m^5

voorjaarsbeurs Frühjahrsmesse v^{21}

voorjaarsmode Frühjahrsmode v^{21}

voorjaarsmoeheid Frühjahrsmüdigkeit v^{28}

voorkant Vorderseite v^{21}

voorkauwen (jmdm etwas) vorkauen

voorkennis Vorwissen o^{39}

voorkeur Vorzug m^6: *het recht van ~* das Vorzugsrecht; *bij ~* vorzugsweise; *aan iets de ~ geven* einer Sache[3] den Vorzug geben[166]; *de ~ geven aan wijn boven bier* Wein dem Bier vorziehen

voorkeursbehandeling Vorzugsbehandlung v^{20}

¹voorkomen I *ww* **1** *(voor de deur komen)* vorfahren[153]: *de auto laten ~* den Wagen vorfahren lassen[197]; **2** *(voor iem komen)* überholen: *iem ~* jmdn überholen; **3** *(voor de rechter komen)* vor Gericht erscheinen[233]; **4** *(gebeuren)* vorkommen[193]: *zo iets komt meer voor* so etwas kommt häufiger vor; **5** *(aanwezig zijn)* vorkommen[193]: *die dieren komen hier niet voor* diese Tiere kommen hier nicht vor; **6** *(lijken)* vorkommen[193]: *dat komt me vreemd voor!* das kommt mir sonderbar vor!; **II** *zn* Aussehen o^{39}, Äußere(s) o^{40c}

²voorkomen 1 *(vlugger zijn dan)* zuvorkommen[193+3]: *iems wensen ~* jmds Wünschen zuvorkommen; **2** *(beletten)* verhindern, verhüten; vorbeugen[+3]: *een ongeluk ~* einen Unfall verhüten (of: verhindern)

voorkomend zuvorkommend, gefällig

voorkoming Vermeidung v^{20}, Verhütung v^{20}: *~ van schade* Schaden(s)verhütung; *ter ~ van misverstanden* zur Vermeidung von Missverständnissen

voorlaatst vorletzt

voorlaten vorlassen[197]: *iem ~* jmdn vorlassen

voorleggen *(voor iem leggen)* vorlegen: *iem een brief ~* jmdm einen Brief vorlegen

voorlezen vorlesen[201]; *(officieel)* verlesen[201]

voorlichten *(voorlichting verschaffen)* aufklären,

unterrichten: *iem over iets ~* jmdn über[+4] etwas aufklären

voorlichter Sprecher m^9

voorlichting Aufklärung v^{20}: *seksuele ~* (sexuelle) Aufklärung

voorlichtingsdienst Informationsamt o^{32}; *(van regering)* Presseamt o^{32}

voorliefde Vorliebe v^{21}: *de ~ voor* die Vorliebe für[+4]

voorliegen vorlügen[204]: *iem iets ~* jmdm etwas vorlügen

voorlopen 1 *(voorop lopen)* vorangehen[168]; **2** *(mbt uurwerk)* vorgehen[168]

voorloper 1 *(hij die voorloopt)* Vorläufer m^9; **2** *(voorbode)* Vorbote m^{15}

voorlopig vorläufig, provisorisch; *(alvast, zolang)* vorläufig, einstweilen: *~e hechtenis* Untersuchungshaft v^{28}; *~e raming* Voranschlag m^6

voormalig ehemalig, früher

voormiddag Vormittag m^5

voorn Plötze v^{21}

¹voornaam Vorname m^{18}

²voornaam 1 *(aanzienlijk)* vornehm; **2** *(belangrijk)* wichtig, bedeutend: *de ~ste reden* der Hauptgrund

voornaamwoord Fürwort o^{32}: *het persoonlijk ~* das Personalpronomen

voornamelijk 1 *(hoofdzakelijk)* hauptsächlich; **2** *(vooral)* insbesondere, besonders

¹voornemen, zich ~ [3] vornehmen[212]

²voornemen *zn* Vorhaben o^{35}, Absicht v^{20}: *we hebben het ~ …* wir beabsichtigen …

voornemens: *~ zijn* beabsichtigen

voornoemd oben genannt, vorgenannt

vooronderstellen voraussetzen, annehmen[212]

vooronderstelling 1 Voraussetzung v^{20}; **2** Annahme v^{21}

vooronderzoek Voruntersuchung v^{20}

vooroordeel Vorurteil o^{29}

vooroorlogs Vorkriegs…

voorop *(aan het hoofd)* voran, vorauf, vorn

vooropgaan vorangehen[168]

vooropleiding Vorbildung v^{20}

vooropstellen 1 *(aannemen)* voraussetzen; **2** *(als eerste punt noemen)* vorausschicken

vooropzetten voraussetzen: *de vooropgezette mening* die vorgefasste Meinung

voorouders Vorfahren *mv* m^{14}, m^{15}

voorover vornüber, kopfüber, nach vorn

vooroverleg Vorbesprechung v^{20}

voorpagina *(van krant)* Titelseite v^{21}, *(van boek)* Titelblatt o^{32}: *de ~ halen* Schlagzeilen *mv* v^{21} machen

voorpret Vorfreude v^{21}

voorproefje *(fig)* Kostprobe v^{21}, (kleiner) Vorgeschmack m^{19}

voorprogramma Vorprogramm o^{29}

voorprogrammeren vorprogrammieren[320]

voorraad Vorrat m^6, *(handel, ook)* Bestand m^6: *in ~ hebben* vorrätig (of: auf, am Lager) haben[182]

voorradig vorrätig, vorhanden

voorrang 1 *(prioriteit)* Vorrang m^{19}, Priorität v^{28}:

met ~ behandelen vorrangig behandeln; *de ~ hebben boven* den Vorrang haben[182] vor[+3]; **2** *(in het verkeer)* Vorfahrt v^{28}: *~ hebben* (die) Vorfahrt haben[182]: *geen ~ verlenen* die Vorfahrt nicht beachten

voorrangsbord Vorfahrt(s)schild o^{31}

voorrangsregel Vorfahrt(s)regel v^{21}

voorrangsweg Vorfahrt(s)straße v^{21}

voorrecht Vorrecht o^{29}

voorrijden 1 *(voorop rijden)* vorausfahren[153]; **2** *(voor de deur rijden)* vorfahren[153]

voorrijkosten Anfahrtskosten *(mv)*

voorronde *(sp)* Vorrunde v^{21}; *(atletiek)* Vorlauf m^6

voorruit Windschutzscheibe v^{21}, Frontscheibe v^{21}

voorschieten vorschießen[238]

voorschijn: *te ~* zum Vorschein, hervor...; *te ~ brengen* hervorbringen[139], zum Vorschein bringen[139]: *te ~ halen* hervorholen; *te ~ komen* hervorkommen[193], zum Vorschein kommen[193]

voorschoot Schürze v^{21}

voorschot Vorschuss m^6: *een ~ krijgen* einen Vorschuss erhalten[183]

voorschotelen auftischen

voorschrift Vorschrift v^{20}: *(jur)* *~en* Auflagen *mv* v^{21}: *op ~ van de dokter* auf ärztliche Verordnung; *volgens ~* laut Vorschrift

voorschrijven 1 vorschreiben[252]; **2** *(van geneesmiddel)* verordnen, verschreiben[252]

voorseizoen Vorsaison v^{27}

voorshands einstweilen

voorsorteerstrook Einordnungsspur v^{20}

voorsorteren *(van verkeer)* einordnen

voorspannen vorspannen, spannen vor[+4]: *(fig) iem ergens ~* jmdn vor seinen Karren spannen

voorspel *(ook fig)* Vorspiel o^{29}

voorspelbaar voraussagbar, vorhersagbar

voorspelen vorspielen: *iem iets ~* jmdm etwas vorspielen

voorspellen voraussagen, vorhersagen, prophezeien: *dat voorspelt niet veel goeds!* das verheißt nichts Gutes!

voorspelling Voraussage v^{21}, Vorhersage v^{21}, Prophezeiung v^{20}

voorspiegelen vorspiegeln: *iem iets ~* jmdm etwas vorspiegeln

voorspoed Glück o^{39}, *(welstand)* Wohlstand m^{19}

voorspoedig glücklich: *een ~e reis* eine glückliche Reise; *alles verliep ~* alles verlief glatt

voorspraak Fürsprache v^{21}: *iems ~ zijn* als Fürsprecher für jmdn auftreten[291]

voorsprong Vorsprung m^6: *een ~ op iem hebben* einen Vorsprung vor jmdm haben[182]

voorstaan 1 *(staan wachten)* vorgefahren sein[262]: *de auto staat voor* das Auto ist vorgefahren; **2** *(vooraan staan)* führen: *met 3-2 ~* mit 3-2 führen; **3** *(heugen)* vor Augen stehen[279], vorschweben; **4** *zich op iets laten ~* sich auf[+4] etwas einbilden

voorstad Vorstadt v^{25}, Vorort m^5

voorstander Befürworter m^9, Verfechter m^9

voorste I *bn* vorderst, *(van twee)* vorder; **II** *zn: de ~*

der (die) Vorderste, *(van twee)* der (die) Vordere *(voor verbuiging zie* m^{40a}, v^{40b})

voorsteken *(Belg) (inhalen)* überholen

voorstel Vorschlag m^6, *(in vergadering)* Antrag m^6: *een ~ tot sluiting van het debat* ein Antrag auf[+4] Beendung der Debatte; *op ~ van* auf Antrag[+2]

voorstelbaar vorstellbar

voorstellen I 1 *(introduceren)* vorstellen: *iem (aan een ander) ~* jmdn (einem anderen) vorstellen; *mag ik u (aan u) ~?* darf ich bekannt machen?; **2** *(een voorstel doen)* vorschlagen[241]; **3** *(afbeelden)* vorstellen, darstellen: *wat moet dat ~?* was soll das vorstellen?; **II** *zich ~* **1** *(zich introduceren)* sich[4] vorstellen; **2** *(zich voor de geest halen)* sich[3] vorstellen; **3** *(van plan zijn)* beabsichtigen

voorstelling 1 *(afbeelding)* Darstellung v^{20}; **2** *(van film, theat)* Vorstellung v^{20}; **3** *(herinnering)* Vorstellung v^{20}; **4** *(introductie)* Vorstellung v^{20}

voorstellingsvermogen Vorstellungsvermögen o^{39}

voorstemmen dafür stimmen

voorsteven Vordersteven m^{11}, Vorsteven m^{11}

voort fort, weiter, *(vooruit)* vorwärts

voortaan (zu)künftig

voortand Vorderzahn m^6, Schneidezahn m^6

voortbestaan I *ww* fortbestehen[279]; **II** *zn* Fortbestehen o^{39}, Fortbestand m^{19}

voortbewegen I *ww* fortbewegen; **II** *zich ~* sich fortbewegen

voortbrengen hervorbringen[139], erzeugen

voortbrengsel Erzeugnis o^{29a}, Produkt o^{29}

voortduren fortdauern, andauern

voortdurend ständig, fortwährend, dauernd

voorteken Vorzeichen o^{35}, Anzeichen o^{35}

voortent Vorzelt o^{29}

voortgaan 1 *(verder gaan)* weitergehen[168], fortschreiten[254]; **2** *(voortzetten)* fortfahren[153]: *met zijn werk ~* mit seiner Arbeit fortfahren; *~ met spelen* fortfahren zu spielen

voortgang 1 *(voortzetting)* Fortgang m^{19}; **2** *(vooruitgang)* Fortschritt m^5: *~ maken* Fortschritte machen

voortgezet fortgesetzt: *school voor ~ onderwijs* weiterführende Schule v^{21}

voorthelpen weiterhelfen[188]: *iem ~* jmdm weiterhelfen

voortijdig vorzeitig

voortkomen 1 *(verder komen)* vorwärts kommen[193], weiterkommen[193]; **2** *(voortvloeien)* hervorgehen[168] (aus[+3]); **3** *(afkomstig zijn)* entstammen[+3]: *uit een oud geslacht ~* einem alten Geschlecht entstammen

voortleven fortleben, weiterleben

voortmaken sich beeilen

voortouw: *het ~ nemen* die Initiative ergreifen[181]

voortplanten, zich sich fortpflanzen

voortplanting Fortpflanzung v^{28}

voortreffelijk vorzüglich, vortrefflich

voortrekken vorziehen[318+3]: *deze leerling wordt bo-*

ven de andere leerlingen voorgetrokken dieser Schüler wird den anderen Schülern vorgezogen
voortrekker *(fig)* Wegbereiter *m*[9]
voorts weiter, ferner; *(bovendien)* außerdem
voortschrijden 1 *(verder schrijden)* dahinschreiten[254]; **2** *(vorderen)* fortschreiten[254]
voortslepen fortschleppen, weiterschleppen
voortsnellen dahineilen
voortstappen weiterschreiten[254]
voortstuwen vorwärts treiben[290], antreiben[290]
voortvarend energisch
voortvarendheid Energie *v*[28], Eifer *m*[19]
voortvloeien *(ergens uit volgen)* hervorgehen[168], sich ergeben[166]: *daaruit vloeit voort* daraus geht hervor, daraus ergibt sich
voortvluchtig flüchtig: *~e* Flüchtling *m*[5]
voortzetten fortsetzen, weiterführen
voortzetting 1 *(het voortzetten)* Fortsetzung *v*[20], Weiterführung *v*[20]; **2** *(vervolg)* Fortsetzung *v*[20]
vooruit 1 *(van tevoren)* vorher; **2** *(verder)* voraus: *zijn tijd ~* zijn seiner Zeit[3] voraus sein[262]
vooruitbetalen voraus(be)zahlen
vooruitbetaling Voraus(be)zahlung *v*[20]
vooruitgaan 1 *(eerder gaan)* vorausgehen[168]; **2** *(voorwaarts gaan)* vorwärts gehen[168], *(mbt vaar- en voertuig)* vorwärts fahren[153]; **3** *(vorderingen maken)* Fortschritte *(mv)* machen: *de zieke gaat vooruit* mit dem Kranken geht es aufwärts
¹**vooruitgang** *(vordering)* Fortschritt *m*[5]; *(van zieke)* Besserung *v*[28]
²**vooruitgang** Vorderausgang *m*[6]
vooruithelpen weiterhelfen[188+3]
vooruitkomen 1 *(verder komen)* vorwärts kommen[193], weiterkommen[193]; **2** *(naar voren komen)* nach vorn kommen[193]
vooruitlopen 1 *(voor iem lopen)* vorausgehen[168], *(hard)* vorauslaufen[198]; **2** *(van tevoren iets doen)* vorgreifen[181+3]: *op de gebeurtenissen ~* den Ereignissen vorgreifen
vooruitsnellen vorauseilen
vooruitsteken I *tr* vorstrecken; **II** *intr* vorragen: *een ~de kin* ein vorgeschobenes Kinn
vooruitstrevend fortschrittlich, progressiv
vooruitzicht Aussicht *v*[20]: *iem iets in het ~ stellen* jmdm etwas in Aussicht stellen
vooruitzien vorausschauen
vooruitziend vorausschauend, weitsichtig
voorvader Vorfahr *m*[14]; Ahn *m*[16], *m*[14]
voorval Vorfall *m*[6], Begebenheit *v*[20], Ereignis *o*[29a]
voorvallen geschehen[173], vorfallen[154], sich ereignen
voorvechter Vorkämpfer *m*[9], Verfechter *m*[9]
voorverkiezing Vorwahl *v*[20]
voorverkoop Vorverkauf *m*[19]
voorvoegsel Vorsilbe *v*[21], Präfix *o*[29]
voorwaar fürwahr, wahrlich, wirklich
voorwaarde 1 *(vooraf gestelde beperking)* Bedingung *v*[20]: *op (of: onder) ~, dat …* unter der Bedingung, dass …; **2** *(noodzakelijke voorwaarde)* Voraussetzung *v*[20]

voorwaardelijk bedingt: *(jur) drie maanden ~* drei Monate Freiheitsstrafe mit Bewährung
voorwaarts *bn, bw* vorwärts
voorwas Vorwäsche *v*[21]
voorwenden vorschützen, vorgeben[166]
voorwendsel Vorwand *m*[6]: *onder ~ van vriendschap* unter dem Vorwand der Freundschaft
voorwerp 1 *(zaak, object)* Gegenstand *m*[6]: *gevonden ~en* Fundsachen *mv v*[21]: *bureau van gevonden ~en* Fundbüro *o*[36]; **2** *(taalk)* Objekt *o*[29]: *lijdend ~* Akkusativobjekt *o*[29]: *meewerkend ~* Dativobjekt *o*[29]
voorwiel Vorderrad *o*[32]
voorwielaandrijving Frontantrieb *m*[5]
voorwoord Vorwort *o*[29]
voorzeggen: *iem iets ~* jmdm etwas vorsagen
voorzeker sicher(lich), gewiss
voorzet *(hoge bal van opzij)* Flanke *v*[21]; *(pass)* Vorlage *v*[21]
voorzetsel Präposition *v*[20], Verhältniswort *o*[32]
voorzetselvoorwerp Präpositionalobjekt *o*[29]
voorzetten 1 *(plaatsen voor)* vorsetzen: *iem iets ~* jmdm etwas vorsetzen; **2** *(vooruitzetten)* vorsetzen: *het rechterbeen ~* das rechte Bein vorsetzen; **3** *(een uurwerk)* vorstellen; **4** *(sp)* flanken
voorzichtig vorsichtig
voorzichtigheid Vorsicht *v*[28]
voorzichtigheidshalve vorsichtshalber
voorzien 1 *(vooruitzien)* voraussehen[261]: *zoals te ~ is* voraussichtlich; **2** *(verzorgen)* versehen[261], versorgen: *in een behoefte ~* ein Bedürfnis befriedigen; *in zijn levensonderhoud ~* sich ernähren; *in de vacature ~* die Stelle ist besetzt; *iem ~ van* jmdn versehen mit[+3]; **3** *(regelen)* vorsehen[261]: *de wet heeft daar niet in ~* das ist im Gesetz nicht vorgesehen || *ik heb het niet op hem ~* ich mag ihn nicht; *het op iem ~ hebben* es auf jmdn abgesehen haben[182]
voorzienigheid Vorsehung *v*[28]
voorziening 1 *(het voorzien)* Versorgung *v*[28]: *de ~ van levensmiddelen* die Versorgung mit Lebensmitteln; **2** *(maatregel)* Maßnahme *v*[21], Vorkehrung *v*[20]; **3** *(tot algemeen nut)* Einrichtung *v*[20]: *sanitaire ~en* Sanitäreinrichtungen *mv v*[20]: *sociale ~en* soziale Einrichtungen
voorzijde Vorderseite *v*[21]
voorzitter Vorsitzende(r) *m*[40a], *v*[40b], Präsident *m*[14]
voorzitterschap Vorsitz *m*[19]: *het ~ bekleden* den Vorsitz haben[182]: *het ~ neerleggen* den Vorsitz abgeben[166]
voorzorg Vorsorge *v*[28]: *uit ~* zur Vorsorge
voorzorgsmaatregel Vorsorge *v*[28]: *~en nemen* Vorkehrungen treffen[289]
voos 1 *(sponsachtig)* mürbe, schwammig; **2** *(mbt gestel)* morsch, hinfällig; **3** *(bedorven)* faul
¹**vorderen** *(vooruitkomen)* vorwärts kommen[193], vorankommen[193], Fortschritte machen: *op gevorderde leeftijd* in vorgerücktem Alter; *het werk vordert goed* die Arbeit geht gut voran
²**vorderen 1** *(eisen)* fordern, verlangen, *(jur)* beantragen; **2** *(van overheidswege opeisen)* einziehen[318]:

privébezit ~ Privatbesitz einziehen; **3** *(in beslag nemen)* beschlagnahmen: *auto's* ~ Autos beschlagnahmen

vordering 1 *(vooruitgang)* Fortschritt *m*[5]; **2** *(eis)* Forderung *v*[20]: *uitstaande ~en* Außenstände *mv m*[6]

voren *bw* vorn(e): *als* ~ wie oben; *naar* ~ nach vorn(e); *iets naar ~ brengen* etwas vorbringen[139]: *van* ~ (von) vorn(e); *van ~ af aan* von vorn(e)

vorig 1 *(vroeger)* vorig, früher; **2** *(onmiddellijk voorafgaand)* vorig: *het ~e jaar* das vorige (*of:* vergangene) Jahr

vork Gabel *v*[21]; *(splitsing, ook)* Gab(e)lung *v*[20]: *weten, hoe de ~ in de steel zit* wissen, wie sich die Sache verhält

vorkheftruck Gabelstapler *m*[9]

vorm Form *v*[20]: *de ~en in acht nemen* den Anstand wahren; *(sp) in ~ zijn* in Form sein[262]: *het is maar voor de ~* es ist nur der Form wegen; *zonder ~ van proces* ohne jeden Prozess

vormelijk förmlich, formell

vormeloos *zie* vormloos

vormen 1 *(de gedaante hebben van)* bilden; **2** *(de gedaante geven van)* bilden, formen, gestalten: *een kring ~* einen Kreis bilden; **3** *(r-k)* firmen

vormend bildend

vormgeving Gestaltung *v*[20], Formgebung *v*[20]

vorming Bildung *v*[20]

vormingscentrum *(ongev)* Bildungsstätte *v*[21]

vormleer Formenlehre *v*[28]

vormloos formlos

vormsel Firmung *v*[20]

[1]vorst *(persoon)* Fürst *m*[14]

[2]vorst *(bouwk)* First *m*[5]

[3]vorst *(het vriezen)* Frost *m*[6]: *bij ~* bei Frostwetter

vorstelijk fürstlich

vorstendom Fürstentum *o*[32]

vorstschade Frostschaden *m*[12]

vorstverlet Arbeitsausfall *m*[6] durch Frost

vorstvrij frostfrei

vos Fuchs *m*[6]

vossen ochsen, büffeln

voteren bewilligen: *een bedrag ~* einen Betrag bewilligen

voucher Voucher *o*[36], *m*[13], *o*[33], *m*[9]

vouw Falte *v*[21], Kniff *m*[5]

vouwen falten: *niet ~!* nicht knicken!

vouwfiets Klapp(fahr)rad *o*[32]

vraag 1 *(ondervraging)* Frage *v*[21]: *iem een ~ stellen* jmdm eine Frage stellen; **2** *(verzoek)* Bitte *v*[21]; **3** *(vraagstuk)* Frage *v*[21]: *het is de ~, of ...* es fragt sich, ob ...; *het is nog de ~* es steht noch dahin; *het is zeer de ~* es ist sehr fraglich; **4** *(handel)* Nachfrage *v*[21]: *~ en aanbod* Angebot und Nachfrage; *veel ~ naar* lebhafte Nachfrage nach[+3] ...; *er is veel ~ naar dat artikel* dieser Artikel ist stark gefragt

vraagbaak *(boek, persoon)* Ratgeber *m*[9]

vraaggesprek Interview *o*[36]

vraagprijs Angebotspreis *m*[5], *(bij huizen)* Verhandlungsbasis *v* (*mv -basen*)

vraagstuk 1 *(probleem)* Frage *v*[21]; **2** *(opgave)* Aufgabe *v*[21]

vraagteken Fragezeichen *o*[35]

vraagzin Fragesatz *m*[6]

vraatzucht Gefräßigkeit *v*[28], Fressgier *v*[28]

vraatzuchtig gefräßig, fressgierig

vracht 1 *(lading)* Fracht *v*[20]: *de ~ hout (op een wagen)* die Fuhre Holz; **2** *(last)* Last *v*[20]: *onder de ~ bezwijken* unter der Last zusammenbrechen[137]; **3** *(grote hoeveelheid)* Ladung *v*[20]: *een ~ werk* eine Masse Arbeit

vrachtauto Lastkraftwagen *m*[11] *(afk* LKW, Lkw); Lastauto *o*[36], Laster *m*[9]

vrachtboot Frachtschiff *o*[29], Frachter *m*[9]

vrachtbrief Frachtbrief *m*[5]

vrachtgoed Frachtgut *o*[32], Fracht *v*[20]

vrachtschip Frachtschiff *o*[29], Frachter *m*[9]

vrachttarief Frachttarif *m*[5], Frachtsatz *m*[6]

vrachtvervoer Güterbeförderung *v*[28]

vrachtwagen *zie* vrachtauto

vrachtwagencombinatie Lastzug *m*[6]

vragen I *tr* **1** fragen[+4]: *iem iets ~* jmdn etwas fragen; *iem de weg ~* jmdn nach dem Weg fragen; **2** *(verzoeken)* bitten[132+4]: *inlichtingen ~ aan iem* jmdn um Auskunft bitten; **3** *(ondervragen)* (be)fragen[+4]; **4** *(uitnodigen)* bitten[132+4], einladen[196+4]; **5** *(eisen)* verlangen, fordern; **II** *intr* (met *naar)* sich erkundigen nach[+3]: *naar iems gezondheid ~* sich nach jmds Befinden erkundigen

vragend fragend: *~ voornaamwoord* Fragefürwort *o*[32], Interrogativpronomen *o*[35] (*mv ook -pronomina*)

vragenderwijs fragend

vragenlijst Fragebogen *m*[11], Frageliste *v*[21]

vragensteller Fragesteller *m*[9]

vrager Frager *m*[9]

vrede Frieden *m*[11]: *~ hebben met* sich abfinden[157] mit[+3]

vredelievend friedfertig

vredelievendheid Friedfertigkeit *v*[28]

vredesbeweging Friedensbewegung *v*[20]

vredesnaam: *in ~* in Gottes Namen

vredesonderhandelingen Friedensverhandlungen *mv v*[20]

vredestijd: *in ~* in Friedenszeiten

vredesverdrag Friedensvertrag *m*[6]

vredesvoorwaarde Friedensbedingung *v*[20]

vredig friedlich

vreedzaam friedlich, *(vredelievend)* friedfertig

vreemd 1 *(algem)* fremd, *(uitheems, ook)* fremdländisch: *de ~e taal* die Fremdsprache; *een ~ woord* ein Fremdwort; *ik ben hier ~* ich bin hier fremd, ich weiß hier nicht Bescheid; *~ gaan* fremdgehen[168]; **2** *(raar)* sonderbar, seltsam: *~e bestanddelen* fremdartige Bestandteile; *~ doen* sich sonderbar benehmen[212]; **3** *(verbaasd)* erstaunt, verwundert: *~ van iets opzien* sich wundern

vreemde I *(onbekende)* Fremde(r) *m*[40a], *v*[40b]: *dat heeft hij van geen ~* das liegt in der Familie; **II**

(vreemd land) Fremde v[28]: *in den ~ leven* in der Fremde leben

vreemdeling(e) 1 *(onbekende)* Fremde(r) m[40a], v[40b]; **2** *(buitenlander)* Ausländer m[9], Ausländerin v[22]

vreemdelingendienst Ausländerbehörde v[21]

vreemdelingenindustrie Fremdenindustrie v[28]

vreemdelingenpolitie Fremdenpolizei v[28]

vreemdelingenverkeer Fremdenverkehr m[19]

vreemdsoortig fremdartig, seltsam

vrees Furcht v[28], Angst v[25]

vreetpartij Fresserei v[20]

vreetzak Fresssack m[6], Fresser m[9]

vrek Geizhals m[6], Geizkragen m[11]

vrekkig geizig

vreselijk fürchterlich, schrecklich, furchtbar: *~ aardige mensen* riesig nette Leute

vreten I *tr* fressen[162]; **II** *zn* Fressen o[39], Fraß m[5] || *een raar stuk ~* ein seltsamer Vogel

vreugde Freude v[21]: *tot ~ stemmen* freudig stimmen

vreugdekreet Freudenruf m[5], Freudenschrei m[5]

vreugdeloos freudlos

vreugdevol freudvoll

vreugdevuur Freudenfeuer o[33]

vrezen fürchten, *(bang zijn dat iets zal gebeuren, ook)* befürchten: *de dood ~* den Tod fürchten; *het ergste ~* das Schlimmste (be)fürchten; *iem ~* sich vor jmdm fürchten; *het is te ~* es ist zu befürchten

vriend Freund m[5]: *iem te ~ houden* gut Freund bleiben[134]; *weer goede ~en worden* sich wieder vertragen[288]

vriendelijk freundlich, *(mbt dank, woorden, ook)* verbindlich

vriendelijkheid Freundlichkeit v[20], Verbindlichkeit v[20]

vriendendienst Freundschaftsdienst m[5]

vriendenkring Freundeskreis m[5]

vriendin Freundin v[22]

vriendjespolitiek Vetternwirtschaft v[28]

vriendschap Freundschaft v[20]

vriendschappelijk freundschaftlich: *~e wedstrijd* Freundschaftsspiel o[29]

vriendschapsband Freundschaftsbande mv o[29]

vriescel Gefrierraum m[6]

vriesdrogen gefriertrocknen

vrieskist Gefriertruhe v[21]

vriesvak Gefrierfach o[32]

vriesweer Frostwetter o[39]

vriezen frieren[163]: *het vriest hard* es friert stark

vriezer Gefrieranlage v[21], Gefriertruhe v[21]

vrij I *bn, bw* frei: *~ beroep* freier Beruf m[5]: *~ entree* freier Eintritt m[5]: *~e meningsuiting* freie Meinungsäußerung v[20]: *directe ~e trap* direkter Freistoß m[6]: *uit ~e beweging* aus freien Stücken; *~ van invoerrechten* zollfrei; *~ van koorts* fieberfrei; *~ krijgen* freibekommen[193]: *ik ben zo vrij* (*of:* ich erlaube mir), Ihnen zu melden, dass ...; **II** *bw (tamelijk)* ziemlich: *~ goed* ziemlich gut; *~ laat* ziemlich spät; **III** *zn (vrijloop)* Leerlauf m[6]

vrijaf frei: *~ hebben* frei haben[182]

vrijblijvend unverbindlich, freibleibend

vrijbuiter Freibeuter m[9]

vrijdag Freitag m[5]: *Goede Vrijdag* Karfreitag

vrijdags am Freitag, *(iedere vrijdag)* freitags

vrijdenker Freidenker m[9]

vrijelijk frei: *~ spreken* frei sprechen[274]

vrijen 1 *(verkering hebben)* einen Freund (*of:* eine Freundin) haben[182]; **2** *(minnekozen)* knutschen; **3** *(geslachtsgemeenschap hebben)* sich lieben, ins Bett gehen[168]

vrijer Geliebte(r) m[40a], Freund m[5]

vrijetijdsbesteding Freizeitgestaltung v[20]

vrijgeleide *(vrije doortocht)* freies Geleit o[29]

vrijgeven freigeben[166]

vrijgevig freigebig, gebefreudig

vrijgezel I *zn* Junggeselle m[15], Junggesellin v[22]; **II** *bn* ledig, unverheiratet

vrijhandel Freihandel m[19]

vrijhaven Freihafen m[12]

vrijheid Freiheit v[20]: *~ van drukpers* Pressefreiheit; *~ van gedachte* Gedankenfreiheit; *~ van vestiging* Freizügigkeit v[28]: *ik neem de ~* ich nehme mir die Freiheit, ich erlaube mir

vrijheidsberoving Freiheitsberaubung v[20]

vrijheidsstraf Freiheitsstrafe v[21]

vrijheidsstrijder Freiheitskämpfer m[9]

vrijhouden freihalten[183]

vrijkaart Freikarte v[21]

vrijkomen 1 *(mbt gevangene)* freigelassen werden[310], freikommen[193]; **2** *(loskomen)* frei werden[310]: *~de energie* frei werdende Energie; *met de schrik ~* mit dem Schrecken davonkommen[193]

vrijkopen freikaufen, loskaufen

vrijlaten 1 *(de vrijheid geven)* freilassen[197]; **2** *(verlof geven)* freie Hand lassen[197]: *iem volkomen ~* jmdm vollkommen freie Hand lassen; **3** *(onbezet laten)* frei lassen[197]

vrijlating Freilassung v[20]

vrijloop Freilauf m[6], Leerlauf m[6]

vrijmaken 1 *(bevrijden van last, verplichting)* befreien; **2** *(bij douane)* verzollen

vrijmetselaar Freimaurer m[9]

vrijmetselaarsloge Freimaurerloge v[21]

vrijmetselarij Freimaurerei v[28]

vrijmoedig freimütig, offen: *~ spreken (ook)* freiheraus sprechen[274]

vrijmoedigheid Freimut m[19], Offenheit v[28]

vrijpleiten I *tr* freisprechen[274], entlasten: *iem ~ van iets* jmdn von[+3] etwas freisprechen; **II** *zich ~* sich rechtfertigen

vrijpostig dreist, keck

vrijspraak Freisprechung v[20], Freispruch m[6]

vrijspreken freisprechen[274]

vrijstaan *(toegestaan zijn)* freistehen[279]

vrijstaand 1 *(sp, ongedekt)* frei stehend; **2** *(alleenstaand)* frei stehend; **3** *(niet gebruikt)* freistehend

vrijstellen freistellen, befreien: *vrijgesteld van belastingen* von Steuern befreit

vrijstelling Freistellung *v²⁰*, Befreiung *v²⁰*: *~ van belasting* Steuerbefreiung

vrijster: *oude ~* alte Jungfer *v²¹*

vrijuit freiheraus: *~ gaan* (straf)frei ausgehen¹⁶⁸: *~ spreken* frei von der Leber weg reden

vrijwaren bewahren (vor⁺³), behüten (vor⁺³)

vrijwaring Gewährleistung *v²⁰*

vrijwel nahezu: *~ hetzelfde* nahezu dasselbe

vrijwillig freiwillig: *~e dood* Freitod *m⁵*

vrijwilliger Freiwillige(r) *m⁴⁰ᵃ*, *v⁴⁰ᵇ*

vroedvrouw Geburtshelferin *v²²*, Hebamme *v²¹*

vroeg früh(zeitig): *'s morgens ~* morgens früh; *van morgen ~* heute früh; *in ~ere tijden* in früheren Zeiten; *op een ~ uur* zu früher Stunde; *~ of laat* früher oder später

vroeger 1 *(eertijds)* früher, einst; **2** *(voormalig)* früher, ehemalig

vroegmis Frühmesse *v²¹*

vroegte Frühe *v²⁸*: *heel in de ~* in aller Frühe

vroegtijdig frühzeitig

vrolijk 1 fröhlich, heiter, lustig; **2** *(aangeschoten)* angeheitert

vrolijkheid Fröhlichkeit *v²⁸*, Heiterkeit *v²⁸*, Lustigkeit *v²⁸*

vroom fromm⁵⁹

vroomheid Frömmigkeit *v²⁸*

vrouw 1 Frau *v²⁰*: *publieke ~* Freudenmädchen *o³⁵*, Dirne *v²¹*; **2** *(echtgenote)* Frau *v²⁰*, Ehefrau *v²⁰*, Gattin *v²²*; **3** *(kaartspel)* Dame *v²¹*; **4** *(van hond)* Frauchen *o³⁵*

vrouwelijk 1 *(van het vrouwelijke geslacht)* weiblich: *~e arts* Ärztin *v²²*: *~e beambte* Beamtin *v²²*; **2** *(van een vrouw, bij een vrouw passend)* frauenhaft, fraulich, weiblich: *~ beroep* Frauenberuf *m⁵*

vrouwenarts Frauenarzt *m⁶*; Frauenärztin *v²²*

vrouwenbeweging Frauenbewegung *v²⁸*

vrouwenemancipatie Frauenemanzipation *v²⁸*

vrouwengek Weibernarr *m¹⁴*

vrouwenpraat Weibergeschwätz *o³⁹*

vrouwenstem Frauenstimme *v²¹*

vrouwtje 1 *(kleine vrouw, vrouwtjelief, bazin van hond)* Frauchen *o³⁵*; **2** *(dierk)* Weibchen *o³⁵*

vrouwvolk Frauen *mv v²⁰*

vrouwvriendelijk frauenfreundlich

vrucht Frucht *v²⁵*: *~en afwerpen* Frucht *(of:* Früchte) tragen²⁸⁸; *met ~* mit Erfolg

vruchtafdrijving Abtreibung *v²⁰*

vruchtbaar fruchtbar

vruchtbaarheid Fruchtbarkeit *v²⁸*

vruchtbeginsel Fruchtknoten *m¹¹*

vruchtboom Obstbaum *m⁶*

vruchtdragend 1 *(vrucht opleverend)* fruchttragend; **2** *(fig)* fruchtbringend, fruchtbar

vruchteloos fruchtlos, vergeblich

vruchtenijs Fruchteis *o³⁹*

vruchtenlimonade Fruchtlimonade *v²¹*

vruchtensap Fruchtsaft *m⁶*, Obstsaft *m⁶*

vruchtentaart Obstkuchen *m¹¹*, Obsttorte *v²¹*

vruchtgebruik Nießbrauch *m¹⁹*, Nutznießung *v²⁸*

vruchtvlees Fruchtfleisch *o³⁹*

vruchtwater Fruchtwasser *o³⁹*

VS *afk van Verenigde Staten* Vereinigte Staaten *mv m¹⁶* *(afk USA)*

V-snaar Keilriemen *m¹¹*

vso *afk van voortgezet speciaal onderwijs* weiterführender Sonderunterricht *m¹⁹*

vuil I *bn, bw* **1** *(vies)* schmutzig, dreckig: *gauw ~ worden* leicht schmutzen; **2** *(schunnig)* schmutzig, dreckig, unflätig; **3** *(gemeen)* gemein, niederträchtig || *een ~ zaakje* ein schmutziges Geschäft; **II** *zn* **1** *(viezigheid)* Schmutz *m¹⁹*, Dreck *m¹⁹*; **2** *(modder)* Schlamm *m⁵*, *m⁶*; **2** *(vuilnis)* Müll *m¹⁹*, Unrat *m¹⁹*

vuil(ig)heid 1 *(het vuil zijn)* Schmutzigkeit *v²⁰*; **2** *(uitwerpselen)* Kot *m¹⁹*, Dreck *m¹⁹*

vuilmaken schmutzig machen, beschmutzen: *(fig) zijn handen niet aan iets ~* sich³ nicht die Finger mit⁺³ etwas schmutzig machen; *ik zal er niet veel woorden over ~* ich werde darüber kein Wort verlieren³⁰⁰

vuilnis Müll *m¹⁹*

vuilnisbak Mülleimer *m⁹*, Kehrichteimer *m⁹*

vuilnisbelt Schuttabladeplatz *m⁶*, Müllabladeplatz *m⁶*, Müllkippe *v²¹*, Mülldeponie *v²¹*

vuilnisman Müllmann *m⁸*

vuilnisstortkoker Müllschlucker *m⁹*

vuilniszak Müllbeutel *m⁹*, Müllsack *m⁶*

vuiltje Stäubchen *o³⁵*: *een ~ in het oog hebben* etwas im Auge haben¹⁸²: *er is geen ~ aan de lucht* es ist alles in Butter

vuilverbranding Müllverbrennung *v²⁸*; *(de installatie)* Müllverbrennungsanlage *v²¹*

vuilverwerking Müllverwertung *v²¹*

vuist *(dichtgesloten hand)* Faust *v²⁵* || *voor de ~ dichten (of: spreken)* aus dem Stegreif dichten *(of:* sprechen²⁷⁴)

vuistje Fäustchen *o³⁵*: *in zijn ~ lachen* sich³ (eins) ins Fäustchen lachen

vulgair vulgär, ordinär

vulkaan Vulkan *m⁵*

vulkanisch vulkanisch

vullen füllen, *(van tijd)* ausfüllen, *(bottelen)* abfüllen: *de avond ~* den Abend ausfüllen; *een fles ~* eine Flasche füllen

vulling 1 *(vulsel)* Füllung *v²⁰*; **2** *(van tand)* Füllung *v²⁰*; **3** *(in kleding)* Polster *o³³*; **4** *(van spuitbus e.d.)* Patrone *v²¹*; **5** *(van pen e.d.)* Mine *v²¹*

vulpen(houder) Füller *m⁹*, Füllfederhalter *m⁹*

vulpotlood Füllstift *m⁵*, Drehbleistift *m⁵*

vulsel Füllung *v²⁰*

vuns, vunzig 1 *(muf)* muffig, moderig; **2** *(schunnig)* unflätig

vuren I *ww* feuern; **II** *zn* *(het vuren)* Feuern *o³⁹*: *het ~ staken* das Feuer einstellen

vurenhout Fichtenholz *o³⁹*

vurig 1 *(gloeiend, fonkelend)* feurig; **2** *(hartstochtelijk)* feurig, heiß: *een ~ gebed* ein inbrünstiges Gebet; ~*e liefde* heiße Liebe v^{21}: *een ~e wens* ein sehnlicher Wunsch; **3** *(ontstoken)* entzündet: *een ~e huid* eine brennende Haut

vurigheid 1 Feuer o^{39}, Inbrunst v^{28}; **2** *(hartstochtelijkheid)* Leidenschaft v^{28}, Glut v^{20}; **3** *(van koren)* Brand m^{19}; *zie ook* vurig

vut *afk van vervroegde uittreding* Vorruhestand m^{19}

vutten vorzeitig in den Ruhestand treten[291]

vuur 1 Feuer o^{33}: *zich het ~ uit de sloffen lopen* sich die Beine ablaufen[198]: *vol ~ voor iets zijn* Feuer und Flamme für[+4] etwas sein[262]: *vol ~ aan iets beginnen* mit Feuereifer etwas anfangen[155]: *~ en vlam spuwen* Gift und Galle speien[271]: *hij werd zo rood als ~* er wurde rot wie Feuer; *in ~ geraken* Feuer fangen[155]: *iets uit het ~ slepen* etwas erringen[224]; **2** *(ijver)* Feuer o^{39}, Glut v^{20}: *in het ~ van het gevecht* in der Hitze des Gefechts; **3** *(ziekte in koren)* Brand m^{19}

vuurbestendig feuerbeständig

vuurdoop Feuertaufe v^{21}: *de ~ ontvangen* die Feuertaufe erhalten[183]

vuurgevecht Feuergefecht o^{29}

vuurgloed Glut v^{28}, Feuerschein m^5

vuurkracht Feuerkraft v^{28}

vuurlijn, vuurlinie Feuerlinie v^{21}

vuurmond *(kanon)* Geschütz o^{29}

vuurpijl Rakete v^{21}

vuurproef Feuerprobe v^{21}: *de ~ doorstaan* die Feuerprobe bestehen[279]

vuurrood feuerrot: *~ van schaamte worden* vor Scham feuerrot werden[310]

vuurschip Feuerschiff o^{29}, Leuchtschiff o^{29}

vuurspuwend Feuer speiend

vuurtoren Leuchtturm m^6

vuurvast feuerfest

vuurwapen Feuerwaffe v^{21}

vuurwerk Feuerwerk o^{39}: *~ afsteken* Feuerwerk abbrennen[138]

vuurzee Feuermeer o^{29}, Flammenmeer o^{29}

VVV *afk van Vereniging voor Vreemdelingenverkeer* Fremdenverkehrsverein m^5

vwo *afk van voorbereidend wetenschappelijk onderwijs* Gymnasium o (2e nvl -s; mv -sien)

vzw *(Belg) afk van vereniging zonder winstoogmerk* stichting *(ongev)* Stiftung v^{20}

vu

W

WA *afk van wettelijke aansprakelijkheid* Haftpflicht v^{28}: *~-verzekering* Haftpflichtversicherung v^{20}

waaghals Wagehals m^6

waagschaal Waagschale v^{21}: *zijn leven in de ~ stellen* sein Leben aufs Spiel setzen

waagstuk Wagestück o^{29}, Wagnis o^{29a}

waaien wehen; *(met waaier)* fächeln: *laat maar ~!* lass laufen!; *hij laat (alles) maar ~* er kümmert sich um^{+4} nichts

waaier Fächer m^9

waaiervormig fächerförmig

waakhond Wachhund m^5

waaks wachsam

waaksheid Wachsamkeit v^{28}

waakvlam Sparflamme v^{21}

waakzaam wachsam: *een ~ oog houden op iets* ein wachsames Auge auf^{+4} etwas haben^{182}

waakzaamheid Wachsamkeit v^{28}

Waal I *(rivier)* Waal v^{28}; **II** *(inwoner van Wallonië)* Wallone m^{15}

Waals I *zn* Wallonisch o^{41}; **II** *bn* wallonisch

Waalse Wallonin v^{22}

waan Wahn m^{19}: *iem in de ~ brengen dat ...* jmdn glauben machen, dass ...; *ik was (of: verkeerde) in de ~* ich lebte in dem Wahn, *(zwakker)* ich glaubte

waandenkbeeld Wahnidee v^{21}

waanvoorstelling Wahnvorstellung v^{20}

waanzin Wahnsinn m^{19}, Irrsinn m^{19}

waanzinnig wahnsinnig, irrsinnig

¹waar *zn* Ware v^{21}

²waar *bn* wahr, *(waarachtig)* wahrhaft: *iets voor ~ houden* etwas für wahr halten^{183}: *hij is daarvoor de ware* er ist der rechte Mann dazu; *het is ~ ook!:* a) *(je hebt gelijk)* da hast du Recht!; b) *(bij een invallende gedachte)* was ich noch sagen wollte!

³waar I *bw* wo: *~ ben je?* wo bist du?; *~ ga je heen?* wohin gehst du?; *~ kom je vandaan?* woher kommst du?; **II** *vw* da, weil

waaraan *vnw bw* **1** *(vragend)* woran?, an was?: *~ denkt u* woran (of: an was) denken Sie?; *~ heb ik dat te danken?* welchem Umstand verdanke ich das?; **2** *(betrekkelijk)* an$^{+3,+4}$ (+ *betr vnw*), woran: *de firma ~ ik schrijf* die Firma, an die (of: woran) ich schreibe

waarachter *vnw bw* **1** *(vragend)* wohinter?: *~ zal ik de stoel zetten?* wohinter soll ich den Stuhl setzen?;

2 *(betrekkelijk)* hinter$^{+3,+4}$ (+ *betr vnw*), wohinter: *de boom ~ ik sta* der Baum, hinter dem (of: wohinter) ich stehe

waarachtig I *bn, bw* wahrhaft, wahrhaftig; **II** *tw* wirklich, richtig

waarbij *vnw bw* **1** *(vragend)* wobei?; **2** *(betrekkelijk)* bei, zu^{+3} (+ *betr vnw*), wobei, wozu: *de bus ~ ik sta* der Omnibus, bei dem (of: wobei) ich stehe

waarborg 1 *(garantie)* Gewähr v^{28}, Garantie v^{21}; **2** *(waarborgsom)* Kaution v^{20}: *een ~ stellen* eine Kaution stellen (of: leisten); **3** *(jur)* Bürgschaft v^{20}

waarborgen gewährleisten, verbürgen

waarborgfonds Garantiefonds *m (2e nvl -; mv -)*

waarborgkaart *(Belg)* Scheckkarte v^{21}

waarborgsom Kaution v^{20}

waarboven *vnw bw* **1** *(vragend)* worüber?; **2** *(betrekkelijk)* über$^{+3,+4}$ (+ *betr vnw*), worüber; *zie ook* waarachter

¹waard *(persoon)* Wirt m^5, Gastwirt m^5

²waard *bn* wert^{+4}: *dat is een gulden ~* das ist einen Gulden wert; *dat is niet de moeite ~* das ist nicht der Mühe wert

waarde Wert m^5: *aangegeven ~* Wertangabe v^{21}: *getaxeerde ~* Taxwert; *toegevoegde ~* Mehrwert; *~ aan iets hechten* Wert auf^{+4} etwas legen; *in ~ verminderen* an Wert verlieren^{300}: *brief met aangegeven ~* Wertbrief m^5: *op de juiste ~ schatten* richtig bewerten; *ter ~ van* im Wert von^{+3}

waardebepaling Bewertung v^{20}

waardebon Gutschein m^5

waardeloos wertlos: *~ maken* entwerten

waardeloosheid Wertlosigkeit v^{28}

waardeoordeel Werturteil o^{29}

waardepapier Wertpapier o^{29}

waarderen 1 *(de waarde bepalen)* bewerten; **2** *(op prijs stellen)* schätzen: *een kunstenaar weten te ~* einen Künstler zu würdigen wissen^{314}

waardering 1 *(waardebepaling)* Bewertung v^{20}; **2** *(achting)* Achtung v^{28}, Anerkennung v^{28}: *~ hebben voor iem* jmdm Achtung entgegenbringen^{139}

waardestijging Wertzuwachs m^6

waardevast wertbeständig

waardevol wertvoll

waardig würdig, würdevoll: *een betere zaak ~ zijn* einer bessern Sache würdig sein

waardigheid Würde v^{28}: *menselijke ~* Menschenwürde; *dat is beneden mijn ~* das ist unter meiner Würde

waardigheidsbekleder Würdenträger m^9

waardin Wirtin v^{22}

waardoor *vnw bw* **1** *(vragend)* wodurch?; **2** *(betrekkelijk)* durch^{+4} (+ *betr vnw*), wodurch: *de deur ~ hij binnenkwam* die Tür, durch die er hereinkam

waarheen *vnw bw* **1** *(vragend)* wohin?; **2** *(betrekkelijk)* in^{+4} (+ *betr vnw*), wohin?: *de stad ~ ik ga* die Stadt, in die ich gehe

waarheid Wahrheit v^{20}: *ik ben om de ~ te zeggen niet blij* ich bin, ehrlich gesagt, nicht froh

waarin *vnw bw* **1** *(vragend)* worin?, *(richting)* wohinein?; **2** *(betrekkelijk) (bij een zich bevinden)* in⁺³ *(+ betr vnw)*, worin; *(bij een richting)* in⁺⁴ *(+ betr vnw)*, worein: *het huis ~ ik woon* das Haus, in dem ich wohne; *zie ook* waarachter

waarlijk wahrlich, wirklich: *zo ~ helpe mij God almachtig!* so wahr mir Gott helfe!

waarmaken I *tr* wahr machen, beweisen³⁰⁷; **II** *zich ~* sich bewähren

waarmee *vnw bw* **1** *(vragend)* womit?; **2** *(betrekkelijk)* mit⁺³ *(+ betr vnw)*, womit

waarmerk Stempel *m⁹*, Beglaubigungsvermerk *m⁵*; *(van de kwaliteit van iets)* Gütezeichen *o³⁵*

waarmerken beglaubigen

waarna *vnw bw* wonach, worauf; nach⁺³ *(+ betr vnw)*, worauf

waarnaar *vnw bw* **1** *(vragend)* wonach?; **2** *(betrekkelijk)* nach⁺³ *(+ betr vnw)*, wonach

waarnaast *vnw bw* **1** *(vragend)* woneben?; **2** *(betrekkelijk)* neben⁺³,⁺⁴ *(+ betr vnw)*, woneben; *zie ook* waarachter

waarnemen I *tr* **1** *(opmerken)* wahrnehmen²¹²; *(observeren)* beobachten; **2** *(benutten)* nutzen, nützen; **II** *intr (tijdelijk vervullen)* vertreten²⁹¹, *(een praktijk)* stellvertretend übernehmen²¹²: *voor iem ~* jmdn vertreten

waarnemend stellvertretend: *de ~e directeur* der stellvertretende Direktor

waarnemer 1 *(iem die observeert)* Beobachter *m⁹*; **2** *(plaatsvervanger)* Stellvertreter *m⁹*

waarneming Wahrnehmung *v²⁰*, Beobachtung *v²⁰*, Stellvertretung *v²⁰*, Vertretung *v²⁰*; *zie ook* waarnemen

waarom I *vnw bw* **1** *(vragend) (om welke reden)* warum?, weshalb?, *(om welke zaak, om wat)* worum?, um was?: *~ gaat het hier?* worum (um was) handelt es sich hier?; **2** *(betrekkelijk)* um⁺⁴ *(+ betr vnw)*, worum; **II** *zn* Warum *o³⁹*

waaromheen *vnw bw* **1** *(vragend)* worum herum?, um was herum?; **2** *(betrekkelijk)* um⁺⁴ *(+ betr vnw)*, herum

waaromtrent *vnw bw* **1** *(vragend)* worüber?; **2** *(betrekkelijk)* über⁺⁴ *(+ betr vnw)*, worüber; *(plaatselijk)* an⁺³ *(+ betr vnw)*, ungefähr, wo … ungefähr

waaronder *vnw bw* **1** *(vragend)* worunter?; **2** *(betrekkelijk)* unter⁺³,⁺⁴ *(+ betr vnw)*, worunter; *zie ook* waarachter

waarop *vnw bw* **1** *(vragend)* worauf?; **2** *(betrekkelijk)* auf⁺³,⁺⁴ *(+ betr vnw)*, worauf: *de dag ~* der Tag, an dem; *de manier ~* die Art und Weise, wie er das macht; *de voorwaarde ~* die Bedingung, unter der; *zie ook* waarachter

waarover *vnw bw* **1** *(vragend)* worüber?, wovon?; **2** *(betrekkelijk)* über⁺³,ᶻᵉˡᵈᵉⁿ⁺⁴ *(+ betr vnw)*, worüber; von⁺³ *(+ betr vnw)*, wovon; *zie ook* waarachter

waarschijnlijk wahrscheinlich

waarschijnlijkheid Wahrscheinlichkeit *v²⁰*: *naar alle ~* aller Wahrscheinlichkeit nach

waarschuwen 1 warnen: *~ voor* warnen vor⁺³; **2** *(verwittigen)* verständigen: *de dokter ~* den Arzt rufen²²⁶; **3** *(dreigend vermanen)* verwarnen

waarschuwing 1 Warnung *v²⁰*; **2** *(dreigende vermaning)* Verwarnung *v²⁰*; *(ter herinnering)* Mahnung *v²⁰*

waarschuwingsbord Warnschild *o³¹*

waarschuwingssignaal Warnsignal *o²⁹*

waartegen *vnw bw* **1** *(vragend)* wogegen?; **2** *(betrekkelijk)* gegen⁺⁴ *(+ betr vnw)*, wogegen

waartoe *vnw bw* **1** *(vragend)* wozu?; **2** *(betrekkelijk)* zu⁺³ *(+ betr vnw)*, wozu

waartussen *vnw bw* **1** *(vragend)* wozwischen?; **2** *(betrekkelijk)* zwischen⁺³,⁺⁴ *(+ betr vnw)*, wozwischen; *zie ook* waarachter

waaruit *vnw bw* **1** *(vragend)* woraus?; **2** *(betrekkelijk)* aus⁺³ *(+ betr vnw)*, woraus

waarvan *vnw bw* **1** *(vragend)* wovon?; **2** *(betrekkelijk)* von⁺³ *(+ betr vnw)*, wovon: *het boek ~ de titel me ontschoten is* das Buch, dessen Titel mir entfallen ist; *de gebeurtenis ~ je sprak* der Vorfall, von dem du sprachst

waarvoor *vnw bw* **1** *(vragend)* wofür?, wovor?, wozu?; **2** *(betrekkelijk) (voor welke zaak)* für⁺⁴ *(+ betr vnw)*, wofür; *(plaatselijk)* vor⁺³ *(+ betr vnw)*, wovor; *(tot welk doel)* zu⁺³ *(+ betr vnw)*, wozu

waarzeggen wahrsagen

waarzegger Wahrsager *m⁹*

waarzegster Wahrsagerin *v²²*

waas Hauch *m⁵*, Schleier *m⁹*

wacht 1 *(één persoon)* Wächter *m⁹*, Wache *v²¹*; *(mil)* Wachposten *m¹¹*; **2** *(de gezamenlijke wachters)* Wache *v²¹*: *op ~ staan* Wache stehen²⁷⁹; **3** *(wachtgebouw)* Wache *v²¹*, Wachstube *v²¹*; **4** *(theat)* Stichwort *o²⁹*, Merkwort *o³²* || *(fig) in de ~ slepen* einheimsen; *iem de ~ aanzeggen* jmdn eindringlich verwarnen; *(Belg) van ~ zijn (ve dokter, apotheker)* Nacht- oder Wochenenddienst haben¹⁸²

wachten I *intr* warten: *dat kan ~* damit hat es Zeit; *ze laten op zich ~* sie lassen auf⁺⁴ sich warten; *de betaling laat op zich ~* die Zahlung steht noch aus; *op iem, op iets ~* auf jmdn, auf⁺⁴ etwas warten; *op een goede gelegenheid ~* eine gute Gelegenheit abwarten; *na een uur ~* nachdem ich *(enz)* eine Stunde gewartet hatte; *mij wacht een zware taak!* eine schwere Aufgabe steht mir bevor!; *hij weet, wat hem te ~ staat* er weiß, was ihm bevorsteht; **II** *zich ~* sich hüten (vor⁺³), sich in Acht nehmen²¹² (vor⁺³): *wacht u voor zakkenrollers!* vor Taschendieben wird gewarnt!

wachtgeld Wartegeld *o³¹*: *op ~ stellen* in den Wartestand versetzen

wachtkamer Wartezimmer *o³³*, Warteraum *m⁶*; *(spoorw)* Wartesaal *m (2e nvl -(e)s; mv -säle)*

wachtlijst Warteliste *v²¹*

wachtmeester *(van politie)* Wachtmeister *m⁹*

wachtpost Wache *v²¹*, Wachposten *m¹¹*

wachttijd Wartezeit *v²⁰*; *(bij verzekering e.d. ook)* Karenzfrist *v²⁰*

wachtwoord 1 *(mil)* Parole *v²¹*, Losung *v²⁰*, Kennwort *o³²*; **2** *(leus)* Parole *v²¹*; **3** *(theat)* Stichwort *o²⁹*,

Merkwort *o*³²; **4** *(comp)* Passwort *o*³²
Wadden Watten *mv o*³⁷
Waddeneiland Watteninsel *v*²¹
Waddenzee Wattenmeer *o*²⁹
waden waten
wafel 1 *(gebak)* Waffel *v*²¹; **2** *(mond)* Klappe *v*²¹
wafelijzer Waffeleisen *o*³⁵
¹wagen *zn* **1** *(voertuig)* Wagen *m*¹¹; **2** *(sterrenk)* Wagen *m*¹¹; **3** *(van schrijfmachine)* Wagen *m*¹¹
²wagen *ww* wagen, sich getrauen: *ik zal me er niet aan ~* ich lasse die Finger davon; *ik durf het niet te ~* ich wage es nicht; *het erop ~* es darauf ankommen lassen¹⁹⁷
wagenbestuurder *(van tram)* Wagenführer *m*⁹
wagenlading Wagenladung *v*²⁰, Fuhre *v*²¹
wagenpark Wagenpark *m*¹³, Fuhrpark *m*¹³
wagenwijd sperrweit, sperrangelweit
wagenziek reisekrank
waggelen wackeln, wanken; *(dronken)* torkeln; *(mbt eenden e.d.)* watscheln
wagon Waggon *m*¹³, Wagon *m*¹³, Eisenbahnwagen *m*¹¹, Wagen *m*¹¹
wak *zn (open plaats in ijs)* Wake *v*²¹
waken wachen: *bij iem ~* bei jmdm wachen; *over iem ~* über jmdn wachen; *ervoor ~ dat ...* dafür Sorge tragen²⁸⁸, dass ...
wakend wach, wachsam: *een ~ oog houden op iets* ein wachsames Auge haben¹⁸² auf⁺⁴
wakker 1 *(niet slapend) (ook fig)* wach: *iem ~ maken* jmdn wecken; *~ schudden (ook fig)* wachrütteln; *~ worden* aufwachen, *(fig)* erwachen; **2** *(monter)* munter; **3** *(flink)* tüchtig
wal 1 *(omwalling)* Wall *m*⁶, Ringwall *m*⁶; **2** *(waterkant)* Ufer *o*³³, Land *o*³⁹; *(aanlegplaats)* Kai *m*¹³: *aan ~ gaan* an Land gehen¹⁶⁸: *troepen aan ~ brengen* Truppen landen; *van ~ steken: a) (lett)* ablegen; *b) (fig)* loslegen; **3** *(onder de ogen)* Ring *m*⁵
walgelijk widerlich, ekelhaft, eklig
walgen sich ekeln (vor⁺³): *ik walg mich (of: mir) ekelt; ik walg van hem* ich walg ervan! es ekelt mich an!; *ik walg van hem* ich ek(e)le mich vor ihm
walging Ekel *m*¹⁹, Abscheu *m*¹⁹
walkant Ufer *o*³³, Uferseite *v*²¹
walkie-talkie Walkie-Talkie *o*³⁶ *(ze nvl ook -)*
walkman Walkman *m*¹³ *(mv ook Walkmen)*
walletje: *van twee ~s eten* es mit beiden Seiten halten¹⁸³
Wallonië Wallonien *o*³⁹
walm Qualm *m*¹⁹
walmen qualmen
walnoot *(vrucht, boom)* Walnuss *v*²⁵
walrus Walross *o*²⁹
wals 1 *(dans)* Walzer *m*⁹; **2** *(rol)* Walze *v*²¹
walsen walzen, *(dansen, meestal)* einen Walzer tanzen
walserij Walzwerk *o*²⁹
walvis Wal *m*⁵
walvisvangst Walfang *m*¹⁹
wanbedrijf *(Belg) (jur)* Verbrechen *o*³⁵

wanbeheer, wanbeleid Misswirtschaft *v*²⁰
wanbestuur Missmanagement *o*³⁹
wanbetaler säumiger Zahler *m*⁹, Nichtzahler *m*⁹
wanbetaling Nichtzahlung *v*²⁰
wand Wand *v*²⁵: *houten ~* Holzwand
wandaad Untat *v*²⁰, Freveltat *v*²⁰
wandbekleding Wandverkleidung *v*²⁰
wandbetimmering Täfelung *v*²⁰
wandelaar Spaziergänger *m*⁹
wandelen spazieren³²⁰: *gaan ~* einen Spaziergang machen
wandeling Spaziergang *m*⁶, Bummel *m*⁹: *een ~ maken* einen Spaziergang machen || *in de ~ heet dat ...* gemeinhin heißt das ...
wandelkaart Wanderkarte *v*²¹
wandelpad Fußweg *m*⁵
wandelstok Spazierstock *m*⁶
wandeltocht Wanderung *v*²⁰
wandkaart Wandkarte *v*²¹
wandkast Wandschrank *m*⁶
wandlamp Wandleuchte *v*²¹
wandluis Wanze *v*²¹
wandmeubel Schrankwand *v*²⁵
wandschildering Wandmalerei *v*²⁰
wandtapijt Wandteppich *m*⁵
wandversiering Wandschmuck *m*⁵
wanen wähnen, meinen, glauben
wang Wange *v*²¹, Backe *v*²¹
wangedrag schlechte Führung *v*²⁰
wangedrocht Missgeburt *v*²⁰, Ungetüm *o*²⁹
wanhoop Verzweiflung *v*²⁰
wanhoopsdaad Verzweiflungstat *v*²⁰
wanhoopskreet Verzweiflungsschrei *m*⁵
wanhopen verzweifeln: *aan iets ~* an⁺³ etwas verzweifeln
wanhopig verzweifelt: *het is om ~ te worden* es ist zum Verzweifeln; *iem ~ maken* jmdn zur Verzweiflung bringen¹³⁹
wankel schwankend, wack(e)lig: *een ~e gezondheid* eine schwankende Gesundheit
wankelen 1 wanken, schwanken: *zijn overtuiging raakte aan het ~* seine Überzeugung kam ins Wanken; **2** *(weifelen)* schwanken
wankelmoedig wankelmütig
wanklank Missklang *m*⁶, Misston *m*⁶
wanneer I *bw* wann: *~ komt hij?* wann kommt er?; **II** *vw (als; telkens als; zolang als)* wenn
wanorde Unordnung *v*²⁸
wanordelijk unordentlich
wanordelijkheid Unordnung *v*²⁸: *wanordelijkheden (opstootjes)* Unruhen *mv v*²¹
wanprestatie Nichterfüllung *v*²⁰
wansmaak Geschmacklosigkeit *v*²⁸
wanstaltig missgestaltet, monströs
wanstaltigheid Monstrosität *v*²⁰
¹want *(handschoen)* Fausthandschuh *m*⁵
²want 1 *(scheepv)* Tauwerk *o*³⁹, Want *v*²⁰ *(meestal mv); 2 (netten)* Netze *mv o*²⁹
³want *vw* denn

wantoestand Missstand *m*[6]

wantrouwen I *ww* misstrauen[+3]; **II** *zn* Misstrauen *o*[39]

wantrouwend, wantrouwig misstrauisch

wanverhouding Missverhältnis *o*[29a]

wapen 1 *(strijdtuig)* *(ook fig)* Waffe *v*[21]: *hij moest onder de ~s komen* er wurde eingezogen (*of:* einberufen); *onder de ~s roepen* einziehen[318]; **2** *(legerafdeling)* Truppengattung *v*[20], Waffe *v*[21]; **3** *(teken, schild)* Wappen *o*[35]

wapenbeheersing Rüstungsbeschränkung *v*[20]

wapendepot Waffendepot *o*[36]

wapenen I *tr* bewaffnen; **II** *zich* ~ sich bewaffnen; *(fig)* sich wappnen; *zie ook* gewapend

wapenfeit 1 *(krijgsverrichting)* Kampfhandlung *v*[20]; **2** *(belangrijke daad)* Heldentat *v*[20]

wapengeweld Waffengewalt *v*[28]

wapenhandel Waffenhandel *m*[19]

wapenindustrie Rüstungsindustrie *v*[21]

wapenstilstand Waffenstillstand *m*[6]

wapenstok Schlagstock *m*[6]

wapensysteem Waffensystem *o*[29]

wapentuig Waffen *mv v*[21]

wapenvergunning Waffenschein *m*[5]

wapenwedloop Wettrüsten *o*[39]

wapperen flattern, wehen

war Verwirrung *v*[20]: *het is in de* ~ es ist in Unordnung; *hij is in de* ~: *a) (hij vergist zich)* er irrt sich; *b) (hij is van zijn stuk)* er ist durcheinander; *iem in de ~ brengen* jmdn verwirren; *in de ~ raken* in Verwirrung geraten[218], *(bij het spreken)* sich verheddern; *de zaak is hopeloos in de ~* die Karre ist total verfahren

warboel Durcheinander *o*[39], Wirrwarr *m*[19]

ware: *als het ~* gleichsam

warempel wahrhaftig, wirklich

waren *zn (goederen)* Waren *mv v*[21]

warenhuis 1 *(winkelbedrijf)* Warenhaus *o*[32], Kaufhaus *o*[32]; **2** *(broeikas)* Treibhaus *o*[32]

warenwet Lebensmittelgesetz *o*[29]

warhoofd Wirrkopf *m*[6]

warm warm[58]: *een ~e ontvangst* ein warmer Empfang; *een ~ voorstander van de theorie* ein warmer Verfechter der Theorie; *~e wijn* Glühwein *m*[5]: *ik heb het* ~ mir ist warm; *ik krijg het* ~ mir wird warm; *(fig) ik krijg het er* ~ *van* mir wird dabei ungemütlich; *iem ~ maken voor iets* jmdn für[+4] etwas begeistern; *(eten) ~ houden* warm halten[183]

warmbloedig warmblütig: *~ dier* Warmblüter *m*[9]

warmen wärmen

warmlopen warm laufen[198]: *~ voor iets* sich für[+4] etwas begeistern

warmpjes warm: *~ instoppen* warm einmummen; *er ~ bij zitten* warm in der Wolle sitzen[268]

warmte *(ook fig)* Wärme *v*[28]

warmtebron Wärmequelle *v*[21]

warmtefront Warmfront *v*[20]

warmtepomp Wärmepumpe *v*[21]

warmwaterkraan Warmwasserhahn *m*[6]

warmwaterverwarming Warmwasserheizung *v*[20]

warmwatervoorziening 1 Warmwasserversorgung *v*[28]; **2** *(apparaat)* Warmwasserbereiter *m*[9]

warnest, warnet Wirrwarr *m*[19], Gewirr(e) *o*[39]

warrelen wirbeln: *het warrelt me voor (de) ogen* mir dreht sich alles

warreling Wirbel *m*[9], Wirrwarr *m*[19]

warrig verwirrt

wars abgeneigt[+3], abhold[+3]

wartaal verworrenes Zeug *o*[39]

warwinkel Wirrwarr *m*[19]

¹was *(bijenwas)* Wachs *o*[39] *(soorten: mv -e): de vloer in de ~ zetten* den Boden wachsen; *ski's in de ~ zetten* Skier *(of:* Schier*)* wachsen; *goed in de slappe ~ zitten* Kies haben[182]

²was *(reiniging; wasgoed)* Wäsche *v*[28]: *fijne ~* feine Wäsche; *mijn goed is in de ~* meine Sachen sind in der Wäsche; *in de ~ doen* in die Wäsche geben[166]: *de ~ doen* die Wäsche waschen[304]: *goed blijven in de ~* waschecht sein[262]

wasautomaat Waschautomat *m*[14]

wasbak Waschbecken *o*[35]

wasbenzine Waschbenzin *o*[39]

wasbox Wäschetruhe *v*[21]

wasdom *(de groei)* Wachstum *o*[39]

wasdroger Wäschetrockner *m*[9]

wasecht waschecht

wasem Dampf *m*[6], Dunst *m*[6]

wasemen dampfen, dunsten

wasgoed Wäsche *v*[28]

washandje Waschhandschuh *m*[5]

wasknijper Wäscheklammer *v*[21]

waskrijt Wachs(mal)stift *m*[5]

waslap Waschlappen *m*[11]

waslijn Wäscheleine *v*[21]

waslijst Wäschezettel *m*[9]: *(fig) een ~ van klachten* eine ganze Litanei von Klagen

wasmachine Waschmaschine *v*[21]

wasmand Waschkorb *m*[6]

waspoeder Waschpulver *o*[33]

¹wassen *(groeien)* wachsen[302]; *(mbt het water)* steigen[281]: *de ~de maan* der zunehmende Mond; *het is ~de maan* der Mond nimmt zu

²wassen *(reinigen)* waschen[304]: *zijn handen ~* sich[3] die Hände waschen

³wassen I *ww (met was bestrijken)* wachsen, einwachsen; **II** *bn* wächsern: *~ beeld* Wachsfigur *v*[20]: *het is maar een ~ neus* es ist nur eine Formalität

wasserette Waschsalon *m*[13]

wasserij Wäscherei *v*[20]

wastafel: *vaste ~* Waschbecken *o*[35]

wasverzachter Weichspüler *m*[9]

wasvoorschrift Waschanleitung *v*[20]

wat I *vrag vnw*[86,87]; **1** *(zelfst, bijvoegl)* was, welch: *~ is er?* was ist?; *~ is er aan de hand?* was ist los?; *~ te doen?* was jetzt?; *~ voor een boek is dat?* was für ein Buch ist das?; *~ voor boeken leest u?* was für Bücher lesen Sie?; *~ zeg je?* wie bitte?; *~ zijn uw boeken?* welches sind Ihre Bücher?; **2** *(uitroepend vnw)* was, welch, wie: *en ~ dan nog!* und wenn schon!; *~ een pech!* welch ein Unglück!; *~ een onzin!* so ein Blödsinn!; *~ zie jij er uit!* wie du aussiehst!; *~ aardig!* wie nett!; **II** *betr vnw* was: *dat is alles ~ wij hebben* das ist alles, was wir haben; **III** *onbep vnw* etwas, was: *hij zegt ~* er sagt etwas; *dat is ~ anders* das ist etwas anderes; *~ hij ook zegt* was immer er sagt; **IV** *bw* was, etwas, ein wenig, sehr: *het gaat ~ beter* es geht etwas besser; *iet(s) of ~ later* etwas später; *hij was ~ blij* er war sehr froh; *hij is ~ trots* er ist ganz stolz; *heel ~ mooier* bedeutend schöner

water Wasser o^{33}, *(bij geprepareerde vloeistoffen zoals reukwater, mineraalwater)* Wasser o^{34}; *(zweet)* Schweiß m^{19}, Wasser o^{39}; *dicht ~* zugefror(e)nes Wasser; *hard ~* hartes Wasser; *hoog ~* Hochwasser; *laag ~* Niedrigwasser; *stilstaand ~* stehendes Wasser; *stromend ~* fließendes Wasser; *territoriale ~en* Hoheitsgewässer; *zoet ~* Süßwasser; *zout ~* Salzwasser; *de ~en van Frankrijk* die Gewässer von Frankreich; *het ~ komt je in de mond* das Wasser läuft einem im Mund zusammen; *op elkaar lijken als twee druppels ~* sich gleichen[176] wie ein Ei dem andern; *~ in de wijn doen (fig)* zurückstecken; *het land is onder ~ gelopen* das Land ist überschwemmt; *een schip te ~ laten* ein Schiff vom Stapel lassen[197]

waterafstotend Wasser abstoßend
waterafvoer Wasserabfluss m^6, Entwässerung v^{20}
waterbed Wasserbett o^{37}
waterbehoefte Wasserbedarf m^{19}
waterbouwkunde Wasserbau m^{19}
waterbouwkundig wasserbaulich: *~ ingenieur* Wasserbauingenieur m^5
waterbouwkundige Wasserbauingenieur m^5
watercloset Wasserklosett o^{36}, o^{29}
waterdamp Wasserdampf m^6
waterdicht wasserdicht; *(fig)* hieb- und stichfest
waterdruppel Wassertropfen m^{11}
wateren *(urineren)* urinieren[320], Wasser lassen[197]
waterfiets Tretboot o^{29}
watergladheid *(Belg)* Wasserglätte v^{28}, Aquaplaning o^{39}, o^{39a}
waterglas *(drinkglas en chem)* Wasserglas o^{32}
watergruwel rote Grütze v^{21}
waterhoen(tje) Teichhuhn o^{32}
waterhoofd *(ook fig)* Wasserkopf m^6
waterhoogte Wasserstand m^6: *de ~n (berichten)* die Wasserstandsmeldungen
waterhuishouding Wasserhaushalt m^5
waterig wässrig, wässerig
waterijs(je) Fruchteis o^{39}
waterjuffer Wasserjungfer v^{21}
waterkanon Wasserwerfer m^9
waterkans *(Belg)* sehr kleine Chance v^{21}
waterkant Ufer o^{33}
waterkering Wehr o^{29}
waterkers Brunnenkresse v^{21}
waterkoeling Wasserkühlung v^{20}
waterkoud feuchtkalt, nasskalt

waterkraan Wasserhahn m^6
waterkracht Wasserkraft v^{25}
waterlanders Tränen *mv* v^{21}
waterleiding Wasserleitung v^{20}
waterleidingbedrijf Wasserwerk o^{29}
waterlelie Seerose v^{21}, Wasserrose v^{21}
waterloop *(wetering)* Wasserlauf m^6
Waterman Wassermann m^8
watermeloen Wassermelone v^{21}
watermerk Wasserzeichen o^{35}
watermeter Wasserzähler m^9, Wasseruhr v^{20}
watermolen Wassermühle v^{21}
waterpas **I** *zn* Wasserwaage v^{21}; **II** *bn, bw* waagerecht, horizontal
waterpeil Wasserstand m^6, Pegelstand m^6
waterplant Wasserpflanze v^{21}
waterpokken Wasserpocken *mv* v^{21}
waterpolitie Wasserschutzpolizei v^{20}
waterpolo Wasserball m^{19}
waterpomp Wasserpumpe v^{21}
waterproof *bn* waterproof, wasserdicht
waterput Brunnen m^{11}
waterrad Wasserrad o^{32}
waterrat *(ook fig)* Wasserratte v^{21}
waterrijk wasserreich
waterschaarste Wassermangel m^{19}
waterschade Wasserschaden m^{12}
waterschap Wasserwirtschaftsverband m^6
waterscheiding Wasserscheide v^{21}
waterschildpad Wasserschildkröte v^{21}
waterschuw wasserscheu
waterski Wasserski m^7, Wasserschi m^7
waterskiën *ww* Wasserski *(of:* Wasserschi*)* fahren[153]
watersnood Überschwemmungskatastrophe v^{21}
waterspiegel Wasserspiegel m^9
watersport Wassersport m^{19}: *beoefenaar van de ~* Wassersportler m^9
waterstand Wasserstand m^6
waterstof Wasserstoff m^{19}
waterstraal Wasserstrahl m^{16}
watertanden: *hij watertandt ervan* er leckt sich[3] die Finger danach; *iem doen ~* jmdm den Mund wässerig machen; *het is om te ~!* dabei läuft jmdm das Wasser im Munde zusammen!
watertoren Wasserturm m^6
watertrappe(le)n **I** *ww* Wasser treten[291]; **II** *zn* Wassertreten o^{39}
waterval Wasserfall m^6
waterverbruik Wasserverbrauch m^{19}
waterverf Wasserfarbe v^{21}
waterverplaatsing Wasserverdrängung v^{28}
watervliegtuig Wasserflugzeug o^{29}, Flugboot o^{29}
watervogel Wasservogel m^{10}
watervoorziening Wasserversorgung v^{28}
waterweg Wasserstraße v^{21}, Wasserweg m^5
waterwingebied Wasserschutzgebiet o^{29}
waterzak Wasserschlauch m^6
waterzonnetje wässerige Sonne v^{28}

wa

waterzuivering Klärung v^{20}
waterzuiveringsinstallatie 1 *(van afval-, rioolwater)* Kläranlage v^{21}; **2** *(van drinkwater)* Filteranlage v^{21}
watje Watte v^{21}, Wattebausch m^5, m^6
watt Watt o^{35} *(afk W)*
watten Watte v^{21} *(ev): dot* ~ Wattebausch m^5, m^6: *(fig) iem in de* ~ *leggen* jmdn in Watte packen
wattenstaafje Wattestäbchen o^{35}
watteren (aus)wattieren^{320}
wauwelaar Schwätzer m^9
wauwelen schwatzen
waxinelichtje Teelicht o^{31}, o^{29}
wazig neblig, dunstig, diesig
wc *afk van watercloset* WC o^{36} *(2e nvl ook -; mv ook -),* Klosett o^{36}, o^{29}
wc-papier Toilettenpapier o^{29}
we wir^{82}
web *(ook fig)* Netz o^{29}; Spinnengewebe o^{33}
website Website v^{27}, Webseite v^{21}
wecken einmachen, einwecken
weckfles, weckglas Weckglas o^{32}
wedde Besoldung v^{20}, Gehalt o^{32}
wedden wetten: *om iets* ~ um^{+4} etwas wetten; *waarom gewed?* was gilt die Wette?
weddenschap Wette v^{21}: *een* ~ *aangaan (of: aannemen)* eine Wette eingehen^{168}
weddeschaal *(Belg)* Gehaltsstufe v^{21}
wederdienst Gegendienst m^5, Gegenleistung v^{20}
wederdoop Wiedertaufe v^{21}
wederdoper Wiedertäufer m^9
wedergeboorte Wiedergeburt v^{20}
wederhelft Ehehälfte v^{21}, bessere Hälfte v^{21}
wederhoor: *het recht van hoor en* ~ *toepassen* beide Parteien hören
wederkeer Wiederkehr v^{28}, Rückkehr v^{28}
wederkeren *zie* weerkeren
wederkerend *(taalk)* reflexiv, rückbezüglich: ~ *voornaamwoord* Reflexivpronomen o^{35} *(mv ook -pronomina),* rückbezügliches Fürwort o^{32}
wederkerig gegenseitig: ~ *voornaamwoord* reziprokes Fürwort o^{32}
wederkomst Wiederkehr v^{28}, Rückkehr v^{28}
wederom wiederum
wederopbloei Wiederaufblühen o^{39}
wederopbouw Wiederaufbau m^{19}
wederoprichting Wiederaufrichtung v^{20}
wederopstanding Auferstehung v^{20}
wederpartij Gegenpartei v^{20}
wederrechtelijk widerrechtlich, gesetzwidrig
wedervaren widerfahren^{153}
wedervraag Gegenfrage v^{21}, Rückfrage v^{21}
wederwaardigheid Widerwärtigkeit v^{20}, *(lotgevallen)* Erlebnisse *mv* o^{29a}
wederzijds beiderseitig, gegenseitig, wechselseitig
wedijver Wetteifer m^{19}
wedijveren wetteifern: *met iem* ~ mit jmdm wetteifern
wedkamp Wettkampf m^6

wedloop Wettlauf m^6
wedstrijd Wettkampf m^6; *(balsport)* Spiel o^{29}; *(autorace, wielrennen, skiën)* Rennen o^{35}; *(roeien, zeilen)* Regatta *v (mv Regatten): een* ~ *houden* einen Wettkampf austragen^{288}
weduwe Witwe v^{21}: *onbestorven* ~ Strohwitwe
***weduwenpensioen** (Wdl:* weduwepensioen) Witwenrente v^{21}; *(van ambtenaren)* Witwengeld o^{31}
weduwnaar Witwer m^9
wee I *zn* **1** *(smart, pijn)* Weh o^{29}; Schmerz m^{16}: *zijn wel en* ~ sein Wohl und Wehe; *in wel en* ~ in Freud und Leid; ~ *je gebeente!* wehe dir!; **2** *(bij baring)* Wehe v^{21} *(meestal mv);* **II** *bn* fade; übel: ~*ë smaak* fader Geschmack; *ik ben zo* ~! mir ist übel!; *ik word* ~*, als ik eraan denk!* mir wird übel, wenn ich daran denke!
weed Heu o^{39}, Grass o^{39}
weeffout Webfehler m^9
weefgetouw Webstuhl m^6
weefsel *(ook anat, fig)* Gewebe o^{33}
weefstoel Webstuhl m^6
weegbree Wegerich m^5
weegbrug Brückenwaage v^{21}
weegschaal Waage v^{21}
¹week *(tijdperk)* Woche v^{21}: *de goede week* die Karwoche; *komende* ~ nächste Woche; *verleden* ~ *(die)* vergangene Woche; *de volgende* ~ nächste Woche; *door de* ~ an Wochentagen; *tweemaal per* ~ zweimal wöchentlich
²week I *bn* weich, *(fig)* verweichlicht; **II:** *in de* ~ *zetten* einweichen
weekblad Wochenblatt o^{32}, Wochenzeitung v^{20}
weekdag Wochentag m^5
weekdier Weichtier o^{29}
weekeinde, weekend Wochenende o^{38}
weekendtas Reisetasche v^{21}
weekhartig weich(herzig)
weekkaart Wochenkarte v^{21}
weeklacht Wehklage v^{21}
weeklagen wehklagen, jammern
weekloon Wochenlohn m^6
weekmarkt Wochenmarkt m^6
weekoverzicht Wochenschau v^{20}
weelde 1 *(vooral in uiterlijk vertoon)* Luxus m^{19a}, Aufwand m^{19}, Pracht v^{28}: *in* ~ *leven* im Luxus leben; **2** *(overdadigheid)* Üppigkeit v^{28}: *een* ~ *van bloemen* eine Blumenpracht; **3** *(overvloedige hoeveelheid)* Überfülle v^{28}; **4** *(geluk(zaligheid))* Wonne v^{21}
weeldeartikel Luxusartikel m^9
weelderig 1 *(overdadig)* luxuriös, üppig, verschwenderisch, prunkvoll; **2** *(mbt plantengroei, lichaamsontwikkeling)* üppig: *een* ~ *figuur* eine üppige Figur
weemoed Wehmut v^{28}
weemoedig wehmütig, wehmutsvoll
Weens Wiener; *(het accent)* wienerisch
¹weer 1 *(toestand van de dampkring)* Wetter o^{39}: *tegen het* ~ *bestand* wetterfest; ~ *of geen* ~ bei jedem Wetter; *door* ~ *en wind* bei Wind und Wetter; **2**

(weersgesteldheid) Witterung *v*[20]

²weer *bw* wieder; *(terug)* zurück: *heen en ~ lopen* hin und her gehen[168]: *hij is er ~* er ist wieder da; *hoe heet hij ook ~?* wie heißt er doch gleich?; *telkens ~* immer wieder

³weer *(weerstand)* Wehr *v*[28], Widerstand *m*[6]: *zich te ~ stellen* sich wehren; *in de ~ zijn* beschäftigt sein[262]: *vroeg in de ~ zijn* früh auf den Beinen sein[262]

weerbaar wehrhaft; *(mil)* wehrfähig

weerballon Wetterballon *m*[13], *m*⁵

weerbarstig 1 *(koppig)* widerspenstig; **2** *(niet buigzaam)* unnachgiebig: *~ haar* widerspenstiges Haar

weerbericht 1 *(voorspelling)* Wettervorhersage *v*[21]; **2** *(overzicht)* Wetterbericht *m*⁵

weerga: *zonder ~* einzigartig, ohnegleichen

weergalm Widerhall *m*⁵, Echo *o*[36]

weergalmen widerhallen; *(weerklinken)* ertönen, erschallen

weergaloos unvergleichlich, beispiellos

weergave Wiedergabe *v*[21]

weergeven wiedergeben[166]

weerglans 1 *(lett)* Widerschein *m*[19], Abglanz *m*[19]; **2** *(fig)* Abglanz *m*[19]

weerhaak Widerhaken *m*[11]

weerhaan 1 *(lett)* Wetterfahne *v*[21], Wetterhahn *m*⁶; **2** *(fig)* wetterwendischer Mensch *m*[14]

weerhouden 1 abhalten[183], zurückhalten[183]: *iem van iets ~* jmdn von etwas abhalten; *dat zal me niet ~ de waarheid te zeggen!* das wird mich nicht (daran) hindern, die Wahrheit zu sagen!; **2** *(Belg)* aufrechterhalten[183]: *de beslissing is ~* die Entscheidung ist aufrechterhalten

weerkaart Wetterkarte *v*[21]

weerkaatsen I *tr (terugkaatsen)* reflektieren[320], widerspiegeln; *(van geluid)* widerhallen; **II** *intr (teruggekaatst worden)* reflektiert werden[310], sich widerspiegeln; *(mbt geluid)* widerhallen

weerkaatsing 1 Reflexion *v*[20]; **2** Widerhall *m*⁵; **3** Widerspiegelung *v*[20]; *zie ook* weerkaatsen

weerkeren wiederkehren, zurückkehren

weerklank Widerhall *m*⁵: *~ vinden (instemming, ook)* Anklang finden[157]

weerklinken (wider)hallen, ertönen, erschallen

weerkomen 1 *(nog eens)* wieder kommen[193]; **2** *(terug komen)* zurückkommen[193]

weerkunde Wetterkunde *v*[28]

weerkundig wetterkundlich

weerkundige Meteorologe *m*[15]

weerlegbaar widerlegbar, widerleglich

weerleggen widerlegen

weerlegging Widerlegung *v*[20]

weerlicht Wetterleuchten *o*[39]: *als de ~!* wie der Blitz!

weerlichten wetterleuchten

weerloos wehrlos

weerom wieder, zurück

weeromkomen wiederkommen[193], zurückkommen[193]

weeroverzicht Wetterbericht *m*⁵

weerplicht Wehrpflicht *v*[28]

weerprofeet Wetterprophet *m*[14]

weerschijn 1 *(het teruggekaatste licht)* Widerschein *m*⁵, Abglanz *m*[19]; **2** *(terugkaatsing van licht)* Schimmer *m*⁹

weerschijnen 1 *(algem)* widerscheinen[233]; **2** *(van diamanten, zijde)* schillern

weerschip Wetterschiff *o*[29]

weersgesteldheid Witterung *v*[20], *(weerstoestand)* Wetterlage *v*[21]

weerskanten: *van ~* von beiden Seiten, beiderseits; *aan ~ van de sloot* auf beiden Seiten des Grabens

weerslag Rückschlag *m*⁶, Rückwirkung *v*[20]

weerspannig widerspenstig

weerspiegelen I *tr* widerspiegeln; **II** *zich ~* sich widerspiegeln: *de maan weerspiegelt zich in het water* der Mond spiegelt sich im Wasser wider

weerspiegeling Widerspiegelung *v*[20]

weerstaan widerstehen[279+3]

weerstand *(ook nat)* Widerstand *m*⁶: *~ bieden* Widerstand leisten

weerstandskas Streikkasse *v*[21]

weerstandsvermogen Widerstandsfähigkeit *v*[28]

weerstation Wetterstation *v*[20]

weersverandering Wetterumschlag *m*⁶

weersvoorspelling Wettervorhersage *v*[21]

weerszijden *zie* weerskanten

weervinden wieder finden[157], zurückfinden[157]

weerwerk Respons *m*⁵, Reaktion *v*[20]

weerwil *in ~ van* ungeachtet[+2], trotz[+2]

weerwoord Entgegnung *v*[20], Erwiderung *v*[20]

weerzien I *ww* wieder sehen[261]; **II** *zn* Wiedersehen *o*[35]: *tot ~s!* auf Wiedersehen!

weerzin Widerwille *m*[18] *(geen mv)*: *met ~* mit Widerwillen, widerwillig

weerzinwekkend widerwärtig, widerlich

wees Waise *v*[21]: *halve ~* Halbwaise

weesgegroet(je) Ave-Maria *o*[36] *(2e nvl ook -; mv ook -)*

weeshuis Waisenhaus *o*[32]

weeskind Waisenkind *o*[31], Waise *v*[21]

weet Wissen *o*[39]: *nergens ~ van hebben* von[+3] nichts eine Ahnung haben[182]: *het is maar een ~!* man muss es nur wissen; *iets aan de ~ komen* etwas erfahren[153]

weetal Alleswisser *m*⁹

weetgierig wissbegierig

weetgierigheid Wissbegier(de) *v*[28]

weg I *zn* **1** *(algem)* Weg *m*⁵ [wek]: *het is een hele ~* es ist ein weiter Weg; *~ met iets weten* sich³ zu helfen wissen[314]: *iem in de ~ komen* jmdm in die Quere kommen[193]: *hij loopt in de ~* er läuft mir vor den Füßen; *iem niets in de ~ leggen (fig)* jmdm nichts in den Weg legen; *iem iets in de ~ leggen* jmdm Steine in den Weg legen; *langs deze ~* auf diesem Weg(e); *op ~ gaan* sich auf den Weg machen; *op ~ zijn naar ...* auf dem Weg sein[262] nach[+3] *(of: zu+³)* ...: *hij is (goed) op ~ om rijk te worden* er ist auf dem besten Weg, reich zu werden; *iem op ~ helpen (fig)* jmdm

we

auf die Sprünge helfen[188]: *op de ingeslagen ~ voortgaan (fig)* auf dieselbe Weise fortfahren[153]: *iem uit de ~ gaan (ook fig)* jmdm aus dem Wege gehen[168]: *iem uit de ~ ruimen* jmdn beseitigen; **2** *(grote weg)* Straße *v²¹*: *secundaire ~* Nebenstraße; **II** *bw* weg [wɛk], fort: *er zijn enige balen ~* einige Ballen fehlen; *~ daar!, wil je ~ wezen!* weg da!; *handen ~* Hände weg!; *~ met de tiran!* nieder mit dem Tyrannen!; *~ ermee!* fort damit!; *helemaal ~ van iem (of: van iets) zijn* ganz weg von jmdm *(of:* von*+³ etwas)* sein²⁶²: *veel van iem ~ hebben* jmdm ähnlich sehen²⁶¹: *het heeft er veel van ~, alsof ...* es sieht danach aus, als ob ...

wegaanduiding Wegmarkierung *v²⁰*
wegbereider Wegbereiter *m⁹*
wegberm Straßenböschung *v²⁰*
wegblazen wegblasen[133]
wegblijven wegbleiben[134]
wegbonjouren 1 *(afschepen)* abfertigen; **2** *(ontslaan)* (jmdm) den Laufpass geben[166]; **3** *(uit een gezelschap e.d.)* hinauskomplimentieren[320]
wegbranden wegbrennen[138]
wegbreken wegbrechen[137]
wegbrengen fortbringen[139], wegbringen[139]; *(van arrestant)* abführen: *iem ~ (naar het station e.d.)* jmdn begleiten, wegbringen
wegcijferen in Betracht ziehen[318]: *zichzelf ~* sich selbst außer Acht lassen
wegcode *(Belg)* Verkehrsvorschriften *mv v²⁰*
wegcontact Bodenhaftung *v²⁸*
wegdek Straßendecke *v²¹*: *slecht ~* Straßenschäden *mv m¹²*
wegdenken wegdenken[140]
wegdoen 1 *(opbergen)* wegtun²⁹⁵, weglegen, *(in de zak)* wegstecken; **2** *(van de hand doen)* wegtun²⁹⁵, *(van personeel)* entlassen[197]
wegdraaien *(van beeld, geluid)* ausblenden
wegdragen wegtragen²⁸⁸, forttragen²⁸⁸
wegdrijven wegtreiben²⁹⁰, forttreiben²⁹⁰
wegduiken sich ducken; *(in het water en fig)* untertauchen
wegduwen wegdrängen, fortdrängen, wegstoßen²⁸⁵
wegen I *tr* wiegen³¹²; *(fig)* wägen³⁰³; **II** *intr* wiegen³¹²
wegenaanleg Straßenbau *m¹⁹*
wegenbelasting Kraftfahrzeugsteuer *v²¹*
wegenbouw Straßenbau *m¹⁹*
wegenkaart Straßenkarte *v²¹*
wegennet Straßennetz *o²⁹*
wegens wegen*+²*: *~ het slechte weer* wegen des schlechten Wetters
Wegenverkeersreglement Straßenverkehrsordnung *v²⁰ (afk* StVO)
wegenwacht Straßenwacht *v²⁸*
weggaan weggehen[168], fortgehen[168]
weggebruiker Verkehrsteilnehmer *m⁹*
weggeefprijs Schleuderpreis *m⁵*
weggeven weggeben[166], verschenken: *een nummer ~* eine Nummer zum Besten geben

weggooien wegwerfen³¹¹: *dat is weggegooid geld* das ist rausgeschmissenes Geld
weggooifles Einwegflasche *v²¹*, Wegwerfflasche *v²¹*
weggraaien, weggrissen grapschen
weghalen wegholen
wegjagen wegjagen, fortjagen
wegkijken: *iem ~ (uit een kamer bijv.)* jmdn hinausekeln
wegkomen wegkommen[193]: *goed bij iets ~* gut davonkommen; *slecht bij iets ~* schlecht bei*+³* etwas wegkommen; *maak, dat je wegkomt!* pack dich!
wegkruipen wegkriechen[195], fortkriechen[195]; *(zich verstoppen)* sich verkriechen[195]
wegkruising Straßenkreuzung *v²⁰*
wegkwijnen (da)hinsiechen, *(mbt planten vooral)* verkümmern: *van verdriet ~* sich abhärmen
weglachen bagatellisieren³²⁰
weglaten weglassen[197], *(letters)* auslassen[197]
wegleggen weglegen: *ik zal het voor je ~!* ich will es dir aufheben!, *(geld; om te sparen)* zurücklegen; *het was voor hem weggelegd zijn land te redden* ihm war es vorbehalten, sein Land zu retten
wegleiden wegführen, fortführen
wegligging Straßenlage *v²¹*
weglopen weglaufen[198], fortlaufen[198], *(de benen nemen)* davonlaufen[198]: *van huis ~* von zu Hause ausreißen²²⁰: *dat loopt niet weg* das hat keine Eile; *met iem ~ (fig)* für jmdn schwärmen; *met iets ~ (fig)* für*+⁴* etwas schwärmen
wegmaken 1 *(van vlekken)* entfernen; **2** *(bewusteloos maken)* narkotisieren³²⁰, betäuben; **3** *(kwijtmaken)* verlegen, verlieren³⁰⁰
wegmoffelen heimlich verschwinden lassen[197]
wegnemen wegnehmen²¹²: *geld ~ (stelen)* Geld wegnehmen; *bezwaren ~* Beschwerden beseitigen; *de indruk willen ~ dat ...* nicht den Eindruck erwecken wollen³¹⁵, dass ...: *moeilijkheden ~* Schwierigkeiten beheben[186] *(of:* beseitigen) ‖ *dat neemt niet weg dat hij gelijk heeft!* aber trotzdem hat er Recht!
wegomlegging Umleitung *v²⁰*
wegpesten vergraulen
wegpinken wegwischen
wegpiraat Verkehrsrowdy *m¹³*
wegpoetsen wegputzen, wegwischen
wegpromoveren wegloben, fortloben
wegraken 1 *(zoekraken)* abhanden kommen[193]; **2** *(bewusteloos worden)* ohnmächtig werden³¹⁰
wegrennen wegrennen²²², fortrennen²²²
wegrestaurant Raststätte *v²¹*, Rasthof *m⁶*
wegrijden wegfahren[153], fortfahren[153], *(op rijdier)* wegreiten²²¹, fortreiten²²¹
wegroesten verrosten
wegrotten wegfaulen, abfaulen
wegruimen wegräumen, aufräumen; *(fig)* aus dem Wege räumen
wegrukken wegreißen²²⁰: *de dood heeft hem weggerukt* der Tod hat ihn dahingerafft
wegschoppen wegtreten²⁹¹, mit dem Fuß wegstoßen²⁸⁵

wegschuiven I tr (stoel, bord) wegschieben[237], beiseite schieben[237]; (gordijnen, grendel) zurückschieben[237]; **II** intr (opschikken) wegrücken

wegslaan wegschlagen[241], fortschlagen[241]

wegslepen wegschleppen, fortschleppen; (van auto) abschleppen

wegslikken hinunterschlucken

wegsluipen (sich) wegschleichen[242], fortschleichen[242]; davonschleichen[242]

wegspoelen I tr fortspülen, wegspülen, wegschwemmen; **II** intr weggeschwemmt, weggespült werden[310]

wegsterven 1 (wegkwijnen) (da)hinsterben[282], (afsterven) absterben[282]; **2** (mbt geluid) verhallen

wegstompen wegstoßen[285], fortstoßen[285]: de bal ~ den Ball (weg)fausten

wegstoppen verstecken, wegstecken

wegsturen wegschicken, fortschicken

wegtrekken wegziehen[318], fortziehen[318]

wegvagen wegfegen, (van indrukken) wegwischen

wegvak Straßenabschnitt m[5]

wegvallen 1 wegfallen[154], fortfallen[154]; **2** (verdwijnen) ausfallen[154]

wegverharding Straßenbefestigung v[20]

wegverkeer Straßenverkehr m[19]

wegversmalling Fahrbahnverengung v[20]

wegversperring Straßensperre v[21]

wegvliegen 1 wegfliegen[159], fortfliegen[159]; **2** (ontsnappen) entfliegen[159]; **3** (weglopen) davoneilen; **4** (goed verkocht worden) reißenden Absatz finden[157]

wegwaaien wegwehen, fortwehen

wegwedstrijd Straßenrennen o[35]

wegwerken wegarbeiten, wegschaffen: een achterstand ~ einen Rückstand aufarbeiten

wegwerker Straßenarbeiter m[9]

wegwerpartikel Wegwerfartikel m[9], Einwegartikel m[9]

wegwerpen wegwerfen[311], fortwerfen[311]

wegwijs: ~ zijn Bescheid wissen[314]: iem ~ maken (in iets) jmdn (in[+4] etwas) einführen

wegwijzer 1 (bord) Wegweiser m[9]; **2** (gids, handleiding) Führer m[9]

wegzenden wegschicken, fortschicken

wegzetten 1 wegsetzen, wegstellen; **2** (kleinerend behandelen) herabsetzen

wegzinken versinken[266]

¹wei (van melk) Molke v[28]

²wei zie weide

weide (voor het vee) Weide v[21]; (om hooi te winnen) Wiese v[21]

weiden I tr (laten grazen) weiden lassen[197]; **II** intr (grazen) weiden, grasen

weids pompös, prunkvoll, stattlich

weifelaar wankelmütiger Mensch m[14]

weifelachtig unschlüssig, unentschlossen

weifelen schwanken, unschlüssig sein[262]

weigerachtig 1 (persoon) ablehnend; **2** (antwoord) abschlägig

weigeren I tr **1** (met lijdend voorwerp, bijwoordelijke bepaling) verweigern; (met volgende al of niet uitgedrukte onbep w) sich weigern: iem de toegang ~ jmdm den Eintritt verweigern; dienst ~ den Wehrdienst verweigern; ze ~ te gehoorzamen sie weigern sich zu gehorchen; **2** (afwijzen) ablehnen, abschlagen[241], ausschlagen[241]: een geschenk ~ ein Geschenk ablehnen; **II** intr (niet functioneren) versagen: het geweer weigert das Gewehr versagt

weigering Weigerung v[20], Verweigerung v[20], Ablehnung v[20]; Versagung v[20]; zie ook weigeren

weiland Weide v[21], Weideland o[32]

weinig wenig[60], (onbeduidend, ook) gering: een ~ ein wenig; ~ mensen wenig(e) Leute; de ~ uren die wenigen Stunden; ~ of niets so gut wie nichts; in ~ tijd in kurzer Zeit; in ~ woorden mit wenig(en) Worten; van ~ betekenis von geringer Bedeutung

wekelijks wöchentlich

weken I intr weichen; **II** tr weichen, einweichen

wekenlang wochenlang

wekken 1 (wakker maken) (auf)wecken; **2** (veroorzaken) erregen, erwecken

wekker Wecker m[9]

wekkerradio Radiowecker m[9]

¹wel zn **1** (bron) Quelle v[21]; **2** (voor het gebruik in orde gemaakt) Brunnen m[11]

²wel I bw **1** (goed, gezond) wohl[65]: ~ bekome het u! wohl bekomm's!; ~ thuis! kommen Sie gut nach Hause!; dank u ~! danke schön!; je moet echter ~ bedenken … du musst allerdings bedenken, …; hij is niet ~ er fühlt sich nicht wohl; we zijn allen ~ wir sind alle wohlauf; **2** (minstens) gut, gut und gern: dat kost ~ 1000 gulden das kostet gut und gern 1000 Gulden; **3** (weliswaar) zwar, wohl: het is ~ verboden, maar iedereen doet het es ist zwar verboten, aber jeder macht es; **4** (waarschijnlijk) wohl, schon: je zult ~ moe zijn du wirst wohl müde sein; **5** (bij het tegenspreken van een ontkenning) doch, aber: vandaag niet, morgen ~ heute nicht, aber morgen; hij is ~ rijk, maar niet gezond er ist zwar reich, aber nicht gesund; **6** (uitdrukking van berusting, twijfel, enz.) wohl, schon: zie je nou ~! siehst du wohl!; dat kan ~ zijn, maar … das ist schon möglich, doch …; **7** (uitdrukking van geruststelling) schon: je zult het ~ redden du wirst es schon schaffen ‖ kom hier en ~ onmiddellijk! komm (hier)her, und zwar sofort!; ze kwam alleen, door de sneeuw nog ~ sie kam allein, und sogar durch den Schnee; eens per week en ~ op woensdag einmal in der Woche, nämlich am Mittwoch; ~ een bewijs dat … gewiss ein Beweis, dass …; zeg dat ~! genau!; alles goed en ~, maar … alles schön und gut, aber …; wat denk je ~! wo denkst du hin!; **II** tw: ~, ~! sieh mal einer an!; ~ nee! aber nein!; ~ zeker! gewiss!; ~, hoe gaat het? nun, wie geht's?; ~ allemachtig! du meine Güte!; **III** zn (welzijn) Wohl o[39]: het ~ en wee das Wohl und Wehe

welaan tw nun denn!, also los!

welbehagen 1 (goedvinden) Gutdünken o[39]: naar ~ nach Gutdünken; **2** (welgevallen) Wohlbehagen o[39], Wohlgefallen o[39]: gevoel van ~ Wohlgefühl o[39]

welbekend wohl bekannt
welbeschouwd genau betrachtet
welbespraakt beredt, redegewandt
welbespraaktheid Beredsamkeit v^{28}
welbesteed gut benutzt
welbevinden Wohlbefinden o^{39}
welbewust ganz bewusst, wissentlich
weldaad Wohltat v^{20}
weldadig wohltuend, angenehm
weldadigheid 1 *(liefdadigheid)* Wohltätigkeit v^{28}; **2** *(het weldoen)* Wohltat v^{20}
weldadigheidsinstelling Wohltätigkeitsverein m^5
weldenkend redlich, rechtschaffen
weldoen wohl tun[295]
weldoener Wohltäter m^9
weldoordacht wohlerwogen, wohl überlegt
weldra (als)bald
weleer ehemals, einst
welgeaard richtig: *een ~e Hollander* ein richtiger Holländer
welgedaan wohlgenährt, beleibt
welgelegen in schöner Lage, schön gelegen
welgemanierd wohlanständig, manierlich: *een ~ kind* ein wohlerzogenes Kind
welgemeend wohl gemeint
welgemoed wohlgemut
welgeschapen wohlgestaltet, wohlgeformt
welgesteld wohlhabend, gut situiert
welgeteld genau: *~ tien keer* genau zehn Mal
welgevallen I *zn 1 (welbehagen)* Wohlgefallen o^{39}: *met ~* mit[+3] Wohlgefallen; **2** *(goeddunken)* Gutdünken o^{39}, Belieben o^{39}: *naar ~* nach[+3] Belieben, nach[+3] Gutdünken; **II** *ww: zich veel laten ~* sich[3] viel(es) gefallen lassen[197]
welgevallig angenehm
welgezind wohlgesinnt
welhaast fast, beinahe
welig üppig: *~e plantengroei* üppiger Pflanzenwuchs
welingelicht, welingelicht wohl unterrichtet, gut informiert: *van ~e zijde vernemen* aus zuverlässiger Quelle vernehmen[212]
weliswaar zwar, freilich, allerdings
welk *vrag vnw*[87]; welch, welche, welches: *~e man?* welcher Mann?; **II** *betr vnw*[78,79]; der, die, das, die; **III** *onbep vnw*[78]; welch
welkom I *bn* willkommen: *~e gast* willkommener Gast; *iem ~ heten* jmdn willkommen heißen[187]; **II** *tw* willkommen!; **III** *zn* Willkommen o^{39}
welkomstgroet Willkommensgruß m^6
welkomstwoord Begrüßungswort o^{29}
wellen 1 *(verhitten)* heiß werden lassen[197]; **2** *(laten weken)* quellen
welles *tw* doch!
welletjes genug: *het is zo ~!* jetzt reicht's!
wellicht vielleicht, möglicherweise
welluidend *(algem)* wohlklingend, *(mbt het gesproken vooral)* wohllautend
welluidendheid Wohlklang m^{19}, Wohllaut m^{19}

wellust 1 *(zielsgenot)* Wonne v^{21}, Hochgenuss m^6; **2** *(verrukking)* Entzücken o^{39}; **3** *(zingenot)* Wollust v^{25}
wellusteling Wollüstling m^5
wellustig wollüstig
welmenend wohlmeinend
welnemen Erlaubnis v^{24}: *met uw ~* mit Ihrer Erlaubnis
welnu *tw* nun denn!
weloverwogen wohl überlegt, wohlerwogen
welp *(jong dier) (van hond, vos)* Welpe m^{15}; *(van leeuw, beer e.a.)* Junge(s) o^{40c}
welslagen Gelingen o^{39}, Erfolg m^5
welsprekend 1 beredt, redegewandt; **2** *(overtuigend)* überzeugend
welsprekendheid Beredsamkeit v^{28}
welstand 1 Wohlstand m^{19}; **2** *(gezondheid)* Wohlbefinden o^{39}
welste: *van je ~* ungeheuer, furchtbar, riesig; *een lawaai van je ~* ein Heidenlärm
welvaart Wohlstand m^{19}
welvaartsmaatschappij Wohlstandsgesellschaft v^{28}
welvaartsstaat Wohlfahrtsstaat m^{16}
welvaren 1 *(voorspoed)* Wohlstand m^{19}; **2** *(gezondheid)* Wohlbefinden o^{39}: *hij ziet eruit als Hollands ~* er strotzt vor[+3] Gesundheit
welvarend 1 *(mbt bezit)* wohlhabend, vermögend; **2** *(bloeiend)* blühend; **3** *(gezond)* gesund
welven, zich sich wölben
welverdiend wohlverdient
welving 1 *(het welven)* Wölbung v^{20}; **2** *(gewelf)* Gewölbe o^{33}; **3** *(ronding)* Rundung v^{20}
welvoorzien wohl versehen
welwillend wohlwollend
welwillendheid Wohlwollen o^{39}
welzijn 1 *(welvaren)* Wohl o^{39}: *het algemene ~* das allgemeine Wohl, das Gemeinwohl; **2** *(gezondheid)* Wohl(befinden) o^{39}
welzijnswerk, welzijnszorg Sozialarbeit v^{28}
wemelen wimmeln
wendbaar wendig
wenden I *tr (keren)* wenden[308]: *hoe je het ook wendt of keert* wie man die Sache auch dreht und wendet; **II** *zich ~* sich wenden[308]: *zich schriftelijk tot iem ~* sich schriftlich an jmdn wenden; *hij wendde zich tot zijn tafeldame* er wandte sich zu seiner Tischnachbarin
wending Wendung v^{20}
wenen weinen
Wenen Wien o^{39}
Wener I *zn* Wiener m^9; **II** *bn* Wiener
wenk Wink m^5: *een niet mis te verstane ~* ein Wink mit dem Zaunpfahl; *iem op zijn ~en gehoorzamen* jmdm aufs Wort gehorchen
wenkbrauw Augenbraue v^{21}, Braue v^{21}: *de ~en fronsen* die Augenbrauen zusammenziehen[318]
wenken winken[+3]: *de ober ~* dem Ober winken
wennen I *tr* gewöhnen *(haben)*: *iem aan orde ~*

jmdn an Ordnung gewöhnen; **II** *intr* sich gewöhnen: *men went aan alles* man gewöhnt sich an alles
wens Wunsch *m*⁶: *naar ~ nach*⁺³ Wunsch
wensdroom Wunschtraum *m*⁶
wenselijk wünschenswert, erwünscht
wenselijkheid: *ik zie de ~ van die maatregel niet in* ich sehe nicht ein, dass diese Maßregel wünschenswert (*of:* erwünscht) wäre
wensen 1 *(toewensen)* wünschen: *iem alle goeds ~* jmdm alles Gute wünschen; **2** *(verlangen)* (sich³) wünschen: *alle gewenste inlichtingen* jede erwünschte Auskunft; *veel te ~ overlaten* viel zu wünschen übrig lassen; *het is te ~ dat …* es wäre wünschenswert, dass …
wenskaart Glückwunschkarte *v*²¹
wentelen I *tr* wälzen, drehen; **II** *intr* sich drehen: *zich ~* sich wälzen
wenteling 1 Umdrehung *v*²⁰, Drehung *v*²⁰; **2** *(het wentelen)* Wälzen *o*³⁹, Drehen *o*³⁹
wenteltrap Wendeltreppe *v*²¹, Spindeltreppe *v*²¹
wereld Welt *v*²⁰: *de derde ~* die Dritte Welt; *de ~ om ons heen* die Umwelt; *de hele ~ weet het* die ganze Welt (*of:* alle Welt) weiß es; *weten wat er in de ~ te koop is* Bescheid wissen³¹⁴; *iem naar de andere ~ helpen* jmdn ins Jenseits befördern; *ter ~ komen* auf die (*of:* zur) Welt kommen¹⁹³; *wat ter ~ heeft hem daartoe bewogen?* was in aller Welt hat ihn dazu bewogen?; *voor niets ter ~* um nichts in der Welt; *een zaak uit de ~ helpen* eine Sache aus der Welt schaffen²³⁰; *die zaak is uit de ~* diese Sache ist erledigt; *een man, een vrouw van de ~* ein Weltmann, eine Weltdame
Wereldbank Weltbank *v*²⁸
wereldberoemd weltberühmt
wereldbeschouwing Weltanschauung *v*²⁰
wereldbol Erdkugel *v*²¹
wereldburger 1 *(mens)* Erdenbürger *m*⁹; **2** *(kosmopoliet)* Weltbürger *m*⁹
werelddeel Erdteil *m*⁵
wereldgebeuren Weltgeschehen *o*³⁹
wereldgebeurtenis Weltereignis *o*²⁹ᵃ
wereldgeschiedenis Weltgeschichte *v*²⁸
wereldhandel Welthandel *m*¹⁹
wereldhaven Welthafen *m*¹²
wereldheerschappij Weltherrschaft *v*²⁸
wereldhervormer Weltverbesserer *m*⁹
wereldkaart Weltkarte *v*²¹, Erdkarte *v*²¹
wereldkampioen Weltmeister *m*⁹: *~ boksen* Boxweltmeister
wereldkampioenschap Weltmeisterschaft *v*²⁰
wereldklasse Weltklasse *v*²⁸
wereldkundig weltkundig: *~ maken* bekannt machen; *~ worden* weltkundig werden³¹⁰
wereldlijk weltlich: *~ gezag* weltliche Gewalt
wereldliteratuur Weltliteratur *v*²⁸
wereldmacht Weltmacht *v*²⁵
wereldmarkt Weltmarkt *m*¹⁹
wereldnaam Weltruf *m*¹⁹
wereldomvattend weltweit, *(over de hele wereld reikend)* weltumspannend
wereldoorlog Weltkrieg *m*⁵
wereldrecord Weltrekord *m*⁵
wereldrecordhouder Weltrekordler *m*⁹
wereldreis Weltreise *v*²¹
wereldreiziger Weltreisende(r) *m*⁴⁰ᵃ, *v*⁴⁰ᵇ
werelds weltlich: *~e goederen (ook)* Erdengüter, irdische Güter
wereldschokkend welterschütternd
wereldstad Weltstadt *v*²⁵
wereldtentoonstelling Weltausstellung *v*²⁰
wereldtitel Weltmeistertitel *m*⁹
wereldvermaard weltberühmt, weltbekannt
wereldvreemd weltfremd
wereldwijd weltweit
wereldwinkel Dritte-Welt-Laden *m*¹²
wereldwonder Weltwunder *o*³³
wereldzee Weltmeer *o*²⁹, Ozean *m*⁵
weren I *tr* abwehren, fern halten¹⁸³, verhüten: *iem ~* jmdn nicht zulassen¹⁹⁷: *onheil ~* Unheil verhüten; **II** *zich ~ 1** *(zich verdedigen)* sich wehren; **2** *(zijn best doen)* sich anstrengen
werf 1 *(scheepv)* Werft *v*²⁰; **2** *(grond om huis)* Hof *m*⁶; **3** *(Belg)* Baustelle *v*²¹: *verboden op de ~ te komen* Betreten der Baustelle verboten
werk 1 *(het werken)* Arbeit *v*²⁸: *ik doe alleen mijn ~* ich tue nur meinen Job; *aan het ~ gaan* an die Arbeit gehen¹⁶⁸; **2** *(baan)* Arbeit *v*²⁸, Beschäftigung *v*²⁰: *aangenomen ~* Akkordarbeit; *vast ~* Dauerbeschäftigung; *iem te ~ stellen* jmdn beschäftigen; **3** *(het resultaat)* Arbeit *v*²⁰, *(vooral voortbrengsel van de geest)* Werk *o*²⁹: *de ~en van Vondel* Vondels Werke; **4** *(daad)* Werk *o*²⁹, Tat *v*²⁰; **5** *(mechanisme)* Werk *o*²⁹ ‖ *publieke ~en* Stadtwerke; *~ in uitvoering!* Achtung Bauarbeiten!; *onpartijdig te ~ gaan* unparteiisch vorgehen¹⁶⁸; *rechtvaardig te ~ gaan* gerecht verfahren¹⁵³; *hij heeft lang ~* er braucht lange; *ik zal er dadelijk ~ van maken* ich werde sogleich dafür sorgen; *alles in het ~ stellen* alle Kräfte aufbieten¹³⁰; *er is veel ~ aan de winkel* wir haben alle Hände voll zu tun; *dat is geen ~!* das ist keine Art!
werkaanbieding *(Belg)* offene Stelle *v*²¹
werkbank Werkbank *v*²⁵
werkbij Arbeitsbiene *v*²¹
werkcollege Seminar *o*²⁹
werkdag 1 *(tegenstelling van zondag)* Wochentag *m*⁵, Werktag *m*⁵; **2** *(tegenstelling van werkloze dag)* Arbeitstag *m*⁵
werkelijk wirklich, tatsächlich: *~e dienst* aktiver Dienst; *een ~ gevaar* eine reelle Gefahr
werkelijkheid Wirklichkeit *v*²⁰
werkelijkheidszin Realitätssinn *m*¹⁹
werken 1 *(werk verrichten)* arbeiten, schaffen: *hard ~* schwer arbeiten, schuften; *zich omhoog ~* sich emporarbeiten; *ze gaat uit ~* sie ist Putzfrau; **2** *(uitwerking hebben, invloed uitoefenen)* wirken; **3** *(functioneren)* funktionieren, arbeiten ‖ *zijn eten naar binnen ~* das Essen (in sich) hineinschlin-

gen[246]: *iem de kamer uit* ~ jmdn hinausbefördern
werkend berufstätig: *~e vrouwen* berufstätige Frauen; *~e vulkaan* tätiger Vulkan
werker Arbeiter *m*[9]: *maatschappelijk* ~ Sozialarbeiter
werkezel Arbeitstier *o*[29]
werkgelegenheid Arbeitsplätze *mv m*[6]: *volledige* ~ Vollbeschäftigung; *peil van de* ~ Beschäftigungsgrad *m*[5]
werkgelegenheidspeil Beschäftigungsgrad *m*[5]
werkgever Arbeitgeber *m*[9]
werkgeversorganisatie Arbeitgeberverband *m*[6]
werkgroep Arbeitsgruppe *v*[21]
werking 1 *(uitwerking, invloed)* Wirkung *v*[20], Effekt *m*[5]: *deze wet treedt onmiddellijk in* ~ dieses Gesetz tritt mit sofortiger Wirkung in Kraft; **2** *(het werken)* Betrieb *m*[19], Tätigkeit *v*[28]: *buiten* ~ *stellen* außer Betrieb setzen, *(van maatregelen e.d.)* außer Kraft setzen; *in* ~ *zijn* in Betrieb sein[262]
werkje 1 *(werk)* Arbeit *v*[20]: *een vervelend* ~ ein langweiliges Stück Arbeit; **2** *(patroon)* Muster *o*[33]
werkkamer Arbeitszimmer *o*[33]
werkkapitaal Betriebskapital *o*[29] *(mv ook -ien)*
werkklimaat Arbeitsklima *o*[36]
werkkracht 1 *(persoon)* Arbeitskraft *v*[25]; **2** *(kracht om te werken)* Arbeitskraft *v*[28], Energie *v*[28]
werkkring 1 *(taak)* Arbeitsbereich *m*[5], Wirkungsbereich *m*[19]; **2** *(baan)* Stellung *v*[20]: *een aangename* ~ ein angenehmer Beruf
werklieden Arbeiter *mv m*[9], Arbeitsleute *(mv)*
werkloos 1 *(zonder werk)* arbeitslos, erwerbslos; **2** *(nietsdoend)* müßig, untätig
werkloosheid 1 *(het zonder werk zijn)* Arbeitslosigkeit *v*[28], Erwerbslosigkeit *v*[28]; **2** *(het nietsdoen)* Untätigkeit *v*[28]
werkloosheidsuitkering Arbeitslosengeld *o*[39]
werkloze Arbeitslose(r) *m*[40a], *v*[40b], Erwerbslose(r) *m*[40a], *v*[40b]
werklunch Arbeitsessen *o*[35]
werklust Arbeitslust *v*[28]
werkmaatschappij Tochtergesellschaft *v*[20]
werkman Arbeiter *m*[9]
werkmeester Werkmeister *m*[9]
werkmethode Arbeitsmethode *v*[21]
werknemer Arbeitnehmer *m*[9]
werkongeval Betriebsunfall *m*[6]
werkplaats Werkstatt *v (mv -stätten)*
werkplek Arbeitsplatz *m*[6]
werkput Baugrube *v*[21]
werkschuw arbeitsscheu
werkstaking Arbeitseinstellung *v*[20], Streik *m*[13], Ausstand *m*[6]
werkster 1 *(vrouwelijke werker)* Arbeiterin *v*[22]: *maatschappelijk* ~ Sozialarbeiterin; **2** *(schoonmaakster)* Putzfrau *v*[20]
werkstudent Werkstudent *m*[14]
werkstuk Arbeit *v*[20]
werktafel Arbeitstisch *m*[5]
werktekening Arbeitsvorlage *v*[21]

werkterrein Arbeitsfeld *o*[31], Arbeitsgebiet *o*[29]
werktijd Arbeitszeit *v*[20], *(bij ploegendienst)* Arbeitsschicht *v*[20]: *glijdende ~en* gleitende Arbeitszeit; *verkorting van de* ~ Arbeitszeitverkürzung *v*[20]
werktuig 1 *(gereedschap, toestel)* Werkzeug *o*[29], Gerät *o*[29]; **2** *(voor gymnastiek)* Gerät *o*[29]; **3** *(persoon)* Werkzeug *o*[29]
werktuigbouwkunde Maschinenbau *m*[19]
werktuigbouwkundige Maschinenbauer *m*[9]
werktuigkundig mechanisch: ~ *ingenieur* Maschinenbauingenieur *m*[5]
werktuiglijk mechanisch, automatisch
werkverdeling Arbeits(ver)teilung *v*[20]
werkvergunning Arbeitsgenehmigung *v*[20]
werkverschaffing Arbeitsbeschaffung *v*[28]
werkvloer Arbeitsplatz *m*[6]: *de mensen van de* ~ Personal *o*[39], Arbeiter *mv m*[9]
werkvolk Arbeitsleute *(mv)*, Arbeiter *mv m*[9]
werkvoorziening Arbeitsbeschaffung *v*[28]
werkvrouw *(Belg)* Putzfrau *v*[20]
werkweek Arbeitswoche *v*[21]
werkwijze Arbeitsmethode *v*[21], Arbeitsweise *v*[21]
werkwillige Arbeitswillige(r) *m*[40a], *v*[40b]
werkwoord Verb *o*[37], Zeitwort *o*[32]
werkzaam 1 *(werkend)* tätig, beschäftigt: *bij iem* ~ *zijn* bei jmdm beschäftigt sein[262]; **2** *(vlijtig)* fleißig; **3** *(uitwerking hebbend)* wirksam, effektiv: *een* ~ *middel* ein wirksames Mittel; *werkzame vulkaan* tätiger Vulkan
werkzaamheden Arbeit *v*[20]: *alle op kantoor voorkomende* ~ alle Büroarbeiten
werkzaamheid 1 *(het werkzaam zijn)* Tätigkeit *v*[20]; **2** *(vlijt)* Fleiß *m*[19]; **3** *(uitwerking)* Wirkung *v*[20]
werkzoekende Arbeit(s)suchende(r) *m*[40a], *v*[40b]
werpen werfen[311], *(bommen uit een vliegtuig)* abwerfen[311], *(met dobbelstenen, ook)* würfeln: *troepen in de strijd* ~ Truppen einsetzen; *alle verdenking van zich* ~ jeden Verdacht von[+3] sich werfen
wervel Wirbel *m*[9]
wervelen wirbeln
wervelkolom Wirbelsäule *v*[21]
wervelstorm Wirbelsturm *m*[6]
wervelwind Wirbelwind *m*[5]
werven 1 (an)werben[309]; **2** *(Belg) (aanstellen in een betrekking)* einstellen, anstellen
wesp Wespe *v*[21]
wespennest Wespennest *o*[31]
wespensteek Wespenstich *m*[5]
wespentaille Wespentaille *v*[21]
west I *zn* Westen *m*[19]; **II** *bw, bn* westlich: *de wind is* ~ der Wind kommt von West
West-Afrika Westafrika *o*[39]
West-Duitsland Westdeutschland *o*[39]
westelijk westlich: ~ *Afrika* westliches Afrika; ~ *van Utrecht* westlich von Utrecht; ~ *van de stad* westlich der Stadt
westen Westen *m*[19]: *buiten* ~ bewusstlos; *ten* ~ *van* westlich von[+3], westlich[+2]
westenwind Westwind *m*[5]

western Western *m (2e nvl -(s); mv -)*
westers westlich, abendländisch: *de ~e kerk* die abendländische Kirche
West-Europa Westeuropa *o[39]*
West-Europees westeuropäisch: *West-Europese tijd* westeuropäische Zeit *(afk WEZ)*
westkust Westküste *v[21]*
westwaarts westwärts
wet Gesetz *o[29]: ijzeren ~* ehernes Gesetz; *~ op … Gesetz über[+4] …; ~ van Ohm* ohmsches Gesetz; *kracht van ~ hebben* Gesetzeskraft haben[182]: *iem de ~ voorschrijven* jmdn bevormunden; *iets bij de ~ voorzien* etwas gesetzlich festlegen; *volgens de ~* nach dem Gesetz
Wetb., **wetboek** Gesetzbuch *o[32] (afk GB); Burgerlijk ~* Bürgerliches Gesetzbuch *(afk BGB); ~ van koophandel* Handelsgesetzbuch *(afk HGB); ~ van strafrecht* Strafgesetzbuch *(afk StGB)*
weten I *ww* wissen[314]: *hij weet niet beter* er weiß es nicht anders; *iem iets laten ~* jmdn etwas wissen lassen[197]: *iets te ~ komen* etwas erfahren[153], *(na zoeken)* etwas ausfindig machen, *(na vragen)* etwas erfragen; *niet dat ik weet!* nicht dass ich wüsste!; *ik weet er niets op* ich weiß keinen Rat; *het samen ~* (sich) einig sein[262]: *te ~* nämlich; *ik weet er niets van* ich habe keine Ahnung; *weet ik veel?* was weiß ich?; *niets van iem willen ~* von jmdm nichts wissen wollen[315]: *ik weet er alles van!* ich weiß Bescheid!; *hij wil het wel ~* er macht kein(en) Hehl daraus; *van geen ophouden ~* nicht lockerlassen[197]; **II** *zn* Wissen *o[39]: bij (of: naar) mijn ~* soviel ich weiß; *buiten mijn ~* ohne mein Wissen
wetenschap Wissenschaft *v[20]*
wetenschappelijk wissenschaftlich
wetenschapper Wissenschaftler *m[9]*
wetenswaardig wissenswert
wetenswaardigheid Wissenswerte(s) *o[40c]*
wetgevend gesetzgebend: *~e macht* gesetzgebende Gewalt *v[28]; ~e vergadering* gesetzgebende Versammlung *v[28]*
wetgever Gesetzgeber *m[9]*
wetgeving Gesetzgebung *v[20]*
wethouder Beigeordnete(r) *m[40a]*, *v[40b]; (in Bremen, Hamburg, Berlijn)* Senator *m[16]*
wetmatig gesetzmäßig
wetsartikel Paragraph *m[14]*, Paragraf *m[14]*, Artikel *m[9]*
wetsbepaling gesetzliche Bestimmung *v[20]*
wetsdokter *(Belg)* Gerichtsmediziner *m[9]*
wetsontwerp Gesetzentwurf *m[6]*, Gesetzesvorlage *v[21]*
wetsovertreding Gesetzesübertretung *v[20]: een ~ plegen* das Gesetz übertreten[291]
wetsvoorstel Gesetzesvorlage *v[21]*
wetswijziging Gesetzesänderung *v[20]*, *(binnen een wet)* Gesetzesnovelle *v[21]*
wettelijk gesetzlich: *~e aansprakelijkheid* Haftpflicht *v[20]; ~ erfdeel* Pflichtteil *m[5]*, *o[29]*
wetteloos gesetzlos

wetten wetzen, schärfen, schleifen[243]
wettig gesetzlich, gesetzmäßig, legitim: *~ betaalmiddel* gesetzliches Zahlungsmittel; *~ bewijs* rechtsgültiger Beweis; *~ deel* gesetzlicher Teil; *~ kind* eheliches Kind
wettigen 1 *(wettig maken)* legitimieren[320]; **2** *(rechtvaardigen)* rechtfertigen; *zie ook* gewettigd
weven weben[305]
wever Weber *m[9]*
weverij Weberei *v[20]*
wezel Wiesel *o[33]: hij is zo bang als een ~* er ist ein Angsthase
wezen I *ww* sein[262]: *bij wie moet u ~?* zu wem möchten Sie?; *hij mag er ~* er kann sich sehen lassen[197]: *we zijn ~ kijken* wir haben es uns angesehen; *ik ben ~ vragen* ich habe mich erkundigt; **II** *zn* **1** *(bestaan)* Dasein *o[39]*; **2** *(aard, natuur)* Wesen *o[35]: het ~ van de zaak* das Wesen *(of:* der Kern) der Sache; *in ~ heeft hij gelijk* im Grunde hat er Recht; **3** *(schepsel)* Wesen *o[35]*, Geschöpf *o[29]*, Individuum *o (2e nvl -s; mv Individuen)*; **4** *(voorkomen)* Aussehen *o[39]*, Miene *v[21]*
wezenlijk 1 wirklich, tatsächlich; **2** *(essentieel)* wesentlich
wezenloos 1 *(zonder gevoel, uitdrukking, verstand)* starr, leer, stumpf; **2** *(suf)* benommen, geistesabwesend; **3** *(onwezenlijk)* wesenlos; **4** *(verbijsterd)* entgeistert || *zich ~ lachen* sich totlachen
whirlpool Whirlpool *m[13]*
whisky Whisky *m[13]*
whisky-soda Whiskysoda *m (2e nvl -; mv -)*
wichelroede Wünschelrute *v[21]*
wichelroedeloper Wünschelrutengänger *m[9]*
wicht *(kind)* Knirps *m[5]*, Wicht *m[5]*, *(min)* Gör *o[37]*
wie I *vrag vnw* wer[85]: *~ is die dame?* wer ist diese Dame?; *~ zijn die lui?* wer sind diese Leute?; *~ lopen daar?* wer geht da?; *~ komen er al zo?* wer kommt denn alles?; **II** *betr vnw* wer; **III** *onbep vnw* wer (immer)
wiebelen 1 *(wiegelen)* wippen; **2** *(onvast staan)* wackeln
wieden jäten
wiedes: *dat is nogal ~!* das versteht sich!
wiedeweerga: *als de ~* blitzschnell
wieg Wiege *v[21]*, *(fig, ook)* Heimat *v[20]: van de ~ af* von der Wiege an
wiegelen sich wiegen
wiegelied Wiegenlied *o[31]*
wiegen I *tr* wiegen: *een kind ~* ein Kind wiegen; *iem met beloften in slaap ~* jmdn mit Versprechungen vertrösten; *zijn geweten in slaap ~* sein Gewissen einschläfern; **II** *intr* sich wiegen: *met de heupen ~* sich in den Hüften wiegen
wiek 1 *(vleugel)* Flügel *m[9]: hij is in zijn ~ geschoten* er ist beleidigt; **2** *(molenwiek)* Flügel *m[9]*
wiel *(rad)* Rad *o[32]: iem in de ~en rijden* jmdm in die Quere kommen[193]
wielbasis Radstand *m[6]*
wieldop Radkappe *v[21]*

wi

wielerbaan Radrennbahn v^{20}, Rennpiste v^{21}
wielersport Radsport m^{19}
wielerwedstrijd Radrennen o^{35}
wielklem Parkkralle v^{21}
wielophanging Radaufhängung v^{28}: *onafhankelij-ke* ~ Einzelradaufhängung
wielrenner Radrennfahrer m^9
wielrijden Rad fahren^{153}, *(pop)* radeln
wielrijder Radfahrer m^9, Radler m^9
wieltje Rädchen o^{35}: *de zaak loopt op* ~*s* es geht wie geschmiert
wier Seegras o^{32}, Tang m^5
wierook Weihrauch m^{19}
wiet Heu o^{39}, Grass o^{39}
wig Keil m^5
wij wir^{82}
wijd weit, *(ruim, ook)* geräumig: ~ *en zijd* weit und breit; *van* ~ *en zijd* von nah und fern
wijdbeens mit gespreizten Beinen
wijden 1 *(inzegenen)* weihen: *iem tot priester* ~ jmdn zum Priester weihen; **2** *(toewijden)* widmen, weihen: *veel zorg aan iets* ~ große Sorgfalt auf^{+4} etwas verwenden^{308}
wijdhoeklens Weitwinkelobjektiv o^{29}
wijding Weihe v^{21}
wijdlopig weitläufig, weitschweifig
wijdte Weite v^{21}
wijdvertakt weit verzweigt
wijf Weib o^{31}: *hij is een oud* ~ er ist ein Waschweib
wijfje 1 Frauchen o^{35}; **2** *(dier)* Weibchen o^{35}
wijk 1 *(vlucht)* Flucht v^{28}, Rückzug m^6: *de* ~ *nemen* die Flucht ergreifen^{181}; *de* ~ *nemen naar Amerika* nach Amerika (ent)fliehen^{160}; **2** *(stadswijk) (algem)* Viertel o^{33}, Stadtteil m^5, Ortsteil m^5; *(van politie-agent, kelner)* Revier o^{29}; *(van postbode)* Zustellbezirk m^5
wijkagent für ein Revier zuständiger Polizist m^{14}
wijken 1 *(toegeven)* nachgeben^{166}, weichen^{306}; **2** *(niet horizontaal, niet verticaal lopen)* abweichen^{306}: *de muur wijkt* die Mauer ist außer Lot || *voor niemand* ~ *voor niemand(em)* weichen^{306}
wijkgebouw Nachbarschaftshaus o^{32}; *(in grotere wijk)* Bürgerhaus o^{32}; *(prot)* Gemeindehaus o^{32}
wijkverpleegster, wijkzuster Gemeindeschwester v^{21}
wijlen *bn* verstorben, selig: ~ *de Heer A.* der verstorbene Herr A.; ~ *mijn oom* mein seliger Onkel
wijn Wein m^5: *warme* ~ Glühwein; *rode* ~ roter Wein, Rotwein; *witte* ~ weißer Wein, Weißwein; ~ *op flessen* Flaschenwein; ~ *op fust* Fasswein
wijnazijn Weinessig m^5
wijnberg Weinberg m^5
wijnbergslak Weinbergschnecke v^{21}
wijnboer, wijnbouwer Winzer m^9
wijndruif Weinbeere v^{21}, Weintraube v^{21}
wijnfles Weinflasche v^{21}
wijngaard Weinberg m^5, Weingarten m^{12}
wijngaardslak Weinbergschnecke v^{21}
wijnglas Weinglas o^{32}

wijnhandelaar Weinhändler m^9
wijnjaar Weinjahr o^{29}
wijnkaart Weinkarte v^{21}
wijnkelder Weinkeller m^9
wijnkoeler Weinkühler m^9
wijnoogst 1 Weinernte v^{21}; **2** *(pluk)* Weinlese v^{21}
wijnpers Weinpresse v^{21}, Kelter v^{21}
wijnrank Weinranke v^{21}
wijnstok Weinstock m^6, Weinrebe v^{21}
wijnstreek Weingegend v^{20}, Weinbaugebiet o^{29}
wijntje Wein m^5
wijnverbruik Weinkonsum m^{19}
wijnvlek Weinfleck m^5, *(op de huid)* Feuermal o^{29}
¹wijs, wijze zn **1** *(manier van doen)* Weise v^{21}; *(gewoonte, gebruik)* Art v^{20}: *wijze van betaling* Zahlungsweise; *wijze van doen* Handlungsweise, *(procédé)* Verfahren o^{35}: *de wijze waarop* die Art und Weise, wie; *bij wijze van proef* probeweise; *bij wijze van spreken* sozusagen; *bij wijze van uitzondering* ausnahmsweise; *op die wijze* auf diese (*of*: in dieser) Weise; *ieder op zijn wijze* jeder nach seiner Weise (*of*: auf seine Weise); **2** *(muz)* Melodie v^{21}, Weise v^{21}: *op de wijs van* nach der Melodie^{+2}; **3** *(taalk)* Modus *m* *(2e nvl -; mv Modi)* || *van de wijs raken*: a) *(lett)* aus der Melodie kommen^{193}; b) *(de kluts kwijtraken)* die Fassung verlieren^{300}: *van de wijs brengen* aus der Fassung bringen^{139}
²wijs *bn* **1** *(verstandig en bedachtzaam)* weise: *hij is niet goed* ~ er ist nicht recht bei Trost(e); *ben je (wel)* ~*?* was fällt dir ein?; *wees nu* ~ *en laat het erbij!* sei vernünftig und lass es gut sein!; **2** *(allesbehalve dom)* klug, gescheit: *ik kan er niet* ~ *uit worden!* ich kann nicht klug daraus werden!; *je wordt niet* ~ *uit hem* aus ihm wird man nicht klug; **3** *(bedachtzaam)* besonnen || *iem wat* ~ *maken* jmdm etwas weismachen; *zichzelf wat* ~ *maken* sich³ selbst etwas einreden
wijsbegeerte Philosophie v^{28}
wijselijk (wohl)weislich
wijsgeer Philosoph m^{14}
wijsgerig philosophisch
wijsheid Weisheit v^{28}, Klugheit v^{28}; *zie ook* ²wijs
wijsheidstand *(Belg) (verstandskies)* Weisheitszahn m^6
wijsje Melodie v^{21}, Weise v^{21}
wijsmaken weismachen, vormachen
wijsneus Naseweis m^5, Klugschwätzer m^9
wijsvinger Zeigefinger m^9
wijten zuschreiben^{252}: *dat heb je hem te* ~*!* das verdankst du ihm!; *dat is aan zijn traagheid te* ~ daran ist seine Trägheit schuld; *dat heeft hij aan zichzelf te* ~ das hat er sich³ selbst zuzuschreiben; *de vertraging is aan staking te* ~ die Verzögerung ist einem Streike zuzuschreiben
wijting Merlan m^5, Wittling m^5
wijwater Weihwasser o^{39}
¹wijze *(manier enz.)* zie ¹wijs
²wijze *(persoon)* Weise(r) m^{40a}, v^{40b}
wijzen I *tr* zeigen, weisen^{307}: *iem de deur* ~ jmdn vor

die Tür setzen; *een vonnis* ~ ein Urteil fällen; **II** *intr* (hin)weisen[307], zeigen: *met de vinger naar iem* ~ mit dem Finger auf jmdn zeigen; *alles wijst erop dat …* alles weist darauf hin, dass …; *hij verontschuldigde zich door erop te* ~, *dat …* er entschuldigte sich, indem er darauf hinwies, dass …; *iem op iets* ~ jmdn auf[+4] etwas aufmerksam machen

wijzer 1 *(van uurwerk)* Zeiger *m*[9]: *met de ~s van de klok mee* im Uhrzeigersinn; **2** *(wegwijzer)* Wegweiser *m*[9]

wijzerplaat Zifferblatt *o*[32]

wijzigen (ver)ändern; *(gedeeltelijk)* abändern; *(geheel of bijna geheel)* umändern

wijziging Änderung *v*[20], Veränderung *v*[20], Abänderung *v*[20]: *een ~ aanbrengen* eine Änderung vornehmen[212]: *een ~ ondergaan* abgeändert werden[310]; *zie ook* wijzigen

wikkelen 1 (ein)wickeln; **2** *(verwikkelen)* verwikkeln: *een land in een oorlog* ~ ein Land in einen Krieg verwickeln

wikkeling Wick(e)lung *v*[20]

wikken (er)wägen[303]: *na lang ~ en wegen* nach reiflicher Erwägung

wil Wille *m*[18]: *uiterste* ~ letzter Wille; *buiten mijn* ~ ohne meinen Willen; *met de beste* ~ *van de wereld* beim besten Willen; *tegen* ~ *en dank* mit Widerwillen; *iem ter* ~ *le zijn* jmdm zu Willen sein[262]: *uit vrije* ~ aus freien Stücken

wild I *bn* wild: *een ~e boel* ein wüstes Treiben; ~ *zwijn* Wildschwein *o*[29]; **II** *zn* **1** *(mbt dieren)* Wild *o*[39]; *(vlees van wild)* Wildbret *o*[39]: *grof* ~ Hochwild; *overstekend* ~ Wildwechsel *m*[5]; *klein* ~ Niederwild; **2** *(natuurstaat)* (freie) Natur *v*[28]: *in het* ~ *groeiende planten* wild wachsende Pflanzen; *in het ~e weg schieten* aufs Geratewohl schießen[238]

wilddief Wilddieb *m*[5], Wilderer *m*[9]

wilde Wilde(r) *m*[40a], *v*[40b]

wildebras Wildfang *m*[6]

wildeman Rohling *m*[5], Wilde(r) *m*[40a], Tollkopf *m*[6]

wildernis Wildnis *v*[24]

wildgroei Wildwuchs *m*[6]

wildpark Wildpark *m*[13], *soms m*[5]

wildschaar Geflügelschere *v*[21]

wildschade Wildschaden *m*[12]

wildstand Wildbestand *m*[6]

wildvreemd wildfremd, ganz fremd

wilg Weide *v*[21]

wilgenkatje Weidenkätzchen *o*[35]

willekeur 1 *(vrije verkiezing)* Belieben *o*[39]: *naar* ~ nach eigenem Ermessen; **2** *(grilligheid)* Willkür *v*[28]

willekeurig willkürlich: *op iedere ~e manier* auf jede beliebige Art

willekeurigheid Willkür *v*[28]

willen wollen[315]: *wil je meerijden?* willst *(of:* möchtest*)* du mitfahren?; *waar wilt u naar toe?* wo wollen Sie hin?; *dat wil er bij mij niet in!* ich kann das nicht glauben!; *wil ik dat doen?* soll ich das tun?; ~ *we gaan?* sollen *(of:* wollen*)* wir gehen?; *ik zou wel* ~ *weten, of …* ich möchte (gern) wissen, ob …; *dat*

zou ik wel ~*!* das möchte ich schon!; *dat wil zeggen* das heißt

willens 1 *(van plan)* willens: *ik ben* ~ ich bin willens, ich habe die Absicht; **2** *(met opzet)* vorsätzlich: ~ *en wetens* wissentlich

willig 1 *(gewillig, gehoorzaam)* willig; **2** *(handel)* freundlich: *~e markt* fester Markt

willoos willenlos

wils: *elk wat* ~ für einen jeden etwas nach seinem Geschmack

wilsbeschikking: *uiterste (of: laatste)* ~ letztwillige Verfügung

wilsbesluit Willenserklärung *v*[20]

wilskracht Willensstärke *v*[28], Willenskraft *v*[28]

wimpel Wimpel *m*[9]

wimper Wimper *v*[21]

wind Wind *m*[5]: *de* ~ *draait (ook fig)* der Wind dreht sich; *de* ~ *gaat liggen* der Wind legt sich; *de* ~ *steekt op* der Wind erhebt sich; *als de* ~*!* augenblicklich!; *een* ~ *laten* einen Wind fahren lassen[197], einen gehen lassen; ~ *mee hebben* günstigen Wind haben[182]; ~ *tegen hebben* Gegenwind haben[182]: *hij heeft er de* ~ *onder* bei ihm herrscht strenge Disziplin; *(fig) de* ~ *van voren krijgen* sein Fett abbekommen[193]: *een waarschuwing in de* ~ *slaan* eine Warnung in den Wind schlagen[241]: *het gaat hem voor de* ~ es geht ihm gut

windas Winde *v*[21]

windbuks Windbüchse *v*[21]

windei Windei *o*[31]: *dat zal hem geen ~eren leggen!* das wird sein Schaden nicht sein!

winden 1 *(wikkelen)* winden[313]; **2** *(ophijsen)* aufwinden[313] ‖ *men kan hem om de vinger* ~ man kann ihn um den (kleinen) Finger wickeln

windenergie Windenergie *v*[28]

winderig windig: ~ *weer* windiges Wetter

windhond Windhund *m*[5], Windspiel *o*[29]

windhoos Windhose *v*[21]

winding Windung *v*[20]

windjack Windjacke *v*[21]

windje 1 Windchen *o*[35], Lüftchen *o*[35]; **2** *(buikwind)* Wind *m*[5]; *zie ook* wind

windkracht Windstärke *v*[28]

windkrachtcentrale Windkraftwerk *o*[29]

windmolen Windmühle *v*[21]

windrichting Windrichtung *v*[20]

windroos Windrose *v*[21]

windscherm Windschutz *m*[19]

windsnelheid Windgeschwindigkeit *v*[20]

windsterkte Windstärke *v*[28]

windstil windstill

windstoot Windstoß *m*[6], *(hevig)* Bö *v*[20]

windstreek 1 *(op kompas)* Strich *m*[5]; **2** *(luchtstreek)* Himmelsgegend *v*[20]

windsurfen windsurfen

windsurfer Windsurfer *m*[9]

windsurfing Windsurfing *o*[39]

windtunnel Windkanal *m*[6]

windvaan Windfahne *v*[21], Wetterfahne *v*[21]

windvlaag Windstoß *m*⁶, Bö *v*²⁰
windwijzer Windfahne *v*²¹, Wetterfahne *v*²¹
wingerd Weinrebe *v*²¹, Weinstock *m*⁶
winkel Laden *m*¹², Geschäft *o*²⁹ ‖ *er is werk aan de ~* jetzt heißt es arbeiten; *er is veel werk aan de ~* wir (sie) haben alle Hände voll zu tun
winkelbediende Verkäufer *m*⁹
winkelcentrum Einkaufszentrum *o (2e nvl -s; mv -zentren)*, Geschäftszentrum
winkelchef Geschäftsführer *m*⁹
winkeldief Ladendieb *m*⁵
winkeldochter Ladenhüter *m*⁹
winkelen Einkäufe machen, einkaufen
winkelhaak 1 *(instrument)* Winkel *m*⁹, Winkelhaken *m*¹¹; **2** *(scheur)* Winkelriss *m*⁵
winkelier Ladenbesitzer *m*⁹
winkeljuffrouw Verkäuferin *v*²²
winkelketen Ladenkette *v*²¹
winkelpromenade Fußgängerzone *v*²¹
winkelsluiting Ladenschluss *m*¹⁹
winkelstraat Geschäftsstraße *v*²¹, Ladenstraße *v*²¹
winkelwagen Einkaufswagen *m*¹¹
winnaar 1 *(iem die wint)* Gewinner *m*⁹; **2** *(van prijs)* Preisträger *m*⁹; **3** *(overwinnaar)* Sieger *m*⁹
winnen 1 gewinnen¹⁷⁴: *de beker ~* den Pokal gewinnen; *de harten ~* die Herzen gewinnen; *het van iem ~* jmdm überlegen sein²⁶²: *wij hebben gewonnen* wir haben gesiegt; **2** *(inzamelen)* gewinnen¹⁷⁴, sammeln: *5 kilo ~* 5 Kilo zunehmen²¹²: *iem voor iets ~* jmdn für etwas gewinnen
winning Gewinnung *v*²⁸
winst Gewinn *m*⁵; *(voordeel, ook)* Nutzen *m*¹⁹; *(opbrengst, ook)* Ausbeute *v*²¹: *~ op* Gewinn an⁺³; *~ maken* Gewinn erzielen; *~ opleveren* Gewinn abwerfen³¹¹
winstaandeel Gewinnanteil *m*⁵
winstbejag Profitsucht *v*²⁸, Gewinnsucht *v*²⁸
winst-en-verliesrekening Gewinn-und-Verlust-Rechnung *v*²⁰
winstgevend Gewinn bringend, einträglich
winstmarge Verdienstspanne *v*²¹, Gewinnspanne *v*²¹
winstoogmerk Gewinnstreben *o*³⁵
winstuitkering Gewinnausschüttung *v*²⁰
winter Winter *m*⁹: *'s ~s* im Winter, winters; *in de ~* im Winter
winterdag Wintertag *m*⁵: *bij ~* an Wintertagen
winterjas Wintermantel *m*¹⁰
winterkleren Winterkleidung *v*²⁸
winterkoninkje Zaunkönig *m*⁵
winterlandschap Winterlandschaft *v*²⁰
winterslaap Winterschlaf *m*¹⁹
wintersport Wintersport *m*¹⁹
wintersportbeoefenaar Wintersportler *m*⁹
wintersportplaats Wintersportort *m*⁵
wintertijd Winterzeit *v*²⁸: *in de ~* zur Winterzeit
winterweer Winterwetter *o*³⁹
¹wip 1 *(sprong)* Katzensprung *m*⁶: *het is maar een ~!* es ist nur ein Katzensprung!; **2** *(coïtus)* Nummer

*v*²¹: *een ~je maken* eine Nummer machen ‖ *in een ~ was het klaar* im Handumdrehen war es fertig
²wip *(wipplank)* Wippe *v*²¹: *op de ~ staan (fig)* auf der Kippe stehen²⁷⁹
wipbrug Zugbrücke *v*²¹, Klappbrücke *v*²¹
wipneus Stülpnase *v*²¹, Stupsnase *v*²¹
wippen I *intr* **1** *(algem)* wippen: *hij wipt naar binnen* er huscht herein; *even naar de buurman ~* auf einen Sprung beim Nachbarn hineinschauen; **2** *(huppelen)* hüpfen; **3** *(inform)* *(seksuele gemeenschap hebben)* bumsen; **II** *tr* stürzen; rauswerfen³¹¹
wipplank Schaukelbrett *o*³¹, Wippe *v*²¹
wirwar: *een ~ van nauwe straatjes* ein Gewirr von engen Gassen; *een ~ van indrukken* ein Wirrwarr von Eindrücken
wis gewiss, sicher, bestimmt: *een ~se dood* ein sicherer Tod; *wel ~ en zeker* aber sicher
wiskunde Mathematik *v*²⁸
wiskundig mathematisch
wiskundige Mathematiker *m*⁹
wispelturig launisch: *een ~ mens* ein launenhafter Mensch; *~ weer* wechselhaftes Wetter
wissel 1 Wechsel *m*⁹: *getrokken ~* gezogener Wechsel; *(sp) een ~ inzetten* einen Auswechselspieler einsetzen; **2** *(aan rails)* Weiche *v*²¹ ‖ *een ~ op de toekomst trekken* auf die Zukunft hoffen
wisselbad Wechselbad *o*³²
wisselbeker Wanderpokal *m*⁵
wisselen wechseln: *blikken ~* Blicke wechseln; *van gedachten ~ over* Gedanken austauschen über⁺⁴; *geld ~* Geld wechseln; *van plaats ~* den Platz wechseln; *~ tegen* wechseln gegen⁺⁴; *ik kan niet ~ (heb geen wisselgeld)* ich kann nicht herausgeben¹⁶⁶
wisselgeld Wechselgeld *o*³⁹; *(klein geld, ook)* Kleingeld *o*³⁹
wisseling Wechsel *m*⁹: *~ van de jaargetijden* Wechsel der Jahreszeiten
wisselkantoor Wechselstube *v*²¹
wisselkoers Wechselkurs *m*⁵
wisselslag Lagen *mv v*²¹
wisselspeler Auswechselspieler *m*⁹, Ersatzspieler *m*⁹
wisselstroom Wechselstrom *m*⁶
wisselvallig unbeständig, wechselhaft: *~e resultaten* wechselhafte Resultate
wisselvalligheden *(van de fortuin, van het lot)* Wechselfälle *mv m*⁶
wisselvalligheid Unbeständigkeit *v*²⁸
wisselwachter Weichenwärter *m*⁹
wisselwerking Wechselwirkung *v*²⁰
wissen wischen; *(comp)* löschen
wisser Wischer *m*⁹
wissewasje Kleinigkeit *v*²⁰, Bagatelle *v*²¹
wit I *bn* weiß: *(fig) ~te boorden* Beamte(n) *mv m*⁴⁰ᵃ: *een ~te kerst* weiße Weihnachten; *~te pomp* freie Tankstelle; *de ~te vlag* die weiße Fahne; *de wereld van het ~te doek* die Welt der Leinwand; **II** *zn* *(kleur)* Weiß *o*³⁹, *o*³⁹ᵃ: *een heel ~* ein Weißbrot; *het ~ van een ei* das Weiße *o*⁴⁰ᶜ im Ei: *het ~ van het oog*

das Weiße o^{40c} im Auge

witgoed 1 *(textiel)* Weißwaren *mv* v^{21}; **2** *(elektrische huishoudartikelen)* Elektrogeräte *mv* o^{29}
witgoud Weißgold o^{39}
witkalk Tünche v^{21}, Weißkalk m^{19}
witkiel Gepäckträger m^9, Träger m^9
witlof Chicorée v^{28}, m^{19}, Schikoree v^{28}, m^{19}
witsel Tünche v^{21}
wittebrood Weißbrot o^{29}
wittebroodsweken Flitterwochen *mv* v^{21}
wittekool Weißkohl m^{19} *(mv Weißkohlköpfe)*
witten tünchen, weißen
wodka Wodka m^{13}
woede Wut v^{28}, Zorn m^{19}: *aanval van ~* Wutanfall m^6: *uitbarsting van ~* Wutausbruch m^6: *ingehouden ~* verhaltene Wut; *opgekropte ~* aufgestaute Wut
woeden wüten, rasen, toben
woedend wütend
woeker Wucher m^{19}
woekeraar Wucherer m^9, Halsabschneider m^9
woekeren wuchern
woekering Wucherung v^{20}
woekerplant Schmarotzerpflanze v^{21}
woekerrente Wucherzinsen *mv* m^{16}
woelen wühlen; *(in papieren e.d., ook)* herumkramen; *(in de slaap)* sich hin und her werfen[311]
woelig unruhig; *(mbt kleine kinderen e.d., ook)* zapp(e)lig
woelwater Zappelphilipp m^5, m^{13}
woensdag Mittwoch m^5
woensdagavond Mittwochabend m^5
woensdags mittwochs, Mittwoch…
woerd Enterich m^5, Erpel m^9
woest: *een ~ gebergte* ein raues Gebirge; *~e golven* tobende Wellen; *~e gronden* wüstes *(of:* unbebautes*)* Land o^{39}: *een ~ kind* ein wildes *(of:* ungezügeltes*)* Kind; *een ~ mens* ein wilder *(of:* ungestümer*)* Mensch; *een ~e streek* eine wüste Gegend; *iem ~ maken* jmdn wild machen; *het gaat daar ~ toe* es geht dort wüst zu
woesteling Rohling m^5, Wüterich m^5
woestenij Wüstenei v^{20}, Einöde v^{21}, Öde v^{21}
woestheid 1 *(landschap)* Wüstheit v^{20}, Öde v^{21}; **2** *(het woest zijn)* Wut v^{28}, Wildheit v^{28}
woestijn Wüste v^{21}
wol Wolle v^{21}: *onder de ~ gaan (of: kruipen)* unter die Decke kriechen[195]
wolf 1 Wolf m^6; **2** *(in de tanden)* Zahnfäule v^{28}
wolfraam Wolfram o^{39}
wolk Wolke v^{21}: *een ~ van een baby* ein Prachtkerl von einem Baby; *een ~ van stof* eine Staubwolke; *hij is in de ~en* er ist im sieb(en)ten Himmel
wolkbreuk Wolkenbruch m^6
wolkeloos wolkenlos
wolkenkrabber Wolkenkratzer m^9
wolkje Wölkchen o^{35}: *een ~ melk* ein Tropfen Milch; *er is geen ~ aan de lucht* es ist kein Wölkchen am Himmel

wollen wollen: *~ sjaal* wollener Schal, Wollschal m^{13}
wolvin Wölfin v^{22}
wond I *zn* Wunde v^{21} *(ook fig)*; **II** *bn* wund: *~e plek* wunde Stelle
wonder Wunder o^{33}: *een ~ van schoonheid* ein Wunder an Schönheit; *~en doen* Wunder tun[295]: *het is geen ~, dat …* es ist kein Wunder, dass …
wonderbaar wunderbar, wundervoll
wonderbaarlijk erstaunlich, wunderbar
wonderdoener Wundertäter m^9
wonderkind Wunderkind o^{31}
wonderlijk 1 *(als een wonder)* wunderbar; **2** *(zonderling)* wunderlich, sonderbar
wondermiddel Wundermittel o^{33}
wonderteken Mirakel o^{33}
wonderwel vortrefflich, besonders gut
wondkoorts Wundfieber o^{33}
wondroos Wundrose v^{21}
wonen wohnen: *we gaan in A ~* wir ziehen nach A; *in een nieuw huis gaan ~* eine neue Wohnung beziehen[318]: *in iems buurt komen ~* in[+4] jmds Nachbarschaft ziehen[318]: *op zichzelf ~* separat wohnen
woning Wohnung v^{20}: *gemeubileerde ~* möblierte Wohnung
woningblok Wohnblock m^{13}, m^6
woningbouw Wohnungsbau m^{19}
woningbouwvereniging Wohnungsbaugenossenschaft v^{20}, Baugenossenschaft
woningbureau Wohnungsamt o^{32}
woningnood Wohnungsnot v^{28}
woningruil Wohnungstausch m^{19}
woningwetwoning Sozialwohnung v^{20}
woonachtig wohnhaft, ansässig
woonblok Wohnblock m^{13}, m^6
woonhuis Wohnhaus o^{32}
woonkamer Wohnzimmer o^{33}, Wohnstube v^{21}
woonkeuken Wohnküche v^{21}
woonplaats Wohnort m^5, *(officieel)* Wohnsitz m^5
woonruimte Wohnraum m^6
woonst *(Belg)* **1** *(woning)* Wohnung v^{20}; **2** *(woonplaats)* Wohnsitz m^5
woonwagen Wohnwagen m^{11}
woon-werkverkeer Pendelverkehr m^{19}
woonwijk Wohnviertel o^{33}
woord *(op zich zelf staand)* Wort o^{32}, *(in zinsverband)* Wort o^{29}: *de ~en in een woordenboek* die Wörter in einem Wörterbuch; *dat waren zijn laatste ~en* das waren seine letzten Worte; *geen stom ~* kein Sterbenswörtchen; *een ~ van dank* ein Wort des Dankes; *een goed ~ voor iem doen* ein gutes Wort für jmdn einlegen; *geen goed ~ voor iets over hebben* etwas völlig ablehnen; *het hoge ~ is eruit* das entscheidende Wort ist gefallen; *het hoogste ~ hebben* das große Wort führen; *wie zal het ~ doen?* wer soll das Wort führen?; *hij kan heel goed zijn ~ doen: a) (welbespraakt)* er ist beredt; *b) (vrijmoedig)* er ist nicht auf den Mund gefallen; *~en (met iem) hebben* sich zanken; *(zijn) ~ houden* (sein)

Wort halten[183]: ~*en krijgen aneinander geraten*[218]:
het ~ nemen das Wort ergreifen[181]: *het ~ voeren* das
Wort führen; *het ~ vragen* sich zu Wort melden;
daar heb ik geen ~en voor ich bin sprachlos; *iem
aan zijn ~ houden* jmdn beim Wort nehmen[212]: *in
één ~* mit einem Wort; *in ~en (voluit geschreven)* in
Worten; *op mijn ~!* auf mein Wort!; *op mijn ~ van
eer!* auf Ehrenwort!; *iem te ~ staan* jmdm Rede
(und Antwort) stehen[279]

woordaccent Wortakzent *m*[5]

woordblind wortblind

woordelijk wörtlich: ~ *verstaan* Wort für Wort verstehen[279]

woordenboek Wörterbuch *o*[32]

woordenlijst Wörterverzeichnis *o*[29a]

woordenschat Wortschatz *m*[6]

woordenstrijd Wortstreit *m*[5]

woordenwisseling Wortwechsel *m*[9]

woordje 1 *(lett)* Wörtchen *o*[35]: *een ~ meespreken* ein
Wort mitreden; **2** *(in een leerboek)* Vokabel *v*[21]

woordkeus Wortwahl *v*[28]

woordschikking Wortfolge *v*[21]

woordsoort Wortart *v*[20]

woordvoerder Wortführer *m*[9], Sprecher *m*[9]; *(van
regering, van ministerie)* Sprecher *m*[9]

woordvorming Wortbildung *v*[20]

worden I *zelfst ww* werden[310]: *niets is, alles wordt*
nichts ist, alles wird; **II** *koppelww* werden[310]: *ziek ~*
krank werden; *een goede leraar ~* ein guter Lehrer
werden; *wat is er van hem geworden?* was ist aus
ihm geworden?; **III** *hulpww van de lijdende vorm*
werden[310]: *er wordt gedanst* es wird getanzt; *het
boek wordt gedrukt* das Buch wird gedruckt

wording 1 *(het worden)* Werden *o*[39]: *in (staat van)
~* im Werden; **2** *(het ontstaan)* Entstehen *o*[39]; **3** *(ontwikkelingsgang)* Werdegang *m*[6]

wordingsgeschiedenis Entstehungsgeschichte *v*[21],
(ontwikkelingsgang) Werdegang *m*[6]

wordingsproces Werdegang *m*[6]

wordprocessing Textverarbeitung *v*[20]

wordprocessor Textverarbeitungsgerät *o*[29]

worm Wurm *m*[8]

worp Wurf *m*[6]

worst Wurst *v*[25]: *droge (of: harde) ~* Dauerwurst;
eindje ~ Wurstzipfel *m*[9]

worstelaar Ringer *m*[9], Ringkämpfer *m*[9]

worstelen I *ww* ringen[224], *(ernstiger)* kämpfen: *tegen de storm ~* gegen den Sturm ankämpfen; **II** *zn*
Ringen *o*[39]

worsteling 1 *(strijd)* Ringkampf *m*[6]; **2** *(het worstelen)* Ringen *o*[39]

worstel(wed)strijd Ringkampf *m*[6]

wortel *(ook fig en wisk)* Wurzel *v*[21]; *(groente)* Möhre
v[21], Karotte *v*[21]: ~ *schieten (lett)* Wurzeln schlagen[241]

wortelen wurzeln (in[+3]), Wurzeln schlagen[241]

wortelteken Wurzelzeichen *o*[35]

worteltje Möhre *v*[21], Karotte *v*[21]

worteltrekken die Wurzel (aus einer Zahl) zie-

hen[318]

woud Wald *m*[8]

would-be Möchtegern…: ~ *aristocraat* Möchtegernaristokrat *m*[14]

wraak Rache *v*[28]: *dat schreeuwt om ~* das schreit
nach Rache; ~ *nemen op iem* sich an jmdm rächen

wraakneming, wraakoefening Rache *v*[28], Racheakt *m*[5]

wraakzucht Rachsucht *v*[28], Rachgier *v*[28]

wraakzuchtig rachsüchtig, rachgierig

wrak I *zn* Wrack *o*[36]: *(fig) hij is een ~ geworden* er ist
(nur noch) ein Wrack; **II** *bn* wrack: *een ~ke gezondheid* eine schwache Gesundheit; *een ~ schip* ein
wrackes Schiff

wraken: *een getuige ~* einen Zeugen ablehnen

wrakhout Treibholz *o*[39]

wrakstukken Bruchstücke *mv o*[29], Trümmer *(mv)*

wrang *bn, bw* herb, scharf, säuerlich: *(fig) de ~e
vruchten* die bitteren Früchte

wrangheid Herbheit *v*[28]; *(fig)* Bitterkeit *v*[28]

wrat Warze *v*[21]

wreed, wreedaardig grausam

wreedaardigheid, wreedheid Grausamkeit *v*[20]

wreef Spann *m*[5], Rist *m*[5]

wreken *(ook fig)* rächen: *iem ~* jmdn rächen; *zich
voor iets op iem ~* sich für[+4] etwas an jmdm rächen

wreker Rächer *m*[9]

wrevel Ärger *m*[19], Verdruss *m*[5]

wrevelig ärgerlich, verärgert, missmutig

wriemelen wimmeln, kribbeln: *aan iets zitten te ~*
an[+3] etwas herumfummeln

wrijven reiben[219]: *zich (in) de handen ~* sich[3] die
Hände reiben; *de meubels ~* die Möbel polieren[320]:
de vloer ~ den Boden bohnern

wrijving *(ook fig)* Reibung *v*[20]

wrikken rütteln

wringen I *tr* winden[313], ringen[224]; *(van wasgoed)*
wringen[316]: *zijn handen ~* die Hände ringen; *iem
iets uit de handen ~* jmdm etwas aus den Händen
winden; **II** *intr (mbt schoenen)* drücken

wroeging Gewissensbisse *mv m*[5]

wroeten wühlen, *(krabbend)* scharren

wrok Groll *m*[19]: *een ~ tegen iem koesteren* einen
Groll gegen jmdn hegen

wrokken grollen: *tegen iem ~* (mit) jmdm grollen

wrong *(van haar)* Knoten *m*[11]

wuft flatterhaft, leichtfertig, frivol

wuiven 1 *(met iets zwaaien)* schwingen[259]: *met zijn
hand ~* mit der Hand winken; *met vlaggetjes ~*
Fähnchen schwingen; **2** *(mbt rietpluimen)* sich wiegen

wulps sinnlich, wollüstig

wulpsheid Wollust *v*[28], Sinnlichkeit *v*[28]

wurgen erwürgen, erdrosseln

wurm Wurm *m*[8]; *(fig)* Wurm *o*[32]: *het arme ~* das
arme Wurm

wurmen *(zwoegen)* sich schinden[239]: *zich door een
opening ~* sich durch eine Öffnung winden[313]

X

X *(Romeins cijfer)* X
xantippe Xanthippe v^{21}
x-as x-Achse v^{21}, Abszissenachse v^{21}
x-benen X-Beine *mv* o^{29}
x-benig x-beinig, X-beinig
x-stralen X-Strahlen *mv* m^{16}, Röntgenstrahlen
xylofoon Xylophon o^{29}, Xylofon o^{29}

y

y *(letter, klank)* y *o (2e nvl -; mv -)* [upsielon]
y-as y-Achse *v*^{21}, Ordinatenachse *v*^{21}
yen Yen *m (2e nvl -(s); mv -(s); mv na telwoord on-*
  verbogen)
yoga Yoga *m*^{19}, *m*^{19a}, *o*^{39}, *o*^{39a}, Joga *m*^{19}, *m*^{19a}, *o*^{39}, *o*^{39a}
yoghurt Joghurt *m*^{19}, *o*^{39} *(2e nvl ook -; soorten: mv*
  -(s)) Jogurt *m*^{19}, *o*^{39} *(2e nvl ook -; soorten: mv -(s))*
ypsilon Ypsilon *o*^{36} *(2e nvl ook -)*
yuppie Yuppie *m*^{13}

Z

zaad 1 *(ook fig)* Samen m^{11}: *(fig) op zwart ~ zitten* knapp bei Kasse sein^{262}; **2** *(nakomelingen)* Samen m^{11}, Nachkommenschaft v^{28}; **3** *(het gezaaide)* Aussaat v^{20}; **4** *(zaaizaad)* Saatgut o^{39}, Sämereien *mv* v^{20}; **5** *(sperma)* Samen m^{19}

zaadbal Hoden m^{11}

zaadlozing, zaaduitstorting Samenerguss m^6

zaag Säge v^{21}

zaagblad Sägeblatt o^{32}

zaagbok Sägebock m^6, Holzbock m^6

zaagmeel Sägemehl o^{39}

zaagmolen Sägemühle v^{21}

zaagsel Sägemehl o^{39}

zaaien säen: *tweedracht ~* Zwietracht säen

zaaigoed Saatgut o^{39}, Sämereien *mv* v^{20}

zaailing *(plant)* Sämling m^5

zaaisel Saat v^{20}

zaaizaad Saatgut o^{39}, Sämereien *mv* v^{20}

zaak 1 *(ding)* Sache v^{21}, Ding o^{29}; **2** *(aangelegenheid)* Angelegenheit v^{20}, Sache v^{21}: *kennis van zaken* Sachkenntnis v^{24}: *gedane zaken nemen geen keer* geschehen ist geschehen; **3** *(jur)* Sache v^{21}, Fall m^6: *in zake X tegen Y* in der Sache X gegen Y; **4** *(bedrijf)* Geschäft o^{29}, Betrieb m^5, Unternehmen o^{35}; *(handel)* Geschäft o^{29}: *lopende zaken* laufende Geschäfte; *een ~ oprichten* ein Geschäft gründen; *een eigen ~ beginnen* sich selbstständig (*of:* selbständig) machen; *een ~ drijven* ein Geschäft betreiben^{290}: *op kosten van de ~* auf Geschäftskosten; *voor zaken op reis zijn* geschäftlich verreist sein^{262} || *de gang van zaken* der Geschäftsgang, *(de toedracht)* der Hergang; *ter zake dienende* sachdienlich; *ter zake kundig* sachkundig

zaakgelastigde Geschäftsträger m^9

zaakje 1 *(algem)* Sache v^{21}, Geschäft o^{29}: *een lastig ~* eine schwierige Angelegenheit; *(fig) een vies ~* ein schmutziges Geschäft; *pak dat hele ~ maar mee!* nimm den ganzen Kram nur mit!; **2** *(genitaliën)* Gehänge o^{33}

zaaks: *het is niet veel ~* es ist nichts Besonderes

zaakvoerder *(Belg)* Geschäftsführer m^9

zaakwaarnemer Sachwalter m^9; *(jur)* Geschäftsführer m^9

zaal Saal m (*2e nvl -(e)s; mv* Säle)

zaalhandbal Hallenhandball m^{19}

zaalhuur Saalmiete v^{21}

zaalsport Hallensport m^{19}

zaalwachter Saalordner m^9

zacht 1 *(niet hard)* weich: *~e eieren* weiche Eier; *~ water* weiches Wasser; **2** *(goedig)* sanft, zart; **3** *(niet streng)* sanft, milde: *een ~ klimaat* ein mildes Klima; *~ uitgedrukt* gelinde gesagt; **4** *(de zinnen aangenaam aandoend)* sanft, zart, weich: *~e handen* zarte Hände; *~ licht* sanftes (*of:* weiches) Licht; **5** *(niet luid)* leise: *~ spreken* leise sprechen^{274}: *de radio ~er zetten* das Radio leiser stellen; **6** *(haast onmerkbaar)* leise, sanft: *~ oplopend* sanft steigend; **7** *(niet snel)* langsam: *~ rijden* langsam fahren^{153}; **8** *(geleidelijk)* allmählich || *een ~e dood* ein sanfter Tod; *een ~ verwijt* ein sanfter Vorwurf; *voor een ~ prijsje* zu einem günstigen Preis

zachtaardig sanft(mütig)

zachtheid Weichheit v^{28}, Sanftheit v^{28}, Milde v^{28}, Zartheit v^{28}: *de ~ van een stem* der leise Klang einer Stimme

zachtjes 1 *(mbt geluid)* leise: *~ doen* leise sein^{262}; **2** *(bedaard; haast onmerkbaar)* sachte, sanft: *~ aan!* sachte!, gemach!; **3** *(langzaam)* langsam: *~ lopen* langsam gehen^{168}

zachtmoedig sanftmütig

zachtmoedigheid Sanftmut v^{28}

zachtzinnig sanftmütig, sanft

zadel Sattel m^{12}: *vast in het ~ zitten* fest im Sattel sitzen^{268}

zadeldak Satteldach o^{32}

zadelen satteln

zadelmaker Sattler m^9

zadeltas(je) Satteltasche v^{21}

zadeltuig Sattelzeug o^{39}

zagemeel *(Belg)* Sägemehl o^{39}

zagen 1 sägen; **2** *(op viool)* kratzen; **3** *(zaniken)* nörgeln, faseln; **4** *(snurken)* sägen, schnarchen

zak 1 *(in kleren)* *(ook fig)* Tasche v^{21}: *iem in zijn ~ hebben* jmdn in die Tasche stecken; *hij leeft op zijn vaders ~* er liegt seinem Vater auf der Tasche; *weinig geld op ~ hebben* wenig Geld in der Tasche haben^{182}; *uit eigen ~ betalen* aus eigener Tasche bezahlen; **2** *(voor verpakking)* Sack m^6, *(klein)* Tüte v^{21}, Beutel m^9: *papieren ~* Papiersack; **3** *(buidel)* Beutel m^9; **4** *(scheldw, inform)* Sack m^6: *stomme ~!* blöder Sack! || *(inform) ik begrijp er geen ~ van* ich verstehe nicht die Bohne davon; *dat kon hij in zijn ~ steken* das galt ihm

zakagenda Taschenkalender m^9

zakboekje Notizbuch o^{32}

zakdoek Taschentuch o^{32}

zakelijk 1 *(de zaak betreffend)* sachlich: *de ~e inhoud* der sachliche Inhalt; *~ recht* dingliches Recht; **2** *(handel)* geschäftlich; **3** *(objectief)* sachlich, objektiv; **4** *(bondig)* sachlich

zakelijkheid Sachlichkeit v^{28}

zakenbrief Geschäftsbrief m^5

zakenleven Geschäftsleben o^{39}

zakenman Geschäftsmann m^8 (*mv meestal* Geschäftsleute)

zakenmensen Geschäftsleute *(mv)*
zakenreis Geschäftsreise v^{21}
zakenrelatie 1 Geschäftsverbindung v^{20}; **2** *(persoon)* Geschäftspartner m^9
zakenvriend Geschäftsfreund m^5
zakenvrouw Geschäftsfrau v^{20}
zakgeld Taschengeld o^{39}
zakhorloge Taschenuhr v^{20}
zakkammetje Taschenkamm m^6
zakken 1 fallen^{154}, sinken^{266}: *laten (of: doen)* ~ senken; *in elkaar* ~ zusammensinken^{266}: *zijn broek laten* ~ die Hose herunterlassen^{197}; *de koersen* ~ die Kurse fallen; *door het ijs* ~ auf dem Eis einbrechen^{137}; **2** *(niet slagen)* durchfallen^{154}
zakkenroller Taschendieb m^5
zakkenvuller Profitjäger m^9
zaklantaarn Taschenlampe v^{21}
zakloep Taschenlupe v^{21}
zakmes Taschenmesser o^{33}
zakrekenmachientje Taschenrechner m^9
zaktelefoon Handy o^{36}, Mobiltelefon o^{29}
zakwoordenboek Taschenwörterbuch o^{32}
zalf Salbe v^{21}
zalig 1 selig: ~ *verklaren* selig sprechen^{274}; ~ *Kerstmis!* gesegnete Weihnachten!; **2** *(heerlijk)* himmlisch
zaligheid 1 Seligkeit v^{28}; **2** *(genot)* Wonne v^{21}; **3** *(iets overheerlijks)* Köstlichkeit v^{20}
zaligmakend selig machend
zaligspreking Seligpreisung v^{20}
zaligverklaring Seligsprechung v^{20}
zalm Lachs m^5
zalmforel Lachsforelle v^{21}
zalmkleurig lachsfarbig, lachsfarben
zalvend salbungsvoll
zand Sand m^{19} || *als droog* ~ *aan elkaar hangen* zusammenhanglos sein^{262}: *in het* ~ *bijten* ins Gras beißen^{125}; *iem* ~ *in de ogen strooien* jmdm Sand in die Augen streuen; ~ *erover!* Schwamm drüber!
zandafgraving Sandgrube v^{21}
zandbak Sandkasten m^{12}, Sandkiste v^{21}
zandbank Sandbank v^{25}
zanderig sandig
zandgroeve Sandgrube v^{21}
zandgrond Sandboden m^{12}
zandig sandig
zandkleurig sandfarben, sandfarbig
zandkorrel Sandkorn o^{32}
zandlaag Sandschicht v^{20}
zandloper Sanduhr v^{20}
zandmannetje Sandmann m^{19}, Sandmännchen o^{39}
zandsteen Sandstein m^5
zandstorm Sandsturm m^6
zandstralen sandstrahlen
zandverstuiving Sandverwehung v^{20}
zandvlakte Sandfläche v^{21}
zandweg Sandweg m^5
zandwoestijn Sandwüste v^{21}
zandzak Sandsack m^6

zang Gesang m^6
zanger Sänger m^9
zangerig melodisch, melodiös
zangkoor Chor m^6
zangleraar Gesang(s)lehrer m^9
zangles Gesang(s)stunde v^{21}
zanglijster Singdrossel v^{21}
zangnummer Gesang(s)stück o^{29}
zangonderwijs Gesang(s)unterricht m^5
zangstem Singstimme v^{21}
zangvereniging Gesangverein m^5
zangvogel Singvogel m^{10}
zaniken nörgeln, quengeln
zat 1 *(verzadigd)* satt, gesättigt; **2** *(dronken)* besoffen; **3** *(beu)* satt: *ik ben het* ~ ich habe die Nase voll; **4** *(in overvloed)* in Hülle und Fülle: *geld* ~ Geld in Hülle und Fülle
zaterdag Samstag m^5, *(vooral N-Dui)* Sonnabend m^5
zaterdags I *bw* am Samstag, am Sonnabend, samstags, sonnabends; **II** *bn* samstäglich, sonnabendlich
zatlap Saufbold m^5, Trunkenbold m^5
ze I *pers vnw* sie^{82}; **II** *onbep vnw* man, die Leute
zebra 1 *(dierk)* Zebra o^{36}; **2** *(oversteekplaats)* Zebrastreifen m^{11}
zebrapad Zebrastreifen m^{11}
zede Sitte v^{21}: ~*n en gewoonten* Sitten und Gebräuche; *vergrijp tegen de* ~*n* Verstoß gegen die Sitten; *meisje van lichte* ~*n* leichtes Mädchen
zedelijk 1 *(overeenkomstig de goede zeden)* sittlich, moralisch; **2** *(eerbaar)* sittsam
zedelijkheid Sittlichkeit v^{28}, Moralität v^{28}
zedeloos sittenlos
zedeloosheid Sittenlosigkeit v^{28}
zedenbederf Sittenverfall m^{19}
zedendelict Sittlichkeitsdelikt o^{29}, Sexualverbrechen o^{35}
zedenkunde, zedenleer Sittenlehre v^{21}
zedenmisdrijf Sittlichkeitsverbrechen o^{35}, Sexualstraftat v^{20}
zedenpolitie Sittenpolizei v^{28}
zedenpreek Moralpredigt v^{20}
zedig sittsam
zedigheid Sittsamkeit v^{28}
zee 1 Meer o^{29}, See v^{21}: *de vakantie aan* ~ *doorbrengen* den Urlaub am Meer verbringen^{139}; *in volle* ~ auf hoher See; *de volle* ~ *op* aufs offene Meer hinaus; ~ *kiezen* in See gehen^{168}: *naar* ~ *gaan: a) (als uitje)* an die See fahren^{153}; *b) (zeeman worden)* Seemann werden^{310}; **2** *(golf)* See v^{21}: *hoge* ~ hohe See; **3** *(overvloed)* Meer o^{29}: *een* ~ *van tranen* ein Meer von Tränen || *met iem in* ~ *gaan* es mit jmdm wagen
zeeaal Meeraal m^5
zeearend Seeadler m^9
zeearm Meeresarm m^5
zeebanket Hering m^5
zeebeving Seebeben o^{35}
zeebodem Meeresgrund m^6, Meeresboden m^{12}

zeebonk Seebär m^{14}
zee-engte Meerenge v^{21}, Meeresstraße v^{21}
zeef Sieb o^{29}
zeefdruk Siebdruck m^5
zeegang Seegang m^{19}
zeegat: *het ~ uitgaan* in See stechen[277]
zeegezicht 1 *(uitzicht op zee)* Meeresblick; **2** *(schilderij)* Seestück o^{29}
zeehaven Seehafen m^{12}
zeeheld Seeheld m^{14}
zeehond Seehund m^5
zeeklas *(Belg): op ~ gaan* mit der Klasse an die See fahren[153]
zeeklimaat Seeklima o^{39}, Meeresklima o^{39}
zeekoe Seekuh v^{25}
zeekreeft Hummer m^9
Zeeland Seeland o^{39}
zeeleeuw Seelöwe m^{15}
zeelieden Seeleute *(mv)*
zeeloods Seelotse m^{15}
zeelt Schlei m^5, Schleie v^{21}
zeem I *(zeemleer)* Waschleder o^{39}; **II** *(lap)* Lederlappen m^{11}, Fensterleder o^{33}
zeemacht 1 *(marine)* Seestreitkräfte *mv* v^{25}, Marine v^{21}; **2** *(zeemogendheid)* Seemacht v^{25}
zeeman Seemann *m (2e nvl -(e)s; mv Seeleute)*
zeemeermin Meerjungfrau v^{20}, Seejungfrau
zeemeeuw Seemöwe v^{21}
zeemijl Seemeile v^{21}
zeemlap Fensterleder o^{33}, Ledertuch o^{32}
zeemleer Waschleder o^{39}
zeemleren waschledern
zeemogendheid Seemacht v^{25}
zeemonster Seeungeheuer o^{33}
zeen Sehne v^{21}, Flechse v^{21}
zeenatie Seefahrernation v^{20}
zeeolifant Seeelefant m^{14}
zeeotter Seeotter m^9
zeep Seife v^{21}: *groene ~* grüne Seife; *zachte ~* Schmierseife; *stuk ~* Stück Seife; *iem om ~ brengen* jmdn um die Ecke bringen[139]
zeepaardje Seepferdchen o^{35}
zeepaling Meeraal m^5
zeepbakje Seifenschale v^{21}
zeepbel *(ook fig)* Seifenblase v^{21}
zeepost Seepost v^{28}
zeeppoeder Seifenpulver o^{33}
zeepsop Seifenlauge v^{21}
zeer I *zn* Übel o^{33}: *oud ~* altes Übel; *~ doen* wehtun[295]; *iem ~ doen* jmdm wehtun[295]; *zich~ doen* sich[3] wehtun[295]; *dat doet ~* das tut weh, das schmerzt; **II** *bn* schmerzhaft, schmerzend: *zere ogen* entzündete Augen; *een zere plek* eine schmerzhafte Stelle; *een zere vinger* ein böser *(of:* schlimmer) Finger; **III** *bw* sehr[65]: *dank u ~!* danke sehr!; *dat komt ~ van pas* das kommt gerade recht; *~ wel mogelijk* durchaus möglich
zeereis Seereise v^{21}
zeerob 1 *(zeeman)* Seebär m^{14}; **2** *(zeehond)* Robbe

v^{21}, Seehund m^5
zeeroof Seeraub m^5
zeerover Seeräuber m^9, Pirat m^{14}
zeeroverij Seeräuberei v^{20}
zeerst: *ten ~e verwonderd* höchst erstaunt; *ten ~e aanbevelen* bestens empfehlen[147]: *ten ~e bedanken* verbindlichst danken[+3]
zeeschip Seeschiff o^{29}
zeeschuimer Seeräuber m^9, Pirat m^{14}
zeeslag Seeschlacht v^{20}
zeesleper Hochseeschlepper m^9
zeesluis Seeschleuse v^{21}
zeespiegel Meeresspiegel m^9
zeestraat Meeresstraße v^{21}, Seestraße
zeestrijdkrachten Seestreitkräfte *mv* v^{25}
zeestroming Meeresströmung v^{20}
zeetong Seezunge v^{21}
Zeeuw Seeländer m^9
Zeeuws seeländisch
zeevaarder Seefahrer m^9
zeevaart Seeschifffahrt v^{28}, Seefahrt v^{28}
zeevarend seefahrend
zeevarende Seefahrer m^9
zeevis Seefisch m^5
zeevisserij Seefischerei v^{28}, Hochseefischerei v^{28}
zeevolk Seevolk o^{32}
zeevracht Seefracht v^{20}
zeewaardig seetüchtig, seefähig: *~ verpakt* seemäßig verpackt
zeewater Seewasser o^{39}, Meerwasser o^{39}
zeeweg Seeweg m^5: *langs de ~* auf dem Seeweg
zeewier Seetang m^5, Seegras o^{32}
zeewind Seewind m^5
zeeziek seekrank
zeeziekte Seekrankheit v^{28}
zeezout Seesalz o^{39}, Meersalz o^{39}
zeg: *~, Henk, heb je hem gezien?* du, Heinz, hast du ihn gesehen?; *leuk, ~!* fein, was!
zege Sieg m^5: *de ~ behalen* den Sieg erringen[224]
zegel I Siegel o^{33}: *vrij van ~* frei von Stempelgebühren || *onder het ~ van geheimhouding* unter dem Siegel der Verschwiegenheit; **II** *(gegomd papieren strookje)* Marke v^{21}
zegelen 1 *(afsluiten en waarmerken)* versiegeln; **2** *(een zegel aanbrengen)* siegeln
zegelring Siegelring m^5
zegen Segen m^{11}: *daar rust geen ~ op* es bringt keinen Segen; *mijn ~ heb je!* meinen Segen hast du!
zegenbede Segenswunsch m^6
zegenen segnen
zegening Segnung v^{20}, Segen m^{11}
zegenrijk segensreich
zegepalm Siegespalme v^{21}
zegepralen triumphieren[320]
zegerijk siegreich
zegetocht Siegeszug m^6, Triumphzug m^6
zegevieren siegen, triumphieren[320]
zegevierend siegreich, triumphierend
zegge: *DM 1000,-, ~ duizend Deutsche Mark* 1000,-

DM, in Worten eintausend Deutsche Mark; *~ en schrijve* sage und schreibe

zeggen I *ww* sagen: *dat is toch vreselijk, zeg nou zelf!* das ist doch schrecklich, oder?; *zeg dat wel!* da hast du (*of:* da haben Sie) Recht!; *die heeft het hem flink gezegd!* der hat's ihm aber gegeben!; *zo gezegd, zo gedaan* gesagt, getan; *het is om zo te ~ afgelopen* es ist sozusagen zu Ende; *dat zegt nog niets!* das besagt noch nichts!; *wat heb je op hem te ~?* was hast du an ihm auszusetzen?; *wat heb je daarop te ~?* was hast du dagegen einzuwenden?; *eerlijk gezegd* offen gesagt; *dat zegt niet veel* das besagt nicht viel; *daar is veel voor te ~* das hat viel für sich; *dat zegt wel wat* das will schon etwas heißen; *dat wil ~ (d.w.z.)* das heißt (d.h.); *daar zeg je zo iets!* da hast du wirklich Recht!; **II** *zn* Sagen o^{39}: *naar zijn ~* nach seiner Angabe; *hij heeft het voor het ~* er hat das Sagen; *als ik het voor het ~ had!* wenn es nach mir ginge!

zeggenschap Verfügungsrecht o^{29}, Verfügungsgewalt v^{28}

zeggingskracht Beredsamkeit v^{28}

zegje: *iem zijn ~ laten doen* jmdn seinen Senf dazugeben lassen[197]

zegsman Gewährsmann m^8 (*mv ook* Gewährsleute)

zegswijze Redensart v^{20}

zeiken (*inform*) **1** (*urineren, stortregenen*) pissen; **2** (*zeuren*) meckern

zeikerd (*inform*) Meckerfritze m^{15}

zeil 1 (*van schip, windmolen*) Segel o^{33}: *de ~en hijsen* die Segel hissen; **2** (*over boot e.d.*) Plane v^{21}; **3** (*in bed*) Gummiunterlage v^{21}; **4** (*van tent*) Zeltplane v^{21}; **5** (*vloerbedekking*) Linoleum o^{39} ‖ *onder ~ gaan:* a) (*lett*) unter Segel gehen[168]; b) (*fig*) einschlafen[240]

zeilboot Segelboot o^{29}

zeildoek 1 (*voor zeilen*) Segeltuch o^{29}; **2** (*pakzeil*) Plane v^{21}

zeilen segeln

zeiler Segler m^9

zeiljacht Segeljacht v^{20}, Segelyacht v^{20}

zeilklaar segelfertig, segelklar

zeilplank Surfbrett o^{31}

zeilschip Segelschiff o^{29}, Segler m^9

zeilsport Segelsport m^{19}

zeiltocht Segelfahrt v^{20}

zeilvereniging Segelklub m^{13}

zeilvliegen Drachenfliegen o^{39}

zeilvlieger 1 (*persoon*) Drachenflieger m^9; **2** (*toestel*) Drachen m^{11}

zeilwedstrijd Segelregatta v (*mv* -regatten)

zeis Sense v^{21}, (*van de dood, vooral*) Hippe v^{21}

zeker I *onbep vnw* (*niet nader aan te duiden*) gewiss: *een ~e heer Smit* ein (gewisser) Herr Smit; *een ~e plaats* ein gewisser Ort; *in ~e zin* gewissermaßen; *op ~e dag* eines Tages; *tot op ~e hoogte* bis zu einem gewissen Grade; **II** *bn, bw* **1** (*veilig*) sicher; **2** (*betrouwbaar*) sicher, zuverlässig: *zoveel is ~* so viel steht fest; **3** (*vast overtuigd*) gewiss, sicher, bestimmt, entschieden: *~ van zijn zaak zijn* seiner Sache[2] gewiss (*of:* sicher) sein[262]; *~ van iem zijn* sich auf jmdn verlassen können[194]; **4** (*gerust*) sicher; **5** (*waarschijnlijk, stellig*) sicher, gewiss, bestimmt: (*Belg*) *~ en vast* ganz gewiss, ganz sicher; **III** *tw:* *wel ~!* sicher!, gewiss!; *vast en ~* ganz gewiss

zekerheid 1 (*veiligheid*) Sicherheit v^{28}; **2** (*het zeker zijn*) Sicherheit v^{28}, Gewissheit v^{28}, Bestimmtheit v^{28}: *iets met ~ weten* etwas bestimmt (*of:* sicher) wissen[314]; **3** (*waarborg*) Sicherheit v^{20}: *~ stellen* Sicherheit leisten

zekering Sicherung v^{20}

zelden selten: *~ of nooit* wenig

zeldzaam 1 (*schaars*) selten: *een ~ dier* ein seltenes Tier; **2** (*buitengewoon*) außerordentlich, außergewöhnlich: *een zeldzame schoonheid* eine seltene (*of:* außergewöhnliche) Schönheit

zeldzaamheid Seltenheit v^{20}

zelf 1 (*in eigen persoon*) selber, selbst: *vader ~ heeft het verteld* Vater selbst hat es erzählt; *hij is de beleefdheid ~* er ist die Höflichkeit selbst; **2** (*in tegenstelling met de rest*) selbst: *de auto ~ bleef onbeschadigd* das Auto selbst blieb unbeschädigt

zelfachting Selbstachtung v^{28}

zelfbediening Selbstbedienung v^{28}

zelfbedieningswinkel Selbstbedienungsladen m^{12}

zelfbedrog Selbstbetrug m^{19}

zelfbehagen Selbstgefälligkeit v^{28}

zelfbeheersing Selbstbeherrschung v^{28}

zelfbehoud Selbsterhaltung v^{28}

zelfbeklag Selbstbemitleidung v^{20}

zelfbeschikking Selbstbestimmung v^{28}

zelfbeschikkingsrecht Selbstbestimmungsrecht o^{39}

zelfbeschuldiging Selbstbeschuldigung v^{20}

zelfbestuur Selbstverwaltung v^{20}

zelfbevrediging Selbstbefriedigung v^{28}

zelfbewust selbstbewusst

zelfbewustzijn Selbstbewusstsein o^{39}

zelfde: *deze ~* eben derselbe (*of:* dieselbe); *een ~ stoel* ein gleicher Stuhl

zelfdiscipline Selbstdisziplin v^{28}

zelfdoding Selbsttötung v^{20}

zelfgenoegzaam selbstzufrieden

zelfgenoegzaamheid Selbstzufriedenheit v^{28}

zelfhulp Selbsthilfe v^{28}, Eigenhilfe v^{28}

zelfingenomen selbstgefällig

zelfingenomenheid Selbstgefälligkeit v^{28}

zelfkennis Selbsterkenntnis v^{28}

zelfkritiek Selbstkritik v^{20}

zelfmoord Selbstmord m^5: *poging tot ~* Selbstmordversuch m^5; *~ plegen* Selbstmord begehen[168]

zelfontspanner Selbstauslöser m^9

zelfopoffering Selbstaufopferung v^{20}

zelfoverschatting Selbstüberschätzung v^{20}

zelfportret Selbstbildnis o^{29a}

zelfrespect Selbstachtung v^{28}

zelfs 1 (*tegen de verwachting in*) selbst, sogar; **2** (*wat sterker is*) sogar: *of ~* oder gar

zelfstandig selbstständig, selbständig: *~ naam-*

woord Substantiv o^{29}, Hauptwort o^{32}

zelfstandige Freiberufler m^9

zelfstandigheid 1 *(onafhankelijkheid)* Selbstständigkeit v^{28}, Selbständigkeit v^{28}; **2** *(bestanddeel)* Substanz v^{20}; **3** *(elk voorwerp op zichzelf)* Ding o^{29}

zelfverdediging Selbstverteidigung v^{28}

zelfverloochening Selbstverleugnung v^{20}

zelfvernedering Selbsterniedrigung v^{20}

zelfvertrouwen Selbstvertrauen o^{39}

zelfverwijt Gewissensbisse *mv* m^5

zelfverzekerd selbstsicher

zelfvoldaan selbstzufrieden

zelfwerkzaamheid Selbsttätigkeit v^{28}, Selbstbetätigung v^{28}

zelfzucht Selbstsucht v^{28}, Egoismus m^{19a}

zelfzuchtig selbstsüchtig, egoistisch

zelve *zie* zelf

zemel *(van graankorrel)* Kleie v^{21}

zemelaar Nörgelfritze m^{15}, Nörgler m^9

zemelen nörgeln; *(temerig praten)* salbadern

zemen I *ww* abledern, putzen: *ramen ~* Fenster putzen; **II** *bn* sämischledern: *~ lap* Fensterleder o^{33}, Ledertuch o^{32}

zendamateur Funkamateur m^5

zendapparaat Funkgerät o^{29}, Sendegerät o^{29}

zendeling Missionar m^5

zenden 1 *(sturen)* senden^{263}, schicken; **2** *(uitzenden)* senden^{263} *(zwak)*, ausstrahlen

zender *(zendapparaat)* Sendegerät o^{29}; *(zendstation)* Sender m^9

zending 1 *(het zenden, het gezondene, opdracht)* Sendung v^{20}; **2** *(missie)* Mission v^{20}

zendinstallatie Sendeanlage v^{21}

zendmast Sendemast m^{16}, m^5

zendstation Sendestation v^{20}

zendtijd Sendezeit v^{20}

zenig sehnig

zenit Zenit m^{19}, *(fig, ook)* Gipfelpunkt m^5

zenuw Nerv m^{16}: *de ~en hebben* äußerst nervös sein^{262}: *in de ~en zitten* sich ängstigen; *het op de ~en krijgen* die Nerven verlieren^{300}: *dat werkt op mijn ~en* das geht *(of:* fällt) mir auf die Nerven; *over zijn ~en (heen) zijn* mit den Nerven fertig sein^{262}

zenuwaandoening Nervenkrankheit v^{20}

zenuwachtig nervös: *dat maakt me ~* das macht mich nervös, das geht mir auf die Nerven

zenuwachtigheid Nervosität v^{28}

zenuwarts Nervenarzt m^6, Neurologe m^{15}

zenuwbehandeling Wurzelbehandlung v^{20}

zenuwcrisis Nervenkrise v^{21}

zenuwgestel Nervensystem o^{29}: *hij heeft een sterk, zwak ~* er hat starke, schwache Nerven

zenuwinrichting psychiatrische Klinik v^{20}

zenuwknoop Nervenknoten m^{11}

zenuwkwaal, zenuwlijden Nervenleiden o^{35}

zenuwontsteking Nervenentzündung v^{20}

zenuwpatiënt(e) Nervenkranke(r) m^{40a}, v^{40b}

zenuwpees *(fig)* Nervenbündel o^{33}

zenuwslopend nervenaufreibend, nervtötend: *een ~e week* eine stressige Woche

zenuwstelsel Nervensystem o^{29}

zenuwtrekking Nervenzucken o^{39}

zenuwziek nervenkrank

zenuwzieke Nervenkranke(r) m^{40a}, v^{40b}

zenuwziekte Nervenkrankheit v^{20}

zes I *telw* sechs; **II** *zn* Sechs v^{20}

zesachtstemaat Sechsachteltakt m^{19}

zesde I *telw* der (die, das) sechste: *Karel de Zesde* Karl der Sechste (VI.); **II** *zn* o Sechstel o^{33}

zesmaandelijks sechsmonatlich, halbjährlich

zesmaands sechsmonatig, halbjährig

zestien sechzehn

zestig sechzig

zestiger Sechziger m^9

zet 1 *(daad van zetten)* Zug m^6: *een ~ doen* einen Zug tun^{295} *(of:* machen); **2** *(duw, stoot)* Stoß m^6, Ruck m^5; **3** *(sprong)* Satz m^6, Sprung m^6; **4** *(geestigheid)* Wort o^{29}, Einfall m^6; *(daad)* Streich m^5

zetel 1 *(zitplaats, stoel)* Sitz m^5, Sessel m^9: *een ~ in het bestuur* ein Sitz im Vorstand; **2** *(Belg) (fauteuil)* Armsessel m^9, Lehnsessel m^9; **3** *(plaats van vestiging)* Sitz m^6

zetelen *(mbt regering, bestuur)* seinen Sitz haben^{182}

zetfout Setzfehler m^9, Satzfehler m^9

zetmeel Stärke v^{21}: *~ van maïs* Maisstärke v^{28}

zetpil Zäpfchen o^{35}

zetsel *(typ)* Satz m^{19}, Schriftsatz m^{19}

zetten 1 *(doen zitten)* setzen: *iem in de gevangenis ~* jmdn einsperren; **2** *(plaatsen)* stellen, setzen, *(van edelstenen)* fassen: *een huis laten ~* ein Haus bauen lassen^{197}; *bij het schaken ~* beim Schach ziehen^{318}: *iets in elkaar ~* etwas zusammensetzen; *de wekker op 5 uur ~* den Wecker auf 5 (Uhr) stellen; *uit het land ~* ausweisen^{307}; **3** *(bereiden)* kochen, machen: *koffie, thee ~* Kaffee, Tee kochen ‖ *een fractuur ~* eine Fraktur richten; *iem niet kunnen ~* jmdn nicht ausstehen können^{194}: *iem iets betaald ~* jmdm etwas heimzahlen; *een ernstig gezicht ~* ein ernstes Gesicht machen; *zich over iets heen ~* sich über^{+4} etwas hinwegsetzen; *ik kan die deun niet uit mijn hoofd ~* die Weise geht mir nicht aus dem Kopf; *dat moet je uit je hoofd ~* das musst du dir aus dem Kopf schlagen

zetter *(typ)* Setzer m^9, Schriftsetzer m^9

zetterij Setzerei v^{20}

zetting 1 *(typ) (het zetten)* Satz m^{19}; *(van edelstenen)* Fassung v^{20}; **2** *(vaststelling)* Festsetzung v^{20}; **3** *(muz)* Arrangement o^{36}

zeug 1 *(moedervarken)* Mutterschwein o^{29}, Sau v^{25}, v^{20}; **2** *(van wild zwijn)* Wildsau v^{25}, v^{20}

zeulen schleppen

zeur Nörgelfritze m^{15}

zeuren 1 nörgeln, quengeln, *(temen)* salbadern; **2** *(drenzen)* knatschen; **3** *(kletsen)* quasseln; **4** *(iem aan het hoofd malen)* jmdm in den Ohren liegen^{202}

zeurkous, zeurpiet Nörgelfritze m^5

¹zeven *ww* sieben, seihen

²zeven I *telw* sieben; **II** *zn* Sieben *v²⁰*
zevende I *telw* der (die, das) siebente (*of:* siebte): *Hendrik de Zevende* Heinrich der Siebte (VII.); **II** *zn* Siebtel *o³³*
Zevengebergte Siebengebirge *o³⁹*
zevenklapper Knallfrosch *m⁶*
zevenmaandskind Siebenmonatskind *o³¹*
zevenmijlslaarzen Siebenmeilenstiefel *mv m⁹*
zevenslaper Siebenschläfer *m⁹*
zeventien siebzehn
zeventig siebzig
zever Geifer *m¹⁹*, Speichel *m¹⁹*
zeveren 1 (*kwijlen*) geifern; **2** (*wauwelen*) faseln
zgn. *afk van zogenaamd* so genannt (*afk* sog.)
zich sich⁸⁸
zicht (*het zien*) Sicht *v²⁸*: *bij goed* ~ bei guter Sicht; *in (het)* ~ *zijn (of: komen)* in Sicht sein²⁶² (*of:* kommen¹⁹³): *op* ~ *betaalbaar* auf (*of:* bei) Sicht zahlbar; *op* ~ *zenden* zur Ansicht senden²⁶³
zichtbaar sichtbar
zichtrekening (*Belg*) Kontokorrent *o²⁹*
zichzelf sich selber, sich selbst: *van* ~ *is hij wat verlegen* er ist von Natur etwas schüchtern; *van* ~ *heet zij Krause* sie ist eine geborene Krause
zie (*bij verwijzing*) siehe
zieden sieden²⁶⁴: ~*d heet* siedend heiß; ~*d van woede* wutschnaubend
ziedend (*woedend*) wütend
ziehier sieh, sehen Sie
ziek krank⁵⁸: ~ *worden* krank werden³¹⁰, erkranken; *ik ben zo* ~ *als een hond* mir ist hundeelend
ziekbed Krankenbett *o³⁷*, Krankenlager *o³³*
ziekbriefje Krankenschein *m⁵*
zieke Kranke(r) *m⁴⁰ᵃ*, *v⁴⁰ᵇ*
ziekelijk 1 (*aanhoudend min of meer ziek*) kränklich; **2** (*abnormaal*) krankhaft
ziekenauto Krankenwagen *m¹¹*, Rettungswagen *m¹¹*
ziekenbezoek Krankenbesuch *m⁵*
ziekenfonds Krankenkasse *v²¹*
ziekenfondsarts Kassenarzt *m⁶*
ziekengeld Krankengeld *o³¹*
ziekenhuis Krankenhaus *o³²*: *naar het* ~ *brengen* ins Krankenhaus einliefern
ziekenkamer Krankenzimmer *o³³*
ziekenvervoer Krankentransport *m⁵*
ziekenwagen Krankenwagen *m¹¹*: ~ *van de GGD met een arts* Notarztwagen *m¹¹*
ziekte Krankheit *v²⁰*: *wegens* ~ krankheitshalber; *de* ~ *van Pfeiffer* das Pfeiffersche Drüsenfieber
ziektebeeld Krankheitsbild *o³¹*
ziektegeval Krankheitsfall *m⁶*
ziektekiem Krankheitserreger *m⁹*
ziekteverlof (*bij ziekte*) Erholungsurlaub: *ze is met* ~ sie ist krankgeschrieben
ziekteverloop Krankheitsverlauf *m⁶*
ziekteverwekker Krankheitserreger *m⁹*
ziekteverzekering Krankenversicherung *v²⁰*
ziektewet: *in de* ~ *lopen* Krankengeld beziehen³¹⁸

ziel Seele *v²¹*: *geen levende* ~ keine Menschenseele; *deze stad telt 100.000* ~*en* diese Stadt hat 100.000 Einwohner; *met zijn* ~ *onder de arm lopen* sich langweilen; *ter* ~*e gaan* das Zeitliche segnen
zielenheil Seelenheil *o³⁹*
zielenrust *zie* zielsrust
zieletal Einwohnerzahl *v²⁰*
***zielepoot** (*Wdl:* zielenpoot) bedauernswerter Mensch *m¹⁴*
zielig bedauernswert, traurig: ~*!* wie traurig!
zielloos 1 (*zonder ziel*) seelenlos; **2** (*dood*) entseelt
zielsbedroefd tief betrübt, tief bekümmert
zielsblij seelenvergnügt
zielsgelukkig selig
zielsgesteldheid Gemütsverfassung *v²⁰*
zielsrust 1 (*gemoedsrust*) Seelenruhe *v²⁸*; **2** (*eeuwige zaligheid*) ewige Seligkeit *v²⁸*
zielsveel innig, von ganzem Herzen
zielsverhuizing Seelenwanderung *v²⁸*
zielsverlangen Herzenswunsch *m¹⁹*
zielsverrukking, zielsvervoering Verzückung *v²⁰*, Ekstase *v²¹*
zieltogen in den letzten Zügen liegen²⁰²
zielzorg Seelsorge *v²⁸*
zielzorger Seelsorger *m⁹*
zien I *ww* sehen²⁶¹, schauen: *bleek* ~ blass aussehen; *zie je wel!* siehst du! (*of:* siehste!); *hij ziet er altijd zo boos uit* er schaut immer so böse drein; *we zullen* ~ wir wollen mal sehen; *dat mag gezien worden* das kann (*of:* darf) sich sehen lassen; *dat kun je niet aan de mensen* ~ das kann man den Leuten nicht ansehen; *ik zie het aan je, dat …* ich sehe es dir an, dass …; *zie beneden!* siehe unten!; *veel in iets* ~ sich³ viel von etwas versprechen²⁷⁴; *ik heb het* ~ *aankomen* ich habe es kommen sehen; *ik heb het hem laten* ~ ich habe es ihm gezeigt; *het verkeer laat een toename* ~ der Verkehr hat eine Zunahme zu verzeichnen; *de kamer ziet uit op de tuin* das Zimmer sieht auf den Garten; *te* ~ *krijgen* zu sehen bekommen¹⁹³: *mij niet gezien!* ohne mich!; *het niet meer* ~ *zitten* die Hoffnung aufgegeben haben¹⁸²; **II** *zn* Sehen *o³⁹*, Anblick *m¹⁹*: *tot* ~*s!* auf Wiedersehen!
ziende sehend: ~ *blind* mit sehenden Augen blind
zienderogen zusehends, sichtlich
zienswijze (*mening*) Ansicht *v²⁰*
zier: *de man heeft geen* ~*tje gevoel* der Mann hat nicht das geringste Gefühl; *het interesseert me geen* ~ es interessiert mich nicht im Geringsten
ziezo *tw* so!
zigeuner Zigeuner *m⁹*
zigeunerin Zigeunerin *v²²*
zigeunerkamp Zigeunerlager *o³³*
zigzag zickzack, im Zickzack
zigzaggen zickzacken
zij I *pers vnw* sie⁸²; **II** *zn* (*vrouwelijk persoon*) Sie *v²⁷*
zijaanzicht Seitenansicht *v²⁰*
¹zijde, zij (*kant*) Seite *v²¹*: ~ *spek* Speckseite; *dat is zijn zwakke* ~ das ist seine schwache Seite; *wij hebben het gelijk aan onze* ~ wir sind im Recht; *aan*

beide zijden auf (*of:* zu) beiden Seiten; *aan deze* (*of: gene*) *~ van de rivier* diesseits (*of:* jenseits) des Flusses; *steken in de ~* Seitenstechen o^{39}: *op zijn andere ~ gaan liggen* sich auf die andere Seite drehen; *van bevriende zijde* von zuverlässiger Seite; *van wel ingelichte zijde* aus zuverlässiger Quelle; *ik van mijn zijde* ich meinerseits; *van moeders zijde* mütterlicherseits; *van vaders zijde* väterlicherseits; *van de zijde van de regering* seitens^{+2} der Regierung

²zijde *(stof)* Seide v^{21}

zijdeachtig seidenartig

zijdelings Seiten..., indirekt: *een ~ verwijt* ein indirekter Vorwurf; *~ naar iem kijken* jmdm einen Seitenblick zuwerfen^{311}; *~ betrokken zijn bij* indirekt beteiligt sein^{262} an^{+3}

zijden 1 *(van zijde)* seiden, Seiden...: *~ jurk* seidenes Kleid, *(ook)* Seidenkleid o^{31}; **2** *(als van zijde)* seidig, seidenartig

zijderups Seidenraupe v^{21}

zijdeur Seitentür v^{20}, Nebentür v^{20}

zijig seidig, seidenartig

zij-ingang Seiteneingang m^6

zijkamer Nebenzimmer o^{33}, Nebenraum m^6

zijkanaal Seitenkanal m^6

zijkant Seite v^{21}

zijlijn *(sp, spoorw)* Seitenlinie v^{21}

zijmuur Seitenmauer v^{21}, Seitenwand v^{25}

¹zijn I *ww* sein^{262}: *als vader ~ de ...* als Vater ...; *is er een God?* gibt es einen Gott?; *wat is er?* was gibt's?, *was ist los?; wat is er met hem?* was hat er?; *hij mag er ~* er kann (*of:* darf) sich sehen lassen; *moet er nog hout ~?* wird noch Holz benötigt?; *er was eens een koning* es war (ein)mal ein König; *er is wat met mijn fiets* mein Fahrrad ist nicht in Ordnung; *je bent er! (hebt het gehaald)* du hast es geschafft!; *hoe is het?* wie geht's?; *nu weet je wat dat is* jetzt weißt du, was das heißt; *dat kan wel ~* das mag sein; *het kan best ~* es ist schon möglich; *(fig) waar ~ we?* wo sind wir stehen geblieben?; *het is hier prettig fietsen* es radelt sich hier angenehm; *het is te begrijpen* es lässt sich verstehen, es ist zu verstehen; *het is best te doen* das lässt sich schon machen; **II** *zn* Sein o^{39}

²zijn *bez vnw*^{80}; **I** *bijvoegl m* sein *m*, seine *v*, sein *o*: *hij heeft ~ voet bezeerd* er hat sich^3 den Fuß (*of:* dat hat seinen Fuß) verletzt; **II** *zelfst der*, *die*, *das* seine (*of:* seinige): *de ~en* die Seinen, die seinen; *mijn boek en het ~e* mein Buch und das seinige (*of:* das seine); *hij heeft ~e gedaan* er hat das Seine (*of:* das seine) getan; *het ~e ervan denken* sich^3 sein Teil dabei denken^{140}

zijnerzijds seinerseits

zijopening Seitenöffnung v^{20}

zijpad Seitenpfad m^5

zijraam Seitenfenster o^{33}

zijrivier Nebenfluss m^6

zijspan Beiwagen m^{11}

zijspiegel Außenspiegel m^9

zijspoor Nebengleis o^{29}: *(fig) op een ~ staan* ausrangiert sein^{262}: *iem op een ~ zetten* jmdn kaltstellen

zijstraat Seitenstraße v^{21}, Nebenstraße v^{21}

zijtak 1 *(van boom)* Zweig m^5, *(dikker)* Ast m^6; **2** *(van familie)* Nebenlinie v^{21}; **3** *(van rivier)* Arm m^5

zijuitgang Nebenausgang m^6

zijvenster Seitenfenster o^{33}

zijvleugel Seitenflügel m^9

zijwaarts Seiten..., seitwärts: *~e beweging* Seitenbewegung v^{20}: *één pas ~* ein Seitenschritt

zijweg Seitenweg m^5, Nebenweg m^5

zijwind Seitenwind m^5

zilt salzig: *het ~e nat* das Meer, die See

zilver Silber o^{39}: *fijn ~* Feinsilber

zilverdraad 1 *(metaal)* Silberdraht m^6; **2** *(in weefsel)* Silberfaden m^{12}

zilveren silbern, Silber...: *~ bruiloft* silberne Hochzeit, Silberhochzeit v^{28}

zilvergehalte Silbergehalt m^{19}

zilverhoudend silberhaltig

zilverkleurig silberfarben, silberfarbig

zilvermeeuw Silbermöwe v^{21}

zilvermijn Silbermine v^{21}, Silberbergwerk o^{29}

zilverpapier Silberpapier o^{39}, Stanniol o^{29}

zilversmid Silberschmied m^5

zilverspar Weißtanne v^{21}, Silbertanne

zilverwerk 1 *(ook fig)* Silberarbeit v^{20}; **2** *(lett)* Silberzeug o^{39}, Silber o^{39}, Silberwaren *mv* v^{21}; *(op tafel)* Silbergeschirr o^{39}

zin 1 *(zielsvermogen, verstand, betekenis)* Sinn m^5: *dat heeft helemaal geen ~ (nut)* das hat gar keinen Zweck; *niet goed bij zijn ~nen zijn* nicht recht bei Verstand sein^{262}: *kwaad in de ~ hebben* Böses im Sinn haben^{182}: *in zekere ~ heb je gelijk* in gewissem Sinne hast du Recht; *in de ~ van de wet* im Sinne des Gesetzes; **2** *(wil, lust)* Wille m^{18} *(geen mv)*, Lust v^{28}: *zijn eigen ~ doen* nach eigenem Ermessen handeln; *iems ~ doen* jmdm zu Willen sein^{262}: *iem zijn ~ geven* jmdm seinen Willen lassen^{197}: *ik heb er geen ~ in* ich habe keine Lust dazu; *~ in een sigaret hebben* Lust auf eine Zigarette haben^{182}: *gaat het naar uw ~?* sind Sie zufrieden?; *het ieder naar de ~ maken* es jedem recht machen; *tegen mijn ~* gegen meinen Willen; *hij is van ~s een boek te schrijven* er beabsichtigt, ein Buch zu schreiben; **3** *(volzin)* Satz m^6

zindelijk reinlich, sauber, rein; *(mbt hond, kat)* stubenrein

zinderen flimmern

zingen singen^{265}: *zuiver ~* rein singen

zink Zink o^{39}

¹zinken *bn (van zink gemaakt)* zinken, Zink...

²zinken *ww* versinken^{266}, sinken^{266}: *in een diepe slaap ~* in tiefen Schlaf sinken; *hij is diep gezonken* er ist tief gesunken; *een schip doen ~* ein Schiff versenken; *de boot zonk* das Schiff sank

zinker 1 *(onder dijk)* Durchlass m^6; **2** *(buis onder water)* Unterwasserrohr o^{29}; **3** *(aan visnet)* Bleigewicht o^{29}, Senker m^9

zinloos sinnlos; *(nutteloos)* zwecklos

zinloosheid Sinnlosigkeit v^{20}, Zwecklosigkeit v^{28}

zinnebeeld Sinnbild o[31], Symbol o[29]
zinnebeeldig sinnbildlich, symbolisch
zinnelijk sinnlich: ~ *genot* sinnlicher Genuss, Sinnengenuss m[6]: ~ *waarneembaar* sinnlich wahrnehmbar
zinnelijkheid Sinnlichkeit v[28]
¹**zinnen** *(peinzen)* sinnen[267]: *hij zat op wraak te* ~ er sann auf Rache
²**zinnen** *(bevallen)* gefallen[154]: *dat zinde hem niet* das gefiel ihm nicht
zinnig vernünftig
zinrijk sinnreich
zins *zie* zin
zinsbegoocheling Sinnestäuschung v[20]
zinsbouw Satzbau m[19]: *leer van de* ~ Syntax v[20]
zinsdeel Satzteil m[5], Satzglied o[31]
zinsnede Satzteil m[5]
zinsontleding Satzanalyse v[21]
zinspelen anspielen: ~ *op* anspielen auf[+4]
zinspeling Anspielung v[20]
zinspreuk 1 *(leus)* Sinnspruch m[6]; **2** *(devies)* Wahlspruch m[6], Devise v[21]
zinsverband Kontext m[5], Zusammenhang m[6]
zinswending Wendung v[20], Redewendung v[20]
zintuig Sinn m[5], Sinnesorgan o[29]
zintuiglijk sinnlich
zinvol sinnvoll, sinnreich
zit Sitz m[19]: *dat is een hele* ~ das dauert lange
zitbad Sitzbad o[32]
zitbank Sitzbank v[25]
zitje 1 *(plekje)* Plätzchen o[35]; **2** *(tafel met stoelen)* Sitzgruppe v[21]
zitkamer Wohnzimmer o[33]
zitplaats Sitzplatz m[6]
zit-slaapkamer Wohnschlafzimmer o[33]
zitten sitzen[268]: *waar zit je toch?* wo steckst du denn?; *hoe zit de zaak?* wie verhält sich die Sache?; *daar zit hem de moeilijkheid* da hapert's; *dat zit nog* das ist noch die Frage; *hij zit: a) (in gevangenis)* er sitzt; *b) (sp: goal)* Tor; *dat zit wel goed* das ist in Ordnung; *dat zit mij niet lekker* ich habe kein gutes Gefühl dabei; *blijven* ~ *(ook: op school)* sitzen bleiben[134]; *het blijft niet* ~ es hält nicht; *gaan* ~ sich setzen, Platz nehmen[212]; *laten* ~ sitzen lassen[197]: *ik zal het er niet bij laten* ~ ich werde es nicht dabei bewenden lassen; *(fig) laat maar* ~ lass sein; *(fig) het niet meer zien* ~ nicht mehr weiterwissen[314]; *dat zit in het bloed* das liegt im Blut; *de zaak zit goed in elkaar* die Sache hat Hand und Fuß; *het geld zit in de zaak* das Geld steckt im Geschäft; *met een probleem* ~ ein Problem haben[182]; *daar zit niets anders op* da bleibt nichts andres übrig; *dat zit er weer op!* das ist wieder erledigt!; *dat te eten sie essen; hij zit te lezen* er liest; *zit niet altijd te liegen!* lüge nicht immer!; *zit niet te zeuren!* quengle nicht so!
zittenblijver *(in de klas)* Sitzenbleiber m[9]
zitting 1 *(vergadering)* Sitzung v[20]; *(jur)* Termin m[5]: *de rechtbank houdt* ~ das Gericht tagt; ~ *nemen in het bestuur* in dem Vorstand einen Sitz erhalten[183]:

op de ~ *verschijnen* zum Termin erscheinen[233]; **2** *(zittingstijd)* Legislaturperiode v[21]; **3** *(van stoel)* Sitz m[5]
zittingsperiode Legislaturperiode v[21]
zitvlak Gesäß o[29], Popo m[13]
zitvlees: ~ *hebben* Sitzfleisch haben[182]
zo I *bw* so; *(zodanig)* solch, derartig: *dat is niet* ~ dem ist nicht so!; *het zij* ~ es sei so; ~ *iemand* so einer; *(om)* ~ *te zeggen* sozusagen; ~'*n man* so ein Mann, solch ein Mann, ein solcher Mann; *goed* ~! recht so!; ~ *zeer* dermaßen; ~ *en zoveel* soundso viel; *ik kom* ~ ich komme gleich; ~ *dadelijk*, ~ *meteen* (so)gleich, sofort; *hij sprong* ~ *maar in het water* er sprang mir nichts, dir nichts ins Wasser; *hij liep* ~ *maar de deur uit* er ging ohne weiteres zur Tür hinaus; *ik zei het* ~ *maar* ich sagte es nur so; *en* ~ *verder* und so weiter *(afk usw.);* **II** *vw* **1** *(vergelijkend)* wie: ~ *de ouden zongen* wie die Alten sungen; *hij is,* ~ *zegt men, rijk* er soll reich sein; **2** *(voorwaardelijk)* wenn: ~ *niet, dan zal ik ...* wenn nicht, so werde ich ...; ~ *mogelijk* wenn möglich; ~ *nodig* wenn nötig
zoal: *aan wie* ~ *heeft hij dit verteld?* wem alles hat er dies erzählt?
zoals wie
zodanig I *aanw vnw* derartig, solch; **II** *bw* in solcher Weise, derart, dermaßen
zodat sodass, so dass
zode Plagge v[21]
zodoende somit, also, folglich
zodra sobald
zoek: ~ *raken* verloren gehen[168]: *het eind is* ~ das Ende ist nicht abzusehen; *mijn hoed is* ~ mein Hut ist fort; *die jongen is* ~ der Junge ist verschwunden; *we zijn op* ~ *naar ...* wir sind auf der Suche nach[+3]
zoeken 1 suchen: *dat is ver gezocht* das ist weit hergeholt; *niet meer weten waar men het* ~ *moet* weder aus noch ein wissen[314]: *dat had ik niet achter hem gezocht!* das hätte ich ihm nicht zugetraut!; **2** *(proberen)* (ver)suchen: *iem* ~ *te bedriegen* jmdn zu betrügen (ver)suchen
zoeker Sucher m[9]
zoeklicht Scheinwerfer m[9]
zoekmaken verlegen, verlieren[300]
zoel schwül, drückend
zoemen *(ook elektr)* summen
zoemer Summer m[9]
zoen *(kus)* Kuss m[6], *(inform)* Schmatz m[5], m[6]
zoenen küssen ‖ *om te* ~ zum Anbeißen
zoet süß, *(fig)* lieblich, anmutig; *(mbt kinderen)* brav, artig: *de kinderen* ~ *houden* auf die Kinder aufpassen
zoetekauw Süßmaul o[32]
zoeten süßen, süß machen
zoethoudertje *(iron)* Beruhigungspille v[21]
zoetig süßlich
zoetigheid Süßigkeit v[20]
zoetje Süßstofftablette v[21]

zoetsappig süßlich
zoetstof Süßstoff m^5
zoetzuur *bn* süßsauer
***zoëven** (*Wdl:* zo-even) (so)eben
zog 1 (*moedermelk*) Muttermilch v^{28}; **2** (*van schip*) Kielwasser o^{33}, Sog m^5
zogen säugen: *de moeder zoogt haar kind* die Mutter stillt (*of:* säugt) ihr Kind
zogenaamd so genannt, (*in schijn*) angeblich
zogenoemd so genannt
zogezegd sozusagen; (*vrijwel*) nahezu
zogoed als so gut wie
zoiets so etwas; (*inform*) sowas: *het kost ~ van 5 euro* es kostet etwa 5 Euro
zojuist (so)eben
zolang I *vw* solang(e): *~ je koorts hebt, moet je in bed blijven* solang(e) du Fieber hast, musst du im Bett bleiben; **II** *bw* (*ondertussen*) inzwischen, unterdessen, einstweilen: *wij blijven ~ hier* wir bleiben einstweilen hier
zolder 1 Boden m^{12}, Dachboden m^{12}; **2** (*als pakruimte*) Boden m^{12}; **3** (*zoldering*) Decke v^{21}
zoldering Decke v^{21}
zolderkamer Bodenkammer v^{21}, Dachkammer v^{21}
zoldertrap Bodentreppe v^{21}
zomaar nur so; mir nichts, dir nichts
zomede sowie, wie auch
zomen säumen
zomer Sommer m^9: *'s ~s* im Sommer, sommers; *in de ~* im Sommer
zomeravond Sommerabend m^5
zomerdag Sommertag m^5
zomerhuisje Sommerhäuschen o^{35}, Ferienhaus o^{32}
zomermaand Sommermonat m^5
zomers sommerlich: *een ~e dag* ein sommerlicher Tag, ein Sommertag
zomervakantie Sommerurlaub m^5, Sommerferien (*mv*)
zomin ebenso wenig: *net ~ als* ebenso wenig wie
zon Sonne v^{21}: *voor niets gaat de ~ op* umsonst ist der Tod; *zich in de ~ koesteren* sich sonnen
zo'n *aanw vnw* so ein, solch ein: *in ~ geval* in einem solchen Fall; *het kost ~ honderd euro* es kostet um die hundert Euro
zonaanbidder Sonnenanbeter m^9
zondaar Sünder m^9
zondag Sonntag m^5: *des ~s, 's ~s* am Sonntag, sonntags; *op een ~* an einem Sonntag
zondags Sonntags…; sonntäglich
zondagsrust Sonntagsruhe v^{28}
zondagsschool Sonntagsschule v^{21}
zonde Sünde v^{21}; (*jammer*) schade: *het is ~* es ist schade!; *~ van dat mooie huis* schade um das schöne Haus
zondebok Sündenbock m^6
zonder ohne[+4]: *~ aanleiding* ohne Anlass; *~ gekheid!* Spaß beiseite!; *~ meer* ohne weiteres; *~ pardon* erbarmungslos; *~ dat hij … ohne dass er …*; *~ te* (+ *onbep w*) ohne zu

zonderling I *bn, bw* (*merkwaardig*) sonderbar, merkwürdig, eigenartig; **2** (*vreemd*) seltsam; **II** *zn* Sonderling m^5, Kauz m^6
zondeval Sündenfall m^{19}
zondig 1 (*met zonde beladen*) sündhaft; **2** (*zondigend*) sündig
zondigen sündigen; (*bewust*) freveln; (*tegen algemene regels*) verstoßen[285]
zondvloed Sintflut v^{28}, Sündflut v^{28}
zone Zone v^{21}: *verboden ~* Sperrzone
zoneclips Sonnenfinsternis v^{24}
zon- en feestdagen Sonn- und Feiertage *mv* m^5
zonenummer (*Belg*) (*telecom*) Vorwahl v^{20}, Vorwahlnummer v^{21}, Vorwählnummer
zonet gerade, (so)eben
zonlicht Sonnenlicht o^{39}
zonnebad Sonnenbad o^{32}
zonnebaden sich sonnen
zonnebank Sonnenbank v^{25}
zonnebloem Sonnenblume v^{21}
zonnebrand Sonnenbrand m^6
zonnebrandolie Sonnenöl o^{29}
zonnebril Sonnenbrille v^{21}
zonnecollector Sonnenkollektor m^{16}, Solarkollektor m^{16}
zonne-energie Sonnenenergie v^{28}, Solarenergie v^{28}
zonneklaar sonnenklar
zonneklep (*in auto*) Sonnenblende v^{21}
zonnen sich sonnen
zonnescherm 1 (*parasol*) Sonnenschirm m^5; **2** (*markies*) Markise v^{21}, Sonnendach o^{32}
zonneschijn Sonnenschein m^{19}
zonneslag (*Belg*) Sonnenstich m^5
zonnesteek Sonnenstich m^5
zonnestelsel Sonnensystem o^{29}
zonnestraal Sonnenstrahl m^{16}
zonnetje Sonne v^{21}: *iem in het ~ zetten* jmdn ins rechte Licht setzen
zonnevlek Sonnenfleck m^5
zonnewijzer Sonnenuhr v^{20}
zonnig sonnig
zonsondergang Sonnenuntergang m^6
zonsopgang, zonsopkomst Sonnenaufgang m^6
zonsverduistering Sonnenfinsternis v^{24}
zonwering Sonnenschutz m^5
zonzijde Sonnenseite v^{21}
zoogdier Säugetier o^{29}
zooi *zie* zootje
zool Sohle v^{21}
zoölogie Zoologie v^{28}, Tierkunde v^{28}
zoölogisch zoologisch
zoöloog Zoologe m^{15}
zoom Saum m^6, (*buitenrand, ook*) Rand m^8; (*van bos*) Waldsaum; (*van rivier*) Uferrand
zoomen zoomen
zoomlens Zoomobjektiv o^{29}
zoon Sohn m^6
zootje 1 (*hoeveelheid*) Menge v^{21}; **2** (*boeltje*) Krempel m^{19}, Kram m^{19}

zorg 1 *(zorgvuldigheid)* Sorgfalt v^{28}: *(veel)* ~ *beste-den aan* (große) Sorgfalt verwenden auf^{+4}; **2** *(zorgzaamheid)* Sorge v^{28}, Obhut v^{28}; **3** *(het zorgen voor)* Sorge v^{28} (für^{+4}): ~ *dragen voor iets* Sorge tragen^{288} für^{+4} etwas: *de* ~ *voor iem op zich nemen* die Sorge für jmdn übernehmen^{212}; **4** *(bezorgdheid)* Sorge v^{28}, Besorgnis v^{24}; *(ongerustheid)* Sorge v^{21}: *zich ~en maken over sich*^{3} Sorgen machen über^{+4}; *zich ~en maken om sich*^{3} Sorgen machen um^{+4}; *vrij van ~en* sorgenfrei; *dat is van later* ~ das findet sich später schon; *het zal mij een* ~ *zijn!* das ist nicht mein Bier!

zorgdragend sorgsam, fürsorglich

zorgelijk 1 *(zorg veroorzakend)* Besorgnis erregend, beängstigend; **2** *(onrustbarend)* bedenklich: *de toestand is* ~ der Zustand ist bedenklich

zorgeloos 1 sorglos; **2** *(zonder zorgen)* unbekümmert; **3** *(nonchalant)* unachtsam

zorgeloosheid 1 Sorglosigkeit v^{28}; **2** Unbekümmertheit v^{28}; **3** Unachtsamkeit v^{28}; *zie ook* zorgeloos

zorgen sorgen: ~ *voor* sorgen für^{+4}, Sorge tragen^{+4288} für: *voor zieken* ~ Kranke betreuen

zorgenkind *(ook fig)* Sorgenkind o^{31}

zorgplicht Sorgepflicht v^{28}

zorgvuldig sorgfältig

zorgvuldigheid Sorgfalt v^{28}

zorgwekkend Besorgnis erregend

zorgzaam sorgsam, fürsorglich

zot I *bn* **1** *(dwaas)* töricht, närrisch: *ben je* ~*!* bist du verrückt!; **2** *(dom)* albern, dumm; **II** *zn* Narr m^{14}, Tor m^{14}

zotheid 1 Torheit v^{20}; **2** *(domheid)* Dummheit v^{20}

zout I *zn* Salz o^{29}; **II** *bn* salzig: ~*e haring* Salzhering m^5: ~*e krakeling* Salzbrezel v^{21}: ~*e stengel* Salzstange v^{21}: ~ *water* Salzwasser o^{34}

zoutarm salzarm

zouteloos fade, *(fig, ook)* abgeschmackt

zouten salzen, *(inzouten, ook)* einpökeln

zoutig salzig

zoutjes *(stengels, krakelingen)* Salzgebäck o^{29}

zoutloos salzlos, salzfrei

zoutpot Salzfass o^{32}

zoutstrooier Salzstreuer m^9; *(auto)* Streuwagen m^{11}, Streufahrzeug o^{29}

zoutvaatje Salzfässchen o^{35}, Salznäpfchen o^{35}

zoutzak 1 *(lett)* Salzsack m^6; **2** *(fig)* Waschlappen m^{11}, Schlappschwanz m^6

zoutzuur Salzsäure v^{21}

zoveel so viel: ~ *als* so viel wie; ~ *als niets* so viel wie nichts; *nog eenmaal* ~ noch einmal so viel; ~ *mogelijk* so viel wie möglich, möglichst viel; ~ *te beter* umso besser; ~ *te meer* umso mehr

¹zover so weit: ~ *zijn we nog niet* so weit sind wir noch nicht; *we zijn het* ~ *eens geworden, dat …* wir haben uns dahin geeinigt, dass …; *(tot)* ~ bis dahin

²zover soweit; *(fig, ook)* soviel: ~ *ik zien kan* soweit ich sehen kann; ~ *ik weet* soviel ich weiß

zowaar wahrlich, wahrhaftig

zowat ungefähr, etwa

zowel sowohl: ~ *als* sowohl als (auch); sowohl wie (auch); ~ *het een, als het andere* sowohl das eine wie das andere

z.o.z. *afk van zie ommezijde* bitte wenden! *(afk b.w.)*

zozeer so sehr, derart: *niet* ~ *… als (wel)* nicht so sehr … als (vielmehr)

zozo: *het is maar* ~ es ist nur soso *(of:* lala)

¹zucht Seufzer m^9: *een* ~ *slaken* aufseufzen

²zucht 1 *(begeerte)* Trieb m^{19}, Sucht v^{25}: ~ *naar macht* Machtgier v^{28}: ~ *naar vrijheid* Freiheitsdrang m^{19}; **2** *(sterke neiging, dikwijls minder gunstig)* Hang m^{19}; **3** *(instinct)* Trieb m^5: ~ *tot zelfbehoud* Selbsterhaltungstrieb

³zucht *(med)* Sucht v^{25}

zuchten 1 seufzen; **2** *(steunen)* stöhnen

zuchtje 1 *(kleine zucht)* schwacher Seufzer m^9; **2** *(van wind)* Windhauch m^5, Hauch: *er is geen* ~ *wind* es weht kein Lüftchen

zuid I *zn* Süden m^{19}; **II** *bw, bn* südlich: *de wind is* ~ der Wind kommt von Süd

Zuid-Afrika Südafrika o^{39}

Zuid-Afrikaans I *zn (de taal)* Afrikaans o^{39a}; **II** *bn* südafrikanisch

Zuid-Amerika Südamerika o^{39}

Zuid-Amerikaans südamerikanisch

zuidelijk südlich; *(van zuidelijk land)* südländisch

zuiden Süden m^{19}: *met vakantie naar het* ~ *gaan* in den Ferien in den Süden fahren^{153}: *ten* ~ *van* südlich von^{+3}, südlich^{+2}

zuidenwind Südwind m^5

zuiderkeerkring südlicher Wendekreis m^5

zuiderling 1 *(uit een zuidelijk land)* Südländer m^9; **2** *(uit het zuiden van het land)* hij is een ~ er kommt aus dem Süden

zuidkust Südküste v^{21}

zuidpool 1 *(aspunt)* Südpol m^{19}; **2** *(gebied)* Südpolargebiet o^{39}, Antarktis v^{28}

zuidpoolcirkel südlicher Polarkreis m^{19}

zuidpoolexpeditie Südpolexpedition v^{20}

zuidpoolgebied Südpolargebiet o^{39}, Antarktis v^{28}

zuidvruchten Südfrüchte *mv* v^{25}

zuidwaarts südwärts

zuidwestelijk südwestlich

zuidwesten Südwesten m^{19}

zuidwester 1 *(hoed)* Südwester m^9; **2** *(wind)* Südwestwind m^5

zuidzijde Südseite v^{21}

zuigeling Säugling m^5

zuigelingenzorg Säuglingsfürsorge v^{28}

zuigen saugen^{229}

zuiger *(van pomp e.d.)* Kolben m^{11}

zuigerklep Ventil o^{29}

zuigfles Saugflasche v^{21}

zuiging Sog m^5

zuigkracht Saugkraft v^{25}

zuil Säule v^{21}

zuinig 1 *(spaarzaam)* sparsam; *(voordelig, economisch)* ökonomisch, wirtschaftlich: *een* ~*e auto* ein sparsames Auto; ~ *zijn met* sparsam sein^{262} mit^{+3}:

~ *op iets zijn* etwas schonen; **2** *(teleurgesteld)* verdrießlich: ~ *kijken* verdrießlich dreinschauen ‖ *was hij kwaad? niet* ~*!* war er böse? und ob!

zuinigheid Sparsamkeit *v*[28]

zuinigjes spärlich: ~ *lachen* gequält lächeln

zuipen saufen[228]

zuiplap Säufer *m*[9], Trunkenbold *m*[5]

zuippartij Saufgelage *o*[33]

zuivel Molkereiprodukte *mv o*[29]

zuivelbereiding Milchverwertung *v*[20]

zuivelfabriek Molkerei *v*[20]

zuivelproduct Molkereiprodukt *o*[29]

zuiver rein: *een* ~ *geweten* ein reines Gewissen; ~*e lucht* reine Luft; ~*e winst* reiner Gewinn, Reingewinn *m*[5]: *niet* ~ *in de leer* nicht rechtgläubig

zuiveren reinigen, säubern: *het bloed* ~ das Blut reinigen; *water* ~ Wasser klären; *een wond* ~ eine Wunde säubern; *de partij* ~ die Partei säubern

zuiverheid Reinheit *v*[28]: ~ *van bedoelingen* Lauterkeit *v*[28] der Absichten

zuivering Reinigung *v*[20]; Säuberung *v*[20]; *(van water)* Klärung *v*[20]; *zie ook* zuiveren

zuiveringsactie Säuberungsaktion *v*[20]

zuiveringsinstallatie Kläranlage *v*[21]

zulk solch(e)[76,77], derartig: ~ *een man* solch ein Mann, ein solcher Mann; ~*e mensen* solche Leute; ~*e praktijken* solche *(of:* derartige*)* Praktiken; ~ *mooi weer* solch schönes Wetter

zulks so etwas, solches

zullen 1 *(om een toekomst zonder meer uit te drukken)* werden[310]: *u zult het zien!* Sie werden es sehen!; **2** *(in de 1e pers ook)* wollen *(de wil van het onderwerp van invloed is):* *ik zal het je zeggen!* ich will es dir sagen!; *we* ~ *het wel klaar spelen!* das werden wir schon schaffen!; **3** *(als modaal hulpww van waarschijnlijkheid)* werden[310]: *hij zal wel aangekomen zijn* er wird schon angekommen sein; **4** *(voor de conditionalis)* werden[310]: *als ik het kon, zou ik het doen* wenn ich es könnte, täte ich es *(of:* würde ich es tun); *dat zou wat moois zijn!* das wäre ja noch schöner!; *wat zou je ervan zeggen, als …* wie wäre es, wenn …;**5** *(voor dezelfde modaliteit als bij* 2, *bescheiden uitgedrukt)* dürfen[145]: *het zal u daar wel bevallen* es dürfte Ihnen da schon gefallen; **6** *(voor mogelijkheid)* mögen[210]: *het zal één uur geweest zijn, toen …* es mag ein Uhr gewesen sein, als …; *wie zou hem dat gezegd hebben?* wer mag ihm das gesagt haben?; **7** *(om de wil van een ander uit te drukken)* sollen[269]: *zal ik het voor je doen?* soll ich es für dich tun?; *(ook in voorschriften) gij zult niet stelen* du sollst nicht stehlen; *(in beloften, toezeggingen e.d.) je zult je geld terug hebben* du sollst dein Geld zurückbekommen; *(achteraf bekeken) hij zou zijn vaderland niet weerzien* er sollte sein Vaterland nie wieder sehen; **8** *(van een handeling, die juist gebeuren zou)* sollen[269], *(voor 1e persoon)* wollen: *de trein zou juist vertrekken* der Zug sollte gerade abfahren; *ik zou juist uitgaan* ich wollte gerade ausgehen; **9** *(in vragen, om besluiteloosheid uit te drukken, of waarin schijnbaar om raad gevraagd wordt)* sollen[269]: *wat zou (moest) ik doen?* was sollte ich tun?; *(om een gevolgtrekking van waarschijnlijkheid uit te drukken)* men zou menen, dat het nu *uit was* man sollte meinen, dass es jetzt aus wäre; **10** *(andere gevallen)* meinen, denken[140]: *zou je denken? meinst du?; dat zou ik denken!* das will ich meinen!

zult Sülze *v*[21]

zurig ein wenig sauer, säuerlich

zuring Ampfer *m*[9]

¹**zus** *bw* so: *nu eens* ~, *dan weer zo* bald so, bald so

²**zus** Schwester *v*[21]

zusje Schwesterchen *o*[35], Schwester *v*[21]

zuster Schwester *v*[21], *(r-k, ook)* Nonne *v*[21]; *(prot)* Diakonissin *v*[22]: *(ja) je* ~*!* ja Kuchen!

zusterhuis 1 *(r-k)* Kloster *o*[34]; **2** *(bij ziekenhuis)* Schwesternhaus *o*[32]

zusterlijk schwesterlich

zustermaatschappij Schwesterfirma *v (mv -firmen)*

zusterpartij Schwesterpartei *v*[20]

zusterstad Partnerstadt *v*[25]

zuur I *bn* sauer: ~ *verdiend geld* sauer verdientes Geld; *zure regen* saurer Regen; *een zure vent* ein sauertöpfischer Kerl; ~ *kijken* eine saure Miene machen; ~ *worden* sauer werden[310]: *nu ben je* ~*!* jetzt bist du geliefert!; **II** *zn* **1** *(chem)* Säure *v*[21]; **2** *(algem)* Saure(s) *o*[40c]: *in het* ~ *leggen* in Essig einlegen; *augurken in het* ~ saure Gurken, Essiggurken; *het zoet en het* ~ *(van het leven)* Freud und Leid (des Lebens); *het* ~ *hebben (in de maag)* Sodbrennen haben[182]

zuurkool Sauerkraut *o*[39]

zuurpruim Sauertopf *m*[6]

zuurstof Sauerstoff *m*[19]

zuurstofapparaat Sauerstoffapparat *m*[5]

zuurstofcilinder Sauerstoffflasche *v*[21]

zuurtje Drops *m, o (2e nvl -; mv -)*

zuurzoet sauersüß

zwaai 1 *(zwaaiende beweging)* Schwung *m*[6]; **2** *(sp) (draaiend)* Welle *v*[21]; **3** *(verandering van richting)* Schwenkung *v*[20]

zwaaien schwingen[259]: *in het rond* ~ herumfuchteln; *met de doek* ~ das Tuch schwenken; *voor jou zwaait er wat!* dir blüht etwas!

zwaailicht Blaulicht *o*[31]

zwaan Schwan *m*[6]

zwaantje *(Belg) (pop)* Mitglied *o*[31] der staatlichen Polizei auf einem Motorrad

zwaar I *bn (algem)* schwer: ~ *bier* Starkbier *o*[29]: *zware industrie* Schwerindustrie *v*[28]: *zware jongen* schwerer Junge; *zware mist* dichter Nebel; ~ *weer* schweres Unwetter; ~ *werk* schwere Arbeit; *te* ~ *zijn* übergewichtig sein[262]; **II** *bw (erg)* schwer, stark: ~ *gewond* schwer verletzt; ~ *verkouden* stark erkältet; ~ *ziek* schwer krank

zwaarbeladen schwer beladen

zwaard Schwert *o*[31]

zw

zwaargebouwd stämmig, starkknochig
zwaargewapend schwer bewaffnet
zwaargewicht I *(gewichtsklasse)* Schwergewicht o^{39}; **II 1** *(bokser)* Schwergewicht o^{29}; **2** *(belangrijk persoon)* gewichtige Persönlichkeit v^{20}
zwaarlijvig beleibt, korpulent
zwaarmoedig schwermütig
zwaarmoedigheid Schwermut v^{28}
zwaarte 1 *(gewicht)* Schwere v^{28}, Gewicht o^{39}; **2** *(van hout)* Stärke v^{28}; **3** *(zwaartekracht)* Schwere v^{28}; **4** *(ernst)* Schwere v^{28}
zwaartekracht Schwerkraft v^{28}
zwaartepunt *(ook fig)* Schwerpunkt m^5
zwaarwegend schwerwiegend
zwaarwichtig gewichtig, schwerwiegend
zwabber Mopp m^{13}, *(scheepv)* Schwabber m^9: *aan de ~ zijn* sumpfen
zwabberen 1 *(met de zwabber werken)* moppen, *(scheepv)* schwabbern; **2** *(aan de zwabber zijn)* sumpfen
zwachtel Wickel m^9, Bandage v^{21}
zwachtelen bandagieren[320], verbinden[131]
zwager Schwager m^{10}
zwak I *bn, bw* schwach[58]: *het ~ke geslacht* das schwache *(of:* zarte) Geschlecht; *~ke valuta* weiche Währung; *~ bezet* schwach besetzt; *~ maken* schwach machen, schwächen; *~ van karakter zijn* einen schwachen Charakter haben[182]; **II** *zn* **1** *(zwak punt)* Schwäche v^{21}, schwache Seite v^{21}; **2** *(voorliefde)* Schwäche v^{21}: *een ~ voor iem hebben* eine Schwäche für jmdn haben[182]
zwakheid Schwäche v^{21}, Schwachheit v^{20}
zwakjes schwach, schwächlich
zwakkeling Schwächling m^5
zwakstroom Schwachstrom m^{19}
zwakte Schwäche v^{28}
zwakzinnig schwachsinnig, blödsinnig
zwakzinnigheid Schwachsinn m^{19}
zwalken (sich) herumtreiben[290]: *een ~d beleid* eine schwankende Politik
zwaluw Schwalbe v^{21}
zwaluwstaart Schwalbenschwanz m^6
zwam 1 Schwamm m^6; **2** *(paddestoel)* Pilz m^5
zwammen faseln, quatschen
zwamneus Quatschkopf m^6
zwang: *in ~ zijn* im Schwange sein[262], (in) Mode sein; *in ~ komen* aufkommen[193], in Schwang kommen[193]; *in ~ brengen* aufbringen[139]
zwanger schwanger
zwangerschap Schwangerschaft v^{20}
zwangerschapsgymnastiek Schwangerschaftsgymnastik v^{28}
zwangerschapsonderbreking Schwangerschaftsabbruch m^6
zwangerschapsverlof Mutterschaftsurlaub m^5
zwart I *bn, bw* schwarz[58]: *~ brood* Schwarzbrot o^{29}; *een ~e dag* ein schwarzer Tag; *de ~e dood* der schwarze Tod; *de ~e handel* der Schwarzhandel; *het Zwarte Woud* der Schwarzwald; *de Zwarte Zee*

das Schwarze Meer; *~ als roet* pechschwarz; *een ~ gezicht zetten* ein finsteres Gesicht machen; *op de ~e lijst staan* auf der schwarzen Liste stehen[279]: *iem ~ maken* jmdn anschwärzen; *ik heb het ~ op wit* ich habe es schwarz auf weiß; *het zag er ~ van de mensen* es war schwarz von Menschen; **II** *zn* Schwarz o *(2e nvl -(es); mv -):* *in het ~ schwarz* gekleidet, in Schwarz (gekleidet)
zwarte Schwarze(r) m^{40a}, v^{40b}
zwartepiet: *iem de ~ toespelen (fig)* jmdm den schwarzen Peter zuspielen
zwarte Piet *(knecht van St.-Nicolaas)* Knecht Ruprecht m *(2e nvl - -(e)s)*
zwartgallig schwarzgallig, melancholisch
zwarthandelaar Schwarzhändler m^9
zwartharig schwarzhaarig
zwartkijken schwarzsehen[261]
zwartkijker Schwarzseher m^9
zwartmaken anschwärzen
zwartogig schwarzäugig
zwartrijden schwarzfahren[153]
zwartrijder Schwarzfahrer m^9
zwartwerk Schwarzarbeit v^{28}
zwartwerken schwarzarbeiten
zwartwerker Schwarzarbeiter m^9
zwavel Schwefel m^{19}
zwavelen schwefeln
zwavelwaterstof Schwefelwasserstoff m^5
zwavelzuur Schwefelsäure v^{21}
Zweden Schweden o^{39}
Zweed Schwede m^{15}
Zweeds I *zn* Schwedisch o^{41}; **II** *bn* schwedisch
Zweedse Schwedin v^{22}
zweefduik Hechtsprung m^6
zweefvliegen segelfliegen[159]
zweefvlieger Segelflieger m^9
zweefvliegtuig Segelflugzeug o^{29}
zweefvlucht 1 Gleitflug m^6; **2** *(van zweefvliegtuig)* Segelflug m^6
zweem *(uiterlijk schijntje)* Anstrich m^5: *~ van voornaamheid* Anstrich von Vornehmheit; **2** *(zwakke gewaarwording en het blijk daarvan)* Anflug m^6: *~ van angst* Anflug von Angst; **3** *(geringe mate)* Schimmer m^9, Spur v^{20}, Hauch m^5: *geen ~ van berouw* keine Spur von Reue
zweep Peitsche v^{21}
zweepslag 1 *(lett)* Peitschenhieb m^5; **2** *(mbt spier, ongev)* Muskelriss m^5
zweer Geschwür o^{29}
zweet Schweiß m^{19}: *nat van het ~* nass von Schweiß; *zich in het ~ werken* ins Schwitzen kommen[193]: *in zijn ~ badend* schweißgebadet
zweetdruppel Schweißtropfen m^{11}
zweethanden Schweißhände *mv* v^{25}
zweetlucht Schweißgeruch m^6
zweetvoeten Schweißfüße *mv* m^6
zwelgen I *intr (baden in)* schwelgen: *in overvloed ~* im Überfluss schwelgen; **II** *tr (gulzig eten)* (hin-ein)schlingen[246]

zwelgpartij Schlemmerei v^{20}

zwellen (an)schwellen^{256}: *zijn hart zwelt van vreugde* das Herz schwillt ihm vor^3 Freude; *de rivier zwelt* der Fluss schwillt (an)

zwelling Schwellung v^{20}

zwembad 1 *(diploma A)* Schwimmbad o^{32}: *overdekt ~* Hallenbad o^{32}; **2** *(bassin)* Schwimmbecken o^{35}

zwembassin Schwimmbecken o^{35}

zwembroek Badehose v^{21}

zwemdiploma 1 *(diploma A)* Freischwimmerzeugnis o^{29a}; **2** *(diploma B)* Fahrtenschwimmerzeugnis o^{29a}; **3** *(diploma C)* Grundschein m^5

zwemen grenzen, *(mbt kleur)* spielen, stechen^{277}: *dat zweemt naar gierigheid* das grenzt an^{+4} Geiz; *naar rood ~* ins Rötliche spielen (*of:* stechen)

zwemgordel Schwimmgürtel m^9

zweminstructeur Schwimmlehrer m^9

zwemmen schwimmen^{257}

zwemmer Schwimmer m^9

zwempak Badeanzug m^6

zwemsport Schwimmsport m^{19}

zwemvest Schwimmweste v^{21}

zwemvlies 1 *(bij dieren)* Schwimmhaut v^{25}; **2** *(van rubber)* Schwimmflosse v^{21}, Flosse

zwemvogel Schwimmvogel m^{10}

zwemwedstrijd Wettschwimmen o^{39}

zwendel Schwindel m^{19}

zwendelaar Schwindler m^9

zwendelarij Schwindel m^{19}, Schwindelei v^{20}

zwendelen schwindeln

zwengel 1 *(op en neer bewogen)* Schwengel m^9; **2** *(in het rond bewogen)* Kurbel v^{21}

zwenken schwenken

zwenking Schwenkung v^{20}

¹zweren *(beloven)* schwören^{260}

²zweren *(etteren)* eitern, schwären

zwerftocht 1 *(algem)* Streifzug m^6; **2** *(lange voettocht)* Wanderung v^{20}

zwerm Schwarm m^6

zwermen schwärmen

zwerven 1 *(trekken)* wandern; **2** *(ronddolen)* (umher)streifen; *(vooral van gedachten, blikken)* (umher)schweifen: *~de honden* streunende Hunde

zwerver 1 *(landloper)* Landstreicher m^9; **2** *(wie ronddoolt)* Streuner m^9; **3** *(schooier)* Lump m^{14}

zweten 1 *(transpireren)* schwitzen: *ik heb erop zitten ~* es hat mich viel Schweiß gekostet; **2** *(vocht uitslaan)* schwitzen

zweterig schweißig

zwetsen 1 *(zwammen)* faseln, quatschen; **2** *(opsnijden)* aufschneiden^{250}, angeben^{166}

zwetser 1 *(zwamneus)* Quatschkopf m^6; **2** *(snoever)* Aufschneider m^9, Angeber m^9

zweven schweben

zwevend schwebend: *~e kiezer* Wechselwähler m^9

zweverig 1 *(vaag)* vage; **2** *(duizelig)* schwindlig

zwichten 1 *(wijken)* weichen^{306}: *voor de overmacht ~* der Übermacht^3 weichen; **2** *(het afleggen, onderdoen)* den Kürzeren ziehen^{318}; **3** *(toegeven)* nachge-

ben^{166}

zwiepen *(doorbuigen)* federn, peitschen

zwier 1 *(draai)* Schwung m^6; **2** *(gratie)* Grazie v^{28}, Anmut v^{28}; **3** *(staatsie)* Prunk m^{19} ‖ *aan de ~ zijn* bummeln, sumpfen

zwieren 1 *(ronddraaien)* schweben, gleiten^{178}; **2** *(aan de zwier zijn)* bummeln, sumpfen

zwierig schwungvoll; *~e stijl* schwungvoller Stil; *~ gekleed* elegant gekleidet

zwijgen I *ww* schweigen^{255}: *kunnen ~ (ook)* verschwiegen sein^{262}; *hij zweeg in alle talen* er schwieg in sieben Sprachen; *over iets ~* von^{+3} (*of:* über^{+4}) etwas schweigen; *laten we daarover maar ~!* wir wollen davon schweigen!; **II** *zn* Schweigen o^{39}: *tot ~ brengen (ook fig)* zum Schweigen bringen^{139}: *er het ~ toe doen* dazu schweigen^{255}

zwijggeld Schweigegeld o^{31}

zwijgplicht Schweigepflicht v^{28}

zwijgzaam schweigsam, verschwiegen

zwijm Ohnmacht v^{20}: *in ~ vallen* in^{+4} Ohnmacht fallen^{154}

zwijmel 1 *(duizeling)* Schwindel m^{19}; **2** *(roes, bedwelming)* Rausch m^6, Taumel m^9

zwijmelen 1 *(flauw vallen)* ohnmächtig werden^{310}; **2** *(duizelig worden)* schwindeln; **3** *(in een roes zijn)* berauscht sein^{262}

zwijn 1 *(varken)* Schwein o^{29}: *wild ~* Wildschwein; **2** *(persoon)* Schwein o^{29}, Schweinehund m^5; **3** *(bof)* Schwein o^{29}

zwijnen *(geluk hebben)* Schwein haben^{182}

zwijnenboel Sauwirtschaft v^{28}; Schweinerei v^{20}

zwijnenstal Schweinestall m^6

zwik 1 *(het zwikken)* Verrenkung v^{20}; **2** *(spullen)* Kram m^{19}, Plunder m^{19}

zwikken verrenken: *ik ben gezwikt, mijn voet zwikte* ich habe mir den Fuß verrenkt

Zwitser Schweizer m^9

Zwitserland die Schweiz v^{28}

Zwitsers schweizerisch, Schweizer: *~e kaas* Schweizer Käse

zwoegen 1 *(hard werken)* sich abarbeiten, sich abmühen; **2** *(hijgen, zuchten)* keuchen: *onder een last ~* unter einer Last keuchen

zwoel schwül

zwoelheid Schwüle v^{28}

zwoerd Schwarte v^{21}

Inhoudsopgave supplement

Thematische woordgroepen

De tijd

De tijd
Die Zeit

De jaargetijden *Die Jahreszeiten*
    de lente *der Frühling*   de herfst *der Herbst*
    de zomer *der Sommer*   de winter *der Winter*

De dagen van de week *Die Tage der Woche*
    zondag *der Sonntag*   donderdag *der Donnerstag*
    maandag *der Montag*   vrijdag *der Freitag*
    dinsdag *der Dienstag*   zaterdag *der Samstag, der Sonnabend*
    woensdag *der Mittwoch*

De maanden *Die Monate*
    januari *der Januar*   juli *der Juli*
    februari *der Februar*   augustus *der August*
    maart *der März*   september *der September*
    april *der April*   oktober *der Oktober*
    mei *der Mai*   november *der November*
    juni *der Juni*   december *der Dezember*

Feestdagen *Feiertage*
    Nieuwjaarsdag *(der) Neujahrstag*   Pinksteren *Pfingsten*
    Pasen *Ostern*   Kerstmis *Weihnachten*
    hemelvaartsdag *(der) Himmelfahrtstag*   oudejaarsavond *(der) Silvesterabend*

Hoe laat is het?
Wie spät ist es?

es ist ein Uhr

es ist Viertel nach eins

es ist halb zwei

es ist Viertel vor zwei

es ist fünf vor halb zwei

es ist fünf nach halb zwei

De belangrijkste tijdsaanduidingen
    de seconde *die Sekunde*   de dag *der Tag*
    de minuut *die Minute*   de week *die Woche*
    het kwartier *die Vierstelstunde*   de maand *der Monat*
    het uur *die Stunde*   het jaar *das Jahr*

de eeuw *das Jahrhundert*
eergisteren *vorgestern*
gisteren *gestern*
vandaag *heute*
morgen *morgen*
overmorgen *übermorgen*
afgelopen week *letzte Woche*
vorige week *vorige Woche*
vorige week woensdag *(am) vergangenen Mitt-woch*
(de) volgende maand *nächsten Monat*
volgende week zaterdag *nächsten (of: kommen-den) Samstag*

2 april 2004 *der 2. April 2004*
de dag *der Tag*
de nacht *die Nacht*
de morgen *der Morgen*
de middag (12 uur) *der Mittag*
de (na)middag (na 12 uur) *der Nachmittag*
de avond *der Abend*
's middags (12 uur) *mittags*
's morgens *morgens*
's (na)middags (na 12 uur) *nachmittags*
12 uur 's nachts *um Mitternacht*

De belangrijkste voorzetsels in verband met tijd

vóór morgen *vor+3 morgen*
over tien minuten *in+3 zehn Minuten*
om twee uur *um zwei Uhr*
gedurende vier weken *während+2 vier Wochen*
tegen vijven *gegen fünf Uhr*
binnen een week *innerhalb+2 einer Woche*
op zondag *am Sonntag*
in januari *im Januar*

na anderhalf uur *nach anderthalb Stunden*
in de lente *im Frühling*
op die dag *an diesem (of: an dem) Tag*
op dit ogenblik *in diesem Augenblick*
met Kerstmis, Pasen, Pinksteren *zu Weihnachten, zu Ostern, zu Pfingsten*
op nieuwjaarsdag *am Neujahrstag*

Grammaticaal overzicht

Toelichting
Het volgende grammaticaal overzicht bevat de hoofdzaken van de Duitse grammatica, waarbij aan de structurele verschillen tussen het Nederlands en het Duits ruime aandacht wordt besteed. Bij de opbouw van het overzicht is uitgegaan van de traditionele – ook in het woordenboek onderscheiden – woordsoorten: zelfstandig naamwoord, bijvoeglijk naamwoord, bijwoord, lidwoord, telwoord, voornaamwoord, voorzetsel en werkwoord. De informatie die bij elke woordsoort gegeven wordt, is in kleinere doorlopend genummerde eenheden ingedeeld. Vanuit het woordenboek wordt waar nodig door middel van een hoog gezet cijfer naar deze kleinere eenheden verwezen. Dit gebeurt consequent bij elk als trefwoord opgenomen zelfstandig naamwoord en bij elk sterk of onregelmatig werkwoord. Maar ook in andere gevallen waarin de gebruiker met informatie uit het grammaticaal overzicht gebaat is, vindt een rechtstreekse verwijzing plaats. Dit is bijvoorbeeld het geval bij de verbuiging van het lidwoord of het optreden van de umlaut in de vergrotende en overtreffende trap. Op deze manier functioneert het overzicht als een verlengstuk van het woordenboek. Het overzicht kan echter ook dienen als zelfstandig naslagwerk bij grammaticale problemen.

Naamvallen

In het Duits regeren veel voorzetsels en werkwoorden een naamval. In het woordenboek wordt deze door middel van een hoog gezet cijfer aangeduid. De betreffende cijfertjes worden hieronder verklaard. Een plustekentje voor het cijfer betekent dat het desbetreffende voorzetsel of werkwoord de aangegeven naamval regeert. Een cijfer zonder plustekentje betekent dat het desbetreffende woord in de aangegeven naamval staat.

1   1e naamval, nominatief
(deze komt als verwijzing niet in het woordenboek voor; het cijfer 1 wordt hier alleen volledigheidshalve gegeven)

2   2e naamval, genitief
Statt+2 eines Kuchens2 hätte ich gerne einen Strudel4.

3   3e naamval, datief
Kommst du mit+3 mir3?

4   4e naamval, accusatief
Der Hund und die Katze rannten um+4 den Baum4.

Verbuigingstabellen van het zelfstandig naamwoord

Mannelijke zelfstandige naamwoorden

5 *-e*

enkelvoud	meervoud
1 der Tag	die Tage
2 des Tag(e)s	der Tage
3 dem Tag(e)	den Tagen
4 den Tag	die Tage

7 *-er*

enkelvoud	meervoud
1 der Geist	die Geister
2 des Geist(e)s	der Geister
3 dem Geist(e)	den Geistern
4 den Geist	die Geister

Mannelijke zelfstandige naamwoorden

6 *-e + umlaut*

enkelvoud	meervoud
1 der Baum	die Bäume
2 des Baum(e)s	der Bäume
3 dem Baum(e)	den Bäumen
4 den Baum	die Bäume

8 *-er + umlaut*

enkelvoud	meervoud
1 der Wald	die Wälder
2 des Wald(e)s	der Wälder
3 dem Wald(e)	den Wäldern
4 den Wald	die Wälder

9 onveranderd (zelfstandige naamwoorden op -el, -er)

enkelvoud	meervoud
1 der Onkel	die Onkel
2 des Onkels	der Onkel
3 dem Onkel	den Onkeln
4 den Onkel	die Onkel

10 umlaut (zelfstandige naamwoorden op -el, -er)

enkelvoud	meervoud
1 der Apfel	die Äpfel
2 des Apfels	der Äpfel
3 dem Apfel	den Äpfeln
4 den Apfel	die Äpfel

11 onveranderd (zelfstandige naamwoorden op -en)

enkelvoud	meervoud
1 der Posten	die Posten
2 des Postens	der Posten
3 dem Posten	den Posten
4 den Posten	die Posten

12 umlaut (zelfstandige naamwoorden op -en)

enkelvoud	meervoud
1 der Hafen	die Häfen
2 des Hafens	der Häfen
3 dem Hafen	den Häfen
4 den Hafen	die Häfen

13 -s

enkelvoud	meervoud
1 der Chef	die Chefs
2 des Chefs	der Chefs
3 dem Chef	den Chefs
4 den Chef	die Chefs

14 7 × -en

enkelvoud	meervoud
1 der Mensch	die Menschen
2 des Menschen	der Menschen
3 dem Menschen	den Menschen
4 den Menschen	die Menschen

15 7 × -n

enkelvoud	meervoud
1 der Junge	die Jungen
2 des Jungen	der Jungen
3 dem Jungen	den Jungen
4 den Jungen	die Jungen

16 4 × -en

enkelvoud	meervoud
1 der Staat	die Staaten
2 des Staat(e)s	der Staaten
3 dem Staat(e)	den Staaten
4 den Staat	die Staaten

17 4 × -n

enkelvoud	meervoud
1 der Muskel	die Muskeln
2 des Muskels	der Muskeln
3 dem Muskel	den Muskeln
4 den Muskel	die Muskeln

18 7 × -n + -s in 2e naamval enkelvoud

enkelvoud	meervoud
1 der Name	die Namen
2 des Namens	der Namen
3 dem Namen	den Namen
4 den Namen	die Namen

19 alleen enkelvoud

1 der Stahl
2 des Stahl(e)s
3 dem Stahl(e)
4 den Stahl

19a alleen enkelvoud

1 der Luxus
2 des Luxus
3 dem Luxus
4 den Luxus

Vrouwelijke zelfstandige naamwoorden

20 -en

enkelvoud	meervoud
1 die Frau	die Frauen
2 der Frau	der Frauen
3 der Frau	den Frauen
4 die Frau	die Frauen

Vrouwelijke zelfstandige naamwoorden

21 -n

enkelvoud	meervoud
1 die Lampe	die Lampen
2 der Lampe	der Lampen
3 der Lampe	den Lampen
4 die Lampe	die Lampen

22 -nen

	enkelvoud	meervoud
1	die Freundin	die Freundinnen
2	der Freundin	der Freundinnen
3	der Freundin	den Freundinnen
4	die Freundin	die Freundinnen

23 -e

	enkelvoud	meervoud
1	die Mühsal	die Mühsale
2	der Mühsal	der Mühsale
3	der Mühsal	den Mühsalen
4	die Mühsal	die Mühsale

24 -se

	enkelvoud	meervoud
1	die Wildnis	die Wildnisse
2	der Wildnis	der Wildnisse
3	der Wildnis	den Wildnissen
4	die Wildnis	die Wildnisse

25 -e + umlaut

	enkelvoud	meervoud
1	die Angst	die Ängste
2	der Angst	der Ängste
3	der Angst	den Ängsten
4	die Angst	die Ängste

26 umlaut

	enkelvoud	meervoud
1	die Mutter	die Mütter
2	der Mutter	der Mütter
3	der Mutter	den Müttern
4	die Mutter	die Mütter

27 -s

	enkelvoud	meervoud
1	die Kamera	die Kameras
2	der Kamera	der Kameras
3	der Kamera	den Kameras
4	die Kamera	die Kameras

28 alleen enkelvoud

1	die Milch
2	der Milch
3	der Milch
4	die Milch

Onzijdige zelfstandige naamwoorden

29 -e

	enkelvoud	meervoud
1	das Brot	die Brote
2	des Brot(e)s	der Brote
3	dem Brot(e)	den Broten
4	das Brot	die Brote

29a -se

	enkelvoud	meervoud
1	das Verhältnis	die Verhältnisse
2	des Verhältnisses	der Verhältnisse
3	dem Verhältnis(se)	den Verhältnissen
4	das Verhältnis	die Verhältnisse

30 -e + umlaut

	enkelvoud	meervoud
1	das Floß	die Flöße
2	des Floßes	der Flöße
3	dem Floß(e)	den Flößen
4	das Floß	die Flöße

31 -er

	enkelvoud	meervoud
1	das Bild	die Bilder
2	des Bild(e)s	der Bilder
3	dem Bild(e)	den Bildern
4	das Bild	die Bilder

32 -er + umlaut

	enkelvoud	meervoud
1	das Bad	die Bäder
2	des Bad(e)s	der Bäder
3	dem Bad(e)	den Bädern
4	das Bad	die Bäder

33 onveranderd (zelfstandige naamwoorden op -el, -er, Ge-e)

	enkelvoud	meervoud
1	das Mittel	die Mittel
2	des Mittels	der Mittel
3	dem Mittel	den Mitteln
4	das Mittel	die Mittel

34 umlaut

enkelvoud	meervoud
1 das Kloster	die Klöster
2 des Klosters	der Klöster
3 dem Kloster	den Klöstern
4 das Kloster	die Klöster

35 onveranderd (zelfstandige naamwoorden op -en, -chen, -lein)

enkelvoud	meervoud
1 das Mädchen	die Mädchen
2 des Mädchens	der Mädchen
3 dem Mädchen	den Mädchen
4 das Mädchen	die Mädchen

36 -s

enkelvoud	meervoud
1 das Auto	die Autos
2 des Autos	der Autos
3 dem Auto	den Autos
4 das Auto	die Autos

37 -en

enkelvoud	meervoud
1 das Hemd	die Hemden
2 des Hemd(e)s	der Hemden
3 dem Hemd(e)	den Hemden
4 das Hemd	die Hemden

38 -n

enkelvoud	meervoud
1 das Auge	die Augen
2 des Auges	der Augen
3 dem Auge	den Augen
4 das Auge	die Augen

39 alleen enkelvoud

1 das Leid	
2 des Leid(e)s	
3 dem Leid(e)	
4 das Leid	

39a alleen enkelvoud

1 das Ethos	
2 des Ethos	
3 dem Ethos	
4 das Ethos	

40 Zelfstandig gebruikte bijvoeglijke naamwoorden (▶ 56)

		na bepalend woord van de der -groep		na bepalend woord van de ein -groep		zonder bepalend woord	
		enkelvoud	meervoud	enkelvoud	meervoud	enkelvoud	meervoud
40a mnl.	1	der Kranke	die Kranken	ein Kranker	keine Kranken	Kranker	Kranke
	2	des Kranken	der Kranken	eines Kranken	keiner Kranken	Kranken	Kranker
	3	dem Kranken	den Kranken	einem Kranken	keinen Kranken	Krankem	Kranken
	4	den Kranken	die Kranken	einen Kranken	keine Kranken	Kranken	Kranke
40b vrl.	1	die Kranke	die Kranken	eine Kranke	keine Kranken	Kranke	Kranke
	2	der Kranken	der Kranken	einer Kranken	keiner Kranken	Kranker	Kranker
	3	der Kranken	den Kranken	einer Kranken	keinen Kranken	Kranker	Kranken
	4	die Kranke	die Kranken	eine Kranke	keine Kranken	Kranke	Kranke
40c onz.	1	das Kranke	die Kranken	ein Krankes	keine Kranken	Krankes	Kranke
	2	des Kranken	der Kranken	eines Kranken	keiner Kranken	Kranken	Kranker
	3	dem Kranken	den Kranken	einem Kranken	keinen Kranken	Krankem	Kranken
	4	das Kranke	die Kranken	ein Krankes	keine Kranken	Krankes	Kranke

41 Namen van de talen (▶ 56)

onz.			
	1	das Englische	mein Englisch
	2	des Englischen	meines Englisch(s)
	3	dem Englischen	meinem Englisch
	4	das Englische	mein Englisch

42 Het zelfstandig naamwoord

Het zelfstandig naamwoord, dat met een hoofdletter geschreven wordt, komt in drie geslachten (mannelijk, vrouwelijk en onzijdig) voor en wordt verbogen.
▶ Voor het verbuigingsoverzicht zie 5-41.

43 De vormen van het enkelvoud
Vrouwelijke zelfstandige naamwoorden blijven in het enkelvoud in alle naamvallen onveranderd.
De mannelijke zelfstandige naamwoorden vallen uiteen in twee groepen:
- woorden die in de 2e, 3e en 4e naamval enkelvoud (en in het meervoud) de uitgang -en of -n krijgen (de zwakke zelfstandige naamwoorden; ▶ 14 en 15);
- woorden die in de 2e naamval -(e)s krijgen.
Een bijzondere groep vormt groep 18 die in de 2e naamval -ns en in de 3e en de 4e naamval een -n krijgt.
De onzijdige zelfstandige naamwoorden krijgen in de 2e naamval -(e)s.
De uitgang -es wordt altijd gebruikt bij Duitse mannelijke en onzijdige zelfstandige naamwoorden die eindigen op -s, -ss, -ß, -x, -z:
des Loses – des Bisses – des Fußes – des Nixes – des Kitzes
De uitgang -s wordt altijd gebruikt bij woorden op: -el, -em, -en, -er:
des Esels – des Atems – des Besens – des Leders
Voor de rest varieert het gebruik van -(e)s, waarbij meerlettergrepige woorden meestal een -s hebben:
des Anstrich(e)s – des Erfolg(e)s
De uitgang -e in de 3e naamval wordt behalve in een aantal vaste uitdrukkingen (bijv. *in etwas zu Hause sein*) bijna altijd weggelaten. De -e kan in ieder geval niet gebruikt worden:
• na woorden op -el, -em, -en, -er:
dem Esel – dem Atem
• na woorden op een klinker:
dem Tabu – dem Auto
Vreemde zelfstandige naamwoorden op een sisklank hebben in de 2e naamval vaak geen uitgang:
des Passus

44 De vormen van het meervoud
Zelfstandige naamwoorden die in het meervoud niet op een -n of een -s eindigen, krijgen in de 3e naamval een -n:
den Kindern – den Wildnissen, maar: *den Mädchen – den Kameras*
Veel zelfstandige naamwoorden krijgen in het meervoud een umlaut. Daarbij verandert *a* in *ä*, *o* in *ö*, *u* in *ü* en *au* in *äu*.

45
Woorden die **vrouwelijke personen, titels, beroepen en dieren** aanduiden, worden vaak van de mannelijke afgeleid door middel van de uitgang -in:
der Däne → die Dänin
der Schwimmer → die Schwimmerin
der Sportler → die Sportlerin
der Professor → die Professorin
der Schaffner → die Schaffnerin
Vaak krijgt het vrouwelijke woord een umlaut:
Arzt → Ärztin
Gott → Göttin
Om ruimte te besparen zijn vrouwelijke afleidingen die geen problemen bieden in het woordenboek vaak niet apart vermeld.

46 Het bijvoeglijk naamwoord

Het bijvoeglijk naamwoord dat vóór een zelfstandig naamwoord staat, wordt verbogen:
der gute Junge – reines Wasser

47 Er zijn drie mogelijkheden.
a) Het bijvoeglijk naamwoord staat na:
der, dieser, jener, jeder, mancher, solcher, welcher, aller, sämtlicher, beide.
De verbuiging luidt dan:

	mannelijk	vrouwelijk	onzijdig	meervoud
1	der gute Mann	die junge Frau	das kleine Kind	die alten Leute
2	des guten Mann(e)s	der jungen Frau	des kleinen Kind(e)s	der alten Leute
3	dem guten Mann(e)	der jungen Frau	dem kleinen Kind(e)	den alten Leuten
4	den guten Mann	die junge Frau	das kleine Kind	die alten Leute

48 b) Het bijvoeglijk naamwoord staat na:
ein, kein, mein, dein, sein, ihr, unser, euer, ihr, Ihr.
De verbuiging luidt dan:

	mannelijk	vrouwelijk	onzijdig	meervoud
1	ein guter Mann	eine junge Frau	ein kleines Kind	keine alten Leute
2	eines guten Mann(e)s	einer jungen Frau	eines kleinen Kind(e)s	keiner alten Leute
3	einem guten Mann(e)	einer jungen Frau	einem kleinen Kind(e)	keinen alten Leuten
4	einen guten Mann	eine junge Frau	ein kleines Kind	keine alten Leute

49 c) Het bijvoeglijk naamwoord heeft **geen voorafgaand bepalend woord.**
De verbuiging luidt dan:

	mannelijk	vrouwelijk	onzijdig	meervoud
1	deutscher Wein	kalte Milch	kühles Bier	alte Leute
2	deutschen Wein(e)s	kalter Milch	kühlen Bier(e)s	alter Leute
3	deutschem Wein(e)	kalter Milch	kühlem Bier(e)	alten Leuten
4	deutschen Wein	kalte Milch	kühles Bier	alte Leute

50 Twee of meer bijvoeglijke naamwoorden hebben dezelfde uitgang:
der gute, alte Mann – ein liebes, kleines Kind – erstklassiger, deutscher Wein – gute, alte, freundliche Menschen
Woorden als
einige, mehrere, verschiedene, viele, wenige, zahllose, zahlreiche
worden als bijvoeglijke naamwoorden beschouwd. Een volgend bijvoeglijk naamwoord heeft dus dezelfde uitgangen:
mehrere kleine Kinder
mehrerer kleiner Kinder
mehreren kleinen Kindern
mehrere kleine Kinder

51 Bijvoeglijk gebruikte **voltooide deelwoorden** op *-en* **van sterke werkwoorden** worden in het Duits verbogen:
verdorbenes Fleisch – bedorven vlees

52 **Stoffelijke bijvoeglijke naamwoorden** worden in het Duits verbogen:
ein hölzerner Stuhl – een houten stoel

53 Bij bijvoeglijke naamwoorden op *-el* vervalt in de verbuiging en in de vergrotende trap de *-e* voor de *-l*:
dunkel → *ein dunkler Anzug* → *ein dunklerer Anzug*

54 Bij bijvoeglijke naamwoorden op *-er* na *-au* of *-eu* vervalt in de verbuiging en in de vergrotende trap de *-e* voor de *-r*:
teuer → *ein teurer Wagen* → *ein teurerer Wagen*

55 Van **aardrijkskundige namen** afgeleide bijvoeglijke naamwoorden op *-er* worden met een hoofdletter geschreven en blijven onverbogen:
die Frankfurter Buchmesse

56 **Het zelfstandig gebruikt bijvoeglijk naamwoord**
Een bijvoeglijk naamwoord kan zelfstandig gebruikt worden, d.w.z. zonder een volgend zelfstandig naamwoord. Het wordt dan met een hoofdletter geschreven, maar verbogen als een gewoon bijvoeglijk naamwoord:
der unglückliche Mann –der Unglückliche
eine arme Frau – eine Arme
ein helles Bier – ein Helles
reiche Leute – Reiche
▶ Voor de volledige verbuiging zie 40, a, b, c.
De **namen van de talen** zijn zelfstandig gebruikte bijvoeglijke naamwoorden.
Ze zijn onzijdig:
das Englische – das Französische – das Deutsche
Ze worden alleen verbogen als het bepaalde lidwoord (*das*) direct voor de naam van de taal staat en er geen nadere bepaling volgt:
Er übersetzte den Text aus dem Deutschen ins Französische.
▶ Voor de verbuiging van de namen van de talen zie 41.

57 De **trappen van vergelijking**
De stellende trap is het gewone bijvoeglijk naamwoord:
schön – klein – breit enz.
De vergrotende trap wordt gevormd met *-er:*
schön → schöner / klein → kleiner / breit → breiter (Zie ook 53 en 54.)
De **overtreffende trap** wordt meestal gevormd met *-st:*
schön → schönst / klein → kleinst
• Als het bijvoeglijk naamwoord echter eindigt op *-d, -t* of sisklank (*-s, -ß, -sch, -x, -z*) en de laatste lettergreep heeft de klemtoon, dan wordt de overtreffende trap met *-est* gevormd:
gesund → gesundest / breit → breitest /süß → süßest / frisch → frischest
• Heeft de laatste lettergreep echter niet de klemtoon, dan wordt de overtreffende trap met *-st* gevormd:
gebildet → gebildetst / komisch → komischst

58 De volgende bijvoeglijke naamwoorden krijgen in de vergrotende en overtreffende trap een **umlaut** op de klinker: *alt (älter, ältest)*
alt, arg, arm, dumm, grob, hart, jung, kalt, klug, krank, kurz, lang, scharf, schwach, schwarz, stark, warm

59 De volgende bijvoeglijke naamwoorden komen zowel **met als zonder umlaut** in de vergrotende en in de overtreffende trap voor: *bang (bänger, bängst – banger, bangst)*
bang, blass, fromm, gesund, glatt, karg, krumm, nass, rot, schmal

60 Enkele bijvoeglijke naamwoorden hebben **onregelmatige vormen:**
groß → größer → größt / gut → besser → best / hoch → höher → höchst / nah → näher → nächst / viel → mehr → meist / wenig → weniger → wenigst en *wenig → minder → mindest*

61 Het bijvoeglijk naamwoord *hoch* verandert in verbogen vormen en in de vergrotende trap in *hoh-:*
das Gebäude ist hoch – ein hohes Gebäude – ein höheres Gebäude

62 Het Nederlandse *dan* na een vergrotende trap wordt in het Duits weergegeven door *als:*
hij is groter dan ik – *er ist größer als ich*

63 Als de overtreffende trap betrekking heeft op een **werkwoord**, gebruikt men *am* + overtreffende trap + *en:*
Die Preise sind im Sommer am niedrigsten.
Sie schreit am lautesten.

64   Het bijwoord

Bijwoorden zijn onveranderlijk, ze worden niet verbogen:
das Kind da – ich komme gern – eine sehr gute Antwort

65   Van de volgende bijwoorden komen trappen van vergelijking voor:
oft → öfter → am öftesten
bald → eher → am ehesten
gern(e) → lieber → am liebsten
sehr → mehr → am meisten
wohl → besser → am besten.

Het lidwoord

en de woorden die als het lidwoord verbogen worden

Bepaald lidwoord (*der, die, das, die*) en onbepaald lidwoord (*ein, eine, ein*) begeleiden een zelfstandig naamwoord, waarmee ze in geslacht, getal en naamval overeenkomen.

66   Verbuiging van het bepaald lidwoord

	mannelijk	vrouwelijk	onzijdig	meervoud
1	*der Mann*	*die Frau*	*das Kind*	*die Leute*
2	*des Mann(e)s*	*der Frau*	*des Kind(e)s*	*der Leute*
3	*dem Mann(e)*	*der Frau*	*dem Kind(e)*	*den Leuten*
4	*den Mann*	*die Frau*	*das Kind*	*die Leute*

67   Verbuiging van het onbepaald lidwoord

	mannelijk	vrouwelijk	onzijdig	meervoud
1	*ein Mann*	*eine Frau*	*ein Kind*	*ein* komt
2	*eines Mann(e)s*	*einer Frau*	*eines Kind(e)s*	in het
3	*einem Mann(e)*	*einer Frau*	*einem Kind(e)*	meervoud
4	*einen Mann*	*eine Frau*	*ein Kind*	niet voor

68   Zoals het bepaald lidwoord *der* worden ook verbogen

dieser, jener, jeder, mancher, solcher, welcher, aller, sämtlicher, beide:

	mannelijk	vrouwelijk	onzijdig	meervoud
1	*dieser Mann*	*diese Frau*	*dieses Kind*	*diese Leute*
2	*dieses Mann(e)s*	*dieser Frau*	*dieses Kind(e)s*	*dieser Leute*
3	*diesem Mann(e)*	*dieser Frau*	*diesem Kind(e)*	*diesen Leuten*
4	*diesen Mann*	*diese Frau*	*dieses Kind*	*diese Leute*

69   Zoals het onbepaald lidwoord *ein* worden ook verbogen

kein, mein, dein, sein, unser, euer, ihr, Ihr:

	mannelijk	vrouwelijk	onzijdig	meervoud
1	*kein Mann*	*keine Frau*	*kein Kind*	*keine Leute*
2	*keines Mann(e)s*	*keiner Frau*	*keines Kind(e)s*	*keiner Leute*
3	*keinem Mann(e)*	*keiner Frau*	*keinem Kind(e)*	*keinen Leuten*
4	*keinen Mann*	*keine Frau*	*kein Kind*	*keine Leute*

70   Het telwoord

Hoofdtelwoorden zijn onveranderlijk.
null, ein(s), zwei, drei, vier, fünf, sechs, sieben, acht, neun, zehn, elf, zwölf, dreizehn, vierzehn, fünfzehn, sechzehn, siebzehn, achtzehn, neunzehn, zwanzig, dreißig, vierzig, fünfzig, sechzig, siebzig,

achtzig, neunzig, hundert, hundert(und)eins, hundert(und)zwei, zweihundert, dreihundert, tau-
send, siebentausendachthundertsiebenunddreißig

71   *Die Million, die Milliarde, die Billion* enz. zijn vrouwelijke zelfstandige naamwoorden.

72   *Eins* wordt gebruikt:
als het alleen staat:
    eins und zwei ist drei
na *hundert, tausend* enz.:
    hundert(und)eins

73   Het onveranderlijke *ein* wordt gebruikt:
in samenstellingen als:
    einundzwanzig – einunddreißig – einhundert
als teller van breuken:
    ein Viertel – ein Achtel
voor het woord *Uhr:*
    kurz nach ein Uhr
in *ein paar* en *ein wenig:*
    mit ein paar Gulden – mit ein wenig Mühe

74   De **rangtelwoorden** van 1 tot en met 19 worden gevormd door achter het hoofdtelwoord een *-t* te
plaatsen:
    zweit – viert – fünft – neunzehnt
Vanaf 20 worden de rangtelwoorden gevormd door achter het hoofdtelwoord *-st* te plaatsen:
    zwanzigst – einundzwanzigst – hundertst – fünftausendst
De rangtelwoorden worden als **bijvoeglijke naamwoorden** gebruikt en verbogen:
    der zweite Schüler – die vierte Frage – das fünfte Kind – mein zwanzigstes Buch
Bij de hoofdtelwoorden *eins – drei – sieben* en *acht* horen de onregelmatig gevormde rangtelwoor-
den *erste – dritte – siebte* en *achte.*
Als rangtelwoorden in **cijfers** worden weergegeven staat er achter het cijfer een punt:
    Wir haben heute den 4. Mai (den vierten Mai).

75   **Breuken** zijn onzijdige zelfstandige naamwoorden en worden dus met een hoofdletter geschreven:
    ein Drittel – zwei Viertel – sechs Neuntel
De teller van een breuk wordt weergegeven door het hoofdtelwoord. De noemer van een breuk
wordt gevormd door het rangtelwoord + *el:*
    drei Viertel – sechs Neuntel

Het voornaamwoord

Voornaamwoorden zijn verbuigbare woorden. Een voornaamwoord begeleidt het zelfstandig
naamwoord of staat hiervoor in de plaats.

76   **Het aanwijzend voornaamwoord**
De belangrijkste aanwijzende voornaamwoorden zijn:
    der, dieser, jener en *solcher.*

77   *Der, dieser, jener* en *solcher* worden verbogen als het bepaald lidwoord *der* (▶ 66).

78   **Het betrekkelijk voornaamwoord**
Het belangrijkste betrekkelijk voornaamwoord is *der.*
Der heeft altijd betrekking op een antecedent. Dit is een woord of een woordgroep in de zin waarvan
de betrokken bijzin afhankelijk is. Het antecedent bepaalt het geslacht en het getal (enkelvoud of
meervoud) van het betrekkelijk voornaamwoord. De naamval van het betrekkelijk voornaamwoord hangt af van de functie (onderwerp, lijdend voorwerp enz.) die het in de afhankelijke zin ver-
vult:
    Der Mann, den ich gerade grüßte, ist mein Nachbar.
    Die Leute, denen ich das Paket brachte, kannte ich nicht.

79 Het betrekkelijk voornaamwoord *der* wordt als volgt verbogen:

mannelijk	vrouwelijk	onzijdig	meervoud
1 *der*	*die*	*das*	*die*
2 *dessen*	*deren*	*dessen*	*deren*
3 *dem*	*der*	*dem*	*denen*
4 *den*	*die*	*das*	*die*

80 Het bezittelijk voornaamwoord
De bezittelijke voornaamwoorden zijn:
mein (mijn), *dein* (jouw), *sein* (zijn), *ihr* (haar), *unser* (ons, onze), *euer* (jullie), *ihr* (hun, haar), *Ihr* (uw).
▶ Voor de verbuiging zie 69.

81 **Het persoonlijk voornaamwoord**
De persoonlijke voornaamwoorden zijn:
ich (ik), *du* (jij), *er* (hij), *sie* (zij), *es* (het), *wir* (wij), *ihr* (jullie), *sie* (zij), *Sie* (u, de beleefdheidsvorm voor enkelvoud en meervoud). De verbuiging is als volgt:

82 Enkelvoud

	1e persoon	2e persoon vertrouwelijk	beleefd	3e persoon mnl.	vrl.	onz.
1	*ich*	*du*	*Sie*	*er*	*sie*	*es*
2	*meiner*	*deiner*	*Ihrer*	*seiner*	*ihrer*	*seiner*
3	*mir*	*dir*	*Ihnen*	*ihm*	*ihr*	*ihm*
4	*mich*	*dich*	*Sie*	*ihn*	*sie*	*es*

Meervoud

	1e persoon	2e persoon vertrouwelijk	beleefd	3e persoon
1	*wir*	*ihr*	*Sie*	*sie*
2	*unser*	*euer*	*Ihrer*	*ihrer*
3	*uns*	*euch*	*Ihnen*	*ihnen*
4	*uns*	*euch*	*Sie*	*sie*

83 De beleefdheidsvorm *Sie* en het bijbehorende bezittelijke voornaamwoord *Ihr* en de daarvan afgeleide vormen schrijft men altijd met een hoofdletter.

84 **Het vragend voornaamwoord**
De vragende voornaamwoorden zijn:
wer (wie), *was* (wat), *welcher* (welk(e)), *was für* (wat voor) en *was für ein* (wat voor een).

85 *Wer* wordt als volgt verbogen:

1 *wer*
2 *wessen*
3 *wem*
4 *wen*

Wer vraagt naar personen en heeft geen aparte vormen voor enkelvoud en meervoud en voor de verschillende geslachten:
Wer ist dieser Junge? – Wer ist diese Frau? – Wer ist dieses Mädchen? – Wer sind diese Leute?

86   *Was* wordt als volgt verbogen:

1   *was*
2   *wessen*
3   -
4   *was*

De 3e naamval ontbreekt. Deze wordt bij werkwoorden met de 3e naamval, bijvoorbeeld *verdanken* omschreven met constructies als
     welchem Umstand – welcher Tatsache – welchem Glück:
     Welchem Umstand (welcher Tatsache / welchem Glück) verdanke ich diese Belohnung?

87   *Welcher* wordt verbogen als *dieser* (▶ 68).

88   **Het wederkerend voornaamwoord**
       Het wederkerend voornaamwoord slaat meestal terug op het onderwerp (*a*), soms op het (meewerkend of lijdend) voorwerp (*b*) van de zin:
a   *Er wäscht sich.*
b   *Ich bitte Sie, sich zu gedulden.*
       Het wederkerend voornaamwoord komt bijna alleen maar in de 3e of de 4e naamval voor:
       Ich hatte mir (3e naamval) *das anders vorgestellt.*
       Ich habe mich (4e naamval) *nicht geirrt.*

De vormen van het enkelvoud

1e persoon	2e persoon vertrouwelijk	beleefd	3e persoon mnl.	vrl.	onz.
3 *mir*	*dir*	*sich*	*sich*	*sich*	*sich*
4 *mich*	*dich*	*sich*	*sich*	*sich*	*sich*

De vormen van het meervoud

1e persoon	2e persoon vertrouwelijk	beleefd	3e persoon mnl.
3 *uns*	*euch*	*sich*	*sich*
4 *uns*	*euch*	*sich*	*sich*

De vorm *sich* wordt altijd met een kleine letter geschreven.

89   **Het voorzetsel**

De meeste voorzetsels regeren een bepaalde naamval, dat wil zeggen dat het van het voorzetsel afhankelijke woord in een bepaalde naamval staat. In het woordenboek staat achter elk voorzetsel de naamval vermeld.

90   **Voorzetsels met de tweede naamval**
       De tweede naamval regeren o.a.:
       abseits, abzüglich, angesichts, anhand, anlässlich, anstatt, aufgrund (ook: *auf Grund*)*, ausschließlich, außerhalb, betreffs, bezüglich, diesseits, einschließlich, exklusive, halber, hinsichtlich, infolge, inklusive, inmitten, innerhalb, jenseits, kraft, laut, mangels, oberhalb, seitens, statt, trotz, um... willen, unterhalb, unweit, vermöge, während, wegen, zugunsten* (ook: *zu Gunsten*)*, zuzüglich, zwecks*

91   In plaats van de 2e naamval wordt na bovengenoemde voorzetsels de derde naamval gebruikt:
       • als het voorzetsel gevolgd wordt door een zelfstandig naamwoord in het meervoud en de 2e naamval niet via de uitgangen van het begeleidende woord zichtbaar gemaakt kan worden.

Vergelijk:
innerhalb weniger Monate² – *innerhalb zweier Monate²* – *innerhalb vier Monaten³*
• als het voorzetsel betrekking heeft op een persoonlijk voornaamwoord:
  Wegen ihr tue ich es nicht.

92 Voorzetsels met de derde naamval
De belangrijkste voorzetsels met de 3e naamval zijn:
  ab, aus, außer, bei, binnen, dank, entgegen, entsprechend, gegenüber, gemäß, mit, nach, nächst, nebst, samt, seit, von, zu, zuwider.

93
Bei, von, zu worden meestal met *dem* samengetrokken tot:
  beim, vom, zum
Zu wordt ook met *der* samengetrokken tot *zur.*

94
Entgegen, gegenüber, gemäß, zuwider staan meestal achter het woord waarop ze betrekking hebben:
  meinem Wunsch gemäß

95 Voorzetsels met de vierde naamval
De belangrijkste voorzetsels met de 4e naamval zijn:
  bis, durch, entlang, für, gegen, ohne, per, pro, um, wider

96
Durch, für en *um* kunnen met *das* worden samengetrokken tot: *durchs, fürs, ums*

97
Als *entlang* achter het zelfstandig naamwoord staat, regeert het de 4e naamval, als het er vóór staat, regeert het de 3e naamval:
  den Wald entlang – *entlang dem Wald*
daarnaast:
  am Wald entlang

98 Voorzetsels met de derde of de vierde naamval
De voorzetsels
  an, auf, hinter, in, neben, über, unter, vor, zwischen
regeren de 3e of de 4e naamval.
Als ze een **plaats** aanduiden regeren ze:
- de 3e naamval bij een rust of bij een beweging in een beperkte ruimte:
  Er sitzt auf einem Stuhl – *sie ging im Zimmer auf und ab.*
- de 4e naamval bij een verandering van plaats of een beweging gericht op een doel:
  Sie setzte sich auf den Stuhl – *er trat ins Zimmer.*

99
Ook als het voorzetsel niet letterlijk maar figuurlijk wordt gebruikt gelden deze regels.
Letterlijk:
  Der Nebel liegt über der Stadt.
  Wir legen das Buch auf den Tisch.
Figuurlijk:
  Der Preis liegt über dem üblichen Niveau.
  Wir legen Wert auf Ihre Mitarbeit.

100
Als ze **geen plaats** aanduiden, wordt na *auf* en *über* de 4e naamval gebruikt:
  Auf welche Weise hast du das erfahren?
  Sie freute sich über seine Antwort.
Na andere voorzetsels staat in dit geval de 3e naamval:
  In einer Stunde bin ich wieder da.

101
An, auf, hinter, in, neben, über, unter, vor, zwischen, voorafgegaan door *bis,* regeren de 4e naamval:
  Er fuhr bis in (bis hinter, bis vor) die Garage.
Maar *bis vor* in een tijdsbepaling heeft de 3e naamval:
  Bis vor einer Woche war sie krank.

102 Als er van een werkwoord **samengestelde en niet-samengestelde vormen** naast elkaar voorkomen, dan hebben de niet-samengestelde werkwoorden vaak de 4e en de samengestelde werkwoorden de 3e naamval:

Wir kommen in die Stadt.
Wir kommen in der Stadt an.
Wir kommen in der Stadt zusammen.

103 Ook bij de voorzetsels met de 3e of de 4e naamval vinden samentrekkingen met het bepaald lidwoord plaats:

An en *in* worden met *dem* samengetrokken tot *am* en *im*.
An, in, auf worden met *das* samengetrokken tot *ans, ins* en *aufs*.

104 Het werkwoord

De onregelmatige werkwoorden *haben, sein* en *werden*

105 onbep. wijs: *haben* (hebben)

o.t.t.	o.v.t.	volt. deelw.
ich habe	*hatte*	*gehabt*
du hast	*hattest*	
er hat	*hatte*	
wir haben	*hatten*	
ihr habt	*hattet*	
sie/Sie haben	*hatten*	

gebiedende wijs	enkelv.	*hab(e)*
	meerv.	*habt*
beleefdheidsvorm		*haben Sie*

106 onbep. wijs: *sein* (zijn)

o.t.t.	o.v.t.	volt. deelw.
ich bin	*war*	*gewesen*
du bist	*warst*	
er ist	*war*	
wir sind	*waren*	
ihr seid	*wart*	
sie/Sie sind	*waren*	

gebiedende wijs	enkelv.	*sei*
	meerv.	*seid*
beleefdheidsvorm		*seien Sie*

107 onbep. wijs: *werden* (zullen)

o.t.t.	o.v.t. (zou)	volt. deelw.
ich werde	*würde*	ontbreekt
du wirst	*würdest*	
er wird	*würde*	
wir werden	*würden*	
ihr werdet	*würdet*	
sie/Sie werden	*würden*	

onbep. wijs: *werden* (worden)

o.t.t.	o.v.t. (werd)	volt. deelw.
ich werde	*wurde*	1 *geworden*
du wirst	*wurdest*	2 *worden*
er wird	*wurde*	
wir werden	*wurden*	
ihr werdet	*wurdet*	
sie/Sie werden	*wurden*	

gebiedende wijs	enkelv.	*werd(e)*
	meerv.	*werdet*
beleefdheidsvorm		*werden Sie*

108 *Werden* heeft twee voltooide deelwoorden: *geworden* en *worden*.
Geworden wordt gebruikt als *werden* koppelwerkwoord is:
   Er ist Arzt geworden – sie sind glücklich geworden
Worden wordt gebruikt als *werden* hulpwerkwoord van de lijdende vorm is:
   Er ist von einem Hund gebissen worden.

109 Het gebruik van *haben* en *sein* bij het vormen van een voltooide tijd komt in het Nederlands en het Duits over het algemeen overeen.

110

- Afwijkend van het Nederlands gebruikt men *haben* o.a. bij:
  anfangen, beginnen, fortfahren, abnehmen, nachlassen, zunehmen, aufhören, enden, endigen, gefallen, heiraten, promovieren, vereinbaren:
  Wer hat angefangen?
  Wann habt ihr geheiratet?
- *Sein* wordt o.a. gebruikt bij:
  begegnen (ontmoeten), *eingehen, folgen.*
  Wir sind ihm gestern begegnet.

111 De hulpwerkwoorden
Dürfen, können, mögen, müssen, sollen, wollen en het werkwoord *wissen*.

onbep. wijs *dürfen*	*können*	*mögen*	*müssen*	*sollen*	*wollen*	*wissen*
o.t.t.						
ich darf	*kann*	*mag*	*muss*	*soll*	*will*	*weiß*
du darfst	*kannst*	*magst*	*musst*	*sollst*	*willst*	*weißt*
er darf	*kann*	*mag*	*muss*	*soll*	*will*	*weiß*
wir dürfen	*können*	*mögen*	*müssen*	*sollen*	*wollen*	*wissen*
ihr dürft	*könnt*	*mögt*	*müsst*	*sollt*	*wollt*	*wisst*
sie/Sie dürfen	*können*	*mögen*	*müssen*	*sollen*	*wollen*	*wissen*
o.v.t.						
ich durfte	*konnte*	*mochte*	*musste*	*sollte*	*wollte*	*wusste*
du durftest	*konntest*	*mochtest*	*musstest*	*solltest*	*wolltest*	*wusstest*
er durfte	*konnte*	*mochte*	*musste*	*sollte*	*wollte*	*wusste*
wir durften	*konnten*	*mochten*	*mussten*	*sollten*	*wollten*	*wussten*
ihr durftet	*konntet*	*mochtet*	*musstet*	*solltet*	*wolltet*	*wusstet*
sie/Sie durften	*konnten*	*mochten*	*mussten*	*sollten*	*wollten*	*wussten*
volt. deelw.:						
gedurft	*gekonnt*	*gemocht*	*gemusst*	*gesollt*	*gewollt*	*gewusst*

gebiedende wijs	enkelv.		*wisse*
	meerv.		*wisst*
beleefdheidsvorm			*wissen Sie*

112 De zwakke werkwoorden

I	II	III
Normale vervoeging	Stam op sisklank	Stam op -*d* of -*t*

onbep. wijs

mach -en	*reis -en*	*meld -en*

o.t.t.

ich mach-e	*reis-e*	*meld-e*
du mach-st	*reis-t*	*meld-est*
er mach-t	*reis-t*	*meld-et*
wir mach-en	*reis-en*	*meld-en*
ihr mach-t	*reis-t*	*meld-et*
sie/Sie mach-en	*reis-en*	*meld-en*

o.v.t.

ich mach-te	*reis-te*	*meld-ete*
du mach-test	*reis-test*	*meld-etest*
er mach-te	*reis-te*	*meld-ete*
wir mach-ten	*reis-ten*	*meld-eten*
ihr mach-tet	*reis-tet*	*meld-etet*
sie/Sie mach-ten	*reis-ten*	*meld-eten*

volt. deelw.

ge-mach-t	*ge-reis-t*	*ge-meld-et*

gebiedende wijs enkelv.

mach-(e)	*reis-(e)*	*meld-e*

gebiedende wijs meerv.

mach-t	*reis-t*	*meld-et*

beleefdheidsvorm

mach-en Sie	*reis-en Sie*	*meld-en Sie*

113 **Kolom I:** deze vervoeging is de meest gangbare. Alle werkwoorden die niet volgens een van de andere kolommen vervoegd worden, hebben de onder I vermelde uitgangen. Deze uitgangen worden geplaatst achter de stam. De stam is de onbepaalde wijs van het werkwoord met weglating van -*en*:
machen, stam: *mach*
Bij werkwoorden op -*eln* of -*ern* wordt de stam gevormd door -*n* weg te laten:
wandelen, stam: *wandel*
zittern, stam: *zitter*
Kolom II: volgens deze kolom worden de werkwoorden vervoegd waarvan de stam op een van de sisklanken -*s*, -*ss*, -*ß*, -*x* of -*z* eindigt.
Kolom III: volgens deze kolom worden de werkwoorden vervoegd:
- waarvan de stam eindigt op een -*d* of een -*t*;
- waarvan de stam eindigt op een -*m* of een -*n* met voorafgaande medeklinker, mits dit geen *h*, *m*, *n*, *r*, of *l* is:
du atmest – du rechnest – er leugnet, maar: *du rühmst – du brummst*

114 • De volgende zwakke werkwoorden hebben in de onvoltooid verleden tijd en in het voltooid deelwoord **klinkerverandering**:

onbep. wijs	o.v.t.	volt. deelw.
brennen	brannte	gebrannt
kennen	kannte	gekannt
nennen	nannte	genannt
rennen	rannte	gerannt
senden	sandte/sendete	gesandt/gesendet
wenden	wandte/wendete	gewandt/gewendet
bringen	brachte	gebracht
denken	dachte	gedacht

115 **De sterke werkwoorden**

I	II	III	IV	V	
Normale vervoeging	Stam op sisklank (-s, ss, ß, of -z)	Stam op -d of -t	Stamklinker a (Umlaut)	Stamklinker e (e-i Wechsel)	
				Kort	Lang
onbep. wijs					
komm-en	weis-en	find-en	fall-en	treff-en	stehl-en
o.t.t.					
ich komm-e	weis-e	find-e	fall-e	treff-e	stehl-e
du komm-st	weis-t (zelden: weis-est)	find-est	fäll-st	triff-st	stiehl-st
er komm-t	weis-t	find-et	fäll-t	triff-t	stiehl-t
wir komm-en	weis-en	find-en	fall-en	treff-en	stehl-en
ihr komm-t	weis-t	find-et	fall-t	treff-t	stehl-t
sie/Sie komm-en	weis-en	find-en	fall-en	treff-en	stehl-en
o.v.t.					
ich kam	wies	fand	fiel	traf	stahl
du kam-st	wies-est (zelden wies-t)	fand-(e)st	fiel-st	traf-st	stahl-st
er kam	wies	fand	fiel	traf	stahl
wir kam-en	wies-en	fand-en	fiel-en	traf-en	stahl-en
ihr kam-t	wies-t	fand-et	fiel-t	traf-t	stahl-t
sie/Sie kam-en	wies-en	fand-en	fiel-en	traf-en	stahl-en
volt. deelw.					
ge-komm-en	ge-wies-en	ge-fund-en	ge-fall-en	ge-troff-en	ge-stohl-en
geb. wijs enkelv.					
komm-(e)	weis-(e)	find-(e)	fall-(e)	triff	stiehl
geb. wijs meerv.					
komm-t	weis-t	find-et	fall-t	treff-t	stehl-t
bel. vorm					
komm-en Sie	weis-en Sie	find en Sie	fall en Sie	treff-en Sie	stehl-en Sie

116 Werkwoorden die een lijdend voorwerp bij zich kunnen hebben, worden **transitieve** of **overgankelijke werkwoorden** genoemd:
Wir trinken Wasser.
Werkwoorden die geen lijdend voorwerp bij zich kunnen hebben, worden **intransitieve** of **onovergankelijke werkwoorden** genoemd:
Sie spazieren.

117 **De Konjunktiv**
Evenals in het Nederlands komen ook in het Duits vormen van de aanvoegende wijs voor. De aanvoegende wijs heet in het Duits Konjunktiv. Om een vervulbare wens of een raad uit te drukken gebruikt men vormen van de Konjunktiv I:
Er lebe hoch! – Lang zal hij leven!
Man nehme drei Eier. – Men neme drie eieren.
Man sei auf der Hut. – Men zij op zijn hoede.

118 De Konjunktiv II wordt onder andere gebruikt
- bij een onvervulbare wens:
  Wäre er nur geblieben. – Was hij maar gebleven.
- bij een niet-werkelijkheid
  Wenn du hier gewesen wärest, hätte ich das mit dir besprechen können. – Als jij hier geweest was, had ik dat met jou kunnen bespreken.

119 Ook in de indirecte rede wordt in het Duits vaak de Konjunktiv gebruikt:
Er erzählte, dass er einige Verwandte in Österreich habe – Hij vertelde dat hij enige familieleden in Oostenrijk had.

120 De vormen van de Konjunktiv
De Konjunktiv I (= o.t.t. van de Konjunktiv) wordt bij alle werkwoorden (met uitzondering van sein (▶ 262) op dezelfde wijze gevormd, namelijk door achter de stam van het werkwoord de volgende uitgangen te plaatsen:
ich [stam] -e
du   -est
er   -e
wir   -en
ihr   -et
sie / Sie -en

De vormen van de Konjunktiv II (= o.v.t. van de Konjunktiv) zijn bij zwakke werkwoorden gelijk aan die van de normale o.v.t. De uitgangen van de Konjunktiv II bij sterke en onregelmatige werkwoorden zijn gelijk aan de uitgangen van de Konjunktiv I.
Voor de vormen van de Konjunktiv II bij deze werkwoorden, zie de kolom Konjunktiv II in de lijst van sterke en onregelmatige werkwoorden.

Lijst van sterke en onregelmatige werkwoorden

	Onbepaalde wijs	Onvoltooid tegenwoordige tijd 1e, 2e,3e persoon enkelvoud	Onvoltooid verleden tijd 1e en eventueel 2e persoon enkelvoud
121	backen	backe, bäckst, bäckt	buk, backte
122	befehlen	befehle, befiehlst, befiehlt	befahl
123	befleißen	befleiß/e, -(es)t, -t	befliss, beflissest/ beflisst
124	beginnen	beginn/e, -st, -t	begann
125	beißen	beiß/e, -(es)t, -t	biss, bissest/bisst
126	bergen	berge, birgst, birgt	barg
127	bersten	berste, birst, birst	barst
128	bewegen	beweg/e, -st, -t	bewegte (bewog)
	bewegen is sterk in de betekenis 'ertoe brengen'		
129	biegen	bieg/e, -st, -t	bog
130	bieten	biet/e, -est, -et	bot, -(e)st
131	binden	bind/e, -est, -et	band, -(e)st
132	bitten	bitt/e, -est, -et	bat, -(e)st
133	blasen	blase, bläst, bläst	blies, -(es)t
134	bleiben	bleib/e, -st, -t	blieb
135	bleichen	bleich/e, -st, -t	bleichte (blich)
	de sterke vormen van bleichen zijn tamelijk verouderd		
136	braten	brate, brätst, brät	briet, -(e)st
137	brechen	breche, brichst, bricht	brach
138	brennen	brenn/e, -st, -t	brannte
139	bringen	bring/e, -st, -t	brachte
140	denken	denk/e, -st, -t	dachte
141	dingen	ding/e, -st, -t	dang (dingte)
142	dreschen	dresche, drischst, drischt	drosch, -(e)st
143	dringen	dring/e, -st, -t	drang
144	dünken	mich dünkt (deucht)	dünkte (deuchte)
145	dürfen	darf, -st, -; dürfen	durfte
146	empfangen	empfange, empfängst, empfängt	empfing
147	empfehlen	emp/fehle, -fiehlst, -fiehlt	empfahl
148	erbleichen	erbleich/e, -st, -t	erbleichte (erblich)
149	erkiesen	erkies/e, -(es)t, -t	erkor (erkieste)
150	erlöschen	erlösche, erlischst, erlischt	erlosch, -(e)st
151	erschrecken	erschrecke, erschrickst, erschrickt	erschrak
	het transitieve erschrecken is zwak		
152	essen	esse, isst, isst	aß, -(es)t
153	fahren	fahre, fährst, fährt	fuhr
154	fallen	falle, fällst, fällt	fiel
155	fangen	fange, fängst, fängt	fing
156	fechten	fechte, fichtst, ficht	focht, -(e)st
157	finden	find/e, -est, -et	fand, -(e)st
158	flechten	flechte, flichtst, flicht	flocht, -(e)st
159	fliegen	flieg/e, -st, -t	flog
160	fliehen	flieh/e, -st, -t	floh
161	fließen	fließ/e, -(es)t, -t	floss, flossest/flosst
162	fressen	fresse, frisst, frisst	fraß, -(e)st
163	frieren	frier/e, -st, -t	fror
164	gären	gär/e, -st, -t	gor (gärte)
	gären is zwak in overdrachtelijke betekenis		
165	gebären	gebäre, gebärst (gebierst), gebärt (gebiert)	gebar

Konjunktiv II 1e persoon enkelvoud	Gebiedende wijs enkelvoud	Voltooid deelwoord	
büke, backte	back(e)	gebacken	121
beföhle (befähle)	befiehl	befohlen	122
beflisse	befleiß(e)	beflissen	123
begönne (begänne)	beginn(e)	begonnen	124
bisse	beiß(e)	gebissen	125
bürge (bärge)	birg	geborgen	126
börste (bärste)	birst	geborsten	127
bewegte (bewöge)	beweg(e)	bewegt (bewogen)	128
böge	bieg(e)	gebogen	129
böte	biet(e)	geboten	130
bände	bind(e)	gebunden	131
bäte	bitte	gebeten	132
bliese	blas(e)	geblasen	133
bliebe	bleib(e)	geblieben	134
bleichte (bliche)	bleich(e)	gebleicht (geblichen)	135
briete	brat(e)	gebraten	136
bräche	brich	gebrochen	137
brennte	brenn(e)	gebrannt	138
brächte	bring(e)	gebracht	139
dächte	denk(e)	gedacht	140
dingte (dünge, dänge)	ding(e)	gedungen (gedingt)	141
drösche	drisch	gedroschen	142
dränge	dring(e)	gedrungen	143
dünkte (deuchte)	-	gedünkt (gedeucht)	144
dürfte	-	gedurft	145
empfinge	empfang(e)	empfangen	146
empföhle (empfähle)	empfiehl	empfohlen	147
erbleichte (erbliche)	erbleich(e)	erbleicht (erblichen)	148
erköre (erkieste)	erkies(e)	erkoren	149
erlösche	erlisch	erloschen	150
erschräke	erschrick	erschrocken	151
äße	iss	gegessen	152
führe	fahr(e)	gefahren	153
fiele	fall(e)	gefallen	154
finge	fang(e)	gefangen	155
föchte	ficht	gefochten	156
fände	find(e)	gefunden	157
flöchte	flicht	geflochten	158
flöge	flieg(e)	geflogen	159
flöhe	flieh(e)	geflohen	160
flösse	fließ(e)	geflossen	161
fräße	friss	gefressen	162
fröre	frier(e)	gefroren	163
göre (gärte)	gär(e)	gegoren (gegärt)	164
gebäre	gebäre, gebier	geboren	165

Onbepaalde wijs	Onvoltooid tegenwoordige tijd 1e, 2e,3e persoon enkelvoud	Onvoltooid verleden tijd 1e en eventueel 2e persoon enkelvoud
166	geben	gebe, gibst, gibt	gab
167	gedeihen	gedeih/e, -st, -t	gedieh
168	gehen	geh/e, -st, -t	ging
169	gelingen	es gelingt	es gelang
170	gelten	gelte, giltst, gilt	galt, -(e)st
171	genesen	genes/e, -(es)t, -t	genas, -(es)t
172	genießen	genieß/e, -(es)t, -t	genoss, genossest/genosst
173	geschehen	es geschieht	es geschah
174	gewinnen	gewinn/e, -st, -t	gewann
175	gießen	gieß/e, -(es)t, -t	goss, gossest/gosst
176	gleichen	gleich/e, -st, -t	glich
177	gleißen	gleiß/e, -(es)t, -t	gleißte (gliss), glissest/glisst
178	gleiten	gleit/e, -est, -et	glitt, -(e)st
179	glimmen	glimm/e, -st, -t	glomm (glimmte)
	de sterke vormen overheersen in overdrachtelijke betekenis		
180	graben	grabe, gräbst, gräbt	grub
181	greifen	greif/e, -st, -t	griff
182	haben	habe, hast, hat	hatte
183	halten	halte, hältst, hält	hielt, -(e)st
184	hängen	häng/e, -st, -t	hing
	het transitieve hängen is zwak		
185	hauen	hau/e, -st, -t	hieb (haute)
186	heben	heb/e, -st, -t	hob (hub)
187	heißen	heiß/e, -(es)t, -t	hieß, -(es)t
188	helfen	helfe, hilfst, hilft	half
189	kennen	kenn/e, -st, -t	kannte
190	klimmen	klimm/e, -st, -t	klomm
191	klingen	kling/e, -st, -t	klang
192	kneifen	kneif/e, -st, -t	kniff
193	kommen	komm/e, -st, -t	kam
194	können	kann, -st, -; können	konnte
195	kriechen	kriech/e, -st, -t	kroch
196	laden	lade, lädst, lädt	lud, -(e)st
197	lassen	lasse, lässt, lässt	ließ, -(es)t
198	laufen	laufe, läufst, läuft	lief
199	leiden	leid/e, -est, -et	litt, -(e)st
200	leihen	leih/e, -st, -t	lieh
201	lesen	lese, liest, liest	las, -(es)t
202	liegen	lieg/e, -st, -t	lag
203	löschen	lösche, lischst, lischt	losch, -(e)st
204	lügen	lüg/e, -st, -t	log
205	mahlen	mahl/e, -st, -t	mahlte
206	meiden	meid/e, -est, -et	mied, -(e)st
207	melken	melk/e, -st, -t	melkte (molk)
208	messen	messe, misst, misst	maß, -(es)t
209	misslingen	es misslingt	es misslang
210	mögen	mag, -st, -; mögen	mochte
211	müssen	muss, -t, -; müssen, müsst, müssen	musste
212	nehmen	nehme, nimmst, nimmt	nahm
213	nennen	nenn/e, -st, -t	nannte
214	pfeifen	pfeif/e, -st, -t	pfiff
215	pflegen	pfleg/e, -st, -t	pflegte (pflog)
	pflegen is bijna altijd zwak		
216	preisen	preis/e, -(es)t, -t	pries, -(es)t
217	quellen	quelle, quillst, quillt	quoll
	het transitieve quellen is zwak		
218	raten	rate, rätst, rät	riet, -(e)st
219	reiben	reib/e, -st, -t	rieb

Konjunktiv II 1e persoon enkelvoud	Gebiedende wijs enkelvoud	Voltooid deelwoord	
gäbe	gib	gegeben	166
gediehe	gedeih(e)	gediehen	167
ginge	geh(e)	gegangen	168
es gelänge	-	gelungen	169
gölte (gälte)	gilt	gegolten	170
genäse	genes(e)	genesen	171
genösse	genieß(e)	genossen	172
es geschähe	-	geschehen	173
gewönne (gewänne)	gewinn(e)	gewonnen	174
gösse	gieß(e)	gegossen	175
gliche	gleich(e)	geglichen	176
gleißte (glisse)	gleiß(e)	gegleißt (geglissen)	177
glitte	gleit(e)	geglitten	178
glömme (glimmte)	glimm(e)	geglommen (geglimmt)	179
grübe	grab(e)	gegraben	180
griffe	greif(e)	gegriffen	181
hätte	hab(e)	gehabt	182
hielte	halt(e)	gehalten	183
hinge	häng(e)	gehangen	184
hiebe (haute)	hau(e)	gehauen	185
höbe (hübe)	heb(e)	gehoben	186
hieße	heiß(e)	geheißen	187
hülfe (hälfe)	hilf	geholfen	188
kennte	kenn(e)	gekannt	189
klömme	klimm(e)	geklommen	190
klänge	kling(e)	geklungen	191
kniffe	kneif(e)	gekniffen	192
käme	komm(e)	gekommen	193
könnte	-	gekonnt	194
kröche	kriech(e)	gekrochen	195
lüde	lad(e)	geladen	196
ließe	lass (lasse)	gelassen	197
liefe	lauf(e)	gelaufen	198
litte	leid(e)	gelitten	199
liehe	leih(e)	geliehen	200
läse	lies	gelesen	201
läge	lieg(e)	gelegen	202
lösche	lisch	geloschen	203
löge	lüg(e)	gelogen	204
mahlte	mahl(e)	gemahlen	205
miede	meid(e)	gemieden	206
melkte (mölke)	melk(e)	gemolken (gemelkt)	207
mäße	miss	gemessen	208
es misslänge	-	misslungen	209
möchte	-	gemocht	210
müsste	-	gemusst	211
nähme	nimm	genommen	212
nennte	nenn(e)	genannt	213
pfiffe	pfeif(e)	gepfiffen	214
pflegte (pflöge)	pfleg(e)	gepflegt (gepflogen)	215
priese	preis(e)	gepriesen	216
quölle	quill	gequollen	217
riete	rat(e)	geraten	218
riebe	reib(e)	gerieben	219

	Onbepaalde wijs	Onvoltooid tegenwoordige tijd 1e, 2e,3e persoon enkelvoud	Onvoltooid verleden tijd 1e en eventueel 2e persoon enkelvoud
220	reißen	reiß/e, -(es)t, -t	riss, rissest/risst
221	reiten	reit/e, -est, -et	ritt, -(e)st
222	rennen	renn/e, -st, -t	rannte
223	riechen	riech/e, -st, -t	roch
224	ringen	ring/e, -st, -t	rang
225	rinnen	rinn/e, -st, -t	rann
226	rufen	ruf/e, -st, -t	rief
227	salzen	salz/e, -(es)t, -t	salzte
228	saufen	saufe, säufst, säuft	soff
229	saugen	saug/e, -st, -t	sog (saugte)
230	schaffen	schaff/e, -st, -t	schuf
	schaffen is zwak in de betekenis 'werken' en 'klaarspelen' en in anschaffen en verschaffen		
231	schallen	schall/e, -st, -t	schallte (scholl)
232	scheiden	scheid/e, -est, -et	schied, -(e)st
233	scheinen	schein/e, -st, -t	schien
234	scheißen	scheiß/e, -(es)t, -t	schiss, schissest/schisst
235	schelten	schelte, schiltst, schilt	schalt, -(e)st
236	scheren	scher/e, -st, -t	schor (scherte)
	scheren is zelden zwak		
237	schieben	schieb/e, -st, -t	schob
238	schießen	schieß/e, -(es)t, -t	schoss, schossest/schosst
239	schinden	schind/e, -est, -et	schindete, (schund, -(e)st)
240	schlafen	schlafe, schläfst, schläft	schlief
241	schlagen	schlage, schlägst, schlägt	schlug
242	schleichen	schleich/e, -st, -t	schlich
243	schleifen	schleif/e, -st, -t	schliff
	zwak in de betekenis 'slepen', 'sleuren', 'slopen', 'slechten'		
244	schleißen	schleiß/e, -(es)t, -t	schliss, schlissest/schlisst
245	schließen	schließ/e, -(es)t, -t	schloss, schlossest/schlosst
246	schlingen	schling/e, -st, -t	schlang
247	schmeißen	schmeiß/e, -(es)t, -t	schmiss, schmissest/schmisst
248	schmelzen	schmelze, schmilzt, schmilzt	schmolz, -(es)t
249	schnauben	schnaub/e, -st, -t	schnob (schnaubte)
	zwakke vormen in informele taal		
250	schneiden	schneid/e, -est, -et	schnitt, -(e)st
251	schrecken	schrecke, schrickst, schrickt	schrak
	Ook in samengestelde werkwoorden (zurückschrecken e.d.) bij intransitief gebruik sterk. Bij transitief gebruik (ook bij samengestelde werkwoorden) zwak.		
252	schreiben	schreib/e, -st, -t	schrieb
253	schreien	schrei/e, -st, -t	schrie
254	schreiten	schreit/e, -est, -et	schritt, -(e)st
255	schweigen	schweig/e, -st, -t	schwieg
256	schwellen	schwelle, schwillst, schwillt	schwoll
	het transitieve schwellen is zwak		
257	schwimmen	schwimm/e, -st, -t	schwamm
258	schwinden	schwind/e, -est, -et	schwand, -(e)st
259	schwingen	schwing/e, -st, -t	schwang
260	schwören	schwör/e, -st, -t	schwor
261	sehen	sehe, siehst, sieht	sah
262	sein	bin, bist, ist; sind, seid, sind	war
	Konjunktiv I: sei, sei(e)st, sei; seien, seiet, seien		
263	senden	send/e, -est, -et	sandte (sendete)
	zwak in de betekenis 'uitzenden van radio, televisie'		
264	sieden	sied/e, -est, -et	sott, -(e)st
	komt ook zwak voor		
265	singen	sing/e, -st, -t	sang
266	sinken	sink/e, -st, -t	sank
267	sinnen	sinn/e, -st, -t	sann

Konjunktiv II 1e persoon enkelvoud	Gebiedende wijs enkelvoud	Voltooid deelwoord	
risse	reiß(e)	gerissen	220
ritte	reit(e)	geritten	221
rennte	renn(e)	gerannt	222
röche	riech(e)	gerochen	223
ränge	ring(e)	gerungen	224
ränne (rönne)	rinn(e)	geronnen	225
riefe	ruf(e)	gerufen	226
salzte	salz(e)	gesalzen	227
söffe	sauf(e)	gesoffen	228
söge (saugte)	saug(e)	gesogen (gesaugt)	229
schüfe	schaff(e)	geschaffen	230
schallte (schölle)	schall(e)	geschallt	231
schiede	scheid(e)	geschieden	232
schiene	schein(e)	geschienen	233
schisse	scheiß(e)	geschissen	234
schölte	schilt	gescholten	235
schöre	scher(e)	geschoren	236
schöbe	schieb(e)	geschoben	237
schösse	schieß(e)	geschossen	238
schindete (schünde)	schind(e)	geschunden	239
schliefe	schlaf(e)	geschlafen	240
schlüge	schlag(e)	geschlagen	241
schliche	schleich(e)	geschlichen	242
schliffe	schleif(e)	geschliffen	243
schlisse	schleiß(e)	geschlissen	244
schlösse	schließ(e)	geschlossen	245
schlänge	schling(e)	geschlungen	246
schmisse	schmeiß(e)	geschmissen	247
schmölze	schmilz	geschmolzen	248
schnöbe (schnaubte)	schnaub(e)	geschnoben	249
schnitte	schneid(e)	geschnitten	250
schräke	schrick	geschrocken	251
schriebe	schreib(e)	geschrieben	252
schriee	schrei(e)	geschrien	253
schritte	schreit(e)	geschritten	254
schwiege	schweig(e)	geschwiegen	255
schwölle	schwill	geschwollen	256
schwömme (schwämme)	schwimm(e)	geschwommen	257
schwände	schwind(e)	geschwunden	258
schwänge	schwing(e)	geschwungen	259
schwüre (schwöre)	schwör(e)	geschworen	260
sähe	sieh, bij verwijzing: siehe	gesehen	261
wäre	sei; seid	gewesen	262
sendete	send(e)	gesandt, gesendet	263
sötte	sied(e)	gesotten	264
sänge	sing(e)	gesungen	265
sänke	sink(e)	gesunken	266
sänne (sönne)	sinn(e)	gesonnen	267

	Onbepaalde wijs	Onvoltooid tegenwoordige tijd 1e, 2e,3e persoon enkelvoud	Onvoltooid verleden tijd 1e en eventueel 2e persoon enkelvoud
268	sitzen	sitz/e, -(es)t, -t	saß, -(es)t
269	sollen	soll, -st, -; sollen	sollte
270	spalten	spalt/e, -est, -et	spaltete
271	speien	spei/e, -st, -t	spie
272	spinnen	spinn/e, -st, -t	spann
273	spleißen	spleiß/e, -(es)t, -t	spliss, splissest/splisst
274	sprechen	spreche, sprichst, spricht	sprach
275	sprießen	sprieß/e, -(es)t, -t	spross, sprossest/sprosst
276	springen	spring/e, -st, -t	sprang
277	stechen	steche, stichst, sticht	stach
278	stecken	steck/e, -st, -t	stak
	het transitieve *stecken* is zwak		
279	stehen	steh/e, -st, -t	stand, -(e)st
280	stehlen	stehle, stiehlst, stiehlt	stahl
281	steigen	steig/e, -st, -t	stieg
282	sterben	sterbe, stirbst, stirbt	starb
283	stieben	stieb/e, -st, -t	stob
284	stinken	stink/e, -st, -t	stank
285	stoßen	stoße, stößt, stößt	stieß, -(es)t
286	streichen	streich/e, -st, -t	strich
287	streiten	streit/e, -est, -et	stritt, -(e)st
288	tragen	trage, trägst, trägt	trug
289	treffen	treffe, triffst, trifft	traf
290	treiben	treib/e, -st, -t	trieb
291	treten	trete, trittst, tritt	trat, -(e)st
292	triefen	trief/e, -st, -t	troff (triefte)
293	trinken	trink/e, -st, -t	trank
294	trügen	trüg/e, -st, -t	trog
295	tun	tu(e), tust, tut; tun	tat, -(e)st
296	verbleichen	verbleich/e, -st, -t	verblich
297	verderben	verderbe, verdirbst, verdirbt	verdarb
298	verdrießen	verdrieß/e, -(es)t, -t	verdross, verdrossest/verdrosst
299	vergessen	vergesse, vergisst, vergisst	vergaß, -(es)t
300	verlieren	verlier/e, -st, -t	verlor
301	verlöschen	verlösche, verlischst, verlischt	verlosch, -(e)st
302	wachsen	wachse, wächst, wächst	wuchs, -(es)t
303	wägen	wäg/e, -st, -t	wog (wägte)
304	waschen	wasche, wäschst, wäscht	wusch, -(e)st
305	weben	web/e, -st, -t	webte (wob)
	overdrachtelijk en plechtig sterk, anders zwak		
306	weichen	weich/e, -st, -t	wich
307	weisen	weis/e, -(es)t, -t	wies, -(es)t
308	wenden	wend/e, -est, -et	wandte (wendete)
	zwak in de betekenis 'keren', 'omkeren', 'omdraaien'		
309	werben	werbe, wirbst, wirbt	warb
310	werden	werde, wirst, wird	wurde, (verouderd) ward
311	werfen	werfe, wirfst, wirft	warf
312	wiegen	wieg/e, -st, -t	wog
313	winden	wind/e, -est, -et	wand, -(e)st
314	wissen	weiß, -t, -; wissen, wisst, wissen	wusste
315	wollen	will, -st, -; wollen	wollte
316	wringen	wring/e, -st, -t	wrang
317	zeihen	zeih/e, -st, -t	zieh
318	ziehen	zieh/e, -st, -t	zog
319	zwingen	zwing/e, -st, -t	zwang
320	Werkwoorden op -*ieren* hebben een voltooid deelwoord zonder *ge-*: kondolieren, kondolierte, kondoliert / gratulieren, gratulierte, gratuliert		

Konjunktiv II 1e persoon enkelvoud	Gebiedende wijs enkelvoud	Voltooid deelwoord	
säße	sitz(e)	gesessen	268
sollte	-	gesollt.	269
spaltete	spalt(e)	gespalten (gespaltet)	270
spiee	spei(e)	gespien	271
spönne (spänne)	spinn(e)	gesponnen	272
splisse	spleiß(e)	gesplissen	273
spräche	sprich	gesprochen	274
sprösse	sprieß(e)	gesprossen	275
spränge	spring(e)	gesprungen	276
stäche	stich	gestochen	277
stäke	steck(e)	gesteckt	278
stände (stünde)	steh(e)	gestanden	279
stöhle (stähle)	stiehl	gestohlen	280
stiege	steig(e)	gestiegen	281
stürbe	stirb	gestorben	282
stöbe	stieb(e)	gestoben	283
stänke	stink(e)	gestunken	284
stieße	stoß(e)	gestoßen	285
striche	streich(e)	gestrichen	286
stritte	streit(e)	gestritten	287
trüge	trag(e)	getragen	288
träfe	triff	getroffen	289
triebe	treib(e)	getrieben	290
träte	tritt	getreten	291
tröffe (triefte)	trief(e)	getroffen (getrieft)	292
tränke	trink(e)	getrunken	293
tröge	trüg(e)	getrogen	294
täte	tu(e)	getan	295
verbliche	verbleich(e)	verblichen	296
verdürbe	verdirb	verdorben	297
verdrösse	verdrieß(e)	verdrossen	298
vergäße	vergiss	vergessen	299
verlöre	verlier(e)	verloren	300
verlösche	verlisch	verloschen	301
wüchse	wachs(e)	gewachsen	302
wöge (wägte)	wäg(e)	gewogen (gewägt)	303
wüsche	wasch(e)	gewaschen	304
webte (wöbe)	web(e)	gewebt (gewoben)	305
wiche	weich(e)	gewichen	306
wiese	weis(e)	gewiesen	307
wendete	wend(e)	gewandt (gewendet)	308
würbe	wirb	geworben	309
würde	werd(e)	geworden (als hulpwerkwoord van de lijdende vorm: worden)	310
würfe	wirf	geworfen	311
wöge	wieg(e)	gewogen	312
wände	wind(e)	gewunden	313
wüsste	wisse	gewusst	314
wollte	-	gewollt	315
wränge	wring(e)	gewrungen	316
ziehe	zeih(e)	geziehen	317
zöge	zieh(e)	gezogen	318
zwänge	zwing(e)	gezwungen	319